CB136150

FREUD

A BIOGRAFIA DEFINITIVA

FREUD

UMA VIDA PARA O NOSSO TEMPO

PETER GAY

Tradução
DENISE BOTTMANN

Consultoria editorial
LUIZ MEYER

10ª reimpressão

COMPANHIA DAS LETRAS

Grafia atualizada segundo o Acordo Ortográfico da Língua Portuguesa de 1990, que entrou em vigor no Brasil em 2009.

Título original
FREUD: A LIFE FOR OUR TIME

Capa
KIKO FARKAS / MÁQUINA ESTÚDIO
BIANCA OLIVEIRA/ MÁQUINA ESTÚDIO

Índice remissivo
GABRIELA MORANDINI

Revisão
JULIANE KAORI
RENATO POTENZA RODRIGUES

Atualização ortográfica
VERBA EDITORIAL

Dados Internacionais de Catalogação na Publicação (CIP)
(Câmara Brasileira do Livro, SP, Brasil)

Gay, Peter, 1923-
Freud : uma vida para o nosso tempo / Peter Gay ; tradução de Denise Bottmann ; consultoria editorial Luiz Meyer. — 2ª ed. — São Paulo : Companhia das Letras, 2012.

Título original: Freud : a life for our time.
ISBN 978-85-359-2065-9

1. Freud, Sigmund, 1856-1939 2. Psicanálise I. Meyer, Luiz. II. Título.

12-01998 CDD-150.1952

Índices para catálogo sistemático:
1. Freud, Sigmund : Biografia e obra 150.1952
2. Freud, Sigmund : Teoria psicanalítica : Psicologia 150.1952

2024

EDITORA SCHWARCZ S.A.
Rua Bandeira Paulista, 702, cj. 32
04532-002 — São Paulo — SP
Telefone: (11) 3707-3500
www.companhiadasletras.com.br
www.blogdacompanhia.com.br
facebook.com/companhiadasletras
instagram.com/companhiadasletras
twitter.com/cialetras

Não existe ninguém tão grande para quem seja uma desonra estar sujeito às leis que regem com igual rigor a atividade normal e a atividade patológica.

FREUD, "*Leonardo da Vinci e uma lembrança de sua infância*"

Para
Bill e Shirley Kahn
Dick e Peggy Kuhns

Sumário

Prefácio

Em abril de 1885, numa carta muito citada, Sigmund Freud anunciou à sua noiva que havia "quase completado um empreendimento que algumas pessoas, ainda não nascidas, mas destinadas ao infortúnio, vão sentir seriamente". Ele estava se referindo aos seus biógrafos. "Destruí todas as minhas anotações dos últimos catorze anos, além de cartas, excertos científicos e manuscritos de minhas obras. Entre as cartas, foram poupadas apenas as familiares." Com tudo o que rabiscara amontoando-se sobre ele, Freud sentia-se como uma Esfinge afundando-se em areia movediça, e somente o nariz, escreveu ele, destacava-se dos montes de papéis. Foi impiedoso com os que escreveriam sua vida: "Que os biógrafos penem e labutem, não vamos facilitar demais para eles". Já estava antevendo o quanto se equivocariam a seu respeito. Ao pesquisar e escrever este livro, muitas vezes visualizei a cena: Freud, a Esfinge, libertando-se de montanhas de papéis que teriam auxiliado incalculavelmente o biógrafo. Em anos posteriores, Freud tornou a repetir mais de uma vez esse gesto destrutivo, e na primavera de 1938, ao se preparar para deixar a Áustria e seguir para a Inglaterra, desfez-se de materiais que uma vigilante Anna Freud, instigada pela princesa Marie Bonaparte, resgatou do cesto de lixo.

Freud encontrou ainda outras maneiras de desencorajar seus futuros biógrafos. Realmente, alguns dos comentários de Freud sobre a elaboração de biografias devem fazer hesitar qualquer um que escreva a vida *dele*. "Os biógrafos", observou em 1910 em seu artigo sobre Leonardo da Vinci, "fixam-se em seu herói de um modo muito particular." Eles escolhem esse herói, achava Freud, em primeiro lugar porque sentem grande afeto por ele; por conseguinte, sua obra está quase fadada a ser um exercício de idealização. Um quarto de século depois, sob o cunho da velhice, da doença e da ameaça nazista, ele foi ainda mais cáustico. "Quem quer que se torne biógrafo", escreveu a Arnold Zweig, que havia se proposto a escrever a vida de Freud, "entrega-se a mentiras, a ocultamentos, à hipocrisia, a embelezamentos, e mesmo à dissimulação de sua própria falta de compreensão, pois não se alcança a verdade biográfica e, mesmo que alguém a alcançasse, não poderia usá-la." Em suma, Freud tinha pouca fé no empreendimento biográfico.

No entanto, ao explorar regiões desconhecidas da mente, Freud dispôs-se a servir de cobaia para si mesmo. Sua metáfora da Esfinge é expressiva, mas geralmente ele se via antes como o seu conquistador, Édipo, o herói que foi o único a vencer essa misteriosa e fatal criatura ao responder à sua pergunta. Como mais de uma vez observou pesarosamente, poucos seres humanos desvendaram seus sentimentos, ambições e desejos malévolos com uma desconsideração tão sublime pela própria reputação. Ele relatou e analisou cuidadosamente alguns de seus sonhos mais reveladores; ele registrou algumas embaraçosas lembranças de seus primeiros anos. Por outro lado, barrou o fluxo do autodesvendamento no momento em que julgou perigoso mostrar seus acalentados segredos. "Quem estiver pronto a me censurar pela minha reserva", escreveu ele com razão, após concluir bruscamente a interpretação de seu famoso sonho da injeção de Irma, "que tente ser mais franco do que eu." Como pesquisador destemido, ele expôs ao exame público grande parte de sua intimidade; como bom burguês, valorizou imensamente sua privacidade.

Freud deixou instigantes insinuações autobiográficas de que os estudiosos de sua vida apossaram-se com compreensível entusiasmo acrítico. Ao escrever ao amigo Wilhelm Fliess em 1900, ele disse de si mesmo: "Não sou absolutamente um cientista, um observador, um experimentador, um pensador. Não sou senão um conquistador por temperamento, um aventureiro, se você quiser traduzir o termo, com toda a natureza indagadora, a ousadia e a tenacidade de um tal indivíduo". Mas essa declaração, como outras do mesmo gênero, apenas confundiu os que queriam entendê-lo. Não há nenhuma razão para distorcer o espírito, atendo-se à obediência à letra. Uma coisa é tratar respeitosamente as avaliações de Freud a respeito de si mesmo; um biógrafo responsável não pode deixar por menos. Outra coisa totalmente diferente é tratar suas declarações como um evangelho. Como se notará mais de uma vez nestas páginas, Freud não foi seu melhor juiz.

Toda a paixão com que foram acolhidas as ideias de Freud e o estilo parcial, muitas vezes extremamente subjetivo, de suas autorrevelações e autoavaliações fazem com que cada dimensão de sua vida seja um convite a interpretações divergentes. Apesar de décadas de pesquisa e séries de estudos, ele continua desconcertante e intensamente controverso. Freud foi chamado de gênio, fundador, mestre, gigante entre os forjadores do espírito moderno e, com igual veemência, de autocrata, plagiador, inventor de fábulas, o mais rematado charlatão. A cada adorador que o saudou como um Colombo, correspondeu um detrator que o ridicularizou como um Cagliostro. Sua vida forneceu inesgotável alimento para insinuações, especulações e mitificações: um pastor fundamentalista americano denunciou-o num virulento folheto anticatólico como "um judeu convertido ao catolicismo apostólico" e "notório como o maior pervertido do mundo". Os psicanalistas, por seu lado, embora possam rir de tal asneira, com excessiva frequência trataram Freud como se realmente fosse o sumo pontífice de sua fé, e suas palavras como inquestionáveis pronunciamentos papais. Tais extremos parecem absolutamente irreconciliáveis. Aliás, nem seria desejável; não é provável que a verdade sobre Freud resida no meio-termo.

Essas comoções a propósito de Freud não hão de surpreender ninguém. Afinal, seu destino, conforme ele afirmou com irônica satisfação, era "perturbar o sono da humanidade". A tarefa fundamental da psicanálise, escreveu certa vez ao romancista Stefan Zweig, era "lutar com o demônio" — o demônio da irracionalidade — de "maneira equilibrada". Mas, acrescentou ele, esse mesmo equilíbrio, que reduz esse demônio a "um objeto científico inteligível", apenas fazia com que suas ideias a respeito da natureza da natureza humana parecessem ainda mais desalentadoras, ainda mais inaceitáveis. Não admira que a humanidade, em sua maioria, tenha se defendido e rejeitado furiosamente a mensagem de Freud. É um lugar-comum que, hoje em dia, todos nós, reconheçamos ou não, falamos freudianamente. Referimo-nos casualmente a repressões e projeções, neuroses, ambivalências e rivalidades entre irmãos. Um historiador denomina nossos tempos de era do narcisismo, e todos afirmam entender o que ele quer dizer. Mas tais prontas concordâncias verbais têm sido frequentemente mais prejudiciais do que o mais enfático repúdio. São tentativas, mais ou menos conscientes, de retirar ao pensamento de Freud seu robusto realismo. Freud disse mais de uma vez que podia lidar com seus inimigos; o que o inquietava eram seus amigos.

As calorosas disputas sobre o caráter de Freud revelaram-se ainda mais virulentas do que as discussões sobre suas teorias. O próprio Freud contribuiu para a atmosfera em que florescem os boatos, ao formular aforismos memoráveis mas enganosos, e ao deixar intocadas avaliações incorretas de sua obra. É um paradoxo: a criação de Freud, a psicanálise, afinal está comprometida com a mais impiedosa investigação; ela se apresenta como a nêmesis do ocultamento, da hipocrisia, dos subterfúgios polidos da sociedade burguesa. Com efeito, Freud sentia considerável orgulho em ser o destruidor das ilusões, o servo fiel da veracidade científica. "A verdade", escreveu a Sándor Ferenczi em 1910, "é para mim o objetivo absoluto da ciência." Duas décadas depois, repetiu a Albert Einstein: "Não mais considero um dos meus méritos o fato de sempre dizer a verdade tanto quanto possível; tornou-se meu ofício".

Sabemos muito sobre Freud. Ele manteve uma vasta correspondência, que examinei quase toda; tanto em seu aspecto formal como em seu aspecto íntimo, ela revela muitas verdades importantes sobre ele. Ele produziu um grande volume de obras, entre as quais algumas são abertamente, outras veladamente autobiográficas. Suas cartas e publicações contêm passagens que certamente aparecerão em todas as biografias de Freud — inclusive nesta: preferi a precisão aos aspectos surpreendentes. Mesmo assim, considerando o quanto ele foi estudado e quantas pistas notáveis deixou, consideráveis áreas no mapa de sua vida continuam em branco e exigem maiores explorações. O pai de Freud se casou duas ou três vezes? Freud teve um caso amoroso com sua cunhada Minna Bernays, ou é uma pura fantasia de um contemporâneo hostil ou de um engenhoso biógrafo-detetive? Por que Freud julgou aconselhável psicanalisar sua filha Anna, quando seus artigos sobre a técnica desaprovam rigorosamente uma ligação estreita entre analista e analisando? Freud plagiou, e a seguir justificou seus empréstimos ilícitos alegando uma memória fraca, ou devem-se tais acusações a uma compreensão bem-intencionada porém errônea de seus procedimentos, ou talvez a calúnias malévolas contra um pesquisador consciencioso? Freud era viciado em cocaína e elaborou suas teorias psicanalíticas sob sua influência, ou seu emprego da cocaína foi moderado e, ao final, inócuo?

Há ainda outras questões. Freud era o positivista científico que declarava ser ou, pelo contrário, suas maiores dívidas eram relativas às nebulosas especulações dos românticos ou ao misticismo judaico? Estava tão isolado na instituição médica de sua época quanto gostava de se queixar? Sua aversão a Viena, tantas vezes declarada, era realmente uma pose fingida, e de fato sua característica mais vienense, ou seria autêntica? É verdade que sua promoção acadêmica foi retardada por ser judeu, ou será uma lenda criada por aquele tipo de colecionador de injustiças excessivamente sensível que declara ver antissemitismo por toda parte? O abandono da chamada teoria da sedução, em 1897, foi um exemplo de admirável coragem científica, um ato de piedade filial, ou uma retirada covarde frente a uma generalização que o tornou impopular junto a seus colegas? Até onde ia o que ele chamou de sentimentos "homossexuais" por Wilhelm Fliess, seu amigo íntimo dos anos 1890? Era ele o chefe autonomeado de um sólido e submisso clã de discípulos, um Luís XIV da psicologia, proclamando *La psychanalyse, c'est moi*, ou um guia genial, ainda que por vezes severo, para as leis ocultas da mente, que reconhecia de bom grado as contribuições de colegas e predecessores? Era vaidoso a ponto de se fazer fotografar num retrato de grupo, de pé em cima de uma caixa, para não parecer diminuído pelos mais altos — ou será também, talvez, a fantasia de um biógrafo em busca de material para o descrédito de Freud?

Tais controvérsias biográficas, embora em si absorventes, têm um interesse mais que biográfico. Elas avançam até a questão maior levantada pela sua obra: a psicanálise é uma ciência, uma arte ou uma impostura? Avançam até aí porque, à diferença de outras grandes personalidades na história da cultura ocidental, Freud parece estar sob a obrigação de ser perfeito. Ninguém que conheça a psicopatologia de Lutero ou Gandhi, de Newton ou Darwin, Beethoven ou Schumann, Keats ou Kafka, se arriscaria a sugerir que suas neuroses prejudicaram suas criações ou comprometeram sua envergadura. Num agudo contraste, os defeitos de Freud, reais ou imaginários, têm sido anunciados como provas conclusivas da falência de sua criação. Passou a ser uma tática corrente a de golpear a psicanálise através de seu fundador, como se o êxito no denegrimento de seu caráter envolvesse a ruína de sua obra. É claro que uma disciplina tão francamente autobiográfica como a psicologia profunda de Freud, tão subjetiva em seus dados, apresenta necessariamente traços da mente de seu fundador. Mas certamente a validade das proposições psicanalíticas não depende do que possamos desvendar sobre seu formulador. É fácil imaginar um Freud perfeito cavalheiro divulgando uma psicologia fundamentalmente falha, ou um Freud crivado de defeitos, e mesmo vícios, como o psicólogo mais significativo da história.

Evidentemente, não há por que Freud devesse estar imune ao exame psicanalítico, ou por que seus textos e lembranças, acuradas ou distorcidas, não devessem ser usados como informações biográficas. Parece simplesmente justo: Freud, afinal, visava uma psicologia geral que explicasse não só alguns contemporâneos neuróticos, mas todos os seres humanos de todos os lugares — inclusive ele próprio. Na verdade, Freud indicou pessoalmente o caminho. "Não deveria ser uma questão indiferente ou irrelevante" escreveu num artigo sobre Goethe, "quais detalhes da vida de uma criança tenham escapado à amnésia geral." Da mesma forma, o comportamento adulto também convida a esse tipo de profunda atenção. "Quem tem olhos para ver e ouvidos para ouvir", escreveu ele numa passagem famosa, "convence-se de que os mortais não conseguem guardar segredo. Se os lábios estão mudos, eles tagarelam com as pontas dos dedos; a traição força seu caminho por todos os poros." Freud apresentou essa reflexão no caso clínico de "Dora", mas aplica-se tanto a ele como a seus analisandos. No decorrer de uma longa e ímpar carreira como arqueólogo da mente, Freud desenvolveu um conjunto de teorias, investigações empíricas e técnicas terapêuticas que, nas mãos de um biógrafo escrupuloso, pode desvendar seus desejos, angústias e conflitos, um repertório considerável de motivos que se mantiveram inconscientes, mas ajudaram a modelar sua vida. Por isso, não hesitei em empregar suas descobertas, e na medida do possível seus métodos, para explorar a história de sua própria vida. Mas não permiti que eles monopolizassem minha atenção. Como historiador, situei Freud e sua obra nos vários contextos relevantes: a profissão psiquiátrica que ele subverteu e revolucionou; a cultura austríaca em que foi obrigado a viver como judeu descrente e médico pouco convencional; a sociedade europeia que, durante a vida de Freud, passou pelos terríveis traumas da guerra e da ditadura totalitária; e a cultura ocidental como um todo, uma cultura cuja percepção de si mesma ele transformou irreconhecivelmente para sempre.

Não escrevi este livro para lisonjear nem para denunciar, mas para compreender. No texto propriamente dito, não discuto com ninguém: tomei posição nas polêmicas questões que continuam a dividir os comentadores de Freud e da psicanálise, mas não assinalei o itinerário que levou às minhas conclusões. Para os leitores interessados nas controvérsias que tornam tão fascinante a investigação sobre a vida de Freud, anexei um extenso e argumentativo ensaio bibliográfico, que deveria lhes permitir descobrir as razões das posições que assumi e encontrar materiais que apresentam opiniões divergentes.

Um intérprete de Freud de quem discordo é o próprio Freud. Podia estar literalmente correto, mas foi essencialmente enganador, ao definir sua vida como "exteriormente calma e sem conteúdo", a ser "liquidada em poucas datas". É certo que a vida de Freud assemelha-se, na superfície, às de muitos outros médicos extremamente cultos, inteligentes e ativos do século XIX: ele nasceu, estudou, viajou, casou-se, clinicou, fez conferências, publicou, discutiu, envelheceu, morreu. Mas seu drama interior é suficientemente absorvente para atrair a infatigável atenção de qualquer biógrafo. Na famosa carta ao amigo Fliess, citada acima, Freud se disse um conquistador. Este livro é a história de suas conquistas. Revelar-se-á que a mais dramática dessas conquistas foi, embora incompleta, a de si mesmo.

Peter Gay

UMA NOTA SOBRE AS CITAÇÕES

Praticamente todas as traduções são minhas. Mas como este livro se dirige a um público de língua inglesa, também citei, por conveniência, os locais nas traduções inglesas dos textos e correspondência de Freud onde o leitor pode encontrar as passagens citadas.

Como também observo no texto, reproduzi o inglês de Freud — excelente, embora às vezes ligeiramente afetado e incorreto — exatamente como ele o escreveu, com erros, neologismos e tudo o mais, sem sobrecarregar as citações com o acréscimo de comentários. Assim, quando os leitores se depararem com "intellegible" ou "Prussianity", têm à frente o autêntico Freud.

Por uma questão de eufonia e para evitar locuções esquisitas como "dele/dela" ou, ainda pior, "ele/a", servi-me da forma tradicional usando o gênero masculino para designar ambos os sexos.

P. G.

Nota do consultor: Como Peter Gay assinala na nota acima, foi ele próprio o tradutor, do alemão para o inglês, do material utilizado na elaboração do livro — mesmo quando já existiam em inglês traduções disponíveis dos trabalhos mencionados.

O leitor brasileiro é obrigado a ler Freud de segunda mão: não há tradução direta do alemão, faltando pois uma ancoragem segura. Procuramos então utilizar, ao longo do texto, os termos técnicos que nos parecessem mais próximos do alemão, ainda que em alguns casos eles se distanciassem do termo inglês. À guisa de exemplo, entre outros, podemos mencionar *Das Unbehagen in der Kultur*, que foi traduzido para o inglês como *Civilization and its discontents* (A civilização e seus dissabores), mas que neste livro é mencionado como *O mal-estar na civilização*. O consultor gostaria de agradecer a Renato Mezan pela escuta paciente e generosa colaboração. (*Luiz Meyer*)

FUNDAMENTOS
1856-1905

1. Uma ânsia de conhecimento

Em 4 de novembro de 1899, a editora de Franz Deuticke, com sede em Leipzig e Viena, publicou um livro de vulto de Sigmund Freud, *Die Traumdeutung*. Mas na página de rosto de *A interpretação dos sonhos* constava a data de 1900. Ainda que, à primeira vista, essa informação bibliográfica contraditória reflita apenas uma convenção editorial, retrospectivamente é um bom símbolo da herança intelectual e influência definitiva de Freud. Seu "livro do sonho", como ele gostava de chamá-lo, era produto de uma mente moldada no século XIX, mas tornou-se propriedade — amada, tripudiada, inescapável — do século XX. O título do livro, especialmente em seu alemão lacônico, "Interpretação de sonho", era bastante provocativo. Fazia lembrar aquele tipo de brochura barata, dirigido aos crédulos e supersticiosos, que classifica os sonhos como predições de coisas boas e ruins por acontecer. Freud havia "ousado tomar", comentou ele, "contra as objeções da ciência rigorosa, o partido dos antigos e da superstição".

Mas, por algum tempo, *A interpretação dos sonhos* mostrou-se de pouco interesse geral: em seis anos, foram vendidos apenas 351 exemplares, e somente em 1909 foi lançada uma segunda edição. Se, como Freud veio a crer, seu destino era realmente o de perturbar o sono da humanidade, ele só se realizaria anos depois. É instrutivo comparar essa acolhida morna e insípida àquela recebida por outro clássico revolucionário que moldou a cultura moderna: *A origem das espécies*, de Charles Darwin. Publicado em 24 de novembro de 1859, quase quarenta anos antes do livro dos sonhos de Freud, sua primeira edição de 1250 exemplares foi totalmente vendida numa tarde, e logo seguiram-se novas edições revistas. Subversivo, o livro de Darwin ocupou o centro de agitação de um grande debate sobre a natureza do animal humano, e fora avidamente aguardado. O livro de Freud, que se revelou igualmente subversivo, de início parecia apenas esotérico e excêntrico, iguaria para poucos especialistas. Qualquer esperança de rápida e ampla aceitação que Freud pudesse nutrir mostrou-se irrealista.

O trabalho de Freud fora longo, quase rivalizando com os decênios de silenciosa preparação de Darwin; seu interesse pelos sonhos remontava a 1882, e havia começado a analisá-los por volta de 1894. Por mais lento que tenha sido o avanço de *A interpretação dos sonhos*, ela é a peça central da vida de Freud. Ele observou em 1910 que a considerava sua "obra mais significativa". Se, acrescentou ele, "chegasse a ser reconhecido, a psicologia normal também teria de ser refeita sobre novas bases". Em 1931, no prefácio à terceira edição inglesa, Freud prestou novamente sua ponderada homenagem ao livro dos sonhos. "Ele encerra, mesmo segundo meu atual juízo, a mais valiosa de todas as descobertas que à minha boa sorte coube fazer. Uma percepção dessas ocorre no destino de alguém apenas uma vez na vida."

O orgulho de Freud não era descabido. Apesar dos inevitáveis falsos pontos de partida e dos desvios igualmente inevitáveis de suas primeiras pesquisas, todas as suas descobertas dos anos 1880 e 1890 confluíram para *A interpretação dos sonhos*. E mais: muito do que ele viria a descobrir adiante, e não só sobre os sonhos, estava implícito naquelas páginas. Com abundante material autobiográfico, imensamente revelador, o livro constitui uma fonte ímpar para o biógrafo de Freud. Ele resume tudo o que Freud aprendera — na verdade, tudo o que ele era —, recuando diretamente até o labirinto de sua complexa infância.

MATÉRIA PARA LEMBRANÇAS

Sigmund Freud, o grande decifrador de enigmas humanos, cresceu entre charadas e confusões suficientes para despertar o interesse de um psicanalista. Ele nasceu em 6 de maio de 1856, na pequena vila morávia de Freiberg, filho de Jacob Freud, um comerciante de lãs pobre, e sua mulher Amalia. Os nomes que seu pai registrou para ele na Bíblia da família, "Sigismund Schlomo", não sobreviveram à adolescência de Freud. Ele nunca usou "Schlomo", nome do avô paterno, e, depois de experimentar "Sigmund" nos últimos anos de escola, adotou-o algum tempo após seu ingresso na Universidade de Viena, em 1873.*

A Bíblia dos Freud também registra que Sigismund "ingressou no pacto judaico" — em suma, foi circuncidado — uma semana após seu nascimento, em 13 de maio de 1856. Isso é certo; a maioria das outras informações são muito menos seguras. Freud achava que tinha "razões para crer" que a família de seu pai havia "vivido por muito tempo no Reno (em Colônia), fugido para o leste em virtude de uma perseguição aos judeus nos séculos XIV e XV, e no decorrer do século XIX tornaram a migrar da Lituânia, através de Galícia, até a Áustria germânica". Aqui, Freud se baseava numa tradição familiar: um dia, o secretário da comunidade judaica em Colônia encontrou casualmente seu pai e descreveu-lhe com

* Mesmo então, ele continuou a hesitar: em 1872, ainda na escola, assinou uma de suas cartas como "Sigmund", mas, três anos depois, quando estudava medicina na Universidade de Viena, ele escreveu "Sigismund Freud, est. med. 1875" em seu exemplar de *Die Abstammung des Menschen*, a tradução alemã de *A origem do homem*, de Darwin. Como ele nunca fez nenhum comentário sobre suas razões para encurtar o primeiro nome, todos as conjecturas sobre seu significado para Freud estão fadadas a se manter como puras especulações.

detalhes a ascendência dos Freud, remontando até suas raízes no século XIV em Colônia. As indicações sobre os antepassados de Freud podem ser plausíveis, mas são escassas.

O curso da evolução emocional de Freud, mais do que por essa minúcia cartorial e erudição genealógica, foi modelado pela desconcertante trama de relações familiares, à qual ele achava muito difícil escapar. O emaranhado das configurações domésticas era muito corrente no século XIX, quando eram frequentes as mortes prematuras por parto ou doenças, e muitas vezes as viúvas ou viúvos se casavam logo a seguir. Mas os mistérios com que se deparou Freud eram mais intricados do que o usual. Quando Jacob Freud desposou Amalia Nathansohn, sua terceira mulher, em 1855, ele estava com quarenta anos, vinte a mais do que sua esposa. Dois filhos do primeiro casamento — o mais velho, Emanuel, casado e com filhos, e Philipp, solteiro — eram vizinhos. Emanuel era mais velho do que a jovem e atraente madrasta que o pai trouxera de Viena, ao passo que Philipp tinha apenas um ano menos do que ela. Igualmente intrigante para Sigismund Freud era que um dos filhos de Emanuel, seu primeiro companheiro de jogos, fosse um ano mais velho do que ele próprio, seu pequeno tio.

Freud iria lembrar seu sobrinho John como amigo inseparável e "companheiro de minhas estrepolias". Uma delas (entre as primeiras lembranças de Freud, retrospectivamente investida de uma força emocional erótica que, na época, provavelmente não tinha) ocorreu quando ele contava com cerca de três anos: Sigismund e John caíram em cima de Pauline, irmã de John, num campo onde colhiam flores, e arrancaram-lhe cruelmente o ramalhete. Às vezes, os dois meninos, tão intensos na inimizade quanto na amizade, dirigiam-se mutuamente suas agressões. Um episódio belicoso que entrou no repertório das lendas de família sobre Freud deu-se quando ele não tinha sequer dois anos. Certo dia, o pai de Freud lhe perguntou por que havia atacado John, e Freud, que se ainda não falava, pelo menos pensava com clareza, defendeu-se com habilidade: "Bati nele porque ele bateu em mim".

Retorcendo ainda mais a intricada configuração das relações familiares de Freud, sua bela e jovem mãe parecia, a seus olhos, combinar muito mais com seu meio-irmão Philipp do que com seu pai, mas era com o pai que Amalia Freud partilhava o leito. Em 1858, com menos de dois anos e meio, esse problema se intensificou particularmente: nasceu sua irmã Anna. Ao relembrar esses anos, Freud achava que havia entendido que a irmãzinha saíra do corpo de sua mãe. O que parecera mais difícil de entender era como seu meio-irmão Philipp havia, de algum modo, ocupado o lugar de seu pai, na concorrência pelos amores de sua mãe. Será que Philipp dera à sua mãe aquela nova rivalzinha odiosa? Tudo isso era muito desconcertante, e saber dessas coisas, de certa forma, era tão necessário quanto perigoso.

Tais mistérios da infância deixaram sedimentos que Freud reprimiu durante anos, e só viria a recapturar, através de sonhos e de uma trabalhosa autoanálise, no final dos anos 1890. Sua mente se constituía dessas coisas — a jovem mãe grávida de uma rival, o meio-irmão de alguma misteriosa maneira como companheiro de sua mãe, o sobrinho mais velho do que ele, seu melhor amigo e também maior inimigo, o pai bondoso com idade suficiente para ser seu avô. Ele fiaria o tecido de suas teorias psicanalíticas a partir dessas experiências íntimas. Quando precisou delas, elas voltaram a ele.

Freud não considerou necessário reprimir algumas verdades familiares evidentes. "Meus pais eram judeus", anotou sucintamente no breve "Estudo autobiográfico" de 1925. Com visível desprezo pelos correligionários que haviam procurado proteção contra o antissemitismo no refúgio do batismo, ele acrescentou: "Eu também continuei judeu". Era um judaísmo sem religião. Jacob Freud se libertara das práticas hassídicas de seus antepassados: seu casamento com Amalia Nathansohn foi sacramentado numa cerimônia segundo o rito reformado. Com o tempo, ele dispensou praticamente todas as observâncias religiosas, sobretudo comemorando o Purim e a Páscoa judaica como festas familiares. Seu pai, lembrou Freud em 1930, "deixou-me crescer em completa ignorância de tudo o que se referia ao judaísmo". Mas, embora empenhado em se assimilar, Jacob Freud nunca se envergonhou, nunca tentou negar sua identidade essencialmente judaica. Continuava a ler a Bíblia em casa, em hebraico, para sua edificação moral, e acreditava Freud que "falava a língua santa tão bem ou melhor do que o alemão". Assim, Jacob Freud criou uma atmosfera onde o jovem Freud adquiriu um fascínio duradouro pela "história bíblica", isto é, o Antigo Testamento, desde que "mal adquirira a arte da leitura".

Mas, quando menino, Freud não estava rodeado apenas por judeus, e também isso trouxe algumas complicações. A babá que cuidou dele até seus dois anos e meio era uma devota católica apostólica. A mãe de Freud lembrava dela como uma mulher de idade madura, feia e esperta; alimentava seu pupilo com histórias pias e arrastava-o à igreja. "Então", a mãe de Freud contou a ele, "quando você voltava para casa, você rezava e nos contava o que faz Deus Todo-Poderoso." A babá fez mais, embora não esteja claro exatamente o quanto: ela atuou, sugeriu Freud um tanto indiretamente, como sua mestra em questões sexuais. Ela era rude e muito exigente com o menininho precoce, mas, achava Freud, ele a amara também por isso.

Foi um amor bruscamente interrompido: durante o puerpério da mãe com sua irmã Anna, seu meio-irmão Philipp fez com que a babá fosse detida por um pequeno roubo, e ela foi presa. Freud sentiu intensamente sua falta. Seu desaparecimento, coincidindo com a ausência da mãe, gerou uma lembrança vaga, desagradável, que Freud só conseguiu esclarecer e interpretar muitos anos depois. Ele lembrou que havia procurado desesperadamente a mãe, gritando o tempo todo. Então, Philipp abriu um guarda-louça — em austríaco, um *Kasten* — para mostrar que ela não estava presa lá dentro. Isso não acalmou Freud; só sossegou quando sua mãe apareceu no vão da porta, "esguia e linda". Por que Philipp teria mostrado um guarda-louça vazio a Sigismund, em resposta ao seu apelo à mãe? Em 1897, quando sua autoanálise estava no ponto mais intenso, Freud encontrou a resposta: quando perguntara a Philipp aonde havia ido a babá, seu meio-irmão respondera que ela estava *eingekastelt* — "trancafiada" —, num gracejo referente ao fato de estar na cadeia. Evidentemente, Freud receara que sua mãe também tivesse sido trancafiada. Uma rivalidade infantil com o irmão mais velho que supostamente dera um filho à sua mãe, uma curiosidade sexual igualmente infantil sobre bebês que saem de corpos, e um triste sentimento de privação com a perda da babá agitaram o menino pequeno demais para entender as ligações, mas não para sofrer. Aquela babá católica, velha e pouco atraente como era, tinha significado muito para Freud, quase tanto quanto sua adorável mãe. Como algumas figuras que mais tarde viriam a monopolizar sua vida imaginativa — Leonardo, Moisés, para não falar de Édipo —, o pequeno Freud gostava de receber cuidados amorosos de duas mães.

Apesar de toda a atenção dedicada ao pequeno Sigismund, Jacob e Amalia Freud eram pobres. Em 1856, ano em que nasceu Freud, eles ocupavam uma única peça alugada numa casa modesta. Sua cidade, Freiberg, era dominada pelo campanário alto e esguio da igreja católica, com seus famosos carrilhões, erguendo-se acima de algumas casas ricas e várias residências mais modestas. As principais atrações da cidade, afora a igreja, eram a vistosa praça do mercado e os aprazíveis arredores que ostentavam faixas de campos férteis, bosques densos e colinas suaves, com os montes Cárpatos elevando-se na distância tremeluzente. No final dos anos 1850, a cidade tinha mais de 4500 habitantes, entre os quais cerca de 130 judeus. Os Freud moravam na Schlossergasse 117, numa casa simples de dois andares, em cima dos aposentos do dono, um ferreiro chamado Zajík. Ali, em cima de uma ferraria, nasceu Freud.

Os Freud não ficaram muito mais tempo em Freiberg. Inicialmente, mudaram-se por pouco tempo para Leipzig, em 1859, e depois, no ano seguinte, foram para Viena. A lembrança da pobreza de sua família parece ter sido dolorosa para Freud; numa passagem autobiográfica disfarçada que inseriu num artigo de 1899, ele descreveu a si mesmo como "filho de pais originalmente abastados que, creio eu, viviam naquele buraco de província com bastante conforto". Essa hipérbole é um pequeno exemplo do que Freud viria chamar mais tarde de "romance familiar", essa disposição generalizada entre as pessoas de achar que seus pais são mais prósperos ou mais famosos do que na realidade, ou talvez até de inventar uma linhagem ilustre. Freud estava simplificando os motivos de sua família para sair de Freiberg e embelezando sua vida na cidade. Depois de uma "catástrofe no ramo industrial em que meu pai estava empregado", escreveu, "ele perdeu sua fortuna". Afinal, Jacob Freud nunca conservou totalmente aquilo de que, na verdade, nunca desfrutara. Por algum tempo, de fato, embora a situação melhorasse gradativamente, a mudança dos Freud para Viena pouco desafogo lhes trouxe: "Então vieram longos anos difíceis", escreveu Freud mais tarde; "penso que não houve nada a respeito deles que valesse a pena lembrar".

A fertilidade de Amalia Freud não contribuía para aliviar a precária situação financeira da família. Jacob Freud e sua mulher mudaram-se para Viena com dois filhos, Sigismund e Anna — um filho, Julius, morrera em Freiberg em 1858, aos sete meses. Então, numa rápida sequência, entre 1860 e 1866, Freud foi presenteado com quatro irmãs — Rosa, Marie, Adolfine e Pauline — e com o caçula, Alexander.* Em 1865 e no começo de 1866, o rigor daqueles anos foi intensificado com o indiciamento, condenação e prisão de Josef Freud, irmão de Jacob Freud, por negociar com rublos falsos. A catástrofe foi traumática para a família. Freud não gostava de seu tio Josef, que invadia seus sonhos, e lembrou em *A interpretação dos sonhos* que os cabelos de seu pai, com a calamidade, encaneceram de desgosto em poucos dias. Provavelmente, o desgosto de Jacob Freud se mesclava à angústia: existem indicações de que ele e seus filhos mais velhos, que tinham emigrado para Manchester, estavam implicados nas atividades de Josef Freud.

As dificuldades econômicas e a desgraça familiar não eram as únicas razões pelas quais Freud achava que seus primeiros anos em Viena não mereciam ser lembrados. Ele sentia falta de Freiberg, principalmente dos lindos campos onde se situava a cidade. "Nunca me senti realmente à vontade na cidade", confessou em 1899; "agora penso que nunca superei a saudade dos belos bosques da minha casa, para onde (como prova uma lembrança que resta daqueles dias), mal sabendo andar, eu costumava fugir de meu pai". Em 1931, quando o prefeito de Príbor inaugurou uma placa de bronze, comemorativa, no local de nascimento de Freud, este — então com 75 anos — enumerou rapidamente as vicissitudes de sua vida numa carta de agradecimentos, e destacou uma relíquia conservada de seu passado distante: "No fundo de mim, encoberta, ainda vive aquela criança feliz de Freiberg, o filho primogênito de uma mãe jovem, que havia recebido as primeiras impressões indeléveis desse ar, dessa terra". Isso é mais do que um palavrório de ocasião ou polidez social; a retórica rítmica — "desse ar, dessa terra" — traz sua própria confirmação. Ela desce até as camadas mais secretas da mente de Freud, revelando sua sede nunca saciada por aqueles dias em que amava a mãe jovem e bonita e fugia do velho pai. Não surpreende que Freud nunca viesse a superar seus sentimentos ambíguos a respeito de Viena.

Martin, o filho de Freud, sugeriu que a aversão por Viena, frequentemente expressa por seu pai, era, na verdade, uma declaração de amor encoberta. A característica do autêntico vienense não é a de se deleitar em encontrar defeitos em sua adorada cidade? Com efeito, para alguém que odiava Viena com tanta ferocidade

* Segundo uma tradição familiar registrada por Anna, irmã de Freud, o nome "Alexander" foi escolhido numa reunião da família, sugerido pelo menino Freud, com dez anos de idade, em lembrança da magnanimidade de Alexandre e sua bravura como líder militar. (Ver *Jones* I, p. 18. Para esta e outras abreviaturas e formas reduzidas, ver p. 651.)

como Freud dizia a todos, ele deu mostras de uma rara resistência em deixá-la. Seu inglês era excelente, tinha boas ligações no exterior, contava com convites reiterados de se instalar em outro país, mas ele ficou até que não pôde mais. "O sentimento de vitória com a libertação vem demasiado entremeado com a tristeza", escreveu, já muito velho, logo depois de chegar a Londres, no início de junho de 1938, "pois ainda assim amava-se muito a prisão da qual se fora libertado."

Evidentemente, sua ambivalência tinha raízes profundas; por mais que se pudesse amá-la, Viena se convertera numa prisão. Mas Freud havia semeado declarações de ódio em sua correspondência muito antes que os nazistas entrassem no país. Não há nenhum maneirismo ou afetação nelas. "Poupo-lhe qualquer referência à impressão que me deu Viena", escreveu ele aos dezesseis anos para o amigo Emil Fluss, depois de voltar de Freiberg. "Foi desagradável para mim." Mais tarde, escrevendo de Berlim à sua noiva Martha Bernays, ele confessou: "Viena me oprime — talvez mais do que o que seria bom", bom para ele, pretendia dizer. A Catedral de Santo Estêvão, que domina a linha do horizonte de Viena, para ele era apenas, disse a ela, "aquele abominável campanário". Freud reconhecia que, nesses dardos de crítica hostil, vinha emergindo algo cuidadosamente enterrado. Seu ódio a Viena, julgava ele, tocava as raias do pessoal, "e, ao contrário do gigante Anteu, reúno novas forças sempre que tiro os pés do solo natal". Viena nunca deixou totalmente de ser, para ele, o teatro da miséria, do repetido malogro, da solidão odiada e prolongada, dos incidentes desagradáveis de aversão aos judeus. O fato de passar as férias nas montanhas e em longos passeios pelo campo também dá algumas indicações sobre seus sentimentos. Viena não era Freiberg.

Esse diagnóstico tem seu lado implausível. Nada parece mais desesperadamente urbano do que a psicanálise, essa teoria e terapia inventada pelo e para o burguês da cidade. Freud também era o citadino em sua quintessência, trabalhando todos os dias no consultório e todas as noites no gabinete, dando passeios diários pela Viena moderna que estava sendo construída, quando ele era estudante e jovem médico. Muitos observadores, de fato, consideravam a psicanálise, assim como seu fundador, como um fenômeno não só urbano, mas especificamente vienense. Freud negava isto com veemência: quando o psicólogo francês Pierre Janet sugeriu que a psicanálise só poderia ter brotado na atmosfera sensual de Viena, Freud considerou a insinuação como uma injúria maliciosa e, no fundo, antissemita. Na verdade, Freud poderia ter desenvolvido suas ideias em qualquer cidade que contasse com uma faculdade de medicina de primeira ordem, e um público culto suficientemente rico e numeroso que lhe trouxesse pacientes. É óbvio que Freud, que nunca esqueceu os bosques em torno de Freiberg, não era nenhum caipira ambulante apanhado pelo destino na cidade opressora. Mas a Viena que Freud gradualmente ideou para si não era a Viena da Corte, dos cafés, dos salões ou da opereta. Essas Vienas contribuíram pouquíssimo para o avanço da obra de Freud. Não é por acaso que sua noiva haveria de ser de Hamburgo, seus adeptos preferidos, de Zurique, Budapeste, Londres e lugares ainda mais distantes, e que suas teorias psicológicas viriam a se formar num universo intelectual suficientemente amplo para abarcar toda a cultura ocidental.

* * *

No entanto, foi em Viena que Freud se instalou e ficou. Seu pai não era uma pessoa que facilitasse as coisas. Otimista incurável, pelo menos na aparência, era um pequeno comerciante sem recursos suficientes para enfrentar o mundo em industrialização à sua volta. Ele era amável, generoso, aberto aos prazeres, firmemente convicto dos dotes excepcionais do filho Sigismund. Todos os membros da família o amavam, lembrava seu neto Martin Freud; ele era "extremamente simpático conosco, os pequeninos", trazendo presentes e contando histórias divertidas. Todo mundo "tratava-o com grande respeito". Mas, para seu filho Sigismund, Jacob Freud seria muito mais problemático.

A atraente juventude e extraordinária beleza de sua mãe não facilitavam em nada a tarefa emocional do jovem Freud. Mais tarde, ele recuperaria uma experiência de infância, um daqueles "detalhes significativos" que resgatou da amnésia difusa que reveste os primeiros anos de todo mundo. A lembrança lhe voltou em outubro de 1897, no meio de sua autoanálise, quando as descobertas sobre sua vida inconsciente passaram a emergir para ele numa profusão vertiginosa. Entre dois e dois anos e meio de idade, disse ele a seu amigo íntimo Wilhelm Fliess, sua "libido em relação a matrem havia despertado", durante uma viagem noturna de trem de Leipzig a Viena, quando tivera a "oportunidade de vê-la nudam". Logo depois de recuperar essa intrigante lembrança, Freud recordou que recebera bem a morte de seu irmão de colo, Julius, que havia nascido cerca de dezessete meses depois dele, sentindo "desejos malévolos e autêntico ciúme infantil". Esse irmão e John, sobrinho de Freud, um ano mais velho do que ele, "agora definem o que há de neurótico, mas também de intenso, em todas as minhas amizades". Amor e ódio, essas forças elementares lutando pelo destino humano, forças que viriam a assomar como grandes vultos nos textos psicológicos maduros de Freud, confrontavam-se nessa reminiscência.

Por vezes, Freud cometeu erros notáveis ao recordar-se de seu passado infantil, e eis um deles: na verdade, ele tinha cerca de quatro anos, e não apenas pouco mais de dois, na ocasião em que vislumbrou sua mãe nua — ele era maior, mais forte, mais capaz de voyeurismo e desejo explícito do que se permitiu em consciência, ao recuperar a lembrança de ter visto *matrem nudam*. Não menos notável é que mesmo aos 41 anos, já sendo o menos convencional dos exploradores dos domínios proibidos da sexualidade, Freud não conseguiu narrar esse episódio excitante sem deslizar para um latim seguro e distanciador.

Qualquer que fosse a natureza exata do incidente, seria a apaixonada, enérgica e dominadora mãe quem, muito mais do que o pai amável mas um tanto incapaz, viria a prepará-lo para uma vida de investigação ousada, fama fugidia e êxito incerto. A capacidade de vencer uma doença dos pulmões — a filha mais nova de Freud, Anna, designou-a como um "mal tuberculoso" —, devido à qual ela foi, durante vários verões, a estâncias hidrominerais, é um tributo à sua vitalidade. Afinal, Freud nunca explorou plenamente o significado de seus laços apaixonados e inconscientes com essa imponente figura materna. Embora muitos pacientes seus fossem mulheres e tenha escrito muito sobre elas, durante toda sua vida ele gostou de dizer que a Mulher continuava sendo, para ele, um continente inexplorado. Parece muito provável que parte dessa obscuridade tivesse uma origem autoprotetora.*

Os sentimentos equívocos de Freud em relação ao pai estavam muito mais próximos da superfície. Prova disso é outra de suas lembranças fundamentais da infância, mais patética do que excitante. A recordação perturbou-o e, ao mesmo tempo, fascinou-o. "Eu devia ter dez ou doze anos quando meu pai começou a me levar em seus passeios", e a conversar sobre o mundo que ele conhecera. Um dia, para mostrar como a vida havia melhorado radicalmente para os judeus da Áustria, Jacob Freud contou esse caso ao filho: "Quando eu era rapaz, num sábado fui dar uma volta pelas ruas da cidade onde você nasceu, todo lindamente enfeitado, com um gorro de pele novo na cabeça. Então vem um cristão, de um lanço atira meu gorro no estrume e grita: 'Judeu, fora da calçada!'". Interessado, Freud perguntou ao pai: "E o que você fez?". E veio a calma resposta: "Desci para a rua e apanhei meu gorro". A reação dócil de seu pai, lembrou Freud de modo ponderado mas talvez um pouco duro, "não me pareceu heroica". Então seu pai não era um "homem grande e forte"?

Aguilhoado pelo espetáculo de um judeu covarde rebaixando-se frente a um cristão, Freud desenvolveu fantasias de vingança. Identificou-se com o magnífico e intrépido semita Aníbal, que jurara vingar Cartago, por mais poderosos que fossem os romanos, e elevou-o a símbolo do "contraste entre a tenacidade do povo judeu e a organização da Igreja católica". Eles nunca veriam *a ele*, Freud, apanhando seu gorro da sarjeta imunda.** Este era o garoto que, aos catorze anos, desempenhou o papel de Brutus, num monólogo em *Os bandoleiros*, a peça revolucionária de Friedrich Schiller. Desde os dias de sua infância, uma demons-

* Sobre esse continente inexplorado, a Mulher, ver pp. 503-24.

** Freud tinha ainda, suspeito eu, outra razão para escolher como seu herói favorito o imortal comandante que, contra todas as probabilidades, quase conquistou a odiada, e odiosa, Roma, razão que provavelmente não era consciente para ele. Assim como, ao dar o nome de Alexander ao seu irmão mais novo, ele estava celebrando um conquistador cuja fama tornara-se maior do que a de seu pai Filipe da Macedônia que, por direito próprio, foi um grande homem —, da mesma forma, com Aníbal, ele poderia se identificar imaginariamente com outra poderosa figura cuja fama sobrepujara a de seu pai Amílcar — o qual como Filipe da Macedônia, foi um estadista e líder militar de envergadura histórica. Em sua *Psicopatologia da vida cotidiana*, o próprio Freud relacionou a escolha de Aníbal a seu pai; em *A interpretação dos sonhos*, ele incorrera num curioso lapso, ao chamar o pai de Aníbal como Asdrúbal, ao invés de Amílcar, e julgou que isso se relacionava, de alguma forma, com sua insatisfação pela conduta de Jacob Freud frente aos antissemitas. (Ver *Psychopathology of everyday life*, *SE* VI, pp. 219-20.) Mas, muito provavelmente, havia ainda um elemento edipiano nas escolhas de Freud: ele poderia se mostrar superior a seu pai — quer dizer, vencer a luta edipiana — sem precisar rebaixá-lo demais. Com isso, em casa, Freud seria vitorioso, ao mesmo tempo respeitando seu "inimigo". (Ver também p. 146.)

tração categórica de independência intelectual, raiva controlada, coragem física e respeito próprio enquanto judeu uniram-se num amálgama extremamente pessoal e indestrutível no caráter de Freud.

Se os sentimentos de Freud em relação aos pais eram intricados, a fé deles no filho parecia ser absoluta. No seu aniversário de 35 anos, seu pai deu ao "querido filho" sua Bíblia com uma dedicatória em hebraico. "Foi no sétimo ano de sua vida", iniciava ela, "que o espírito de Deus começou a conduzi-lo ao saber." Realmente, para os Freud, os felizes presságios de futura fama eram muito anteriores à precoce paixão do filho pela leitura. Em sua *Interpretação dos sonhos*, ao buscar uma explicação para um de seus sonhos de ambição, Freud lembrou um conto "que ouvi com muita frequência em minha infância". Parece que, em seu nascimento, "uma velha camponesa havia profetizado à minha mãe, feliz com seu primeiro filho, que ela dera ao mundo um grande homem". Freud comentou sardônico que "tais profecias devem acontecer com muita frequência; existem muitas mães cheias de alegres expectativas e muitas velhas camponesas ou outras anciãs cujo poder no mundo passou, e por isso voltaram-se para o futuro. Mas isso não terá sido em prejuízo da profetisa". Mas seu ceticismo não era inteiramente consistente: ele não se negava a depositar alguma confiança nesse lisonjeiro prognóstico. E observou que o clima numa família que contava e recontava tais casos só poderia alimentar seu desejo de grandeza.

Outro episódio, que ele lembrou com absoluta precisão, reforçara a convicção de seus pais de que albergavam um gênio. Ele tinha onze ou doze anos, e estava sentado com os pais num dos restaurantes do Prater, o famoso parque de Viena. Um poetastro ambulante estava passando de mesa em mesa, improvisando versinhos, em troca de algumas moedas, sobre qualquer tema proposto. "Mandaram-me chamar o poeta à nossa mesa, e ele se mostrou agradecido ao mensageiro. Antes de perguntar pelo tema, soltou alguns versos a meu respeito e, inspirado, declarou que algum dia, provavelmente, eu me tornaria um ministro." No clima liberal que dominava a Áustria nos anos 1860, a profecia parecia plenamente sensata. Olhando para trás, Freud atribuiu seu projeto de estudar direito a impressões desse gênero.

Era absolutamente natural que esse rapaz extremamente promissor fosse o favorito declarado da família. Sua irmã Anna afirma que ele sempre teve um quarto para si, por maiores que fossem as dificuldades financeiras de seus pais. Quando chegaram a Viena, os Freud foram para o tradicional bairro judeu, Leopoldstadt, que se estendia na extremidade nordeste da cidade. Fora outrora o gueto de Viena e, absorvendo um fluxo sempre crescente de imigrantes judeus na Europa Oriental, estava rapidamente se convertendo outra vez numa espécie de gueto. Por volta de 1860, cerca de metade dos 15 mil judeus que moravam em Viena concentrava-se nesse bairro. Leopoldstadt não era apenas um bairro miserável; inúmeras famílias judaicas prósperas optaram por morar lá. Mas a maioria se amontoava em áreas seriamente superpovoadas e pouco atraentes. Os Freud faziam parte dessa maioria.

Depois de algum tempo, Jacob Freud começou a desfrutar de uma módica riqueza, provavelmente subsidiada pelos dois filhos mais velhos e mais afortunados que, estabelecidos em Manchester, tinham se saído muito bem por lá. Mas, mesmo depois de poder se permitir empregadas, uma pintura dos sete filhos, passeios ao Prater e alojamentos mais espaçosos, ele e sua família tiveram que se contentar com seis cômodos. Esse apartamento, para onde se mudaram em 1875, quando Freud estudava na universidade, não era propriamente muito grande para o tamanho considerável da família. Alexander, o caçula, as cinco irmãs de Freud e seus pais se apinhavam em três quartos. Apenas Freud tinha para si o "escritório" como seu domínio privado, um aposento "comprido e estreito, com uma janela dando para a rua", cada vez mais abarrotado de livros, único luxo do adolescente Freud. Era onde ele estudava, dormia e muitas vezes fazia suas refeições sozinho, para não perder tempo de leitura. E era onde recebia os amigos de escola — seus "companheiros de estudos", chamava-os sua irmã Anna, e não seus companheiros de jogos. Ele era um irmão atencioso, mas um tanto autoritário, ajudando Alexander e as irmãs em suas lições e discorrendo para eles sobre o mundo: sua veia didática tornou-se evidente desde os tempos de escola. Ele também agia como um censor bastante puritano. Sua irmã Anna lembrava que, quando estava com quinze anos, ele desaprovou suas leituras de Balzac e Dumas, como demasiado picantes.

A família aceitava a dominação pueril de Freud com serenidade e alimentava seu sentimento de excepcionalidade. Se as necessidades de Freud se chocavam com as de Anna ou dos outros, eram as dele que inquestionavelmente prevaleciam. Quando, absorvido em seus livros de escola, ele reclamou do barulho que faziam as lições de piano de Anna, o instrumento desapareceu para nunca mais voltar. A irmã e também a mãe lamentaram muito, mas sem nenhum rancor visível. Os Freud deviam ser uma das raras famílias de classe média da Europa Central que não dispunham de um piano, mas o sacrifício se dissolvia frente à gloriosa carreira que imaginavam para o estudante ativo e dedicado em seu escritório.

Na Viena da juventude de Freud, apesar das restrições sociais sob as quais ainda viviam os judeus austríacos, as grandes aspirações para jovens judeus de talento não eram de forma alguma utópicas. Desde 1848, o ano das revoluções em todo o continente e da ascensão do imperador Francisco José ao trono, o apático império multinacional dos Habsburgo fora arrastado para as reformas políticas; resistindo com todas as forças, ele estava sendo empurrado à força para o século XIX. Iniciando-se em 1860, ano em que os Freud se instalaram em Leopoldstadt, Viena, uma série de decretos destinados a reforçar a autoridade tradicional teve a inesperada consequência de liberalizar o Estado. Juntos, a imprensa desamordaçada e os partidos políticos recém-formados em luta pelo poder acostumavam os austríacos à arriscada retórica do combate público, à medida que as campanhas eleitorais se tornavam cada vez mais virulentas; o novo Reichsrat, formado para exercer apenas funções consultivas, floresceu como verdadeiro Legislativo, propondo leis e votando o orçamento. Apesar de todas essas ousadas experiências de governo representativo, os eleitores continuavam a ser apenas uma pequena parte da população. Mesmo as reformas eleitorais de 1873, saudadas como um grande avanço, mantiveram a sólida barreira do voto censitário: a eleição dos porta-vozes do povo permanecia sendo um privilégio de apenas 6% dos homens adultos. A autocracia limitada, em suma, deu espaço a um constitucionalismo limitado.

Os remendos de aparência tão espetacular, ao final, revelaram-se como pouco mais que um simples retoque superficial. Numa época de nacionalismo fanático, o regime dos Habsburgo dificilmente conseguia refrear interesses políticos conflitantes e grupos étnicos hostis; quaisquer soluções que os políticos austríacos pudessem arquitetar, na melhor das hipóteses, seriam apenas provisórias. "Em duas décadas", como bem resumiu a historiadora Ilsa Barea, não menos que "oito constituições austríacas foram promulgadas, revogadas, revistas, tentando o federalismo e o centralismo, o voto direto e o indireto, o governo autoritário e o governo representativo." O brilho vistoso da monarquia e da alta sociedade mal conseguia ocultar a falência geral das ideias e o impasse entre forças irreconciliáveis. Guerras temerárias e iniciativas diplomáticas catastróficas concorriam, na disputa pela atenção pública, com a legislação social progressista.

Durante alguns anos, porém, aqueles que apostavam no aperfeiçoamento constante da política, da economia e das relações sociais contaram com algumas indicações convincentes a seu favor. No final dos anos 1860, o ministério imperial estava dominado por funcionários e políticos de classe média dedicados e civilizados: não era à toa que fora chamado de "ministério burguês". Sob esse *Bürgerministerium* e seus sucessores imediatos, o governo transferiu o controle da educação e do casamento para as autoridades seculares, abriu o caminho para casamentos entre pessoas de credos diversos, e introduziu um código penal humanitário. A par com essas incursões pelo liberalismo, o comércio e os bancos, a indústria, os transportes e as comunicações da Áustria realizaram avanços impressionantes: a revolução industrial chegou tarde à Áustria-Hungria, mas chegou. No entanto, tudo se precipitou na incerteza com a quebra do mercado de ações em 9 de maio de 1873, a "Sexta-Feira Negra", que lançou uma sombra sobre essas diversas realizações. Bancarrotas e falências bancárias em massa arruinaram especuladores imprudentes, correntistas sem sorte, homens de negócios, artesãos e agricultores desafortunados. "Os austríacos", escreveu em junho um perspicaz visitante alemão, "perderam todo seu dinheiro, ou melhor, descobriram que nunca tiveram nenhum dinheiro."

Confrontados com a súbita perda de suas economias ou investimentos, e à procura de um bode expiatório, os austríacos entregaram-se a uma orgia de explosões antissemitas. Jornalistas acusavam as "maquinações" dos banqueiros judeus como responsáveis pelo colapso; caricaturistas populares desenhavam corretores de nariz adunco e cabelos crespos, gesticulando furiosamente na frente da Bolsa de Ações de Viena.* Não é por acaso que Freud haveria de datar sua autoconsciência judaica própria a partir de seus anos na universidade, onde iniciou os estudos no outono de 1873.** Mas o tom exacerbado da propaganda antissemita não era o único ingrediente ameaçador na retórica política extremista da época. Ela já tinha sido inflamada por um feroz sectarismo militante, pela consciência operária emergente e pelo irreconciliável descontentamento de minorias nacionais, poloneses, tchecos e outros. As frágeis conquistas dos anos 1860 corriam enormes perigos.

Entretanto, para os judeus austríacos, a época continuou a ser promissora. Desde 1848, a situação jurídica dos judeus em terras habsbúrgicas viera melhorando de modo firme e constante. O ano da revolução trouxe a legalização dos ofícios religiosos judaicos, o fim de impostos especiais, elevados e humilhantes, e o direito, em pé de igualdade com os cristãos, de ter propriedades imobiliárias, ingressar em qualquer profissão e assumir qualquer cargo público. A década de 1850 presenciou a derrubada de monumentos à intolerância tão mortificantes como as leis que proibiam que os lares judeus empregassem criados cristãos, e que os lares cristãos empregassem parteiras judias. Em 1867, praticamente todos os bolsões remanescentes de discriminação legal haviam sido liquidados. Pelo menos para os judeus, os resultados dessas reformas jurídicas eram alentadores.

E mais: em 1860, uma facção liberal havia tomado Viena, inaugurando um reinado em que os afluentes burgueses entre os judeus poderiam contar com a aceitação social e mesmo cargos políticos. De fato, depois do Acordo de 1867, o *Ausgleich*, que transformou os domínios habsbúrgicos dispersos na monarquia dual da Áustria-Hungria, diversos membros do "ministério burguês" eram judeus. Foi a época em que Freud e seus pais encontraram o poeta-profeta no restaurante do Prater; época em que, escreveu ele posteriormente, em *A interpretação dos sonhos*, "todo menino judeu diligente trazia uma pasta ministerial em sua sacola".

Há algo de ligeiramente patético nessa paráfrase que Freud fez, no final dos anos 1890, sobre a memorável máxima revolucionária de Napoleão, que dizia que cada soldado traz um bastão de marechal em sua mochila. O elegante demagogo Karl Lueger, de extraordinária popularidade, que usou o antissemitismo como

* Na verdade, os judeus austríacos sofreram como todos os outros com a "Grande Quebra". O pai de Arthur Schnitzler, por exemplo, "como tantas outras vítimas inocentes, perdeu tudo o que tinha economizado até então". (Arthur Schnitzler, *Jugend in Wien* (1968), p. 48)

** Rememorando aqueles dias numa carta a J. Dwossis, seu tradutor para o hebraico que vivia em Jerusalém, Freud escreveu incisivamente, em 1930, sobre o "antissemitismo alemão". E na verdade, no início dos anos 1870, houvera uma onda muito parecida na Alemanha, empregando a mesma retórica fanática. Mas a variedade austríaca não precisou de nenhum impulso de seu vizinho setentrional, como tampouco depois.

um dos pilares de sua plataforma política oportunista, em 1897 tornara-se o poderoso prefeito de Viena. O ódio aos judeus já tornara-se, havia algum tempo, um ingrediente da política vienense: em 1885, Freud contou à sua noiva que em 1º de junho, dia de eleições, haviam ocorrido "tumultos e manifestações antissemitas". Mas Lueger se tornou o catalisador da nova política dos anos 1890. Embora ele tivesse amigos judeus e, na intimidade, fosse muito mais afável com os judeus do que na fachada teatral que apresentava a seu público fiel, muitos dos adeptos eram mais fanáticos do que seu líder, mantendo uma coerência total em seu antissemitismo. O advento de Lueger, portanto, selou a derrocada do liberalismo austríaco de modo definitivo. Mas o liberalismo, por mais de 35 anos — enquanto Freud crescia, estudava, casava, formava família e se debatia rumo às formulações da psicanálise —, havia sido uma tendência proeminente, ainda que cada vez mais esfarrapada, na política vienense. Era o tipo de atmosfera em que Freud tinha se sentido à vontade. Voltando na velhice a essas impetuosas décadas, ele se referiu a si próprio como "um liberal da velha escola".

Durante os anos 1860 e adiante, o liberalismo foi realmente uma posição de princípio, ao mesmo tempo de prudência, para os judeus de Viena: as alternativas do sionismo e do socialismo ainda não haviam surgido em seu horizonte. Como muitos outros entre seus irmãos emancipados, Freud se tornou um liberal porque a visão de mundo liberal condizia com ele e, como diz o ditado, era boa para os judeus. Freud era pessimista em relação à natureza humana, logo, cético quanto a qualquer tipo de panaceia política, mas não era conservador. Como um burguês com amor-próprio, era intolerante em relação aos aristocratas arrogantes e, ainda mais, aos padres repressores. Considerava a Igreja de Roma e seus apaziguados austríacos como os principais obstáculos no caminho para a plena integração dos judeus à sociedade austríaca. Sabemos que, mesmo quando estudante, ele elaborara fantasias complexas e convenientes onde desforrava uma vingança imaginária contra todos os antissemitas conhecidos. O exuberante crescimento do antissemitismo racial populista proporcionou-lhe novos alvos de ódio, mas ele nunca esqueceu o velho inimigo, o catolicismo romano. Para Freud e outros judeus assimilados, os liberais austríacos representavam um contraste extremamente alentador contra demagogos e padres.

A razão disso é visível. Tinham sido os liberais, afinal, que em 1867 concederam direitos civis plenos aos judeus da Áustria. É notável que a *Neue Freie Presse*, o único jornal de Viena com fama internacional, achasse necessário lembrar aos seus leitores, em 1883, por ocasião de uma manifestação antissemita, que "o primeiro dogma do liberalismo" é "que os cidadãos de todos os credos gozam de direitos iguais". Não surpreende que a *Neue Freie Presse* fosse alimento diário de Freud: o jornal esposava as ideias liberais que ele nutria.

Na época em que o jovem Freud despertou para essas realidades políticas, tais ideias eram correntes entre os judeus austríacos. No meio da campanha eleitoral de 1879, Adolf Jellinek, o principal rabino de Viena, declarou que, "em concordância com seus interesses mais vitais, os judeus da Áustria devem aderir à constituição e às forças do liberalismo". O jornalista e rabino Joseph Samuel Bloch relacionou um autêntico catálogo das virtudes do liberalismo: mais que uma doutrina, mais que um princípio conveniente, era o asilo espiritual do judeu, seu porto de salvação, garantia de liberdade, deusa protetora, rainha de seu coração. E os judeus da Áustria depuseram o voto onde estava o coração: sua adesão aos candidatos liberais foi esmagadora. Freud votava neles sempre que podia.* O clericalismo, o ultramontanismo, um federalismo que favorecesse os elementos não germânicos do império austro-húngaro — tais eram os inimigos dos judeus. As paixões políticas de Freud não iam muito longe, mas a própria escassez de comentários críticos em suas cartas das décadas liberais sugere uma satisfação geral de sua parte, sua concordância de fundo com Jellinek, com Bloch, com a *Neue Freie Presse*. A partir do final dos anos 1890, quando Lueger e colegas passaram a governar a cidade, ele teria mais coisas a dizer.

O advento do liberalismo na política e na cultura foi mais do que a ascensão de um grupo de políticos de ideias semelhantes ao poder. Seus emblemas estavam por toda parte. Acompanhando outras capitais do século XIX — Berlim, Paris, Londres —, Viena estava crescendo e se transformando a uma velocidade estonteante. Em 1860, tinha cerca de meio milhão de habitantes; vinte anos depois, quando Freud concluía seus estudos de medicina, havia mais de 700 mil vienenses, muitos, como os Freud, naturais de outros lugares. Como no caso de Paris, reconstruída pelo barão Haussmann, enérgico, imaginativo e implacável prefeito da cidade, a ponto de torná-la quase irreconhecível, Viena nesses vinte anos mudou de rosto para sempre. Em 1857, Francisco José havia autorizado a demolição das antigas fortificações em torno da cidade interna; sete anos depois, a maioria delas desaparecera, e a Ringstrasse, uma vasta avenida em forma de ferradura, vinha tomando forma. Em 1865, quando o menino Freud, com nove anos, entrou no Leopoldstädter Kommunal-Real- und Obergymnasium, o imperador e a imperatriz inauguraram solenemente aquela grande avenida. De ambos os lados, ergueram-se edifícios públicos, em rápida sucessão, pontilhados por sólidos prédios residenciais, celebrando a cultura e o constitucionalismo liberais. O novo teatro lírico ficou pronto em 1869; dois grandes e pomposos museus foram concluídos doze anos depois; a Câmara do Parlamento neoclássica e a Prefeitura neogótica, expressivas e dispendiosas manifestações arquitetônicas da ideologia liberal, foram inauguradas para seus importantes afazeres em 1883.

Tudo isso era absolutamente impressionante e absolutamente precário. Muitos anos depois, ao tentar captar a essência da Monarquia Dual, o ensaísta e ro-

* Em 2 de junho de 1885, Freud escreveu à sua noiva, Martha Bernays: "As eleições se realizaram ontem, um dia muito agitado para Viena. O partido liberal perdeu quatro cadeiras; em Mariahilf e no bairro Badner foram eleitos antissemitas". (Por permissão de Sigmund Freud Copyrights, Wivenhoe.)

mancista austríaco Hermann Broch lembrou, numa expressão muito citada, "o alegre apocalipse em torno de 1880". O apocalipse estava bem disfarçado, enfeitado com efusões sentimentais de autodefesa sobre o belo Danúbio Azul, a efervescência da alta cultura e os festivos acordes das valsas. Broch tinha a vantagem de uma visão retrospectiva, mas mesmo naqueles anos havia alguns espíritos críticos — não Freud, pois estava ocupado com a medicina e o amor — que consideravam o Danúbio lamacento, a champanha choca e a valsa uma dança desesperada à beira de um vulcão prestes a explodir.

Viena, durante essas décadas, continuou a ser o refúgio predileto dos judeus que emigravam do leste. Continuavam a vir, em número muito maior do que para qualquer cidade alemã, porque, mesmo que os sinais vindos da Áustria fossem contraditórios, a situação em outros lugares estava pior. No final do século XIX, os judeus de Viena compunham um grupo diversificado: velhas famílias estabelecidas, imigrantes do estrangeiro, principalmente da Rússia, recém-chegados das terras habsbúrgicas da Galícia, Hungria ou (como os Freud) da Morávia. Era também um grupo flutuante: assim como milhares de judeus afluíam para a cidade, como um refúgio contra a perseguição e um ancoradouro de ocasião, muitos deixavam-na para se instalar na Alemanha ou no ultramar. Viriam momentos nos anos 1880 e 1890 em que Freud também pensaria em emigrar, talvez para os Estados Unidos, e mais provavelmente para a Inglaterra, que amava desde a juventude.

O impacto da invasão judaica, como gostavam de dizer os antissemitas de todos os matizes, colocou os judeus assimilados de Viena perante um dilema que seus pares em outras cidades, como Berlim ou Londres, também enfrentaram nesses anos, ainda que de maneira menos aguda. Uma certa simpatia pelos refugiados atingidos pela miséria, muitas vezes traumatizados, vindos de uma Europa Oriental mergulhada em trevas, frequentemente era sobrepujada por uma rejeição defensiva contra seus hábitos e aparências. Freud não estava livre de tais sentimentos. Aos dezesseis anos, voltando de uma visita à sua Freiberg natal, ele encontrou num trem um "velho judeu altamente respeitável e uma velha judia correspondente, com uma filhinha melancólica e lânguida e um filho impudente e promissor", e descreveu sua repulsa ao amigo Emil Fluss, também judeu. Considerou a companhia deles "mais insuportável do que qualquer outra", e julgou reconhecer no velho um tipo muito conhecido de Freiberg. "Assim era o filho, com quem ele estava conversando sobre religião. Ele era do tipo de lenho onde o destino entalha o vigarista quando os tempos estão maduros: astucioso, mentiroso, estimulado pelos seus queridos parentes na crença de que tem talento, mas sem princípios nem concepção de vida." Um perseguidor profissional de judeus dificilmente teria se expressado de maneira mais enérgica.*

* Na falta de outras indicações, essa descrição desdenhosa fica um tanto misteriosa. Talvez fosse apenas o esnobismo que um judeu germanófono educado podia partilhar com seus amigos íntimos. Mas como a mãe de Freud também tinha inquestionavelmente um sotaque da Europa Orien-

Muitos dos imigrantes das miseráveis aldeias do leste vestiam-se, falavam e gesticulavam de formas estranhas e desagradáveis aos vienenses; eram exóticos demais para serem familiares, e insuficientemente exóticos para terem algum encanto. Vinham como mascates e pequenos lojistas, mas muitos filhos seus entravam em profissões vulneráveis à crítica fanática e à calúnia fácil: finanças, comércio atacadista ou jornalismo. Nos anos 1880, pelo menos metade de todos os jornalistas, médicos e advogados vienenses eram judeus. Freud, no liceu, ao pensar numa carreira jurídica ou médica, estava se comportando de maneira absolutamente normal. Era o que faziam muitos jovens judeus em Viena. Demonstrando sua proverbial sede de conhecimento, eles entravam em massa nas instituições de ensino de Viena e, como estavam concentrados em poucos bairros, os rapazes se aglomeravam em algumas escolas, e a partir de certa altura as classes pareciam clãs familiares ampliados. Nos oito anos em que Freud frequentou o liceu, entre 1865 e 1873, o número de estudantes judeus ali aumentou de 68 para 300, passando de 44% para 73% do número total de alunos da escola.

Sentindo-se cercados por essa presença judaica crescente, os cristãos austríacos se preocupavam com o fato em revistas de humor, clubes sociais e reuniões políticas. Faziam brincadeiras angustiadas, pleiteavam a assimilação dos invasores "estranhos" ou lançavam, alguns deles, apelos estridentes à sua expulsão. Em 1857, quando Freud tinha um ano de idade, o censo apresentou pouco mais de 6 mil judeus em Viena, exatamente 2% da população. Dez anos depois, com uma legislação favorável e crescentes oportunidades econômicas, grandes vagas de judeus tinham se mudado para a cidade: agora somavam 40 mil, isto é, 6% da população. Em 1872, Jacob Burckhardt, o grande historiador suíço da Renascença, que detestava a pressa e o nervosismo da civilização moderna e considerava os judeus sua encarnação suprema, denunciou severamente, numa de suas visitas, que os judeus estavam mandando em Viena. Num tom de manifesta aprovação, ele notou "a crescente aversão aos judeus onipotentes e sua imprensa totalmente corrupta". Mas a invasão ainda não se encerrara; em 1880, quando haviam aumentado para mais de 72 mil, um entre dez habitantes de Viena era judeu. Quando voltou à cidade, em 1884, Burckhardt encontrou-a totalmente "judaizada" — *verjudet*. É um termo abominável que viria a desfrutar de uma sinistra carreira durante a vida de Freud. Certamente exprimia uma impressão generalizada.

Assim, o século XIX, embora fosse a época da emancipação judaica em toda a Europa, revelou-se um interlúdio difícil entre o velho e o novo antissemitismo. A própria emancipação gerou a reação. O judeu, o arrogante e favorito autoeleito de Deus, assassino de Cristo, tornava-se o judeu, o especulador inescrupuloso e cosmopolita corrosivo. De maneira bastante natural, os filhos repetiam seus pais, e o discurso antijudaico passou da demagogia pública e dos preconceitos

tal, é de se perguntar se Freud negava as origens de sua mãe ou, de modo mais sutil e menos consciente, revoltava-se contra ela.

familiares para as caçoadas diárias dos colegas de escola. Nas classes mais adiantadas do liceu, Freud também começou a reconhecer "as consequências de ser descendente de uma raça estranha". Quando a "agitação antissemita entre meus camaradas de escola me alertou a tomar uma posição", ele se identificou ainda mais intimamente com o herói de sua juventude, o semita Aníbal.

Ao mesmo tempo, as oportunidades que se abriam aos judeus austríacos emancipados ampliavam-se para além do lucro financeiro ou do avanço profissional. Os judeus participavam em posição de destaque na vida cultural de Viena, como seus fautores e intermediários: eram editores, diretores de jornais, donos de galerias, empresários teatrais e musicais, poetas, romancistas, maestros, virtuoses, pintores, cientistas, filósofos e historiadores.* Nomes como Arthur Schnitzler, Karl Kraus, Gustav Mahler dão apenas uma leve ideia da diversidade dessa legião impressionante de talentos. Na burocracia e no exército da Monarquia Dual, os judeus fizeram carreira principalmente depois de se converter ao catolicismo, mas alguns atingiram altos escalões sem o batismo. Várias famílias judaicas receberam título de nobreza, por riquezas ou serviços prestados ao Estado, sem negar e muito menos renunciar a suas origens.

Arthur Schnitzler, seis anos mais novo do que Freud, médico, psicólogo, romancista e dramaturgo, rememorou essa situação ambígua em sua autobiografia: "Naqueles dias — o período de florescimento tardio do liberalismo —, o antissemitismo existia, como sempre existira, como uma emoção nos diversos corações a ele propensos, e como uma ideia com grandes possibilidades de desenvolvimento, mas não desempenhava um papel importante em termos políticos ou sociais. A palavra nem sequer tinha sido inventada, e os que não gostavam dos judeus eram chamados, trocistamente, de 'devoradores de judeus'" — *Judenfresser*. Schnitzler, na sua classe, só via um colega que podia se encaixar nesse gênero, e este era impopular por ser metido a fino, esnobe e burro. O antissemitismo daqueles anos, julgava Schnitzler, não era respeitável nem perigoso. Mas deixava-o angustiado e amargurado. A aversão ao judeu era um incômodo que estava se tornando mais desagradável, mais ameaçador, ao longo dos anos. Uma outra testemunha vienense culta, o dr. Valentin Pollak, nascido em 1871, lembrava: "No início da minha juventude, ainda era apenas um ódio mudo". Era algo "não aceito pela boa sociedade, mas o sentíamos terrivelmente", tendo de se esquivar a ciladas brutais de adolescentes arruaceiros. Os judeus da Áustria tinham esperado algo melhor. Mas até o pleno desdobramento do antissemitismo racial no final dos anos 1890, o otimismo derrotava os presságios sombrios. Era

* Ao rememorar sua estada em Viena no final do século, o romancista judeu-alemão Jakob Wassermann ressaltou que, num forte contraste com a Alemanha, "quase todas as pessoas com quem entrei em contato intelectual ou amigável eram judias [...] Logo reconheci que toda a vida pública era dominada por judeus. Os bancos, a imprensa, o teatro, a literatura, as funções sociais, tudo estava nas mãos de judeus". Como a aristocracia austríaca não se ocupava dessas atividades, elas ficaram entregues a uns poucos inconformistas — e a judeus. [Jakob Wassermann, *Mein Weg als Deutscher und Jude* (1922), p. 102.]

uma época em que os estudantes judeus, Freud e outros, afagavam em suas fantasias um uniforme de general, um atril de professor, uma pasta de ministro ou um bisturi de cirurgião.

A ATRAÇÃO DA PESQUISA

Ambicioso, aparentemente seguro de si, brilhante na escola e voraz em suas leituras, o adolescente Freud tinha todas as razões para crer que à sua frente havia uma carreira ilustre, a mais ilustre que a sóbria realidade lhe permitisse seguir. "No liceu", resumiu sucintamente, "fui o primeiro da classe durante sete anos, mantive uma posição privilegiada, quase nunca passei por exames." Os boletins escolares que ele conservou rendem repetido tributo à sua conduta exemplar e notável desempenho em classe. Os pais, naturalmente, prediziam grandes coisas para ele, e outros, como o professor de religião e amigo paternal Samuel Hammerschlag, reafirmavam de bom grado suas extremosas e extravagantes expectativas.

Mas antes de começar a confirmar as esperanças de seus pais, e suas também, Freud enfrentou um rito de passagem da adolescência: o primeiro amor. Em 1872, com dezesseis anos, ele voltou a Freiberg para uma visita. Um de seus companheiros de viagem era Eduard Silberstein, seu mais íntimo amigo daqueles anos. Os dois haviam formado uma "Academia Espanhola" secreta e exclusiva, sem nenhum outro membro, tratavam-se de brincadeira pelos nomes de dois cachorros de uma das novelas de Cervantes, e trocavam cartas confidenciais em espanhol, além de manter sua correspondência, mais expansiva, em alemão. Num comunicado emocional, Freud confessava um "sentimento melancólico e agradável" pela ausência de seu amigo e seu "anseio" por uma conversa "sincera". Outra de suas mensagens confidenciais ao seu "*Queridisimo Berganza!*" traz a advertência: "Que nenhuma outra mão toque esta carta" — *No mano otra toque esa carta.* Era a carta onde Freud expressava os sentimentos amorosos mais íntimos ao amigo.

O objeto ostensivo da devoção de Freud era Gisela Fluss, um ano mais nova do que ele, irmã de um outro colega de escola, também de Freiberg. Ele estava muito cativado por essa "moça meio ingênua, meio cultivada", mas guardara os sentimentos para si mesmo, culpando seu "hamletismo absurdo" e sua timidez por não conseguir se dar o prazer de uma conversa com ela. Ele continuava a se referir a Gisela Fluss, como fizera por alguns meses, com um trocadilho erudito sobre o nome dela, "Ictiossaura": *Fluss,* em alemão, significa "rio", e o ictiossauro era um animal dos rios, convenientemente extinto. Mas seu "primeiro enlevo", como dizia ele, nunca foi muito além de tímidas alusões e uns poucos encontros comoventes.

Na verdade, a confissão de Freud ao amigo Silberstein sugere com clareza que toda a experiência foi essencialmente uma paixão edipiana tardia: ele se estendia longamente e enumerava com deleite os encantos da mãe de Gisela, uma rica matrona de Freiberg — sua inteligência, cultura, versatilidade, inalterável jovialidade, seu jeito suave com os filhos e sua cordial demonstração de hospitalidade, o que não deixava de ser muito importante para ele. Frau Fluss, assim, muito mais do que Gisela, era o verdadeiro alvo de sua efêmera e taciturna paixão de adolescência: "Parece", reconheceu ele, intuitivamente prevendo o tipo de percepção a que viria a dedicar sua vida, "que eu transferi o respeito pela mãe à amizade pela filha".

Mas Freud logo passou a ter coisas mais sérias em mente. Estava para entrar na universidade, e a escolha da carreira, assim como sua esperança de fama, não estava isenta de conflitos internos e dolorosos reveses lembrados com muita clareza. Na *Interpretação dos sonhos*, ele registrou um incidente humilhante que remontava aos seus sete ou oito anos de idade. Numa noite, ele havia urinado no quarto dos pais, na presença deles. Freud psicanalista, mais tarde, explicaria por que os meninos podem querer fazer isso. Exasperado, Jacob Freud havia dito ao filho que ele nunca chegaria a nada. A lembrança desse episódio perseguiu o jovem Freud durante anos. Fora um "golpe terrível em minha ambição", e ele continuou a revivê-lo em sonhos. Talvez o incidente não tenha ocorrido realmente dessa forma. Mas como as lembranças distorcidas não são menos, e possivelmente são até mais, reveladoras do que as lembranças exatas, esta parece encerrar seus desejos e dúvidas. Sempre que a rememorava, confessou Freud, rapidamente enumerava seus êxitos, como que para mostrar vitoriosamente ao pai que, afinal, ele chegara a alguma coisa.* Se de fato urinou no quarto dos pais, deve ter sido uma ocasião rara no lar dos Freud: o menino senhor de si rendendo-se a um impulso momentâneo, ainda que irresistível, o pai afetuoso explodindo numa irritação passageira. Em geral, o menino de ouro dos Freud não faria nada errado — e não fez.

Os impulsos que moviam a busca de grandeza de Freud — dos quais não se pode excluir a necessidade de vingança e autojustificação — não eram nada transparentes. Por isso os motivos que ditaram sua opção pela medicina, e o curso que ele seguiria a partir dessa decisão, são de difícil destrinçamento. A versão de Freud, embora precisa, exige interpretação e refinamento. Ele registra seus conflitos, mas altivamente simplifica as soluções. "Sob a influência poderosa de uma amizade com um colega do liceu um pouco mais velho, que mais

* Freud relatou essa cena como parte de sua interpretação do sonho do conde Thun. Como os comentadores indicaram corretamente, há complexidades atrás de complexidades. Parece possível que Freud tenha invadido o quarto de seus pais por curiosidade sexual e, então, urinado por excitação. Mais pertinente à questão, em 1914 Freud acrescentou o comentário de que urinar na cama, ao que às vezes ele estava sujeito quando tinha dois anos de idade, e que associou intimamente à cena do quarto dos pais, está relacionado com a ambição como traço de caráter. (Ver *Interpretation of dreams*, *SE* IV, p. 216.) Para o melhor resumo, ver Didier Anzieu, *Freud's self-analysis* (2ª ed., 1875; trad. inglesa de Peter Graham, 1986), pp. 344-6.

tarde ficou muito conhecido como político, eu também quis estudar direito e me tornar socialmente ativo." O amigo de escola era Heinrich Braun, que acabou como um dos diretores de jornal e líderes políticos social-democratas mais importantes da Áustria. "No entanto, as doutrinas de Darwin, então correntes, atraíram-me fortemente porque prometiam um extraordinário avanço em nossa compreensão do mundo; e sei que a leitura do belo ensaio 'Sobre a natureza', de Goethe, numa conferência pública, pelo professor Carl Brühl pouco antes dos meus exames escolares finais, levou-me a estudar medicina."

O episódio traz uma certa marca de mitificação ou, pelo menos, de excessiva redução. Carl Bernhard Brühl, um importante especialista em anatomia comparada e professor de zootomia na Universidade de Viena, era um conferencista popular que absorvia a atenção dos ouvintes. O fragmento que alterou a disposição de Freud é um hino emocional e altissonante que celebra a natureza erotizada como uma mãe envolvente, quase sufocante, em constante renovação. Ele pode ter dado o impulso final a uma decisão que vinha amadurecendo havia algum tempo na mente de Freud. Ele o disse mais de uma vez. Mas não foi absolutamente uma revelação súbita. Muito se passara antes, para que o fragmento em estilo goethiano pudesse receber o significado que Freud lhe atribuiria. Afinal, não era sequer de Goethe.

Qualquer que fosse o rumo exato das ruminações de Freud, em meados de março de 1873 ele informou ao amigo Emil Fluss, num tom que qualificou compenetradamente de oracular, que "poderia contar algumas novidades, talvez as mais importantes da minha insignificante vida". Então hesitou, de uma maneira provocativa e ambivalente pouco usual nele. O assunto ainda não estava maduro para decisão e discussão: "Eu não quis passar adiante algo que ainda não era fato consumado, que depois teria de retirar". Somente em 1º de maio, Freud conseguiria esclarecer o assunto. "Se eu revelar, você não vai ficar desapontado?", perguntou a Fluss. "Então aí vai: decidi me tornar cientista natural." Deixaria o direito de lado. Mas, mantendo seu jeito despreocupado, Freud recorreu ao vocabulário jurídico, como que sugerindo alguma duradoura afeição pela carreira que abandonava: "Vou examinar os documentos milenares da natureza, talvez me intrometa pessoalmente em seu eterno litígio e dividirei minhas vitórias com todos os que queiram aprender". É um comentário alegre, até espirituoso, mas indica a persistência dos conflitos superados, ou melhor, resolutamente postos de lado. Em agosto do mesmo ano, de fato, Freud anexou a uma carta a Silberstein um cartão de visitas impresso que dizia: "Sigismund Freud/ est. dir.". Podia ser uma brincadeira, mas uma brincadeira que sugeria certo pesar.

Escrevendo em 1923, Fritz Wittels, um médico vienense que se tornou um dos seguidores independentes de Freud e seu primeiro biógrafo, comentou com perspicácia que a reivindicação de Freud quanto ao lugar do fragmento "Sobre a natureza" em sua vida parece ser uma recordação encobridora, a típica lembrança inócua que oculta por trás de sua falsa clareza alguma experiência passada mais grave e menos inequívoca. A visão materna invocada pelo fragmento lido por Brühl, com sua promessa de proteção afetuosa, calor envolvente e inexaurível nutrição, pode ter atraído Freud, então um adolescente impressionável. Mas, qualquer que fosse seu impacto, "Sobre a natureza" caiu em solo fértil.

Em todo caso, é extremamente improvável que algum prudente e prático conselho dos pais tenha tornado a medicina mais sedutora do que o direito: Freud teve o cuidado de registrar em letra impressa que, embora sua família "vivesse em condições muito difíceis, meu pai insistia que, ao escolher minha profissão, eu deveria seguir apenas minhas inclinações". Assim, se a lembrança de ter ouvido "Sobre a natureza" realmente era uma recordação encobridora, devia estar ocultando motivos emocionais, e não razões de prudência. Embora tivesse escolhido a medicina livremente, ele escreveu, em seu "Estudo autobiográfico", que "não sentia nenhuma predileção especial pela posição e atividade de um médico naqueles primeiros anos, e aliás nem depois. Pelo contrário, eu era movido por uma espécie de ânsia de conhecimento". Este é um dos trechos autobiográficos mais sugestivos que Freud jamais publicou. Freud psicanalista indicaria mais tarde, como a verdadeira fonte da investigação científica, a curiosidade sexual dos jovens. Numa especulação razoável, pode-se considerar o episódio no quarto dos pais, aos sete ou oito anos, como expressão direta, um tanto grosseira, dessa curiosidade, mais tarde refinada na pesquisa.

O estudo da medicina prometia a Freud recompensas psicológicas que iam além da sublimação de sua sede original de conhecimento. Quando jovem, notou mais tarde, ele ainda não havia entendido a utilidade da observação (que implica distância e objetividade) para sua insaciável curiosidade. Pouco antes de se casar, ele esboçou um pequeno autorretrato para sua noiva, o qual sugere essa mesma falta de distanciamento frio: ele se sentia como o herdeiro de "todas as paixões de nossos ancestrais, quando defendiam seu templo". Mas, impotente, incapaz de exprimir suas "paixões ardentes numa palavra ou num poema", ele sempre tinha se "suprimido". Muitos anos depois, quando seu biógrafo Ernest Jones lhe perguntou o quanto lera de filosofia, Freud respondeu: "Muito pouco. Quando jovem, senti forte atração pela especulação e refreei-a implacavelmente". No último ano de sua vida, ele ainda falava, com o mesmo jeito, de "uma certa reserva frente à minha propensão subjetiva em conceder demais à imaginação na investigação científica". Sem dúvida, Freud achava essencial manter frouxas as rédeas de sua imaginação científica, principalmente durante os anos de descobertas. Mas em suas avaliações de si mesmo — em cartas, memorandos científicos confessionais e conversas gravadas —, ressoa um certo temor de se perder num pântano de especulações e uma forte vontade de autocontrole. Quando já estava no terceiro ano da universidade, em 1875, Freud ainda pensava em "obter um doutorado nas áreas de filosofia e zoologia". Mas ao final a medicina prevaleceu, e sua virada para a medicina, um estudo rigoroso, meticuloso, empírico, responsável, foi uma forma não de abraçar a amorosa e sufocante Mãe Natureza, mas de fugir dela ou, pelo menos, de mantê-la a uma certa distância. A medicina fez parte da conquista de si mesmo empreendida por Freud.

Mesmo antes de se formar com distinção no liceu em junho de 1873, Freud reconhecia que a natureza que mais avidamente queria entender era a natureza humana. Sua ânsia de conhecimento, observou retrospectivamente, estava "mais dirigida para os assuntos humanos do que para os objetos naturais". Cedo revelou essa disposição em cartas para os amigos mais próximos, cheias de ousada curiosidade e percepções psicológicas. "Agrada-me", escreveu a Emil Fluss em setembro de 1872, quando tinha não mais de dezesseis anos, "apreender a espessa tessitura de fios encadeados que o acaso e o destino teceram em torno de todos nós." Jovem como era, Freud já considerava altamente suspeitas as comunicações meramente superficiais. "Notei", queixou-se a Eduard Silberstein no verão de 1872, "que você me permitiu conhecer apenas uma seleção de suas experiências, mas reservou seus pensamentos totalmente para si." Ele já estava procurando revelações mais profundas. Contando sobre a exposição internacional realizada em Viena na primavera de 1873, ele disse que a achara agradável e bonita, mas de forma alguma irresistível. "Não consigo encontrar um quadro amplo e coerente da atividade humana, assim como não consigo descobrir os traços de uma paisagem num herbário." A "grandeza do mundo", continuava ele, reside na multiplicidade das possibilidades, mas, infelizmente, "não é uma base sólida para nosso autoconhecimento". São palavras de um psicólogo nato.

A ambivalência de Freud quanto à prática da medicina não era tão acentuada a ponto de afetar seu desejo de curar ou seu prazer no restabelecimento. Em 1866, quando era um escolar de dez anos, já havia demonstrado energicamente inclinações humanitárias, implorando aos professores que organizassem uma campanha para enviar ataduras às tropas austríacas feridas na guerra contra a Prússia. Quase dez anos depois, em setembro de 1875, quando estava havia dois anos matriculado na faculdade de medicina, ele confessou a Eduard Silberstein que "agora tenho mais de um ideal. Ao ideal teórico dos meus anos anteriores, agora se acrescentou um prático. No ano passado, se perguntassem qual era meu maior desejo, eu teria respondido: um laboratório e tempo livre, ou um navio no oceano com todos os instrumentos de que precisa o pesquisador". Evidentemente, seu admirado Darwin, que passara anos tão fecundos no *Beagle*, estava presente em Freud ao elaborar sua fantasia. Mas a descoberta de verdades científicas não era o único desejo de Freud. "Agora", prosseguia ele, "hesito se não deveria dizer com mais precisão: um grande hospital e muito dinheiro, para diminuir alguns dos males que acometem nossos corpos ou para removê-los do mundo." Esse desejo de lutar contra a doença apareceria periodicamente. "Hoje cheguei à casa do meu paciente totalmente sem saber como conseguiria reunir a simpatia e a atenção necessárias para com ele", escreveu à noiva em 1883, "eu estava muito cansado e apático. Mas quando ele começou a se queixar", a letargia de Freud "sumiu quando percebi que, aqui, eu tinha uma tarefa e uma importância."

Mas a sublimação mais coerente de sua curiosidade infantil passou para as investigações científicas, para os enigmas da mente e da cultura. Em 1927, numa visão retrospectiva, ele insistiu que nunca fora propriamente um médico, e havia encontrado seu caminho de volta para sua verdadeira vocação depois de um trajeto longo e tortuoso. E novamente, em sua última retrospectiva autobiográfica, escrita em 1935, quando estava com quase oitenta anos, ele mapeou o "desenvolvimento regressivo" que seguira depois de um "desvio durante toda uma vida pelas ciências naturais, medicina e psicoterapia", para voltar a "aqueles problemas culturais que outrora haviam fascinado o jovem, que mal despertara para o pensamento". O desvio, como veremos, foi menos diversionista do que as palavras de Freud podem sugerir. Tudo, como dizem os psicanalistas, foi grão para seu moinho.

Desde cedo na Universidade de Viena, Freud se deparou com o antissemitismo, suficientemente irritante, enfurecedor e memorável para encontrar um lugar proeminente em sua autobiografia, meio século depois. Ele fez questão de notar que havia reagido com desprezo, e mesmo truculência. Tipicamente, converteu a raiva em vantagem. Alguns colegas cristãos esperavam insolentemente que ele fosse se "sentir inferior" e estranho ao povo austríaco — *nicht volkszugehörig* — "porque eu era judeu". Mas ele recusou "decididamente" esse convite à humildade: "Nunca entendi por que eu deveria me envergonhar de minha ascendência ou, como estavam começando a dizer, de minha raça". Com o mesmo amor-próprio, "sem muito pesar", ele abandonou o duvidoso privilégio de ser membro, sentindo que seu isolamento lhe cairia bem. Ser condenado à oposição, julgava ele, alimentava sua tendência "a uma certa independência de opinião". Lembrando o honesto e corajoso dr. Stockmann em *Um inimigo do povo*, de Ibsen, Freud declarou ter gostado de ser rigorosamente excluído da "compacta maioria".*

Ele não estava apenas se vangloriando após o ocorrido. A coragem física e moral de Freud é notória. No começo de 1875, ele disse a Eduard Silberstein que sua confiança no geralmente aceito havia diminuído e sua "inclinação secreta

* Por volta do Natal de 1923, Freud leu uma prova tipográfica da biografia de Fritz Wittels sobre ele, e fez anotações à vontade. Ao falar dos primeiros anos de Freud, Wittels escrevera: "Seu destino como judeu na área cultural alemã quase o deixou doente com o sentimento de inferioridade, ao qual nenhum judeu alemão pode escapar". O comentário à margem de Freud foi "!" — sua forma de expressar enérgico desacordo. É possível que a enfática alegação de Freud de ter sido poupado ao sentimento de inferioridade fosse uma reação indireta à caracterização de Wittels. (Ver pp. 14-5 no exemplar de Freud do livro de Wittels, *Sigmund Freud*, Freud Museum, Londres.)

pelas opiniões minoritárias aumentara". Essa atitude o sustentou em seus confrontos com a instituição médica e suas opiniões solidamente arraigadas. Mas reservou uma fúria especial contra os antissemitas. Em 1883, numa viagem de trem, encontrou vários deles. Zangados porque Freud abrira a janela para entrar um pouco de ar fresco, eles o chamaram de "judeu miserável", criticaram mordazmente seu egoísmo não cristão e se ofereceram para lhe "dar uma lição". Mantendo uma aparência imperturbável, Freud convidou seus adversários a se levantar, gritou com eles e triunfou sobre a "ralé". No mesmo estilo, seu filho Martin lembrou que, em 1901, na estância de verão de Thumsee, na Bavária, Freud debandou um grupo com cerca de dez homens, e algumas mulheres, que haviam gritado insultos antissemitas contra Martin e seu irmão Oliver, investindo furiosamente contra eles com sua bengala. Freud devia considerar esses momentos como gratificantes contrastes em relação à submissão passiva de seu pai ao receber intimidações.

Essas mostras de combatividade viriam no futuro; a vida universitária nos anos 1870 ainda não estava desfigurada por tumultos estudantis antissemitas, como viria a ocorrer posteriormente. Naquela época, Freud precisava apenas de coragem moral — e um rumo. Ele começou sua carreira universitária cedo, aos dezessete anos; terminou-a tarde, em 1885, quando estava com 25 anos. Sua imensa curiosidade e suas preocupações com a pesquisa impediram-no de se formar no prazo usual de cinco anos. A universalidade de Freud era programática. "Quanto ao primeiro ano na universidade", anunciou a seu amigo Silberstein, "vou dedicá-lo inteiramente ao estudo de temas humanísticos, que não têm absolutamente nada a ver com minha futura profissão, mas que não serão inúteis para mim." Ele jurou que, se indagado quanto a seus planos, se recusaria a dar "uma resposta definida, e diria simplesmente — oh, um cientista, um professor, algo assim". Por mais crítico que estivesse se tornando em relação à filosofia e àqueles que, como Silberstein, haviam "se rendido à filosofia por desespero", Freud pessoalmente dedicou-se bastante à filosofia naqueles anos. É significativo, porém, que o pensador que leu com maior proveito tenha sido Ludwig Feuerbach. "Entre todos os filósofos", informou a Silberstein em 1875, "é este homem que mais venero e admiro."

Um herdeiro do Iluminismo do século XVIII como Freud necessariamente encontraria muitos motivos de admiração em Feuerbach, intelectualmente o mais vigoroso entre os hegelianos de esquerda. Feuerbach havia cultivado um estilo depurado das áridas abstrações que desfiguravam a prosa acadêmica alemã, e uma postura combativa que encantava, ou amedrontava, seus leitores ao brandir armas contra os "juízos tolos e pérfidos" de seus detratores. Ele tinha muito a ensinar a Freud, tanto em conteúdo como no estilo: considerava seu dever desmascarar a teologia, revelar suas raízes puramente mundanas na experiência humana. A teologia devia se converter em antropologia. Estritamente falando,

Feuerbach não era ateísta, estando mais empenhado em resgatar a verdadeira essência da religião das mãos dos teólogos do que em destruí-la de todo. Mas sua doutrina e método tinham o propósito de formar ateístas. O ponto central de seu trabalho sobre a religião, escreveu ele em seu livro mais famoso, *A essência do Cristianismo*, publicado pela primeira vez em 1841, era fundamentalmente "a destruição de uma *ilusão*", uma ilusão, ademais, "*absolutamente perniciosa*". Freud, que veio a se considerar como um destruidor de ilusões, julgou essa postura profundamente compatível consigo próprio.

Feuerbach era compatível com Freud ainda sob outro aspecto: era quase tão crítico em relação à maior parte da filosofia como quanto à teologia. Ele apresentou sua maneira própria de filosofar como a verdadeira antítese, a "dissolução", da "especulação *absoluta, imaterial, enfatuada*". De fato, ele reconheceu (ou melhor, avisou), à semelhança do que Freud viria a fazer mais tarde, que não tinha talento para o "filosófico formal, o sistemático, o metodológico-enciclopédico". Estava em busca não de sistemas, mas da realidade, e chegava a negar à sua filosofia o nome de filosofia, e a si mesmo o título de filósofo. "Não sou senão *um pesquisador intelectual da natureza*" — um *geistiger Naturforscher*. Era um nome que Freud julgaria adequado para si próprio.

As explorações filosóficas de Freud como jovem estudante universitário levaram-no ao ambiente atraente e revigorante do filósofo Franz Brentano; assistiu a não menos que cinco séries de conferências e seminários oferecidos por esse "sujeito danado de esperto", esse "gênio", e procurou-o para entrevistas particulares. Brentano, ex-padre, era um eloquente intérprete de Aristóteles e da psicologia empírica. Um instigante professor que acreditava em Deus e, ao mesmo tempo, respeitava Darwin, ele levou Freud a questionar as convicções ateístas que levara consigo para a universidade. "Temporariamente", confessou Freud a Silberstein, quando a influência de Brentano estava no auge, "não sou mais um materialista, e também ainda não um teísta." Mas Freud nunca se tornou um teísta; no fundo ele era, como informou ao amigo no final de 1874, "um estudante de medicina ateu e um empirista". Quando conseguiu superar os persuasivos argumentos com que Brentano o assoberbara, Freud voltou para sua descrença e aí permaneceu. Mas Brentano havia estimulado e tornado mais complexo o pensamento de Freud, e seus textos sobre psicologia deixaram sedimentos significativos na mente de Freud.

Toda essa atividade intelectual se mostra um tanto distante do estudo da medicina, mas Freud, aparentemente à deriva, era um aprendiz de explorador esquadrinhando em torno. As reservas que nutriu durante toda sua vida em relação ao estudo especializado da medicina foram um legado desses anos.* Afora as oportunidades, oferecidas pela sua formação médica, de ouvir conferencistas memoráveis e realizar pesquisas que o fascinavam, é indubitável que Freud a

* Essa postura viria a ser um elemento importante em sua defesa de analistas leigos. Ver pp. 493-503.

considerava um benefício precário. Mas seus professores eram o máximo que ele poderia ter desejado. Durante o período em que frequentou a Universidade de Viena, como estudante e pesquisador, o corpo docente de medicina formava uma confraria magnífica, altamente seleta. Seus membros, em sua maioria, haviam sido importados da Alemanha: Carl Claus, que chefiava o Instituto de Anatomia Comparada, fora recém-transferido de Göttingen; Ernst Brücke, o famoso fisiologista, e Hermann Nothnagel, que comandava o Departamento de Medicina de Doenças Internas, tinham nascido no norte da Alemanha e se formado em Berlim; Theodor Billroth, um famoso cirurgião, talentoso músico amador e um dos amigos mais íntimos de Brahms, fora atraído a Viena depois de ocupar cátedras em sua Alemanha natal e em Zurique. Esses professores, luminares em seus campos, davam um ar de distinção intelectual e amplitude cosmopolita à provinciana Viena. Não é por acaso que a escola de medicina, naqueles anos, atraiu cada vez mais estudantes estrangeiros — de outras partes da Europa e dos Estados Unidos. Em seu *Guia aos estudantes americanos de medicina na Europa*, livro informal e informativo publicado em 1883, o neurologista americano Henry Hun não poupou elogios a Viena: "Além de suas vantagens médicas", escreveu ele, "Viena é uma cidade encantadora para se viver". Elogiou sua "vida de café", seu teatro lírico e jardins públicos, e seu povo por ser "afável, elegante e devotado ao prazer".

Freud levantaria objeções a grande parte desse pródigo elogio. Tivera experiências não propriamente agradáveis com os vienenses, não frequentava muito os cafés e raramente ia à ópera. Mas de bom grado subscreveria a apresentação da faculdade de medicina de Viena como um corpo de homens ilustres com reputação internacional. Seus professores ainda tinham uma outra virtude a seus olhos: não queriam ter nada a ver com a agitação antissemita que se espalhava como uma nódoa pela cultura de Viena. O liberalismo deles confirmava a ideia de Freud a seu próprio respeito, a de que era algo melhor do que um pária. Nothnagel, em cujo departamento Freud começou a trabalhar pouco depois de obter seu diploma de médico, era um franco defensor das causas liberais. Inveterado conferencista público, em 1891 fundou a Sociedade de Combate ao Antissemitismo; três anos depois, foi obrigado a interromper suas conferências devido aos ataques de estudantes antissemitas desordeiros. Brücke, tão civilizado quanto Nothnagel, ainda que menos engajado, tinha amigos judeus e, além disso, era um liberal declarado em política, o que significava que partilhava da hostilidade de Freud em relação à Igreja católica. Assim, Freud tinha sólidas razões, tanto políticas como científicas, para se lembrar de seus professores como homens que podia "respeitar e adotar como modelos".

No início do verão de 1875, Freud pôs uma certa distância entre si e aquela abominável torre da igreja de santo Estêvão. Foi visitar seus meio-irmãos em Manchester, numa viagem havia muito prometida e havia muito adiada. A Inglaterra ocupava suas fantasias havia anos; desde a infância lia e apreciava muito a literatura inglesa. Em 1873, dois anos antes de ver o país pela primeira vez, ele havia informado a Eduard Silberstein que estava "lendo poemas ingleses, escrevendo cartas em inglês, declamando versos ingleses, ouvindo descrições inglesas e ansiando por paisagens inglesas". Se isso continuasse, gracejou ele, iria pegar "o mal inglês".* Depois da visita à sua família na Inglaterra, ele continuou a se preocupar com seu futuro tanto quanto antes. A cordial acolhida que teve em Manchester e suas impressões sobre a Inglaterra em geral levaram-no a considerar a possibilidade de se mudar para lá. Gostava muito mais da Inglaterra do que de sua terra natal, disse a Silberstein, apesar de sua "neblina e chuva, embriaguez e conservadorismo". A visita foi inesquecível; sete anos depois, numa emocionada carta à noiva, ele relembrou as "impressões indeléveis" que levara para casa, a "sóbria diligência" da Inglaterra e "sua generosa dedicação ao bem-estar público", para não falar da generalizada "pertinácia e delicado senso de justiça de seus habitantes". A experiência da Inglaterra, disse a ela, fora "uma influência decisiva" em sua vida.

A viagem de Freud aguçou o foco de seus interesses. Os livros científicos ingleses, escreveu a Silberstein, os textos de "Tyndall, Huxley, Lyell, Darwin, Thomson, Lockyer e outros" sempre o manteriam um adepto daquele país. O que mais o impressionou foi seu empirismo coerente, sua aversão a metafísicas grandiosas. "Estou", acrescentou imediatamente com uma ilação íntima, "mais descrente do que nunca quanto à filosofia." Gradativamente, os ensinamentos de Brentano estavam desaparecendo num segundo plano.

De fato, Freud, por algum tempo, pouco precisaria da filosofia. Ao voltar, ele começou a se concentrar em seu trabalho no laboratório de Carl Claus, e Claus, entre os divulgadores mais eficientes e prolíficos de Darwin em língua alemã, logo deu a Freud uma oportunidade de se distinguir. Ele fora trazido a Viena para modernizar o Departamento de Zoologia e elevá-lo ao nível de outras divisões da universidade, e havia conseguido obter fundos para montar uma estação experimental de biologia marinha em Trieste. Parte da dotação foi destinada a subsídios para um pequeno número de estudantes bem-dotados, que lá realizariam pesquisas estritamente delimitadas. Freud, que contava claramente com as boas graças de Claus, foi um dos primeiros escolhidos e, em março de 1876, seguiu para Trieste. Isso lhe ofereceu um primeiro relance do mundo mediterrânico, que posteriormente viria a explorar com tal diligência, verão após verão, com infatigável deleite. Ele foi com uma tarefa que refletia o interesse duradouro de Claus pelo hermafroditismo: verificar a recente afirmação de um pesquisador polonês, Simone de Syrski, de que havia observado gônadas em enguias. Era uma descoberta assombrosa — se pudesse ser comprovada. Pois, como Freud expôs a questão em seu relatório, tinham sido feitos "inúmeros esforços ao longo dos séculos" para encontrar os testículos da enguia, e todos malograram. Se

* "O mal inglês" — *die englische Krankheit* — era o apelido alemão para o raquitismo.

Syrski estava certo, a ideia tradicional da enguia como animal hermafrodita se mostraria infundada.

Os primeiros esforços de Freud foram baldados. "Todas as enguias que abri", confiou a Silberstein, "são do sexo mais frágil." Mas nem todos os seus relatórios eram pura ciência; Freud permitiu-se um interesse não só pelas enguias, como também pelas moças de Trieste. Esse interesse, sugerem suas cartas, era distante, puramente acadêmico. Traindo uma certa ansiedade frente aos atrativos das sensuais "deusas italianas" que via em seus passeios, Freud comentava sua aparência e suas pinturas, e mantinha-se distante delas. "Visto que não é permitido dissecar seres humanos", escreveu com um humor que encobria certa timidez, "não tenho de fato absolutamente nada a fazer com elas." Saiu-se melhor com as enguias: depois de duas estadas em Trieste e após dissecar uns quatrocentos espécimes, Freud podia confirmar, parcial e inconclusivamente, a asserção de Syrski.

Foi uma contribuição louvável, mas quando rememorou mais tarde suas primeiras aventuras pela pesquisa rigorosa Freud se referiu a elas com algum desdém.* Ao avaliar a trajetória de sua mente, ele conseguia ser muito injusto consigo mesmo. A busca das gônadas da enguia contribuiu para ensinar a Freud a observação paciente e exata, o tipo de atenção concentrada que mais tarde julgaria tão indispensável ao ouvir seus pacientes. Quaisquer que fossem suas razões — e não se pode excluir uma dose de obscura antipatia —, as referências de Freud a seu trabalho com Claus mostram um certo descontentamento consigo mesmo e com os outros. É notável que Freud não tenha encontrado lugar para o nome de Claus em seus escritos autobiográficos.

Os sentimentos de Freud em relação a seu mentor seguinte, o grande Brücke, oferecem um contraste radical. "No laboratório de fisiologia de Ernst Brücke", escreveu ele, "finalmente encontrei sossego e plena satisfação." Sentia-se livre para admirar — e tentar imitar — "o próprio mestre Brücke" e seus assistentes. Um deles, Ernst von Fleischl-Marxow, uma "personalidade desconcertante", Freud veio a conhecer bem. Também encontrou no círculo de Brücke um amigo cuja participação na formação da psicanálise seria decisiva: Josef Breuer, importante fisiologista e médico de sucesso, rico, extremamente culto, quinze anos mais velho do que ele. Os dois logo travaram as melhores relações; Freud adotou

* Quando o psiquiatra suíço Rudolf Brun, em 1936, pediu a Anna Freud que lhe enviasse alguns dos "primeiros textos neurológicos" de seu pai, ela respondeu que ele tinha pouco apreço por essas pesquisas. "Ele acha que, se o senhor se ocupar delas, vai ficar desapontado." (Anna Freud a Rudolf Brun, 6 de março de 1936, Freud Collection, B1, LC.)

Por muito tempo foi tentador considerar a pesquisa de Freud sobre os testículos da enguia como um exemplo inicial de seu interesse na sexualidade. Mas essa reconstrução hipotética de sua biografia íntima está no mesmo nível da alegação de que existe algum profundo significado no fato de que Freud, o descobridor do complexo de Édipo, recebeu no seu exame final do liceu a incumbência de traduzir 33 versos do *Édipo Rei* de Sófocles. Ambas, afinal, eram tarefas impostas.

Breuer como uma de uma série de figuras paternas, e tornou-se frequentador assíduo da família Breuer, sob alguns aspectos tão amigo de Mathilde, a encantadora e maternal esposa, quanto do próprio Josef. Este não foi o único proveito que Freud obteve de Brücke. Durante seis anos, entre 1876 e 1882, ele trabalhou em seu laboratório, resolvendo os problemas que o adorado professor lhe colocava, para evidente satisfação de Brücke — e sua. Decifrando os quebra-cabeças do sistema nervoso, inicialmente de modestos peixes e a seguir de seres humanos, preenchendo as exigências e expectativas do rigoroso professor, Freud estava singularmente feliz. Em 1892, logo após a morte de seu mentor, Freud deu a seu quarto filho o nome de Ernst, em homenagem a Brücke. Era o tributo mais sincero a seu alcance. Brücke foi e continuou a ser para Freud "a maior autoridade que agiu sobre mim".

O apego de Freud a Brücke parece nada menos que filial. É verdade que Brücke tinha quase quarenta anos a mais do que Freud, quase a idade de seu pai. É verdade também que o ato de investir um ser humano com os atributos e a importância de outro pode resultar em saltos muito mais improváveis do que o que daria Sigmund Freud, ao pôr Ernst Brücke no lugar de Jacob Freud. A "transferência", como o Freud psicanalista chamaria esse deslocamento de sentimentos intensos, é vigorosa e ubíqua. Mas grande parte da irresistível atração de Brücke sobre Freud residia exatamente no fato de *não* ser pai de Freud. Sua autoridade sobre Freud era antes adquirida do que outorgada por um acaso de nascimento; e nesse momento crítico, quando Freud estava se exercitando para se tornar um investigador profissional dos mistérios humanos, essa autoridade lhe era necessária. Jacob Freud era simpático e bem-humorado; brando, dócil, praticamente incitava à revolta. Brücke, em contraposição, era reservado, com uma precisão que chegava ao pedantismo, examinador intimidante e chefe exigente. Jacob Freud gostava de ler e tinha certo grau de erudição hebraica. Brücke era profundamente versátil: pintor de talento com um constante interesse, nada amador, por estética e uma influência civilizadora sobre seus alunos.* Em um traço do rosto, os olhos, ele se parecia extraordinariamente não com o pai de Freud, mas com o próprio Freud; todos os conhecidos de Freud, por mais que pudessem divergir quanto à descrição restante, comentariam seus olhos agudos e perscrutadores. Os olhos de Brücke também eram assim, e entraram memoravelmente nos sonhos de Freud. Num deles, o chamado sonho "*Non vixit*", que analisou detalhadamente em *A interpretação dos sonhos*, Freud aniquila um rival com um "olhar penetrante". Na autoanálise, o sonho se revelou como a lembrança distorcida de uma experiência muito real onde foi Brücke, e não Freud, o autor do aniquilamento: "Brücke havia descoberto que algumas vezes eu chega-

* "Ao dar suas voltas diárias pelo laboratório" em Viena, observou Erna Lesky, historiadora da escola de medicina de Viena, "Brücke se considerava não só como um professor de fisiologia, mas o representante de uma ideia cultural geral." [Erna Lesky, *The Vienna Medical School of the 19th century* (1965; trad. inglesa, L. Williams e I. S. Levij, 1976), p. 231.]

ra atrasado ao laboratório dos estudantes", onde então Freud fazia demonstrações. "Assim, um dia ele veio pontualmente na hora de abertura e esperou por mim. O que ele disse foi sucinto e direto; mas não foram as palavras que importaram. A coisa esmagadora foram os terríveis olhos azuis com que ele me encarava, e diante dos quais eu me dissolvi." Quem quer que lembrasse, continuava Freud, "os olhos do grande mestre, maravilhosamente belos em sua idade avançada, e quem já o viu alguma vez encolerizado, facilmente terá empatia com as emoções do ex-jovem pecador". O que Brücke proporcionou a Freud, o jovem pecador, foi o ideal da autodisciplina profissional em ação.

A filosofia da ciência de Brücke foi tão formativa para Freud quanto seu profissionalismo. Era um positivista por temperamento e convicção. O positivismo não era tanto uma escola organizada de pensamento, e sim uma atitude difusa em relação ao homem, à natureza e aos métodos de investigação. Seus partidários tinham a esperança de trazer o programa das ciências naturais, suas descobertas e métodos, para a investigação de todo o pensamento e ação humanos, públicos e privados. Típico dessa tendência intelectual é que Auguste Comte, o profeta do positivismo do começo do século XIX em sua forma mais extremada, tenha considerado possível dar bases sólidas ao estudo do homem em sociedade, inventando o termo "sociologia" e definindo-a como uma espécie de física social. Nascido no Iluminismo do século XVIII, rejeitando a metafísica de maneira apenas ligeiramente menos categórica do que a teologia, o positivismo havia prosperado no século XIX, com as vitórias espetaculares da física, da química, da astronomia — e da medicina. Brücke era seu representante mais eminente em Viena.

Ele trouxera seu estilo científico confiante e ambicioso de Berlim. Lá, no começo dos anos 1840, ainda como estudante de medicina, ele se unira a seu brilhante colega Emil Du Bois-Reymond na solene tarefa de jogar ao monturo da superstição todo e qualquer panteísmo, todo misticismo da natureza, toda e qualquer história de forças divinas ocultas manifestando-se na natureza. O vitalismo, a filosofia romântica da natureza então corrente entre os cientistas naturais, com sua conversa vaga e poética acerca de misteriosos poderes inatos, despertou a resistência e o talento de ambos para vivas polêmicas. Apenas as forças "físico-químicas comuns", sustentavam eles, são "ativas no organismo". Os fenômenos inexplicáveis devem ser abordados apenas pelo "método físico-matemático" ou pelo postulado de que, se existem "novas" forças "inerentes à matéria", hão de ser "redutíveis a componentes de atração e repulsão". Seu ideal de investigador era, segundo as palavras de Du Bois-Reymond, o cientista natural desembaraçado de "preconceitos teológicos". Quando Hermann Helmholtz, o homem da Renascença do século XIX, a caminho de adquirir fama mundial por suas contribuições a uma extraordinária diversidade de campos — ótica, acústica, termodinâmica, física, biologia —, reuniu-se a Brücke e Du Bois-Reymond, a "escola" ficou completa. Sua influência se difundiu rápida e irresistivelmente; seus membros e adeptos ocupavam cátedras de prestígio em importantes universidades e davam o tom nos jornais científicos. Quando Freud estudou em Viena, os positivistas tinham o comando.

Perto do final de 1874, Freud estabeleceu o projeto de ir diretamente à fonte e passar o semestre de inverno em Berlim, onde assistiria às conferências de Du Bois-Reymond, Helmholtz e o famoso patologista — e progressista político — Rudolf Virchow. A perspectiva, escreveu ele a Silberstein, deixava-o "alegre como uma criança". No final, não deu certo, mas Freud poderia beber da fonte ali mesmo. Naquele mesmo ano, Brücke esboçou lúcida e extensamente seus princípios num curso que seria publicado em 1876, como *Conferências sobre fisiologia*. Elas encarnavam o positivismo médico em sua forma mais materialista: todos os fenômenos naturais, sustentava Brücke, são fenômenos de movimento. Freud ouviu essas conferências com naturalidade, concordando com elas. Na verdade, sua adesão à concepção básica de ciência de Brücke resistiu à sua passagem das explicações fisiológicas para as explicações psicológicas das ocorrências mentais. Em 1898, quatro anos depois da morte de Helmholtz, quando Wilhelm Fliess, amigo de Freud, enviou-lhe o conjunto das conferências de Helmholtz em dois volumes, como presente de Natal, ele sabia que significariam muito para Freud.* O fato de que Freud iria aplicar os princípios de seu mentor de uma forma que Brücke dificilmente teria previsto, e não aplaudiria com muito entusiasmo, não diminui a dívida de Freud em relação a ele. Para Freud, Brücke e seus brilhantes associados eram os herdeiros eleitos da filosofia. O enérgico desmentido de Freud de que a psicanálise não tem uma visão de mundo própria e nunca poderia gerar alguma foi sua forma de render homenagem, anos depois, a seus professores positivistas: a psicanálise, conforme ele resumiu a questão em 1932, "é uma parte da ciência e pode aderir à visão científica do mundo". Em suma, a psicanálise, como todas as ciências, dedica-se à busca da verdade e ao desmascaramento das ilusões. As palavras podiam ser de Brücke.

A autoconfiança de Brücke e seu grupo de colegas com ideias semelhantes se fortaleceu com os fundamentos que encontraram na obra marcante de Darwin. No início dos anos 1870, embora tivesse granjeado muitos adeptos importantes, a teoria da seleção natural se mantinha controversa; o perfume inebriante de uma inovação sensacional e perigosa ainda se apegava a ela. Darwin se encarregara de situar solidamente o homem no reino animal e arriscara-se a explicar seu surgimento, sobrevivência e desenvolvimento diferenciado a partir de razões totalmente seculares; as causas que operavam para efetuar transformações na ordem natural dos seres vivos, que Darwin difundira perante um mundo estupefato, não precisavam se remeter a uma divindade, por mais remota que fosse. Tudo era obra do entrechoque de forças cegas e profanas. O Freud zoólogo que estudava as gônadas das enguias, o Freud fisiologista que estudava as células nervosas de lagostins e o Freud psicólogo que estudava as emoções dos seres

* O fato de que o presente tenha sido de Natal é uma indicação significativa das atitudes fundamentais de Freud em relação ao judaísmo.

humanos estavam todos empenhados num único empreendimento. Na rigorosa pesquisa histológica sobre o sistema nervoso que realizou para Brücke, Freud estava participando do imenso esforço coletivo a fim de demonstrar os caminhos da evolução. Para ele, Darwin nunca deixou de ser "o grande Darwin", e as investigações biológicas agradavam mais a Freud do que o atendimento aos pacientes. Ele estava se preparando para sua vocação, escreveu a um amigo em 1878, ao escolher "maltratar animais" ao invés de "torturar humanos".

Ele estava fazendo suas pesquisas com bons resultados. Alguns dos primeiros artigos publicados por Freud, escritos entre 1877 e 1883, detalham descobertas que não são nada triviais. Elas comprovam processos evolutivos revelados nas estruturas nervosas do peixe que examinava em seu microscópio. Além disso, retrospectivamente fica claro que esses artigos formam o primeiro elo na cadeia de ideias que levou ao esboço de uma psicologia científica que ele tentaria elaborar em 1895. Freud estava trabalhando na direção de uma teoria que especificava as maneiras pelas quais as células e fibrilas nervosas funcionam como uma unidade. Mas ele passou para outras investigações e, em 1891, quando H. W. G. Waldeyer publicou sua monografia memorável sobre a teoria do "neurônio", a pesquisa pioneira de Freud foi ignorada. "Não foi a única vez", notou Ernest Jones, "que Freud perdeu por estreita margem a fama mundial no começo da vida, por não ousar seguir seus pensamentos até sua conclusão lógica — e não distante."

Ainda morando em casa, mas com a mente no trabalho, Freud desabrochou no laboratório de Brücke e sob sua supervisão. Em 1879 e 1880, ele foi obrigado a tirar um ano de licença para o serviço militar obrigatório. Essa obrigação consistia basicamente em atender alguns soldados doentes e se entediar. Mas o elogio dos oficiais superiores quanto à conduta de Freud foi desmedido. Consideravam-no "íntegro" e "prestimoso", "muito animado" e consciencioso, e se referiram a seu caráter "firme"; julgavam-no "muito confiável", bem como "muito atencioso e humanitário" com seus pacientes. Freud, porém, achando esse interlúdio forçado tedioso ao extremo, passou longos intervalos de tempo ocioso traduzindo quatro ensaios das obras reunidas de John Stuart Mill. O editor de Mill em alemão, o austríaco Theodor Gomperz, eminente estudioso dos clássicos e historiador do pensamento grego, estivera procurando ampliar sua equipe de tradutores, e a ligação de Freud com Brentano proporcionou-lhe essa distração bem-vinda: Brentano o recomendara a Gomperz.

Mas foi o fascínio pela pesquisa, muito mais do que o serviço militar, que retardou Freud; ele só tirou seu diploma de médico na primavera de 1881. O título na verdade pouco alterou seu modo de vida: ainda esperando obter fama com as investigações médicas, ele continuou com Brücke. Por isso, demorou até o verão de 1882 para se decidir, por conselho de Brücke, a deixar finalmente o ambiente protetor do laboratório e assumir um posto subalterno no Hospital

Geral de Viena. A razão oficial para essa mudança foi sua pobreza. Este foi um lado da história, mas apenas um lado. A pobreza agora o incomodava como nunca o incomodara antes. Em abril de 1882, ele havia conhecido Martha Bernays, quando esta visitava uma das irmãs de Freud na casa dele. A visitante era esbelta, alegre, morena e um pouco pálida, com olhos expressivos — decididamente atraente. Freud se apaixonou rapidamente, como se apaixonara dez anos antes. Mas Martha Bernays era diferente. Ela era realidade, e não fantasia, não uma outra Gisela Fluss a convidar a uma muda adoração adolescente. Por ela valia a pena lutar, valia a pena esperar.

FREUD ENAMORADO

Tendo visto Martha Bernays, Freud soube o que queria, e sua impetuosidade imperiosa arrebatou-a. Em 17 de junho de 1882, apenas dois meses depois do primeiro encontro, eles noivaram. Ambos estavam perfeitamente cônscios de que este não era um passo prudente. A mãe dela, viúva, enérgica e dogmática, tinha dúvidas quanto a Freud ser um partido conveniente. Não sem razão: Martha Bernays tinha prestígio social, mas não dinheiro; Freud, nem um nem outro. Era inegavelmente brilhante, mas, ao que parecia, condenado a muitos anos de pobreza, sem nenhuma perspectiva imediata de uma grande carreira ou de alguma descoberta científica que lhe trouxesse fama e (o que agora importava muito mais) prosperidade. Ele não tinha nada a esperar do pai idoso, que aliás precisava de auxílio financeiro. E ele tinha muito amor-próprio para se manter na constante dependência de seu paternal amigo Josef Breuer, que às vezes lhe dava dinheiro sob o transparente disfarce de um empréstimo. A lógica de sua situação era irresistível; Brücke apenas dissera em voz alta o que Freud devia ter pensado. A clínica particular era a única via para o considerável rendimento necessário para montar o lar de classe média em que ele e Martha Bernays insistiam.

Para se preparar para a prática médica, Freud tinha de ganhar experiência clínica com pacientes, coisa que nunca obteria ouvindo conferências e fazendo experiências em laboratórios. Para alguém tão apaixonadamente interessado em pesquisas, como era Freud, tornar-se um clínico exigia sacrifícios dolorosos; apenas a recompensa iminente fez com que se resignasse a eles. De fato, o noivado constituiu uma prova rigorosa à resistência do casal. Se não soçobrou, foi em tributo à perseverança dedicada de Freud e ainda mais ao tato, paciência e absoluta solidez emocional de Martha Bernays. Pois Freud se revelou um amante impetuoso.

Ele cortejava Martha Bernays de acordo com a maneira aprovada em sua classe e cultura: tudo o que o casal se permitia eram beijos e abraços. Durante o noivado, a virgindade dela se manteve intacta. Freud também pode ter se mantido casto durante toda essa época; não existe nenhuma indicação sólida em contrário. Mas o interminável período de mais de quatro anos de espera deixou sua marca na formação das teorias de Freud sobre a etiologia sexual da maioria das enfermidades mentais; quando teorizou, nos anos 1890, sobre o sofrimento erótico ligado à vida moderna, em parte escrevia sobre si mesmo. Estava imensamente impaciente. Agora com quase 26 anos, ele despendia todas as suas emoções altamente carregadas e em larga medida reprimidas, seu rancor quase tanto quanto seu amor, num único objeto.

Martha Bernays, cinco anos mais nova do que ele, popular junto aos rapazes, era para Freud extremamente desejável. Ele a cortejava com uma violência que quase o assustava e exigia todos os recursos de bom senso dela, e em momentos críticos sua capacidade de defender amizades queridas ameaçadas pela possessividade dele. Para exacerbar a situação, durante a maior parte do frustrante noivado, ela estava morando com a mãe em Wandsbek, perto de Hamburgo, e ele era pobre demais para visitá-la com frequência. Ernest Jones calculou que o casal ficou separado por três anos, dos quatro anos e meio decorridos entre o primeiro encontro e o casamento. Mas eles se escreviam praticamente todos os dias. Em meados dos anos 1890, quando estavam casados havia dez anos, Freud registrou de passagem que sua mulher estava sofrendo de um bloqueio em escrever. Certamente ela não mostrou nenhum indício desse sintoma durante o noivado. Mas as distâncias não haveriam de acalmar as coisas entre eles. Provavelmente a zona de maior tensão era a religião: Martha Bernays havia sido criada numa família judaica de estrita observância ortodoxa e aceitava suas crenças, ao passo que Freud era não só um descrente indiferente, como também um ateísta convicto determinado a afastar sua noiva de todo aquele disparate supersticioso. Ele era inflexível, absolutamente imperioso em sua constante demanda, muitas vezes enraivecida, de que ela abandonasse aquilo que, até então, não havia questionado por um único momento.

De fato, Freud não deixou dúvidas a Martha Bernays de que pretendia ser o chefe do lar. Comentando com ela, em novembro de 1883, um ensaio sobre a emancipação das mulheres, que havia traduzido durante seu período de serviço militar, ele elogiou John Stuart Mill pela sua capacidade de ultrapassar os "preconceitos correntes", mas imediatamente caiu em seus próprios preconceitos correntes. Mill, lamentou ele, carecia de "senso para o absurdo". O absurdo que Mill havia defendido era o de que as mulheres podem ganhar tanto quanto os homens. Isso, julgava Freud, deixava de lado as realidades domésticas: manter a casa em ordem, supervisionar e educar os filhos constituem uma ocupação em tempo integral que praticamente impede um emprego da mulher fora de casa. Como outros burgueses convencionais de sua época, Freud dava grande importância à diferença entre os sexos, "a coisa mais significativa quanto a eles". As mulheres, ao contrário do que afirmava o ensaio de Mill, não são oprimidas como se fossem escravas negras: "Qualquer moça, mesmo sem direito de voto nem competência jurídica, cuja mão um homem beija e por cujo amor ele tudo ousa, tê-lo-ia corrigido". Mandar as mulheres para a luta pela existência era uma ideia "abortada"; pensar em Martha Bernays, sua "meiga e querida garota", como uma concorrente parecia a Freud uma pura estupidez. Ele admitia que era possível chegar um dia em que um sistema educacional diferente contribuiria para a existência de novas relações entre homens e mulheres, e que a lei e os costumes concederiam às mulheres direitos então recusados. Mas a emancipação total significaria o fim de um ideal admirável. Afinal, concluía ele, a "natureza" destinou a mulher, "através da beleza, do encanto e da doçura, a algo mais". Ninguém poderia imaginar, a partir desse manifesto impecavelmente conservador, que Freud estava em vias de elaborar as teorias mais subversivas, perturbadoras e pouco convencionais sobre a natureza e o comportamento humanos.

A correspondência de Freud com Martha Bernays mostra-o num papel ao qual não estava habituado, o de amante romântico. Ele era afetuoso e íntimo, às vezes impulsivo, exigente, exaltado, deprimido, didático, mexeriqueiro, ditatorial e, em raros momentos, compungido. Já sendo um missivista ativo e divertido, Freud agora tornava-se prolífico num gênero que nunca havia praticado antes, a carta de amor. Fanfarrão, desatencioso em sua franqueza, impiedoso com os sentimentos dela e ainda mais com os seus, ele enchia suas cartas com relatos pormenorizados de conversas e retratos sinceros de colegas e amigos. Assim como ele analisava seus sentimentos nas cartas a Martha Bernays, da mesma forma analisava as cartas dela para ele, com uma atenção às minúcias digna de um detetive — ou de um psicanalista. Algum detalhe sutil, alguma omissão suspeita lhe revelavam um acesso de doença que não fora contado, ou talvez a inclinação dela por outro homem. Mas, embora suas cartas de amor sejam frequentemente agressivas e destituídas de adulação, às vezes elevam-se a um tocante lirismo.

Essas cartas de amor, na verdade, constituem uma autêntica autobiografia de Freud no início dos anos 1880. Continha-se muito pouco frente à noiva. Além de contar abertamente seus sentimentos em relação ao trabalho, aos colegas muitas vezes insatisfatórios, às suas ambições irrealizadas, ele extravasava seu desejo por ela. Preocupava-se com todos os beijos que não podia lhe dar, por estar tão distante. Numa carta, justificou seu vício pelos charutos, atribuindo-o à ausência dela: "Fumar é indispensável se não se tem nada para beijar". No outono de 1885, durante sua estada em Paris, ele subiu penosamente uma das torres de Notre Dame, e evocou seu anelo por ela contando sua escalada até o topo: "A pessoa sobe trezentos degraus, é muito escuro, muito solitário, em cada degrau eu lhe teria dado um beijo se você estivesse comigo, e você chegaria no alto louca e totalmente sem fôlego". Ela respondia a seu "tesouro amado" de modo menos loquaz, menos imaginativo, talvez menos apaixonado, mas bastante meigo, devolvendo-lhe lembranças e ternos beijos.

Às vezes, tentando moldar Martha Bernays, Freud virava pedagogo. Discorreria brandamente a ela sobre a necessidade do médico em manter distância emocional de todos os pacientes, e mesmo dos amigos: "Posso bem imaginar como foi doloroso para você ouvir como eu me sento junto a um leito de doente a fim de observar, como eu trato o sofrimento humano como um objeto. Mas, minha menina, não se pode fazer de nenhuma outra maneira, e isso deve parecer a mim diferente do que parece aos outros". Mas, prontamente abandonando esse tom de leve superioridade, ele acrescentava que havia um, apenas um ser humano cuja doença o faria esquecer sua objetividade: "Não preciso citar o nome para você, e portanto quero que esteja sempre bem". Afinal, ele estava escrevendo cartas de amor.

O fato de estar apaixonado subvertia a confiança em si mesmo de Freud. Seus acessos intermitentes de ciúmes chegavam por vezes às raias do patológico, com sua intensidade e pura cólera irracional. Quarenta anos mais tarde, Freud analisaria o ciúme leve como um "estado afetivo", semelhante à tristeza, que se pode muito bem considerar "normal"; sua ausência marcada, pensava ele, é necessariamente um sintoma de profunda repressão. Mas o ciúme de Freud ia além do compreensível ressentimento que um amante pode sentir contra seus rivais. Para ele, Martha Bernays não devia tratar familiarmente um primo pelo primeiro nome, mas devia empregar formalmente seu sobrenome. Não devia mostrar uma predileção tão visível por dois de seus admiradores, um deles compositor e o outro pintor: como artistas, escreveu Freud mal-humorado, eles tinham uma vantagem injusta sobre um simples cientista como ele. E, sobretudo, ela devia abandonar todos os outros. Mas esses outros invasores incluíam sua mãe e seu irmão Eli, que logo viria a se casar com Anna, irmã de Freud, e Martha Bernays recusou-se a aceitar suas ciumentas exigências de romper com eles. Isso gerou tensões que demoraram anos para desaparecer.

Mais atento a si mesmo do que nunca, Freud tinha uma vaga ideia de sua posição precária. "Sou muito exclusivo no que amo", disse a Martha Bernays dois dias depois de noivarem. E reconheceu pesaroso: "Certamente tenho uma tendência à tirania". Mas esse relance de autorreconhecimento não o tornou menos tirânico. É verdade que Martha Bernays já havia recusado uma proposta de casamento, e era provável que recebesse outras. Mas o empenho de Freud em monopolizar a jovem mulher amada é uma prova não tanto de riscos reais, mas antes de uma instabilidade no respeito que ele tinha por si próprio. Os conflitos reprimidos irresolvidos de sua infância, onde o amor e o ódio se entrelaçavam indistintamente, agora voltavam para persegui-lo, quando se perguntava se realmente merecia sua Martha. Ela era sua princesa, dizia-lhe Freud constantemente, mas muitas vezes duvidava se ele era um príncipe. Apesar de ser o precioso Sigi de sua mãe, ele se comportava como um filho único amado cuja posição está sendo prejudicada pela vinda de um irmão.

Enfim, Freud não permitiu que a fúria crédula e o ciúme rabugento envenenassem sua afeição: não era Otelo. Nunca duvidou de sua escolha e muitas vezes sentia um prazer puro por ela. A perspectiva de uma vida doméstica o deleitava, e alegremente dedicava tempo a arrolar os requisitos para o que chamava de "pequeno mundo de felicidade" por eles esperado. Iriam ter dois aposentos, algumas mesas, camas, espelhos, poltronas, tapetes, cristais e porcelana para o uso diário e para ocasiões de festa, chapéus com flores artificiais, grandes molhos de chaves e vidas cheias de atividades significativas, amável hospitalidade e amor mútuo. "Dedicaremos nossos corações a coisas tão pequenas? Enquanto um grande destino não bater à nossa pacífica porta — sim, e sem receios." A imaginação de Freud geralmente se detinha sobre seu grande destino, mas era capaz, com evidente prazer, de alimentar fantasias que partilhava com inúmeros burgueses obscuros e apagados de sua época.

A realização dessas fantasias significava que Freud não poderia escapar ao conselho de Brücke, e, seis semanas depois de noivar com Martha Bernays, ele entrou para o Hospital Geral de Viena. Ficou lá por três anos, experimentando uma série de especialidades médicas ao mudar de um departamento para outro — cirurgia, medicina de doenças internas, psiquiatria, dermatologia, doenças nervosas e oftalmologia, sucessivamente. Freud trabalhava com afinco, visando a um avanço, em função de seu objetivo último, o casamento. Mas precisava ser realista, pelo menos um pouco; a escada de promoções na carreira médica austríaca era íngreme e tinha muitos degraus. Freud começou na posição mais subalterna possível que havia no Hospital Geral: a de *Aspirant*, uma espécie de assistente clínico, e ascendeu a *Sekundararzt* em maio de 1883, quando entrou para a clínica psiquiátrica de Theodor Meynert. Tinha que galgar outros degraus; em julho de 1884, tornou *Sekundararzt* Superior, e mais de um ano depois alcançou, após alguns contratempos, o cobiçado nível de *Privatdozent*.* Era uma posição que conferia prestígio, mas não um salário, desejável principalmente como um primeiro vislumbre da cátedra que o esperava num futuro distante. Mas não oferecia base para um casamento. Não surpreende que Freud se descobrisse a alimentar fantasias hostis, sem excluir desejos de morte, contra colegas que estavam em seu caminho. "Em qualquer lugar do mundo onde exista hierarquia e promoção", ponderou mais tarde, a respeito daqueles dias, "está aberto o caminho para desejos que devem ser suprimidos."

Freud não se contentou com os desejos. Em outubro de 1882, dirigiu-se, com bons resultados, a Hermann Nothnagel, que recentemente ocupara a prestigiosa cátedra de medicina de doenças internas, pedindo um lugar em seu departamento. Nothnagel, juntamente com Brücke, tornou-se um dos defensores mais firmes de Freud, à medida que ele avançava lentamente rumo ao reconhecimento público e a um modesto grau de independência financeira. Freud descreveu o grande doutor, após o primeiro encontro, como alguém totalmente alheio a ele: "Estranho ver um tal homem que tem tanto poder sobre nós e sobre o qual não

* O "Referat" que recomendava a promoção de Freud a *Privatdozent* nos termos os mais enfáticos possíveis foi submetido ao corpo docente da faculdade em 28 de fevereiro de 1885, assinado por "E. Brücke, Meynert, Nothnagel". Mas a indicação só foi confirmada pelo Ministério em setembro. (Fotocópia das quatro páginas manuscritas do "Referat", Freud Museum, Londres.)

temos absolutamente poder algum. Não", acrescentou ele, "o homem não é da nossa raça. Um lenhador germânico. Cabelos, cabeça, bochechas, pescoço totalmente loiros". No entanto, ele achou Nothnagel afável e satisfatoriamente disposto a ajudar na promoção de sua carreira. Eventualmente, o famoso professor espicaçava a ambição de Freud e oferecia-lhe um modelo para comparações invejosas: "Sob circunstâncias favoráveis", jactou-se Freud à noiva em fevereiro de 1886, "eu poderia realizar mais do que Nothnagel, ao qual eu me sinto muito superior".

Foi uma disputa estritamente privada. Com o psiquiatra e anatomista cerebral Theodor Meynert, não menos ilustre que Nothnagel, Freud finalmente viria a entrar em choque público. Ele havia se transferido para o departamento de Meynert, depois de um ano e meio com Nothnagel, e viu no "grande Meynert" tanto um rival como um protetor. Antigamente, as coisas tinham sido diferentes. A obra e a personalidade de Meynert haviam impressionado Freud, quando ainda era estudante de medicina. Na verdade, a postura filosófica de Meynert só podia servir como confirmação e estímulo a Freud. Obstinado, aspirando a uma psicologia científica, Meynert era um determinista estrito que descartava o livre-arbítrio como simples ilusão; considerava que a mente obedecia a uma ordem fundamental oculta, à espera do analista sensível e penetrante. Quase desde o começo de sua ligação, porém, Freud reclamava que era difícil trabalhar com Meynert, "cheio de manias e ilusões"; ele "não te ouve nem te entende". Nos anos 1890, os dois iriam brigar por questões muito reais, a hipnose e a histeria.

O ressentimento e a raiva que se desenvolveram em outra ocasião, durante esse período, desta vez uma raiva consigo mesmo, ficaram adormecidos durante anos antes de aflorarem à superfície, distorcidos de maneira bastante instrutiva, na descrição que Freud fez de si mesmo, quatro décadas depois: "Agora posso dizer, olhando para trás, que foi por causa de minha noiva que não fiquei famoso naqueles primeiros anos". É a história de uma grande oportunidade desperdiçada: Freud esteve a ponto de dar uma contribuição espetacular à prática cirúrgica. No início da primavera de 1884, ele informou a Martha Bernays que havia se interessado pelas propriedades da cocaína, então pouco conhecida, que um médico militar alemão estivera empregando para aumentar a resistência de seus homens. Podia ou não levar a alguma coisa, disse a ela, mas ele estava pensando em experimentar seus possíveis usos para aliviar problemas cardíacos e casos de esgotamento nervoso, tal como a "condição miserável" que se seguia à suspensão de morfina. O interesse de Freud tinha uma dimensão pessoal. Ele esperava que a cocaína pudesse ajudar seu colega Ernst von Fleischl-Marxow, que estava sofrendo as dolorosas consequências de uma infecção, a largar seu vício em morfina, que estivera tomando como anestésico. Mas, no final daquele verão, Freud se permitiu uma de suas raras visitas a Wandsbek, depois de estar separado de sua noiva havia um ano. Sua solidão devia ter sido extrema, mesmo retrospectivamente: ele diria que não via Martha Bernays havia "dois anos" ou mesmo "mais de dois anos" — dois comoventes lapsos sintomáticos.

A impaciência de Freud levou-o a acelerar suas pesquisas. Em junho concluiu um artigo técnico, "Sobre a coca", uma mescla fascinante de relatório científico e ardorosa defesa, e publicou-o num jornal médico vienense no mês seguinte. No começo de setembro, Freud saiu para ver Martha Bernays, mas não sem antes mencionar seu trabalho sobre a cocaína, e as propriedades ao mesmo tempo calmantes e estimulantes desta, a seu amigo Leopoldo Königstein, um oftalmologista. Quando retornou a Viena, após esse intervalo, Freud descobriu que, não Königstein, mas um outro colega, Carl Koller, "a quem eu também falara da cocaína, havia realizado as experiências decisivas nos olhos de animais e fizera as demonstrações no congresso oftalmológico em Heidelberg". Conforme Freud lembrava, ele havia corrido para um colega que se queixava de dores intestinais, e lhe prescrevera uma solução de 5% de cocaína, que tinha provocado uma sensação peculiar de adormecimento nos lábios e na língua. Koller estivera presente naquela ocasião, e este, Freud tinha certeza, tinha sido seu "primeiro contato" com as propriedades anestésicas da droga. Mesmo assim, julgava Freud, "Koller consta com razão como o descobridor da anestesia local com cocaína, que se tornou tão importante em pequenas cirurgias", principalmente em operações da vista. "Mas não guardei nenhum rancor pela minha noiva quanto à minha negligência na época"* — o que significa que, numa certa medida, ele a culpou e não a culpou ao mesmo tempo.

Essa forma tão engenhosa de responsabilizar os outros pelo seu próprio fracasso em ir adiante é rara em Freud. Isso sugere que, mesmo da posição segura e privilegiada de uma visão retrospectiva de fatos distantes, a cocaína conservava para ele algum significado incômodo, não totalmente reconhecido. Os fatos eram ainda mais claros do que suas dolorosas recordações podiam sugerir. Se Freud reconheceu desde o início que Koller merecia plenamente sua instantânea celebridade, foi-lhe amargurante ter perdido por um fio a grande oportunidade para a fama e, com isso, para o casamento. E pior, sua lírica defesa da cocaína como panaceia para a dor, o esgotamento, o desânimo e o vício da morfina mostrou-se tristemente descabida. O próprio Freud começou a tomar a droga como um estimulante para controlar seus estados depressivos intermitentes, aumentar a sensação geral de bem-estar, ajudá-lo a relaxar em encontros sociais tensos e simplesmente fazê-lo se sentir mais homem.** Ele a recomendava temerariamente, chegando a enviar quantidades moderadas a Martha Bernays, quando acha-

* "O caso da cocaína", escreveu Freud à sua cunhada Minna Bernays em 29 de outubro de 1884, "realmente trouxe-me muita honra, mas a parte do leão ficou para outros." (Por permissão de Sigmund Freud Copyrights, Wivenhoe.)

** Assim, em 2 de junho de 1884, ele ameaçou Martha Bernays de brincadeira, dizendo que ele se mostraria mais forte do que ela, "um homenzão selvagem com cocaína no corpo", na próxima vez em que se encontrassem. (*Jones* I, p. 84.)

va que as indisposições dela o justificavam. Em junho de 1885 — não foi a única vez —, ele despachou para Wandsbek um frasquinho de cocaína, com cerca de meio grama, e sugeriu: "faça para si oito doses pequenas (ou cinco grandes)". Ela acusou imediatamente o recebimento da remessa, agradeceu-lhe calorosamente e disse-lhe que, embora não precisasse, ia dividir a remessa e tomar um pouco da droga. Não existem provas, porém, de que ela (ou, quanto a isso, seu noivo) tenha chegado algum dia a adquirir o hábito.

As receitas de cocaína de Freud para o amigo Fleischl-Marxow não se mostraram tão inócuas. Se pelo menos conseguisse aliviar suas dores!, Freud exclamou ansioso para sua noiva, no início de 1885. Seu ardente desejo não se realizou. Fleischl-Marxow, morrendo lenta e miseravelmente, era ainda mais entusiástico quanto às propriedades curativas da cocaína do que o próprio Freud, e acabou tomando grandes quantidades por dia. Infelizmente, o remédio apenas intensificou seus sofrimentos: durante o tratamento, Fleischl-Marxow se viciou em cocaína como antes se viciara em morfina.

Certamente, a experiência de Freud com as drogas de início pouco o prejudicaram naquilo que ironicamente chamava de "perseguição de dinheiro, posição e reputação". Seu artigo sobre a coca e os artigos que publicou logo depois deram-lhe uma certa nomeada nos círculos médicos vienenses e mesmo no exterior, e levou algum tempo até que se demonstrasse o caráter possivelmente viciante da cocaína. Mas é inegável que Koller arrebanhou a maior parte do prestígio derivado da descoberta da cocaína como anestésico local, e o êxito estritamente limitado de Freud tinha para ele o ar de uma derrota. Além disso, sua intervenção irrefletida, ainda que totalmente bem-intencionada, no caso de Fleischl-Marxow, sem falar de sua recomendação igualmente irrefletida de ministrar cocaína por injeção, carregou-o de sentimentos residuais de culpa. A realidade deu a Freud bons motivos de autocrítica. Não havia nada que se pudesse fazer para aliviar a agonia de Fleischl-Marxow, mas outros médicos, em experiências com a cocaína, descobriram que a droga, injetada subcutaneamente, podia acarretar os piores efeitos colaterais.*

Essa desventura se manteve como um dos episódios mais perturbadores da vida de Freud. Seus sonhos revelam uma preocupação constante com a cocaína e suas consequências, e ele continuou a usá-la em pequenas quantidades pelo menos até meados dos anos 1890.** Não admira que estivesse decidido a minimizar os efeitos do caso sobre ele. Quando Fritz Wittels afirmou em sua biografia que Freud havia "pensado longa e dolorosamente como isso podia ter aconte-

* É uma questão complicada: Fleischl-Marxow se injetava cocaína, e Freud, na época, não levantou objeções a tal procedimento. Mais tarde, Freud recuou e negou que algum dia o tivesse defendido.

** Ver sobretudo os importantes sonhos da injeção de Irma e da monografia botânica, analisados em *The interpretation of dreams, SE* IV, pp. 106-21, 169-76. Ao contar o primeiro sonho, tido e analisado em 1985, Freud observou que havia usado cocaína recentemente, para diminuir alguns inchaços nasais. (Ib., IV, p 111.)

cido com ele", Freud negou, anotando à margem: "Falso!". Tampouco admira que, inconscientemente, achasse útil desviar a responsabilidade por todo o assunto para a própria pessoa pela qual ele havia acelerado sua perigosa busca de fama.

Suspirando pela noiva na distante Wandsbek, Freud passava as horas vagas relendo *Dom Quixote*; fazia-o rir, e ele recomendou calorosamente o livro a Martha Bernays, mesmo que fosse, em algumas partes, um tanto "grosseiro" e não propriamente muito adequado para sua "princesinha". Este era o jovem médico pobre que comprava mais livros do que podia e lia obras clássicas noite adentro, profundamente comovido e não menos profundamente divertido. Freud procurava mestres em vários séculos: os gregos, Rabelais, Shakespeare, Cervantes, Molière, Lessing, Goethe, Schiller, além daquele espirituoso alemão, amante da natureza humana, do século XVIII, Georg Christoph Lichtenberg, médico, viajante e autor de memoráveis aforismos. Esses clássicos significavam mais para ele do que o intuitivo psicólogo moderno Friedrich Nietzsche. Freud lera-o quando jovem estudante e pagou um bom dinheiro pelas suas obras reunidas, no começo de 1900, ano da morte de Nietzsche. Ele disse ao amigo Fliess que esperava "encontrar as palavras para muita coisa que permanece muda em mim". Mas Freud tratava os escritos de Nietzsche como textos muito mais a se combater do que estudar. É sintomático que, depois de anunciar a compra das obras de Nietzsche, tenha acrescentado imediatamente que ainda não os abrira: "Por enquanto, preguiçoso demais".

Freud alegou, como principal motivo para esse tipo de manobra defensiva, que não estava disposto a ser desviado de seu trabalho sério por "um excesso de interesse"; preferia a informação clínica que poderia recolher na hora de análise às percepções explosivas de um pensador que, à sua maneira idiossincrática, havia antecipado algumas das hipóteses mais radicais de Freud.* Freud insistiria que nunca tivera qualquer pretensão de prioridade — uma negativa demasiado taxativa para ser totalmente exata — e apontaria os textos psicológicos do médico e filósofo alemão Gustav Theodor Fechner como os únicos que lhe pareceram úteis. Tinham-lhe elucidado a natureza do prazer. Assim como apreciava e tirava proveito da leitura, Freud apreciava e tirava um proveito ainda maior da experiência.

No início dos anos 1880, quando estava se preparando para a clínica particular, os principais interesses de Freud eram mais profissionais do que teóricos.

* "Por natureza carecendo de talento para a filosofia", escreveu ele, retrospectivamente, em 1931, "fiz da necessidade virtude"; exercitara-se em "converter os fatos que se revelavam a mim" numa forma tão "indisfarçada, imparcial e desprevenida" quanto possível. O estudo de um filósofo inevitavelmente imporia um ponto de vista predeterminado inaceitável. "Por isso deixei de lado o estudo de Nietzsche, embora — ou melhor, porque — estivesse claro que eu encontraria nele percepções muito semelhantes às psicanalíticas." (Freud a Lothar Bickel, 28 de junho de 1931. Cópia datilografada. Por permissão de Sigmund Freud Copyrights, Wivenhoe.)

Mas os mistérios da mente humana vinham absorvendo cada vez mais a sua atenção. No começo de 1884, ele citou à sua "doce princesinha" um de seus poetas favoritos, Friedrich Schiller, de maneira um pouco sentenciosa: "Fome e amor: esta, afinal, é a verdadeira filosofia, como disse nosso Schiller". Anos depois, Freud iria recorrer mais de uma vez a esse verso, para ilustrar sua teoria das pulsões: a fome representava as "pulsões do ego" que servem à sobrevivência do indivíduo, ao passo que o amor, evidentemente, era um nome polido para as pulsões sexuais que servem à sobrevivência da espécie.

Ver Freud como um psicanalista em germe nos anos 1880 seria anacrônico. Ele continuava com suas pesquisas em anatomia, especialmente cerebral. Mas estava começando a se dedicar à psiquiatria, com olhos postos no rendimento financeiro. "De uma perspectiva prática", escreveu mais tarde, de maneira rude, "a anatomia do cérebro certamente não foi nenhum avanço em relação à fisiologia. Levei em conta considerações materiais ao iniciar o estudo de doenças nervosas." Era, então, um ramo da medicina pouco praticado em Viena; nem mesmo Nothnagel tinha muito a lhe oferecer neste campo. "A pessoa tinha que ser seu próprio professor." Sua ânsia de prestígio e prosperidade aumentava com o que se nutria, e o mesmo com sua avidez de conhecimento. Ele precisava de mais do que Viena podia oferecer. "À distância", em Paris, escreveu quarenta anos depois, tornando a captar toda a vivacidade de uma experiência recente, "brilhava o grande nome de Charcot."

Em março de 1885, quando sua indicação para o cargo de *Privatdozent* ainda estava a alguns meses de distância, Freud requereu à faculdade uma bolsa de viagem. Ela proporcionava apenas um magro salário e uma licença de afastamento não menos magra, de seis meses, mas Freud estava com o pensamento fixo nisso, comentando continuamente suas perspectivas nas cartas a Martha Bernays. "Ah, não estou nada contente", escreveu a ela no começo de junho, à sua maneira tipicamente analítica, "ando tão invencivelmente preguiçoso, e também sei a razão disso: as expectativas sempre fazem com que nós, os seres humanos, negligenciemos o presente." Todos os candidatos precisavam de um protetor na comissão que liberaria os pagamentos. "O meu é Brücke, um defensor muito respeitável, mas não propriamente enérgico." Freud visivelmente subestimava Brücke;* Fleischl-Marxow, que decerto sabia disso, contou a Freud que a situação "tinha sido extremamente desfavorável para o senhor, e a vitória que a sessão de hoje lhe trouxe pode ser exclusivamente atribuída ao fato de Brücke ter se batido pelo senhor e à sua defesa francamente apaixonada, que provocou uma

* Não surpreende que a versão pública posterior de Freud não tenha reproduzido fiel, ou integralmente, seus sentimentos particulares; pelo contrário, dela constava que ele havia obtido sua bolsa através do "caloroso apelo de Brücke". ("Selbstdarstellung", *GW* XIV, p. 37/ "Autobiographical study", *SE* XX, p. 12.)

grande agitação". Certamente a recomendação de Brücke foi bastante positiva, mas Freud só embolsou a recompensa em meados de junho, depois de altercações na comissão dignas de um prêmio mais generoso. Ele não hesitou sequer por um momento sobre o modo como dividiria seu tempo: primeiramente, iria visitar a noiva e a família dela, antes de ir até Paris. Depois de uma estada de seis semanas em Wandsbek, onde finalmente desarmou de todo as prolongadas objeções de Frau Bernays a ele, Freud chegou a Paris em meados de outubro.

Tão logo se instalou, foi explorar a cidade, colhendo as primeiras impressões: as ruas, as igrejas, o teatro, os museus, os jardins públicos. Os relatos que enviou a Martha Bernays são vivos e bastante detalhados: sua admiração com o "obelisco autêntico de Luxor" na Place de la Concorde, os elegantes Champs-Élysées, sem lojas, mas cheios de carruagens, a ruidosa e plebeia Place de la République e os tranquilos jardins das Tuilleries. Freud se encantou particularmente com o Louvre, onde se demorava nas antiguidades, uma "multidão de estátuas, lápides, inscrições e ruínas gregas e romanas. Algumas coisas extremamente belas, deuses antigos representavam inúmeras épocas; também vi a famosa Vênus de Milo sem braços", bem como impressionantes bustos de imperadores romanos e "reis assírios — altos como árvores, segurando leões nos braços como cãezinhos de estimação, animais-homens alados com cabelos belamente penteados, inscrições cuneiformes tão nítidas como se tivessem sido feitas ontem, baixos-relevos pintados no Egito em cores vivas, verdadeiros colossos de reis, esfinges autênticas, um mundo como que de sonho". Ele sabia que ia querer visitar novamente, várias vezes, as salas assírias e egípcias. "Para mim", comentou ele, "essas coisas têm um valor mais histórico do que estético." Mas seu entusiasmo trai um interesse mais do que acadêmico; ele prenuncia uma predileção pela estatuária antiga do Mediterrâneo e Oriente Próximo, à qual se entregaria quando pudesse dispor de espaço e dinheiro.

Mas em 1885, em Paris, ele tinha pouco tempo — e pouquíssimo dinheiro. Quando ia ao teatro, era para ver a maravilhosa Sarah Bernhardt, uma peça bem-feita de Victorien Sardou, que considerou arrogante e trivial, ou as comédias de Molière, que achou brilhantes e usou como "lições de francês". Em geral, ele se arranjava com poltronas baratas, às vezes um "*quatrième loge de côté*, realmente uns camarotes vergonhosos como os lugares de um pombal", por um franco e cinquenta. Estava vivendo de empréstimos, e sentia-se obrigado a ser avaro com artigos mundanos, como fósforos e artigos de papelaria. "Sempre se toma um vinho que é muito barato, tinto encorpado, e aliás tolerável", contou a Minna Bernays, irmã de Martha, logo após sua chegada. "No que se refere à comida, pode-se comer por 100 fr. ou 3 fr., só se precisa saber onde." De início solitário, ele tendia a se mostrar crítico e um pouco farisaico. Também se mostrava patriótico: "Como você vê, meu coração é alemão, provinciano e, de qualquer forma, não veio comigo". Os franceses, a seu ver, eram caçadores imorais de sensações, "o povo das epidemias psicológicas, das históricas convulsões em massa".

Esporadicamente, confiava a Martha Bernays, não sem alguma angústia, certas artimanhas ditadas pela prudência. No final de 1885, estava fazendo visitas semanais, talvez não inteiramente necessárias, a uma entediada paciente austríaca, mulher do médico de sua família — "com maneiras não muito felizes, terrivelmente afetadas" —, porque "é uma questão de bom senso manter-se em bons termos com um colega vienense". Mas essa conduta oportunista lhe era incômoda; algum tempo antes, ao confessar sua "fúria pelo trabalho", ele havia dito à noiva que devia tomar muito cuidado para não fazer nada em sua "ânsia por trabalho e sucesso" que pudesse ser interpretado como "desonesto".

Mas o mais importante é que, desde o começo, Freud ficou deslumbrado com Jean Martin Charcot. Por cerca de seis semanas, ele trabalhou no estudo microscópico de cérebros infantis no Laboratório Patológico de Charcot, na Salpêtrière; mais tarde, algumas extensas publicações sobre afasia e paralisia cerebral infantil viriam a provar que ele mantinha interesse, ainda que se reduzindo gradualmente, por pesquisas neurológicas. Mas a presença poderosa de Charcot afastou-o do microscópio e impeliu-o a uma direção para a qual, conforme alguns sinais visíveis, já vinha se encaminhando: a psicologia.

O estilo científico e o encanto pessoal de Charcot dominaram Freud, ainda mais do que seus ensinamentos específicos. Ele era "sempre estimulante, instrutivo e brilhante", Freud contou a Martha Bernays, "e vou sentir terrivelmente sua falta em Viena". Procurando expressões que fizessem justiça à sua exaltação em presença de Charcot, ele recorreu à linguagem religiosa — ou pelo menos estética: "Charcot", confessou ele, "que é um dos maiores médicos, um gênio e um homem sério, abala profundamente minhas ideias e intenções. Depois de algumas conferências, saio com se fosse de Notre Dame, com uma nova percepção da perfeição". Apenas a carregada retórica do processo de geração seria capaz de transmitir suas emoções; Freud, tão orgulhosamente preocupado com sua independência intelectual, dispôs-se imediatamente a se deixar fecundar por esse brilhante cientista e encenador não menos brilhante: "Se a semente algum dia vai dar frutos, não sei; o que sei com certeza é que nenhum outro ser humano jamais agiu sobre mim dessa forma".

Charcot, sem dúvida, era teatral; sempre claro, geralmente sério, mas às vezes humorístico para provar suas ideias. Cada uma de suas "fascinantes" conferências, julgava Freud, era "uma pequena obra de arte de construção e composição". Na verdade, observou Freud, "o momento em que ele aparecia mais grandioso para seus ouvintes era depois de ter se esforçado, apresentando detalhadamente seu raciocínio com a maior franqueza sobre suas dúvidas e hesitações, em reduzir a distância entre professor e aluno". Como conferencista e defensor, Freud, que explorava habilmente suas próprias incertezas, procederia da mesma forma.

Observando essas atividades na Salpêtrière, Freud sentia imenso prazer com a excitação intelectual que animava Charcot, ao diagnosticar e identificar doenças mentais específicas; esses procedimentos recordavam a Freud o mito de Adão a distinguir e nomear os animais. Freud, o insuperado nomenclador que se comportaria como o Adão da psicanálise, neste e em muitos outros aspectos foi discípulo de Charcot. Naqueles dias, era uma arte rara discriminar uma doença mental de outra e diferenciá-las dos males físicos: era a época em que Freud, ainda ignorando totalmente as neuroses, seria capaz de diagnosticar as dores de cabeça crônicas de um neurótico como uma meningite, e "autoridades maiores do que eu em Viena estavam acostumadas a diagnosticar a neurastenia como um tumor cerebral".

Charcot era muito mais que um ator. Ao mesmo tempo luminar da medicina e celebridade social, gozando de um prestígio sem par, ele havia diagnosticado a histeria como uma verdadeira enfermidade, ao invés do refúgio de doentes imaginários. E mais, havia reconhecido que a histeria — ao contrário de todas as ideias tradicionais — aflige tanto os homens quanto as mulheres. E ainda mais ousado, Charcot resgatara a hipnose das mãos dos curandeiros e charlatães, para aplicá-la de modo consequente no tratamento de doenças mentais. Freud ficou assombrado e impressionado ao ver Charcot induzindo e curando paralisias histéricas através de sugestão hipnótica direta.*

A hipnose não era uma novidade absoluta para o Freud de 1885. Como estudante de medicina, ele já havia se convencido de que, apesar de sua fama desagradável, o estado hipnótico era um fenômeno autêntico. Mas era gratificante ver Charcot confirmar aquilo em que ele já acreditava largamente, e impressionante observar o que acontecia com os pacientes de Charcot durante e depois das hipnoses. Nas palavras de Pierre Janet, o aluno mais famoso de Charcot, eles desenvolviam uma "paixão magnética" pelo hipnotizador — um sentimento de amor, seja de caráter filial, maternal ou puramente erótico. Freud descobriu não muito tempo depois que essa paixão tinha seu lado inconveniente; num dia surpreendente em Viena, uma de suas primeiras pacientes, tendo se libertado das dores histéricas depois de uma sessão hipnótica, lançou seus braços ao pescoço de quem a curara. Essa experiência embaraçosa, rememorou Freud, deu-lhe uma pista para o "elemento místico" oculto na hipnose. Mais tarde, ele identificaria esse elemento como um exemplo de transferência e viria a empregá-lo como poderoso instrumento de técnica psicanalítica.

Uma vez estabelecida sua rotina, Freud deixou de considerar a estada em Paris como um sonho confuso, nem sempre agradável, e concentrou-se furiosamente em suas pesquisas — uma fúria suficiente para julgar necessário tranquilizar a noiva: ela ainda reinava suprema em seus sentimentos. "Se você quisesse me encomendar declarações de amor", escreveu a ela em dezembro, "eu encheria cinquenta folhas como esta, mas afinal você é muito bondosa e não exige isso." Mas o pensamento de sua pobreza nunca o abandonava de todo. Ele se descreveu a Martha Bernays, de modo ligeiramente patético, apresentando-se como "um

* Por alguns anos depois de voltar a Viena, ele experimentou a técnica em seus pacientes — afora alguns êxitos extraordinários, com resultados basicamente indiferentes.

ser humano jovem e pobre, atormentado por desejos ardentes e tristes pesares", cheio de "esperanças parasitárias" — *Schnorrerhoffnungen* —, isto é, concretamente, a esperança de que um de seus amigos ricos lhe emprestasse dinheiro.

Mas seu trabalho prosperara e da mesma forma, algum tempo depois, sua vida social. Em janeiro e fevereiro de 1886, ele foi convidado para recepções na mansão de Charcot. Sentindo-se desajeitado e inseguro de sua fluência no francês, recorreu a uma dose de cocaína, vestiu-se formalmente, e lá foi com os pulsos latejando. Os relatos à noiva mostram sua ansiedade e alívio ao não se mostrar ridículo na presença de Charcot. Numa noite avançada de fevereiro, acabando de voltar de uma recepção na casa do grande indivíduo, escreveu ao seu "doce tesouro amado" depois da meia-noite. "Graças a Deus, acabou." Tinha sido "um tédio de matar, foi só aquela pitada de cocaína que me segurou. Imagine só: quarenta ou cinquenta pessoas dessa vez, dentre as quais eu conhecia três ou quatro. Ninguém foi apresentado a ninguém, cada um ficou por conta própria para fazer o que quisesse". Ele achava que tinha falado mal, pior do que de costume. Mas entrou numa discussão política, onde se identificou não como "austríaco nem alemão", mas como um *"juif"*. Então, perto da meia-noite, tomou uma xícara de chocolate. "Não pense que fiquei desapontado, não se pode esperar nada mais de um *jour fixe*; só sei que nós não marcaremos um para nós. Mas não conte a ninguém como foi maçante." No entanto, embora Freud pudesse achar essas ocasiões sociais tediosas ou seu francês impróprio, Charcot o distinguia com uma atenção particular. Essa cordialidade só fez com que Charcot se tornasse ainda mais apropriado como modelo.

O que mais interessava a Freud era que seu modelo se dispunha claramente a levar a sério o comportamento bizarro de seus pacientes, aprestando-se também a alimentar estranhas hipóteses. Ao dar a mais cuidadosa e percuciente atenção a seu material humano, Charcot era um artista e, segundo ele mesmo, um *visuel* — "um homem que vê". Confiando no que via, ele defendia a prática acima da teoria; uma observação que fez em dada ocasião imprimiu-se com ferro ardente na mente de Freud: *La théorie, c'est bon, mais ça n'empêche pas d'exister.* Freud nunca esqueceu esse *bon mot*, e anos depois, ao transtornar o mundo com fatos incríveis, nunca se cansava de repeti-lo: a teoria está muito bem, mas isso não impede que os fatos existam. Foi a principal lição que Charcot tinha a transmitir: a obediência submissa do cientista aos fatos não é a adversária, mas a fonte e a servidora da teoria.

Uma questão concreta que Charcot não resolveu para a plena satisfação de Freud, e que ele discutiu por alguns anos, referia-se à natureza da hipnose. Mesmo para seus adeptos, mesmo na França, a hipnose não era de forma alguma incontroversa. Charcot e seus alunos definiam o estado hipnótico como "uma condição mórbida artificialmente produzida — uma neurose" — em suma, uma doença nervosa, especificamente a histeria, com inequívocos componentes orgânicos. E, sustentava Charcot, o estado hipnótico só pode ser provocado em histéricos. Mas uma escola rival em Nancy, inspirada por Ambroise Auguste Liébeault, um obscuro médico particular, e pelo seu ativo e prolífico seguidor Hippolyte Bernheim, adotava outra linha: a hipnose é uma mera questão de sugestão; portanto, quase todos devem ser suscetíveis a ela. Freud vacilou por alguns anos. Com magnífica imparcialidade, ele traduziu em 1886 um volume das *Conferências sobre as doenças do sistema nervoso*, de Charcot, e dois anos depois o grande tratado de Bernheim, *Sobre a sugestão e suas aplicações terapêuticas*. Ele continuava a se inclinar para as ideias de Charcot, mas quando visitou Bernheim em Nancy, em 1889, considerou a visita, feita com a finalidade de aperfeiçoar sua técnica de sugestão hipnótica, uma das viagens mais proveitosas de sua vida. A psicanálise, como Freud a desenvolveu em meados dos anos 1890, foi uma emancipação da hipnose. Mas uma série de artigos e resenhas do início dos anos 1890 revela raízes em experiências hipnóticas, e de fato a hipnose continuou por alguns anos no repertório de Freud.

Depois de voltar a Viena, após uma escala em Berlim para estudar doenças infantis, a questão para Freud não era a de decidir qual das escolas francesas iria seguir, mas como lidar com a incrédula instituição médica. O prefácio ao livro de Bernheim reflete claramente seu descontentamento com os colegas locais: "O médico", escreveu ele, tendo em mente seus recalcitrantes colegas vienenses, "não pode mais se manter distante do hipnotismo". Uma vez conhecido, iria "destruir" a crença predominante de que "o problema da hipnose ainda está cercado, como afirma Meynert, por uma aura de absurdo". Freud insistia que Bernheim e seus colegas em Nancy haviam demonstrado que as manifestações hipnóticas, longe de serem excêntricas, na verdade ligavam-se "a fenômenos familiares da vida psicológica normal e do sono". Por isso, o estudo sério da hipnose e da sugestão hipnótica traz à luz "as leis psicológicas" que governam a vida mental da "maioria das pessoas saudáveis". Com um tom levemente jactancioso frente aos colegas, Freud concluía que, "em matéria de ciências naturais, é sempre apenas a experiência, e nunca a autoridade sem experiência, que apresenta a decisão final" quanto à aceitação ou rejeição de uma ideia.

Um instrumento de persuasão ao alcance de Freud era o relatório que ele submeteu à sua faculdade de medicina na Páscoa de 1886. Detendo-se sobre as dívidas intelectuais que contraíra em Paris, apresentou em sua exposição um entusiasmo inesgotável: visto que os pesquisadores científicos alemães (ou, quanto ao caso em questão, austríacos) têm contatos apenas esporádicos com os franceses, as descobertas da neuropatologia francesa, "em parte altamente notáveis (o hipnotismo), em parte importantes na prática (a histeria)" têm encontrado pouco reconhecimento nas terras de língua alemã. Confessava-se profundamente atraído pela "vivacidade, cordialidade e eloquência perfeita de Charcot, que costumamos atribuir ao caráter nacional dos franceses" e pela sua "paciência e amor ao trabalho, que nós, de regra, reivindicamos para nossa nação". Tendo desfrutado de um íntimo "contato científico e pessoal" com ele, Freud agora se convertia no advogado de Charcot. A mensagem mais animadora e duradoura que Freud trouxera consigo referia-se ao panorama que Charcot abrira para a próxima tarefa do neuropatologista. "Charcot costumava dizer que, de modo geral, a anatomia concluiu seu trabalho e pode-se dizer que a teoria das doenças orgânicas está completa; agora chegou o tempo das neuroses." Os superiores de Freud acharam essas palavras intragáveis, mas elas constituem um vago prognóstico de seu futuro.

Enquanto esse futuro se aproximava, Freud conservava vividamente suas lembranças de Charcot. Ele o converteu num outro Brücke, um pai intelectual para o qual podia erguer os olhos e tentar imitar. Mesmo depois que passou a questionar alguns aspectos dos ensinamentos de Charcot, Freud continuou a lhe render todas as homenagens a seu alcance: além de traduzir para o alemão as conferências de Charcot, continuou a difundir suas ideias e a citá-lo como autoridade nas ocasiões apropriadas. Freud havia adquirido uma reprodução do quadro de André Brouillet, *La Leçon clinique du Dr Charcot*, onde Charcot aparece apresentando uma histérica a um público extasiado na Salpêtrière; mais tarde, depois de se mudar para a Berggasse 19, ele o pendurou orgulhosamente em seu consultório, em cima de uma estante envidraçada, repleta de pequenas esculturas antigas. E mais: em 1889, Freud deu ao seu primeiro filho o nome de Jean Martin, conhecido como Martin, por causa de Charcot, tributo que o mestre agradeceu com uma breve resposta cortês e "todas as minhas congratulações".* Quando Charcot morreu em 1893, Freud escreveu, para o *Wiener Medizinische Wochenschrift*, um afetuoso necrológio que, mesmo sem trazer referências pessoais, deve figurar entre os fragmentos autobiográficos de Freud, um testemunho indireto de seu estilo científico pessoal.

Tudo isso ocorreu alguns anos mais tarde. Na primavera de 1886, as perspectivas de Freud pareciam tão incertas como sempre. De volta a Viena, porém, ele reconheceu que seus meses na França haviam sido mais do que um afastamento: tinham sido um fim. Ele pediu demissão do Hospital Geral, e no domingo de Páscoa, dia 25 de abril, a edição matutina da *Neue Freie Presse* trazia em suas notícias locais um pequeno parágrafo: "Herr Dr. Sigmund *Freud*, Docente de Doenças Nervosas na Universidade, voltou de sua viagem de estudos em Paris e Berlim, e atende a consultas no [Bairro] I, Rathhausstrasse nº 7, entre 1 e 2:30". Breuer e Nothnagel enviaram-lhe pacientes, alguns deles pagantes, e, embora continuasse a fazer pesquisas no novo laboratório de anatomia de Meynert, sua principal preocupação era a de ganhar a vida. Não tinha muitas esperanças de

* A mensagem de Charcot é breve e alusiva: expressava os votos de que "o Evangelista e o generoso centurião", cujos nomes couberam ao filho de Freud, pudessem "trazer-lhe boa sorte". É claro que Charcot esperava que Freud entendesse suas referências a João Evangelista e ao cavaleiro pagão Martinho que dera seu manto a um mendigo e terminou como santo católico.

vencer "a batalha por Viena", e pensou em emigrar. A perseverança venceu; entre os doentes nervosos de que tratava, alguns lhe pareceram cientificamente interessantes, ao passo que alguns dos outros pacientes, mais maçantes, recompensavam-no pagando suas contas. A falta de dinheiro era penosa; ele confessou que houve momentos em que não podia tomar um coche de aluguel para atender chamados a domicílio.

Em raros momentos, quando sua renda parecia suficientemente sólida para permitir o casamento, Freud tinha lampejos de euforia. E as coisas não ficaram mais fáceis por estar combatendo seus pares de profissão. O entusiasmo de Freud pelas inovações francesas apenas reforçou o ceticismo que ele havia começado a suscitar com sua defesa da cocaína. No outono de 1886, ao discorrer sobre a histeria masculina e propor etiologias psicológicas para ela, perante a associação médica de Viena, encontrou uma audiência variada. Um velho cirurgião, de quem nunca se esqueceu, fez objeções à tese de Freud — trazida de Paris — de que os homens podem ser histéricos: então o próprio nome "histeria", da palavra grega que significava "útero", não deixava claro que só as mulheres podiam sofrer de histeria? Outros médicos foram mais receptivos, mas, com sua sensibilidade exacerbada, Freud decidiu interpretar a atitude dos colegas como pura rejeição obtusa. De agora em diante, pensou ele, estaria em oposição à instituição médica. Mesmo Meynert, havia muito tempo um de seus defensores mais francos, afinal decidira romper com ele.

Nessa época, porém, ele também tinha boas razões para ficar contente. As magras economias pessoais de Freud, em constante diminuição, somadas ao modesto dote e herança de sua noiva, aos presentes de casamento em dinheiro da família dela e, sobretudo, aos generosos empréstimos e presentes de amigos ricos, finalmente permitiram que ele desposasse Martha Bernays. O casamento civil se realizou em Wandsbek, no dia 13 de setembro. Mas complicações legais imprevistas exigiram uma segunda cerimônia. Embora o casamento civil, em que Freud insistira, fosse suficiente na Alemanha, a lei austríaca exigia uma cerimônia religiosa. E assim, em 14 de setembro, Freud, o inimigo jurado de todos os rituais e todas as religiões, foi obrigado a repetir as réplicas em hebraico que havia decorado às pressas para convalidar seu casamento. Uma vez casado, Freud se vingou ou, pelo menos, fez as coisas à sua maneira: "Lembro muito bem quando ela me contou", recordava um primo de Martha Bernays, agora Martha Freud, "que uma das experiências mais desconcertantes de sua vida foi quando não lhe foi permitido acender as luzes do sabá na noite da primeira sexta-feira após seu casamento". Sobre questões tão importantes como o estilo religioso — ou melhor, irreligioso — de seu lar, Freud impunha inflexivelmente sua autoridade.

Depois de um ano de casamento, ele tinha esplêndidas notícias para a família. Em 16 de outubro de 1887, ele as transmitiu exuberante a Frau Bernays e Minna Bernays em Wandsbek: "Ando terrivelmente cansado e ainda tenho que escrever muitas cartas, mas escrever para vocês vem em primeiro lugar. Vocês já sabem por telegrama que temos uma filhinha", Mathilde. "Ela pesa três quilos e quatrocentos gramas", "o que é muito respeitável, é tremendamente feia, desde o primeiro momento tem chupado a mão direita, quanto ao mais parece muito bem-humorada e se comporta como se estivesse realmente à vontade." Cinco dias depois, ele tinha descoberto boas razões para mudar o tom: todos lhe diziam que a pequena Mathilde "se parece extraordinariamente *comigo*", e de fato "ela já ficou muito mais bonitinha, às vezes acho que já está muito bonita". Ele deu à criança o nome de sua boa amiga Mathilde Breuer — "naturalmente". Logo um mês depois, ele conheceu no círculo do marido dela um visitante de Berlim, Wilhelm Fliess, que viria a se tornar o amigo mais decisivo de sua vida.

2. A teoria em formação

UM AMIGO — E INIMIGO — NECESSÁRIO

"Um amigo íntimo e um inimigo odiado sempre foram requisitos necessários de minha vida emocional", confessou Freud em *A interpretação dos sonhos*. "Eu sempre soube me prover constantemente de ambos." Por vezes, acrescentou ele, ambos se reuniam na mesma pessoa. Na sua primeira infância, esse duplo papel havia sido desempenhado pelo sobrinho John. Depois do casamento, e durante a década de descobertas, Freud converteu Wilhelm Fliess nesse necessário amigo e, mais tarde, inimigo.

Fliess, um otorrinolaringologista de Berlim, chegara a Viena no outono de 1887, para aprofundar seus estudos. Por conselho de Breuer, havia assistido a algumas conferências de Freud sobre neurologia e, no final de novembro, depois de voltar para casa, ele recebeu uma proposta sincera de Freud. "Embora minha carta de hoje tenha um motivo profissional", escreveu Freud, "devo iniciá-la com o reconhecimento de que nutro a esperança de manter relações com o senhor, e que o senhor deixou uma profunda impressão sobre mim." Era, ao mesmo tempo, mais formal e mais emocional do que o estilo usual de Freud, no entanto, sua amizade com Fliess viria a ser uma experiência única para ele.

Ao desenvolver a teoria da psicanálise, Freud viria a ter mais inimigos e menos amigos do que gostaria. O malogro era provável; a hostilidade e o ridículo eram praticamente certos. Fliess era exatamente o amigo íntimo de que ele precisava: ouvinte, confidente, incentivador, o primeiro a aplaudir, companheiro de especulações que não se chocava com nada. "Você é o único Outro", Freud lhe diria em maio de 1894, "o alter." No outono de 1893, Freud admitira para Fliess, dando expressão a uma percepção que se recusaria a levar avante por mais sete ou oito anos, que "Você realmente estraga minhas faculdades críticas". Uma credulidade tão irrestrita por parte de alguém como Freud, orgulhoso de ser um obstinado homem de ciências, exige uma interpretação.

Essa credulidade parece ainda mais extraordinária na medida em que Fliess é hoje considerado um numerologista excêntrico e patológico. Mas o declínio de sua reputação ocorreu mais tarde. De fato, suas teorias prediletas soam extremamente esquisitas: Fliess considerava o nariz como o órgão dominante, capaz de influenciar tanto a saúde quanto as doenças humanas. Além disso, estava obcecado por um esquema de ciclos biorrítmicos de 23 e 28 dias, aos quais os homens e as mulheres estariam sujeitos e que, segundo ele, permitiriam que o médico diagnosticasse todos os tipos de estados e enfermidades. Mas na virada do século, essas ideias, agora quase totalmente desacreditadas, encontraram uma audiência favorável e até um certo apoio por parte de pesquisadores respeitáveis de diversos países. As credenciais de Fliess, afinal, eram impecáveis: era um especialista conceituado com uma sólida prática que ia muito além de sua base doméstica em Berlim. Além disso, as ideias com que Freud estava lidando de início não se mostravam menos estranhas do que as concepções de Fliess. E Breuer o recomendara, o que para o Freud do final dos anos 1880 praticamente constituía uma garantia de integridade intelectual.

A erudição científica de Fliess era abrangente, e sua ambição científica, imensa; impressionava outros, menos necessitados que Freud, com sua aparência, refinamento e erudição. Ainda em 1911, muito depois da amargurada separação entre Fliess e Freud, o leal seguidor de Freud, Karl Abraham, um observador equilibrado, achou Fliess amigável, arguto, original — talvez o relacionamento mais precioso, pensava ele, que "poderia ter feito entre os médicos de Berlim". Era exatamente o que Freud havia sentido quando se encontrou pela primeira vez com Fliess. O isolamento de ambos, como médicos subversivos, apenas aumentou a afinidade entre eles. "Aqui ando bastante solitário com a explicação das neuroses", escreveria Freud a Fliess na primavera de 1894. "Eles me consideram em larga medida um monomaníaco." A correspondência entre Freud e Fliess deve ter-lhes parecido uma conversa de dois monomaníacos detentores de profundas verdades ainda não reconhecidas.

Fliess demonstrava uma sólida compreensão das teorizações de Freud, e fornecia-lhe apoio e ideias. Era um leitor dedicado e atento dos manuscritos de Freud. Deu a ele uma visão da unidade básica de toda a cultura humana e do valor comprobatório de todas as manifestações humanas: "Você me ensinou", disse-lhe Freud com gratidão, em junho de 1896, "que uma ponta de verdade se esconde por trás de toda sandice popular". Ajudou Freud a voltar sua atenção aos chistes, como material útil para o escrutínio psicanalítico. E, ainda, Fliess fazia reflexões sobre a sexualidade infantil nos textos que publicou em meados dos anos 1890, anos antes que Freud se dispusesse a converter uma ideia tão escandalosa em algo coerentemente seu. Embora Freud pareça ter sido o primeiro a insistir que, no centro de todas as neuroses, encontra-se alguma perturbação sexual, Fliess, por sua vez, promoveu a ideia da bissexualidade humana e acompanhou atentamente Freud em sua elaboração para convertê-la num princípio fundamental.

Dito isso, a essencial irracionalidade das concepções fantasiosas de Fliess e de seus esforços de comprovação deveria ter se patenteado muito antes do que ocorreu, principalmente para Freud. Certamente pode-se justificar a pretensiosa tentativa de Fliess de fundamentar a biologia na matemática. Tampouco havia algo intrinsecamente ridículo na asserção de que um determinado órgão físico tem influência sobre os outros. Seria perfeitamente possível esperar que um psicanalista assumisse um estranho interesse pelo nariz, que pela forma tanto lembra os órgãos genitais masculinos, e pela sua tendência a sangrar lembra o aparelho sexual feminino. A ideia de deslocamento de uma parte a outra do corpo, não só dos pensamentos, mas também dos sintomas, viria a se converter num pilar da diagnose psicanalítica. Um cientista da mente, como Freud em vias de postular a existência de zonas erógenas que se deslocam no decorrer do desenvolvimento humano, poderia ver méritos numa teoria que afirmava que os "locais genitais" situados no nariz influenciam o curso da menstruação e do parto. O que faria Freud hesitar, mesmo antes que pesquisas posteriores tornassem absurdas as obsessões de Fliess, era o dogmatismo, a incapacidade de Fliess em reconhecer a riqueza e desnorteante complexidade das causas que regem os assuntos humanos. Mas, já que o elogio de Fliess era "néctar e ambrosia" para ele, Freud não iria sequer pensar em levantar dúvidas inconvenientes.

A mesma cegueira voluntária regia a relação de Freud com a numerologia biomédica de Fliess. A ideia de ciclos sexuais masculinos, em vista dos ritmos menstruais femininos, não era implausível. Significativamente, Havelock Ellis, o entusiástico e romântico pesquisador do sexo, dedicou um longo capítulo aos "fenômenos de periodicidade sexual" num volume de seus *Estudos sobre a psicologia do sexo*, praticamente contemporâneo à *Interpretação dos sonhos* de Freud. Colecionador infatigável de materiais diretos e indiretos sobre questões sexuais de muitos países, Ellis havia lido a obra de Fliess sobre os períodos sexuais e a considerara interessante, ainda que, ao final, pouco convincente, pelo menos no que se referia aos ritmos masculinos: "Embora Fliess apresente uma série de casos minuciosamente observados, não posso dizer que, até agora, eu esteja convencido da realidade desse ciclo de 23 dias". Ele presumia, com típica generosidade, que "essas tentativas de provar um novo ciclo fisiológico merecem um estudo cuidadoso e maiores investigações", mas concluía que, embora "deva-se considerar a possibilidade de um tal ciclo", no presente momento "estamos pouco habilitados a aceitá-la". Ellis reconhecia que o modo como Fliess manipulava os números-chave 23 e 28, seus intervalos e somas, permitia-lhe demonstrar o que quer que fosse. Posteriormente, outros pesquisadores revelaram maior impaciência do que Ellis em relação a Fliess, e iriam se declarar totalmente céticos.

Freud, porém, manteve-se convencido durante alguns anos, e contribuiu atenciosamente com dados para a coleção de números comprobatórios de Fliess: os intervalos de suas enxaquecas, os ritmos das enfermidades de seus filhos, as datas dos períodos menstruais de sua mulher, a duração da vida de seu pai. Nesse deslizamento para a ingenuidade não científica, havia algo mais que adulação, algo mais que pura necessidade. Freud, o grande racionalista, não estava totalmente livre da superstição, especialmente a superstição dos números. É verdade que, em 1886, ele e sua recente esposa tinham se mudado para um prédio construído no lugar do Ring-Theater de Viena, que sofrera um incêndio cinco anos antes, com mais de quatrocentas vítimas fatais: foi precisamente seu desafio à superstição que permitiu que Freud deixasse de lado os temores comuns. Mas certos números despertavam-lhe ansiedades. Ele abrigou durante anos a crença obcecante de que estava destinado a morrer aos 51 anos, e depois aos 61 ou 62; sentia-se perseguido por essas proféticas cifras, lembretes de sua mortalidade. Mesmo o número de telefone que recebeu em 1899 — 14362 — foi uma confirmação: ele publicara *A interpretação dos sonhos* aos 43 anos, e estava convencido de que os dois últimos algarismos eram uma sinistra admonição de que a duração de sua vida seria realmente de 62 anos. Certa vez, Freud analisou a superstição como um encobrimento de desejos hostis e assassinos, e suas próprias superstições como um desejo reprimido de imortalidade. Mas sua autoanálise não o libertou totalmente dessa ponta de irracionalidade, e esse resíduo do que ele chamava de seu "misticismo especificamente judaico" tornou-o suscetível às mais desbragadas especulações de Fliess.

Havia muita coisa a unir Freud a Fliess, além do interesse profissional próprio. Os dois eram simultaneamente membros e estranhos ao seu campo: médicos profissionais altamente treinados trabalhando nas fronteiras, ou além, da investigação médica aceitável. E mais, ambos eram judeus enfrentando problemas e perspectivas quase idênticas em sua sociedade, facilmente criando uma intimidade de irmãos numa tribo perseguida. Emocionalmente falando, Fliess era o sucessor de Breuer: o envolvimento de Freud com o primeiro se intensificou à medida que diminuía sua dependência em relação ao segundo. Maliciosa ironia que tenha sido Breuer a aproximar Freud e Fliess.

Talvez seja ampliar o termo para além de seu terreno legítimo, mas, sob importantes aspectos, Freud impôs a Fliess um papel similar ao do psicanalista. A prolongada omissão de Freud, quase que sua recusa em avaliar de maneira realista seu amigo íntimo, sugere que estava envolvido numa séria relação de transferência: Freud idealizava Fliess para além de qualquer medida, e revestia-o com as qualidades mais admiráveis de Brücke ou Charcot. Até quis dar o nome de Fliess a um filho seu, o que só não foi possível porque, em 1893 e 1895, nasceram-lhe filhas, Sophie e Anna. Ele extravasava no papel seus mais íntimos segredos para seu Outro em Berlim, e em pessoa, nos "congressos" que ambos cuidadosamente combinavam e ansiosamente esperavam. A partir do final de 1893, ele confiou a Fliess que vinha sofrendo de dores no peito e arritmia, um problema cardíaco incômodo e preocupante que Fliess atribuiu ao hábito de fumar de Freud. Fliess era o único a saber: em abril de 1894, voltando àquele desagradável tópico, Freud advertiu-o que sua mulher não era "confidente dos meus delírios de morte". No verão precedente, ele revelara a Fliess que Martha Freud estava desfrutando um sentimento de "renascimento", visto que "atualmente, por um ano, ela não vai precisar esperar um filho". E declarou explicitamente: "Agora estamos vivendo em abstinência". É o tipo de coisa que um burguês decente só confessaria a seu analista. Fliess era o homem a quem Freud podia contar tudo. E realmente contava tudo a Fliess, mais do que contou a qualquer outra pessoa sobre sua mulher ou à sua mulher sobre si mesmo.

Realmente, uma razão pela qual Freud considerou Fliess tão indispensável nos anos 1890 era a de que sua mulher não era sua confidente nas investigações a que ele dedicava toda sua atenção. Dominada pela presença fascinante dele, Martha Freud aparece como uma figura bastante apagada. Enquanto ele legou, um tanto contra sua vontade, uma enorme profusão de registros para a posteridade, os traços restantes ou disponíveis dela são escassos. Os comentários casuais de visitas e alguns de seu marido podem sugerir que ela era simplesmente uma *Hausfrau* modelo, cuidando da casa, providenciando as refeições, supervisionando as empregadas, criando os filhos. Mas sua contribuição à vida familiar foi muito mais do que uma labuta obediente, indispensável e não remunerada. A família girava em torno de Freud. Não deixa de ter interesse que ele tenha sido o único a dar os nomes aos seis filhos do casal — a partir dos nomes dos amigos *dele*, dos mentores *dele*; quando seu segundo filho nasceu em 1891, Freud deu-lhe o nome de seu admirado Oliver Cromwell. Mas o filho mais velho dos Freud, Martin, lembrava sua mãe como uma pessoa ao mesmo tempo bondosa e firme, eficiente e preocupada com os importantíssimos detalhes domésticos e os preparativos de viagens não menos importantes, capaz de manter o autocontrole, sem nunca se perturbar. Sua insistência sobre a pontualidade (uma qualidade que, observou seu filho Martin, era rara na descuidada Viena), dava ao lar dos Freud um ar de segurança — e mesmo, como Anna Freud se queixaria mais tarde, de regularidade obsessiva. Max Schur, o último médico de Freud, que veio a conhecê-la bem em seus últimos anos, achava que muita gente a subestimara; ele aprendeu a gostar profundamente dela, mesmo que sempre reclamasse quando ele se sentava na cama, desarrumando-a, ao examinar seu marido.

Como esse esboço sugere, Martha Freud era a perfeita burguesa. Amorosa e eficiente com a família, ela se dobrava sob um inflexível senso de responsabilidade pelos deveres domésticos, e era severa com deslizes em relação à moral de classe média.* Quando já era uma velha senhora em Londres, mencionou a leitura como sua única "diversão", mas acrescentou rapidamente, gracejando e ao mesmo tempo se desculpando, "mas só à noite na cama". Ela relutava em se permitir esse prazer durante o dia, contida pela sua "boa educação". Freud insinuou a Fliess que sua mulher era extremamente reservada e demorava a se tornar

* Ela nunca perdoou Stefan Zweig, apesar de seu triste fim (ele se suicidou no Brasil em 1942, depois de longos surtos de depressão), por ter abandonado sua esposa Friderike por uma mulher mais jovem, com quem então se casou. Ela não conseguia entender, disse a Friderike Zweig, "a infidelidade de nosso amigo com você!". Mesmo a morte dele, acrescentou ela, não diminuiu sua indignação. (Martha Freud a Friderike Zweig, 26 de agosto de 1948. Freud Collection, B2, LC.)

cordial com estranhos. Mas, embora de modo geral não fosse exigente, sabia ser persistente quando queria algo que considerava razoável. A julgar pelas insinuações nas cartas de Freud e pelas fotografias, ela logo trocou sua esbelta juventude por uma meia-idade de bom gosto, apenas levemente empanada; pouco fez para resistir ao estilo de envelhecimento então corrente, que convertia implacavelmente a jovem esposa numa imponente matrona.* Desde o início do noivado, Freud lhe dissera sinceramente que ela não era de fato bonita, no sentido literal, mas que sua aparência a distinguia como uma pessoa "suave, generosa e sensata". Depois de casada, pouco tempo dedicou a cuidar de qualquer beleza que tivesse.

Seus contínuos e impiedosos períodos de gravidez devem ter cobrado seu preço: os Freud tiveram seis filhos em nove anos. Logo antes do casamento, ela sonha em ter três. Teria sido mais fácil. "Minha pobre Martha tem uma vida atormentada", observou seu marido em fevereiro de 1896, quando Anna, a caçula, tinha pouco mais de dois meses. O que mais lhe custava era ter de tratar constantemente de uma doença atrás da outra dos filhos. Freud ajudava um pouco, ouvia os infortúnios dos filhos ou, nas férias de verão, fazia expedições para colher cogumelos nas montanhas. Quando tinha tempo, era um pai ativo e interessado. Mas a carga principal da vida doméstica recaía sobre sua mulher.

Apesar de seu amor pelos livros, quando ela se permitia entregar-se a ele, Martha Freud não era uma companheira para o marido, em seu longo e solitário avanço rumo à psicanálise. Auxiliava o marido da forma que lhe era natural, presidindo a um cenário doméstico onde ele pudesse se sentir à vontade, em parte deixando que Freud nem sequer reconhecesse seus esforços. Ao responder a uma carta de condolências pela morte do marido, considerou "um pequeno consolo que, nos 53 anos de nosso casamento, não houve uma única palavra zangada entre nós, e que sempre tentei ao máximo remover de seu caminho a *misère* da vida cotidiana". Ela achava um privilégio ter sido capaz de cuidar de "nosso querido chefe" por todas essas décadas. Isso significou muito para ele, mas não era tudo. Sua mulher praticamente tornou Fliess necessário.

Em suas recordações dos Freud, o psicanalista francês René Laforgue, que os conheceu nos anos 1920, elogiou Martha Freud como "uma mulher prática, maravilhosamente hábil em criar uma atmosfera de paz e *joie de vivre*". A seu ver, ela era uma dona de casa excelente, muito trabalhadora, que não hesitava em ajudar na cozinha e "nunca cultivou aquela palidez doentia considerada elegante entre tantas mulheres intelectuais". Mas, acrescentou ele, ela considerava as ideias psicanalíticas do marido como "uma forma de pornografia". No meio de um lar animado e cheio de gente, Freud estava sozinho. Em 3 de dezembro de 1895, ele anunciou a Fliess o nascimento da pequena Annerl, informando que mãe e filha, "uma mulherzinha linda e perfeita", estavam passando bem. Na

* Certamente, os padrões do que constitui a meia-idade ou a velhice eram, então, bastante diferentes. Freud fala, nos anos 1890, de uma "solteirona madura (cerca de trinta anos)". [Freud a Fliess, "Rascunho H. anexo à carta de 24 de janeiro de 1895. *Freud-Fliess*, p. 107 (108).]

carta imediatamente seguinte, apenas cinco dias depois, ele se alegrava por ter visto a caligrafia de Fliess, que lhe permitia "esquecer a grande solidão e privação". A associação é patética; Freud tinha carinho pela família e não teria passado sem ela. Mas a família não diminuía seu sentimento desalentador de isolamento. Foi essa a tarefa de Fliess.

A amizade de Freud com Fliess amadureceu com grande rapidez, fato um tanto raro numa época em que a intimidade geralmente tardava a se desenvolver e às vezes resistia a décadas de estreita associação. A primeira carta de Freud a Fliess, em novembro de 1887, serve como expressiva sugestão da violenta emotividade que ele tentava controlar com todas as suas forças. Nela, ele se dirigia a Fliess como "Prezado amigo e colega!" — *Verehrter Freund und Kollege!* Em agosto de 1888, Fliess se tornara "Prezado amigo!" — *Verehrter Freund!* E dois anos depois, ocasionalmente ele era um "caro" e mesmo "caríssimo" amigo — *Liebster Freund!* Foi o modo de tratamento que se manteve o preferido de Freud até o verão de 1893, quando ele aumentou o grau de intensidade para "Querido amigo!" — *Geliebter Freund!* Nessa época, fazia mais de um ano que os dois estavam se tratando pelo íntimo *du*, enquanto Freud continuava a se dirigir a Frau Fliess com o *Sie* mais formal.

Foi durante essa fase inicial da dependência de Freud em relação a seu Outro de Berlim que ele passou a ficar cada vez mais insatisfeito com as técnicas disponíveis de tratamento dos pacientes neuróticos. "No intervalo de 1886 a 1891", relembrou Freud, "meu trabalho científico foi pouco e não publiquei quase nada. Estava ocupado em encontrar meu caminho na nova profissão e em garantir a subsistência material para mim e minha família em rápido crescimento." Tal rigor não é apropriado a um período de incubação: na verdade, Freud estava assentando as bases para uma revolução. A tradução do livro de Bernheim sobre hipnose e sugestão e a visita a Nancy em 1889 foram passos em sua formação autodidata de psicoterapeuta.

Mesmo o estudo sobre a afasia, seu primeiro livro, publicado em 1891 e dedicado a Breuer, aponta sutilmente para o crescente envolvimento de Freud com a psicologia. *Sobre a formação das afasias*: *um estudo crítico* é uma brilhante monografia em neurologia, mas significativamente, entre as abundantes e bem informadas citações de autoridades, Freud espalhou citações de filósofos como John Stuart Mill e psicólogos como Hughlings Jackson. Criticando as concepções predominantes sobre essa estranha família de distúrbios da linguagem, ele se referiu a si próprio, de uma maneira um pouco afetada, como "totalmente isolado". Ele estava começando a fazer desse sentimento de solidão sua marca registrada. De fato, *Sobre as afasias*, à sua maneira técnica, ainda que clara, é uma obra de revisão. A tentativa de Freud de "abalar uma teoria cômoda e atraente sobre os distúrbios da linguagem" resultava na introdução de um elemento psicológico no quadro clínico. De acordo com a tendência da época de atribuir ocorrências mentais a causas físicas, outros especialistas não tinham muitas dúvidas de que as falhas afásicas na linguagem ou na compreensão deviam ser efeitos de lesões, localizadas e específicas, no cérebro. Freud, pelo contrário, defendia que se reconhecesse que "a importância do elemento da localização [fisiológica cerebral] tem sido superestimada na afasia, e estamos certos em nos preocupar novamente com as condições funcionais do aparelho da linguagem". Cercado por neurologistas, Freud estava começando a procurar causas psicológicas para efeitos psicológicos.

Mais ou menos desanimado, ele continuava a empregar a sugestão hipnótica para aliviar os sintomas de seus pacientes, e no inverno de 1892 publicou um breve caso clínico, onde detalhava um de seus êxitos terapêuticos. "Se o objetivo era ganhar a vida com o tratamento de pacientes com doenças nervosas", comentou secamente mais tarde, "evidentemente era preciso fazer algo por eles." Julgava o tratamento convencional da neurastenia — a eletroterapia, que também experimentou em seus pacientes — muito mais insatisfatório do que a própria hipnose, e no começo dos anos 1890 "abandonei o aparato elétrico", com um evidente suspiro de alívio.

As cartas de Freud daqueles anos sugerem inovações de alcance muito maior, em especial uma atenção praticamente sem precedentes em relação ao provável impacto dos conflitos sexuais em doenças neuróticas. No início de 1893, ele havia trazido suas conjecturas em sólidas afirmações. No "Rascunho B", um dos extensos apontamentos que, durante anos, ele enviou a Fliess, para que este fizesse comentários, Freud apresentou a questão diretamente — depois de advertir a Fliess que mantivesse o manuscrito fora do alcance de sua jovem mulher: "Pode-se assumir como sabido que a neurastenia é uma consequência frequente de uma vida sexual anormal. A asserção, porém, que eu gostaria de fazer e verificar com observações é que a neurastenia, a rigor, *só* pode ser uma neurose sexual". Freud não excluiu como causa uma tendência hereditária, mas estava começando a insistir que a "neurastenia adquirida" tinha motivações sexuais: esgotamento provocado pela masturbação ou pelo *coitus interruptus*. As mulheres, de cuja sensualidade subjacente Freud não tinha a menor dúvida, pareciam relativamente pouco suscetíveis à neurastenia, mas, quando sofriam dela, suas origens eram as mesmas que as dos homens. A conclusão a que chegou Freud foi a de que as neuroses são totalmente evitáveis e totalmente incuráveis. Por isso, "a tarefa do médico está inteiramente restrita à profilaxia".

Todo o manuscrito mostra Freud no auge da confiança em si mesmo, e reflete seu interesse pelas implicações sociais da enfermidade nervosa: já se via, desde esse primeiro momento, como um médico para a sociedade. A sexualidade saudável, sustentava ele, exige a prevenção de doenças venéreas e, como alternativa à masturbação, o "intercurso sexual livre" entre rapazes e moças solteiras. Portanto, é necessário um contraceptivo melhor do que a camisa de vênus que não é segura nem agradável. Lê-se o "Rascunho B" como uma rápida incursão em território inimigo; na monografia que Freud então preparava para Breuer,

Estudos sobre a histeria, a dimensão erótica, mais uma vez, iria recuar para os bastidores. Freud observaria mais tarde, com indisfarçado sarcasmo, que a partir desse livro "teria sido difícil imaginar qual o significado que a sexualidade tem para a etiologia das neuroses".

Embora os *Estudos sobre a histeria* tenham sido publicados apenas em 1895,* o primeiro caso discutido no livro, o histórico encontro de Breuer e "Anna O.", remonta a 1880. Ele figura como o caso fundador da psicanálise: levou Freud, mais de uma vez, a atribuir a paternidade desta a Breuer, ao invés de si próprio. Certamente Breuer merece um lugar de destaque na história da psicanálise; ao confidenciar a fascinante história de Anna O. a seu jovem amigo Freud, ele gerou ideias mais perturbadoras em Freud do que ele mesmo estava disposto a alimentar. Uma dessas sessões confidenciais ocorreu numa sufocante noite de verão em 1883. A cena, conforme Freud a reconstruiu para sua noiva, mostra a intimidade espontânea entre os dois amigos e o alto nível de suas conversas profissionais informais. "Hoje foi o dia mais quente, mais agoniante de toda a estação; eu já estava irritadiço de esgotamento. Percebi que estava precisando de algo que me erguesse o ânimo e, portanto, fui à casa de Breuer, de onde acabei de chegar tão tarde. Ele estava com dor de cabeça, pobre camarada, e estava tomando salicilato. A primeira coisa que fez foi me empurrar para a banheira, de onde saí rejuvenescido. Enquanto aceitava essa hospitabilidade aquática, eu pensava: se Marthinha estivesse aqui, ela diria, é assim que nós também vamos organizar as coisas." Levaria anos até poderem fazê-lo, ponderou ele, mas chegaria o dia, desde que ela continuasse a gostar dele. "Então" — Freud voltou a seu relato — "jantamos no andar de cima em mangas de camisa (agora estou escrevendo em trajes ainda mais à vontade), e então começou uma longa conversa médica sobre 'insanidade moral', doenças nervosas e casos estranhos." A conversa dos dois colegas se tornou cada vez mais pessoal, conforme discutiam "novamente" sobre Bertha Pappenheim, amiga de Martha. Era a paciente a quem Breuer imortalizaria sob o pseudônimo Anna O.

Breuer havia começado a tratar dessa interessante histérica em dezembro de 1880, e ficou com o caso por um ano e meio. Em meados de novembro de 1882, Breuer falou de Anna O. a Freud pela primeira vez. Então, naquela quente noite de verão de 1883, informou Freud à sua noiva, Breuer havia revelado "algumas coisas" sobre Bertha Pappenheim que "devo repetir apenas 'quando estiver casado com Martha'". Quando foi a Paris, Freud tentou despertar o interesse de Charcot por esse caso notável, mas "o grande homem", provavelmente convencido de que seus próprios pacientes eram suficientemente extraordinários, mostrou-se indiferente. No entanto, Freud, intrigado por Anna O. e desapontado com os efeitos

* Uma "Comunicação preliminar", escrita em conjunto por Breuer e Freud, foi publicada em 1893. Foi reeditada em 1895, como o primeiro capítulo de *Estudos sobre a histeria*.

terapêuticos da sugestão hipnótica, fez com que Breuer lhe falasse novamente dela. Quando os dois especialistas do sistema nervoso reuniram seus estudos sobre histeria no início dos anos 1890, Anna O. ocupou um lugar de destaque.

Um dos motivos que fizeram de Anna O. uma paciente tão exemplar é que ela realizou sozinha grande parte do trabalho de imaginação. Considerando a importância que Freud aprenderia a atribuir ao dom de escutar do analista, é muito cabível que um paciente tenha contribuído para a formação da teoria psicanalítica quase tanto quanto seu terapeuta Breuer ou, nesse sentido, o teórico Freud. Breuer alegou, um quarto de século depois, e com razão, que seu tratamento de Bertha Pappenheim continha "a célula germinativa do conjunto da psicanálise". Mas foi Anna O. quem fez descobertas importantes, e haveria de ser Freud, e não Breuer, quem as cultivaria com afinco, até lhe renderem uma colheita rica e insuspeitada.

Existem contradições e pontos obscuros nas sucessivas versões do caso, mas o que se segue é mais ou menos inquestionável: em 1880, quando adoeceu, Anna O. estava com 21 anos. Segundo as palavras de Freud, era uma moça de "cultura e dotes excepcionais", bondosa e filantrópica, dada a obras de caridade, ativa e às vezes obstinada, e extremamente perspicaz. "Fisicamente saudável", anotou Breuer em seu relatório sobre o caso, "com menstruações regulares... Inteligência considerável, excelente memória, [dom] assombrosamente agudo [para] associações e intuição penetrante; por isso, as tentativas de enganá-la sempre malogram." Ele acrescentava que seu "vigoroso intelecto" era capaz de "digerir também alimentos sólidos", mas, embora precisasse desses alimentos, ela não os recebia desde que saíra da escola. E assim, condenada a uma existência enfadonha junto a sua austera família judaica, havia muito tempo tendia a escapar para um "devaneio sistemático", para o que ela gostava de chamar de seu "teatro particular". Breuer demonstrou compreensão ao comentar sua situação doméstica. "Vida muito monótona, totalmente restrita à família", continua o relatório em estilo telegráfico, "substituto procurado no amor apaixonado pelo pai, que a estraga com mimos, e no abandono a um talento poético-fantástico altamente desenvolvido." Ela era, julgava Breuer (como Freud relembrou com espanto e sardônica incredulidade), "assombrosamente pouco desenvolvida em termos sexuais".

O acontecimento que precipitou sua histeria foi a doença fatal do pai, a quem, como Breuer não deixara de observar, ela era muito apegada. Até os dois últimos meses de vida do pai, quando ficou doente demais para cuidar dele, Anna O. havia sido sua devotada e incansável enfermeira, em detrimento da própria saúde. Durante os meses que cuidou do pai, ela desenvolvera sintomas crescentes de incapacidade: fraqueza gerada por falta de apetite, uma séria tosse nervosa. Em dezembro, após cerca de meio ano desse seu exaustivo regime, ela foi atingida por um estrabismo convergente. Até então, havia sido uma moça ativa e cheia de vitalidade; agora, tornava-se a vítima patética de enfermidades que deixavam-na inválida. Sofria de dores de cabeça, acessos de agitação, curiosas perturbações da vista, paralisias parciais e perda de sensibilidade.

No começo de 1881, sua sintomatologia se tornou ainda mais estranha. Era acometida de lapsos mentais, longos intervalos de sonolência, rápidas alterações de ânimo, alucinações com cobras negras, caveiras e esqueletos, crescentes dificuldades de fala. Por vezes, regredia em sua sintaxe e gramática; outras, só conseguia falar inglês, ou francês e italiano. Ela desenvolveu duas personalidades distintas, profundamente contrastantes, uma delas bastante rebelde. Quando seu pai morreu em abril, Anna O. reagiu com um estado de choque agitado que se dissolveu num estupor, e seu conjunto de sintomas se tornou mais alarmante do que antes. Breuer visitava-a diariamente, no fim da tarde, quando ela estava num estado de hipnose autoinduzida. Ela contava histórias, tristes e às vezes fascinantes, e, como ela e Breuer descobriram juntos, esse livre discorrer aliviava temporariamente seus sintomas. Assim começou uma colaboração memorável entre uma paciente dotada e seu atento médico: Anna O. referia-se a esse procedimento como, apropriadamente, sua "cura pela fala" ou, humoristicamente, "limpeza de chaminé". Mostrava-se catártico na medida em que despertava lembranças importantes e dava vazão a emoções poderosas que ela tinha sido incapaz de evocar ou expressar quando estava em seu eu normal. Quando Breuer abriu-se em confiança com Freud a respeito de Anna O., não deixou de lhe contar sobre esse processo de catarse.

O momento decisivo em sua cura pela fala veio na quente primavera de 1882, quando Anna O. sofreu um acesso de hidrofobia. Embora ressecada de tanta sede, ela não conseguia tomar nada até que certa vez, em transe hipnótico, disse a Breuer que havia visto sua dama de companhia inglesa — de quem não gostava — deixar que seu cãozinho bebesse de um copo. Quando o nojo reprimido veio à tona, a hidrofobia desapareceu. Breuer ficou impressionado, e adotou esse modo pouco ortodoxo de obter melhoras. Ele hipnotizou Anna O. e observou que, sob hipnose, ela conseguia rastrear cada um de seus sintomas, sucessivamente, até a ocasião que lhe dera origem durante a doença do pai. Dessa forma, relatava Breuer, todos os diversos sintomas, as contrações paralisantes e as insensibilidades, a visão dupla e distorcida, as várias alucinações, e o restante, foram "expulsos pela fala" — *wegerzählt*. Breuer admitiu que esse falar a esmo não se mostrara nada fácil. As recordações de Anna O. eram frequentemente imprecisas, e seus sintomas ressurgiam com dolorosa vividez justamente quando ela limpava a chaminé de sua mente. Mas a participação dela na cura pela fala tornou-se cada vez mais ativa — Breuer elogiou-a doze anos depois com sincera admiração. Seus sintomas revelaram ser resíduos de sentimentos e impulsos que ela se sentira obrigada a reprimir. Em junho de 1882, concluía Breuer, todos os sintomas de Anna O. haviam desaparecido. "Então ela saiu de Viena para uma viagem, mas ainda precisou de um bom tempo antes de recuperar inteiramente seu equilíbrio mental. Desde então, gozou de plena saúde."

Neste ponto surgem as questões sobre o relato clínico de Breuer. A verdade é que, ao término do tratamento, Breuer recomendou Anna para Bellevue, o sanatório suíço altamente renomado do dr. Robert Binswanger, em Kreuzlingen.

Em meados de setembro de 1882, três meses depois do suposto desaparecimento dos sintomas, Anna O. fez uma corajosa tentativa de apresentar um relato de seu estado. Ela ainda estava em Kreuzlingen e, conforme expôs em seu inglês quase perfeito, encontrava-se "totalmente privada da faculdade de falar, entender ou ler alemão". Além disso, estava sofrendo de uma "forte dor nevrálgica" e "ausências mais ou menos prolongadas", que chamou de "extravio temporal". Sem dúvida, estava muito melhor. "Só fico realmente nervosa, angustiada e disposta a gritar quando o medo muito bem fundado de perder novamente a língua alemã por mais tempo apodera-se de mim." Mesmo um ano depois, não tinha absolutamente se recuperado, e vinha sofrendo recaídas frequentes. Seu destino subsequente foi admirável: ela se tornou uma ativista social pioneira, uma eficiente líder de causas feministas e de organizações de mulheres judias. Essas realizações atestam um considerável grau de recuperação, mas Breuer, em *Estudos sobre a histeria*, resumiu inadequadamente como uma cura completa o que foi um período de melhora difícil, muitas vezes interrompido.

Escrevendo sobre Anna O. em 1895, Breuer casualmente notou que ele havia "suprimido um grande número de detalhes bastante interessantes". Como sabemos a partir da correspondência de Freud, eram mais do que simplesmente interessantes: eles constituem as razões pelas quais Breuer mostrara de início tanta relutância em divulgar o caso. Uma coisa era reconhecer os sintomas de conversão histérica como reação significativa a traumas específicos, e a neurose não como simples desabrochar de alguma tendência hereditária, mas como possível consequência de um ambiente sufocante. Outra coisa totalmente diferente era admitir que as origens últimas da histeria, e algumas de suas manifestações ostensivas, eram de natureza sexual. "Confesso", escreveu Breuer posteriormente, "que o mergulho na sexualidade, na teoria e na prática, não é para meu gosto." A história completa de Anna O., à qual Freud aludira aqui e ali com expressões veladas, era um teatro erótico que Breuer considerou excessivamente desconcertante.

Muitos anos depois, em 1932, ao escrever a Stefan Zweig, um de seus defensores mais apaixonados, Freud rememorou "o que realmente aconteceu com a paciente de Breuer". Era o que Breuer, afirmou ele, havia lhe contado muito tempo antes: "No fim do dia em que todos os seus sintomas haviam sido postos sob controle, ele foi novamente chamado até ela, encontrou-a perturbada, contorcendo-se com câimbras abdominais. Ao ser indagada sobre o que se passava, ela respondeu: 'Está chegando o filho do dr. B'". Naquele instante, comentou Freud, Breuer teve "a chave na mão", mas, não podendo ou não querendo usá-la, "ele a deixou cair. Apesar de seus grandes dotes mentais, ele não tinha nada de faustiano em si. Com um horror convencional, ele recorreu à fuga e entregou a paciente a um colega". É extremamente provável que Breuer tivesse insinuado essa gravidez histérica naquela noite de julho de 1883, quando contou a Freud coisas que só poderia repetir a Martha Bernays depois que ela tivesse se tornado Martha Freud.

* * *

O caso de Anna O. contribuiu mais para um afastamento do que para uma aproximação entre Freud e Breuer; ele acelerou o triste declínio e colapso final de uma amizade longa e recompensadora. Aos seus próprios olhos, Freud era o explorador que tivera a coragem de enfrentar as descobertas de Breuer; ao levá-las até onde podiam chegar, com todos os seus laivos eróticos, inevitavelmente malquistara-se com o generoso mentor que havia presidido aos inícios de sua carreira. Certa vez, Breuer comentou a seu próprio respeito que vivia dominado pelo "demônio 'Mas'", e Freud tendia a interpretar essas reservas — *quaisquer* reservas — como uma deserção covarde do campo de batalha. Decerto de modo igualmente exasperante, Freud devia a Breuer um dinheiro que este não queria receber de volta. Os irritadiços resmungos de Freud sobre Breuer nos anos 1890 constituem um caso clássico de ingratidão, o ressentimento de um devedor orgulhoso contra seu benfeitor mais velho.

Por mais de uma década, Breuer lhe havia irrestritamente oferecido incentivo, afeto, hospitalidade e apoio financeiro de grande necessidade, calorosamente recebidos por Freud durante anos. O típico gesto de Freud de dar à sua primeira filha o nome de Frau Breuer, uma amiga atraente e fascinante para o jovem médico aspirante e sem um tostão, foi um reconhecimento cordial do atencioso apoio que lhe chegava. Isso havia sido em 1887. Mas, já em 1891, as relações entre os dois homens tinham começado a mudar. Naquele ano, Freud ficou profundamente desapontado com a acolhida que Breuer deu a *Sobre as afasias*, que, como sabemos, Freud dedicara a ele. "Mal me agradeceu", contou Freud à sua cunhada Minna, um pouco perplexo, "estava muitíssimo embaraçado e disse todos os tipos de coisas incompreensivelmente negativas sobre ele, não lembrou nada de bom; no final, para amenizar, [fez] o elogio de que estava muito bem escrito." No ano seguinte, Freud mencionou algumas "batalhas" com seu "companheiro". Em 1893, quando ele e Breuer estavam publicando seu relatório preliminar conjunto sobre a histeria, ele vinha se impacientando e achava que Breuer estava "se colocando no caminho do meu avanço em Viena". Um ano depois, ele informou que os "contatos científicos com Breuer cessaram". Em 1896, estava evitando Breuer e dizia que não precisava mais vê-lo. A idealização de seu velho amigo, fadadas como estão tais idealizações à decepção, havia gerado nele algumas reações corrosivas. "Minha raiva contra Breuer recebe sempre novo alimento", escreveu em 1898. Um dos seus pacientes contara que Breuer andava dizendo às pessoas que havia "renunciado a seus contatos" com Freud, porque "ele não consegue concordar com meu estilo de vida e a administração das minhas finanças". Freud, que ainda tinha dívidas com Breuer, qualificou o comentário de "insinceridade neurótica". Um amigável interesse protetor, talvez deslocado, teria sido um nome mais adequado.

Afinal, a dívida de Freud para com Breuer era mais do que monetária. Fora através de Breuer que Freud aprendera sobre a catarse, e ele o ajudara a se libertar das inúteis terapias mentais então correntes; fora Breuer que se dispusera a lhe contar nos mais sugestivos detalhes o caso de Anna O., o qual, retrospectivamente, Breuer encarava com uma mescla de emoções. Além disso, o procedimento científico de Breuer podia servir a Freud como um modelo de modo geral admirável: Breuer era um fecundo criador de palpites científicos e um atento observador, mesmo que por vezes sua fecundidade excedesse sua observação — o que também ocorria com Freud. Na verdade, Breuer estava plenamente ciente do fosso muitas vezes enorme entre hipótese e conhecimento; em *Estudos sobre a histeria*, ele citava Teseu em *Sonho de uma noite de verão*, sobre o drama: "O melhor nesse gênero são apenas sombras", e anunciava a esperança de que pudesse haver pelo menos alguma correspondência entre a ideia de histeria do médico e a coisa real.

Breuer tampouco negava a influência dos conflitos sexuais no sofrimento neurótico. Mas Anna O., ao que parece, com seus atrativos de juventude, seu desamparo encantador e seu próprio nome, Bertha, redespertou em Breuer todos os seus anseios edipianos latentes pela própria mãe, também chamada Bertha, que falecera jovem, quando ele tinha três anos. Em meados dos anos 1890, houve momentos em que Breuer declarou-se convertido às teorias sexuais de Freud, sendo logo em seguida dominado por sua ambivalência, por seu demônio "Mas". A seguir recuaria para uma postura mais conservadora. "Não muito tempo atrás", contou Freud a Fliess em 1895, "Breuer fez um grande discurso sobre mim" para a associação médica vienense, "e apresentou-se como um adepto *convertido* à etiologia sexual" das neuroses. "Quando eu lhe agradeci em particular, ele desmanchou meu prazer dizendo: 'Mesmo assim, não acredito nisso!'." O recuo desnorteou Freud: "Você entende isso? Eu não". Cinco anos depois, apenas ligeiramente menos desnorteado, Freud contou a Fliess sobre uma paciente que Breuer lhe indicara e com a qual, depois de sérias frustrações, ele tivera um assombroso êxito analítico. Quando ela contou sua "extraordinária melhora" a Breuer, ele "bateu palmas e exclamou várias vezes: 'Então afinal ele está certo'". Mas Freud não estava disposto a apreciar esse tributo tardio, muito embora Breuer tivesse obviamente demonstrado sua confiança nele, ao lhe enviar essa paciente difícil; Freud desconsiderou o fato como um gesto proveniente de "um adorador do sucesso". Nessa época, tendo Freud apagado as lembranças dos leais serviços de seu amigo, Breuer não podia fazer nada. Freud só conseguiria enxergar Breuer com olhos mais ponderados depois que sua autoanálise tivesse surtido efeito, algumas de suas tempestades emocionais tivessem se amainado e sua amizade com Fliess entrasse em declínio. "Não o desprezo há muito tempo", disse a Fliess em 1901; "senti sua força." Certamente não deixa de ser significativo que Freud agora estivesse, depois de vários anos de autoanálise, em condições de fazer tal descoberta. Mas, apesar de sua força, Breuer viera a considerar o caso de Anna O. demasiado absorvente e francamente embaraçoso. "Na época, jurei", lembrou ele, "que nunca passaria novamente por tal provação." Foi um caso que ele nunca esqueceu, mas do qual jamais poderia tirar um proveito real. Quando Fritz

Wittels, biógrafo de Freud, insinuou que Breuer havia conseguido, depois de algum tempo, desfazer-se da lembrança de Anna O., Freud comentou mordazmente à margem: "Absurdo!". O processo psicanalítico é uma luta contra resistências, e a rejeição de Breuer frente às verdades elementares e chocantes que tal processo pode desvelar é um exemplo claro dessa manobra. Fliess, o amigo necessário de Freud, havia se mostrado muito mais receptivo.

HISTÉRICOS, PROJETOS E DIFICULDADES

Freud tinha suas próprias resistências a combater e superar, mas, a julgar pelos casos que apresentou em *Estudos sobre a histeria*, ele fez do aprendizado com seus pacientes uma espécie de programa. Era um aprendiz disposto e bastante compenetrado: em 1897, escrevendo a Fliess, referiu-se à analisanda "Frau Cäcilie M." como sua "instrutora" — *Lehrmeisterin.* Sem dúvida, Cäcilie M., na verdade baronesa Anna von Lieben, tinha sido, dentre seus primeiros pacientes, um dos mais interessantes e provavelmente o que consumiu mais tempo. Era sua "principal cliente", sua "prima donna". Rica, inteligente, sensível, versada em literatura, pertencente a um considerável clã de importantes famílias judaicas austríacas que Freud veio a conhecer bem, durante anos ela fora atacada por uma série de sintomas extraordinários e enigmáticos — alucinações, espasmos e o estranho hábito de transformar insultos ou críticas em sérias nevralgias faciais, praticamente como "bofetadas no rosto". Freud a enviara a Charcot e, em 1889, levara-a consigo quando foi a Nancy, numa visita de estudos ao hipnotizador Bernheim. Ao longo dos anos, ela lhe ensinara muito sobre o significado dos sintomas e a técnica terapêutica. Mas os outros histéricos de Freud também foram seus instrutores. Num longo retrospecto, ele olharia para suas primeiras aventuras na análise psicológica com um marcado desdém. "Sei", escreveu em 1924, lembrando seu relatório sobre "Frau Emmy von N.", "que nenhum analista é capaz de ler esse caso clínico sem um sorriso de piedade." Mas era um comentário rigoroso demais e totalmente anacrônico. O tratamento, empreendido por Freud, de Emmy von N. e dos outros certamente era um trabalho primitivo, do ponto de vista da técnica psicanalítica plenamente desenvolvida. Mas a importância desses analisandos para a história da psicanálise reside no fato de terem sido capazes de demonstrar a Freud alguns de seus principais rudimentos.

Os histéricos tratados por Freud nessa época heroica apresentavam um assombroso conjunto de sintomas de conversão, desde dores nas pernas a sensações friorentas, estados depressivos e alucinações intermitentes. Freud ainda não estava preparado para eliminar o elemento de hereditariedade, a herança "neuropática", de suas diagnoses. Mas agora ele preferia procurar experiências traumáticas iniciais, como pistas para as fontes ocultas das estranhas deficiências dos pacientes. Ele vinha se convencendo de que os segredos dos neuróticos eram aquilo que Breuer chamava de *secrets d'alcôve*, conflitos sexuais ocultos aos próprios atingidos. Era, pelo menos, o que ele julgava que estavam lhe contando, ainda que, muitas vezes, das maneiras mais indiretas.

Ouvir, para Freud, tornou-se mais do que uma arte; tornou-se um método, uma via privilegiada para o conhecimento, à qual os pacientes lhe davam acesso. Um dos guias a quem Freud sempre foi grato era Emmy von N., na verdade baronesa Fanny Moser, uma rica viúva de meia-idade que Freud atendeu em 1889 e 1890 e tratou com a técnica hipnoanalítica de Breuer. Ela padecia de tiques convulsivos, inibições espasmódicas da fala e repetidas alucinações aterrorizantes, com ratos mortos e cobras contorcendo-se. Ao longo do tratamento, ela apresentou lembranças traumáticas altamente interessantes para Freud — uma prima sendo levada para um manicômio, sua mãe no chão depois de um acesso. Mas, ainda melhor, ela proporcionou uma veemente lição prática ao seu médico. Quando Freud a interrogava com insistência, ela se aborrecia, "muito rispidamente", e pedia que ele parasse de "lhe perguntar de onde veio isso ou aquilo, mas que a deixasse me contar o que ela tinha a dizer". Ele já havia reconhecido que, por mais tediosas e repetitivas que fossem suas narrativas, ele não ganhava nada com suas interrupções, mas que tinha que ouvir as histórias dela até o fim, com todos os seus minuciosos detalhes. Emmy von N., como ele disse à sua filha em 1918, também lhe ensinou algo mais: "O tratamento pela hipnose é um procedimento inútil e sem sentido". Foi um momento decisivo; levou-o "a criar a terapia psicanalítica, mais sensata". Se algum dia existiu um médico capaz de converter seus erros em fonte de discernimento, foi Freud.

Ao lhe permitir ver que a hipnose é de fato "inútil e sem sentido", Emmy von N. ajudou Freud a se libertar de Breuer. Na "Comunicação preliminar" conjunta, de 1893, Freud e Breuer tinham afirmado numa frase memorável que "o histérico sofre principalmente de reminiscências". Até o início dos anos 1890, Freud tentara extrair à maneira de Breuer, através da hipnose, as lembranças significativas que os pacientes relutavam em apresentar. As cenas assim trazidas à mente tinham, frequentemente, um efeito catártico. Mas alguns pacientes não eram hipnotizáveis, e a fala sem censuras pareceu a Freud um meio de investigação muito superior. Ao abandonar gradualmente a hipnose, Freud não estava simplesmente fazendo da necessidade virtude; essa mudança, pelo contrário, levou à importantíssima adoção de um novo modo de tratamento. Formava-se a técnica da associação livre.

Freud celebrou os resultados brilhantes que poderiam advir dessa nova técnica, estendendo-se sobre o caso clínico de "Fräulein Elisabeth von R.", a quem de início hipnotizara por pouco tempo. Seu relatório sobre essa paciente, que o procurou no outono de 1892, mostra quão sistematicamente ele vinha, agora, cultivando o dom de observação atenta. A primeira pista para um diagnóstico da neurose de Elisabeth von R. foi sua excitação erótica, quando ele pressionou ou apertou-lhe as coxas durante um exame físico. "O rosto dela", observou Freud, "assumiu uma expressão singular, mais de prazer do que de dor; ela gritou — um pouco como se fosse, não pude deixar de pensar, uma cócega voluptuosa —, seu rosto se afogueou, atirou a cabeça para trás, fechou os olhos, o tronco pendeu para trás." Ela estava experimentando o prazer sexual que negava a si mesma em sua vida consciente.

Foi a conversa, porém, mais do que a observação, por muito atenta que fosse, que se revelou como a chave para a cura. Nessa análise, "a primeira análise completa de uma histeria que empreendi", Freud e Elisabeth von R. "removeram" o "material psicológico patogênico". Era um procedimento que "gostávamos de comparar à técnica de escavar uma cidade soterrada". Freud incentivava a paciente a fazer associações livres. Durante os silêncios dela, quando ele perguntava o que lhe passava na cabeça e ela respondia "Nada", ele se recusava a aceitar isso como resposta. Aqui havia outro mecanismo psicológico importante que seus pacientes cooperativos (ou melhor, não cooperativos) estavam mostrando a ele: Freud estava conhecendo a resistência. Era a resistência que impedia Elisabeth von R. de falar; tinha sido seu esquecimento voluntário, achava ele, que, fundamentalmente, provocara os sintomas de conversão. A única forma de se libertar de sua dor era falar.

Esse caso proporcionou inúmeras ideias a Freud. Os sintomas de Elisabeth von R. começaram a "entrar na conversa, também": desencadeavam-se no momento em que ela falava da erupção deles, e amainavam quando terminava de contar toda a sua história. Mas Freud também precisava aprender a lição mais difícil de que a cura não era uma explosão melodramática de percepções. Apenas o relato raramente bastava; os traumas tinham de ser "elaborados". O ingrediente final na recuperação de Elisabeth von R. foi a interpretação dos indícios que Freud lhe apresentou e à qual ela resistiu veementemente por algum tempo: ela amava seu cunhado, e havia reprimido desejos perversos pela morte de sua irmã. O fato de aceitar esse desejo imoral pôs termo a seus sofrimentos. "Na primavera de 1894", contou Freud, "soube que ela ia a um baile exclusivo, ao qual tratei de conseguir acesso, e não deixei escapar a oportunidade de ver minha ex-paciente a voar numa dança ligeira."

Mais tarde, conversando com sua filha, Elisabeth von R., nascida Ilona Weiss em Budapeste, em 1867, não reconheceu que Freud tivesse resolvido seus sintomas neuróticos. Ela o descreveu como "apenas um jovem especialista de nervos, com barba, ao qual me mandaram". Ele havia tentado "me convencer de que eu estava apaixonada pelo meu cunhado, mas não era realmente isso". Contudo, acrescenta sua filha, o relato da história familiar de sua mãe, feito por Freud, era fundamentalmente correto, e o casamento de sua mãe era feliz. A paciente pode ter decidido, de modo mais ou menos consciente, reprimir a interpretação de seus problemas por Freud. Ou Freud pode ter lido paixões inaceitáveis em seu fluxo de eloquência livre e desinibido. De qualquer forma, aí estava uma de suas ex-pacientes — uma histérica que frequentemente sofria de sérias dores nas pernas, ao andar ou ficar de pé — a dançar noite adentro. Freud, enquanto médico-pesquisador, ambivalente em relação à sua carreira médica, podia se sentir satisfeito com a recuperação da vitalidade dela.

* * *

Em 1892, quando "Miss Lucy R." começou a se tratar com Freud, ele já havia reconhecido o valor de sua atenção intencional. Seu sintoma mais acentuado, que ele conseguiu dissolver depois de trabalhar nove semanas com ela, era a sensação de um desagradável cheiro de pudim queimado, associado a sentimentos de depressão. Ao invés de minimizar essa alucinação olfativa um tanto singular, Freud deixou-se guiar por ela até as origens do mal-estar de Miss Lucy. A existência de leis mentais e a pitoresca linguagem dos sintomas estavam se tornando claras para ele: tinha de haver uma razão real e suficiente para que um cheiro específico estivesse ligado a um estado particular de ânimo. Mas esse elo, reconhecia ele, só se tornaria visível se essa atormentada governanta inglesa conseguisse recuperar lembranças relacionadas a ele. Mas isso ela faria apenas se "suspendesse seu senso crítico" — se ela permitisse que seus pensamentos vagassem, sem controlá-los com objeções racionais. Assim, Freud continuou a aplicar a Lucy R. o que estivera praticando com Elisabeth von R.: a associação livre. Ao mesmo tempo, Lucy R. deixou claro a Freud que os seres humanos são extremamente relutantes em suspender o senso crítico; tendem a rejeitar suas associações sob pretexto de serem triviais, irracionais, repetitivas, impertinentes ou obscenas. Durante os anos 1890, Freud continuou sendo um ouvinte extremamente ativo, quase agressivo; interpretava as confissões dos pacientes com rapidez e ceticismo, sondando níveis mais profundos de angústia. Mas a passividade alerta do psicanalista, que mais tarde Freud chamaria de atenção "flutuante" ou "equiflutuante", começava a ingressar em seu repertório. Ele devia muito a Elisabeth von R., Lucy R. e outras histéricas. Em 1892, Freud havia esboçado as linhas gerais da técnica psicanalítica: observação atenta, interpretação hábil, associação livre sem a sobrecarga da hipnose, e elaboração.

Ainda havia outra lição à espera de Freud, que o preocuparia durante toda a sua carreira. Num esboço encantador, registrando uma espécie de análise em sessão única, ele descreve o caso de "Katharina", uma camponesa de dezoito anos que o servira numa estalagem austríaca nas montanhas. "Não muito tempo atrás", informou a Fliess em agosto de 1893, "fui consultado pela filha da estalajadeira no Rax; foi um belo caso para mim." Tendo percebido que Freud era médico, Katharina arriscou-se a lhe confiar seus sintomas nervosos — fôlego curto, vertigens, uma terrível sensação de sufocamento — e a pedir seus conselhos. Freud, em férias, ansioso para escapar de seus neurastênicos e se revigorar numa excursão de escalada ao Rax, viu-se, pelo contrário, a exercer novamente sua profissão. As neuroses pareciam brotar por toda parte. Resignado e intrigado, Freud conduziu a "paciente" por uma conversa direta. Ela revelou (assim contou ele) que, quando tinha catorze anos, um tio seu havia feito várias tentativas brutais, mas malogradas, de seduzi-la, e que, cerca de dois anos depois, ela o vira deitado por cima de uma jovem prima sua. Foi quando começaram os sintomas. Como menina inocente e inexperiente aos catorze anos, tinha considerado as atenções de seu tio extremamente importunas; mas foi somente quando o viu em cima da prima é que as relacionou com a cópula. A lembrança lhe repugnava e havia gerado uma neurose de angústia combinada com histeria. Sua narrativa ingênua ajudou a descarregar seus sentimentos, seu ar melancólico deu lugar a uma animação viva e saudável, e Freud esperava que ela retirasse algum proveito duradouro de sua conversa. "Não tornei a vê-la."

Mas pensava nela: três décadas depois, Freud acrescentou aos *Estudos sobre a histeria* uma confissão em nota de rodapé, onde deixou a discrição de lado e revelou que o homem que tentara molestar Katharina não era seu tio, e sim seu pai. Freud foi severo consigo mesmo. Existem maneiras melhores de disfarçar a identidade de um paciente: "Uma distorção como a que realizei nesta ocasião deveria ser absolutamente evitada num caso clínico". Sem dúvida, os dois objetivos da psicanálise — proporcionar terapia e gerar teoria — geralmente são compatíveis e interdependentes. Mas às vezes entram em choque: os direitos do paciente à privacidade podem entrar em conflito com as demandas da ciência para a discussão pública. Freud voltava a enfrentar essa dificuldade, e não só com seus pacientes; como seu próprio analisando mais revelador, considerava o autodesvendamento doloroso e, ao mesmo tempo, necessário. As soluções de compromisso que urdiu nunca se revelaram inteiramente satisfatórias, nem para si, nem para os leitores.

Com todos os seus problemas, casos como este, belos como o de Katharina ou não, representavam um avanço tanto para a técnica como para a teoria: em 1895, nos *Estudos sobre a histeria* e em suas comunicações confidenciais a Fliess, Freud avançava para algumas generalizações de grande alcance. Acumulando e ordenando as peças do grande quebra-cabeça que é a mente humana, ele estava desenvolvendo as ideias psicanalíticas, e também seu respectivo vocabulário, que se tornariam canônicas no final do século. Ele mantinha Fliess inteiramente informado da evolução e transformação de suas ideias, enviando a Berlim uma enorme quantidade de perfis de casos, aforismos, sonhos, sem esquecer os "rascunhos", esses esboços de artigos e monografias onde registrava suas descobertas e punha ideias à prova — rascunhos sobre a angústia, a melancolia, a paranoia. "Um homem como eu", Freud disse a Fliess no ano em que foram publicados os *Estudos*, com a impetuosidade de um pesquisador obcecado — "não pode viver sem um passatempo predileto, sem uma paixão dominadora, sem — para falar com Schiller — um tirano, e ele chegou a mim. E a seu serviço desconheço qualquer moderação. É a psicologia."

Exigente, o tirano de Freud invadiu, mas não comprometeu sua tranquilidade doméstica. Sua vida particular era tão assentada e serena quanto ele permitia. No outono de 1891, os Freud haviam se mudado para a Berggasse 19, um apartamento num local não propriamente distinto, mas, como se revelou, extremamente conveniente. A casa foi seu quartel-general por 47 anos. Embora atarefado e preocupado, Freud não negligenciava as solicitações da família. Em outubro de 1895, ele promoveu uma festa de aniversário, "com vinte pessoas", para Mathilde, que completava oito anos, e achava tempo para outras ocasiões domésticas festivas. Quando sua irmã Rosa se casou, na primavera de 1896, ele achou que sua filha Sophie, então com apenas três anos, "cabelos enrolados e uma coroa de miosótis na cabeça", foi a "coisa mais linda" no casamento. Freud visivelmente adorava seus "pintinhos" e, nesse sentido, sua "galinha".

A "segunda geração", em particular, ocupava constantemente os pensamentos de Freud. Nas cartas, muitas vezes interrompia o fluxo de abstrusas hipóteses ou histórias clínicas, para dar notícias sobre sua prole. Contou a Fliess algumas frases engraçadas de Oliver: quando uma tia "entusiástica" perguntou ao menininho o que ele queria se tornar, ele respondeu: "Em fevereiro, tia, cinco anos". O comentário de Freud sobre a resposta, e os filhos em geral, foi: "Em sua variedade, eles são muito divertidos". Com o mesmo divertimento, Freud contou a Fliess sobre a caçula, Anna, cuja agressividade, um tanto precoce aos dois anos de idade, ele considerava carinhosa: "Não muito tempo atrás, Annerl reclamou que Mathilde havia comido todas as maçãs, e exigiu que alguém abrisse sua barriga (como no conto infantil do cabritinho). A menina está se desenvolvendo de maneira encantadora". Quanto a "Sopherl", ela havia ingressado, "aos três anos e meio, no estágio de beauté" e, pode-se acrescentar, aí se conservou. O filho que mais constantemente entreteve Freud talvez tenha sido Martin, que desde cedo começou a escrever versinhos, dizendo-se poeta e sofrendo de ataques intermitentes de "*poet*ite inofensiva". Talvez meia dúzia das produções infantis de Martin conste em cartas de Freud a Fliess. A primeira transmitida compõe-se de dois versos:

Diz a corça: "Lebre,
*Quando você engole, a garganta ainda dói?"**

Martin, na época, ainda não tinha oito anos. No ano seguinte, com as ideias (como as de muitas crianças da Europa Central) voltadas para a raposa, o bicho esperto, inescrupuloso e, portanto, o mais popular nas fábulas e contos populares, ele perpetrou alguns versos sobre "a sedução do ganso pela raposa". Na versão de Martin Freud, a declaração de amor da raposa dizia:

Eu te amo
de coração,
vem, beija-me,

* "'Hase', spricht das Reh,/ 'Tut's Dir beim Schlucken im Halse noch weh?'" [Ver Freud a Fliess, 16 de maio de 1897. *Freud-Fliess*, p. 260 (244).]

entre todos os animais
poderias ser meu favorito.

"Você não acha a estrutura notável?", perguntou Freud jovialmente.*

Mas o prazer de Freud com seus filhos vinha com demasiada frequência aguilhoado pela angústia. "Muita alegria se poderia ter com os pequenos", escreveu ele, "se não fossem tantos sustos." O principal drama, quase monótono em seu lar solidamente unido, concentrava-se nas recorrentes doenças dos filhos — todas devidamente notificadas a Fliess, também ele pai de filhos pequenos. Os filhos de Freud tinham um jeito, muito conhecido nas famílias grandes, de passar suas doenças para os irmãos. Freud veio a enfrentar os intermináveis acessos de desarranjos estomacais, catarros e cataporas com uma serenidade de pai experiente ou, como atesta uma longa série de boletins a Fliess, um alarma de pai ansioso.

Felizmente, as boas notícias de casa superavam as más. "Minha pequena Annerl está bem de novo", diz um relato típico, "e os outros bichinhos também estão novamente crescendo e pastando como se deve." Também em relação às finanças a situação estava melhorando — parte do tempo. Havia muito tempo condenado a poupar seus florins, Freud desfrutava de bem-vindos períodos de prosperidade. No final de 1895, teve a satisfação de se ver "começando a ditar meus honorários". E comentou inflexivelmente que era assim que devia ser: "Não se pode passar sem pessoas que têm a coragem de pensar coisas novas antes que possam demonstrá-las". Mas, mesmo perto do final do século, ele ainda não se libertara das dívidas; mesmo depois de se tornar um especialista famoso às vezes ia encontrar seu consultório vazio. Então se remoía, pensando em seus filhos e no futuro financeiro deles.

Um componente indispensável na organização doméstica de Freud era sua cunhada Minna. Durante o noivado com Martha Bernays, ele havia escrito cartas íntimas e afetuosas a Minna, assinando "Seu Irmão Sigmund" e chamando-a de "Meu Tesouro". Naqueles anos, ela também estava noiva, comprometida com Ignaz Schönberg, um dos amigos de Freud. Mas Schönberg morreu jovem, em 1886, de tuberculose, e após sua morte Minna Bernays aparentemente se resignou a ficar solteira. Engordou, criou papada e descuidou-se de todos os seus atrativos; parecia mais velha do que a irmã Martha, embora de fato fosse quatro anos mais nova. Tendo sido por muito tempo uma hóspede bem-vinda da Berggasse 19, ali se tornou presença permanente em meados dos anos 1890. Ela era a irmã intelectual, conhecida pelas observações espirituosas e capaz de acompanhar, pelo menos em parte, os voos de imaginação de Freud. Nos anos pioneiros, Freud a considerava sua "confidente mais íntima", juntamente com

* "Ich liebe Dich,/ herzinniglich,/ komm, küsse mich,/ Du könntest mir von allen/ Tieren am besten gefallen." [Ver Freud a Fliess, 24 de março de 1898. Ib., p. 334 (304).]

Fliess.* Ela se manteve íntima dele; no verão, ambos, ocasionalmente, visitavam sozinhos estâncias suíças ou cidades italianas.** Sempre foi um membro pleno da família, ajudando a cuidar das crianças de Freud e levando-as a locais de férias.

Embora, pelos meados dos anos 1890, sua vida doméstica e, em menor medida, sua prática médica parecessem estáveis e assentadas, as perspectivas científicas de Freud ainda eram de difícil previsão. Ele vinha publicando artigos sobre histeria, obsessões e fobias, neuroses de angústia — todos, em seu caráter exploratório, eram informes enviados dos campos de batalha da psicologia. Apesar da confiança proporcionada pela constante amizade e apoio de Fliess, Freud sentia-se muitas vezes tragado pela indiferença, silêncio e hostilidade. Quando os *Estudos sobre a histeria* receberam uma resenha zombeteira onde se mesclavam vários elementos, mas de forma alguma negativa, por parte do eminente neurologista Adolf von Strümpell, Freud qualificou-a, com uma sensibilidade exagerada, de "infame". De fato, a resenha era desproporcionada e um tanto superficial; Strümpell não dava a seus leitores a mínima ideia quanto aos casos clínicos e consumia um espaço desnecessário preocupando-se com o uso da hipnose no tratamento dos histéricos. Mas, ao mesmo tempo, Strümpell saudava o livro como uma "prova agradável" de que a concepção da histeria como um fenômeno essencialmente psicogênico vinha ganhando terreno. Chamar uma tal resenha de *niederträchtig* era dar mostras de uma suscetibilidade à crítica que ameaçava se tornar um hábito em Freud.

Suas tensões emergiam em acessos de depressão e penosos sintomas físicos — alguns deles inquestionavelmente psicossomáticos. Por duas ou três vezes, atacado de catarro nasal, renunciou, com relutância e por ordens de Fliess, a seus amados charutos. Para Fliess, era muito fácil proibir charutos; seu único defeito, segundo Freud, era não fumar. Mas Freud não conseguia aguentar a proibição por muito tempo, e, com um espírito de desafio, logo recaía. "Não estou observando sua proibição de fumar", disse a Fliess em novembro de 1893; "você acha que viver tantos longos anos na miséria é um destino tão glorioso?" Ele precisava dos charutos para trabalhar. De qualquer forma, mesmo quando fumava, seus momentos de euforia, efêmeras explosões de alegria, eram subvertidos por intervalos de hesitação e abatimento. Seu estado, como ele o resumiu, era "ora altivo e alegre, ora atrapalhado e infeliz". Suas cartas a Fliess mostram o ritmo em montanha-russa de suas emoções. "Louca, não é, minha correspondência?", ex-

* Nos anos 1890, como Freud disse a Marie Bonaparte muitos anos depois, apenas Fliess e Minna Bernays haviam acreditado nele. (Marie Bonaparte a Ernest Jones, 16 de dezembro de 1953. Jones papers. Archives of the British Psycho-Analytical Society, Londres.)

** O boato, lançado por Carl G. Jung, de que Freud teve um caso com Minna Bernays carece de provas convincentes. (Para uma discussão detalhada dessa questão, ver o ensaio bibliográfico sobre este capítulo.)

clamou num dia de outubro de 1895. "Por duas semanas estive numa febre de escrever, achava que já tinha o segredo, agora sei que ainda não tenho." Mas, insistia ele, não estava desanimando.

Não mesmo. "Agora continue a ouvir", saudou Fliess poucos dias depois. "Numa noite trabalhosa da semana passada, sobrecarregada por aquele tanto de dor que gera o ponto ótimo para minha atividade cerebral, as barreiras subitamente se ergueram, os véus caíram, e desde os detalhes das neuroses até os elementos determinantes da consciência, tudo tinha ficado transparente." Apenas onze dias depois, Freud não estava mais tão confiante. Estava "morto de cansaço", conseguira provocar um dos seus ataques de enxaqueca, e informava que "a explicação prazer-dor da histeria e da neurose obsessiva, anunciada com tanto entusiasmo, tornou-se duvidosa para mim". Ele havia "se rebelado" contra seu "tirano", a psicologia, contou a Fliess, sentia-se "sobrecarregado, irritado, confuso", abatido e desiludido, e se indagava por que, afinal, tinha incomodado Fliess com suas ideias. Algo, achava ele, ainda estava faltando. Mas continuou a trabalhar. Os sintomas que estava tentando tão desesperadamente entender eram, em parte, os dele mesmo; entre suas periódicas dores de cabeça, ele enviou a Fliess um apontamento sobre a enxaqueca. Pode-se ver por que Freud tanto precisava de reconforto.

A aventura que acionou em Freud as fantasias mais furiosamente oscilantes entre a fama e o fracasso foi um ambicioso projeto para uma psicologia científica, que havia concebido no começo da primavera de 1895. Ele planejava, nada mais nada menos, "investigar qual a forma que a teoria do funcionamento mental assume, se se introduz o ponto de vista quantitativo, uma espécie de economia das forças nervosas; e, em segundo lugar, tirar da psicopatologia proveito para a psicologia normal". Era a psicologia que, por tanto tempo, havia lhe acenado à distância.

Sua "Psicologia para neurologistas", como ele a denominou para Fliess em abril, "atormentava-o". "Dediquei todos os minutos livres nas últimas semanas, passei minhas noites, das onze às duas, assim fantasiando, traduzindo e imaginando", escreveu em maio. Ele andava tão sobrecarregado de trabalho que não conseguia mais encontrar qualquer interesse em sua clínica comum. Por outro lado, seus pacientes neuróticos lhe davam "grande prazer", porque ofereciam grande contribuição para suas pesquisas: "Quase tudo é confirmado diariamente, novas coisas são acrescentadas, e a certeza de ter nas mãos o âmago da questão me faz bem". O Freud desses anos podia se referir a si mesmo como um homem de meia-idade, mas tinha a persistência entusiasmada e, em face de intermitentes decepções, a vigorosa elasticidade de um jovem pesquisador.

Ele precisava de toda a energia concentrada de que pudesse dispor. Os dois objetivos científicos de Freud — introduzir o ponto de vista quantitativo e levar a psicopatologia a inspirar a psicologia geral — teriam tido, isoladamente, um alcance bastante grande. Juntos, eram um empreendimento utópico. Em setembro e começo de outubro de 1895, depois de um dos seus "congressos" com Fliess, num arrojo de criatividade febril, Freud pôs no papel sua "Psicologia para neurologistas". Em 8 de outubro, ele a enviou a Fliess, para críticas. A tarefa que se impusera fê-lo sofrer. Durante o esforço de redação ele comparou suas investigações à exaustiva escalada de uma montanha, onde um pico atrás do outro tiravam-lhe o fôlego. Em novembro, não conseguia mais entender "o estado mental em que incubei a Psicologia". Ele se sentia como deve se sentir um explorador que apostou tudo o que tinha numa promissora trilha que, ao final, não leva a lugar algum. A recompensa imediata pelos seus esforços febris pareceu a Freud difusa e frágil. Nunca se deu ao trabalho de terminar o projeto e ignorou-o estudadamente em suas retrospectivas autobiográficas. Mas se é um fracasso, é um fracasso brilhante. A "Psicologia" não constitui propriamente um primeiro esboço da teoria psicanalítica, mas as ideias de Freud sobre as pulsões, a repressão e a defesa, a economia mental com suas forças energéticas em conflito, o animal humano como animal desejante, todas elas aí estão prefiguradas.

A intenção de Freud, como ele a anunciou no início do volumoso manuscrito, era "guarnecer uma psicologia natural-científica, isto é, apresentar os processos psíquicos como estados quantitativamente determinados de partículas materiais especificáveis, e assim tornar esses processos descritivos e coerentes". Ele queria mostrar como o mecanismo mental funciona, como recebe, comanda e descarrega excitações. Ao delinear o projeto num ímpeto de otimismo, ele disse a Fliess: "Tudo parecia se encaixar, as engrenagens se entrosavam, tinha-se a impressão de que a coisa agora era realmente uma máquina que logo funcionaria sozinha. Os três sistemas de neurônios; os estados livres e ligados de quantidade; os processos primário e secundário; a tendência principal e a tendência de acomodamento do sistema nervoso; as duas regras biológicas de atenção e defesa; as características de qualidade, realidade e pensamento; a condição do grupo psicossexual — a determinação sexual da repressão; finalmente, os fatores da consciência como uma função de percepção —, tudo isso estava e ainda hoje está certo! Naturalmente, não consigo me conter de puro prazer".

As metáforas mecanicistas e o vocabulário técnico de Freud — "neurônios", "quantidade", "regras biológicas de atenção e defesa" e o mais — faziam parte da linguagem de seu mundo, de sua formação médica e do Hospital Geral de Viena. A tentativa de fundar a psicologia como uma ciência natural, sobre as bases sólidas da neurologia, adéqua-se às aspirações dos positivistas com quem Freud estudara, e cujas esperanças e fantasias ele agora se empenhava em concretizar. Ele nunca abandonou sua ambição de fundar uma psicologia científica. No *Esboço de psicanálise*, a súmula final que escreveu em Londres no seu último ano de vida e deixou, como o projeto, inacabado, Freud afirmava categoricamente que a ênfase sobre o inconsciente na psicanálise capacitava-a a "ocupar seu lugar como uma ciência natural como qualquer outra". Nesse mesmo importante fragmento, ele avançava a ideia de que, no futuro, a psicanálise poderia "exercer uma influência direta, através de substâncias químicas específicas, sobre as quantidades de energia e sua distribuição no aparelho mental". Essa formulação repete, quase palavra por palavra, seu programa de 1895.

O projeto de Freud foi, com muita justiça, qualificado de newtoniano. Ele é newtoniano em seu esforço de submeter as leis da mente às leis do movimento, coisa que os psicólogos vinham tentando fazer desde meados do século XVIII. É newtoniano também ao buscar proposições passíveis de verificação empírica. Sua própria admissão de ignorância ecoa o estilo científico de Newton, sua celebrada modéstia filosófica. Embora Newton tivesse admitido francamente que a natureza da gravidade continuava a ser um mistério, ao mesmo tempo ele insistira que isso não devia impedir que o cientista reconhecesse sua força e medisse sua ação. Adotando a mesma postura agnóstica, Freud afirmou em 1895, e muito depois, que, embora os psicólogos não tivessem apreendido os segredos das energias mentais, não precisavam renunciar a observar seu funcionamento e reduzi-lo a leis. Em 1920, tomando seus termos diretamente de Newton, Freud ainda sustentava firmemente que "nós não nos sentimos justificados em construir qualquer hipótese" sobre os "processos de excitação" da mente. Contudo, no interior desses limites cuidadosamente delimitados, Freud tinha certeza de que se poderia entender muita coisa sobre o funcionamento mental.

Mas as dificuldades eram desencorajadoras. Alguns dos princípios ativadores que governam o mecanismo mental pareciam totalmente claros a Freud. A mente está sob o domínio do princípio da estabilidade, que ordena que ela descarregue estímulos desestabilizadores que a invadem de dentro ou de fora. "É o princípio da inércia neurônica", para usar a formulação técnica de Freud: "os neurônios tendem a se desfazer da Quantidade." Isso porque o estado quiescente, de calma após a tempestade, dá prazer, e a mente procura o prazer ou (o que muitas vezes é a mesma coisa) foge à dor. Mas a "fuga ao estímulo" não consegue explicar, por si só, toda a atividade mental; o princípio da estabilidade é rompido sucessivamente em vários pontos. As lembranças, que desempenharam papel de tanto destaque no pensamento de Freud, tanto na época como posteriormente, acumulam-se na mente quando ela armazena estímulos. E mais: a mente em busca de satisfações tenta obtê-las agindo no mundo real — percebendo-o, raciocinando sobre ele e modificando-o de modo a fazê-lo ceder a desejos persistentes. Por isso, uma psicologia científica que pretenda dar conta de toda a vida mental precisa explicar a memória, a percepção, o pensamento, o planejamento, tanto quanto a satisfação do relaxamento após a descarga dos estímulos.

Uma maneira através da qual Freud pensou fazer justiça a essa diversidade do trabalho mental foi a de postular três tipos de neurônios, os próprios para receber estímulos, os próprios para transmiti-los e os próprios para conduzir os conteúdos da consciência. Ele estava especulando, embora não ao acaso e na companhia de outros psicólogos respeitáveis. Mas seu sistema exigia muitas coisas, principalmente uma compreensão da natureza e das atividades da consciência, que derrotavam Freud, assim como seus colegas estavam sendo derrotados por dificuldades encontradas em hipóteses semelhantes. Em todo caso, as ideias de Freud, mesmo quando estava escrevendo sua "Psicologia", começavam a se mover numa direção muito diferente. Ele estava à beira, não de uma psicologia para neurologistas, mas de uma psicologia para psicólogos. Os substratos fisiológicos e biológicos da mente nunca perderam sua importância para Freud, mas por várias décadas recuaram para um segundo plano, enquanto ele explorava os domínios do inconsciente e suas manifestações no pensamento e na ação — lapsos, chistes, sintomas, defesas e, a mais intrigante de todas, sonhos.

Em algum momento na noite de 23 para 24 de julho de 1895 — provavelmente, achava ele, de manhã cedo —, Freud teve um sonho histórico. Ele entraria no repertório psicanalítico como o sonho da injeção de Irma. Mais de quatro anos depois, em *A interpretação dos sonhos*, Freud atribuiu-lhe uma envergadura excepcional, usando-o como paradigma para sua teoria de que os sonhos são realizações de desejos. Na época em que teve o sonho, ele estava trabalhando arduamente no projeto, mas encontrava-se confortavelmente instalado num lugar repousante — Bellevue, a estação de veraneio num subúrbio de Viena para onde os Freud frequentemente iam em férias. A época e o local eram ideais, não tanto para sonhar — Freud sonhou muito durante todo o ano —, mas para refletir sobre seus sonhos na ociosidade. Este foi, observou mais tarde, o primeiro sonho que tinha "submetido a uma interpretação detalhada". Mas embora Freud tenha feito um relato esmerado, meticuloso, aparentemente exaustivo dessa interpretação, ele é fragmentário. Depois de remontar cada elemento onírico em separado até suas origens na experiência próxima e distante, Freud se interrompe: "Não vou pretender que desvelei completamente o significado deste sonho ou que sua interpretação não tem falhas. Eu ainda poderia me estender longamente sobre ele, extrair maiores elucidações e discutir novos enigmas que ele lança. Pessoalmente conheço as passagens a partir das quais poderiam se seguir outros raciocínios; mas considerações que surgem em todos os sonhos de nós mesmos impedem-me o trabalho de interpretação". De fato, parte do que Freud confessou publicamente soava muito pouco louvável; assim, nada mais justo do que um mínimo de privacidade. Freud manteve sua posição: "Quem estiver pronto a me censurar pela minha reserva, que tente ser mais franco do que eu". Muito verdadeiro: poucas pessoas, mesmo as mais desinibidas, teriam se disposto a revelar tanta coisa sobre si mesmas.

Curiosamente, as cartas de Freud a Fliess, de modo geral uma fonte inesgotável, apenas se acrescentam ao mistério de sua franqueza seletiva. Em 24 de julho, poucas horas depois de ter seu sonho memorável, Freud enviou uma mensagem de raro laconismo a seu amigo em Berlim, tratando-o (talvez com uma leve ambiguidade) como seu "daimon" — seu destino, sua inspiração. Indagava-

-se por que Fliess não havia escrito ultimamente e se ainda se interessava pelo seu trabalho, perguntava pelas ideias do próprio Fliess, pela sua saúde e pela esposa, e ponderava se ambos estavam destinados a ser amigos apenas em épocas de infortúnio. À maneira de um bom amigo escrevendo a outro, ele terminava a carta de modo ligeiramente irreverente, comentando que ele e sua família estavam "vivendo muito contentes" em Bellevue. Nem uma palavra sobre "Irma" ou o trabalho de interpretação que deve tê-lo absorvido naquele dia.

Em agosto, Freud insinuou a Fliess que, após um longo esforço intelectual, havia conseguido entender "a defesa patológica e, com isso, muitos processos psicológicos importantes". Isso soa como uma alusão indireta às ideias levantadas com sua análise do sonho de Irma. Quando se encontrou com Fliess em Berlim, em setembro, Freud pode ter discutido esse sonho com ele. Mas foi apenas em junho de 1900, quase cinco anos depois, que Freud recordou enfaticamente a Fliess aquele momento de triunfo. Ele estava novamente em Bellevue. Depois de comentar as novidades da família e os prazeres de uma primavera tardia, recendendo a flores, ele perguntou a Fliess num tom retórico: "Você realmente acha que algum dia, nesta casa, alguém lerá numa placa de mármore: 'Aqui, em 24 de junho de 1895, o segredo dos sonhos revelou-se ao Dr. Sigm. Freud'?". Era uma pergunta retórica, obscuramente suspeita.

Nessa fantasia frequentemente citada avolumam-se mensagens complexas, que apontam para muito além do anseio de Freud pela fama. Seu tom animado parece ocultar uma censura sutil, uma insinuação tardia de que, quando Freud solucionou seu sonho naquele dia de verão de 1895, ele estava preocupado com os defeitos radicais de Fliess. Sherlock Holmes teria entendido que o longo silêncio de Freud, como o cão que não latia à noite, vinha carregado de significado. O que Freud não disse a Fliess em 24 de julho de 1895, nem aos leitores de *A interpretação dos sonhos*, era que o sonho da injeção de Irma foi um enredo cuidadosamente construído, altamente intrincado, destinado, pelo menos em parte, a salvar a imagem idealizada de Fliess a despeito de alguma prova condenatória. Uma interpretação mais completa, menos protetora do que a publicada por Freud, leva ao que deve ter sido o episódio mais consternador de sua vida.

O sonho de Irma que Freud lembrou ao acordar é, como a maioria de seus sonhos, rico e translúcido. À superfície, é uma mescla de notícias familiares e preocupações profissionais. Há um grande salão onde os Freud estão recebendo muitos convidados, entre os quais "Irma", que Freud identificou como uma amiga da família, "uma jovem dama que eu tratara psicanaliticamente". Freud aproxima-se dela, para censurá-la por não aceitar a "solução" dele e diz-lhe, dirigindo-se a ela com o íntimo *du*, que, se ela ainda tem dores, "é realmente culpa sua". Ela responde que as dores de contração na sua garganta, estômago e ventre são mais sérias do que ele imagina. Surpreso, Freud examina Irma e se indaga se não teria talvez deixado de perceber algum distúrbio orgânico. Ele examina a garganta dela e, depois que Irma, hesitante, abre adequadamente a boca, vê um retalho branco e algumas crostas de ferida acinzentadas, dispostas como os ossos da concha nasal. A cena do sonho se enche a seguir com amigos médicos de Freud, todos devidamente disfarçados: Oscar Rie, o pediatra dos filhos de Freud; Breuer, a eminência dos círculos médicos de Viena; e Fliess, sob a aparência de um especialista culto com quem Freud mantém as melhores relações. De certa forma, todos esses médicos — exceto Fliess! — revelam-se responsáveis pela continuidade das dores de Irma. De fato, Freud sonha que seu amigo "Otto" — Oscar Rie — tinha aplicado irrefletidamente uma injeção em Irma. "Um preparado de propilo, propilos...", gagueja Freud, "ácido propiônico... trimetilamina" e "provavelmente com uma seringa que não estava limpa."

Numa discussão que antecede sua interpretação, Freud revelou que os sintomas de angústia histérica de Irma haviam melhorado durante a análise, mas que as dores somáticas ainda eram incômodas. No dia anterior, Freud encontrara Rie, o qual (pareceu a Freud) criticara-o indiretamente por não ter curado Irma de todo; procurando se justificar, Freud havia escrito um relato do caso para Breuer. Embora Freud não tenha se dado ao trabalho de dizer, é óbvio que, por mais tensas que tivessem se tornado as relações entre ambos, Breuer continuava a ser uma autoridade para Freud, cujo julgamento ele ainda valorizava e cuja crítica temia.

Foi este o pano de fundo que Freud ofereceu para explicar as origens do sonho e o desejo oniricamente distorcido e dramatizado. Ele interpretou o sonho imagem por imagem, fala por fala: a recepção dos convidados lembrava um comentário de sua mulher, antevendo sua festa de aniversário; a trimetilamina química evocava as teorias de química sexual de seu amigo Fliess; a seringa suja remetia a seu orgulho pela forma como mantinha *suas* seringas cuidadosamente limpas, ao ministrar duas injeções diárias de morfina a um paciente idoso. À medida que ele seguia uma pista após outra, seu pensamento se ramificava. Elas remontavam a um caso trágico, em que uma droga que ele havia receitado de boa-fé e autoridade levara à morte do paciente; a um outro caso em que sua intervenção havia exposto o paciente a riscos desnecessários; à sua mulher, que tivera problemas com as veias durante a gravidez e (o que ele não deixou claro para o leitor) estava novamente grávida. Freud interpretou todas essas lembranças, ou a maioria delas, como associações centradas em sua competência como médico. A carga do desejo retratado pelo sonho era, pois, que os sofrimentos de Irma não deveriam na verdade ser atribuídos a uma falha sua, mas a falhas de outros. "Em suma, sou consciencioso." De modo bastante condizente, o mesmo amigo que aparentemente criticara o suscetível Freud aparecia no sonho como um médico irresponsável e pouco confiável. Assim, Freud decidiu ler o sonho da injeção de Irma como um sonho de vingança e de reafirmação de si próprio: reunindo todas as ideias do sonho, podia-se classificá-las, concluía ele, como uma "preocupação pela saúde, tanto a pessoal como a de outros, e a conscienciosidade de um médico".

Freud mencionou alguns outros temas entrelaçados no tecido desse sonho — entre eles, uma doença de sua filha mais velha, Mathilde —, embora tomando o cuidado, em sua engenhosa interpretação, de evitar outros. A insistência de Freud sobre sua solução junto a Irma, a relutância desta em abrir a boca do modo apropriado, para não citar a seringa suja que seu amigo Otto usara — tudo isso convida o leitor com inclinações psicanalíticas a refletir sobre as fantasias sexuais de Freud. Mas havia ainda uma omissão mais importante e menos visível do que estas, visto que a leitura de Freud constitui um grande deslocamento: o médico cuja conscienciosidade ele queria provar com este sonho não era tanto ele, e sim Fliess.

A chave para esta interpretação é a identidade complexa da própria Irma. Como a maioria das figuras centrais dos sonhos, ela era, como insistiu Freud, uma *Sammelperson*, um "compósito". Muito provavelmente, Freud emprestou seus traços principais de Anna Lichtheim, filha de seu professor de religião Samuel Hammerschlag, uma jovem viúva e uma das pacientes prediletas de Freud. Mas, sob aspectos inequívocos — sua idade, a viuvez, a histeria, seu trabalho com Freud, a ligação com a família Freud, e provavelmente seus sintomas físicos —, Anna Lichtheim se parecia muito com uma outra paciente de Freud, Emma Eckstein. E foi Emma Eckstein que figurou como o personagem principal de um melodrama médico do início de 1895 em que Freud e, em grau muito maior, Fliess desempenharam papéis nada invejáveis. No inconsciente de Freud, ao compor este sonho, a figura de Emma Eckstein e a de Anna Lichtheim parecem ter se fundido para formar Irma.

Além de seus sintomas de angústia histérica, Emma Eckstein sofria seriamente de dores e secreções sanguinolentas do nariz. Embora Freud considerasse seus sangramentos nasais como psicogênicos, pedira a Fliess que examinasse a paciente, para não descurar de uma enfermidade física enquanto procurava as raízes do mal-estar psicológico. No sonho de Irma, ele se preocupa justamente com um tal diagnóstico errôneo. Assim, Fliess viera a Viena e operara o nariz de Emma Eckstein. Mas a operação não trouxera nenhum alívio: as dores não diminuíram, e foram intensificadas por abundantes hemorragias e um cheiro fétido. Alarmado, Freud chamou cirurgiões vienenses e, em 8 de março de 1895, contou a Fliess o que havia acontecido. Seu velho amigo de escola Ignaz Rosanes, um especialista renomado, encontrara Freud no apartamento de Emma Eckstein. Ela estava sangrando pelo nariz e pela boca, e o "odor fétido era muito forte". Rosanes "limpou em torno da abertura, tirou coágulos de sangue grudados e de repente puxou algo que parecia um barbante, e continuou puxando". Antes que ele e Freud conseguissem parar para pensar, "um bom meio metro de gaze tinha sido tirado da cavidade. Logo a seguir, veio um jorro de sangue, a paciente ficou branca, com os olhos saltados e sem pulso". Rosanes agiu com rapidez, fechando a cavidade com gaze nova, e o sangramento parou. Tudo transcorrera em meio minuto, mas foi o suficiente para deixar Emma Eckstein "irreconhecível". Freud entendeu instantaneamente o que havia acontecido; frente à calamidade, sentiu-se nauseado. Depois de tampado o nariz, ele "voou" para o aposento vizinho para tomar uma garrafa de água, e sentiu-se um tanto desarvorado. Um copinho de conhaque fez com que se recuperasse. Quando voltou, "um pouco cambaleante", ao lado de Emma Eckstein, ela o saudou com um comentário "superior": "Então este é o sexo forte".

Freud protestou que não fora o sangue que o perturbara, mas sim "a pressão das emoções". Podemos imaginar quais foram elas. Mas mesmo em sua primeira carta, escrita sob o impacto desse episódio desconcertante, Freud mostrou-se ansioso em proteger Fliess da evidente acusação de negligência ou quase imperícia fatal. "Assim tínhamos sido injustos com ela", admitiu ele. Emma Eckstein era perfeitamente normal; seus sangramentos nasais não eram de origem histérica, e tinham sido provocados por "um pedaço de gaze de iodofórmio que tinha se rasgado quando você a puxou para fora, e ali ficou por duas semanas". Freud assumiu a responsabilidade e desculpou o amigo: ele não devia ter pressionado Fliess para fazer uma operação numa cidade estranha, onde não poderia acompanhar o caso. "Você fez o melhor possível." O acidente com a gaze era algo "que acontece com o mais prudente e afortunado cirurgião". Era a típica desculpa defensiva que Freud psicanalista logo viria a chamar de recusa. Mas, na época, ainda não. Ele citou outro especialista, que admitia ter-lhe sucedido a mesma coisa, e acrescentou num tom reconfortador: "Naturalmente, ninguém o censura".

Na verdade, como Freud insinuou delicadamente numa carta do começo de abril, um especialista vienense, também otorrinolaringologista como Fliess, havia sugerido que o sangramento abundante e recorrente de Emma Eckstein fora provocado pela desastrosa intervenção de Fliess, sendo que o fato de ter esquecido a gaze dentro do nariz fora apenas a pior consequência. Fliess se mostrou ofendido, mas Freud tentou acalmá-lo: o que quer que todos esses especialistas pudessem pensar, "para mim você continua a ser o médico, o tipo de homem em cujas mãos depomos confiantes nossa vida e a vida de nossa família". Mas Freud não se contentou simplesmente em reafirmar sua plena confiança no talento e competência de Fliess, como também responsabilizou Emma Eckstein por toda a catástrofe. No final de abril, numa carta ao seu "Caro Mágico", ele se referiu à sua paciente, agora melhorando gradativamente, como "meu e seu íncubo". Um ano depois, Freud voltou ao assunto, contando a Fliess "uma solução bastante surpreendente para as hemorragias de Eckstein — que vai lhe agradar muito". Freud achava que poderia provar que Fliess estivera certo durante todo o tempo, que "seu sangramento era histérico, causado por *anseios*". E enviava palavras de lisonja: "Seu faro acertou de novo". Os sangramentos de Emma Eckstein eram "sangramentos de desejo".

O fato de ela estar evoluindo "brilhantemente" apenas facilitou a tarefa de Freud em encontrar um álibi inabalável para seu amigo. Ele manteve um silêncio discreto sobre a embaraçosa questão de se a decisão de Fliess em operá-la, afinal, tinha sido razoável, um silêncio discreto sobre a faixa de gaze que Fliess deixara a apodrecer. Era tudo culpa de Emma Eckstein. Ela realmente gostava de perder sangue, visto que o sintoma permitiu que ela demonstrasse que suas várias enfermidades eram mais reais do que imaginárias, e isso lhe dava um direito ao afeto dos outros. Freud, naturalmente, apresentou algumas provas clínicas de que provavelmente ela vinha se aproveitando havia anos de seus sangramentos. Mas isso não absolvia Fliess; a atitude evasiva de Freud é evidente. O que realmente importava não era que seu inconveniente íncubo maquinasse suas doenças a fim de receber amor, mas que seu desastrado cirurgião fosse digno de ser amado, conforme era indispensável a Freud. Mesmo que Freud em larga medida modelasse Irma a partir de Anna Lichtheim, a extraordinária semelhança entre as duas mulheres tornava absolutamente inevitável a invasão de Emma Eckstein no sonho de Irma. Fliess fez apenas uma aparição fugaz no sonho, conforme Freud relatou, e o próprio Freud se surpreendeu: "Esse amigo, que desempenha um papel tão grande na minha vida, não deveria aparecer mais no contexto de pensamento do sonho?". A resposta é: ele apareceu. O sonho da injeção de Irma revela, entre outras coisas, a ansiedade de Freud em ocultar suas dúvidas sobre Fliess não só ao próprio Fliess, mas a si mesmo.

É um paradoxo: aí estava Freud, debatendo-se sobre as leis das operações mentais inconscientes, desculpando o culpado e difamando o inocente, tudo em prol da preservação de sua ilusão necessária. Nos anos que se seguiram, Freud estabeleceria insofismavelmente que a incoerência é o quinhão inelutável, ainda que não desejável, do homem. Ele gostava de citar um verso de um dos seus autores preferidos, o poeta suíço Conrad Ferdinand Meyer, sobre "o homem com todas as suas contradições". Ele reconhecia o domínio da ambivalência — a tensa coexistência do amor e do ódio — sobre a mente humana. Alguns dos seus primeiros pacientes haviam lhe ensinado que os seres humanos podem saber e não saber ao mesmo tempo, entender intelectualmente o que emocionalmente se recusam a aceitar. Uma maior experiência psicanalítica ofereceria um irrefutável apoio clínico à observação de Shakespeare de que o desejo é o pai do pensamento. Uma das maneiras favoritas de se tratar com complicações inconvenientes, por mais intrusas que sejam, é a de desejar que desapareçam. Foi o que aconteceu a Freud durante a primavera e o verão de 1895.

Durante todo esse tempo, e mesmo adiante, Fliess continuou a ser o insubstituível Outro de Freud. "Veja o que acontece", escreveu-lhe Freud ainda em 1899, logo depois de um de seus encontros. "Aqui vivo eu rabugento e nas trevas, até você vir; eu me repreendo, acendo minha luz bruxuleante na sua luz calma, sinto-me bem de novo, e, após sua partida, volto a ter olhos para ver, e o que eu vejo é bom e belo." Não havia mais ninguém, em Viena ou em qualquer outro lugar, que pudesse prestar esse serviço a Freud, nem mesmo sua espirituosa e inteligente cunhada Minna Bernays. Mas o Fliess que assim preenchia o modelo do perfeito ouvinte de Freud era, em parte, invenção do próprio Freud.

Uma razão pela qual seu retrato idealizado se conservou íntegro por tanto tempo foi que Freud levou alguns anos para reconhecer, e elaborar, o ingrediente erótico de sua dependência. "A companhia do amigo, exigida por um lado especial — talvez feminino", certa vez confessou Freud a Fliess, "ninguém pode substituir para mim." Foi num período avançado de sua amizade, em 1900. Um ano depois, ele voltou a esta questão, com uma ponta de recriminação insinuando-se em seu prosaico comentário autobiográfico: "Não partilho do seu desdém pela amizade entre os homens, provavelmente porque estou nela envolvido a um alto grau. Na minha vida, como você bem sabe, a mulher nunca substituiu o camarada, o amigo". Freud escreveu essa avaliação de si mesmo quando sua intimidade com Fliess já havia diminuído, e podia-se permitir ter uma visão clara. Em 1910, examinando retrospectivamente esse relacionamento decisivo, Freud disse claramente a vários de seus discípulos mais próximos que sua ligação com Fliess contivera um elemento homossexual.* Mas, em 1895 e 1896, Freud lutou contra suas dúvidas a respeito de Fliess. Ele levaria cinco anos ou mais para conseguir se libertar de sua sujeição.

AUTOANÁLISE

No final da primavera de 1896, Emma Eckstein praticamente desaparecera da correspondência entre Freud e Fliess, embora não da vida de Freud.** Ele tinha coisas mais prementes a pensar: seus loquazes pacientes, o isolamento profissional, suas vertiginosas incursões na teorização psicológica. "No conjunto", disse a Fliess em abril de 1896, "estou avançando muito bem na psicologia das neuroses, tenho todas as razões para estar satisfeito." E novamente, um mês depois: "Estou trabalhando na psicologia, decidido e sozinho". Também estava trabalhando numa monografia sobre paralisia cerebral infantil para a importante edição de caráter enciclopédico organizada por Nothnagel, *Patologia e terapia especial*. Voltado para a busca dos segredos das neuroses, ele realizou essa incumbência no campo da neurologia com grandes mostras de relutância. "Estou inteiramente atolado em paralisias infantis, que não me interessam em absoluto" — queixou-se a Fliess no final de 1895. Um ano depois, ele denegria o "trabalho de Nothnagel", considerando-o "repulsivo"; quando publicou *Paralisia cerebral infantil* no começo de 1897, não deu o menor valor a esse texto douto de grande peso, no qual muitos outros médicos se alegrariam em alicerçar sua reputação.***

Mas, na primavera e no verão de 1896, seu pai esteve à morte, e isso foi muito mais absorvente para Freud do que seus afazeres neurológicos, e até mesmo

* Ver pp. 283-6.

** Ela continuou amiga da família e se tornou colega: uma carta de Freud a Fliess, em 12 de dezembro de 1897, revela que ela havia começado a psicanalisar pacientes por conta própria. [Ver *Freud-Fliess*, p. 312 (286).]

*** O neurologista suíço Rudolf Brun observou em 1936 que "a monografia de Freud é a exposição mais cabal e completa que jamais foi escrita sobre as paralisias cerebrais infantis... Tem-se uma ideia do magnífico domínio sobre o enorme material clínico aqui reunido e criticamente manipulado com o fato de que apenas a bibliografia ocupa catorze páginas e meia. Foi uma realização magnífica e, sozinha, bastaria para garantir ao nome de Freud um lugar permanente na neurologia clínica". (Citado em *Jones* I, p. 219.)

do que as neuroses. "Meu velho pai (81 anos)", informou a Fliess no final de junho de 1896, "está em Baden", uma estância a meia hora de Viena, "no mais frágil estado, com insuficiência cardíaca, paralisia da bexiga e coisas semelhantes." Todos os planos de Freud para o verão, inclusive um encontro com Fliess, tornaram-se incertos. "Realmente creio", escreveu ele duas semanas depois, "que são seus últimos dias." Ele ansiava por se encontrar com Fliess e "novamente viver com o coração e a mente juntos", mas não se atrevia a sair das proximidades. A morte iminente de seu pai comoveu Freud, mas não o deprimiu. "Não reluto em admitir seu merecido descanso, como ele próprio o deseja. Ele era", acrescentou Freud, usando o lúgubre pretérito enquanto Jacob Freud ainda respirava, "um ser humano interessante, interiormente muito feliz", e agora estava partindo "com decência e dignidade." Em agosto, houve uma certa melhora temporária, um último bruxulear da chama vital, e Freud pôde tirar umas curtas férias. Mas, em 23 de outubro, Jacob Freud morreu, sustentando-se "corajosamente até o fim, pois, de modo geral, era um ser humano fora do comum". Não era o momento para apreciações críticas equilibradas; o homem que apanhara seu gorro da sarjeta e não conseguira se sair bem em Viena foi afetuosamente esquecido. Por algum tempo, Freud sentiu apenas orgulho pelo pai.

Mas a inevitável reação se manifestou; ele sentiu dificuldades até em escrever cartas. "Por alguns desses obscuros caminhos por trás da consciência oficial", escreveu ele, agradecendo as condolências de Fliess, "a morte do velho me comoveu muitíssimo. Eu o estimava profundamente, entendia-o muito bem e ele teve grande efeito na minha vida, com sua típica mescla de profunda sabedoria e sua fantástica despreocupação." A morte de seu pai, acrescentou Freud, tinha redespertado todo o passado em seu íntimo. "Agora sinto-me totalmente desenraizado." Dificilmente seria esta a reação típica de um filho de meia-idade contemplando o fim de um pai idoso que tinha "sobrevivido muito tempo a si mesmo"; a tristeza de Freud foi excepcionalmente intensa. E foi excepcional também pela forma como ele a empregou para um uso científico, distanciando-se um pouco de sua perda e, ao mesmo tempo, reunindo material para suas teorias.

Um fenômeno que Freud observou em si mesmo durante esses dias de pesar — e mencionou — foi a culpa do sobrevivente.* Ele confirmou dramaticamente sua existência alguns anos depois, em 1904. Ao visitar a Grécia pela primeira vez, teve uma curiosa impressão de perder o senso de realidade. A Acrópole era realmente como ele aprendera na escola? Sua presença ali não era boa demais para ser verdade? Muito depois, ao analisar sua experiência, que o intrigou por longo tempo, ele a relacionou com um sentimento de culpa: ele havia superado seu pai, e isso, de certa forma, era proibido. Freud descobriu em sua autoanálise que vencer as batalhas edipianas pessoais é tão perigoso quanto perdê-las. As raízes desse seu reconhecimento remontavam aos dias imediatamente posteriores à

* Freud escreveu numa carta sobre a "autorrecriminação que regularmente surge entre os sobreviventes". [Freud a Fliess, 2 de novembro de 1896. *Freud-Fliess*, p. 214 (202).]

morte do pai, quando ele passou seus sentimentos para a teoria. A acusação de que Freud sempre estava trabalhando tem alguma veracidade.

A morte de seu pai, assim, foi uma profunda experiência pessoal da qual Freud extraiu implicações universais; ela funcionou como um seixo atirado a um lago tranquilo, provocando sucessivos círculos de raio insuspeitado. Ao refletir sobre o acontecimento em 1908, no prefácio da segunda edição da *Interpretação dos sonhos*, ele comentou que, para si, o livro tinha um forte significado "subjetivo", o qual havia "conseguido entender apenas após sua conclusão". Ele passara a vê-lo como "um fragmento da minha autoanálise, minha reação à morte de meu pai, isto é, o acontecimento mais significativo, a perda mais decisiva na vida de um homem".

Esse emaranhamento entre autobiografia e ciência marcou a psicanálise desde o início. A famosa observação confessional de Freud sobre a significação ímpar da morte do pai é tão admirável pelo que diz como pelo que omite: seria realmente verdade que a morte da mãe é menos dolorosa? A mãe de Freud, imperiosa e senhora de si, viveu até 1930, alcançando os 95 anos de idade, exigindo fidelidade de seus filhos, inclusive de seu precioso e favorito primogênito. Era quase como se sua longa vida ativa tivesse permitido ao filho psicanalista contornar as plenas implicações da luta edipiana para a qual, afinal, ele tinha sido o primeiro a chamar a atenção. É importante para a história da psicanálise que Freud tenha tido uma relação tão filial com seu pai, sonhando e se preocupando mais com as relações paternas do que com as maternas, inconscientemente disposto a deixar não analisada parte de sua ambivalência em relação à sua mãe.

De modo geral, Freud era sensível à natureza singular de suas provas. Pareceu-lhe estranho, escreveu um pouco defensivamente em 1895, ao discorrer sobre Elisabeth von R., "que os casos clínicos que escrevo leiam-se como novelas e que lhes falte, por assim dizer, o cunho sério do método científico". Reassegurava-se dizendo que é "a natureza do tema, e não minha preferência, que evidentemente deve ser considerada responsável por tal resultado". Mas a acusação de que Freud tendia a auscultar a si mesmo para avaliar o clima geral de opinião não se desarmaria com um consolo tão fácil. Já em 1901, liderando a vanguarda de um exército de céticos, Fliess atacou Freud com a alegação de que "o leitor de pensamentos lê nos outros apenas seus próprios pensamentos".

Desde então, não cessou a objeção de que Freud simplesmente — e ilicitamente — transpôs seus próprios traumas psicológicos para as chamadas leis da mente. Pode-se perfeitamente ver como ela surgiu e por que persistiu. Muitas das ideias mais perturbadoras de Freud baseavam-se em fontes autobiográficas expressas ou encobertas. Ele explorou livremente seu próprio testemunho e fez de si mesmo seu paciente mais informativo. Nas ciências naturais estritas, tal subjetividade de observação não apresenta nenhum problema. Os motivos ou problemas neuróticos de um médico ou biólogo interessam exclusivamente à sua família e amigos — e ao seu biógrafo. A validade de suas conclusões pode ser determinada por testes objetivos, pela reprodução de suas experiências ou por um novo cálculo das cadeias de seu raciocínio matemático. Em termos ideais, dever-se-ia manter com a psicologia o mesmo procedimento rigoroso. O que deve interessar ao estudioso da psicanálise, em última análise, não é se Freud tinha (ou imaginava) um complexo de Édipo, mas se sua asserção de que este é o complexo pelo qual todos têm que passar pode ser comprovada pela observação independente ou experiências bem-feitas. Freud não considerava suas experiências pessoais como automaticamente válidas para toda a humanidade. Ele confrontou suas ideias com as experiências de seus pacientes e, mais tarde, com a literatura psicanalítica; passou anos elaborando, refinando, revendo suas generalizações. Seus famosos casos clínicos refletem vivamente seu compromisso simultâneo com a individualidade e a generalidade; cada uma delas retrata um paciente irreprodutível que, ao mesmo tempo, pertence a uma categoria de casos.

Assim, Freud reconhecia que ninguém, nem mesmo ele, é Todo Mundo. Mas com a devida cautela, levando em conta as variações que fazem de cada indivíduo exatamente o que ele é — um indivíduo —, Freud estava disposto a ler sua própria experiência mental para melhor entender a de seus semelhantes. Embora decidido a manter sua privacidade e avesso a revelar sua vida íntima a estranhos, ele cedeu à pressão, em prol de sua ciência, de ser indiscreto a seu próprio respeito. Foi simplesmente mais uma fonte de material. Freud esperava limitar seu caso ao puro valor de prova psicanalítica e ao poder explicativo de suas formulações. Se ele considerou a perda de seu pai como a perda mais decisiva que poderia sofrer, o impacto de tal tragédia devia e podia ser drasticamente diferente em outros indivíduos. Mas a origem privada de suas convicções não inibiria Freud de desenvolver uma teoria sobre o luto e, de modo ainda mais amplo, uma teoria sobre o drama familiar ubíquo com seu enredo sempre variado, mas em larga medida previsível, de desejos, gratificações, frustrações e perdas, muitos deles inconscientes.

A morte de seu pai em outubro de 1896 proporcionou a Freud um vigoroso impulso para edificar a estrutura que ele começava a transformar na obra de sua vida. Mas, antes que pudesse se beneficiar plenamente de sua dolorosa perda, Freud precisou corrigir um sério passo em falso que dominara seu pensamento em meados dos anos 1890. Teve que se desfazer da chamada teoria da sedução, a asserção de que todas as neuroses são resultantes do abuso sexual de uma criança, praticado por um adulto, geralmente pelo pai.* A teoria da sedução, com todo

* Embora a maioria das vítimas de tais investidas fossem meninas, tampouco os meninos, como sabia Freud, estavam a salvo delas. Em 1895, quando estava no auge sua confiança nessa teoria, ele disse a Fliess que um de seus pacientes neuróticos "deu-me o esperado: (choque sexual, ou seja, abuso infantil com histeria masculina!)". [Freud a Fliess, 2 de novembro de 1895. *Freud-Fliess*, p. 153 (149).]

seu inflexível alcance, parece intrinsecamente implausível; apenas um fantasista como Fliess a aceitaria e aplaudiria. O que surpreende não é que Freud tenha finalmente abandonado a ideia, mas que de início tenha-a adotado.

Mas sua atração sobre Freud é evidente. Durante toda sua vida, o pensamento teórico de Freud oscilou fecundamente entre a complexidade e a simplicidade — isso, como acabamos de ver, fica patente em seus casos clínicos. O reconhecimento da complexidade fazia jus à vertiginosa variedade da experiência humana, muito mais rica do que jamais poderiam supor os psicólogos concentrados na mente consciente.* Em contraposição, Freud também acalentava o ideal de simplicidade; seu objetivo na pesquisa científica era conseguir a redução de ocorrências mentais aparentemente heterogêneas a poucas categorias bem definidas. Em sua experiência clínica, Freud presenciara muitas coisas que seus colegas médicos vienenses julgavam pouco respeitáveis, na verdade inacreditáveis: os efeitos misteriosos da hipnose, as investidas amorosas dos pacientes, o desaparecimento dos sintomas histéricos ao se falar sobre eles, o trabalho oculto da sexualidade. Na verdade, ele estava perfeitamente disposto a acreditar em coisas ainda mais incríveis do que essas. Além disso, em meados dos anos 1890, ainda tentando granjear, através de contribuições científicas originais, uma fama que até então tinha se esquivado a ele, Freud podia acolher a teoria da sedução como uma generalização simples que explicaria uma série de distúrbios orgânicos, atribuindo-os a um tipo de ato selvagem — a sedução ou o estupro incestuoso.

Dada a ideia de Freud de que a "neurastenia" se deve largamente a problemas sexuais, o próximo passo de inferência necessário para dar uma aparência plausível a tal teoria não era muito grande. Certamente, fora-lhe difícil acreditar nisso; como bom burguês, Freud só a adotou depois de superar fortes resistências internas a tal ideia. Alguns dos professores e colegas que mais admirava — Charcot, Breuer e seu conhecido Rudolf Chrobak, um importante ginecologista vienense — haviam insinuado amplamente que os distúrbios nervosos sempre envolvem, conforme a expressão de Breuer, *secrets d'alcôve*. Mas Freud havia rapidamente "esquecido" as observações casuais e as anedotas que comentavam em sua presença. No início de 1886, durante uma recepção na casa de Charcot, ele por acaso ouvira seu anfitrião a comentar, com seu jeito jovial, que uma jovem com sérios distúrbios devia seus problemas nervosos à impotência ou inépcia sexual do marido. Nesses casos, exclamou Charcot, é sempre uma coisa genital, sempre: "*Mais, dans des cas pareils*", insistiu ele, "*c'est toujours la chose génitale, toujours... toujours... toujours*". Um ano depois, Chrobak mencionou a Freud uma interessante paciente sua. Ela era acometida por acessos de angústia aparentemente sem sentido, e

* Freud encarnou sua ideia de complexidade no conceito de "sobredeterminação", termo que apresentou pela primeira vez em 1895: os sintomas, sonhos ou outros produtos da mente inconsciente têm necessariamente várias causas, oriundas da hereditariedade e do meio ambiente, da predisposição e de traumas, e tais produtos tendem a condensar uma diversidade de impulsos e experiências em manifestações enganosamente simples.

Chrobak, com um tom zombeteiro nele raro, atribuiu tais acessos à incapacidade de desempenho sexual do marido. Só existia uma receita que daria resultados, disse ele a Freud, uma receita que o marido dela nunca poderia aplicar:

"*Penis normalis*
dosim
repetatur!"

Esses juízos precipitados e mundanos, de forma alguma integrados numa explicação geral das disfunções mentais, trabalharam silenciosamente em Freud até cerca de 1893, quando estava preparado para incorporá-los a uma teoria das neuroses. Sabemos que, num apontamento enviado a Fliess em fevereiro daquele ano, Freud exprimiu sucintamente o desejo de formular e verificar a proposição de que "a neurastenia, a rigor, *só* pode ser uma neurose sexual". Naturalmente, nos casos clínicos com que contribuiu para os *Estudos sobre a histeria*, ele havia insinuado, ainda que às vezes de maneira um tanto indistinta, que os sintomas de seus pacientes tinham origens sexuais.

Quando começou a refletir sobre a participação da memória na formação das doenças nervosas, Freud remontou a agressão mental ou física responsável por elas até os primeiros anos de vida de seus pacientes. As neuroses "atuais" — neuroses causadas por experiências em curso, ao invés de experiências remotas — estavam perdendo rapidamente o interesse para ele. "Já lhe comuniquei o grande segredo clínico, oralmente ou por escrito?", perguntou a Fliess em outubro de 1895, quando ainda estava mergulhado em seu projeto. "A histeria é a consequência de um *choque sexual* pré-sexual. A neurose obsessiva é a consequência de um *prazer sexual* pré-sexual, que posteriormente transforma-se em [auto]*recriminação.*" Na época, Freud estava insatisfeito com a vagueza de categorias diagnósticas abrangentes como a neurastenia, e começava a classificar as neuroses com maior precisão. Mas o termo "pré-sexual" sugere que a ideia de sexualidade infantil ainda escapava à sua visão, embora já estivesse assomando no horizonte. "'Pré-sexual'", explicou a Fliess, "na verdade significa anterior à puberdade, anterior à liberação de substâncias sexuais; os acontecimentos relevantes só têm efeito como *lembranças.*" Ora, esses acontecimentos relevantes, conforme seus pacientes sucessivamente rememoravam para ele, eram traumas sexuais — fosse em virtude de uma fácil persuasão ou de uma investida brutal — sofridos na infância.

Em 1896, Freud estava pronto para divulgar essas ideias. Num artigo sobre as "neuropsicoses de defesa", escrito no começo do ano, ele afirmava, com base em treze casos, que os traumas causadores de histeria "*devem pertencer à primeira infância* (*o período anterior à puberdade*), *e seu conteúdo deve consistir numa efetiva irritação dos órgãos genitais* (*procedimentos semelhantes ao coito*)". Embora os neuróticos obsessivos mostrassem precocidade em sua atividade sexual, também apresentavam sintomas histéricos; portanto, também deviam ter sido inicialmente vitimados quando crianças. Os episódios infantis revelados pela análise, acrescentava Freud, eram "graves", às vezes "francamente repugnantes". Os vilões eram, sobretudo, "amas-secas, governantas e outros empregados", bem como, lamentavelmente, professores e irmãos "inocentes".

No mesmo ano, em 21 de abril, apresentando uma conferência à Associação local de Psiquiatria e Neurologia sobre "A etiologia da histeria", Freud defendeu essa teoria da sedução perante um público profissional seleto. Todos os seus ouvintes eram especialistas nos retorcidos desvios da vida erótica. O grande Richard von Krafft-Ebing, que escolhera a psicopatologia sexual como sua especialidade, presidia a mesa. Na conferência, Freud apresentou seus argumentos de maneira viva e extremamente hábil. O estudioso da histeria, disse ele, é como um explorador que descobre as ruínas de uma cidade abandonada, com muros, colunas e placas cobertos de inscrições apagadas; ele pode desenterrá-las e limpá-las, e então, com sorte, as pedras falarão — *saxa loquuntur.* Ele concentrou todo seu esforço retórico em persuadir seus incrédulos ouvintes de que deviam procurar a origem da histeria no abuso sexual das crianças. Todos os dezoito casos que ele tratara, observou Freud, sugeriam tal conclusão. Mas sua mescla de eloquência veemente e bom senso científico foi em vão. A conferência, disse a Fliess poucos dias depois, "teve uma acolhida gélida junto aos idiotas e, da parte de Krafft-Ebing, um estranho julgamento: 'Parece um conto de fadas científico'. E isso", exclamou Freud, "depois que alguém lhes mostrou a solução de um problema milenar, uma das nascentes do Nilo!". "Bem", acrescentou rudemente, "eles podem ir todos, falando eufemisticamente, para o inferno" — *sie können mich alle gern haben.* Mesmo com Fliess, ao que parece, Freud não se soltava inteiramente.

Foi uma noite que Freud decidiu nunca esquecer; o resíduo traumático por ela deixado transformou-se num pretexto para entreter poucas expectativas e numa justificativa para seu pessimismo. Ele percebia que a atmosfera à sua volta estava mais fria do que nunca, e estava certo de que sua conferência o transformara num objeto de ostracismo. Alguma "senha foi distribuída para que me abandonem", contou a Fliess, "pois tudo a meu redor está se afastando de mim". Afirmava estar enfrentando o isolamento "com serenidade", mas a falta de pacientes o preocupava. Mas continuou a investigar, e por algum tempo a aceitar como verdadeiras as narrativas sombrias de seus pacientes. Afinal, havia se treinado cuidadosamente para ouvi-los. Mas, aos poucos, as dúvidas que o assaltavam tornaram-se irresistíveis. Em maio de 1897, sonhou que manifestava "sentimentos explicitamente ternos" por sua filha mais velha, Mathilde, e interpretou esse sonho erótico como o desejo de encontrar um "pater" como causa da neurose. Isso, anunciou a Fliess, havia acalmado suas "dúvidas continuamente agitadas" sobre a teoria da sedução. É uma leitura estranha, pouco convincente, pois o sonho, ao invés de abrandar, deveria ter contribuído para aumentar o desconforto de Freud. Ele sabia perfeitamente bem que não atacara sexualmente Mathilde nem suas outras filhas, e que um desejo sexual não é o mesmo que um ato sexual. E mais, do seu credo científico constava que o desejo de ver uma teoria confirmada não é o mesmo que a sua confirmação. Mas, naquele momento, ele tomou o sonho como apoio de sua ideia favorita.

As dúvidas de Freud só voltaram a assoberbá-lo no verão e início do outono de 1897. Ao voltar das férias de verão em meados de setembro, "revigorado, animado, empobrecido", ele confiou a Fliess "o grande segredo" que viera "despontando lentamente em mim nesses últimos meses. Não acredito mais na minha Neurotica" — sua explicação demasiado simplista das neuroses. Essa carta de 21 de setembro de 1897 é, talvez, a mais reveladora nessa reveladora correspondência. Recorrendo a detalhes persuasivos, Freud apresentou a Fliess uma explicação "histórica" das razões pelas quais finalmente perdera a confiança na teoria da sedução: ele não conseguia completar nenhuma de suas análises, fosse por perder seus pacientes na metade do percurso ou por lograr resultados parciais por outras vias. Além disso, o senso comum interviera para arruinar seu projeto simplista; como a histeria era generalizada, não poupando sequer a família Freud, disso deveria se seguir que, "em todos os casos, o *pai*, sem excluir o meu, teria de ser acusado de perversão". O Freud dos anos 1890 não tendia a idealizar seu pai de modo tão cabal quanto idealizava Fliess, mas a inclusão de Jacob Freud entre os molestadores de crianças parecia-lhe absurda. Além disso, se as investidas paternas eram as únicas fontes de histeria, tal conduta devia ser praticamente universal, visto que, necessariamente, o número de *casos* de histeria tem que ser menor do que suas possíveis *causas*. Afinal, nem todas as vítimas adoecem. "Tal perversão generalizada contra as crianças é pouco provável." Além disso, é certo que "não há marcas de realidade no inconsciente", e portanto não há como distinguir entre a verdade de um lado e, de outro, a ficção emocionalmente carregada. Freud agora estava pronto para aplicar a lição de ceticismo metódico que a experiência clínica lhe ensinara. As "revelações" dos pacientes eram, pelo menos em parte, produtos da imaginação deles.

O colapso dessa teoria não o levou a abandonar sua crença na etiologia sexual das neuroses e tampouco, sob esse aspecto, a convicção de que pelo menos alguns neuróticos tinham sofrido abusos sexuais por parte dos pais. Como outros médicos, ele conhecia casos assim.* É significativo que, em dezembro de 1897, cerca de três meses depois de ter provavelmente abandonado a teoria da sedução, ele ainda escrevesse que sua "confiança na etiologia paterna aumentou bastante". Menos de quinze dias depois, ele contou a Fliess que uma de suas pacientes lhe fizera um relato pavoroso em que ele estava disposto a acreditar: aos dois anos de idade, ela tinha sido brutalmente estuprada por seu pai, um pervertido que precisava infligir ferimentos sangrentos para obter satisfação sexual. De fato, durante dois anos, Freud não se afastou em definitivo da teoria da sedução, e

* Embora a questão fosse tratada com considerável reserva na literatura médica, as investidas sexuais contra meninas por parte de seus pais vinham sendo discutidas em público desde o início do século XIX. Já em 1821, o famoso psiquiatra francês Jean Étienne Esquirol havia relatado um desses casos, o atentado de um pai contra sua filha de dezesseis anos, levando ao colapso da garota, com repetidas tentativas de suicídio. [Ver "Suicide", em *Dictionnaire des Sciences Médicales*, de "Um Grupo de Médicos e Cirurgiões", LIII (1821), pp. 219-20. Devo esta referência a Lisa Lieberman.]

depois disso passaram-se mais seis anos antes que anunciasse publicamente a alteração de suas ideias. Ainda em 1924, quase três decênios após ter se distanciado do que contritamente chamou de "um erro que repetidamente reconheci e desde então corrigi", Freud insistia que nem tudo o que escrevera nos meados dos anos 1890 sobre o abuso sexual das crianças merecia ser rejeitado: "A sedução conservou uma certa importância para a etiologia". Observou explicitamente que dois de seus primeiros casos, Katharina e uma "Fräulein Rosalia H.", tinham sido molestadas por seus pais. Freud não tinha a menor intenção de substituir um tipo de credulidade por outro. O fato de deixar de acreditar em tudo o que seus pacientes lhe contavam não significava que tivesse que cair na armadilha sentimental de considerar o moderado burguês de casaca incapaz de revoltantes agressões sexuais. O que Freud rejeitou foi a teoria da sedução como uma explicação geral da origem das neuroses.

Essa renúncia abriu um novo capítulo na história da psicanálise. Freud dizia se sentir tudo, menos "transtornado, confundido, abatido", e indagava profeticamente "se essa dúvida representa simplesmente um episódio no avanço rumo a outras descobertas?". Ele admitia que era doloroso perder "a expectativa de renome eterno". Ela fora "tão bela", assim como a esperança de uma "certa riqueza, total independência, viagens, erguer as crianças acima das sérias preocupações que me privaram de minha juventude". Ao relembrar esse momento decisivo muito tempo depois, Freud escreveu que, quando a teoria da sedução, que fora "quase fatal para a jovem ciência", tinha se desmoronado "sob sua própria improbabilidade", sua primeira reação foi "uma fase de perplexidade total". O "solo da realidade se perdera". Ele tinha sido entusiástico demais e um pouco ingênuo.

Mas o desânimo durou pouco. "Finalmente veio a reflexão de que, afinal, a pessoa não tem o direito de desanimar só porque foi frustrada em suas expectativas." Era típico de Freud. Cônscio de que o mundo não é uma protetora mãe transbordando de provisões para seus filhos necessitados, ele aceitava o universo. Se o solo da realidade fora perdido, o da fantasia fora conquistado. Krafft-Ebing, afinal, estivera quase certo; o que Freud apresentara a seus colegas médicos naquela noite de abril de 1896 realmente havia sido um conto de fadas, ou melhor, uma coletânea de contos de fadas que seus pacientes haviam lhe contado antes. Por outro lado, como Fliess havia incentivado Freud a reconhecer, os contos de fadas encerram verdades ocultas. A reação de Freud à sua libertação da teoria da sedução foi a de levar as mensagens, tanto suas como de seus pacientes, mais a sério do que antes, mas de maneira muito menos literal. Passou a lê-las como mensagens cifradas — distorcidas, censuradas, significativamente disfarçadas. Em suma, ouvia com maior atenção e discernimento mais aguçado do que nunca. Fora uma época árdua e perturbadora, mas as recompensas eram magníficas. "Ser totalmente honesto consigo mesmo", escreveu ele, "é um bom exercício." Agora estava aberto o caminho para sua autoanálise sistemática, para a identificação do complexo de Édipo e das fantasias inconscientes.

* * *

Autoanálise podia parecer uma contradição nos termos. Mas a aventura de Freud se converteu na menina dos olhos da mitologia psicanalítica. Freud, dizem os analistas, empreendeu uma autoanálise que iniciou em algum momento da metade dos anos 1890, e empenhou-se sistematicamente nela a partir do final da primavera ou do início do verão de 1897; esse gesto de paciente heroísmo, a ser admirado e palidamente imitado, mas nunca repetido, é o ato fundador da psicanálise. "Hoje em dia, é difícil para nós imaginar quão importante foi essa realização", escreveu Ernest Jones, "sendo esta dificuldade o destino de inúmeras proezas pioneiras. Mas o caráter único da façanha permanece. Uma vez feita, está feita para sempre. Pois ninguém pode ser novamente o primeiro a explorar essas profundezas."

Freud, pessoalmente, era bem menos categórico. Sabemos que ele considerava *A interpretação dos sonhos* como parte de sua autoanálise, e suas cartas a Fliess abundam em referências ao progresso e obstáculos nessa contínua e impiedosa investigação de si mesmo. Mas às vezes ele tinha dúvidas. "Minha autoanálise", disse a Fliess em novembro de 1897, "continua interrompida. Descobri o motivo. Só posso me analisar com conhecimentos obtidos objetivamente (como um estranho)." A conclusão era melancólica: "A verdadeira autoanálise é impossível, do contrário não haveria doença". Mas Freud se permitiu uma incoerência que apenas a natureza inédita do empreendimento ajuda a explicar. Na mesma carta onde declarava impossível a autoanálise, ele lembrava que, antes das férias de verão, havia dito a Fliess "que o paciente mais importante para mim era minha própria pessoa, e depois de minha viagem de férias, minha autoanálise, da qual então não havia o mínimo traço, iniciou-se subitamente". Em ocasiões posteriores, Freud defenderia a autoanálise como uma forma de o analista reconhecer, e assim neutralizar, seus próprios complexos. Mas, ao mesmo tempo, afirmaria que ser analisado por outrem é uma via marcadamente superior para o autoconhecimento.* De modo bastante interessante, Freud não estabelecia uma sólida equivalência entre seu autoescrutínio e uma análise completa. Em sua popular *Psicopatologia da vida cotidiana*, Freud se referiu a ele em termos modestos, chamando-o de "observação de si mesmo". Olhando retrospectivamente para 1898, relembrou como "comecei aos 43 anos a dirigir meu interesse para os resíduos em minha memória de minha própria infância". Isso soa menos rígido, menos exaltado, certamente menos grandioso do que "autoanálise".

As hesitações e os modestos circunlóquios de Freud são apropriados. Por mais

* Em 1935, Freud lembrou energicamente ao psiquiatra Paul Schilder, com quem a instituição psicanalítica havia entrado em conflito sobre a questão da análise didática, que aqueles, dentre a primeira geração de analistas, que não haviam sido analisados, "nunca se orgulharam disso". De fato, "sempre que era possível" ser analisado, "isso era feito: Jones e Ferenczi, por exemplo, fizeram longas análises". Falando de si mesmo, Freud sugeriu que "poder-se-ia talvez reivindicar o direito a uma posição excepcional" [Freud a Schilder, 26 de novembro de 1935, Freud Collection, B4, LC.]

unilateral que seja, a situação psicanalítica é a de um diálogo. O analista, embora seja em larga medida um parceiro silencioso, oferece interpretações que o analisando provavelmente não teria alcançado sozinho. Se tivesse conseguido alcançá-las, para dizer como Freud, não teria havido neurose. Enquanto o paciente, enfatuado de grandiosidade ou curvado sob sentimentos de culpa, distorce o mundo e seu lugar nele, o analista, sem louvar nem condenar, mas apontando concisamente o que o analisando está realmente a dizer, oferece um vislumbre terapêutico da realidade. O que talvez seja ainda mais importante, e totalmente impossível na autoanálise, é que o analista — relativamente anônimo e atentamente passivo — oferece-se como uma espécie de tela onde o analisando projeta suas paixões, seu amor e ódio, afeição e animosidade, esperança e angústia. Essa transferência, da qual depende grande parte do trabalho curativo do processo psicanalítico, é por definição uma transação entre dois seres humanos. Tampouco é fácil imaginar como o autoanalista poderia reproduzir a atmosfera regressiva que o analista proporciona com sua presença invisível, seu tom sereno e prolongados silêncios. O psicanalista, em suma, é para seu analisando aquilo a que Freud elevou Fliess: o Outro. Como Freud conseguiria, por mais ousado ou original que fosse, converter-se em seu Outro?

Como quer que o chamemos, Freud no final dos anos 1890 submeteu-se a um escrutínio extremamente cuidadoso, um recenseamento meticuloso, aguçado e contínuo de suas lembranças fragmentárias, seus desejos e emoções ocultos. A partir de peças e pedaços torturantes, ele reconstruiu fragmentos de seus primeiros anos de vida sepultos, e com o auxílio de tais reconstruções extremamente pessoais, combinadas com sua experiência clínica, procurou esboçar as linhas gerais da natureza humana. Não havia precedentes nem mestres para tal empreendimento, e ele teve que inventar as regras à medida que avançava. Comparados a Freud explorador de seu eu, os autobiógrafos mais desinibidos, de santo Agostinho a Jean-Jacques Rousseau, por mais penetrantes que fossem suas percepções e francas suas revelações, haviam sido um tanto reservados. A hipérbole de Ernest Jones é muito cabível. Mas existem alguns detalhes essenciais da autoanálise de Freud que provavelmente permanecerão obscuros. Sem dúvida, ele se entregava a ela diariamente, mas terá empregado o tempo livre que tivesse à noite, ou analisava-se nos intervalos vagos durante seu horário de consultas? Empreendia suas intensas ruminações, muitas vezes desconcertantes, durante o passeio que dava no começo da tarde para descansar de sua postura de ouvinte profissional e comprar charutos?

Isso nós sabemos. O método que Freud empregava em sua autoanálise era o da associação livre, e o principal material em que se baseava era oferecido pelos seus sonhos.* É claro que não se restringia aos sonhos; também reunia as lembranças, os lapsos orais ou escritos, o esquecimento de versos ou nomes dos pa-

* Marie Bonaparte disse a Ernest Jones, em 16 de dezembro de 1953, que na autoanálise de Freud "seu *suporte* mais sólido era, como o senhor destacou com tanta pertinência, *predominantemente* a análise de seus próprios sonhos". (Jones papers, Archives of the British Psycho-Analytical Society, Londres.)

cientes, e permitia que essas pistas o levassem de ideia a ideia, através do "costumeiro desvio" da associação livre. Mas os sonhos constituíam sua fonte mais importante e abundante de informações soterradas. Havia elucidado o núcleo das neuroses de seus pacientes, em meados dos anos 1890, principalmente através da interpretação de seus sonhos, e achava que "foram apenas esses êxitos que me deram condições de perseverar". Freud avançava em sua "autoanálise, cuja necessidade logo se tornou clara a mim, com o auxílio de uma série de sonhos que me levaram através de todos os acontecimentos da minha infância". Embora "massas de densos enigmas se estendam em torno", disse a Fliess, a "elucidação dos sonhos" parecia o "recurso mais sólido". Não surpreende que a autoanálise moldasse os próprios sonhos, os quais, a seguir, ele interpretava. Freud sonhou que o "Velho Brücke" havia lhe designado a estranha tarefa de dissecar a parte inferior de seu corpo, e interpretou esse sonho extremamente condensado como uma referência à autoanálise, na medida em que estava ligada ao relato de seus sonhos e ao desvendamento de seus sentimentos sexuais infantis.

As cartas de Freud a Fliess mostram que era um trabalho árduo, ao mesmo tempo estimulante e frustrante. "Está fermentando e fervilhando em mim", escreveu em maio de 1897; ele estava apenas aguardando um novo impulso para seguir adiante. Mas as percepções não vinham por encomenda. Em meados de junho, confessou que andava preguiçoso, intelectualmente estagnado, vegetando num bem-estar de verão: "Desde o último impulso, nada se agitou e nada se alterou". Mas pressentia a eclosão de grandes coisas. "Creio", escreveu quatro dias depois, "que estou num casulo, e sabe Deus que tipo de bicho vai sair dele." Tendo aprendido sobre a resistência através de seus pacientes, agora ele a sentia em si mesmo. "Ainda não sei o que está acontecendo comigo", confessou no começo de julho. "Alguma coisa das mais profundas profundezas de minha própria neurose opõe resistência contra qualquer progresso na compreensão das neuroses, e você de alguma forma foi arrastado nisso." E essa pausa era tanto mais desagradável na medida em que Fliess fora obscuramente envolvido nas dificuldades de Freud. Mas "há alguns dias, parece-me, vem se preparando uma saída dessa escuridão. Noto que, enquanto isso, tenho feito todos os tipos de progresso em meu trabalho; de fato, volta e meia alguma coisa me ocorre novamente". Como nunca deixou de levar em consideração a influência do ambiente sobre a mente, Freud julgava que o calor do verão e a sobrecarga de trabalho tinham contribuído para gerar aquela paralisia temporária. No entanto, ele se sustentava com a convicção de que, se esperasse e continuasse a analisar, materiais soterrados viriam à superfície de sua consciência.

Mas sua autoconfiança vacilava. "Depois de ter ficado muito animado por aqui", escreveu Freud em agosto, do balneário de Aussee, "agora estou passando por um período de mau humor." Embora tivesse estado a trabalhar na solução de sua "pequena histeria, muito intensificada pelo meu trabalho", o restante de sua autoanálise agora havia parado. Ele reconhecia que *esta* análise era "mais difícil do que qualquer outra", mas tinha certeza de que "precisa ser feita". Era parte essencial de seu trabalho. Freud estava certo; sua autoanálise era uma etapa necessária conforme avançava rumo a uma teoria da mente. Gradualmente, a resistência cedeu. No final de setembro, de volta das férias, Freud escreveu a Fliess a famosa carta que anunciava o fim de sua fé na teoria da sedução. Em outubro, ele abrira o caminho para uma inteligente mescla de autoconhecimento e clareza teórica. "Há quatro dias", informou a Fliess no início de outubro, "minha autoanálise, que considero indispensável para o esclarecimento de todo o problema, tem continuado em sonhos e me oferecido as mais valiosas explicações e pistas." Foi quando ele lembrou a babá católica de sua infância, o vislumbre de sua mãe nua, seus desejos de morte contra o irmão mais novo e outras lembranças infantis reprimidas. Nem todas eram precisas, mas como fantasias mostraram-se indicações indispensáveis para o autoconhecimento.

Quando se desencadeou a resistência, Freud continuou a ser importunado por interrupções curtas e dolorosas. Em seguida vieram mais lembranças, mais ideias. Sentia-se (assim ele se descreveu pitorescamente no final de outubro) como se fosse puxado à força através de todo o seu passado, à medida que seus pensamentos estabeleciam rápidas ligações: "Os estados de ânimo mudam como as paisagens diante do passageiro de um trem". Sua clínica andava "desesperadamente mal", e assim ele podia viver "apenas para o trabalho 'interno'". Citou o *Fausto* de Goethe para transmitir uma ideia de seu estado mental; sombras queridas surgiam como um velho mito semiapagado, trazendo consigo a amizade e o primeiro amor. "Também os primeiros medos e desavenças. Muitos tristes segredos da vida aqui remontam até suas primeiras raízes; muitos orgulhos e privilégios tomam consciência de suas origens modestas." Eram os dias, conforme ele colocou, em que se arrastava à toa por não conseguir entender o sentido de um sonho ou uma fantasia, e a seguir vieram "os dias em que o clarão de um relâmpago iluminou as ligações e me permite entender o que se passara antes como uma preparação para o presente". Considerava tudo isso não só infinitamente difícil, mas também extremamente desagradável; quase todos os dias, a autoanálise trazia à tona desejos maus e atos vergonhosos. Ainda assim, estava animado ao perder, uma depois da outra, as ilusões sobre si mesmo. Achava impossível, disse a Fliess no começo de outubro de 1897, transmitir-lhe "uma ideia da beleza intelectual do trabalho". Beleza intelectual: Freud sempre tinha uma espécie de reação estética à elegância de suas descobertas e formulações.

Agora tudo se encaixava. Ele reconhecia que sua lembrança de "paixão pela mãe e ciúmes do pai" era mais do que uma idiossincrasia pessoal. Pelo contrário, disse a Fliess, a relação edipiana da criança com os pais era "um acontecimento generalizado na primeira infância". De fato, tinha certeza de que esta era uma "ideia de valor geral" capaz de explicar "o poder absorvente de *Oedipus Rex*" e talvez de *Hamlet*. Outras descobertas surpreendentes povoaram seus dias: o sentimento inconsciente de culpa, as fases de desenvolvimento sexual, o elo causal entre mitos gerados internamente — "endopsíquicos" — e a crença religiosa, o "romance familiar" em que tantas crianças desenvolvem fantasias grandiosas sobre seus pais, a natureza reveladora dos lapsos e das ações malfeitas, o poder dos sentimentos agressivos reprimidos e (sempre em sua mente) os intricados mecanismos de produção do sonho. Chegou mesmo a encontrar uma explicação psicológica para o vício: era a substituição da masturbação — uma ideia de particular pertinência em seu caso, com sua irreprimível necessidade dos charutos.

Apesar desse afluxo de percepções, densamente concentradas entre o outono de 1897 e o outono de 1898, ele ainda era acometido por momentos de aridez e desânimo. De maneira muito pouco habitual, Freud, que confessara não ter resistência física ao vinho — "qualquer traço de álcool me deixa completamente estúpido" —, agora recorria livremente a ele. Procurava "força numa garrafa de Barolo", pedia auxílio ao "Amigo Marsala" e dizia ser o vinho "um bom amigo". Um ou dois copos faziam com que se sentisse mais otimista do que quando inteiramente sóbrio, mas não conseguiam aplacar suas dúvidas por muito tempo. Além disso, estava envergonhado, disse a Fliess, por "me permitir um novo vício". Às vezes, confessou ele, era como se estivesse "ressequido; alguma fonte dentro de mim está secando e com isso toda sensibilidade está murcha. Não quero me estender muito; do contrário, iria parecer demais com uma reclamação".

Felizmente, seus filhos continuavam a alegrá-lo à medida que cresciam sob suas vistas, e ele mantinha Fliess informado sobre a inquietante diarreia de Sophie, as observações espertas de Oli ou a escarlatina de Ernstl. "Annerl está crescendo de maneira encantadora; ela é do tipo de Martin, física e mentalmente", traz um afetuoso comunicado. "As tentativas poéticas de Martin, junto com sua autoironia, são extremamente divertidas." Tampouco esquecia o interesse de Fliess por dados que comprovassem suas teorias sobre os ciclos biorrítmicos. Mathilde, a filha mais velha de Freud, vinha amadurecendo rapidamente e, em junho de 1899, com a precisão que buscava Fliess, Freud informou que ela começara a menstruar: "Em 25 de junho, Mathilde selou seu ingresso na feminilidade, um pouco prematuramente". Mas a tensão de escrever o livro dos sonhos frequentemente deixava-o melancólico. Indagaria se estava ficando velho — estava no início dos quarenta — ou talvez passando por algumas "oscilações periódicas" em seus estados de ânimo. Tais acessos vinham-lhe repetidamente, mas eram breves, e Freud havia se acostumado a eles o suficiente para esperá-los passar. Ainda precisava de Fliess como ouvinte; para seu imenso deleite, continuava a dar-lhe "o presente de um Outro", "crítico e leitor" da mais alta qualidade. Reconhecia que não seria capaz de executar plenamente seu trabalho sem um público, mas declarava-se satisfeito com um público de uma pessoa, contente, disse a Fliess, por estar "escrevendo apenas para você".

Mas a dependência de Freud estava a ponto de desaparecer. Um dos benefícios de sua autoanálise consistia no gradual desvendamento das emaranhadas raízes de sua confiança em seu *daimon* de Berlim, acelerando assim sua emancipação em relação ao Outro. Ele continuava a partilhar seus pensamentos com

Fliess, enviava-lhe capítulos do livro dos sonhos, ouvia seus conselhos sobre questões de estilo e a proteção da privacidade de seus temas. Chegou mesmo a permitir que Fliess vetasse uma epígrafe "sentimental" de Goethe. Sua submissão ao julgamento editorial de Fliess implicou um custo ainda maior: por insistência deste, e sob protestos, Freud retirou um importante sonho do texto. "Um belo sonho e nenhuma indiscrição", escreveu Freud resignado, "não caminham juntos." Mas continuou a lamentá-lo. Contudo, o longo trabalho de Freud com sua obra-prima estava prestes a se encerrar. "O tempo de gestação logo estará terminado", disse a Fliess em julho de 1898. Ele se referia a Ida Fliess, a mulher do amigo, que estava prestes a dar à luz, mas era palpável a associação com sua própria situação, sua longa gravidez criativa. Fliess, o parteiro da psicanálise, cumprira sua tarefa e logo poderia partir.

Freud não descartou Fliess simplesmente por não mais precisar dele. Quando os verdadeiros contornos da mente de Fliess, seu misticismo subjacente e seu obsessivo empenho na numerologia por fim se tornaram claros para Freud, e quando este reconheceu que as apaixonadas convicções de Fliess eram irremediavelmente incompatíveis com as suas, estava traçado o destino dessa amizade. No começo de agosto de 1900, Freud encontrou-se com Fliess em Achensee, perto de Innsbruck, um lugar idílico projetado para refrescar e relaxar os veranistas. Mas os dois brigaram violentamente. Cada qual atacou o outro em seu ponto mais sensível, mais furiosamente defendido: o valor, a própria validade de suas respectivas obras. Foi o último "congresso", a última vez que se viram. Continuaram a se corresponder por algum tempo, de maneira cada vez mais esporádica. Ao escrever a Fliess no verão de 1901, Freud, uma vez mais, enumerou agradecido as dívidas para com ele, mas disse-lhe claramente que haviam se afastado e, em questões tanto pessoais como profissionais, "você alcançou os limites de sua perspicácia". Fliess havia desempenhado um papel de destaque na pré-história da psicanálise, mas quando a história da psicanálise se desenvolveu após 1900, sua participação nela foi ínfima.

3. Psicanálise

Freud usou pela primeira vez o decisivo termo "psicanálise" em 1896, em francês e a seguir em alemão. Mas, desde algum tempo antes, ele vinha trabalhando na direção da psicanálise. De fato, o famoso divã, presente de agradecimento de uma paciente, fazia parte da mobília de seu escritório, quando mudou-se, em setembro de 1891, para a casa da Berggasse 19.* Originalmente sob a influência de Breuer, ele havia passado, como vimos, da hipnose para o tratamento catártico através da fala, e prosseguiu adaptando gradativamente os métodos de Breuer, até que, em meados dos anos 1890, lançou-se à psicanálise. Algumas de suas ideias mais iconoclastas, prenunciadas sem um reconhecimento pleno de toda a sua importância, remontam a pesquisas e observações clínicas do começo dos anos 1890. Freud as formulou de início vagarosamente, e a seguir, de 1897 em diante, conforme seu autoescrutínio apresentava resultados, acelerou o ritmo, difundindo-as em alguns artigos publicados e em inúmeras cartas a Fliess. Por mais de três decênios, Freud iria remodelar seu mapa da mente, refinar a técnica psicanalítica, rever suas teorias das pulsões, da angústia e da sexualidade feminina, e invadir a história da arte, a antropologia especulativa, a psicologia da religião e a crítica da cultura. Mas, na época em que publicou *A interpretação dos sonhos*, no final de 1899, os princípios da psicanálise estavam estabelecidos. Seus *Três ensaios sobre a teoria da sexualidade*, publicados em 1905, constituíam o segundo texto fundamental a explicar tais princípios, mas o livro dos sonhos era o primeiro, e Freud o considerava como a chave de sua obra. "*A interpretação dos sonhos*", disse enfaticamente, "*é a via régia de acesso ao conhecimento do inconsciente na vida mental.*"

* Entre algumas anotações que Marie Bonaparte compilou para uma biografia de Freud, encontra-se o seguinte apontamento sem data, em francês: "Madame Freud me informou que o divã analítico (que Freud levaria para Londres) foi-lhe dado por uma paciente agradecida, Madame Benvenisti, por volta de 1890". (Ib.)

A interpretação dos sonhos de Freud não se restringe a sonhos. É uma autobiografia ao mesmo tempo sincera e cautelosa, tão instigante pelo que revela quanto pelo que omite. Mesmo na primeira edição, mais breve do que as que se sucederam, ela oferece um levantamento das ideias psicanalíticas fundamentais — o complexo de Édipo, o trabalho da repressão, a luta entre desejo e defesa — e um rico material de casos clínicos. Ela apresenta, um tanto de passagem, nítidos esboços do mundo médico vienense, repleto de rivalidades e de caçadores de prestígio, e da sociedade austríaca, infectada pelo antissemitismo e no final de suas décadas liberais. Ela se inicia com um exaustivo levantamento bibliográfico da literatura sobre os sonhos, e encerra-se, no árduo sétimo capítulo, com uma teoria abrangente da mente. Em suma, o gênero da obra-prima de Freud é inclassificável.

A argumentação, porém, é a própria encarnação da clareza. Mas Freud, preocupado com o estilo, tinha receios quanto à forma de exposição. *A interpretação dos sonhos*, admitiu ele no prefácio da segunda edição, era "de difícil leitura". Quando estava trabalhando no livro, suas avaliações variavam. "Estou mergulhado no livro dos sonhos, escrevendo-o com fluência", disse a Fliess no começo de fevereiro de 1898; poucas semanas depois, informava que "o livro dos sonhos", do qual já havia escrito diversos capítulos, "está saindo atraente". Em maio, contudo, criticou o capítulo que Fliess lia naquele momento como "estilisticamente ainda muito tosco e em algumas partes mal apresentado, isto é, sem vida".

Suas apreensões, à medida que se aproximava a data de publicação, não se dissiparam. O esforço estava lhe provocando uma "grande agonia", e ele temia que isso se refletisse no livro, mesmo que os materiais oníricos em si fossem inatacáveis. "O que me desagrada", observou em setembro de 1899, quando lia as provas, "é o estilo, que foi totalmente incapaz de encontrar expressão simples e elegante, e escorregou para perífrases jocosas à procura de imagens." Ele deu vazão à sua decepção com uma piada retirada do *Simplicissimus*, semanário satírico alemão que regularmente lia e apreciava: "Conversa entre dois colegas do exército: 'Então, companheiro, você ficou noivo, a noiva decerto encantadora, linda, espirituosa, graciosa?' — 'Questão de preferência, *eu* não gosto dela'. É exatamente como me sinto agora". Aguilhoado por seu forte "sentimento pela forma", a "apreciação da beleza como uma espécie de perfeição", ele temia que as "frases retorcidas do meu livro do sonho, olhando as ideias de viés e pavoneando-se com suas palavras oblíquas, insultaram seriamente um ideal íntimo", indicando um "domínio insuficiente do assunto".

De fato, ele não se sentia nada calmo. A enigmática epígrafe do sétimo livro da *Eneida* de Virgílio, que escolheu após aceitar o veto de Fliess à divisa "sentimental" de Goethe, sugere sutilmente que Freud andava nervoso e, ao mesmo tempo, disposto a se encolerizar. Sua interpretação pessoal de *Flectere si nequeo*

*Superos, Acheronta movebo** era muito direta: o verso resume concisamente sua tese fundamental de que os desejos, rejeitados pelas "autoridades superiores mentais", recorrem ao "submundo mental (o inconsciente)", para assegurar seus propósitos.** Mas o tom truculento do verso, proferido por uma Juno enfurecida depois que seus companheiros do Olimpo frustraram-lhe os desejos, sugere algo mais. Condiz bem com o ânimo desafiador de Freud. Ao ler as provas em setembro de 1899, ele predisse a Fliess que haveria uma gritaria escandalizada, uma verdadeira "tempestade" sobre o absurdo, a insensatez que havia escrito: "Aí é que realmente vou ouvir deles!". Seu livro dos sonhos ia deixar inabalados os poderes superiores de Viena; os professores sem imaginação que haviam considerado suas ideias um conto de fadas, os burocratas intransigentes que não lhe concederiam uma cátedra dificilmente se converteriam a suas concepções. Não importava: Freud instigaria os poderes infernais contra eles.

A insatisfação de Freud com sua apresentação era tão injustificada quanto a previsão de uma tempestade. Mas, como tantas outras vezes, isso mostra que Freud não é um juiz infalível de sua própria obra. É certo que a arquitetura do livro dos sonhos é nitidamente esparramada, e a obra se ampliou com dados acrescentados a cada edição sucessiva. Apresentando sua teoria geral dos sonhos numa rápida cadência nos quatro capítulos de abertura, detendo-se apenas em sonhos exemplares e suas interpretações, Freud, a seguir, tornava-se mais pausado, permitindo-se o luxo de ser mais expansivo ao especificar as variedades de sonhos, seguindo-os desde seus contextos imediatos até suas origens em causas distantes. O sexto capítulo, sobre o trabalho realizado pelos sonhos, foi ampliado nas edições posteriores, até ficar quase tão longo quanto os cinco anteriores juntos. E o capítulo final, o famoso sétimo capítulo "filosófico", é austero, extremamente técnico. Mas a solidez da exposição e a elegância das provas continuam incólumes.

Freud empregou astuciosamente sua tática estilística a serviço de sua mensagem: os exemplos de sonhos adiantam-se ao argumento, a antecipação das objeções desarma a crítica, e o tom coloquial, assim como as menções literárias, aliviam o peso da leitura. Freud citava com majestosa desenvoltura Sófocles e Shakespeare, Goethe e Heine, Mozart e Offenbach, além de canções populares. Sua própria metáfora principal fazia da *Interpretação dos sonhos* não um edifício, mas uma viagem com guia: "O conjunto é apresentado como a fantasia de um passeio. No começo, a negra floresta de autores (que não enxergam as árvores),

* "Se não posso dobrar os poderes superiores, moverei as regiões infernais."

** Quando Freud mencionou o verso pela primeira vez numa carta a Fliess, no final de 1896, disse-lhe que pretendia usá-lo como lema para a seção sobre formação de sintoma, num livro que planejava escrever sobre a psicologia da histeria. [Ver Freud a Fliess, 4 de dezembro de 1896, *Freud-Fliess*, p. 217 (205).]

irremediável, repleta de trilhas enganosas. A seguir, uma estreita passagem oculta por onde conduzo o leitor — meu sonho-modelo com suas peculiaridades, detalhes, indiscrições, brincadeiras de mau-gosto —, e então, de súbito, o topo, a vista e a pergunta: Por favor, para onde o senhor quer ir agora?". Apesar de todas as suas reclamações quanto às "superfícies rompidas" do texto, apesar de todas as suas dúvidas, Freud convidava seu público a confiar-se a ele como cicerone.

Muito a propósito, Freud abriu a *Interpretação dos sonhos* com uma provocadora demonstração de confiança: "Nas páginas que se seguem, vou apresentar provas de que existe uma técnica psicológica que permite interpretar os sonhos, e que, com a aplicação de tal procedimento, cada sonho se revela como uma estrutura psíquica dotada de sentido, que pode ser inserida a um ponto determinável nas atividades mentais da vida desperta". Freud afirmava que os sonhos não só têm significados abertos à interpretação, como também só podem ser interpretados seguindo-se o seu procedimento. Ele alertava o leitor de que estava prestes a se lançar numa obra de vastas pretensões.

Freud reforçou tais pretensões discutindo inicialmente, com paciente cuidado, a literatura sobre os sonhos: tratados filosóficos e monografias psicológicas, tanto antigos como modernos. Em fevereiro de 1898, quando se dedicava com afinco à tarefa pouco agradável de estudar os textos de seus predecessores sobre os sonhos, ele se queixara amargamente a Fliess dessa faina desanimadora, mas inevitável: "Se pelo menos não se tivesse de ler também! A pouca literatura existente já me desagrada tanto". O levantamento bibliográfico parecia-lhe "um castigo medonho". Para piorar as coisas, à medida que os meses passavam, ele descobriu que a quantidade de leituras a fazer era muito maior do que imaginara. Ainda em agosto de 1899, quando parte do livro já estava na gráfica, Freud ainda resmungava. Mas reconhecia que o capítulo introdutório servia como um escudo para os seguintes; não queria dar aos "'cientistas'" — e pôs a palavra entre aspas irônicas — "um machado para matarem o pobre livro". A caminhada pela negra floresta de autores neste capítulo servia para mostrar a fundamental pobreza das teorias existentes sobre os sonhos. Para cada tese, lamentava Freud, podia-se encontrar outra tese em contrário. Mas teve palavras favoráveis para alguns pesquisadores. O autor alemão F. W. Hildebrandt havia percebido as linhas gerais do funcionamento dos sonhos em *O sonho e sua utilização na vida*, publicado em 1875; o arquivista, etnógrafo e historiador da magia francês Alfred Maury havia realizado algumas experiências brilhantes com sua produção onírica, relatando-as em *Sono e sonhos*, em 1878; o prolixo e criativo professor de filosofia Karl Albert Scherner, cujo principal interesse era a estética, havia se deparado com o significado dos símbolos, e publicou suas descobertas numa monografia de 1861, *A vida dos sonhos*. Freud reconhecia polidamente que estes e outros haviam captado traços da verdade. Mas ninguém a apreendera totalmente. Era necessário recomeçar.

Daí o segundo capítulo, onde Freud apresentou o método de interpretação dos sonhos, completado com a análise de um sonho-modelo — o sonho da injeção de Irma. Mas antes de se sentir pronto para expor seu método, Freud, com um pouco de malícia, alertou para a afinidade entre suas descobertas e as superstições populares. Afinal, à exceção do ilegível Scherner, nenhum investigador moderno havia considerado os sonhos passíveis de uma interpretação séria; tais leituras ficavam reservadas à "opinião leiga", às massas incultas que obscuramente sentiam que os sonhos constituem mensagens legíveis.

Eles *são* mensagens, concordava Freud, mas não as esperadas pelo público leigo. Não revelarão seu sentido ao método corrente de atribuir a cada detalhe do sonho uma significação simbólica única e definida, ou à leitura do sonho como um criptograma a ser decifrado por meio de uma chave ingênua. Freud declarou categoricamente a inutilidade de "ambos os procedimentos interpretativos populares". Ao invés deles, ele recomendava o método catártico de Breuer, conforme fora refinado e modificado pela sua própria prática: o sonhador deve empregar a associação livre, renunciando à sua costumeira crítica racional aos meandros mentais, para reconhecer o sonho pelo que ele é — um sintoma. Tomando separadamente cada elemento do sonho (como no velho método de decodificação, assim explorado para finalidades científicas) e empregando-o como ponto de partida para a associação livre, o sonhador ou seu analista finalmente conseguirão desemaranhar seu significado. Freud declarava ter interpretado mais de mil sonhos seus e de seus analisandos com o uso de tal técnica. Disso extraíra uma lei geral: "*O sonho é uma realização de desejos*".

Essa formulação levanta imediatamente uma questão, que Freud liquidou no capítulo mais sucinto. A realização dos desejos é a lei universal dos sonhos, ou apenas a leitura adequada para o sonho da injeção de Irma? Oferecendo uma lista considerável de exemplos, Freud insistia que ela se mantinha verdadeira para todos os sonhos, quaisquer que fossem as indicações em contrário. Qualquer aparente exceção a essa proposição abrangente mostrava-se a Freud, sob exame, como mais uma prova adicional. Todas eram sutis variações de um tema simples.*

Um dos primeiros sonhos a dar a Freud uma sugestão dessa lei ocorreu quase cinco meses antes do sonho da injeção de Irma. Era um "sonho de indolência" — *Bequemlichkeitstraum* — divertido e bastante transparente, sonhado por um jovem e inteligente médico conhecido seu, na verdade sobrinho de Breuer. Chamado de "Pepi" em *A interpretação dos sonhos*, ele é apresentado como uma pessoa

* Apenas em 1920, numa comunicação a um congresso internacional de psicanalistas, Freud permitiu uma única exceção: a categoria dos sonhos traumáticos, sonhos que evocam acidentes recentes ou traumas infantis. E mesmo eles revelaram não ser uma exceção de fato: os sonhos traumáticos também cabem na teoria do sonho como realização de desejos, na medida em que encarnam o desejo de dominar o trauma, elaborando-o. [Ver "Supplements to the theory of dreams" (1920), *SE* XVIII, pp. 4-5.]

que gosta de dormir até tarde. Certa manhã, quando a senhoria tenta acordá-lo, chamando-o através da porta, Pepi reage sonhando que já está no hospital e, portanto, não precisa se levantar. Assim, vira de lado e continua a dormir. Mas, continua a objeção, muitos sonhos não parecem de forma alguma realizar desejos. Eles podem representar ou despertar angústia, ou desenvolver um enredo neutro, não emotivo. Por que tais sonhos indiferentes ou aflitivos haveriam de constar como exemplos de realização de desejos? E por que precisam disfarçar seu significado? "Quando, no trabalho científico, a solução de um problema apresenta dificuldades", respondeu Freud, "muitas vezes uma boa coisa é voltar a atenção para um segundo problema, assim como é mais fácil quebrar duas nozes juntas, uma contra a outra, do que isoladamente." A solução consiste na distorção, que fornece a principal pista para o trabalho desempenhado inconscientemente pelo sonhador ao sonhar.

Ao se preparar para explicar a distorção, Freud introduziu uma distinção fundamental entre o sonho manifesto e os pensamentos latentes do sonho. O primeiro corresponde ao que o indivíduo sonha e lembra de modo mais ou menos impreciso ao acordar; os outros, os pensamentos latentes do sonho, estão ocultos e normalmente só aparecerão, se tanto, densamente velados, exigindo decodificação. Os sonhos infantis, que constituem uma exceção, são portanto, paradoxalmente, ao mesmo tempo enfadonhos e informativos: "Os sonhos de crianças pequenas são, com frequência, puras realizações de desejos", e assim "não apresentam nenhum enigma a ser resolvido"; mas são "inestimáveis para demonstrar que os sonhos significam, em sua mais íntima natureza, a realização de um desejo". De modo totalmente desnudado, nesses sonhos um pedaço de doce proibido aparece comido, uma excursão prometida aparece como já tendo sido realizada. Não demandam praticamente nenhuma interpretação. Para ilustrar este ponto, Freud arrolou sonhos de seus filhos pequenos; um exemplo encantador é um sonho de Anna, a futura psicanalista. Aos dezenove meses, a menininha havia vomitado numa certa manhã, e durante o dia mantiveram-na em jejum. Naquela noite, seus pais ouviram-na gritar agitada durante o sono, dizendo o próprio nome, como na época era seu hábito, para indicar que estava pegando alguma coisa: "Anna F'eud, mo'ango, mo'ango silvest'e, om'lete, pudim". Esse "cardápio", comentou Freud, "compreendia quase tudo o que devia lhe parecer uma refeição apetitosa".

Com os adultos, por outro lado, a dissimulação se torna uma segunda natureza: a cortesia na vida cotidiana e, notavelmente, a censura na imprensa são os modelos imitados pelos sonhadores, quando encobrem seus desejos com máscaras de aparência inócua, praticamente impenetráveis. Em suma, o sonho manifesto consiste naquilo que a censura interna do sonhador permite que flutue à superfície da consciência: "Assim, podemos considerar como as fontes originárias que dão forma aos sonhos duas forças (correntes, sistemas) psíquicas, uma das quais forma o desejo expresso pelo sonho, ao passo que a outra exerce a censura sobre esse desejo onírico e, com essa censura, obriga a uma distorção de sua expressão". O reconhecimento de que um sonho consiste tanto num conteúdo manifesto quanto em pensamentos latentes permite que o intérprete alcance os conflitos encarnados e disfarçados nos sonhos.

Esses conflitos, de modo geral, travam-se entre as pulsões que querem gratificação e as defesas que querem negá-la. Mas o sonho também pode expor outro tipo de embate: os desejos podem entrar em choque mútuo. Em 1909, na segunda edição de *A interpretação dos sonhos*, provavelmente espicaçado por objeções à sua teoria, Freud acrescentou um exemplo expressivo de um tal conflito inconsciente; seus pacientes, "em resistência contra mim", regularmente produziam sonhos onde surgia um desejo visivelmente frustrado. Esses "sonhos antidesejos", como ele os chamou, mostravam o desejo de provar que Freud estava errado. Mas não o levavam a duvidar de que estava certo; mesmo o sonho de angústia, que aparece como uma espetacular refutação da teoria de Freud, não o é em absoluto. É um sonho que representa um desejo produzido no inconsciente, mas rejeitado pelo resto da mente: portanto, o sonho manifesto é carregado de angústia.* Assim, um menino pequeno reprime seu desejo sexual pela mãe como algo totalmente inaceitável, mas o desejo persiste no inconsciente e emergirá de uma ou outra forma, talvez num sonho de angústia. O que Freud aqui propunha, portanto, não era um recuo da formulação original, mas uma ampliação: "*Um sonho é a realização* (*disfarçada*) *de um desejo* (*suprimido, reprimido*)".

Tendo, para sua satisfação, tornado a primeira proposição geral mais complexa, Freud deixou de lado a realização dos desejos e voltou sobre seus passos, abordando a teoria dos sonhos a partir de "um novo ponto de partida" com suas "perambulações" através dos "problemas do sonho". Agora concentrou-se nos materiais e fontes característicos do sonho. Tendo preparado o caminho com a distinção entre os aspectos manifesto e latente dos sonhos, ele prosseguiu mostrando que, embora significativamente vinculados, esses aspectos diferem de modo acentuado. Um sonho alimenta-se invariavelmente de materiais recentes, mas, com a interpretação, ele leva a um passado mais distante; por mais bizarro ou delicado que seja o enredo lembrado, ele aponta para questões de importância fundamental para quem sonha. "Não existem", concluiu Freud incisivamente, num tom um pouco ameaçador, "instigadores oníricos indiferentes; portanto, tampouco existem sonhos inocentes."

* Freud refinaria essa questão delicada numa longa nota de rodapé que acrescentou em 1919 (ver *Interpretation of dreams*, *SE* V, pp. 580-1*n*). Seu argumento levanta a inconveniente questão de que, se ele pretende estar certo em todas as situações possíveis, sua teoria não pode ser refutada: um sonho que pode ser facilmente interpretado como a realização de um desejo confirma a teoria; um sonho de angústia que parece ser exatamente o oposto também se adequa a ela de alguma forma. A explicação reside na concepção, sustentada por Freud, da mente como um conjunto de organizações em conflito mútuo; o que um segmento da mente quer, outro é capaz de rejeitar, muitas vezes com grande angústia.

Uma paciente de Freud sonhou que havia posto uma vela num castiçal, mas, como estava quebrada, ela não ficava firme. Seus colegas de escola disseram que ela era desajeitada, mas seu professor falou que não era culpa dela. No universo freudiano, uma vela que não fica firme evoca a imagem de um pênis flácido. Isso, hoje em dia não parece nenhuma novidade, mas quando Freud publicou este e outros sonhos semelhantes, suas interpretações eróticas escandalizaram um público chocado e defensivo, como sendo amostras de uma monomania indecorosa. Impávido, Freud, ao interpretar este sonho, considerou seu simbolismo "transparente". Afinal, uma vela é um objeto que pode excitar os órgãos genitais da mulher; quando está quebrada de modo que não fica firme, significa a impotência do homem. Quando Freud indagou-se em voz alta se essa jovem analisanda decorosamente criada e cuidadosamente protegida teria algum vislumbre de tais usos para uma vela, ela o esclareceu, lembrou que certa vez, num barco a remo no Reno, ela e seu marido haviam passado ao lado de outro barco, onde alguns estudantes berravam animadamente uma canção sobre a "Rainha da Suécia que, com as venezianas fechadas, ... com velas Apolo". Como ela não conseguira ouvir ou entender a palavra faltante, que era "se masturba", seu marido havia lhe explicado. A associação livre levou das "venezianas fechadas" dos versos obscenos a um pequeno gesto desajeitado que certa vez tivera no internato, e agora era explorado em seu sonho, para emprestar um manto inofensivo a seus pensamentos sexuais. E "Apolo"? Era uma marca de velas, e ligava este sonho a um anterior, onde havia algo sobre a "virginal" Palas Atena. "Realmente", repetiu Freud laconicamente, "tudo isso não é nada inocente."

Os instigadores imediatos de um sonho, porém, de modo geral são bastante inofensivos. Todo sonho, sustentava Freud, mostra "um ponto de contato com os acontecimentos do *dia anterior*. Qualquer sonho que tomo em mãos, meu ou de outrem, a cada vez confirma essa experiência". Esses "restos diurnos", como ele os chamava, frequentemente proporcionam o acesso mais fácil à interpretação de um sonho. Tem-se o breve sonho de Freud sobre a monografia botânica, no qual ele viu à sua lente um livro ilustrado que escrevera, com um espécime vegetal seco preso a cada exemplar; o instigador deste sonho havia sido uma monografia sobre ciclamens que ele vira na vitrine de uma livraria, na manhã anterior. No entanto, em praticamente todos os casos, o sonho, em última análise, retira seus componentes essenciais dos dias de infância de quem sonha.

Pesquisadores anteriores, como Maury, já haviam observado que o material infantil pode forçar seu caminho até o sonho manifesto do adulto; os sonhos recorrentes, inicialmente tidos na infância e que voltam anos depois, para assediar as noites de sono, constituem outro tributo à ágil acrobacia da memória humana. Mas, para Freud, apenas o material infantil que pode ser desvendado pela interpretação, o material oculto nos pensamentos latentes do sonho, é que era realmente absorvente. De fato, considerava-o tão absorvente que lhe dedicou uma seção inteira e relatou uma série de seus próprios sonhos, junto com extensas revelações autobiográficas, extremamente íntimas. Estava disposto a demonstrar a partir de suas lembranças pessoais que "descobre-se que a criança com seus impulsos *continua a viver no sonho*". Foi nessas páginas que Freud confessou suas ambições em dolorosos detalhes, e contou a história do poeta ambulante num restaurante do Prater, prevendo-lhe um grande futuro político. Foi também aí que Freud revelou seu atormentado desejo, havia muito tempo acalentado e havia muito tempo frustrado, de visitar Roma.

Um dos sonhos autobiográficos mais indiscretos que Freud analisou em *A interpretação dos sonhos* é o citadíssimo sonho do conde Thun. Em sua análise, ele acrescentou um relato pormenorizado dos restos diurnos que haviam desencadeado o sonho a uma interpretação ainda mais pormenorizada. Os restos diurnos do sonho sobre o conde Thun mostram Freud em seu ânimo mais expansivo e até belicoso. Na Estação Ocidental em Viena, dirigindo-se para umas férias de verão em Aussee, ele vê o conde Thun, político austríaco reacionário e, em breve, primeiro-ministro, no auge de sua arrogância, e sente-se tomado por "todos os tipos de ideias insolentes e revolucionárias". Cantarola para si mesmo a famosa ária de Fígaro, do primeiro ato de *As bodas de Fígaro*, onde o plebeu desafia ousadamente o conde a dançar, e a seguir associa-a à emocionante comédia de Beaumarchais, que servira de base para o libreto de Da Ponte na ópera de Mozart. Freud havia visto a peça em Paris e, com grande precisão, lembrou o firme protesto de seu herói contra o grande fidalgo que se dera ao trabalho de nascer e, pelo visto, não tinha nenhum outro mérito.*

Este era o Freud político, o burguês liberal que se julgava tão bom quanto qualquer conde. Mas, ao desvelar a energia que impelia o sonho do conde Thun, traçando uma complexa rede de associações, Freud foi reconduzido a episódios infantis havia muito tempo esquecidos. Eram menos políticos do que os instigadores imediatos do sonho, mas tinham um caráter igualmente político e, na verdade, faziam parte da base que sustentava suas atitudes políticas de respeito próprio. O mais significativo entre esses episódios, já relatado, deu-se quando Freud, talvez aos sete ou oito anos de idade, urinou no quarto dos pais, e seu pai lhe disse que ele nunca chegaria a nada. "Deve ter sido um golpe terrível na minha ambição", comentou Freud, "pois as alusões a esta cena continuam a se repetir constantemente em meus sonhos e vêm regularmente associadas a enumerações de minhas realizações e êxitos, como se eu quisesse dizer: 'O senhor vê, afinal cheguei a alguma coisa'."

Nem todas as fontes significativas de um sonho precisam ser rastreadas até

* O trecho da ária, conforme a citação de Freud, é: "Se vuol ballare, signor contino,/ Se vuol ballare, signor contino,/ Il chitarino le suonerò". Freud não mencionou, embora pudesse tê-lo em mente, Heinrich Heine, um de seus satíricos preferidos. Heine havia utilizado esses mesmos versos como epígrafe a *As termas de Lucca*, sua devastadora investida contra o conde Platen, o poeta homossexual que ele considerava seu inimigo e acreditava comandar uma conspiração contra si.

a infância. O sonho de Freud sobre a monografia botânica levou-o a pensar em sua mulher a quem apenas muito raramente levava flores, em sua monografia sobre a coca, em uma conversa recente com um amigo, o dr. Königstein, em seu sonho da injeção de Irma, em suas ambições de cientista, e também no dia, havia muito tempo — ele tinha cinco anos, e sua irmã ainda não fizera três —, em que seu pai lhes dera um livro com figuras coloridas para recortar, uma lembrança feliz e isolada de seus primeiros anos de vida.

Das caçadas nas selvas luxuriantes da experiência infantil, Freud trouxe para casa alguns troféus fascinantes, nenhum tão espetacular, nem tão controverso, quanto o complexo de Édipo. Ele havia anunciado essa ideia fundamental a Fliess no outono de 1897.* Agora, em *A interpretação dos sonhos*, ele a refinava sem ainda utilizar o nome com a qual ela ingressou — e na verdade dominou — na história da psicanálise. Ele a introduziu, com muita propriedade, numa seção sobre sonhos típicos, dentre os quais os sonhos sobre a morte de entes queridos exigiram alguns sérios comentários. Rivalidades entre irmãos, tensões entre mães e filhas ou pais e filhos, desejos de morte relativos a membros da família, todos parecem malévolos e anormais. Ofendem os valores convencionais mais dignificados, mas, observou Freud secamente, não constituem segredo para ninguém. O complexo de Édipo, encarnado em mitos, tragédias e sonhos, tanto quanto na vida cotidiana, está contido em todos esses conflitos privados. É levado para o inconsciente, e justamente por isso é tanto mais importante. O complexo de Édipo, como Freud diria mais tarde, é o "complexo nuclear" das neuroses. Mas, como insistiu desde o início, "amar um lado e odiar o outro lado do par de genitores" não é monopólio dos neuróticos. É o destino, embora menos espetacular, de todos os seres humanos normais.

As primeiras formulações do complexo de Édipo eram relativamente simples, mas Freud viria a torná-las consideravelmente complexas ao longo dos anos. Embora a ideia do complexo logo fosse muito contestada, sua predileção por ela cresceu de maneira constante: considerava-a como uma explicação da origem das neuroses, como um ponto crucial na história do desenvolvimento da criança, como um marcador diferenciando o amadurecimento sexual masculino e feminino, e mesmo, em *Totem e tabu*, como o motivo profundo da fundação da civilização e da criação da consciência.

Mas na *Interpretação dos sonhos*, embora as implicações mais amplas não fossem de difícil dedução, a luta edipiana desempenha um papel mais modesto. Ao dar conta de sonhos homicidas relativos à morte de cônjuges ou pais, ela fornece provas para a teoria de que os sonhos representam a realização de desejos. Além disso, ela ajuda a explicar por que os sonhos são produções tão peculiares; as pessoas, todas as pessoas, nutrem desejos que não podem trazer à luz do dia sem que tenham sido censurados.

* Ver p. 115.

Todo sonho, portanto, é resultado de um trabalho, e de um trabalho árduo. Se a pressão dos desejos para alcançar a consciência fosse menor, ou se a necessidade de resistir a tal pressão fosse menos premente, o trabalho seria mais fácil. Servindo como o guardião do sono, o "trabalho do sonho" tem a função de converter impulsos e lembranças inaceitáveis numa história inofensiva capaz de neutralizar seu impacto e permitir que se expressem. A diversidade de trabalho do sonho aberto aos sonhadores é praticamente inesgotável, visto que eles têm à disposição uma infinidade de restos diurnos e histórias de vida únicas. Mas, apesar de parecer um caos transbordante e desordenado, esse trabalho segue regras estabelecidas. O censor que prepara os pensamentos latentes do sonho, para se apresentarem no sonho manifesto, dispõe de grande liberdade de movimentos e emprega uma engenhosidade impressionante, mas suas instruções são breves e é pequeno o número de expedientes à sua disposição.

Freud dedicou o capítulo mais longo de seu livro a essas instruções e expedientes. Ele via o intérprete de sonhos como em parte paleógrafo, em parte tradutor, em parte decodificador. "Os pensamentos e conteúdos do sonho estendem-se à nossa frente como duas versões do mesmo conteúdo em duas línguas diferentes; ou, melhor dito, os conteúdos do sonho nos aparecem como uma transcrição dos pensamentos do sonho em outra modalidade de expressão, com cujos caracteres e leis sintáticas devemos nos familiarizar cotejando o original com a tradução." Variando a metáfora, Freud comparou o sonho a um rébus, uma charada com figuras aparentemente absurdas que só conseguimos ler se deixamos de nos surpreender com sua falta de sentido e "substituímos cada figura por uma sílaba ou palavra".

Os principais instrumentos na caixa de ferramentas do trabalho do sonho são a condensação, o deslocamento e o que Freud chamou de "preocupação com a representabilidade".* Eles não são exclusivos dos sonhos, mas podem ser detectados na formação de sintomas neuróticos, lapsos linguísticos e chistes. Mas foi nos sonhos que Freud descobriu e descreveu seu funcionamento pela primeira vez. Ele havia descoberto ainda um quarto mecanismo, a "elaboração secundária", a arrumação da confusa história sonhada ao despertar, mas não tinha certeza se devia considerá-lo como um instrumento do trabalho do sonho.

Há ainda outra maneira pela qual os sonhos transmitem seu sentido interno — através dos símbolos. Freud atribuiu um papel apenas marginal aos símbolos; nas primeiras edições de *A interpretação dos sonhos*, mencionou-os somente de passagem, e mais tarde acrescentou uma seção bastante longa sobre eles, principalmente por instâncias de Wilhelm Stekel e outros de seus primeiros discípulos. A pura qualidade mecânica da interpretação dos símbolos nunca deixou de incomodá-lo. "Quero advertir enfaticamente contra a superestima-

* Em sua popularização, *Sobre os sonhos* (1901), Freud arrolou "a condensação, o deslocamento e a dramatização" como os instrumentos mais importantes à disposição do trabalho do sonho. (*GW*, II-III, p. 699/*SE*, V, p. 685.)

ção da importância dos símbolos na interpretação dos sonhos", escreveu em 1909, alertando ainda contra "restringir o trabalho da tradução dos sonhos à tradução dos símbolos e abandonar a técnica de tirar bom proveito das associações do sonhador". Um ano depois, disse categoricamente a seu amigo suíço, o pastor e psicanalista Oskar Pfister. "O senhor conta com meu pleno acordo se suspeita de cada nova exigência de um símbolo" — *Symbolzumutung* — "até que ele mesmo volte a se atirar sobre o senhor a partir da experiência." Afinal, "o melhor conjunto de implementos da ψA* é conhecer o dicionário do singular dialeto do inconsciente".

A enumeração dos expedientes empregados pelo trabalho do sonho, feita por Freud, vem assim permeada por certa ironia. A interpretação dos símbolos havia sido a base dos livros de sonhos durante séculos, e se tornaria um dos jogos de salão favoritos entre os diletantes que brincavam de psicanálise nos anos 1920. Dessa forma, a mesma técnica de leitura dos sonhos tida por Freud como a mais questionável estabeleceu-se, após a difusão da psicanálise, como a técnica que muitos julgavam a mais intrigante. Não é o único exemplo, como veremos, do tipo de popularidade que Freud deplorava e achava dispensável.

O primeiro dos implementos realmente significativos do trabalho do sonho, a condensação, é explicado pelo seu próprio nome. Os pensamentos oníricos que fluem na mente de quem sonha são infinitamente mais ricos do que o sonho manifesto, o qual, "em comparação, é parco, insignificante, lacônico". Algumas associações produzidas pelo sonhador podem ser novas, mas a maioria brota do próprio sonho. Cada elemento do conteúdo manifesto do sonho se mostra sobredeterminado; ele é representado várias vezes nos pensamentos latentes do sonho. Uma pessoa num sonho é uma figura compósita: Irma é um bom exemplo — representando várias pessoas às quais tomara de empréstimo traços e características. A invenção de palavras engraçadas ou neologismos, tão frequente nos sonhos, é outro exemplo de como a condensação concentra as ideias com uma espécie de economia fanática. Assim, o sonho de Freud sobre a monografia botânica é uma única cena, a mais rápida impressão visual, mas ele contém e resume os mais diversos materiais de várias etapas de vida de Freud. E ainda, "Autodidasker", uma palavra com que sonhou Freud, revelou-se uma condensação de "autor", "autodidata" e "Lasker", nome de um político liberal judeu-alemão, ao qual Freud associou o nome do socialista judeu-alemão Ferdinand Lassalle; esses nomes levaram-no através de alguns tortuosos desvios até o campo minado das preocupações eróticas, que é do que realmente trata este sonho. Lasker e Lassalle tinham, ambos, chegado a um triste fim por causa de uma mulher: o primeiro morrendo de sífilis, o segundo morto num duelo. Freud encontrou outro nome

* Em sua correspondência informal, Freud e seus colegas frequentemente usavam a abreviatura ψA para "psicanálise".

escondido em "Autodidasker", como anagrama de "Lasker": o de seu irmão Alexander, conhecido na família como Alex; um desejo de Freud contido no sonho era o de que seu irmão algum dia pudesse fazer um casamento feliz. A engenhosidade da condensação é simplesmente assombrosa.

Enquanto a condensação não precisa envolver a censura, o trabalho de deslocamento é o local por excelência desta. A censura atua inicialmente para reduzir a intensidade das paixões que ardem para se expressar, e a seguir para transformá-las. Assim, o deslocamento permite que essas paixões, por mais mutiladas que muitas vezes apareçam em seu disfarce público, escapem à resistência mobilizada pela censura. Por conseguinte, os desejos reais que animam um sonho podem simplesmente nunca aparecer nele. Evidentemente, é por isso que os sonhadores que tentam entender suas produções devem fazer associações tão livres quanto eles se permitirem, e por isso o analista deve empregar todos os seus dotes interpretativos naquilo que elas lhe dizem.

Visto que um sonho é o quebra-cabeça de um quadro com uma lógica maluca própria, o intérprete de sonhos precisa ir além da compreensão do deslocamento e da condensação. A preocupação com a representabilidade também desempenha seu papel. As categorias dadas como certas na vida desperta não cabem num sonho; ele desconhece a causalidade, a contradição, a identidade. Ele apresenta os pensamentos como figuras, as ideias abstratas através de imagens concretas: a ideia de que alguém é supérfluo pode ser transmitida por um fluxo de água transbordando de uma tina. Um elemento onírico temporalmente sucessivo a outro sugere a relação lógica entre causa e efeito; a frequência com que um elemento onírico aparece vividamente acentua sua importância. Visto que o sonho não tem nenhuma forma direta de expressar a negação, ele procede representando pessoas, acontecimentos e sentimentos através de seus opostos. Os sonhos são embusteiros e trocadilhistas; fazem chistes ou simulam atividades intelectuais.

O espaço que Freud dedicou aos estratagemas acessíveis ao trabalho do sonho era, pois, inteiramente justificado. Muitos sonhos contêm falas, e estas quase invariavelmente são citações, reproduzindo palavras que o sonhador ouviu em algum lugar. Mas o trabalho do sonho arregimenta essas falas muito reais não para esclarecer o significado do sonho, mas para prosseguir em seu esforço trapaceiro de passar pelo censor, contrabandeando materiais nada inocentes. E ainda, os sonhos são com frequência inundados por afetos, os quais, advertiu Freud, não devem ser interpretados literalmente, visto que o trabalho do sonho é capaz de enfraquecer ou exagerar a força deles, disfarçar seus verdadeiros alvos ou, como vimos, transformá-los em seus opostos. Um dos exemplos mais conhecidos de Freud, o sonho do *Non vixit*, ilustra a relação do sonho tanto com as palavras como com os sentimentos. Não admira que Freud o considerasse "adorável". Estava repleto de amigos, vários deles mortos. No sonho, um deles, Josef Paneth, não consegue entender o que Fliess está dizendo, e Freud explica que é porque Paneth não está vivo: "*Non vixit*". Como Freud reconhece no próprio sonho, é um erro em latim, que, naturalmente, significa "Ele não viveu", ao invés de "Ele não está vivo" — *Non vivit.* Naquele momento, Freud aniquila Paneth com um olhar; ele simplesmente se dissolve, como também Fleischl-Marxow. São apenas *espectros*, aparições que se pode desejar que desapareçam à vontade, e o sonhador considera essa ideia agradável.

A fonte para a fantasia onírica de Freud, em que ele reduziu Paneth a nada com um olhar penetrante, não é nenhum mistério: era a transformação em proveito próprio de um episódio humilhante no qual seu mentor, Brücke, havia desconcertado Freud, o assistente descuidado, reduzindo-o a nada. Mas "*Non vixit*"? Freud finalmente rastreou as palavras até uma frase não ouvida, mas vista: elas aparecem, lembrou ele, no pedestal do monumento ao imperador José II, no Palácio Imperial em Viena: *Saluti patriae vixit/non diu sed totus* — "Para o bem-estar de seu país, ele viveu não muito, mas integralmente". O sonho de Freud tomou de empréstimo tais palavras para aplicá-las a outro José, Josef Paneth, que o sucedera no laboratório de Brücke e morrera jovem em 1890; evidentemente, Freud estava pesaroso pela morte prematura do amigo, mas também sentia-se triunfante por ter sobrevivido a ele. Estes eram alguns dos afetos que o sonho de Freud apresentava e distorcia; outros, acrescentou ele, eram a angústia por seu amigo Fliess, que estava prestes a se submeter a uma operação, sentimentos de culpa por não correr imediatamente a Berlim, para estar com ele, uma irritação com Fliess por ter-lhe dito para não comentar a operação com ninguém, como se ele, Freud, fosse indiscreto por natureza e precisasse de tais advertências. Os espectros do sonho reconduziram Freud à infância: representavam amigos e inimigos de muito tempo atrás. O prazer em sobreviver aos outros, o desejo de imortalidade, estava sob os mesquinhos sentimentos de superioridade e os sentimentos igualmente mesquinhos de contrariedade que proliferavam no sonho do *Non vixit.* Todo o enredo recordou-lhe uma velha história: um cônjuge, ingênuo e egoísta, observa para o outro: "Se um de nós morrer, eu me mudo para Paris". Por ora, deve estar claro por que Freud achava que nenhum sonho jamais pode ser interpretado exaustivamente; suas redes de associações são demasiado ricas, seus expedientes demasiado hábeis para permitir que os enigmas por ele colocados sejam totalmente elucidados. Mas Freud nunca hesitou em afirmar que, na base de todos os sonhos, existe um desejo infantil e, ao mesmo tempo, aquilo que a sociedade respeitável provavelmente chamaria de indecente.

UMA PSICOLOGIA PARA PSICÓLOGOS

Na evolução do pensamento psicanalítico de Freud, *A interpretação dos sonhos* ocupa o centro estratégico, e ele sabia disso. É extremamente significativo que tivesse escolhido o sonho como o exemplo mais instrutivo do trabalho mental: sonhar é uma experiência normal e universal. Como Freud, na época em que trabalhava no livro dos sonhos, também estava planejando fazer outros estudos sobre os processos psicológicos comuns e normais, ele poderia perfeitamente ter escolhido outro ponto de partida. No final dos anos 1890, Freud começara a reunir as notáveis anedotas sobre todos os tipos de deslizes e lapsos que publicaria em 1901, sob o sugestivo título de *A psicopatologia da vida cotidiana*. E ainda, em junho de 1897, ele disse a Fliess que estava iniciando uma coletânea de "profundas histórias judaicas", que também seria convertida em livro, no qual ele discutiria a relação dos chistes com o inconsciente. Tanto os lapsos mais comuns como os chistes mais banais levaram-no às regiões mais remotas da mente. Mas o sonho, para Freud, era o guia privilegiado. Ao mesmo tempo corriqueiro e misterioso, estranho mas aberto a uma explicação racional, ele se ramifica para praticamente todas as esferas do funcionamento mental. Assim, no capítulo sétimo, de caráter teórico da *Interpretação dos sonhos*, Freud demonstrou detalhadamente o insuperado âmbito de sua pertinência.

A seleção dos materiais nos quais Freud baseou seu livro sobre os sonhos também é reveladora. Como ele observou no prefácio da primeira edição, os sonhos dos neuróticos apresentam características específicas que podem afetar seu caráter representativo e, com isso, comprometer a aplicação geral de sua teoria. Foi por isso que recorreu aos sonhos de amigos e filhos, sonhos relatados na literatura pertinente, sem falar dos seus próprios sonhos. Ao final, considerou irresistíveis algumas contribuições de seus pacientes, mas soterrou-as sob exemplos extraídos de pessoas que gostava de chamar de normais. Estava decidido a não permitir que a via para o conhecimento psicanalítico se iniciasse no âmbito restrito e especializado de analisandos histéricos ou obsessivos.

Ao mesmo tempo, embora pudessem ser pouco representativos, os materiais proporcionados pelos seus analisandos não distorceram seriamente suas investigações. Que Freud tomasse de empréstimo aos neuróticos com tanta liberdade era, evidentemente, uma consequência óbvia de sua ocupação diária: eles estavam disponíveis e eram interessantes. Mas, ao elaborar a teoria das neuroses, Freud descobriu que o neurótico lança tanta luz sobre o normal em larga medida porque os dois, na verdade, não são tão diferentes entre si. Os neuróticos — e, à sua extravagante maneira, os psicóticos — apresentam, de maneira histriônica, mas por isso mesmo tanto mais instrutiva, as mesmas características dos mortais menos perturbados. "Uma compreensão geral satisfatória dos distúrbios neuropsicóticos", anunciou Freud a Fliess na primavera de 1895, "é impossível a menos que se possam estabelecer ligações com pressupostos claros a respeito dos processos mentais normais." Exatamente na mesma época em que pensava no "Projeto para uma psicologia científica", Freud também era atormentado pelo enigma das neuroses. Dentro de si, essas duas investigações nunca foram — e nem poderiam ser com algum proveito — mantidas em separado. Não é por acaso que dava vida a seus apontamentos teóricos abstratos recorrendo a exemplos retirados de seus casos clínicos. Eles constituíam matéria para uma psicologia geral.

* * *

Nem sempre Freud gostava de seus analisandos, por mais informativos que pudessem ser. Às vezes, as longas e esgotantes horas que passava com eles faziam com que se sentisse estagnado, com seu trabalho terapêutico aparentemente mantendo-o distante dos enigmas do universo. Mas sua prática o contradiz: sua experiência clínica e suas pesquisas teóricas em geral fecundavam-se mutuamente. Freud gostava de descrever sua carreira médica como um longo desvio, que se iniciara com uma paixão de adolescente pelos profundos quebra-cabeças filosóficos e terminara com a volta de um velho a especulações fundamentais, após um longo e relutante exílio entre os médicos. Na realidade, as questões "filosóficas" nunca se afastaram de sua consciência, mesmo depois, conforme suas drásticas palavras, de ter se "tornado um terapeuta contra minha vontade". Aos quarenta anos, olhando para os anos de juventude, ele disse a Fliess em 1896 que "eu não conhecia outro anseio a não ser o da percepção filosófica, e agora estou em vias de realizá-lo, à medida que me encaminho da medicina para a psicologia". Podia sentir uma empatia com o amigo em Berlim, que parecia estar seguindo a mesma direção. "Vejo", escreveu numa carta de reflexões de Ano-Novo, em 1º de janeiro de 1896, "que você, através do desvio da medicina, está alcançando seu primeiro ideal, o de entender os seres humanos como fisiólogo, assim como eu alimento em profundo segredo a esperança de atingir meu objetivo original, a filosofia." Por maior que fosse seu desdém pela maioria dos filósofos e seus vazios jogos de palavras, ele iria perseguir objetivos filosóficos durante toda a vida. Essa incoerência é mais aparente do que real. Freud dava à "filosofia" um sentido especial. Ao verdadeiro estilo do Iluminismo, ele investia contra o filosofar dos metafísicos, vendo aí abstrações inúteis. Era igualmente avesso aos filósofos para quem o âmbito da mente limitava-se à consciência. A filosofia *dele* era o empirismo científico, encarnado numa teoria científica da mente.

O estudo dos sonhos encaminhou Freud diretamente a tais elevadas aspirações. Visto que o sonho é, na base, um desejo em ação, Freud julgou necessário empreender grandes incursões sistemáticas aos próprios fundamentos da psicologia. Apenas eles poderiam tornar inteligível o significado da atividade onírica. Por isso, os "princípios" de Freud para a psicanálise, inclusive o brevíssimo e irredutível catálogo que diferencia sua psicologia da de outros, não aparecem apenas no rigoroso capítulo analítico final do livro dos sonhos. O princípio do determinismo psicológico, a concepção de que a mente consiste em forças conflitantes, o conceito do inconsciente dinâmico e do poder oculto da paixão em toda atividade mental permeiam a própria tessitura do livro.

Um ponto fundamental na teoria de Freud é que não existe nada acidental no universo mental. Freud nunca negou que os seres humanos estão expostos ao acaso; pelo contrário, ele insistia nisso: "Gostamos de esquecer que, a rigor, tudo em nossa vida é acaso, desde nossa gênese a partir do encontro entre o espermatozoide e o óvulo". Tampouco negava que as escolhas humanas são reais; um dos objetivos da terapia psicanalítica era exatamente "dar ao ego do paciente a *liberdade* de decidir entre uma e outra via". Mas o "acaso" de Freud, assim como sua "liberdade", não são manifestações arbitrárias ou aleatórias da espontaneidade. Em sua concepção da mente, cada acontecimento, por mais acidental que pareça, é, por assim dizer, um nó de linhas causais entrelaçadas cujas origens são demasiado remotas, cujo número é demasiado grande, cuja interação é demasiado complexa para que possam ser prontamente classificadas. Sim, é verdade: proteger a liberdade das garras da causalidade é um dos desejos ilusórios mais acalentados, e portanto mais pertinazes, da humanidade. Mas Freud advertiu inflexivelmente que a psicanálise não iria oferecer nenhum consolo a tais fantasias ilusórias. A teoria da mente de Freud, portanto, é franca e estritamente determinista.

Ela é também enfaticamente psicológica e portanto, para a época, revolucionária. Freud desenvolveu seu programa dentro do quadro da psicologia contemporânea, mas rompeu este quadro em sucessivos pontos decisivos. Seus colegas mais eminentes no campo da psiquiatria eram, no fundo, neurologistas. Em 1895, ano dos *Estudos sobre a histeria* de Freud e Breuer, Krafft-Ebing publicou uma monografia, *Nervosismo e estados neurastênicos*, que ilustra à perfeição o ponto de vista predominante. O livreto é uma corajosa tentativa de trazer alguma clareza à confusão então reinante no uso dos termos diagnósticos. Krafft-Ebing definia o "nervosismo" como "*em grande parte uma disposição patológica inata, mais raramente uma alteração patológica adquirida no sistema nervoso central*". A hereditariedade é a principal fonte de problemas: "A imensa maioria dos indivíduos afligidos por uma disposição nervosa são nervosos desde seus primeiros anos de idade, devido a influências congênitas". Krafft-Ebing saudava com um respeito grave, quase temeroso, "a poderosa lei biológica da hereditariedade, que intervém de maneira decisiva em tudo o que é de natureza orgânica"; sua influência na vida mental, julgava ele, é inconteste e predominante. O nervosismo adquirido, por sua vez, surge quando a "*relação correta entre o acúmulo e o dispêndio de força nervosa*" sofre uma perturbação. Poucas horas de sono, alimentação pobre, excessos alcoólicos, o caráter "anti-higiênico" da civilização moderna, com sua pressa, suas demandas excessivas à mente, sua política democrática, sua emancipação das mulheres, tudo isso deixa as pessoas nervosas. Mas o nervosismo adquirido é, exatamente como a variedade congênita, uma questão de "alterações físicas, mesmo que extremamente leves no sistema nervoso".

A "neurastenia", essa doença mais grave, é para Krafft-Ebing o nervosismo em maiúscula, um distúrbio "funcional" em que a vida mental "*não consegue mais estabelecer o equilíbrio entre produção e consumo de força nervosa*". A metáfora mecânica não é casual; Krafft-Ebing considerava a neurastenia essencialmente como uma disfunção do sistema nervoso. Assim como no caso do nervosismo, o médico deve buscar a principal etiologia da neurastenia na hereditariedade. A característica adquirida pode ser reconduzida a causas fisiológicas, a um conjunto infeliz de traumas ou a um ambiente destrutivo: uma enfermidade infantil devida a uma "constituição neuropática", à masturbação ou, uma vez mais, às tensões excessivas impostas ao sistema pela vida moderna. Mesmo quando o instigador da neurastenia revela-se um episódio psicológico, como a preocupação ou o esgotamento mental, o elemento perturbador último é de natureza neurológica. Krafft-Ebing estava disposto a levar em consideração fatores "sociológicos", mas sua "causa de predisposição" também remonta a "uma constituição nervosa". Os tratamentos recomendados por Krafft-Ebing privilegiavam, naturalmente, dietas, medicação, fisioterapia, eletroterapia, massagens. Como o grande especialista no campo das aberrações sexuais, não ignorou o que chamava de *Neurasthenia sexualis*, mas lançava-lhe apenas um olhar de relance, como pequena parte do quadro clínico, sem considerá-la como causa.

Em suma, Krafft-Ebing abordou em larga medida o sofrimento psicológico como uma questão fisiológica. Em 1895, não se movera da posição que havia apresentado dezesseis anos antes, em seu manual de psiquiatria: "A insanidade é uma doença cerebral". Ele estava falando em nome de sua profissão. Ao longo do século XIX, a ciência da psicologia havia feito progressos impressionantes com avanços assombrosos. Mas sua posição era paradoxal: havia se emancipado da filosofia, como outrora da teologia, apenas para aceitar o abraço imperioso de um novo mestre — a fisiologia. Evidentemente, a ideia de que mente e corpo estão unidos pelos mais íntimos laços tinha atrás de si uma antiga e respeitável tradição. "O corpo e a mente do homem", declarara Laurence Sterne em meados do século XVIII, "digo-o com o máximo de respeito por ambos, são exatamente como um gibão e o forro do gibão; — amarrote um — e estará amarrotando o outro." Os estudiosos novecentistas da mente endossaram essa proposição e foram além: especificaram confiantes qual é o gibão, qual é o forro. A mente, afirmavam eles, depende do corpo, do sistema nervoso, do cérebro.

Em 1876, o importante neurologista americano William Hammond, especialista (entre outras coisas) em impotência masculina e feminina, expressou o consenso esmagador dos especialistas. "A moderna ciência da psicologia" — escreveu ele —, "não é nada mais, nada menos que *a ciência da mente considerada como uma função física.*" O grifo enfático é de Hammond. Na Inglaterra, o influente e prolífico psiquiatra Henry Maudsley não foi menos enfático. Em 1874, ao falar de insanidade, ele escreveu: "Não é nossa tarefa, não está em nosso poder explicar *psicologicamente* a origem e a natureza de qualquer [dos] instintos depravados" que manifestam os insanos. "A explicação, quando vier, não virá do lado mental, mas do lado físico." Os psicólogos e psiquiatras do continente não tinham nenhuma divergência com seus colegas ingleses e americanos a respeito dessa questão; no começo do século XIX, o ilustre psiquiatra francês Jean Étienne Esquirol havia definido a "loucura, a alienação mental" como "uma afecção cerebral *comumente* crônica", e essa definição manteve sua supremacia até o final do século, e mesmo adiante, por toda a Europa e os Estados Unidos. Em 1910, Freud disse ao "Homem dos Lobos", um de seus pacientes mais famosos: "Temos os meios de curá-lo do que o senhor sofre. Até agora, o senhor esteve procurando as causas de sua doença no urinol". Anos depois, num retrospecto, o Homem dos Lobos anuía, talvez com ênfase ligeiramente excessiva: "Naqueles dias, as pessoas tentavam chegar aos estados psíquicos através do físico. O psicológico era completamente ignorado".* Existiram alguns dissidentes, como os médicos quacres ingleses que, por volta de 1800, desenvolveram o que chamavam de "tratamento moral" para seus pacientes insanos. Tentavam restaurar os distúrbios dos infelizes loucos e loucas a seu encargo através de persuasão moral, da disciplina mental e da bondade, ao invés de drogas ou maltratos físicos — e registraram alguns êxitos. Mas praticamente todos os outros neurologistas, psiquiatras e encarregados de manicômios operavam a partir do pressuposto de que o impacto do corpo sobre a mente é muito mais significativo do que o da mente sobre o corpo.

Brilhantes pesquisas do século XIX sobre a anatomia cerebral, que muito contribuíram para o mapeamento dos complexos mecanismos da visão, audição, fala e memória, serviram apenas para reforçar essa visão neurológica dos processos psicológicos. Mesmo os frenólogos, por mais curiosas e essencialmente absurdas que fossem suas ideias, colaboraram para fortalecer o predomínio dessa concepção entre a opinião culta. Embora os especialistas em anatomia cerebral, na segunda metade do século XIX, tivessem liquidado com a doutrina frenológica de que cada paixão e cada aptidão mental tem uma localização altamente específica, não rejeitaram inteiramente a ideia fundamental dos frenólogos de que as funções mentais se originam em regiões determinadas do cérebro. O grande Hermann Helmholtz e colegas cientistas, como seu amigo Emil Du Bois-Reymond, fortaleceram ainda mais a autoridade da concepção materialista da mente, através de seu delicado trabalho experimental sobre a velocidade e os percursos dos impulsos nervosos. A mente se mostrava cada vez mais como uma pequena máquina alimentada por forças elétricas e químicas, capazes de ser descobertas, esquematizadas e medidas. Com a sucessão de descobertas, a existência de um substrato fisiológico para todas as ocorrências mentais parecia absolutamente segura. A neurologia reinava suprema.

* Em 6 de março de 1917, o eminente psiquiatra americano William Alanson White, um dos primeiros a ter uma opinião positiva a respeito de Freud, escreveu a W. A. Robinson: "Se você está familiarizado com a história do tratamento do chamado insano neste país, certamente está a par do notável fato de que é apenas nesses últimos anos que as doenças mentais têm sido tratadas como doenças mentais. Na maioria das vezes, têm sido tratadas como indicações de distúrbios físicos. Vimos abordando o tema de um ponto de vista mental há muito tempo, e recentemente tratamo-lo a partir de uma postura psicoterapêutica. Temos seguido o trabalho do professor Freud e estamos empregando seus métodos psicanalíticos, sem, porém, dogmatizar sobre eles nem nos associarmos a nenhuma seita específica". [Carta em Gerald N. Grob (ed.), *The inner world of American psychiatry, 1890-1940: selected correspondence* (1985), p. 107.]

Como discípulo e admirador de Brücke, que trouxera a mensagem de Helmholtz e Du Bois-Reymond a Viena, Freud estivera largamente exposto a tal concepção, e nunca a abandonou de todo. Muita coisa de sua prática depunha a favor dela; seus pacientes haviam-lhe ensinado que, embora muitos sintomas físicos sejam conversões histéricas, alguns revelam realmente uma natureza orgânica.* Uma razão importante da grande atração de Freud pela tese de que as neuroses se originam de um mau funcionamento sexual era a de que, "afinal, a sexualidade não é uma questão puramente mental. Ela também tem um lado somático". Por isso Freud, como disse a Fliess em 1898, não estava "minimamente disposto a deixar o psicológico solto no ar, sem a base orgânica". A subversão por Freud da ortodoxia reinante foi resultado de uma lenta transformação de suas ideias, de forma alguma planejada claramente. Quando ele finalmente realizou sua revolução, ela não consistiu em descartar a teoria neurológica, mas em inverter a hierarquia aceita na interação corpo-mente. Ele atribuiu a primazia, mas não o monopólio, à dimensão psicológica na elaboração mental.

Até o momento em que Freud desafiou o consenso materialista prevalecente, havia relativamente pouca discussão sobre a natureza basicamente física da máquina mental. Afinal, ainda em 1895, o próprio Freud apresentara seu projeto inacabado como uma "psicologia para neurologistas". Mas, ao perguntar o que exatamente provoca avarias nessa máquina, Freud ingressou num longo e inconclusivo debate. Embora concordassem, de modo geral, que as doenças mentais são, em sua quase totalidade, manifestações de uma lesão no cérebro, os psiquiatras se dividiam quanto às etiologias possíveis de tal lesão. Nos anos 1830, Esquirol ainda havia proposto um catálogo eclético, um tanto indiscriminado, de causas. "As causas da alienação mental são tão numerosas quanto variadas", escreveu ele. "Não só o clima, as estações, a idade, o sexo, o temperamento, a profissão e o modo de vida influenciam a frequência, caráter, duração, crises e tratamento da insanidade, como também essa doença é ainda modificada pelas leis, civilização, costumes e condição política das nações." Na metade do século XX, porém, o candidato favorito, a hereditariedade, havia eclipsado os outros, embora sem eliminá-los. Ela conservou o primeiro lugar por décadas. Os casos clínicos ofereciam provas maciças — e, aos olhos de muitos, conclusivas — de que o paciente mental está fadado a ser atormentado por uma história familiar anormal. A monografia de Krafft-Ebing sobre a neurastenia, nesse sentido, é totalmente típica. Também Freud, em seus primeiros casos clínicos, reservou lugar para detalhes referentes à família "neuropática" do paciente; registrava cuidadosamente a estada da mãe de uma paciente num manicômio, ou a grave hipocondria de um irmão. A seguir, a psicologia tomou a dianteira. Em 1905, nos

* A desastrosa teoria da sedução de meados dos anos 1890 especificava explicitamente um trauma físico como causa de todas as neuroses. E mesmo depois que se sentiu obrigado a abandonar essa teoria, Freud nunca renunciou à ideia de que com frequência os acontecimentos mentais têm alguma base somática.

Três ensaios sobre a teoria da sexualidade, ele havia alcançado o ponto onde podia criticar os colegas psiquiatras por atribuírem demasiada importância à hereditariedade.

As impressões de Freud sobre outras supostas causas dos distúrbios mentais eram igualmente variadas. Como atesta o estudo de Krafft-Ebing sobre a neurastenia, outras etiologias concorrentes apareciam em segundo plano, em relação à hereditariedade contaminada, mas tinham seus defensores na literatura pertinente. Poucos psiquiatras eliminaram totalmente os choques súbitos ou as doenças prolongadas — por alguns anos, Freud certamente não abdicou delas —, e muitos tinham um interesse particular pelo que consideravam os efeitos colaterais perniciosos da cultura moderna. Quanto a este diagnóstico, de fato, Freud votava com a maioria, embora por razões próprias. Como muitos outros observadores contemporâneos, ele estava convencido de que a civilização urbana, burguesa e industrial da época contribuía de maneira acentuada para o nervosismo que, julgava ele, encontrava-se em visível ascensão. Mas enquanto os outros consideravam a civilização moderna responsável pelo nervosismo, em função da pressa, da azáfama, das comunicações rápidas e da sobrecarga do mecanismo mental decorrentes, Freud responsabilizava-a antes por restringir excessivamente o comportamento sexual.

Esse desvio em relação à posição majoritária está no cerne das próprias concepções de Freud quanto às origens da doença mental. Ele não tinha dúvidas de que todos os fenômenos apresentados por seus colegas psiquiatras davam sua parcela de contribuição para a formação das neuroses obsessivas, histerias, paranoia e os outros componentes desse melancólico leque. Mas veio a se convencer de que sua profissão havia fracassado redondamente em investigar sua natureza oculta. Praticamente todos os médicos haviam evitado sobretudo o papel crucial da sexualidade e dos conflitos inconscientes gerados por essa pulsão. Era por isso que haviam preferido exagerar a importância da pré-história distante de seus pacientes — sua hereditariedade —, passando constantemente por cima daquela outra pré-história muito mais importante — a infância —, onde surgem tais conflitos sexuais. *A interpretação dos sonhos* é a primeira exposição abrangente, ainda que muito incompleta, dessas concepções de Freud, de sua psicologia para psicólogos.

"Pouco vimos o pai durante as férias de verão de 1899", lembrou Martin Freud muitos anos depois. Isso era raro, visto que Freud dava valor a esse período nas montanhas com os filhos. Naquele verão, porém, apressando-se para terminar o livro e começando a ler as provas, "ele estava absorvido num trabalho que não poderia negligenciar". Mas discutia livremente o livro com a família, num procedimento excepcional de sua parte: "Todos nós tínhamos sido informados sobre o livro, e ele até nos estimulou a lhe contar nossos sonhos: coisa que fizemos com entusiasmo". Como vimos, alguns dos sonhos contados pelos filhos de Freud se mostraram publicáveis. "Ele chegou a nos explicar em linguagem simples", prosseguiu Martin Freud, "o que se poderia entender sobre os sonhos, sua origem e significado." O livro planejado como uma contribuição seminal para a psicologia geral não poderia se manter como uma busca esotérica.

Sem dúvida, havia certo sigilo necessariamente embutido no próprio empreendimento de Freud. Embora documentasse livremente o poder instigador dos desejos e conflitos sexuais em terceiros, ele se recusou a empregar a mesma liberdade desinibida para explorar as origens libidinais de seus próprios sonhos. Mas pagou um preço pela ambivalência quanto ao uso de seus sonhos e de seu passado como matéria-prima. Mais tarde, alguns dos leitores mais atentos de Freud, principalmente colegas analistas, sentiram-se impressionados por sua parcial reticência o suficiente para comentá-la. Karl Abraham perguntou francamente a Freud se ele deixara de propósito de concluir sua interpretação do sonho de Irma; afinal, as alusões sexuais, à medida que se aproximava o final da narrativa de Freud, pareciam cada vez mais evidentes. Com o jeito confiante dos primeiros analistas, Freud replicou rápida e abertamente: "Há megalomania sexual oculta nele. As três mulheres — Mathilde, Sophie, Anna — são as três madrinhas de minhas filhas, e tenho-as todas!". Carl G. Jung também se mostrou sensível. Convidado a apresentar comentários para a terceira edição a sair de *A interpretação dos sonhos*, ele fez objeções à superficialidade das interpretações de Freud sobre os seus próprios sonhos e os de seus filhos. Acrescentou Jung que ele e seus alunos "sentiram muito a falta" do "significado essencial (pessoal)", a "dinâmica libidinal" de sonhos como o de Irma, e "o doloroso-pessoal em seus próprios sonhos", e sugeriu que Freud utilizasse um dos sonhos de seus pacientes "onde os verdadeiros motivos últimos sejam impiedosamente desvendados". Freud concordou e prometeu revisões no texto, mas não revelações definitivas: "O leitor não merece ter-me à sua frente ainda mais despido". De fato, nenhuma das intrigantes sugestões de seu passado erótico, que os colegas queriam que ele aprofundasse, jamais teve ingresso nas edições posteriores. Uma das tensões que atravessam *A interpretação dos sonhos* é exatamente o conflito, em larga medida subterrâneo, entre a autorrevelação e a autoproteção. Mas Freud não julgava que a exposição de sua teoria saísse minimamente prejudicada por sua relutância em se desnudar mais do que já fizera.

Dado o papel central do determinismo no pensamento de Freud, é plenamente congruente que, enquanto estudava sonhos, também viesse reunindo materiais sobre o que chamou de psicopatologia da vida cotidiana. Os resultados não o surpreenderam: a "patologia normal" e corriqueira ofereceu-lhe uma quantidade literalmente incontável de exemplos de "acidentes" que a análise demonstrou não serem absolutamente acidentais. Errar um nome familiar, esquecer um poema favorito, perder um objeto, deixar de enviar à esposa o costumeiro buquê de flores pelo seu aniversário — são mensagens que praticamente imploram para serem decodificadas. São pistas para desejos ou angústias que o indivíduo não tem a liberdade de reconhecer sequer para si mesmo. Essas descobertas confirmaram o inequívoco respeito de Freud pelas operações da causalidade. O ganho diagnóstico implícito em sua conclusão é simplesmente óbvio. Ao convidar a uma leitura científica de acontecimentos aparentemente inexplicáveis e sem causa, Freud mostra, utilizando como testemunhas as experiências mais corriqueiras, a ordem oculta que governa a mente humana.

Freud parece ter se interessado pela pertinência teórica dos lapsos no final de 1897, quando não conseguia encontrar um endereço que precisava numa visita a Berlim. Dar ouvidos à própria experiência não constituía novidade para Freud, mas, nesses anos de autoanálise, ele se mostrava excepcionalmente sensível à mais leve sugestão sobre os caminhos astuciosos e indiretos da mente. A partir do verão de 1898, ele passou a espalhar em seus boletins a Fliess exemplos curiosos de sua psicopatologia mundana. "Finalmente entendi uma ninharia há muito tempo conjecturada", informou ele em agosto. Havia "esquecido" o sobrenome de um poeta, autor de um poema que lhe era muito conhecido, e poderia provar que havia reprimido esse nome por razões pessoais que remontavam à infância. Logo se seguiram outros exemplos, principalmente sua dificuldade em lembrar o nome de Signorelli, o "grande pintor" que pintara o *Juízo Final* em Orvieto, e sua substituição por nomes como Botticelli e Boltraffio. Com a análise, Freud descobriu uma complexa trama de associações e repressões, onde se incluía uma conversa recente sobre morte e sexualidade. "Agora, a quem eu tornaria isso crível?" Incrível ou não, Freud considerou esse exemplo de esquecimento proposital suficientemente interessante para ser publicado; ele apareceu no final de 1898, junto com um intricado diagrama, numa revista profissional dedicada à neurologia e à psiquiatria.

Freud deu origem a um exemplo ainda mais estranho da psicopatologia da vida cotidiana no verão de 1899, enquanto corrigia o manuscrito de *A interpretação dos sonhos*. Por mais que tentasse melhorar o livro, escreveu ele a Fliess, ainda ficaria com "2467 erros". O número, evidentemente, parece totalmente arbitrário. Freud queria apenas dizer que seu livro dos sonhos seria desfigurado por um enorme número de erros. Mas, para Freud, na atividade mental não existem ações de puro capricho, e assim ele analisou a cifra num pós-escrito. De fato, Freud deu tanto valor a essa amostra de trabalho detetivesco que pediu a Fliess, um ano depois, que lhe devolvesse a nota onde o descrevera. Ela apareceu devidamente interpretada em detalhe na *Psicopatologia da vida cotidiana*: Freud havia lido no jornal uma notícia sobre a aposentadoria de um general que ele conhecera durante o serviço militar. A matéria levou Freud a calcular quando ele também poderia se aposentar, e combinando vários números que lhe ocorreram, decidiu que ainda tinha 24 anos de trabalho pela frente. Freud alcançara a maioridade no seu 24º aniversário; sua idade, naquele momento, era de 43 anos. Somados, eram 67; 24 e 67 juntos explicavam o 2467 que casualmente lançara na carta a Fliess. Em suma, o número aparentemente privado de causas encarnava um desejo por mais duas décadas, aproximadamente, de vida ativa.

Freud concluiu o manuscrito de *A psicopatologia da vida cotidiana* em janeiro de 1901. Em maio, estava lendo as primeiras provas do livro, que lhe desagradaram francamente, e expressou o voto de que desagradasse ainda mais aos outros. Aí estava em jogo mais do que o ânimo deprimido que costumava atormentar Freud, quando aproximava-se a publicação de algum de seus textos; o livro estava profundamente vinculado ao seu relacionamento declinante com Fliess. A "*Vida cotidiana*", disse a Fliess, "está repleta de referências a você; algumas expressas, às quais você forneceu material, outras ocultas, cujo motivo remonta a você. A epígrafe também é um presente seu". No todo, Freud via o livro como testemunho "do papel que você desempenhou para mim até agora".

Esse papel fora até maior do que Freud se dispusera a admitir e, numa notável mostra de franqueza, agora explorava publicamente sua injustiça para com Fliess como mais uma demonstração da psicopatologia da vida cotidiana. Num de seus encontros, Freud havia informado a Fliess, evidentemente com ar de descoberta, que só se poderiam entender as neuroses tendo como base o pressuposto de que o animal homem é dotado de uma constituição bissexual. Fliess chamou a atenção de Freud para o fato de que ele, Fliess, havia avançado essa ideia anos antes, e que então Freud não se interessara por ela. Refletindo sobre a alegação de Fliess na semana seguinte, Freud finalmente recordou o episódio, e reconheceu que Fliess tinha direito em reivindicar prioridade. Mas, acrescentou, realmente havia esquecido até aquele momento o comunicado de Fliess. Reprimindo a conversa anterior, Freud havia se apropriado de um certo crédito injustificado. Pesarosamente explicou sua amnésia voluntária: é difícil renunciar à pretensão pessoal de originalidade.* Em *A psicopatologia da vida cotidiana*, Freud incluiu esse incidente num capítulo sobre o esquecimento de impressões e intenções. Essa localização ocultava ao leitor o ferrão emocional. Mas, para os dois amigos que logo deixariam de o ser, o episódio foi extremamente desagradável e mesmo doloroso.

O mundo, evidentemente, não tinha como saber disso, e o desejo quase perverso de Freud de que ninguém gostasse de sua *Vida cotidiana* não se concretizou. O livro não estava destinado a se manter propriedade privada de poucos especialistas. Ele está quase totalmente isento de linguagem técnica; Freud literalmente abarrotou-o de anedotas, compilando, a partir de sua experiência própria e da de terceiros, uma divertida antologia de erros motivados, reservando sua ideias teóricas sobre o determinismo, o acaso e a superstição para o capítulo final. Uma das histórias mais felizes, que encontrara em seu jornal favorito, o *Neue Freie Presse*, refere-se ao presidente da Câmara dos Deputados do parlamento austríaco: antevendo uma sessão tumultuada, ele a abriu solenemente com a declaração de que a sessão estava por ora encerrada. Era inequívoco o desejo secreto por trás de um deslize tão gritante. Mas Freud sustentava ao longo de todo o livro que erros muito menos visíveis no pensamento, na linguagem ou no comportamento apontavam todos para a mesma conclusão: a mente é regida por leis. A *Psicopatologia da*

* Posteriormente, Freud deu a esse tipo de esquecimento "útil" o nome técnico de "criptomnésia".

vida cotidiana não acrescentava nada à estrutura teórica da psicanálise, e seus críticos lamentaram que alguns dos exemplos eram forçados demais, ou que o próprio conceito freudiano de lapso era vago demais para permitir uma verificação científica. Mesmo assim, o livro figura como a obra mais lida de Freud; em vida, houve nada menos que onze edições e traduções para doze línguas.*

Segundo Freud, a principal razão pela qual a ordem oculta da mente havia escapado aos psicólogos era a de que muitíssimas operações mentais, as mais importantes, contudo, são inconscientes. Freud não descobriu o inconsciente; na Era do Iluminismo, alguns atentos estudiosos da natureza humana haviam reconhecido a existência da atividade mental inconsciente. No século XVIII, um dos espirituosos alemães preferidos de Freud, Georg Christoph Lichtenberg, havia recomendado o estudo dos sonhos como o grande caminho para o autoconhecimento, de outra forma inacessível. Goethe e Schiller, que Freud era capaz de citar interminavelmente, haviam procurado as raízes da criação poética no inconsciente. Os poetas românticos na Inglaterra, França e estados germânicos pagavam tributo ao que Coleridge chamou de "os reinos crepusculares da consciência". Durante a vida de Freud, Henry James vinculou explicitamente o inconsciente aos sonhos; o narrador, em sua novela "Os papéis de Aspern", fala da "cerebração inconsciente do sono". Freud poderia descobrir formulações muito semelhantes nos memoráveis epigramas de Schopenhauer e Nietzsche. Sua contribuição específica foi a de tornar uma noção vaga, por assim dizer poética, dar-lhe precisão e convertê-la no fundamento de uma psicologia, especificando as origens e conteúdos do inconsciente e sua formas categóricas de buscar expressão. "A psicanálise foi obrigada, através do estudo da repressão patológica", observou Freud mais tarde, a "levar a sério o conceito de 'inconsciente'."

Essa ligação entre inconsciente e repressão data dos primeiros tempos da teorização psicanalítica de Freud. Os fios do pensamento consciente aparecem como um aglomerado casual de elementos descontínuos apenas porque a maioria de suas conexões associativas foi reprimida. Nas palavras de Freud, sua teoria da repressão é a "pedra fundamental para a compreensão das neuroses" — e não só delas. A maior parte do inconsciente consiste de materiais reprimidos. Esse inconsciente, como foi definido por Freud, não é o segmento da mente que abriga pensamentos temporariamente fora de vista, facilmente evocados: este é o que ele chamou de pré-consciente. Pelo contrário, o inconsciente propriamente dito se assemelha a uma prisão de máxima segurança com reclusos antissociais, definhando há anos ou recém-chegados, tratados com rigor e fortemente vigiados, mas dificilmente con-

* À luz do determinismo de Freud, os psicanalistas apontaram com razão a impropriedade do nome de associação livre para sua técnica. Afinal, as sequências de ideias e lembranças produzidas pelo analisando no divã têm interesse exatamente por estarem invisíveis, mas indissoluvelmente unidas.

trolados e sempre tentando fugir. Suas fugas apenas têm êxito de modo intermitente, e a alto preço para si e para os outros. Portanto, o psicanalista que trabalha para desfazer, pelo menos em parte, as repressões, deve necessariamente reconhecer os graves riscos aí postos e respeitar o poder explosivo do inconsciente dinâmico.

Visto que são tremendos os obstáculos colocados pela resistência, é no mínimo difícil tornar consciente o inconsciente. Ao desejo de lembrar contrapõe-se o desejo de esquecer. Esse conflito, embutido na estrutura do desenvolvimento mental praticamente desde o nascimento, é obra da cultura, quer opere externamente como polícia ou internamente como consciência. Temeroso de paixões desenfreadas, o mundo considerou necessário, durante toda a história de que se tem registro, rotular os mais insistentes impulsos humanos de mal-educados, imorais, ímpios. Desde a publicação de livros de etiqueta à proibição da nudez nas praias, da prescrição da obediência aos superiores à pregação do tabu do incesto, a cultura canaliza, limita e frustra o desejo. A pulsão sexual, como as outras pulsões primitivas, luta incansavelmente pela gratificação frente a proibições restritivas, muitas vezes excessivas. O autoengano e a hipocrisia, que trocam as verdadeiras pelas boas razões, são os companheiros conscientes da repressão, negando necessidades apaixonadas em nome da concórdia familiar, da harmonia social ou da simples respeitabilidade. Negam essas necessidades, mas não podem destruí-las. Freud gostava da passagem de Nietzsche citada por um de seus pacientes prediletos, o Homem dos Ratos; "'Fiz isso', diz minha Memória. 'Não posso ter feito isso', diz meu Orgulho, e mantém-se inexorável. No final — a Memória se rende". O orgulho é o braço coercitivo da cultura, a memória é o relato sobre o desejo em pensamento e ação. Pode ser que o orgulho ganhe, mas o desejo continua a ser a qualidade mais exigente da humanidade. Isso nos reconduz aos sonhos; eles demonstram à exaustão que o homem é o animal desejante. É disso que trata *A interpretação dos sonhos*: os desejos e seu destino.

Freud, evidentemente, não foi o primeiro a enunciar o poder elementar dos desejos apaixonados, assim como tampouco foi o primeiro a descobrir o inconsciente. Pelo menos desde quando foi escrito o Antigo Testamento, filósofos, teólogos, poetas, dramaturgos, ensaístas e autobiógrafos celebraram ou deploraram tal poder. Durante séculos, provam nomes como Platão, santo Agostinho e Montaigne, os homens também investigaram as operações das paixões em suas vidas interiores. No tempo de Freud, esse autoexame havia se tornado corrente nos salões e cafés de Viena. O século XIX foi o século psicológico por excelência. Foi uma época em que as autobiografias confessionais, os autorretratos informais, os romances baseados no próprio autor, os diários íntimos e memórias confidenciais converteram-se de filete em torrente, intensificando-se grandemente sua manifestação de subjetividade e sua interioridade deliberada. O que Rousseau, em suas *Confissões* dolorosamente francas, e o jovem Goethe, em seus autodilaceradores e autolibertadores *Sofrimentos do jovem Werther*, haviam semeado no século XVIII, as décadas de Byron e

Stendhal, de Nietzsche e William James colheram no século XIX. Thomas Carlyle falou com perspicácia sobre "esses nossos Tempos Autobiográficos". Mas essa preocupação moderna com o eu não foi absolutamente um puro ganho. "A chave do período", disse Ralph Waldo Emerson no final da vida, "parecia ser que a mente havia tomado consciência de si mesma." Com a "nova consciência", pensava ele, "os jovens nasciam com bisturis no cérebro, uma tendência à introversão, à autodissecação, à anatomização e motivos". Foi uma época de Hamlets.

Muitos desses Hamlets eram austríacos. Sua cultura os autorizava cada vez mais a revelar com uma liberdade exibicionista o que havia em suas mentes. No final de 1896, o satirista vienense Karl Kraus dissecou o estado de espírito reinante com uma precisão mordaz:

> Tão logo as pessoas acabaram com o sólido Realismo, o Griensteidel — um café muito frequentado pelos literatos — achou-se sob o signo do Simbolismo. "O segredo anima!", era agora a senha; as pessoas começaram a observar "o estado d'alma" e procuravam fugir à clareza banal das coisas. Mas uma das divisas mais importantes era a "Vida", e todas as noites as pessoas encontravam-se para se atracar com a Vida ou, quando as coisas realmente se animavam, para interpretar a Vida.

Talvez a obra a retratar mais incisivamente tais preocupações tenha sido o desenho *Autoconsideração* de Alfred Kubin, de 1902. Ele mostra uma figura de pé, seminua, sem cabeça, vista por trás, e no chão, voltada para o espectador, uma cabeça grande demais para corresponder ao corpo decapitado, mirando cegamente, com a boca aberta deixando à mostra medonhos dentes partidos.

Esse desenho parece, mas não era, uma ilustração de *A interpretação dos sonhos*. Freud tinha pouco interesse por esse mundo vienense excitado e hiperestimulado. Como todo mundo em Viena, ele lia o brilhante e singular periódico *Die Fackel*, flagelo espirituoso e devastador da corrupção política, social e linguística, publicado e quase inteiramente redigido por Karl Kraus. Além disso, ele tinha alto apreço pelos contos, romances e peças de Arthur Schnitzler, pela aguda percepção com que este desnudava o mundo interior, principalmente o aspecto sensual, das personagens. Schnitzler chegou mesmo a invadir a especialidade de Freud com uma quadra que se referia aos sonhos como "desejos impudentes", "anelos sem coragem" que, escorraçados para o canto de nossas mentes, só ousam sair furtivamente à noite:

> *Sonhos são anseios desprovidos de coragem*
> *Desejos insolentes que a luz do dia*
> *Encurrala no canto de nossa alma*
> *E dali, apenas à noite ousam rastejar**

* Träume sin Begierden ohne Mut,/ Sind freche Wünsche, die das Licht des Tags/ Zurückjagt in die Winkel unsrer Seele,/ Daraus sie erst bei Nacht zu kriechen wagen.

Freud manifestava um prazer constante com a obra de Schnitzler, e disse-lhe numa carta, a qual ia muito além da lisonja cortês, que invejava seu "conhecimento secreto" do coração humano. Mas, de modo geral, como vimos, Freud mantinha-se distante dos poetas, pintores e filósofos modernos que frequentavam os cafés, e empreendia suas pesquisas no austero isolamento de seu consultório.

Uma descoberta irresistível, que constitui um tema central em *A interpretação dos sonhos* e da psicanálise em geral, foi a de que os desejos humanos mais persistentes têm origem na infância, não são permissíveis em sociedade e, em sua maioria, encontram-se tão habilmente escondidos que se mantêm praticamente inacessíveis à sondagem consciente. Freud comparou esses "desejos alertas, por assim dizer imortais, em nosso inconsciente" aos Titãs da mitologia; sustentam o peso de montanhas maciças que os deuses vitoriosos impuseram sobre eles, mas às vezes ainda erguem convulsivamente seus membros. São estas as forças enterradas que se encontram sob todos os sonhos. Freud comparou o pensamento diurno que instiga um sonho a um empresário com ideias e sem capital; o capitalista, que entra com o dinheiro para o empreendimento de risco, é "*um desejo do inconsciente*". Esses papéis nem sempre estão nitidamente separados; o próprio capitalista pode se converter no empresário. A questão é que, para se iniciar, um sonho precisa de um instigador e de uma fonte de energia.

Isso levanta a questão de por que o capitalista haveria de se sentir levado a investir seu excedente. A resposta dada por Freud faz lembrar seu projeto abortado de 1895: o organismo humano esforça-se para reduzir as excitações, mas também ativa lembranças a fim de rememorar prazeres anteriores, talvez para conseguir que se repitam. É assim que nascem os desejos. Eles geram conflitos no inconsciente porque, não tendo moderação, correm em sentido contrário às ordens das instituições culturais entre as quais cresce a criança. Mas, embora reprimidos, eles não fenecem: "os desejos inconscientes sempre permanecem ativos". A rigor, concluía Freud, eles são "indestrutíveis. No inconsciente, nada pode ser terminado, nada é passado ou esquecido". Mas, depois de algum tempo, esses desejos, por assim dizer, refinam-se. O que Freud chamava de "processo primário", o conjunto das energias mentais primitivas indomadas desde o início instalado na mente, está inteiramente sob o domínio do princípio do prazer: ele quer satisfação, imprudentemente, de modo totalmente brutal, sem paciência para a reflexão ou o adiamento. Mas, com os anos de desenvolvimento, a mente consegue sobrepor um "processo secundário" que leva em conta a realidade; ele regula o funcionamento mental de modo menos apaixonado e mais eficiente, introduzindo o pensamento, o cálculo, a capacidade de adiar as satisfações para gozá-las posteriormente. Freud advertiu contra uma superestimação da influência do processo secundário; o processo primário mantém sua persistente sofreguidão durante a vida inteira. Por isso, como Freud colocou a questão laconicamente nas edições posteriores de seu livro dos sonhos, o estudioso dos sonhos deve reconhecer que "a realidade psíquica é uma forma particular de existência, que não se deve confundir com a realidade *material*". Concluindo o livro com essa nota, Freud fez triunfar o ambicioso programa com que começara. Se, escreveu esperançoso em 1910, *A interpretação dos sonhos*, sua "obra mais significativa", pelo menos viesse a "encontrar reconhecimento", ela também deveria colocar "a psicologia normal sobre novas bases".

DE ROMA A VIENA: UM AVANÇO

Talvez o mais intrigante, e certamente um dos mais tocantes indícios para a compreensão da mente de Freud, dispersos em *A interpretação dos sonhos*, é o tema de Roma, luzindo à distância como recompensa máxima e incompreensível ameaça. Era uma cidade que ele queria avidamente conhecer, mas viu seu desejo estranhamente subvertido por uma espécie de proibição fóbica. Mais de uma vez passou férias na Itália, mas o local mais próximo de Roma a que chegara fora o lago Trasimeno, à distância aproximada de 75 quilômetros. Era o lugar em que Aníbal também se detivera. No final de 1897, Freud sonhou que Fliess e ele poderiam realizar um de seus "congressos" em Roma, e, no início de 1899, entreteve a ideia de lá se encontrarem na Páscoa. Pareceu-lhe uma ótima ideia "tomar conhecimento das leis eternas da vida primeiramente na Cidade Eterna", como escreveu um pouco mais tarde, nesse mesmo ano. Estudava a topografia de Roma sentindo o que chamava de um anseio torturante, ciente de que havia algo nitidamente bizarro em sua obsessão. "A propósito", disse a Fliess, "meu anseio por Roma é profundamente neurótico. Ele está ligado ao meu entusiasmo dos tempos de escola pelo herói semita Aníbal." Como sabemos, Freud interpretava seu *Gymnasialschwärmerei* como uma expressão de seu ardente desejo de enfrentar e vencer os antissemitas. Conquistar Roma era triunfar na sede — no próprio quartel-general — dos mais implacáveis inimigos dos judeus: "Aníbal e Roma simbolizam para o jovem o contraste entre a tenacidade do povo judeu e a organização da Igreja católica". E havia ainda mais do que isso; seu desejo por Roma, observou ele, era "capa e símbolo de vários outros desejos ardentemente ansiados". Sugeriu ele que tinham uma natureza edipiana; evocou o antigo vaticínio apresentado aos Tarquínios de que o primeiro a beijar a mãe se tornaria o governante de Roma.* Símbolo ambivalente e carregado, Roma representava os mais fortes desejos eróticos e agressivos — estes apenas ligeiramente menos ocultos do que aqueles — de Freud, com alusões à história secreta deles.

Quando publicou *A interpretação dos sonhos*, Freud ainda não conquistara Roma. Isso, de certa forma, parecia-lhe conveniente; adequava-se ao sentimento de solidão e frustração que o assediou nesses tempestuosos anos de elucidação

* A implicação psicanalítica desse beijo (embora Freud não o diga explicitamente) é a vitória sobre o pai. Pode haver ainda mistérios mais profundos e implicações mais amplas, mas Freud não oferece dados suficientes para especulações bem fundadas.

interior e teorização arrojada. O livro levara muito tempo para ser elaborado, e, ao terminá-lo, Freud sentiu como que uma perda. Ficou deprimido por algum tempo, e no começo de outubro de 1899 endossou a observação de Fliess sobre o "sentimento doloroso" que acompanha a pessoa ao se despojar de algo que fora "propriedade muito pessoal". Depois de toda a autocrítica anterior, ele viera a gostar do livro no prelo, "é claro que não muito, mas bem mais". Julgava que a publicação era tanto mais dolorosa "visto que não foi a propriedade intelectual, e sim a emocional que se separou de mim". Os débeis sinais, ainda distantes, de que talvez tivesse de se separar de Fliess, outra cara propriedade emocional daqueles anos, não contribuíam para animar seu estado de espírito. Tampouco, nesse sentido, conseguiria manter a serenidade, ao saber que fora preterido para uma cátedra — e não pela primeira vez. Ele enviou um dos dois primeiros exemplares do livro dos sonhos a Fliess, como presente de aniversário, e estoicamente reuniu coragem para enfrentar a reação do público: "Há muito tempo me reconciliei com a coisa, e encaro seu destino com — expectativa resignada".

Na verdade, embora a expectativa de Freud fosse bastante real, a resignação não o era. Ele andava desanimado, rabugento, irritando-se com os primeiros leitores do livro de sonhos que, ao invés de elogiar o todo, apontavam deslizes secundários. Ainda que não viessem as gritarias de protesto para as quais se preparara, a primeira notícia sobre *A interpretação dos sonhos*, que apareceu logo em dezembro, desagradou-o. Como crítica, era simplesmente "sem sentido", disse a Fliess, e como resenha era "insatisfatória". O resenhista, um certo Carl Metzentin, em parte redimiu-se aos olhos de Freud com apenas uma palavra: "memorável". Não bastava. Freud considerava a reação dos vienenses às suas ideias "extremamente negativa", e tentou se reanimar com a ideia de que ele e Fliess eram intrépidos pioneiros: "Afinal, estamos tremendamente à frente". Mas a melancolia não cedeu. "Agora não tenho nenhuma força para o trabalho teórico. Assim, à noite, fico terrivelmente entediado." O tédio, frequentemente, é um sintoma de raiva e angústia, o que provavelmente era o caso de Freud, preocupado autor de uma obra-prima inclassificável.

O ano seguinte não trouxe nenhum alívio. No começo de janeiro de 1900, uma resenha em *Die Zeit*, um diário vienense de grande circulação, pareceu-lhe "idiota", "pouco lisonjeira e excepcionalmente pouco compreensível". Uma terceira, no *Nation*, feita por um conhecido, o poeta e teatrólogo Jakob Julius David, era "amável e sensível", ainda que "um tanto vaga". De pouco consolo lhe foi. "Considero a ciência cada vez mais difícil. À noite, gostaria de algo que animasse, revigorasse e clareasse as coisas, mas estou sempre sozinho." Há nisso um suspeito tom de autopiedade. Ele parecia decidido a se sentir rodeado pelo vazio, e a não prever senão incompreensão e indiferença: "Fui praticamente isolado do mundo exterior", escreveu em março de 1900. "Nem uma folhinha se mexeu, para mostrar que a *Interpretação dos sonhos* chegou à mente de alguém. Apenas ontem fui surpreendido por um artigo bastante amistoso no suplemento de um diário, o *Wiener Fremdenblatt*." Agora somente as boas notícias o surpreendiam. "Entrego-me a minhas fantasias, jogo xadrez, leio romances ingleses; tudo o que é sério continua proibido. Há dois meses, não escrevo uma linha do que ando aprendendo ou pensando. Assim, vivo como um filisteu sibarita, tão logo me vejo livre da minha clientela. Você sabe quão restritos são meus prazeres; não posso fumar nada de bom, o álcool não me vale de nada, parei de procriar filhos, meu contato com as pessoas foi cortado. Portanto, vegeto inofensivamente, cuidando em desviar minha atenção do tema em que trabalho durante o dia." Ele parecia esgotado.

Em parte, as razões do desânimo de Freud eram financeiras, conforme variava a clínica. Ele apelava à autodisciplina, a seu equilíbrio mental duramente conquistado, mas o resultado era, no máximo, indiferente. "Em geral", escreveu em 7 de maio de 1900, agradecendo aos votos de aniversário de Fliess, "sou sensato demais para me queixar — exceto num ponto fraco: o medo à pobreza." Reconhecia "o quanto tenho e a quão pouco temos direito, considerando a estatística da miséria humana". Mas, às vezes, sua incapacidade de entender e ajudar alguns de seus analisandos mais intratáveis mergulhava-o no desespero, e, quando se atolava nesse estado de espírito, eles se convertiam em seus torturadores. Nos últimos dias de inverno de 1900, suspirando pelo sol e pela primavera, ele falou sombriamente em "catástrofe" e "colapso"; fora obrigado a "demolir" todos os seus "castelos no ar". Ainda assim, estava fazendo o máximo para "reunir um pouco de coragem para reconstruí-los novamente".

A indiferença pública e a desolação privada reforçavam-se mutuamente. Ele se comparou a Jacó lutando com o anjo; vencido e sem fôlego, implorava ao anjo que o deixasse em paz. "Será um castigo justo para mim" previa ele, no vaticínio mais loucamente incorreto que jamais fez, "que nenhuma das regiões inexploradas da vida mental onde fui o primeiro mortal a ingressar jamais venha a trazer meu nome ou a obedecer a minhas leis." Tudo o que conseguira ao duelar com o anjo fora sair mancando, e ele chafurdava nessa melancólica caricatura de envelhecimento prematuro. "Sim, realmente já estou com 44 anos", escreveu em maio de 1900, "um israelita velho, um tanto surrado." Mantinha o mesmo tom triste em relação à família: ao agradecer às sobrinhas em Berlim os parabéns por seu aniversário, referiu-se a si mesmo como "um velho tio". No ano seguinte, ele observou resignado que havia pedido à família — inutilmente, é claro — para "deixar passar em branco o aniversário dos velhos", apresentando-se como uma espécie de monumento idoso, ao invés de "uma criança aniversariante". A partir daí, a idade iria atormentá-lo ainda mais do que a pobreza.

Essas eloquentes elegias, invariavelmente em tom menor, sugerem até que ponto, apesar da autoanálise, ainda chegava a vulnerabilidade de Freud por volta de 1900. Ele evitava os riscos do sucesso invocando o espectro do fracasso. Freud devia saber que a originalidade e o caráter chocante de suas ideias provocavam um silêncio consternado ou uma discordância escandalizada; talvez ele os considerasse outros tantos elogios involuntários. Mas estava descontente com os resenhistas, os pacientes, os inimigos, consigo mesmo. O nascimento de sua "criança dos sonhos" fora realmente difícil.

Foi desalentador para Freud que a conclusão de seu tratado, do qual tanto esperara, tenha contribuído tão pouco para solucionar suas frustrações ou mitigar seu sentimento de solidão. Em março de 1900, voltava-se nostalgicamente para o verão anterior, quando, "em atividade febril", havia terminado o livro dos sonhos. Então, tolamente se sentira "uma vez mais inebriado com a esperança de que por fim fora dado um passo rumo à liberdade e ao sossego. A acolhida do livro e o silêncio desde então novamente destruíram a relação nascente com meu meio". Mas, aos poucos, ele saiu da depressão. Em setembro de 1901, reanimado pela autoanálise, finalmente superara a velha inibição e estava em visita a Roma, na companhia do irmão Alexander. Como muitos setentrionais entrando pela primeira vez em Roma — como Gibbon, Goethe, Mommsen —, ele vagueou envolto num encantamento deslumbrado. A Roma cristã o perturbou, a Roma moderna pareceu promissora e simpática, mas foi a Roma da Antiguidade e do Renascimento que lhe deu alegria, enquanto atirava uma moeda na fonte de Trevi, deleitava-se entre as ruínas antigas, detinha-se fascinado diante do Moisés de Michelangelo.* A visita, disse ele claramente, sem nenhuma hipérbole, foi um "ponto alto" em sua vida.

Enviando diariamente mensagens efusivas à família, Freud perguntava o que o impedira por tanto tempo de se conceder esse prazer supremo. Ao escrever à mulher, "ao meio-dia, em frente ao Panteon", em 3 de setembro, ele exclamou: "Então é disso que tive medo durante anos!". Achou Roma encantadoramente quente, magnífica a luz romana. Não havia por que se preocuparem com ele, assegurou à mulher dois dias depois; a vida que estava levando era "esplêndida para o trabalho e o prazer, onde a pessoa esquece de si e das outras coisas". Novamente, em 6 de setembro, ainda em Roma, disse à sua vívida maneira telegráfica, com a mesma animação inalterada: "Esta tarde algumas impressões que permanecerão por anos". Mais tarde, em suas frequentes visitas à Itália, comentaria enfaticamente as belezas de Veneza e as paisagens (se não o povo) de Nápoles.** Mas Roma, "essa cidade divina", continuaria a ser sua inconteste favorita. Ao escrever de Roma à filha Mathilde, numa dessas visitas, disse-lhe que não quisera parar em Fiesole, adorável localidade nas colinas acima de Florença, "porque me senti atraído pela austera seriedade de Roma". De fato, "essa Roma é uma cidade muito admirável — muitos já acharam isso".

Freud logo tirou partido das oportunidades psicológicas que lhe foram abertas pela conquista de Roma. Sua visita foi símbolo e, ao mesmo tempo, instrumento de uma maior liberdade interior, prova de uma nova flexibilidade nas manobras sociais e políticas; materialmente, ela o ajudou a sair do ambíguo lim-

* Para o significado dessa escultura, e de Moisés, para Freud, ver pp. 322-5.

** Em 1º de setembro de 1902, Freud enviou um cartão-postal de Nápoles para sua mulher, onde elogiava muito a beleza da localização da cidade, principalmente a vista para o Vesúvio. Mas, acrescentava, "as pessoas são desagradáveis, parecem escravos das galés. Algazarra e sujeira aqui como na Idade Média. Sobretudo é desumanamente quente". (Freud Museum, Londres.)

bo, em parte gratificante e em parte desalentador, de seu "*magnífico isolamento*". No outono de 1902, Freud começou a se reunir nas quartas-feiras à noite, na Berggasse 19, com um minúsculo grupo de médicos — de início, eram apenas cinco, e o grupo aumentou apenas muito lentamente — e uns poucos leigos interessados em discutir, sob sua inconteste direção, casos clínicos, a teoria psicanalítica e as incursões pela psicobiografia.* Pouco mais de seis meses antes, em fevereiro, finalmente obtivera a cátedra que havia cobiçado e merecido durante anos. A partir daí, nunca voltaria a lhe faltar posição social, ressonância pública, fervorosos seguidores e cerradas controvérsias.

A tortuosa história da promoção acadêmica de Freud lança uma luz intensa sobre os caminhos — ao mesmo tempo labirínticos e cômodos — da progressão nas carreiras no Império austro-húngaro. A originalidade não constituía necessariamente um impedimento, e o mérito tampouco um pré-requisito. Somente as ligações, conhecidas como *Protektion*, eram capazes de assegurar avanço profissional. Freud havia sido *Privatdozent* desde 1885. Depois de doze longos anos, em fevereiro de 1897, dois de seus colegas mais influentes, hierarquicamente superiores, Hermann Nothnagel e Richard von Krafft-Ebing, indicaram seu nome para o nível de *Ausserordentlicher Professor* — Professor Extraordinário. Era uma posição valorizada em grande parte pelo prestígio (e honorários mais altos) que prometia, visto que o título não trazia salário nem participação como membro do conselho docente da faculdade de medicina. Pouco importava: uma cátedra, como Freud colocou claramente, "eleva o médico em nossa sociedade a um semideus para seus pacientes". Outros da geração de Freud vinham subindo gradual e constantemente na hierarquia profissional, mas Freud continuou como *Privatdozent*. A comissão de sete membros designada para indicar seu nome reuniu-se em março de 1897, e aprovou-o por unanimidade. Em junho, o corpo docente da faculdade endossou a indicação por 22 a 10 votos. O Ministério da Educação não fez nada.

Observando em silêncio, Freud assistiu, ano após ano, o desfile das promoções a passar por ele. Relutava em seguir a "ladeira escorregadia", ou seja, procurar padrinhos que pudessem recorrer a suas ligações com a burocracia de escalão superior. O sistema austríaco de *Protektion* parecia-lhe abominável. Tampouco se considerava um caso perdido, incapaz de avançar sem tais recursos. Afinal, ele tinha todo direito à consideração; suas importantes monografias sobre afasia e paralisia cerebral infantil, uma publicada em 1891, outra seis anos depois, eram demonstrações impressionantes de sua competência em domínios absolutamente tradicionais da medicina. Mas não havia nenhuma cátedra para Freud — nem em 1897, nem em 1898 ou 1899, e nem sequer em 1900, ano em que o imperador Francisco José confirmou uma série de promoções propostas.

* Ver pp. 255-64.

Então, no final de 1901, Freud mudou de opinião. Expressando desagrado e registrando sentimentos conscientes de culpa, ele passou da passividade para a atividade. Os resultados foram rápidos e espetaculares: em 22 de fevereiro de 1902, o imperador assinou o decreto que dava a Freud o título de Professor Extraordinário. Foi uma magnífica ocasião para toda a família; Marie, irmã de Freud, rapidamente enviou a notícia a Manchester, e o meio-irmão Philipp respondeu encantado às boas notícias referentes ao "nosso amado irmão Sigismund", pedindo mais detalhes sobre a promoção.

Uma carta de Freud a Fliess, uma das últimas de sua correspondência, registra esses detalhes com penosa profusão. Fliess havia congratulado Freud por ser finalmente um *Herr Professor*, usando termos como "reconhecimento" e "maestria". Em resposta, Freud, movido por sua "costumeira e perniciosa ânsia de sinceridade", confessou com uma ironia um pouco amarga que havia sido ele próprio a manejar tudo aquilo. Depois de voltar de Roma, em setembro passado, encontrara sua clínica muito reduzida, sentira-se, com o crescente afastamento de Fliess, mais solitário do que nunca e reconhecera que poderia passar boa parte do resto de sua vida simplesmente esperando pela cátedra. "E eu realmente queria tornar a ver Roma, cuidar de meus pacientes e manter meus filhos em boa disposição." Tudo isso junto empurrou-o para a escorregadia ladeira em busca de *Protektion*. "Então, assim decidi romper com a virtude estrita e tomar as providências adequadas, como os outros mortais." Por quatro anos, ele havia se mantido quieto; agora, recorria a seu velho professor de fisiologia Sigmund von Exner, que lhe aconselhou, um tanto asperamente, a neutralizar influências adversas no Ministério da Educação e a "procurar uma contrainfluência pessoal". Assim, Freud mobilizou sua "velha amiga e ex-paciente" Elise Gomperz, casada com Theodor Gomperz, o eminente estudioso dos clássicos que havia empregado o jovem Freud na tradução de diversos ensaios de John Stuart Mill, para a edição alemã. Ela intercedeu, apenas para descobrir que Freud teria de recorrer a Nothnagel e Krafft-Ebing, para que renovassem sua antiga proposta. Renovaram, mas, por enquanto, sem resultados.

Então, outra amiga e paciente, a baronesa Ferstel, com uma posição social ainda mais elevada que a da Frau Professor Gomperz, assumiu a causa de Freud. Conseguiu ser apresentada ao ministro da Educação, e persuadiu-o a prometer uma cátedra para "o médico que lhe havia devolvido a saúde". A propina, contou Freud, foi uma "pintura moderna" de Emil Orlik para a galeria de arte que o ministro pretendia abrir. Se, comentou Freud sarcasticamente, "um certo Böcklin" (provavelmente mais desejável do que um mero Orlik) estivesse nas mãos de Marie Ferstel, e não nas de sua tia, "eu teria sido nomeado três meses antes". Mas Freud reservou seus sarcasmos mais mordazes para si próprio. Embora o *Wiener Zeitung* ainda não tivesse publicado a nomeação, disse a Fliess, "a notícia de que ela é iminente logo difundiu-se fora dos círculos oficiais. O interesse da população é enorme. Desde já chovem congratulações e presentes de flores, como se o papel da sexualidade de súbito tivesse sido oficialmente reconhecido por Sua

Majestade, a importância dos sonhos confirmada pelo Conselho dos Ministros, e a necessidade da terapia psicanalítica da histeria aprovada no Parlamento por maioria de dois terços". Finalmente tinha aprendido "que esse velho mundo é regido pela autoridade, como o novo o é pelo dólar". Tendo feito a primeira vênia à autoridade, acrescentava ele, agora podia esperar pela recompensa. Mas havia sido um tolo, um burro, por ter esperado com tanta passividade: "Em toda essa história, há alguém com orelhas muito compridas, que não foi devidamente avaliado em sua carta, que sou eu". É claro que, "se eu tivesse tomado essas poucas providências há três anos, teria sido nomeado há três anos, e me poupado muita coisa. Outros têm essa mesma esperteza sem precisarem antes ir a Roma". A frase soava quase como se tivesse ido a Canossa descalço na neve. O prazer de Freud com o novo título era bastante real, mas vinha comprometido pelo constrangimento com os inglórios estratagemas que empregara para obter o que deveria receber sem recorrer a eles.

Entre os registros, uma coisa fica clara: a carreira acadêmica de Freud foi nitidamente — e parece que deliberadamente — retardada. Um grande número de médicos *Privatdozent* haviam sido promovidos, alguns a professores catedráticos, depois de quatro ou cinco anos, e mesmo depois de apenas um ano. A partir de 1885, durante a espera de Freud, o tempo médio entre a nomeação para um *Dozentur* e a nomeação para uma cátedra era de oito anos. O grande neurologista Julius von Wagner-Jauregg, que foi nomeado *Privatdozent* em 1885, no mesmo ano que Freud, obteve seu título de professor apenas quatro anos depois. Freud teve de esperar por dezessete anos. Excetuados os poucos que nunca conseguiram nenhuma cátedra, apenas quatro, entre cerca de cem aspirantes nomeados *Privatdozent* nos últimos quinze anos do século XIX, tiveram de esperar por mais tempo do que Freud. Exner tinha razão: havia algum renitente preconceito contra Freud nos círculos oficiais.

Certamente não se pode excluir o antissemitismo. Embora os judeus, mesmo os que haviam recusado o proveitoso refugio do batismo, continuassem a ascender a posições eminentes na carreira médica austríaca, a difusão do vírus do antissemitismo não deixou de afetar importantes burocratas. Em 1897, quando Nothnagel informou a Freud que ele e Krafft-Ebing haviam indicado seu nome para a promoção, advertiu-o também que não esperasse demais: "O senhor sabe das outras dificuldades". Nothnagel estava se referindo claramente à atmosfera desfavorável aos judeus na Viena sob a prefeitura de Lueger. Como vimos, o antissemitismo dos anos 1890 era mais virulento, mais declarado, do que o antissemitismo do início dos anos 1870, quando Freud, estudante universitário, se deparara com algumas de suas manifestações. Em 1897, solidamente entrincheirado, Lueger podia manipular a aversão aos judeus para finalidades políticas próprias. Não era segredo — pelo contrário, era um chavão — que essa atmosfera tinha efeitos sobre as carreiras profissionais dos judeus na Áustria. Em seu romance *O caminho para o aberto*, que trata de acontecimentos em torno da virada do século, Arthur Schnitzler apresenta um de seus personagens judaicos, um médico, dizendo ao filho que protesta contra o fanatismo dominante: "A personalidade e as realizações sempre prevalecerão no final. Que dano pode lhe suceder? Que você consiga sua cátedra alguns anos depois que todos os outros". Foi exatamente o que aconteceu com Freud.

Mas o antissemitismo provavelmente não foi a única razão da prolongada estadia de Freud no limbo pré-catedrático. Suas escandalosas teorias sobre as origens das neuroses dificilmente o tornariam benquisto aos olhos dos que estavam na melhor posição para facilitar seu caminho. Freud vivia numa cultura tão atenta à respeitabilidade quanto qualquer outra e mais ávida por títulos do que a maioria. Tampouco fazia muito tempo — havia sido ainda em 1896 — que apresentara a conferência sobre a etiologia sexual da histeria, seu "conto de fadas científico", perante a Sociedade de Psiquiatria e Neurologia de Viena. Os motivos para a relutância do governo em reconhecer e recompensar os méritos científicos de Freud eram o que ele chamaria de "sobredeterminados" — complexos e difíceis de serem totalmente devassados.

Já os motivos de Freud, tanto para sua paciência como para sua brusca adoção de táticas vigorosas, são bem mais transparentes. Ele sempre fora atento à fama, mas ansiava por uma fama que não fosse comprada, o tipo mais doce de reconhecimento: a recompensa apenas pelo mérito. Não queria ser como o sujeito que prepara a própria festa-surpresa de aniversário, para que o mundo não esqueça a atenção que lhe deve. Mas a frustrante espera nas antecâmaras do status finalmente se tornou excessiva. O realismo triunfou sobre as fantasias e os padrões rigorosos de conduta. Teria de aceitar Viena como ela era. Evidentemente, havia muito tempo Freud sabia que um título docente lhe abriria portas e aumentaria consideravelmente seus rendimentos. Mas as preocupações monetárias, por si sós, não o converteriam naquilo que ele ridicularizava como "carreirista" — *Streber*. Tais preocupações, afinal, eram íntimas companheiras de longa data. Por outro lado, a recente descoberta de que era capaz de satisfazer o desejo de ver Roma, de superar seu herói Aníbal, também permitiu-lhe ter uma ideia um pouco mais favorável acerca de seus outros desejos. Não é propriamente que Freud tenha decidido dar férias à sua consciência; ela estava arraigada com demasiada solidez para que pudesse ser deixada de lado. Mas agora ele encontrara meios de obrigá-la a moderar suas árduas exigências de retidão.

Tudo isso, e mais, mostra-se na carta confessional de Freud a Fliess. O tom, que mistura desafio e desculpa, revela o quanto lhe custou a nova resolução. Enquanto esperava, disse a Fliess, "nem um único semelhante se incomodou comigo". Mas, após conquistar Roma, seu "prazer pela vida e pelo trabalho aumentara um tanto", e seu prazer "pelo martírio diminuíra outro tanto". Esta deve ser uma das frases mais reveladoras que Freud jamais expressou a seu próprio respeito. Sua consciência não era apenas severa, mas também punitiva. O martírio era a expiação por crimes cometidos, ou ensaiados na fantasia, em seus primeiros anos de vida, quer assumisse o disfarce da pobreza, solidão, fracasso ou morte prematura. Freud não era exatamente um masoquista moral, mas encontrava certo prazer na dor.

Seu hábito de dramatizar o isolamento intelectual dá provas dessa disposição. Ele tinha algo de advogado e algo de contador de histórias, ocupações que recorrem, ambas, a pinturas em cores fortes e traços duros. Além disso, tinha algo de um herói consciente de si mesmo, identificando-se com gigantes da história universal como Leonardo da Vinci e Aníbal, sem citar Moisés; esses jogos da imaginação, tão sérios quão brincalhões, conferem à narração de seus combates certa simplicidade grandiosa. Mas, embora os relatos autobiográficos de Freud estilizem suas lutas, captam também uma verdade emocional: era assim que ele as sentia. Mesmo na maturidade avançada, as cicatrizes continuavam a doer. Em 1897, ele se filiou à loja "Wien" da B'nai B'rith, fundada dois anos antes, e começou a apresentar conferências populares aos membros da confraria. Sentindo-se "como que no ostracismo", ele procurava um "círculo seleto" de homens que o recebessem bem, "sem se importar com minha audácia". A lembrança desses anos sempre deixava-o melancólico. "Por mais de uma década após minha separação de Breuer, não tive adeptos", escreveu um quarto de século depois. "Fiquei totalmente isolado. Em Viena, eu era evitado. No exterior, ninguém tomava conhecimento de mim." Quanto à *Interpretação dos sonhos*, "mal foi resenhada nas revistas especializadas".

Todas essas declarações são um tanto enganadoras. O afastamento de Freud em relação a Breuer foi mais gradual do que abrupto, intercalado por momentos de reaproximação. Em todo caso, é claro que não estava totalmente sozinho: Fliess e, em menor grau, Minna Bernays deram-lhe apoio durante os anos mais críticos de descobertas. Tampouco era realmente evitado nos círculos médicos vienenses. Eminentes especialistas dispunham-se a recomendar um desgarrado cujas teorias lhes pareciam, na melhor das hipóteses, extravagantes; como vimos, Krafft-Ebing, que em 1896 dissera que sua conferência sobre a origem das neuroses era um conto de fadas, no ano seguinte indicou o nome de Freud para uma cátedra. Além disso, embora tenha sido notado após certa delonga, tanto em Viena como no exterior, o livro dos sonhos na verdade recebeu algumas críticas favoráveis, e até entusiásticas. Decerto Freud tinha boas razões para se considerar um pioneiro desabrigado trabalhando em terreno perigoso; as revistas eruditas rotulavam suas ideias de absurdas, dando-lhes nomes ainda mais escarninhos. Mas Freud aferrava-se obstinadamente à solidão, descartando, e por vezes até desconsiderando, indicações mais animadoras. Era como se, ao se estender sobre sua faina e morte iminente, evitasse provocar a inveja dos deuses, a quem nada fere tanto quanto o sorriso do sucesso. Mas a superstição, como o próprio Freud mostrara, é a antevisão de problemas através da projeção de desejos hostis e desagradáveis, e a superstição de Freud aponta para os conflitos inconscientes que atormentaram sua infância, suas fantasias agressivas e rivalidades com os irmãos, para não mencionar o medo da punição pelos seus desejos malévolos.

No final dos anos 1890, com a morte de seu pai, o avanço de autoanálise e o ritmo mais acelerado de sua teorização psicanalítica, Freud parece ter revivido seus conflitos edipianos com singular ferocidade. Ao escrever *A interpretação dos sonhos*, ele desafiava seus pais substitutos — os professores e colegas que o haviam adotado, mas que agora ele deixava para trás.* Assumindo riscos que, a cada mês que passava, pareciam mais extremos, ele estava seguindo seu próprio caminho. A primeira visita a Roma, em setembro de 1901, foi o selo de sua independência. Navegando por essa atmosfera sombria, desafiando e ao mesmo tempo provando sua necessidade de martírio, Freud estava ostensivamente pagando suas dívidas psicológicas.

Mas estava trabalhando, e o trabalho sempre o restaurava. O ano de 1901 foi muito atarefado. Com certa relutância, ele escreveu um resumo de *A interpretação dos sonhos*, publicado naquele mesmo ano, com o título *Sobre os sonhos*. A retomada do percurso por um terreno que já mapeara tão arduamente deixou-o entediado e exasperado. Foi-lhe mais prazeroso terminar *A psicopatologia da vida cotidiana*, que, como sabemos, também foi publicada no mesmo ano. Ainda mais intrigante foi o caso de uma histérica, a famosa "Dora"; ele redigiu a maior parte do caso em janeiro, mas só o publicou em 1905.** A psicanálise dos chistes, que também se tornaram assunto de um livro publicado em 1905, ocupava-o de maneira intermitente. Mas o melhor de tudo, para sua desconcertada surpresa, era que suas ideias sobre a sexualidade, por muito tempo dispersas, estavam começando a constituir uma teoria abrangente.

UM MAPA PARA A SEXUALIDADE

Quando Freud viu *A interpretação dos sonhos* em livro, agitavam-se nele algumas de suas ideias sobre a sexualidade. "As coisas estão funcionando no nível mais baixo, é estranho dizer", escreveu a Fliess em outubro de 1899. "Uma teoria da sexualidade", acrescentou profeticamente, "pode vir a ser o próximo sucessor do livro dos sonhos." Estéril como parecia a vida, Freud estava incubando esse sucessor com pertinácia, vagar e certa melancolia. Em janeiro seguinte, podia informar que estava "colhendo dados para a teoria sexual e esperando até que o material acumulado possa se incendiar com uma centelha inicial". Teria de espe-

* A "profunda confiança em si mesmo" de Freud, escreveu Ernest Jones, "tinha sido mascarada por estranhos sentimentos de inferioridade, mesmo na esfera intelectual"; ele havia tentado dominá-los elevando seus mentores a uma posição inexpugnável, que então lhe permitia manter-se dependente deles. Ele "idealizou seis figuras que desempenharam importante papel no começo de sua vida", e Jones arrola Brücke, Meynert, Fleischl-Marxow, Charcot, Breuer e Fliess. Mas a seguir, insiste Jones, a autoanálise de Freud levou-o à "plena maturidade" e tornou tais construções desnecessárias. (*Jones* II, p. 3). A ideia que faço é bem menos categórica.

** Ver pp. 255-64.

rar algum tempo. "No momento", diz um comunicado de fevereiro de 1900, "fui abandonado pela sorte; não encontro mais nada de útil."

Ao trabalhar no sentido de uma teoria geral da sexualidade, ele seguiu a rota da descoberta mais compatível, quase necessária, com ele: noções mais ou menos incipientes, inferidas de seus pacientes, da autoanálise e das leituras, flutuavam à deriva em sua mente, e, por assim dizer, clamavam por coesão. Freud nunca se satisfazia com observações isoladas; sentia uma irresistível pressão para encaixá-las numa estrutura ordenada. Por vezes, fazia temerárias incursões por territórios desconhecidos, a partir de uma limitada base de fatos, apenas para recuar, bastante sensatamente, à espera de reforços. Confiava em seu pré-consciente para assisti-lo. "Em meu trabalho", disse a Fliess em novembro de 1900, "as coisas não estão propriamente paradas, provavelmente continuam bem em um nível subterrâneo; mas certamente não é época de colheita, de domínio consciente." Enquanto não pudesse enxergar as ligações, viveria num estado de suspense agitado, mal conseguindo se controlar com a paciência que cultivara tão penosamente. Apenas a sensação de término trazia alívio.

Com os *Três ensaios sobre a teoria da sexualidade*, esse alívio só veio em 1905. Como suas outras exposições teóricas fundamentais, a teoria da libido teve um desenvolvimento lento. O Freud burguês convencional combateu o Freud conquistador científico a cada passo do caminho. Suas formulações sobre a libido foram para ele pouco menos escandalosas do que para a maioria de seus leitores. Por que havia "esquecido" as observações de Charcot, Breuer e Chrobak sobre a presença ubíqua da "coisa genital" nos distúrbios nervosos? Cada um desses atos de esquecimento, como o próprio Freud documentou amplamente em *A psicopatologia da vida cotidiana*, era uma resistência.

Mas Freud superou essa resistência antes, e de modo mais cabal, do que a maioria dos médicos ou do público culto. No delicado âmbito da sexualidade, ele veio a sentir um intenso orgulho por sua iconoclastia, por sua capacidade de subverter os valores da classe média. Escrevendo ao eminente neurologista americano James Jackson Putnam, reconheceu-se como reformador apenas nesta área. "A moral sexual — como é definida pela sociedade, e em sua forma mais extrema pelos americanos — parece-me muito desprezível. Defendo uma vida sexual incomparavelmente mais livre." Ele fez essa inequívoca declaração em 1915, mas, dez anos antes, ao responder a uma enquete sobre a reforma da lei do divórcio no Império austro-húngaro — na época, não existia o divórcio, mas apenas o desquite para os católicos —, Freud defendeu "a concessão de um maior grau de liberdade sexual", condenou o caráter indissolúvel do matrimônio como algo contrário aos "importantes princípios éticos e higiênicos e às experiências psicológicas", acrescentando que muitíssimos médicos subestimavam largamente a "poderosa pulsão sexual", a libido.

Evidentemente, desde o começo dos anos 1890 Freud começara a valorizar essa pulsão e seu impacto tanto na vida normal como na vida neurótica. Deu provas dessa valorização em sucessivos artigos. E o fato de ter abandonado a teoria da sedução no outono de 1890 tampouco acarretou qualquer recuo em sua posição. Pelo contrário, isso permitiu que Freud rastreasse os anseios e desilusões sexuais até as fantasias infantis.* A experiência do complexo de Édipo, outra descoberta desse período, era, significativamente, uma experiência erótica.

No entanto, embora Freud lembrasse ao mundo coisas que este preferia não ouvir, ele não foi o único, nem o primeiro a reconhecer o poder da sexualidade. Na verdade, os vitorianos, embora normalmente circunspectos, eram muito menos puritanos em relação ao erótico do que gostavam de afirmar seus detratores, entre eles Freud. Mas foram os sexólogos que tomaram a dianteira. Krafft-Ebing publicou sua *Psychopathia sexualis* em 1886, que, apesar do título esotérico cuidadosamente escolhido e do latim que o autor empregou nos perfis mais excitantes,** tornou-se um êxito editorial, um clássico instantâneo nos estudos científicos da perversão. O livro de Krafft-Ebing, várias vezes revisto e ampliado, descortinou um novo continente para a investigação médica séria; todos, inclusive Freud, deviam a ele. No final dos anos 1890, à *Psychopathia sexualis* reuniram-se os textos de Havelock Ellis, o corajoso, entusiástico, desinibido e até prolixo compilador de relatos sobre as gloriosas variedades de comportamento sexual. Em 1905, ano dos *Três ensaios sobre a teoria da sexualidade* de Freud, um pequeno grupo de sexólogos vinha começando a publicar monografias e súmulas legais sobre temas eróticos até então confinados a brincadeiras masculinas, romances pornográficos e artigos de obscuras revistas médicas.

Nos *Três ensaios*, Freud prestou homenagem a essa literatura. Na página introdutória do livro, são mencionados os "conhecidos textos" de nada menos de nove autores, indo dos pioneiros Krafft-Ebing e Havelock Ellis a Iwan Bloch e Magnus Hirschfeld. Ele poderia ter facilmente acrescentado outros. Alguns desses especialistas na vida erótica eram advogados parciais, defendendo atitudes mais tolerantes em relação ao que todos, na época, chamavam de "inversão sexual". Mas mesmo os propagandistas não deixavam de ter pretensões de investigação objetiva: Freud considerava o *Anuário das fases sexuais intermediárias*, de

* Ver pp. 110-3.

** Eis um exemplo. Em "Observação nº 124", Krafft-Ebing apresentou um relato de um médico homossexual: "Certa noite, eu estava sentado no teatro perto de um cavalheiro idoso. Ele flertou comigo. Ri cordialmente para o velho tolo e entrei em seu jogo. Exinopinato genitalia mea prehendit, quo facto statim penis meus se erexit". Vendo um pouco alarmado que tivera uma ereção, depois que o velho lhe agarrara o pênis, o médico perguntou ao vizinho o que ele pretendia. "Ele me disse que estava apaixonado por mim. Como eu tinha ouvido falar de hermafroditas no hospital, achei que se tratava de um deles." Então o médico sentiu curiosidade em ver os órgãos sexuais do velho: "Curiosus factus genitalia eius videre volui". Mas, tão logo viu o pênis do homem totalmente ereto, ele escapou. "Sicuti penem maximum eius erectum adspexi, perterritus effugi." [Richard von Krafft-Ebing, *Psychopathia sexualis* (11ª ed., 1901), pp. 218-9.] Qualquer pessoa com o nível do ginásio era capaz de decifrar essa exposição sem nenhuma dificuldade.

Hirschfeld, extremamente útil, mesmo sem partilhar das preferências sexuais do editor. Embora os sexólogos mais líricos, como Havelock Ellis, estivessem expostos a perseguições, a literatura que produziram ampliou acentuadamente o âmbito da discussão. Tornavam conhecidos tanto para os médicos quanto para os leitores em geral assuntos secretos como a homossexualidade e as perversões.

Apesar dessa estimulante companhia, Freud continuou a hesitar por vários anos antes de aceitar plenamente a sexualidade infantil, ideia fundamental sem a qual sua teoria da libido teria se mantido seriamente incompleta. Fliess e, antes dele, alguns outros especuladores já haviam postulado a origem precoce da vida sexual. Já em 1845, num folheto sobre bordéis, um obscuro médico provinciano alemão, chamado Adolf Patze, observou numa nota de rodapé que "o impulso sexual já se manifesta entre crianças pequenas de seis, quatro e até três anos de idade". E, em 1867, o psiquiatra inglês Henry Maudsley, muito mais conhecido, ridicularizou a ideia de que "o instinto de procriação" não se torna "manifesto até a puberdade". Encontrou "frequentes manifestações de sua existência ao longo de toda a primeira infância, tanto em animais como em crianças, sem haver qualquer consciência da finalidade ou desígnio do impulso cego. Quem quer que assevere o contrário", acrescentou Maudsley severamente, "deve ter prestado pouquíssima atenção às brincadeiras das crias dos animais, e deve estar estranha ou hipocritamente esquecido dos acontecimentos de sua própria infância". Não existem provas de que Freud conhecesse o livrinho de Patze, mas certamente conhecia a obra de Maudsley, e desde meados dos anos 1890 ele começou a considerar a ideia da sexualidade infantil, pelo menos de modo experimental. Em 1899, na *Interpretação dos sonhos*, ele ainda era capaz de observar categoricamente, de passagem, que "exaltamos a felicidade da infância, porque ainda não conhece o apetite sexual". A frase é um solene tributo à tenacidade da opinião aceitável, ou de seus resíduos, num pesquisador tão intrépido quanto Freud.* Mas no mesmo livro, em suas primeiras referências impressas ao complexo de Édipo, Freud mostrou que, a seu ver, as crianças eram claramente dotadas de sentimentos sexuais. E nos *Três ensaios* não há mais hesitações. "Sexualidade infantil", o segundo ensaio, constitui a peça central do conjunto.

* A passagem sobre a inocência infantil, como observaram os editores ingleses de Freud, é "sem dúvida um remanescente de um rascunho anterior do livro". ("Editor's Note", *Three essays*, *SE* VII, p. 129). Incitado por Jung, que protestou contra a passagem "com base na teoria *freudiana* do sexo" [Jung a Freud, 14 de fevereiro de 1911. *Freud-Jung*, p. 433 (392)], Freud acrescentou um desmentido na edição de 1911, numa mera nota de rodapé, mas manteve a frase intacta. A explicação de Freud a Jung — que *A interpretação dos sonhos* era uma introdução elementar à teoria dos sonhos, e portanto, como fora publicada em 1899, não poderia pressupor o conhecimento de ideias que ele só publicou em 1905 — é curiosamente inconvincente. [Ver Freud a Jung, 17 de fevereiro de 1911. Ib., pp. 435-6 (394-5)] Como observei, ele já havia aceitado largamente a ideia da sexualidade infantil em 1899; além disso, o livro dos sonhos havia vendido tão pouco que ele devia saber que estava se dirigindo a especialistas, os quais, em 1911, estariam familiarizados com seus *Três ensaios* e receberiam bem uma revisão.

Há momentos em que Freud parece modesto demais em suas pretensões quanto aos *Três ensaios*. Ele tinha duas opiniões a respeito de sua verdadeira importância. Assim, em 1914, no prefácio à terceira edição, ele advertiu os leitores contra expectativas excessivas: dessas páginas, não se poderia derivar nenhuma teoria completa da sexualidade. De fato, é notável que o primeiro desses três ensaios vinculados entre si não trate da vasta extensão da vida erótica "normal", limitando-se ao campo mais restrito das "aberrações sexuais". Mas, gradualmente, conforme se sucediam as edições, Freud descobriu os usos estratégicos dos *Três ensaios* e suas teorias, na defesa da psicanálise contra seus detratores. Ele empregou o livro como uma espécie de pedra de toque, separando os que realmente aceitavam sua teoria da libido daqueles que não se dispunham a conceder à sexualidade o lugar de destaque que ele lhe atribuíra, ou dos que julgavam prudente se afastar de suas ideias escandalosas. De qualquer forma, o leitor tem direito a reivindicar para os *Três ensaios* mais do que o próprio Freud estava disposto a fazer. Seu livro do sexo, descortinando nas diversas edições panoramas cada vez mais abrangentes das pulsões libidinais e seus vários destinos, constitui um complemento essencial ao livro dos sonhos, igual a ele, se não em extensão, pelo menos em envergadura. O próprio Freud, em determinados momentos, veio a pensar assim. "A resistência à sexualidade infantil", escreveu a Abraham em 1908, "fortalece minha opinião de que os três ensaios são uma realização de valor comparável à *Interpretação dos sonhos*."

O primeiro ensaio, notável tanto pelo alcance como pelo impassível tom clínico, apresenta, sem louvar nem deplorar, uma coleção ricamente diversificada de dotes e inclinações eróticas: hermafroditismo, homossexualidade, pedofilia, sodomia, fetichismo, exibicionismo, sadismo, masoquismo, coprofilia, necrofilia. Numas poucas passagens, Freud tem um tom crítico e convencional, mas sua intenção, visivelmente, não era crítica. Depois de enumerar o que qualificou de "as perversões mais desagradáveis", ele as descreveu de maneira neutra, e mesmo aprovadora; elas tinham realizado "uma parcela de trabalho mental" a que, "apesar de seu cruel êxito", não se poderia negar o "valor de uma idealização da pulsão". De fato, "a onipotência do amor talvez não se mostre em nenhum outro lugar com maior força do que nessas aberrações".

O interesse de Freud em compilar tal catálogo era o de ordenar um conjunto desnorteante de prazeres eróticos. Ele os classificou em dois grupos — desvios do objeto sexual normal e desvios da finalidade sexual normal —, inserindo-os a seguir no espectro da conduta humana aceitável. Como muitas vezes antes, ele sugeriu que os neuróticos lançam, pelos próprios excessos em sua vida sexual, uma luz fulgurante sobre fenômenos mais gerais. Aqui novamente surge com impressionante clareza a tentativa de Freud de desenvolver um grande projeto de uma psicologia geral a partir de seus dados clínicos. A psicanálise revela que "as neuroses, em todas as suas manifestações, formam uma cadeia ininterrupta ao longo de todo o caminho até a saúde". Maliciosamente, ele cita o psiquiatra alemão Paul Julius Moebius, no sentido de que "somos todos um pouco histéricos". Todos os seres humanos são inatamente perversos; os neuróticos, cujos sintomas constituem uma espécie de contraparte negativa das perversões, apenas expõem essa disposição primitiva universal de modo mais enfático do que as pessoas "normais". Os "sintomas [neuróticos] são a atividade sexual do paciente". Para Freud, assim, uma neurose não é alguma doença exótica e bizarra, mas sim a consequência absolutamente comum de um desenvolvimento incompleto, isto é, de conflitos infantis não resolvidos. A neurose é um estado em que o sofredor regrediu a confrontos anteriores; em suma, ele está tentando dar conta de um assunto inconcluso. Com essa fórmula, Freud chegava ao mais sensível dos temas — a sexualidade infantil.

A psicanálise é uma psicologia do desenvolvimento que passou, ela própria, por uma acentuada evolução. Freud somente apresentaria sua avaliação definitiva do crescimento psicológico, de suas fases e principais conflitos, no início dos anos 1920, com a competente assistência de analistas mais jovens como Karl Abraham. Na primeira edição dos *Três ensaios*, Freud ainda foi bastante sucinto a respeito da história sexual do animal homem; somente em 1915 é que veio a acrescentar a seção sobre o desenvolvimento da organização sexual. Mas na primeira edição encontrou lugar para a discussão das "zonas erógenas", aquelas partes do corpo — principalmente a boca, o ânus e os membros genitais — que, no decorrer do desenvolvimento, tornam-se focos de satisfação sexual. Em 1905, ele também abordou o que chamou de "pulsões parciais". Desde o início, um ponto essencial para a teoria de Freud era o de que a sexualidade não consiste numa força biológica, simples e unitária, que surge plenamente formada com o nascimento ou aparece pela primeira vez na puberdade.

Assim, no ensaio sobre a sexualidade infantil, Freud traçou uma linha desde a turbulência da primeira infância até a turbulência da adolescência, passando pelos anos relativamente calmos da latência. Sem reivindicar a primazia da descoberta, Freud teve gosto em destacar a importância que atribuía às manifestações de paixões sexuais na infância. Embora reconhecesse que a literatura mencionava ocasionalmente a "atividade sexual precoce", como "ereções, masturbação e mesmo atos semelhantes ao coito", ele observou que eram sempre apresentados como "curiosidade ou horríveis exemplos de depravação precoce". Ninguém antes dele, observou Freud com visível orgulho, havia reconhecido claramente a ubiquidade de "uma pulsão sexual na infância". O segundo da série de três ensaios ligados à sexualidade fora escrito para corrigir essa falha.

Freud atribuiu essa falta de reconhecimento quase universal da atividade sexual infantil ao pudor e ao decoro, mas não só a eles. O período de latência desde os cinco anos até a puberdade, essa fase de desenvolvimento em que as crianças fazem enormes progressos intelectuais e morais, empurra a expressão de suas sensações sexuais para um segundo plano. E mais, uma invencível amnésia envolve os primeiros anos da infância como um denso véu; a visão corrente de que a vida sexual se inicia na puberdade fora confirmada pelo próprio testemunho dos amnésicos em causa própria. Mas, como lhe era típico, Freud dirigiu sua curiosidade científica para o óbvio; havia muito tempo, todos estavam cientes dessa amnésia universal, mas ninguém havia pensado em investigá-la. O que esse esquecimento estranhamente eficaz apaga, afirmou ele, é a experiência erótica da criança, juntamente com o resto de sua jovem vida agitada.

Freud não sustentou o absurdo de que a sexualidade infantil se manifesta exatamente da mesma maneira que a adulta. As condições física e psicológica da criança tampouco permitiriam isso. Muito pelo contrário, as emoções e os desejos sexuais infantis assumem formas muito variadas, nem todas tangivelmente eróticas: chupar o polegar e outras mostras de autoerotismo, retenção das fezes, rivalidade entre irmãos, masturbação. Nesse último tipo de jogo, os órgãos genitais dos meninos e meninas começam a marcar sua presença. "Entre as zonas erógenas do corpo da criança, existe uma que certamente não desempenha o papel principal, e não pode ser o portador dos mais antigos impulsos sexuais, mas está destinada a grandes coisas no futuro." Freud, evidentemente, fala do pênis e da vagina. "As atividades sexuais dessa zona erógena, que pertencem aos órgãos sexuais propriamente ditos, na verdade constituem o início da vida sexual posterior e 'normal'." Essas aspas em "normal" são expressivas: qualquer parte do corpo, qualquer objeto imaginável pode servir à satisfação sexual. As violações precoces, por sedução ou estupro, vão estimular o que Freud melifluamente chamou de inclinações "polimorfamente perversas" da criança, mas a "aptidão" para tal perversidade é inata. O que todos costumam chamar de "normal" no comportamento sexual é, na realidade, o ponto final de uma longa peregrinação, muitas vezes interrompida, objetivo que muitos seres humanos nunca — e a maioria deles apenas raramente — alcançarão. A pulsão sexual em sua forma madura é uma conquista.

Os anos de puberdade e adolescência, aos quais Freud dedicou o último ensaio, correspondem ao grande período de prova. Eles consolidam a identidade sexual, revivem [vínculos edipianos] há muito enterrados, estabelecem o predomínio dos órgãos genitais para a obtenção da satisfação sexual. Esse primado não confere aos órgãos genitais um controle exclusivo sobre a vida sexual; as zonas erógenas que tão bem serviram em anos anteriores continuam a proporcionar prazer, embora se reduzam à produção de "prazer preliminar", que sustenta e reforça o "prazer final". Vale a pena notar que, para Freud, esse prazer final constitui uma nova experiência que só surge com a puberdade. Apesar de toda a sua famosa ênfase sobre a autoridade permanente e a importância diagnóstica da infância, Freud nunca desprezou as experiências que homens e mulheres encontram pela primeira vez na vida adulta. Como ele disse certa vez, era apenas uma questão de que os adultos falam com eloquência por si mesmos, e chegara a hora para que um psicólogo agisse como advogado dos primeiros anos de vida, até então sobranceiramente deixados de lado.

Em sua primeira edição, os *Três ensaios sobre a teoria da sexualidade* constituíam um livrinho de oitenta e poucas páginas, pouco mais que um folheto, tão densamente compactado e explosivo como uma granada de mão. Em 1925, na sexta edição, a última a sair durante a vida de Freud, eles chegavam a 120 páginas. Permaneciam alguns mistérios que o livro não se propunha a solucionar: a definição de prazer, a natureza fundamental das pulsões e da própria excitação sexual. No entanto, muito se esclarecera na síntese de Freud. Recuando as origens dos sentimentos sexuais até os primeiros anos de vida, ele pôde explicar, em bases totalmente naturalistas e psicológicas, o surgimento de freios emocionais tão poderosos como a vergonha e a repugnância, de normas em questões de gosto e moral, de atividades culturais como a arte e a pesquisa científica — inclusive a psicanálise. Com isso também se revelaram as emaranhadas raízes do amor adulto. Tudo se liga no universo de Freud: mesmo os chistes e as produções estéticas, e o "prazer preliminar" que geram, trazem a marca das pulsões sexuais e suas aventuras.

A generosa concepção da libido, sustentada por Freud, converteu-o num democrata psicológico. Como todos os seres humanos participam da vida erótica, todos os homens e mulheres são irmãos e irmãs por baixo de seus uniformes culturais. Os radicais sexuais reprovam Freud pelo que julgam ser sua ideologia genital, por assumir como ideal o intercurso heterossexual adulto com um parceiro ternamente amado, antecedido por algumas preliminares, ao qual todos os seres humanos deveriam aspirar. Mas, como Freud estabeleceu uma separação entre esse ideal e a monogamia, sua ideologia foi profundamente subversiva para a época. Não menos subversiva era sua posição neutra e sem censuras a respeito das perversões, pois estava convencido de que a fixação sexual em objetos iniciais que não foram superados, quer isso significasse fetichismo ou homossexualidade, não era crime nem pecado ou doença, e tampouco uma forma de loucura ou sintoma de decadência. Isso soava muito moderno, muito pouco respeitável, em suma, muito pouco burguês.

Mas Freud, deve-se insistir nisso, não era um pansexualista. Ele rejeitou o epíteto com considerável rispidez, não porque fosse secretamente um adulador unilateral da libido, mas simplesmente porque achava que seus detratores estavam errados. Em 1920, no prefácio à quarta edição dos *Três ensaios*, ele lembrou aos leitores, com certa satisfação feroz, que o rebelde e independente não era ele, e sim o filósofo alemão Arthur Schopenhauer, que havia "confrontado a humanidade, há algum tempo, com a amplitude na qual suas intenções e ações são determinadas por impulsos sexuais". Era um fato da história cultural que os críticos, que insistiam que a psicanálise "explica tudo pelo sexo", haviam convenientemente deixado de lado. "Que todos os que desdenhosamente olham a psicanálise do alto de seu ponto de vista superior possam ser lembrados da íntima coincidência entre a sexualidade ampliada da psicanálise e o *Eros* do divino Platão." Quando lhe era conveniente, Freud, o positivista e antimetafísico por princípio, não se importava em invocar como ancestral um filósofo.

ELABORAÇÕES
1902-1915

4. Esboço de um pioneiro preparado para o combate

AOS CINQUENTA ANOS

Em 6 de maio de 1906, Freud completou cinquenta anos. Os anos que haviam acabado de passar foram plenos de satisfação, plenos de promessas. Entre o final de 1899 e meados de 1905, ele havia publicado dois textos fundamentais, *A interpretação dos sonhos* e *Três ensaios sobre a teoria da sexualidade*, um estudo técnico, *Os chistes e sua relação com o inconsciente*, um livro popular sobre a psicopatologia da vida cotidiana, e o caso de "Dora", o primeiro, e ainda o mais controverso, de seus casos clínicos. Finalmente conseguira obter a nomeação como *Ausserordentlicher Professor* e, encontrando alguns adeptos entre os médicos vienenses, seu sentimento de isolamento em relação à categoria profissional começara a diminuir. Mas, se por algum momento Freud julgou que o fato de ter publicado dois livros que marcaram época, recebido um título honorífico e conseguido alguns seguidores, lhe traria tranquilidade, ele estava enganado. Os anos seguintes foram tão agitados quanto a década de 1890. A organização do movimento psicanalítico se mostraria uma tarefa árdua, e absorveu boa parte das melhores energias de Freud. As distrações nunca impediram Freud de repensar a teoria e a técnica psicanalíticas: os quinze anos seguintes foram um período de elaborações e sugestões de futuras revisões. Mas achava que as pressões da política psicanalítica muitas vezes demandavam seu tempo de maneira irritante.

Para comemorar seu quinquagésimo aniversário, os admiradores de Freud presentearam-no com um medalhão que trazia, numa face, seu perfil e, na outra, Édipo decifrando o enigma da Esfinge. A inscrição em grego, extraída do *Édipo Rei* de Sófocles, pretendia claramente ser um elogio supremo a Freud, o Édipo moderno: "Ele adivinhou o famoso enigma e foi um homem extremamente poderoso". Jones registra que, ao ler a inscrição no presente, Freud "ficou pálido e perturbado". Era "como se ele tivesse visto um fantasma". E ele o vira. Quando estudava na universidade, vagueando entre o pátio de arcadas decorado com os bustos de luminares desaparecidos, Freud havia abrigado a fantasia de que algum dia seu busto também estaria lá, trazendo como inscrição exatamente as mesmas palavras escolhidas para o medalhão. Esse episódio, em que seus seguidores adivinharam com tanta sensibilidade e confirmaram de modo generoso a ambição mais ciosamente preservada de Freud, simbolizava bem a influência que ele começava a exercer. Pelo menos alguns tinham-no reconhecido — a ele, o explorador do inconsciente — como um gigante entre os mortais.

Freud precisava da homenagem. A amizade com Fliess, havia muito tempo agonizante, acabara de expirar numa última e desagradável explosão pública, e as lembranças por ela evocadas afligiam-no profundamente. Depois da violenta discussão no verão de 1900, quando Fliess questionou o valor das pesquisas psicanalíticas de Freud, os dois não tinham voltado a se encontrar. Mas, nos dois anos seguintes, a correspondência prosseguiu, ainda que claudicante e a intervalos cada vez mais espaçados, como se o antigo afeto tivesse um resto de ímpeto próprio.

Então, no começo do verão de 1904, Fliess escreveu uma carta impaciente a Freud. Ele acabara de se deparar com *Sexo e caráter*, o livro de Otto Weininger publicado no ano anterior. O livro, uma curiosa mescla de especulações biológico-fisiológicas e extravagante crítica da cultura, havia rapidamente adquirido o estatuto de objeto de culto, para o que muito contribuíra o suicídio melodramático de Weininger. Aos 23 anos, talentoso, precoce e louco, judeu convertido ao cristianismo que detestava judeus e mulheres em igual medida, havia se suicidado com um tiro em Viena, na casa de Beethoven. Para a consternação de Fliess, como rispidamente informou a Freud, ele encontrara no livro de Weininger "minhas ideias sobre a bissexualidade e a natureza da atração sexual daí resultante — os homens femininos atraem mulheres masculinas e vice-versa". Era uma tese que Fliess achava que praticamente havia patenteado como sua, tendo-a comunicado em confiança a Freud alguns anos antes. Mas ainda não a publicara integralmente. Agora, vendo-a impressa, estava certo de que seu velho — seu ex-amigo — devia tê-la passado indiscretamente para Weininger, fosse por vias diretas ou através de Hermann Swoboda, um psicólogo amigo de Weininger e paciente de Freud.

Como vimos, a ideia de que um sexo contém elementos do outro e a reivindicação de Fliess em ter sido o primeiro a desenvolvê-la já haviam contribuído, alguns anos antes, para algumas interessantes dificuldades entre ele e Freud. Agora, em 1904, frente a uma acusação de indiscrição, Freud tergiversou. Admitiu que havia comentado a bissexualidade com Swoboda durante o tratamento; esse tipo de coisa, escreveu ele, vem à baila em todas as análises. Swoboda, a seguir, devia ter passado a informação a Weininger, na época preocupado com o problema da sexualidade. "O falecido Weininger", escreveu ele a Fliess, "era um ladrão com uma chave que encontrou por aí." Acrescentava que Weininger podia ter apanhado a ideia em outro lugar; afinal, havia alguns anos ela figurava na literatura técnica. Fliess não se acalmou. Um amigo mútuo lhe dissera que Weininger havia mostrado o manuscrito de *Sexo e caráter* a Freud, e que este aconselhara Weininger a não publicar tal absurdo. Mas evidentemente Freud deixara de advertir a Weininger que ele estava prestes a cometer um roubo intelectual.

Essa rememoração, sob todos os aspectos acurada, fez com que Freud admitisse que havia mais coisas nesse contratempo do que ele reconhecera: Weininger *realmente* viera vê-lo, mas seu manuscrito era muito diferente do livro. Freud achava uma pena, disse com severidade — e, na vulnerável posição em que se encontrava, com bastante imprudência —, que Fliess tivesse retomado a correspondência apenas para levantar um incidente tão mesquinho. Afinal, é muito fácil praticar um roubo intelectual, mas, protestava Freud, ele sempre havia reconhecido o trabalho dos outros, nunca tendo se apropriado de nada que pertencesse a terceiros. Não era o melhor momento nem o melhor lugar para Freud alegar sua inocência no acirrado combate pela prioridade das ideias. Mas, para evitar outras disputas, ele convidou Fliess a dar uma olhada no manuscrito ainda inacabado dos *Três ensaios sobre a teoria da sexualidade*, para que Fliess pudesse estudar as passagens sobre a bissexualidade e revisar qualquer uma que lhe parecesse ofensiva. Freud chegou a se oferecer para adiar a publicação dos *Três ensaios*, até que Fliess concluísse seu próprio livro. Eram atitudes decentes, mas Fliess preferiu não levá-las em conta.

Este foi o final da correspondência Fliess-Freud, mas não o final da disputa. No começo de 1906, Fliess finalmente publicou seu tratado, com o ambicioso título de *O curso da vida: fundamento da biologia exata*, que apresentava em exaustivos detalhes suas teorias sobre a periodicidade e a bissexualidade. Ao mesmo tempo, um certo A. R. Pfennig, livreiro e jornalista (inspirado por Fliess, acusou Freud), publicava um agressivo folheto denunciando Swoboda e Weininger como plagiadores, e acusando Freud de ser o intermediário pelo qual eles tiveram acesso à propriedade original de Fliess. O que mais feriu Freud nessa polêmica foram as citações extraídas de suas comunicações privadas a Fliess. Ele revidou numa carta a Karl Kraus. Embora reconhecesse moderadamente a verdade da alegação de Pfennig, segundo o qual Weininger chegara às teorias de Fliess passando indiretamente por ele, Freud criticou Weininger por deixar de registrar sua dívida. Quanto ao resto, repudiou as acusações de Pfennig — e, portanto, de Fliess — como miseráveis calúnias.

Desta vez, a vazão de sua indignação não trouxe alívio; a controvérsia foi para Freud uma experiência perturbadora. Sua falta foi, não tanto a indiscrição em discutir a bissexualidade com Swoboda, mas sua insinceridade com Fliess acerca da visita de Weininger. Realmente pode ser verdade, como Freud afirmou, que o manuscrito que ele lera e o livro que havia se tornado um *best-seller* tão em voga tivessem pouca coisa em comum.* Em todo caso, ele aconselhara Weininger a não publicá-lo. Contudo, quando se tratou da participação de Fliess

* A questão, ainda em 1938, preocupava Freud. Ele insistiu que tinha sido "o primeiro a ler seu [de Weininger] manuscrito e — condenei-o". (Freud a David Abrahamsen, 14 de março de 1938. Freud Collection B3, LC.)

nas descobertas de Freud, este manifestou uma extraordinária capacidade de reprimir lembranças inconvenientes. Por mais de dez anos, Fliess havia sido seu mais íntimo confidente, e sob aspectos cruciais o único, em quem ele investiu suas mais profundas emoções. Por isso, em 1900, Freud julgou impossível enfrentar com serenidade sua separação definitiva. Nessas circunstâncias penosas, era reconfortante contar com seguidores dispostos a compará-lo a Édipo.

Freud aos cinquenta era intelectualmente fecundo e fisicamente vigoroso, mas atormentava-se volta e meia com sombrias ideias de decrepitude. Quando Karl Abraham, em 1907, o visitou pela primeira vez, em Viena, lamentou ver que "infelizmente o complexo de velhice parece oprimi-lo". Sabemos que, aos 44 anos, Freud já havia escarnecido de si mesmo, chamando-se de velho israelita acabado. Essa preocupação tornou-se um estribilho constante; em 1910, escreveu a um amigo: "De qualquer forma, notemos que há algum tempo eu decidi morrer apenas em 1916 ou 1917". Mas a produtividade e os frutos do trabalho de Freud desmentiam essa preocupação neurótica. Embora fosse de estatura mediana — tinha cerca de 1,70 m —, ele se destacava numa multidão com sua presença imponente, sua aparência bem-arrumada e seus olhos observadores.

Os olhos de Freud mereceram muitos comentários. Fritz Wittels, que nesses anos era próximo a Freud, descreveu-os como "castanhos e brilhantes", com uma "expressão perscrutadora". Havia quem os julgasse inesquecíveis. Um deles era Max Graf, um culto musicólogo vienense com grande interesse pela psicologia do ato criador, que encontrou Freud pela primeira vez em 1900, e logo passou a fazer parte de seu círculo íntimo. Comentou a respeito dos olhos de Freud que eram "belos" e "sérios" — "pareciam olhar o homem a partir das profundezas". A psicanalista inglesa Joan Riviere, que o conheceu depois da Primeira Guerra Mundial, observou que, embora Freud fosse dotado de um "humor encantador", sua grandiosa presença caracterizava-se pelo "gesto de avançar a cabeça e pela mirada crítica e exploradora de seus olhos agudamente penetrantes". Se o olhar (como Freud disse certa vez) é um substituto civilizado do toque, sua mirada perscrutadora, à qual muito pouco escapava, era-lhe extremamente apropriada. Ele tinha, lembrava Wittels, "a postura curvada de um estudioso". Mas isso, ao que parece, não diminuía o ar imperioso de Freud.

Era um ar de poder disciplinado. Mesmo o bigode e a barba em ponta de Freud eram submetidos à atenção diária de um barbeiro. Freud havia aprendido a dirigir seus apetites — as emoções vulcânicas, o gosto ardoroso pela especulação e suas incansáveis energias — para a realização do propósito único de sua missão.* "Não consigo imaginar a vida sem trabalho como algo realmente con-

* Quando Wittels, em sua biografia, atribuiu a Freud uma "natureza vulcânica", este assinalou tal caracterização com um ponto de exclamação à margem. (Ver p. 29 no exemplar de Freud do livro de Wittels, *Sigmund Freud.* Freud Museum, Londres.)

fortável", escreveu em 1910 ao seu amigo, o pastor Oskar Pfister de Zurique. "Em mim, a fantasia e o trabalho coincidem; não encontro diversão em nada mais." O heroico esforço de autodomínio a serviço do trabalho de concentração prendia-o a um cronograma extremamente preciso. Como bom burguês que era, e sem vergonha de sê-lo, "ele vivia", segundo as palavras de seu sobrinho Ernst Waldinger, "pelo relógio".

Mesmo as variações que animavam o cotidiano de Freud eram estabelecidas: as partidas de baralho, os passeios pela cidade, as férias de verão, eram todos cuidadosamente programados, largamente previsíveis. Levantando-se às sete horas, ele atendia os pacientes psicanalíticos das oito ao meio-dia. O almoço era servido pontualmente à uma: ao bater do relógio, a família se reunia em torno da mesa da sala de jantar; Freud saía de seu gabinete, sua mulher se sentava de frente para ele, na outra ponta da mesa, e a empregada se materializava, trazendo a terrina de sopa. Então seguia-se uma caminhada para estimular a circulação, talvez devolvendo provas tipográficas ou comprando charutos. As consultas eram às três, e depois ele atendia a outros pacientes de análise, muitas vezes até às nove da noite. Em seguida vinha o jantar, de vez em quando um rápido jogo de cartas com a cunhada Minna ou um passeio com sua mulher ou uma das filhas, que frequentemente terminava numa cafeteria, onde podiam ler os jornais ou, no verão, tomar um sorvete. O resto da noite era dedicado a ler, escrever e cumprir algumas tarefas editoriais nas revistas psicanalíticas que, a partir de 1908, disseminavam as ideias de Freud e complicavam sua vida. Ia para a cama à uma da manhã.

Freud apresentava suas conferências na universidade invariavelmente aos sábados, das cinco às sete, e também invariavelmente ia a seguir à casa de seu amigo Leopold Königstein, para sua partida semanal de tarock, um antigo jogo de cartas para quatro pessoas, muito popular na Áustria e na Alemanha. Ele não podia passar sem seu "*Tarockexzess*". Nas manhãs de domingo, visitava sua mãe; mais tarde, escrevia as cartas que não tivera tempo de escrever durante a semana. As férias de verão, ansiosamente esperadas por todo o clã Freud, eram um assunto sério; os planos para aqueles meses fora de Viena ocupavam parte considerável da correspondência de Freud. "Sei", escreveu a Abraham na primavera de 1914, "como é difícil o problema do verão." No mundo burguês que seria em larga medida destruído pela Grande Guerra, o *Sommerproblem* era uma questão que exigia a mais cuidadosa atenção. Muitas vezes, Freud começava a tomar providências já no começo da primavera, para encontrar o balneário certo para se recuperar da labuta clínica, receber visitas de amigos íntimos e, quando estava empenhado numa ideia importante, ter semanas de solidão. Quando chegava o verão, depois de meses de cansativos atendimentos psicanalíticos, os Freud — os pais, os seis filhos e a tia Minna — se instalariam num hotel sossegado nas montanhas, em Bad Gastein na Áustria, ou em Berchtesgaden na Bavária, para lá passarem as semanas juntos, catando cogumelos, colhendo morangos, indo pescar e fazendo difíceis caminhadas. No período final do verão — agosto e começo de setembro —, Freud viajava com o irmão Alexander, ou com um colega privilegiado como Sándor Ferenczi, para explorar a Itália. Uma vez, em 1904, ele e o irmão fizeram uma rápida e inesquecível visita a Atenas; sentindo-se assoberbado, postou-se na Acrópole, refletindo como era estranho finalmente vislumbrar na realidade o que ele conhecia havia tanto tempo, e tão bem, apenas pelos livros.

Em seu famoso estudo *A ética protestante e o espírito do capitalismo*, publicado em 1904 e 1905, enquanto Freud concluía os *Três ensaios*, o sociólogo alemão Max Weber falou desoladamente de uma jaula de ferro onde o homem moderno está preso como vítima da pontualidade imposta, da labuta destruidora da alma e da burocracia insensata. Mas o modo de vida compassado de Freud era o pré-requisito, e na verdade estava a serviço não só do trabalho, mas do prazer. Ele era injusto consigo mesmo ao dizer que apenas o trabalho o divertia. Os visitantes de Berggasse 19 e os companheiros de suas excursões de verão são testemunhas da receptividade de Freud a novas experiências, que se manteve inalterada aos seus cinquenta anos e mesmo depois. Às vezes, ele podia desconcertar seus convidados, ficando a refletir silenciosamente durante a refeição e deixando a conversa a cargo da família. Mas, na maioria das vezes, era um anfitrião jovial. Após voltar de uma visita a Freud no final de dezembro de 1907, Abraham escreveu, ainda eufórico, ao amigo Max Eitingon: "Tive uma acolhida extremamente cordial na casa dele. Ele mesmo, a mulher, a cunhada e a filha me levaram por Viena, a exposições de arte, cafés, ao livreiro Heller e ao livreiro antiquado etc. Foram dias maravilhosos".

Embora Freud, apesar de sua vitalidade, não fosse imune à depressão, ele evitava longas ruminações melancólicas. Ao considerar retrospectivamente sua visita aos Estados Unidos em 1909, ele comentou: "então, eu tinha apenas 53 anos, sentia-me jovem e saudável". Quando seu filho Martin pôs-se a escrever sobre aqueles anos, lembrou principalmente o "pai alegre e generoso". Buscando uma maior precisão no alemão, sua língua materna, ele repetiu que seu pai tinha "*ein froeliches Herz*, que talvez não se possa traduzir perfeitamente por 'um coração alegre'". Anna Freud confirma a avaliação do irmão mais velho: a personalidade real de seu pai, disse ela a Ernest Jones, não aparecia plenamente em suas cartas, pois elas estavam "sempre dirigidas a alguém, para informar, acalmar, encorajar ou partilhar problemas e negócios". Em geral ele era "até moderado, otimista e mesmo alegre", raramente adoecendo ou perdendo um dia de trabalho por alguma indisposição.*

* Em 28 de janeiro de 1952, ela escreveu a Jones, depois de ler as cartas de seu pai a Abraham e Eitingon: "Muitas vezes fiquei impressionada com o fato de que, nessas cartas, ele se queixava da saúde, ao passo que em casa nunca ouvimos tais queixas de sua parte, pelo contrário. De certa forma, ocorreu-me a ideia de que era uma forma de se defender contra as demandas que lhe eram feitas de fora". Certamente, prosseguia ela, "na relação com Fliess, em que ele ansiava pela companhia do outro", Freud não empregou essa manobra defensiva. (Jones papers, Archives of the British Psycho-Analytical Society, Londres.)

O Freud mais conhecido, aquele que aparece carrancudo nas fotografias, não é ilusório; ao contemplar seus semelhantes, via muitos motivos para fechar a carranca, e não só em relação aos discípulos dissidentes. Mas ele não se resumia a isso. Ernest Jones chamou bem a atenção para o fato de que Freud não gostava de ser fotografado; por isso, seus retratos formais são mais sombrios do que o indivíduo. Apenas os filhos, com a máquina fotográfica na mão, apanhavam-no desprevenido e registravam um rosto menos assustador. O Freud encantado com alguma impressionante paisagem da montanha, algum cogumelo particularmente suculento ou alguma vista urbana que nunca vira antes é tão autêntico quanto o Freud-Newton da mente, percorrendo sozinho estranhos mares do pensamento, ou o intimidante Freud pioneiro, capaz de desconcertar um herético com seu olhar implacável.

A regularidade não significava rigidez. Na verdade, seu gosto pelas organizações informais e acordos igualmente informais com editores e tradutores gerou muita confusão. No entanto, mais do que isso, Freud achava possível mudar de posição quanto a algumas de suas mais caras ideias. Exceto no que se referia a princípios essenciais da psicanálise, tais como a sexualidade infantil, a etiologia sexual das neuroses e o trabalho da repressão, ele era receptivo, e mesmo ávido por promissores desvios teóricos e terapêuticos. Sua conversa, assim como seu estilo epistolar, era um modelo de clareza e vigor, repleta de formulações originais. Seu repertório de piadas, principalmente mordazes anedotas judaicas, e sua inigualável memória para oportunas citações de poetas e romancistas conferiam-lhe o dom incomparável de incluir surpresas com propriedade tanto na conversa como nos textos. Todos os sábados na universidade, relembrou Wittels, Freud falava "sem anotações por quase duas horas, e seus ouvintes ficavam fascinados". Seu "método de exposição era o de um humanista alemão, atenuado por um tom coloquial que provavelmente adquirira em Paris. Nenhuma pomposidade nem maneirismo". Mesmo no discurso mais técnico, seu humor e informalidade continuavam a despontar. Escreveu Wittels que ele "gostava de usar o método socrático. Podia interromper uma exposição formal para fazer perguntas ou pedir críticas. Quando aproximavam-se as objeções, ele as tratava de maneira espirituosa e convincente".

Freud tampouco tinha fixação por dinheiro, como seria natural para alguém pobre por tanto tempo, nem tendia a se afligir com as finanças de sua família. Era antes com pesar que ele renunciava a prazeres familiares, como o de assistir ao *début* vienense de sua sobrinha Lilly Freud Marlé, conhecida *diseuse*, por achar que não teria tempo. Ele era, como escreveu a ela se desculpando, "uma mera máquina de fazer dinheiro", um "diarista temporariamente muito talentoso". Mas não poupava generosidade aos que dela precisavam. Por volta de 1905 — Freud estava chegando perto dos cinquenta anos —, o jovem poeta suíço Bruno Goetz, que então estudava em Viena, veio consultá-lo devido a dores de cabeça que nenhum remédio conseguia aliviar. Um dos professores de Goetz havia recomendado Freud como médico capaz de ajudá-lo, e, para facilitar o acesso, enviara a ele alguns poemas de Goetz. Deixando o visitante à vontade, Freud fez com que ele contasse a história de sua vida, com detalhes sexuais íntimos como algumas ocasionais paixões de juventude por marinheiros, e concluiu que não era o caso de recorrer à psicanálise. Escreveu uma receita e, aparentemente fora do assunto, fez com que Goetz falasse sobre sua pobreza. "Sim", disse Freud. "O rigor consigo mesmo tem algo de bom. Mas não se deve exceder. Quando você comeu seu último bife?" Goetz admitiu que devia ter sido cerca de quatro semanas antes. "Bem que pensei", respondeu Freud, e então, ficando "quase embaraçado", lembrou Goetz, ofereceu-lhe alguns conselhos dietéticos e um envelope: "Você não deve se ofender comigo, mas sou um doutor maduro e você ainda é um jovem estudante. Aceite este envelope da minha parte, e permita-me desempenhar o papel de pai apenas por esta vez. É um pequeno honorário pelo prazer que você me proporcionou com seus versos e a história de sua juventude. *Adieu*, e algum dia volte a me procurar. É verdade que meu tempo é muito ocupado, mas meia ou uma hora sempre aparece. *Auf Wiedersehn!*" Quando Goetz chegou a seu quarto e abriu o envelope, encontrou duzentas coroas. "Fiquei", lembrava ele, "num estado tão agitado que tive de chorar alto." Não foi a única vez que Freud haveria de ajudar a colegas mais jovens, e mesmo pacientes, com um presente oportuno, oferecido com tato e aceito com gratidão.

O jeito de Freud como pai condizia com seu jeito como orador, escritor e pequeno filantropo. Embora tenha mantido, durante toda a vida, grande parte do estilo doméstico do século XIX, ele era um *pater familias* burguês com uma diferença. Martha Freud, como todos sabiam, empenhava-se inteiramente em fazer com que o tempo e as energias de seu marido ficassem livres para a pesquisa e a redação; a organização doméstica prática ficava em suas mãos dispostas e competentes.*

Mas, como algo típico de sua família, os filhos de Freud eram bem-comportados — bem-comportados, não intimidados. A mãe, conforme lembrava o primogênito, era ao mesmo tempo firme e bondosa. "Não havia falta de disciplina." Os Freud valorizavam o desempenho escolar, sem superestimá-lo; na verdade, o código vigente de bom comportamento não inibia rodadas de brincadeiras e bom humor. "Sei", rememorava Martin Freud, "que nós, as crianças Freud, fazíamos e dizíamos coisas que outros achavam estranhas"; a seu ver, eles tiveram uma educação liberal. "Nunca recebíamos ordens de fazer isto ou não fazer aquilo; nunca nos diziam que não fizéssemos perguntas. Nossos pais sempre davam respostas e explicações a todas as questões sensatas, e nos tratavam como indivíduos, pessoas por si mesmas." Aí estava a teoria educacional psicanalítica visível na prática: a liberalidade moderna contida pela decência burguesa. Martha Freud declarou que, por "desejo expresso" do marido, nenhum dos três filhos "seguiu

* Para uma exceção importante, depois da Primeira Guerra Mundial, ver p. 389-90.

seus passos".* Mas a seguir a caçula, sua Annerl, mesmo assim tornou-se psicanalista. "Com a filha, ele não poderia evitar." A história dos anos seguintes de Freud mostra que este foi um desafio aos seus desejos calorosamente recebido por ele.

Um episódio tocante da adolescência de Martin Freud ilustra o estilo doméstico de seu pai. Num dia de inverno, Martin estava fora de casa, patinando com a irmã mais velha, Mathilde, e o irmão mais novo Ernst, e os dois meninos, deslizando juntos, colidiram com um cavalheiro idoso de barba, que oscilou comicamente para recuperar o equilíbrio. Ernst fez algumas observações grosseiras, absolutamente inoportunas, sobre essas manobras desastradas, e um exímio patinador que havia observado o incidente, julgando equivocadamente que o culpado era Martin, patinou até ele e deu-lhe uma bofetada. Martin Freud, imbuído de noções pueris de honra e cavalheirismo, recebeu o fato como uma profunda humilhação. Para piorar as coisas, o funcionário confiscou seu bilhete da temporada, e um patinador gordo e desajeitado interveio por ele, apresentando-se como advogado e oferecendo-se para representá-lo em tribunal. Isso, lembrou Martin Freud, "apenas aumentou minha sensação de desespero": o recurso a uma ação jurídica violaria o código medieval que então adotava. Recusou indignado. Mathilde conseguiu recuperar o bilhete da temporada de seu irmão, e os garotos Freud, comichando com as novidades, voltaram correndo para casa, para contá-las. Apenas Martin ficou deprimido com o curso dos acontecimentos. "Parecia-me que todo o meu futuro tinha sido destruído por essa desgraça." Tinha certeza de que, quando chegasse a época de seu serviço militar, "eu nunca poderia ser um oficial, e acabaria talvez como descascador de batatas", ou talvez como o servil soldado raso que esvazia baldes de lixo e limpa as latrinas. Sentiu-se totalmente desonrado.

Freud ouviu atentamente essa animada narrativa, e, depois que as crianças se acalmaram, chamou Martin ao seu gabinete. Então pediu ao filho que lhe contasse toda a história de novo, do começo ao fim. Martin Freud, embora depois lembrasse detalhadamente o resto do incidente, não conseguia recordar o que seu pai havia lhe dito; o que realmente recordava era que a "tragédia de dilacerar a alma" se reduzira a "uma ninharia desagradável e insignificante". Seja o que for que Freud tenha feito pelo filho naquela noite, a questão é que ele não era alguém demasiado preocupado, grandioso demais ou defensor de uma disciplina demasiado rígida, para deixar de dar ao filho a afetuosa e benéfica atenção que julgava indicada.

Como típico burguês de sua época e cultura setentrional, Freud não era muito extrovertido. Como recordou seu sobrinho Harry, ele estava "sempre em termos muito amigáveis com seus filhos", mas não "expansivos"; pelo contrário, ele era "sempre um pouco *formal* e *reservado*". Na verdade, "raramente ocorria

* É de se acrescentar que nenhum dos três filhos de Freud parece ter mostrado qualquer inclinação ou talento para a profissão dele.

que ele beijasse algum deles; quase posso dizer que realmente nunca acontecia. E mesmo sua mãe, a quem muito amava, ele apenas beijava por obrigação ao se despedir". Mas em 1929, numa carta a Ernest Jones, Freud falou de "uma fonte de ternura" dentro de si, com a qual sempre se poderia contar. Podia não tender a exibir tais sentimentos — "mas em minha família eles conhecem melhor". É provável que desse de bom grado às meninas o que negava aos meninos; numa de suas visitas, Jones viu uma das filhas de Freud, "então uma escolar crescida, aninhada em seu colo". Os sinais do afeto de Freud, as indicações sutis que sua atitude transmitia aos filhos, bastavam para criar um ambiente emocional de calor e grande confiança. "Os avós", escreveu a Jung em 1910, "raramente são ríspidos, e talvez eu não o tenha sido sequer como pai." Seus filhos confirmavam alegremente essa sua avaliação.

PRAZERES DOS SENTIDOS

Freud, assim, não era um rígido caxias. Tampouco um asceta. Sua atividade sexual parece ter diminuído cedo; sabemos que em agosto de 1893, quando tinha apenas 37 anos, estava vivendo em abstinência sexual. Mas não parou aí. No ano seguinte, ele informou a Fliess, sempre à cata de ritmos biológicos, que a cada 28 dias, ciclicamente, "não tenho desejo sexual e sou impotente — o que, afinal, ainda não é o caso nos outros dias". E, em 1897, ele contou a Fliess um sonho no qual subia uma escada em trajes muito sumários, seguido por uma mulher. O afeto correspondente era "não angústia, mas excitação erótica".

É verdade, como vimos, que em 1900 ele observara que havia "parado de gerar filhos". Mas existem algumas intrigantes indicações de que Freud ainda não deixara de sentir estímulos sexuais, e na verdade nem de manter relações, e que eles não cessariam por outros dez anos ou mais. Em julho de 1915, ele teve uma série de sonhos que prontamente registrou e analisou. Um deles era sobre sua mulher: "Martha se dirige a mim, eu devo escrever algo para ela — escrever numa agenda, tiro meu lápis... Fica muito indistinto". Ao interpretar o sonho, Freud apresentou vários restos diurnos para explicá-lo, inevitavelmente entre eles seu "significado sexual": o sonho "tem a ver com o coito bem-sucedido da manhã de quarta-feira". Então ele estava com 59 anos. Assim, nesse mesmo ano, quando Freud disse a Jackson Putnam que havia "feito muito pouco uso" da liberdade sexual que defendia, estava essencialmente declarando uma aversão a aventuras extraconjugais. Como alguns de seus sonhos, certos artigos e comentários casuais sussurram luxuriantes fantasias eróticas que persistiram ao longo dos anos. Em sua maioria, podem ter sido fantasias. "Nós, as pessoas de cultura" — *Kulturmenschen* —, disse a seus adeptos com sardônica resignação quando tinha apenas 51 anos, "estamos todos um pouco inclinados à impotência psicológica." Num gracejo onde havia mais do que uma ponta de melancolia, ele sugeriu, alguns meses depois, que seria útil ressuscitar uma antiga instituição: "uma academia do amor, onde se ensinaria a *ars amandi*". Ele manteve em segredo o quanto praticou daquilo que ensinaria numa tal academia. Mas o fato de fazer uma anotação específica sobre um "coito bem-sucedido" em 1915 insinua que devem ter ocorrido vezes em que ele malogrou.

A resignação de Freud era parcialmente motivada por uma forte aversão a todos os métodos contraceptivos conhecidos. Sabemos que no início dos anos 1890, quando investigava — em seus pacientes e, como parece altamente provável, em seu próprio casamento — as origens sexuais das neuroses, ele deplorou as consequências psicológicas negativas da contracepção. Exceto nas mais favoráveis circunstâncias, julgava ele, o uso de preservativos masculinos é capaz de provocar um mal-estar neurótico. O *coitus interruptus* e outros meios tampouco são melhores; dependendo do método empregado, o homem ou a mulher está provavelmente condenado a terminar como vítima da histeria ou de uma neurose de angústia. "Se Freud tivesse prosseguido com seus esforços nessa direção", observou Janet Malcolm, "teria se tornado o inventor de um preservativo masculino melhor, e não o fundador da psicanálise."

Mesmo assim, ele explorou as dificuldades resultantes das imperfeições dos contraceptivos como outras tantas pistas para o funcionamento da mente humana, inclusive da sua, em seus âmbitos mais secretos. Os apontamentos que enviou a Fliess sobre esse delicado tema não mencionam sua pessoa, mas sim seus pacientes e as formas como essas confissões sinceras alimentavam sua teoria. Mas esses rascunhos, ao mesmo tempo apaixonados e confidentes, também falam de sua posição pessoal. Sutilmente reverberam com sua experiência sexual menos que satisfatória.

Ainda mais sutilmente, a resignação de Freud se mostra relacionada com a expectativa de uma morte prematura. Em 1911, ele disse a Emma, mulher de Jung: "Meu casamento foi amortizado há muito tempo, agora não há mais nada a fazer além de — morrer". Mas Freud também considerava a abstinência como motivo de certo orgulho. Em seu artigo sobre a moral sexual civilizada, publicado em 1908, ele observou que a civilização moderna faz exigências extraordinárias à capacidade de contenção sexual, principalmente entre os que pretendem uma certa cultura; ela requer que as pessoas se abstenham de relações até o casamento e, a seguir, restrinjam sua atividade sexual a um único parceiro. A maioria dos seres humanos, pensava Freud, acha impossível obedecer a tais exigências, ou obedecem-nas a um custo emocional exorbitante. "Apenas uma minoria consegue esse domínio através da sublimação, através do desvio das forças sexuais instintivas para finalidades culturais mais elevadas, e mesmo então apenas de maneira intermitente." Muitíssimos outros "ficam neuróticos ou sofrem danos sob outras formas".

Mas Freud não se julgava neurótico nem prejudicialmente afetado; pelo contrário, não duvidava de que sublimara seus instintos e fazia um trabalho cultural da mais alta categoria. Mas o velho Adão não se manteria passivamente subjugado: em anos mais avançados, Freud visivelmente apreciava a admiração de mulheres bonitas; a elegante e formidável Lou Andreas-Salomé era apenas a mais impressionante dentre elas. Em 1907, escrevendo da Itália numa época em que provavelmente encontrava-se bem adiantado em sua via de sublimação dos impulsos eróticos, ele disse a Jung que havia encontrado um jovem colega de Jung, que "parece ter novamente providenciado uma mulher para si. Tal prática impede a teoria". O incidente levou-o a refletir sobre sua própria prática: "Quando eu tiver dominado totalmente minha libido (na acepção comum), vou começar uma 'vida de Amor pela Humanidade'". Pelo visto, em 1907 ainda não dominara sua libido — na acepção comum.

Freud, assim, manteve-se muito tempo receptivo aos prazeres dos sentidos. Expressava uma certa simpatia pela máxima de Horácio — *carpe diem*, "aproveite o dia de hoje" —, defesa filosófica de agarrar o prazer do momento que apela à "incerteza da vida e à natureza infrutífera da renúncia virtuosa". Afinal, confessava ele, "cada um de nós teve horas e épocas em que admitiu que essa filosofia de vida é correta". Em tais momentos, somos propensos a criticar a impiedosa severidade dos ensinamentos morais: "Só sabem fazer exigências sem oferecer compensações".* Embora rígido moralista, Freud não negava a vez do prazer.

Os objetos que Freud reuniu em seu apartamento ao longo dos anos depõem sobre o tipo de gratificação sensual que ele, médico e homem de família, considerava agradável e, ao mesmo tempo, aceitável. A Berggasse 19 era um pequeno mundo refletindo escolhas deliberadas; seguramente situava Freud em sua cultura mais ampla tanto pelo que continha como pelo que, admiravelmente, não continha. Freud era um citadino culto da classe média de sua época; no entanto, sua atitude em relação ao que sua classe afirmava admirar, e muitas vezes realmente admirava — a arte, a música, a literatura, a arquitetura —, não era totalmente previsível. Freud não era, em absoluto, insensível à beleza feita pelo homem. Em 1913, gostou de saber que Karl Abraham estava apreciando a estância holandesa de Noordwijk aan Zee, onde Freud já havia passado férias. "Principalmente os crepúsculos", rememorava ele, "eram grandiosos." Mas apreciava ainda mais as obras humanas. "As pequenas vilas holandesas são encantadoras. Delft é uma pequena joia." Os pintores e escultores — e arquitetos — proporcionavam-lhe grande deleite visual, ainda mais do que as paisagens naturais.

Aberto ou não à beleza, as preferências de Freud, de modo geral, seguiam o convencional. As coisas que escolheu para circundá-lo são de um inflexível conservadorismo, celebrando tradições estabelecidas. Ele gostava daquele tipo de

* Num breve e encantador ensaio sobre a transitoriedade, escrito — é importante notar — durante a insensata carnificina que foi a Primeira Guerra Mundial, Freud afirmava que, embora toda beleza esteja fadada à decadência, essa verdade não acarreta uma imortalidade mítica nem uma melancólica tristeza: "Se uma flor floresce apenas por uma única noite, sua floração nem por isso se mostra menos magnífica para nós". O que importa é a emoção despertada pela beleza e pela perfeição no próprio momento em que surgem. ["Vergänglichkeit" (1916), *GW* X, p 359/ "On transience", *SE* XIV, p. 306.]

lembranças que inúmeros burgueses do século XIX julgavam indispensáveis a seu bem-estar: fotografias de membros da família e amigos íntimos, *souvenirs* de lugares visitados e de bom grado lembrados, águas-fortes e peças esculpidas que, por assim dizer, eram legados do Antigo Regime no campo das artes — todas acadêmicas e sóbrias. As revoluções na pintura, poesia e música eclodindo à sua volta deixaram-no impassível; quando se impunham à sua atenção, o que era raro, ele as desaprovava energicamente. A partir dos quadros nas paredes da casa de Freud, quando se mudou para a Berggasse 19, não se poderia saber que o impressionismo francês vinha florescendo havia algum tempo, nem que Klimt, Kokoschka e, mais tarde, Schiele trabalhavam em Viena. Comentando com enfático desgosto um retrato desenhado, "extremamente moderno", de Karl Abraham, ele lhe disse que estava horrorizado em ver "quão cruelmente deve ser punida sua tolerância ou simpatia em relação à 'arte' moderna". As aspas irônicas em "arte" são expressivas. Freud admitiu francamente a Oskar Pfister que, frente ao expressionismo, era um filisteu.

Da mesma forma, a mobília que apinhava o apartamento dos Freud ignorava todos os *designs* experimentais que então transformavam as residências de famílias mais atualizadas de Viena. Os Freud viviam em um sólido conforto vitoriano, com toalhas de mesa bordadas, cadeiras forradas de pelúcia, fotografias emolduradas e uma profusão de tapetes orientais. O apartamento respira um ecletismo despreocupado, refletido num acúmulo de objetos que, longe de obedecerem ao projeto de algum decorador, exprime a simples busca de prazer doméstico ao longo dos anos. Os Freud deviam considerar essa pletora desordenada, que gostos mais austeros desdenhariam como um ambiente opressivo, extremamente reconfortante; ela realizava o programa de domesticidade que Freud estabelecera antes de se casar, e mostra a prosperidade finalmente obtida, ao lado de experiências afetuosamente relembradas. De fato, a prosperidade e as recordações caracterizam os aposentos profissionais de Freud — o consultório e seu gabinete privado —, tanto quanto os outros cômodos da Berggasse 19. Sua análise da arte era muito mais radical do que seu gosto em matéria de beleza.

Um conflito muito semelhante permeava as atitudes de Freud em relação à literatura. Seus tratados, monografias e artigos demonstram suas amplas leituras, boa memória e exigente senso estilístico. Como sabemos, ele recorria com frequência a seus clássicos alemães favoritos, principalmente Goethe e Schiller, e a Shakespeare, que lhe colocava enigmas fascinantes e cujas obras era capaz de recitar extensamente em inglês quase perfeito. Autores espirituosos como Heinrich Heine e humoristas mais grosseiros como Wilhelm Busch forneciam-lhe ilustrações cáusticas. Mas, na escolha de seus favoritos, deixava de lado a vanguarda europeia de sua época; conhecia seu Ibsen, principalmente sob o aspecto de corajoso iconoclasta, mas parece ter tido pouco espaço para poetas como Baudelaire ou teatrólogos como Strindberg. Entre os vienenses, que naqueles dias escreviam, pintavam e compunham numa atmosfera eletrizada por irreprimíveis impulsos modernistas, apenas Arthur Schnitzler, como vimos, recebia os aplausos incondicionais de Freud, por seus penetrantes estudos psicológicos da sexualidade na sociedade vienense contemporânea.

Isso não significa que Freud não se dedicasse à leitura de romances, poemas e ensaios, pelo seu próprio prazer. Dedicava-se, e suas escolhas eram abrangentes. Quando precisava relaxar, principalmente ao se recuperar de operações em idade avançada, entregava-se a seu gosto por mistérios policiais, lendo autores de histórias detetivescas tão clássicos como Agatha Christie e Dorothy Sayers. Naturalmente, de modo geral, seus assuntos de leitura eram bem mais elevados. Em 1907, respondendo a um questionário de seu editor Hugo Heller, que pedia uma lista de dez "bons" livros, Freud mencionou dois escritores suíços, dois franceses, dois ingleses, um russo, um holandês, um austríaco e um americano: Gottfried Keller e Conrad Ferdinand Meyer, Anatole France e Émile Zola, Rudyard Kipling e lorde Macaulay, Dmitri Merezhkovski, "Multatuli", Theodor Gomperz e Mark Twain. Essas preferências, assim como suas preferências artísticas, eram relativamente seguras, muito menos arriscadas do que se poderia esperar de um tal rebelde. Mas de fato apresentavam pelo menos um pouco de rebeldia. "Multatuli", o ensaísta e romancista holandês Eduard Douwes Dekker, tinha algo de reformador político e moral; o *Livro da selva* de Kipling podia ser lido como um protesto ficcional contra a artificialidade da civilização moderna; Mark Twain certamente era o mais irreverente dos humoristas.

Na verdade, alguns favoritos de Freud, tais como os ensaios decididamente otimistas de Macaulay sobre a cultura inglesa do século XVIII ao século XIX, e sua história não menos deliberadamente *whiggish* da antiga filosofia grega, eram à sua maneira um tanto subversivos. Eles recordam a dívida indelével de Freud para com o pensamento do Iluminismo do século XVIII, seu espírito crítico e esperança pela humanidade, o qual ele conheceu diretamente através de suas leituras de Diderot e Voltaire e filtradamente através de seus herdeiros novecentistas. O tema dominante da obra tanto de Macaulay como de Gomperz era a difusão vitoriosa da luz e da razão por um mundo profundamente obscurecido pela superstição e perseguição. Sabemos que Freud gostava de dizer que passara a vida a destruir ilusões, mas, apesar desse inabalável pessimismo, por vezes divertia-se em brincar com a ilusão de que o progresso é possível, e talvez cumulativo, na esfera dos assuntos humanos. É digno de nota que, quando escrevia para publicação, seja sobre a psicologia do indivíduo, dos grupos ou da cultura como um todo, ele era bem menos esperançoso. Quando lia por prazer, ao que parece, Freud permitia-se algumas das fantasias esperançosas que reprimia com rigor durante as horas de trabalho.

Não surpreende que os veredictos literários de Freud muitas vezes fossem diretamente políticos: uma razão pela qual apreciava Anatole France era por este manifestar um franco antiantissemitismo; uma razão pela qual atribuía a Dmitri Merezhkovski, autor de *O romance de Leonardo da Vinci*, um peso muito maior do que merecia, era por lisonjear um artista da Renascença a quem Freud admirava pela independência e coragem intelectual. Mas a maioria dos escritores preferidos de Freud eram favoritos por serem talentosos psicólogos amadores. Freud podia aprender com eles, assim como, pensava ele, os biógrafos ou antropólogos podiam aprender consigo. Isso não significa reduzir Freud a um filisteu coerente, muito embora aplicasse tal epíteto a si próprio. Mas o veio utilitário em suas preferências é inegável. Como confessou em 1914, no artigo sobre o *Moisés* de Michelangelo, "frequentemente notei que o tema de uma obra de arte atrai-me mais fortemente do que suas propriedades formais e técnicas, as quais, afinal, são o que o artista mais valoriza. Na verdade, não tenho uma compreensão adequada de muitos dos métodos e alguns dos efeitos da arte". Freud reconhecia a distinção entre o prazer puramente formal e estético e o prazer que pode ser proporcionado pelo tema da arte ou da literatura. Mas aí se detinha, em parte por considerar que os caminhos dos artistas ultrapassavam a compreensão. "O sentido pouco conta entre essas pessoas, tudo o que lhes importa é a linha, a forma, a concordância dos contornos. Eles se entregaram ao *Lustprinzip*."* Em Freud, num profundo contraste, o princípio da realidade impunha seu predomínio sobre o princípio do prazer.

Essa propensão mental prática inevitavelmente modelou a relação bastante distante e curiosa de Freud com a música. Ele fazia questão de proclamar sua ignorância em matéria musical, e admitia que não era capaz de cantar. Na *Interpretação dos sonhos*, praticamente se vangloriou de sua falta de ouvido musical: ao cantarolar o desafio de Fígaro ao conde Almaviva, no primeiro ato de *As bodas de Fígaro*, ele achava que "uma outra pessoa talvez não reconhecesse a melodia". Os que eram obrigados a ouvi-lo trautear árias de óperas de Mozart confirmavam a verdade do fato. Não procurava músicos e, como observou sucintamente sua filha Anna, "nunca ia a concertos". Mas apreciava ópera, ou melhor, algumas óperas. Suas filhas, revirando suas lembranças, apareceram com cinco: *Don Giovanni*, *As bodas de Fígaro* e *A flauta mágica* de Mozart, *Carmen* de Bizet e *Meistersinger* de Wagner. A lista é ponderada e breve: nada de Claude Debussy, nada de Richard Strauss. Entre as óperas de Wagner, *Meistersinger*, depois de algumas obras anteriores como *O holandês voador*, é certamente a mais acessível. E *Carmen*, embora tenha levado algum tempo para conquistar Paris, após sua *première* em 1875 nessa cidade, rapidamente tornou-se grande favorita nas terras

* Freud era um estilista notável e crítico impiedoso de suas próprias produções. Sua "autocrítica", disse a Ferenczi, "não é um dom agradável", mas, ao lado de sua coragem, ele a considerava como seu melhor traço de caráter. Foi essa autocrítica que "fez uma seleção estrita entre minhas publicações. Sem ela, eu teria apresentado o triplo ao público" (Freud a Ferenczi, 17 de outubro de 1910. Freud-Ferenczi Correspondence, Freud Collection, LC). Isso soa um tanto exagerado, mas, visto que Freud costumava destruir seus rascunhos e anotações, pode ser realmente verdade. Contudo, nem por isso se converteu num crítico literário.

de língua alemã. Brahms, Wagner e Tchaikovski, que pouco concordavam em outras coisas, eram unânimes em considerar a última obra de Bizet como uma obra-prima; Nietzsche, que assistiu pelo menos a vinte apresentações dela, invocou sua vitalidade e encanto gaulês ao polemizar contra os pesados e decadentes dramas musicais teutônicos de Wagner; Bismarck, esse informado entusiasta da música, vangloriava-se de tê-la ouvido 27 vezes. Não era preciso ser devoto da vanguarda para apreciar essas óperas. Certamente, Freud conhecia-as o bastante para citá-las conforme suas finalidades: a ária de Fígaro, "Se vuol ballare, signor contino", a declaração de Sarastro à princesa Pamina em *A flauta mágica*, de que não poderia obrigá-la a amá-lo, Leporello enumerando impudente as conquistas de Don Giovanni para Donna Elvira.

A atração da ópera sobre alguém tão pouco musical como Freud não é de forma alguma misteriosa. A ópera, afinal, é música com palavras, canção unida à ação dramática. Como a maior parte das leituras de Freud, ela podia lhe proporcionar o agradável impacto do reconhecimento; à sua maneira extravagante e muitas vezes melodramática, a ópera tratava das questões psicológicas que preocuparam Freud durante toda a sua vida adulta: o amor, o ódio, a avidez, a traição. Além disso, a ópera também é um espetáculo, e Freud era particularmente sensível a impressões visuais. Era por isso que ele olhava seus pacientes com a mesma atenção com que os ouvia. E mais, a ópera retrata o desenlace de agitados conflitos morais, desembocando em soluções morais satisfatórias; ela apresenta protagonistas com alta expressão verbal presos na luta entre o bem e o mal. Entre as cinco óperas favoritas de Freud, à exceção de *Carmen*, todas — e mais obviamente *A flauta mágica* e *Meistersinger* — decretam o triunfo da virtude sobre o vício, desenlace que proporciona prazer ao ouvinte mais sofisticado, além de oferecer informações sobre as lutas que se travam no espírito de homens e mulheres.*

A ópera e, nesse sentido, o teatro eram diversões raras na vida de Freud. Em contrapartida, um de seus prazeres regulares e recorrentes era a comida. Freud não era gastrônomo nem guloso; sabemos que tinha pouca tolerância em relação ao vinho. Mas apreciava as refeições o suficiente para consumi-las numa silenciosa concentração. Durante os meses em Viena, a refeição principal, a *Mittagessen*, servida com tanta presteza à uma hora, consistia de sopa, carne, vegetais e sobremesa — "o costumeiro almoço de três pratos, variado nas estações pró-

* Deve-se notar que na obra particularmente preferida de Freud, *Don Giovanni*, esse triunfo é extremamente ambíguo: o Don, que desafia os valores dominantes da moral e da religião, é enviado ao inferno, mas sua busca do prazer é tão despreocupada, e sua conduta frente à condenação e à morte é tão heroica, que a ópera sugere uma reação mais complexa do que, digamos, a reconciliação que se estabelece em *As bodas de Fígaro.* Mas, à falta de comentários detalhados de Freud sobre *Don Giovanni*, é impossível supor o que a ópera significava para ele.

prias, quando na primavera tínhamos mais um prato à base de aspargos". Freud gostava particularmente de alcachofras italianas, carne cozida — *Rindfleisch* — e carne assada com cebolas, mas não gostava de couve-flor e frango. Apreciava um sólido e substancial passadio *bürgerliche*, sem sequer um toque da refinada cozinha francesa.

Pelo contrário, qualquer discriminação que tivesse seu paladar, Freud reservava-a para os charutos. Tinha um vício fatal por eles; no início dos anos 1890, quando Fliess — afinal, um especialista em otorrinolaringologia — proibiu-os para acabar com os catarros nasais de Freud, este ficou desesperado e implorava pateticamente por auxílio. Ele começara a fumar aos 24 anos, de início cigarros, e logo a seguir apenas charutos. Afirmava que esse "hábito ou vício", como dizia, reforçava muito sua capacidade de trabalho e suas condições de manter o autocontrole. Significativamente, seu modelo havia sido o pai, "um grande fumante" que "continuou a sê-lo até seu 81º ano". O Freud fumante de charutos, evidentemente, nesses dias estava em companhia numerosa. Para as reuniões semanais em sua casa, a empregada distribuía cinzeiros pela mesa, um para cada convidado. Numa noite avançada de quarta-feira, após uma dessas reuniões, Martin Freud deu uma olhada — ou melhor, uma tragada — na atmosfera. O aposento "ainda estava carregado de fumaça e pareceu-me um prodígio que seres humanos tivessem conseguido ali sobreviver, e quanto mais falar, durante horas sem se asfixiarem". Quando seu sobrinho Harry completou dezessete anos, Freud ofereceu-lhe um cigarro; quando Harry recusou, o tio lhe disse: "Meu rapaz, fumar é um dos maiores e mais baratos prazeres da vida, e se você decidiu de antemão que não vai fumar, só posso lamentar por você". Era uma gratificação sexual que Freud não poderia se negar, e pela qual viria a pagar um preço extorsivo em dor e sofrimento. Em 1897, como sabemos, ele disse a Fliess, comunicando uma intuição que nunca desenvolveu num artigo, que os vícios — incluindo explicitamente o vício do fumo — são apenas substitutivos do "único grande hábito, o 'vício primário'", a masturbação. Mas foi incapaz de transpor essa percepção psicológica para a decisão de parar de fumar.

Se o irremediável gosto de Freud pelos charutos atesta a sobrevivência de necessidades orais primitivas, sua coleção de antiguidades revela resíduos na vida adulta de prazeres anais igualmente primitivos. O que ele certa vez chamou de seu "gosto pelo pré-histórico" era, como disse a seu médico Max Shur, "um vício cuja intensidade só é menor do que seu vício pela nicotina". O consultório onde Freud atendia a seus analisandos e o gabinete anexo aos poucos se abarrotaram, até transbordar, de tapetes orientais, fotografias de amigos, placas. As estantes envidraçadas estavam repletas de livros e cobertas de objetos; as paredes eram forradas de instantâneos e daguerreótipos. O famoso divã constituía por si só um espetáculo, amontoado de almofadas, com um tapete aos pés para o uso dos pacientes, caso sentissem frio, e coberto por um tapete persa, um Shiraz. Mas as presenças mais insistentes nos aposentos de trabalho de Freud eram as esculturas espalhadas por todas as superfícies disponíveis: ficavam em fileiras cerradas nas prateleiras, entupiam armários e tampos de mesa e invadiam a ordenada escrivaninha de Freud, onde ficavam sob seu extremoso olhar quando escrevia cartas e redigia artigos.

Era essa floresta de esculturas que seus visitantes e pacientes lembravam com maior nitidez. Hanns Sachs, membro do círculo íntimo de Freud, observou que, embora a coleção de Freud estivesse "ainda em seus estágios iniciais" quando, em 1909, visitou a Berggasse 19 pela primeira vez, "alguns dos objetos atraíam imediatamente o olhar do visitante". Ao começar a análise no ano seguinte, o Homem dos Lobos também considerou extasiantes os objetos antigos de Freud: "Havia sempre uma sensação de paz e quietude sagradas" nos "dois gabinetes anexos" de Freud; lembrava-lhe não o "consultório de um médico, mas antes o gabinete de um arqueólogo. Ali havia todos os tipos de estatuetas e outros objetos estranhos, que mesmo o leigo reconhecia como descobertas arqueológicas do Egito antigo. Aqui e ali, distribuíam-se nas paredes placas de pedra representando diversas cenas de épocas há muito desaparecidas".

Essa profusão fora amorosamente reunida. A coleção de antiguidades era para Freud uma diversão de toda a vida a que se entregava com dedicação e método. Quando seu velho amigo Emanuel Löwy, professor de arqueologia em Roma e posteriormente em Viena, encontrava-se na cidade, ele visitava Freud e trazia notícias da antiguidade. Freud, por seu lado, quando tinha tempo, lia avidamente sobre esse mundo, e seguia os trabalhos de escavação com a excitação de um aficionado bem informado. "Fiz muitos sacrifícios pela minha coleção de antiguidades gregas, romanas e egípcias", disse a Stefan Zweig já em idade avançada, "e realmente li mais sobre arqueologia do que psicologia." É um exagero de brincadeira, sem dúvida: o centro de sua curiosidade sistemática sempre foi a vida da mente, e as bibliografias que acompanham seus textos demonstram o domínio que possuía sobre a literatura técnica. Mas apreciava imensamente suas estatuetas e fragmentos, as primeiras compras a que mal podia se permitir e, mais tarde, os presentes trazidos à Berggasse 19 por amigos e seguidores. Em anos posteriores, quando percorria com os olhos seu consultório, sentado na confortável poltrona estofada atrás do divã, ele podia ver um grande quadro de um templo egípcio em Abu Simbel, uma pequena reprodução da pintura de Ingres sobre Édipo e a Esfinge, e um molde de gesso de um antigo relevo, a "Gradiva". Na parede oposta, em cima de um armário de vidro cheio de objetos antigos, ele havia colocado um quadro da Esfinge em Gizé: um outro lembrete dos enigmas — e dos intrépidos conquistadores, como Freud, que os solucionam.

Uma paixão tão aguçada exige uma interpretação, e Freud não relutou em apresentá-la. Ele disse ao Homem dos Lobos que "o psicanalista, como o arqueólogo em suas escavações, deve descobrir camada após camada de psique do paciente, antes de chegar aos tesouros mais profundos e mais preciosos". Mas essa metáfora de riquezas não esgota o significado desse vício para Freud. Seus objetos antigos ofereciam-lhe um puro prazer visual e tátil; Freud acariciava-os com os olhos ou afagava-os quando se sentava à escrivaninha. E também eram emblemas. Evocavam amigos que se tinham dado ao trabalho de lembrar o quanto apreciava tais artefatos, e recordavam-lhe o Sul: as regiões ensolaradas que visitara, as que esperava visitar e as que perdera a esperança de visitar, por serem demasiado distantes ou inacessíveis. Como tantos setentrionais, de Winckelmann a E. M. Forster, ele amava a civilização mediterrânea. "Agora enfeitei meu aposento com moldes de gesso das estátuas florentinas", disse a Fliess no final de 1896. "Foi uma fonte de extraordinário estímulo para mim: quero ficar rico, para repetir essas viagens." Como Roma, sua coleção representava obscuras pretensões sobre a vida. "Um congresso em solo italiano! (Nápoles, Pompeia)", exclamou para Fliess num acesso de desejo após lhe contar a respeito dos moldes florentinos.

Ainda mais obscuramente, suas antiguidades pareciam lembretes de um mundo perdido no qual ele e seu povo, os judeus, poderiam reencontrar suas remotas raízes. Em agosto de 1899, ele anunciou a Fliess, escrevendo de Berchtesgaden, que no próximo dia de chuva iria "seguir" para sua "amada Salzburg", onde recentemente havia "exumado algumas antiguidades egípcias. As coisas", observou ele, "melhoram meu humor e falam de épocas e terras distantes". Quando contemplava suas prezadas posses, sentia, como disse a Ferenczi muitos anos depois, "estranhos anelos secretos" brotando em si, "talvez de minha herança ancestral — pelo Oriente e pelo Mediterrâneo, e por uma vida de tipo completamente diferente: desejos do final da infância destinados a nunca serem realizados ou adaptados à realidade". Não é por acaso que o homem cuja história de vida proporcionou o maior prazer a Freud, e a quem provavelmente invejou mais do que qualquer outro, tenha sido Heinrich Schliemann, o famoso escavador e descobridor das misteriosas e míticas antiguidades de Troia. Freud considerava a carreira de Schliemann tão extraordinária porque, ao descobrir o "tesouro de Príamo", ele havia encontrado a verdadeira felicidade: "A felicidade existe apenas como realização de um desejo infantil". Era exatamente o tipo de desejo, sentia Freud em seus estados de espírito pesarosos, que apenas muito raramente convertera-se em realidade na sua vida.

Mas, como disse ao Homem dos Lobos, é com a grande metáfora do trabalho de sua vida que o gosto de Freud por objetos antigos adquire seu mais amplo significado. "*Saxa loquuntur!*", exclamara em 1896, em sua conferência sobre a etiologia da histeria perante colegas médicos de Viena — "As pedras falam!". Pelo menos a ele, as pedras falavam. Numa efusiva carta a Fliess, ele comparou o sucesso que acabara de obter numa análise à descoberta de Troia. Com o auxílio de Freud, um paciente havia encontrado, profundamente sepulta sob fantasias, "uma cena de seu período primordial (antes dos 22 meses), que responde a todos os requisitos e para onde convergem todos os enigmas restantes; é tudo ao mesmo tempo sexual, inócuo, natural etc. Ainda mal ouso acreditar de fato. É como se Schliemann tivesse novamente desenterrado Troia, tida como lendária".

A metáfora nunca perdeu sua força para Freud: no prefácio ao caso clínico de Dora, ele comparou os problemas apresentados pelo "caráter incompleto de meus resultados analíticos" aos enfrentados pelos "exploradores com sorte suficiente para trazer à luz do dia, após longo sepultamento, os vestígios inestimáveis, ainda que mutilados, da antiguidade". Ele fizera algumas restaurações, mas como "um arqueólogo consciencioso" não havia "deixado de mencionar em cada caso onde minha reconstrução complementa o que é autêntico". Três décadas depois, em *O mal-estar na civilização*, ao ilustrar o "problema geral da preservação na mente", ele recorreu a uma vasta analogia com Roma, tal como se apresenta ao turista moderno: uma sucessão de cidades cujos fragmentos sobrevivem lado a lado, ou foram recuperados por escavações arqueológicas. Assim, na coleção de antiguidades de Freud, o trabalho e o prazer, impulsos primitivos e elaboradas sublimações adultas convergiam numa unidade. No entanto, permanece o sabor do vício. Há algo poético no fato de que, na primeira sessão da Sociedade Psicológica das Quartas-Feiras, no outono de 1902, o tema da discussão tenha sido o impacto psicológico do hábito de fumar.

A SOCIEDADE PSICOLÓGICA DAS QUARTAS-FEIRAS

O grupo de Freud das noites de quarta-feira teve início de forma modesta e informal no outono de 1901, quando "um certo número de médicos mais jovens reuniu-se em torno de mim com a intenção expressa de aprender, praticar e difundir a psicanálise. O impulso foi dado por um colega que havia experimentado em si mesmo os efeitos benéficos da terapia analítica". Foi assim que Freud, dez ou mais anos depois, resumiu a história inicial da Sociedade. Uma indicação sintomática de sua posterior contrariedade (ou discrição) com Wilhelm Stekel é o fato de ter deixado de mencionar o nome desse colega, que foi quem sugeriu que o grupo começasse a se reunir. Stekel, um médico vienense criativo e prolífico, fizera um breve tratamento analítico, por algum tempo bem-sucedido, com Freud, para reduzir os sintomas de impotência psicológica. Este era um elo. Outro elo foi o trabalho de Stekel sobre o simbolismo onírico: como provam as sucessivas edições de *A interpretação dos sonhos*, onde Freud reconhecia explicitamente sua dívida para com Stekel, suas relações com esse adepto, tal como com alguns outros, eram mutuamente profícuas. Freud ensinou a seus primeiros íntimos muito mais do que aprendeu com eles, mas mantinha-se aberto à influência deles. Naqueles primeiros anos, como Stekel colocou com típica grandiloquência em sua autobiografia, ele era "o apóstolo de Freud, que era meu Cristo!".*

* Quando Freud leu a biografia de Wittels sobre si mesmo e chegou ao extravagante comentário de que Stekel merecia um monumento, Freud anotou à margem, com patente irritação: "Stekel demais". (Ver p. 47 no exemplar de Freud do livro de Wittels, *Sigmund Freud*. Freud Museum, Londres.)

Se Freud estivesse vivo para ler tal afirmação, talvez tivesse identificado Stekel com Judas; no futuro, ele iria julgar Stekel com extraordinário rigor. Mas, em 1902, Stekel tivera uma ideia cuja utilidade foi rapidamente percebida por Freud. De fato, Freud considerou extremamente feliz a escolha desse momento oportuno; quaisquer que fossem os defeitos das pessoas que se reuniam a ele em seu vestíbulo, todas as quartas-feiras à noite, nos primeiros dias elas lhe proporcionaram a ressonância psicológica pela qual ansiava. Eram, em maior ou menor grau, substitutivos de Fliess, e forneciam-lhe parte dos aplausos que ele esperara obter com a *Interpretação dos sonhos*. De início, observou Freud mais tarde, com uma leve tristeza, ele tivera todas as razões para se sentir satisfeito.

Embora no princípio a Sociedade Psicológica das Quartas-Feiras fosse reduzida, os ânimos eram exuberantes. Freud enviou cartões-postais convidando, além de Stekel, três outros médicos vienenses: Max Kahane, Rudolf Reitler e Alfred Adler. Estes formaram o núcleo do que, em 1908, viria a ser a Sociedade Psicanalítica de Viena, o modelo para inúmeras outras sociedades semelhantes em todo o mundo. Como Freud, Kahane havia traduzido um livro das conferências de Charcot para o alemão, e apresentara Stekel a Freud e seus textos. Reitler, que faleceu prematuramente em 1917, tornou-se o segundo analista do mundo, depois de Freud, um profissional cujo trabalho Freud citava com respeito e cujas intervenções nas sessões das quartas-feiras à noite eram marcadas por críticas incisivas, às vezes ferinas. O recruta de maior peso era, talvez, Alfred Adler, médico socialista que havia publicado um manual de saúde para a associação dos alfaiates, mas vinha se interessando de modo crescente pelas aplicações sociais da psiquiatria. As primeiras sessões do grupo das noites de quarta-feira, lembrava Stekel com orgulho, "foram inspiradoras". Havia "completa harmonia entre os cinco, nenhuma divergência; éramos como pioneiros numa terra recém-descoberta, e Freud era o líder. Parecia saltar uma faísca de um cérebro para o outro, e todas as noites eram como uma revelação".

As metáforas de Stekel são banais, mas seu relato capta a atmosfera; a divergência e a dissensão pertenciam ao futuro. Com certeza, alguns dos primeiros membros consideravam plenamente apropriada tal terminologia teológica. "As reuniões", rememorava Max Graf,

> seguiam um ritual definido. Primeiro, um dos membros apresentaria um texto. A seguir, eram servidos bolos e café preto; havia charutos e cigarros na mesa, que eram consumidos em grande quantidade. Depois de um quarto de hora de conversas sociais, começava a discussão. A palavra final e decisiva era sempre proferida pelo próprio Freud. Naquela sala, havia uma atmosfera de fundação de uma religião. O próprio Freud era seu novo profeta, que fazia com que os métodos de investigação psicológica até então prevalecentes se mostrassem superficiais.

Não era uma linguagem que Freud realmente apreciasse. Ele gostava de se considerar mais flexível, menos autoritário do que poderia ser qualquer "profeta". Mas um sentimento de exaltação parece ter aderido ao grupo, e depois de poucos anos tornou-se sufocante a ponto de fazer com que alguns membros, como Graf, se retirassem, por mais que admirassem Freud.*

O recrutamento de novos membros para a Sociedade das Quartas-Feiras era feito por aprovação unânime, mas, na atmosfera cordial dos primeiros anos, era uma simples formalidade. Um membro apresentava outro; poucos, muito poucos, saíam. Em 1906, ano em que Freud completou cinquenta anos, o número de membros subira a dezessete, e Freud sempre podia contar com uma dúzia deles para conversas animadas e cada vez mais agressivas. Em outubro daquele ano, o estilo da Sociedade das Quartas-Feiras se alterou sutilmente, mas de modo nítido. Ao iniciar seu quinto ano de existência, os membros decidiram contratar um secretário remunerado, Otto Rank, para registrar o comparecimento, manter as contribuições em dia e tomar longas notas em cada reunião.

As notas de Rank registram a discussão do grupo sobre casos clínicos, psicanálises de obras literárias e personalidades públicas, resenhas de novos lançamentos psiquiátricos e apresentações prévias de futuras publicações dos membros. Havia noites confessionais: em outubro de 1907, Maximilian Steiner, dermatologista e especialista em doenças venéreas, contou que sofreu todos os tipos de sintomas psicossomáticos durante um período de abstinência sexual, os quais desapareceram tão logo começou um caso com a mulher de um amigo impotente. Outra vez, no início de 1908, Rudolf von Urbantschitsch, diretor de um sanatório, entreteve os membros colegas com um artigo extraído de seu diário sobre "meus anos de desenvolvimento" — isto é, desenvolvimento sexual — "até meu casamento", onde admitia a masturbação precoce e um certo gosto pelo sadomasoquismo. Freud observou secamente em seu comentário de encerramento que Urbantschitsch havia oferecido uma espécie de presente ao grupo. Este

* Em vista da persistente acusação de que Freud fundara uma religião secular, é digno de nota que Ernest Jones tenha considerado que tal crítica merecia ser encarada de frente. O nome de um dos capítulos de sua autobiografia chama-se "O 'movimento' psicanalítico", e ele observa que colocou a palavra "movimento" entre "aspas — para ridicularizá-la, por assim dizer [...] A palavra [...] aplica-se com propriedade a atividades como as do movimento oxfordiano, do movimento cartista e muitos milhares de outros, caracterizados pelo ardente desejo de promulgar [...] crenças que são consideradas extremamente valiosas [...]

"Foi este elemento que deu origem à crítica geral de que nossas pretensas atividades científicas tinham mais precisamente a natureza de um movimento religioso, e fizeram-se curiosos paralelos. Freud, evidentemente, era o Papa da nova seita, se não uma Personagem ainda mais elevada, a quem todos deviam obediência; seus escritos constituíam o texto sagrado, que exigia crença obrigatória por parte dos supostos infalibilistas que haviam passado pela necessária conversão, e não faltavam os heréticos que foram expulsos da Igreja. Era uma caricatura um tanto óbvia a se fazer, mas o minúsculo elemento de verdade nela presente foi usado para substituir a realidade, que era muito diferente". [Ernest Jones, *Free associations: memories of a psycho-analist* (1959), p. 205.].

aceitou-o sem pestanejar: a Sociedade Psicológica das Quartas-Feiras orgulhava-se com esse tipo de autoexibição científica.

Alguns membros que se filiaram depois de 1902 eram e continuam a ser obscuros. Mas outros iriam contribuir para a formação da história psicanalítica. Entre eles, incluíam-se Hugo Heller, livreiro e editor, que mantinha um salão para intelectuais e artistas, e finalmente acrescentou títulos de psicanálise à sua lista, e Max Graf, cujo filho de cinco anos viria a obter certo grau de imortalidade como o "Pequeno Hans", um dos casos mais extraordinários de Freud. Estes faziam parte dos leigos, particularmente apreciados por Freud, temendo, como sempre, que a psicanálise pudesse virar um monopólio dos médicos. Mas alguns dos doutores na sociedade estavam destinados a assumir posições de destaque no movimento psicanalítico na Áustria e no exterior. Paul Federn, que rapidamente se converteu num dos adeptos de maior confiança de Freud na Sociedade Psicanalítica de Viena, revelou-se teórico original e influente; Isidor Sadger, analista competente e companhia um tanto provocativa, apresentou seu sobrinho Fritz Wittels ao grupo; Eduard Hitschmann, que ingressou em 1905, recebeu especial gratidão de Freud, seis anos depois, pela sua exposição popularizada da psicanálise, que diplomaticamente identificou no título como obra de criação de Freud — *As teorias freudianas das neuroses.* Como Federn, Hitschmann mostrou-se, ao longo de todas as vicissitudes que viriam com os anos, um assistente de confiança.

O recruta mais admirável foi, talvez, Otto Rank. Mecânico formado, baixo, pouco atraente, atormentado durante anos por uma saúde precária, ele escapou às misérias de sua família judaica pobre e infeliz desenvolvendo uma sede inesgotável de conhecimento. Longe de ser um típico autodidata, tinha excepcional inteligência e capacidade de absorção. Lia tudo. Alfred Adler, médico de sua família, apresentara-lhe os textos de Freud, e Rank devorou-os. Eles o deslumbraram, parecendo oferecer a chave de todos os enigmas do mundo. Na primavera de 1905, quando estava com 21 anos, ele ofertou a Freud o manuscrito de um livrinho, *O artista*, uma tentativa de aplicação no campo da cultura das ideias psicanalíticas. Pouco mais de um ano depois, instalara-se como secretário da Sociedade das Quartas-Feiras. Freud assumiu um interesse paternal por ele; afetuosamente, traindo um leve toque de condescendência, ele o tratava como "pequeno Rank", empregando-o como auxiliar na revisão de seus textos e benevolamente facilitando seu caminho, fazendo-o frequentar tardiamente o liceu e a Universidade de Viena. Na Sociedade das Quartas-Feiras, Rank não era um mero escrivão: em outubro de 1906, seu primeiro mês ali, ele apresentou consideráveis excertos de sua volumosa monografia a ser publicada, sobre o tema do incesto na literatura.

Houve talvez mais perdas do que ganhos durante o período da presença de Rank, embora não por sua causa. As reuniões estavam ficando irritadiças, e mesmo acrimoniosas, à medida que os membros disputavam posições, alardeavam a própria originalidade ou expressavam antipatia pelos colegas com uma hostilidade brutal, disfarçada de franqueza analítica. No começo de 1908, o grupo manteve discussões formais destinadas a "reformar" os procedimentos, e debateu uma proposta de se abolir o "comunismo intelectual" — *geistiger Kommunismus*; doravante, cada ideia deveria ser identificada como propriedade privada de seu criador. Freud propôs uma solução de compromisso: que as contribuições de cada membro fossem tratadas como seu autor quisesse, como bem comum ou privado; ele pessoalmente, declarou Freud, ainda se mantinha disposto a colocar em domínio público tudo o que dissera.

Outros membros foram menos generosos e menos contidos. Em dezembro de 1907, numa noite típica, Sadger leu um artigo onde analisava o poeta suíço Conrad Ferdinand Meyer, do século XIX, enfatizando o amor não correspondido de Meyer pela sua mãe. Embora esse tipo de análise edipiana fosse condizente com os hábitos intelectuais do grupo, os colegas de Sadger consideraram sua exposição grosseira. Federn declarou-se ofendido, Stekel mostrou-se chocado e protestou contra simplificações excessivas que apenas prejudicariam a boa causa. Wittels saiu em defesa do tio e censurou essas "irrupções pessoais de raiva e indignação". A disputa levou Freud, que tinha suas próprias reservas a respeito do artigo de Sadger, a aconselhar a moderação. Quando julgava necessário, ele sabia ser arrasador, mas preferia guardar suas armas mais poderosas para grandes ocasiões. Sadger, exasperado pelo tratamento que havia recebido, reagiu expressando desapontamento; esperara algo instrutivo e levara para casa apenas alguns insultos.

Em 1908, essas reuniões acerbas não eram nada raras. Em demasiadas ocasiões, a veemência compensava a falta de profundidade. Mas as decepcionantes manifestações da Sociedade das Quartas-Feiras não eram simples sintomas do manto com que a mediocridade tende a envolver qualquer grupo. O atrito entre indivíduos sensíveis, muitas vezes hábeis, necessariamente provocaria faíscas de hostilidade. E mais, o tema provocativo da investigação psicanalítica, tocando cruamente nos pontos mais solidamente preservados da psique humana, estava cobrando seus tributos e gerando uma irritabilidade difusa. Afinal, nenhuma das pessoas que, nesses anos heroicos de exploração, invadiam atrevidamente e sem tato os mais íntimos santuários próprios e de terceiros, havia sido analisada — o tratamento de Stekel com Freud fora curto e incompleto. Freud, evidentemente, tinha feito sua autoanálise, mas ela, por sua própria natureza, era irreprodutível. Os outros, que em sua maioria poderiam ter recorrido à análise, não tinham desfrutado de seus benefícios. No começo de 1908, Max Graf observou com tristeza: "Não somos mais os companheiros que fomos outrora".

Não muito tempo antes, Freud, ainda a autoridade inconteste sobre suas tropas inquietas, havia tentado dar conta dessa nova situação, propondo dissolver o grupo informal e reconstituí-lo como a Sociedade Psicanalítica de Viena. Essa reorganização daria aos membros que haviam perdido o interesse, ou não partilhavam mais dos propósitos de Freud, uma oportunidade de renunciar discretamente. Era um expediente polido, nada mais; Freud não teria como obrigar os outros a se elevar acima de seu nível natural. Em dezembro de 1907, Karl Abraham fora convidado pela primeira vez para uma reunião, e comentou de modo perspicaz e impiedoso com seu amigo Max Eitingon:

> Não estou muito impressionado com os adeptos vienenses. Estive na sessão de quarta-feira. *Ele* está muito à frente dos outros. Sadger é como um discípulo do Talmude; interpreta e observa cada regra do Mestre com um rigor judaico ortodoxo. Entre os médicos, o dr. Federn foi o que me provocou a melhor impressão. Stekel é superficial, Adler unilateral, Wittels trafica demais com a fraseologia, os outros são insignificantes. O jovem Rank parece muito inteligente, o dr. Graf também...

Na primavera de 1908, Ernest Jones viu com seus próprios olhos e concordou. Mais tarde, lembrou que, ao visitar Viena e observar pela primeira vez o grupo das quartas-feiras, não havia ficado "altamente impressionado" com os discípulos vienenses de Freud. Do frio distanciamento de um ponto de vista externo, eles "pareciam um séquito indigno do gênio de Freud, mas na Viena daqueles dias, tão cheia de preconceitos contra ele, era difícil conseguir um discípulo que tivesse uma reputação a perder, de modo que ele teve de pegar o que conseguiu". Houve intervalos brilhantes: entre 1908 e 1910, entre os novos membros incluíam-se Sándor Ferenczi, de Budapeste, Victor Tausk, talentoso jurista mas seriamente neurótico, o mestre-escola social-democrata Carl Furtmüller, o espirituoso advogado Hanns Sachs. O número de membros aumentou muito com a afluência de visitantes que se precipitavam a Viena para conhecer Freud e assistir às sessões noturnas de quarta-feira: os "suíços", psiquiatras e estudantes avançados de medicina que trabalhavam em Zurique e outros lugares da Suíça, já tinham vindo em 1907. Freud saudou-os — Max Eitingon, Carl G. Jung, Ludwig Binswanger, Karl Abraham — como os mais interessantes dentre seus novos adeptos. No ano seguinte, outros visitantes importantes para o futuro da psicanálise visitaram Viena a fim de conhecer Freud e seu grupo: A. A. Brill, o tradutor e apóstolo americano de Freud, Ernest Jones, que viria a se tornar seu mais influente defensor na Inglaterra, e o pioneiro da psicanálise na Itália, Edoardo Weiss.

Freud considerava simplesmente doloroso o contraste entre essas aves de arribação e os membros regulares de Viena. Embora muitas vezes deixasse que seus desejos afetuosos superassem sua experiência de avaliar as pessoas, ele não se iludia quando a seu séquito local. Depois de uma reunião noturna numa quarta-feira de 1907, ele disse, visivelmente desencantado, ao jovem psiquiatra suíço Ludwig Binswanger: "Então, agora o senhor viu a turma!". Talvez houvesse uma pitada de sutil lisonja nesse sucinto comentário zombeteiro; Freud estava cortejando seus novos defensores suíços. Mas Binswanger, relembrando a cena muitos anos depois, ofereceu uma leitura mais caridosa e provavelmente mais acurada: o episódio lhe demonstrou o quanto Freud ainda se sentia isolado no meio dessa multidão. "Todos os meus vienenses", disse Freud implacavelmente a Abraham em 1911, “não vão chegar a nada, exceto o pequeno Rank.” Havia algumas personagens promissoras entre os vienenses: Rank, Federn, Sachs, talvez Reitler, Hitschmann, e mesmo Tausk. Mas, conforme passavam os anos, Freud investiu cada vez mais suas esperanças no exterior, com estrangeiros.

OS ESTRANGEIROS

Quatro desses estrangeiros, Max Eitingon e Karl Abraham de Berlim, Ernest Jones de Londres e Sándor Ferenczi de Budapeste, iriam carregar a bandeira da psicanálise ao longo de anos de árduo serviço em prol da causa — publicando, debatendo, organizando, levantando fundos, formando candidatos, fazendo suas próprias contribuições clínicas e teóricas interessantes e às vezes problemáticas. Em acentuado contraste com a dramática colaboração e o não menos dramático choque que marcaram as relações de Freud com Jung, a associação desses quatro homens com Freud foi, ainda que por vezes um tanto tensa, altamente proveitosa para ambos os lados.

Max Eitingon foi o primeiro dos “suíços” a visitar a Berggasse 19. Era um judeu russo próspero, generoso e modesto que estudava medicina em Zurique, e havia escrito a Freud no final de 1906, apresentando-se como “subassistente” no Hospital de Doenças Mentais Burghölzli, cujos superiores, “prof. Bleuler e dr. Jung”, haviam chamado sua atenção para os textos de Freud. “Um atento estudo deles persuadiu-me cada vez mais do assombroso alcance de sua concepção da histeria e do grande valor do método psicanalítico.” Freud, como de hábito, não tardou a manifestar seu prazer em ver um jovem “atraído pelo conteúdo de verdade de nossa doutrina”. Naqueles dias, Freud se via como um “pescador de homens”, e fazia o máximo para se comportar à altura dessa autodesignação bíblica. Em janeiro de 1907, Eitingon veio a Viena para uma consulta referente a um paciente intratável, e ficou na cidade por duas semanas. Estava iniciada sua amizade com Freud, solidificada por algumas “sessões” analíticas das menos convencionais: Freud levava Eitingon para passear por Viena e, enquanto andavam, analisava o novo adepto. “Esta”, exclamou Ernest Jones mais tarde, relembrando a informalidade daqueles dias, “foi a primeira análise didática!” No outono de 1909, depois de mais algumas perambulações analíticas com Freud, Eitingon mudou de Zurique para Berlim, seguramente como “aluno” de Freud. Sua clínica aumentava devagar; ocasionalmente pedia a Freud que lhe recomendasse pacientes, e Freud o atendia. Em troca, Eitingon inundava Freud de presentes. “Durante três dias”, escreveu Freud animadamente a seu pupilo de Berlim, no começo de 1910, “vêm chovendo obras de D... em minha casa.” Eitingon enviara a Freud um livro de Dostoiévski atrás do outro, chamando particularmente a atenção para *Os demônios* e *Os irmãos Karamazov*. A correspondência entre os dois tornava-se afetuosa e íntima. “Sei que o senhor se manterá fiel a mim”, assegurou Freud a Eitingon em julho de 1914. “Somos um pequeno grupo que não inclui nenhum devoto, mas também nenhum traidor.” Ele nunca teve motivos para lamentar sua fé em Eitingon, que se tornou um dos patronos mais generosos da psicanálise durante a vida de Freud.

O aliado mais próximo de Eitingon em Berlim, Karl Abraham, tinha de lutar pela independência financeira que estava garantida para seu amigo de toda a vida. Quatro anos mais velho do que Eitingon, ele nascera na cidade portuária de Bremen em 1877, numa família judaica havia muito estabelecida na Alemanha. O pai, professor de religião, tinha uma mentalidade excepcionalmente aberta para sua época; quando Karl Abraham, prestes a se definir como psiquiatra, informou-o de que não iria mais observar o Sabá e outras práticas religiosas judaicas, o velho Abraham disse ao filho que obedecesse à sua própria consciência. Como atento sentinela psicanalítico, por vezes Abraham se mostraria bem menos tolerante do que seu pai. Os colegas analistas consideravam-no calmo, metódico, inteligente, sem se entregar a especulações ou efusões. Talvez fosse um pouco frio; Ernest Jones descreveu-o como "emocionalmente autocontido". Mas a reserva de Abraham permitiu-lhe trazer autocontrole e bom senso a um movimento com grande necessidade de tais qualidades. Citando novamente Jones, ele era "certamente o membro mais normal do grupo" em torno de Freud. Sua jovialidade tornou-se quase proverbial entre os colegas; Freud, que muitas vezes se aquecia ao sol dos luminosos prognósticos de Abraham, chamava-o de otimista incurável.

Abraham chegou à psiquiatria pela via da medicina. Encontrou Freud pela primeira vez em 1907, quando estava com trinta anos, e o encontro mudou sua vida. Durante três anos, trabalhara em Burghölzli, o hospital de doenças mentais perto de Zurique onde Jung era o médico-residente chefe, mas, após se colocar sob a influência de Freud, arriscou-se a abrir uma clínica psicanalítica particular em Berlim. Era um passo delicado para Abraham, num país totalmente dominado pela psiquiatria tradicional. Aqueles ridicularizados por Freud como "a ralé oficial" de Berlim pouco conheciam sobre a psicanálise, e o que conheciam, detestavam. "O senhor deve estar lutando duramente em Berlim", notou Ernest Jones a Abraham ainda em 1911, escrevendo-lhe de Londres para lhe oferecer solidariedade. De fato, como Freud observou com admiração, durante alguns anos Abraham foi o único psicanalista praticante na capital alemã. Abraham, sempre esperançoso contra todas as esperanças, não precisava de grandes encorajamentos, mas Freud, em parte para manter seu próprio ânimo elevado, mandou-lhe de Viena palavras de estímulo: "As coisas sairão bem".

Com o temperamento otimista que devia ter, Abraham recebia bem qualquer leve sinal de apoio. Quando o psiquiatra berlinense Otto Juliusburger apresentou uma palestra defendendo ideias psicanalíticas, no final de 1907, Freud escreveu-lhe uma carta de agradecimento pela sua coragem. Animado por esses minguados sinais positivos, Abraham fundou a Sociedade Psicanalítica de Berlim em agosto de 1908, com um total de cinco membros; além dele, incluíam-se Juliusburger e o combativo sexólogo Magnus Hirschfeld. Desde o início, Freud ofereceu bons conselhos: insistiu com Abraham que não permitisse que o desagrado reinante em relação a Hirschfeld criasse prevenções em si contra esse apaixonado partidário, nada desinteressado, dos direitos homossexuais.

A relação entre Freud e Abraham não se reduzia a assuntos psicanalíticos; ambos com suas famílias logo se tornaram suficientemente próximos para trocarem visitas, e Freud mostrava uma preocupação paternal com os filhos de Abraham.* Em maio de 1908, ele podia dizer agradecido de Abraham: "Minha mulher comentou muito comigo a cordial acolhida que encontrou em sua casa". Demonstrava prazer, mas não surpresa, por ter feito "um bom diagnóstico" quanto à hospitalidade de Abraham.

Depois de alguns anos difíceis, Abraham se assentou como terapeuta bastante procurado e principal analista formador da segunda geração de candidatos a analistas dos dois continentes. Em 1914, ao lhe agradecer pelo seu importante artigo sobre o voyeurismo, Lou Andreas-Salomé elogiou particularmente a clareza de exposição de Abraham e sua disposição em se submeter ao material, ao invés de lhe impor dogmas. No mesmo ano, a importância de Abraham chegara a ponto de lhe valer o pedido do psicólogo americano G. Stanley Hall, presidente da Universidade Clark, solicitando-lhe uma fotografia "para adornar as paredes de nosso Seminário".

O sucesso trouxe a prosperidade. No início de 1911, Abraham podia informar a Freud que sua clínica andava "animada já há um bom tempo", e até "turbulenta". Fazia análises oito horas por dia. Mas considerava toda essa atividade como uma bênção muito ambígua; ela lhe deixava, lamentou ele com uma típica linguagem freudiana, "pouco tempo para a ciência". Em 1912, Abraham tinha nada menos que dez analisandos, e sua clínica se tornara ainda mais "lucrativa" do que antes. Nos primeiros seis meses do ano, ele ganhou 11 mil marcos, uma quantia considerável, e estava pensando em aumentar seus honorários. "O senhor vê", disse ele a Freud, "mesmo em Berlim não é mais um martírio ser seu adepto." Abraham raramente se queixava, e quando o fazia, não era em relação a seus pacientes, mas aos colegas de profissão. "Minha clínica me absorve", escreveu a Freud na primavera de 1912, mas sentia-se levado a reclamar que, para um psicanalista interessado na teoria, "Berlim é um solo estéril demais". Embora as reuniões de sua sociedade psicanalítica estivessem indo bastante bem, "faltam as pessoas certas". Não importava: a relativa solidão intelectual de Abraham dava-lhe um grande incentivo para realizar seu próprio trabalho.

Os membros do clã psicanalítico eram, quase unanimemente, dotados de

* A viúva de Abraham lembrava que "o professor" tinha "grande interesse pela saúde e desenvolvimento de nossos filhos e também frequentemente contava os acontecimentos em sua família. Quando nos visitou depois do Congresso de Haia (1920), deu-nos o que havia sobrado de uma quantia oferecida a ele para sua estada na Holanda, e pediu-me para comprar bicicletas para nossos filhos como presente de Natal e assim atender aos desejos do coração deles". (Hedwig Abraham a Jones, 1º de abril de 1952. Jones papers, Archives of the British Psycho-Analytical Society, Londres.)

uma vitalidade transbordante, mas Abraham tinha ainda mais energia do que a maioria dos outros. Parte de sua intensa atividade, porém, era um ato de vontade; desde a infância obrigado a lutar com uma asma branda e uma constituição um tanto frágil, ele praticava tênis, natação e, posteriormente, seu esporte predileto, o alpinismo. Era uma forma corrente de exercício entre muitos profissionais da área sedentária de Abraham; mesmo Freud, embora menos aficionado de esportes árduos do que alguns de seus seguidores, apreciava longas e duras caminhadas pelas montanhas.

A determinação que fizera de Abraham um alpinista também alimentava seu trabalho profissional. Ele angariava adeptos, presidia reuniões e dedicava atenção a um leque impressionante de temas; sua bibliografia inclui levantamentos da literatura analítica corrente, estudos clínicos, ensaios sobre psicanálise aplicada abordando assuntos tão diversos como a religião egípcia e a arte moderna. Consequências ainda maiores para a história da psicanálise tiveram seus importantes artigos sobre o desenvolvimento da libido, que anos depois serviram para redirecionar o próprio pensamento de Freud. Mesmo atarefado, ele acompanhava atentamente a política psicanalítica dos centros mais agitados, Viena e Zurique. Sua disposição excepcionalmente viva, tão contrastante com a de Freud, combinava-se curiosamente com uma cautelosa atenção a desvios entre colegas analistas e ao menor indício de defecção que apontasse no horizonte.

Mas, embora fosse um bom servidor da causa, Abraham não era servil a Freud. Com efeito, mantinha independência suficiente para estabelecer relações amigáveis com Fliess, cuja ruptura com Freud não era segredo para ele. No começo de 1911, Fliess, ao saber que Abraham havia descoberto ciclos "fliessianos" num de seus analisandos, convidou-o para uma visita. Conscienciosamente, Abraham comentou esse convite com Freud, e Freud reagiu com prudência. "Não vejo por que o senhor não deva visitá-lo", escreveu ele, e predisse que Abraham iria "encontrar um ser humano muito considerável, realmente fascinante." A visita poderia lhe dar uma oportunidade de "abordar cientificamente o elemento de verdade que está contido nas doutrinas dos períodos [de Fliess]". Ao mesmo tempo, Freud advertiu Abraham que Fliess certamente tentaria desviá-lo da psicanálise "e, como ele crê, de mim", para atraí-lo para seu próprio lado. Fliess, prosseguia ele com rudeza, é "fundamentalmente um ser humano duro, cruel", e acrescentou como medida de precaução: "Alerto-o particularmente contra a mulher dele, tola, metida a esperta, maliciosa, positivamente histérica; em suma: perversão, e não neurose".

Essa advertência não impediu que Abraham cultivasse relações com Fliess. Ele agradeceu o aviso, prometeu "exercer a prudência necessária", e manteve Freud escrupulosamente informado de suas visitas. Fliess, garantiu Abraham a Freud, não estava fazendo nenhuma tentativa de afastá-lo da psicanálise nem de seu fundador, e, de qualquer maneira, ele não lhe parecera absolutamente fascinante. Mas, com a ponta de reserva que constituía sua marca registrada, ele não comentou a depreciativa caracterização de Frau Dr. Fliess feita por Freud. Tampouco notificou a Freud, seja na época ou depois, que ele e Fliess estavam trocando separatas. Freud certamente exagerou para Abraham o perigo de se associar com seu antigo amigo. É verdade que Fliess acusava o recebimento das separatas de Abraham com certo servilismo hipócrita, como se elas trouxessem revelações psicanalíticas que Freud, pessoalmente, nunca fora capaz de lhe transmitir: "Continue a abrir nossos olhos!". Mas Fliess, aparentemente, não tentou seduzir Abraham a abandonar Freud. E, se tivesse tentado, não teria conseguido. Abraham tinha suficiente astúcia e autodomínio para resistir a tais lisonjas. Em todo caso, uma prova dos sentimentos sinceros e confiança inabalável de Freud se patenteia no fato de que sua intimidade com Abraham sobreviveu a essa provocação.

Ernest Jones não poderia ser mais diferente de Abraham. Os dois sentiam uma simpatia mútua, e mantiveram-se constantes aliados durante a tumultuada evolução do movimento psicanalítico internacional. Dividiam uma ardente admiração por Freud, o gosto pelo trabalho e, coisa que não era nada trivial, o amor por exercícios físicos; Abraham escalava montanhas, e Jones, rijo, ativo, explodindo de vitalidade, preferia a patinação no gelo — com efeito, encontrou tempo para escrever um tratado erudito sobre o tema.* Emocionalmente, porém, os dois habitavam mundos muito diferentes. Instável e provocativo onde Abraham era (ou pelo menos parecia) sereno e sensato, sempre envolvido, e às vezes atrapalhado em aventuras eróticas, enquanto Abraham era ponderado e monogâmico, Jones era o mais obstinado e, como Freud tinha prazer em reconhecer, o mais combativo de seus adeptos, missivista incansável, organizador ditatorial e polemista militante.

Ernest Jones descobriu Freud não muito depois da publicação do caso clínico de Dora, em 1905. Como jovem médico especializando-se em psiquiatria, ele ficara amargamente decepcionado com a incapacidade da ortodoxia médica contemporânea em explicar as operações e as disfunções da mente, e essa decepção facilitou sua conversão. Na época em que ele leu sobre o caso de Dora, seu alemão ainda era claudicante, mas ele "saiu" de sua leitura "com a profunda impressão de haver um homem em Viena que realmente ouvia cada palavra que seus pacientes lhe diziam". Foi como uma revelação. "Eu estava tentando fazer isso por conta própria, mas nunca tinha ouvido falar de mais ninguém

* Jones publicou pela primeira vez seu livro técnico, mas escrito com elegância e fartamente ilustrado, *Os elementos da patinação artística no gelo*, em 1931; em 1952, saiu uma edição revista e ampliada. Intercalado com diagramas cuidadosamente desenhados, mostrando uma assombrosa variedade de figuras possíveis, e aparentemente muito distante de suas preocupações profissionais, o livro mostra o irreprimível impulso erótico de Jones. "Toda arte, por mais refinada, disfarçada e elaborada que seja sua técnica", escreve ele na introdução, "tem sua fonte última no amor pelo corpo humano e no desejo de dominá-lo" (p. 15). E o livro detém-se com visível deleite no prazer que pode ser proporcionado pelo movimento gracioso e pelo deslizar revigorante e aparentemente espontâneo.

que o fizesse." Freud, reconheceu ele, era essa "*rara avis*, um verdadeiro psicólogo".*

Depois de passar algum tempo com Jung em Burghölzli, aprendendo mais sobre a psicanálise, Jones procurou Freud na primavera de 1908, no congresso de psicanalistas de Salzburg, onde ouviu Freud apresentar um discurso memorável sobre um de seus pacientes, o Homem dos Ratos.** Sem perder tempo, levou avante esse encontro em maio, com uma visita à Berggasse 19, onde foi cordialmente recebido. Depois disso, ele e Freud se encontraram com frequência, cobrindo os intervalos entre os encontros com longos e assíduos comunicados. Seguiram-se para Jones alguns anos de penosas lutas interiores; estava assediado por dúvidas sobre a psicanálise. Mas, uma vez sentindo o solo firme, uma vez plenamente convicto, ele se converteu no mais enérgico defensor de Freud, inicialmente na América do Norte, a seguir na Inglaterra, e no final por toda parte.

O fato de Jones ter iniciado sua campanha em prol das ideias de Freud no Canadá e no nordeste dos Estados Unidos não foi inteiramente uma questão de livre escolha. Paira sobre o início de sua carreira médica em Londres a aura do escândalo: Jones foi duas vezes acusado de se comportar mal com crianças que estava submetendo a testes e exames.*** Demitido de seu posto num hospital infantil, ele julgou prudente mudar-se para Toronto. Lá estabelecido, começou a fazer palestras sobre a psicanálise para públicos em geral pouco receptivos, tanto no Canadá como nos Estados Unidos, e em 1911 teve um papel ativo na fundação da Associação Psicanalítica Americana. Dois anos depois, em 1913, voltou a Londres, exercendo a psicanálise e organizando um pequeno grupo de seguidores ingleses de Freud. Em novembro, podia informar triunfante a Freud que "a Sociedade Psicanalítica de Londres foi devidamente formada na última quinta-feira, com nove membros".

Sendo praticamente o único cristão no círculo próximo de Freud, Jones era ao mesmo tempo um forasteiro e um íntimo. Reunindo anedotas e expressões judaicas com sua habitual verve, ele virou uma espécie de judeu honorário que se encaixou de modo praticamente perfeito, se não absolutamente, na cultura psicanalítica relativamente fechada e defensiva de Viena e Berlim. Seus artigos, abordando praticamente todos os temas analíticos, inclusive a psicanálise aplicada, vinham marcados mais pela clareza e certo ímpeto do que originalidade —

* Ele ouviu falar pela primeira vez de Freud através de seu amigo (e depois cunhado) Wilfred Trotter, o brilhante cirurgião e estudioso da psicologia de massas. Mas foi o caso de Dora que o converteu.

** Ver pp. 270-6.

*** Em sua autobiografia, Jones relata esses episódios em detalhes francos e tranquilizadores, e argumenta, de maneira bastante plausível, que as crianças nesses episódios haviam projetado sobre ele seus próprios sentimentos sexuais, explicação esta que naturalmente não convenceu ninguém nos círculos médicos ingleses de antes da Primeira Guerra Mundial. Na época desses incidentes, Jones já estava plenamente convencido de que a psicanálise era a única psicologia profunda verdadeira. (*Free associations*, pp. 145-52.)

como ele próprio reconheceu, ao se descrever como uma figura feminina. "Para mim", disse ele a Freud, "o trabalho é como uma mulher parindo um filho; para homens como o senhor, suponho que é mais como a fecundação masculina."* Original ou não, Jones era o divulgador mais persuasivo e o polemista mais obstinado. "Existem poucos homens", disse-lhe Freud, não sem admiração, "tão capazes de lidar com os argumentos de outros." Entre os serviços que prestou, não foi insignificante o de manter a maior parte de sua imensa correspondência com Freud em inglês. Desde o início, ele havia se queixado que não estava "familiarizado com os caracteres do antigo alemão" — a escrita "gótica" de Freud —, e assim, Freud, ao invés de simplesmente mudar sua letra, passou a usar o inglês.** Esse fato obrigou Freud, de modo totalmente incidental, a melhorar o domínio de sua língua estrangeira preferida.***

Em 1910, o engajamento de Jones na psicanálise era total, embora ocasionalmente alguns receios remanescentes ainda o perturbassem — pouco mais do que o próprio Freud. Pelo menos nessa época ele se tornara menos opaco a seus novos amigos psicanalistas, pois no começo parecera-lhes difícil prever seu comportamento. No verão de 1908, Jung havia observado a Freud: "Jones é um ser humano desconcertante para mim. Considero-o misterioso, incompreensível. Nele há muito, ou demasiado pouco? Em todo caso, não é um homem simples, e sim um mentiroso intelectual". Era ele, prosseguia Jung, "de um lado um admirador excessivo, de outro um oportunista excessivo?". Freud não tinha uma resposta fácil a dar. "Pensei que você sabia mais sobre Jones do que eu poderia saber", replicou ele. "Achei que é um fanático que sorri para mim por ser tímido." Mas, se de fato é um mentiroso, "ele mente para os outros, não para nós". Qualquer que fosse a verdade acerca de Jones, concluía Freud, certamente a "mistura racial em nosso grupo é muito interessante para mim. Ele é um celta e, por isso, não

* Mas Jones não era um mero adepto cego; na década de 1920, ele divergiu resolutamente de Freud, acerca da natureza da sexualidade feminina, assim como antes, durante a Primeira Guerra Mundial havia discordado de Freud sobre qual lado, ao final, sairia vencedor.

** Com exceção de suas cartas durante a Primeira Guerra Mundial e as cartas dos últimos anos, Freud escrevia a Jones em inglês. Infelizmente, Jones se deu ao trabalho de corrigir extensos trechos das cartas de Freud citadas em sua magistral biografia em três volumes, de modo que as formulações ocasionalmente empoladas e encantadoramente incorretas de Freud foram "melhoradas". Restaurei toda a linguagem original de Freud, com pequenos erros e tudo o mais, sem me preocupar em colocar *sic* depois de cada um de seus ligeiros desvios em relação ao inglês oficial do Rei (ou da Rainha).

*** Jones, cujo domínio do alemão depois de algum tempo tornou-se tão sólido quanto o de Freud sobre o inglês, ou talvez ainda mais, não pedira a este que lhe escrevesse em inglês. Freud, porém, passou para esta língua, e avisou a Jones: "O senhor é responsável pelos meus erros". (Freud a Jones, 20 de novembro de 1908. Freud collection, D2, LC.) Em 18 de junho de 1911, Jones desculpou-se a Abraham por lhe escrever em inglês, "mas tenho certeza de que seu inglês é melhor do que o meu alemão". Contudo, a julgar por cartas posteriores (por exemplo, a extensa carta a Abraham de 9 de janeiro [de 1914], que é absolutamente correta e vernácula), Jones aprendeu rápido o alemão. (Karl Abraham papers, LC.)

totalmente acessível a nós, homens teutônicos e mediterrânicos". Jones, porém, revelou-se um aluno capaz, disposto a atribuir seu questionamento das ideias de Freud a uma autodefesa irracional. "Em poucas palavras", disse a Freud em dezembro de 1909, "minhas resistências se originaram não de qualquer objeção às suas teorias, mas em parte das influências de um forte 'complexo paterno'."

Freud teve gosto em aceitar essa explicação. "Suas cartas constituem uma contínua fonte de satisfação para mim", disse ele a Jones em abril de 1910. "Realmente me maravilho com sua atividade, o grau de sua erudição e a recente sinceridade de seu estilo." Freud escreveu que se sentia contente por Jones ter se recusado a "dar ouvidos às vozes interiores que lhe sugerem que desista". Agora, quando tudo havia se esclarecido, "confio que vamos caminhar e trabalhar bastante juntos". Dois anos depois, Freud recuperou o momento em que havia decidido que Jones, afinal, era digno de confiança. Tinha sido em setembro de 1909, depois de terem conversado longamente na Universidade Clark, em Worcester, Massachusetts. "Estou muito contente que o senhor saiba o quanto eu o aprecio, e como me orgulho da grande capacidade mental que pôs a serviço da ψA", escreveu Freud a Jones.

> Lembro a primeira vez que tomei consciência dessa minha postura em relação a si, foi uma ocasião ruim, em que o senhor deixou Worcester depois de um período de negras incoerências de sua parte e eu tive de encarar a ideia de que o senhor estava partindo para se tornar um estranho a nós. Então, senti que não pude demonstrá-lo senão acompanhando-o até o trem e apertando-lhe as mãos antes de sua partida. Talvez o senhor tenha me entendido, em todo caso, esse sentimento desde então tem se mostrado verdadeiro e o senhor, afinal, revelou-se magnífico.

A partir daí, não houve o que detivesse Jones. Em 1913, ele foi a Budapeste para uma rápida análise didática com Sándor Ferenczi, e contou a Freud que ambos estavam passando "muito tempo juntos em conversas científicas", e que Ferenczi estava sendo "muito paciente com minhas excentricidades e alterações do estado de ânimo". Quando escrevia a Freud, Jones nunca relutava em ser autocrítico. Por sua vez, Freud adotava uma postura protetora, às vezes de afável intimidação, em relação a Jones, que era 23 anos mais novo do que ele. Freud gostava de encorajar o mais jovem elogiando-o assídua e calorosamente. "O senhor está realizando um grande trabalho", escreveu ele, e "aprecio a frequência de suas cartas e, como vê, apresso-me em lhe responder", e ainda, "Gosto muito de suas cartas e artigos." Freud não regateava o tempo que despendia para conservar esse importante adepto ligado à Causa.

A partir de 1912, Freud analisou a atraente amante de Jones, Loe Kann, uma morfinômana, a quem todos, inclusive Freud, referiam-se como a mulher de Jones. Pondo de lado a regra sagrada de inviolabilidade, ele informava Jones sobre os progressos dela no divã e a diminuição das doses de morfina com que estava aprendendo a se habituar.* Às vezes, ele dava conselhos pessoais a Jones. Ao saber de outro caso amoroso em que Jones se enredara, Freud rogou-lhe: "O senhor me fará o favor pessoal de não fazer do casamento o *próximo passo* em sua vida, mas de dedicar uma boa dose de escolha e reflexão ao assunto". Pouco depois, vestindo a toga do retórico patriota romano Catão, o Velho, lembrando a inimiga Cartago ao Senado, Freud empregou um tom mais rigoroso: "*Cet. Censeo.* Tenha cuidado com as mulheres e não estrague seu caso desta vez". Negou qualquer "motivo especial" para sua intervenção; estava "apenas lhe abrindo meu espírito". Jones recebeu-a muito bem. Tais trocas confidenciais emprestavam uma aura de amizade ao engajamento total de ambos no movimento psicanalítico. Por ocasião do quinquagésimo aniversário de Jones, Freud disse-lhe com sua típica mescla de sinceridade e adulação: "Sempre o incluí entre minha família íntima". Seus sentimentos de ternura haviam se manifestado pela primeira vez naquele dia em que acompanhou Jones à estação ferroviária em Worcester. Quaisquer que fossem as divergências que pudessem ter tido ou, acrescentou Freud delicadamente, ainda tinham, eram apenas divergências de família, nada mais.

Num doloroso contraste, Sándor Ferenczi, o mais vulnerável e complicado entre os primeiros psicanalistas, representava um peso emocional muito maior sobre Freud. Se Jones às vezes enfurecia Freud, Ferenczi conseguia deixá-lo infeliz. Pois Ferenczi, como Jones notou não sem uma pontada de inveja, tornou-se "o membro superior" no estreito círculo de profissionais de confiança de Freud e "o que se manteve mais próximo" dele. Nascido em 1873 em Budapeste, filho de um livreiro e editor, ele lutou durante toda a vida com sua insaciável sede de amor; com dez irmãos, perdendo o pai cedo e estando a mãe atarefada com a loja e sua grande prole, desde o início ele se sentiu dolorosamente privado de afeto. "Quando criança", como Lou Andreas-Salomé, que veio a conhecê-lo bem, registrou em seu diário, "ele sofria com a avaliação insuficiente de suas realizações." Quando adulto, trazia sua carência como uma ferida que nunca cicatrizava.

Ferenczi estudou medicina em Viena no começo dos anos 1890, e se estabeleceu em sua cidade natal, para exercer a psiquiatria. Seu primeiro contato com as ideias psicanalíticas não foi favorável; folheando rapidamente *A interpretação dos sonhos* de Freud, ele as rejeitou como vagas e pouco científicas. Mas, a seguir, ouviu falar das experiências psicanalíticas com a associação de palavras, desenvolvidas

* Foi uma das poucas críticas publicadas de Jones que Freud acharia notavelmente indiscreta: "De modo bastante curioso, Freud não era alguém que achasse fácil guardar o segredo de outrem... Várias vezes contou-me coisas sobre as vidas privadas de colegas que não deveria ter comentado", (*Jones* II, p. 409.) Numa carta a Max Schur, escrita após a publicação do segundo volume da sua biografia de Freud, Jones deu um exemplo do que tinha em mente. Freud, disse ele a Schur, havia-lhe informado sobre "a natureza da perversão sexual de Stekel, o que não deveria ter feito e que eu nunca repeti a ninguém". (Jones a Schur, 6 de outubro de 1955. Jones papers, Archives of the British Psycho-Analytical Society, Londres.)

por Jung e seus colegas, e chegou a Freud, por assim dizer, pela porta dos fundos. A equipe em Burghölzli apresentava grupos de palavras a seus pacientes, e em seguida media com precisão o tempo que levavam para responder com a primeira palavra que lhes ocorresse. Seguindo o exemplo (lembrou muitos anos depois o psicanalista húngaro Michael Balint, seu aluno e amigo), Ferenczi "comprou um cronômetro e ninguém estava a salvo dele. Quem quer que ele encontrasse nos cafés de Budapeste — romancistas, poetas, pintores, a moça dos chapéus, garçons etc. — era submetido à 'experiência de associação'". Esse passatempo, sugere Balint, teve uma vantagem: levou Ferenczi a estudar com grande atenção a literatura psicanalítica. Uma leitura cuidadosa do livro dos sonhos de Freud convenceu-o e, em janeiro de 1908, escreveu a Freud pedindo uma entrevista. Freud convidou Ferenczi para uma visita à Berggasse 19 numa tarde de domingo.

Os dois logo se tornaram amigos; a disposição especulativa de Ferenczi intrigava Freud, que por toda a vida sentira e, ao mesmo tempo, lutara contra a mesma tendência em si. Ferenczi desenvolveu a intuição psicanalítica, transformando-a numa grande arte; Freud podia levá-lo consigo em seus mais altos voos, e às vezes se descobria olhando o aluno a flutuar até perdê-lo de vista. Ernest Jones, escrevendo como colega e analisando de Ferenczi, descreveu-o como um indivíduo com "uma bela imaginação, talvez nem sempre totalmente disciplinada, mas sempre sugestiva". Freud considerava o lado sugestivo irresistível, e por ele estava disposto a passar por cima da falta de disciplina. "Fiquei encantado com sua dedicação às adivinhas", escreveu a Ferenczi no início de sua ligação. "O senhor sabe que a adivinha expõe todas as técnicas que o chiste oculta. Um estudo comparativo seria realmente instrutivo." Nem Freud nem Ferenczi jamais levaram essa promissora hipótese à frente, mas encontraram muitas outras coisas para discutir: casos clínicos, o complexo de Édipo, a homossexualidade feminina, a situação da psicanálise em Zurique e Budapeste.

No verão de 1908, estavam tão íntimos que Freud conseguiu que Ferenczi se hospedasse num hotel perto de sua família em Berchtesgaden. "Nossa casa está aberta para o senhor. Mas o senhor deve manter sua liberdade." Um ano depois, em outubro de 1909, Freud passou a empregar "Caro Amigo" em suas cartas a Ferenczi, saudação sincera que ele reservava para muito poucos. Mas Ferenczi se mostrou uma aquisição problemática. Suas contribuições mais vigorosas, e discutíveis, à análise foram no campo técnico. Eram tão vigorosas e discutíveis em larga medida por brotarem visivelmente de seu extraordinário dom empático, sua capacidade de exprimir e conseguir amor. Infelizmente, a ânsia de Ferenczi em dar só era equiparada à sua concomitante sofreguidão em receber. Em suas relações com Freud, isso significava uma idealização desmedida e um anseio por uma intimidade que Freud, desiludido após o destino calamitoso de sua afeição por Fliess, não estava muito disposto a conceder.

Desde o primeiro ano de sua amizade, surgiram alguns tênues sinais de tensões futuras: Freud julgou necessário censurar delicadamente seu seguidor, por se esforçar "demasiado ansiosamente" para confirmar uma de suas hipóteses sobre as fantasias. Mais de uma vez, Ferenczi pressionou seriamente Freud para que este fizesse o papel de confessor; confidenciava-lhe detalhes de sua vida amorosa, complicada como frequentemente ocorria a um bom partido, e se queixava de sua solidão em Budapeste. A viagem no final do verão de 1910 que ambos empreenderam juntos à Sicília não foi inteiramente agradável para Freud, pois Ferenczi explorou a ocasião para tentar convertê-lo num pai carinhoso.

Era um papel que Freud, apesar de seu lado paternal, não apreciava. Disse a Ferenczi que, embora recordasse o período que passou em sua companhia com "sentimentos calorosos e de simpatia", ele "desejava que o senhor tivesse se libertado de seu papel infantil para se colocar junto a mim como uma companhia igual — o que não conseguiu fazer". Um ano depois, com relutância, embora também com paciente bom humor, Freud concordou em desempenhar o papel que Ferenczi lhe impunha. "Admito de bom grado que eu preferiria um amigo independente", escreveu ele, "mas se o senhor levanta tais dificuldades, vou ter de adotá-lo como um filho." E terminava: "Agora adeus, e acalme-se. Com saudações paternas". Ele prosseguiu com esse jogo, tratando Ferenczi na carta seguinte como "Caro Filho", e comentou a propósito da saudação: "(Até que o senhor me diga para deixar essa forma de tratamento)". Uma semana depois, Freud, voltou ao costumeiro "Caro Amigo", mas lograra seu intento.

Por importuna e incurável que se mostrasse a dependência de Ferenczi, sua imaginação voadora, sua intensa fidelidade e pura inteligência, para não mencionar seu trabalho como formador de analistas em Budapeste, faziam com que Freud não ficasse tão irritado com seu adepto húngaro predileto, como ficaria com qualquer outro tão carente. Freud finalmente descobria em Abraham um núcleo privado de rígida reserva. "Vejo que o senhor tinha razão", disse ele a Ernest Jones em 1920. "O prussianismo é muito forte em Abraham." Mas não havia nenhum "prussianismo" em Ferenczi. Para Freud, Ferenczi era uma companhia encantadora, pela qual ele cultivava a virtude da paciência.

Praticamente todos os primeiros recrutas de Freud eram candidatos possíveis a uma carreira como psicoterapeutas. Com poucas exceções, principalmente Sachs e Rank, eles eram médicos, e alguns, como Jung, Abraham e Eitingon, já eram versados no tratamento de doenças mentais. Tausk, formado em direito, ativo como juiz e jornalista, frequentou o curso de medicina após decidir seguir seriamente o estudo da psicanálise. Mas, por sua própria natureza, as ideias de Freud também atraíam, para seu alívio, uma série de leigos. Ele se sentia "intelectualmente isolado" em Viena, conforme disse a um missivista inglês em 1910, "apesar dos meus numerosos alunos médicos", e achava consolador que, pelo menos na Suíça, "um número de pesquisadores não médicos" tivesse se interessado pelo "nosso trabalho". Entre seus adeptos leigos destacam-se dois, Oskar Pfister e Lou Andreas-Salomé: ambos viriam a ser amigos de Freud por um quarto de século ou mais. Parecem ligações pouco prováveis para ele, um sendo pastor, e a outra uma *grande dame* colecionadora de poetas e filósofos. A disposição de Freud em apreciar suas visitas e cartas e seu duradouro afeto por ambos atestam seu gosto pela vida, pela variedade e por postos avançados além das fronteiras de Viena.

Pfister, pastor protestante em Zurique, tinha vindo a alimentar um interesse irremediavelmente intenso pela psicologia, anos antes de se deparar com os textos de Freud, em 1908. Nascido num subúrbio de Zurique em 1873, ano em que Freud ingressou na faculdade de medicina, logo veio a desprezar as disputas sobre dogmas teológicos como meras discussões terminológicas. Elas o agastavam como um profundo desleixo do primeiro dever do pastor, a cura das almas, o atendimento da miséria espiritual. Os tratados psicológicos que procurou, em busca de uma eficaz psicologia da religião, pareceram-lhe tão inúteis quanto a teologia que tivera de estudar no seminário. Então descobriu Freud, e sentiu, conforme lembrava, "como se antigos presságios tivessem se convertido em realidade". Aí não havia "nenhuma interminável especulação sobre a metafísica da alma, nenhum envolvimento com ninharias insignificantes, enquanto os grandes problemas da vida se mantêm intocados". Freud havia inventado um "microscópio da alma" que permitia penetrar nas origens das funções mentais e em seu desenvolvimento. Por algum tempo, teve vontade de se tornar médico, como fizera seu pai, um pastor liberal, a fim de ajudar seus paroquianos. Mas Freud dissuadiu-o de estudar medicina, e assim Pfister se tornou e se manteve "pastor-analista" — *Analysenpfarrer* — e bom amigo de Freud.

Pfister deu início ao relacionamento enviando a Freud um de seus primeiros artigos, a respeito de suicídios de meninos em idade escolar. "Recebi um artigo de seu corajoso amigo Pfister", informou Freud a Jung em janeiro de 1909, "pelo qual vou agradecer a ele mais demoradamente." Freud tendia a ver a ironia: ali estava a psicanálise ateia sendo engajada na luta contra o pecado. Mas logo mudou seu tom de pilhéria; mais do que um aliado a ser utilizado, Pfister revelou-se uma companhia a ser desfrutada. Houve momentos nos primeiros anos da amizade entre ambos em que alguns dos mais íntimos associados de Freud, principalmente Abraham, questionaram a ortodoxia psicanalítica de Pfister e advertiram Freud contra ele. Freud não se convenceu: no que se referia a ele, a adesão de Pfister era garantida. Pelo menos desta vez, sua intuição frequentemente falível sobre as pessoas demonstrou-se correta.

Uma razão para tal confiança de Freud em Pfister consistia nas inúmeras oportunidades de observá-lo na intimidade. A primeira visita de Pfister à Berggasse 19, em abril de 1909, foi um sucesso extraordinário não só com o chefe da casa, mas com toda a família. Pfister, contou Freud a Ferenczi, "é um sujeito encantador que ganhou todos os nossos corações, um entusiasta apaixonado, metade Redentor, metade Flautista de Hamelin. Mas separamo-nos como bons amigos". Anna Freud relembrou que Pfister se lhe afigurara de início como "uma aparição de um mundo estranho" — mas uma aparição bem-vinda. Um inconfundível pastor pela linguagem, hábitos e trajes, Pfister não descurou dos filhos em favor do pai famoso.* Era um homem alto, aparentando vigor, com um "bigode viril" e "olhos bondosos e inquiridores". Também tinha coragem; seu protestantismo psicanalítico pouco dogmático mais de uma vez chocou-se contra a instituição teológica suíça, e durante alguns anos o perigo de perder sua paróquia foi muito real. Mas, encorajado por Freud, manteve sua posição, cônscio de que, ao prestar serviços valiosos para o movimento psicanalítico, estava recebendo a recíproca. Anos mais tarde, comentou com Freud sua "intensa fome de amor", e acrescentou: "Sem a análise, há muito eu teria sucumbido".

Cerca de quinze anos após sua primeira visita aos Freud, Pfister rememorou-a afetuosamente; ele havia se apaixonado, escreveu a Freud, pelo "franco espírito cordial de toda a sua família". Naquela época, Anna, "que hoje já escreve artigos muito sérios para a *Internationale Psychoanalytische Zeitschrift*, ainda usava saias curtas, e seu segundo filho" — Oliver — "matava aulas no liceu para apresentar o maçante pastor encasacado à ciência do Prater". Se alguém lhe perguntasse pelo lugar mais agradável do mundo, concluía Pfister, ele responderia: "Pergunte na casa do Professor Freud".

Ao longo dos anos, quando Pfister empregava a psicanálise para auxiliar membros de seu rebanho, ele e Freud discutiam sobre os pacientes, e debatiam de modo franco e amigável as questões que os dividiam, sobretudo a crença religiosa. Na visão de Pfister, Jesus, que elevara o amor a princípio fundamental de seus ensinamentos, fora o primeiro psicanalista, e Freud não era absolutamente um judeu. "Cristão melhor", disse a Freud, "nunca existiu."** Naturalmente, Freud, que ignorou diplomaticamente esse elogio bem-intencionado, não se imaginaria como o melhor dos cristãos. Mas sentia-se feliz em se ver como o melhor dos amigos. "Sempre o mesmo!", exclamou a Pfister, depois que se conheciam havia mais de quinze anos. "Corajoso, honesto e benévolo! Seu caráter decerto nunca vai mudar aos meus olhos!"

Lou Andreas-Salomé tocou em cordas bastante diferentes da vida emocional de Freud. Pfister era ponderado e transparente, Andreas-Salomé era espetacular e sedutora. Tinha sido bela na juventude, com a fronte alta, boca generosa, traços fortes e figura voluptuosa. No começo dos anos 1880, fora íntima

* Os visitantes que participavam das refeições, rememorou Martin Freud, "pouco se interessavam pela comida que lhes era oferecida e talvez ainda menos pela mãe e por nós, os filhos. No entanto, sempre se esforçavam muito em manter uma conversa educada com sua anfitriã e seus filhos, na maioria das vezes sobre teatro ou esportes, pois as condições atmosféricas não eram, como na Inglaterra, um recurso útil nessas ocasiões. Contudo, podia-se ver muito claramente que tudo o que eles queriam era que essa ocasião social terminasse logo e se retirassem com o pai para seu gabinete, para ouvir mais sobre psicanálise". [Martin Freud, *Sigmund Freud: man and father* (1958), p. 108.]

** Quando Anna Freud se deparou com esta carta, muitos anos depois, considerou-a, e com razão, incompreensível: "O que Pfister há de querer dizer com isso, e por que ele quer contestar o fato de meu pai ser judeu, ao invés de aceitá-lo?". (Anna Freud a Ernest Jones, 12 de julho de 1954. Jones papers, Archives of the British Psycho-Analytical Society, Londres.)

de Nietzsche — até que ponto foi essa intimidade é algo que permanece incerto, pois ela frustrava sistematicamente todas as indagações sobre esse período de sua vida —, e se tornaria íntima de Rilke e outros homens ilustres. Em 1887, havia se casado com Friedrich Carl Andreas, um orientalista de Göttingen, onde finalmente ela se fixou. Mas, livre das restrições burguesas, ela tinha seus amantes onde e quando queria. Quando encontrou Freud no congresso de psicanalistas de Weimar, em 1911, a que ela assistiu na companhia do psicanalista sueco Poul Bjerre, estava com cinquenta anos, ainda vistosa e atraente. Seu gosto por homens, e principalmente homens brilhantes, continuava inalterado.

Certa vez, Freud chamou afetuosamente Lou Andreas-Salomé de "musa". Mas "Frau Lou", como ela gostava de ser chamada, era muito mais do que a mulher dócil que desempenha um papel de apoio para o gênio; era uma literata ativa por conta própria, dotada de uma inteligência impressionante, ainda que excêntrica, e um talento não menos impressionante para absorver novas ideias. Ao se sentir atraída pelo pensamento de Freud, leu à sua maneira todos os textos dele; Abraham, que veio a conhecê-la em Berlim, na primavera de 1912, disse a Freud que nunca havia antes "encontrado uma tal compreensão da psicanálise". Seis meses depois, Freud sentiu-se contente em acusar o recebimento de uma solicitação de "Frau Lou Andreas-Salomé, que quer vir por alguns meses a Viena, apenas para estudar psicanálise". Conforme o anunciado, ela invadiu Viena no outono e conquistou de imediato a instituição psicanalítica. No final de outubro, Freud rendeu homenagem à sua formidável presença, referindo-se a ela como "uma mulher de inteligência perigosa". Poucos meses depois, ele reconheceu, bem menos levianamente, que "os interesses dela são realmente de natureza puramente intelectual. Ela é uma mulher muito admirável". Foi um veredicto que Freud nunca se sentiu obrigado a rever.

As atas das reuniões da Sociedade Psicanalítica de Viena, a que Frau Lou comparecia regularmente, registram sua presença pela primeira vez em 30 de outubro: na semana anterior, Hugo Heller havia apresentado um texto sobre "Lou Andreas-Salomé como escritora". Uma medida da rapidez e da maneira irrestrita com que ela se pôs à vontade no círculo de Viena reflete-se no fato de que, a partir de 27 de novembro, Otto Rank registrava-a entre os presentes simplesmente como "Lou". Nem todos os seus envolvimentos em Viena foram exclusivamente intelectuais: é provável que tenha tido um breve caso com Tausk, muito mais novo do que ela e muito atraente para as mulheres. Tampouco seu compromisso com o pensamento de Freud, ao início, fora absoluto; nos primeiros tempos de sua estada em Viena, ela se entreteve com as ideias de Adler, então já com má reputação no campo freudiano.* Mas Freud conquistou-a para seu lado; em novembro de 1912, quando ela deixou de comparecer a uma de suas conferências de sábado, ele notou sua ausência e lisonjeou-a ao comentar

* Sobre Adler, ver pp. 226-35.

o fato com ela. Por ocasião do Ano-Novo, ambos trocaram fotografias e, antes de deixar Viena no começo da primavera de 1912, Freud a convidou várias vezes à Berggasse 19. A julgar pelo diário dela, esses domingos eram ocasiões felizes: Frau Lou não monopolizava a exibição das artes de sedução. Mas Freud apreciava genuinamente a visitante a quem via com tanta assiduidade; à medida que passavam os anos e ela começou a exercer a psicanálise em Göttingen, mantendo contato com Freud e enviando-lhe cartas afetuosas, ele a apreciava cada vez mais. Ter seguidores como ela e Pfister, para não citar Abraham, Ferenczi e Jones, ajudava a compensar as tensões de ser um pioneiro. Seus seguidores locais eram uma outra questão, de modo geral muito menos agradável. Não que ele tivesse qualquer motivo de preocupação quanto ao número de adeptos em Viena. O que o inquietava, mais precisamente, era a qualidade e a confiabilidade deles.

Os discípulos vienenses de Freud não eram os únicos a pôr sua paciência à prova. Seus adversários na instituição psiquiátrica na Alemanha e Áustria, ocupando cátedras universitárias de prestígio ou dirigindo respeitáveis hospitais de doenças mentais, proporcionavam-lhe muitos motivos de exasperação. Freud, como sabemos, tendia a pintar a situação de forma demasiado desoladora, mas na realidade ela era bastante desoladora de fato; a resistência à psicanálise, fosse através da rejeição obtusa, do mexerico malicioso ou do silêncio expressivo, era prolongada e dolorosa. Teria sido irrealista, é claro, esperar alguma outra coisa; se Freud estivesse certo, importantes psiquiatras, na maioria velhos demais para mudarem de opinião, teriam de jogar fora os artigos e manuais que haviam escrito. Mas um fato desagradável da vida de Freud era o de que alguns de seus críticos mais tenazes eram jovens. Um deles, que se fixou na memória de Freud, era um *Assistent* de psiquiatria, que em 1904 publicou um livro contra a psicanálise, tomando como alvo algumas noções, como a teoria das neuroses baseada na sedução, que Freud já abandonara. Para piorar as coisas, ele admitia que nem sequer lera *A interpretação dos sonhos*.

Outras provas de tal rejeição sublimemente ignorante vinham de toda a Europa e dos Estados Unidos. Os congressos de especialistas em distúrbios mentais ignoravam as ideias de Freud ou aplaudiam contribuições que as denunciavam como uma mixórdia de asserções fantásticas e não comprovadas ou (o que parecia mais agradável aos críticos) como um buquê malcheiroso de indecências. Depois que Freud publicou os *Três ensaios sobre a teoria da sexualidade* em 1905, aqueles dispostos a acusá-lo de pansexualista com ideias obscenas tiveram, evidentemente, muito material fértil para suas interpretações errôneas. Chamavam Freud de “libertino vienense”, os artigos psicanalíticos de “histórias pornográficas sobre virgens puras” e o método psicanalítico de “masturbação mental”. Em maio de 1906, num congresso de neurologistas e psiquiatras em Baden-Baden, Gustav Aschaffenburg, professor de neurologia e psiquiatria em

Heidelberg, descartou sumariamente o método psicanalítico como errado, objetável e desnecessário.

Alguns correspondentes aliados de Freud mantinham-no informado de tais veredictos sumários. Em 1907, Jung, que já havia travado uma discussão com Aschaffenburg na imprensa e na tribuna, informou a Freud que "Aschaffenburg tratava de uma neurótica obsessiva, e quando ela quis começar a falar de complexos sexuais, ele a proibiu de comentá-los". No mesmo ano, num grande congresso internacional de psicólogos, neurologistas e psiquiatras em Amsterdã — Aschaffenburg também estava presente —, um certo Konrad Alt, diretor de um sanatório na Saxônia, iniciou, disse Jung a Freud, "o terrorismo contra o senhor, a saber, que ele nunca indicaria um paciente para um médico da linha freudiana para tratamento — falta de escrúpulos — obscenidade — etc. Tremenda salva de palmas, e congratulações ao orador por parte do prof. Ziehen de Berlim". A esse discurso seguiram-se, sob enfática aprovação geral, outras "asneiras" contra a psicanálise.

Quando enviou esses comunicados, Jung, teatral e combativo, estava nas primeiras ondas de sua devoção filial a Freud. No entanto, espíritos mais calmos, como Karl Abraham, registram cenas semelhantes em outros lugares. Em novembro de 1908, Abraham discorreu sobre o delicado tema da neurose e do casamento entre parentes próximos perante a Sociedade Berlinense de Psiquiatria e Doenças Nervosas. Diplomaticamente, ele fez questão de acentuar a consonância de suas ideias com as do neurologista berlinense Hermann Oppenheim, presente na plateia; evitou temas provocativos como a homossexualidade, e mencionou o nome de Freud "não demais", pois ainda "funciona como o pano vermelho" para os touros reunidos. A noite, achava Abraham, revelou-se bastante satisfatória. Ele manteve a atenção dos ouvintes, e alguns dos debatedores demonstraram aprovação. Mas Oppenheim, embora polido, levantou ásperas e inequívocas objeções à própria ideia de sexualidade infantil, ao passo que Theodor Ziehen — a pessoa que havia incentivado o "terrorismo" contra Freud em Amsterdã — "deu-se os grandes ares acadêmicos", denegrindo os textos de Freud como irresponsáveis e absurdos. A seguir, após algumas intervenções razoáveis, um "colega carreirista" assumiu o tom moralista de um orador popular: Abraham havia citado o amor do escritor suíço Conrad Ferdinand Meyer pela sua mãe — o mesmo ponto que provocara uma discussão na Sociedade das Quartas-Feiras —, e seu crítico protestou que, ao falar das ligações sexuais edipianas dos homens, Abraham tinha posto em risco os "ideais alemães". Mas, embora Abraham não encontrasse um único aliado incondicional na assembleia lotada, disseram-lhe em particular que sua apresentação fora revigorante e era bom ouvir algo novo de vez em quando. Ele ficou com a impressão de "que um grande número de colegas foram para casa pelo menos *meio* convencidos".

Freud animava Abraham crivando seus adversários de comentários ácidos. "Algum dia", escreveu ele, "Z[iehen] pagará caro pelo seu 'absurdo'." Quanto a Oppennheim, disse Freud com mordacidade, era "bronco demais; espero que, com o tempo, o senhor possa passar sem ele". A sexualidade infantil continuava a ser um assunto polêmico em Berlim, e o nome de Freud continuou a desencadear afetos intensos muito depois de 1909. Nesse ano, Albert Moll, respeitado sexólogo de Berlim, publicou um livro sobre a vida sexual das crianças, contestando tudo o que Freud vinha dizendo sobre o tema havia quase uma década. Publicamente, numa nota que acrescentou no ano seguinte aos *Três ensaios*, Freud descartou *A vida sexual da criança* de Moll como uma obra inteiramente irrelevante. Em particular, ele reagiu com uma veemência mais gratificante. Moll, disse ele a Abraham, "não é um médico, mas um rábula" — um *Winkeladvokat*. Quando Moll visitou Freud em 1909, foi recebido com muita rudeza; Freud comentou a Ferenczi que quase atirara o visitante porta afora: "É um indivíduo repulsivo, cáustico, chicanista despeitado". Normalmente, Freud se sentia melhor depois de aproveitar uma oportunidade de dar vazão à sua raiva; preferia uma oposição verbal, por obtusa que fosse, ao silêncio. Depois de 1905, o silêncio em torno da psicanálise foi definitivamente rompido, e com a controvérsia vieram os adeptos, mas a crítica carregada de emotividade continuou a obscurecer a onda de aprovação em paulatino crescimento. Ainda em 1910, o professor Wilhelm Weygandt, que em 1901 havia escrito uma resenha não muito generosa sobre *A interpretação dos sonhos*, era capaz de exclamar no Congresso de Neurologistas e Psiquiatras de Hamburgo que as teorias de Freud eram um assunto, não de discussão numa reunião científica, mas de polícia.

Enquanto isso, chegavam do ultramar notícias semelhantes. Em abril de 1910, Ernest Jones queixava-se de um professor de psiquiatria em Toronto, que havia atacado Freud com tanta malevolência que "um leitor comum concluiria que o senhor advoga o amor livre, a eliminação de todas as restrições e uma recaída na selvageria!!!". Três meses antes, Jones havia enviado a Freud o relato detalhado de uma reunião em Boston, onde compareceram psiquiatras e neurologistas. O grande neurologista James Jackson Putnam, de Harvard, naquela época o mais eminente adepto de Freud nos Estados Unidos, falara calorosamente sobre a psicanálise. Mas os outros, em sua maioria, tinham sido rigorosos, e mesmo acerbos. Uma senhora tentara refutar a teoria de Freud de que os sonhos são produções egoístas, contando alguns sonhos altruístas de sua parte. E pior, o eloquente e agressivo psicopatologista Boris Sidis "desferiu um violento ataque geral contra o senhor, ridicularizou de forma barata a 'epidemia louca de freudismo que agora invade os Estados Unidos', disse que sua psicologia nos levava de volta às trevas da Idade Média, e chamou-o de 'um outro desses sexólogos piedosos'". Evidentemente, as teorias da sexualidade de Freud estavam muito presentes no espírito de Sidis. No ano seguinte, ele denunciou a psicanálise como "nada mais que outro aspecto da piedosa literatura charlatanesca sobre assuntos sexuais" e, em 1914, chamou-a de "adoração de Vênus e Príapo", que encorajava a masturbação, a perversão e a ilegitimidade.

Mesmo as reuniões destinadas a explicar e louvar Freud não passavam sem uma ponta de acidez. Em 5 de abril de 1912, o *New York Times* noticiou que o neurologista americano Moses Allen Starr, que havia trabalhado com Freud em Viena, por um curto período nos anos 1880, "criou sensação numa reunião lotada da Seção Neurológica da Academia de Medicina na noite passada, ao denunciar as teorias de Sigmund Freud", a quem o *Times*, equivocando-se apenas de leve, descreveu como "o psicólogo vienense cuja conclusão de que toda a vida psicológica dos seres humanos está baseada no impulso sexual tem conquistado considerável influência entre os médicos americanos". Starr disse à plateia atônita, a qual ouvira os discursos dos defensores mais famosos de Freud, que "Viena não é uma cidade particularmente moral" e "Freud não era alguém que vivesse num plano particularmente elevado. Não era autorreprimido. Não era um asceta" e, julgava Starr, "sua teoria científica é em larga medida o resultado de seu ambiente e da vida singular que ele levava". Com efeito, o Freud de Starr tinha desviado "para um veio frívolo a nova ciência realmente séria da psicanálise". Um dos pacientes de Freud, que visitara Nova York, trouxe a Freud o recorte do *Times*, e ele reagiu com um misto de divertimento e irritação. Declarou que não tinha nenhuma lembrança de Starr, o qual afirmava tê-lo conhecido bem, e perguntou retoricamente a Ernest Jones: "Então o que significa isso? A mentira deliberada e a calúnia são uma arma comum entre os neurologistas americanos?". Tampouco os jornalistas com uma disposição favorável sabiam ou se davam ao trabalho de saber o suficiente para serem mais acurados. Em março de 1913, o *New York Times* publicou um longo artigo favorável sob o título "Sonhos dos loucos ajudam muito em sua cura". Ali, Freud era identificado como um professor de Zurique.

5. Política psicanalítica

JUNG: O PRÍNCIPE HERDEIRO

No começo de abril de 1906 — Freud faria cinquenta anos no mês seguinte —, Carl G. Jung enviou a Freud um exemplar de *Estudos de associação diagnóstica*, livro organizado por ele que incluía um importante artigo seu. Ele começava a gozar de uma reputação como psiquiatra clínico e experimental. Nascido em 1875 na aldeia suíça de Kesswil, no Lago de Constança, como filho de um pastor, ele havia mudado com seus pais de uma paróquia rural para outra. Embora tenha ido viver perto de Basileia aos quatro anos, não esteve exposto ao pleno impacto da vida urbana até os onze anos, quando ingressou no liceu. Desde a primeira infância, Jung era perseguido por sonhos desconcertantes, e muitas décadas depois, ao escrever um autorretrato altamente subjetivo e episódico, *Memórias, sonhos, reflexões*, ele os evocaria como acontecimentos de singular importância para sua vida. Nessa autobiografia, como em algumas das entrevistas a que se submetia com tanto bom grado, Jung gostava de se deter em sua vida interior rica e repleta de sonhos.

Seu caráter introvertido foi acentuado pela discórdia entre os pais e pelo humor instável da mãe. Alimentou ainda mais sua fantasia com leituras vorazes e furiosamente assistemáticas. Tampouco o ambiente teológico em que vivia — a maioria dos homens na família eram pastores — contribuía para contrabalançar sua tendência a ruminações. Ele cresceu convencido, com muita justiça, de que era de certa forma diferente dos meninos à sua volta. Ao mesmo tempo, tinha amigos e gostava de brincar. Desde o começo, Jung deixava as impressões mais contraditórias naqueles que o conheciam; era sociável, mas difícil, às vezes divertido e às vezes taciturno, exteriormente autoconfiante, mas suscetível a críticas. Mais tarde, como psiquiatra muito viajado e oráculo dos jornalistas, mostrava-se seguro e mesmo sereno. Mas houve anos, mesmo depois de ter obtido destaque internacional, em que foi assediado por torturantes crises religiosas. Quaisquer que fossem seus conflitos íntimos, porém, desde a juventude emanava de Jung uma sensação de poder, com sua ossatura larga, a constituição rija, o rosto teutônico fortemente esculpido e uma eloquência torrencial. Ernest Jones, que o encontrou pela primeira vez em 1907, considerava-o "uma personalidade vivaz", dotada de "um cérebro incansavelmente ativo e ágil". "Tinha um temperamento enérgico ou mesmo dominador", transbordando de "vitalidade e riso" — certamente "uma pessoa muito atraente." Foi este homem que Freud escolheu como seu príncipe herdeiro.

Ao contrário do resto da família, Jung queria ser médico, e iniciou seus estudos de medicina em 1895, na Universidade da Basileia. Mas, apesar de toda a sua formação científica, seu interesse pelo oculto e seu fascínio pelas religiões esotéricas, para não mencionar sua luxuriante imaginação, persistiram ao longo dos anos. No final de 1900, ele entrou para o sanatório de Burghölzli, que funcionava como clínica psiquiátrica da Universidade de Zurique. Não poderia ter escolhido lugar melhor. Sob a direção inspirada de Eugen Bleuler, Burghölzli estava abrindo seu caminho para a vanguarda da pesquisa sobre doenças mentais. Para lá afluíam médicos de vários países a fim de observar seu funcionamento, e os médicos da própria equipe do sanatório viajavam para o exterior; no final de 1902, Jung, à semelhança do que fizera Freud duas décadas antes, passou um semestre naquele ímã irresistível para os jovens psiquiatras, a Salpêtrière, onde ouviu as conferências de Pierre Janet sobre psicopatologia teórica.

Por trás de Jung, encontrava-se seu chefe esquivo, um tanto enigmático, Eugen Bleuler, figura destacada entre os psiquiatras da época. Bleuler, que nascera em 1857, um ano depois de Freud, havia estudado com Charcot em Paris, e retornara a seguir para a Suíça. Como psiquiatra das equipes de vários hospitais de doenças mentais, ele adquiriu uma impressionante experiência clínica. Mas era muito mais que um clínico; pesquisador atento e imaginativo, ele aproveitava seu trabalho com os loucos para finalidades científicas. Em 1898, foi nomeado sucessor de Auguste Forel na direção do Burghölzli, e transformou essa instituição já famosa num centro de pesquisas sobre doenças mentais de renome internacional. Seguindo Charcot, ele estava entre os pioneiros que vinham pondo ordem nos diagnósticos extremamente vagos dos distúrbios psicológicos, e, como Charcot, ele se mostrou um influente nomenclador. Alguns de seus neologismos, notadamente *esquizofrenia*, *ambivalência* e *autismo*, ingressaram definitivamente no vocabulário psiquiátrico.

Apesar da fama internacional do Burghölzli, Jung recordava-se de seus primeiros anos na instituição como uma época de rotina maçante e banal, um verdadeiro ataque contra o pensamento original e a excentricidade criativa. Mas a clínica preparou seu caminho para a psicanálise. Forel já estava familiarizado com a obra de Breuer e Freud sobre a histeria; então, logo depois da chegada de Jung, Bleuler lhe pediu que apresentasse *A interpretação dos sonhos* à equipe. O livro deixou sua marca em Jung, que logo incorporou às suas pesquisas ideias do livro dos sonhos de Freud, dos primeiros artigos sobre histeria e, depois de 1905, do caso clínico de Dora. Sempre homem de opiniões firmes, ele próprio se nomeou partidário ardoroso de Freud, defendendo energicamente as inovações psicanalíticas em congressos e publicações médicas. Seu interesse pelas teorias de Freud intensificou-se ao aplicá-las com êxito à esquizofrenia (ou, como ainda era chamada, demência precoce), psicose na qual ele se especializou e que lhe granjeou fama. No verão de 1906, no prefácio de sua elogiada monografia *Sobre a psicologia da demência precoce*, ele destacou as "concepções brilhantes" de Freud, o qual "ainda não recebeu seu justo reconhecimento e apreciação". Jung admitia que, de início, havia "naturalmente feito todas aquelas objeções apresentadas na literatura contra Freud". Mas, prosseguia, ele havia chegado à conclusão de que a única maneira legítima de contestar Freud era reproduzindo seu trabalho. Caso contrário, "não se deveria julgar Freud, pois senão está-se agindo como aqueles famosos cientistas que se recusavam a olhar pelo telescópio de Galileu". No entanto, insistindo publicamente em sua independência intelectual, Jung se perguntava se a terapia psicanalítica era realmente tão eficaz quanto declarava Freud. Tampouco "atribuo ao trauma sexual da juventude a importância exclusiva que Freud aparentemente atribui". Era uma ressalva pressaga que impregnaria todos os anos de amizade entre Freud e Jung.

No entanto, em 1906, Jung afirmava que "todas essas coisas são de importância secundária", "desaparecem totalmente perante os princípios psicológicos cuja descoberta é o maior mérito de Freud". No texto, ele citava Freud reiteradamente, com marcado tom de aprovação. Mas Jung não se contentou simplesmente em polemizar a favor das ideias de Freud; também realizou um trabalho experimental inovador que reforçava as conclusões de Freud. Assim, em 1906, num artigo notável sobre a associação de palavras, ele apresentou amplas provas experimentais em apoio à teoria da associação livre de Freud. Ernest Jones qualificou esse artigo de "grandioso", e "talvez sua contribuição mais original à ciência".

O próprio Freud mostrou-se grato pelas atenções de Jung, e foi, à sua maneira, de uma franqueza desarmante. Agradecendo-lhe por ter enviado os *Estudos de associação diagnóstica*, que continham o artigo fundamental de Jung, Freud reconhecia que, "naturalmente", o artigo de que mais gostara era o do próprio Jung. Afinal, Jung, "baseando-se na experiência", delicadamente insistira que Freud havia "apresentado nada mais que a verdade provinda das regiões até então inexploradas de nossa disciplina". A estonteante perspectiva de um respeitável propagandista no exterior, com acesso a pacientes interessantes e médicos interessados num famoso hospital de doenças mentais, pareceu a Freud quase que além das expectativas razoáveis. Mas ele desviou sagazmente qualquer suspeita de que pudesse esperar uma adesão cega: "Conto com confiança que o senhor esteja muitas vezes na posição de me corroborar, e também me sentirei contente em ser corrigido".

No outono de 1906, Freud retribuiu o presente de Jung com um exemplar de sua recém-publicada coletânea de artigos sobre a teoria das neuroses. Na carta de agradecimentos, Jung assumiu a postura de paladino e missionário de Freud. Informou com entusiasmo, ainda que de modo prematuro, que, embora de início Bleuler tivesse resistido firmemente às ideias de Freud, estava "agora completamente convertido". Ao responder, Freud transformou afavelmente essas boas notícias num triunfo pessoal de Jung: "Tive grande prazer com sua carta e as notícias de que o senhor converteu Bleuler". Quando se tratava de dirigir elogios agradáveis a seus correspondentes, Freud às vezes era capaz de rivalizar com o mais gentil dos bajuladores. Não perdia tempo: na mesma carta, ele não hesitou em assumir o papel de um pioneiro idoso pronto para passar a tocha para mãos mais jovens. Ao falar do egrégio professor Aschaffenburg e seus ataques desmedidos à psicanálise, ele pintou o debate dos psiquiatras sobre a psicanálise como uma luta entre dois mundos; logo se patentearia qual deles estava em declínio e qual se encaminhava para a vitória. Mesmo que não vivesse para ver tal vitória, "meus alunos, espero, estarão lá, e espero, além disso, que quem quer que consiga se resolver a superar resistências internas pelo bem da verdade se incluirá de bom grado entre meus alunos e erradicará os resíduos de indecisão de seu pensamento". A amizade entre Freud e Jung se iniciara bem.

Uma vez iniciada, a amizade entre ambos floresceu com vigor. Em intercâmbios corteses, os dois discutiam o papel da sexualidade na gênese das neuroses, trocavam separatas e livros e intercambiavam esboços de casos que os intrigavam de modo particular. Jung era respeitoso, embora nunca adulador. Esperava não deturpar Freud; atribuía algumas de suas apreensões em relação à psicanálise à própria inexperiência, subjetividade e falta de contato pessoal com Freud; justificava o tom prudente que adotava nas defesas públicas de Freud invocando a malícia da diplomacia. Enviava boletins que sabia que Freud apreciaria: "Suas concepções estão fazendo rápidos progressos na Suíça", e ainda: "Pessoalmente, sou um aficionado entusiástico de sua terapia".

Freud aceitava as oferendas de Jung com uma expansividade paterna: "Acho extremamente agradável que o senhor se comprometa a confiar provisoriamente em mim nos pontos em que sua experiência ainda não lhe permite tomar uma decisão", mas, apressando-se em suavizar sua ascendência sobre Jung, "evidentemente, apenas até que ela lho permita". Freud apresentava-se como mais flexível do que pensava o mundo, e ficou encantado que Jung tivesse notado esse seu traço. "Tenho de lidar, como o senhor bem sabe, com todos os demônios que podem se pôr à solta contra um 'inovador'; não é o mais dócil entre eles a necessidade de aparecer aos próprios adeptos como um ranzinza ríspido, farisaico e incorrigível — o que realmente não sou." Com uma insinuante demonstração de modéstia, concluía ele: "Sempre me mantive convicto de minha falibilidade". Solicitou as opiniões de Jung sobre um paciente que mostrava sintomas do que poderia ser uma demência precoce. Elogiou o texto de Jung, temperando seu entusiasmo com críticas distribuídas com sagacidade, sem nunca esquecer a Causa: "Abandone logo o erro de que seu livro sobre a demência precoce não teria me agradado extraordinariamente. O próprio fato de eu ter apresentado críticas deveria ser uma prova. Pois se assim não fosse, eu teria a suficiente diplomacia para escondê-lo a si. Seria, afinal, extremamente desavisado desrespeitar o senhor, o assistente mais sólido que até agora uniu-se a mim". Com alguém como Jung, Freud deve ter sentido que certo grau de franqueza crítica era uma forma de lisonja mais astuta do que a aprovação irrestrita.

Freud gostava realmente de Jung, depositava grandes esperanças nele e precisava idealizar alguém, como havia idealizado Fliess. Sem dúvida, Jung tinha suas utilidades. Mas, quaisquer que fossem as acusações que logo fariam alguns críticos capciosos, Freud não o explorou simplesmente como uma fachada cristã respeitável por trás da qual os psicanalistas judeus poderiam realizar sua obra revolucionária. Jung era o filho favorito de Freud. Em cartas a amigos íntimos judeus, ele elogiava constantemente Jung por fazer um trabalho "esplêndido, magnífico", publicando, teorizando ou investindo contra os inimigos da psicanálise. "Agora, não fique com ciúmes", Freud espicaçou Ferenczi em dezembro de 1910, "e inclua Jung em seus cálculos. Estou mais convencido do que nunca que é o homem do futuro." Jung era a garantia de que a psicanálise sobreviveria depois que seu fundador tivesse abandonado o palco, e Freud amava-o por isso. E o que é mais importante, não havia nada de secreto ou tortuoso nas intenções de Freud. No verão de 1908, ao anunciar a Jung que pretendia visitá-lo, Freud disse-lhe que esperava uma discussão profissional exaustiva, e revelou sua "intenção egoísta, que naturalmente confesso com franqueza": era a de "empossar" Jung como o analista que continuaria e completaria "minha obra". Mas isso não era tudo, de forma alguma. "Além disso, gosto muito do senhor" — *habe ich Sie ja auch lieb.* Mas, acrescentou ele, "aprendi a subordinar este elemento". O proveito que Freud esperava retirar de Jung era bastante pessoal, pois Freud identificava-se com sua criação, a psicanálise. Mas, ao cobrir Jung de epítetos lisonjeiros e dar-lhe uma ostensiva preferência sobre seus adeptos vienenses, Freud pensava antes na prosperidade de seu movimento do que em algum estreito benefício privado. Com uma "personalidade forte, independente, como um teuto" — *Germane* —, Jung parecia melhor qualificado, disse-lhe Freud sem rodeios, para angariar o interesse favorável do mundo exterior pelo seu grande empreendimento. Jung não era vienense, nem idoso e, principalmente, não era judeu, três pontos negativos que Freud considerava imbatíveis.

Jung, por sua parte, aquecia-se ao calor da aprovação de Freud. "Agradeço-lhe de todo o coração pela prova de sua confiança", escreveu ele em fevereiro de 1908, depois que Freud dirigiu-se pela primeira vez a Jung como "Caro Amigo". Esse "presente imerecido de sua amizade significa para mim um indiscutível ponto alto de minha vida, que não posso expressar em simples palavras". Freud mencionara Fliess em sua carta, e Jung, como experiente rastreador de pistas psicanalíticas que era, não iria deixar passar esse nome sem expressar um incisivo repúdio; viu-se levado a pedir a Freud "que me permita desfrutar de sua amizade, não como entre iguais, mas como entre pai e filho. Tal distância se me afigura própria e natural". Ser o herdeiro indicado do magnífico legado de Freud, escolhido pelo próprio fundador, parecia a Jung um convite à grandeza.

Como dois terapeutas atarefados que relutavam em subtrair tempo aos deveres urgentes, Jung e Freud só vieram a se encontrar no começo de março de 1907, quase um ano depois de terem começado a trocar cartas. Jung levou sua mulher Emma à Berggasse 19, juntamente com seu jovem colega Ludwig Binswanger. A visita a Viena foi um festival de conversas profissionais, intercaladas por uma reunião da Sociedade Psicológica das Quartas-Feiras e pelas refeições familiares. Martin Freud, que estava presente com seus irmãos, recordou que Jung era cheio de si e de seus casos clínicos, quase a ponto de estourar. "Nunca fez a menor tentativa de manter uma conversa polida com a mãe ou conosco, os filhos, mas continuava com a discussão que havia sido interrompida pelo chamado para o jantar. Jung, nessas ocasiões, era quem falava e o pai, com visível prazer, era quem ouvia." Jung rememorou a discussão entre ele e Freud como uma conversa mais equilibrada, ainda que interminável, entre as duas partes. Falaram, lembrou ele, durante treze horas praticamente ininterruptas. Jung pareceu aos Freud uma pessoa transbordante de vitalidade, dotado, escreveu Martin Freud, de "uma presença imponente. Ele era muito alto e com ombros largos, portando-se mais como um soldado do que como um cientista e médico. Sua cabeça era puramente teutônica, com um queixo forte, um bigode pequeno, olhos azuis e cabelo ralo e aparado rente". Parecia apreciar enormemente a si mesmo.*

Mesmo exigente como deve ter sido essa primeira visita do suíço, ela também teve seu lado mais leve. Binswanger nunca se esqueceu da conversa cordial e estimulante do anfitrião e da "atmosfera descontraída e amistosa" que, desde o início, envolveu a ocasião. Então com apenas 26 anos, Binswanger ficou assombrado com a "grandeza e dignidade" de Freud, mas sem se sentir atemorizado ou intimidado. O anfitrião, com sua "aversão a qualquer formalidade e etiqueta, seu encanto pessoal, sua simplicidade, sinceridade espontânea e bondade e, não menos importante, seu humor", pelo visto afastou qualquer angústia. À vontade, os três homens interpretaram mutuamente seus sonhos, fizeram passeios e partilharam as refeições. "O bando de crianças mantinha-se muito silencioso à mesa, embora aí também reinasse um tom completamente descontraído."

Freud declarou-se encantado com as visitas; Jung declarou-se assoberbado. Sua estada em Viena, escreveu ele a Freud logo depois de voltar a Zurique, foi um "acontecimento no sentido mais pleno da palavra", e havia provocado nele uma "tremenda impressão"; sua resistência à concepção ampliada de sexualidade" de Freud estava se desmoronando. Freud, por sua vez, reiterou o que havia dito a Jung em Viena: "Sua pessoa encheu-me de confiança no futuro". Ele pes-

* Foi nessa visita que Jung alega ter sido informado sobre um caso entre Freud e sua cunhada Minna Bernays.

soalmente era, sabia-o agora, "tão dispensável como qualquer pessoa", mas, acrescentou, "tenho certeza que o senhor não abandonará a obra". Tinha de fato essa certeza? Entre os sonhos de Jung, houve um que Freud interpretou como significando que Jung desejava destroná-lo.

Nenhum dos dois resolveu tomar esse sonho como um augúrio inquietante. O molde da amizade entre ambos, rapidamente estabelecida, parecia esculpido em pedra. Trocavam relatórios de casos como tantas outras provas de apreço, exploravam as formas de estender as ideias psicanalíticas ao estudo das psicoses e da cultura, e ridicularizavam os "chavões imbecis" — o epíteto é de Jung — dos psiquiatras acadêmicos que se recusavam a enxergar a verdade dos ensinamentos de Freud. Embora rapidamente acumulasse experiência clínica e fama de polemista, Jung permaneceu como estudante durante anos. "É simpático", escreveu-lhe Freud em abril de 1907, "que o senhor me pergunte tantas coisas, embora sabendo que posso responder apenas a uma pequena parte delas." Freud não era o único lisonjeador nesse diálogo epistolar. Jung disse a Freud que estava se deleitando com as riquezas que Freud espalhara à sua frente, e "vivendo com as migalhas que caem da mesa do rico". Freud contestou essa opulenta metáfora oral e preferiu dar ênfase ao valor de Jung para si. Pronto para partir de férias em julho de 1907, disse a Jung que as notícias enviadas por este "já se tornaram uma necessidade". No mês seguinte, aproveitou o ensejo para tranquilizar Jung, que se lamentava dos seus defeitos de caráter: "O que o senhor chama de histérico em sua personalidade, a necessidade de causar impressão nas pessoas e influenciá-las, é exatamente o que o capacita a ser um mestre e guia".

Apesar de todas essas aconchegantes trocas entre rei e príncipe herdeiro, o debate potencialmente divisor sobre a sexualidade nunca se dissolveu por inteiro. Jung se retraía, ao passo que Abraham, em seus últimos meses em Burghölzli, mostrava-se mais receptivo à teoria da libido de Freud. Esse rival em seu terreno despertou os ciúmes de Jung. Freud não ocultou a Jung que começava a se ligar a Abraham porque "ele enfrenta o problema sexual diretamente". Mas o ciúme e a inveja eram hábitos emocionais tão próximos à superfície mental de Jung que ele não se incomodava em disfarçá-los quanto menos reprimi-los. No começo de 1909, ele contou a Ferenczi num tom desarmante que, devido aos grandes elogios de Freud a um artigo de Ferenczi — coisas que Freud nem sempre fizera com Jung —, ele, Jung, devia dar cabo nessa carta de "um ignóbil sentimento de inveja". Contudo, Jung continuava a professar nada menos que uma "devoção incondicional" às teorias de Freud e uma "veneração não menos incondicional" pela pessoa de Freud. Ele reconhecia que tal "veneração" tinha uma qualidade "entusiástico-'religiosa'", que considerava, "devido a um inegável laivo erótico", ao mesmo tempo "repulsiva e ridícula". Uma vez ingressado na via confessionalista, Jung não se deteve a meio-caminho: atribuiu sua forte aversão a essa paixão de matiz religioso a um incidente em sua infância, quando, "menino, sucumbi a uma investida homossexual de um homem que antes eu adorava". Freud, investigando na época seus próprios sentimentos homoeróticos por Fliess, enfrentou calmamente a revelação de Jung. Uma transferência religiosa, comentou ele mais judiciosamente do que pensava, só pode terminar em apostasia. Mas fazia o máximo para se contrapor a isso; tentou convencer Jung de que "sou inadequado como objeto de culto". Viria o tempo em que Jung concordaria com Freud sobre esse ponto.

Em suas cartas a Abraham, que oferecem um equilibrado contraste com as que escreveu a Jung, Freud estendia-se sem reservas sobre as virtudes específicas da ligação com Zurique. Durante seus três anos em Burghölzli, Abraham dera-se bem com Jung, o qual, apesar de brusco, era igualmente encantador, mas havia nutrido sérias dúvidas a seu respeito. Depois de cortar suas amarras e passando a clinicar em Berlim, Abraham teve ocasião de irritar seu antigo superior, principalmente quando se encontravam em congressos psicanalíticos. Freud, aconselhando a necessidade de paciência e cooperação, interpretou afavelmente a atitude um tanto fria de Abraham em relação a Jung como uma forma inofensiva, quase inevitável, de rivalidade entre irmãos. "Seja tolerante", exortou a Abraham em maio de 1908, "e não se esqueça de que é realmente mais fácil para o senhor", enquanto judeu, aceitar a psicanálise do que para Jung, que "como cristão e filho de pastor", é capaz de "encontrar seu caminho até mim apenas enfrentando grandes resistências internas." Por isso, "sua adesão é tanto mais valiosa. Eu quase diria que foi somente seu aparecimento que salvou a psicanálise do perigo de se tornar um assunto nacional judaico". Freud estava convencido de que, enquanto o mundo visse a psicanálise como uma "ciência judaica", os fardos que suas ideias subversivas teriam de carregar apenas se multiplicariam. "Somos e continuamos a ser judeus", escreveu ele pouco depois a um correspondente judeu, "os outros vão sempre simplesmente nos explorar e nunca nos entenderão nem nos apreciarão." Num famoso e comovente desabafo a Abraham, recorrendo ao sobrenome de ressonância mais inequivocamente austríaca e cristã que podia imaginar, Freud resumiu todas as desgraças de ser judeu: "Fique certo, se meu nome fosse Oberhuber, minhas ideias, apesar de tudo, teriam encontrado muito menos resistência".

Nesse espírito de autodefesa, Freud advertiu claramente Abraham contra "preferências raciais". Justamente porque ambos, e mais Ferenczi em Budapeste, entendiam-se tão bem, tais considerações deviam se manter em posição secundária. A própria intimidade entre eles deveria servir de advertência "para não negligenciar os arianos, que são fundamentalmente estranhos a mim". Ele não tinha dúvidas: "Nossos camaradas arianos, afinal, são absolutamente indispensáveis a nós; de outro modo, a psicanálise cairia vítima do antissemitismo". Não é inútil repetir que, a despeito dessa necessidade de adeptos cristãos, Freud não estava simplesmente sendo manipulador ao encorajar Jung; sua opinião a respeito deste sempre foi muito mais favorável do que a de Abraham. Ao mesmo tempo, Freud não desprezava o valor, tanto profissional como pessoal, daquilo que, no jargão da época, ele chamava de "parentesco racial" — *Rassenverwandtschaft*

— que o ligava a Abraham. "Posso dizer que são traços judaicos afins que me atraem em si?" Escrevendo dentro do âmbito familiar, de judeu para judeu, Freud apresentava a Abraham sua inquietação sobre o "antissemitismo oculto dos suíços", e recomendava uma certa resignação como a única política viável: "Devemos, como judeus, se quisermos chegar a algum lugar, desenvolver um pouco de masoquismo", e mesmo se preparar para suportarem calados certo grau de injustiça. E lembrava a Abraham, incidentalmente mostrando sua total ingenuidade acerca da longa tradição do misticismo judaico: "Em geral, isso é mais fácil para nós judeus, visto que não temos o elemento místico".

Estar afortunadamente livre do elemento místico significava, aos olhos de Freud, estar aberto à ciência, ter a única atitude adequada para compreender suas ideias. Jung, filho de pastor, abrigava perigosas simpatias pelos místicos do Oriente e do Ocidente, como pareciam fazer tantos cristãos. Para um psicanalista, era muito melhor ser ateu — como Freud —, sendo judeu ou não. O que importava era o reconhecimento da psicanálise como uma ciência, cujas descobertas não têm absolutamente nenhuma relação com as origens religiosas de seus praticantes. "Não deveria existir nenhuma ciência distintamente ariana ou judaica", declarou em certa ocasião Freud a Ferenczi. Mas as realidades da política psicanalítica, julgava Freud, obrigavam a ter em mente as diferenças religiosas entre seus adeptos. Por isso, empenhava-se ao máximo para cultivar igualmente seus seguidores judeus e cristãos. Prendia Jung a si com uma afeição paterna, e Abraham com afinidades "raciais", nunca perdendo a Causa de vista. Em 1908, correspondia-se com Abraham e Jung em termos quase idênticos; sua estratégia parecia estar dando resultados.

Durante esses anos, certamente Freud não tinha nenhuma dúvida quanto à solidez da fé de Jung. Este afirmou-a à suficiência. "O senhor pode ficar certo", escrevera Jung a Freud em 1907, "que nunca abandonarei uma parcela sequer de sua teoria, essencial para mim — estou empenhado demais para tanto." Dois anos depois, reassegurou novamente a Freud: "Não só por ora, mas por todo o futuro, nunca acontecerá nada do tipo Fliess". Era uma promessa enfática e gratuita que Freud, se tivesse se permitido empregar suas próprias técnicas de detetive, poderia ter tomado como uma agourenta insinuação das coisas de tipo Fliess que estavam por vir.

INTERLÚDIO AMERICANO

Em 1909, ano em que Jung apresentou seus protestos de inquebrantável lealdade, Freud obteve uma certa suspensão inesperada de suas preocupações políticas e uma homenagem ainda mais inesperada vinda de longe de sua terra. Na noite de uma sexta-feira, em 10 de setembro, ele apresentou-se no ginásio da Universidade Clark, em Worcester, Massachusetts, para receber o título de *Doctor of Laws, honoris causa*. A honra foi uma grande surpresa para Freud. Ele tinha um pequeno número de seguidores em Viena; recentemente, havia conseguido adeptos em Zurique, Berlim, Budapeste, Londres e mesmo Nova York. Mas representavam uma pequena minoria encastelada no campo profissional da psiquiatria; as ideias de Freud ainda se mantinham propriedade de poucos e escândalo para a maioria.

Mas o reitor da Universidade Clark, G. Stanley Hall, que orquestrou as festividades de entrega do título honorário de Freud, era um psicólogo empreendedor que, longe de temer a controvérsia, estimulava-a. "Uma espécie de fazedor de reis", qualificou-o Freud. Hall, excêntrico e entusiástico, muito fizera para popularizar a psicologia, principalmente a psicologia infantil, nos Estados Unidos. Em 1889, Hall fora nomeado como o primeiro reitor da Universidade Clark, a qual, com generosas dotações, aspirava a rivalizar com a Universidade Johns Hopkins e superar Harvard em seu programa de doutoramento. Era a plataforma ideal para Hall, que, mais do que um pesquisador original, era um infatigável publicista e defensor de ideias novas. Ativo, ambicioso e eclético incurável, Hall absorveu rapidamente as novas correntes da psicologia oriundas da Europa. Em 1899, ele havia trazido Auguste Forel, autoridade suíça e ex-diretor do Burghölzli, para fazer uma exposição sobre os desenvolvimentos mais recentes, e Forel apresentara a seu público o trabalho de Freud e Breuer sobre a histeria. Em anos seguintes, outros conferencistas trouxeram a Clark notícias sobre a psicanálise em Viena, e em 1904, em seu volumoso tratado em dois volumes sobre a *Adolescência*, Hall se referiu mais de uma vez, num tom de manifesta aprovação, às indecorosas ideias de Freud sobre a sexualidade. Ao resenhar *Adolescência*, o famoso psicólogo educacional Edward L. Thorndike torceu o nariz à franqueza sem precedentes de Hall, e, em particular, denunciou o livro como "repleto de erros, masturbação e Jesus". O autor, disse ele, "é um louco".

Foi este o homem que convidou o controverso Freud a apresentar uma série de conferências. A ocasião escolhida por Hall foi a comemoração do vigésimo aniversário da fundação da Universidade Clark. Também convidou Jung, então amplamente conhecido como especialista em esquizofrenia e adepto mais importante de Freud. "Cremos", Hall escreveu a Freud em dezembro de 1908, "que uma exposição concisa de seus resultados e pontos de vista seria agora extremamente oportuna, e talvez em certo sentido marque uma época na história desses estudos neste país."

Improvisando um rápido agradecimento pelo título honorário, Freud referiu-se orgulhosamente à ocasião como "o primeiro reconhecimento oficial de nossos esforços". Cinco anos depois, ele ainda se mantinha sob essa agradável impressão. Utilizando a generosidade e largueza de vistas dos americanos como uma vara para cutucar os europeus, ele definiu sua visita a Clark como a "primeira vez que me foi permitido falar publicamente sobre a psicanálise". O fato de ter apresentado cinco conferências em alemão sem perder o público apenas fez com que apreciasse ainda mais o evento. Tampouco poupou a seus leitores europeus o mordaz lembrete de que "a introdução da psicanálise na América do

Norte se deu com marcas especiais de honra". Freud admitiu que não esperara por isso: "Descobrimos para nossa grande surpresa que os homens despreconceituosos daquela pequena mas respeitável universidade conheciam toda a literatura psicanalítica" e empregavam-na em suas conferências. E acrescentou, temperando seus comentários apreciativos com aquele tipo de depreciação ritual dos Estados Unidos, epidemicamente generalizado entre os europeus cultos: "Na América puritana, pode-se, pelo menos nos círculos acadêmicos, discutir livremente e tratar cientificamente tudo o que é encarado como impróprio na vida comum". Uma década depois, relembrando a ocasião em seu estudo autobiográfico, Freud observou que a viagem aos Estados Unidos significara muito para ele. "Na Europa, eu me sentia como alguém excomungado; aqui eu me vi recebido pelos melhores como um igual. Foi como a realização de um sonho incrível, no momento em que subi ao atril em Worcester." Assim, estava claro que "a psicanálise não era mais uma ilusão; havia se tornado parte preciosa da realidade".

De início, Freud não se sentira em condições de aceitar o convite de Hall. Programadas para junho, as cerimônias interromperiam seu ano profissional e assim reduziriam seus rendimentos, que sempre constituíam uma questão delicada para ele. Lamentava ter de recusar, disse a Ferenczi, mas "ainda acho 'americana' demais essa exigência de se sacrificar tanto dinheiro pela oportunidade de apresentar conferências lá". Era um desabafo implacável: "A América devia render, e não custar dinheiro". E as finanças não constituíam a única razão da relutância de Freud em falar publicamente nos Estados Unidos. Temia que ele e seus colegas pudessem ficar isolados, quando os americanos descobrissem "o fundamento sexual de nossa psicologia". Mas o convite o intrigou. Quando Hall tardou em responder a suas cartas, ele se inquietou com esse silêncio, embora rapidamente asseverasse, como que se protegendo contra a decepção, que, de qualquer maneira, não tinha nenhuma confiança nos americanos e receava "o puritanismo do novo continente". Poucos dias depois, mudando de tom e parecendo quase angustiado, ele escreveu novamente a Ferenczi: "Nenhuma notícia dos EUA".

Mas Hall reformulou sua proposta; transferiu as festividades para setembro e aumentou substancialmente a ajuda de custo para a viagem de Freud. Essas medidas tornaram possível, disse Freud a Ferenczi, "e de fato conveniente aceitar o convite". E perguntou a Ferenczi, como já havia feito, se gostaria de vir junto. Gostaria, e muito. Já em janeiro, ele dissera a Freud que poderia arcar com os custos da viagem, e em março começou a pensar em "certos preparativos para a excursão pelo ultramar" que incluía um aperfeiçoamento de seu inglês "deficiente" e algumas leituras sobre os Estados Unidos. Conforme passavam as semanas, a animação de Freud com essa perspectiva também aumentava visivelmente. "A América domina a situação", informou em março e, como Ferenczi, decidiu preparar-se para a aventura encomendando livros sobre os Estados Unidos e "polindo" seu inglês. Era provável que se revelasse "uma grande experiência"; quando anunciou a Abraham que daria conferências nos Estados Unidos, introduziu o assunto com um ímpeto exuberante: "E agora as grandes novidades". À maneira de um viajante prudente e experimentado, Freud começou a se informar sobre as passagens, pesando várias alternativas; finalmente decidiu-se pelo vapor *George Washington*, do Norddeutsche Lloyd, pois a data da viagem por esse navio permitiria uma semana de turismo pelos Estados Unidos, antes que os visitantes tivessem de comparecer à Universidade Clark. "Podemos percorrer o Mediterrâneo a cada dois anos. A América não vai se repetir tão cedo."

Freud estava ironicamente consciente de sua ambivalência em relação a essa "aventura de viagem", e tomava-a, disse a Ferenczi, como "uma verdadeira ilustração das palavras profundas da *Flauta mágica*: 'A amar não posso obrigá-la'. Não me importo minimamente com a América, mas aguardo com muita expectativa nossa viagem juntos".* Também sentia-se contente que Jung fizesse parte do grupo: "Agrada-me imensamente pelas razões mais egoístas", fez saber a Jung em junho. Mas também agradava-lhe, acrescentou ele, ver o grande prestígio que Jung já conquistara entre os círculos psicológicos.

Embora Freud conscienciosamente levasse para suas férias de verão alguns livros sobre os Estados Unidos, ele não os leu. "Quero me deixar surpreender", disse a Ferenczi, e aconselhou a Jung que cultivasse a mesma espontaneidade. No final, sua única incursão pelos Estados Unidos acabou sendo, em parte, férias e, em parte, avanço psicanalítico. Mas ela começou com um episódio agourento: em 20 de agosto, os três viajantes haviam almoçado juntos em Bremen, enquanto aguardavam o embarque. Jung começou a falar e continuou falando sobre restos pré-históricos que estavam sendo desenterrados no norte da Alemanha. Freud decidiu interpretar esse assunto e a insistência de Jung com um desejo de morte oculto contra ele, e desmaiou. Não foi a única vez em que Freud perderia os sentidos na presença de Jung. Mas a expectativa prazerosa prevaleceu, e no dia seguinte Freud, Jung e Ferenczi partiram de Bremen num bom estado de ânimo. Ocuparam a travessia de oito dias com um passatempo que era o grande favorito entre esses primeiros analistas: analisaram mutuamente seus sonhos. Um dos momentos memoráveis da viagem, disse Freud mais tarde a Ernest Jones, foi o de descobrir o camareiro de sua cabine lendo *A psicopatologia da vida cotidiana*. Um dos motivos pelos quais Freud havia escrito esse livro era, evidentemente, o de alcançar um público leigo, e ele se sentiu gratificado com a prova concreta de que realmente chegara a um público mais amplo.

O trio reservou uma semana para Nova York, quando Ernest Jones e A. A. Brill, os dois psicanalistas sediados no Novo Mundo, mostraram-lhes a cidade. Jones veio de Toronto para esperar os ilustres hóspedes. Mas o cicerone quase profissional foi Brill, que vivia em Nova York desde 1889, quando chegara sozinho, aos quinze anos, vindo de sua Áustria-Hungria natal com três dólares no bolso. Ele conhecia a cidade — pelo menos Manhattan — como a palma da mão. Ao fugir da Europa fugira de sua família: o pai era inculto e autoritário, e a mãe

* Para uma análise detalhada do antiamericanismo de Freud, ver pp. 564-72.

queria que ele se tornasse rabino. Os Estados Unidos o salvaram de uma carreira indesejada e, ao mesmo tempo, de pais que o "sufocavam". Na adolescência, rejeitou a fé religiosa e a ditadura doméstica do pai com idêntica determinação, mas, como Nathan G. Hale formulou com justeza, "conservou a deferência judaica pelos professores e sábios. Estava procurando um guia, não um primeiro-sargento".

Desesperadamente pobre, mas movido pela vontade, Brill custeou seus estudos na Universidade de Nova York trabalhando em empregos mais ou menos servis, inclusive dando aulas. Após alguns anos de parcimoniosa poupança, contou mais tarde a Ernest Jones, Brill achou que reunira dinheiro suficiente para entrar na Universidade Columbia, em medicina, mas o total não chegava para as taxas de exame. "Apelar para as autoridades pedindo auxílio ou dispensa foi em vão; ele teve que depender de seus próprios recursos, e voltar a dar aulas por mais um ano. Sentiu as dificuldades, mas então disse a si mesmo: 'Você só pode culpar a si mesmo; ninguém mandou que você escolhesse medicina'. E seguiu corajosamente em frente." Jones não conseguiu conter sua admiração: "Ele poderia ser considerado um diamante bruto, mas quanto ao diamante não havia nenhuma dúvida". Em 1907, havia conseguido poupar o suficiente para passar um ano em Burghölzli, estudando psiquiatria. Lá descobriu Freud, e a descoberta revelou a vocação de sua vida. Decidiu que voltaria a Nova York, e se esforçaria para se converter em porta-voz da psicanálise e tornar os textos de Freud disponíveis em inglês. Agora, no final do verão de 1909, podia com entusiasmo e autoridade pagar parte de seu débito para com Freud.

Com a disposição juvenil incólume de um explorador urbano, Freud mostrou-se infatigável. Ainda não era famoso a ponto de ser assediado por fotógrafos ou repórteres, e um dos jornais matutinos de Nova York nem sequer publicou seu nome certo, informando conscienciosamente sobre a chegada do "Professor Freund de Viena". Isso não parece tê-lo perturbado minimamente, ocupado em percorrer Nova York. Passeou pelo Central Park e na Universidade Columbia, por Chinatown e Coney Island, e dedicou tempo a examinar suas amadas antiguidades gregas no Metropolitan Museum. Em 5 de setembro, os viajantes estavam em Worcester. Os outros foram instalados no Standish Hotel; Freud, obviamente o hóspede principal, foi convidado a ficar na elegante casa de G. Stanley Hall.

As cinco conferências improvisadas de Freud, cada uma delas falada e ensaiada durante passeios com Ferenczi, foram bem recebidas; sua habilidade como orador público foi-lhe útil com a plateia americana. Ele abriu o ciclo com um generoso tributo a Breuer como o verdadeiro fundador da psicanálise — um tributo que, refletindo melhor, ele veio a considerar excessivo — e apresentou uma rápida história de suas ideias e técnicas próprias, junto com algumas advertências para que não se alimentassem expectativas exageradas em relação a uma ciência ainda tão jovem. Ao cabo da terceira conferência, ele já havia familiarizado seus ouvintes com os conceitos essenciais da psicanálise: repressão, resistência, interpretação de sonhos e o mais. Na quarta, ele abordou o delicado tema da sexualidade, inclusive a sexualidade infantil. Nunca exibira seus talentos de tribuno com melhores resultados, jogando com habilidade o trunfo da conexão americana. A testemunha que invocou a seu favor foi Sanford Bell, afortunadamente membro da Universidade Clark. Em 1902, três anos antes da publicação dos *Três ensaios sobre a teoria da sexualidade* de Freud, Bell havia publicado um artigo no *American Journal of Psychology*, onde havia comprovado o fenômeno da sexualidade infantil com numerosas observações. Havia algo de desarmante no fato de não se ser original, e Freud explorou-o ao máximo. Ele encerrou o ciclo de conferências com uma inteligente mescla de crítica cultural e psicanálise aplicada, concluiu polidamente agradecendo a oportunidade para sua apresentação e a atenção com que seus ouvintes o acompanharam.

Freud não teve muitas razões para lamentar a visita; a maioria de suas objeções posteriores soam forçadas, nada generosas ou sequer razoáveis. É verdade que a cozinha americana, tanto a água gelada quanto a comida pesada, arruinou sua digestão, que já não funcionava bem. Decerto Freud estava convencido de que sua estada nos Estados Unidos havia "exacerbado acentuadamente" seu problema intestinal, e Jones aceitou entrar no jogo. "Espero calorosamente", escreveu ele a Freud alguns meses depois, "que seu distúrbio físico seja agora coisa do passado. É péssimo que a América tenha-lhe desferido um golpe baixo com sua comida." Mas Freud superestimou demais o efeito adverso da cozinha americana, pois havia muito tempo vinha sendo assediado por perturbações intestinais. E o que pensar de sua alegação de que a visita aos Estados Unidos tenha prejudicado sua caligrafia? Mesmo o leal Ernest Jones sentiu-se obrigado a concluir que, no fundo, o antiamericanismo de Freud "não tinha realmente nada a ver com a América em si".

De fato, praticamente toda a acolhida que Freud recebeu nos Estados Unidos, tanto por parte das pessoas com quem se encontrou como pela imprensa, foi cordial, mostrando, em grande parte, uma franca receptividade. A manchete no *Worcester Telegram* — "Todos os tipos em Clark... Homens com cérebros avantajados têm tempo para alguns sorrisos" — certamente exemplificava o jornalismo popular em seu nível mais baixo, mas foi uma exceção. Alguns daqueles que ouviram Freud consideraram suas teorias da sexualidade bastante chocantes, e a imprensa tratou sua quarta conferência, que discutia esse delicado assunto, com a conveniente brevidade e decoro. Mas Freud não teve nenhum motivo para se sentir desconsiderado, e muito menos rejeitado, por seus ouvintes americanos. Além disso, importantes nomes da psicologia americana foram especialmente até Worcester para se encontrar com ele. William James, o filósofo e psicólogo mais celebrado e influente dos Estados Unidos, passou um dia em Clark para ouvir Freud e dar um passeio com ele. Foi um passeio que Freud não iria esquecer. James já sofria do problema cardíaco que o mataria um ano depois. Em seu estudo autobiográfico, Freud contou como James parou de repente, passou sua pasta para ele e lhe pediu que continuasse a andar; sentia aproximar-se um acesso de angina do peito, e alcançaria Freud logo que o acesso passasse. "Desde então", comentou Freud, "sempre desejei ter o mesmo destemor frente ao fim próximo da vida." Refletindo sobre a morte como vinha fazendo havia alguns anos, o estoicismo cortês de James pareceu-lhe admirável e mesmo invejável.

James havia acompanhado a obra de Freud desde 1894, quando teve conhecimento da "Comunicação preliminar" de Freud e Breuer sobre a histeria. Agora, com a largueza de vistas que normalmente trazia às teorias que considerava intrigantes, ainda que inaceitáveis, desejava sucesso a Freud e aos freudianos. Como estudioso profissional da religião, que alçara a experiência religiosa ao nível de verdade superior, James sentia-se cheio de dúvidas frente ao que julgava uma hostilidade obsessiva e programática dos freudianos em relação à religião. Mas isso não eliminava seu interesse pelo empreendimento psicanalítico. Ao se despedir de Ernest Jones em Worcester, ele pôs um braço em torno de seus ombros e disse-lhe: "O futuro da psicologia pertence ao trabalho dos senhores". James tinha fortes suspeitas de que Freud, "com sua teoria dos sonhos, era um *halluciné* total". Contudo, achava que Freud iria "contribuir para nossa compreensão da psicologia 'funcional', que é a verdadeira psicologia". Além disso, logo depois da conferência em Clark, ao escrever ao psicólogo suíço Théodore Flournoy, ele deplorou as "ideias fixas" de Freud, confessou que não via nenhum préstimo na sua teoria dos sonhos e denunciou o perigo das ideias psicanalíticas a respeito do simbolismo. Mas manifestou a esperança de que "Freud e seus alunos levem suas ideias a seus limites máximos, para que possamos saber o que são elas. Não deixarão de lançar luz sobre a natureza humana".

Era algo gentil, mas provisório e um pouco vago. James tinha um conceito bem melhor de Jung, cujas simpatias pela religião aproximavam-se das suas. Inquestionavelmente, as conferências de Jung em Clark sobre a psicologia infantil e as experiências com associações de palavras eram menos provocativas do que as de Freud, para a teologia filosófica defendida com tanta eloquência por James. Embora não tivesse pregado o ateísmo em Clark, Freud estava claramente comprometido com o tipo de convicção científica que rejeitava qualquer pretensão do pensamento religioso na busca da verdade. Mas eram exatamente essas pretensões que James, ao elevar a religião acima da ciência, estivera defendendo durante anos, e da maneira mais enfática nas famosas Conferências Gifford, *As variedades da experiência religiosa*, publicadas poucos anos antes, em 1902. Num forte contraste, James Jackson Putnam daria a Freud um apoio convicto, e revelou-se um paladino muito mais eficiente da psicanálise nos Estados Unidos do que James jamais poderia ser. Professor em Harvard, como James, Putnam era um neurologista que gozava de incomparável prestígio entre seus colegas. Assim, foi importante que, já em 1904, ao tratar de pacientes histéricos no Hospital Geral de Massachusetts, ele tivesse se pronunciado sobre a utilidade do método psicanalítico. Sua leitura favorável de Freud tinha sido a primeira abertura real na instituição médica americana às ideias psicanalíticas. Para certo pesar de Freud, Putnam sempre conservou sua independência e recusou-se a trocar sua orientação filosófica, que chegava a dar espaço a uma divindade um tanto abstrata, pelo positivismo ateu de Freud. Mas as conferências em Clark, reforçadas por intensas discussões com Freud e seus colegas em visita, persuadiram Putnam de que as teorias e tratamentos psicanalíticos eram essencialmente corretos. Sob alguns aspectos, essa conquista foi a herança mais duradoura do interlúdio americano de Freud.

Encerradas as festividades em Clark, Freud, Jung e Ferenczi passaram vários dias no chalé de Putnam nas montanhas Adirondack, prosseguindo com as conversas profissionais. Em 21 de setembro, depois de dois dias finais em Nova York, os três companheiros embarcaram em outro vapor alemão, o *Kaiser Wilhelm der Grosse.* Enfrentaram um tempo inclemente um tanto desagradável, o que não impediu que Freud analisasse Jung — para seu grande benefício, afirmou Jung. Oito dias depois, atracaram em Bremen, com uma lembrança viva, rica e complexa dos Estados Unidos. "Estou muito contente de estar longe de lá, e mais ainda por não ter de morar lá", escreveu Freud à filha Mathilde. "Tampouco posso afirmar que estou voltando muito revigorado e descansado. Mas foi extremamente interessante e provavelmente muitíssimo importante para nossa causa. No geral, pode-se dizer que foi um grande sucesso." No começo de outubro, Jung, confessando a Freud certa saudade de casa, voltou ao trabalho em Zurique. Freud também logo retomou suas atividades. Retornava como doutor *honoris causa*, com empolgantes provas de que seu movimento agora era um assunto verdadeiramente internacional.

Depois de tais satisfações, Viena pouco prometia além de uma desilusão. Com efeito, no começo de novembro, a exasperação de Freud com seus seguidores locais novamente alcançava um ponto alto. "Às vezes fico tão enraivecido com os meus vienenses", escreveu ele a Jung, parafraseando o imperador romano Calígula para seus próprios fins, "que gostaria que tivessem um único traseiro, para que eu pudesse surrar a eles com a mesma vara." Um deslize significativo, porém, traiu a apreensão suprimida de Freud em relação a Jung: ao invés de *ihnen* — "a eles" —, ele escreveu *Ihnen* — "a si" —, assim insinuando que era o traseiro de Jung que merecia umas vergastadas. Mas a primeira ruptura séria da unidade analítica originou-se num ponto bem próximo, em Viena, envolvendo dois dos primeiros associados de Freud — Wilhelm Stekel e Alfred Adler. Jung se manteve como espectador solidário, posicionando-se firmemente ao lado de Freud.

VIENA *VERSUS* ZURIQUE

Num momento de exasperação extrema, um entre muitos nesses anos, Freud referiu-se em certa ocasião a Stekel e Adler como "Max e Moritz", os dois proverbiais meninos malvados do famoso conto humorístico, de Wilhelm Busch, sobre travessuras cruéis e deliberadas e sua terrível punição: "Fico constantemente aborrecido com esses dois". Mas ambos, embora amigos e aliados, eram muito diferentes entre si e davam a Freud motivos muito diversos de desânimo e, finalmente, de atitudes drásticas.

Stekel, apesar de suas contribuições para a organização da Sociedade Psicológica das Quartas-Feiras e a teoria do simbolismo, desde o início tivera algo de irritante. Ele era espontâneo e incansável, prolífico jornalista, teatrólogo, contista e autor de tratados psicanalíticos. Embora fosse uma companhia agradável, muitos se afastavam dele por causa de suas atitudes jactanciosas e falta de escrúpulos no uso de provas científicas. Ávido em comentar qualquer artigo que fosse apresentado à Sociedade, costumava inventar um paciente que se encaixasse na discussão. "'O paciente das quarta-feiras de Stekel'", lembra Ernest Jones, "tornou-se uma piada constante." Pelo visto, a imaginação de Stekel era exuberante demais para ser contida. Num de seus artigos, ele apresentou a surpreendente teoria de que os nomes frequentemente têm uma influência subterrânea na vida das pessoas, e "documentou" seu ponto de vista dando os nomes de vários pacientes seus. Quando Freud protestou junto a ele por violar a discrição médica, Stekel tranquilizou-o; os nomes eram todos inventados! Não admira que Freud tenha concluído, enquanto ainda estava em boas relações com ele, que Stekel era "fraco em teoria e pensamento", embora dotado de "um bom faro para o significado do oculto e do inconsciente".

Isso foi em 1908. Logo Freud passou a tratá-lo mais sumariamente, ao se enfurecer com o que chamava de "ciúmes mesquinhos e idiotas" de Stekel — *schwachsinnige Eifersüchteleien.* Em seu resumo final, ele caracterizou Stekel como "de início muito meritório, mais tarde totalmente cabeçudo".* Esse veredicto era decididamente severo, mas, comparado a suas explosões íntimas, era na verdade brando; em suas cartas confidenciais, Freud qualificava Stekel de mentiroso descarado, "indivíduo intratável, um *mauvais sujet*" e mesmo um "porco". Gostava tanto desse epíteto que o experimentou em inglês: "*that pig, Stekel*", chamou-o numa carta a Ernest Jones, que, achava Freud, vinha dando crédito demais a Stekel. Muitos dos vienenses que não desceram até esse tipo de xingamento concordavam que Stekel, apesar de estimulante, era totalmente irresponsável, muitas vezes involuntariamente engraçado e, em suma, intolerável. Mesmo numa data tão avançada como 1911, ele ainda era membro importante da Sociedade Psicanalítica de Viena, apresentando artigos e participando nas discussões. Em abril daquele ano, a Sociedade chegou a dedicar uma noite a comentários — na

* Em sua autobiografia inédita, Fritz Wittels afirmou que, quando soube que iria sair uma nova edição da "História do movimento psicanalítico", ele pediu a Freud que atenuasse essa passagem "despeitada" sobre a teimosia de Stekel, e Freud concordou que, embora não pudesse suprimir suas críticas, empregaria um "termo mais brando". Mas afinal ficou *verwahrlost.* (Fritz Wittels, "Wrestling with the man: the story of a Freudian", pp. 169-70. Cópia datilografada, Fritz Wittels Collection, caixa 2. A. A. Brill Library, New York Psychoanalytic Institute.)

maioria altamente críticos — sobre o livro de Stekel, *A linguagem dos sonhos*. Por intolerável que pudesse ter sido, Stekel foi tolerado por vários anos.

Embora outros seguidores vienenses parecessem a Freud tão irritantes quanto Stekel, ele tinha ainda outras coisas para se preocupar. Por volta dessa época, Freud se desentendeu com Karl Kraus, adversário espirituoso e perigoso, depois de alguns anos de relações amistosas, ainda que sem nenhuma intimidade, entre ambos. Kraus, nunca desrespeitando o próprio Freud, levantou objeções veementes contra as aplicações grosseiras, então em voga, das ideias freudianas a figuras literárias — inclusive a ele mesmo. Uma dessas tentativas, empreendida por seu ex-amigo e colaborador Fritz Wittels, tentou diagnosticar seu famoso periódico, *Die Fackel*, como mero sintoma neurótico. Exasperado de modo particularmente intenso, ele dirigiu contra a psicanálise algumas farpas agudas, às vezes de baixo nível. Leal a seu séquito, por decepcionante que fosse, Freud, que desdenhava quase tanto quanto o próprio Kraus a vulgarização do método psicanalítico, denunciou-o (em particular) nos termos mais desmedidos. "O senhor conhece a vaidade desenfreada e a falta de disciplina desse animal talentoso, K. K.", escreveu a Ferenczi em fevereiro de 1910. Dois meses depois, confidenciou a Ferenczi que tinha adivinhado o segredo de Kraus: "Ele é um louco idiota com um grande talento histriônico", que lhe permite arremedar inteligência e indignação. Tal veredicto era produto antes de uma raiva impulsiva do que de um juízo equilibrado, e de qualquer modo, por venenosas e irracionais que fossem as explosões de Kraus, absolutamente descabido.

Mas estas eram questões secundárias. Enquanto o movimento psicanalítico ganhava impulso, Freud tinha que cultivar e manter na linha vários recrutas estrangeiros influentes e indecisos. A correspondência de Freud tornava-se, ano a ano, cada vez mais internacional, e cada vez mais assemelhava-se à correspondência de um general planejando campanhas ou de um diplomata angariando aliados. Possivelmente a presa mais surpreendente, e certamente a mais importante, foi Eugen Bleuler, o eminente chefe de Jung. Por algum tempo, Bleuler foi um membro muito prezado do clã freudiano. Esteve presente em 1908 num pequeno congresso internacional em Salzburg, o primeiro entre muitos outros, quando reuniu-se um grupo que se autodenominou "amigos da psicanálise", vindos de Viena, Zurique, Berlim, Budapeste, Londres e até Nova York, para ouvir exposições de Jung, Adler, Ferenczi, Abraham, Jones — e, evidentemente, Freud — e promover uma cooperação mais estreita. Um resultado promissor foi a fundação do primeiro periódico psicanalítico, o *Jahrbuch für psychoanalytische und psychopathologische Forschungen*, tendo Bleuler e Freud como diretores e Jung como editor. O cabeçalho era o símbolo confortador de uma aliança ativa entre Viena e Zurique e uma prova não menos confortadora da adesão de Bleuler à causa freudiana.

As relações entre Bleuler e Freud eram perfeitamente amigáveis à superfície, ainda que um pouco distantes. Mas Bleuler, embora muito impressionado com as ideias de Freud, mantinha suas dúvidas quanto à ênfase na sexualidade ser realmente apropriada. Essa incerteza, ao lado de sua desconfortável impressão de que Freud estava montando uma máquina política estritamente controlada, fazia-o hesitar em sua postura em relação à instituição que Freud vinha construindo. "Este 'quem não está conosco está contra nós'", declarou ele a Freud em 1911, ao renunciar à Associação Psicanalítica Internacional, recentemente organizada, "este 'tudo ou nada' é, na minha opinião, necessário para as comunidades religiosas e útil para os partidos políticos. Aí posso entender o princípio como tal, mas para a ciência considero-o pernicioso." Freud, em princípio, poderia receber bem uma tal postura aberta, verdadeiramente científica, mas sentia-se engajado demais no combate para aceitá-la.* Por isso, continuou a se relacionar com Bleuler e, ao mesmo tempo, a denunciá-lo em cartas para seus associados íntimos. "Bleuler", confidenciou ele a Ferenczi, "é insuportável."

Por mais maçantes que Freud pudesse considerar as conscienciosas dúvidas de Bleuler, ele tinha assuntos mais graves para resolver em nível local, principalmente o lugar de Alfred Adler na Sociedade Psicanalítica de Viena. As relações de Freud com Adler eram mais emaranhadas do que as com Stekel e, a longo prazo, mais importantes. Adler era dogmático e melancólico; seus detratores no círculo de Freud consideravam-no destituído de humor e ávido por aplausos. Jones, por exemplo, pinta-o como "casmurro e pateticamente sôfrego por reconhecimento". Mas os que o conheciam como frequentador dos cafés de Viena viam um outro homem — descontraído e piadista. Fosse quem fosse o "verdadeiro" Adler, sua ascendência sobre seus colegas só era inferior à de Freud. Mas Freud não temia nem tratava Adler como rival. Pelo contrário, durante alguns anos, ele lhe dedicou um crédito intelectual praticamente irrestrito. Em novembro de 1906, quando Adler apresentou um artigo sobre os fundamentos fisiológicos das neuroses, Freud elogiou-o calorosamente. Não gostava do termo predileto de Adler, *Minderwertigkeit* — "inferioridade de órgãos" — e teria preferido um termo mais neutro, como "uma variabilidade particular dos órgãos". Mas, quanto ao resto, considerou o artigo de Adler, assim como sua obra em geral, útil para ele e importante. Outros comentadores naquela noite fizeram eco a Freud, com a exceção de Rudolf Reitler, que judiciosamente percebeu alguns problemas na ênfase quase exclusiva de Adler sobre o papel da fisiologia e da hereditariedade na formação das neuroses.

Sem se deter com essas minúsculas ferroadas, Adler continuou a elaborar sua psicologia sob a sombra protetora da psicanálise de Freud. Superficialmente, ele e

* "Nunca lutei contra diferenças de opinião dentro do círculo de pesquisa ψA" escreveu certa vez a Lou Andreas-Salomé, "especialmente porque, em geral, tenho mais de uma opinião a respeito de um assunto — isto é, antes de publicar uma delas. Mas é preciso manter a homogeneidade do núcleo, pois do contrário é uma outra coisa." [Freud a Andreas-Salomé, 7 de julho de 1914. *Freud-Salomé*, p. 21 (19).]

Freud pareciam estar em grande acordo; ambos consideravam que a hereditariedade e o meio ambiente estavam igualmente presentes na etiologia das neuroses. Ao acentuar os males que a inferioridade dos órgãos pode descarregar nas mentes humanas, Adler adotava uma orientação preponderantemente biológica, a qual, porém, era uma perspectiva que Freud não descartava de todo. Ao mesmo tempo, como socialista e ativista social interessado em melhorar as condições da humanidade através da educação e do trabalho social, Adler também atribuía uma real importância ao ambiente na formação das mentes. Freud, como sabemos, insistia reiteradamente no impacto do mundo infantil sobre o desenvolvimento psicológico do indivíduo — o papel dos pais, irmãos, babás, companheiros de brincadeiras, na gênese de traumas sexuais e conflitos não resolvidos. Mas a concepção de ambiente de Adler não era a mesma de Freud. Com efeito, Adler questionou abertamente a tese fundamental de Freud de que o desenvolvimento sexual inicial é decisivo para a formação do caráter. Refinando e revendo proposições que apresentara desde o começo de sua guinada para a psiquiatria, Adler desenvolveu, se não com elegância pelo menos com muita energia, uma outra família de ideias. Suas comunicações por escrito, seus comentários sobre as comunicações de terceiros, seus artigos e sua primeira monografia psicológica tornaram-se "adlerianos" de maneira totalmente inequívoca; todos se centravam em sua convicção de que todos os neuróticos procuram compensar alguma imperfeição orgânica. Mesmo que Adler tomasse a sério o mundo exterior, em sua psicologia ele elevou a biologia a destino. Mas nada disso privava Adler do interesse e consideração por parte da pequena comunidade psicanalítica, ainda tateante.

A inferioridade orgânica se manteve como um tema obsessivo nas conversas e escritos de Adler durante todos os anos em que permaneceu no círculo de Freud. Ele havia empregado o termo pela primeira vez em 1904, num curto artigo de exortação sobre o papel do médico como educador, onde citava a imperfeição de algum órgão físico como causa de timidez, nervosismo, covardia e outros males que assediam as crianças. "A constituição da pessoa", disse ele, "provê seus traumas sexuais." A mente, ao detectar alguma deficiência física ou mental, tenta compensá-la — às vezes com êxito, mas muito frequentemente malogra. Adler, em suma, definia basicamente uma neurose como uma compensação malograda de sentimentos de inferioridade. No entanto, considerava a maioria das deficiências que a mente tenta neutralizar como inatas. Por exemplo, Adler julgava possível demonstrar que o sadismo e o conjunto de traços — ordem, parcimônia, obstinação — denominado por Freud de caráter anal tinham raízes hereditárias. Numa discussão na Sociedade das Quartas-Feiras a respeito da educação sexual das crianças, Adler chegou a rejeitar o ponto de vista de Freud de que tal educação, embora talvez não fosse uma panaceia, era uma profilaxia útil contra as neuroses: "Os traumas infantis só têm significado em ligação com a inferioridade dos órgãos".

Embora as questões de conteúdo contribuíssem muito para dividir Freud e Adler, a política psicanalítica também se incluiu e serviu para exacerbar suas divergências. Escrevendo a Abraham, Freud observou certa vez: "A política estraga o caráter". Tinha em mente seus problemas com Stekel, mas podia estar muito bem pensando sobre os efeitos da política sobre si mesmo. Pois Freud em política era o verdadeiro político, mais tortuoso do que no resto de seu comportamento, e suas lutas com Adler trouxeram à tona todos os seus dotes latentes para navegar entre forças em conflito e continuar seguindo seu programa.

Freud enfrentou seriamente Adler e seus aliados pela primeira vez na primavera de 1910, durante o congresso internacional de psicanalistas em Nürnberg e logo a seguir, quando fez suas manobras para organizar o movimento psicanalítico de acordo com seus desejos de longo alcance. Seus esforços posteriores para aplacar os egos que ferira foram igualmente políticos: mostram Freud enquanto diplomata, bem diferente do militante. O congresso de Nürnberg foi como uma espécie de triunfo, proporcionando novas energias a Freud. "Com o Reichstag de Nürnberg", escreveu animado a Ferenczi, poucos dias depois de seu encerramento, "terminou a infância de nosso movimento. Esta é minha impressão. Espero que venha a seguir um belo e rico período de adolescência." Mas, como Freud sabia perfeitamente ao fazer tal avaliação, o congresso também havia gerado violentos ressentimentos e uma rebelião aberta. Ao contar a Jones as notícias de Nürnberg, ele observou: "Todos estão cheios de novas esperanças e promessas para trabalhar. Estou me retirando para o segundo plano como convém a um cavalheiro idoso. (Sem elogios, por favor!)". Não era totalmente sincero. Foi em Nürnberg, afinal, que Freud se lançou ao confronto, o mais emotivo de toda a sua carreira, com colegas analistas.

Tudo começou com um discurso de Ferenczi. Atuando como delegado de Freud no congresso, ele apresentou as propostas deste para uma associação psicanalítica internacional: Jung seria o presidente permanente e Franz Riklin, outro psiquiatra suíço e parente de Jung, seria o secretário. Era um remédio bastante amargo que os adeptos mais antigos de Freud teriam de engolir, mas Ferenczi exasperou-os ainda mais, apresentando algumas críticas gratuitas à Sociedade Psicanalítica de Viena. Ao rememorar o congresso logo depois, Freud culpou-se a si mesmo, tanto quanto a Ferenczi, por "não calcular suficientemente o efeito [das propostas] sobre os vienenses". A autocrítica certamente era justa; Freud não devia se surpreender com a reação deles. Nem mesmo a apresentação mais cuidadosa teria escondido as implicações do programa de Freud: Viena estava em eclipse.

Os analistas vienenses se opuseram energicamente. Wittels relembrou que fizeram uma reunião privada no Grande Hotel, "para discutir a situação ultrajante. De súbito, Freud, que não fora convidado a comparecer, fez uma aparição. Eu nunca o vira tão agitado". Em público, afinal, Freud dava invariavelmente a impressão de perfeito autocontrole. "Ele disse: 'A maioria dos senhores são judeus, e portanto não estão aptos a conquistar amigos para os novos ensinamentos. Os judeus devem se contentar com o papel modesto de preparar o terreno. É absolutamente essencial que eu forme laços no mundo da ciência em geral.

Estou avançado em anos, e estou cansado de ser perpetuamente atacado. Todos nós estamos em perigo'." O relato de Wittels, que inclui um típico apelo de Freud à sua idade e cansaço — na época, não completara 54 anos — e o dramático apelo final, tem um ar de verdade. "Segurando as lapelas do casaco, ele disse: 'Eles não me deixarão sequer um casaco para me cobrir. Os suíços nos salvarão — salvarão a mim, e também a todos os senhores'." Por fim, chegou-se a uma solução de compromisso que salvava as aparências: o prazo da presidência de Jung foi limitado a dois anos. Mas isso não modificou a impressão dos vienenses de que Freud estava empedernidamente descurando deles, seus primeiros seguidores, ao cortejar os novos recrutas de Zurique.

Eles tinham razão. Afinal, desde 1906, Freud viera mantendo uma correspondência cada vez mais íntima com Jung. Tampouco era segredo que, iniciando-se em 1907, com visitas de Jung e outros de Zurique, a afinidade amadurecera, tornando-se amizade e, para Freud, grandes expectativas. O congresso de Nürnberg apenas fortaleceu a inquietude dos vienenses, transformando-a em implacável certeza. Freud tinha absoluta clareza quanto ao seu programa. "Julguei", escreveu ele em retrospecto, "que a conexão com Viena não era uma recomendação, mas antes um obstáculo para o jovem movimento." Zurique, no coração da Europa, era muito mais promissora. Além disso, acrescentou Freud, convertendo habilmente sua obsessão com o envelhecimento e a morte numa razão para seus estratagemas, ele não estava rejuvenescendo. A causa psicanalítica, precisando de uma orientação firme, devia ser confiada a um homem mais novo, que pudesse prosseguir depois que o fundador não estivesse mais nessa incumbência. Depois da forma como a "ciência oficial" excomungara solenemente e vinha boicotando sistematicamente os médicos que aplicavam a psicanálise, ele tinha de trabalhar pelo dia em que existiriam institutos de formação para garantir a autenticidade dos ensinamentos e a competência dos ensinados. "Foi isso e nada mais que eu quis realizar fundando a Associação Psicanalítica Internacional."*

Os vienenses não se convenceram de que as preocupações de Freud fossem justificadas e, portanto, realmente necessárias suas inovações organizativas. Mesmo o leal Hitschmann lamentou que, "tomados como uma raça", os membros do contingente de Zurique eram "completamente diferentes de nós, vienenses". Mas no começo de abril, quando a Sociedade Psicanalítica de Viena realizou uma discussão *post-mortem* sobre o congresso recém-encerrado, apesar de muitos resmungos, houve também muita polidez. O acordo sobre a presidência e o impotente reconhecimento de que Freud, apesar de tudo, ainda era indispen-

* Em março de 1911, no meio de sua batalha final com Adler, Freud escreveu a Ludwig Binswanger: "Quando o reino que fundei estiver órfão, ninguém além de Jung deverá herdá-lo inteiramente. O senhor vê, minha política persegue invariavelmente este fim, e minha conduta em relação a Stekel e Adler se adéqua a esse mesmo sistema". [Freud a Binswanger, 14 de março de 1911. Citado em Ludwig Biswanger, *Erinnerungen an Sigmund Freud* (1956), p. 42.]

sável, contribuíram bastante para baixar a temperatura. Freud se empenhou em acalmar ainda mais as emoções; num hábil gesto de pacificação, ele indicou Adler para ocupar seu antigo posto como diretor-presidente — *Obmann* — e propôs um novo periódico mensal, o *Zentralblatt für Psychoanalyse*, a ser editado conjuntamente por Adler e Stekel. Polidamente, por sua vez, Adler de início declarou que a saída de Freud da presidência era um "ato supérfluo", mas a seguir aceitou o cargo e, com Stekel, a editoria da nova revista.

Freud interpretou todas essas demonstrações de boa vontade com sua veia mais sardônica. "Os vienenses aqui", confiou a Ferenczi, "foram, na reação depois de Nürnberg, muito afetuosos e queriam absolutamente fundar uma república com o Grão-Duque à frente." Mas um outro acordo permitiu satisfazer — mais ou menos — a todos: enquanto Adler foi eleito *Obmann* por aclamação, criou-se um novo cargo, o de presidente científico — *wissenschaftlicher Vorsitzender* — e Freud foi nomeado para ocupá-lo. Freud mais tarde apontaria essas medidas conciliatórias como prova de que as reclamações de Adler quanto a estar sendo obstruído eram infundadas e irracionais. Mas isso era falso. Como Freud disse francamente a Ferenczi enquanto punha em prática sua estratégia, ele estava passando a liderança do grupo de Viena para Adler, "não por afeto ou satisfação, mas porque ele é, afinal, a única personagem real e porque nesta posição ele pode ser forçado a se unir à defesa do terreno comum". Se não podia persuadir Adler, talvez conseguisse cooptá-lo.

Mas a política psicanalítica, como vimos, não basta para explicar inteiramente a coexistência tensa e a separação final entre Freud e Adler. Os imperativos organizacionais, os conflitos inconscientes, uma incompatibilidade de temperamentos e choques entre ideias alimentavam-se mutuamente, até atingirem o clímax a que estavam fadados. Tampouco ajudava o fato de serem ambos opostos em quase todos os aspectos. Os partidários da época — dos dois lados — atestam que os trajes, os estilos pessoais e as posturas terapêuticas não podiam ser mais diferentes: Freud ordeiro, aristocrático e empenhando-se em manter um distanciamento clínico; Adler descuidado, democrático e intensamente envolvido. Mas, ao final, foi o choque entre as convicções que separou os dois; se, apenas um ano depois de ter encoberto suas diferenças, Freud afirmou que Adler tinha uma posição reacionária e questionou até mesmo se ele era psicólogo, não foi por razões táticas nem por pura animosidade.* A paz em Viena era extremamente

* Freud, em geral, tendia a descartar explicações racionais ou intelectuais das discórdias. Certa vez, ele observou que, quando as diferenças de opinião tornam as relações amistosas inviáveis, "não são as diferenças científicas que mais importam; geralmente, é algum outro tipo de animosidade, inveja ou vingança, que dá impulso à inimizade. As diferenças científicas vêm depois". [Joseph Wortis, *Fragments of an analysis with Freud* (1954), p. 163.] O próprio Freud tendia, talvez, a fazer o oposto — converter as divergências intelectuais em motivo para altercações bastante emocionais.

desejável para Freud; em 1911, a conexão com Zurique estava começando a se demonstrar um pouco frágil. Mas quanto à divergência irremediável entre o pensamento de Adler e o de Freud, não cabiam dúvidas — não em 1911. Na verdade, Freud tivera alguns lampejos disso durante alguns anos; só veio a avaliar a gravidade das divergências de Adler depois de longo tempo. Já em junho de 1909, ele descrevera Adler a Jung como "um teórico, perspicaz e original, mas não orientado para o psicológico; ele visa, para além deste, o biológico". Mas acrescentava imediatamente que considerava Adler "decente" e "improvável que deserte logo". Se possível, concluía ele, "devemos segurá-lo". Dois anos depois, esse tom pacífico não era mais possível a Freud: Adler, disse ele a Oskar Pfister em fevereiro de 1911, "criou para si um sistema de mundo sem amor, e estou executando a vingança da insultada deusa Libido contra ele".

Quando chegou a essa drástica conclusão, as cartas já estavam sendo postas na mesa havia alguns meses, num caso que vinha se arrastando. "Com Adler", disse Freud a Jung em dezembro de 1910, "as coisas estão ficando realmente ruins."* Antes disso, Freud havia oscilado entre duas atitudes: ouvir confiantemente as contribuições de Adler para seu próprio pensamento e aborrecer-se apreensivamente com a desvalorização efetuada por Adler dos processos libidinais inconscientes. Mas, aos poucos, suas últimas esperanças em relação a Adler se esvaneceram. A impaciência de Freud com o que ele chamava de falta de tato e comportamento desagradável aumentou à medida que suas dúvidas quanto às ideias de Adler se intensificavam. São visíveis as razões pelas quais Freud não queria enfrentar tais fatos; no final de 1910, houve vezes em que essas disputas, cujo impacto sobre Freud apenas se exacerbava com as constantes incertezas a respeito de adeptos difíceis como Bleuler, pareciam-lhe a ruína final. Ele estava sujeito a acessos de cansaço e depressão, e confidenciou a Ferenczi que as brigas que tinha de suportar em Viena davam-lhe saudades de seu antigo isolamento: "Digo-lhe, muitas vezes era mais agradável quando eu estava sozinho".

No entanto, não foi Freud quem precipitou a crise, e sim Hitschmann, que, entre os seguidores de Freud, era o que nutria maiores simpatias por Adler. Em novembro de 1910, Hitschmann propôs que Adler apresentasse suas ideias de modo detalhado, para permitir sua circulação mais completa. Muitos membros da Sociedade, afinal, incluindo o próprio Freud, haviam tratado as proposições de Adler antes como valiosos complementos às teorias psicanalíticas do que como alternativas ameaçadoras. Adler acedeu prontamente e, em janeiro e fevereiro de 1911, apresentou duas comunicações; a segunda, "O protesto masculino como o problema central de neurose", expunha suas posições de modo tão claro que Freud não poderia ignorá-las. Tampouco conseguiria fazê-las caber dentro de seu próprio sistema de pensamento. Ele mantivera o silêncio durante a primeira exposição de Adler; em seguida, despejou suas objeções e exasperação contida.

* Um problema, como admitiu Freud, era que Adler estava despertando lembranças de Fliess.

As observações de Freud constituem praticamente uma réplica completa. Para começar, afirmou que as formulações de Adler eram tão abstratas que frequentemente se tornavam incompreensíveis. Além disso, alegava que Adler estava apresentando ideias familiares sob novos nomes: "Tem-se a impressão de que a repressão está de algum modo oculta sob o 'protesto masculino'", e mais, Adler "chama a nossa velha bissexualidade de 'hermafroditismo psíquico', como se consistisse em algo mais".* Mas essa originalidade espúria e fabricada é o que menos importa: a teoria de Adler deixa de lado o inconsciente e a sexualidade. Ela é apenas uma "psicologia geral", ao mesmo tempo "reacionária e retrógrada". Embora continuasse a declarar respeito pela inteligência de Adler, Freud acusou-o de estar comprometendo o estatuto autônomo da psicologia, subordinando-a à biologia e à fisiologia. "Todas essas doutrinas de Adler", predisse implacavelmente, "farão grande impressão e prejudicarão a psicanálise." Sob a veemência de Freud estava o receio constante de que suas ideias difíceis só se popularizassem na versão diluída de Adler, que alijava percepções tão radicais como o complexo de Édipo, a sexualidade infantil e a etiologia sexual das neuroses. Para Freud, a aceitação da psicanálise em sua versão adleriana parecia uma ameaça mais séria do que a rejeição categórica.

Adler defendeu-se corajosamente, insistindo que, em suas teorias, as neuroses tinham uma origem tão sexual quanto nas de Freud. Mas esse aparente recuo não poderia mais camuflar a divergência entre ambos. Os gladiadores estavam na arena, condenados a travar seu combate. Confrontados com a possibilidade de uma ruptura, vários membros angustiados da Sociedade refugiaram-se na recusa: declararam não ver nenhuma incompatibilidade entre Freud e Adler. Stekel chegou ao ponto de elogiar as concepções de Adler, por aprofundarem e desenvolverem "os fatos que descobrimos até agora"; elas "simplesmente continuam a construir sobre as fundações de Freud". Mas Freud não estava interessado em tais soluções forçadas de compromisso. Se Stekel, disse ele secamente, não vê nenhuma contradição entre as concepções dos dois protagonistas, "é-se obrigado a ressaltar que dois dos participantes realmente veem essa contradição, a saber, Freud e Adler".

O desfecho era apenas uma questão de tempo. No final de fevereiro de 1911, Adler renunciou ao cargo de diretor-presidente da Sociedade Psicanalítica de Viena, e Stekel, o vice-presidente, "aproveitou a oportunidade para demonstrar sua amizade" por Adler e seguiu seu exemplo. Em junho, Freud conseguiu arrancar Adler da editoria do *Zentralblatt* — Stekel permanecia como editor — e obteve sua renúncia à Sociedade. Uma vez zangado, Freud permanecia zangado. Escutara pacientemente Adler por muito tempo, mas agora bastava. Com esse

* O perspicaz Ferenczi havia notado essa tendência de Adler mais de dois anos antes. "Sem dúvida, a doutrina da inferioridade de Adler", escreveu ele a Freud em 7 de julho de 1908, "não é a última palavra nessa questão conflituosa; na verdade, é efetivamente apenas uma exposição ampliada de sua ideia de 'submissão somática'." (Freud-Ferenczi Correspondence, Freud Collection, LC.)

estado de espírito, Freud não podia reconhecer que algumas das ideias de Adler, como seu postulado de um impulso agressivo independente, podiam ser contribuições valiosas para o pensamento psicanalítico. Pelo contrário, aplicou a Adler os termos psicológicos mais injuriosos de seu vocabulário. Em agosto de 1911, disse a Jones que "quanto à dissensão interna com Adler, era provável que ocorresse e eu amadureci a crise. É a revolta de um indivíduo anormal enlouquecido pela ambição, e sua influência sobre os outros depende de seu grande terrorismo e sadismo". Freud, que, em data tão recente quanto o ano de 1909, havia dito que Adler era um sujeito decente, não muito tempo depois persuadiu-se de que Adler sofria de delírios paranoicos de perseguição.* Tanto quanto um diagnóstico, era uma acusação.

O tom de Adler, certamente pelo menos no início, era mais moderado. Em julho de 1911, contando detalhes da disputa a Ernest Jones, ele afirmou que de seu lado ficaram "as melhores cabeças e as pessoas de honesta independência". Lamentou o que chamava de "posturas de esgrimista" de Freud, e insistiu que, embora "como todo autor", lutasse pelo reconhecimento, "sempre me mantive dentro de limites moderados quanto ao que poderia esperar e nunca relutei em reconhecer que alguém pudesse ter uma opinião diferente". Ampliando consideravelmente o tempo em que fizera propaganda pela Causa, ele disse a Jones que havia defendido incansavelmente a psicanálise em Viena "durante quinze anos". Se, argumentou ele, "hoje os círculos intelectuais e clínicos vienenses levam a sério e valorizam a pesquisa psicanalítica, se ela não é ridicularizada e ostracizada — em Viena —, eu também, neste caso, contribuí com minha pequena parcela para tal". Obviamente, ele valorizava a opinião de Jones: "Não quero que o senhor me entenda mal". No final do verão, tornou-se mais enfático, e queixou-se a Jones da "castração absurda" que Freud pretendia executar publicamente, "perante os olhos de todos". Achava que a perseguição de Freud contra ele era "típica". Freud não era o único a utilizar a diagnose psicológica como forma de agressão.

As longas férias de verão suspenderam a disputa por algum tempo, mas a crise, amadurecida por Freud, atingiu seu clímax quando a Sociedade Psicanalítica de Viena voltou a se reunir no outono. "Amanhã", anunciou Freud a Ferenczi no começo de outubro, "é a primeira sessão da Sociedade", e tentar-se-ia "pôr para fora o bando de Adler". Na reunião, Freud informou que Adler e três de

* Em 1941, quando Abraham leu o manuscrito da "História do movimento psicanalítico" de Freud, objetou ao termo "perseguições": "A [dler] se defenderá contra o fato de ser chamado de paranoico". Mas, embora Freud insistisse que Adler tinha realmente se queixado de ser perseguido, concordou em retirar o termo. Quando a polêmica de Freud foi publicada, porém, a palavra *Verfolgungen* ali apareceu, friamente impressa. [Abraham a Freud, 2 de abril de 1914, *Freud-Abraham*, p. 165 (169). Ver também Freud a Abraham, 6 de abril de 1914. Ib., p. 166 (170).]

seus mais entusiásticos adeptos haviam renunciado e formado um grupo adleriano, que, declarou Freud, era uma "concorrência hostil". Essa formulação cortou qualquer retirada. Ele insistiu que a filiação à nova associação era incompatível com a filiação à Sociedade Psicanalítica de Viena, e solicitou que todos os presentes escolhessem entre as duas, no prazo de uma semana. Numa última tentativa inútil de reparar o irreparável, Carl Furtmüller, que viria a se tornar um dos associados mais próximos de Adler, argumentou longamente contra tal incompatibilidade. Mas Freud, secundado por Sachs, Federn e Hitschmann, foi inflexível. Quando sua posição prevaleceu, seis partidários de Adler renunciaram à Sociedade. Freud estava "um pouco cansado da luta e da vitória", informou com satisfação a Jung, depois de encerrada a questão. "Todo o bando Adler" tinha ido embora. "Fui incisivo, mas dificilmente injusto." Prosseguia informando a Jung, com certa contrariedade, que "eles fundaram uma sociedade para a 'ψA livre', em contraposição à nossa não livre, e planejam lançar uma revista especial". No entanto, os adlerianos continuaram a reivindicar o direito de filiação à Sociedade Psicanalítica de Viena, "naturalmente" esperando, à sua maneira "parasitária", explorá-la e deturpá-la. "Tornei essa simbiose impossível." Freud e os freudianos tinham a Sociedade Psicanalítica de Viena para eles mesmos. Apenas Stekel permaneceu, para lembrar a Freud que restava um trabalho incompleto a ser concluído.

Ainda mais que Freud, Adler considerava a ruptura como, em larga medida, uma luta sobre ideias. Quando os dois estavam a ponto de romper, Freud rogou-lhe num jantar em particular que não desertasse da Sociedade, e Adler perguntou retoricamente: "Por que eu haveria de realizar meu trabalho sempre à sua sombra?". É difícil saber se a pergunta era uma queixa ou um desafio. Adler, mais tarde, resolveu interpretar seu dolorido protesto como expressão do receio de poder "ser responsabilizado pelas teorias freudianas nas quais acreditava cada vez menos, enquanto seu próprio trabalho era mal-interpretado por Freud e seus seguidores ou deixado de lado". Não era apenas que Freud rejeitasse Adler; Adler rejeitava Freud com igual veemência — ou pelo menos foi como veio a considerar a ruptura.

Em junho de 1911, Freud exclamou a Jung, de modo sucinto e um pouco prematuro: "Finalmente me livrei de Adler". Era um grito de vitória. Mas nas camadas mais profundas da mente de Freud, aparentemente nada estava concluído, nada fora consolidado: ao invés de *endlich* — "finalmente" —, Freud escreveu, num lapso revelador, *endlos* — "sem fim". Parecia perceber problemas pela frente. Mas ainda contava com Jung a seu lado, como o sucessor que escolhera. Durante o período de problemas em Viena, os assuntos da psicanálise — reuniões, congressos, revistas, para não citar Bleuler — tinham vindo a demandar um espaço crescente em sua correspondência com Jung, embora não desaparecesse a troca de casos clínicos e comunicados da guerra contra os filisteus. Em sucessivos congressos e volumosas publicações psicanalíticas, Jung havia consolidado sua ascendência, reconhecida pela primeira vez em 1910, quando fora eleito presidente da Associação Psicanalítica Internacional recém-constituída. Um ano depois, no congresso internacional realizado em Weimar no mês de setembro, não muito depois da cisão de Adler, a posição de Jung mostrava-se inexpugnável. Foi reeleito presidente, e Riklin reconduzido ao cargo de secretário, por aclamação. A forma íntima de tratamento de Freud, "Caro Amigo", continuava como antes a encabeçar suas frequentes cartas a Jung. Mas, apenas um mês depois do congresso de Weimar, em outubro, Emma Jung percebeu alguma tensão entre seu marido e o venerado mentor. "Tenho me atormentado com a ideia", escreveu ela a Freud, tomando coragem, "de que sua relação com meu marido não é inteiramente como poderia e deveria ser." Freud disse a Ferenczi que havia respondido à carta "afetuosamente e com grandes detalhes", mas afirmava não entender sua mensagem. Por ora, Frau Jung era mais perspicaz e pressentia melhor o futuro do que os protagonistas. Algo estava errado.

JUNG: O INIMIGO

Examinando o passado com animosidade, Jung remontou as origens de sua ruptura com Freud a um episódio no verão de 1909, no navio *George Washington*, quando ele, Freud e Ferenczi rumavam para os Estados Unidos. Jung — segundo seu relato — havia interpretado um dos sonhos de Freud da melhor forma que podia, sem entrar em maiores detalhes sobre a vida privada de Freud. Freud se absteve de fornecê-los, observando Jung com desconfiança e objetando que ele pessoalmente não poderia ser analisado; isso poria sua autoridade em risco. Jung lembrava que essa recusa soara o dobre de finados para o poder de Freud sobre ele. Freud, o apóstolo autoproclamado da honestidade científica, estava colocando a autoridade pessoal acima da verdade.*

Seja o que for que tenha ocorrido de fato, Jung estava se agastando sob a autoridade Freud e, apesar de todos os seus protestos, não estava disposto a continuar a tolerá-la por muito tempo. Ainda em julho de 1912, Freud escrevia a Pfister que esperava que Jung se sentisse livre para discordar dele "sem má consciência". Mas era exatamente isso que Jung não conseguia fazer. A cólera, a pura ferocidade que permeiam as últimas cartas de Jung a Freud realmente atestam uma profunda má consciência.

Jung, algumas vezes, iria acrescentar causas mais intricadas para o rompimento com Freud. Ele insinuou que Freud havia se recusado a levar a sério as conferências que apresentara nos Estados Unidos, publicadas no final de 1912

* Numa versão ligeiramente diferente, Jung, alegando ter conhecimento de um caso entre Freud e sua cunhada, ligou o sonho que Freud não queria elucidar à sua suposta infidelidade. (Ver o ensaio bibliográfico sobre o capítulo 2.)

como a *Psicologia do inconsciente*. "Escrever esse livro custou-me a amizade com Freud", relembrou Jung, "porque ele não conseguia aceitá-lo." Mas, posteriormente, ele corrigiu e tornou mais complexo esse diagnóstico: aquela não era tanto a "causa real", e sim a "causa final" do rompimento, "porque houve uma longa preparação". Toda a amizade, julgava ele, havia sido, em certo sentido, uma preparação para seu tempestuoso desfecho. "O senhor sabe, desde o início eu tive uma *reservatio mentalis*. Não podia concordar com um grande número de suas ideias", principalmente as ideias de Freud sobre a libido. Era bastante razoável: a divergência mais permanente de Jung com Freud, que percorre toda a sequência de suas cartas como um subtexto pressago, envolvia o que, certa vez, ele mencionou delicadamente como sua incapacidade de definir a libido — o que, em outros termos, significava que não estava disposto a aceitar a definição de Freud. Jung tentou constantemente ampliar o significado do termo de Freud, para fazer com que abrangesse não só os impulsos sexuais, mas ainda uma energia mental geral.

Mas Freud, enfeitiçado pela ideia fascinante de que depositara sua herança em mãos seguras, tardou em reconhecer a persistência e a amplitude da "reserva mental" de Jung. E este, por seu lado, mascarou durante anos seus verdadeiros sentimentos, mesmo para si próprio. Freud permanecia "como o Hércules dos antigos", um "herói humano e deus superior". Em novembro de 1909, contrito por não ter escrito mais prontamente desde sua volta à Suíça, após a visita à Universidade Clark, Jung confessou submissamente a seu "pai" que havia pecado: "*Pater peccavi*". Duas semanas depois, apelou novamente a Freud como a autoridade definitiva, em seu estilo mais filial: "Frequentemente desejo tê-lo nas proximidades. Frequentemente teria várias coisas a lhe perguntar".

De fato, até a ruptura tornar-se visível, Jung tratou suas divergências com as concepções de Freud como um defeito pessoal — seu. Se tinha algum problema com elas, devia ser, "obviamente", por "não ter ainda adaptado suficientemente minha posição à sua". Os dois continuavam com seus intercâmbios amistosos e passavam juntos, apenas os dois, o tempo que conseguiam encontrar disponível em suas agendas cheias. Sempre havia muito do que se falar ou escrever. Em 2 de janeiro de 1910, Freud comunicou a Jung que estava especulando sobre a fonte da necessidade humana de religião no "desamparo infantil". Esse comunicado animado é um sinal da confiança de Freud em Jung; apenas um dia antes, ele comentara com Ferenczi que havia acabado de lhe ocorrer, por volta do Ano-Novo, uma ideia sobre as raízes da religião. Jung, por seu lado, atolado numa crise doméstica provocada pelo que ele chamara de seus "componentes polígamos", confidencialmente disse a Freud que estava ruminando sobre "o problema ético da liberdade sexual".

Esses problemas particulares deixaram Freud um pouco apreensivo; ameaçavam desviar a atenção de Jung do assunto principal, a psicanálise. Exortou Jung a ter paciência. "O senhor precisa aguentar mais um pouco, e levar nossa causa à frente." Isso foi em janeiro de 1910. No mês seguinte, ele informou a Ferenczi que as coisas estavam "agitadas e enfurecidas novamente" no "âmbito erótico e religioso" de Jung; as cartas de Jung, comentou Freud com sensibilidade, soavam relutantes e distantes. Somente algumas semanas depois Freud se animou ao ver que Jung saía de suas "confusões pessoais", e "rapidamente me reconciliei com ele, visto que, afinal, eu não estava zangado, mas apenas preocupado". Tendo aparentemente recuperado a serenidade, Jung começou a analisar sua mulher. Freud, a quem Jung informou dessa grave violação das regras técnicas, estava com uma disposição condescendente. Recentemente havia tomado parte na análise de Max Graf sobre seu filho, o Pequeno Hans, e achou que Jung poderia ter êxito com sua mulher, embora sem dúvida considerasse impossível superar totalmente seus sentimentos não analíticos.

Quando Jung estava suscetível, Freud era tranquilizador. Pensando na possível aplicação da psicanálise às ciências da cultura, interesse de que Jung partilhava com entusiasmo, Freud expressou o desejo de poder contar com "estudiosos de mitologia, linguistas e historiadores da religião" para ajudar na tarefa. "De outra forma, teremos de fazer tudo isso nós mesmos." De maneira um tanto enigmática, Jung interpretou a fantasia de Freud como uma crítica: "Com isso, disse-me a mim mesmo, o senhor provavelmente quer dizer que sou inadequado para *esta* tarefa". Não era absolutamente o que Freud tinha em mente. "O fato de o senhor se sentir ofendido", replicou ele, foi "música para meus ouvidos. Sinto-me inteiramente encantado que o senhor assuma pessoalmente esse interesse com tanta seriedade, que queira pessoalmente ser esse exército auxiliar." Quando surgiam tensões como essas, Freud empenhava-se em mitigá-las. "Fique tranquilo", escreveu a seu "querido filho", e pintou perspectivas de grandiosas vitórias vindouras. "Deixo-lhe mais coisas a conquistar do que eu próprio conseguiria, toda a psiquiatria e a aprovação do mundo civilizado, que está habituado a me encarar como um selvagem!"

Ao longo de tudo isso, Jung manteve a posição de filho favorito, amoroso, apenas esporadicamente indisciplinado. No começo de 1910, a caminho dos Estados Unidos para uma consulta rendosa que poderia atrasar sua presença no congresso de Nürnberg, ele enviou de Paris uma nota pueril de desculpas a Freud: "Agora não fique bravo com minhas travessuras!". Continuava a anunciar o "sentimento de inferioridade em relação ao senhor que frequentemente me domina" e seu excepcional prazer com uma das cartas elogiosas de Freud: "Afinal, sou muito receptivo a qualquer reconhecimento que o pai demonstra". Às vezes, porém, o inconsciente rebelde de Jung era irreprimível. Freud estivera trabalhando nos estudos que conduziram a *Totem e tabu* e, cônscio de que Jung se interessava por esse tipo de pré-história especulativa, pediu algumas sugestões. Jung acolheu essa "carta muito bonita" de maneira defensiva; agradeceu calorosamente a Freud, mas logo acrescentou: "No entanto, é muito opressivo para mim se o senhor também se envolver nesta área, a psicologia da religião. O senhor é um concorrente perigoso, se for o caso de se falar em concorrência". Evidentemente, Jung precisava encarar Freud como concorrente, embora censurasse — uma vez mais — as falhas de seu caráter. Orgulhava-se em promover a psicanálise, tarefa que (esperava que Freud concordasse) era muito mais importante do que "minha incapacidade pessoal e minha agressividade". Seria o caso, perguntou angustiadamente, de "que o senhor desconfia de mim?". Garantiu a Freud que não teria por quê; certamente, Freud não levantaria objeções ao fato de Jung ter suas próprias ideias. Contudo, ele insistiu que havia "me empenhado em mudar minhas opiniões, seguindo o juízo daquele que sabe melhor. Nunca teria me alinhado ao senhor se um pouco de heresia não corresse em meu sangue". Alguns meses depois do rompimento final de Freud com Adler, Jung reafirmou energicamente sua lealdade: "Não estou minimamente disposto a imitar Adler".

Mesmo ansioso por fazer vista grossa a esses sintomáticos desmentidos, Freud não poderia considerar tais reafirmações reconfortantes. Mas tentou, da maneira mais delicada, recompor o tecido de sua intimidade com Jung, que começava a se esgarçar. Rejeitou o severo autodiagnóstico de Jung e substituiu a "incapacidade" e "agressividade" por um termo muito mais brando — "mau humor"; o único problema entre eles, acrescentou Freud, era a negligência esporádica de Jung em relação a suas obrigações como presidente da Associação Psicanalítica Internacional. Lembrou a Jung, um pouco melancolicamente: "O fundamento indestrutível de nossa relação pessoal é nosso engajamento na ψA, mas foi tentador construir sobre essas bases algo de belo, ainda que mais frágil, uma solidariedade íntima — e não haveria de permanecer assim?". Era um apelo das profundezas do ser de Freud; respondendo escrupulosamente a todas as questões que Jung estava levantando, declarou-se em perfeito acordo com a afirmação de independência intelectual de Jung. Jung citara a ele uma longa passagem de *Assim falou Zaratustra* de Nietzsche, para reforçar sua declaração de autonomia. "Paga-se mal a um mestre se se mantém apenas como discípulo", iniciava o trecho. "E por que o senhor não quer reconhecer minha vitória?" Freud respondeu com certa perplexidade: "Se uma terceira pessoa lesse essa passagem, ela me perguntaria se me incumbi de eliminá-lo intelectualmente, e eu teria de dizer: não sei". Mais uma vez, de maneira um tanto pungente, ele tentava abrandar as preocupações de Jung: "Mantenha a certeza da constância de meu afetuoso interesse, e continue a pensar em mim de maneira amigável, mesmo que escreva apenas raramente".

O apelo de Freud foi ignorado. Jung, se é que respondeu a ele, entendeu-o como uma tentativa de sedução. Em maio de 1912, envolveu-se com Freud numa discussão sobre o significado do tabu do incesto, por trás do qual assomava aquela questão nunca resolvida, a sexualidade. O tom de Freud nessa troca de opiniões era de desorientação; estava se esquivando desesperadamente ao reconhecimento de que sua amizade com Jung estava condenada. Mas Jung parecia ofendido, como alguém que já rompeu com um amigo e agora está reunindo suas razões. Não foi por acaso que a ruptura definitiva tenha se iniciado com um incidente banal.

Em abril de 1912, Ludwig Binswanger, que recentemente fora nomeado diretor do sanatório em Kreuzlingen, no Lago de Constança, foi submetido a uma operação para extrair um tumor maligno. Alarmado com a perspectiva de perder "um de seus homens novos e viçosos" para a morte irracional, Freud enviou ao inválido uma carta angustiada. Pintou a si próprio como um "velho que não deve se queixar se sua vida for terminar em poucos anos (e que decidiu não se queixar)", para quem as notícias de que a vida de Binswanger podia estar em perigo eram "particularmente dolorosas". Afinal, disse Freud, Binswanger era "um dos que continuarão minha própria vida". Por vezes, o desejo secreto de Freud por uma imortalidade que lhe seria assegurada pelos seus filhos ou seguidores aflorava à superfície da consciência. O desejo havia influenciado sutilmente suas relações com Jung, mas raramente encontrou expressão mais pungente do que quando pensou que Binswanger podia estar à morte.* Binswanger pediu que Freud mantivesse sigilo sobre as notícias, e Freud fez uma visita apressada ao paciente, que estava passando satisfatoriamente.

Ora, a casa de Jung em Küsnacht ficava a cerca de sessenta quilômetros de Kreuzlingen, mas Freud, premido pelo tempo, não aproveitou a oportunidade de parar por lá. Indiferente à agenda lotada de Freud, Jung resolveu ficar ofendido; enviou a Freud uma carta de recriminação, ainda que carregada de culpa, atribuindo o que veio a chamar de "gesto de Kreuzlingen" ao desagrado de Freud por suas maneiras independentes. Em réplica, Freud deu-se ao trabalho de apresentar detalhadamente seus movimentos, sem mencionar a operação de Binswanger,** e lembrou a Jung que profundas diferenças nunca o haviam impedido antes de visitá-lo. "Há poucos meses, o senhor provavelmente me pouparia tal interpretação." A suscetibilidade excessiva de Jung em relação ao "gesto de Kreuzlingen" levou Freud a comentar: "Vejo nessa observação sua uma incerteza em relação à minha pessoa".

A inquietação de Freud se transmitiu rapidamente a seus íntimos. Em junho, Ernest Jones esteve em Viena; viu Ferenczi e aproveitou a ocasião para discutir a ameaça de outras dissensões no campo psicanalítico. As marcas emocionais que a partida de Adler deixara em Freud e seus adeptos ainda não estavam cicatrizadas, e problemas com Jung agora se afiguravam tão prováveis quanto catastróficos. Então Jones teve uma das ideias que fizeram a história da psicanálise: o que era preciso, pensava ele, era uma pequena e sólida organização de fiéis, um "Co-

* Afinal, Binswanger viveria até 1966.

** Tampouco comentou o assunto com os outros. "Na semana de Pentecostes", escreveu ele a Abraham, "passei dois dias em Constança como convidado de Binswanger" (3 de junho de 1912. Karl Abraham papers, LC.). Ver também sua carta a Ferenczi, onde informava simplesmente que havia passado um fim de semana com Binswanger, sem apresentar a verdadeira razão de sua viagem. (30 de maio de 1912. Freud-Ferenczi Correspondence, Freud Collection, LC.)

mitê" clandestino que se reuniria em torno de Freud, como sua guarda palaciana de confiança. Os membros do comitê trocariam ideias e notícias e se encarregariam de discutir, na mais estrita privacidade, qualquer desejo "de se desviar de qualquer um dos princípios fundamentais da teoria psicanalítica" — a repressão, o inconsciente ou a sexualidade infantil. Ferenczi concordou entusiasmado com a proposta de Jones, e o mesmo fez Rank. Muito encorajado, Jones apresentou a sugestão a Freud, que então se recuperava das lides do ano na estação de veraneio de Karlsbad.

Freud aceitou a ideia com determinação. "O que tomou conta imediatamente da minha imaginação é a sua ideia de um conselho secreto composto dos melhores e mais confiáveis entre nossos homens, para cuidar do desenvolvimento futuro da ψA e defender a causa contra personalidades e acasos quando eu não estiver mais presente." Gostou da proposta de Jones a ponto de tentar reivindicar sua paternidade: "O senhor afirma que foi Ferenczi quem exprimiu essa ideia, mas pode ter sido minha, formulada em épocas melhores, quando eu esperava que Jung reuniria em torno de si um círculo desses, composto dos líderes oficiais das associações locais. Agora lamento dizer que uma tal união teve de se formar independentemente de Jung e dos presidentes eleitos". Certamente, tal comitê iria "tornar a vida e a morte mais fáceis para mim". A primeira exigência, julgava Freud, era que "esse comitê teria de ser *estritamente secreto*" em sua existência e ações. O número de membros seria pequeno: Jones, Ferenczi e Rank, os criadores, eram candidatos naturais, assim como Abraham. Da mesma forma Sachs, "em quem tenho confiança ilimitada, apesar da brevidade de nosso conhecimento". Apresentado ao espírito da proposta, ele prometeu a máxima discrição.

O plano revela muito acerca da constante insegurança desses primeiros psicanalistas. Freud pensava que "talvez ele pudesse ser adaptado para atender às necessidades da realidade", mas reconhecia sinceramente também "um elemento infantil e talvez romântico nessa ideia". Jones havia usado a mesma linguagem carregada: "A ideia de um pequeno corpo unido, destinado, como os Paladinos de Carlos Magno, a defender o reino e a política de seu senhor, foi produto de meu romantismo pessoal". De fato, o Comitê funcionou satisfatoriamente por alguns anos.

Ao longo do verão de 1912, a insistência de Jung em se sentir ofendido com o "gesto de Kreuzlingen" continuou na ordem do dia. A ira de Jung alimentou as apreensões de Freud. A carta que recebera de Jung, disse Freud a Jones no final de julho, "não pode ser interpretada senão como um repúdio formal de nossas relações até então amigáveis". Lamentava o fato, não por razões pessoais, mas sim profissionais, e estava "resolvido a deixar as coisas correrem e não mais tentar influenciá-lo". Afinal, "a ψA não é mais assunto pessoal meu, mas concerne igualmente ao senhor e a muitos outros mais". Poucos dias depois, informava pesaroso a Abraham, lembrando a constante desconfiança deste em relação a

Jung: "Estou ocupado com acontecimentos em Zurique, nos quais se confirma uma velha profecia sua, que eu quis ignorar". Toda a sua correspondência desses meses mostra Freud preocupado com as formas de garantir o futuro de seu movimento, o que significa, emocionalmente, seu próprio futuro pessoal: "Certamente não contribuirei em nada para uma ruptura, e espero que a comunidade organizada possa permanecer intacta". Ao enviar a Ferenczi a carta de Jung sobre o fato de não tê-lo visitado em Küsnacht, Freud interpretou-a como uma provável demonstração de que a neurose de Jung devia ser ativa. Tristemente admitiu seu malogro ao tentar fundir "judeus e não judeus a serviço da ψA". Infelizmente, "eles se separam como azeite e água". A questão, evidentemente, preocupava-o; no mês seguinte, disse a Rank que tivera a esperança de realizar a "integração de judeus e antissemitas no solo da ψA". Mesmo na adversidade, este continuava a ser o objetivo de Freud.

Mas Freud pensava que Ferenczi apreciaria a maneira como ele estava enfrentando toda a situação: "emocionalmente muito distanciado e intelectualmente superior". Na verdade, Freud estava menos distanciado do que queria aparentar, embora ainda em setembro aceitasse o prognóstico de Jones de que "não há grande perigo de uma separação entre Jung e mim". Ele queria ser razoável: "Se o senhor, e o pessoal de Zurique chegassem a uma reconciliação formal, eu não poria dificuldades. Seria apenas uma formalidade, na medida em que não estou zangado com ele". Mas, acrescentou Freud, "meus antigos sentimentos por ele não poderão ser restaurados". Talvez o fato de estar de férias em sua querida Roma o deixasse mais otimista do que era o caso, sob qualquer aspecto.

No entanto, Jung dava a Freud cada vez menos razões para sequer uma ponta de otimismo. Em novembro, depois de voltar de uma conferência nos Estados Unidos, ele escreveu a Freud, alimentando seu ressentimento. Ao falar em Fordham (que Freud chamou de "uma pequena universidade desconhecida dirigida por jesuítas") e em outros lugares, Jung tinha se desfeito de grande parte da bagagem psicanalítica — a sexualidade infantil, a etiologia sexual das neuroses, o complexo de Édipo — e redefinira abertamente a libido. Em seu relato a Freud, observou animadamente que sua versão da psicanálise havia conseguido conquistar muitas pessoas que até então ficavam desconcertadas com "o problema da sexualidade na neurose". Mas, prosseguia Jung, ele estava em seu direito de falar a verdade conforme a via. No entanto, embora insistindo novamente que o "gesto de Kreuzlingen" de Freud havia deixado uma ferida duradoura, ele esperava que as relações pessoais de amizade com Freud se mantivessem. Afinal, observou com um grande esforço momentâneo de gentileza, ele devia muito a Freud. Mas o que queria de Freud não eram ressentimentos, mas julgamentos objetivos. "Para mim, não é uma questão de capricho, mas de fazer valer o que considero verdadeiro."

A carta de Jung era um manifesto truculento, uma declaração de independência que mal conseguia evitar a rudeza. Mas ela também recordou a Freud que

Zurique não era a única fonte de notícias desagradáveis. "Ouço dizer", observou Jung, "que surgiram dificuldades com Stekel." Acrescentou em tom combativo que Stekel devia ser afastado do *Zentralblatt*; ele "já provocou danos suficientes com seu indecente fanatismo pelo confessionalismo, para não dizer exibicionismo". Freud concordou com Jung, possivelmente pela última vez. Ao longo de 1912, Stekel havia continuado a comparecer às reuniões da Sociedade Psicanalítica de Viena; nos primeiros meses do ano, havia participado com destaque numa série de discussões sobre masturbação e, em outubro, fora confirmado no cargo de editor do *Zentralblatt*. Mas então brigou com Tausk, e o episódio, o último numa longa cadeia de provocações, esgotou a paciência de Freud. Em sua autobiografia, Stekel foi um tanto vago sobre o rompimento de Freud com ele; levantou a hipótese de que talvez Jung tivesse trabalhado contra si. Freud, com certeza, havia favorecido o agressivo Tausk, que Stekel considerava como inimigo. De fato, a confusão final foi precipitada pela direção editorial de Stekel no *Zentralblatt*. De início, como Freud reconhecia agradecido, ele havia sido um editor "excelente", em franco contraste com Adler. Mas logo passou a tratar a revista como propriedade particular, tentando impedir que as resenhas de Tausk fossem publicadas. Freud sentiu que "não poderia permitir" tal arbitrariedade, e finalmente, em novembro de 1912, ele anunciou a Abraham que "Stekel está seguindo seu próprio caminho". Sentia-se muito aliviado: "Estou muito satisfeito com isso; o senhor não pode saber o que sofri com a tarefa de defendê-lo contra o mundo inteiro. É um ser humano insuportável". A crescente certeza de Freud de que Stekel era um mentiroso "descarado e incurável" tornou o rompimento irreparável; Stekel, disse Freud a Jones, tinha dito às pessoas em Zurique que houvera uma tentativa de "sufocar a liberdade de sua mente", mas deixara de mencionar suas brigas com Tausk ou sua pretensão de que o *Zentralblatt* era "sua propriedade pessoal". Para Freud, que possuía rigorosos princípios morais, tal falsidade frustrava qualquer possibilidade de manter com ele relações que envolvessem responsabilidade coletiva. Stekel, julgava ele, havia degenerado em pregador "a soldo do adlerismo".

Mas o caso Stekel não desviaria Freud por muito tempo do desafio que lhe fora lançado pelo novo tom de Jung. Este havia sido um "Caro Amigo" — *Lieber Freund* — para Freud durante vários anos, mas, depois de sua carta de meados de novembro, Freud deduziu as consequências. Abriu sua réplica com "*Lieber Herr Doktor*", "Saúdo-o em seu retorno dos Estados Unidos, não mais com tanta afetuosidade como antes, em Nürnberg — o senhor conseguiu me apartar disso —, mas ainda com bastante simpatia, interesse e satisfação com seu êxito pessoal". Ele se indagava em voz alta, porém, se esse êxito não fora comprado ao preço de comprometer as ideias fundamentais da psicanálise. Embora continuasse a fazer votos pela sobrevivência de suas boas relações pessoais, Freud permitiu então que uma nota de irritação se introduzisse em suas cartas: "Sua insistência sobre o 'gesto de Kreuzlingen' é certamente tão incompreensível quanto insultante, mas existem coisas que não podem ser postas por escrito". Freud ainda queria conversar com Jung, ao passo que seus adeptos estavam dispostos a descartá-lo. Em 11 de novembro, dia em que Jung lembrou uma vez mais a Freud o "gesto de Kreuzlingen", Eitingon escreveu a Freud de Berlim: "A psicanálise agora tem idade e maturidade suficientes para se recuperar bem de tais processos de decomposição e eliminação".

No final de novembro, os dois protagonistas aproveitaram a ocasião oferecida por uma pequena conferência psicanalítica em Munique para terem uma longa conversa particular sobre o episódio Binswanger. Dela resultou um pedido de desculpas por parte de Jung e uma reaproximação entre ambos. "Resultado", informou Freud a Ferenczi, "tanto os laços pessoais como os intelectuais vão se manter firmes por anos. Nenhum comentário de separação, defecção." Essa avaliação otimista era uma pitada quase desesperada de autoengano, e não poderia resistir à realidade. Freud estava ficando cauteloso e, por mais que quisesse, não conseguiria acreditar de forma alguma nessa resolução pacífica. Jung lembrava-lhe, disse Freud a Ferenczi, um bêbado gritando sem parar: "Não pense que estou de fogo!".

O encontro em Munique foi prejudicado por um dos acessos de vertigens de Freud — o segundo na presença de Jung. Como em Bremen, três anos antes, a cena se deu também ao final de um almoço; tal como antes tinha ocorrido uma discussão acalorada entre Freud e Jung, e Freud novamente decidira interpretar as palavras de Jung como expressão de um desejo de morte contra ele. Na discussão, Freud censurara Jung e Riklin por publicarem artigos psicanalíticos em revistas suíças sem menção a seu nome. Jung defendeu essa atitude: afinal, disse ele, o nome de Freud era bem conhecido. Mas Freud persistiu. "Lembro que achei que ele estava levando o assunto como uma questão mais pessoal", recordou Jones, que estava presente. "De súbito, para nossa consternação, ele caiu no chão perdendo os sentidos. O robusto Jung rapidamente o carregou até um sofá na sala de estar, onde ele logo se recuperou." O incidente apresentava todo tipo de significados ocultos para Freud, que o analisou em cartas para seus íntimos. Quaisquer que fossem as causas físicas que podiam se esconder num segundo plano — cansaço, dor de cabeça —, Freud não duvidava que o principal agente que causara seu desmaio era um conflito psicológico. De alguma forma obscura, Fliess, como antes, estava envolvido nesse acesso. Freud ainda estava tentando acertar suas contas emocionais com o ex-amigo. Jung, por seu lado, qualquer que fosse a importância que atribuísse a esse surpreendente momento, rapidamente registrou por escrito seu patente alívio pela reconciliação com Freud. Estava contrito, solícito, uma vez mais o filho afetuoso. "Por favor", escreveu ele a Freud em 26 de novembro, "perdoe meus erros, que não tentarei justificar nem atenuar."

Foi um reatamento falso. Jung estava resolvido a se sentir ofendido e decidiu interpretar os elogios como insultos. Em 29 de novembro, Freud, escrevendo a Jung, diagnosticou o episódio do desmaio como uma enxaqueca "não destituída de componentes psíquicos", em suma, "um tanto de neurose". E, na mesma carta, elogiou Jung por ter "resolvido o quebra-cabeça de todo o misticismo". Mas isso soou a Jung, que parecia ter esquecido seus protestos da última carta, como um ataque; mais uma vez, Freud estava subestimando seu trabalho. Ele se aferrou à declaração de Freud de que ainda tinha um resto de neurose não analisada. É esse "resto", anunciou Jung, exibindo sua "grosseria helvética", que impedia Freud de valorizar plenamente seu trabalho. Tendo usado durante anos o termo "complexo paterno" e tendo apresentado, com sua própria conduta, provas fulgurantes em favor dessa teoria, Jung agora rejeitava a expressão como um palavrão vienense. Notou com mágoa que os psicanalistas eram muito propensos a explorar sua profissão para finalidades de acusação.

Reunindo os últimos restos de paciência, Freud não fez reparos ao "novo estilo" de Jung, concordou que era penoso ver os maus usos da psicanálise e sugeriu um "pequeno remédio caseiro": que "cada um de nós se ocupe da própria neurose com mais zelo do que da de seu vizinho". Ao responder, Jung baixou o tom por momentos e informou a Freud que estava preparando uma resenha cáustica sobre um novo livro de Adler. Freud aprovou, mas lembrou a Jung o que os dividia: a "inovação" de Jung referente à teoria da libido. Foi demais para o inconsciente de Jung; em meados de dezembro, numa nota curta, cometeu um daqueles lapsos de que se alimentam os psicanalistas. "Mesmo os cúmplices de Adler", escreveu ele, "não querem me considerar como um deles." Mas, ao invés de *ihrigen* — "deles" — exigido pelo contexto, Jung inconscientemente rejeitou Freud, escrevendo *Ihrigen* — "dos vossos". Freud, vários anos antes, já fora apanhado num deslize muito semelhante, que insinuava sua hostilidade inconsciente em relação a Jung.* Agora, tomando o erro que não era erro como pista para os verdadeiros sentimentos de Jung, e irresistivelmente aguilhoado, ele não conteve a tentação de comentá-lo. Um tanto maliciosamente, perguntou a Jung se ele seria capaz de reunir "objetividade" — uma das palavras agressivas favoritas de Jung — suficiente para avaliar o lapso sem se encolerizar.

Não, não seria. Em seu tom mais prepotente, Jung deu rédeas livres ao que certa vez Freud chamara de sua "saudável grosseria":

> Posso lhe dizer algumas palavras sérias? Eu reconheço minha incerteza em relação ao senhor, mas tenho a tendência de ver a situação da forma honesta e absolutamente decente. Se tem dúvidas a respeito, o problema é seu. Eu gostaria de lhe chamar a atenção para o fato de que sua técnica de tratar seus discípulos como pacientes é um *erro crasso.* Dessa forma, o senhor gera filhos servis ou malandros descarados (Adler-Stekel e todo o bando descarado que agora está-se dando ares em Viena). Sou objetivo o suficiente para enxergar através de seu ardil.

Tendo rejeitado o complexo paterno, mais uma vez ele o exibia ao máximo: a maneira como Freud detectava ações sintomáticas, prosseguia ele, era uma for-

* Ver p. 223.

ma de reduzir todos ao nível de filhos e filhas, todos admitindo envergonhadamente seus erros. "Enquanto isso, o senhor se põe comodamente por cima, como pai." Jung declarou que, quanto a ele, tal servilismo não era de nenhum proveito. Por um certo momento, parecia que Freud ainda estava disposto a discutir com Jung, ao ver os planos que acalentara para o futuro da psicanálise desfazendo-se sob seus olhos. Esboçando uma resposta, ele observou que a reação de Jung, ao ser advertido do lapso, fora excessiva, e defendeu-se da acusação de manter seus estudantes numa condição de dependência infantil; pelo contrário, era criticado em Viena por não se preocupar o suficiente em analisá-los.

O comentário de Freud sobre a reação extremada de Jung merece, por sua vez, outro comentário. Os psicanalistas de primeira geração, em sua correspondência e conversas, empregavam um estilo intrometido que seria totalmente deslocado no discurso de outros mortais. Interpretavam-se mutuamente os sonhos sem receios, apontavam os lapsos da língua ou da pena dos outros, empregavam livremente, até demais, termos diagnósticos como "paranoico" e "homossexual" para caracterizar a seus colegas e, de fato, a si mesmos. Todos praticavam em seu círculo aquele tipo de análise selvagem que, nos de fora, denunciavam como contraprodutiva, pouco científica e sem tato. Essa retórica irresponsável provavelmente servia-lhes como um alívio de seus austeros esforços na posição de psicanalistas, uma espécie de compensação ruidosa por se manterem silenciosos e discretos durante a maior parte do tempo. Freud jogava esse jogo junto com os outros, muito embora advertisse ponderadamente seus colegas contra o abuso da psicanálise como arma. Assim, visto que esse estilo de crítica era irresistível, com um arsenal variado e de prática corrente, Freud tinha razão em pensar que a reação de Jung à sua interpretação do lapso fora totalmente desproporcional e, portanto, altamente sintomática.

No final de dezembro, Freud enfim reconheceu que encerrara-se o tempo de chamar a atenção para tais minúcias. Não aspiraria mais a grandes habilidades políticas. "Quanto a Jung", escreveu a Jones numa carta extremamente reveladora, "ele parece totalmente fora do juízo, está se comportando realmente como maluco. Depois de algumas cartas atenciosas, ele me escreveu uma com a máxima insolência, demonstrando que sua experiência em Munique" — a "reconciliação" de novembro — "não deixou nenhum traço nele." A reação ao lapso revelador de Jung tinha sido uma "levíssima provocação", depois do qual "ele arremeteu furiosamente, proclamando que não era em absoluto um neurótico". Contudo, Freud não queria uma "separação oficial"; pelo bem de "nosso interesse comum", ela era indesejável. Mas aconselhou Jones a não tomar "mais nenhuma medida para conciliá-lo, é inútil". Jones poderia imaginar, julgava Freud, quais tinham sido as acusações de Jung: "Eu era o neurótico, eu tinha estragado Adler e Stekel etc. É o mesmo mecanismo e a reação idêntica do caso de Adler". Era e não era a mesma coisa; ao contemplar essa última e mais importante desilusão, Freud não pôde evitar o desânimo e traçou uma distinção um tanto patética por meio de um trocadilho complexo: "Certamente, Jung pelo menos é um '*Aiglon*'". Podemos interpretar esse epíteto de maneiras conflitantes, as quais espelham os próprios sentimentos contraditórios de Freud: "Aiglon", termo francês para "pequena águia", era uma referência a Adler, que significa "águia" em alemão. Mas também evocava o filho de Napoleão, "Napoleão II", que fora chamado *l'Aiglon* e não vivera para realizar a missão que seu pai lhe destinara; da mesma forma, Jung, o sucessor escolhido de Freud, fora o repositório de expectativas que nunca se realizariam. As ambições de Jung, que Freud esperara "pôr a meu serviço", haviam-se demonstrado incontroláveis. Ele disse a Ernest Jones que a carta de Jung havia lhe provocado um sentimento de vergonha.

Freud também informou a Jones que havia elaborado uma "resposta muito branda", mas não a enviara, visto que Jung iria "tomar uma reação tão mansa como sinal de covardia e sentiria mais sua importância. Ainda tinha esperanças contra todas as esperanças. A "amizade [de Jung] não vale a tinta", disse a Jones em 1º de janeiro de 1913; mas, embora Freud não tivesse "pessoalmente nenhuma necessidade de sua companhia", os "interesses comuns" da associação e da imprensa psicanalítica teriam de ser lembrados "enquanto se mostrar possível". Dois dias depois, numa carta a Jung que Freud desta vez realmente enviou, ele sublinhou enfaticamente a amizade que havia sido tão promissora. Não via como, escreveu ele, replicar às acusações de Jung. "Está assente entre nós, analistas, que nenhum de nós precisa se envergonhar de sua parcela de neurose. Mas quem grita sem parar que é normal, em meio a um comportamento anormal, faz suspeitar que não enxerga sua doença. Assim, sugiro-lhe que acabemos com todas as nossas relações pessoais." Acrescentou, permitindo aflorar sua mágoa: "Não perco nada com isso; por muito tempo estive ligado emocionalmente ao senhor por um fio tênue, como efeito remanescente de decepções experimentadas anteriormente". Fliess ainda estava na mente de Freud. Agora, não havia dúvida de que o fio se rompera irremediavelmente; Jung se reduzira, na privacidade das cartas íntimas de Freud, a nada mais que um "ofensivo insolente", tendo se mostrado "o ostensivo sujeito tolo e brutal que é". Jung acatou a decisão de Freud. "O resto", escreveu ele em resposta, com certa grandiloquência, "é silêncio."

Mas ainda havia mais a ser dito. Por mais que suas concepções recém-cristalizadas divergissem das de Freud, Jung ainda era conhecido pelo mundo como o porta-voz mais eminente da psicanálise freudiana depois de Freud. Além disso, como presidente da Associação Psicanalítica Internacional, ele era o principal personagem oficial do movimento internacional. Não sem justiça, Freud viu que sua situação pessoal era extremamente precária; havia um real perigo de que Jung e seus seguidores, com o controle do aparato organizativo e propagandístico da psicanálise, afirmassem seu poder e expulsassem o fundador e seus adeptos. Não era o único a se preocupar com isso. Em meados de março de 1913, Abraham fez circular uma proposta de que, em maio, os grupos psicanalíticos em Londres, Berlim, Viena e Budapeste exigissem a renúncia de Jung. Não admira que escrevesse no alto do memorando, dirigido apenas a poucos: "Confidencial!".

Freud estava preparado para o pior. "Conforme notícias de Jones", disse a Ferenczi em maio de 1913, "devemos esperar coisas ruins da parte de Jung." Naturalmente, acrescentou com acrimônia, "tudo o que se afasta de nossas verdades conta com o aplauso oficial a seu lado. É plenamente possível que, desta vez, eles realmente nos enterrem depois de nos terem cantado as nênias em vão por tanto tempo". Isso, acrescentou em tom de desafio, "trará grandes mudanças a nosso destino, mas nenhuma ao da ciência. Estamos em posse da verdade; tenho tanta certeza quanto há quinze anos".

Estava reunindo toda a sua autoconfiança, espontânea ou cultivada, enquanto Jung apresentava suas diferenças em relação a Freud no circuito das conferências. Em julho de 1913, Jones enviou a Freud, sem comentários, o anúncio impresso de uma "palestra pelo Dr. C. G. Jung, de Zurique, intitulada: — 'PSICANÁLISE'" a ser apresentada perante a Sociedade Psicomédica em Londres. Jones e Freud devem ter considerado de mau augúrio que o orador fosse identificado como "uma das maiores autoridades em Psicanálise", especialmente porque no mês seguinte, ao falar outra vez em Londres, Jung reafirmou claramente o programa que se arriscara a propor pela primeira vez em Nova York, dez meses antes: libertar a psicanálise de sua ênfase exclusiva sobre a sexualidade. Nessas conferências em Londres, pela primeira vez Jung deu às suas doutrinas revistas o nome não de psicanálise, mas de "psicologia analítica".

A teoria dos sonhos de Freud foi outro alvo das reformulações de Jung. Adotando um tom didático e quase paternal, que aparentava inverter os papéis costumeiros, Jung enviou uma mensagem à Berggasse 19, em julho de 1913, dizendo que Freud evidentemente entendera mal "nossa concepção". Jung agora falava em nome do grupo de Zurique, assim como Freud por muito tempo falara pelos vienenses. O suposto mal-entendido de Freud referia-se ao papel que Jung atribuía aos conflitos correntes na formação dos sonhos. "Nós", discorreu Jung a ele, "admitimos sem reparos a justeza da teoria [freudiana] da realização de desejos", mas, considerando-a superficial, tinham ido além.

Tratar Freud com um ar de superioridade deve ter sido para Jung um prazer delicioso. Estava se dedicando arduamente à construção de uma psicologia própria; todas as ideias geralmente associadas à psicologia analítica junguiana datam desses anos: os arquétipos, o inconsciente coletivo, a ubiquidade do sobrenatural, a afinidade com a experiência religiosa, o fascínio com o mito e a alquimia. Como psiquiatra e clínico praticante que afirmava ter aprendido muito com seus pacientes, Jung desenvolveu uma psicologia que, naturalmente, mostra grandes afinidades com a psicanálise freudiana. Mas as diferenças são fundamentais. Assim, para Freud, a famosa definição de Jung para a libido era apenas falta de fibra, uma fuga covarde às inconvenientes verdades acerca das pulsões sexuais presentes no animal humano. A teoria dos arquétipos de Jung tampouco encontrava qualquer equivalente efetivo nas concepções de Freud. O arquétipo é um princípio fundamental da criatividade fundado em dualidades raciais, uma potencialidade humana expressa concretamente em doutrinas religiosas, contos de fadas, mitos, sonhos, obras de arte e literatura. Seu equivalente em biologia é o "modelo de comportamento".

À parte as incompatibilidades específicas, Jung e Freud diferiam radicalmente em suas atitudes fundamentais frente ao empreendimento científico. É digno de nota que ambos se acusavam com a mesma veemência de abandonarem o método científico e caírem no misticismo. "Critico na psicologia freudiana", escreveu Jung, "uma certa estreiteza e parcialidade, e nos 'freudianos' um certo espírito cativo e sectário de intolerância e fanatismo." Freud, julgava Jung, fora um grande descobridor de fatos mentais, mas com tendências excessivas a abandonar o terreno sólido da "razão crítica e do senso comum". Freud, por sua parte, criticava Jung por ser crédulo em relação a fenômenos ocultos e apaixonado pelas religiões orientais; considerava a defesa de Jung a favor dos sentimentos religiosos como elemento integrante da saúde mental com um profundo e sardônico ceticismo. Para Freud, a religião era uma necessidade psicológica projetada na cultura, o sentimento de desamparo infantil remanescente no adulto, que deveria ser antes analisado do que admirado. Numa época em que ainda estava em relações mais ou menos amigáveis com Jung, Freud já o criticara por se esconder atrás de uma "nuvem religioso-libidinal". Como herdeiro do Iluminismo do século XVIII, Freud não sentia nenhum apreço por sistemas de pensamento que apagavam as diferenças irreconciliáveis e recusavam a interminável guerra entre ciência e religião.

O abismo que se estendia entre Freud e Jung em questões fundamentais apenas aumentou ainda mais com os conflitos psicológicos entre ambos. Profundamente satisfeito em desenvolver sua própria psicologia, Jung afirmou mais tarde que não sentiu o rompimento com Freud como uma excomunhão ou um exílio. Foi uma libertação para si. Uma interpretação freudiana é muito útil para esclarecer as atitudes extremamente histriônicas de Jung durante os breves anos de intimidade com seu "pai" em Viena: o filho edipiano lutara para se libertar, nisso sofrendo e ao mesmo tempo fazendo sofrer. Jung dissera-o com todas as letras numa carta a Freud, no Natal de 1909: "É uma dura sina ser obrigado a trabalhar lado a lado com o criador". Sem dúvida, o que Jung extraiu desses anos foi mais do que uma briga pessoal e uma amizade rompida; ele criou uma doutrina psicológica reconhecivelmente sua.

A correspondência entre Jung e Freud reduziu-se a ocasionais comunicações profissionais formais. Nesse ínterim, Freud estava empenhado em salvar do naufrágio o máximo que pudesse. Enquanto no passado havia sugerido, principalmente em apartes a Abraham, uma leitura "racial" de seu conflito com Jung, agora resistia vigorosamente a tratar o conflito como uma luta entre judeus e cristãos. Freud disse ao fiel Ferenczi que, se o psiquiatra suíço Alphonse Maeder, um dos mais íntimos associados de Jung, preferia enxergar o conflito dessa maneira, ele estava em seu direito. Mas esta não era de forma alguma a opinião de Freud. "Certamente existem grandes diferenças em comparação com o espírito ariano"— foi como Freud esboçou o argumento que Ferenczi poderia adotar em resposta a Maeder. "Por isso seguramente existiriam, aqui e ali, diferentes *Weltanschauungen.*" Mas "não há de existir uma ciência ariana ou judaica distinta. Seus resultados hão de ser idênticos; apenas a apresentação deles poderia variar". Na verdade, as diferenças nos resultados apenas provariam que "algo deve estar errado". Ferenczi bem que poderia tranquilizar Maeder, acrescentou Freud com sarcasmo, que "não temos nenhuma vontade de perturbar a *Weltanschauung* e a religião deles". Também podia dizer a Maeder que Jung, pelo visto, declarara nos Estados Unidos: "A ψA não é uma ciência, e sim uma religião". Se assim era, isso explicava toda a disputa. "Mas o espírito judaico lamenta não poder acompanhar. Um pouco de zombaria não faria mal." Entre essas disputas desalentadoras, Freud encontrou tempo para declarar sua fidelidade à austera disciplina imposta pela busca da objetividade científica. Enquanto ciência, a psicanálise deve se manter independente de toda consideração sectária, e independente também de todo "patrocínio ariano".

Apesar de todo seu fatigado pessimismo, Freud tentou continuar a trabalhar com Jung — por mais fria que fosse a colaboração mútua. Alimentando poucas ilusões e apenas as mais modestas expectativas, ele assistiu ao congresso internacional de psicanalistas em Munique, no começo de setembro de 1913. Foi uma ocasião mais concorrida do que as anteriores, com cerca de 87 membros e convidados. Mas a atmosfera estava carregada de espinhosos partidarismos, embora muitos dos participantes mal tivessem ideia de que a liderança estava irreparavelmente dividida. Os trabalhos, queixou-se Freud, foram "cansativos e pouco edificantes"; Jung exerceu a presidência de "maneira inamistosa e incorreta". A votação para a reeleição de Jung demonstrou o afloramento de uma insatisfação generalizada: 22 participantes se abstiveram em protesto, enquanto 52 votaram na chapa. "Separamo-nos" — assim Freud resumiu o congresso — "sem nenhuma vontade de nos encontrar outra vez." Lou Andreas-Salomé estava lá e, comparando Freud e Jung, foi rigorosa ao julgar este último. "Um único olhar aos dois", escreveu ela em seu diário,

> revela qual deles é mais dogmático, com mais amor pelo poder. Enquanto em Jung, há dois anos, uma espécie de robusta alegria, de profusa vitalidade expressava-se em seu riso retumbante, agora sua seriedade comporta pura agressividade, ambição, brutalidade mental. Freud nunca foi tão próximo a mim como aqui: não só devido ao seu rompimento com o "filho" Jung, a quem amava, por quem havia, por assim dizer, transferido sua causa para Zurique, mas precisamente pela forma do rompimento — como se fosse *Freud* a levá-lo a cabo com uma estreita obstinação,

aparência esta que Jung forjara a despeito da realidade.

Jung não abandonou o campo com pressa nem em silêncio. Em outubro — "afetando uma inocência insultada", como disse Freud —, ele renunciou ao cargo de editor do *Jahrbuch*, alegando abruptamente "razões de caráter pessoal" e "desprezando uma discussão pública". A Freud ele explicou, não menos bruscamente, que assim fizera ao saber, através de Maeder, que Freud duvidava de sua "*bona fides*" — o que quer que isso significasse. Isso impossibilitava, disse ele, qualquer outro trabalho em conjunto. Freud, agora totalmente desconfiado, considerou a renúncia de Jung, com seu obscuro álibi, um simples ardil. "É perfeitamente claro por que ele renunciou", disse a Jones. "Ele queria que eu e Bleuler saíssemos para ficar com tudo para si." Sentindo a necessidade de agir com presteza, ele convocou Ferenczi "com urgência" a Viena. Jung, a quem agora considerava "brutal, insincero, às vezes desonesto", poderia negociar com os editores para manter o controle do *Jahrbuch*. E pior, Jung ainda era o presidente da organização em que Freud tanto investira.

Freud entregou-se a uma corajosa agitação de propaganda para recuperar seu periódico e sua organização. Era um trabalho desagradável, mas expressou sua confiança de que, "logicamente", ele e seus seguidores "nunca imitariam a brutalidade de Jung". Essa afirmação teria tido mais força se Freud tivesse empregado um tom menos feroz em sua correspondência. E seus aliados em Berlim e Londres eram realmente cáusticos em relação à oposição. Ernest Jones despachou cartas urgentes em tom ultrajado, em busca de uma estratégia vitoriosa. "Fica-se furioso com Jung", escreveu ele a Abraham no final de 1913, "até que se descobre que ele é apenas crassamente estúpido, 'estupidez emocional', como dizem os psiquiatras." O estilo polêmico de Freud era visivelmente contagiante. Durante algum tempo, Jones defendeu a dissolução da Associação Psicanalítica Internacional: "Minha principal razão em julgar desejável dissolvê-la agora é o ridículo da situação; eu coraria de vergonha pelos nossos ex-colaboradores, ao assistir outro congresso" como o realizado em Munique, no mês de setembro. "E também quanto mais tempo a escola de Zurique puder se identificar com a Ps-A, mais difícil será desautorizá-la. Devemos nos separar." Seu amigo Abraham era igualmente enfático. Para ele, a união entre freudianos e junguianos sempre fora "um casamento artificial".

Freud, embora dificilmente surpreso, sentiu-se satisfeito em ter defensores tão enérgicos a seu lado. Mas seu principal meio de defesa nesses dias foi trabalhar na "História do movimento psicanalítico", um útil repositório de sua raiva. Ele a concebeu como um panfleto onde apresentaria sua versão sobre as dissensões que tinham assolado o movimento nos últimos anos. Comunicou suas intenções pela primeira vez no começo de novembro de 1913, numa nota a Ferenczi: estava pensando numa "história da ψA com uma crítica declarada a Adler e Jung". Dois meses depois, podia informar: "Estou trabalhando furiosamente na história" — o advérbio indicava de maneira adequada tanto seu ritmo como seu estado de espírito. A "História" era a declaração de guerra de Freud. Enquanto a redigia com fúria, enviou rascunhos aos íntimos, e passou a chamá-la carinhosamente de "bomba".

Mesmo antes que a "bomba" fosse oficialmente detonada, Freud sentiu-se gratificado ao ver que seus adversários em Zurique estavam cometendo o que ele considerava erros táticos. Estavam, concluiu ironicamente, trabalhando para ele. No começo da primavera de 1914, Jung deu a Freud o que ele queria: em 20 de abril, renunciou à presidência da Associação Psicanalítica Internacional. Dois dias depois, os berlinenses enviaram um alegre telegrama à Berggasse 19: "Pelas notícias de Zurique cordiais congratulações de Abraham, Eitingon". A decisão de Jung, disse Freud a Ferenczi, respirando mais aliviado, "facilitou muito a tarefa".

A "bomba", que foi lançada na metade de julho, fez o resto. Separou incontestavelmente Freud e seus adeptos daqueles que, como Jung, não aceitavam mais como psicanalistas. "Não posso conter um hurra", escreveu Freud exultante a Abraham. Sua animação não desapareceria logo. "Então finalmente nos livramos deles", observou mais de uma semana depois, "do brutal santo Jung e seus devotos papagaios" — *Nachbeter*. Ao ler o folheto logo antes de sua publicação, Eitingon foi levado a uma rara eloquência e a uma salada de metáforas ambíguas. Lera cuidadosamente a "História", disse a Freud, "com perturbação e admiração". A pena de Freud, que no passado havia "aberto como um arado nosso solo mais negro e fértil", tinha se convertido numa "lâmina afiada" que ele manejava com extrema perícia. "Os golpes atingem seu alvo, e essas cicatrizes não se apagarão" dos "não-mais-nossos." A hipérbole não era descabida. Assim como a saída de Adler havia deixado a Sociedade Psicanalítica de Viena nas mãos de Freud e dos freudianos, da mesma forma a saída de Jung, muito mais relevante, deixou a Associação Psicanalítica Internacional como uma entidade sólida para a discussão e divulgação das ideias de Freud. Quaisquer que fossem os outros efeitos do caso Jung, ele ajudou a definir publicamente o que Freud achava que a psicanálise representava de fato.

Retrospectivamente, o envolvimento de Freud com Jung mostra-se uma reedição de antigas e decisivas amizades. O próprio Freud deu subsídios a essa leitura: os nomes de Fliess e de outros aliados abandonados pontuam sua correspondência desses anos. E Jung, como que contaminado pelas alusões atormentadas de Freud, reagiu significativamente a elas. Como em amizades anteriores, Freud investiu seus afetos de modo rápido e quase precipitado, avançou até uma sinceridade quase irrestrita e terminou com uma separação furiosa e irreparável. Em julho de 1915, quando tudo estava terminado, Freud alinhou Jung, com desprezo, entre os "santos convertidos". Sentira afeto pela sua pessoa, escreveu ele, até que Jung foi acometido "por uma 'crise' religioso-ética" completa, "com uma moral mais elevada, um renascimento", para não falar das "mentiras, brutalidade e condescendência antissemita em relação a mim". O único sentimento que Freud não se permitiu nessa tempestuosa aliança foi a indiferença.

Essa trajetória emocional levanta a questão se Freud precisava, de certa forma, transformar seus amigos em inimigos. Primeiro Breuer,* depois Fliess, a

* O afastamento entre esses dois velhos amigos foi total. Em 21 de novembro de 1907, Breuer escreveu a Auguste Forel: "Pessoalmente, agora me separei por completo de Freud". Acrescentou que, "naturalmente", não havia sido "um processo totalmente indolor". Magnânimo como sem-

seguir Adler e Stekel, agora Jung, e outras rupturas que ainda viriam. É compreensível que se possa ver Jung simplesmente como um outro Fliess. Mas essa equiparação, na verdade, mais obscurece do que esclarece. Freud e Fliess tinham praticamente a mesma idade; havia uma diferença de quase vinte anos entre Freud e Jung: quando começaram a se corresponder em 1906, Freud estava com cinquenta anos e Jung com 31. E ainda, apesar de toda a sua afeição paternal, Freud nunca concedeu a Jung o símbolo definitivo da familiaridade germânica, o *du*, ao contrário do que ocorrera com Fliess. No auge da intimidade entre eles, depois que Freud já havia ungido Jung como príncipe herdeiro do movimento psicanalítico, as cartas continuavam a manter um grau de formalidade: Freud tratava Jung com "Caro Amigo", mas Jung nunca avançou além de "Caro *Herr Professor*". As apostas na amizade de Freud com Jung eram tão altas quanto haviam sido com Fliess, mas eram diferentes. A situação de Freud tinha se alterado drasticamente; se adotara Fliess como única companhia numa expedição excêntrica e temerária, por outro lado adotou Jung como o sólido fiador de um movimento ainda ameaçado, mas recebendo um apoio cada vez maior.

Além disso, Freud não era vítima de alguma obscura compulsão à repetição. Quando ele disse a Abraham em 1912, em plena luta, que "diariamente aprendo um pouco mais de tolerância", sem dúvida julgava-se bem mais conciliador do que era. Adler em 1911 ou Jung em 1912 não teriam reconhecido esse autorretrato afável. Mas Freud não se restringiu a manter longas amizades imperturbadas apenas com pessoas que nunca poderiam ameaçar sua posição no movimento psicanalítico, como o oftalmologista Leopold Königstein e o arqueólogo Emanuel Löwy. Mais especificamente alguns de seus mais íntimos associados profissionais, embora longe de serem coerentemente "ortodoxos", provaram o látego apenas ocasional e totalmente suportável da desaprovação franca e expressa de Freud. Paul Federn, Ernest Jones e outros de seus mais importantes adeptos viram-se em desacordo com Freud sobre importantes questões técnicas ou teóricas sem serem banidos como renegados ou traidores. O psiquiatra suíço Ludwig Binswanger, que durante toda a vida lutou contra a importância da psicanálise em seu pensamento psiquiátrico e desenvolveu uma psicologia existencialista altamente individual, manteve-se nos termos mais amigáveis com Freud ao longo das décadas. Da mesma forma o pastor protestante Oskar Pfister, apesar de todo o desprezo militante de Freud pela religião.

Freud era extremamente sensível à acusação de que tinha necessidade de romper com seus amigos, a ponto de procurar desmenti-la por impresso. Em sua curta autobiografia de 1925, estabeleceu um contraste entre aqueles com quem

---

pre, ainda considerava o trabalho de Freud "magnífico: construído sobre o estudo mais cuidadoso de sua prática privada e da maior importância — muito embora", sentia-se obrigado a acrescentar, "sem dúvida uma parte não pequena de sua estrutura vá se desmoronar novamente". [Citado na íntegra em Paul F. Cranefield, "Joseph Breuer's evaluation of his contribution to psychoanalysis", *Int. J. Psycho-Anal.*, XXXIX (1958), pp. 319-20.]

brigara, "Jung, Adler, Stekel e alguns mais" e "um grande número de pessoas", como "Abraham, Eitingon, Ferenczi, Rank, Jones, Brill, Sachs, o pastor Pfister, Van Emden, Reik e outros", que vinham trabalhando fielmente com ele havia cerca de quinze anos, "em sua maior parte numa amizade sem nuvens".* Quando Freud disse a Binswanger que "a dúvida independente é para mim sagrada em todos", era isso o que ele queria dizer, mesmo que por vezes esquecesse esse preceito científico humano na paixão do combate.

* J. E. G. van Emden era psicanalista holandês que Freud encontrou pela primeira vez em 1910. Sobre Theodor Reik, ver pp. 493-5.

6. Terapia e técnica

Por mais irritantes que as reuniões semanais em seu apartamento fossem se tornando ao longo dos anos, Freud continuava a usá-las como uma caixa de ressonância. Muito antes de publicar os casos clínicos que logo se tornariam famosos, ele apresentava a seus seguidores informes sobre seus analisandos mais interessantes. Uma ocasião memorável estendeu-se por duas sessões. Em 30 de outubro de 1907 e novamente na semana seguinte, em 6 de novembro, Freud falou à Sociedade Psicológica das Quartas-Feiras sobre um paciente que então fazia análise com ele. "É um caso muito instrutivo de neurose obsessiva (ideias obsessivas)", conforme Rank anotou laconicamente suas palavras, "referente a um jovem de 29 anos (Dr. jur.)". Era o germe de onde sairia o caso clínico do Homem dos Ratos.

No ano seguinte, em abril de 1908, Freud apresentou o mesmo caso ao congresso internacional de psicanalistas em Salzburgo, enquanto o Homem dos Ratos ainda prosseguia em tratamento. Ele arrastou consigo o público fascinado. Ernest Jones, que havia acabado de conhecer Freud, nunca esqueceu aquela ocasião. "Apresentada sem nenhuma anotação", escreveu ele meio século depois, a exposição de Freud "começou às oito horas e às onze ele propôs encerrá-la. No entanto, tínhamos ficado todos tão cativados pela sua exposição fascinante que lhe rogamos que continuasse, e ele prosseguiu por mais uma hora. Eu nunca ficara antes tão desatento à passagem do tempo."

Jones estava de acordo com Wittels, em sua admiração pelo estilo de apresentação de Freud, particularmente impressionado com o tom coloquial, a "facilidade de expressão, a capacidade magistral de ordenamento de materiais complexos, a límpida clareza e a profunda seriedade". Esse caso clínico foi, tanto para Jones como para os outros, "um banquete intelectual e artístico". Felizmente, a política psicanalítica não usurpava toda a atenção de Freud, mesmo nessas épocas turbulentas. Aí havia vislumbres, e mais do que vislumbres, do seu laboratório.

O laboratório de Freud era seu divã. Desde o começo dos anos 1890, os pacientes de Freud haviam lhe ensinado muito do que ele sabia, obrigando-o a refinar sua técnica, abrindo perspectivas impressionantes para novos pontos de partida teóricos, confirmando ou forçando-o a corrigir — ou mesmo abandonar — hipóteses acalentadas. Esta é uma das razões pelas quais Freud dava tanta importância aos casos clínicos: eles constituíam um registro de sua formação. E, de maneira gratificante, mostraram-se igualmente importantes para a formação de outros, como instrumentos refinados e eficientes de persuasão.* Ao qualificar o caso do Homem dos Ratos como muito instrutivo, Freud queria dizer que podia servir como um texto pedagógico para seus adeptos, até mais do que para si próprio. Freud nunca disse por que escolhia os casos clínicos de tais pacientes, ao invés de outros, para serem publicados. Mas, tomadas em conjunto, essas histórias mapeiam o terreno acidentado do sofrimento neurótico, e apontam as reconstruções mais imaginativas (e arriscadas). Freud apresenta histéricos, obsessivos e paranoicos, um menino fóbico que viu apenas uma vez durante o tratamento, e um psicótico internado num hospital de doenças mentais a quem nunca chegou a ver. Os personagens de alguns desses retratos íntimos e elaborados, principalmente o caso de Dora, escapam aos limites do próprio quadro e tornam-se, como personagens de romances memoráveis, atores por conta própria — ou pelo menos testemunhas das infindáveis controvérsias em torno do caráter moral de Freud, sua competência como terapeuta e suas concepções fundamentais acerca do animal humano, tanto o homem quanto a mulher.

UMA ESTREIA PROBLEMÁTICA

A jovem que o mundo agora conhece como Dora chegou pela primeira vez ao consultório de Freud no verão de 1898, quando estava com dezesseis anos, e começou o tratamento psicanalítico dois anos depois, em outubro de 1900. Ela o abandonou em dezembro, depois de cerca de onze semanas, com a maior parte do trabalho analítico ainda por fazer. Já em meados de outubro, Freud informou a Fliess que ele estava com um "novo caso", uma moça de dezoito anos, "abrindo-se facilmente à coleção disponível de chaves-mestras" — uma metáfora erótica cujas implicações ele preferiu não explorar.

Em janeiro de 1901, após a partida de Dora, ele redigiu rapidamente a história dela, registrando sua conclusão em 25 de janeiro. "É o caso mais penetrante

* Ernest Jones, como vimos (p. 194), foi atraído para o campo psicanalítico depois de ler o caso clínico de Dora publicado por Freud. Ele é apenas um dos adeptos mais notáveis de Freud a serem persuadidos por um desses casos clínicos. Retrospectivamente, esses relatórios clínicos clássicos podem impressionar mais como desempenhos didáticos do que clínicos. Nas últimas décadas, alguns psicanalistas, dispondo das vantagens de uma visão histórica retrospectiva e de técnicas diagnósticas refinadas, voltaram a estudá-los cuidadosamente e convenceram-se de que a patologia dos analisandos mais conhecidos de Freud geralmente era mais séria do que ele afirmava. Mas, como expedientes instrutivos, continuam a ser bons modelos para uma época que parece ter esquecido como se escrevem casos clínicos.

que escrevi até o momento", anunciou ele, entregando-se a um momento de autocongratulação. Mas prontamente dissipou sua alegria, prevendo uma desaprovação geral: não tinha dúvidas de que o artigo desconcertaria as pessoas ainda mais do que o usual. "De qualquer forma", acrescentou, com típica mescla de autoconfiança e resignação estoica, "faz-se a obrigação e, na verdade, não se escreve apenas para o presente." Afinal, ele veio a publicar a história de Dora apenas em 1905. Essa delonga rendeu-lhe um pequeno dividendo: pôde anexar o relato de uma interessante visita que a ex-paciente lhe fez em abril de 1902, dando um elegante arremate ao malogro de Freud.

Os motivos dessa longa gestação não são totalmente transparentes. Freud tinha fortes razões de incentivo para publicar logo a história de Dora. Visto que ele o considerava como o "fragmento" de um caso "concentrado em torno de dois sonhos", era "realmente uma continuação do livro dos sonhos" — *A interpretação dos sonhos* aplicada no divã. O caso também oferecia uma extraordinária ilustração de um complexo de Édipo não resolvido, atuando na formação do caráter de Dora e de seus sintomas histéricos. Freud apresentou várias explicações para sua demora, em particular a discrição médica, mas elas parecem pouco convincentes. Ele ficou visivelmente desanimado com a acolhida crítica do manuscrito por seu amigo Oscar Rie, e igualmente abatido com o declínio de sua amizade mais intensa. "Retirei meu último trabalho da gráfica", disse a Fliess em março de 1902, "porque logo antes havia perdido meu último ouvinte na sua pessoa." Essa reação parece um tanto excessiva: Freud devia saber que o caso tinha muito a ensinar para qualquer pessoa interessada em psicanálise. Além disso, adaptava-se perfeitamente ao modelo de suas publicações clínicas; Dora era uma histérica, o tipo de neurótica que constituía o pilar das atenções analíticas desde meados da década de 1890 — de fato, desde a Anna O. de Breuer, quase duas décadas antes. Sem dúvida, o caso tinha um significado singular e vagamente misterioso para Freud; referindo-se retrospectivamente a ele, antecipou-o de 1900 para 1899, sintoma de alguma preocupação não analisada. A reserva de Freud sugere razões íntimas para ter se sentido desconcertado com o caso, deixando o manuscrito na gaveta.

Uma indicação notável de que Freud não se sentia plenamente à vontade encontra-se no prefácio que acrescentou ao caso clínico: é um texto excepcionalmente combativo, mesmo para um escritor que não era avesso a animadas controvérsias. Estava apresentando o caso, escreveu Freud, para instruir um público relutante e pouco compreensivo sobre os usos da análise dos sonhos e sua relação com o entendimento das neuroses. É certo que o título original, "Sonho e histeria", resume habilmente os pontos a que Freud queria chegar. Mas a acolhida da *Interpretação dos sonhos*, observou ele num tom um tanto ofendido, mostrara-lhe quão despreparados estavam os especialistas para entender suas verdades: "O novo sempre despertou perplexidade e resistência". No final dos anos 1890, observava Freud, ele havia sido criticado por não dar informações sobre seus pacientes; agora, esperava críticas por tê-las fornecido em excesso. Mas o analista que publica casos clínicos de histéricos precisa entrar em detalhes da vida sexual dos pacientes. Assim, a discrição, dever supremo do médico, entra em choque com as exigências da ciência, que vive da discussão aberta e desinibida. Mas desafiou qualquer leitor a identificar Dora.

Apesar de toda essa atmosfera pesada, Freud ainda não estava pronto para iniciar o assunto. Ele acusou "muitos médicos" em Viena de terem um interesse lascivo pelo tipo de material que apresentaria a seguir, de lerem "um caso clínico como esse não como uma contribuição para a psicopatologia das neuroses, mas como um *roman à clef* destinado ao entretenimento deles". Provavelmente era verdade, mas a veemência um tanto gratuita de Freud sugere que seu envolvimento com Dora foi mais perturbador do que ele suspeitava.

O leitor mais mundano poderia ficar atônito, e até chocado, com os emaranhamentos sexuais em que vivia a jovem Dora. Talvez apenas Arthur Schnitzler, cujos contos e peças desencantados descreviam a intricada coreografia da vida erótica de Viena, fosse capaz de imaginar tal enredo. Duas famílias executavam um balé de dissimulada satisfação dos próprios desejos sensuais, envolto no mais atencioso decoro. Os protagonistas eram o pai de Dora, um industrial próspero e inteligente que, sofrendo das sequelas de uma tuberculose e de uma infecção sifilítica que contraíra antes do casamento, havia sido paciente de Freud e trouxera sua filha a este; a mãe de Dora, a julgar por todas as informações, era tola e inculta, uma dona de casa fanática e obsessiva; seu irmão mais velho, com quem mantinha relações tensas, e que sempre tomava o lado da mãe nas brigas domésticas, assim como ela, Dora, ficava ao lado do pai.* O caso se completava com os membros da família K., à qual Dora e sua família haviam se apegado muito: Frau K. cuidara do pai de Dora durante uma de suas graves doenças, e Dora havia cuidado dos filhos pequenos da família K. Apesar da discórdia no lar de Dora, o conjunto se afigurava como duas famílias burguesas caseiras e respeitáveis, ajudando-se em mútua camaradagem.

Era apenas aparência. Quando Dora estava com dezesseis anos, transformando-se numa moça atraente e bonita, declarou abruptamente detestar Herr K., até então seu afetuoso amigo mais velho. Quatro anos antes, ela havia começado a mostrar alguns sinais de histeria, principalmente enxaquecas e uma tosse nervosa. Agora, seus males se intensificavam. Tornando-se atraente e animada, ela adquiriu uma série de sintomas desagradáveis: além da tosse, um sussurro histérico (afonia), períodos de depressão, hostilidade irracional e até ideias de suicídio. Ela deu uma explicação para seu estado infeliz: Herr K., a quem por muito tempo dedicou afeto e confiança, tentara abordá-la sexualmente durante um passeio; profundamente ofendida, ela lhe dera um tapa. Ao ser acusado, Herr K. negou o fato e passou para a ofensiva: Dora só se preocupava com sexo e vivia se excitando com livros lúbricos. O pai de Dora inclinou-se a aceitar a palavra de Herr K. e descartou as acusações da filha como fantasias. Mas Freud, depois de

* "Assim", comentou Freud placidamente, "a usual atração sexual aproximara de um lado pai e filha e, de outro, mãe e filho." ("Dora", *GW* V, p. 178/*SE* VII, p, 21.)

iniciar a análise de Dora, ficou impressionado com certas contradições na história do pai, e decidiu reservar seu julgamento. Este foi o momento mais solidário da relação psicanalítica entre Freud e Dora, que seria prejudicada por uma hostilidade mútua e certa insensibilidade por parte do analista. Freud se dispôs a esperar as revelações de Dora.

A espera foi frutífera. O pai de Dora, conforme se revelou, só havia dito a verdade acerca de uma coisa: sua mulher não lhe proporcionava satisfação sexual. Mas, embora exibisse suas doenças perante Freud, na verdade havia compensado suas frustrações domésticas mantendo um ardente caso de amor com Frau K. A ligação não era segredo para Dora. Observadora e desconfiada, ela se convenceu de que o adorado pai se recusara a acreditar em sua denúncia angustiada por seus próprios motivos escabrosos: vendendo-a a Herr K., ele poderia continuar a se encontrar com Frau K. sem problemas. Mas havia ainda outras contracorrentes eróticas; ao descobrir a verdade desse caso ilícito, Dora se converteu semiconscientemente em cúmplice. Antes de interromper sua análise de onze semanas com Freud, este descobriu nela sentimentos apaixonados por Herr K., por seu pai e por Frau K., os quais ela confirmou parcialmente. Namoricos, incesto e desejos lésbicos disputavam a primazia em sua angustiada mente adolescente. Pelo menos foi como Freud interpretou Dora.

A proposta amorosa de Herr K., na avaliação de Freud, de forma alguma bastaria para explicar os ostensivos sintomas histéricos de Dora, que haviam surgido antes que ela se ressentisse com a traição mesquinha de seu pai. Freud achava que tampouco um incidente traumático anterior revelado por Dora poderia ter provocado a histeria; pelo contrário, ele via sua reação como uma prova de que a histeria já estava presente ao ocorrer o incidente. Quando Dora tinha catorze anos, dois anos antes de Herr K. tentar sua contestada investida, ele a abordou de chofre em seu escritório, abraçou-a de repente e beijou-lhe apaixonadamente os lábios. Ela reagiu a essa investida com repugnância. Freud interpretou essa repugnância como uma inversão de afetos e um deslocamento das sensações; todo o episódio lhe pareceu uma perfeita cena histérica. O avanço erótico de Herr K., disse Freud claramente, "era certamente a situação que suscitaria numa garota inocente de catorze anos um claro sentimento de excitação sexual", em parte provocado pela sensação do membro ereto do homem junto a seu corpo. Mas Dora havia deslocado sua sensação para cima, para a garganta.

Freud não estava insinuando que Dora deveria ter-se rendido às importunações de Herr K. aos catorze anos de idade — ou, ainda nesse sentido, aos dezesseis. Mas achava simplesmente óbvio que tal incidente devia gerar certo grau de estímulo sexual, e que a reação de Dora foi um sintoma de sua histeria. Tal leitura deriva naturalmente da postura de Freud como detetive psicanalítico e crítico da moral burguesa. Disposto a escavar sob as superfícies sociais polidas e convicto de que a sexualidade moderna era encoberta por uma combinação quase impenetrável de recusa inconsciente e mentira consciente, principalmente entre as classes respeitáveis, Freud sentiu-se praticamente obrigado a interpretar a enfática rejeição de Dora frente a Herr K. como uma defesa neurótica. Ele havia conhecido o homem e considerara-o, afinal, uma pessoa agradável e elegante. Mas a incapacidade de Freud em penetrar na sensibilidade de Dora indica uma falta de empatia que marca a forma como abordou todo esse caso. Ele se recusou a reconhecer que ela, como adolescente, necessitava de uma orientação confiável num mundo adulto cruelmente voltado para seus próprios interesses — de alguém capaz de avaliar seu choque com a transformação de um amigo íntimo num ardoroso pretendente, de apreciar sua indignação com essa rude violação de sua confiança. Essa recusa também atesta a dificuldade geral de Freud em encarar os incidentes eróticos do ponto de vista da mulher. Dora queria desesperadamente que acreditassem nela, não que a julgassem mentirosa ou fantasista, e Freud estava disposto a aceitar sua história, ao invés das negativas de seu pai. Mas era apenas até aí que ele se dispunha a ir, ao considerar o caso do ponto de vista dela.

As agressões sexuais de Herr K. não foram as únicas cenas no drama de Dora cujas implicações Freud não conseguiu explorar de modo compreensivo. Quase que por princípio disposto a não aceitar as dúvidas de Dora a respeito de suas interpretações, ele se manteve pronto a ler suas negativas como afirmações veladas. De acordo com sua prática naquela época, depois bastante modificada, Freud apresentou interpretações imediatas e categóricas. Insistindo que ela estava apaixonada pelo pai, ele tomou a "negativa extremamente enfática" dela como prova de que sua hipótese estava correta.

> O "Não" que se ouve de um paciente, quando se apresenta pela primeira vez sua percepção consciente com um pensamento reprimido, apenas registra a repressão e seu caráter decisivo e, por assim dizer, dá uma medida de sua força. Se não se toma esse "Não" como a expressão de um juízo imparcial, do qual o paciente de fato não é capaz, se não se o leva em consideração e prossegue-se com o trabalho, logo surgirão as provas de que "Não", em tal caso, significa o desejado "Sim".

Freud assim abria-se à acusação de insensibilidade e, pior, de pura arrogância dogmática: embora ouvinte profissional, agora não estava ouvindo, mas forçando as comunicações do analisando dentro de um molde predeterminado. Essa pretensão, em grande medida implícita, de uma potencial onisciência atraía a crítica; sugeria a certeza de Freud de que todas as interpretações psicanalíticas são automaticamente corretas, quer o analisando aceite-as ou rejeite-as. "Sim" significa "sim", e "não" também significa "sim".*

* Freud, nessa época, não enfrentou os perigos de uma tal posição; só o faria explicitamente muitos anos depois. "Se o paciente concorda conosco", escreveu num de seus últimos artigos em 1937, parafraseando algum crítico não nomeado, "então está bem; mas se ele nos contradiz, é ape-

As interpretações de Freud dão a impressão de que ele via Dora não tanto como uma paciente pedindo auxílio, mas antes como um desafio a ser vencido. Muitas de suas intervenções mostraram-se benéficas. Ao discutir a relação de seu pai com Frau K., Dora havia insistido que se tratava de um caso amoroso, mas também que ele era impotente, contradição esta que ela resolveu dizendo a Freud, sinceramente, que sabia que se podia obter satisfação sexual por mais de uma maneira. Associando isso a seus sintomas incômodos — a voz prejudicada e a garganta irritada —, Freud disse a Dora que ela devia estar pensando em sexo oral ou, como ele colocou, recorrendo delicadamente ao latim, em "satisfação sexual *per os*", e ela confirmou tacitamente a validade de tal interpretação pondo-se a tossir. Mas a própria insistência quase irada de Freud para que Dora endossasse as verdades psicológicas que lhe eram oferecidas exige uma interpretação. Afinal, em 1900, Freud estava ciente de que a resistência a revelações indesejadas é perfeitamente previsível, quando o analista devassa recônditos que o paciente manteve cuidadosamente protegidos da luz durante anos, mesmo que ainda não reconhecesse que as pressões sobre um paciente constituíam um erro técnico. Com pacientes futuros, ele seria menos exigente, menos autoritário, em parte devido às lições que aprendeu com Dora.

As vigorosas e prolixas interpretações que Freud prodigalizou a Dora têm em si um ar ditatorial. No primeiro dos dois reveladores sonhos de Dora, ela sonhara com uma caixinha de joias que sua mãe queria salvar de uma casa em chamas, sob os protestos do pai, que insistia, pelo contrário, em salvar os filhos. Ao ouvir o relato, Freud aferrou-se à caixa de joias que a mãe parecia valorizar tanto. Quando indagou sobre as associações de Dora, ela lembrou que Herr K. havia lhe dado justamente uma caixinha dessas, e aliás cara. Ora, a palavra *Schmuckkästchen*, recordou-lhe Freud, significava os órgãos genitais femininos. Ao que respondeu Dora: "Eu sabia que *o senhor* ia dizer isso". Resposta de Freud:

> Isto é, *você* sabia. — O significado do sonho agora está ficando ainda mais claro. Você disse a si mesma: "O homem está me perseguindo, ele quer avançar até meu quarto, minha 'caixa de joias' está em perigo, e se acontecer algo de ruim, será por culpa de papai". Foi por isso que você adotou no sonho uma situação que expressava o oposto, um perigo do qual seu pai a salva. Nessa região do sonho, em geral tudo é convertido em seu contrário; você logo vai saber por quê. O segredo, certamente, reside em sua mãe. Como sua mãe entra aqui? Ela é, como você sabe, sua antiga rival pelas atenções de seu pai.

---

nas um sinal de sua resistência que novamente nos confirma. Dessa forma, sempre estamos certos contra o pobre sujeito desamparado que estamos analisando, qualquer que seja a atitude que ele possa tomar em relação a nossas atribuições". E citou em inglês o provérbio "*Heads I win, tails you lose*" ("Cara eu ganho, coroa você perde"), como um resumo do que geralmente se pensa a respeito do procedimento psicanalítico. Mas na realidade, contestou ele, não é assim que os analistas trabalham. Desconfiam tanto das afirmativas quanto das negativas de seus analisados. ["Konstruktionen in der Analyse" (1937), *GW* XVI, pp. 41-56/ "Constructions in analysis", *SE* XXIII, pp. 257-69].

E Freud continua nesse ritmo por mais uma página, despejando uma verdadeira torrente de interpretações em que a mãe de Dora representa Frau K., e o pai de Dora, Herr K.; é a Herr K. que ela entregará sua caixa de joias em retribuição ao presente extravagante.

> Assim você está disposta a dar de presente a Herr K. aquilo que a mulher dele lhe recusa. Aqui você tem o pensamento que precisa ser reprimido com tanta força, que exige a conversão de todos os elementos em seus opostos. Como já lhe disse antes desse sonho, o sonho confirma uma vez mais que você está redespertando seu velho amor por papai, a fim de se proteger de seu amor por K. Mas o que é que todos esses esforços provam? Não só que você teme Herr K.; você teme ainda mais a você mesma, a tentação de entregar-se a ele. Assim você confirma como era intenso seu amor por ele.

Freud não se surpreendeu com a reação de Dora a essa extravasão: "Naturalmente, Dora não quis concordar comigo nessa parte da interpretação". Mas a questão que levanta a interpretação não é se a leitura de Freud sobre o sonho de Dora era correta ou simplesmente engenhosa. O que importa é seu tom insistente, sua recusa em considerar as dúvidas de Dora como algo além de convenientes recusas de verdades inconvenientes. Essa foi a contribuição de Freud para o malogro final.

O malogro, evidentemente, admitido ou não, constitui a marca distintiva desse caso, mas — paradoxalmente — é exatamente esse malogro que constitui sua importância decisiva para a história psicanalítica. Freud, como sabemos, considera o caso como uma demonstração dos usos da análise dos sonhos no tratamento psicanalítico e uma confirmação das regras que, descobriu ele, regem a construção onírica. Além disso, ele apresenta de maneira magnífica as complexidades da histeria. Mas uma razão crucial para que Freud finalmente publicasse "Dora" foi o fato de não ter conseguido manter em análise sua problemática paciente.

No final de dezembro de 1900, Freud trabalhou no segundo sonho de Dora, que confirmou satisfatoriamente sua hipótese de que, durante todo o tempo, ela estivera inconscientemente apaixonada por Herr K. Mas, no início da sessão seguinte, Dora anunciou alegremente que aquela seria a última. Freud recebeu calmamente o aviso inesperado, propôs que empregassem essa última hora prosseguindo na análise e interpretou para ela, com novos detalhes, seus sentimentos íntimos pelo homem que a ofendera. "Ela tinha ouvido, sem negar como de costume. Parecia comovida, despediu-se da maneira mais amistosa com calorosos votos pelo Ano-Novo — e não voltou mais."

Freud interpretou a atitude dela com um gesto de vingança, animado pelo desejo neurótico de ferir a si mesma. Ela o deixou num momento em que "minhas expectativas de um final bem-sucedido do tratamento encontravam-se no ponto mais alto". Manifestou sua curiosidade em saber se teria mantido Dora em tratamento, caso tivesse exagerado teatralmente a importância dela para si, proporcionando-lhe assim um substituto para o afeto pelo qual ela ansiava. "Não sei." Tudo o que sabia era que "sempre evitei desempenhar um papel, contentando-me com a despretensiosa arte da psicologia". Então, em 1º de abril de 1902, Dora voltou a procurá-lo, expressamente para lhe solicitar auxílio outra vez. Freud, observando-a, não se convenceu. Exceto por um período, disse-lhe Dora, ela tinha se sentido muito melhor. Tendo enfrentado Frau e Herr K., ela havia obtido suas confissões; o que dissera antes era verdade. Mas, havia umas duas semanas, ela vinha sofrendo de uma nevralgia facial. Freud conta que, nesse momento, ele sorriu: exatamente havia duas semanas, os jornais haviam anunciado sua promoção à cátedra na universidade, e assim podia interpretar as dores faciais dela como uma forma de autopunição por ter, certa vez, desferido um tapa em Herr K. e, a seguir, transferido sua raiva para ele, o analista. Freud disse a Dora que a perdoava por tê-lo privado da oportunidade de curá-la por inteiro. Mas, pelo visto, era a si mesmo que não conseguia perdoar totalmente.

A perplexidade em que Freud se encontrou quando Dora abandonou a análise assemelhava-se à sua perplexidade durante o verão de 1897, quando sua teoria da sedução se demonstrou insustentável. Essa primeira derrota serviu-lhe de base para importantes descobertas teóricas. Agora ele enfrentou essa nova derrota, explorou suas causas e, assim, permitiu um enorme avanço na técnica psicanalítica. Admitiu francamente que não havia conseguido "controlar em tempo a transferência"; na verdade, havia "esquecido de tomar a precaução de prestar atenção aos primeiros sinais da transferência". O elo emocional entre analisando e analista mal principiava a ser entendido na época em que Freud trabalhou com Dora. Ele havia arriscado algumas antecipações sumárias em *Estudos sobre a histeria*, e suas cartas a Fliess, no final dos anos 1890, mostram que já vislumbrava o fenômeno, embora estivesse longe de apreendê-lo inteiramente. Agora, com Dora, não conseguiu, por razões próprias, basear-se no que havia começado a entender. O caso parece ter sido o que, em grande medida, elucidou a questão para ele — mas apenas depois de encerrado.

A transferência é a maneira — às vezes sutil e com frequência ostensiva — pela qual o paciente atribui ao analista qualidades que pertencem propriamente a pessoas amadas (ou odiadas), do passado ou do presente, do mundo "real". Freud agora admitia que essa manobra psicológica, "que parece destinada a se converter no maior obstáculo à psicanálise", também pode se tornar "seu auxiliar mais poderoso, quando pode ser descoberta e traduzida para o paciente". Mas ele não a descobrira enquanto trabalhava com Dora, pelo menos não em tempo, e à sua maneira voluntariosa e um tanto desagradável, ela lhe mostrou o preço de tal descuido. Ao não notar a "paixão" dela por ele, que era apenas um substituto dos sentimentos secretos que ela nutria por outros, Freud lhe permitira cobrar dele a vingança que ela queria infligir a Herr K. "Assim ela encenou uma parcela fundamental de suas lembranças e fantasias, ao invés de reproduzi-las no tratamento", e isso levou inevitavelmente à interrupção do trabalho analítico.

Esse final abrupto feriu Dora, achava Freud; afinal, ela estava no caminho da recuperação. Mas também feriu Freud. "Quem como eu desperta os demônios mais malignos com que pode lutar", exclamou na passagem mais retórica de sua narrativa, "demônios que habitam não totalmente domesticados no íntimo humano, deve estar preparado para sair ferido nessa contenda." Mas, embora sentisse o ferimento, não conseguia defini-lo claramente, pois este o afetava demais. Freud era capaz de ver que se descuidara em reconhecer a transferência de Dora sobre ele; mas, o que era pior, não conseguira reconhecer sua transferência sobre Dora: o funcionamento do que ele veio a chamar de contratransferência havia escapado à sua auto-observação analítica.

Como Freud definiu posteriormente, a contratransferência é um afeto que surge no psicanalista "por influência do paciente nos sentimentos inconscientes do analista". A contínua autoanálise de Freud convertera o autoescrutínio quase que numa segunda natureza sua, mas a influência problemática dos pacientes sobre o analista nunca assomou amplamente em seu espírito ou em seus artigos técnicos.* Contudo, não duvidava de que a contratransferência é uma obstrução insidiosa na neutralidade afável do analista, uma resistência a ser diagnosticada e derrotada. Ela representa para o analista aquilo que o preconceito inconfesso representa para o historiador. O analista — colocou inflexivelmente em 1910 — "deve reconhecer essa contratransferência em si mesmo e dominá-la", pois "o psicanalista só avança até onde permitem seus próprios complexos e resistências interiores". Mas, como mostra sua conduta nas sessões analíticas com Dora, ele não foi absolutamente invulnerável a suas tentativas de sedução e a sua irritante hostilidade. Esta foi uma das lições do caso: Freud podia ser assaltado por emoções que, por vezes, toldavam suas percepções enquanto terapeuta.**

Mas foi com esse mesmo caso que Freud anunciou a soberania do observador qualificado que consegue reunir informações a partir dos mais tênues movimentos, dos mais leves gestos. "Quem tem olhos para ver e ouvidos para ouvir",

* Nos últimos anos, alguns psicanalistas têm argumentado de modo convincente que muitas vezes consideram proveitoso arregimentar os sentimentos inconscientes neles despertados por seus analisandos, a fim de compreender melhor o funcionamento mental desses analisandos. Mas essa postura teria encontrado pouca simpatia por parte de Freud.

** Em meados da década de 1920, os institutos psicanalíticos esperavam que os candidatos desvendassem e, se possível, dominassem seus complexos e resistências através da análise didática, que na época era elemento indispensável de sua formação; os praticantes já formados, por sua vez, consultariam um colega caso tivessem razões para crer que não estavam ouvindo um analisando com a postura clínica exigida. Quando Freud escreveu "Dora", não havia tais soluções disponíveis.

escreveu ele numa frase famosa, "convence-se de que os mortais não conseguem guardar segredos. Se os lábios estão silenciosos, eles tagarelam com as pontas dos dedos; a traição abre seu caminho por todos os poros."* Quando Dora estendia-se no divã diante de seu analista, discorrendo sobre sua infelicidade em casa, contando suas aventuras com a família K. e tentando entender um sonho, ela ficava brincando com sua bolsinha, abrindo-a e fechando-a, empurrando o dedo dentro dela sem parar. Freud interpretou prontamente esse pequeno gesto como uma mímica da masturbação. Mas o interesse emocional de Freud em Dora é mais difícil de ser interpretado do que os gestos dela com a bolsa. "Claro", como confessou certa vez a Ernest Jones, "há uma grande dificuldade, se não uma impossibilidade, em reconhecer os verdadeiros processos psíquicos" na própria pessoa.

Seria ingênuo insinuar que Freud estava apaixonado por essa adolescente bonita e difícil, por mais atraente que, por vezes, ela pudesse parecer a ele. Pelo contrário, seus principais sentimentos em relação a Dora parecem ter sido mais negativos. Além do puro interesse em Dora como uma histérica fascinante, ele demonstrou certa impaciência, irritação e, no final, uma indisfarçada decepção. A fúria de curar o perseguia. Era uma paixão que Freud, posteriormente, iria ridicularizar como inimiga do processo psicanalítico. Mas, com Dora, ele permaneceu sob seu domínio. Ele tinha plena certeza de haver alcançado a verdade sobre a retorcida vida emocional de Dora, mas Dora não queria aceitar essa verdade, muito embora ele lhe tivesse comprovado os poderes de cura das interpretações corretas. Não tinha exorcizado sua tosse nervosa através da interpretação? Ele estava certo a respeito dela, sabia que estava certo e sentiu-se profundamente frustrado por ela estar tão determinada a provar que ele estava errado. O assombroso no caso clínico de Dora não é que Freud tenha adiado sua publicação por quatro anos, mas que afinal tenha chegado a publicá-la.

DUAS LIÇÕES CLÁSSICAS

Em confortador contraste com o caso de Dora, o do Pequeno Hans foi totalmente gratificante para Freud. Nos quatro anos entre a publicação desses dois casos clínicos, muita coisa aconteceu na vida de Freud. Em 1905, além de "Dora", ele publicou os ensaios fundamentais referentes à teoria da sexualidade e seu estudo psicanalítico dos chistes. Em 1906, ano em que completou cinquenta anos, ele transformou a Sociedade Psicológica das Quartas-Feiras,

* Laurence Sterne, o romancista psicológico à frente de sua época, já havia dito algo muito parecido 150 anos antes: "Existem mil aberturas desapercebidas, prosseguiu meu pai, que dão passagem imediata a um olhar penetrante dentro da alma de um homem; e sustento, acrescentou ele, que um homem sensato não conserva seu chapéu ao entrar numa sala — ou não o tira ao sair dela, sem que algo escape que o revela". (*Tristram Shandy*, livro VI, cap. 5.)

fazendo de Rank seu secretário, ampliou as bases do movimento psicanalítico estabelecendo contato com psiquiatras interessados em Zurique, rompeu publicamente com Fliess e publicou sua primeira grande coletânea de artigos sobre as neuroses. Em 1907, foi anfitrião de Eitingon, Jung, Abraham e outros importantes adeptos ao visitarem a Berggasse 19 pela primeira vez. Em 1908, ano em que o Pequeno Hans ocupou sua atenção, ele reorganizou seu grupo das noites de quarta-feira, transformando-o na Sociedade Psicanalítica de Viena, presidiu ao primeiro congresso internacional de psicanalistas em Salzburgo e visitou sua querida Inglaterra pela segunda vez na vida. Em 1909, foi à Universidade Clark em sua única visita aos EUA, para apresentar um ciclo de conferências e receber um título honorário, e inaugurou o *Jahrbuch für psychoanalytische und psychopathologische Forschungen*, com a história do Pequeno Hans como a contribuição inicial para o primeiro número. Ele estava muito satisfeito com isso.

"Alegra-me que o senhor veja a importância do '*klein Hans*'", escreveu ele a Ernest Jones em junho daquele ano. Ele também vira, comentou Freud, a importância dessa "Análise de uma fobia num menino de cinco anos". "Nunca tive uma percepção melhor da alma de uma criança." O afeto de Freud pelo seu mais jovem "paciente" não diminuiu após o término do tratamento; ele continuou a ser "nosso pequeno herói". A ideia geral que Freud queria salientar com esse caso clínico era a de que a "neurose infantil" do Pequeno Hans corroborava as hipóteses que os pacientes neuróticos adultos de Freud haviam-no incentivado a explorar: o "material patogênico" que fá-los sofrer pode ser "todas as vezes rastreado até os mesmos complexos infantis que se revelariam por trás da fobia de Hans". Como vimos, a história de Dora, com sua exaustiva análise de dois sonhos, havia demonstrado a adequação da *Interpretação dos sonhos* de Freud ao quadro clínico e a considerável parcela de sentimentos edipianos na formação da histeria. O relatório sobre o Pequeno Hans podia servir como complemento, ilustrando as conclusões que Freud havia esboçado de forma lapidar em seu segundo tratado fundamental, os *Três ensaios sobre a teoria da sexualidade*. Como de costume, o Freud clínico e o Freud teórico nunca se perdiam de vista.*

Freud, em "Dora", discorreu deliberadamente pouco sobre a técnica, e menos ainda em "Pequeno Hans". Por boas razões: embora tivesse visitado o menino, levando-lhe um presente em seu terceiro aniversário, agora ele trabalhava quase que exclusivamente através de seu pai, que agia como intermediário. Assim, o "Pequeno Hans", pela sua própria natureza, por maiores que pudessem ser

* Freud também utilizou material do caso do Pequeno Hans em dois pequenos artigos correlacionados que publicou nessa época, um deles sobre as teorias sexuais das crianças, e o outro sobre a educação sexual destas.

as implicações teóricas, dificilmente seria recomendado, com sua técnica extremamente não ortodoxa, como um modelo exemplar. Haveria de se manter único. O menino em análise era filho do musicólogo Max Graf, o qual, durante alguns anos, fora membro do grupo que se reunia às quartas-feiras em torno de Freud. A "bela" mãe do garoto — segundo a expressão de Freud — havia sido sua paciente, e ambos estavam entre os primeiros adeptos da psicanálise em todo o mundo. Haviam concordado em criar o filho de acordo com os princípios freudianos, com o mínimo de coerção possível; eram pacientes dele, interessavam-se por suas tagarelices, registravam seus sonhos e achavam divertida sua promiscuidade amorosa infantil. Ele vivia enamorado por todo mundo: pela sua mãe, pelas filhas de um amigo da família, por um primo. Freud notou com indisfarçada admiração que o Pequeno Hans tinha se transformado num "exemplo de todas as travessuras!". Quando começou a apresentar sintomas neuróticos, seus pais, coerentes com seus princípios, resolveram não intimidá-lo.

Ao mesmo tempo, o estilo psicanalítico dos Graf na criação do menino não os impedia de cair nos subterfúgios culturais dominantes. Quando o Pequeno Hans estava com três anos e meio, a mãe o surpreendeu tocando o pênis e o advertiu que ela ia chamar o doutor para cortar seu "pipi". Além disso, por essa época, quando nasceu sua irmã — "o grande acontecimento na vida de Hans" —, seus pais, para prepará-lo, não encontraram nada mais original do que lhe contar a lenda da cegonha. Nesse ponto, Hans foi mais razoável do que seus pais supostamente esclarecidos. Suas investigações sobre os fatos da vida, principalmente quanto ao processo de nascimento, tinham feito progressos, além de precoces, impressionantes, e durante a análise fez saber ao pai, com seu jeito esperto de menino pequeno, que desprezava o conto da cegonha. Mais tarde, quando os pais o esclareceram parcialmente, disseram-lhe que os bebês crescem dentro da mãe, e depois são empurrados penosamente para fora, assim como se expele um "*lumf*" — como Hans chamava o cocô. A história apenas intensificou o interesse do menino pelos "*lumfs*". Mas, além de demonstrar uma certa precocidade em suas observações, linguagem e interesses eróticos, o Pequeno Hans estava crescendo como um burguesinho alegre e encantador.

Então, em janeiro de 1908, ocorreu algo desagradável e inexplicável. O Pequeno Hans desenvolveu um medo paralisante de ser mordido por um cavalo. Passou a ter medo também de que os grandes cavalos de tração que puxavam os veículos pudessem cair, e começou a evitar os lugares onde poderia vê-los. Max Graf, ao mesmo tempo pai, herói, vilão e curandeiro particular do filho, começou a conversar com o garoto e a interpretar os significados das fobias do Pequeno Hans, informando Freud assídua e detalhadamente. Ele se inclinava a atribuir a angústia do garoto a uma superestimulação sexual gerada pela ternura excessiva de sua mulher. Outra de suas suspeitas, com a qual o Pequeno Hans veio a concordar, era a de que a fonte dessa angústia residia nas suas masturbações. Mas Freud, como sempre disposto a esperar antes de apresentar um diagnóstico, não estava convencido. De acordo com sua teorização anterior a respeito da angústia,

Freud conjecturou que o problema devia provir antes do "anseio erótico reprimido" de Hans pela mãe, a qual ele continuava, à sua maneira infantil, tentando seduzir.* Seus desejos eróticos e agressivos reprimidos foram transformados em angústia, que então se fixaram num objeto particular a ser temido e evitado — tal era a fobia do cavalo.

A atenção de Freud aos sintomas do Pequeno Hans era característica de seu estilo analítico: levava a sério os informes sobre os estados mentais, por mais absurdos ou aparentemente triviais que pudessem se mostrar. "Tola ideia angustiada de um menininho, alguém poderia dizer. Mas uma neurose nunca diz nada de tolo, como tampouco um sonho. Sempre repreendemos", comentou Freud, numa censura a seus leitores, "quando não entendemos. Isso é facilitar as coisas para si próprio." Numa das poucas observações sobre a técnica nesse relato, Freud arriscou-se a criticar o pai de Hans por pressionar demais o filho: "Ele pergunta demais e investiga de acordo com seus próprios pressupostos, ao invés de deixar o menino se expressar". Freud tinha cometido esse erro com Dora, mas agora sabia bem mais, e os interesses emocionais em jogo não eram tão grandes — pelo menos para ele. Seguir o método de Max Graf, advertiu ele, é tornar uma análise "impenetrável e insegura". A psicanálise, como Freud vinha dizendo desde os anos 1890 e constantemente repetia, é a arte e a ciência de escutar pacientemente.

A fobia do Pequeno Hans tornou-se mais difusa. Relutava em sair de casa, mas, quando saía, às vezes sentia-se compelido a ver cavalos. No zoológico, preferia evitar os animais grandes, que antes apreciava, mas continuava a se encantar com os menores. Os pênis dos elefantes e girafas incomodavam-no visivelmente; a preocupação de Hans com os órgãos genitais — seus, do pai, da mãe, da irmãzinha, dos animais — ameaçava se converter numa obsessão. Mas Freud achou necessário contestar a inferência óbvia de Max Graf de que seu filho tinha medo de pênis grandes. A conclusão de uma conversa sobre o tema favorito do Pequeno Hans, transmitida pelo pai a Freud, forneceu uma pista inestimável: "Você provavelmente ficou assustado" — é o pai falando — "quando viu o pipizão do cavalo, mas você não precisa ficar assustado com isso. Bichos grandes têm pipis grandes, bichos pequenos, pipis pequenos". Resposta de Hans: "E todo mundo tem pipi. E meu pipi está crescendo comigo quando eu fico maior; afinal, está preso". Para Freud, isso era um sinal claro de que o Pequeno Hans tinha medo de perder seu próprio "pipi". O termo técnico para esse medo é angústia de castração.

Nesse ponto da análise, o jovem paciente e seu pai vieram consultar Freud, que agora ouvia e via pela primeira vez materiais que iriam contribuir imensamente para a solução do problema do Pequeno Hans. Os cavalos ameaçadores

* Sobre as teorias da angústia elaboradas por Freud, ver pp. 487-9.

representavam, em parte, o pai de Hans, que usava um grande bigode negro, como os cavalos com suas grandes focinheiras negras. Hans, ao que se revelou, morria de medo que o pai ficasse zangado com ele por não conseguir conter seu avassalador amor pela mãe e seus obscuros desejos de morte contra o pai. O cavalo que mordia era um substituto do pai zangado; o cavalo caído substituía o pai morto. O medo do Pequeno Hans em relação aos cavalos era, portanto, um subterfúgio refinado, uma forma de enfrentar emoções que não ousaria confessar livremente a si mesmo e a ninguém.* Vivia seus conflitos tanto mais dolorosamente por também amar o pai, imaginando-se um rival dele, assim como alimentava desejos sádicos contra a mãe, ao lado de sua afeição apaixonada por ela. O sofrimento do Pequeno Hans ressaltou para Freud a presença atuante ubíqua da ambivalência na vida mental. Hans batia no pai e em seguida beijava o lugar onde o acertara. Isso simbolizava uma disposição humana geral; a ambivalência não é exceção, e sim a regra no triângulo edipiano.

A partir do momento em que Freud interpretou bondosamente esses fatos para seu paciente de cinco anos de idade, a fobia de Hans começou a ceder e sua angústia, a desaparecer. Ele havia distorcido seus receios e desejos inaceitáveis sob a forma de sintomas. Sua maneira de tratar a evacuação, os "*lumfs*" que saíam, era típica dessa distorção defensiva: pensava sobre eles com curiosidade, mas converteu as associações prazerosas e excitantes relativas às suas conjecturas a respeito deles — os bebês são como outros "*lumfs*" — numa vergonha inconsciente e, a seguir, numa franca expressão de nojo. Da mesma forma, a fobia de Hans, fonte de inquietante mal-estar, era o resultado de atividades que antes lhe davam vivo prazer, tal como montar animadamente a cavalo. Seu caso era uma magnífica ilustração dos mecanismos de defesa operantes na fase edipiana.

À medida que a análise de Hans fazia sentir seus efeitos, à medida que ele ganhava maior liberdade interior, ele pôde admitir que abrigava desejos de morte contra sua irmãzinha. Também lidava e comentava sua teoria do "*lumf*" e a ideia de ser ao mesmo tempo mãe e pai de seus filhos, que daria à luz analmente. Eram confissões hesitantes, pois voltava atrás logo depois de fazê-las. Queria filhos, disse ele, e (ao mesmo tempo) não os queria. Mas o simples fato de admitir tais sentimentos e conjecturas era um salto para a cura. De fato, ao longo de todo o seu tratamento, o Pequeno Hans demonstrou extraordinária agudeza analítica; rejeitava as ideias do pai acerca de sua neurose quando apresentadas na

* O psicanalista americano Joseph William Slap apresentou uma intrigante interpretação complementar (e não tanto contraditória) do medo do Pequeno Hans em relação aos cavalos: em fevereiro de 1908, no segundo mês de sua neurose, o menino extraiu as amígdalas (ver "Little Hans", *SE* X, p. 29), e nesse momento sua fobia piorou. Logo, a partir daí, passou a identificar explicitamente os cavalos *brancos* como os cavalos que mordiam. Com base nessa indicação e outras relacionadas a ela, mencionadas no relato de Freud, Slap sugere que o Pequeno Hans provavelmente adicionou ao medo pelo pai de bigodes o medo ao cirurgião (com sua máscara e avental branco). (Joseph William Slap, "Little Hans's tonsillectomy", *Psychoanalytic Quarterly*, XXX [1961], pp. 259-61)

hora errada ou com intensidade insuportável, e distinguia inteligentemente entre pensamentos e ações. Aos cinco anos, sabia que querer e fazer não são a mesma coisa. Por isso podia insistir em seu direito de alegar inocência frente aos seus desejos mais agressivos. Quando ele disse ao pai que achava — na verdade, desejava — que sua irmãzinha podia cair dentro da água do banho e morrer, Graf interpretou a observação: "E então você ficaria sozinho com mamãe. E um bom menino não deseja isso!". O Pequeno Hans, imperturbável, acrescentou: "*Mas pode pensar isso*". Quando seu pai objetou, dizendo "Não é bom", Hans teve uma pronta resposta: "*Se ele pensa isso, é bom do mesmo jeito, pois se pode escrever para o professor*". O professor não pôde ocultar sua admiração: "Bravo, Pequeno Hans! Eu não poderia querer que qualquer adulto entendesse melhor a psicanálise". A solução de seus conflitos foi igualmente animadora: ele imaginou seu pai casado com a mãe *dele*; assim ele, o Pequeno Hans, poderia deixar o pai Graf vivo e, ao mesmo tempo, casar com sua mãe e ter filhos com ela.

A trilha que Freud seguiu para desmascarar o vilão no drama psicológico do Pequeno Hans foi muito mais curta, muito menos tortuosa, do que teria sido se fosse solicitado a analisar o Grande Hans uma dúzia de anos mais tarde: "O médico que trata psicanaliticamente um adulto, por fim, através de seu trabalho de desvendar formações psíquicas, camada por camada, chega a certas hipóteses sobre a sexualidade infantil, em cujos componentes ele crê ter encontrado as forças motivadoras de todos os sintomas neuróticos da vida posterior". Com o Pequeno Hans, não houve necessidade de uma escavação tão profunda. Se Freud, com visível satisfação, atribuía ao caso "uma significação típica e exemplar", era precisamente porque condensava com tanta clareza o que as análises dos adultos tinham de deslindar com um demorado esforço.

Uma teoria exemplificada por essa psicanálise pouco convencional de uma criança foi a do complexo de Édipo, que, como sabemos, Freud conseguira aprofundar consideravelmente desde que mencionara a ideia pela primeira vez, dez ou mais anos antes. O Pequeno Hans foi uma fonte igualmente rica de informações sobre o trabalho da repressão — de fato, um autêntico caso de manual, com suas manobras transparentes de autodefesa. Uma criança de cinco anos, embora já muito capaz de erguer defesas psicológicas como vergonha, nojo e pudor, ainda não as consolidou. Certamente, sugeriu Freud em seu melhor estilo antiburguês, ainda estão longe de ser as íngremes e sólidas fortificações que rodearão protetoramente o adulto, em particular na cultura moderna de classe média. Esse vislumbre da história da repressão numa criança em crescimento permitiu a Freud dizer algumas palavras categóricas a favor da sinceridade na discussão de assuntos sexuais com os jovens. Por isso, o caso clínico do Pequeno Hans é mais do que uma prolixa antologia de proposições psicanalíticas: ele sugere o impacto que o pensamento de Freud viria a ter fora do consultório — embora não ainda em 1909 e por mais alguns anos.

Freud ficou satisfeito que a análise do Pequeno Hans não tivesse contado com a duvidosa vantagem da sugestão; o quadro clínico fazia sentido, o paciente tinha concordado com as interpretações apenas quando cabiam. Além disso, Hans vencera sua angústia e fobia. Num breve posfácio acrescentado treze anos depois, em 1922, Freud narrou triunfante a visita de um forte "rapaz de dezenove anos", o Pequeno Hans já crescido. Herbert Graf, que mais tarde se tornaria um famoso produtor e diretor de óperas, postou-se à sua frente. Freud não pôde deixar de se rejubilar com o não cumprimento da sinistra profecia de seus críticos. Eles haviam predito que a análise roubaria a inocência do menino e arruinaria seu futuro. Freud podia lhes dizer que tinham se enganado. Os pais de Hans se divorciaram e tornaram a se casar, mas o filho sobreviveu a essa provação, tal como à da puberdade, sem danos visíveis. O que Freud considerou particularmente interessante foi a observação de seu visitante de que, ao ver o caso clínico, sentiu-se lendo a respeito de um completo estranho. Era um tanto parecido com Martin Freud, ao não conseguir lembrar o que seu pai lhe dissera para devolver-lhe o respeito próprio, depois do humilhante confronto no rinque de patinação.* O comentário de Hans foi um lembrete a Freud de que as análises mais bem-sucedidas são aquelas que o analisando esquece, depois de concluídas.

Dora era histérica, o Pequeno Hans, fóbico, o Homem dos Ratos, outro paciente clássico de Freud, era obsessivo. Era, assim, muito adequado para se incluir no repertório dos casos clínicos publicados por Freud. Sabemos que Freud considerava o caso do Homem dos Ratos muito instrutivo, tanto quanto, à sua maneira, havia sido o de Dora. Mas apreciava-o muito mais: era o próprio Freud que se referia informalmente ao famoso paciente, com certo afeto, como o *Rattenmann* ou, em inglês, *man of the rats.* O tratamento começou em 1º de outubro de 1907, e não durou mais que um ano, num ritmo que os analistas de gerações posteriores considerariam de tirar o fôlego ao invés de ponderado. Mas Freud asseverou que foi o bastante para aliviar os sintomas do Homem dos Ratos. Mas não poderia derrotar a história. Ao comentar o grande morticínio da Primeira Guerra Mundial, concluiu melancolicamente numa nota de rodapé que acrescentou ao relato em 1923: "O paciente pereceu, como tantos jovens valiosos e promissores, na Grande Guerra".

O caso tinha tudo a seu favor. Ernst Lanzer, um advogado de 29 anos de idade, pareceu a Freud, desde o primeiro encontro, uma pessoa lúcida e sagaz. Também era divertido; contava ao seu analista histórias engraçadas e presenteou-lhe com uma citação apropriada de Nietzsche sobre o poder do orgulho em relação à memória, que Freud de bom grado citou mais de uma vez.** Os sintomas obsessivos de Lanzer eram estranhos e acentuados. Freud havia descoberto em sua prática que os neuróticos obsessivos podem ser interessantes, com suas contradições e lógica perversa. Racionais e supersticiosos ao mesmo tempo, os-

* Ver p. 173.

** Ver p. 143.

tentam sintomas que ocultam e revelam suas origens, e são perseguidos por dúvidas enlouquecedoras. O Homem dos Ratos apresentava essa sintomatologia de modo mais ostensivo do que a maioria: à medida que avançava o tratamento, oscilando entre as comunicações do paciente e as interpretações de seu analista, entre moléstia adulta e vontades infantis, necessidades sexuais frustradas e desejos agressivos, ele se tornou um modelo para a elucidação das neuroses obsessivas tal como Freud as entendia na época.

Elas demandavam urgentemente um tal modelo. Como Freud notou na introdução a esse caso clínico, os neuróticos obsessivos são de interpretação muito mais difícil do que os histéricos: as resistências que mobilizam no quadro clínico são notáveis pelos engenhosos obstáculos que oferecem. Pois, embora "a linguagem de neurose obsessiva" muitas vezes esteja livre dos desconcertantes sintomas de conversão, ela é, por assim dizer, "apenas um dialeto da linguagem histérica". Para aumentar os elementos obscuros, um obsessivo vai simular ao máximo um estado saudável, procurando a ajuda do psicanalista apenas quando estiver realmente muito doente. Tudo isso, além da necessidade de discrição, impediu que Freud apresentasse esse caso de modo completo. Não poderia oferecer senão "migalhas de percepção" que, julgava ele, talvez não fossem muito satisfatórias em si mesmas. "Mas o trabalho de outros investigadores pode encadeá-las." Afinal, o ano em que Freud escreveu essas palavras foi o de 1909; então havia outros investigadores com os quais achava que podia contar.

Exceto por alguns interessantes desvios, o caso clínico publicado por Freud seguiu, de modo geral, as anotações do tratamento feitas todas as noites. Na primeira hora, o paciente se apresentou e enumerou suas queixas: medo de que pudesse acontecer algo terrível a seu pai e a uma moça que amava; impulsos criminosos como o desejo de matar pessoas, e impulsos de retaliação como a vontade de cortar sua própria garganta com uma navalha; preocupações obsessivas, algumas centradas em assuntos quase ridiculamente insignificantes, como a de pagar dívidas mínimas. Então, apresentou voluntariamente alguns detalhes sobre sua vida sexual. Quando Freud perguntou por que viera a esse tema, o Homem dos Ratos admitiu que pensara que isso se adequaria às teorias de Freud, das quais, de fato, não conhecia praticamente nada. Mas, depois disso, o Homem dos Ratos prosseguiu por conta própria.

Depois dessa primeira hora, Freud apresentou ao Homem dos Ratos a "regra fundamental" da psicanálise: ele teria de contar tudo, por mais frívolo ou sem sentido, que lhe viesse à mente. Assim, o Homem dos Ratos começou a falar sobre um amigo cuja opinião lhe era muito cara, principalmente quando seus impulsos de cometer assassinato ou suicídio mais o perturbavam, e então lançou-se — "muito abruptamente", comentou Freud — a um relato de sua vida sexual na infância. Como todas as primeiras comunicações no decorrer de uma psicanálise, essa escolha dos temas iniciais — seu amigo e seu desejo por mulheres — tinha uma importância que a análise deslindaria aos poucos. Os temas escolhidos pelo Homem dos Ratos apontavam tanto para a aparição esporádica de fortes impulsos homossexuais na infância e adolescência, como para paixões heterossexuais ainda mais fortes, precocemente desenvolvidas.

De fato, logo ficou muito claro que a atividade sexual do Homem dos Ratos havia se iniciado excepcionalmente cedo. Ele relembrou jovens governantas bonitas que espiara em sedutores trajes íntimos, ou cujos órgãos genitais havia acariciado. Suas irmãs também tinham despertado nele um profundo interesse sexual; observá-las, brincar com elas, era praticamente cometer incesto. Mas logo o jovem Homem dos Ratos viu sua curiosidade sexual, inclusive o desejo premente de ver mulheres nuas, afetada pelo "sentimento estranho" de que devia impedir que tais pensamentos aflorassem para que, digamos, seu pai não morresse. Assim, na fase inicial do tratamento, o Homem dos Ratos estabeleceu uma ponte entre o passado e o presente: seu pai havia morrido alguns anos antes, mas seu medo por ele de certa forma persistira. Esse sentimento estranho, experimentado pela primeira vez aos seis anos de idade, mas ainda extremamente perturbador para ele, constituíra, disse o Homem dos Ratos a Freud, "o começo da minha doença".

Mas o diagnóstico de Freud era outro: os acontecimentos aos seis ou sete anos de idade de seu paciente não constituíam "simplesmente o começo de sua doença, mas já a própria doença". Para entender "a complexa organização de sua doença posterior", achava Freud, era preciso reconhecer que o menino de seis anos, aquele "pequeno voluptuário", já apresentava "uma neurose obsessiva completa, a qual não faltava nenhum elemento essencial, ao mesmo tempo núcleo e protótipo de sua moléstia posterior".

Era um começo promissor. Mas o Homem dos Ratos manteve o ritmo: contou a Freud, com profunda emoção, o acontecimento que o conduzira à psicanálise. Estando em manobras militares, ouviu um capitão contar um castigo particularmente medonho, praticado no Oriente. Nesse momento, interrompendo-se de forma dramática, o Homem dos Ratos parou, saiu do divã e rogou a Freud que lhe poupasse o restante. Freud, ao invés disso, ministrou a seu paciente uma pequena lição de técnica. Negando qualquer gosto pela crueldade, ele insistiu que não poderia dar o que não estava a seu alcance. "A superação das resistências é uma lei do tratamento." O que poderia fazer era auxiliar, de uma frase quebrada para outra, o Homem dos Ratos a concluir a história: alguém acusado de um crime era amarrado de bruços, virava-se sobre suas nádegas um recipiente com ratos, e os ratos — aqui o Homem dos Ratos se levantou novamente, em grande agitação — perfuravam seu caminho por dentro... "Dentro do ânus", completou Freud, com a última palavra decisiva.*

Observando atentamente o Homem dos Ratos durante sua narrativa, Freud notou no rosto do paciente "uma expressão composta muito estranha", que só seria capaz de decompor como "*horror diante de um prazer pessoal desconhecido a*

* Psicanalistas posteriores teriam se refreado, deixando o Homem dos Ratos se debater, e interpretariam suas aflitas hesitações.

ele". Foi uma leve insinuação, apenas isso, que Freud reservou para usar mais tarde. Quaisquer que fossem seus sentimentos mistos ocultos em relação ao castigo dos ratos, o Homem dos Ratos disse a Freud que via o castigo sendo aplicado tanto a seu pai como à jovem que adorava. Então, quando essas ideias horríveis o invadiam, ele invocava em seu auxílio ações e pensamentos obsessivos.

Essas operações de salvamento resistiam a uma compreensão racional, e ofereceram a Freud alguns quebra-cabeças estéticos e clínicos de primeira ordem. O Homem dos Ratos contou a Freud uma história intricada, quase incoerente e aparentemente insignificante sobre uma certa soma que devia a um colega oficial, ou talvez a um empregado de uma agência dos correios, por um pacote com óculos que havia encomendado. Ao seu consciencioso relato das preocupações absurdas e ideias estranhas de seu paciente, Freud acrescentou uma nota de solidariedade a seu público: "Não me surpreenderia se, neste ponto, o leitor não conseguir me entender". O próprio Freud, fundamentalmente decidido a extrair um significado dos pensamentos e formalidades do Homem dos Ratos, julgava alguns deles "absurdos e incompreensíveis". Mas, para o Homem dos Ratos, seus sintomas, fossem inexplicáveis ou ridículos, eram praticamente insuportáveis. Freud sabia disso; no entanto, às vezes quase levavam-no ao desespero. Os sintomas obsessivos, com seu extraordinário dispêndio de energia em coisas irrelevantes, com sua aparente incongruência, ininteligibilidade e repetitividade, podem se tornar tão tediosos quão irracionais.

Freud, o mais literário dos psicanalistas, não se satisfaria apresentando um relato de caso árido ou uma coletânea de observações indigestas: ele queria reconstruir um drama humano. Mas o material que o Homem dos Ratos oferecia com tanto desprendimento — material estranho, abundante, aparentemente sem sentido — ameaçava escapar ao controle de Freud. Quando estava concluindo a redação do caso, queixou-se a Jung: "É muito difícil para mim, quase ultrapassa minha arte de exposição, provavelmente vai ser inacessível a qualquer pessoa além daquelas mais próximas a nós. Quão mal-acabadas são nossas reproduções, quão miseravelmente reconstituímos essas grandes obras de arte da natureza psíquica!". Jung, em particular, concordava. Escrevendo a Ferenczi, ele reclamou que, embora maravilhoso, o artigo de Freud sobre o Homem dos Ratos também era "*muito difícil de entender*. Logo vou ter de lê-lo pela terceira vez. Será que sou excepcionalmente burro? Ou é o estilo? Opto prudentemente pelo segundo". Freud, pelo contrário, teria responsabilizado o tema.

Em sua perplexidade, Freud recorreu à técnica para obter um mapa do labirinto. A questão não era a de se pôr a resolver racionalmente os quebra-cabeças colocados pelo Homem dos Ratos, mas deixá-lo seguir seu próprio caminho — e ouvi-lo. De fato, Freud converteu o caso clínico do Homem dos Ratos num pequeno festim de técnica psicanalítica aplicada e explicada; interrompia repetidamente seu relato com breves excursões pelos procedimentos clínicos. Instruiu seu paciente sobre a diferença entre a mente consciente e a mente inconsciente, a transitoriedade da primeira e a resistência da segunda, apontando para as antiguidades em seu consultório: "Na verdade eram apenas objetos retirados de tumbas; o sepultamento, para eles, significara a preservação. Só agora Pompeia estava sendo destruída, uma vez que havia sido descoberta". E novamente, depois de contar que seu paciente havia considerado uma interpretação plausível, mas não convincente, Freud comentou em benefício dos leitores: "A intenção de tais discussões nunca é a de convencer. Pretende apenas introduzir os complexos reprimidos na consciência, despertar o conflito em relação a eles no solo da atividade mental consciente e facilitar o aparecimento de material novo do inconsciente". Ao mostrar como ensinava psicanálise ao Homem dos Ratos, Freud a ensinou igualmente a seus leitores.

O Homem dos Ratos denominava o "material novo" sobre seu pai, que explorou em resposta às interpretações de Freud, de seu "fio de pensamento"; era inofensivo, insistiu ele, mas de alguma forma se ligava a uma menina que ele amara aos doze anos de idade. Freud não se satisfez com tal formulação vaga e eufemista, tão típica do discurso do Homem dos Ratos. Ao invés disso, interpretou esse fio de pensamento como um desejo, um verdadeiro desejo de que seu pai pudesse morrer. O Homem dos Ratos protestou energicamente: era precisamente essa calamidade que ele temia! Ele amava seu pai! Freud não contestava isso, de forma alguma, mas insistiu que esse amor vinha acompanhado de ódio, e que essas duas poderosas emoções tinham coexistido no Homem dos Ratos desde seus mais tenros anos.

Tendo então compreendido irrefutavelmente a ambivalência fundamental do Homem dos Ratos, Freud podia abordar o enigma das obsessões de seu paciente. Vagarosamente avançou até o episódio em que o capitão sádico havia descrito o castigo oriental, precipitando a neurose atual de seu paciente. As anotações de Freud sobre o caso revelam que o Homem dos Ratos empregava os ratos como símbolos de muitas coisas: jogos de aposta, pênis, dinheiro, crianças, sua mãe. Freud sempre sustentara que a mente dá os saltos mais acrobáticos e mais improváveis, desafiando a coerência e a racionalidade, e o Homem dos Ratos confirmou largamente essa convicção. O que parecia mais forçado no caso, as formalidades e as proibições, revelou-se um compêndio das ideias neuróticas do Homem dos Ratos, levando por vias sutis a regiões inexploradas de sua mente. Eram pistas para seu sadismo reprimido e negado, que explicava seu horror e simultâneo interesse lascivo pela crueldade — fonte da estranha expressão ambígua no rosto do Homem dos Ratos que Freud vislumbrara logo no início do tratamento.

Explorando essas pistas, Freud propôs uma solução para o problema do significado da história do capitão para o Homem dos Ratos. Ele girava em torno dos sentimentos conflitantes do paciente em relação a seu pai. Freud considerou muito significativo que, quando o Homem dos Ratos experimentou pela primeira vez os prazeres do intercurso sexual, vários anos após a morte do pai, um estranho pensamento penetrou à força em sua mente: "Mas é maravilhoso! Para isso uma pessoa é capaz de matar o próprio pai!". Freud considerou igualmente significativo que, alguns anos antes, logo após a morte do pai, o Homem dos Ratos havia começado a se masturbar, mas de modo geral havia conseguido parar, pois a prática o envergonhava. De modo geral, mas não totalmente: em alguns momentos belos e exaltantes, como ao ler uma passagem emocionante da autobiografia de Goethe, ele não conseguia resistir à premência. Freud interpretou esse fenômeno curioso como um exemplo de uma "proibição e desafio de uma ordem".

Incentivado pela construção analítica de Freud, o Homem dos Ratos contribuiu com um incidente comovente e memorável, que datava da época em que ele tinha três ou quatro anos. Seu pai havia lhe dado uma surra por algum delito sexual ligado à masturbação e, numa explosão de raiva, ele começou a praguejar contra o pai. Mas como ainda não conhecia nenhum palavrão, ele o chamou de "todos os nomes de coisas que lhe ocorriam, e disse: 'Seu lâmpada, seu toalha, seu prato!'". Atônito, o pai sentiu-se levado a predizer que seu filho se tornaria um grande homem ou um grande criminoso, e nunca mais tornou a bater nele. Trazendo essa lembrança à tona, o Homem dos Ratos não podia mais duvidar de que, oculto por trás do amor pelo pai, movia-se furtivamente um ódio igualmente intenso. Era essa a ambivalência que governava sua vida, uma ambivalência torturante característica de todo pensamento obsessivo, que repercutia em suas relações com a mulher amada. Esses sentimentos conflitantes, concluía Freud, "não eram independentes entre si, mas unidos aos pares. Seu ódio pela amada estava necessariamente ligado à sua afeição pelo pai, e vice-versa".

Freud prosseguiu com sua solução. O Homem dos Ratos não só lutara contra o pai, como também se identificara com ele. O pai havia sido um militar que gostava imensamente de contar anedotas sobre sua carreira no exército. E mais, havia sido um "rato", um "rato de jogo" — *Spielratte*—, que certa vez acumulou dívidas de jogo que não podia pagar, até que um amigo oportunamente lhe emprestou o dinheiro. Mais tarde, conforme o Homem dos Ratos tinha razões para crer, seu pai, que havia prosperado como civil, não conseguiu pagar seu generoso salvador, por não ter seu endereço. O paciente de Freud fazia um juízo muito severo sobre esse pecadilho de juventude do pai, embora o amasse. Aqui estava mais um elo para sua própria compulsão singular de pagar a pequena soma que alguém gastara na postagem da encomenda para ele, e também mais um elo quanto aos ratos. Nas manobras, ao ouvir a história sádica do castigo dos ratos, isso despertou essas lembranças, assim como resquícios de seu erotismo anal infantil. "Em seus delírios obsessivos", observou Freud, "ele havia criado uma verdadeira moeda de ratos para si mesmo." A história tinha arrancado à repressão todos os impulsos sexuais cruéis do Homem dos Ratos. Ao absorver e aceitar esse conjunto de interpretações, o Homem dos Ratos aproximava-se cada vez mais da saída do labirinto de sua neurose. O "delírio do rato" — as proibições e compulsões obsessivas — desapareceu, e com isso o Homem dos Ratos pôde sair diplomado da sua "escola de sofrimento", conforme a bela expressão de Freud.

Apesar dos problemas que colocou a seu analista, o Homem dos Ratos desde o início foi uma espécie de favorito de Freud. Há uma nota crítica entre os apontamentos de Freud para o dia 28 de dezembro, que atesta seus sentimentos pelo paciente: *Hungerig und wird gelabt* — "Faminto e foi saciado".* Freud havia convidado seu paciente para uma refeição. Era um gesto herético para um psicanalista: satisfazer um paciente permitindo-lhe acesso à vida privada do analista, e cuidar maternalmente dele oferecendo alimento num quadro amistoso e não profissional, violava todos os austeros preceitos técnicos que Freud desenvolvera nos últimos anos e tentava inculcar entre seus seguidores. Mas evidentemente Freud não viu nada de errado nesse abandono de suas próprias regras. Na verdade, apesar desses desvios, o relato de Freud permanece como uma exposição exemplar de uma neurose obsessiva clássica.** Serviu magnificamente para reforçar as teorias de Freud, principalmente as que postulavam as raízes infantis da neurose, a lógica interna dos sintomas mais ostensivos e inexplicáveis e as pressões poderosas, muitas vezes ocultas, dos sentimentos ambivalentes. Freud não era tão masoquista a ponto de publicar apenas malogros.

EM CAUSA PRÓPRIA: LEONARDO, SCHREBER, FLIESS

A maioria dos textos de Freud traz os sinais de sua vida. Estão entrelaçados, por vias importantes, mas muitas vezes bastante discretas, com seus conflitos pessoais e suas estratégias pedagógicas. *A interpretação dos sonhos* é uma torrente de revelações pessoais postas a serviços da ciência. O caso de Dora é uma luta pública entre necessidades emocionais e deveres profissionais. O "Pequeno Hans" e o "Homem dos Ratos" são mais do que simples documentos clínicos; Freud redigiu-os para embasar as teorias que havia desenvolvido no livro profundamente subversivo dos *Três ensaios sobre a teoria da sexualidade*. Certamente, nem todas as suas decisões em publicar um determinado caso, ao invés de outro, baseavam-se em torturantes lutas interiores ou vinham ditadas pelas pressões da política psicanalítica. O simples fascínio do material também reclamava seus direitos junto a ele. Geralmente, as necessidades pessoais, os cálculos estratégicos e o entusiasmo científico de Freud sobrepunham-se e reforçavam-se mutuamente. Sob a superfície polida dos casos clínicos de Schreber e do Homem dos

* A tradução na *Standard Edition* deixa de reproduzir a característica lacônica da nota de Freud; o prosaico *"He was hungry and was fed"* ("Ele estava com fome e foi alimentado") tampouco capta o teor arcaico de *hungerig* e a ressonância bíblica de *gelabt*. [Ver o comentário do editor em Sigmund Freud, *L'Homme aux rats, Journal d'une analyse*, Elza Ribeiro Hawelka, ed., (1974), p. 211n.]

** Críticos posteriores, ao reanalisarem o caso, censuraram Freud por não ter dado atenção suficiente à mãe do Homem dos Ratos e, em vista da obsessão espetacular do paciente com ratos, ao seu erotismo anal. Ambos aparecem de modo mais destacado nas notas tomadas durante o andamento da análise do que no texto. No início, quando Freud explica seus procedimentos analíticos e estabelece seus termos, o Homem dos Ratos diz que deve consultar sua mãe. (Ver Freud, *L'Homme aux rats*, ed. Hawelka, p. 32; e "Rat Man", *SE* X, p. 255)

Lobos, publicados após o "Homem dos Ratos", certamente agitava-se alguma questão psicológica inacabada que o perseguia. O mesmo vale para "Leonardo da Vinci e uma lembrança de sua infância".

Freud nunca considerou seu longo artigo sobre Leonardo da Vinci como um caso clínico, embora certa vez, de muito bom humor, convidasse Ferenczi, de brincadeira, a "se maravilhar" com seu novo e "ilustre" analisando. Considerava o artigo antes como uma expedição de reconhecimento para a maciça invasão de temas culturais que planejava empreender, com as armas da psicanálise nas mãos. "O domínio da biografia também deve se tornar nosso", escreveu a Jung em outubro de 1909, anunciando triunfante que "o enigma do caráter de Leonardo da Vinci tornou-se subitamente transparente a mim. Assim, este seria o primeiro passo na biografia." Mas revelar-se-á que essa definição oficial do "Leonardo" como um exercício de biografia psicanalítica é incompleta.

Embora o ensaio sobre uma lembrança infantil de Leonardo da Vinci viesse a se mostrar extremamente controverso, Freud gostava, e continuou a gostar muito dele, em parte por gostar muito de Leonardo. Confessava que "como outros, sucumbi à atração que emana desse grande e misterioso homem", e citou o elogio de Jacob Burckhardt a esse "gênio universal, cujo perfil só é possível conjecturar, jamais compreender". Freud, como sabemos, adorava a Itália e visitava-a sempre que podia, praticamente todos os verões. Leonardo era uma razão importante, entre muitas outras.

Freud havia muito tempo se interessava por ele. Já em 1898, tinha mencionado a Fliess, que estava reunindo material sobre o mancinismo, o exemplo de "Leonardo, de quem não se conhece nenhum caso de amor", como "talvez o canhoto mais famoso". Aventurar-se à grandiosa e enigmática presença de Leonardo dava a Freud um intenso prazer. No final de 1910, ao ir de um balneário litorâneo holandês até a Itália, ele parou rapidamente no Louvre, para contemplar mais uma vez a tela *A virgem e o menino, com Sant'Ana.* Tratar com os grandes, mesmo sem se presumir um igual, era um dos dividendos que Freud poderia obter ao escrever biografias psicanalíticas.

Em novembro de 1909, pouco após retornar dos Estados Unidos, Freud queixou-se a Ferenczi de sua saúde, "que podia estar melhor", mas acrescentou imediatamente: "Meus pensamentos, na medida em que ainda conseguem se fazer ouvir, estão com Leonardo da Vinci e a mitologia". Em março de 1910, escusou-se a Ferenczi, de maneira muito pouco escusatória, por escrever apenas uma breve carta: "Quero escrever sobre o Leonardo". Esse "Leonardo", disse ele a Lou Andreas-Salomé quase dez anos depois de publicá-lo, num acesso de nostalgia, foi "a única coisa bela que jamais escrevi".

A predileção de Freud não o tornou cego aos riscos que estava assumindo. Ao anunciar pela primeira vez seu novo e ilustre analisando a Ferenczi, em novembro de 1909, afirmou que não tinha "nada maior" em mente. Com o mesmo espírito, desmereceu o artigo a Ernest Jones: "O senhor não deve esperar demais de Leonardo, que vai sair no próximo mês. Nem o segredo da Vierge aux rochers, nem a solução do enigma da Mona Lisa. Mantenha suas expectativas num nível mais baixo, assim é capaz de agradá-lo mais". E ainda preveniu o artista alemão Hermann Struck de que o "folheto" sobre Leonardo era uma "produção semificcional" — *halbe Romandichtung* —, e observou: "Não gostaria que o senhor julgasse a validade de nossas outras investigações segundo este modelo".

Alguns dos primeiros leitores desse pequeno semirromance não concordaram com a avaliação de Freud, e ele sentiu-se grato. "O L[eonardo] parece agradar aos companheiros", observou animado em junho de 1910. Agradou de fato, e muito. "Essa análise", escreveu Abraham, acabando de ler o exemplar que Freud lhe enviara, "é tão elegante e perfeita em sua forma que não conheço nada que se possa comparar a ela." Jung foi, se possível, ainda mais lírico. "Leonardo", disse ele a Freud, "é maravilhoso." Havelock Ellis, o primeiro a resenhá-lo, mostrou-se, para a satisfação de Freud, "amigável como sempre". Essa acolhida permitiu a Freud utilizar o "Leonardo" como pedra de toque para separar os íntimos e os de fora; "agrada a todos os amigos", disse ele a Abraham no verão de 1910, "e vai, espero, despertar a aversão de todos os estranhos".

O tom do artigo sobre Leonardo, em si mesmo, é muito menos categórico; é hesitante e empenhadamente modesto. A própria introdução é uma ressalva: a pesquisa psiquiátrica, observou Freud, não tem nenhuma intenção de denegrir os grandes nem de "arrastar o sublime à poeira". Mas Leonardo, "já admirado pelos seus contemporâneos como um dos maiores homens da Renascença italiana", é humano como todo mundo, e "não existe ninguém tão grande para quem seja uma desgraça estar submetido às leis que governam a atividade normal e patológica com igual severidade". No corpo do texto, Freud defendeu a elaboração de uma patografia de Leonardo pelo motivo de que os biógrafos comuns, "fixados" em seus heróis, conseguem apenas apresentar uma "figura fria, estranha, ideal, ao invés do ser humano ao qual poderíamos nos sentir aparentados à distância". Freud garantiu a seus leitores que seu ensaio visava exclusivamente a desvelar os determinantes do "desenvolvimento mental e intelectual" de Leonardo. Se os amigos cultos da psicanálise viessem a acusá-lo de ter "escrito meramente um romance psicanalítico, eu responderia que certamente não superestimo a correção desses resultados".* Afinal, reconheceu Freud, os materiais biográficos confiáveis a respeito de Leonardo eram escassos e incertos. Mais por brinca-

* Ainda em 1931, ele escrevia: "Uma vez ousei abordar um dos realmente grandes, de quem infelizmente sabe-se muito pouco, Leonardo da Vinci. Eu poderia pelo menos tornar provável que *A virgem e o menino, com Sant'Ana*, que o senhor pode visitar diariamente no Louvre, não seria inteligível sem a singular história da infância de Leonardo". (Freud a Max Schiller, 26 de março de 1931. *Briefe*, p. 423.)

deira, ele estava tentando montar um quebra-cabeças onde faltava a maioria das peças e algumas das restantes eram praticamente indecifráveis.

Essas são as telas opacas que Freud ergueu em defesa contra os críticos capciosos. Mas elas não ocultam que o "Leonardo", apesar de suas deduções brilhantes, é uma realização com sérios defeitos. Muitas das provas que Freud utilizou para montar seu retrato são inconclusivas ou viciadas. O esboço do caráter de Leonardo traçado por Freud conserva uma semelhança plausível: Leonardo é o artista que tem eternos problemas em terminar sua obra e que rejeita, nos anos finais de sua vida, a arte em prol da ciência; é o delicado homossexual reprimido que legou ao mundo um dos maiores enigmas da arte, o sorriso da Mona Lisa. Mas qualquer que seja a plausibilidade do retrato de Freud, ela se baseia em razões que não as escolhidas por ele.

O argumento de Freud é perfeitamente claro. Ele propunha encarar Leonardo e sua obra em dois momentos de sua vida: uma experiência adulta e uma lembrança infantil, esta evocada por aquela.* A experiência modeladora que Freud tinha em mente era a da execução do retrato da Mona Lisa, e ele esperava reconstruir e interpretar a lembrança despertada em Leonardo durante as sessões, a partir de todos os materiais que pudesse desvendar. Freud teve sorte, a sorte dos bem preparados; ele descobriu a pista que procurava no imenso atoleiro dos livros de anotações de Leonardo. Nessa volumosa compilação, uma miscelânea de caricaturas, experimentos científicos, desenhos de armas e fortificações, reflexões sobre moral e mitologia, e cálculos financeiros, Leonardo deu atenção à sua infância apenas uma vez, ao meditar sobre o voo dos pássaros. Freud espremeu desse raro achado tudo o que fosse de valor. Leonardo contava um incidente estranho, semelhante a um sonho. "Parece" — assim Freud traduziu a passagem — "que desde o começo eu estava destinado a me ocupar profundamente com o abutre, pois vem-me à mente como uma lembrança muito antiga que, quando eu ainda estava no berço, um abutre desceu até mim, abriu minha boca com sua cauda, e golpeou-me nos lábios várias vezes com sua cauda." Freud estava convencido de que era antes uma fantasia posterior do que uma rememoração literal, uma fantasia que, submetida a um exame adequado, poderia dar acesso à evolução emocional e artística de Leonardo.

Freud despendeu uma boa quantidade de erudição a respeito do pássaro que havia atacado Leonardo em seu berço. No Egito antigo, como Leonardo poderia muito bem saber, o abutre era um hieróglifo que representava a "mãe". E mais, na lenda cristã, também acessível a ele, o abutre é um pássaro apenas feminino; emblema poético do nascimento virginal, ele é fecundado pelo vento. Ora, Leonardo fora uma "criança-abutre que tivera mãe, mas não pai". Esta foi a forma

* Freud esteve seguindo algumas considerações teóricas que desenvolvera, não muito antes, num artigo sobre o devaneio e o escritor de ficção.

poética de Freud para dizer que Leonardo era bastardo. Por isso, conjecturou Freud, Leonardo em sua mais tenra infância havia desfrutado do amor exclusivo e apaixonado de sua mãe abandonada. Tal amor "deve ter sido uma influência das mais decisivas em sua vida interior". Isso significava que, na época em que se fundavam as bases da personalidade de Leonardo, ele não tinha pai:

> A veemência das carícias a que aponta sua fantasia do abutre era absolutamente natural; a pobre mãe abandonada teve de fazer fluir para seu amor materno as carícias desfrutadas bem como seu anelo por novas carícias; foi impelida não só a compensar a si mesma por não ter um marido, mas também ao filho por não ter um pai que quisesse afagá-lo. Assim, como todas as mães insatisfeitas, ela colocou o filhinho no lugar do marido e roubou-lhe uma parcela de masculinidade através do amadurecimento demasiado precoce de seu erotismo.

Assim, inadvertidamente, a mãe de Leonardo montou o quadro para a posterior homossexualidade de seu filho.

Na carta a Jung onde anunciou pela primeira vez que havia solucionado o mistério de Leonardo, Freud acrescentou de modo intrigante, sem dar maiores detalhes: "Recentemente encontrei a imagem dele (sem o seu talento) num neurótico". Era uma das razões pelas quais estava tão confiante de que seria capaz de reconstruir os primeiros anos de Leonardo, praticamente não documentados: a fantasia do abutre, para ele, estava maciçamente recoberta de associações clínicas. Como tivemos oportunidade de observar antes, o divã e a escrivaninha de Freud ficavam muito próximos, tanto física como emocionalmente. Ele não tinha dúvidas de que a lembrança de Leonardo representava simultaneamente o sugar homossexual passivo de um pênis e o feliz sugar infantil no peito materno.

Naturalmente, um princípio familiar da psicanálise, que os pacientes de Freud lhe confirmaram várias vezes, era o de que o emaranhado emocional dos primeiros anos e as paixões da vida adulta estão inevitavelmente interligados. Em particular, "todos os nossos homens homossexuais", observou Freud, haviam apresentado esses importantes elos de maneira praticamente idêntica: "Em sua mais remota infância, mais tarde esquecida", eles tinham vivido "uma intensa afeição erótica por uma figura feminina, quase sempre a mãe, causada e alimentada pela excessiva ternura da própria mãe, ainda mais reforçada pela presença recessiva do pai na vida da criança". Freud apresentou isso como uma etapa preliminar do desenvolvimento homossexual; a ela, seguia-se uma etapa em que "o menino reprime seu amor pela mãe colocando-se em seu lugar, identifica-se com ela e toma a si mesmo como modelo, à semelhança do qual ele escolhe seus novos objetos de amor. Assim", prosseguiu Freud, "ele se tornou homossexual; de fato deslizou de volta para o autoerotismo, visto que os meninos que passam a ser amados pelo garoto em crescimento são, afinal, apenas substitutos e renovações de sua própria pessoa infantil, meninos a quem ele ama como sua mãe o amara quando criança". Em suma, os psicanalistas dizem que "ele encontra seus objetos de amor na via do *narcisismo*, visto que os mitos gregos chamam de Narciso a um jovem a quem nada agradava tanto quanto sua própria imagem especular". Essa frase marca um momento crucial na história da psicanálise: aqui Freud introduziu, pela primeira vez em sua obra, o conceito de narcisismo, um estágio inicial de autoamor erótico que, segundo ele, ocorria entre o autoerotismo primitivo do bebê e o amor objetal da criança em crescimento. O narcisismo logo viria a ocupar um lugar central em seu pensamento.

Para Freud, os primeiros anos de Leonardo sem um pai deviam ter formado sua personalidade. Mas essa personalidade foi igualmente moldada por outra drástica intervenção do mundo adulto. Seu pai se casou logo após o nascimento de Leonardo, e cerca de três anos depois, supôs Freud, ele adotou seu filho e levou-o para morar em sua casa. Assim, Leonardo cresceu com duas mães. Logo depois de 1500, quando veio a pintar Mona Lisa, seu sorriso ambíguo e indistinto recordou-lhe com opressiva nitidez as duas moças amáveis e amorosas que, juntas, haviam presidido à sua infância. A centelha criativa que, saltando entre a experiência e a lembrança, constitui a arte conferiu imortalidade ao retrato da enigmática e sedutora Mona Lisa. Assim, quando Leonardo compôs o trio sagrado, *A virgem e o menino, com Sant'Ana*, ele pintou suas duas mães conforme lembrava ou sentia que haviam sido — ambas com a mesma idade e sutilmente sorrindo com o inefável sorriso de La Gioconda.

Vale a pena repetir que nenhum elemento desse trabalho detetivesco seduziu Freud a ponto de anunciar que havia descoberto o segredo do gênio de Leonardo. Mas acreditava ter alcançado o fio que o conduziria ao núcleo da personalidade de Leonardo. Identificando-se com o pai, o homem que o gerara e depois o abandonara, Leonardo iria tratar seus "filhos" exatamente da mesma maneira: seria apaixonado na criação, impaciente com detalhes tediosos, incapaz de seguir a inspiração até o final. Mas, também se rebelando contra o pai, Leonardo encontraria o caminho para a ciência: assim poderia substituir a obediência à autoridade por uma lealdade superior — a obediência às evidências. Com um murmúrio quase audível de aprovação, Freud citou a "ousada frase [de Leonardo] que contém a justificativa de toda pesquisa livre: '*Quem na luta de opiniões invoca a autoridade trabalha mais com a memória do que com a razão*'". Leonardo sublimara energicamente suas paixões sexuais na paixão pela pesquisa científica independente. Não se pode saber ao certo quando e até que ponto Freud identificou-se com Leonardo, mas, ao citar essa altiva máxima que governa o pesquisador não conformista, ele estava de pleno acordo com seu objeto.

O gosto de Freud por essa experiência na biografia psicanalítica não era totalmente descabido.* Seu mapa esquemático de uma via régia para o homos-

* O historiador da arte Kenneth Clark, não freudiano, aceitou a "bela e creio que profunda interpretação que Freud deu" à tela de Leonardo com o trio sagrado, e concorda com Freud em ver nos rostos das mulheres "a lembrança inconsciente" das duas mães de Leonardo. [Kenneth Clark, *Leonardo da Vinci*: *an account of his development as an artist*, (1939; ed. rev., 1958), p. 137.]

sexualismo — uma ligação edipiana intensa, excessivamente prolongada pela mãe terna, regressão a esse estágio, identificação com a mãe, amor por outros adolescentes do sexo masculino como se fossem ele próprio, o filho bem-amado — conserva todo seu interesse e boa parte de sua validade. Além disso, as observações dispersas de Freud sobre o estratagema defensivo, a que ele chamou de sublimação, continuam sugestivas, mesmo que não consigam resolver a difícil questão sobre como a mente arregimenta energias instintivas para colocá-las a serviço de atividades culturais como a arte ou a ciência. Mas, quando examinado de perto, o tecido delicadamente construído da argumentação de Freud começa a se desfazer. Sua afirmação de que Leonardo mais ou menos inventou a ideia de pintar Sant'Ana como jovem é insustentável, mesmo que a *escolha* de Leonardo pela convenção de mostrar mãe e filha com a mesma idade possa servir como uma pista para sua constituição mental. E ainda, a hipótese de Freud de que o pai de Leonardo levou seu filho para casa apenas depois de um intervalo de cerca de três anos tem sido posta em dúvida por algumas indicações em contrário.*

É bastante vexatório, mas o fio mais frágil do tecido do raciocínio de Freud é a fantasia do abutre. Freud utilizou traduções alemãs dos cadernos de notas de Leonardo, que verteram erroneamente *nibbio* por "abutre", ao invés de "milhafre". Com essa gafe, apontada pela primeira vez em 1923, mas nunca reconhecida por Freud ou qualquer outro psicanalista durante a vida de Freud, a construção mãe-abutre, com todas as suas tremendas implicações, fica desacreditada. O abutre é uma criatura muito amada nos mitos; o milhafre é apenas um pássaro. A narrativa de Leonardo a respeito do pássaro que o atacou, continua a ser uma viva dramatização, talvez evocando a amamentação, um encontro homossexual ou, mais provavelmente, uma fantasia homossexual — ou talvez, ainda, condensando lembranças dos três. Mas a superestrutura que Freud construiu a partir da tradução errônea desfaz-se em pó.

Reunidos, esses lapsos diminuem consideravelmente a autoridade do esboço de personalidade feito por Freud. É bem verdade que ele apresentou apenas modestas pretensões em sua composição predileta. No entanto, embora seja extremamente provável que o erro de tradução que converteu um milhafre num abutre tenha sido notificado a Freud, ele nunca o corrigiu. Ao longo de toda a sua extensa carreira de teórico psicanalítico, Freud se mostrou pronto a rever teorias muito mais importantes e defendidas por longo tempo. Mas não o seu "Leonardo".

* Freud, ao que parece, não levou em consideração um estudo francês sobre Leonardo, que possuía e no qual fez anotações, onde o autor sustentava que o pai de Leonardo tinha levado seu filho ilegítimo para casa no mesmo ano em que se casou. Evidentemente, Freud pode ter rejeitado esse argumento, mas tinha conhecimento dele. (Ver Jack J. Spector, *The aesthetics of Freud: a study in psychoanalysis and art* (1972), p. 58.]

Havia mais de uma razão para a obstinada lealdade de Freud. Sem dúvida, o artigo sobre Leonardo proporcionou-lhe atraentes recompensas profissionais. Ao escrever a Jung sobre o Leonardo "analisado", Freud observou, quase que como numa associação: "Estou me inclinando cada vez mais a prezar as teorias da sexualidade infantil, que aliás tenho tratado de forma criminosamente incompleta". Era um lembrete gratuito a Jung de que Freud não estava disposto a transigir na questão explosiva e divisora da libido. Nessa década de combate, a afirmação de pontos polêmicos, quer se dirigissem a adversários declarados ou a adeptos vacilantes, nunca se afastou do cerne das intenções de Freud.

Mas em Freud havia forças atuantes mais esquivas, menos manifestas: em 2 de dezembro de 1909, um dia depois de apresentar suas pesquisas sobre Leonardo à Sociedade Psicanalítica de Viena, ele escreveu a Jung, com uma mescla de alívio e autocrítica, que não gostara de sua palestra, mas esperava que, agora que havia se libertado dela, sua obsessão lhe daria uma folga. "Obsessão" é uma palavra forte, mas Freud pretendeu dizê-la quase que literalmente. Sem ela, não poderia de forma alguma ter escrito seu romance psicanalítico.

A energia secreta que animava essa obsessão deixou marcas indicativas na correspondência e conduta de Freud durante esses anos. Sua fonte eram as lembranças de Fliess, com quem pensava — erroneamente — ter terminado para sempre. As recordações de seu velho amigo íntimo, agora não mais amigo, obrigaram Freud a explorar uma vez mais sua economia afetiva; elas implicaram um grande e angustioso esforço de autoanálise.* Em dezembro de 1910, ele informou a Ferenczi: "Fliess — o senhor tinha tanta curiosidade a respeito — agora eu superei". E acrescentou imediatamente, numa associação inequívoca: "Adler é um pequeno Fliess ressuscitado, igualmente paranoico. Stekel, um apêndice dele, pelo menos chama-se Wilhelm". Freud via Wilhelm Fliess por toda parte, encarnado em outros. Adler, escreveu ele a Jung, "desperta em mim a lembrança de Fliess, uma oitava abaixo. A mesma paranoia". Quando escreveu isso, já estava trabalhando no caso Schreber, que ilustraria de modo fascinante uma tese que sustentara por algum tempo: o agente elementar na paranoia é a homossexualidade disfarçada. "Meu amigo de outrora, Fliess", havia dito a Jung em 1908, "desenvolveu uma bela paranoia depois que se descartou de sua inclinação, certamente não pequena, por mim." Sempre disposto a transpor os turbilhões privados para a teoria analítica, Freud atribuiu à conduta de Fliess o mérito de conduzi-lo àquela ideia, que seria amplamente confirmada por vários dentre seus pacientes.

Chamar alguém de paranoico, no vocabulário técnico que Freud havia desenvolvido, era, naquela época, chamá-lo de homossexual, pelo menos latente, e eram remanescentes de sentimentos homoeróticos inconscientes que estavam

* "Freud estava expressando [no artigo sobre Leonardo] conclusões que, com todas as probabilidades, tinham sido derivadas de sua autoanálise e, portanto, são de grande importância para o estudo de sua personalidade. Suas cartas da época deixam extremamente claro com que excepcional intensidade ele se lançou a essa investigação específica." (*Jones* II, p. 78.)

aflorando em Freud. Apesar do que pudesse dizer a Jung, Freud estava se esforçando em analisar seus sentimentos por Fliess, mais do que os de Fliess por ele — analisar e assim, se possível, purgá-los. No outono de 1910, evitando as exorbitantes solicitações de intimidade por parte de Ferenczi, Freud advertiu-o que, "desde o caso de Fliess, em cuja superação o senhor acaba de me ver empenhado, essa necessidade desapareceu em mim. Uma certa carga homossexual foi retirada e utilizada para o alargamento do meu próprio ego. Tive sucesso onde o paranoico falha". Conforme insinuou a Jung, Freud não considerava essa "carga homossexual" de forma alguma esmagadora. No final de setembro, numa carta de Roma, ele se queixou de Ferenczi, "um colega muito querido, mas um pouco incomodamente sonhador e infantil em relação a mim", com um excesso de admiração e passividade. "Ele deixou tudo ser feito para ele como se fosse uma mulher, e minha homossexualidade afinal não vai tão longe a ponto de aceitá-lo como tal." Contudo, Freud reconhecia o que certa vez chamou de certo elemento "andrófilo" dentro de si.

Dois anos mais tarde, analisando um de seus discutidos desmaios, ele apresentou um autodiagnóstico igualmente implacável. Como sabemos, em Munique, em novembro de 1912, Freud desmaiou numa pequena reunião privada de psicanalistas, na presença de Jung. Julgou que havia necessidade de uma explicação particularmente urgente, por não ser aquele o primeiro episódio desse gênero. Conforme informou a Ernest Jones, duas vezes antes, em 1906 e em 1908, ele havia "sofrido de sintomas muito parecidos, embora não tão intensos, na *mesma* sala do Park Hotel; em todo caso, tive de deixar a mesa". Então, em 1909, havia desmaiado novamente na presença de Jung, em Bremen, logo antes de embarcar para os Estados Unidos. Refletindo sobre essa história, Freud fez saber a Ferenczi que estava completamente recuperado e tinha "resolvido analiticamente muito bem o acesso de desmaio em Munique". Esses ataques, pensava ele, "apontam para a significação de mortes vivenciadas muito cedo". Estava pensando em seu irmãozinho, que morreu quando Freud tinha menos de dois anos, e cuja morte ele saudou com um maldoso alívio.

Mas logo no dia anterior, ao escrever a Ernest Jones, Freud havia apresentado uma explicação mais abrangente: tinha ficado cansado, dormira pouco, fumara muito, enfrentava a mudança nas cartas de Jung "da ternura para a insolência arrogante". Mais agourento era o fato de que a sala do Park Hotel, onde por três vezes sofrera um acesso de vertigem ou desmaio, guardava uma associação indelével para ele. "Vi Munique pela primeira vez quando visitei Fliess durante sua doença", escreveu ele. "Essa cidade parece ter adquirido uma forte conexão com minha relação com esse homem. Há um elemento de sentimento homossexual incontrolável na raiz da questão." Jones sentia-se suficientemente próximo de Freud para manifestar um interesse considerável pelo "seu ataque em Munique, especialmente", prosseguiu ele com franqueza, "na medida em que eu tinha suspeitado de um elemento homossexual, sendo este o sentido de minha observação, ao me despedir na estação, de que o senhor acharia difícil renunciar a seu sentimento por Jung (querendo dizer que talvez houvesse alguma transferência a ele de afetos mais antigos no senhor)". Freud aceitou prontamente a formulação de Jones: "O senhor está certo em supor que eu havia transferido a Jung sentimentos homossex[uais] de outra parte, mas estou contente em descobrir que não tenho dificuldades em removê-los para uma livre circulação. Teremos uma boa conversa sobre este assunto". Algumas das emoções que Jung despertava, como Freud viu com justeza, tinham sido emprestadas "de outra parte": Jung, como Adler antes dele, era Fliess ressuscitado. Vale notar que a visita de Freud a Fliess enfermo em Munique, a qual instaurou essa cadeia de lembranças, havia ocorrido quase duas décadas antes, em 1894. Os sentimentos de Freud em relação a Fliess, eram, de fato, muito persistentes.

Eram também, como costumam ser os sentimentos eróticos, ambíguos. Logo em seguida, reexaminando o episódio com Binswanger, Freud reiterou que "sentimentos suprimidos, desta vez contra Jung, como anteriormente contra um predecessor seu, naturalmente desempenham o papel principal". Como suas recordações continuavam a atormentá-lo, os únicos sentimentos que Freud agora poderia invocar em relação a Fliess, ou seus substitutos posteriores, eram a antítese radical do afeto que dedicara com tanta prodigalidade a seu Outro berlinense. Com a mente já exasperada pela conduta de Adler e Stekel, Freud sentia-se assediado pelo que interpretava como desejos de morte por parte de Jung contra ele e pelo reavivamento de seus próprios desejos de morte contra seu irmão mais novo. Mas, por trás de todos esses sentimentos, estava aquela completa ruína, impossível de ser facilmente ignorada ou rapidamente liquidada: seus antigos sentimentos apaixonados por — e contra — Fliess.

Era estranho: Fliess continuava a entrar de novo na vida de Freud nos momentos mais assombrosos. Em 1911, Freud explicou uma de suas dores de cabeça mais avassaladoras recorrendo a uma periodização que aprendera com Fliess, contando desde o dia de seu aniversário até o início da dor: "Desde 29 de maio (6 de maio + 23), tenho estado muito abatido com uma séria enxaqueca". Mais de um ano depois, preocupado com Jung, Freud viu-se novamente recorrendo à sua história passada: "Acabei de voltar de 'Don Giovanni'", contou a Ferenczi. No segundo ato, durante a ceia festiva do Don, a banda alugada toca um trecho de uma ária das *Bodas de Fígaro* de Mozart, e Leporello observa: "Essa música me parece muito familiar". Freud achou "uma boa aplicação à situação atual. Sim, essa música também me parece muito familiar. Eu já tinha vivido tudo isso antes de 1906" — isto é, com Fliess, nos últimos anos tempestuosos de amizade entre eles: "as mesmas objeções, as mesmas profecias, as mesmas declarações das quais agora me livrei". Seria dar excessivo crédito aos sentimentos inconscientes de Freud, principalmente seus sentimentos reprimidos em relação a Fliess, se os responsabilizássemos inteiramente pelos seus artigos sobre Leonardo e Schreber. Certamente, o acúmulo casual de pacientes paranoicos intrigantes em busca de tratamento contribuiu para dar um foco a seus interesses clínicos e teóricos por volta de 1910. Tampouco o fato de Freud recorrer aos empréstimos de sua autoanálise de forma alguma compromete o valor científico de suas descobertas. Ao proclamar que havia superado Fliess e ao mostrar que não o superara, Freud explorou seu inconsciente com bons resultados. Tinha sido absolutamente sério quando disse a Jung, no início de 1908, comentando sobre o que gostava de chamar de paranoia de Fliess: "Deve-se procurar aprender alguma coisa de tudo". E *tudo* incluía ele próprio.

Enquanto lia as provas do "Leonardo" no princípio da primavera de 1910, Freud estava começando a refletir sobre um novo caso, que dificilmente poderia ser considerado menos singular: o do ilustre jurista saxão e admirável paranoico Daniel Paul Schreber. Emocionalmente, cronologicamente e sob outros aspectos, o artigo de Freud sobre Schreber compõe um par complementar do "Leonardo". Freud nunca viu nenhum desses dois "analisandos"; para Leonardo, ele tinha anotações e quadros, para Schreber nada mais que memórias autobiográficas. Como Leonardo, Schreber era homossexual, de modo que Freud poderia continuar a lidar com um tema que o preocupou profundamente durante esses anos. Também como Leonardo, Schreber foi fonte de verdadeiro prazer. Afetuosamente, Freud considerava Schreber "maravilhoso", e gracejava dizendo que ele "devia ter sido nomeado professor de psiquiatria e diretor de um hospital para doentes mentais".

Quando Freud se deparou com Schreber, já vinha pensando sobre a paranoia havia mais de dois anos. Em fevereiro de 1908, dissera a Ferenczi que havia acabado de ver uma paciente afetada por uma paranoia "madura". Freud achava que ela se encontrava "provavelmente além dos limites da influência terap[êutica]", mas sentia-se autorizado a tomá-la em tratamento: "Em todo caso, pode-se aprender com ela".* Seis semanas depois, discutindo o caso da mesma paciente, ele reafirmou seu credo científico num simultâneo engajamento e distanciamento. Não via nenhuma perspectiva de bons resultados terapêuticos, "mas precisamos dessas análises para finalmente chegar a uma compreensão de todas as neuroses". O instigante mistério da paranoia o absorvia. "Ainda sabemos muito pouco sobre isso", disse a Ferenczi na primavera de 1909, "e precisamos reunir material e aprender."** Essas injunções reforçam de modo convincente a sólida autoavaliação de Freud, ao se ver como um pesquisador mais interessado na ciência do que na cura. No outono desse mesmo ano, Freud informou a Abraham que

* Em algum momento de abril de 1907, Freud havia escrito a Jung uma espécie de memorando (que lembrava os memorandos que costumava enviar a Fliess nos anos 1890) sobre a paranoia; ali, ainda não se deteve sobre o componente homossexual do distúrbio. [Ver *Freud-Jung*, pp. 41-4 (38-40).]

** Ao escrever sobre a formação de símbolos nos sonhos, área específica de Stekel, de quem Freud passara a desconfiar, ele observou em 1911 que era "um assunto obscuro... Teremos de observar e coletar por muito tempo". [Freud a Ferenczi, 5 de junho de 1911. Freud-Ferenczi Correspondence, Freud Collection, LC.]

estava no meio do "trabalho mais denso" e tinha "penetrado um pouco mais fundo na paranoia". Naquela época, o caso Schreber se convertera numa outra obsessão de Freud, igualando-se à obsessão anterior com Leonardo.

Com sintomas fantásticos, que mostravam com impressionante clareza os efeitos devastadores de sua psicose, Schreber era perfeitamente adequado para provocar tais intensas reações. Nascido em 1842, filho de Daniel Gottlob Moritz Schreber, médico ortopedista, escritor prolífico e conhecido reformador pedagógico, ele havia realizado uma carreira admirável como funcionário público no sistema judiciário saxônico e, posteriormente, como juiz. Em outubro de 1884, concorreu ao Reichstag como candidato único dos partidos Conservador e Liberal Nacional, que representavam a lei e a ordem bismarckiana, mas foi estrondosamente derrotado por um social-democrata que era o grande favorito local. Seu primeiro colapso mental, que, como os outros, ele atribuiu a uma sobrecarga de trabalho, ocorreu logo após sua derrota. Começou a sofrer de delírios hipocondríacos e passou algumas semanas num hospital de doenças mentais; em dezembro, estava internado na Clínica Psiquiátrica de Leipzig. Mas recebeu alta, tido como curado, em junho de 1885, e foi nomeado para a magistratura no ano seguinte. Em 1893, sendo claramente um homem de comprovada competência, havia chegado ao tribunal supremo da Saxônia, onde era um dos juízes-presidentes. Mas ele começou a se queixar de insônia, tentou o suicídio, e no final de novembro estava de volta, uma vez mais, à clínica de Leipzig, onde se tratara cerca de nove anos antes. Foi essa segunda doença mental, mais duradoura, que se prolongou até 1902, que ele descreveu em vívidos detalhes num volumoso memorando, as *Memórias de um doente dos nervos*, publicado em livro no ano seguinte. Um último episódio, que novamente exigiu internamento, sombreou os últimos anos de Schreber. Ao morrer em abril de 1911, seu caso clínico redigido por Freud estava no prelo, em fase de provas.

Freud levou consigo para a Itália, no verão de 1910, as *Memórias* do maravilhoso Schreber — o único material que tinha. Trabalhou no caso em Roma e continuou ao voltar a Viena, durante todo o outono. Entre os "pacientes" cujas histórias Freud considerava dignas de registro, Daniel Paul Schreber ostentava os sintomas mais espetaculares. Paranoico de dimensões heroicas, ele era, como as *Memórias* mostram à suficiência, um comentador lúcido de sua própria condição e defensor eloquente de sua causa: havia escrito essa volumosa apologia para obter sua liberação do hospital de alienados onde se encontrava confinado. Seus primeiros leitores entre os psiquiatras, principalmente Bleuler e Freud, examinaram esse apelo à liberdade, eloquente, pormenorizado, barroco, lógico pela lógica da insanidade, em busca de elementos que atestassem uma mente perturbada. Schreber não passava de um livro para seu psicanalista, mas Freud achava que poderia aprender a lê-lo.

A preocupação um tanto maníaca de Freud por Schreber sugere algum interesse oculto a movê-lo: Fliess. Mas Freud não estava simplesmente à mercê de suas lembranças; estava trabalhando bastante e extraía de Schreber uma boa dose de alívio cômico, chegando a espalhar em suas cartas íntimas neologismos retirados do livro de Schreber. Eram os famosos schreberismos, neologismos fantásticos — "contatos dos nervos", "assassinato da alma", ser "miraculado" —, imaginosos, evocativos e extremamente citáveis. Os missivistas de Freud aproveitavam a deixa e respondiam na mesma moeda; o vocabulário de Schreber tornou-se uma espécie de taquigrafia entre o grupo, outros tantos sinais de reconhecimento e intimidade. Freud, Jung, Abraham e Ferenczi empregavam alegremente o "assassinato da alma" e as outras preciosidades de Schreber.

Contudo, o trabalho de Freud acerca de Schreber não era isento de angústia. Estava em meio à sua dolorosa luta com Adler, que, disse a Jung, custava-lhe um preço tão alto "porque abriu as feridas do caso Fliess". Adler havia "conturbado o sentimento de outra forma calmo durante meu trabalho sobre a paranoia" — o artigo sobre Schreber. "Desta vez não tenho certeza até que ponto tenho conseguido mantê-lo livre de meus próprios complexos." Sua suspeita de que havia algumas ligações subterrâneas era totalmente justificada, embora não fossem exatamente as imaginadas por Freud. Ele culpava suas lembranças de Fliess por interferirem no trabalho sobre Schreber, mas elas também constituíam uma razão para sua intensa dedicação ao caso. Estudar Schreber era lembrar Fliess, mas lembrar Fliess também era entender Schreber. Não tinham sido ambos, pensava Freud, vítimas da paranoia? Era, sem dúvida, uma leitura altamente tendenciosa da história mental de Fliess. Mas, justificadamente ou não, Freud utilizou o caso Schreber para voltar a abordar e trabalhar o que ele chamava (em amistoso respeito por Jung, que inventara o termo) de seus "complexos".

Jung, que posteriormente alegou ter chamado a atenção de Freud para Schreber, de início saudou o artigo como "delicioso e hilariante" e "brilhantemente escrito". Mas isso foi no começo de 1911, quando Jung ainda se declarava filho fiel de Freud. Mais tarde, Jung se declararia profundamente insatisfeito com a leitura de Freud a respeito de Schreber. Não admira: o caso clínico de Schreber, redigido por Freud, reforçava as teorias psicanalíticas, principalmente as relativas à sexualidade, e assim, como antes o artigo sobre Leonardo, constituía uma crítica implícita ao nascente sistema psicológico de Jung. "Aquela passagem em sua análise de Schreber, onde o senhor toca no problema da libido", escreveu Jung a Freud no final de 1911, era um dos "pontos onde um dos meus caminhos mentais cruza com um dos seus." Um mês depois, Jung apresentou suas preocupações de modo mais claro: o caso Schreber havia despertado "um eco estrondoso" nele, revivendo todas as suas velhas dúvidas sobre a pertinência da teoria da libido de Freud para os psicóticos.

Em suas *Memórias*, Schreber elaborou uma ambiciosa teoria do universo, completada por uma intricada teologia, e atribuiu a si próprio uma missão messiânica que exigia uma mudança de sexo. Deus em pessoa, ao que parecia, o inspirara em sua obra. Com uma rara franqueza, que Freud julgou digna de nota, Schreber não negava seus delírios, e o tribunal que restituiu a liberdade a Schreber resumiu-os como algo muito natural: "Ele se julga chamado a redimir o mundo e a devolvê-lo à sua bem-aventurança perdida" (estado mental que Freud identificou explicitamente com sentimentos voluptuosos). "Mas só poderia fazê-lo depois de ter se transformado de homem em mulher." Qualquer graça que se pudesse extrair de um programa tão curioso se apagava com os sofrimentos dolorosos de Schreber. Há algo um pouco insensível na troca de schreberismos cômicos entre Freud e seus missivistas; Schreber havia passado por uma pavorosa angústia mental. Era atormentado por angústias assustadoras em relação à saúde, por medonhos sintomas físicos, pelo medo pânico de morrer e ser torturado. Às vezes, sentia estar vivendo sem partes essenciais do corpo, que tinham de lhe ser constantemente recuperadas através de milagres. Era afligido por angustiantes alucinações auditivas: vozes caçoavam dele, chamando-o de "*senhorita* Schreber", ou manifestavam surpresa por ele alegar ser um alto magistrado, "que se deixa f.....".* Às vezes passava horas num estupor; muitas vezes ansiava pela morte. Tinha visões misteriosas, tratava com Deus e com demônios. Delírios persecutórios, sintoma clássico da paranoia, também o atormentavam: o dr. Flechsig, seu ex-médico na Clínica Psiquiátrica de Leipzig, era quem, mais do que qualquer outro, perseguia-o furtivamente — Flechsig era o "assassino da alma" de Schreber. Mas, além disso, todos, inclusive Deus, conspiravam contra ele. O Deus ideado por Schreber era muito peculiar, tão limitado quanto um ser humano exigente e extremamente imperfeito. Ele não entendia os seres humanos, considerava Schreber um idiota e instigava-o a evacuar, perguntando-lhe constantemente: "Por que você não c...?".

Freud não perdeu as magníficas oportunidades de interpretação que lhe eram oferecidas por cada página das *Memórias*. A franca sensualidade anal e genital de Schreber, seus sugestivos neologismos, sua transparente feminilidade eram pistas extremamente claras sobre as operações de sua mente. Durante décadas, Freud se convencera de que as ideias mais loucas dos psicóticos mais regredidos constituem mensagens racionais à sua própria maneira retorcida. De acordo com tal convicção, Freud preferiu traduzir, ao invés de descartar as confidências de Schreber. Leu seu sistema do mundo como um conjunto coerente de transfigurações destinadas a tornar suportável o insuportável: Schreber havia investido seus inimigos, fosse o dr. Flechsig ou Deus, com um tal poder maligno por terem sido muito importantes para ele. Em suma, Schreber viera a odiá-los tão profundamente porque assim amara antes; a paranoia, para Freud, era a doença mental que ostentava com inigualável vivacidade as defesas psicológicas da inversão e ainda mais, da projeção.** O "núcleo do conflito na paranoia de um ho-

* Freud reprovou a atitude "envergonhada" dos editores do *Denkwürdigkeiten* de Schreber, que não podiam se decidir a colocar "foder", como tampouco mais tarde colocariam "cagar" por extenso. [Ver "Schreber", *GW* VIII, p. 252n/*SE* XII, p. 20n.]

** A projeção é a operação de expelir sentimentos ou desejos que o indivíduo considera tomem", como Freud afirmou em seu caso clínico, é uma "fantasia de desejo homossexual de amar um homem". O paranoico transforma a declaração "eu o amo" em seu oposto, "eu o odeio": é a inversão. A seguir declara "eu o odeio porque ele me persegue": é a projeção. Freud não se considerava paranoico; havia conseguido, como disse a Ferenczi, pôr suas emoções homoeróticas a serviço de seu ego. Mas a espetacular transformação de amor em ódio por parte de Schreber, sentia Freud, tinha uma certa aplicação silenciosa a si próprio.

O caso clínico de Schreber, porém, assim como os estudos anexos de Freud sobre a paranoia não eram autobiografia, mas um trabalho científico. Como atestam amplamente as cartas de Freud durante esses anos, ele insistia que sua audaciosa construção sobre o funcionamento da paranoia exigia um volume muito maior de trabalho empírico com pacientes paranoicos, antes de poder ser confirmada. Mas sua hipótese geral, confiava Freud, resumia corretamente a sequência decisiva. Segundo o esquema de Freud, o paranoico reconstrói o mundo a fim, quase literalmente, de sobreviver. Essa reconstrução, um trabalho desesperadamente árduo, inclui uma regressão ao narcisismo, o estágio relativamente primitivo da sexualidade infantil para o qual Freud chamara a atenção alguns meses antes, no artigo sobre Leonardo da Vinci. Agora arriscava-se a esboçá-lo de maneira um pouco mais completa. Tendo atravessado o estágio inicial do desenvolvimento erótico, um autoerotismo difuso, a criança concentra seus impulsos sexuais para assegurar um objeto de amor. Mas a criança começa por escolher a si mesma, a seu próprio corpo como objeto, antes de procurar outro alguém para amar.

Freud estava começando a considerar esse estágio narcisista intermediário como um passo essencial no caminho para o amor heterossexual adulto. Como veio a afirmar, os passos principais incluem a fase oral primitiva, seguida pela fase anal, a fálica e, posteriormente, a genital. O caminho é longo, às vezes intransponível; ao que parece, muitas pessoas nunca conseguem se libertar totalmente de seu autoenvolvimento narcisista infantil e trazem-no para sua vida amorosa posterior. Essas pessoas — e Freud chamou particularmente a atenção para elas — podem escolher seus próprios órgãos genitais como objeto de amor, e depois passam a amar outras dotadas de órgãos genitais iguais aos seus. Essa fixação narcisista, como Freud a denominou, contribui para uma homossexualidade declarada na vida adulta ou para a sublimação das tendências homossexuais em amizades apaixonadas ou, num palco mais amplo, no amor pela humanidade. O caminho para o amadurecimento é não só longo e talvez intransponível, como também tortuoso, às vezes voltando-se sobre si mesmo: aqueles cujo desenvolvi-

talmente inaceitáveis — demasiado vergonhosos, demasiado obscenos, demasiado perigosos —, atribuindo-os a outrem. É um mecanismo acentuado, por exemplo, em antissemitas, que acham necessário transferir sentimentos pessoais que consideram baixos ou sujos para o judeu, e então "detectam" esses sentimentos nele. É uma das defesas mais primitivas, facilmente observável no comportamento normal, embora muito menos acentuada do que entre neuróticos e psicóticos.

mento sexual tomou a direção homoerótica podem ser inundados por ondas de excitação erótica, e então se sentirão compelidos a recuar para um estágio anterior, que creem mais seguro, de integração sexual — o narcisismo.

O psicanalista vê os exemplos mais dramáticos de tal regressão defensiva nos paranoicos. Eles tentam se proteger distorcendo grosseiramente suas percepções e sentimentos com toda sorte de fantasias extravagantes. Schreber, por exemplo, era perseguido pela visão de que o fim do mundo estava próximo. Freud sustentava que tais fantasias assustadoras não são absolutamente raras nos atingidos pela paranoia; tendo retraído seu amor pelos outros, e pelo mundo como um todo, eles projetam sua "catástrofe interior" para fora e convencem-se de que a ruína universal é iminente. Sua grande obra de reconstrução inicia-se neste ponto: estando o mundo destruído, "o paranoico o constrói novamente, de fato não mais maravilhoso, mas pelo menos de molde a que possa viver de novo nele". Com efeito, "*o que consideramos como produção patológica, formação delirante, na realidade é a tentativa de recuperação, a reconstrução*".

O mapa do processo paranoico esboçado por Freud com base num único documento foi um brilhante *tour de force*. Suas grandes linhas foram ligeiramente retocadas por pesquisas posteriores, mas sua autoridade mantém-se basicamente intacta. Freud demonstrou no caso Schreber, com uma clareza sem precedentes, como a mente emprega suas defesas, que caminhos a regressão pode seguir e que custos pode impor a ambivalência. Alguns dos símbolos, conexões e transformações que Freud detectou em Schreber tornaram-se óbvios depois que ele os destacou: o Sol, sobre o qual Schreber desenvolveu vívidas fantasias, simbolizando seu pai, a identificação muito similar do dr. Flechsig — e, ainda mais significativamente, de Deus — com o pai de Schreber, que também tinha sido médico, a intrigante articulação entre religiosidade e lascívia num homem que, durante a maior parte de sua vida, fora irreligioso e puritano, e sobretudo a metamorfose do amor em ódio. A história de Schreber segundo Freud talvez tenha proporcionado aos seus leitores tanto prazer intelectual quanto a seu autor.

Tendo identificado a infância como o terreno crítico para a formação de conflitos psicológicos, Freud tentou se informar, um pouco friamente, sobre o ambiente em que o jovem Schreber havia crescido. Estava ciente de que tais informações adicionais poderiam ser realmente úteis, pois as *Memórias* de Schreber tinham sido expurgadas pela sua família. "Assim terei que me satisfazer", escreveu Freud com evidente insatisfação, "se conseguir deduzir com alguma certeza o núcleo de sua formação delirante a partir de motivos humanos familiares." Ele pediu ao dr. Arnold Stegmann, um de seus adeptos alemães, que vivia não muito longe do distrito de Schreber, para "trazer à luz todos os tipos de dados pessoais sobre o velho Schreber. O quanto direi sobre essas coisas em público vai depender dessas pesquisas". Os resultados das indagações de Stegmann não devem ter sido grande coisa, pois, no caso clínico que publicou, Freud seguiu rente ao texto oferecido pelo seu analisando desconhecido. Em sua correspondência, porém, Freud arriscou-se a algumas especulações. "O que o senhor pensaria", perguntou retoricamente a Ferenczi, tomando de empréstimo, em zombaria, a linguagem de Schreber, "se o velho doutor Schreber tivesse realizado 'milagres' como médico? Mas, afora isso, seria um tirano doméstico que gritava com o filho 'e entendia-o tão pouco quanto o Deus inferior' de nossos paranoicos?" E acrescentou que acolheria de bom grado contribuições para suas interpretações de Schreber.

Era uma boa hipótese, mas infelizmente, na falta de informações confiáveis, Freud não prosseguiu nessa direção. Nem sequer examinou os textos publicados do "velho doutor", que se lhe mostrariam tão reveladores quanto tinham sido populares em sua época. Freud não precisava pesquisar para saber que os folhetos do dr. Schreber tinham transformado seu nome em chavão. Schreber pai adquirira fama nacional por pregar "a criação harmoniosa dos jovens" e por ser "o fundador da ginástica terapêutica na Alemanha". Durante alguns anos, ele dirigiu uma respeitável clínica ortopédica em Leipzig, mas era mais conhecido como o enérgico defensor do que veio a ser chamado de *Schrebergärten*, pequenos terrenos reservados pelas municipalidades, para permitir que os citadinos nostálgicos cultivassem pessoalmente uma horta, algumas árvores de frutas ou simplesmente um pouco de pacífico espaço verde.

A dedução da formação da personalidade de Schreber filho a partir das riquezas psicológicas ocultas nos textos de seu pai teria trazido uma poderosa confirmação à tese, havia muito tempo sustentada por Freud, de que a mente aplica uma extraordinária engenhosidade para tecer representações mentais a partir de materiais coletados no mundo exterior. O contato com as monografias de Schreber pai teria permitido a Freud que acrescentasse algumas nuances à análise direta de seu curiosíssimo paranoico. Tal como foi, por quaisquer que fossem as razões, Freud contentou-se em reconstruir os melancólicos esforços de Schreber em recuperar sua serenidade mental estilhaçada como trabalho de um bom filho, amando seu pai com um amor homossexual inaceitável; com efeito, Freud atribuiu a recuperação parcial de Schreber justamente ao fato de que seu "complexo paterno" tinha uma "coloração essencialmente positiva".

O fato de Freud ter deixado de entender o caráter do dr. Daniel Gottlob Moritz Schreber, e de seguir o palpite de que podia ter sido um tirano doméstico, era perfeitamente compreensível. Schreber pai parecia um homem excelente. "Um tal pai certamente não era impróprio para ser transfigurado num deus, na terna recordação de seu filho." O que Freud não sabia é que esse genitor digno e admirável foi mais ou menos indiretamente responsável por alguns dos mais agudos tormentos pelos quais seu filho teve de passar. Em suas *Memórias*, o filho contou sobre uma terrível *Kopfzusammenschnürungsmaschine*, uma máquina que prendia sua cabeça. Embora fosse um elemento integrante de seu sistema delirante, era uma versão distorcida de um endireitador mecânico da cabeça, que Moritz Schreber havia utilizado para melhorar a postura de seus filhos, inclusive de Daniel Paul. Embora sejam escassos os detalhes precisos acerca da vida familiar dos Schreber, não há dúvidas de que Daniel Paul Schreber construiu uma boa parte de seu mundo bizarro de torturas mecânicas a partir das máquinas a que fora submetido quando menino. É difícil avaliar as consequências dessa descoberta. O diagnóstico essencial de Freud mantém-se inquestionável. Mas, oculto por trás do amor que, julgava Freud, Schreber nutria por seu excelente pai, parece ter existido um reservatório de ressentimento mudo e ódio impotente que alimentaram seu sofrimento e sua raiva. Suas construções paranoicas eram caricaturas de queixas realistas. Uma investigação mais completa teria tornado Schreber ainda mais fascinante do que Freud o fez.

EM CAUSA PRÓPRIA: A POLÍTICA DO HOMEM DOS LOBOS

Na época em que Freud concluiu sua narrativa sobre Schreber, em dezembro de 1910, fazia quase um ano que estava analisando o Homem dos Lobos, que viria a seu paciente mais notável. Quando Sergei Pankejeff, um jovem aristocrata russo, rico e bem-apessoado, apresentou-se a Freud, estava num estado psicológico lastimável; parecia ter passado da neurose para um emaranhado de sintomas incapacitadores.* Viajando em grande estilo com seu médico e acompanhante particular, passara por um tratamento após o outro, consultara sucessivamente caros especialistas, sem nenhum resultado. Sua saúde se arruinara após uma infecção gonorreica aos dezessete anos, e agora, como Freud o avaliou, estava "inteiramente dependente", incapaz de cuidar de si próprio — *existenzunfähig*.

Freud, sem dúvida, sentiu-se particularmente estimulado em aceitar esse caso desesperado ao saber que dois eminentes médicos que considerava como seus inimigos, Theodor Ziehen em Berlim e Emil Kraepelin em Munique, haviam desistido desse interessante jovem. Depois de alguns anos de interesse bem-intencionado, mas um tanto confuso pela psicanálise, Ziehen, então chefe da psiquiatria no famoso hospital de Charité em Berlim, convertera-se num dos mais vociferantes detratores de Freud. Kraepelin, ainda mais importante do que Ziehen por trazer ordem à nosologia psiquiátrica, em larga medida ignorava Freud, quando não o difamava por ideias que este não mais sustentava. Pelo menos até assumir sua cátedra em Berlim, Ziehen havia se baseado nos textos de Freud e Breuer de meados da década de 1890, em seus comentários favoráveis sobre a arte da escuta psiquiátrica e a "ab-reação" dos sentimentos do paciente, mas Kraepelin nunca encontrou nada de valor nas ideias ou nos métodos clínicos de Freud. Esses dois especialistas estavam entre os representantes mais destacados da psiquiatria acadêmica alemã, na época em

* Como em outros casos, analistas posteriores que voltaram ao material de estudo que lhes foi legado por Freud vieram a considerar o Homem dos Lobos como um caso de distúrbios mais profundos do que poderia sugerir o termo diagnóstico de Freud, "neurose".

que Freud estava assentando e elaborando seu sistema teórico. Mas não podiam ajudar o Homem dos Lobos.

Freud achou que ele talvez pudesse. "De acordo com seu magnífico conselho de me conceder algum descanso", informou ele a Ferenczi em fevereiro de 1910, "eu — aceitei um novo paciente de Odessa, um russo muito rico com sentimentos compulsivos." Depois de atendê-lo por algum tempo numa clínica, Freud, ao conseguir uma vaga em sua agenda normal, convidou-o a se tornar um de seus pacientes na Berggasse 19. Foi onde o Homem dos Lobos veio a descobrir a calma e a benéfica quietude do consultório de Freud e, em Freud, um ouvinte atento e compreensivo que finalmente oferecia uma esperança de recuperação.

O caso clínico do Homem dos Lobos faz parte da série de artigos que também incluem os textos de Freud sobre Schreber e Leonardo. Todos pretendiam ser contribuições clínicas e teóricas, mas ao mesmo tempo, quaisquer que fossem seus méritos e defeitos enquanto literatura psicanalítica, também serviam como agentes a favor de sua própria causa. Freud esperava que seu relato clínico sobre o Homem dos Lobos lhe fosse de auxílio tão eficiente quanto os anteriores, principalmente para enfrentar a discordância pública, mais do que as divergências internas. Como observou incisivamente na primeira página, Freud havia escrito o artigo para combater as "reinterpretações retorcidas" de Jung e Adler sobre as verdades psicanalíticas. Não foi por acaso que o escreveu no outono de 1914; ele considerava esse caso clínico como complemento de sua "História do movimento psicanalítico", o toque de reunir para os fiéis que publicara no começo do mesmo ano.

Freud exibiu suas intenções agressivas na própria escolha do título: "História de uma neurose infantil". Afinal, observou ele, Jung tinha optado por destacar "a atualidade e a repressão, e Adler motivos egoístas", forma abreviada de dizer que, para Jung, a rememoração da sexualidade infantil é uma fantasia posterior projetada retrospectivamente, ao passo que para Adler os primeiros impulsos aparentemente eróticos não são de natureza sexual, e sim agressiva. Mas, insistiu Freud, o que esses homens consideravam errado "é precisamente o que é novo na psicanálise e pertence especificamente a ela". Ao deixar de lado as ideias de Freud, Jung e Adler puderam facilmente rejeitar "os avanços revolucionários da incômoda psicanálise". Foi por isso que Freud preferiu se concentrar na neurose infantil do Homem dos Lobos, ao invés de optar pela condição praticamente psicótica do russo de 23 anos que veio consultá-lo em fevereiro de 1910, quando dava os últimos retoques no "Leonardo".

O Homem dos Lobos pareceu a Freud um paciente idealmente adequado para expor suas teorias "incômodas", isentas de concessões covardes. Se tivesse publicado imediatamente o caso, ele o teria utilizado em sua campanha para esclarecer o que o distinguia de Jung e Adler. Mas o curso dos acontecimentos frustrou seus planos; o relatório sobre o caso tornou-se uma vítima da Primeira Guerra Mundial, que praticamente reduziu as publicações psicanalíticas ao silêncio. Quando o artigo finalmente foi editado em 1918; a necessidade de confirmação clínica já não era mais tão urgente. Mas Freud nunca deixou de ter grande apreço pelo caso, e é fácil ver o motivo. O turbilhão psicológico que agitava seu paciente parecia potencialmente tão esclarecedor que Freud publicou intrigantes fragmentos enquanto a análise ainda se encontrava em andamento, e pediu a outros analistas que lhe fornecessem material que pudesse lançar luz sobre experiências sexuais iniciais, pertinentes ao caso de seu admirável paciente.

O caso ressoava com ecos de histórias anteriores de Freud. Como Dora, o Homem dos Lobos forneceu a chave para sua neurose sob a forma de um sonho. Como o Pequeno Hans, ele havia sofrido de uma fobia animal em sua primeira infância. Como o Homem dos Ratos, foi por um tempo levado a cerimônias obsessivas e ruminações neuróticas. O Homem dos Lobos dava a alguns dos interesses teóricos recentes de Freud, como as teorias sexuais das crianças ou o desenvolvimento da estrutura do caráter, a autoridade da experiência vivida. E, no entanto, embora a análise do Homem dos Lobos resumisse boa parte do trabalho que Freud vinha fazendo antes de encontrá-lo pela primeira vez em 1910, ela também foi profética; apontava para o trabalho que ele iria realizar, após sua conclusão quatro anos depois.

A análise se iniciou de modo bastante dramático. Freud informou confidencialmente a Ferenczi, após a primeira sessão, que seu novo paciente "me confessou as seguintes transferências: vigarista judeu, ele gostaria de me usar por trás e cagar na minha cabeça". Um caso claramente promissor, mas provavelmente difícil. De fato, a história emocional que Freud extraiu dolorosamente do Homem dos Lobos era uma dilacerante narrativa de estímulos sexuais precoces, angústias devastadoras, preferências eróticas especializadas e uma neurose obsessiva que havia toldado sua infância. Quando ele tinha pouco mais de três anos, sua irmã o iniciara em brincadeiras sexuais, mexendo com seu pênis. Ela era dois anos mais velha, uma menina voluntariosa, sensual e desinibida a quem ele admirava e invejava. Mas, vendo-a mais como uma rival do que como companheira de brincadeiras eróticas infantis, ele resistira a ela e procurou, ao invés, seduzir sua amada babá, sua Nanya, exibindo-se diante dela e se masturbando. Nanya captou o significado dessa exibição primitiva e advertiu-o solenemente de que as crianças que faziam tais coisas ficavam com uma "ferida" nesse lugar. Sua ameaça velada levou algum tempo para surtir efeito, como costuma ocorrer com tais ameaças, mas depois de ter observado a irmã e uma amiga enquanto urinavam, assim confirmando para si próprio que algumas pessoas não têm pênis, ele começou a ficar preocupado com a castração.

Aterrorizado, o pequeno Homem dos Lobos recuou para uma fase anterior de desenvolvimento sexual, ao masoquismo e ao sadismo anal. Torturava cruelmente borboletas, e torturava a si próprio de modo não menos cruel, com fantasias masturbatórias de espancamento, medonhas mas excitantes. Tendo sido rejeitado por sua Nanya, agora escolheu, de maneira autenticamente narcisista, seu pai como objeto sexual; ansiava ser espancado por ele, e, entregando-se a acessos de gritarias, provocava — ou melhor, seduzia — seu pai para lhe ministrar castigos físicos. Sua personalidade mudou, e seu famoso sonho com os lobos silenciosos, que se tornou o centro de sua análise com Freud, veio logo a seguir, pouco antes de completar quatro anos. Ele sonhou que era de noite e estava em sua cama, que ficava (como na vida real) de frente para a janela. De repente, a janela se abriu, aparentemente por si só, e o sonhador aterrado notou que havia seis ou sete lobos sentados nos galhos de uma grande nogueira. Eles eram brancos, e mais pareciam raposas ou cães pastores, com caudas compridas como de raposa e orelhas alertas e empinadas. "Com grande angústia, evidentemente de ser comido pelos lobos, gritei e acordei" — acordou, registrou Freud, em estado de angústia. Seis meses depois, eclodira sua neurose de angústia plenamente desenvolvida, a par de uma fobia animal. Ele tentava se distrair com charadas religiosas infantis, praticava compulsivamente uma série de rituais, sofria acessos de raiva furiosa e lutava com sua sensualidade juvenil, na qual os desejos homossexuais desempenhavam um papel em larga medida invisível.

Esses episódios traumáticos da infância abriram caminho para o comportamento sexual neurótico do Homem dos Lobos. Algumas consequências dessas experiências amedrontadoras, obedecendo ao que os psicanalistas chamam de princípio da ação retardada, emergiram como sérias dificuldades psicológicas apenas muito tempo depois, no início da puberdade; não viveu os episódios como traumas até que sua organização mental estivesse, por assim dizer, pronta para eles. Mas de certa forma moldaram suas preferências amorosas: sua busca compulsiva de mulheres com nádegas grandes que pudessem satisfazer seu desejo de relações sexuais por trás, sua necessidade de degradar seus objetos de amor desejando apenas criadas ou camponesas.

Antes que Freud pudesse começar a pensar em reconstituir o tecido dilacerado da vida erótica do Homem dos Lobos, ele considerou necessário investigar seus relatos melodramáticos acerca daqueles episódios infantis excitantes e danosos que envolviam a irmã e a ama-seca. O Homem dos Lobos insistia que eram verdadeiros, mas Freud, naturalmente, tinha suas dúvidas. Mas, mesmo que tivessem ocorrido exatamente da forma que o Homem dos Lobos os descrevera, eram insuficientes, na opinião de Freud, para explicar a gravidade da neurose infantil do Homem dos Lobos. As causas desse prolongado sofrimento se mantiveram obscuras durante anos de tratamento. A elucidação despontou aos poucos, com a análise de seu sonho decisivo, o sonho que deu o apelido ao Homem dos Lobos.

Esse sonho dos lobos, na literatura psicanalítica, só ocupa um lugar inferior ao histórico sonho da injeção de Irma, que Freud havia analisado cerca de quinze anos antes, em 1895. Não se sabe ao certo a data exata em que o Homem dos Lobos apresentou o sonho a Freud; mais tarde, ele rememorou, e Freud concordou, que devia ter sido no início do tratamento; o sonho viria a ser reiteradamente interpretado ao longo dos anos. Em todo caso, depois de trazer o sonho à análise, o Homem dos Lobos, artista por vocação, fez um desenho que mostrava os lobos — nessa versão, eram apenas cinco — empoleirados nos galhos de uma grande árvore, olhando para o sonhador.

Associando-as a este sonho, ocorrido cerca de dezenove anos antes, o Homem dos Lobos apresentou algumas lembranças torturantes: seu terror com a ilustração de um lobo num livro de contos de fadas que sua irmã continuava a lhe mostrar com visível prazer sádico; rebanhos de carneiros criados nas proximidades da fazenda do pai, que em sua maioria tinham morrido durante uma epidemia; uma história contada pelo avô, sobre um lobo a quem havia arrancado a cauda; contos de fada como "Chapeuzinho Vermelho". Esses desabafos pareciam a Freud cristalizações de um medo primitivo e profundamente enraizado em relação ao pai. O medo da castração, intimamente relacionado ao primeiro, também contribuía com sua parcela para a elaboração desse sonho, da mesma forma que o desejo de gratificação sexual do menino a partir de seu pai — desejo transformado em angústia pela ideia de que sua satisfação significaria que ele tinha sido castrado, transformado em menina. Mas nem tudo no sonho era desejo e seu efeito, a angústia. A impressão de realidade por ele transmitida e o absoluto silêncio dos lobos, qualidades a que o Homem dos Lobos atribuía grande importância, levaram Freud a sugerir que havia um elemento de realidade reproduzido e distorcido no conteúdo manifesto do sonho. Essa hipótese era uma aplicação da regra de Freud de que o trabalho do sonho invariavelmente transforma experiências ou desejos, frequentemente, em seus opostos. Aqueles lobos silenciosos e imóveis deviam significar que o menino sonhador havia, na verdade, testemunhado uma cena agitada. Cooperando à sua maneira passiva, apática e inteligente para o deslindamento de Freud, o Homem dos Lobos interpretou o abrir-se súbito da janela como a forma onírica de dizer que ele havia se levantado para olhar aquela cena, fosse qual fosse.

A essa altura de sua narrativa, Freud julgou diplomático interrompê-la para fazer um comentário. Tinha consciência de que a capacidade de suspensão da incredulidade, mesmo entre seus seguidores mais acríticos, tinha limites. "Temo", escreveu ele, preparando-se para lançar sua sensacional revelação, "que nesse ponto a confiança do leitor me abandonará." O que Freud estava prestes a afirmar era que o sonhador havia desenterrado das profundezas de sua memória inconsciente, convenientemente ornamentado e densamente velado, o espetáculo de seus pais entregues ao intercurso sexual. Não havia nada de vago na reconstrução de Freud: os pais do Homem dos Lobos haviam copulado três vezes seguidas, e pelo menos uma vez *a tergo*, uma posição que dava ao espectador uma visão dos órgãos genitais dos dois parceiros. Isso era bastante imaginoso, mas Freud não parou por aí; convenceu-se de que o Homem dos Lobos havia presenciado esse desempenho erótico com a idade de um ano e meio.

Mas aqui Freud foi assaltado por uma ponta de prudência e sentiu-se levado a registrar algumas dúvidas, não só em nome do leitor, mas por si próprio. A tenra idade do espectador não o perturbava muito; os adultos, argumentou ele, subestimam sistematicamente a capacidade visual das crianças em ver e entender o que veem. Mas ele se perguntava se a cena sexual que delineara com tanta confiança ocorrera de fato ou era uma fantasia do Homem dos Lobos, baseada em suas observações de cópulas entre animais. Freud estava interessado na verdade da questão, mas concluía firmemente que a decisão a respeito não era "realmente muito importante". Afinal, "cenas de observar o intercurso dos pais, de ser seduzido na infância e ameaçado com a castração são, indubitavelmente, um patrimônio herdado, mas também podem ser uma aquisição através da experiência pessoal".* Fantasia ou realidade, a influência sobre uma mente jovem seria absolutamente a mesma. Pelo momento, Freud deixou a questão em aberto.

A questão da realidade e da fantasia, evidentemente, não era nova para Freud. Como vimos, em 1897 ele havia abandonado a teoria de que apenas acontecimentos reais — o estupro ou a sedução de crianças — causam neuroses, a favor de uma teoria que atribuía às fantasias o papel dominante na formação de conflitos neuróticos. Agora, uma vez mais, ele reivindicava a influência formativa de processos mentais internos, em larga medida inconscientes. Freud não sustentava que os traumas psicológicos surgem apenas de episódios grosseiramente inventados. Pelo contrário, julgava que as fantasias teciam fragmentos de coisas vistas, ouvidas e vividas numa trama de realidade mental. Perto da conclusão de sua *Interpretação dos sonhos*, ele afirmara que a "realidade *psíquica*" é diferente, mas não menos significativa do que a "realidade *material*". Era uma perspectiva que, ao analisar o sonho dos lobos silenciosos nas árvores, Freud considerava indispensável — quase tanto por razões polêmicas quanto por razões científicas. Sua insistência de que a recordação de uma cena primária deve ter *alguma* base na realidade, seja observando os pais ou animais, seja em fantasias elaboradas anteriormente, dirigia-se frontalmente contra Jung: a questão era que uma neurose adulta se origina em experiências adquiridas na infância, por mais distorcidos e fantásticos que sejam seus disfarces posteriores. As raízes da neurose, portanto, eram profundas, ao invés de simplesmente se introduzirem às escondidas, mais tarde, como sugeriria Jung. "*A influência da infância*", disse Freud com o máximo de ênfase, "*já se faz sentir na situação inicial da formação da neurose, na medida em que ajuda a determinar de modo decisivo se, e até que ponto, o indivíduo fracassa em dominar os problemas reais da vida*."

* Aqui encontramos, e tornaremos a encontrar novamente, um dos engajamentos intelectuais mais excêntricos e menos defensáveis de Freud. Ele aceitava uma versão da doutrina lamarckiana — mais provavelmente encontrada nos textos de Darwin, o qual, em parte, subscrevia essa teoria — de que as características adquiridas (neste caso, a "lembrança" de ter sido seduzido na infância ou ameaçado de castração) podem ser herdadas. Poucos biólogos respeitáveis da época se dispuseram a dar crédito a essa tese, e poucos analistas sentiam-se à vontade com ela. Mas Freud a defendia. Ver pp. 340, 373-4 e 647.

* * *

Um fracasso crucial do Homem dos Lobos adulto, no controle dos problemas da vida, se revelava, como vimos, nas suas ligações eróticas sistematicamente infelizes. De fato, não é casual que Freud estivesse pensando sobre a teoria do amor durante os anos em que analisou o Homem dos Lobos e redigiu seu caso clínico. Freud escreveu vários artigos sobre o tema após 1910, mas nunca os reuniu num livro. "Tudo já foi dito", escreveu certa vez, e parece ter aplicado essa objeção fatigada tanto ao amor como a outras questões interessantes da paixão. Mas, em vista da posição central que ele atribuía às energias sexuais na economia mental humana, dificilmente poderia se permitir negligenciar de todo esse tema interminavelmente discutido e praticamente indefinível. Ano após ano, Freud ouvia pacientes cuja vida afetiva de alguma maneira falhara. Freud caracterizou "uma atitude completamente normal no amor" como a confluência de "duas correntes", a "*terna* e a *sensual*". Existem aqueles que não conseguem desejar o que amam e não conseguem amar o que desejam, mas essa separação é sintoma de um desenvolvimento emocional desarranjado; a maior parte das pessoas assim afligidas vivem essa divisão como um fardo doloroso. Mas tal desarranjo é absolutamente comum, pois o amor, assim como seu rival, o ódio, surge no início da infância sob formas primitivas e está fadado a passar por complexas modificações durante o amadurecimento: a fase edipiana, entre outras coisas, é um período de experimentação e instrução no domínio do amor. Por uma vez em consonância com autores contemporâneos mais respeitáveis dedicados ao tema, Freud considerava a ternura sem paixão como amizade, e a paixão sem ternura como luxúria. Um objetivo fundamental da análise é dar lições realistas sobre o amor e harmonizar essas duas correntes. Com o Homem dos Lobos, as perspectivas de uma tal solução feliz por muito tempo pareceram extremamente remotas. Seu erotismo anal não resolvido, sua fixação igualmente não resolvida em seu pai e seu desejo oculto de conceber filhos de seu pai punham-se como obstáculos a tal desenvolvimento — e a uma conclusão favorável de seu tratamento.

A análise do Homem dos Lobos se prolongou por quase quatro anos e meio. Teria durado mais se Freud não tivesse decidido empregar uma manobra extremamente heterodoxa. Para ele, o caso "não deixara nada a desejar" em termos de "fecundas dificuldades". Mas, por algum tempo, essas dificuldades foram mais evidentes do que sua fecundidade. "Os primeiros anos do tratamento não trouxeram praticamente nenhuma mudança." O Homem dos Lobos era a própria cortesia, mas mantinha-se "inexpugnavelmente entrincheirado" numa atitude de "indiferença submissa. Ele ouvia, entendia e não permitia que nada o atingisse". Freud considerava tudo isso muito frustrante: "Sua incontestável inteligência estava como que isolada das forças instintivas que regiam sua conduta". O Homem dos Lobos levou inúmeros meses até começar a participar do trabalho de análise; depois, ao sentir a pressão de mudanças internas, ele retomou suas maneiras de gentil sabotagem. Visivelmente, ele considerava a doença preciosa demais para trocá-la pelos benefícios duvidosos de uma relativa saúde. Nesse impasse, Freud decidiu estabelecer uma data final — um ano a partir de então — para a análise, e aferrou-se inflexivelmente a ela. Os riscos eram grandes, embora Freud só tivesse dado esse passo depois de estar certo de que o apego do Homem dos Lobos a ele era suficientemente forte para prometer êxito.

O estratagema deu certo; o Homem dos Lobos viu que Freud era "inexorável" e, sob essa "pressão impiedosa", ele renunciou à sua resistência, abriu mão de "sua fixação em ser doente". Em rápida sucessão, agora apresentou todo o "material" de que Freud precisava para remover suas inibições e aliviar seus sintomas. Em junho de 1914, Freud considerou-o, e o próprio Homem dos Lobos considerou-se, mais ou menos curado. Sentia-se um homem saudável e estava para se casar.* Fora um caso extremamente compensador para Freud, mas, o que não é surpreendente, o que continuou a interessá-lo mais era uma questão técnica — sua "medida chantagista" destinada a fazer com que o Homem dos Lobos trabalhasse na hora de análise. Era uma tática, advertiu Freud quase 25 anos depois, capaz de funcionar apenas se utilizada no momento absolutamente certo. Pois, observou ele, "não se deve ampliar o limite do prazo depois de ter sido fixado; de outra forma, daí por diante perde-se todo o crédito". Foi uma das contribuições mais arrojadas e problemáticas de Freud à técnica psicanalítica. Retrospectivamente satisfeito, ele concluiu altissonante com a citação de um velho provérbio: "O leão salta apenas uma vez".

UM MANUAL PARA TÉCNICOS

Cada um dos grandes casos clínicos de Freud era, de modo mais ou menos explícito, um curso condensado de técnica psicanalítica. As anotações parcialmente remanescentes de um dos casos, o do Homem dos Ratos, também atestam a soberana presteza de Freud em desobedecer a suas próprias regras. A refeição

* O futuro obrigaria Freud a acrescentar pinceladas mais sombrias a esse retrato otimista da condição mental do Homem dos Lobos. Em 1919, agora como refugiado da Revolução Russa, precisando de apoio financeiro (que foi dado por Freud e alguns amigos), o Homem dos Lobos voltou por pouco tempo à análise com Freud. Parte da transferência do Homem dos Lobos, como Freud reconheceu e informou mais tarde, não havia sido esclarecida. Em meados da década de 1920, pressionado por um episódio paranoide, ele recorreu novamente a uma análise intensiva, com Ruth Mack Brunswick. Mas adquirira independência psicológica suficiente para se casar, enfrentar com certa resignação madura a perda da fortuna familiar e arranjar um emprego. Por toda a vida, porém, foi um indivíduo sofredor; nunca realizou seus consideráveis talentos e parecia atrair catástrofes. Até o fim continuou a apreciar e a admirar Freud, com um certo gosto por ser o paciente mais famoso do mais famoso terapeuta.

a que Freud convidou seu mais conhecido paciente obsessivo — que estava faminto e foi saciado — durante décadas suscitou, nos círculos psicanalíticos, comentários um tanto curiosos e ligeiramente invejosos. Mas o importante para a psicanálise foram as regras que Freud estabeleceu para seu ofício, muito mais do que sua liberdade em interpretá-las para si mesmo.

Freud começou a discutir a arte do psicoterapeuta muito cedo, em 1895, nos casos clínicos que incluiu nos *Estudos sobre a histeria*. Já idoso, ainda continuaria a escrever sobre a técnica: seus artigos "Análise terminável e interminável" e "Construções em análise" foram ambos publicados em 1937, quando tinha mais de oitenta anos. De ambições fáusticas, ainda que normalmente modesto em suas expectativas terapêuticas, Freud nunca se deu por totalmente satisfeito, nunca sossegou inteiramente. Já no fim da vida, passou a se indagar se medicamentos químicos não poderiam algum dia dispensar o laborioso procedimento de pôr o paciente no divã e instruí-lo a falar. Mas até esse dia, pensava ele, o encontro analítico continuaria a ser a via mais confiável para se sair do sofrimento neurótico.

A história das recomendações de Freud aos terapeutas durante quarenta anos é um estudo sobre o cultivo da passividade alerta. No final dos anos 1880, ele havia utilizado a hipnose em seus pacientes; no começo dos anos 1890, tentara levá-los a confessar o que os perturbava e a parar de fugir aos pontos sensíveis, esfregando a testa ou interrompendo a narrativa. Seu relato sobre a solução dos sintomas histéricos de Katharina numa única sessão, durante suas férias de verão nos Alpes em 1893, ainda exala uma confiança arrogante em seus poderes curativos, ao passo que suas interpretações intrometidas sobre Dora refletem um estilo autoritário que estava à beira de abandonar. Em 1904, quando ele escreveu o breve artigo "O método psicanalítico de Freud" para o livro *Manifestações obsessivas psíquicas* de Leopold Löwenfeld, a maioria de suas ideias características sobre a técnica já estavam certamente assentadas.

Mas em 1910, ao falar no congresso de Nürnberg, em "As perspectivas futuras da terapêutica psicanalítica", ele deu expressão à sua nova tendência mais moderada, que viria a se tornar permanente. Advertiu seus colegas analistas que todos eles ainda enfrentavam quebra-cabeças técnicos difíceis, até então não resolvidos, e preveniu-os que "quase tudo" no campo da técnica "ainda aguarda determinação definitiva e muita coisa está apenas começando a ficar clara". Isso incluía a contratransferência do analista para o analisando e as modificações técnicas que o repertório crescente do tratamento psicanalítico vinha começando a impor a seus praticantes.

No mesmo ano, Freud publicou um artigo curto e enérgico atacando o que ele chamou de análise "selvagem". Considerando o uso — na verdade, abuso descuidado do vocabulário psicanalítico que viraria moda nos anos 1920, "Psicanálise 'selvagem'" mostrou-se uma previsão correta. Ele relembrou a visita embaraçosa de uma "senhora de idade", uma divorciada que se aproximava dos cinquenta, "muito bem conservada" e "evidentemente com sua feminilidade ainda não encerrada". Após seu divórcio, ela tinha começado a sofrer de acessos de angústia, que apenas se intensificaram depois de uma consulta a um jovem médico, que lhe disse claramente que seus sintomas se deviam à "necessidade sexual". Ele lhe oferecera a opção entre três alternativas para recuperar a saúde: voltar ao marido, arranjar um amante ou se masturbar. Nenhuma delas atraiu essa "senhora de idade". Mas, como seu médico citara Freud como o descobridor dessas ideias pouco animadoras que lhe apresentara, e como ele havia sugerido que Freud confirmaria seu diagnóstico, ela foi consultá-lo.

Ao invés de se sentir lisonjeado ou agradecido, Freud ficou furioso. Ele admitia que os pacientes, principalmente os afligidos por distúrbios nervosos, não são necessariamente os informantes mais fiéis. Mas, mesmo que a perturbada senhora à sua frente tivesse distorcido ou inventado as insensatas prescrições do médico, Freud julgou cabível uma palavra de advertência. Para começar, aquele médico psicoterapeuta amador havia pressuposto, com ignorância, que os analistas entendem a "vida sexual" exclusivamente como o coito, ao invés de um domínio muito mais amplo e diferenciado de sentimentos conscientes e impulsos inconscientes. Freud reconhecia que sua paciente talvez pudesse sofrer de uma "neurose atual", um distúrbio provocado por fatores somáticos — em seu caso, a recente suspensão da atividade sexual — e, assim, teria sido bastante natural uma recomendação no sentido de "uma mudança em sua atividade sexual somática". O mais provável, porém, era que o médico da senhora tivesse interpretado mal a situação dela, e nesse caso sua prescrição não tinha nenhum valor. Mas seus erros técnicos eram, se possível, ainda mais graves do que seus erros diagnósticos: é uma grosseira distorção do processo psicanalítico pensar que o simples fato de dizer a um paciente o que parece estar errado vá trazer a cura, mesmo que o diagnóstico por acaso esteja correto. A técnica analítica deve servir para superar as resistências. "As tentativas de surpreender o paciente comunicando bruscamente os segredos que seu médico adivinhou numa primeira visita, durante as horas de consulta, são tecnicamente questionáveis." E mais, elas vão "se voltar contra si mesmas" sujeitando o analista à "inimizade sincera do paciente": ele vai descobrir que perdeu qualquer influência que pudesse ter tido. Em suma, antes de se arriscar a qualquer tipo de comentário analítico, deve-se conhecer muito acerca dos "preceitos psicanalíticos". Eles ocupam o lugar daquela vaga virtude, o "discernimento do médico".

Para impedir esse tipo de análise selvagem e codificar o que aprendera durante sua prática clínica, Freud publicou uma série de artigos sobre técnica entre os anos de 1911 e 1915. Apesar do tom moderado, eles tinham um visível gume polêmico. "Sua aprovação ao artigo técnico mais recente", escreveu Freud a Abraham em 1912, "foi muito valiosa para mim. O senhor certamente percebeu minhas intenções críticas." Ele havia começado a pensar em escrever sobre o tema alguns anos antes, quando estava analisando, ou havia acabado de concluir, alguns de seus casos mais importantes. Como de costume, sua experiência clínica e seus textos publicados alimentavam-se mutuamente. "Com a exceção dos domingos", disse a Ferenczi no final de novembro de 1909, "dificilmente deixo de escrever algumas linhas sobre uma metodologia geral da psicanálise, da qual, até agora, há 24 páginas prontas." Estava indo devagar, mais devagar do que esperava o sempre entusiástico Ferenczi; duas semanas depois, Freud havia conseguido escrever mais dez páginas, e achava que no Natal, quando se esperaria uma visita de Ferenczi à Berggasse 19, teria condições de lhe mostrar apenas algumas mais. Em fevereiro de 1909, ele pensou em pôr o projeto de lado até as férias de verão, e em junho só podia informar a Jones que "o ensaio sobre a técnica está semiconcluído, nenhuma folga agora até levá-lo a cabo". Mas, embora o trabalho analítico o impedisse de escrever seus artigos sobre a técnica, ele também lhe fornecia um material inestimável. "Os pac[ientes] são desagradáveis", informou a Ferenczi em outubro, "e me dão uma oportunidade de novos estudos técnicos."

Seus planos para esses estudos se tornaram mais ambiciosos. Ao discursar no congresso psicanalítico em Nürnberg, Freud anunciou que iria "em breve empenhar-me em tratar" da interpretação, da transferência e dos outros elementos da situação clínica "numa 'Metodologia geral da psicanálise'". Mas o "em breve" de Freud se converteu em quase dois anos. "Quando seu livro sobre a Methodik vai ser publicado?", perguntou Jones naquele mesmo ano. "Deve haver muita gente esperando avidamente, tanto amigos como inimigos." Eles precisariam ter paciência; a primeira parte, "O manejo da interpretação de sonhos na psicanálise", só apareceu em dezembro de 1911. Os outros artigos sobre técnica, exatamente meia dúzia, foram publicados esporadicamente ao longo dos anos seguintes. Outros trabalhos prementes e as exigências da política psicanalítica intervieram para retardar o ritmo de Freud. Além disso, desde o início ele havia levado a incumbência muito a sério. "Creio", foi sua previsão para Ferenczi, quando ainda não redigira mais que duas dúzias de páginas, que a metodologia "deve se tornar muito importante para aqueles que já fazem análise." O tempo lhe deu razão.

O artigo de Freud, "Sobre o início do tratamento", com seu tom sensato e reconfortante, representa bem toda a série; o que ele oferecia eram antes sugestões flexíveis do que leis férreas. A metáfora feliz — as aberturas do xadrez —, que ele escolheu para elucidar o momento estratégico inicial na psicanálise, é empregada deliberadamente para conquistar os leitores; o enxadrista, afinal, não está preso a uma única linha imposta de procedimento. Na verdade, observou Freud, nada mais justo que o psicanalista tenha algumas opções à sua disposição: as histórias dos pacientes individuais são diversificadas demais para permitir a aplicação de regras rígidas e dogmáticas. No entanto, Freud não deixava dúvidas de que certas táticas são francamente recomendáveis: o analista deve escolher seus pacientes com o devido cuidado, visto que nem todo paciente é suficientemente estável ou suficientemente inteligente para suportar os rigores da situação psicanalítica. É melhor que o paciente e o analista nunca tenham se encontrado antes, seja em ocasiões sociais ou num contexto médico — certamente uma das recomendações que o próprio Freud estava mais inclinado a desprezar. A seguir, após ter se escolhido devidamente o paciente e estabelecido o horário das sessões, aconselha-se o analista a considerar os primeiros encontros como uma oportunidade de sondagem; por uma semana aproximadamente, ele deve se abster de julgar se a psicanálise é, de fato, o tratamento a ser escolhido.

Tais sessões provisórias não são consultas; com efeito, durante essas sondagens experimentais, o psicanalista deve se manter ainda mais silencioso do que o usual. A seguir, se ele decidir abandonar o caso, "poupa-se o paciente da dolorosa impressão de uma tentativa malograda de cura". Mas o tempo experimental de exploração não se encerra após essas sessões. Os sintomas de um paciente que se apresenta como um histérico ou neurótico obsessivo brando podem, na verdade, mascarar o começo de uma psicose refratária ao tratamento analítico. Principalmente nas primeiras semanas, advertiu Freud, o analista não deve sucumbir à impetuosa ilusão da certeza.

O período experimental, a seguir, integra-se plenamente ao processo analítico: o paciente se deita no divã, com o analista atrás dele, fora de sua visão, ouvindo atentamente. As inúmeras caricaturas que mostram o analista em sua poltrona, com o caderno de notas no colo ou ao lado, perpetuaram uma ideia errônea que Freud apontou explicitamente nesses primeiros artigos; ele alertou os analistas a não tomarem notas durante a sessão, visto que isso só distrairia sua atenção. Além disso, podiam confiar em sua memória para reter o que era necessário. Ele reconhecia que o divã e o analista invisível eram uma herança da hipnose, e que tinha uma razão subjetiva para insistir nessa disposição: "Não aguento ser olhado oito horas (ou mais) por dia pelos outros". Mas Freud também apresentou razões menos subjetivas para recomendar esses "cerimoniais": como deixava que seu inconsciente aflorasse durante a hora de análise, não queria que os pacientes observassem suas expressões faciais, para não serem indevidamente influenciados por suas reações.

Reconhecidamente, a situação analítica, esse estado deliberadamente orquestrado de privação, é desgastante para o analisando. Mas é exatamente esta sua única virtude. "Sei", escreveu Freud, "que muitos analistas procedem de maneira diferente, mas não sei se é a paixão em proceder de maneira diferente ou uma vantagem que aí descobriram que tem um maior peso nesse desvio." Quanto a si, ele não tinha dúvidas: a situação psicanalítica incita o paciente a regredir, a se libertar das restrições impostas pelo contato social corriqueiro. Qualquer disposição que alimente tal regressão — o divã, os silêncios e o tom neutro do analista — só pode contribuir para o trabalho da própria análise.

A partir do primeiro dia, enquanto a análise principia, o analista e o analisando têm questões práticas e mundanas a acertar. Como sabemos, a psicanálise é profissionalmente, quase proverbialmente, alérgica a se envergonhar seja pelo que for. Os mesmos assuntos que a cultura oitocentista de classe média julgava delicados demais para serem comentados, principalmente o dinheiro e o sexo, estão tão revestidos de uma carga emocional que velá-los com um silêncio decoroso ou, talvez ainda pior, com circunlóquios, é mutilar a indagação psicanalítica desde o seu início. O analista deve prever que os homens e mulheres educadas que visitam seu consultório irão "tratar questões de dinheiro como tratam as questões de sexo, com a mesma vagueza, pudor e hipocrisia". Freud reconhecia que o dinheiro serve principalmente à autopreservação e ao poder, mas insistia que "poderosos fatores sexuais" também estão incluídos nas atitudes em relação a ele. Portanto, a franqueza é essencial. Ainda que o paciente possa não reconhecer de imediato, seus próprios interesses e o interesse do analista coincidem em suas negociações práticas. O paciente concorda em tomar uma certa hora do tempo do analista, e paga por ela, aproveite-a ou não. Isso, observou Freud, pode parecer ganancioso, francamente indelicado, para um médico, mas nenhum outro arranjo parece exequível. Os favores monetários especiais comprometem a subsistência do analista; como atestam as cartas de Freud a seus amigos íntimos durante esses anos, ele se alegrava com as notícias de que as clínicas deles estavam prosperando. Mas a aversão de Freud a concessões financeiras tinha em vista mais do que a prosperidade do analista; tais concessões ameaçam a continuidade e a intensidade do envolvimento analítico do paciente, ao estimular a resistência. Se um analisando adoece com uma enfermidade autenticamente orgânica, o analista deve interromper a análise, liberar sua hora e retomar o paciente, após sua recuperação, tão logo haja tempo disponível.

Para assegurar a continuidade e a intensidade, Freud recebia a maioria de seus pacientes seis vezes por semana. As exceções eram os casos brandos e os próximos ao término do tratamento, quando três dias pareciam suficientes. Mesmo a interrupção do domingo cobra seu preço; é por isso que os analistas, escreveu ele, gracejam sobre a "crosta de segunda-feira". Além disso, a análise deve necessariamente se estender por um período considerável; não se presta nenhum favor ao analisando ao se fazer segredo do fato de que sua análise pode levar vários anos. Nessa questão, como em todo o resto da situação psicanalítica, a honestidade com o paciente é literalmente a melhor política: "Em geral, considero mais honroso, mas também mais adequado, chamar sua atenção desde o início para as dificuldades e sacrifícios da terapia analítica, sem tentar necessariamente assustá-lo; assim priva-se o paciente de qualquer direito de alegar mais tarde que fora atraído para um tratamento cuja extensão e significado ele ignorava". Em troca, o analista deixa ao analisando a liberdade de interromper a análise a qualquer momento, liberdade da qual alguns de seus primeiros pacientes, disse Freud um pouco pesaroso, tinham se aproveitado rapidamente. Ele não conseguia esquecer Dora, e Dora não fora a única a desertar do divã de Freud.

Entre as comunicações que o analista faz a seu paciente desde o princípio, a "regra fundamental" é a única verdadeiramente indispensável: ele ordena ao analisando que se entregue à associação livre, que diga absolutamente tudo o que lhe vem à mente. Sem dúvida, é importante que o analisando não falte às sessões e pague os honorários. Mas se ele descura tais obrigações, seus lapsos podem ser analisados. São, como os analistas gostam de dizer, grãos para o moinho. Mas a desobediência sistemática à regra fundamental necessariamente malogra a análise. No artigo "Sobre o início do tratamento", Freud foi realmente eloquente a respeito dessa regra. É verdade que estava dirigindo esse artigo, e os outros complementares, a colegas analistas. "Quem ainda está de fora", disse ele a Ferenczi a propósito da "metodologia" que se propunha a escrever, "não vai entender uma única palavra dele." Mas Freud parece um pouco angustiado mesmo em relação a seu público escolhido, e por isso bastante enfático, como que para ter absoluta certeza de que não haveria mal-entendidos. A conversa do paciente com seu terapeuta não vai se parecer com nenhuma conversa que jamais teve: deve dispensar de seu discurso qualquer ordem, sintaxe, lógica, disciplina, decoro e considerações de estilo, como coisas não pertinentes, e de fato prejudiciais. Aquilo que o paciente está menos inclinado a mencionar é justamente o que precisa ser dito com maior urgência. A prescrição fundamental de Freud para todos os analisandos é a honestidade absoluta — tão impossível de se executar plenamente, quanto, se posta de lado, capaz de acarretar consequências fatais.

A arma do analisando no combate contra sua neurose é a fala; a arma do analista é a interpretação, um tipo de fala muito diferente. Pois, enquanto a atividade verbal do analisando deve ser tão desinibida quanto possível, a do analista, em profundo contraste, deve ser ponderadamente dosada. No estranho empreendimento que é a psicanálise, em parte batalha, em parte aliança, o analisando vai cooperar tanto quanto lhe permite sua neurose. Espera-se que o analista, por sua parte, não se encontre tolhido por sua própria neurose; de qualquer forma, dele se exige que empregue um tipo de tato altamente especializado, em parte adquirido em sua análise didática, e o resto com sua experiência clínica.* Esse tato exige contenção, silêncio em relação à maior parte das declarações do analisando e comentários sobre algumas poucas delas. Na maior parte do tempo, os pacientes vão sentir as interpretações do analista como presentes preciosos que ele distribui aos poucos com mão extremamente avara.

A interpretação psicanalítica é uma leitura subversiva; ela levanta dúvidas surpreendentes, muitas vezes incômodas, sobre as mensagens aparentes que o analisando pensa transmitir. Em suma, a interpretação do analista chama a atenção do analisando para o que ele está realmente dizendo ou fazendo. Interpretar os lobos silenciosos e imóveis no sonho do Homem dos Lobos como representações distorcidas de um vigoroso ato sexual é retirar uma lembrança, ao mesmo tempo aterradora e emocionante, do esconderijo da repressão. Interpretar as formalidades obsessivas do Homem dos Ratos como ódio inconsciente às pessoas mais amadas é, também, arrastar para a luz do dia o que havia sido reprimido.

* A exigência de que todo futuro psicanalista devia passar por uma análise didática não aparece nesses artigos, e praticamente nenhum dos analistas a que se dirigiam havia sido analisado. A exigência é um desenvolvimento do período posterior à Primeira Guerra Mundial.

As recompensas das interpretações dos analistas de forma alguma são sempre tão espetaculares, mas sua finalidade sempre foi, pelo menos, romper com a autoilusão.

Decidir o que e quando interpretar é uma questão delicada; a ela está ligada a característica essencial da terapia psicanalítica. Ao reagir com irritação à análise selvagem, Freud já repreendera interpretações fáceis e apressadas que, por mais acuradas que fossem, levariam necessariamente a análise a um fim prematuro e catastrófico. Agora, dirigindo-se diretamente a seus colegas no ensaio "Sobre o início do tratamento", Freud extravasou seu desdém por tais analistas irresponsáveis, pavões mais interessados em se exibir do que em ajudar seus pacientes:

> Não é difícil para um analista com grande prática detectar os desejos ocultos do paciente, a emergir audivelmente de suas queixas e informes sobre sua doença, mas quanta presunção e irreflexão ele há de ter para dizer a um estranho que desconhece todos os pressupostos psicanalíticos, tendo acabado de conhecê-lo, que ele tem um fixação incestuosa em sua mãe, que ele abriga desejos de morte contra a esposa a quem supostamente ama, que ele traz dentro si a intenção de fraudar seu patrão, e assim por diante! Ouvi dizer que existem analistas que se vangloriam de tais diagnósticos instantâneos e tratamentos rápidos, mas advirto a todos que não sigam tais exemplos.

O psicanalista prudente sempre persegue seus objetivos terapêuticos de forma indireta, primeiro interpretando a resistência do analisando e depois sua transferência. A extração de confissões de crimes infantis, com frequência mais imaginários do que reais, virá em seguida.

A discussão de Freud sobre a resistência situa o fenômeno diretamente no contexto terapêutico, ao qual evidentemente pertence. Em *A interpretação dos sonhos*, ele já havia definido de modo claro: "*O que quer que perturbe o avanço do trabalho é uma resistência*". Agora, no ensaio "A dinâmica da transferência", ele ressaltou a persistência dela: "A resistência acompanha o tratamento a cada passo; cada simples associação, cada ato do paciente deve contar com essa resistência, representa um compromisso entre as forças que visam à cura e as que se opõem a ela". A experiência clínica estava ensinando a Freud e seus colegas analistas o quão engenhosa e infatigável podia ser a resistência dos analisandos, mesmo naqueles mais sinceramente empenhados na análise. Praticamente tudo, ao que parece, pode servir a ela na hora de análise: esquecer sonhos, manter-se silencioso no divã, tentar converter o tratamento numa discussão intelectual da teoria psicanalítica, reter informações essenciais, atrasar-se sistematicamente, tratar o analista como inimigo. Tais estratagemas defensivos são apenas os expedientes reais óbvios à disposição das forças de resistência. Ela também pode se disfarçar sob a forma de obediência aos supostos desejos do analista. O chamado bom paciente — o paciente que tem uma profusão de sonhos, que associa sem hesitações, acha todas as interpretações brilhantes, nunca chega atrasado à sessão, paga todas as contas prontamente — é um caso particularmente intratável, justamente por ser tão difícil o deslindamento de suas intenções.

Resistir aos esforços de cura deve parecer curiosamente irracional. É fácil reconhecer a utilidade da resistência para os masoquistas, que obtêm seu prazer da dor, mas parece sem sentido para os sofredores que presumivelmente procuraram a análise para aliviar seus sintomas. Sua submissão voluntária ao esforço, ônus e caráter simplesmente desagradável do tratamento psicanalítico decerto atesta o sincero desejo de melhorar. Mas o inconsciente obedece a leis próprias diferentes e quase incompreensíveis. Uma neurose é um compromisso que permite ao neurótico entrar em acordo, por mais infeliz que seja, com desejos e lembranças reprimidos. Tornar consciente o inconsciente, objetivo expresso da terapia psicanalítica, é ameaçar o paciente com o ressurgimento de sentimentos e recordações que ele considera melhor que permaneçam enterrados. O argumento de que o neurótico se sentirá melhor relembrando materiais reprimidos, por mais penosos que sejam, reforça a convicção racional. E, no paciente, existem elementos prontos a estabelecer um pacto com a saúde; sem eles, nenhuma análise seria possível. Mas esses elementos precisam realmente lutar contra uma oposição que deseja muito que as coisas permaneçam como estão. O analista procura mobilizar e se aliar com as forças "normais" da psique do analisando. Afinal, ele é um parceiro confiável — o ouvinte que não se choca com nenhuma revelação, não se enfada com nenhuma repetição, não censura nenhuma maldade. Como o padre no confessionário, ele convida a confidências; ao contrário do padre, nunca faz sermões, nunca impõe penitências, por mais brandas que sejam. Era essa aliança que Freud tinha em mente ao observar que o analista só deveria começar a revelar segredos mais profundos de seu paciente depois que o analisando tivesse formado uma sólida transferência, uma "relação regular" com ele.*

Não escapou à atenção de Freud que a transferência está carregada de contradições. O caso de Dora já demonstrara para ele que o laço emocional que o paciente tenta impor ao analista, constituído por pedaços e fragmentos em geral de antigos afetos apaixonados, é ao mesmo tempo o obstáculo mais intratável à cura e seu agente mais eficiente. Agora, nos artigos sobre técnica, principalmente em "A dinâmica da transferência" e ainda mais em "Observações sobre o amor de transferência", ele expunha as operações paradoxais da transferência em maiores detalhes: ela é a arma suprema da resistência, também sua nêmesis.

Esses papéis conflitantes não são mistérios dialéticos. Freud distinguia três tipos de transferências que surgem na situação psicanalítica: a negativa, a erótica

* Mais recentemente, alguns analistas passaram a chamar essa relação de "aliança terapêutica", mas não se trata de veneração, para eles, reler os artigos de Freud sobre técnica e concluir que, mais uma vez, foram em larga medida antecipados.

e a sensata. A transferência negativa, uma carga de sentimentos agressivos e hostis posta sobre o psicanalista, e a transferência erótica, que converte o analista num objeto de amor apaixonado, são ambas guardiãs da resistência. Mas, felizmente, também existe um terceiro tipo, o mais racional e menos distorcido de todos, que vê o terapeuta como um benévolo aliado na luta contra a neurose. Uma vez que as duas primeiras transferências tenham sido desmascaradas, conhecidas e desarmadas ao serem trazidas à consciência durante a hora psicanalítica — Freud chamou-a de "o campo de batalha da transferência" —, a última transferência, mais judiciosa, pode operar com um número relativamente pequeno de obstáculos, auxiliando no longo e árduo processo de cura. Mas essa aliança razoável com o analista só pode ter esperanças de derrotar as outras quando é suficientemente intensa, e quando o paciente se dispõe a tirar proveito das interpretações do analista. "Nossas curas", dissera Freud a Jung no final de 1906, "ocorrem por meio da fixação de uma libido dominante no inconsciente (transferência)." E essa transferência "proporciona o estímulo para compreender e traduzir o inconsciente; onde ela se recusa a atuar, o paciente não se dá a esse trabalho ou não ouve quando apresentamos a tradução a que chegamos. Ela é essencialmente uma cura através do amor".

Tudo isso parece muito claro, mas Freud tinha consciência de que esse amor é um auxiliar extremamente traiçoeiro. A transferência sensata é muito vulnerável: com demasiada frequência, o sentimento caloroso e a cooperação ativa do paciente degeneram num anseio erótico, servindo, não à resolução da neurose, mas à sua perpetuação. Para dizer claramente, os analisandos têm a tendência de se apaixonar pelo analista, um fato da vida psicanalítica que logo se tornou tema de piadas de mau gosto e insinuações torpes. Freud considerava tais mexericos maliciosos praticamente inevitáveis; a psicanálise ofendia um número excessivo de valores estabelecidos para se manter imune a calúnias. Mas os episódios reais embaraçosos eram suficientemente perturbadores para levar Freud a dedicar um artigo específico ao assunto. Escrito no final de 1914 e publicado no começo do ano seguinte, "Observações sobre o amor de transferência" foi o último de seus artigos sobre técnica, tido por Freud, conforme ele disse a Abraham, como "o melhor e o mais útil de toda a série". Por isso, acrescentou ironicamente, ele estava "preparado para vê-lo suscitar a mais forte desaprovação". Mas ele o escreveu principalmente para alertar os analistas sobre os perigos do amor transferencial e, assim, neutralizar tal desaprovação.

O amor de transferência é ao mesmo tempo cômico e confrangedor, inevitável e infernalmente difícil de resolver. Na prática médica comum, escreveu Freud, apresentam-se três saídas possíveis: a paciente e o médico podem se casar; podem deixar de se ver; ou podem ter um caso clandestino e continuar com o tratamento médico. A primeira solução, pensava Freud, é rara; a segunda, embora comum, é inaceitável para os psicanalistas porque a ex-paciente apenas repetirá seu comportamento com o próximo médico; a terceira é proibida por dois lados, "a moral de classe média e a dignidade médica". O que o analista deve fazer, ao se encontrar na atraente posição de receber uma declaração de amor de sua paciente, é analisar. Ele deve mostrar a ela que sua paixão apenas repete uma experiência anterior, quase sempre infantil. A paixão da paciente por seu analista não é um amor autêntico, mas uma forma de transferência e resistência.*

Nessa situação delicada, disse Freud com firmeza, o analista deve resistir a qualquer concessão, por mais plausível ou humana que ele possa julgá-la. Argumentar com a paciente ou tentar desviar seu desejo para canais sublimados são vias que se mostrarão ineficazes. A posição ética fundamental do analista, idêntica à sua obrigação profissional, deve continuar a ser seu guia: "O tratamento psicanalítico está fundado na honestidade". Tampouco pode o analista render-se às súplicas de sua paciente, mesmo que ele se convença de que está apenas tentando ganhar influência sobre ela para acelerar sua cura. Logo se decepcionaria: "A paciente alcançaria seu objetivo, e ele nunca alcançaria o seu". Essa solução inaceitável lembrou a Freud uma anedota divertida sobre um pastor e um agente de seguros. No leito de morte, o agente, um incréu, é forçado a suportar os serviços de um religioso, chamado pela família na desesperada esperança piedosa de que, na presença da morte, o moribundo finalmente veja a luz da fé religiosa. "A conversa dura tanto tempo que os que estão à espera sentem-se esperançosos. Finalmente abre-se a porta do quarto do doente. O incréu não foi convertido, mas o pastor vai embora com uma apólice de seguros."

O reconhecimento moderador de que o amor de sua analisanda é apenas um amor transferencial permitirá ao analista manter sua distância emocional, sem mencionar a física. "Para o médico, isso representa um esclarecimento valioso e uma advertência útil contra qualquer contratransferência à espera dentro dele. Ele deve reconhecer que a paixão da paciente é extorquida pela situação analítica e não pode ser atribuída aos méritos de sua pessoa; que, em suma, não tem qualquer razão para se orgulhar de tal 'conquista', como seria chamada fora da análise." O analista nesta situação, que é apenas um caso específico da situação analítica em geral, deve rejeitar as demandas de satisfação da paciente. "A cura deve ser empreendida em abstinência; por ela entendo não só a recusa física, e tampouco a recusa de qualquer desejo, pois isso, talvez, nenhum paciente conseguiria suportar. Mas quero afirmar o princípio de que se deve permitir que a necessidade e o anelo continuem como forças favoráveis ao trabalho e à mudança, e que se deve guardar-se aplacá-los com sucedâneos."

Essa clara prescrição era uma regra sólida e universal para o psicanalista atuante. Por mais hesitante que Freud pudesse parecer em muitas de suas recomendações, ele foi categórico em relação à abstinência. Mas, sobre esse ponto

* Nessa discussão, Freud trabalhou com um modelo simplificado: um analista homem e uma paciente mulher. Mas as mesmas regras valem para analistas mulheres tratando de pacientes homens, bem como para analistas tratando de pacientes do mesmo sexo. A engenhosidade da transferência erótica é praticamente sem limites.

crucial, o talento de Freud para as vívidas metáforas gerou uma certa confusão e desencadeou um debate sobre a técnica que nunca se encerrou. Como modelo, Freud ofereceu a seus colegas analistas o cirurgião, que "põe de lado todos os seus afetos e mesmo sua compaixão humana, e estabelece um único objetivo para suas energias mentais — realizar a operação do modo mais correto e eficiente possível". A ambição do terapeuta em proporcionar curas espetaculares é, afinal, o adversário mortal de tais curas. O desejo absolutamente humano de se aproximar do paciente é igualmente prejudicial. Por isso Freud sentia-se autorizado a recomendar a "frieza de sentimentos" do cirurgião, que repele tais aspirações compreensíveis, mas não profissionais. Portanto, a revelação de detalhes íntimos sobre sua vida interior ou suas relações familiares é um grave erro técnico: "O médico deve ser opaco ao paciente e, como um espelho, não mostrar nada além do que é mostrado a ele".

Essas frias imagens introduzem na argumentação de Freud uma finalidade desestimulante que alguns de seus outros textos, e ainda mais sua prática, parcialmente invalidam. Vimos Freud adaptar segundo seus interesses e por vezes quebrar as regras, com um senso soberano de domínio e no interesse da pura humanidade. Devolvia os honorários a seus analisandos, quando estavam em épocas difíceis. Permitia-se comentários amistosos durante a sessão. Fez amizade com seus pacientes prediletos. Conduzia, como sabemos, análises informais em alguns cenários surpreendentes: a análise de Eitingon durante passeios noturnos por Viena é apenas a mais espetacular dentre seus experimentos informais. Mas, nos artigos sobre técnica, Freud não deixava passar sequer uma insinuação dessas escapadas.

Evidentemente, não havia espaço para elas no manual que Freud estava compilando para seus colegas. Tudo o que obstrui a análise, escrevera ele, é uma resistência, e tudo o que distrai os pacientes de seguir a regra fundamental é uma obstrução. Mesmo na melhor das hipóteses, os pacientes introduzem por conta própria um número mais que suficiente de resistências; não há necessidade de que o analista as aumente com sinais de afeto, discussões racionais da teoria ou fervorosas aspirações em nome do autodesenvolvimento de seus analisandos. Gratificar os pacientes amando-os, reconfortando-os ou simplesmente contando-lhes os planos para as férias é reforçar os mesmos hábitos de pensamento que vieram tentar superar na análise. Isso pode parecer insensível, mas o analista não deve permitir que a piedade por seus pacientes sofredores tome conta de si; esse mesmo sofrimento é um agente no processo de cura.* Tomar o atalho do reconforto tranquilizante é apenas manter a neurose onde ela está. É (pode-se dizer) oferecer uma aspirina a são Sebastião para aliviar suas dores. Mas empregar

* Conforme ele colocou não muito tempo depois, ao discursar para seus colegas no congresso de Budapeste, no final de setembro de 1918: "Devemos cuidar, por cruel que possa parecer, que os sofrimentos do paciente... não cheguem prematuramente a um fim". ("Wege der psychoanalytischen Therapie" (1919), (*GW* XII, p. 188/ "Lines of advance in psycho-analytic therapy", *SE* XVII, p. 163.)

como metáforas do procedimento do analista o trabalho frio do cirurgião ou a superfície vazia do espelho é desconsiderar sua relação, ao mesmo tempo taciturna e muito humana, com o ser infeliz no divã à sua frente.

Mesmo que o analista e o analisando observem escrupulosamente todas as exigências técnicas de Freud, o trabalho terapêutico da análise é sempre moroso e nunca assegurado. Freud excluiu do tratamento analítico muitos tipos de distúrbios mentais, principalmente as psicoses, pela razão de que o psicótico não consegue estabelecer a transferência necessária para o analista. Mas mesmo os histéricos e neuróticos obsessivos, particularmente adequados ao tratamento analítico, muitas vezes mostraram lentíssimos progressos e recaídas desanimadoras. Lembranças esquivas, sintomas obstinados, afeições persistentes por hábitos neuróticos revelaram-se obstáculos poderosos a interpretações eficazes e ao tipo de transferência capaz de auxiliar a cura. Os obstáculos mais difíceis a serem enfrentados eram aquelas transferências que induziam o paciente a repetir, ao invés de relembrar, sua conduta anterior. É evidente, Freud percebeu, que a qualidade que o analista menos pode se permitir é a impaciência. A experiência clínica mostrou que, para o analisando, conhecer algo intelectualmente nunca basta. Mas, a longo prazo, pode chegar o momento em que o paciente, constantemente recaindo, constantemente esquecendo percepções penosamente conquistadas, comece a absorver, a "elaborar" seu conhecimento duramente obtido. "O médico", sugeriu Freud no artigo "Recordar, repetir e elaborar", não tem "mais nada a fazer senão esperar e deixar que as coisas sigam seu curso, que não pode ser evitado e nem sempre acelerado." Além disso, os dois parceiros do empreendimento analítico precisam cultivar a paciência: "Essa elaboração da resistência na prática pode se tornar uma tarefa cansativa para o analisando e um teste de paciência para o analista. Mas é essa parte do trabalho que tem o maior impacto transformador no paciente" e que, na verdade, distingue a psicanálise de todos os outros tratamentos que tentam influenciar o paciente através da sugestão. O analista não é simplesmente passivo nessa importante fase; se ele encontra suficiente aquiescência em seu paciente, deve conseguir "dar a todos os sintomas da doença um novo significado de transferência". Essa neurose de transferência é uma espécie única de doença, um distúrbio específico — e necessário — do tratamento. O analista pode livrar o paciente dela "através do trabalho terapêutico". Segue-se uma espécie de coda, a fase da conclusão, sobre a qual Freud fez apenas uns poucos comentários esparsos. Ele sabia que ela provocava sofrimentos próprios, aos quais chamou de "dificuldades de despedida" — *Abschiedsschwierigkeiten*. Uma vez bem iniciada a análise, o conhecimento recém-adquirido elaborado e a neurose de transferência suficientemente sólida, chegará o fim almejado.

Apesar do estilo conciliador e afável, Freud apresentou esses artigos com um ar de total convicção, o ar de um pioneiro e praticante experimentado. Ele estava apenas expondo os métodos que julgara mais eficientes em sua própria prática; outros poderiam querer proceder à sua própria maneira. Mas, apesar dessas ressalvas diplomáticas, ele não deixou dúvidas de que esperava que essas recomendações fossem seguidas à risca por seus discípulos. A autoridade era merecida; ninguém mais poderia ter escrito esses artigos, e seus leitores os admiraram sinceramente, citaram-nos largamente e claramente se beneficiaram deles. Em 1912, Eitingon agradeceu calorosamente a Freud pelas "Recomendações aos médicos que exercem a psicanálise", artigo com o qual, escreveu ele, "se poderia aprender muito". E Eitingon estava em companhia numerosa. A série de artigos de Freud sobre técnica se tornou um manual indispensável para a profissão. Exatamente isto: são tão brilhantes quanto tudo o que ele escreveu. Não que sejam a última palavra sobre o modo de conduzir uma análise; não são sequer a última palavra de Freud. Tampouco constituem um tratado formal ou exaustivo. Mas, tomados em conjunto, como recomendações sobre o encaminhamento do encontro clínico, sobre suas oportunidades e armadilhas, eles têm um senso analítico sólido tão rico, críticas antecipadoras tão agudas, que continuam, depois de todos esses anos, a servir como guia para o aspirante a analista e como apoio para o praticante.

Uma questão que os artigos não resolveram, e nem sequer levantaram, foi o número exato de pacientes analíticos curados. Essa questão, desde então, foi e continua a ser um assunto extremamente controverso. Mas nos anos em que Freud escreveu os artigos, ele e seus adeptos mais próximos julgavam que, dentro dos limites que eles próprios se colocaram, o registro de êxitos analíticos comparava-se favoravelmente aos esforços terapêuticos de seus rivais. Freud também não permitiu que quaisquer dúvidas que pudesse ter a respeito desses números toldassem sua confiança na psicanálise enquanto instrumento intelectual para explicar a atividade mental. Essa confiança não era gratuita. As reações favoráveis do mundo exterior já não eram tão escassas quanto antes. Em 1915, ao publicar o último artigo da série sobre técnica, estava longe de ser o pioneiro solitário do período de Fliess ou dos primeiros anos da Sociedade Psicológica das Quartas-Feiras. E seus estudos sobre arte e literatura, religião e pré-história, apenas fortaleceram sua confiança de que os mandamentos de sua psicologia, tão persuasivamente expostos em seus casos clínicos, vigoravam por toda parte.

7. Aplicações e implicações

QUESTÕES DE GOSTO

A carregada agenda de Freud durante esses anos turbulentos levanta a questão de como ele conseguia encontrar tempo para sua vida particular. Entre 1905 e 1915, assoberbado por pacientes, casos clínicos, tarefas editoriais e estafantes demandas da política psicanalítica, ele mesmo assim publicou artigos sobre literatura, direito, religião, educação, arte, ética, linguística, folclore, contos de fada, mitologia, arqueologia, guerra e a psicologia dos estudantes. E todos os dias apresentava-se pontualmente às treze horas para a refeição principal da família, continuava com as partidas semanais de *tarock* nos sábados à noite, visitava infalivelmente sua mãe nas manhãs de domingo, dava seu passeio à noite, recebia visitantes e (embora fossem ocasiões raras) ia a uma ópera de Mozart.

Ocupado como vivia, sua notoriedade crescente valia-lhe um número cada vez maior de convites para falar ou escrever para públicos leigos, alguns dos quais ele aceitou. Em 1907, entre outros breves ensaios, Freud publicou uma "carta aberta ao dr. M. Fürst", editor de uma revista especializada em higiene social, sobre "O esclarecimento sexual das crianças", onde defendeu a franqueza. No mesmo ano, apresentou uma palestra jovial sobre o papel dos devaneios no trabalho criativo do escritor de ficção, o *Dichter*.* Ele falou para uma plateia preponderantemente leiga no salão de Hugo Heller, seu conhecido e editor, e por isso converteu a palestra numa exposição acessível sobre como são produzidos certos artefatos culturais. Foi também sua primeira tentativa, salvo algumas poucas insinuações em *A interpretação dos sonhos*, de aplicar ideias psicanalíticas à cultura.

Apesar de sua leveza, essa palestra, publicada no ano seguinte sob o título "Escritores criativos e devaneio", é uma contribuição séria à estética psicanalítica. O trabalho do inconsciente, a psicologia da realização dos desejos e o longo alcance da infância na vida adulta são elementos centrais de sua argumentação.

* O útil e intraduzível termo alemão *Dichter* aplica-se igualmente ao romancista, ao dramaturgo e ao poeta.

Freud começou, com muito tato e inocência, colocando uma pergunta capaz de interessar a todo mundo: quais são as fontes de onde os escritores retiram seu material? A resposta, notou Freud, nunca parece satisfatória e, para aumentar o mistério, mesmo que fosse satisfatória, o fato de conhecê-la não converteria o leigo num poeta ou dramaturgo. E acrescentou, à sua maneira mais modesta, que se poderia esperar encontrar algum esclarecimento inicial sobre as vias do *Dichter*, se se conseguisse descobrir alguma atividade semelhante comum a todos os seres humanos. Multiplicando as prudentes negativas, Freud manifestou a esperança de que sua abordagem pudesse "se mostrar não de todo infrutífera".

Feitas as justificativas, Freud deu um de seus típicos saltos acrobáticos, vinculando uma classe de experiências humanas a outra. A busca de paralelos é um esporte perigoso, principalmente se força demais as inferências, mas os paralelos válidos podem revelar relações até então desconhecidas e, ainda melhor, conexões causais insuspeitadas. O salto de Freud foi desse segundo tipo: toda criança ao brincar, afirmou ele, comporta-se como um *Dichter*, "na medida em que cria um mundo próprio para si mesma, ou, dito mais precisamente, transpõe as coisas de seu mundo para uma nova ordem que lhe agrada". Ao brincar, a criança leva as coisas muito a sério, mas sabe que o que está fazendo é uma invenção: "O oposto da brincadeira não é a seriedade, mas — a realidade". O poeta ou o romancista procede de maneira muito semelhante; ele reconhece as fantasias que está elaborando como sendo fantasias, mas isso não as torna nem um pouco menos importantes do que, digamos, o coleguinha imaginário da criança. As crianças gostam de brincar, e como os seres humanos têm uma profunda relutância em renunciar a um prazer que alguma vez lhes agradou, quando adultos encontram um substituto. Ao invés de brincar, fantasiam. Essas duas atividades praticamente se espelham uma na outra: ambas são instigadas por um desejo. Mas, enquanto a brincadeira das crianças expressa o desejo de serem crescidas, os adultos consideram infantis suas fantasias. Nesse sentido, brincadeira e fantasia refletem igualmente estados de insatisfação: "Pode-se dizer que a pessoa feliz nunca fantasia; apenas a insatisfeita o faz". Em suma, uma fantasia, tal como um desejo expresso numa brincadeira, é "uma correção da realidade insatisfatória". As revisões fictícias que o adulto impõe à realidade incluem ambições não realizadas ou desejos sexuais irrealizáveis; ele os mantém ocultos, porque são desejos que a sociedade respeitável baniu do discurso social, e mesmo familiar.

É aí que o *Dichter* encontra sua tarefa cultural. Movido por sua vocação, ele dá expressão a seus devaneios e assim irradia as fantasias secretas de seus contemporâneos menos extrovertidos. Como o sonhador à noite, o devaneador criativo combina uma experiência poderosa de sua vida adulta com uma distante lembrança recuperada, e então transforma em literatura o desejo gerado por essa combinação. Como um sonho, seu poema ou romance é uma criatura mista do presente e do passado, de estímulos tanto internos quanto externos. Freud não negava a importância da imaginação na feitura das obras literárias, mas considerava essas obras principalmente como uma realidade remodelada, belamente distorcida. Não era um romântico a celebrar o artista como um criador quase divino; é evidente sua relutância em reconhecer os aspectos puramente criativos da obra do escritor e do pintor.

Sua análise da criatividade literária, portanto, é mais moderada do que exaltada; ela se concentra nas transações psicológicas entre o criador e sua infância, entre o produtor e o consumidor. Visto que, no fundo, todos os desejos são egoístas, é provável que sua apresentação se depare com a rejeição do público ocupado em sonhar seus próprios devaneios egocêntricos. O poeta supera essas resistências "subornando" seus leitores ou ouvintes com o "prazer preliminar" da forma estética, prazer preliminar este que promete prazeres ainda maiores a seguir, e permite que os leitores vejam seus próprios devaneios "sem qualquer autorrecriminação ou vergonha". É exatamente nesse gesto de suborno, julgava Freud, que consiste "a *Ars poetica* propriamente dita". A seu ver, "o prazer efetivo com uma obra de ficção surge a partir de uma liberação de tensões de nossa mente". O artista (poder-se-ia acrescentar ao argumento fundamental de Freud) usa a isca da beleza.

Apesar de todas as suas obrigações, de toda a sua atividade, a rotina regular de Freud continuou a incluir, como sempre, os prazeres familiares tradicionais, tanto nos invernos como nos verões. Até 1909, quando Martin foi admitido na universidade e saiu de casa, Freud passava o precioso período das férias nas montanhas, com sua mulher, a cunhada e todos os filhos. Esse mesmo ano, 1909, assinalou um outro marco na vida familiar de Freud; Mathilde, sua filha mais velha, foi a primeira a se casar. Apesar da alegria e do prazer que havia proporcionado a seu pai desde o momento em que nasceu, em outubro de 1887, Mathilde também fora causa de angustiadas preocupações. Uma operação do apêndice em 1906, pelo visto malfeita, deixara incerto seu estado de saúde: dois anos depois, ela foi acometida por uma inquietante febre alta que fez com que seu pai suspeitasse de peritonite, e dois anos depois, "corajosa como sempre", ela teve de se submeter a uma outra operação séria. Suas doenças intermitentes, as feições um tanto pesadas e a tez pálida afetaram profundamente o amor-próprio de Mathilde; ela se queixou ao pai que não era atraente. Isso deu a Freud uma oportunidade de reconfortá-la afetuosa e paternalmente. "Há muito tempo suspeito", escreveu a ela em março de 1908, quando Mathilde se recuperava de sua última enfermidade numa estação de repouso, "que, com toda a sua costumeira sensatez, você se sente magoada por não ser suficientemente bonita e que assim não atrairá nenhum homem." Mas, disse-lhe Freud, ele estivera a observá-la sorrindo. "A mim, você parece bastante bonita." De qualquer forma, ela devia lembrar que, "de muito tempo para cá, o que tem sido decisivo não é a beleza física de uma moça, mas antes a impressão de sua personalidade". Disse à filha que se olhasse no espelho; ela iria descobrir, para seu alívio, que suas feições não eram comuns nem desagradáveis. E mais — e esta era a mensagem antiquada que seu "pai amoroso" queria transmitir —, "os rapazes razoáveis sabem, afinal, o que devem procurar numa mulher: temperamento meigo, jovialidade e a capacidade de tornar a vida mais agradável e fácil para eles". Por mais anacrônicas que começassem a se mostrar as atitudes de Freud, mesmo em 1908, Mathilde Freud aparentemente considerou essa carta reanimadora. De qualquer modo, em fevereiro do ano seguinte, ao 21 anos de idade, ela se casou com um homem de negócios vienense doze anos mais velho, Robert Hollitscher. Freud, que nessa época vivia o arrebatamento inicial de sua amizade com Sándor Ferenczi, disse a Ferenczi que teria preferido *a ele* como genro, mas nunca demonstrou qualquer desagrado à filha pela sua escolha: Hollitscher rapidamente se tornou "Robert", membro plenamente aceito no clã Freud.

Quatro anos depois, em janeiro de 1913, a segunda filha de Freud, Sophie, também o abandonou. Freud logo aprovou o noivo dela, o fotógrafo hamburguês Max Halberstadt. Ele havia visitado o estúdio de Halberstadt e tivera boa impressão de seu futuro genro. No começo de julho de 1912, Freud ainda se dirigia a ele um tanto formalmente, tratando-o de "Caro Senhor" — *Sehr geehrter Herr* —, e disse-lhe um pouco sentenciosamente que sentia-se feliz em ver Sophie seguindo suas inclinações, tal como fizera a irmã mais velha, Mathilde, quatro anos antes. Apenas duas semanas depois, Halberstadt tornara-se "Meu Caro Genro", embora Freud ainda preferisse tratá-lo com o distante *Sie*. Mas esse acréscimo à família agradava-lhe claramente. Halberstadt, como escreveu Freud a Mathilde, ao mesmo tempo que a felicitava, era "visivelmente um ser humano muito confiável, sério, terno, refinado e ainda assim não fraco", e achava bastante provável que os Freud viriam a presenciar pela segunda vez o fato raro de um casamento feliz entre seus filhos. Em 27 de julho, Halberstadt se tornara "Caro Max", e finalmente, duas semanas depois Freud admitiu-o em seu círculo familiar íntimo, tratando-o por *du*. Mas essa sensação de ganho foi levemente turvada por uma sensação de perda. Num cartão-postal que Freud enviou de Roma a seu futuro genro, em setembro, subscreveu-se com "Cordiais saudações de um pai totalmente órfão".*

Mas a principal demanda da atenção de Freud provinha da psicanálise. Hanns Sachs, que conheceu Freud nessa época, pouco exagerou ao afirmar que o via "dominado por uma ideia despótica", uma dedicação ao trabalho que sua família suportava "com a maior disposição, sem um resmungo". Sua concentração nesses dias eufóricos era, talvez, maior do que nunca: era o momento de levar as descobertas da psicanálise para fora do consultório. "Estou cada vez

* Quando nasceu o primeiro filho de Sophie, ele o saudou com uma exclamação de assombro. "Na noite passada", escreveu a Ferenczi num cartão-postal em 11 de março de 1914, "por volta das três horas, um menininho como primeiro neto! Muito admirável! Um sentimento antigo, respeito diante das maravilhas da sexualidade!" (Freud-Ferenczi Correspondence, Freud Collection, LC).

mais imbuído da certeza do valor cultural da ψA", disse Freud a Jung em 1910, "e desejaria que um sujeito inteligente extraísse dela as consequências justificadas para a filosofia e a sociedade."* Ele ainda tinha momentos de hesitação ou incerteza, embora fossem raros e estivessem rareando ainda mais. "Acho muito difícil", escreveu no mesmo ano, respondendo aos pródigos votos de Ferenczi pelo Ano-Novo, "comentar o valor de meus textos e sua influência sobre a futura configuração da ciência. Às vezes acredito nele, às vezes tenho dúvidas." E acrescentou, numa frase que estava se tornando cara a ele: "O próprio bom Deus talvez ainda não saiba".

Mas, embora Freud se orgulhasse ou até se vangloriasse um pouco de sua capacidade de autocrítica, as perspectivas de uma interpretação psicanalítica da cultura deixavam-no eufórico. Ele tinha certeza de que era aí que se encontrava sua próxima tarefa. Em 1913, ao resumir o trabalho de explanação já realizado pela psicanálise, fora do consultório, ele esboçou um ambicioso programa de novas conquistas. A psicanálise, afirmou ele, pode lançar raios de luz sobre as origens da religião e da moral, da justiça e da filosofia. Agora, a "história completa da cultura" estava apenas à espera de seu intérprete psicanalítico.**

Alguns dos artigos de Freud sobre psicanálise aplicada eram rápidas incursões inconclusivas por campos onde ele não se considerava especialista. Sabia que não era arqueólogo nem historiador, tampouco filólogo ou advogado. Mas, por outro lado, conforme ele observou com uma mescla de rispidez e satisfação, os profissionais praticantes das disciplinas vizinhas, fosse por ignorância ou timidez, não pareciam dispostos a aproveitar as ideias que os psicanalistas lhes ofereciam. A resistência deles era tão inflexível quanto a resistência da instituição psiquiátrica, mas dava a Freud uma oportuna liberdade de manobra e permitia-lhe o luxo de empregar um tom hesitante, muitas vezes brincalhão.

Freud nunca duvidou que o sujeito inteligente que deduziria as consequências culturais da psicanálise era ele próprio. Mas estava encantado por poder contar com outros pioneiros, dentre os psicanalistas que se juntavam a ele. De havia muito, Jung apreciava dedicar-se à psicanálise da cultura, principalmente seu lado oculto, como se estivesse satisfazendo um apetite sensual. No começo da primavera de 1910, ele confessou a Freud que vinha se entregando "ao gozo praticamente autoerótico de meus sonhos mitológicos". Estava tão empenhado

* Em seu entusiasmo, Freud escreveu *Welt* — "mundo" —, em lugar de *Wert* — "valor" —, deslize pequeno, mas sugestivo, insinuando o quão abrangentes ele considerava suas ideias.

** O que ele disse ao socialista flamengo dissidente Hendrik de Man, em 1925, era sua firme convicção havia quinze anos: "Sempre fui da opinião de que as aplicações extramédicas da psicanálise são tão significativas quanto as médicas, e na verdade que aquelas talvez possam ter uma influência maior sobre a orientação mental da humanidade" (Freud a Hendrik de Man, 13 de dezembro de 1925. Archief Hendrik de Man, Instituto Internacional de História Social, Amsterdã.) Era a voz do médico ambivalente, cujo coração estava em outro lugar.

em conseguir acesso aos segredos do misticismo "com a chave da teoria da libido", que Freud lhe pediu para "voltar a tempo para as neuroses. Aí está", acrescentou enfaticamente, "a terra natal onde devemos primeiramente assegurar nosso domínio contra tudo e todos". Apesar do interesse pela psicanálise aplicada, Freud não descuidava de suas prioridades.

Mas Karl Abraham e Otto Rank, embora com tendências menos místicas do que Jung, andavam numa agitação quase igual. Em 1911, Abraham publicou uma pequena monografia psicanalisando Giovanni Segantini, o pintor tirolês do final do século XIX, morto prematuramente, que na época desfrutava de alto apreço pelas suas paisagens camponesas místicas. O orgulho de Abraham pelo seu esforço pioneiro não foi pequeno, e no ano seguinte ele acrescentou outra contribuição à psicanálise aplicada — um artigo sobre o faraó egípcio Amenhotep IV, o histórico inovador religioso que mais tarde viria a ocupar Freud, em seu livro sobre Moisés e o monoteísmo.* Ao mesmo tempo, Rank, leitor onívoro e escritor fluente, tentava abarcar o mundo estudando a psicologia do artista, o tema do incesto na literatura e os mitos em torno do nascimento do herói.

Em 1912, junto com Hanns Sachs, Rank fundou *Imago*, um periódico especializado, como anunciava o cabeçalho, na aplicação da psicanálise às ciências da cultura. Originalmente, conforme Freud informou a Ernest Jones, essa "nova revista, de forma alguma médica", iria se chamar *Eros e psiquê*. O nome finalmente adotado por seus fundadores foi um tributo à literatura; ele evocava explicitamente um romance recente, *Imago*, de autoria do poeta suíço Carl Spitteler, que celebrara o poder do inconsciente numa nebulosa história de amor. Freud, de início, estava preocupado que, embora editada por "dois rapazes inteligentes e honestos", a *Imago* não viesse a "ter uma carreira tão fácil como a que se apresentou aos outros órgãos". Suas apreensões mostraram-se injustificadas. A *Imago*, podia Freud informar em junho de 1912, "está indo admiravelmente bem"; o número de assinantes — 230 —, principalmente da Alemanha, parecia-lhe extremamente satisfatório, embora a falta de interesse por ela em Viena o perturbasse. Os editores encontravam por toda parte psicanalistas mais do que dispostos a colaborar, e entre eles nada menos que o próprio Freud. Ele supervisionava os "dois rapazes inteligentes e honestos", e enviou-lhes alguns de seus artigos exploratórios mais ousados.

Os textos não clínicos do círculo íntimo deram ocasião para uma sequência de manifestações de boa vontade e congratulações mútuas. Freud acolheu bem a contribuição de peso de Jones à *Imago*, sobre a significação simbólica do sal; Jones disse a Abraham que estudara o "fascinante estudo" deste sobre Segantini "com o maior interesse"; Abraham, por sua vez leu *Totem e tabu* de Freud "duas

* Fliess, fazendo-se agradável a Abraham, tal como era de seu feitio, respondeu, ao receber uma separata do artigo de Abraham sobre Amenhotep, dizendo ao autor que ele agora iria "tentar repensar esse personagem à luz de sua concepção". [Fliess a Abraham (cartão-postal), 12 de outubro de 1912, Karl Abraham papers, LC.]

vezes, com uma satisfação crescente". Reconhecidamente, algumas das patografias de artistas e poetas produzidas no círculo vienense eram ingênuas e precipitadas, e por vezes suscitavam a irritação manifesta de Freud. Mas, bem ou malfeita, a psicanálise aplicada foi, quase desde o início, um risco coletivo. Freud achava adequado tal interesse generalizado, mas não precisou das instâncias de ninguém para pôr a cultura no divã.

Os princípios que governavam as incursões de Freud no domínio da cultura eram poucos, fáceis de nomear, mas difíceis de aplicar: tudo é lícito, tudo está disfarçado e tudo está interligado. A psicanálise, como ele colocou, estabelece laços íntimos entre "as realizações psicológicas dos indivíduos e da sociedade, postulando a mesma fonte dinâmica para ambos". A "função principal do mecanismo mental" é "aliviar a pessoa das tensões que suas necessidades criam nela". A pessoa consegue alívio em parte "extraindo satisfação do mundo exterior" ou "encontrando alguma outra forma de empregar os impulsos insatisfeitos". Por isso a investigação psicanalítica na arte ou na literatura, tal como a investigação das neuroses, deve ser uma busca de desejos ocultos satisfeitos ou desejos ocultos frustrados.

Armado com esses princípios essencialmente simples, Freud percorreu os produtos mais elevados da cultura, filhos privilegiados da mente, cobrindo uma enorme área. Mas, em todas as suas explorações, seu foco sempre continuou a ser a psicanálise. O que lhe importava não era tanto o que poderia aprender com a história da arte, a linguística e as demais, mas o que elas poderiam aprender com ele; Freud entrou em terras alheias mais como um conquistador do que como um suplicante.* Seu artigo sobre Leonardo, como vimos, era um experimento biográfico, mas, ao mesmo tempo, uma investigação psicanalítica sobre as origens da homossexualidade e as operações da sublimação. Sob esse aspecto, foi um modelo para todas as suas outras aventuras de análise cultural. A psicanálise, como ele disse, sempre se manteve como sua terra natal.

Freud apreciava imensamente tais excursões. Mas sua preocupação psicanalítica com os produtos da cultura não era simplesmente uma revigorante atividade de férias para ocupar as horas livres. O traço de compulsão tão evidente em sua atitude em relação aos casos clínicos e às investigações teóricas também se encontra em suas reflexões sobre arte e literatura. Como vimos, ele havia vivenciado o enigma de Leonardo e os quebra-cabeças mais divertidos colocados por Schreber como tantas outras obsessões a serem satisfeitas e descarregadas. Os

* Comentando a biografia de Goethe feita por Emil Ludwig, a qual não tinha em alta conta, Freud escreveu a Otto Rank: "A censura que se levantou contra nossas psicobiografias aplica-se antes, com muito maior intensidade, a esta [biografia] como a todas as outras não analíticas". (Freud a Rank, 10 de agosto de 1921. Rank Collection, caixa 1b. Rare Book and Manuscript Library, Columbia University.)

Freud, com cerca de oito anos, ao lado de seu pai Jacob, então com quase cinquenta anos, numa fotografia formal de estúdio, tirada depois da mudança da família para Viena.

Freud aos dezesseis anos com sua adorada mãe Amalia.

A família Freud em 1876, com Freud aos vinte anos, no centro, olhando para a câmera, e seu meio-irmão Emanuel de costas para ele. Ainda na fila de trás, da esquerda para a direita, estão suas irmãs Pauline, Anna, Rosa e Marie ("Mitzi") e Simon Nathansohn, primo de Amalia. A irmã de Freud, Adolfine ("Dolfi") e seus pais estão sentados na fila de frente. O menino na cadeira é provavelmente Alexander, irmão de Freud. As duas outras crianças não foram identificadas.

Freud e Martha Bernays em Wandsbek em 1885, no ano anterior ao seu casamento.

André Brouillet, La Leçon clinique du Dr. Charcot. *Freud pendurou uma reprodução deste quadro em seu consultório.*

Freud e seu íntimo da década de 1890, Wilhelm Fliess, o amigo mais importante e mais problemático que Freud teve.

Bertha Pappenheim, a famosa histérica "Anna O.", paciente de Breuer entre 1880 e 1882, que tem o mérito de ser, num sentido muito real, a paciente fundadora da psicanálise.

O famoso divã analítico, dado a Freud por volta de 1890.

Um retrato formal de grupo, tirado durante o terceiro congresso internacional de psicanalistas, Weimar, setembro de 1911. Freud está no centro. À sua direita, um pouco mais baixo, está Sándor Ferenczi; à sua esquerda, inclinado, está Carl G. Jung. Lou Andreas-Salomé, sentada, é a quinta a contar da esquerda.

Comemoração das bodas de prata dos Freud, em 14 de setembro de 1911, com todos os filhos e a tia Minna presentes. Da esquerda para a direita: Oliver, Ernst, Anna, Sigmund e Martha Freud, Mathilde, Sophie, Minna Bernays, Martin.

Freud durante as férias de verão de 1913 nos montes Dolomitas, de braços dados com Anna, então com dezessete anos.

Freud com Sándor Ferenczi, então servindo no exército húngaro, em 1917.

Freud com o Comitê, o pequeno grupo fechado que se formou em torno dele em 1912. Essa fotografia de 1922 também inclui Max Eitingon, que se juntou aos membros originais em 1919. De pé, da esquerda para a direita, estão Otto Rank, Karl Abraham, Max Eitingon e Ernest Jones. Sentados, também da esquerda para a direita, estão Freud, Sándor Ferenczi e Hanns Sachs.

Freud em seu gabinete em maio de 1938, aguardando a autorização para sair da Áustria para a Inglaterra.

mistérios do *Rei Lear* e do *Moisés* de Michelangelo perseguiam-no com a mesma insistência. Durante toda a vida, Freud sentiu-se sob forte pressão para desvendar segredos. Quando Ernest Jones, em 1909, ofereceu-se para lhe enviar seu artigo sobre o complexo de Édipo de Hamlet, Freud demonstrou grande interesse. O artigo de Jones era uma extensa nota de rodapé às famosas páginas de Freud em *A interpretação dos sonhos*, sobre os sentimentos de culpa despertados em Hamlet pelo amor à sua mãe e ódio a seu pai, páginas estas que Freud relembrou com visível orgulho: "Quando escrevi o que me pareceu ser a solução do mistério, eu não havia empreendido nenhuma pesquisa especial sobre a literatura acerca de Hamlet, mas eu sabia quais eram os resultados de nossos escritores alemães e vi que o próprio Goethe tinha errado o alvo". Freud considerava uma fonte de satisfação, difícil de ser avaliada por um estrangeiro, ter sobrepujado até mesmo o grande Goethe.

As sérias e esforçadas pesquisas de Freud não foram, em suma, totalmente uma questão de livre escolha. Em junho de 1912, quando se aproximava o esperado intervalo do verão, ele disse a Abraham que, "no momento, minha atividade intelectual estaria limitada às correções para a quarta edição da minha [Psicopatologia da] 'vida cotidiana', se não tivesse me ocorrido subitamente que a cena de abertura em Lear, o julgamento de Páris e a escolha de escrínios no 'Mercador de Veneza' na verdade se baseiam no mesmo motivo que agora devo rastrear". Ele simplesmente "devia" rastreá-lo. Não admira que descrevesse sua relação com as ideias em termos próprios ao sofrimento. "Hoje estou atormentado", informou a Ferenczi na primavera de 1911, "pelo segredo da escola trágica, que certamente não vai resistir à ψA." Ele nunca seguiu essa pista críptica, e talvez nunca venhamos saber qual escola trágica ele tinha em mente. Desta vez, seu tormento o abandonou sem obrigá-lo a se desembaraçar dele através de um árduo trabalho intelectual. Mas, em geral, os interesses mais fortes de Freud assemelhavam-se suspeitamente a pressões exigentes e tensões não resolvidas. "Comecei a estudar Macbeth, que há muito tempo vinha me atormentando", escreveu ele a Ferenczi em 1914, "sem ter até agora encontrado a solução." Mais de uma vez, Freud disse que trabalhava melhor quando não estava se sentindo inteiramente bem; o que ele nunca comentou foi que suas necessárias indisposições eram, pelo menos em parte, os sinais visíveis de pensamentos lutando por expressão.

Um enigma que surgia na mente de Freud era como um corpo estranho, o grão de areia na ostra que não pode ser ignorado e que, ao final, pode resultar numa pérola. A ideia de Freud era que a curiosidade científica de um adulto é a elaboração tardia da busca da verdade, por parte da criança, sobre a diferença entre os sexos e os mistérios da concepção e do nascimento. Se assim é, a própria inquisitividade premente de Freud reflete uma necessidade excepcionalmente forte de esclarecimento desses segredos. Eles o desconcertavam tanto mais na medida em que refletia sobre a visível disparidade nas idades de seus pais e a presença de irmãos com a mesma idade de sua mãe, para não mencionar um sobrinho mais velho do que ele.

* * *

Talvez nenhum dos textos de Freud sobre arte revele seu caráter compulsivo com maior eloquência do que o artigo sobre o *Moisés* de Michelangelo, publicado em 1914. Freud se detivera fascinado perante essa estátua em tamanho maior que o natural durante sua primeira viagem a Roma, em 1901; nunca deixou de considerá-la atordoante e magnífica. Nenhuma outra obra de arte jamais o impressionara tanto. Em 1912, em outra de suas viagens de férias a Roma, ele escreveu à sua mulher, contando que visitava diariamente o *Moisés* de Michelangelo, e que achava que poderia escrever "umas poucas palavras" sobre ele. Como depois se revelou, Freud gostou muito das poucas palavras que, de fato, escreveu, embora as tenha publicado na *Imago* como de autoria "de * * *". Com bastante sensatez, Abraham indagou sobre a apresentação anônima: "O senhor não acha que se reconhecerá as marcas do leão?". Mas Freud insistiu em chamar o artigo de "um filho bastardo". Em março de 1914, logo depois que "Moisés" voltara da gráfica, Freud ainda perguntava a seu "caro Jones" se "talvez seja melhor não reconhecer esse filho perante o público", e não reconhecido ele se manteve por dez anos. Mas ele o apreciava quase tanto quanto a estátua analisada. Quando Freud estava enfronhado na elaboração do artigo, Ernest Jones visitou Roma, e Freud escreveu-lhe num acesso de saudade: "Invejo-o por ver Roma tão logo e tão cedo na vida. Leve minha mais profunda devoção a Moisés e escreva-me sobre *ele*". Jones, sensível à solicitação, mostrou-se à altura. "Minha primeira peregrinação no dia seguinte à minha chegada", escreveu ele a Freud, "foi para transmitir suas saudações a Moisés, e acho que ele se descontraiu um pouco de sua altivez. Que estátua!"

O que mais intrigava Freud na enorme estátua de Michelangelo era exatamente o fato de intrigá-lo tanto. Sempre que visitava Roma, visitava o *Moisés*, premeditadamente. "Em 1913, ao longo de três semanas solitárias de setembro", recordou ele, "detive-me diariamente na igreja diante da estátua, estudei-a, medi-a, sondei-a, até que me veio a compreensão que só ousei expressar no papel anonimamente." O *Moisés* era perfeitamente adequado para espicaçar a curiosidade de Freud; por muito tempo suscitara admiração e conjecturas. A figura monumental ostenta na fronte os cornos míticos, que representam a luz radiante que veio ao rosto de Moisés após ver Deus. Michelangelo, propenso ao heroico, ao descomunal, figurou Moisés como um velho forte, robusto, imponente, com uma barba fluindo como um rio, a qual ele segura com a mão esquerda e o indicador da direita. Ele está sentado, com o cenho franzido, olhando severamente à sua esquerda e tendo sob o braço direito as tábuas da lei. O problema que fascinou Freud foi justamente o momento que Michelangelo escolhera retratar. Teve gosto em citar o historiador da arte Max Sauerlandt, segundo o qual "nenhuma obra de arte no mundo foi submetida a julgamentos tão contraditórios quanto esse Moisés com cabeça de Pã. A própria interpretação da figura está aberta a plenas contradições". A tensão nas pernas de Moisés sugere uma ação iniciada ou recém-concluída; mas Moisés está começando a levantar ou acabou de se sentar? Foi esta a charada que Freud sentiu-se obrigado a resolver. Michelangelo retratara Moisés como o emblema eterno do legislador que contemplou Deus, ou esse Moisés estava num momento de cólera contra seu povo, pronto para quebrar as tábuas que trouxera do Monte Sinai?

Em 1912, Freud levou para casa um pequeno molde em gesso do *Moisés*, mas ainda não estava pronto para passar suas ideias para o papel. Ernest Jones complicava proveitosamente a questão. "Jones enviou-me fotos de uma estátua de Donatello em Florença", disse Freud a Ferenczi em novembro, "que abalaram bastante meu ponto de vista." As fotografias levantavam a possibilidade de que Michelangelo havia esculpido sua estátua obedecendo a pressões mais artísticas do que emocionais. No final de dezembro de 1912, agradecendo a Jones pela ajuda, Freud pediu, quase timidamente, um favor: "Se posso incomodá-lo em algo mais — é mais do que importuno —, permita-me dizer que quero uma reprodução — mesmo que seja o desenho do admirável contorno inferior das tábuas, assim se inserindo numa nota minha". Ele explicou o que queria com um pequeno esboço amador, mas aproveitável, mostrando as bordas inferiores das tábuas da lei. Jones obedeceu prontamente; ele sabia o quanto importavam tais detalhes.

Enquanto refletia em seu artigo sobre o *Moisés* e fazia anotações para ele, Freud continuava a vacilar. Em agosto de 1913, ele enviou a Ferenczi um cartão-postal ilustrado de Roma, mostrando a controversa estátua de Michelangelo, e em setembro escreveu a Ernest Jones: "Visitei novamente o velho Moisés, e senti-me confirmado em minha explicação de sua postura, mas algo no material comparativo que o senhor reuniu para mim realmente abalou minha confiança, que ainda não se recuperou". No começo de outubro, ele informou de Viena que acabara de voltar, "ainda um pouco inebriado com a beleza dos dezessete dias em Roma". Mas, ainda em fevereiro de 1914, não tinha certeza: "No caso Moisés, estou ficando novamente negativo".

Como se poderia esperar, Freud desenvolveu uma interpretação inteiramente própria. Exceto os poucos que haviam interpretado a estátua de Michelangelo como um monumento à grandiosidade intemporal, os historiadores da arte, em sua maioria, entendiam-na como uma representação da calmaria que precede a tempestade: investindo sobre os filhos de Israel que adoravam o bezerro de ouro, Moisés está a ponto de explodir em sua cólera e de despedaçar as tábuas. Mas Freud, investigando cuidadosamente detalhes como a posição da mão direita de Moisés e a das próprias tábuas, concluiu que Michelangelo pretendera mostrar Moisés enquanto dominava sua tempestade interior, "não o prelúdio a uma ação violenta, mas os resquícios de um movimento encerrado". Ele estava ciente de que sua interpretação contradizia as Escrituras; em sua fúria arrebatadora, afirma o Livro do Êxodo, Moisés realmente quebrou as tábuas. Mas essa autoridade não abalaria a conclusão definitiva de Freud: seu *Moisés* era um Moisés muito humano, um homem, como Michelangelo, dado a explosões temperamentais, neste momento supremo controlando-se virilmente. Por isso, Michelangelo "fez seu Moisés para o mausoléu do Papa, não sem uma recriminação contra os mortos, como uma advertência a si mesmo, elevando-se com essa autocrítica acima de sua própria natureza".

Isso soa, em boa medida, como se a leitura de Freud sobre Michelangelo fosse uma leitura de si mesmo. Sua vida, como se mostra reiteradamente, foi uma luta por autodisciplina, por controle sobre seus ímpetos especulativos e sua raiva — raiva pelos inimigos e, ainda mais difícil de controlar, pelos adeptos que ele considerava falhos ou desleais.* Embora tenha ficado fascinado à primeira vista pelo *Moisés* de Michelangelo, em 1901, foi apenas em 1912, quando sua relação com Jung vinha se degringolando, que Freud passou a ver a estátua como uma tarefa de interpretação. E ele esboçou "O Moisés de Michelangelo" no final de 1913, logo antes de começar a dar forma à "História do movimento psicanalítico", a "bomba" que planejava lançar contra Jung e Adler. Nessa polêmica, ele iria refrear sua fúria, e apenas estritamente, para melhor servir à sua causa.** Mas, sob a dolorosa provação que sentia, não tinha a menor certeza se seria capaz de conseguir o férreo autodomínio que atribuíra à sua estátua predileta. Em outubro de 1912, havia escrito a Ferenczi: "No meu estado de ânimo, comparo-me antes com o Moisés histórico do que com o Moisés de Michelangelo que interpretei". Assim, o ponto cardeal de seu exercício de investigação em história da arte era ensinar a si mesmo a virtude de imitar o estadista controlado de Michelangelo, mais do que o impulsivo líder de cujo gênio exaltado o Livro do Êxodo apresenta provas tão eloquentes. Apenas uma tal interpretação biográfica pode explicar as visitas diárias de Freud à estátua de Michelangelo, sua meticulosa medição, seu detalhado desenho, sua leitura cuidadosa de monografias, todos eles um pouco desproporcionais aos resultados que, na melhor das hipóteses, não haveriam de passar de uma nota de rodapé na interpretação psicanalítica da arte. Mas quem dedicou todas essas horas ao *Moisés* de Michelangelo não foi apenas o Freud político em busca de autodisciplina. Foi também o Freud pesquisador compulsivo, que não tinha a liberdade de recusar as solicitações de um enigma, uma vez possuído por ele.

* Como veremos adiante, essa raiva também tinha dimensões inconscientes, muito provavelmente fundadas na decepção de se ver cada vez mais afastado de sua posição privilegiada como filho único, depois que Amalia Freud deu irmãos e mais irmãos a seu primogênito.

** "O inverno de 1913-4, seguindo-se ao infeliz Congresso em Munique, realizado em setembro, foi a pior época no conflito com Jung. O *Moisés* foi escrito no mesmo mês, assim como os longos ensaios onde Freud apresentava a seriedade das divergências entre suas ideias e as de Jung ('Narcisismo' e 'A história do movimento psicanalítico'), e não há dúvidas de que estava se sentindo, na época, amargamente desapontado com a defecção de Jung. Isso lhe custou uma luta interna para controlar suas emoções de modo firme o suficiente para lhe permitir dizer calmamente o que sentia ter a dizer. Não se pode evitar a conclusão óbvia de que, nessa época e provavelmente antes, Freud tinha se identificado com Moisés e estava lutando para imitar a vitória sobre as paixões que Michelangelo retratara em sua magnífica obra." (*Jones* II, pp. 366-7.)

* * *

Freud restringiu suas observações sobre estética a artigos e monografias. O "deslindamento dos segredos da criação artística" defendido por Max Graf numa das sessões noturnas das quartas-feiras, no final de 1907, manteve-se incompleto nos textos de Freud. A falha, em grande medida, foi pessoal. A ambivalência de Freud em relação aos artistas, como sabemos, era intensa. "Muitas vezes me perguntei com perplexidade", escreveu ele a Arthur Schnitzler, agradecendo-lhe os votos pelo seu quinquagésimo aniversário, "de onde o senhor poderia ter retirado este ou aquele conhecimento secreto, que eu havia adquirido através de laboriosas investigações." A cortesia não poderia ser maior, e nas cartas de agradecimentos não se está sob a obrigação de um juramento. Mas, por muitos anos, a penetração psicológica aparentemente espontânea do artista criativo havia amargurado Freud. Era exatamente o dom intuitivo e desimpedido para a especulação que Freud considerava tão necessário disciplinar em si mesmo.

Para tornar o caso ainda mais pessoal, a capacidade de fascínio do artista exasperara Freud muito tempo atrás, quando estava cortejando Martha Bernays. Como amante irascível e imperioso, consumido pelo ciúme de dois jovens rivais, ambos dedicados às artes, ele declarara que "existe uma inimizade geral entre os artistas e os empenhados nas minúcias do trabalho científico". Havia observado com indisfarçada inveja que os poetas e pintores "possuem em sua arte uma chave-mestra para abrir facilmente todos os corações femininos, ao passo que nós ficamos desamparados frente aos estranhos desígnios do cadeado e antes temos de nos atormentar para descobrir uma chave adequada a ele". Por vezes, os comentários de Freud a respeito dos poetas soam como a vingança do cientista sobre o artista. A tartaruga calunia a lebre. O fato de ter certas ambições artísticas pessoais, como é largamente demonstrado por seu estilo literário, apenas tornou ainda mais aguda sua inveja do artista.

Mas sua carta a Schnitzler também mostra que se tratava de uma inveja mesclada à admiração. Afinal, embora Freud, de vez em quando, descrevesse o artista como um neurótico em busca de gratificações sucedâneas para seus fracassos no mundo real, ele também lhe atribuía dotes analíticos excepcionais. Após analisar *Gradiva*, uma novela menor do dramaturgo e romancista alemão Wilhelm Jensen, publicada pela primeira vez em 1903, Freud enviou uma cópia de seu artigo ao autor. Jensen respondeu polidamente que aceitava a interpretação de Freud, mas deixou absolutamente claro que não tinha qualquer conhecimento do pensamento psicanalítico, antes de escrever o conto. Como então poderia ter "psicanalisado" as personagens que inventara para a sua *Gradiva*, montando o enredo da novela praticamente como uma cura analítica? Freud solucionou o enigma que colocara a si próprio, concluindo que "nós" — o escritor e o analista — "provavelmente bebemos na mesma fonte, trabalhamos no mesmo objeto, cada qual com um método diferente". O analista observa o inconsciente de seus pacientes, ao passo que o escritor observa seu próprio inconsciente e molda suas descobertas numa manifestação expressiva. Assim, o romancista e o poeta são psicanalistas amadores, na melhor das hipóteses tão penetrantes quanto qualquer profissional. O elogio de Freud dificilmente poderia ter sido mais sincero, mas era o elogio do artista enquanto analista.

Por fragmentárias que continuem a ser as pesquisas analíticas de Freud no campo da cultura superior, elas tocam as três dimensões principais da experiência estética: a psicologia dos protagonistas, a psicologia do público e a psicologia do autor. Essas dimensões necessariamente implicam e esclarecem umas às outras. Assim, o psicanalista pode ler *Hamlet* como uma produção estética cujo herói, assombrado por um complexo de Édipo não resolvido, convida à sua própria análise; como uma pista para os complexos de grandes audiências, profundamente comovidas ao reconhecerem na tragédia sua própria história secreta;* como um testemunho indireto sobre o drama edipiano do autor, sobre o problema emocional não resolvido com o qual ele ainda se debate.** Em suma, a investigação psicanalítica de Hamlet, um personagem de ficção que fascinou e intrigou tantos estudiosos posteriores, pode explicar suas fontes mais obscuras de ação, seu poder misterioso sobre legiões de admiradores e também a percepção de seu criador. Tal investigação prometia uma leitura muito mais acabada, muito mais sutil do que fora possível a intérpretes anteriores, principalmente aos críticos formalistas que (como Eitingon colocou sucintamente) desconfiavam dos "conteúdos e dos poderes que determinam esses conteúdos".

Mas os críticos da estética de Freud logo objetaram que a crítica psicanalítica normalmente sofre do defeito exatamente oposto: uma tendência a negligenciar a habilidade, a forma, o estilo, em favor do conteúdo. A busca deliberada, por parte do psicanalista, de significados ocultos num poema, romance ou quadro provavelmente leva-o a prestar excessiva atenção ao enredo, à narrativa, à metáfora e ao personagem, e a passar por cima do fato de que os produtos culturais brotam de mãos talentosas e experimentadas e de uma tradição que o artista obedece, modifica ou desafiadoramente deixa de lado. Portanto, uma interpretação satisfatória e acabada de uma obra de arte ou literária provavelmente será muito mais desalinhada do que sugerem as ordeiras formulações psicanalíticas. Mas Freud confiava em que "a análise nos permite supor que a grande riqueza aparentemente inesgotável dos problemas e situações tratados pelo escri-

* "Todo ouvinte", disse Freud a Fliess numa importante carta, "alguma vez foi, em embrião e em fantasia, um tal Édipo." [Freud a Fliess, 15 de outubro de 1897, *Freud-Fliess*, p. 293 (272).]

** Passara-lhe pela cabeça, escreveu Freud a Fliess, indagar se alguns traços do complexo inconsciente de Édipo "não podem também estar na base de *Hamlet*. Não estou pensando na intenção consciente de Shakespeare, mas, mais precisamente, acredito que um acontecimento real estimulou o poeta em seu retrato, no sentido de que o inconsciente nele entendeu o inconsciente no herói". (Ib.)

tor criativo pode ser reconduzida a um pequeno número de temas primários, os quais, em sua maioria, derivam do material da experiência reprimida da vida mental da criança, de modo que as produções fictícias correspondem a novas edições disfarçadas, embelezadas e sublimadas daquelas fantasias infantis".

Assim, deduzir de uma obra fáceis inferências sobre seu criador era uma tentação permanente para os críticos psicanalíticos. Suas análises dos criadores e dos públicos da arte e da literatura ameaçavam se tornar, mesmo em mãos habilidosas e delicadas, exercícios de reducionismo.* Um freudiano pode achar perfeitamente óbvio que Shakespeare deva ter passado pela experiência edipiana que ele dramatizou de maneira tão absorvente. Ele não era humano? Quando se cortava, não sangrava? Mas a verdade é que o dramaturgo não precisa ter partilhado totalmente das emoções que ele retrata de modo tão poderoso. Tampouco essas emoções, ocultas ou evidentes, devem despertar necessariamente as mesmas emoções no público. A catarse, como os psicanalistas deviam saber, funciona não para gerar a imitação, mas para torná-la supérflua: ler um romance carregado de violência ou assistir a uma tragédia sanguinária pode purificar, ao invés de estimular sentimentos coléricos. Há sugestões — não mais que isso — nos textos de Freud de que ele tinha um certo vislumbre dessas complexidades, mas suas ideias sobre arte, embora descortinassem perspectivas fascinantes, também levantavam problemas, quase igualmente fascinantes.

Em geral, o que embaraçava os leitores de Freud não era tanto sua ambivalência em relação ao artista, mas sim suas certezas sobre a arte. Provavelmente, sua sugestão mais controversa foi a de que os personagens literários podem ser analisados como se fossem pessoas reais. Muitos estudiosos da literatura têm mostrado desconfiança frente a tais tentativas: um personagem num romance ou numa peça, argumentam eles, não é um ser humano real com uma mente real, mas um boneco animado a que seu inventor emprestou uma vida simulada. Hamlet não tinha existência antes ou fora da peça que leva seu nome; investigar os estados mentais que precedem sua primeira fala, ou analisar suas emoções como se fosse um paciente no divã é confundir as categorias da ficção e da rea-

* "A análise clínica dos artistas criativos", escreveu o psicanalista e historiador da arte Ernst Kris certa vez numa passagem salutar, "sugere que a experiência de vida do artista é, às vezes, a fonte de sua visão apenas num sentido limitado, que sua capacidade de imaginar conflitos pode ultrapassar consideravelmente o campo de sua experiência pessoal, ou, para colocar de modo mais preciso, que pelo menos alguns artistas possuem o dom especial de generalizar a partir de qualquer que tenha sido sua experiência pessoal." Procurar, digamos, Shakespeare em Falstaff ou no príncipe Hal parece uma busca "fútil", e "contrária ao que a experiência clínica com os artistas enquanto pacientes psicanalíticos parece indicar. Alguns grandes artistas parecem estar igualmente próximos de vários personagens seus, e podem sentir muitos deles como partes de si mesmos. O artista criou um mundo e não apenas se entregou a um devaneio". [Ernst Kris, *Psychoanalytic explorations in art* (1952), p. 288.]

lidade. Absolutamente impávido, porém, Freud entrou com coragem nesse pântano, com seu fascinante estudo da *Gradiva* de Jensen. Ele o redigiu, disse a Jung, "em dias ensolarados", e o texto deu-lhe "muito prazer. É verdade que não nos traz nada de novo, mas acredito que nos permite desfrutar de nossa riqueza". A análise de Freud ilustra belamente o que essa espécie de psicanálise literária pode realizar e os riscos com que se depara.

O paciente-protagonista de *Gradiva*, Norbert Hanold, é um escavador do desconhecido, um arqueólogo. É extremamente provável que a profissão de Hanold, e seu âmbito específico, a Itália, tenham sido o que primeiro atraiu Freud na história de Jensen. Mas *Gradiva* também tinha implicações psicológicas que a tornavam interessante a Freud. Hanold é o produto retraído e desinteressado dos frios climas do norte, que vai encontrar a claridade e uma cura muito freudiana através do amor no sul ensolarado, em Pompeia. Ele havia reprimido a lembrança de uma moça, Zoë Bertgang, com quem crescera e à qual fora afetuosamente apegado. Ao visitar uma coleção de antiguidades em Roma, ele chega a um baixo-relevo que mostra uma jovem adorável com um modo de andar característico. Ele a chama "Gradiva", que significa "a mulher que avança", e pendura um molde em gesso do baixo-relevo num "lugar privilegiado na parede de seu gabinete". Freud, mais tarde, também colocaria uma reprodução em gesso da "Gradiva" em seu consultório.

A postura da jovem fascina Hanold, pois, embora ele ainda não reconheça, ela lhe recorda a moça que amara e depois "esquecera", para melhor seguir sua vocação isolada e isolante. Num pesadelo, ele vê "Gradiva" no dia da destruição de Pompeia, e tece uma intricada rede de delírios em torno dela, pranteando-lhe a morte como se fosse sua contemporânea, e não apenas uma vítima entre milhares que morreram sob a lava do Vesúvio, há quase dois milênios. "Toda a ciência" dele, anotou Freud à margem de seu exemplar da *Gradiva* de Jensen, se põe "a serviço da f[antasia]." Sob a pressão de sentimentos sem nome e inexplicáveis obsessões, Hanold termina em Pompeia, onde encontra "Gradiva" e se imagina de volta àquele dia fatal em 79 d.C., quando da erupção do Vesúvio. Mas sua visão é a própria realidade: ela é, claro, a paixão de seus verdes anos.

Hanold não tem nenhuma experiência com mulheres — Freud comenta à margem sobre sua "repressão sex[ual]" e a "atmosfera assexual" em que ele vive —, mas felizmente sua "Gradiva" é tão sagaz quanto bela. Zoë, a "fonte" de seu mal-estar, também se torna agente de sua recuperação; reconhecendo as ilusões de Hanold pelo que elas são, ela lhe devolve a sanidade, desenredando suas fantasias da realidade. Ao andar na frente dele, imitando a "Gradiva" da placa em relevo, ela encontra a chave para sua terapia: o andar inconfundível da moça permite que as lembranças reprimidas de Hanold sobre ela venham à sua consciência.

Isso era psicanálise através da arqueologia. Numa das duas passagens em *Gradiva* que levaram Freud a exclamar "belo" — *schön* —, à margem, a heroína apresenta um rasgo de sabedoria que lembrou-lhe sua metáfora favorita. Hanold podia achar estranho, diz ela, "que alguém precise antes morrer, para se tornar vivo". Mas, acrescenta, "para a arqueologia, isso, sem dúvida, é necessário".* No artigo que publicou sobre a novela, Freud mais uma vez deixou explícita a metáfora: "Realmente não há analogia melhor para a repressão, que ao mesmo tempo torna algo inacessível na mente e preserva-o, do que o sepultamento que foi o destino de Pompeia e do qual a cidade só poderia reaparecer através do trabalho da pá".** *Gradiva* demonstra não só o triunfo da repressão, mas também seu destrinçamento; a cura de Hanold pela jovem prova uma vez mais "o poder curativo do amor". Lendo o livrinho com lápis na mão, Freud deixou claro que esse amor, na base, era sensual. "Interesse erótico pelos pés", anotou quando Hanold observa os sapatos de Zoë e, perto do último parágrafo, onde Jensen faz com que Hanold peça a Zoë para caminhar à sua frente, e ela obedece com um sorriso, Freud colocou: "Erótico! Aceitação da fantasia; reconciliação".

Freud teve algumas hesitações quanto à sua intromissão na ficção de Jensen; afinal, estava analisando e interpretando "um sonho que nunca fora absolutamente sonhado". Fez o máximo para ler conscienciosamente a novela de Jensen: anotou cuidadosamente, como se tivesse outra Dora no divã à sua frente, os três sonhos de Hanold e suas consequências, prestou atenção a sentimentos secundários operando em Hanold, tais como angústia, ideias agressivas e inveja, observou ambiguidades e duplos significados, seguiu laboriosamente o progresso da terapia, à medida que Hanold aprende gradualmente a separar ilusão e realidade. Com prudência, concluiu com uma advertência a si mesmo: "Mas aqui devemos parar, ou poderemos realmente esquecer que Hanold e a Gradiva são apenas criaturas do escritor".

Mas essas hesitações não detiveram Freud nem, como vimos, seus seguidores; sem se preocupar com os perigos à frente, os psicanalistas naqueles anos não viam por que recusar à cultura um lugar no divã. É verdade que seus avanços além do trabalho clínico com neuróticos suscitaram algum interesse entre estudiosos de estética, críticos literários e críticos de exposições, e deram origem a sérias reavaliações em praticamente todos os campos especializados que Freud invadira. Mas, embora Freud decidisse encarar seus comentários sobre o devaneio e os escritores de ficção como "uma incursão em terreno que até agora mal chegamos a tocar, no qual é possível se instalar à vontade", inúmeros especialistas vieram a achar que Freud estava se pondo à vontade demais.

Os críticos de Freud tinham algum direito de se sentirem inquietos: o artista criativo, o mais prezado entre os seres humanos, aparecia, em algumas abordagens psicanalíticas, como nada mais que um neurótico hábil com boa capaci-

* Como sabemos, já em 1895 ele havia comparado sua técnica terapêutica à escavação de uma cidade soterrada, ao discutir o caso de sua paciente Elisabeth von R. (*Studies on hysteria*, *SE* II, p. 139.) A outra passagem em *Gradiva* considerada "bela" por Freud apelava a seus intensos sentimentos antirreligiosos: "Se a fé trouxe a salvação [a Hanold], ele arcou com uma quantidade considerável de questões incompreensíveis em todos os pontos". (*Gradiva*, p. 140. Freud Museum, Londres.)

** Cerca de três anos depois, Freud iria explicar o trabalho da repressão ao Homem dos Ratos com a mesma analogia.

dade de expressão, enganando um mundo crédulo com suas talentosas invenções. As próprias análises de Freud, embora muito ambiciosas, dificilmente lhe são favoráveis. Não só contestou a "criatividade" dos artistas criativos, como também delimitou seu papel cultural. Ao exporem os segredos da sociedade, eles não seriam muito mais do que necessários mexeriqueiros autorizados, próprios apenas para reduzir as tensões que se acumularam na mente do público. Freud considerava a produção da arte e da literatura, bem como seu consumo, como atividades humanas semelhantes às outras, sem gozar de nenhum estatuto especial. Não é casual que Freud tenha dado ao ganho que se obtém ao ler, olhar ou ouvir, um termo — prazer preliminar — tomado de empréstimo à mais terrena das gratificações. Para ele, a obra estética, à semelhança do amor ou da guerra, das leis ou das constituições, é uma maneira de dominar o mundo ou de disfarçar o fracasso pessoal em dominá-lo. A diferença é que os romances e os quadros ocultam suas finalidades em última instância utilitárias por trás de ornamentos habilidosamente trabalhados, muitas vezes irresistíveis.

Mas Freud tinha certeza de que conseguiria escapar à armadilha do reducionismo. Teve o cuidado de negar enfática e reiteradamente que a psicanálise possa lançar alguma luz nos mistérios da criatividade. Em seu "Leonardo", desmentiu calorosamente qualquer intenção de tornar "compreensível a realização do grande homem", e declarou-se pronto a "admitir que a natureza da realização artística é, na verdade, psicanaliticamente inacessível a nós".* O questionamento das "leis da vida mental humana", principalmente entre "indivíduos excepcionais", é extremamente atraente, mas tais investigações "não pretendem explicar o gênio do poeta". Estamos autorizados a tomar essas ressalvas em seu sentido explícito. Freud ajustava com honestidade e precisão sua atitude em relação aos textos que publicava, variando desde a certeza dogmática até o completo agnosticismo. Ao mesmo tempo, porém, por mais que respeitasse os impressionantes poderes obscuros da criatividade, Freud estava disposto a defender amplamente o estudo psicanalítico da personalidade de um artista e de suas razões para escolher certos temas ou se fixar sobre certas metáforas, sem falar em seu efeito sobre o público. O que Freud deixou, mesmo entre leitores simpáticos a ele, foi a ideia de que reduzir a cultura à psicologia parece tão unilateral quanto estudar a cultura deixando-se a psicologia totalmente de lado.

Apesar das aparências em contrário, Freud não assumiu sua concepção das artes a fim de desacreditá-las totalmente. Seja feita de espirituosidade ou suspense, com cores surpreendentes ou numa composição persuasiva, a máscara estética, ocultando paixões primitivas, proporciona prazer. Ela ajuda a tornar a vida

* No final dos anos 1920, numa passagem muito citada, ele disse novamente: "Diante do problema do escritor criativo, a análise deve baixar suas armas". ("Dostojewski und die Vatertötung" (1928), *GW* XIV, p. 399/ "Dostoevsky and parricide", *SE* XXI p. 177.)

suportável tanto para o autor como para seu público. Assim, para Freud, as artes são um narcótico cultural, mas sem o excessivo ônus exigido por outras drogas. A tarefa do crítico psicanalítico, portanto, é descobrir as várias maneiras pelas quais a leitura, a audição e a visão efetivamente geram o prazer estético, sem pretender julgar o valor da obra, seu autor ou sua acolhida. Freud não precisava que ninguém lhe dissesse que o fruto não se assemelha às raízes, e que as flores mais adoráveis do jardim nada perdem de sua beleza por sabermos que crescem do estrume malcheiroso. Mas Freud estava profissionalmente empenhado no estudo das raízes. Ao mesmo tempo, se Freud optou por ler *O mercador de Veneza* e *Rei Lear* como meditações sobre o amor e a morte, nem por isso Shakespeare tornou-se um assunto de interesse puramente clínico para ele. O Michelangelo que criou o *Moisés* era mais do que um mero paciente interessante. Goethe não perdeu sua envergadura como *Dichter*, aos olhos de Freud, mesmo depois de ter analisado uma passagem da autobiografia do poeta, *Poesia e verdade*. Mas permanece o fato de que, com todo o seu apreço pela literatura, durante toda a vida, Freud teve maior interesse pela verdade do que pela poesia.

FUNDAÇÕES DA SOCIEDADE

A aplicação por Freud de suas descobertas à escultura, à ficção e à pintura foi bastante audaciosa. Mas ela se torna pálida frente à sua tentativa de escavar as fundações mais remotas da cultura. Por volta dos seus 55 anos Freud empreendeu nada menos que isso: determinar o momento em que o animal homem deu o salto para a civilização, prescrevendo para si os tabus indispensáveis a todas as sociedades organizadas. Havia muito tempo, Freud havia arriscado algumas insinuações acerca de suas intenções, em artigos, prefácios e observações lacônicas a seus colegas. Com o passar do tempo, esse jogo intelectual tornou-se-lhe cada vez mais absorvente. Em meados de novembro de 1908, ele disse à Sociedade Psicanalítica de Viena: "A investigação da fonte dos sentimentos de culpa não pode ser concluída rapidamente. É inegável que aí operam muitos fatores. O que é certo é que os sentimentos de culpa passam a existir através da ruína dos impulsos sexuais". Por outro lado, duas semanas depois, ao comentar um artigo de Otto Rank sobre os mitos em torno do nascimento do herói, ele observou que o verdadeiro protagonista na ficção é o ego. Ele redescobre a si mesmo recuando à época "em que foi um herói através de seu primeiro feito heroico: a rebelião contra o pai". As linhas gerais de *Totem e tabu*, quatro ensaios ligados por um tema comum, estavam se formando na mente de Freud.

Como atesta sua correspondência, essa obra exigiu a fatigante labuta de sempre, apaixonadamente realizada. Em meados de novembro de 1911, ele podia dizer a Ferenczi: "Estou novamente ocupado das oito às oito; mas meu coração está todo com o Totem, com o qual prossigo lentamente". Como de hábito, ele examinou extensivamente a literatura técnica a respeito, mas não com muita disposição, pois tinha plena certeza do que ia encontrar; ao prosseguir com seu "trabalho do totem", disse a Ferenczi, estava "lendo livros volumosos sem interesse real, visto que já sei os resultados". Sob importantes aspectos, avançara sem olhar. Por vezes, sentia a satisfação visceral da conclusão: "Poucos dias atrás", escreveu, novamente a Ferenczi, no começo de fevereiro de 1912, "a questão da ambivalência totêmica de repente se encaixou, fechou-se num estalo com um 'clique' audível, e desde então tenho estado praticamente 'imbecilizado'".

Seu avanço foi bastante dramático. Em março de 1912, o artigo especulativo sobre o horror ao incesto, o primeiro dos quatro ensaios, foi publicado na *Imago*. Esse artigo, disse depreciativamente a Ernest Jones, "não é de forma alguma famoso".* No entanto, ele prosseguiu. Em maio, havia concluído o segundo ensaio e leu-o para a Sociedade Psicanalítica de Viena. Considerava o trabalho tão árduo que, de vez em quando, seu inglês, geralmente muito fluente, abandonava-o ao tentar transmitir com a necessária precisão o que pretendia dizer. "Agora deixe-me voltar à ciência", escreveu a Jones em meados do verão de 1912, vendo-se subitamente forçado a empregar um *mélange* de duas línguas.

> A verdadeira fonte histórica da Verdrängung espero abordar no último dos quatro artigos, dos quais Tabu é o segundo, naquele a se chamar "Die infant. Wiederkehr des Totemismus". Posso também lhe dar a resposta agora. Qualquer (dane-se meu inglês!) — Jede *innere* Verdrängungsschranke ist der historische Erfolg eines äusseren Hindernisses. Also: Verinnerlichung der Widerstände, die Geschichte der Menschheit niedergelegt in ihren heute angeborenen Verdrängungsneigungen.

A seguir, recuperando seu inglês, Freud continuou: "Sei do obstáculo ou da complicação apresentada pela questão do Matriarcado e ainda não saí dela. Mas espero que vá se resolver".**

Ele não encontrou a solução de imediato. "Estou inteiro na onipotência do pensamento", escreveu Freud a Ferenczi em meados de dezembro, trabalhando com sua habitual obsessividade no terceiro ensaio, e novamente, duas semanas depois, comprovando o quanto estava absorvido: "Tenho sido total onipotência, total selvagem. É como se deve fazer se se quer fazer alguma coisa". Em abril de 1913, ele podia informar que estava redigindo o "trabalho do totem", e no mês seguinte arriscou-se a uma avaliação favorável do conjunto. "Agora estou escrevendo sobre o Totem com a sensação de que é minha melhor, minha maior, talvez minha última coisa boa".

* Como se pode notar, esse uso da palavra "*famous*" é típico dos ocasionais erros de Freud envolvendo cognatos ingleses. Evidentemente, ele pensava em *famos*, termo coloquial alemão que significa "magnífico" ou "extraordinário" mas não "famoso".

** O trecho em alemão se traduz por: "'O retorno infant[il] do totemismo'... Toda barreira de repressão *interna* é a consequência histórica de um obstáculo *externo*. Assim: interiorização de resistências, a história da humanidade sedimentada nas tendências à repressão hoje inatas".

Nem sempre se sentia tão seguro. Apenas uma semana depois, enviou um boletim a Ferenczi: "Trabalho do totem pronto ontem", à custa de "uma terrível enxa[queca] (algo raro em mim)". Mas, em junho, a dor de cabeça e a maior parte das dúvidas tinham desaparecido — por algum tempo: "Tenho estado tranquilo e animado desde a realização do trabalho do totem". No prefácio ao livro, ele declarou modestamente que tinha plena consciência de suas falhas. Algumas eram inevitáveis devido a seu caráter pioneiro, outras devido à sua tentativa de se dirigir ao leitor culto médio e de "ser um intermediário entre etnólogos, filólogos, folcloristas etc., de um lado, e psicanalistas de outro".

Totem e tabu é ainda mais ambicioso em sua tese central do que nos seus objetivos de alcançar um tal público; quanto à sua pura engenhosidade, ele supera até mesmo as suposições de Jean-Jacques Rousseau, cujos famosos discursos dos meados do século XVIII sobre as origens da sociedade humana eram explicitamente hipotéticos. Rousseau, em outras tantas palavras, convidara seus leitores a deixar os fatos de lado, enquanto ele imaginava a época em que a humanidade passou da pré-civilização para a civilização. Mas, ao contrário de Rousseau, Freud convidava os *seus* leitores a aceitar sua empolgante conjectura como a reconstrução analítica de um acontecimento pré-histórico fundamental, há muito tempo soterrado. Ele se afastara perigosamente da íntima concretude de suas inferências clínicas, mas isso não o deteve.

Totem e tabu de Freud é psicanálise aplicada, mas também um documento político. Quando o livro ainda se encontrava em suas fases iniciais, em fevereiro de 1911, Freud havia dito a Jung, recorrendo à portentosa metáfora da geração: "Há algumas semanas estou fecundado pelo germe de uma síntese maior, e dá-la-ei à luz no verão". A fecundação, como sabemos, durou muito mais do que as previsões de Freud, e há um tom de triunfo muito compreensível nele, ao anunciar aos amigos, em maio de 1913, que o livro estava basicamente pronto. Para Freud, dar à luz uma síntese de pré-história, biologia e psicanálise era se antecipar e superar seu "herdeiro" e rival: os artigos que compõem *Totem e tabu* constituíam armas na disputa entre Freud e Jung. Freud, em suas lutas pessoais, estava demonstrando um aspecto das guerras edipianas muitas vezes negligenciado — os esforços do pai em derrotar o filho. Em particular o último e mais combativo dos quatro artigos, publicado após seu rompimento com Jung, era uma doce vingança contra o príncipe herdeiro, que se mostrara tão brutal para com ele e tão traiçoeiro para com a psicanálise. O artigo devia sair no número de agosto da *Imago* e, como Freud disse a Abraham em maio, iria "servir para eliminar completamente tudo o que é ariano-religioso". Em setembro, com um floreio, Freud assinou o prefácio do livro em Roma, para ele a rainha das cidades.

Totem e tabu atesta, página após página, que nos combates presentes de Freud repercutia sua história passada, consciente e inconsciente. A antropologia cultural e a arqueologia foram preocupações afins durante toda a sua vida, como indicam amplamente as metáforas tomadas de empréstimo à arqueologia. Se Schliemann, ao realizar na vida adulta suas fantasias infantis, foi uma das poucas pessoas que Freud realmente invejou, por outro lado ele se via como o Schliemann da mente. Uma vez concluída sua tarefa, ele lhe rendeu o tributo de uma depressão pós-parto, semelhante à que havia sofrido depois de escrever *A interpretação dos sonhos*. Começou a se sentir inseguro de sua argumentação, indício certo de profundo envolvimento emocional. Felizmente, a recompensa dos aplausos de seus adeptos leais não tardou a vir; a aprovação de Ferenczi e Jones, escreveu Freud no final de junho, "é o primeiro dividendo de prazer que posso registrar após a conclusão do trabalho". Quando Abraham comentou com Freud o quão profundamente apreciara "o trabalho do Totem" e quão plenamente ele o convencera, Freud respondeu em seguida, com uma gratidão sincera: "Seu veredicto sobre o trabalho do Totem foi particularmente importante para mim, visto que tive um período de dúvidas sobre seu valor, depois de concluí-lo. Mas os comentários de Ferenczi, Jones, Sachs, Rank foram parecidos com os seus, de modo que recuperei gradualmente minha confiança". Ao publicar o que reconhecia serem fantasias científicas, ele recebeu com especial bom grado a tentativa de Abraham de corroborar sua obra com "contribuições, acréscimos, inferências". Disse a Abraham que estava preparado para "sérios ataques", mas evidentemente não iria permitir que o perturbassem. Fica-se a imaginar o que havia aí de serenidade recuperada, e o quanto era bravata.

A linhagem intelectual de *Totem e tabu* é impressionante, perdendo um pouco de seu brilho, retrospectivamente, apenas devido ao passar do tempo e à crescente sofisticação das disciplinas afins que alimentaram algumas das conjecturas mais subversivas de Freud. Ele disse ter extraído o impulso inicial para suas investigações da *Völkerpsychologie* "não analítica" de Wilhelm Wundt e dos textos psicanalíticos da escola de Zurique, de Jung, Riklin e os demais. Mas observou com certo orgulho que, embora tivesse aproveitado as duas vertentes, também havia discordado de ambas. Bebera também em James G. Frazer, o prolífico enciclopedista das religiões primitivas e exóticas, no eminente estudioso bíblico inglês W. Robertson Smith, com seus textos sobre o totem como alimento, e no grande Edward Burnett Tylor, com sua antropologia evolucionista,* sem falar em Charles Darwin, com suas pitorescas hipóteses acerca da condição social do homem primitivo.

* Soando de forma muito semelhante a Auguste Comte quase um século antes, Freud postulou uma sequência de três estágios do pensamento: o animista ou mitológico, o religioso e o científico. (Ver *Totem and taboo*, *SE* XIII, p. 77.) Esse esquema implica tanto uma sucessão temporal quanto uma hierarquia de valores. Na época em que Freud escrevia, e certamente nas décadas após a publicação de *Totem e tabu*, os antropólogos da cultura rejeitaram esse esquema, às vezes ridicularizando-o.

R. R. Marett, o primeiro antropólogo britânico a fazer a crítica da edição inglesa de *Totem e tabu*, no começo de 1920, chamou-a de "pura história", caracterização que Freud julgou suficientemente espirituosa para recebê-la com certo divertimento. "Marett, o crítico de T & T", disse a Ernest Jones, "tem todo o direito de dizer que a ψA deixa a antropologia com todos os seus problemas tal como a encontrou antes, na medida em que ele recusa as soluções dadas pela ψA. Tivesse-as aceitado, poderia ter sido de outra opinião." Mas a piada de Marett sobre a "pura história", pensava Freud, não era "realmente má. O homem é bom, apenas é falho de fantasia". Esta era uma falha da qual ninguém acusaria Freud, especialmente depois de *Totem e tabu*. Mas Freud mesclava ousadia e prudência; afinal, observou em 1921, ele apenas avançara "uma hipótese como tantas outras, com as quais os pré-historiadores tentam iluminar as sombras dos tempos arcaicos". Certamente, acrescentou ele um pouco mais confiante, "é honroso para tal hipótese se ela se mostrar capaz de criar coerência e compreensão em domínios sempre novos".

Freud não baseou sua argumentação apenas sobre suas respeitáveis fontes não analíticas. Sem sua experiência clínica, a autoanálise e as teorias psicanalíticas, nunca teria escrito *Totem e tabu*. O fantasma de Schreber também paira sobre o livro, pois, nesse caso clínico de um paranoico exemplar, Freud havia investigado as relações dos homens com seus deuses, como derivativos de suas relações com seus pais. *Totem e tabu*, como Freud havia dito a Jung, é uma síntese; ela reúne especulações da antropologia, etnografia, biologia, história da religião — e da psicanálise. O subtítulo é revelador: *Várias concordâncias na vida mental de selvagens e neuróticos*. O primeiro ensaio, o mais curto deles, sobre o horror ao incesto, abrange desde os melanésios e bantos até meninos na fase edipiana e mulheres neuróticas pertencentes à cultura de Freud. O segundo ensaio explora teorias correntes da antropologia cultural, e vincula o tabu e a ambivalência às ordens e proibições obsessivas que Freud observara em seus pacientes. O terceiro examina a relação entre animismo, na época geralmente considerado como o precursor primitivo da religião, e pensamento mágico, e a seguir associa ambos à necessidade da crença infantil na onipotência dos pensamentos. Aqui, como em todo o *Totem e tabu*, Freud foi além do que havia prometido a seus leitores no subtítulo. Estava interessado em algo mais do que a concordância entre formas neuróticas e o que ele chamava de formas "primitivas" de pensamento: ele queria descobrir a luz que a postura mental primitiva pode lançar sobre todo o pensamento, mesmo o "normal" — e sobre a história. Freud concluiu que o sistema mental dos "selvagens" revela nos mais fortes traços aquilo que o psicanalista é levado a reconhecer em seus pacientes e, observando o mundo, em todas as pessoas: a pressão dos desejos no pensamento, as origens absolutamente práticas de toda a atividade mental.

Tudo isso é bastante imaginoso, mas no último e mais longo dos quatro ensaios, no qual Freud passou do tabu para o totem, ele empreendeu seu voo mais inventivo. Os críticos consideraram-no o voo imprudente e fatal de Ícaro, mas para Freud era algo, se não corriqueiro, pelo menos nada intimidador. Os totens, afinal, são tabus — objetos sagrados. Importam para o historiador da cultura por representarem o que Freud já havia examinado no ensaio de abertura; o horror ao incesto. A obrigação mais sagrada imposta às tribos que praticam o totemismo é a de não se casarem com membros de seu próprio clã totêmico, e na verdade devem evitar qualquer contato sexual entre si. Esta, observa Freud, é "a famosa e misteriosa *exogamia*, ligada ao totemismo".

A rápida incursão de Freud por teorias contemporâneas, que explicavam as origens do totemismo, não está isenta de alguns comentários favoráveis. Mas, depois de passar por hipóteses de Charles Darwin e Robertson Smith, sua própria explicação acaba, depois de rodeios, retornando ao divã analítico. Darwin supusera que o homem pré-histórico vivia em pequenas hordas, cada qual governada por um macho dominador, sexualmente zeloso; Robertson Smith havia sustentado a hipótese de que o sacrifício ritual em que se come o animal totêmico é o componente essencial de todo totemismo. Adotando a estratégia comparativa típica de sua teorização, Freud associou essas suposições incomprovadas e bastante incertas às fobias de animais apresentadas por crianças neuróticas, introduzindo a seguir o complexo de Édipo, até então flutuando nas alturas, no centro do palco. Ele convocou ninguém menos que o Pequeno Hans, o inteligente e interessante menino de cinco anos de idade com medo de cavalos e em profundo conflito a respeito de seu pai, como mediador entre a Viena do começo do século XX e as épocas mais remotas e obscuras do passado humano. Além de seu pequeno favorito, ele acrescentou duas outras jovens testemunhas: um menino com fobia de cães estudado pelo psicanalista russo M. Wulff, e um caso que lhe fora comunicado por Ferenczi, o "Pequeno Arpad", que se identificava com galinhas e ao mesmo tempo deliciava-se em vê-las abatidas. O comportamento desses garotos perturbados ajudou Freud a interpretar o animal totêmico como representação do pai. Essa leitura permitiu a Freud considerar extremamente provável que todo o "sistema totêmico", tal "como a fobia animal do 'Pequeno Hans' e a perversão galinácea do 'Pequeno Arpad', tenha surgido das condições do complexo de Édipo".

A refeição ritual, argumentou Freud, é um elemento vital de coesão social; ao sacrificar o totem, que é da mesma substância que os homens que o comem, o clã reafirma sua fé e identidade com seu deus. É um ato coletivo, pleno de ambivalência: a morte do animal totêmico é ocasião para a dor, seguida pelo júbilo. Na verdade, a festa, continuação da matança, é uma saturnália exuberante e desinibida, um complemento curioso, mas necessário, do luto. Depois de chegar a esse ponto na argumentação, não houve o que o detivesse; Freud estava pronto para apresentar sua reconstrução histórica.

Freud teve a elegância de reconhecer que essa reconstrução devia se afigurar fantástica a todos, mas para sua mente era perfeitamente plausível: o pai feroz e ciumento, que dominava a horda e guardava as mulheres para si, expulsava seus filhos, tão logo cresciam. "Um dia, os irmãos que haviam sido expulsos reuniram-se, espancaram o pai até a morte e devoraram-no, e assim puseram um fim à horda patriarcal. Unidos, ousaram e conseguiram fazer o que continuaria impossível para o indivíduo." Freud se indagava se fora, talvez, alguma aquisição cultural, tal como a habilidade de manejar uma nova arma, que dera aos irmãos rebelados um certo sentimento de superioridade sobre seu tirano. Nem era preciso dizer, julgava Freud, que os irmãos deviam ter comido o poderoso pai que haviam matado: assim eram aqueles "selvagens canibais". "O violento pai primitivo certamente havia sido o modelo invejado e temido para cada membro do bando fraterno. Agora, no ato de devorar, completaram sua identificação com ele; cada um se apropriou de uma parte de sua força." Uma vez entendidas suas origens, a refeição do totem, "talvez a primeira festividade da humanidade", se revelava como "a repetição e a comemoração desse ato criminoso memorável". Segundo Freud, é assim que deve ter se originado a história humana.

Ele advertiu que a imprecisão era intrínseca a qualquer reconstrução desse crime pré-histórico cometido e festejado: "Seria tão absurdo lutar pela exatidão com esse material, quanto insensato exigir alguma certeza". "Enfatizei explicitamente" que as surpreendentes deduções não deviam ser tomadas como prova de que havia descurado da "natureza complexa dos fenômenos"; o que Freud fizera fora apenas "acrescentar outro elemento às fontes, já conhecidas ou ainda ignoradas, da religião, da moral e da sociedade". Mas, estimulado por seu devaneio psicanalítico, Freud deduziu as inferências mais assombrosas. Supôs que o bando assassino de irmãos estava "dominado pelos mesmos sentimentos mutuamente contraditórios em relação ao pai" que os psicanalistas podem demonstrar na "ambivalência dos complexos paternos" que atormentam crianças e neuróticos. Tendo odiado e, ao mesmo tempo, amado o pai temível, os irmãos foram assaltados pelo remorso, que se apresentou numa nascente "consciência de culpa". Na morte, o pai se tornou mais poderoso do que jamais fora durante sua vida. "O que ele havia impedido antes com sua própria existência", seus filhos "agora proibiram para si mesmos na situação psicológica — 'obediência protelada' — tão familiar para nós, a partir das psicanálises." Agora, os filhos, por assim dizer, apagaram seu ato parricida "declarando proibida a morte do pai-substituto, o totem, e renunciaram a seus frutos negando a si mesmos as mulheres que haviam sido libertadas". Assim, oprimidos pela culpa, os filhos instauraram os "tabus fundamentais do totemismo, que deviam corresponder exatamente aos dois desejos reprimidos do complexo de Édipo" — a morte do pai e a conquista da mãe. Ao se tornarem culpados e reconhecerem sua culpa, eles criaram a civilização. Toda sociedade humana está construída sobre a cumplicidade num grande crime.

Essa dura e grandiosa conclusão convidava ainda a uma outra inferência que Freud julgou irresistível: "Um acontecimento como a eliminação do pai primitivo pelo bando de irmãos", escreveu ele, "teve que deixar traços inerradicáveis na história da humanidade". Freud julgava possível demonstrar que tais traços permeiam toda a cultura. A história da religião, a atração do teatro trágico, as amostras de arte, tudo aponta para a imortalidade do crime primário e suas consequências.

Mas essa conclusão, admitiu Freud, depende de duas noções extremamente controversas: a existência de uma "mente coletiva que passa por processos mentais como se fosse um indivíduo" e a capacidade dessa mente de transmitir "através de muitos milhares de anos" o sentimento de culpa que oprimiu inicialmente o bando assassino pré-histórico. Em suma, os seres humanos podem herdar a carga de consciência de seus ancestrais biológicos. Isso era uma extravagância total, assentada sobre a anterior afirmação extravagante de que o assassinato primordial fora um acontecimento histórico. Mas, ao rever o árduo caminho que percorrera, Freud defendeu firmemente sua improvável reconstrução. Os primitivos não são absolutamente iguais aos neuróticos: o neurótico toma o pensamento pela ação, ao passo que o primitivo age antes de pensar. O epílogo de Freud, citando *Fausto*, é tão oportuno que fica-se tentado a imaginar se ele não teria ido tão longe apenas para encerrar seu texto com o famoso verso de Goethe: "No princípio era o ato".

Para Freud, como vimos, a proeza dos filhos, aquele "ato criminoso memorável", foi o ato fundador da civilização. Ele esteve presente no início de "muito" da história humana: "a organização social, as restrições morais e a religião". Freud, sem dúvida, encarregando-se de explorar a história da cultura do ponto de vista psicanalítico, considerava todos esses domínios culturais de profundo interesse. Mas o domínio mencionado por último — a religião —, ao que parece, foi o que mais o atraiu. Desvendar seus fundamentos num assassinato pré-histórico permitia-lhe combinar seu velho ateísmo militante com sua recente aversão por Jung. Com o ensaio final de *Totem e tabu*, lembremos, ele esperava poder se libertar de "tudo o que é ariano-religioso"; ele revelaria as necessidades primitivas, as noções primitivas e os atos não menos primitivos que se encontram nas raízes da religião. "No romance trágico da vida familiar, *Der Tote Tag*, de Ernst Barlach", escreveu Jung em crítica a Freud, "a mãe-demônio diz no final: 'O estranho é que o homem não vai saber que seu pai é Deus'. Isto é o que Freud nunca aprenderia, e o que todos os que compartilham seu ponto de vista proíbem-se de saber."

Mas o que Freud havia aprendido e estava ensinando em *Totem e tabu*, embora formulasse a questão de maneira mais ímpia, era que o homem *faz* de seu pai um deus. Citando um tanto longamente James G. Frazer e Robertson Smith, preparava o caminho para apresentar o parricídio primitivo, notando que a mais antiga religião, o totemismo, instaurou tabus que não poderiam ser violados nem sob pena do mais pavoroso castigo, e que, subsequentemente, o animal sacrificado nos antigos ritos sagrados era igual ao animal totêmico primitivo. Esse animal representava o próprio deus primitivo; o rito rememorava e celebrava o crime fundador sob forma disfarçada, reencenando a matança e o repasto do pai. O rito "confessa, com uma sinceridade dificilmente superável, que o objeto do ato de sacrifício havia sido sempre o mesmo, o mesmo que agora é adorado como deus — isto é, o pai". A religião, como Freud já sugerira em algumas de suas cartas a Jung, fundava-se no desamparo. Com *Totem e tabu*, ele complicou essa indicação, acrescentando que a religião surgiu igualmente de um ato de rebelião contra esse desamparo. Jung veio a crer que o reconhecimento de deus como pai do homem exigia que se compreendesse e se redescobrisse a dimensão espiritual. Freud considerou suas descobertas em *Totem e tabu* como provas adicionais de que tal exigência era um recuo frente à ciência, uma negação dos fatos fundamentais da vida mental; numa palavra, misticismo.

De modo especial, o fato da vida em que Freud mais insistiu em *Totem e tabu*, e que organiza o livro, é o complexo de Édipo. Nesse complexo, "convergem as origens da religião, da moral, da sociedade e da arte". Sabemos que não era uma descoberta nova ou súbita para Freud; sua primeira alusão ao drama familiar edipiano aparecera em 1897, num dos memorandos que enviou a Fliess, referente a desejos hostis contra os pais. Nos anos imediatamente seguintes, embora o conceito dominasse cada vez mais seu pensamento, Freud mencionou-o de modo bastante esporádico. Mas inevitavelmente permeou suas ideias sobre seus analisandos; explicou-o brevemente no caso clínico de Dora e considerou o Pequeno Hans um "pequeno Édipo". No entanto, não identificou claramente o "complexo familiar" como "complexo de Édipo" senão em 1908, numa carta inédita a Ferenczi; apenas no ano seguinte, no caso clínico do Homem dos Ratos, ele passou a chamá-lo de *"o complexo central das neuroses"*, e não empregou a expressão memorável em suas publicações senão em 1910, num de seus breves artigos sobre as vicissitudes do amor. Nessa época, Freud havia aprendido a atribuir uma importância considerável à tensão emocional da ambivalência; foi uma das lições oferecidas pelo Pequeno Hans. Agora via que o complexo de Édipo clássico, o menino que ama a mãe e odeia o pai, era verdadeiramente raro em sua forma pura e simples. Mas a própria diversidade do complexo apenas reforçava, para Freud, sua posição central na experiência humana. "Cada novo ser humano que chega foi encarregado da tarefa de dominar o complexo de Édipo", disse Freud mais tarde, resumindo o argumento que desenvolvera desde o final dos anos 1890. "Todo aquele que não consegue controlá-lo cai vítima da neurose. O progresso do trabalho psicanalítico tem delineado com uma clareza cada vez maior a importância do complexo de Édipo; seu reconhecimento tornou-se a senha que separa os adeptos da psicanálise de seus oponentes." Certamente separou Freud de Adler e, ainda mais decisivamente, de Jung.

À medida que os estudiosos do animal homem refinavam seus métodos e reviam suas hipóteses, as falhas que comprometiam a argumentação de *Totem e tabu* tornavam-se cada vez mais visíveis — exceto para os acólitos mais acríticos de Freud. Os antropólogos culturais demonstraram que, embora algumas tribos totêmicas pratiquem o ritual do repasto sacrificial do totem, a maioria não o faz; o que Robertson Smith julgara ser a essência do totemismo revelou-se uma exceção. Além disso, as suposições de Darwin e outros acerca da horda pré-histórica governada autocraticamente por um macho polígamo e monopolizador não se comprovaram em pesquisas posteriores, principalmente o tipo de pesquisa sobre primatas superiores que não estava disponível na época em que Freud redigiu *Totem e tabu*. O vívido retrato daquela rebelião fraterna mortal contra o patriarcado, traçado por Freud, parecia cada vez mais implausível.

Ele veio a se mostrar demasiado fantástico por exigir uma sustentação teórica decididamente desacreditada pela biologia moderna. Quando Freud escreveu *Totem e tabu*, alguns respeitáveis estudiosos do homem ainda estavam dispostos a crer que os traços adquiridos podem ser geneticamente transmitidos de uma geração a outra. A ciência da genética, em 1913, ainda estava em sua infância e conseguia conciliar as mais diversas hipóteses sobre a natureza da hereditariedade. O próprio Darwin, afinal, apesar de suas cáusticas referências a Lamarck, fora um pouco lamarckiano ao levantar a suposição de que as características adquiridas podem ser herdadas. Mas, deixando-se totalmente de lado o fato de que Freud poderia se apoiar legitimamente no prestígio remanescente, ainda que declinante, dessa doutrina, ele continuou a adotá-la por acreditar que ela o auxiliaria a completar a estrutura teórica da psicanálise.

Ironicamente, a realidade história do crime primordial não era absolutamente essencial ao argumento de Freud. Os sentimentos de culpa podem ser transmitidos por mecanismos menos fantasiosos e cientificamente mais aceitáveis. Os neuróticos, como o próprio Freud ressaltou em *Totem e tabu*, fantasiam sobre homicídios edipianos, mas nunca os executam. Se tivesse se disposto a aplicar essa ideia clínica a seu relato do crime primordial, tal como empregou outros conhecimentos colhidos junto ao divã, ele teria antecipado e desarmado as críticas mais devastadoras a que *Totem e tabu* viria a se expor. Apresentando esse conto assombroso não como fato, mas como uma fantasia que aflige os jovens através dos séculos, quando enfrentam os pais, ele poderia ter abandonado sua tese lamarckiana. A universalidade da experiência familiar, de rivalidades íntimas e sentimentos conflitantes — em suma, do ubíquo complexo de Édipo —, teria bastado para explicar a recorrência dos sentimentos de culpa e para encaixá-los perfeitamente em sua teoria da mente.* No final dos anos 1890, a passagem da realidade para a fantasia salvara Freud da absurda teoria da sedução na neurose. Mas agora, embora hesitasse sobre sua asserção e apresentasse conscienciosamente as provas em contrário, ele finalmente aferrou-se a ela: no princípio era o ato! A semelhança impressionante da sua versão sobre o surgimento do sentimento de culpa com a doutrina cristã do pecado original

* Os psicanalistas não foram os únicos a sugerir tal alternativa. Como disse o antropólogo americano Alfred L. Kroeber, ao reavaliar *Totem e tabu* em 1939 (ele havia criticado o livro pela primeira vez em 1920): "Certos processos psíquicos tendem sempre a operar e a encontrar expressão em instituições humanas" ["*Totem and taboo* in retrospect", *American Journal of Sociology*, LV (1939), p. 447.]

não contribuiu propriamente para aumentar o prestígio da construção visionária de Freud.

Essa obstinação mostra um forte contraste com as dúvidas anteriores de Freud, para não mencionar seu ideal científico. O que ele queria dos especialistas era uma confirmação; remetia-se aos argumentos deles quando sustentavam o seu próprio argumento, e em caso contrário desconsiderava-os. Como disse a Ferenczi no verão de 1912, ele encontrara "as melhores confirmações para minhas hipóteses sobre o Totem" no livro de Robertson Smith sobre a religião dos semitas. Temia que Frazer e as outras autoridades não aceitassem suas soluções para os mistérios do totem e do tabu, mas isso não abalou sua confiança nas conclusões com que já havia se comprometido — não a abalou na época nem depois.* É inquestionável que sua pertinácia brotava da mesma fonte psicológica de suas dúvidas anteriores. Os primeiros leitores da obra suspeitaram o mesmo: tanto Jones como Ferenczi apresentaram a Freud a possibilidade de que as dolorosas reservas que ele expressou, depois de publicar *Totem e tabu*, pudessem ter raízes pessoais mais profundas do que uma simples angústia compreensível enquanto autor. Os dois tinham lido as provas do livro, e estavam convencidos de sua grandeza. "Sugerimos que ele havia vivido em sua imaginação as experiências que descreveu no livro", escreve Jones, "que sua exaltação representava a excitação de matar e comer o pai, e que suas dúvidas constituíam apenas a reação." Freud se mostrou disposto a aceitar essa amostra de psicanálise intramuros, mas não a rever sua tese. Em *A interpretação dos sonhos*, disse a Jones, apenas descrevera o desejo de matar o pai; em *Totem e tabu*, descrevia o parricídio de fato, e "afinal é um grande passo de um desejo a uma ação". Era um passo que Freud, evidentemente, nunca havia dado. Mas o fato de apresentar o crime primordial como um acontecimento único projetando uma sombra imortal, ao invés de uma fantasia extremamente humana e generalizada, permitiu a Freud manter-se a certa distância das lutas edipianas com seu próprio pai; permitiu-lhe pleitear, por assim dizer, a absolvição que um mundo racional deveria conceder aos verdadeiros inocentes que apenas fantasiam a perpetração do parricídio. Em vista da própria demonstração de Freud de que o mundo mental é tudo, menos

* "Ainda hoje eu defendo essa construção", escreveu ele perto do final da vida. "Repetidas vezes, tive que ouvir censuras veementes por não ter modificado minhas concepções em edições posteriores do livro, depois que etnólogos mais recentes rejeitaram unanimemente as hipóteses de Robertson Smith e em parte apresentaram outras teorias, completamente diferentes. Devo replicar que estou plenamente familiarizado com esses supostos avanços. Mas não me convenci da correção dessas inovações e tampouco dos erros de Robertson Smith. Uma contraposição não é uma refutação, uma inovação não é necessariamente um avanço." Ele concluía com uma justificativa que sugere algum componente não analisado em suas ideias sobre este ponto: "Acima de tudo, não sou um etnólogo, mas um psicanalista. Eu tinha o direito de escolher na literatura etnológica aquilo que eu pudesse usar para trabalho analítico". (*Der Mann Moses und die monotheistische Religion. Drei Abhandlungen* (1939), *GW* XVI, p. 240/*Moses and monotheism*, *SE* XXIII, p. 131.)

racional, é uma tentativa um tanto patética de fugir às implicações homicidas de suas agressões edipianas.

Assim, seja qual for o valor objetivo da tentativa de Freud de descobrir os fundamentos da religião no complexo de Édipo, é bastante plausível que alguns dos impulsos que orientavam sua argumentação em *Totem e tabu* tenham emergido de sua vida secreta; sob alguns aspectos, o livro representa um momento de sua luta, nunca concluída, com Jacob Freud. Foi também um episódio em seu afastamento, igualmente persistente, em relação a seus complicados sentimentos para com Amalia Freud. Pois é notável que Freud, em sua reconstrução, não tenha dito praticamente nada sobre a mãe, muito embora o material etnográfico voltado para a fantasia de devorar a mãe seja mais rico que o de devorar o pai. O Pequeno Arpad de Ferenczi, que Freud tomou de empréstimo como testemunha para *Totem e tabu*, queria comer uma refeição de sua "*mãe em conserva*"; como disse ele vividamente: "Alguém devia pôr minha mãe numa panela e cozinhá-la, então teria uma mãe em conserva e eu poderia comê-la". Mas Freud preferiu ignorar esse elemento de prova. Contudo, como muitas outras coisas mais na obra de Freud, *Totem e tabu* transformou produtivamente seus conflitos mais íntimos e suas disputas mais privadas em material de investigação científica.

MAPEANDO A MENTE

Freud considerava suas investigações sobre arte, literatura e pré-história tão agradáveis quão importantes. Serviam para confirmar a imagem que fazia de si mesmo como o explorador que é o primeiro a descrever o terreno inóspito e misterioso que baldou e frustrou todos os seus predecessores. Mas suas investidas intelectuais não eram digressões nem desvios de seu trabalho teórico fundamental. Uma preocupação alimentava as outras. Os casos clínicos levaram-no a questões da cultura; as reflexões sobre a criação literária reconduziram-no ao complexo de Édipo. Assim, apesar de todas as variadas demandas sobre seu tempo, Freud nunca descurou do que considerava sua tarefa principal: aperfeiçoar seu mapa da mente. Embora no momento não estivesse consciente disso, também estava dando passos hesitantes para rever tal mapa.

Entre os artigos teóricos que Freud publicou entre 1908 e 1914, três — sobre o caráter, sobre os princípios fundamentais da mente e sobre o narcisismo — requerem atenção especial. Os dois primeiros são muito curtos, e o último não é muito longo, mas sua concisão não dá uma medida de sua importância. Em "Caráter e erotismo anal", Freud partiu de sua experiência clínica para propor algumas hipóteses gerais sobre a formação do caráter. Já em 1897, ele havia concebido que o excremento, o dinheiro e a neurose obsessiva estão, de alguma forma, intimamente ligados; uma década depois, ele sugerira a Jung que os pacientes que obtêm prazer retendo suas fezes exibem de modo típico os traços de caráter relacionados a ordem, parcimônia e obstinação. Juntos, esses traços são, "por assim dizer, as sublimações do erotismo anal". Em seu relato sobre o Homem dos Ratos, Freud havia apresentado outras observações acerca dessa constelação. Agora, no artigo sobre o caráter marcado pelo erotismo anal, baseando-se num número considerável de pacientes analíticos, ele arriscou-se a generalizar sua hipótese. Na teoria psicanalítica, o caráter se define como uma configuração de traços estáveis. Mas esse conjunto ordenado não implica necessariamente uma serenidade permanente; como um agrupamento de fixações ao qual o indivíduo está preso por sua história de vida, o caráter muitas vezes apresenta-se antes como a organização de conflitos internos do que como sua solução.* O que interessava especialmente a Freud, e que já investigara três anos antes nos *Três ensaios sobre a teoria da sexualidade*, era o papel desempenhado por esses traços na formação daquilo que ele logo viria a chamar de ego. Como outros artigos desses anos, "Caráter e erotismo anal" oferece tanto uma súmula de ideias havia muito sustentadas quanto uma perspectiva de futuras revisões.

Com as "Formulações sobre os dois princípios do funcionamento mental", Freud lançou sua rede de generalizações ainda mais longe. Buscando uma presa muito maior do que o erotismo anal, ele pretendia compreender nada menos que a relação das pulsões com a experiência de desenvolvimento. Leu o artigo para a Sociedade Psicanalítica de Viena em 26 de outubro de 1910, mas considerou a discussão pouco compensadora. "Tratar com essas pessoas está se tornando constantemente mais difícil", confidenciou a Ferenczi na manhã seguinte. O que se tinha era "uma mistura de admiração tímida e contestação estúpida". Sem desanimar, Freud seguiu adiante. Uma vez mais, embora reafirmasse ideias que havia prenunciado na metade dos anos 1890 e desenvolvido no sétimo capítulo de *A interpretação dos sonhos*, ao mesmo tempo olhava à frente, para futuras formulações.

O artigo distingue nitidamente duas formas de atividade mental: o processo primário, o primeiro a surgir, se caracteriza por uma incapacidade de suportar a ordenação dos desejos ou qualquer delonga na satisfação deles. Ele obedece ao princípio do prazer. O outro, o processo secundário, que amadurece no decurso do crescimento, desenvolve a capacidade humana de pensamento e é, assim, um

* "A caracterologia psicanalítica", escreveu Otto Fenichel em seu clássico manual de 1945, "é o ramo mais novo da psicanálise", porque a psicanálise começou com "a investigação de sintomas neuróticos, isto é, com fenômenos que são estranhos ao ego e não se encaixam no 'caráter', o modo costumeiro de comportamento". Apenas quando a psicanálise "passou a considerar experiências mentais de superfície", é que ela pôde "começar a entender que não só os estados mentais incomuns, de aparecimento súbito, mas também os modos comuns de comportamento, a maneira usual de amar, odiar e agir em várias situações, podem ser compreendidos geneticamente como dependentes de condições inconscientes". E apenas então é possível o estudo analítico sistemático da personalidade. [Otto Fenichel, *The psychoanalytic theory of neurosis* (1945), p. 463.]

agente da ponderação e do adiamento proveitoso. Ele obedece ao princípio de realidade — pelo menos durante parte do tempo.

Toda criança deve experimentar a entronização do princípio de realidade como "um passo importante", que a vida a obriga a dar. Tendo descoberto que alucinar a realização de seus desejos não basta para assegurar sua efetiva satisfação, a criança começa a cultivar seu dom de compreender e, se possível, manipular e controlar o mundo exterior. Isso significa, concretamente, que ela aprende a lembrar, a prestar atenção, a julgar, a planejar, a calcular, a tratar o pensamento como uma forma experimental de ação, a testar a realidade. Esse processo secundário nada tem de fácil, muito menos de automático: o princípio do prazer, descuidado e imperioso, tarda a renunciar ao seu domínio sobre a criança em crescimento, e esporadicamente recupera tal domínio. Na verdade, a criança, com seu sólido conservadorismo, relembra prazeres outrora desfrutados e reluta em desistir deles, mesmo com a perspectiva de recompensas posteriores maiores e mais seguras. Os dois princípios, portanto, coexistem de maneira incômoda, muitas vezes em conflito.

Freud não apresentou tal conflito como algo inevitável, e de fato rendeu-se momentaneamente a um otimismo insólito: "Na realidade, a substituição do princípio do prazer pelo princípio de realidade significa não a destituição do princípio do prazer, mas apenas sua salvaguarda". A relação última entre os dois princípios está destinada a se deslocar de um aspecto para outro, mas a "realidade exterior", com o passar do tempo, adquire uma "significação maior". No entanto, Freud reconhecia que as pulsões sexuais são particularmente resistentes à educação, visto que podem ser satisfeitas pela atividade autoerótica, no próprio corpo de pessoa. E a relutância desses instintos em aceitar as restrições da realidade prepara o solo para neuroses posteriores. É por isso que, para a cultura, é essencial negociar com o princípio do prazer, em favor do princípio de realidade, fazendo com que o "*ego de prazer*" se renda, pelo menos em parte, ao "*ego de realidade*". É por isso também que a consciência tem um trabalho importante a realizar no funcionamento mental: sua principal tarefa é assegurar, na mente, o domínio da realidade. Pois, como Freud lembrou a seus leitores, no inconsciente, no obscuro reino da repressão e das fantasias, o teste da realidade não tem nenhuma influência. A única moeda corrente nesse âmbito, observou Freud em seu melhor estilo metafórico, é a "*moeda neurótica*". Portanto, todos os momentos de trégua não podem ocultar o fato de que a vida mental, na avaliação de Freud, é uma guerra mais ou menos contínua.

O artigo sobre o funcionamento mental abordava a mente individual, principalmente o intercâmbio turbulento entre seus domínios inconsciente e consciente. Mas, implicitamente, Freud estava abrindo o caminho para uma psicologia social psicanalítica. As forças que impelem a criança a estabelecer um compromisso com o princípio de realidade desde cedo, quando seu controle sobre a razão ainda é inseguro e intermitente, são na maioria externas — ações de terceiros com autoridade. A ausência temporária da mãe, o castigo paterno, as inibições impostas à criança por qualquer pessoa, seja a ama, o irmão mais velho ou o colega de escola, constituem o grande "Não" social: eles frustram desejos, canalizam apetites, obrigam a adiamentos da gratificação. Afinal, mesmo a mais íntima experiência, o complexo de Édipo, surge e segue seu curso numa situação intensamente social.

Em 1911, ano em que Freud publicou esse artigo sobre o ego de prazer e o ego de realidade, ele estava plenamente convencido da impossibilidade de se separar a psicologia individual da psicologia social.* Três anos antes, ele já havia abordado a mesma questão num ensaio informal, "Moral sexual 'civilizada' e doença nervosa moderna". Ali ele sugerira que o que considerava como o predomínio da doença nervosa em sua época derivava de uma autorrecusa excessiva, imposta pela sociedade respeitável de classe média sobre as necessidades sexuais dos seres humanos comuns. O inconsciente, em suma, não pode escapar à cultura. Assim, seu artigo sobre os dois princípios do funcionamento mental, juntamente com o artigo sobre o nervosismo, indicavam sutilmente novos pontos de partida.

O caráter bifronte dos textos de Freud nos anos anteriores à Primeira Guerra Mundial, visando a uma súmula e preparando uma revisão, é mais evidente em seu subversivo artigo sobre o narcisismo — isto é, subversivo em relação às suas próprias concepções havia muito tempo sustentadas. Em seu estilo característico, Freud qualificou-o de introdutório. Não era falsa modéstia; ele reclamou que a redação do artigo era uma tarefa desagradável e que encontrava dificuldades em conter seus pensamentos explosivos dentro desse quadro. Tinha certeza, porém, de que poderia empregá-lo como uma arma na cruzada contra seus adversários: "O Narcisismo, suponho, vai amadurecer durante o verão", escreveu a Ferenczi pouco antes de deixar Viena rumo às férias do verão de 1913; a seu ver, era "o acerto científico de contas com Adler".** Mas no início de outubro, logo depois de voltar de seus "dezessete dias deliciosos" em Roma, Freud podia informar que o artigo estava praticamente pronto. Disse a Ernest Jones que "ficaria contente em comentá-lo" com ele, bem como "com Rank e Sachs".

Seus adeptos estavam profundamente ansiosos por qualquer esclarecimento que Freud pudesse oferecer; Jones declarou que todos eles consideraram o ensaio "perturbador". Na verdade, o próprio Freud estava inquieto em relação a ele, mais inquieto do que o usual. Dando um tom sombrio a uma de suas metáforas

* Freud discutiria a relação entre a psicologia individual e a social em *Psicologia de grupo e a análise do ego*. Ver pp. 408-9.

** "Sobre o narcisismo" foi um acerto de contas também com Jung, embora, como observou Abraham ao ler um rascunho do artigo, Freud pudesse ter enfatizado ainda mais o contraste entre "a terapia de Jung e a psicanálise". [Abraham a Freud, 2 de abril de 1914. *Freud-Abraham*, p. 165 (169).]

favoritas, Freud disse a Abraham em março de 1914 que o ensaio "tivera um nascimento difícil e mostra todas as deformações disso. Naturalmente, não gosto dele de modo especial, mas agora não posso oferecer outra coisa". A conclusão não lhe trouxe nenhum alívio, mas, pelo contrário, sintomas físicos desagradáveis: dores de cabeça e distúrbios intestinais. Por isso, agradou-lhe que Abraham o tranquilizasse, assegurando que o artigo era realmente brilhante e convincente — agradou-lhe, comoveu-o, mas não o tranquilizou de todo. "Tenho aí uma sensação muito forte de uma séria insuficiência." É claro que, nesses meses, Freud estava com uma disposição combativa; enquanto rematava o artigo sobre narcisismo, estava ao mesmo tempo esboçando sua carga explosiva contra Adler e Jung. Mas havia algo mais esquivo agitando-se nele. Estava à beira de repensar a psicologia que pretendera apenas explicar.

"Sobre o narcisismo" leva adiante, complicando-as devidamente, as ideias sobre o desenvolvimento mental lançadas por Freud cerca de cinco anos antes. Já em novembro de 1909, comentando um artigo de Isidor Sadger na Sociedade Psicanalítica de Viena, ele havia sugerido que o narcisismo, "o enamoramento pela própria pessoa (= pelos seus próprios órgãos genitais)" é "um estágio necessário de desenvolvimento na transição do autoerotismo para o amor objetal". Como vimos, ele havia avançado essa proposição pela primeira vez no artigo sobre Leonardo; mencionou-a de novo no caso clínico de Schreber, e uma vez mais, de maneira breve mas sugestiva, em *Totem e tabu*.* O "narcisismo" era um termo atraente que fazia lembrar um dos caros mitos gregos de Freud — o do belo jovem que morreu por estar enamorado de si mesmo; ele o tomara de empréstimo, com agradecimentos, ao psiquiatra alemão Paul Näcke e a Havelock Ellis. Suas possibilidades explosivas, porém, não surgiram senão com o artigo que Freud lhe dedicou em 1914.

Ele havia observado em *Totem e tabu* que o estágio narcisista nunca é totalmente superado e que ele parece ser um fenômeno muito generalizado. Agora, ele esmiuçava as implicações de suas ideias fragmentárias. Originalmente, o termo "narcisismo" era aplicado a uma perversão: os narcisistas são desviados que só conseguem obter satisfação sexual tratando seus próprios corpos como objetos eróticos. Mas, observou Freud, esses pervertidos não monopolizam tal espécie de egocentrismo erótico. Afinal, os esquizofrênicos também retiram sua libido do mundo exterior e não a eliminam; pelo contrário, afirmou Freud, eles a investem em seu próprio ser. E isso não era tudo: os observadores psicanalíticos também haviam descoberto provas sólidas de traços narcisistas entre neuróticos,

* Ali ele havia escrito que, ao remeter a energia sexual em desenvolvimento — a libido — à infância, os psicanalistas tinham sido levados a dividir seu primeiro estágio, o autoerotismo, em dois. No primeiro, um conjunto de pulsões sexuais parciais independentes procura a satisfação primitiva no corpo, ao passo que, no segundo, as pulsões sexuais, agora unificadas, tomam como objeto a própria pessoa. É esta segunda fase que corresponde propriamente ao estágio do "narcisismo". (*Totem und Tabu*, *GW* IX, p. 109/*Totem and taboo*, *SE* XIII, p. 89).

crianças e tribos primitivas. Em *Totem e tabu*, Freud já acrescentara os amantes a essa lista crescente. Não poderia escapar à conclusão de que o narcisismo, nesse sentido mais abrangente, "não [é] uma perversão, mas o complemento libidinal do egotismo da pulsão de autopreservação". A esfera de significações da palavra se ampliou com rapidez, primeiro nas mãos de Freud e a seguir, de modo muito mais irresponsável, no uso geral, para grande prejuízo dela enquanto expressão diagnóstica. Quando o "narcisismo" entrou no discurso culto dos anos 1920 em diante, ele passou a ser utilizado de maneira descuidada, não só como rótulo de uma perversão sexual ou de uma fase do desenvolvimento, mas também de um sintoma psicótico e uma variedade de relações de objeto. Alguns, de fato, empregaram-no como um termo pejorativo fácil contra a cultura moderna ou um sinônimo vago para uma vaidade enfatuada.

Antes mesmo que essa inflação de significados praticamente lhe arruinasse a precisão, o "narcisismo" levantou algumas questões inconvenientes, que Freud mostrou certa relutância em apontar: "Resiste-se à ideia de se abandonar a observação por controvérsias teóricas estéreis". Mas, acrescentou conscienciosamente, tinha-se a obrigação de fazer "uma tentativa de elucidação". Essa tentativa levava ao reconhecimento de que o *self** pode se escolher, e de fato se escolhe como objeto erótico, tanto quanto escolhe a outros. Existe, em suma, uma "libido do ego", tanto quanto uma "libido de objeto". O tipo narcisista, sob a influência da libido do ego, ama o que ele é, o que foi outrora, o que gostaria de ser ou a pessoa que foi parte de seu próprio ser. Mas ele não é uma curiosidade ou uma aberração rara: ao que parece, há um certo narcisismo oculto dentro de cada um. Mesmo o amor parental, "terno, fundamentalmente tão pueril", não é "nada mais que o narcisismo renascido dos pais". Ao compilar sua lista crescente, um tanto tendenciosa, Freud reconheceu ironicamente que o mundo parecia transbordar de narcisistas — incluindo mulheres, crianças, gatos, criminosos e humoristas.**

Para Freud, era plenamente razoável indagar o que acontece com todo o investimento narcísico da primeira infância. Afinal, tendo desfrutado grandemente o amor por si mesma, que parece tão natural, a criança, como Freud sempre insistiu, é incapaz de renunciar a essa satisfação, assim como a outras, sem lutas. A questão levou-o a problemas que só iria solucionar inteiramente após a guerra. Em "Sobre o narcisismo", Freud argumentou que a criança em crescimento, enfrentando críticas dos pais, dos professores ou da "opinião pública", abandona o narcisismo erigindo um substituto, ao qual então pode render home-

* Peter Gay utiliza aqui o conceito de *self*, mais abrangente do que o de ego, e que não faz parte do vocabulário de Freud. Optamos por manter o termo original. (*LM*)

** O verbete mais ofensivo nessa lista, evidentemente, são as "mulheres", como reconheceu Freud: "Talvez não seja supérfluo declarar que", ao descrever a mulher como narcisista, "estou longe de qualquer tendência de denegrir a mulher". E negou inclinação a esse tipo de tendenciosidade. ("Narzissmus", *GW* X, p. 156/"Narcissism", *SE* XIV, p. 89.) Mas ver pp. 503-25.

nagem em lugar de seu ser imperfeito. É o famoso "ideal do ego", as vozes censoras do mundo apropriadas por ela. Como aberração patológica, surge como a ilusão de se estar sendo observado — aqui reaparece Schreber —, mas, em sua forma normal, é um primo-irmão daquilo que chamamos de consciência, que age como guardiã do ideal do ego.

Lendo o artigo, Abraham ficou particularmente impressionado com as passagens de Freud sobre o delírio de ser observado, a consciência e o ideal do ego. Mas não fez nenhum comentário imediato sobre as modificações de Freud em sua teoria das pulsões. Todavia, foi este o aspecto do artigo que Ernest Jones considerou mais desconcertante. Se existe uma "libido do ego", bem como uma "libido de objeto", o que será das distinções com que os psicanalistas até então tinham contado? Aí estava o problema: Freud por muito tempo insinuara, deixando explícita em 1910, a concepção de que as pulsões humanas podem ser divididas nitidamente em duas categorias: as pulsões do ego e as pulsões sexuais. As primeiras são responsáveis pela autopreservação do indivíduo, e não têm nada a ver com o erótico. As segundas fazem pressão para obter satisfação erótica e servem à preservação da espécie. Mas se o *self* também pode ser eroticamente carregado, as pulsões do ego, portanto, também devem ter um caráter sexual.

Se essa conclusão é verdadeira, devem-se seguir consequências radicais para a teoria psicanalítica, pois ela contradiz visivelmente a formulação inicial de Freud, segundo a qual as pulsões do ego não são sexuais. Afinal, estariam certos os críticos que qualificaram Freud de pansexualista, um *voyeur* que via sexo por toda parte? Freud o negara enfaticamente, diversas vezes. Ou Jung acertara ao definir a libido como uma força universal que permeia indiscriminadamente toda operação mental? Freud deu mostras de não se perturbar. Invocando a autoridade de sua experiência clínica, declarou que as categorias de libido do ego e libido de objeto, que acabava de apresentar, eram um "prolongamento indispensável" do velho esquema psicanalítico, e insistiu que não havia nada de muito novo e certamente nada de preocupante nelas. Seus adeptos não tinham de forma alguma tanta certeza; vislumbravam com maior clareza do que o autor as implicações radicais do artigo. "Deu", lembra Ernest Jones, "uma sacudida desagradável na teoria dos instintos, com a qual a psicanálise havia até então trabalhado." "Sobre o narcisismo" de Freud deixou Jones e seus amigos muito nervosos.

Essas avaliações conflitantes alcançam os fundamentos da psicologia como ciência. Freud nunca se contentara plenamente com a teoria das pulsões seja em sua forma inicial ou final. Em "Sobre o narcisismo", ele lamentou a "absoluta falta de uma teoria das pulsões — *Trieblehre* — que pudesse proporcionar uma orientação confiável ao investigador da psicologia. Essa ausência de clareza teórica devia-se, em grande parte, à incapacidade dos biólogos e psicólogos em criar um consenso sobre a natureza das pulsões ou instintos. Na falta desse guia, Freud elaborou sua própria teoria, observando fenômenos psicológicos à luz de qualquer informação biológica que estivesse à disposição. Para entender uma pulsão, precisa-se das duas disciplinas, pois ela se situa, nas palavras de Freud, na fronteira entre o físico e o mental.* É um impulso traduzido num desejo.

Na época em que surgiu "Sobre o narcisismo", Freud ainda se declarava mais ou menos resignado a uma classificação das pulsões que as dividisse entre as relativas à autopreservação e as relativas à satisfação sexual. Desde os anos 1880, como sabemos, ele gostava de citar o verso de Schiller de que o amor e a fome movem o mundo. Mas viu que, ao interpretar o narcisismo como um amor sexual por si mesmo, mais do que como uma perversão especializada, na verdade havia destruído a simplicidade de seu velho esquema. Mesmo que tentasse, não conseguiria mais manter a separação clara entre as duas categorias de pulsões que lhe haviam servido por duas décadas: o fato é que o amor por si e o amor por outros diferem apenas em seu objeto, não em sua natureza.

Na primavera de 1914, a necessidade de reclassificar as pulsões e fazer outras retificações igualmente perturbadoras na teoria psicanalítica estava se tornando mais do que evidente. Mas com uma brusquidão grosseira e inesperada, o mundo invadiu e, por algum tempo, interrompeu os pensamentos de Freud da maneira mais espetacular e brutal que se poderia imaginar. Ele havia concluído "Sobre o narcisismo" em março de 1914, e publicou-o no *Jahrbuch* por volta do final de junho. Esgotado por um longo e árduo ano de pelejas políticas e uma agenda lotada de pacientes, Freud se preparava para longas férias em Karlsbad e para dedicar algum tempo ao seu próprio trabalho. Em um mês, porém, ele descobriu que tinha pouco tempo e menos gosto ainda para explorar a direção subversiva que seu pensamento vinha tomando. Enquanto Freud se dirigia para grandes revisões, a civilização ocidental enlouquecia.

O FIM DA EUROPA

Em 28 de junho de 1914, o Homem dos Lobos deu um longo passeio pelo Prater, refletindo sobre os anos instrutivos e, ao cabo, proveitosos que havia passado sob os cuidados de Freud em Viena. Era, lembrou posteriormente, "um domingo muito quente e abafado". Ele estava prestes a terminar sua análise e a se casar com uma mulher aprovada por Freud; tudo parecia bem, e ele voltou de sua caminhada com uma disposição esperançosa. No entanto, logo ao chegar em casa, a empregada lhe entregou uma edição extraordinária de um jornal com notícias atordoantes: o arquiduque Francisco Ferdinando e sua consorte tinham sido assassinados em Sarajevo por jovens militantes bósnios. O acontecimento era uma ilustração chocante daquele anacronismo vacilante, o multinacional Império austro-húngaro, sobrevivendo desafiadoramente numa era de nacionalismo febril. As consequências de Sarajevo não se fizeram imediatamente claras.

* Ver pp. 369-70.

Escrevendo a Ferenczi "sob o impacto do surpreendente assassinato", Freud julgava a situação imprevisível e observou que era pequena a "simpatia pessoal", em Viena, pela casa imperial. Apenas três dias antes, Freud havia informado a Abraham do aparecimento de sua "História do movimento psicanalítico" com um floreado agressivo: "Agora a bomba explodiu". Após Sarajevo, ela iria se revelar, de fato, uma bomba muito íntima, muito insignificante. A eclosão da Primeira Guerra Mundial estava apenas a seis semanas de distância.

Para o historiador da cultura, o impacto da catástrofe tem algo de paradoxal. A maioria dos movimentos artísticos, literários e intelectuais que fariam dos anos 1920 uma década tão excitante e inovadora tinha se originado bem antes de 1914: a arquitetura funcional, a pintura abstrata, a música dodecafônica, os romances experimentais — e a psicanálise. Simultaneamente, a guerra destruiu um mundo para sempre. No final de 1919, ao se voltar para época anterior à grande insanidade, o economista inglês John Maynard Keynes descreveu-a como uma era de progresso. A maioria da população, escreveu numa passagem famosa,

> trabalhava duro e vivia num baixo padrão de conforto, mas, segundo todas as aparências, estava razoavelmente satisfeita com essa sorte. Mas, para qualquer homem de capacidade ou caráter superior à média, era possível escapar para as classes médias e altas, às quais a vida oferecia, a baixo custo e com o mínimo incômodo, conveniências, comodidades e amenidades além do alcance dos monarcas mais ricos e mais poderosos de outras eras.

Qualquer assistente social ou radical de princípios com certa capacidade de observação poderia dizer a Keynes que essa era uma visão excessivamente benévola das comodidades materiais e da mobilidade social abertas aos pobres. No entanto, para as classes médias, de dimensões consideráveis, era uma visão bastante acurada.

> O habitante de Londres podia encomendar pelo telefone, bebericando seu chá matinal na cama, os diversos produtos do mundo inteiro, nas quantidades que considerasse adequadas, e esperar razoavelmente que logo fossem entregues à sua porta; poderia, no mesmo momento e pelos mesmos meios, aplicar suas riquezas em recursos naturais e novos empreendimentos em qualquer canto do mundo, e partilhar, sem esforço nem incômodo, de seus futuros frutos e vantagens.

Se quisesse, esse londrino poderia provar prazeres semelhantes no exterior, "sem passaporte ou outras formalidades". Ele "poderia enviar seu criado para a agência vizinha de um banco para a provisão dos metais preciosos que parecesse conveniente", e a seguir "viajar para lugares estrangeiros, sem conhecer religião, língua ou costumes, carregando consigo bens em moeda, e se consideraria grandemente ofendido e muito surpreso com a menor interferência". Além disso, "o mais importante de tudo", Keynes concluía seu catálogo nostálgico, "ele via esse estado de coisas como algo normal, certo e permanente, exceto quanto a maiores aperfeiçoamentos, e considerava qualquer desvio como aberrante, escandaloso e evitável". O militarismo e o imperialismo, as rivalidades raciais e culturais e outros problemas "eram pouco mais do que os entretenimentos de seu jornal diário", sem nenhuma influência real sobre sua vida.

O próprio lirismo desse necrológico por um modo de vida extinto atesta a devastação e o desespero que a guerra deixaria atrás de si; comparativamente, o mundo anterior a agosto de 1914 cintilava como uma terra feliz de fantasias realizadas. Era uma época em que Freud podia enviar uma carta de Viena a Zurique ou Berlim na segunda-feira, e esperar sem falta uma resposta na quarta-feira; uma época em que podia decidir impulsivamente visitar a França ou qualquer outro país civilizado, sem qualquer preparativo ou documento formal. Apenas a Rússia, considerada um posto avançado da barbárie, exigia visto para a entrada de turistas.

Durante o meio século relativamente pacífico que antecedeu agosto de 1914, existiram militaristas que pregavam a guerra, generais que a planejavam, profetas da desgraça que a prediziam. Mas suas vozes constituíam uma clara minoria ainda que ruidosa; quando o brilhante psicólogo social inglês Graham Wallas advertiu, em 1908, que "os horrores de uma guerra mundial" eram um perigo real, a maioria de seus contemporâneos recusou-se a dar crédito à terrível ideia. É verdade que a formação de blocos de poder hostis, com a Inglaterra e a França enfrentando a Tríplice Aliança da Alemanha, Áustria-Hungria e Itália, era um presságio ameaçador; a corrida armamentista, especialmente a rivalidade naval intensificada entre a Inglaterra e a Alemanha, era outro. É verdade também que o Kaiser Guilherme ansiava pelo que chamava de um lugar ao sol, e isso significava uma Alemanha competindo com outras grandes potências por colônias na África e no Pacífico, e desafiando a tradicional supremacia da Inglaterra no mar. Os discursos esbravejantes do Kaiser e seus comentários desinibidos sobre uma luta de morte entre as raças teutônicas e eslavas eram outras tantas razões de nervosismo. Sua retórica ecoava uma interpretação estabelecida e vulgarizada dos ensinamentos de Darwin, que os entendia como uma apologia de lutas sanguinárias entre povos ou "raças", como um caminho para a saúde e, na verdade, como uma necessidade para a sobrevivência nacional.

Além disso, a partir de 1900 tornou-se corrente chamar os Bálcãs de barril de pólvora: a longa agonia do Império otomano, que havia um século viera afrouxando o domínio sobre suas possessões africanas e balcânicas, estimulava os políticos temerários a fazerem demonstrações belicosas e expedições irrefletidas. Ademais, a imprensa diária barata das grandes metrópoles dava sua contribuição alimentando a fogueira da agitação chauvinista. Em 9 de dezembro de 1912, estando os Bálcãs novamente em comoção, Freud comentou de passagem a Pfister que, embora tudo estivesse bem no país, "a expectativa de guerra quase nos tira o fôlego". No mesmo dia, ele informava a Ferenczi que "o ânimo de guerra domina nossa vida cotidiana". Mas o boato de confrontos em gestação e os esforços angustiados de equiparação dos armamentos não tornavam inevitável uma grande guerra. E a Primeira Guerra Mundial de forma alguma viria a se assemelhar, em duração e custos, aos temores — ou esperanças — dos que a predisseram.

Havia muito existiam argumentos convincentes em favor da paz, incluindo o do simples interesse próprio. A expansão da rede do comércio mundial fazia da guerra uma perspectiva catastrófica para negociantes, banqueiros e industriais. O trânsito da arte, da literatura e das ideias filosóficas através das fronteiras havia fundado uma fraternidade internacional civilizada, em si mesma um agente informal da paz. A psicanálise não era o único movimento intelectual cosmopolita. Havia a esperança, escreveria Freud mais tarde, com tristeza, de que o "elemento pedagógico" da compulsão à moral pudesse funcionar, e que "a magnífica comunidade de interesses gerada pelo comércio e pela produção convertesse tal compulsão num ponto de partida". As grandes potências, ainda ligadas entre si no concerto europeu, esforçavam-se para que as guerras locais continuassem locais. Encontraram um aliado um tanto incongruente no movimento socialista internacional, cujos líderes prediziam confiantes que as maquinações dos malignos incentivadores da guerra seriam frustradas por uma greve geral dos proletários com consciência de classe. Os desejos dos negociantes pacíficos e dos radicais pacifistas se mostraram pateticamente errados; em poucas semanas frenéticas, desencadearam-se forças agressivas claramente suicidas que a maioria das pessoas julgava controladas para sempre.

Nas semanas que se seguiram a Sarajevo, os políticos e diplomatas austríacos assumiram uma linha dura, respaldados pela reafirmação do apoio da Alemanha. Se tivesse tido acesso aos despachos confidenciais deles, Freud poderia lê-los como expressão de homens angustiados sentindo-se sob pressão para provar sua virilidade. Falavam de cortar violentamente o nó górdio, acabando de uma vez por todas com os sérvios, da necessidade de agir agora ou nunca, do medo de que o mundo pudesse interpretar uma política austríaca conciliatória como uma confissão de pusilanimidade. Abertamente, achavam essencial escapar ao estigma de indecisão, efeminamento, impotência. Em 23 de julho, os austríacos apresentaram aos sérvios uma nota categórica, praticamente um ultimato; cinco dias depois, embora a resposta tivesse sido pronta e apaziguadora, a Áustria declarou a guerra.

A medida foi imensamente popular na Áustria. "Esse país", observou o embaixador britânico, "ficou louco de alegria com a perspectiva da guerra com a Sérvia, e seu adiamento ou impedimento seria, sem dúvida, uma grande decepção." Finalmente podia-se erguer a cabeça. "Há realmente grandes comemorações e manifestações", Alexander Freud informou de Viena a seu irmão Sigmund, que estava em Karlsbad havia cerca de duas semanas. "Mas", acrescentou ele, atenuando bastante a impressão de alegria coletiva, "em geral as pessoas estão muito abatidas, visto que todo mundo tem amigos e conhecidos que estão sendo convocados." Isso não o impedia de mostrar certa combatividade. Estava contente, "apesar de todo o sofrimento", que a Áustria tivesse decidido agir e se defender. "As coisas não podiam continuar assim." Essa posição, como Alexander Freud não deixou de notar, também era a de seu irmão na época; Freud fora acometido por um acesso inesperado de patriotismo. "Talvez pela primeira vez em trinta anos", disse a Abraham no final de julho, "eu me sinto um austríaco, e gostaria de dar apenas uma vez mais uma oportunidade a esse império muito pouco promissor."* Ele saudou a atitude austríaca inflexível em relação à Sérvia como uma postura corajosa, e viu com bons olhos o apoio alemão a seu país.

Nem todas as manobras diplomáticas daqueles dias foram demonstrações de militância e virilidade; ao final, os ingleses e os franceses tentaram esfriar os ânimos. Sem resultado: os políticos das Potências Centrais — Áustria-Hungria e Alemanha — tinham intenções mais tortuosas e menos pacíficas. Planejavam manter a neutralidade da Inglaterra e, o que era mais sinistro, tentaram empurrar a responsabilidade da confusão para os russos, aos quais descreviam como intransigentes e impulsivos. Contudo, eram poucos os que acreditavam na iminente conflagração, e Freud não estava entre eles. Se estivesse, teria insistido para que sua filha Anna cancelasse a viagem que estava fazendo pela Inglaterra em meados de julho, e não teria deixado Viena na mesma época, tampouco convidado Eitingon e sua nova mulher a visitá-lo em Karlsbad no começo de agosto.

Seus pensamentos, como veremos, estavam em Anna e na psicanálise, e não na política internacional: considerando as cartas emotivas de Ferenczi um fardo, Freud disse-lhe francamente que iria parar de se corresponder por algum tempo, para se concentrar no trabalho, "para o qual de nada me serve a sociabilidade". Mas o mundo não o deixou em paz. "O que o senhor diz sobre as possibilidades de guerra e paz?", indagou sua filha Mathilde em 23 de julho. Sem dúvida ele antevia — ou, talvez mais precisamente, esperava — um conflito estritamente limitado. "Se a guerra se mantiver limitada aos Bálcãs", escreveu a Abraham em 26 de julho, "não vai ser ruim demais." Mas com os russos, acrescentou ele, nunca se sabia.

A incerteza de Freud reproduzia a sensação geral de suspense. Ainda em 29 de julho, ele se indagava em voz alta se, em duas semanas, o mundo não iria, talvez, olhar para toda essa excitação com certa vergonha, ou se a "decisão dos destinos" havia tanto ameaçada agora se aproximava. Abraham, como sempre, continuava otimista. "Creio", escreveu a Freud no mesmo dia, "que nenhuma grande potência vai começar uma guerra geral." Cinco dias depois, em 3 de agosto, *sir* Edward Grey, o ministro das Relações Exteriores da Grã-Bretanha, alertou os alemães contra as consequências que sua violação da neutralidade belga iria acarretar. Na penumbra, Grey se postou diante da janela de seu escritório, olhan-

* Quase trinta anos antes, durante sua estada em Paris, Freud havia mostrado algum patriotismo, fazendo comparações hostis entre si e os parisienses frívolos. Mas, mesmo então sua lealdade nacional estava longe de ser inequívoca. Lembremos que havia se apresentado a um patriota francês não como austríaco nem alemão, mas como judeu.

do melancolicamente, com um amigo, as lâmpadas que estavam sendo acendidas lá fora. "As lâmpadas estão se apagando em toda a Europa", disse ele, e profetizou de modo memorável: "Não as veremos se acender novamente em nossa vida".

Em Viena, a tensão se concentrava sobre o que faria a Inglaterra. A Itália havia se declarado neutra, alegando justificações legalistas por não honrar suas obrigações com a Tríplice Aliança. Esse gesto, escreveu Alexander Freud a seu irmão em 4 de agosto, fora esperado. Mas agora "tudo depende da atitude da Inglaterra; a decisão vai ser conhecida aqui hoje à noite. Os românticos sustentam que a Inglaterra não vai se unir; um povo civilizado não vai tomar o lado dos bárbaros etc.". Como anglófobo — ao contrário do irmão —, Alexander Freud não era romântico, pelo menos nesse ponto. "Minha boa e velha aversão contra a perfídia inglesa provavelmente vai se mostrar correta; eles não vão se sentir constrangidos em tomar o lado dos russos."* Pérfida ou não, nesse dia, 4 de agosto, depois de confirmada a invasão alemã da Bélgica, a Grã-Bretanha entrou na guerra. Findara a antiga ordem europeia.

A guerra que eclodiu no final de julho e difundiu-se no começo de agosto de 1914 tomou conta da maior parte da Europa e regiões adjacentes: o Império austro-húngaro, a Alemanha, a Inglaterra, a França, a Rússia, a Romênia, a Bulgária, a Turquia. A causa dos aliados seria fortalecida posteriormente com a participação da Itália e dos Estados Unidos. Poucos suspeitavam que a guerra se ampliaria tanto; inúmeros observadores, certamente no campo das Potências Centrais, prediziam que os eficientes exércitos alemães alcançariam Paris na época do Natal. O desolado prognóstico de Alexander Freud sobre um conflito prolongado e oneroso era bastante excepcional. "Nenhum homem sensato duvida de que, ao final, o sucesso estará do lado dos alemães", escreveu ao irmão em 4 de agosto. "Mas o quanto isso pode durar antes de se conseguir a vitória final, quais os imensos sacrifícios em vidas, saúde e fortuna que custará o negócio, esta é a questão que ninguém ousa abordar."

A coisa mais extraordinária em relação a esses acontecimentos catastróficos não foi tanto o fato de terem acontecido, mas sim a forma como foram recebidos. Europeus de todas as espécies reuniram-se saudando o advento da guerra com um fervor que beirava uma experiência religiosa. Aristocratas, burgueses, operários e camponeses; reacionários, liberais e radicais; cosmopolitas, chauvinistas e particularistas; soldados impetuosos, estudiosos preocupados e teólogos brandos — todos deram-se os braços em sua alegria belicosa. A ideologia triunfante

* Os dois irmãos, que concordavam sobre muitas coisas, divergiam quanto à Inglaterra, país que Freud, como sabemos, admirava muito. Seu filho Martin também. "A notícia de que a Inglaterra está do lado de nossos adversários", escreveu ao pai dois dias depois de declarada a guerra, "era esperada, mas continua a ser um golpe duro em nossos sentimentos." E acrescentava: "Tem notícias de Annerl?". (Martin Freud a Freud, 6 de agosto de 1914. Freud Museum, Londres.)

era o nacionalismo, mesmo para inúmeros marxistas, o nacionalismo levado ao ponto mais alto da histeria. Alguns saudavam a guerra como uma ocasião para acertar antigas disputas, mas para a maioria, mais sinistramente, ela definia a virtude de seu próprio país e a perversidade do inimigo. Os alemães gostavam de pintar os russos como bárbaros incuráveis, os ingleses como lojistas lamurientos, os franceses como sensualistas vulgares; os ingleses e franceses, por sua vez, descobriram de repente que os alemães eram uma mistura fedida de burocratas nojentos, metafísicos confusos e hunos sádicos. A família europeia de alta cultura se dilacerou no momento em que os professores devolveram seus títulos honorários de países inimigos, e passaram a empregar sua erudição para provar que as pretensões de cultura de seus adversários não passavam de máscaras encobrindo a ganância ou luxúria pelo poder.

Este era o estilo primitivo de pensamento que Freud viria a considerar tão incrível. Os oradores, em prosa e verso, saudavam a guerra como um rito de purificação espiritual. Ela se destinava a restaurar as antigas virtudes heroicas, quase desaparecidas, e a servir como panaceia para a decadência havia muito tempo notada e lamentada pelos críticos da cultura. A febre da guerra patriótica acometeu romancistas, historiadores, teólogos, poetas, compositores, de todos os lados, mas talvez mais intensamente na Alemanha e Áustria-Hungria. O poeta austríaco Rainer Maria Rilke, mescla única de sofisticação e misticismo, celebrou a deflagração das hostilidades com "Cinco canções", datadas de agosto de 1914, onde ele via o "mais remoto e inacreditável Deus da Guerra" a se erguer novamente: "Por fim um Deus. Como frequentemente não mais nos apoderávamos do deus pacífico, o Deus do Combate se nos apodera de súbito, brande o facho". Hugo von Hofmannsthal, esse prolífico esteta vienense, converteu-se em assíduo propagandista oficial da causa austríaca e jactava-se — ou permitia que outros se jactassem em seu nome — de seu valor militar. Mesmo Stefan Zweig, posteriormente um pacifista vociferante, teve ambições militares nos primeiros dias da guerra e, até dar sua guinada para o pacifismo, serviu ardorosamente à máquina de propaganda austríaca, de modo muito parecido a Hofmannsthal. "Guerra!", exclamou Thomas Mann em novembro de 1914, "era purificação, libertação o que sentíamos, e uma enorme esperança"; ela "incendiou os corações dos poetas" com um sentimento de alívio: "Como poderia o artista, o soldado no artista, não louvar a Deus pela ruína de um mundo pacífico do qual ele estava farto, absolutamente farto!".*

* Havia uma ponta dessa animação mesmo entre os pouquíssimos, como Arthur Schnitzler, que se recusaram heroicamente a trocar sua humanidade por esse patriotismo fácil, embriagado consigo mesmo. Fritz Wittels lembra ter se aproximado de Arthur Schnitzler depois de uma das raras vitórias austríacas sobre os russos, e ficou atônito ao ver o mais severo dos escritores comovido e encantado: "Ele me disse: 'O senhor sabe o quanto eu odeio quase tudo na Áustria, mas, quando soube que terminara o perigo de uma invasão russa, senti-me como que me ajoelhando e beijando esse nosso solo'". (Wittels, "Wrestling with the Man", p. 5.) Não era uma excitação chauvinista, mas o tipo de animosidade antirrussa partilhada por quase todos os austríacos, inclusive Freud.

Como o acerbo crítico Karl Kraus gostava de apontar, os escritores que lançavam esses frenéticos e quase dementes apelos às armas lutavam energicamente, e com êxito, para escapar ao serviço no fronte. Mas essa contradição não os perturbava, e certamente não os silenciava. Suas explosões constituíam um clímax adequado a décadas de irritação contra o que eles e seus ancestrais de vanguarda gostavam de denunciar como a cultura burguesa obtusa, segura, vulgar; eles resumiam em si uma paixão jocosa, sofisticada e irresponsável pela desrazão, purificação e morte. No verão de 1914, esse tipo de discurso acometeu populações inteiras numa psicose de guerra contagiosa. Foi um exemplo notável de quão suscetíveis à regressão coletiva podem ser as pessoas supostamente sensatas e cultas.

De início, os otimistas alemães e austríacos, arrebatados ou não, obtinham veemente confirmação dos comunicados militares oficiais. Por volta do final de agosto, Abraham anunciou "notícias estonteantes" a Freud. "As tropas alemãs estão apenas a cem quilômetros de Paris. A Bélgica está acabada; a Inglaterra, em terra, igualmente." Duas semanas depois, ele informava que "nós", em Berlim, "ficamos grandemente tranquilizados com a derrota total dos russos na Prússia Oriental. Daqui a pouquíssimos dias, esperamos notícias favoráveis das batalhas no Marne". Uma vez ganhas, "a França está fundamentalmente acabada". Em meados de setembro, Eitingon exclamava a Freud sobre o "início incomparavelmente esplêndido no Oeste e Leste", embora confessasse que "o ritmo parece ter diminuído um tanto".

Como seus seguidores, por algum tempo Freud também entregou-se à credulidade partidária, enquanto continuavam a jorrar do fronte boletins animados e até triunfantes. Mas ele nunca se rendeu totalmente à exaltação irracional, de cariz religioso, de um Rilke ou um Mann. Em setembro, em visita à filha Sophie Halberstadt, para ver seu primeiro neto, Ernest, Freud descobriu que suas reações estavam novamente adquirindo certa complexidade. "Não estou em Hamburgo pela primeira vez", escreveu a Abraham, "mas pela primeira vez é como se eu não estivesse numa cidade estrangeira." No entanto, admitiu ele, podia "falar do sucesso de 'nossos' empréstimos de guerra e discutir as possibilidades de 'nosso' combate de milhões", e essas curiosas aspas sugerem uma perplexidade consigo mesmo.

Enquanto se preparava para a viagem a Hamburgo, Freud imaginava se estaria na Alemanha quando chegassem "as notícias de uma vitória diante de Paris". Mas, desde o começo das hostilidades, ele era cético demais para abandonar totalmente a postura analítica. "Observa-se em todos", notara ele no final de julho, "os mais autênticos atos sintomáticos." Além disso, o apreço que sempre tivera pela Inglaterra era um obstáculo a um chauvinismo emproado. Ele apoiaria a guerra, escreveu a Abraham em 2 de agosto, "com todo o meu coração, se não soubesse que a Inglaterra está do lado errado". Abraham também considerava esse alinhamento incômodo, principalmente visto que, entre os que estavam do lado errado, encontrava-se o bom amigo e aliado indispensável Ernest Jones. "Para o senhor também é uma sensação estranha", perguntou a Freud, "que ele esteja entre nossos 'inimigos'?" Freud sentia agudamente essa estranheza. "Decidiu-se de modo geral", disse a Jones em outubro, "não encará-lo como um inimigo!" Mantendo sua palavra, ele continuou a se corresponder com Jones, o inimigo que não era inimigo, através de países neutros como a Suíça, a Suécia e a Holanda, que faziam apenas gestos de ameaça aos alemães.

Sem dúvida, a principal razão pela qual o entusiasmo de Freud por seu país logo começou a diminuir foi porque a guerra chegou à sua casa desde o início. Antes de acabar, seus três filhos tinham participado em combates, e dois deles em diversos. E mais, a eclosão das hostilidades praticamente arruinou sua atividade clínica; os pacientes em potencial foram recrutados para o serviço militar ou estavam pensando mais sobre a guerra do que sobre suas neuroses. "São tempos difíceis", escreveu já em agosto de 1914, "nossos ganhos por enquanto diminuem." Na primavera de 1915, ele calculava que a guerra já lhe custara mais de 40 mil coroas. Na verdade, a guerra colocava um sério perigo para a própria sobrevivência da psicanálise. A primeira vítima foi o congresso de psicanalistas planejado para setembro de 1914 em Dresden. A seguir, um após o outro, os seguidores de Freud foram convocados; eram médicos na maioria e, portanto, altamente aproveitáveis pelo Moloch militar. Eitingon foi recrutado logo, e Abraham foi designado para uma unidade cirúrgica perto de Berlim. Ferenczi foi enviado para os hussardos húngaros, nas províncias, para obrigações que se mostraram mais maçantes do que exigentes, e teve mais tempo para si do que outros analistas recrutados. "Agora o senhor é realmente o único", escreveu Freud a Ferenczi em 1915, "que está trabalhando ao nosso lado. Os outros estão todos militarmente paralisados."*

Mas o serviço a que os médicos seguidores de Freud foram convocados era mais incômodo do que perigoso; podiam roubar tempo livre suficiente para responder às ideias que ele lhes despejava. É claro que interferiu em suas práticas analíticas, e tampouco poderiam continuar a escrever e publicar com a mesma eficiência de antes. A preocupação de Freud com o futuro da psicanálise era suficiente para que informasse jubilosamente que o míope Hanns Sachs tinha sido rejeitado para o serviço militar. Enquanto isso, seu amanuense de confiança, Otto Rank, esforçava-se valentemente para se manter fora do exército, "defendendo-se como um leão", disse Freud a Ferenczi, "contra a pátria". As necessida-

* Do começo de 1916 em diante, Ferenczi ficou ainda menos imobilizado do que antes: transferido para Budapeste como psiquiatra em tempo parcial num hospital militar, pôde retomar parte de sua atividade psicanalítica. [Ver Michael Balint, "Einleitung des Herausgebers", em Sándor Ferenczi, *Schriften zu Psychoanalyse*, 2 vols. (1970), I, p. XIII.]

des da psicanálise, assim como as notícias de seus filhos no fronte, punham à prova os limites do patriotismo de Freud.

Ele foi levado a esses limites em 1915, se não antes, quando Rank foi finalmente apanhado no arrastão militar; estando as forças austríacas diante de um novo inimigo, a Itália, eles iriam usar até os incapacitados. Ele teve que servir durante dois anos, bastante miseravelmente, como editor de um jornal em Cracóvia. Rank "continua firme como prisioneiro da editoria do *Krakauer Zeitung*, e está se sentindo muito deprimido", informou Freud a Abraham no final de 1917. A seu ver, essa incumbência tediosa de Rank era nada menos que um desperdício criminoso.

Não surpreende que houvesse pouco tempo e menos dinheiro disponível para as publicações psicanalíticas; o *Jahrburch* foi interrompido ao passo que a *Imago* e a *Internationale Zeitschrift für Psychoanalyse* (fundada em 1913) continuaram a atuar, em dimensões muito reduzidas. A Sociedade Psicanalítica de Viena, que durante anos tinha se reunido fielmente todas as quartas-feiras à noite, agora se encontrava de quinze em quinze dias e, de 1916 em diante, a cada três semanas ou ainda mais esporadicamente. Evidentemente, não havia oportunidade para montar os congressos internacionais de psicanalistas que Freud e seus seguidores consideravam vitais para sua ciência. Numa melancólica carta de Natal a Ernest Jones, no primeiro ano da guerra, Freud esboçou um balanço sombrio e um prognóstico não menos sombrio: "Eu não me iludo: a primavera de nossa ciência foi bruscamente interrompida, estamos nos encaminhando para um período ruim; tudo o que podemos fazer é manter a chama bruxuleando em alguns corações, até que um vento mais favorável permita atiçá-la novamente. O que Jung e Adler deixaram do movimento agora está perecendo na luta das nações". Como tudo o mais que era internacional, a associação psicanalítica agora não parecia mais viável, e os periódicos psicanalíticos agonizavam. "Tudo o que se quis cultivar e cuidar agora tem-se que deixar crescer bravio e selvagem." Ele professava confiança nos destinos a longo prazo "da causa à qual o senhor devota uma dedicação tão comovente". Mas o futuro imediato se afigurava sombrio e sem esperanças. "Não vou censurar nenhum rato ao vê-los abandonar o navio que afunda." Cerca de três semanas depois, ele resumiu sucintamente: "A ciência dorme".

Tudo isso era bastante inquietante, mas, e muito mais importante, os filhos de Freud não foram poupados. A filha mais nova, Anna, que fora fazer uma visita à Inglaterra em meados de julho, lá foi surpreendida pela deflagração das hostilidades. Com a ajuda constante de Jones, ela conseguiu voltar para casa no final de agosto, por uma rota tortuosa que incluía Gibraltar e Gênova. A gratidão de Freud foi expressiva. "Ainda não tive a oportunidade", escreveu a Jones em outubro, "nesses tempos infelizes que nos empobrecem tanto em bens espirituais como em bens materiais, de agradecê-lo pela maneira hábil e prudente de enviar minha filhinha de volta a mim, e por toda a amizade por trás disso." Foi um grande alívio.

Uma vez afastado de sua mente o possível perigo para a filha — nunca fora realmente muito grande —, Freud tinha três filhos crescidos para se preocupar. Todos eram aptos e mostraram-se ansiosos para entrar no exército. Mesmo no primeiro arroubo de seu sentimento recém-descoberto pela Áustria, Freud havia pensado mais protetoramente nos filhos do que nas necessidades da máquina bélica austro-húngara. "Meus três filhos felizmente não foram atingidos", confiou a Abraham no final de julho de 1914; as autoridades austríacas haviam recusado definitivamente dois deles, e isentaram o terceiro. Ele repetiu as mesmas boas notícias, praticamente com as mesmas palavras, numa carta a Eitingon dois dias depois, notando que os filhos estavam "felizmente e imerecidamente" salvos.* Mas Martin, o mais velho, apresentou-se como voluntário no começo de agosto. "Teria sido insuportável para mim", escreveu ao pai, "ficar atrás sozinho enquanto todos os outros estão indo." Além disso, acrescentou ele, servir no fronte oriental seria "a melhor oportunidade de dar clara expressão à minha aversão pela Rússia", dessa forma, como soldado, ele poderia cruzar a fronteira russa sem a permissão especial que o Império czarista exigia dos judeus. "Aliás, desde que me tornei soldado", disse ao pai no dia seguinte, "tenho esperado a primeira ação militar como uma emocionante escalada de montanha." Não precisava se incomodar; ele conseguiu ser admitido na artilharia, onde havia servido em período de paz, e logo participou em combates nos frontes do leste e do sul.

Oliver, o segundo filho de Freud, foi recusado para o serviço militar até 1916, mas então desempenhou sua parte — permanecendo, de modo geral, menos exposto do que os irmãos — numa série de projetos de engenharia para o exército. Ernst, o mais novo, apresentou-se como voluntário em outubro (muito tarde para combater, pensavam seus camaradas) e serviu no fronte italiano. O genro de Freud, Max Halberstadt, marido de Sophie, esteve em combate na França, e em 1916 foi ferido e reformado por invalidez. A julgar pelas condecorações e promoções, a bravura e entusiasmo desses jovens igualavam-se à sua retórica.** Tudo o que Freud podia fazer era enviar dinheiro e alimentos para os filhos, e esperar pelo melhor. "Nosso estado de ânimo", ainda escreveria a Eitingon no começo de 1915, "não é tão brilhante como na Alemanha; o futuro nos parece imprevisível, mas a força e a confiança alemãs têm sua influência." Mas as perspectivas de vitória recuavam nitidamente para as margens do interesse de Freud, enquanto se preocupava com a segurança de filhos, genros e sobrinho. As referências às suas aventuras militares oferecem um comovente contraponto paternal aos assuntos profissionais que preenchem suas cartas. Freud raramente escrevia a seus associados, mesmo a Ernest Jones, sem contar como estavam passando os soldados de sua família. Quando vinham de

* No final de 1912, quando havia rumores insistentes de guerra, Freud já se preocupara que "pode me acontecer ter três filhos no fronte ao mesmo tempo". (Freud a Ferenczi, 9 de dezembro de 1912, Freud-Ferenczi Correspondence, Freud Collection, LC.)

** Conforme veio a se mostrar, a família Freud foi mais afortunada do que muitas outras; apenas um de seus membros — Hermann Graf, único filho da irmã de Freud, Rosa — morreu em combate.

licença para casa, posavam de uniforme para fotografias de família, bem-arrumados e sorridentes.

Apesar de todas as suas angustiadas reservas, Freud continuava a assumir a causa das Potências Centrais, e ficava irritado com a inquebrantável confiança de Jones na vitória final dos Aliados. "Ele escreve sobre a guerra como um verdadeiro anglo", queixou-se Freud a Abraham em novembro de 1914. "Afundem mais alguns superencouraçados ou realizem alguns desembarques, do contrário os olhos deles não vão se abrir." Os ingleses, pensava ele, estavam animados por "uma arrogância incrível". Advertiu a Jones que não acreditasse no que os jornais diziam a respeito das Potências Centrais: "Não se esqueça de que agora há muitas mentiras. Não estamos sofrendo nenhuma restrição, nenhuma epidemia, e estamos com boa disposição". Ao mesmo tempo, ele reconhecia que eram "tempos miseráveis". No final de novembro, não mais parecendo um tendencioso estrategista amador, Freud fez uma declaração pungente de desespero contido a Lou Andreas-Salomé: "Não tenho dúvidas de que a humanidade vai superar esta guerra também, mas tenho por certo que eu e meus contemporâneos não veremos mais o mundo com alegria. É vil demais". O que ele achava mais triste era que as pessoas estavam se comportando exatamente da forma que a psicanálise teria predito. Era por isso, disse Freud a ela, que nunca havia partilhado de seu otimismo; ele passara a acreditar que a humanidade não é "organicamente adequada a essa cultura. Temos de abandonar o palco, e o grande Desconhecido, pessoa ou coisa, algum dia repetirá tal experiência cultural com uma outra raça". Seu estilo é um pouco carregado, mas reflete seu desalento e dúvida crescente em relação à lealdade estereotipada para com a causa germano-austríaca.

Tampouco tardou para que Freud começasse a se perguntar se essa causa, independentemente do mérito que pudesse ter, possuía um grande futuro. O desempenho inexpressivo dos exércitos austríacos contra os russos fez com que começasse a pensar. No começo de setembro de 1914, depois de apenas um mês de batalha, ele havia dito a Abraham: "Na verdade, as coisas parecem estar indo bem, mas não há nada decisivo, e renunciamos à esperança de uma decisão rápida da guerra" através de vitórias esmagadoras. "A tenacidade se tornará a principal virtude." Logo, o próprio Abraham permitia que uma certa prudência invadisse suas cartas. "No fronte", escreveu a Freud no final de outubro, "são dias duros. Mas em geral continua-se cheio de confiança." Era um novo tom para o "caro otimista incurável" de Freud. Em novembro, Abraham informava que o ânimo em Berlim "é no momento de expectativa muito positiva". A essas alturas, Freud tinha deixado de ser positivo ou de ter expectativas. "Não há fim à vista", disse a Eitingon no começo de janeiro de 1915. "Continuo a pensar", escreveu melancolicamente, alguns dias depois, "que é uma longa noite polar, e deve-se esperar até que o sol nasça outra vez."

Sua metáfora era prosaica, mas extremamente adequada. A guerra se arrastava. Recusando-se a dar crédito às constantes previsões bem-intencionadas de Ernest Jones sobre uma vitória dos Aliados, Freud aferrou-se a seu morno patriotismo. Em janeiro de 1915, agradecendo os votos de Ano-Novo de Jones, ele repetiu uma advertência anterior: "Eu lamentaria pensar que o senhor também acredita em todas as mentiras espalhadas contra nós. Estamos confiantes e continuamos firmes". Intermitentemente, ele recarregava as baterias enfraquecidas de sua fé no valor dos alemães, celebrando as notícias de suas proezas. Em fevereiro de 1915, ainda esperava a vitória das Potências Centrais e permitiu-se um momento de "otimismo". Três meses depois, a ameaça de defecção da Itália neutra para os Aliados perturbou suas esperanças, mas, como disse a Abraham, "nossa admiração pelo nosso grande aliado cresce diariamente!". Em julho, ele atribuiu nada menos que sua "maior capacidade de trabalho" a "nossas belas vitórias".

Mas no verão de 1915, apesar das grandes operações militares em todos os frontes, os adversários tinham chegado, havia muito tempo, a um impasse arrasador, cujo desgaste era tão sangrento quanto a batalha mais feroz. E as batalhas também continuavam a cobrar seu alto preço, enquanto os comandantes ordenavam ofensivas tão onerosas quão inúteis. "Os rumores de que haverá paz em maio não diminuem", disse Freud a Ferenczi no começo de abril de 1915. "Evidentemente surgem de uma profunda ânsia, mas a mim parecem absurdos." Seu habitual pessimismo não iria mais ser desmentido. "Se essa guerra durar outro ano, como é provável", escreveu a Ferenczi em julho, "não vai sobrar ninguém que tenha estado presente à sua deflagração." Na verdade, ela iria se prolongar por mais de três anos, cobrando um tributo do qual a Europa nunca se recuperou inteiramente.

Para um sonhador como Freud, era talvez inevitável que Martin, Oliver e Ernst invadissem sua vida noturna. Na noite de 8 para 9 de julho de 1915, ele teve o que chamou de um "sonho profético", que tinha como conteúdo manifesto "muito nitidamente a morte de meus filhos, Martin em primeiro lugar".* Poucos dias depois, Freud descobriu que, no mesmo dia em que teve esse sonho, Martin fora realmente ferido no fronte russo — mas, felizmente, apenas de leve no braço. Isso o fez pensar, como às vezes fazia, se os relatos sobre ocorrências misteriosas não mereciam de fato ser investigados. Sem nunca se declarar convencido, Freud havia assumido, durante alguns anos, um interesse reservado e hesitante por tais fenômenos. A mente humana, como ele tinha boas razões para saber, afinal era capaz de peças extravagantes e inesperadas como essas! Mas, à medida que se passavam os meses e a guerra continuava, Freud refletia não tanto sobre a estranheza da mente, mas sobre as profundezas a que podia descer a humanidade. A guerra parecia um amontoado de atos sintomáticos desagradáveis, uma aventura horripilante na psicose coletiva. Era, como ele havia dito a Frau Lou, vil demais.

* Sobre outro trecho desse importante sonho, ver p. 174.

Por isso, em 1915, falando por si e por outros europeus racionais, Freud publicou um par de artigos sobre a desilusão gerada pela guerra e sobre a atitude moderna em relação à morte — uma elegia por uma civilização que se autodestruía. Tínhamos suposto, escreveu ele, que, na medida em que existiam nações em planos econômicos e culturais diferentes, algumas guerras podiam ser inevitáveis. "Mas ousamos esperar algo mais", esperar que os líderes das "grandes nações da raça branca com domínio mundial", que estavam "ocupadas com o cultivo de interesses de amplitude mundial", seriam capazes de acertar "conflitos de interesses por outras vias". Jeremias havia proclamado que a guerra era a sina do homem. "Nós não quisemos acreditar, mas como imaginamos uma tal guerra, se tivesse de vir?" Seria um caso de bravura, poupando os civis, "um duelo cavalheiresco". Era uma percepção aguçada: a maioria dos que ansiavam pelo poder purificador de uma grande guerra tinha em mente uma versão antisséptica e romantizada de batalhas travadas havia muito tempo. Na realidade, acrescentou Freud, a guerra havia degenerado num conflito mais sangrento do que qualquer antecedente e provocara aquele "fenômeno praticamente inconcebível", uma explosão de ódio e desprezo pelo inimigo. Freud, homem que se surpreendia com pouquíssimas coisas, surpreendeu-se com o medonho espetáculo da natureza humana em guerra.

Os artigos de Freud sobre a guerra e a morte mostram-no chegando a um acordo com esses acontecimentos dilaceradores. No primeiro artigo, ele começava, de modo bastante desolado, descrevendo a sensação de inquietude e incerteza que perseguia muitos de seus contemporâneos — e a ele mesmo: o esboço que ele traçou era, pelo menos em parte, um autorretrato: "Arrebatados pelo furacão desse período de guerra, informados tendenciosamente, sem distância das grandes transformações que já ocorreram ou estão começando a ocorrer, e sem suspeitar do futuro que está em processo de formação, começamos a nos confundir quanto ao significado das impressões que se impõem sobre nós e quanto ao valor dos juízos que formamos". São realmente tempos terríveis: "Parece-nos como se nunca antes um acontecimento tivesse destruído tantos bens comuns preciosos da humanidade, confundido tantos dos mais lúcidos intelectos, degradado tão cabalmente os mais elevados. A própria ciência", prosseguiu Freud implacável, "perdeu sua desapaixonada imparcialidade". Sentia-se entristecido em ver "seus servidores mais empedernidos" tomando armas de empréstimo à ciência. "Os antropólogos julgam necessário declarar o adversário inferior e degenerado; os psiquiatras, anunciar o diagnóstico de sua doença mental ou espiritual." Nessa situação, a pessoa que não foi envolvida diretamente pela guerra, e "não se tornou uma pequena partícula da gigantesca máquina bélica", deve se sentir ao mesmo tempo aturdida e inibida em sua capacidade de trabalho. A consequência previsível é a decepção, a desilusão.

Freud julgava que a psicanálise poderia minorar um pouco esses sentimentos, situando-os dentro de uma perspectiva. Eles se baseiam numa concepção de natureza humana que não resiste a um exame realista. Os impulsos humanos elementares e primitivos, em si nem bons nem maus, procuram se expressar, mas são inibidos por controles sociais e freios internos. Esse processo é universal. Mas a pressão da civilização moderna para controlar as pulsões foi excessiva, e excessivas foram suas expectativas quanto ao comportamento humano. A guerra, pelo menos, retirou a todos a ilusão de que a humanidade é originalmente boa. Na verdade, nossos companheiros cidadãos "não desceram tão baixo como temíamos, porque não haviam absolutamente se elevado tão alto como pensáramos".

O artigo de Freud é uma tentativa de consolo, um exercício inusitado para um estoico que se negava a crer que a psicanálise pudesse ou devesse negociar com tal mercadoria. "Minha coragem vacila em me erguer perante meus semelhantes como um profeta", iria lhes dizer severamente em *O mal-estar na civilização*, "e curvo-me à sua censura de que não sei como lhes trazer consolo — pois é fundamentalmente isso que todos eles pedem, os revolucionários mais impetuosos tão apaixonadamente quanto os crentes devotos mais conformistas." Mas isso foi em 1930. Em 1915, ele próprio poderia recorrer a um pequeno consolo. Apesar de ter consciência de que podia existir uma "necessidade biológica e psicológica de sofrimento para a economia da vida humana", Freud ainda era capaz de "condenar a guerra em seus meios e fins, e ansiar pela cessação de todas as guerras". Se a guerra destruiu essa esperança, demonstrou que esse anseio era uma ilusão, o realismo psicanalítico, a seu ver, poderia ajudar seus leitores a sobreviver menos deprimidos e menos desesperados aos anos de guerra.

O artigo de Freud sobre a morte, por sombrio que possa parecer o tema, também menciona as contribuições da psicanálise para uma compreensão da mente moderna, e toma as calamidades da guerra como mais uma prova de que a psicanálise está perto da verdade essencial sobre a natureza humana. O homem moderno, afirmou Freud, nega a realidade de sua morte e recorre a expedientes imaginativos para minorar o impacto que a morte dos outros pode ter sobre si. É por isso que ele considera o romance e o teatro tão agradáveis: permitem-lhe identificar-se com a morte de um herói, enquanto sobrevivem a ele. "No reino da ficção, encontramos a pluralidade de vidas de que precisamos."

O homem primitivo também considera sua mortalidade irreal e inimaginável, mas num aspecto ele está mais próximo das realidades psicológicas ocultas do que seria capaz o homem moderno reprimido e cultivado: ele se regozija abertamente com a morte dos inimigos. Foi apenas com o surgimento da consciência nas sociedades civilizadas que o ditame "não matarás" iria se tornar uma lei fundamental da conduta. Mas, no fundo, à semelhança do homem primitivo, o homem moderno, em seu inconsciente, não é melhor do que um assassino. Por mais que ele o negue, a agressividade está oculta por trás da cortesia e da gentileza. No entanto, a agressão não é simplesmente uma possibilidade; como Freud observou numa passagem muito citada, a agressão primitiva que se converte em seu oposto, com o estratagema defensivo da formação reativa, pode servir à civilização. "Os egoístas mais fortes quando crianças podem se tornar os cidadãos mais prestativos, os mais capazes de autossacrifício. Muitos adeptos da compaixão" — *Mitleidsschwärmer* —, "amigos da humanidade, protetores dos animais, evoluíram a partir de pequenos sádicos e torturadores de animais."

O que a Grande Guerra fizera, concluiu Freud, fora tornar muito evidentes essas verdades desagradáveis, expondo essa evasividade cultivada pelo que ela é. A guerra "despiu-nos de nossas sobreposições culturais posteriores, e trouxe à luz o homem primitivo dentro de nós". Esse desnudamento pode ter sua utilidade. Faz com que os homens se enxerguem com mais honestidade do que antes, e os ajuda a descartar ilusões que se revelaram prejudiciais. "Lembremos o velho provérbio: *Sivis pacem, para bellum.* Se queres preservar a paz, arma-te para a guerra. Seria oportuno parafraseá-lo: *Si vis vitam, para mortem.* Se queres conservar a vida, prepara-te para a morte." Nos próximos anos, chegaria o momento em que Freud iria poder experimentar tal receita em si mesmo.

REVISÕES
1915-1939

8. Agressões

COISAS ABRANGENTES E IMPORTANTES

Freud, como milhões de outros, viveu a Grande Guerra como uma ruptura destrutiva e aparentemente interminável. Mas, para certa surpresa sua, apesar do desânimo, dos acessos de apreensão, aqueles anos de agitação e angústia trouxeram consequências benéficas para seu trabalho. Estava atendendo a poucos pacientes, realizava apenas um mínimo de tarefas editoriais e não tinha congressos psicanalíticos a assistir. Como quase todos os seus seguidores estavam no exército, ele estava sozinho. "Muitas vezes sinto-me tão sozinho quanto nos primeiros dez anos, quando havia um deserto em volta de mim", lamentou-se a Lou Andreas-Salomé em julho de 1915. "Mas eu era mais jovem e ainda dotado de uma energia ilimitada para resistir." Sentia falta dos pacientes, cujo estímulo geralmente acionava o mecanismo de sua teorização, e cujos pagamentos de honorários permitiam-lhe cumprir suas obrigações como confiável arrimo familiar. "Minha constituição psíquica", disse a Abraham no final de 1916, "requer urgentemente a aquisição e o dispêndio de dinheiro para minha família, como realização do meu complexo paterno que conheço tão bem." Mas os anos de guerra não foram absolutamente estéreis. O ócio de Freud, que não fora procurado nem bem-vindo, baixou seu moral e, ao mesmo tempo, proporcionou-lhe tempo livre para empreendimentos em escala maior.

Em novembro de 1914, ponderando com Lou Andreas-Salomé sobre a guerra e a inaptidão do animal humano para a civilização, ele já insinuara que andava ocupado "em segredo" com "coisas abrangentes e talvez importantes". É bastante provável que estivesse começando a pensar em fazer uma exposição oficial das ideias psicanalíticas fundamentais. Em dezembro, ele disse a Abraham que, caso o desânimo não acabasse por arruinar sua disposição para o trabalho, poderia "aprontar uma teoria das neuroses com capítulos sobre as vicissitudes das pulsões, da repressão e do inconsciente". Esse anúncio lacônico contém em linhas gerais a essência de seus planos secretos. Um mês depois, Freud levantou outro véu, escrevendo a Frau Lou que sua "descrição do narcisismo" iria "algum dia" ser chamada de "*metapsico*lógica".* O vínculo que estava estabelecendo entre narcisismo e metapsicologia era crucial. Em suas primeiras reflexões sobre o narcisismo antes da guerra, Freud ainda não havia transposto a porta que abrira. Agora, estava se preparando para explorar suas implicações mais amplas.

Freud começou a esboçar sua "teoria das neuroses", com rapidez e energia, no início de 1915, escrevendo o que posteriormente veio a ser conhecido em conjunto como seus artigos sobre metapsicologia. A história tortuosa do livro que planejava, até mais do que os segmentos que sobreviveram, sugere que ele estava trabalhando em algo significativo — ou que algo significativo estava trabalhando nele. Em meados de fevereiro de 1915, ele pediu a Ferenczi que encaminhasse sua "página sobre melancolia diretamente a Abraham"; o livro conteria um capítulo sobre a melancolia. Como sempre gostara de fazer, sobretudo com Fliess, ele estava fazendo circular rascunhos entre seus íntimos. No começo de abril, Freud anunciou a Ferenczi que havia completado dois capítulos, e atribuiu tal "produtividade provavelmente à magnífica melhoria na minha atividade intestinal". Obviamente, não se eximiu do tipo de escrutínio analítico que aplicava aos outros: "Deixo em aberto se devo isso a um fator mecânico, à dureza do pão de guerra, ou a um psicológico, minha relação com o dinheiro, necessariamente alterada". Seu ânimo se mantinha; no final de abril, informou a Ferenczi que "Pulsões, Repressão, Inconsciente", os três primeiros capítulos, estavam prontos, e seriam publicados naquele ano na *International Zeitschrift für Psychoanalyse.* Não considerava "muito atraente" o artigo "introdutório" sobre as pulsões, mas declarava-se satisfeito com a maior parte, e anunciou a necessidade de um outro artigo, que compararia os sonhos e a demência precoce. "Ele também já está esboçado."

Logo seguiram-se vários outros artigos — um sobre o velho tema favorito de Freud, os sonhos; outro, um estudo enganosamente curto intitulado "Luto e melancolia". Em ambos, Freud ampliou o raciocínio fecundo e perturbador que encetara no artigo sobre o narcisismo: eles tratam das formas como a libido pode se retrair em relação aos objetos externos, no sono e em períodos de depressão. Em meados de junho, Freud podia dizer a Ferenczi: "É verdade que estou trabalhando com lentidão, mas de modo constante. Dez dos doze itens estão prontos. Dois deles, porém (consciência e angústia), com necessidade de revisão. Acabei de concluir [o artigo sobre] a histeria de conversão; neurose ob-

* Na medida em que Freud trabalhou com seu neologismo "metapsicologia", que havia usado pela primeira vez numa carta a Fliess em 13 de fevereiro de 1896 [*Freud-Fliess*, p. 181 (172)], ele passou a defini-lo de modo cada vez mais estrito, como uma psicologia que analisa as operações da mente a partir de três perspectivas: a dinâmica, a econômica e a topográfica. A primeira dessas perspectivas acarreta a sondagem dos fenômenos mentais, até suas raízes nas forças inconscientes dominadas por conflitos, originadas principalmente das pulsões, mas não restritas a elas; a segunda tenta especificar as quantidades e as modificações das energias mentais; a terceira se encarrega de diferenciar os diversos domínios da mente. Juntas, essas perspectivas delimitadoras distinguiam claramente a psicanálise das outras psicologias.

sessiva e síntese da neurose de transferência ainda faltando". No final de julho, ele escreveu confiante a Lou Andreas-Salomé que o "fruto" desses meses iria "provavelmente ser um livro consistindo em doze ensaios, introduzidos por [um capítulo sobre] pulsões e suas vicissitudes". Acrescentava que "acabou de ser concluído, exceto pela reelaboração necessária". Guerra ou não, parecia que o livro de Freud sobre a metapsicologia iria ser publicado sem grandes delongas.

Como Freud havia dito a Fliess em março de 1898, a metapsicologia pretendia explicar aquela parte de sua psicologia que ia além, ou, como ele colocava, "por trás" da consciência. Obviamente, sua intenção era a de que o termo tivesse uma força polêmica: a metapsicologia devia enfrentar e vencer aquele grandioso e vazio devaneio filosófico, a metafísica. Mas quando Freud usara o termo pela primeira vez, dois anos antes, ainda não lhe havia determinado o significado preciso. A metapsicologia, escreveu em dezembro de 1896, era sua "cria ideal e problemática". Mas no começo de 1915, igualmente ideal, mas não mais tão problemática, e nesse contexto não mais uma pequena cria, a metapsicologia parecia pronta para uma apresentação formal e definitiva. O livro, escreveu Freud a Abraham em maio, se chamaria *Ensaios preparatórios para a metapsicologia*, e ele o ofereceria "a um mundo incompreensivo em tempos mais calmos". Embora Freud desse a impressão de firme confiança, o título sugere certa hesitação final, um acesso de vacilação. Freud, como sabemos, não era modesto; disse francamente a Ferenczi, enquanto estava empenhado na redação desses artigos: "Modéstia — sou bastante amigo da verdade, ou, digamos mais precisamente, amigo da objetividade, para ignorar essa virtude". Ao definir seu próximo livro a Abraham, ele o classificou como do "tipo e nível do capítulo VII de *A interpretação dos sonhos*". Porém, observou na mesma carta: "No conjunto penso que será um avanço". Evidentemente — o título cauteloso que ele propunha apenas confirma isso —, Freud tinha uma vaga ideia de que o livro em via de conclusão representava tanto um novo ponto de partida quanto um retorno a teorizações passadas. Poderia ser obsoleto no momento em que fosse publicado.

Na verdade, os artigos de Freud sobre metapsicologia conservam mais do que um interesse histórico. Se os tivesse escrito nos anos 1920, teria exprimido uma série de coisas de maneira diferente, e mesmo visto uma série de coisas de outra forma. Teria acrescentado material novo. Mas, apesar de toda essa remodelação, o edifício da psicanálise se manteria reconhecível. Entre os artigos que Freud finalmente decidiu publicar, o primeiro, sobre as pulsões, provavelmente teria exigido a revisão mais profunda, pois, como "Sobre o narcisismo" havia deixado incomodamente claro, sua distinção entre pulsões do ego e pulsões sexuais se mostrava insustentável. De fato, no artigo de 1915 sobre as pulsões, Freud admitiu francamente que seu "arranjo" provavelmente exigiria ser repensado: "Ele não pode pretender a importância de uma premissa necessária", sendo pelo contrário "uma mera construção auxiliar, que deve ser mantida apenas enquanto se mostrar útil".

Nesse ensaio introdutório, ele recapitulava basicamente a definição de pulsão que apresentara uma década antes, nos *Três ensaios sobre a teoria da sexualidade*; ela é a "representante psíquica" de "estímulos que se originam no interior do corpo e alcançam a mente" — a "demanda" em sua frase muito citada, "de trabalho imposta à mente por sua conexão com o corpo". Para acompanhar as operações de uma pulsão, observou ele, ainda seguindo os *Três ensaios*, podemos distinguir entre sua "pressão" (sua atividade energética incessante), sua "finalidade" (a satisfação, alcançada ao ser removido o estímulo), seu "objeto" (que pode ser extraordinariamente variado, visto que quase tudo, inclusive o próprio corpo da pessoa e as lições de experiências prazerosas, pode proporcionar vias de acesso à satisfação) e sua "fonte" (os processos somáticos de onde surgem os estímulos, e que se encontram fora da alçada da psicologia). Freud se empenhou particularmente em comentar a mobilidade das pulsões, em especial as sexuais: a história do amor atesta largamente essa mobilidade. O amor, lembrou Freud a seus leitores, começa como uma autoabsorção narcisista, e a seguir, subindo uma complexa escada de desenvolvimento, liga-se aos instintos sexuais para proporcionar um repertório considerável de gratificações. E o ódio, complemento do amor como oposto e companheiro, oferece uma quantidade ainda maior de materiais para tal diversidade. Não admira que a ambivalência — a coexistência na mesma pessoa de amor e ódio pelo mesmo objeto — seja a condição mais natural e corrente. Os seres humanos, ao que parece, estão fadados a se mover entre opostos: amor e ódio, amor e indiferença, amar e ser amado. Em suma, conclui o ensaio, o destino das pulsões é determinado pelas "três grandes polaridades que dominam a vida mental": as tensões entre atividade e passividade, eu e mundo exterior, prazer e desprazer. Essa parte do mapa Freud não precisaria redesenhar.

Acompanhando as vicissitudes das energias instintivas, Freud observou que suas transformações capacitam-nas a obter uma satisfação parcial, mesmo quando a gratificação direta é bloqueada pelo que chamou, com intrigante concisão, de "modos de *defesa* contra as pulsões". No artigo sobre as pulsões, retornando a algumas de suas teorizações do final dos anos 1890, ele enumerou algumas dessas táticas defensivas; mais tarde, iria distingui-las e desenvolvê-las. Mas, em outro ensaio de 1915, "Repressão", Freud decidiu que esse único nome abrangeria todas elas. Mesmo após meados dos anos 1920, quando ele retomou o antigo termo "defesa" e reduziu "repressão" à designação de apenas um entre vários mecanismos, em seu espírito a repressão continuou sendo o modelo da atividade defensiva. Era, em sua enfática linguagem pictórica, a pedra angular, a fundação sobre a qual se assenta o edifício da psicanálise — "sua parte mais essencial".

Freud sempre se orgulhou muito dessa descoberta. Acreditava ter sido o primeiro a escavar até os alicerces da atividade mental; quando Rank lhe mostrou uma passagem de Schopenhauer que o antecipava em décadas, ele comentou secamente que devia sua originalidade às "leituras insuficientes". Sob alguns aspectos, sua *Unbelesenheit* apenas acentuava o quanto era inovador, e sentiu-se particularmente satisfeito em observar que tal percepção havia brotado de sua fonte predileta de informações — a hora de análise. Ao traduzir em palavras a resistência de seus pacientes, escreveu Freud, acabou tendo a teoria da repressão a seu alcance.

Quando Freud o utilizou em 1915, portanto, o termo "repressão" designava um conjunto de manobras mentais destinadas principalmente a excluir da consciência um desejo instintivo. Por que, indagou Freud, a repressão tem que surgir? Afinal, é prazeroso satisfazer as demandas de uma pulsão, e parece estranho que a mente deva se negar tal satisfação. Freud não explicou em detalhes, mas a resposta está implícita em sua concepção da mente como campo de batalha. Há um excesso de prazeres possíveis que se transformam em dor porque a mente humana não é monolítica. O que ela quer desesperadamente, muitas vezes também despreza ou teme de modo não menos desesperado. O complexo de Édipo em suas várias encarnações é o exemplo mais expressivo de tais conflitos internos: o desejo do menino pela mãe passa a se afigurar imoral, impermissível, carregado de perigo; por outro lado, seu desejo de morte contra o pai ameaça acarretar a autocondenação ou outras consequências catastróficas.

Freud ofereceu apenas vislumbres dessas questões teóricas. À sua maneira extremamente concreta, ele preferiu ilustrar o tema geral com exemplos clínicos. Num analisando que sofria de histeria de angústia, uma mistura de anelo erótico e temor em relação ao pai desaparecem da consciência e são substituídos por uma fobia por animais. Outro analisando, em tratamento de uma histeria de conversão, tenta reprimir não tanto seus desejos escandalosos, mas os afetos originalmente ligados a eles. Por fim, um neurótico obsessivo transforma impulsos hostis dirigidos contra os seres amados em todo tipo de substitutos curiosos: conscienciosidade excessiva, autorrecriminações e preocupações com trivialidades. Nesses exemplos notáveis, alguns dos pacientes mais conhecidos de Freud — o Homem dos Lobos, Dora, o Homem dos Ratos — apresentam-se para dar seus testemunhos.

Uma forma primitiva de repressão surge cedo na vida dos bebês, e posteriormente amplia-se até incluir, em sua operação de censura, não só a pulsão à qual se deve negar expressão, como também seus derivativos. Suas vigorosas operações, enfatizou Freud, precisam ser repetidas constantemente: "A repressão exige um dispêndio contínuo de energia". O que foi reprimido não foi eliminado. O velho provérbio está errado: o que está longe dos olhos não está longe da mente. O material reprimido foi apenas guardado no sótão inacessível do inconsciente, onde ele continua a vicejar, pressionando para obter satisfação. Por isso as vitórias da repressão são no máximo temporárias, e sempre duvidosas. O que foi reprimido acaba retornando como uma formação substitutiva ou um sintoma neurótico. É por isso que Freud considerava os conflitos que assediam o animal humano como essencialmente inconciliáveis e perpétuos.

* * *

Em "O inconsciente", o terceiro e, significativamente, o mais longo artigo publicado sobre metapsicologia, Freud mapeou com alguns detalhes a arena onde se trava a maioria desses conflitos. Embora a teoria do inconsciente fosse uma das contribuições mais originais de Freud à psicologia geral, sua concepção da mente tinha uma pré-história longa e ilustre. Platão concebera a alma como dois vigorosos cavalos alados — um, nobre e belo, o outro, grosseiro e insolente — puxando em direções contrárias, praticamente fora do controle do auriga. Com um espírito bastante diverso, os teólogos cristãos ensinaram que, com a queda de Adão e Eva, a humanidade se dilacerou entre seus deveres para com o criador divino e seus estímulos carnais. Naturalmente, as ideias de Freud sobre o inconsciente pairavam no ar durante o século XIX e já tinham assumido algumas formulações sofisticadas.* Poetas e filósofos especulavam sobre a noção de atividades mentais para além do alcance da consciência; um século antes que Freud começasse a se ocupar do inconsciente, românticos como Coleridge podiam falar dos "reinos crepusculares da consciência", ao passo que Goethe, esse classicista romântico, achara extremamente atraente a ideia de profundezas e mais profundezas na psique. Em seu *Prelúdio*, Wordsworth havia celebrado as profundezas recônditas de seu coração como o reino onde vivia com prazer. "Mantive intercurso inconsciente com a beleza", escreveu ele. "*Cavernas* havia em minha mente onde o sol/ Jamais conseguia penetrar." Alguns psicólogos importantes do século XIX, sendo Johann Friedrich Herbart apenas o mais eminente, deram grande relevo a essa ideia. E entre os filósofos cuja influência Freud resistiu, mas dificilmente conseguiria escapar de todo, Schopenhauer e Nietzsche alertaram reiteradamente contra uma superestimação do consciente, em detrimento das forças inconscientes da mente.

O que proporcionou à teoria de Freud seu incomparável alcance explicativo foi o fato de ter atribuído, com o máximo de precisão possível nessa área obscura, um papel central ao inconsciente na formação e perpetuação do conflito psicológico. Em 1915, ele ainda não podia situar os mecanismos inconscientes em suas funções mentais apropriadas; para isso, foi preciso esperar até que completasse o chamado sistema estrutural nos anos 1920. Ele *poderia* afirmar inequivocamente que é praticamente obrigatória a postulação de um domínio mental secreto, na medida em que a psique está submetida a leis estritas; só isso poderia explicar fenômenos tão diversos como o hipnotismo, os sonhos, os lapsos orais e escritos, os atos sintomáticos, o comportamento contraditório e aparentemente irracional. A suposição de um inconsciente dinâmico, argumentou ele, é mais do que simplesmente justificada: ela é necessária.

Para elucidar e definir o que diferencia as questões realmente inconscientes das que calham não estar em nossa mente num determinado momento, Freud

* Ver pp. 142-3.

retomou uma distinção, que já havia traçado em *A interpretação dos sonhos*, entre o pré-consciente e o inconsciente. É este último, depósito desordenado dos mais explosivos materiais antigos e novos, que preserva as ideias e afetos reprimidos, bem como as pulsões em sua forma original; as pulsões, disse Freud claramente, nunca podem se tornar conscientes sem mediação ou disfarce. É um lugar estranho, esse inconsciente dinâmico: repleto de desejos, totalmente incapaz de alimentar dúvidas, tolerar delongas ou entender a lógica. Por inacessível que possa ser à inspeção direta, o psicanalista descobre seus rastros por toda parte. Nos ensaios metapsicológicos que vinha produzindo com tanta rapidez, Freud procurou estabelecer de uma vez por todas, irrefutavelmente, a importância fundamental do inconsciente.

Mas, de alguma forma obscura, algo não ia bem com o livro. Em meados de junho de 1915, ele insinuou a Ferenczi que não estava inteiramente satisfeito com os artigos, que ainda faltava o acabamento adequado. Dois meses depois, ele escrevia, ainda a Ferenczi: "Os doze artigos estão, por assim dizer, prontos". A pequena ressalva de Freud, "por assim dizer" — *sozusagen* —, é significativa. Ele estava revendo, repensando, detendo-se, visivelmente incapaz de dominar alguma insatisfação persistente. O primeiro trio de ensaios, sobre as pulsões, a repressão e o inconsciente, foi publicado conforme o anunciado, em 1915. Mas, a seguir, o silêncio.

Sem dúvida, Freud considerava arriscado afastar-se dos detalhes clínicos para obter uma visão geral abrangente. Isso redespertava sua ânsia por voos livres do pensamento; ele achava praticamente impossível domar sua luxúria especulativa. Em abril, depois de concluir o ensaio sobre a repressão, definiu sua redação — seu "mecanismo de produção" — a Ferenczi como "a sucessão de uma imaginação audaciosamente ativa e uma crítica impiedosamente realista". Mas, quando veio a primavera, ele silenciou a crítica e deu rédeas soltas à imaginação. Em julho, enviou a Ferenczi um rascunho do que chamou de "fantasia filogenética", uma fantasia que levava avante as hipóteses imaginosas que apresentara inicialmente em *Totem e tabu*. Era o 12º e último artigo metapsicológico. Consistia em nada menos que uma tentativa de mostrar que os desejos e angústias modernos, transmitidos ao longo do tempo, radicam-se na infância da humanidade. Uma implicação particularmente abrangente dessa fantasia lamarckiana* encontrava-se na proposta de Freud de montar a sucessão das neuroses numa sequência histórica — ou melhor, pré-histórica — correspondente. Estava especulando se

* Durante a guerra, como ele disse a Abraham, Freud brincou com a possibilidade de arrolar Lamarck na causa psicanalítica, demonstrando que a ideia de "necessidade" de Lamarck não é senão a do "poder das ideias inconscientes sobre o corpo da pessoa, das quais vemos remanescentes na histeria, em suma, 'a onipotência do pensamento'". [Freud a Abraham, 11 de novembro de 1917. *Freud-Abraham*, p. 247 (261-2).]

as idades relativas em que os modernos adquirem suas neuroses poderiam resumir o curso dos acontecimentos no passado humano remoto. Assim, a histeria de angústia poderia se revelar uma herança da era glacial, quando a humanidade primitiva, ameaçada pelas grandes geleiras, convertera libido em angústia. Esse estado de terror devia ter gerado a ideia de que, num ambiente tão frio, a reprodução biológica é inimiga da autopreservação, e os esforços primitivos por um controle de natalidade, por sua vez, deviam ter provocado a histeria. E assim por diante, ao longo do catálogo dos sofrimentos mentais. Ferenczi mostrou-se favorável, e mesmo entusiástico, mas, ao final, essa especulação conjunta se desmoronou; quando sua irremediável distância de qualquer prova empírica se tornou óbvia demais, ela perdeu toda a credibilidade. Mas, enquanto durou, a fantasia filogenética de Freud ao mesmo tempo o estimulou e o perturbou.

Nem todo o tempo de Freud estava ocupado por teorizações e fantasias, nem pela leitura angustiada dos jornais e pela espera igualmente angustiada de notícias de seus filhos no fronte. Nos invernos de 1915-6 e 1916-7, ele apresentou três séries de palestras introdutórias gerais a um público considerável e crescente, com vistas a publicá-las. Ele falou no horário costumeiro, sábado à noite, em seu fórum habitual, a Universidade de Viena, pretendendo familiarizar "um público misto de médicos e leigos de ambos os sexos" com os fundamentos da psicanálise. Entre os ouvintes mais atentos, estava sua filha Anna. Ele começou com um pequeno conjunto de quatro palestras sobre os lapsos, passou para uma série mais considerável sobre os sonhos, e concluiu com a série mais longa, sobre a teoria das neuroses.

Havia quase duas décadas, o próprio Freud vinha atuando como seu melhor divulgador. Ele havia condensado a longa e difícil *Interpretação dos sonhos* num resumo claro, *Sobre os sonhos*. Havia fornecido capítulos para obras coletivas sobre psiquiatria. Havia contribuído com verbetes para enciclopédias. Havia discorrido sobre a psicanálise para seus colegas membros do B'nai B'rith. Em 1909, na Universidade Clark, havia destilado brilhantemente, em cinco conferências, a essência de suas descobertas. Mas nenhuma dessas incursões pelo campo da popularização mostrou-se tão abrangente e próspera quanto as palestras introdutórias. Foram amplamente lidas e amplamente traduzidas: durante sua vida, foram vendidos talvez 50 mil exemplares em alemão, e houve pelo menos quinze traduções, inclusive para o chinês, o japonês, o servo-croata, o hebraico, o iídiche e o Braille. Freud, amadurecido por anos de experiência, aplicou nelas toda a sua capacidade de persuasão. Aliviou o peso intelectual para os ouvintes e leitores passando superficialmente pelos problemas teóricos mais espinhosos, intercalou anedotas bem escolhidas e citações apropriadas, antecipou cordialmente as objeções, e admitiu, aqui e ali, sua ignorância ou conhecimento insuficiente. A própria sequência das palestras era um esforço engenhoso de sedução: começando com os lapsos, Freud introduzia o público às ideias psicanalíticas através de ocorrências mundanas corriqueiras, muitas vezes divertidas; passando para os sonhos, outra experiência mental familiar a todos, afastava-se lenta e calculadamente do terreno sólido do senso comum. Lançou-se a um levantamento das neuroses e da terapia psicanalítica somente depois de expor a obediência da mente a leis e a ubiquidade do inconsciente. Abraham não foi o único a elogiar essas apresentações como "elementares" no melhor sentido do termo — isto é, por fazerem exigências limitadas ao público; a forma perfeita e profundamente confiante de Freud para transmitir sua mensagem não deixaria, pensava ele, de ter efeito.

Abraham tinha razão, mas Freud tendia a ser muito rigoroso com essas hábeis recapitulações de seu pensamento. Por muito tempo, ele também havia qualificado as palestras de "elementares", mas para ele isso significava, para leitores inteligentes como Lou Andreas-Salomé, que "não encerram absolutamente nada que possa lhe dizer qualquer coisa nova". Menosprezando injustamente suas expressões felizes e formulações inovadoras, Freud não encontrou muito o que apreciar em suas apresentações. Eram, escreveu ele a Frau Lou, "matéria grosseira, destinada à multidão". Era o tipo de matéria com que trabalhava, disse a Abraham, quando estava "muito cansado".

O cansaço era um estado de que agora Freud se queixava muito. "A tensão incessante dos anos de guerra", disse a Ferenczi já em abril de 1915, "tem um efeito exaustivo." Em maio de 1916, estava com sessenta anos e, ao agradecer as congratulações de Max Eitingon, referiu-se a si mesmo ingressando na "idade senil" — sua *Greisenalter*. Abraham, na primavera seguinte, recebeu um protesto ainda mais enfático. Ao enviar cumprimentos pelo sexagésimo primeiro aniversário de Freud, ele comentou calorosamente o "frescor e gosto na criatividade" deste; em resposta, Freud censurou-o brandamente por fazer uma imagem idealizada de si e repetiu sua queixa: "Na realidade, fiquei bastante velho, um pouco frágil e cansado".

Mas a fadiga de Freud era periodicamente atenuada pelas voltas intrigantes que o mundo continuava a dar. A morte do imperador Francisco José em 21 de novembro de 1916, depois de quase 68 anos no trono, abalou muito pouco a Freud; ele estava muito mais interessado nas boas notícias que transmitiu a Frau Lou, dois dias depois, sobre os filhos no fronte: seus "guerreiros" estavam bem. Um pouco mais tarde, a ofensiva geral dos submarinos alemães, desencadeada em 1º de fevereiro de 1917, atraiu sua atenção. Abraham tinha se convencido de que essa campanha logo poderia trazer a vitória e a paz, mas Freud, bem menos otimista, preferiu dar aos submarinos um prazo de seis meses para demonstrar sua eficácia. Escreveu a Ferenczi em abril: "Se setembro não tiver demonstrado a eficiência esmagadora dos submarinos, a Alemanha vai presenciar um despertar da ilusão com consequências terríveis". Seis semanas após os alemães terem desencadeado a ofensiva submarina, Freud anotou laconicamente na agenda da família, em geral reservada para aniversários de nascimento e casamento, "Revolução na Rússia". A Revolução de Fevereiro havia liquidado a dinastia Romanov, e pôs em seu lugar um governo provisório cheio de promessas liberais, em busca de uma paz em separado.

Em vista de seu atento envolvimento com o noticiário, é notável que Freud, nas *Conferências introdutórias*, não tenha dito praticamente nada sobre a guerra. Como se, concentrando-se na tarefa de resumir e popularizar, ele pudesse escapar por algum tempo ao fardo cotidiano. Mas Freud não resistiu totalmente a lembrar a seus ouvintes que eles estavam reunidos sob uma nuvem ameaçadora que disseminava morte e destruição. "Deixem de olhar o indivíduo e vejam a grande guerra que ainda devasta a Europa", disse numa passagem excepcionalmente retórica, "pensem no excesso de brutalidade, crueldade e falsidade que agora se permite espalhar pelo mundo civilizado." Alguém seria capaz de, à luz desses horrores, responsabilizar apenas "um punhado de indivíduos inescrupulosos e ambiciosos" pelo "desencadeamento de todos esses espíritos do mal"? Não eram "os milhões de conduzidos também parcialmente culpados"? Alguém ousaria afirmar que "a constituição mental da humanidade" não contém certo grau de mal? O pleno significado da guerra para a reformulação do pensamento de Freud, principalmente sobre a agressão, só surgiria claramente alguns anos mais tarde. Mas esse parágrafo vigoroso, introduzido de modo quase intempestivo numa conferência sobre a censura onírica, atesta a persistência com que a belicosidade humana esteve na mente de Freud durante esses anos.

Em 1917, seu principal anseio era que findasse o morticínio. A entrada dos Estados Unidos na guerra, em abril, ao lado dos Aliados, tornou extremamente remota a perspectiva de uma vitória das Potências Centrais. Em outubro, mais pessimista do que nunca, Freud declarou que a campanha submarina alemã fora um fracasso. Para aumentar seu desânimo, a guerra estava deixando marcas cada vez mais fortes no fronte interno. A vida em Viena tornava-se mais difícil a cada dia; a comida era escassa, e os combustíveis, ainda mais. O açambarcamento e a inflação no preço dos gêneros de primeira necessidade tornavam a escassez ainda mais exasperante; os preços oficiais, já altíssimos, eram evidentemente muito maiores no próspero mercado negro. Freud resmungava para os íntimos, principalmente no inverno, quando ele e a família não tinham o suficiente para comer, e se sentava no gabinete sem aquecimento, tentando escrever com os dedos gelados. Em janeiro de 1918, iniciou teatralmente uma carta a Abraham: "*Tremor de frio!*" — *Kältetremor!* As remessas de alimento por Ferenczi, em Budapeste, e por amigos na Holanda ocasionalmente ajudavam os Freud, mas amenizavam a situação apenas provisoriamente.

Nessa época desalentadora, Freud pesava cautelosamente os boatos de que poderia receber o Prêmio Nobel. O último que recebera o prêmio para a fisiologia e medicina, o médico austríaco Robert Barany, havia indicado seu nome, mas desde 1914 não fora concedido nenhum prêmio para essa categoria. Não obstante, Freud permaneceu atento. Em 25 de abril de 1917, anotou sucintamente em sua agenda: "Nenhum Prêmio Nobel 1917". Evidentemente, em vista da resistência que ele esperava, teria ficado profundamente surpreso se fosse escolhido. Mas Freud queria muito essa homenagem; teria acolhido bem o reconhecimento e o dinheiro.

Certamente em 1917, depois de três anos de guerra, quase tudo era calculado para irritá-lo. Ele mantinha sua disposição colecionando piadas de mau gosto sobre a guerra, na maioria trocadilhos primários e intraduzíveis. Um ou dois, que mal vale a pena recuperar, podem sobreviver em tradução. Eis um exemplo: "'Queridos pais', escreve para casa um judeu servindo no exército russo, 'estamos indo muito bem. Recuamos diariamente alguns quilômetros. Se Deus quiser, espero estar em casa em Rosh Hashana'". Mas Ernest Jones continuava a enfurecer Freud com suas previsões; quando ele sugeriu sem muito tato, no outono de 1917, que era provável que a resistência alemã prolongasse a guerra, Freud qualificou o comentário de Jones como "típica afetação inglesa". Confessadamente, escreveu ele a Abraham em novembro de 1917, "as coisas ainda são muito interessantes". Ao mesmo tempo, porém, acrescentou de imediato, "envelhece-se rapidamente, e às vezes surgem dúvidas se se viverá para ver o fim da guerra, se tornarei a vê-lo etc.". Em todo caso, ele estava agindo como "se o fim de todas as coisas estivesse iminente", e acabara de se decidir pela publicação de mais dois artigos metapsicológicos. Uma coisa que despertou naturalmente seu interesse foi a revolução bolchevique e a ascensão de Lênin ao poder; isso tirava a Rússia da guerra. As notícias do armistício entre o regime bolchevique e as Potências Centrais em dezembro agradaram-no profundamente. O mesmo efeito teve a Declaração Balfour, que prometia uma pátria para os judeus. Nessa época, ele havia descartado todas as ilusões restantes a respeito da justeza de "sua" causa e da invencibilidade das armas alemãs. "Avalio a época de modo extremamente pessimista", escreveu a Ferenczi em outubro. Adotou a opinião de que, "se não houver uma revolução parlamentar na Alemanha", a guerra iria se encaminhar para um amargo fim. Freud acreditara que as potências aliadas haviam mentido sobre seus objetivos bélicos; agora estava convencido de que seu próprio lado não era menos mentiroso. Como disse a Abraham no final de 1917, ele estava em pé de guerra com a atividade de escrever e muitas coisas mais, inclusive "sua querida pátria alemã". A grande ofensiva alemã em março de 1918 deixou-o indiferente: "Confesso que estou cansado e enjoado da luta". Ele supunha que a ideia de uma vitória alemã, que ainda se afigurava possível, podia erguer o ânimo de Abraham. Mas não erguia o seu. Ansiava por comodidades materiais: "Sou um carnívoro; talvez a dieta inabitual esteja contribuindo para minha apatia". Todos, exceto talvez o alto comando alemão, esperavam febrilmente a chegada da paz, visto que o programa do presidente Woodrow Wilson, os Catorze Pontos que ele esboçara para o Congresso e o mundo em janeiro 1918, dava novas esperanças quanto ao fim do morticínio. Freud também antecipava ansiosamente, havia muito tempo, o dia da paz como uma "data ardentemente esperada".

* * *

Durante todo esse período, Freud continuava intrigando os amigos com referências ao livro de metapsicologia. Na primavera de 1916, pensando em voz alta para Lou Andreas-Salomé, ele lhe disse que "não pode ser impresso antes do final da guerra". Como sempre, Freud, ao se deter sobre a morte, detinha-se sobre a sua própria: "A duração da vida é incalculável", e ele gostaria muito de ver o livro no prelo. De modo bastante interessante, ele fez da morte um tema de destaque em "Luto e melancolia", um dos dois ensaios metapsicológicos que finalmente publicou no fim de 1917. Talvez mais do que qualquer outro texto de Freud nesses anos, e sob esse aspecto rivalizando com "Sobre o narcisismo", esse ensaio aponta para a revisão de seu pensamento que viria a empreender depois da guerra.

A melancolia, afirmou Freud, assemelha-se ao luto por estar marcada pela perda de interesse pelo mundo exterior, por um abatimento constante, por uma indiferença pelo trabalho e pelo amor. Mas, além disso, os melancólicos se cobrem de recriminações, demonstram pouco apreço por si mesmos e antecipam, em delírios, algum tipo de punição. Eles estão mergulhados no luto, mas de modo específico: perderam um objeto ao qual eram muito afeiçoados e com o qual se identificavam. Freud vinha dizendo havia alguns anos que praticamente todos os sentimentos de amor são ambivalentes, praticamente todos contêm elementos de raiva e hostilidade. A raiva dos melancólicos contra si mesmos, a aversão e o tormento contra si próprios são, assim, expressões desfrutáveis de fúria sádica contra o objeto perdido. Os afetados por esse distúrbio recorrerão ao suicídio, evidentemente a consequência mais extrema da melancolia, apenas quando seu ego tratar a si próprio como objeto odiado, com um rigor sem atenuante. Anos antes de elevar formalmente a agressão a uma pulsão comparável à libido, Freud notou claramente o poder da agressividade — aqui dirigida contra a própria pessoa.

Este era um aspecto do caráter profético de "Luto e melancolia". Outro era a breve discussão de Freud sobre a autopunição. O autorrebaixamento e o autodenegrimento dos melancólicos, escreveu ele, são provas convincentes de que o ego deles dividiu-se, separando uma parte de si. Esse ego criou, por assim dizer, uma função mental específica destinada a julgar, normalmente a condenar. Esta, observou Freud, é uma forma extrema, na verdade mórbida, daquilo que as pessoas normalmente chamam de consciência. Ele ainda não tinha nenhum nome especial para essa função censora, mas não havia dúvida de que estava intimamente relacionada com o que, na época, ele chamava de ideal do ego, e mais tarde investigaria sob o nome de "superego".*

* Freud discutiu o trabalho de autopunição realizado por essa função específica, ainda sem nome, em dois outros curtos artigos da época, ambos publicados em 1916: "Os arrasados pelo

"Luto e melancolia", assim, mostra um Freud em transição. Mas, e os outros sete ensaios, todos escritos, mas ainda sem data para publicação? Esse resto, disse Freud a Ferenczi em novembro de 1917, merecia ser suprimido e silenciado: *Der Rest darf verschwiegen werden.* Estivera fazendo obscuras confidências ao fiel Abraham de que aquela não era, de certa forma, uma boa época para o livro. E ela não pareceu melhorar com o passar dos meses. No começo do verão de 1918, ele declarou um pouco misteriosamente a Lou Andreas-Salomé, a qual vinha havia tempos pressionando Freud para publicar esses artigos, que não era apenas o cansaço que o detinha, mas "também outras indicações". Quaisquer que fossem essas indicações, elas prevaleceram. Em algum momento, enquanto disparava essas salvas intermitentes de insinuações e escusas, Freud pôs termo à sua incerteza, destruindo os artigos restantes.

Este foi, e ainda é, um gesto enigmático. Os quebra-cabeças teóricos, antes, não haviam silenciado Freud; as dificuldades de exposição nunca o assustaram. A guerra, evidentemente, explica muita coisa. Com seus "guerreiros" Martin e Ernst correndo perigos diários, Freud não achava que os tempos fossem propícios para a originalidade. Mas, mesmo assim, Freud não estava se propondo ser original nos doze capítulos sobre metapsicologia. Ademais, tinha mais tempo disponível do que gostaria ou poderia usar de forma produtiva, e havia descoberto que o trabalho, quando conseguia se obrigar a fazê-lo, era um tranquilizante. O livro sobre metapsicologia podia ter sido uma evasão oportuna dos jornais diários. As verdadeiras razões para o malogro do projeto ocultam-se no próprio projeto.

O drama silencioso e eloquente do livro que nunca foi concluído reside sobretudo em sua própria adequação ao momento. As fundações que Freud pretendera assentar definitivamente para seus adeptos e contra seus rivais estavam se transformando em suas mãos. Ele não estava passando por uma conversão; as marcas distintivas da psicanálise — o inconsciente dinâmico, o trabalho da repressão, o complexo de Édipo, os conflitos entre pulsões e defesas, as origens sexuais das neuroses — permaneceram intocadas. Mas muitas outras coisas tinham se tornado questionáveis. O ensaio sobre narcisismo era um evidente sintoma inicial de importantes inovações, e a destruição dos sete ensaios sobre metapsicologia foi, à sua maneira, igualmente sintomática. O Freud dos anos de guerra ainda não enxergava muito claramente o que precisava ser feito. Como no final dos anos 1890, ele estava numa de suas fases obscuramente criativas, em que a agonia era sinal de grandes coisas vindouras, com uma indistinta consciência de que (como ele poderia ter dito) estava novamente em fecundação.

êxito", onde ele mostrava que as pessoas que desenvolvem problemas neuróticos no momento de triunfo são impedidas de desfrutar desse triunfo pela sua consciência punitiva, e "Criminosos por um sentimento de culpa", onde ele analisava a necessidade neurótica de punição. Em ambos os artigos, os crimes edipianos infantis, mais imaginados do que reais, revelam-se importantes instigadores.

Durante todo o outono de 1918, Viena esteve agitada por rumores de paz. As conversações secretas que os diplomatas austríacos haviam iniciado na primavera de 1917, a fim de obter uma paz em separado, por trás da Alemanha, tinham sido inábeis e amadorísticas, e previsivelmente não chegaram a nada. Mas no começo de setembro de 1918, depois de mais um ano de oneroso combate, o governo em Viena, enfrentando a fome em nível interno e uma derrota quase certa no fronte, fez uma oferta de maior alcance aos Aliados. Propôs que os beligerantes se reunissem para negociar um final para a guerra. Mal tendo conseguido arrostar greves e motins nos meses anteriores daquele mesmo ano, a Áustria estava agora disposta a fazer grandes concessões territoriais, embora não a abandonar o princípio do império multinacional. Em meados de outubro, as potências aliadas, a caminho da vitória, rejeitaram a oferta; o acordo proposto pelos austríacos não avançava o suficiente. Houve quase que um caos nos ministérios; um historiador comparou a situação ao "espancamento frenético e insensato de um homem se afogando". A sensação de desnorteamento contagiou o público. Freud, escrevendo a Eitingon em 25 de outubro, achava os tempos "assustadoramente emocionantes. É bom", acrescentou ele, "que o velho morra, mas o novo ainda não está aqui".

Nessa época, o palco da guerra se reduzira; embora o morticínio prosseguisse inalterado no fronte ocidental, os combates no leste estavam terminando. A Rússia saíra definitivamente da guerra desde o começo de março, quando as Potências Centrais, inexoráveis e vingativas, haviam imposto o draconiano Tratado de Brest-Litovsk ao novo e desconhecido regime soviético. Outro pequeno triunfo para as Potências Centrais veio em maio, quando a Romênia, havia muito tempo parcialmente ocupada pelas suas tropas, também firmou a paz. Do outro lado, a Bulgária, que havia oscilado entre os beligerantes antes de lançar sua sorte com os alemães e austríacos no final de 1915, foi obrigada a concluir um armistício com os Aliados, no final de setembro de 1918. No mês seguinte, depois de proezas espetaculares e quase lendárias no Oriente Próximo, os ingleses também forçaram os turcos a se render.

Fundamentalmente, não foram os desejos piedosos dos civis, mas os exércitos aliados, junto com as grandiosas visões invocadas por Woodrow Wilson, que levaram a Grande Guerra a seu termo. As tropas inglesas e francesas, e posteriormente americanas, fizeram recuar, na França, a poderosa ofensiva alemã da primavera. No começo de junho de 1918, os alemães foram detidos a cerca de sessenta quilômetros de Paris, e em meados de julho iniciou-se a grande contraofensiva. A partir de então, não houve o que detivesse os Aliados. Por volta do final de setembro, o general Ludendorff, decidido a manter as tropas aliadas fora do solo alemão a qualquer preço, pediu negociações. A derrocada das forças do Kaiser, uma das máquinas de guerra mais formidáveis da história, estava próxima — e a paz também.

Em setembro, mês em que Ludendorff reconheceu o inevitável, a disposição de Freud se animou ainda mais com a realização de um congresso internacional de psicanalistas em Budapeste.* O último encontro anterior havia sido em 1913, em Munique. Freud precisava urgentemente das estimulantes reuniões prometidas por um tal conclave; ele não via Abraham havia quatro anos, desde a deflagração das hostilidades. Em agosto, disse a Abraham que tinha estado "furioso demais e faminto demais" para responder à sua última carta — para esse incansável missivista, sinal certo de um ânimo extremamente abatido. O congresso, inicialmente planejado para Breslau, reuniu-se em Budapeste em 28 e 29 de setembro. Foi necessariamente muito truncado e contou com uma participação reduzida; dos 42 participantes, dois eram holandeses, três alemães, 37 da Áustria-Hungria. Contudo, era um congresso. Freud não apresentou sua costumeira preleção informal, mas uma conferência formal onde esboçou modificações técnicas e defendeu a formação de clínicas psicanalíticas que permitiriam aos pobres se beneficiarem do tratamento. Foi uma ocasião festiva, com recepções e magníficas acomodações; os analistas ficaram instalados no elegante Hotel Gellert. Um mês depois, Freud ainda saboreava a lembrança; com indisfarçada satisfação, recordava a Abraham "os belos dias de Budapeste".

O congresso, como Ernest Jones observou, foi o primeiro "em que estiveram presentes representantes oficiais de algum governo, nesse caso dos governos austríaco, alemão e húngaro". A razão disso era absolutamente prática, "a valorização crescente do papel desempenhado por 'neuroses de guerra' nos cálculos militares". A presença de observadores oficiais ilustra, à sua maneira, a estranha dialética da vida e da morte na história da psicanálise. As ideias de Freud, que em tempos de paz os psiquiatras mostraram tanta relutância em levar a sério, agora obtinham um ilustre apoio entre médicos designados para hospitais militares e encarregados de soldados neuróticos de guerra. Para alguns, a Grande Guerra tinha sido um imenso laboratório para verificar as proposições psicanalíticas. "O destino", disse o psiquiatra inglês W. H. R. Rivers em 1917, "parece ter nos concedido no presente momento uma oportunidade ímpar de testar a verdade da teoria do inconsciente de Freud, na medida em que ela concerne à produção de distúrbios nervosos mentais e funcionais." No passado, enfrentando pressões por parte das autoridades militares, os psiquiatras não haviam resistido — na verdade, de modo geral haviam largamente partilhado — à ideia fácil de que um soldado com os sintomas de uma "neurose de guerra" estava se fingindo de doente para se safar, e devia ser enviado sem nenhuma cerimônia de volta para o fronte,

* Durante o verão de 1918, Freud teve ainda mais uma razão para estar com uma boa disposição. Anton von Freund, um rico cervejeiro de Budapeste, tinha reagido a uma operação de câncer com uma neurose, que, ao que parece, foi curada por Freud. Agradecido, e ciente de que o câncer podia voltar, Von Freund tomou providências para subsidiar uma editora que se especializaria em publicações psicanalíticas, e tornou Freud e a psicanálise em geral independentes de outros editores. O fato se consumou, e uma das tarefas de Freud passou a ser a supervisão da *Verlag*.

quando não enfrentando um julgamento em corte marcial. Mas crescia uma certa consciência, tanto entre os médicos servindo aos Aliados quanto aos das Potências Centrais, de que, nas palavras de Freud, "apenas uma parcela mínima dos neuróticos de guerra [...] fingiam sua doença". O congresso de Budapeste apresentou como destaque, de modo bastante ligado aos interesses do momento, um simpósio sobre a psicanálise das neuroses de guerra, para o qual Ferenczi, Abraham e Ernst Simmel prepararam conferências. Simmel, um médico alemão, foi um recruta particularmente bem-vindo; ele havia descoberto a psicanálise num hospital psiquiátrico para soldados, durante a guerra. No final, porém, nada resultou do ambicioso projeto, proposto pelos delegados das Potências Centrais em Budapeste, de centros que tratariam dos neuróticos de guerra com métodos puramente psicológicos. As revoluções que arrebataram as nações derrotadas intervieram com uma velocidade irresistível.

As lacônicas anotações na agenda de Freud, pontuadas com exclamações, registram a precipitação dos acontecimentos quase que diariamente. 30 de outubro: "Revolução Viena e Budapeste". 1º de novembro: "Comunicações com Alemanha e Hungria interrompidas". 2 de novembro: "Oli[ver] de volta. República na Bulgária?". Em 3 de novembro: "Armistício com a Itália. Guerra terminada!". Em 4 de novembro: ele encontrou tempo para pensar em seus próprios assuntos: "Prêmio Nobel posto de lado". 6 de novembro: "Revolução em Kiel". 8 de novembro: "República na Bavária!! Comunicações com Alem[anha] interrompidas]". 9 de novembro: "República em Berlim. Guilherme abdica". 10 de novembro: "Ebert chanceler alemão. Condições do armistício". 11 de novembro: "Fim da guerra. I[mperador] Carlos [da Áustria] renuncia [ao trono]". 12 de novembro: "República e Anschluss com Alemanha" — esta última um pouco prematura; os vencedores não permitiriam que a Áustria e a Alemanha se unissem — "participadas em pânico". Quatro dias depois, em 16 de novembro: "República na Hungria". O "pesadelo da guerra" finalmente terminara.

Outros sonhos, apenas ligeiramente menos ruins, aguardavam nos bastidores. Martin, no fronte italiano, estava sem contato com a família havia algumas semanas; foi somente em 21 de novembro que Freud pôde anotar em sua agenda: "Martin no cativeiro desde 27 out[ubro]". Os italianos haviam aprisionado toda a sua unidade depois que as hostilidades tinham realmente cessado. Freud também não conseguiria obter nenhuma tranquilidade no mundo tenso da política; o massacre que pusera fim à velha dinastia Romanov não pouparia as casas imperiais dos Hohenzollern e dos Habsburgo. Para a satisfação um tanto cruel de Freud, o Império austro-húngaro estava sendo desmantelado. Ele não tinha ilusões sobre suas possibilidades de sobrevivência, e na época não sentiu nenhum pesar. No final de outubro, antes que se decidisse o destino do Império, ele já havia dito a Eitingon: "Não derramo uma única lágrima por *esta* Áustria ou *esta* Alemanha".

Embora Freud achasse um alívio pensar que a nova Alemanha não se tornaria bolchevique, ele predisse — com bastante justeza — que a derrocada do império alemão, por tanto tempo e com tanta arrogância liderado por aquele "romântico incurável", Guilherme II, provocaria em sua esteira choques sangrentos. Mas ele reservou sua maior fúria contra a dinastia sob a qual vivera toda a sua vida: "Os Habsburgo não deixaram nada além de um monte de esterco". No final de outubro, dando um conselho coerente com sua opinião desdenhosa, ele instou com Ferenczi, "um patriota húngaro", que retirasse sua libido da terra natal e a transferisse, para o bem de seu equilíbrio mental, para a psicanálise. Ele estava tentando alimentar alguma simpatia para com os húngaros, disse maliciosamente um pouco depois, naquela mesma semana, mas descobriu que não ia conseguir. Entre seus associados, apenas Hanns Sachs era capaz de achar alguma graça na revolução na Áustria, que foi muito menos sanguinária do que as revoluções em outros lugares; Sachs imaginava, para o divertimento de Jones, a afixação de cartazes avisando: "A Revolução vai ocorrer amanhã às duas e trinta; em caso de mau tempo, será feita dentro de casa".

De fato, não houve nada de engraçado nos meses que se seguiram ao fim das hostilidades. Às batalhas campais entre os exércitos no fronte, sucederam-se batalhas campais entre militantes radicais e reacionários nas ruas; os meses de desordens tornaram o futuro político da Alemanha, Áustria e Hungria vítima de especulações e prognósticos desalentadores. Eitingon escreveu a Freud por volta do fim de novembro: "O velho que parecia absolutamente sólido apodreceu tanto que, quando foi eliminado, não houve nenhum sinal visível de resistência". No final de dezembro de 1918, retomando o inglês, agora que a guerra acabara, Freud avisou a seu "caro Jones" para não "esperar a mim ou qualquer um dos nossos na Inglaterra na próxima primavera; parece muito improvável que tenhamos condições de viajar dentro de poucos meses, estando a paz conturbada até junho ou julho". Escrevendo ao fiel amigo, Freud sentiu liberdade para acrescentar um pedido às suas informações sociais: "Tenho certeza que o senhor não pode imaginar qual é realmente nossa situação aqui. Mas o senhor devia vir tão logo pudesse, para dar uma olhada no que era a Áustria e", não se esqueceu de mencionar, "trazer as caixas de minha filha consigo".

Em janeiro de 1919, Freud resumiu concisamente a nova situação: "O dinheiro e os impostos agora são tópicos absolutamente repugnantes. Agora estamos realmente devorando a nós mesmos. Todos os quatro anos de guerra foram uma brincadeira em comparação com a profunda gravidade desses meses, e seguramente dos próximos também". Refletindo sobre a conturbada cena política na Europa Central, Freud admitiu a Jones que as advertências, que ele outrora rejeitara como puro chauvinismo britânico, tinham se mostrado corretas: "Todas as suas previsões sobre a guerra e suas consequências tornaram-se verdadeiras". Freud estava "disposto a confessar que o destino não se mostrou injusto e que uma vitória alemã poderia se revelar um golpe mais pesado para os interesses da humanidade em geral". Mas esse magnânimo reconhecimento não aliviava a sorte de Freud e sua família. "De nada ajuda simpatizar com o lado vencedor se o bem-estar pessoal depende do lado perdedor." E esse bem-estar vinha sofrendo uma corrosão contínua. "Todos nós estamos lentamente declinando em saúde e peso." Por outro lado, acrescentou Freud prontamente, ele e sua família não eram absolutamente os únicos "nesta cidade, asseguro-lhe. As perspectivas são sombrias".

O trabalho lento e contencioso dos tratados de paz em nada clareava essas perspectivas. Ao se reunirem em Paris em janeiro de 1919, para dar início à redefinição do mapa da Europa Central, as nações vitoriosas estavam menos unidas à mesa de conferências do que durante a guerra. O primeiro-ministro britânico, David Lloyd George, anunciou sua determinação de enforcar o Kaiser e espremer os alemães "até os ossos rangerem". Ele ficaria um pouco mais conciliador depois de se sentar para as negociações, mas Georges Clemenceau, seu parceiro francês, foi implacável. É desnecessário dizer que a Alsácia-Lorena, que passara para a Alemanha em 1871, depois da Guerra Franco-Prussiana, seria devolvida para a França. A região do Reno alemão, rica em recursos naturais, oferecia à França outras recompensas possíveis. Mas os vencedores tinham que levar em conta Woodrow Wilson, o profeta embriagado consigo próprio, que estava proclamando pomposamente pela Europa sua deslumbrante mensagem de autodeterminação, democracia, diplomacia liberal e, sobretudo, esperança. Como disse em dezembro de 1918 a seus ouvintes em Manchester, num discurso típico, ele acreditava que "os homens estão começando a vislumbrar, talvez não a idade de ouro, mas uma idade que, de qualquer forma, está se abrilhantando de década para década, e em algum momento nos erguerá a uma altura de onde poderemos ver as coisas pelas quais anseia o coração da humanidade".

Outros tinham visões menos arrebatadas do futuro. Freud, por exemplo, estava ficando inquieto com as profecias de Wilson, e ainda mais com sua personalidade; os salvadores nunca estiveram entre seus favoritos.* Mas, no início da missão europeia de Wilson, Freud ficara tão aturdido e quase tão impressionado quanto muitos outros. "Recentemente", informou a Abraham no começo de 1919, "recebi uma visita de um americano da equipe de Wilson." Freud se tornara claramente um sábio de reputação internacional. "Ele veio acompanhado de dois cestos de provisões e trocou-os por exemplares das *Conferências* [*introdutórias*] e da [*A psicopatologia da*] *vida cotidiana*". E mais, "ele nos possibilitou ter confiança no presidente". As provisões, como sabemos a partir do sobrinho americano de Freud, Edward Bernays, incluíam uma caixa de seus "amados charutos Havana". Não admira que, em abril, Freud pudesse parecer realmente sereno em meio à privação e à incerteza. "Abrindo-se a primeira janela em nossa gaiola", escreveu a Ernest Jones, "posso escrever-lhe diretamente, e uma carta fechada." A censura do período de guerra havia terminado. E mais, Freud já não se sentia tão isolado. "Fiquei extremamente contente em saber", acrescentou ele, "que cin-

* Sobre Freud a respeito de Wilson, ver pp. 556-64.

co anos de guerra e separação não conseguiram deteriorar seus sentimentos cordiais por nosso grupo." Melhor ainda "a psicanálise está florescendo, como fico contente em saber de todas as partes".

No decorrer do ano de 1919, uma série de tratados ratificou oficialmente o fim dos impérios centro-europeus. Em junho, os alemães foram obrigados a assinar o Tratado de Versalhes. Este lhes retirava a Alsácia-Lorena, que voltou à França; os distritos pequenos, mas estratégicos, de Eupen e Malmédy, outorgados à Bélgica; suas colônias na África e no Pacífico, cuja administração seria confiada à supervisão dos Aliados; e partes das províncias orientais de Posen e da Prússia Ocidental, com as quais, acrescidas de territórios da Áustria e da Rússia, os vencedores formariam uma Polônia ressuscitada. A nova Alemanha era uma monstruosidade geográfica, um país dividido em dois, tornando-se a Prússia Oriental uma ilha rodeada por território polonês. Possivelmente ainda mais negativo para o moral alemão foi o fato de assinarem o famoso Artigo 231 do tratado de paz, que declarava a Alemanha totalmente responsável pelas causas da guerra.

A vez dos austríacos chegou em setembro de 1919, quando aceitaram um tratado quase tão duro em St. Germain. Eles renunciavam ao que viria a se tornar uma Hungria truncada, bem como às terras boêmias e morávias fundidas numa nova invenção, a Tchecoslováquia independente. Além disso, os austríacos foram obrigados a renunciar a territórios como o Trentino e o Tirol do Sul, que passaram para a Itália. Para acomodar a província austríaca sulina da Bósnia e Herzegovina, os azafamados cartógrafos inventaram uma ficção balcânica chamada Iugoslávia. Como sabemos, a perspectiva da fragmentação da velha Áustria fora motivo de considerável satisfação para Freud, quase um ano antes de sua oficialização pelo Tratado de St. Germain. Sua nova pátria, submetida à proibição explícita de se unir à República alemã, era uma construção curiosa, convidando à acre observação de que a Áustria se convertera num monstro hidrocéfalo. Embora logo ficasse batida, era uma observação apropriada: uma metrópole, Viena, com 2 milhões de habitantes, presidia a um interior minguado com apenas mais 5 milhões. Meses antes da assinatura do tratado de paz, os Aliados já haviam posto suas intenções às claras. "Hoje sabemos", observara Freud em março de 1919, que "não estamos autorizados a nos unir à Alemanha, mas temos que ceder o Sul do Tirol. Naturalmente não sou patriota, mas é doloroso pensar que boa parte de todo o mundo vai ser território estrangeiro."

Stefan Zweig, um dos conhecidos mais recentes de Freud, recordou mais tarde essa Viena do pós-guerra exatamente dessa maneira, como "uma sombra incerta, opaca e sem vida da antiga monarquia imperial". Os tchecos e as outras nacionalidades haviam arrancado seus territórios; o que sobrava era um "rebotalho mutilado, sangrando por todas as veias". Gelados, famintos, empobrecidos, os austríacos alemães tinham de conviver com o fato de que "as fábricas que outrora enriqueceram a terra" agora estavam em território estrangeiro, "as estradas de ferro tinham se reduzido a tristes tocos" e "o banco nacional fora despojado de seu ouro". Não havia "farinha, pão, carvão, petróleo; parecia inevitável uma revolução ou alguma outra solução catastrófica". Naqueles dias, "o pão tinha gosto de piche e cola, o café era uma decocção de cevada torrada, a cerveja, uma água amarela, o chocolate, areia colorida, as batatas, geladas". Para não esquecerem totalmente o gosto de carne, as pessoas criavam coelhos ou caçavam esquilos. Assim como tinham feito nos últimos anos de guerra, os aproveitadores geriam um próspero mercado negro, e as pessoas voltavam ao escambo mais primitivo para se manterem vivas. Anna Freud confirmou posteriormente a versão de Zweig. O pão, lembrava ela, era "mofado" e "não se conseguiam batatas". A certa altura, Freud escreveu um artigo para um periódico húngaro e pediu que lhe pagassem não em dinheiro, mas em batatas; o editor, que morava em Viena, levou-as à Berggasse 19 nos ombros. "Meu pai sempre se referia àquele artigo como o 'Kartoffelschmarrn'." Em março de 1919, Freud informava a Ferenczi que o governo planejava "abolir as semanas sem carne, e substituí-las por meses sem carne. Uma boba piada de fome!".

Freud era capaz de enfrentar essas consequências irritantes e debilitantes da guerra com mais serenidade do que muitos outros, porque uma de suas maiores angústias, em relação a seu filho Martin, havia se dissolvido de maneira feliz. Depois de ter sido feito prisioneiro pelos italianos no final de outubro, Martin sumira de vista por algum tempo. Quando chegou a notícia, quase um mês depois, de que Martin estava vivo, embora recluso num hospital, Freud fez perguntas, enviou dinheiro e crivou suas cartas de pequenos informes sobre o filho prisioneiro. Em abril de 1919, ele disse a Abraham que as notícias de Martin eram escassas, mas não desagradáveis, e em maio podia informar a seu sobrinho inglês Samuel que, embora Martin ainda "estivesse prisioneiro" perto de Gênova, ele "parece estar em boas condições, a julgar por suas cartas". Martin foi libertado alguns meses mais tarde, "em excelentes condições". Ele teve sorte; mais de 800 mil soldados austro-húngaros haviam morrido no fronte ou por doenças durante a guerra.

As condições do próprio Freud e de sua família mais próxima, porém, eram bastante desesperadas. A preocupação com a mera sobrevivência veio a dominar sua vida e sua correspondência por mais de dois anos. A comida em Viena continuava a ser desagradável ou insuficiente, o combustível para aquecimento continuava tão inacessível quanto nos dois últimos anos da guerra. O governo racionava rigorosamente todos os gêneros de primeira necessidade; mesmo o leite era difícil de se conseguir. Havia semanas em que só havia carne bovina para os hospitais e os funcionários públicos como bombeiros e motorneiros de bondes. Apresentava-se o arroz como substituto da carne, e o *sauerkraut* supostamente substituía as batatas. Mesmo os que tinham cartões de racionamento para sabão não conseguiam encontrá-lo nas lojas. Não havia praticamente como conseguir carvão ou querosene, e o máximo a que uma família tinha direito, em janeiro de

1919, era a metade de uma vela. Pessoas e organizações compadecidas de todo o mundo ocidental, comitês de países e mais países respondiam aos apelos desesperados dos políticos austríacos e faziam coletas para a população da Áustria. No começo de 1919, os ex-inimigos estavam enviando carregamentos de gêneros de primeira necessidade. Mas nunca eram suficientes. "Nossa alimentação, apesar da generosidade dos Aliados, ainda é escassa e miserável", escreveu Freud em abril de 1919, "uma verdadeira dieta de fome" — *Hungerkost.* A mortalidade infantil aumentava a um ritmo alarmante, assim como a tuberculose. Uma autoridade austríaca, um fisiologista chamado Durig, calculou que no inverno de 1918-9, a ingestão diária de calorias por pessoa devia ser de 746.

As cartas de Freud atestam francamente o impacto da miséria geral em seu próprio lar. Ele escrevia num "quarto cortantemente frio", e em vão procurava uma caneta-tinteiro prestável. Ainda em 1920, ele era atormentado pela escassez de papel. Freud se achava tudo, menos lamuriento. "Todos nós aqui viramos mendigos famintos", escreveu a Ernest Jones em abril de 1919. "Mas o senhor não vai ouvir queixas. Ainda estou de pé, e não me considero responsável por qualquer parcela do absurdo do mundo." Contudo, no que ele gostava de chamar de seu "pessimismo alegre", o pessimismo vinha expulsando cada vez mais a alegria. É claro que a coisa que Freud menos gostava era de ser um mendigo, mas, ocupado em sobreviver na Viena do pós-guerra, ele não hesitava em revelar sua situação precária aos outros. Ele nunca cultivara um grande ascetismo, e agora estava simplesmente pondo as pessoas de fora, obviamente mal-informadas, a par da difícil situação de sua família. "Se o senhor me pressiona para que eu o informe", repreendeu a Jones um pouco indignado em maio de 1919, "onde e quando vamos nos encontrar nesse verão ou outono, se se deve realizar um congresso normal ou, ao invés disso, a reunião de um comitê, só posso deduzir que o senhor desconhece totalmente as condições em que vivemos e não recebe nenhum esclarecimento sobre a Áustria pelos seus jornais." Freud não tinha ideia de quando poderia retomar as viagens normais. "Tudo depende do estado da Europa em geral e desse infeliz canto negligenciado em particular, dos sinais de paz, da melhoria do nosso dinheiro, da abertura das fronteiras etc." Mas ele não estava se queixando!

Na verdade, havia muito do que se queixar. Apesar das notícias consoladoras sobre a difusão da psicanálise e apesar da capacidade e postura estoica de Freud, ele se sentia forçado a admitir que a vida não constituía nenhuma alegria. "Estamos passando por maus tempos", disse a seu sobrinho Samuel na primavera de 1919; "como você sabe pelos jornais, privações e incertezas por toda parte." Uma carta comovente de agradecimentos de Martha Freud a Ernest Jones, de abril de 1919, mostra até que ponto iam as privações. Jones havia lhe enviado uma "jaqueta absolutamente linda", que, como se mostrou, servia perfeitamente não só para ela, como também para "Annerl"; assim, ela e sua caçula podiam usá-la alternadamente durante o verão. Na metade de maio, porém, Martha Freud caiu de cama "com uma autêntica gripe-pneumonia". Os médicos disseram a Freud que não se preocupasse, mas a gripe era uma doença extremamente inquietante para os que, como Martha Freud, tinham de combatê-la num estado de subnutrição, agravado por anos de resistência sob condições difíceis. Na verdade, a "gripe espanhola", levando com frequência a uma pneumonia fatal, vinha matando milhares de pessoas desde o inverno anterior. Já no outono de 1918, as escolas e teatros vienenses eram periodicamente fechados para diminuir o risco de contágio. Tudo em vão, à medida que ondas e mais ondas atingiam as populações vulneráveis. As mulheres eram mais suscetíveis do que os homens, mas estes também morriam em números assustadores. Antes de terminar a epidemia de gripe, mais de dois anos depois, morreram cerca de 15 mil vienenses. Mas Martha Freud venceu a doença, embora esta tenha se mostrado tenaz: duas semanas depois de ter adoecido, ela ainda continuava "acamada com uma forte gripe, superou uma pneumonia, mas não mostra boas tendências de recuperar as forças e hoje mesmo a febre começou de novo". Foi somente no começo de julho que Freud pôde anunciar a plena recuperação de sua mulher.

No verão de 1919, enquanto Martha Freud se recuperava num sanatório, Freud conseguiu passar um mês num balneário austríaco que muito lhe agradava, o Bad Gastein, acompanhado da cunhada Minna. Ele se justificou um pouco por escolher um local tão caro, mas se defendeu alegando que a estação fria que se aproximava exigia que se armazenasse o máximo de forças restauradoras. "Quem sabe", observou a Abraham, "quantos de nós vão suportar o próximo inverno, do qual é de se esperar muitos males." No final de julho, estava contente em informar a Jones que tinha se "recuperado quase completamente dos arranhões e contusões da vida deste ano". Aos 63, ele ainda era resistente.

Mas, de volta a Viena, Freud enfrentou novamente a crua realidade. "A vida é muito dura conosco", escreveu em outubro, respondendo à pergunta de seu sobrinho Samuel. "Não sei o que os jornais ingleses lhe dizem, pode ser que não exagerem. A escassez de provisões e a deterioração do dinheiro estão pressionando principalmente as classes médias e os que ganham a vida com o trabalho intelectual. Você deve ter em mente que todos nós perdemos 19/20 do que possuíamos em dinheiro." Uma coroa austríaca agora valia menos que um pêni e continuava a cair. Além disso, "a Áustria (Deutsch-Oesterr.) nunca conseguiu produzir o quanto precisava", e Freud lembrou ao sobrinho que "não só as antigas províncias do Império, mas também nossos próprios campos estão boicotando Viena da forma mais temerária, a indústria chegou a um ponto morto por falta de carvão e matéria-prima, e é impossível comprar e importar dos países estrangeiros". A balança comercial desfavorável, a evasão de capitais, a necessidade de importar alimentos e matérias-primas cada vez mais caros, a queda abrupta da produção de bens de exportação no que restara do território austríaco provocaram uma espiral inflacionária devastadora. Em dezembro de 1922, a coroa austríaca, que antes da deflagração da guerra estava na proporção de cinco para um dólar, agora chegava a 90 mil por dólar. O colapso financeiro só terminou depois de complexas negociações com os banqueiros internacionais e governos estrangeiros.

Samuel Freud, um comerciante próspero em Manchester, tornou-se o principal destinatário das lamúrias deliberadas de Freud. A família, disse-lhe ele, estava "vivendo com uma dieta parca. O primeiro arenque de alguns dias atrás foi um regalo para mim. Nada de carne, pão insuficiente, nada de leite, batatas e ovos extremamente caros pelo menos em coroas". Felizmente, seu cunhado Eli, que morava nos Estados Unidos, "tornou-se um homem muito rico", e seu auxílio "nos permitiu salvar a vida dos membros femininos da família". O clã Freud, acrescentou ele, "está se dissolvendo". Duas irmãs, Dolfi e Pauli, e sua mãe tinham sido enviadas para o balneário de Ischl, para aí passar o inverno sob condições menos rigorosas. Sua cunhada Minna, sem conseguir suportar a gélida Viena, tinha escapado para a Alemanha, que estava ligeiramente melhor. Com a exceção da Anna, que "vai ser a única filha a ficar conosco", todos os outros filhos estavam fora de casa. Falando de si próprio, Freud observou prosaicamente: "Você sabe que eu tenho um grande nome e muito trabalho, mas não consigo ganhar o suficiente e estou consumindo minhas reservas". Respondendo à "bondosa oferta" de Samuel, ele arrolou "os itens de alimentos que mais precisamos: gordura, carne salgada, chocolate, chá, bolos ingleses e tudo o mais".* Enquanto isso, em Berlim, Max Eitingon, rico e atencioso, emprestava-lhe dinheiro; mas, disse-lhe Freud sinceramente, era um gesto inútil, pois era em moeda austríaca. Ele próprio tinha "mais de cem mil" coroas sem valor. Mas Eitingon também enviava comida — *Lebensmittel* —, "meio de vida", na feliz expressão dos alemães. E tampouco esqueceu, como Freud reconheceu com gratidão, cunhando um neologismo para a ocasião, o "meio de trabalho" — *Arbeitsmittel* —, isto é, os charutos. Eles fortaleceram Freud e ampliaram sua resistência.

Infatigavelmente, Freud mobilizava seus parentes no exterior para manter o fluxo de suprimentos a Viena. "Seguindo a orientação de Martha", ele pediu ao sobrinho Samuel, no começo de 1920, que lhe escolhesse "um tecido macio de Shetland, mesclado de branco e preto, cinza ou castanho-escuro — que dê para um terno" adequado "para a primavera e outono". Freud continuou a receber tais encomendas da Inglaterra e Estados Unidos por vários anos. Ainda em 1922, ele pedia à sua família em Manchester que lhe comprasse algumas "botas sólidas" da "*melhor* qualidade", visto que o par que comprara em Viena caíra aos pedaços.

* A dieta de Freud era de profundo interesse para ele, não sem razão. No final de 1919, ele informou a Eitingon que um "Sr. Viereck, jornalista, político, escritor, um sujeito realmente simpático, chegou a me oferecer 'comida'. Aceitei, com a observação de que uma dieta de carne certamente vai aumentar de novo minha capacidade de produzir". (A palavra "comida" está em inglês. Freud a Eitingon, 19 de novembro de 1919. Por permissão de Sigmund Freud Copyrights, Wivenhoe.)

Ele controlava acuradamente todas as encomendas que chegavam, e conferia o conteúdo com as cartas que informava o despacho.

Tal preocupação com todos esses assuntos práticos era psicologicamente necessária a Freud. Por fascinantes que continuassem a ser os desdobramentos políticos, eles não lhe permitiam sequer a oportunidade de assegurar o mínimo controle sobre os acontecimentos. "Os próximos meses, espero, serão repletos de atividade dramática", predisse a Eitingon em maio de 1919. "Mas não somos espectadores nem atores, de fato nem sequer o coro, mas meras vítimas!" Dificilmente conseguia suportar isso. "Estou muito cansado", confessou a Ferenczi no começo do verão de 1919, "mais que isso, malévolo, corroído por uma raiva impotente." Cuidar de sua família era uma fuga a essa impotência.

Freud mostrou-se provedor competente. Longe de ser o *Herr Professor* desinteressado que fazia que sua mulher o aliviasse de todos os detalhes domésticos, ele diligentemente montava listas de artigos, enviava pedidos discriminados, fazia recomendações sobre o empacotamento adequado — embalagens herméticas para os alimentos — e maldizia o correio. Durante os meses de revolução, quando as comunicações com o exterior estavam interrompidas para todas as finalidades práticas, Freud advertiu realisticamente a seus protetores no estrangeiro que o envio de presentes a Viena era extremamente incerto. Era fundamental que enviassem as encomendas através da missão militar inglesa em Viena; os pacotes normais de comida apenas alimentavam "os funcionários da alfândega ou os trabalhadores ferroviários". No final de novembro de 1919, Freud podia anunciar que "nossa situação melhorou um tanto graças a presentes, não enviados, mas trazidos por amigos da Holanda e Suíça, devo dizer amigos e alunos". Estava disposto a achar pelo menos algum consolo nesses dias desalentadores. "Uma das coisas boas desses tempos miseráveis", disse a seu sobrinho de Manchester, "é que voltou a se estabelecer a ligação entre nós."

A impossibilidade de se confiar na chegada de encomendas do exterior era um elemento de constante irritação para ele. Em 8 de dezembro de 1919, Freud informou ao sobrinho que Martin se casara no dia anterior, e acrescentou, praticamente sem interrupção, que um pacote prometido não havia chegado. Ele tinha pouco tempo para sentimentalismos. "Não tenho esperanças de que ele ainda possa chegar a nós." Poucos dias depois, agradecendo calorosamente a Samuel por sua solicitude — "você se comporta com grande amizade em relação a seus parentes pobres" —, ele lhe recomendou que não enviasse mais nada, enquanto não tivesse notícias de que as encomendas haviam realmente chegado a Viena. "Você parece não estar ciente de toda a dimensão da estupidez governamental na D[eutsch] Oest[erreich]." O inglês de Freud podia ser um pouco formal, um pouco rígido, mas era suficientemente mordaz para lhe proporcionar epítetos amargos e expressivos para caracterizar a burocracia austríaco-germânica.

A denúncia era uma forma de ação para Freud. Um de seus poetas alemães favoritos, Schiller, dissera certa vez que, contra a estupidez, os próprios deuses lutam em vão, mas nem mesmo a estupidez do funcionalismo austríaco reduzia Freud à desesperança. "Nenhum de seus pacotes chegou", informou a Samuel no final de janeiro de 1920, "mas soubemos que ainda podem chegar, pois o tempo de viagem muitas vezes leva mais do que três meses." Ele pensava em tudo. Em outubro de 1920, informou que "três de seus pacotes chegaram", embora "um deles absolutamente esvaziado de seu conteúdo". Pelo menos Samuel Freud não sairia perdendo: "Fez-se um registro aqui na agência postal (Protokoll) e fui aconselhado a informar o expedidor, de modo que espero que você receba o seguro". Como sempre, importava o empacotamento: "Os dois pacotes que chegaram bem estavam protegidos por um saco, e trouxeram um acréscimo extremamente oportuno a nossos víveres". Mas — sempre havia um "mas" naqueles dias — "quase todas as coisas em ótimas condições, apenas o queijo, estando envolto em papel, tinha embolorado e afetado o gosto de algumas barras de chocolate".

Às vezes, Freud dava vazão à sua exasperação. Em maio de 1920, ele escreveu uma carta de reproche à "Administração" — a Associação de Assistência Americana em Viena —, reclamando que um pacote de alimentos dos Estados Unidos, endereçado à sua mulher (na época, fora da cidade), não tinha sido entregue a seu filho "o engenheiro O[liver] Freud", muito embora ele tivesse se apresentado "munido com os poderes de procurador". O comportamento da agência parece rígido, mas os funcionários da assistência americana haviam estabelecido a política de entregar as encomendas apenas ao destinatário efetivo, visto que um sem-número de ditos parentes havia inundado o escritório com documentos falsos de identidade. Freud não se impressionou com tais desculpas. Oliver "ficou sujeito a espera, permanecendo ali das 2:30 às 5", e foi mandado embora sem o pacote. "O tempo dele também tem algum valor", de modo que seria exigir demasiado que ele se dispusesse "a repetir a mesma experiência várias vezes mais." Visto que apenas o destinatário estava autorizado a receber uma encomenda, "apelo aos senhores que me informem de que maneira podem se realizar as intenções do remetente desse presente". Freud ainda não acabara. Furioso, gabou-se de sua envergadura internacional: "Não deixarei de informar o público na América, onde não sou desconhecido, sobre a inadequação de seus serviços". O incidente teve um epílogo ao mesmo tempo burlesco e patético. O chefe da agência de assistência, Elmer G. Burland, que havia estudado alguns textos de Freud na universidade em Berkeley, vários anos antes, sentiu-se encantado em entregar pessoalmente o pacote de alimentos. Foi tratado com uma refinada rudeza: Freud insistiu que ele falasse com Oliver em inglês (embora o alemão de Burland fosse, na época, de primeira ordem) e mandou que Oliver traduzisse as palavras de Burland para o alemão (embora, e nem é preciso dizer, Freud entendesse todas elas). Então respondeu em alemão e mandou que o filho traduzisse suas palavras para o inglês (embora, evidentemente, Burland não precisasse de intérprete). Essa miúda vingança, teatral e deliberada, dava uma medida da raiva e frustração de Freud.

* * *

As cartas de Freud durante esses anos sugerem que tinha que roubar tempo para continuar a pensar e escrever. É penoso vê-lo — ele, o mais independente dos homens, que realmente tinha outras coisas em que pensar — absorvido pelas necessidades básicas suas e de sua família. Mas não se manteve por muito tempo como mero recipiente. Tão logo pôde, reembolsou Eitingon e começou a pagar pela torrente de provisões que estava importando com tamanha eficiência. Em fevereiro de 1920, ele pediu ao sobrinho para "aceitar o cheque anexo de quatro libras (pagamento de um paciente inglês)"; cinco meses depois, ele enviava oito libras, e em outubro insistiu, com um leve ar de triunfo: "Agradeço-lhe de coração por toda a sua preocupação e incômodo, mas se essas encomendas continuarem, você precisa me dizer o quanto lhe custam. Recuperei um tanto com o tratamento de pacientes estrangeiros e estou com um bom depósito de dinheiro em Haia".

Naquela época, a situação na Áustria tinha melhorado um pouco, e a situação dos Freud também. Stefan Zweig relembrava 1919-21 como os anos mais difíceis. Mas, afinal, não houvera muita violência, apenas alguns saques muito esporádicos. Em 1922 e 1923, havia comida suficiente para todos. O psicanalista austríaco Richard Sterba lembra que decorreram cinco anos desde o final da guerra "até que os primeiros *Schlagobers*, creme batido, tão essencial para os austríacos, aparecessem na '*Kaffeehaus*'". Com a volta dos alimentos e combustíveis no mercado livre, "estava-se vivo", nas palavras de Zweig, "sentia-se sua própria força". Freud também. Seu trabalho clínico e os presentes que seus adeptos continuavam a enviar garantiam-lhe uma sobrevivência adequada. "Estou ficando velho, inegavelmente indolente e preguiçoso", escreveu a Abraham em junho de 1920, "também mimado e mal-acostumado com os diversos presentes de provisões, charutos e dinheiro que as pessoas me dão e que devo aceitar, pois de outra forma não posso viver". Em dezembro de 1921, a vida estava de novo suficientemente atraente para lhe permitir convidar Abraham a se hospedar na Berggasse 19; em seu convite, acrescentou a isca da sedutora observação de que o quarto de hóspedes dos Freud era não só muito mais barato do que um hotel, mas, além disso, tinha aquecimento.

No entanto, como sabemos, a inflação estava consumindo as economias de Freud em moeda austríaca.* Tampouco os políticos locais eram mais atraentes. "Com as eleições de hoje", escreveu Freud a Kata Levy, uma amiga húngara, ex-analisanda sua, no outono de 1920, "a onda reacionária deve se instalar por aqui também, depois que a revolucionária não trouxe nada de agradável. Qual é a pior

* Também estava consumindo as economias de outras pessoas. Ainda em 20 de janeiro de 1924, Ferenczi escrevia a Freud: "A desvalorização da coroa húng[ara] continua rapidamente; logo vai alcançar o ponto baixo austríaco. Na classe média, domina a miséria; a clínica médica está quase totalmente paralisada. As pessoas não têm dinheiro para ficar doentes". (Freud-Ferenczi Correspondence, Freud Collection, LC.)

escória? Certamente sempre a que está por cima." Em política, Freud era de centro, posição altamente precária e em constante risco nos anos conturbados do pós-guerra. Não admira que Freud, quando Eitingon, no verão de 1922, convidou-o a se estabelecer em Berlim, tenha considerado a ideia nada desagradável. "Na eventualidade de precisarmos deixar Viena", ponderou numa carta a Otto Rank, "pois não se pode mais viver lá e os estrangeiros que necessitam de análise não querem mais vir, ele está nos oferecendo um primeiro abrigo. Se eu fosse dez anos mais jovem, teceria todos os tipos de planos em torno dessa mudança."

Os transtornos da guerra haviam reduzido a maior parte da prole de Freud a dependentes — seus dependentes. Como disse a Ernest Jones no verão de 1919, ele estava "enviando tudo o que consigo poupar para meus filhos em Hamburgo, privados de sua subsistência pela guerra. Dos meus filhos, apenas Oli, o engenheiro, encontrou trabalho por algum tempo. Ernest está trabalhando sem salário em Munique, e Martin, que esperamos de volta dentro de poucas semanas, estaria na rua, apesar de suas várias medalhas e condecorações, se não tivesse um velho pai ainda ativo". E Oliver também não era uma fonte confiável de recursos, pois andava assediado por problemas neuróticos que perturbavam profundamente a seu pai. Oliver, confessou Freud a Eitingon, "tem me preocupado frequentemente". De fato, "precisa de terapia".

O trabalho de Freud era, sem dúvida, sua salvação financeira. Os estrangeiros que vinha cultivando podiam lhe pagar não só em moeda forte, mas também em dinheiro vivo. Escrevendo a Leonhard Blumgart, um médico de Nova York que queria iniciar uma análise didática em 1921, ele especificou "dez dólares por hora (em dólares de fato, não em cheque)". Ele explicou suas razões ao psiquiatra e antropólogo americano Abram Kardiner, na época analisando seu: os dez dólares que cobrava pela hora de análise deviam ser "pagos em notas efetivas, não em cheques que eu só poderia trocar por coroas", as quais se desvalorizavam diariamente. Sem os analisandos da Inglaterra e Estados Unidos, que chamava de "esse pessoal da Entente", ele não conseguiria, disse a Ernest Jones, "cobrir as despesas". Ao contrário do "pessoal da Entente", dispondo de dólares e libras, os pacientes da Alemanha ou Áustria não eram tão desejáveis: "Agora estou com *quatro* horas livres", informou a Jones no início de 1921, "e não gostaria de ocupá-las com pacientes das Potências Centrais" — *Mittelmächtepatients*. Ele havia "tomado gosto pela taxa de câmbio ocidental". Como disse a Kata Levy: "Não se consegue mais ganhar a vida com vienenses, húngaros, alemães". Ele deplorava sua parcialidade e pediu a ela que mantivesse sigilo sobre o assunto: "Realmente não é uma atividade para um homem de idade sério. C'est la guerre". Freud era absolutamente franco em relação a finanças, tal como havia aconselhado aos colegas em seus artigos técnicos.

Com essa mudança da clientela de analisandos, a principal língua na clínica de Freud agora se tornou o inglês, que havia muito tempo era-lhe cara. Justamente por isso, suas deficiências deixavam-no exasperado consigo mesmo — e com o inglês. No outono de 1919, ele arranjou um professor "para melhorar meu inglês". Mas os resultados das lições não o satisfizeram. "Estou ouvindo diariamente 4-6 horas de conversação em inglês ou americano", observou em 1920, "e devia ter feito maiores progressos no meu inglês, mas acho muito mais difícil aprender aos 64 do que aos 16. Eu chego a um certo nível e ali sou obrigado a parar." Incomodavam-no particularmente os analisandos que murmuravam suas frases ou empregavam a gíria corrente. "Estou angustiado com meu inglês", disse a Ernest Jones, ao comentar sobre dois pacientes enviados por Jones, "ambos falando um idioma abominável." Faziam-no "suspirar" pela "notável correção" de David Forsyth, um médico inglês que havia trabalhado algum tempo com Freud, no outono de 1919, e conquistara sua gratidão pelo seu vocabulário refinado e pronúncia clara.

Suas deficiências linguísticas, muito menos danosas do que imaginava, tornaram-se uma espécie de obsessão. "Ouço e falo com ingleses 4-5 horas por dia", escreveu ao sobrinho em julho de 1921, "mas nunca vou aprender corretamente sua m.....á língua." Pouco antes, ele havia proposto a Leonhard Blumgart, disposto a ir a Viena para fazer sua análise, um acordo um pouco autodefensivo: "Seria um grande alívio para mim se o senhor falasse em alemão; caso contrário, não deve criticar meu inglês". Essas sessões em inglês cansavam-no tanto, confessou a Ferenczi no final de 1920, "que à noite não presto para nada". Isso o incomodava o suficiente para fazê-lo se deter sobre o assunto. Considerava as "cinco, às vezes seis ou sete horas" que ouvia e falava em inglês tão "esgotantes", disse a Kata Levy no final de 1920, que não conseguia mais responder a cartas à noite e transferiu a tarefa para os domingos.

Mas o dinheiro que Freud obtinha com o trabalho de análise com seu "pessoal da Entente" permitia-lhe fazer o que preferia, ao invés de receber — dar. Para um homem que havia passado toda a vida preocupando-se com a possibilidade de que os filhos fossem pobres, ele era admiravelmente generoso com seus fundos duramente conquistados. Quando Lou Andreas-Salomé, no outono de 1921, aceitou o convite de visitar Freud e sua família na Berggasse 19 — não se viam havia algum tempo —, Freud ousou fazer uma sugestão "relacionada à sua viagem, sem receio de ser mal compreendido". Em suma, se ela precisasse, ele lhe oferecia o dinheiro para a viagem. "Eu me tornei, com a aquisição de boa moeda estrangeira (americanos, ingleses, suíços), relativamente *rico.*" Diplomaticamente, Freud assegurou a ela que tal emprego de seus recursos daria prazer a *ele*: "Eu também gostaria de aproveitar alguma coisa dessa nova riqueza".* Ele estava ciente de que a clínica psicanalítica dela, em Güttingen, trazia-lhe apenas um parco retorno. Durante os primeiros anos da década de 1920, tempos muito duros para a Alemanha, Freud preocupou-se em lhe enviar uma quantidade adequada de dólares americanos, apoio constante que ela se sentiu em liberdade de

* Em setembro de 1922, Freud enviou a ela 20 mil marcos — moeda inflacionada, mas ainda assim uma quantia considerável. (Freud a Andreas-Salomé, 8 de setembro de 1922. Freud Collection, B3, LC.)

aceitar. No verão de 1923, quando ele soube por boa fonte — sua filha Anna — que ela estava realizando dez análises por dia, ele repreendeu paternalmente sua "caríssima Lou", esquecendo sua própria agenda que, ao longo dos anos sempre fora carregada: "Naturalmente, considero isso uma tentativa de suicídio mal disfarçada". Implorou a ela que aumentasse os honorários e atendesse menos pacientes. E enviou-lhe mais dinheiro.

Por seu lado, ele estava falando em reduzir suas horas de análise; em 1921, disse a Blumgart que estava aceitando apenas "um número muito restrito de alunos ou pacientes", e mencionou seis. Mas em alguns meses daquele ano, cansado como estava, atendeu de fato a dez analisandos. "Sou um velho e tenho pleno direito a umas férias tranquilas", escreveu a Blumgart, discorrendo com uma espécie de prazer masoquista como fazia havia alguns anos, sobre sua idade avançada. Citando o provérbio alemão de que a arte vem depois do pão — *Die Kunst geht nach Brot* —, Freud disse sucintamente a Jones que "os negócios estão devorando a ciência". Mas ele não estava se aposentando. Vinha fazendo importantes contribuições para o futuro da psicanálise, supervisionando o que gostava de chamar de "autoanálise" de futuros analistas. Ainda mais importe, Freud concluía, em meio ao turbilhão em torno e dentro de si, as drásticas revisões em seu sistema psicanalítico a que dera início cinco anos antes.

MORTE: EXPERIÊNCIA E TEORIA

A disposição de trabalho de Freud, desmentindo suas declarações de iminente senilidade e paralisação das atividades, não foi simplesmente uma reação visceral a uma melhor alimentação, novos pacientes e charutos importados. O trabalho também era sua maneira de enfrentar o luto. Ironicamente, com a vinda da paz, Freud foi obrigado a encarar mais de uma vez o que lhe havia sido quase totalmente poupado durante a guerra: a mortalidade. Ela fazia com que todos os seus desconfortos materiais parecessem triviais. No início de 1920, ao apresentar suas condolências a Ernest Jones pela morte do pai deste, Freud perguntou retoricamente: "O senhor consegue se lembrar de uma época tão repleta de morte quanto a atual?". Ele considerava uma "sorte venturosa" que o pai de Jones tivesse morrido rápido, não precisando prolongar a vida "até que fosse devorado aos poucos pelo câncer". Ao mesmo tempo, advertiu-o delicadamente sobre os duros momentos que estavam por vir: "O senhor logo vai descobrir o que isso significa para si". O acontecimento relembrou a Freud a tristeza que sentira pelo seu pai, quase um quarto de século antes: "Eu tinha mais ou menos a sua idade quando meu pai morreu (43) e isso revolucionou minha alma".

A primeira morte no círculo íntimo de Freud, o suicídio consternador de seu discípulo Victor Tausk, porém, não "revolucionou" em nada sua alma. Ele o enfrentou com um distanciamento clínico de tipo profissional. Tausk, depois de passar de uma carreira jurídica e jornalística para a psicanálise, tinha se distinguido rapidamente nos círculos analíticos de Viena, com uma série de artigos importantes e brilhantes palestras introdutórias, que Freud ressaltou em sua homenagem fúnebre oficial. Mas as experiências de guerra de Tausk tinham sido excepcionalmente esgotantes, e Freud atribuiu publicamente sua deterioração mental às tensões de seu serviço militar. No entanto, o que estava se operando nele era mais do que uma exaustão. Homem de muitas mulheres — lembremos que provavelmente teve um caso com Lou Andreas-Salomé antes da guerra —, Tausk havia se divorciado, se comprometido com várias mulheres e agora estava a ponto de se casar novamente. Havia muito tempo deprimido, e cada vez mais perturbado, ele havia pedido a Freud que empreendesse um tratamento analítico, e apenas recebeu uma negativa. Em anos anteriores, Freud havia lhe dado apoio generoso, tanto financeiro como emocional, mas agora ele o enviou a Helene Deutsch, uma jovem adepta que estava fazendo sua própria análise com Freud. O resultado foi um triângulo complexo que não deu certo: Tausk falava a Deutsch sobre Freud, e Deutsch falava a Freud sobre Tausk. No final, a depressão de Tausk levou a melhor e, em 3 de julho de 1919, com uma engenhosidade perversa, ele conseguiu se enforcar e se dar um tiro ao mesmo tempo. "Tausk", Freud notificou Abraham três dias depois, "disparou contra si mesmo alguns dias atrás. O senhor vai recordar o comportamento dele no Congresso." Em Budapeste, em setembro do ano anterior, Tausk passou mal, com um acesso impressionante de vômitos. "Ele estava esmagado pelo seu passado e suas últimas experiências de guerra, devia se casar nesta semana, não conseguia mais se recompor. Apesar de seu talento significativo, era inútil para nós."

A "etiologia" do suicídio de Tausk, disse Freud a Ferenczi poucos dias depois, com a mesma frieza, era "uma impotência obscura, provavelmente psicológica, e o último gesto de sua luta infantil com o fantasma de seu pai". Ele confessava que, "apesar de apreciar seus dons", não tinha por ele "nenhuma simpatia verdadeira". De fato, Freud aguardou quase um mês antes de informar Lou Andreas-Salomé sobre o fim do "pobre Tausk", repetindo quase literalmente o que havia dito a Abraham. Ela se surpreendeu com a notícia, mas entendia e, na verdade, partilhava em larga medida da atitude de Freud; com o tempo, ela viera a considerar Tausk de certa forma perigoso para Freud e a psicanálise. Freud lhe disse, como havia dito aos outros, que Tausk tinha sido inútil para ele. Mas, a julgar pela forma como Freud, nesta carta, saltou do suicídio de Tausk para seu próprio trabalho, ele realmente teve uma certa utilidade póstuma: "Agora assumi como meu direito de fundo de aposentadoria o tema de morte, topei com uma ideia curiosa através das pulsões e agora tenho que ler pela primeira vez todos os tipos de coisas que se referem a ela, como por exemplo Schopenhauer". Logo teria muito a dizer a respeito da morte, não conforme ocorria a Tausk ou a outros indivíduos, mas como um fenômeno universal.

Por mais insensível que Freud possa parecer em relação a seu patético discípulo errante, sua reação a outra morte, a de Anton von Freund, prova que sua capacidade de sentir as perdas não havia se atrofiado. Como Von Freund temia, seu câncer voltou, e ele morreu em Viena no final de janeiro de 1920, aos quarenta anos. Seu generoso apoio ao movimento psicanalítico, principalmente aos empreendimentos editoriais da área, constitui seu monumento. Mas Von Freund era amigo de Freud, além de benfeitor da psicanálise; Freud visitou-o diariamente durante sua doença e manteve Abraham, Ferenczi e Jones informados sobre sua degeneração irreversível. Escrevendo no dia seguinte à morte do amigo, Freud disse a Eitingon: "Para nossa causa, uma grande perda; para mim, uma dor intensa, mas que fui capaz de assimilar ao longo dos últimos meses", quando Von Freund aproximava-se visivelmente da morte. "Ele suportou seu estado desesperado com lucidez heroica, não desonrou a análise" — em suma, morreu como o pai de Freud havia morrido e como ele próprio esperava morrer.

Embora já fosse previsível havia alguns meses, a perda de Von Freund veio como um choque. Mas a súbita morte de Sophie, filha de Freud, sua "querida Sophie em flor", cinco dias depois da de Von Freund, devido a uma gripe agravada pela pneumonia, foi um choque muito maior. Ela estava grávida de seu terceiro filho. Da mesma forma que um soldado no fronte, Sophie Halberstadt foi uma vítima da guerra, que tornara milhões de pessoas vulneráveis à infecção. "Não sei", escreveu Freud a Kata Levy no final de fevereiro, "se a alegria tornará a nos visitar algum dia. Minha pobre esposa sofreu um golpe demasiado rude." Estava satisfeito por ter trabalho demais "para prantear adequadamente a minha Sophie". Mas, no devido tempo, ele a pranteou de forma bastante adequada; os Freud nunca superaram totalmente essa perda. Oito anos depois, em 1928, escrevendo uma carta de condolências a Katharine, mulher de Ernest Jones, pela perda da filha, Martha Freud relembrou a perda de Sophie: "Agora já são oito anos desde a morte de nossa Sopherl, mas fico sempre abalada quando acontece algo semelhante no círculo de nossos amigos. Sim, na época eu fiquei tão arrasada quanto a senhora está agora; toda a segurança e toda a felicidade me pareceram perdidas para sempre". E cinco anos depois, em 1933, quando a poeta imagista Hilda Doolittle — H. D. — mencionou o último ano da Grande Guerra, durante uma sessão de análise com Freud, "ele disse que tinha razões para lembrar a epidemia, quando perdeu sua filha favorita. 'Ela está aqui', disse ele, e mostrou-me um minúsculo medalhão que trazia preso à corrente do relógio".

Freud socorria a si mesmo com ruminações filosóficas e linguagem psicanalítica. "A perda de um filho", escreveu a Oskar Pfister, "parece um grande trauma narcisista; qualquer que seja a tristeza que haja, certamente virá depois." Não conseguia aceitar a "brutalidade declarada de nossa época", que impossibilitava que os Freud se reunissem ao genro e aos dois netinhos em Hamburgo. Não havia trens. "Sophie", escreveu Freud, "deixa dois filhos, um de seis anos e outro de treze meses, e um marido inconsolável que agora vai pagar caro pela felicidade desses sete anos. Essa felicidade estava apenas entre os dois, e não fora: guerra, invasões, ferimentos, diminuição de bens, mas eles tinham mantido a coragem e a alegria." E "amanhã ela vai ser cremada, nossa pobre filha!". Ele disse a Frau Halberstadt, a mãe do viúvo: "Na verdade, uma mãe não pode ser consolada, e, como estou agora descobrindo, dificilmente um pai". Ao escrever uma carta sincera de condolências ao viúvo desolado, Freud falou de "um ato do destino brutal e sem sentido que nos roubou nossa Sophie". Não se podia culpar ninguém, não se podia remoer nada. "Tem-se que curvar a cabeça sob o golpe, como um pobre e desamparado ser humano com quem brincam poderes superiores." Assegurou a Halberstadt que seus sentimentos para com ele mantinham-se inalterados e pediu-lhe que se considerasse como filho seu enquanto quisesse. E assinou, com tristeza: "Papai".

Ele manteve esse estado de ânimo reflexivo durante algum tempo. "É uma grande infelicidade para todos nós", escreveu ao psicanalista Lajos Levy, marido de Kata Levy, em Budapeste, "uma dor para os pais, mas para nós há pouco a dizer. Afinal, sabemos que a morte faz parte da vida, é inevitável e vem quando quer. Não estávamos muito alegres mesmo antes dessa perda. Na verdade, sobreviver a um filho não é agradável. O destino não se atém sequer a essa ordem de precedência." Mas ele estava resistindo. "Não se preocupe comigo", assegurou a Ferenczi. "Sou o mesmo, salvo por um pouco mais de cansaço." Mesmo que a morte de Sophie lhe fosse dolorosa, ela não alteraria sua atitude em relação à vida. "Durante anos estive preparado para a perda de meus filhos; agora, veio a de minha filha. Visto que sou o mais profundo descrente, não tenho ninguém a quem acusar e sei que não há nenhum lugar onde se possa apresentar uma acusação." Ele ansiava pelo poder acalmante de sua rotina diária, mas "no fundo tenho o sentimento de uma profunda ferida narcisística que não hei de superar". Ele continuava a ser o mais resoluto ateísta, sem a menor disposição de trocar suas convicções por algum consolo. Ao invés disso, ele trabalhava. "O senhor sabe da desventura que ocorreu a mim, é realmente deprimente", escreveu a Ernest Jones, "uma perda que não será esquecida. Mas vamos deixá-la de lado por enquanto, a vida e o trabalho devem continuar, enquanto durarmos." Ele adotou a mesma linha com Pfister: "Trabalho o máximo que consigo, e sinto-me grato pela distração".

Freud realmente trabalhava, e sentia-se grato. No primeiro congresso psicanalítico internacional após a guerra, realizado em Haia no começo de setembro de 1920, ele apresentou uma comunicação onde aperfeiçoava, com algumas revisões, sua teoria dos sonhos. Foi uma participação pressaga: ele levou sua filha Anna, que logo se tornaria psicanalista por conta própria, e em sua comunicação ele esboçou a ideia da compulsão à repetição, que logo se destacaria na teoria que vinha sendo preparada para publicação. O congresso de Haia foi um reencontro agitado para os freudianos que tinham sido oficialmente qualificados, apenas dois anos antes, como inimigos mortais. Havia algo de comovedor nessa reunião, em que os analistas das nações derrotadas, meio mortos de fome, foram alimentados e festejados em almoços e banquetes por seus generosos anfitriões holandeses.* Os ingleses, relembrou Ernest Jones, ofereceram um almoço a Freud e sua filha Anna, onde ela fez "um pequeno discurso encantador num inglês muito bom". Foi um conclave concorrido e animado: havia 62 membros e 57 convidados. Poucos psicanalistas haviam sucumbido por muito tempo ao chauvinismo, de modo que os americanos e ingleses acharam perfeitamente natural sentarem-se em boa camaradagem com seus colegas alemães, austríacos e húngaros. É verdade que, em 1920, teria sido impossível um encontro em Berlim, embora Abraham se empenhasse energicamente para consegui-lo. Apesar de não nutrirem nenhuma xenofobia, os analistas anglo-americanos ainda tinham sentimentos inflexíveis em relação aos alemães. Mas, apenas dois anos depois, com a insistência de Abraham, a Associação Psicanalítica Internacional escolheu Berlim como o local para seu próximo congresso, que decorreu sem atritos políticos. Foi o último conclave a que Freud compareceria.

Nos anos imediatamente posteriores à guerra, a produção de Freud foi escassa, se medida apenas pelo número de palavras. Ele escreveu artigos sobre a homossexualidade e o curioso tema da telepatia — sempre intrigante aos olhos de Freud. Além disso, publicou três livros curtos, a bem dizer folhetos: *Além do princípio do prazer*, em 1920, *Psicologia de grupo e a análise do ego*,** em 1921, e *O ego e o id*, em 1923. Somados, esses textos não ultrapassam talvez duzentas páginas. Mas o tamanho é enganador; eles expõem o sistema estrutural de Freud,*** ao qual se manteve fiel pelo resto da vida. Ele desenvolvera esse sistema desde o final da guerra, enquanto estava ocupado em encomendar chocolates e tecidos da Inglaterra, maldizendo sua pobre caneta-tinteiro. "Onde está minha [obra

* Para os analistas austríacos, húngaros e alemães, esse congresso evocava necessariamente um mundo de abundância que haviam quase esquecido. Anna Freud recordou, posteriormente, que ela e seu pai tinham pouco dinheiro. "Mas meu pai, como sempre, foi muito generoso. Ele me dava uma soma especial todos os dias, para gastar em frutas (bananas etc.), que há anos não tínhamos em Viena, e insistiu para que eu comprasse roupas novas para mim, sem restrições sobre os gastos: 'O que eu precisar' [...] Não lembro se ele comprou alguma coisa para si — além de charutos." (Anna Freud a Jones, 21 de janeiro de 1955. Jones papers, Archives of the British Psycho-Analytical Society, Londres.)

** Aqui vale notar uma tradução infeliz. O título de Freud, em alemão é *Massenpsychologie und Ich-Analyse*. "Grupo" (*Group*), termo escolhido pelos editores da *Standard Edition* para *Masse* (literalmente "massa"), é brando demais. O próprio Freud, numa carta a Ernest Jones, falou de sua "*Psychology of mass*" [Psicologia de massa] (Freud a Jones, 2 de agosto de 1920. Em inglês, Freud Collection, D2, LC). Se o termo *mass* [massa] parecia muito desajeitado, "*crowd psychology*" [psicologia da multidão] estaria mais próximo do que "*group psychology*" [psicologia de grupo].

*** É usual denominar esse sistema do pós-guerra como sistema "estrutural", contrastando-o com o sistema "topográfico" dos anos anteriores à guerra. Existiam, como essas páginas devem deixar muito claro, várias conexões e continuidade entre ambos. Além disso, os nomes são acidentes linguísticos puramente convencionais; os dois sistemas descrevem tanto a topografia quanto a estrutura da mente.

sobre] metapsicologia?", perguntou retoricamente a Lou Andreas-Salomé. "Em primeiro lugar", disse-lhe mais enfaticamente do que nunca, "continua não escrita." A "natureza fragmentária de minhas experiências e o caráter esporádico de minhas ideias" não lhe permitiam apresentar uma exposição sistemática. "Mas", acrescentou tranquilizador, "se eu viver por mais dez anos, continuar capaz de trabalhar durante esse tempo, não morrer de fome, não morrer de cansaço, não ficar esgotado demais pela miséria de minha família ou das coisas em torno de mim — todas essas condições —, então prometo oferecer outras contribuições a ela." A primeira seria *Além do princípio do prazer*. Esse livro fino e seus dois sucessores mostram por que Freud não haveria de publicar aquele livro tão anunciado e tão adiado sobre metapsicologia. Ele complicara e modificara demais suas ideias. E, não menos importante, não continham material suficiente sobre a morte — ou, mais exatamente, ele não havia integrado em sua teoria o que tinham a dizer sobre ela.

É tentador ler o sistema psicanalítico posterior de Freud, com sua ênfase sobre a agressão e a morte, como uma reação à sua dor daqueles anos. Na época, foi o que fez o primeiro biógrafo de Freud, Fritz Wittels: "Em 1920 (com *Além do princípio do prazer*), Freud surpreendeu-nos com a descoberta de que, em tudo o que é vivo, existe, além do princípio do prazer, o qual, desde os dias de cultura helênica, tem sido chamado de Eros, um outro princípio: o que vive quer morrer de novo. Originando-se do pó, quer ser pó novamente. Há nos seres não só a pulsão de vida, mas também a *pulsão de morte*. Quando Freud fez esse comunicado a um mundo atento, ele estava sob a impressão da morte de uma filha na flor da idade, que perdeu logo depois de se preocupar com a vida de vários de seus parentes mais próximos, que haviam ido para a guerra". Era uma explicação reducionista, mas extremamente plausível.

Freud se opôs imediatamente a ela. De fato, ele se antecipara a Wittels havia três anos: no começo do verão de 1920, pedira a Eitingon e outros que atestassem, caso fosse necessário, que haviam visto um rascunho de *Além do princípio do prazer* antes da morte de Sophie Halberstadt. Agora, no final de 1923, ao ler a biografia de Wittels, ele admitia que essa interpretação era "muito interessante": se estivesse fazendo um estudo analítico de outra pessoa nessas mesmas circunstâncias, ele teria estabelecido tal conexão "entre a morte de minha filha e o raciocínio defendido em meu *Além* [*do princípio do prazer*]. E, no entanto", acrescentou, "está errado. O *Além* foi escrito em 1919, quando minha filha ainda estava saudável e viçosa". Para encerrar a questão, ele reiterou que havia circulado o manuscrito praticamente completo entre seus amigos em Berlim, já no mês de setembro de 1919. "O provável nem sempre é o verdadeiro." Ele tinha uma base sólida para suas objeções; Freud não foi além do princípio do prazer por causa de uma morte em sua família. Mas sua visível ansiedade em estabelecer insofismavelmente esse ponto sugere que não estava apenas esperando garantir a validade universal de suas novas hipóteses. Afinal, frequentemente extraíra, e sem se justificar, proposições gerais sobre as operações mentais a partir de sua experiência pessoal íntima. Foi por acaso que o termo "pulsão de morte" — *Todestrieb* — entrou em sua correspondência uma semana depois da morte de Sophie Halberstadt? Fica como um sinal comovedor do profundo abatimento que lhe provocou a perda de sua filha. A perda pode reivindicar um papel subsidiário, se não na origem de sua preocupação analítica com a destrutividade, pelo menos na determinação de sua importância.

O grande morticínio de 1914 a 1918, com a revelação de verdades cruas sobre a selvageria humana nos combates e em editoriais belicosos, também levara Freud a atribuir um papel de destaque à agressão. Ao apresentar suas conferências na Universidade de Viena, durante o semestre de inverno de 1915, ele pedira aos ouvintes que pensassem na brutalidade, crueldade e falsidade que agora se espalhavam pelo mundo civilizado, e que admitissem que o mal não pode ser excluído da natureza humana essencial.* Mas, sob aspectos importantes, o poder da agressão já não era segredo para ele, bem antes de 1914. Freud, afinal, foi quem revelou seu funcionamento nele mesmo: em nível privado, em suas cartas a Fliess, e publicamente, em *A interpretação dos sonhos*. Se não tivesse publicado suas confissões, os desejos de morte de Freud contra seu irmãozinho, seus sentimentos edipianos hostis contra seu pai, ou a necessidade de um inimigo em sua vida poderiam continuar, para sempre, conhecidos apenas por ele mesmo.** De modo mais geral, já em 1896, ele havia se referido, em obra impressa, às autorrecriminações que assombram os neuróticos obsessivos, a respeito de "*agressões sexuais na infância*". Um pouco mais tarde, ele havia descoberto que os impulsos agressivos são componentes poderosos do complexo de Édipo, e em seus *Três ensaios sobre a teoria da sexualidade*, ele sugerira que "a sexualidade de inúmeros homens apresenta uma mescla de *agressão*". É verdade que, nessa passagem, ele havia considerado a agressão restrita aos homens, mas este era um resquício de estreiteza que exigia ser corrigido. Dez anos, ou mais, antes da Primeira Guerra Mundial, ele já tinha uma visão clara sobre a presença da agressão por toda parte, mesmo na vida sexual, mesmo nas mulheres. A guerra, como Freud insistiu com certa justeza, não gerou o interesse da psicanálise pela agressão; pelo contrário, ela apenas confirmou o que os analistas sempre haviam dito a respeito.***

O que veio a desconcertá-lo, portanto, assim como desconcertou a outros, foi apenas a razão de ter hesitado em elevar a agressividade a uma rival da libido.

* Ver p. 376.

** Ver esp. pp. 28-9 e 72.

*** Ver a carta de Freud, de dezembro de 1914, ao poeta e psicopatologista holandês Frederik van Eeden. A guerra, escreveu Freud, apenas confirmou o que os analistas já haviam aprendido "a partir do estudo dos sonhos e dos lapsos mentais das pessoas normais, bem como dos sintomas dos neuróticos", a saber, que os "impulsos primitivos, selvagens e maldosos da humanidade não desapareceram em nenhum indivíduo, mas continuam a existir, embora num estado reprimido", e "aguardam oportunidades para manifestar sua atividade". (Citado em *Jones* II, p. 368.)

"Por que nós próprios", indagou-se mais tarde, ao olhar para esses anos, "precisamos de tanto tempo antes de decidirmos reconhecer uma pulsão agressiva?". Um pouco pesaroso, ele evocou sua própria recusa defensiva de tal pulsão, quando a ideia surgiu pela primeira vez na literatura psicanalítica, e "o quanto demorou até que eu me tornasse receptivo a ela". Freud estava pensando numa apresentação da brilhante analista russa Sabina Spielrein, nos dias pioneiros de 1911, numa das reuniões das quartas-feiras à noite, na Berggasse 19, e também no artigo pioneiro dela, do ano seguinte, intitulado "A destruição como causa do vir-a-ser".* Naqueles anos, Freud simplesmente não estava preparado.

Sua delonga certamente teve, também, outras causas. O próprio fato de ter sido Adler, entre todos, o defensor do conceito de protesto masculino, por mais que diferisse da definição posterior de Freud, foi um obstáculo para que ele aceitasse uma pulsão destrutiva. Da mesma forma, o fato de Jung alegar que se antecipara a Freud, sustentando que a libido almeja tanto a vida quanto a morte, não contribuíra para agilizar a aceitação de Freud. É muito provável que o reconhecimento de Freud, com suas hesitações, também tivesse uma dimensão pessoal; pode ter sido uma das manobras defensivas autoprotetoras que ele mobilizou contra a própria agressividade. Ele culpava a cultura moderna por ter rejeitado a irreverente e pouco dignificante avaliação da natureza humana que fazia da agressão uma pulsão fundamental. Talvez. Mas sua própria hesitação parece mais uma projeção, pela qual ele atribuía aos outros suas próprias recusas.

Embora as pavorosas demonstrações diárias da bestialidade humana intensificassem as reformulações de Freud, sua reclassificação das pulsões devia-se muito mais a problemas internos da teoria psicanalítica. Como vimos, seu artigo sobre o narcisismo havia revelado a impropriedade da divisão anterior entre pulsões sexuais e pulsões do ego. Mas esse artigo, como tampouco os sucessores, não tinha oferecido um esquema mais satisfatório. Contudo, Freud não tinha nenhuma intenção de dissolver a libido numa energia universal, coisa que, acusava ele, Jung fizera. Também não queria substituir a libido por uma força agres-

* Ver seu artigo "Die Destruktion als Ursache des Werdens", *Jahrbuch für psychoanalytische und psychopathologische Forschungen*, IV (1912), pp. 465-503, onde ela especulava sobre a operação dos impulsos destrutivos contidos nas próprias pulsões sexuais. Sabina Spielrein, entre os analistas mais jovens, foi um dos mais extraordinários. Russa, fora a Zurique para estudar medicina e, num estado mental de sofrimento desesperado, iniciou um tratamento psicanalítico com Jung. Ela se apaixonou por seu analista, e Jung, aproveitando-se da dependência dela, tomou-a como amante. Depois de uma luta dolorosa, na qual Freud desempenhou um papel secundário, e pouco admirável, ela rompeu seu envolvimento e se tornou analista. Durante sua breve estada em Viena, ela contribuiu regularmente para as discussões nas reuniões das quartas-feiras à noite; posteriormente, voltou à Rússia, onde se dedicou ao exercício da psicanálise. Não se tem notícias dela após 1937. Em 1942, depois da invasão nazista na União Soviética, ela e suas duas filhas crescidas foram fuziladas a sangue-frio por soldados alemães.

siva universal, que, segundo ele, fora o erro fatal de Adler. Em *Além do princípio do prazer*, ele assinalou explicitamente a teoria da libido "*monista*" de Jung, comparando-a negativamente a seu próprio esquema "*dualista*".

Ele se conservaria um sólido dualista por razões clínicas, teóricas e estéticas. Os casos de seus pacientes confirmavam de modo amplo seu ponto de vista de que a atividade psicológica é essencialmente permeada pelo conflito. E mais, o próprio conceito de repressão, essa pedra fundamental da teoria psicanalítica, pressupõe uma divisão básica nas operações mentais: Freud distinguia as energias repressoras do material reprimido. E, finalmente, seu dualismo tinha uma dimensão estética impalpável. Não que Freud estivesse irremediavelmente obcecado pela imagem de dois espadachins furiosos que se degladiavam até a morte; sua análise do triângulo edipiano, por exemplo, mostra-o capaz de dispensar as polaridades, quando as evidências assim o exigem. Mas o fenômeno de opostos marcantes parece ter proporcionado a Freud um sentimento de satisfação e arremate: em seus textos, proliferam os confrontos entre ativo e passivo, masculino e feminino, amor e fome, e agora, depois da guerra, vida e morte.

É claro que as revisões a que Freud vinha submetendo suas teorias não o impediam de resgatar o núcleo de suas generalizações, anteriores à guerra, sobre a estrutura e as operações da mente. Como os psicanalistas têm se queixado desde então, Freud raramente explicou a importância exata de suas correções. Ele não especificava o que havia deixado de lado, o que modificara e o que mantivera intacto entre suas formulações anteriores, mas, ao invés disso, deixava a cargo dos leitores a tarefa de conciliar afirmações aparentemente irreconciliáveis.* Não havia dúvida, porém, de que as reafirmações em *Além do princípio do prazer* mantinham inalterada a disposição psicanalítica tradicional dos pensamentos e desejos conforme suas distâncias em relação à consciência: o trio familiar do inconsciente, pré-consciente e consciente continuava a ser útil. Mas o novo mapa da estrutura mental, traçado por Freud entre 1920 e 1923, trouxe para o campo da compreensão psicanalítica grandes setores, até então insuspeitados, do funcionamento e mau funcionamento mental, como, por exemplo, o sentimento de culpa. O mais estimulante deles, talvez, foi o acesso, possibilitado pelas revisões de Freud, a uma região mental até então largamente negligenciada, vagamente denominada e escassamente compreendida: o ego. Com a psicologia do ego elaborada após a guerra, Freud poderia se aproximar cada vez mais de uma velha ambição: delinear uma psicologia geral que, para além de seu primeiro habitat restrito — as neuroses —, se estenderia até a atividade mental normal.

Além do princípio do prazer é um texto difícil. A prosa é clara como sempre, embora a concentração de novas ideias perturbadoras num espaço reduzidíssimo

* Há algumas exceções, e veremos uma delas quando discutirmos suas alterações na teoria da angústia, em 1926. Ver p. 489.

ofereça obstáculos à rápida compreensão do leitor. Mais desconcertantes são os voos de imaginação a que Freud se entregou com uma desinibição que nunca apresentara antes em textos publicados. Aqui, a intimidade reconfortante com a experiência clínica que marca a maioria dos artigos de Freud, mesmo os mais teóricos, parece tênue e quase ausente.* Para complicar ainda mais as coisas, Freud aumentou seus usuais protestos de incerteza: "Alguém poderia me perguntar", escreveu perto da conclusão, "se e até que ponto eu mesmo estou persuadido das hipóteses aqui apresentadas. Minha resposta seria que pessoalmente não estou persuadido, e nem procuro aliciar outras pessoas a crerem nelas". Afirmou um pouco maliciosamente que havia seguido um raciocínio até onde fora possível, "simplesmente por curiosidade científica, ou, se eu quiser, como um *advocatus diaboli*, que nem por isso se vendeu ao diabo".

Ao mesmo tempo, Freud declarava-se satisfeito com o fato de que dois dos três avanços recentes da teoria das pulsões — a ampliação do conceito de sexualidade e a introdução do conceito de narcisismo — são "transposições diretas da observação para a teoria". Mas o terceiro avanço, a ênfase sobre a natureza regressiva das pulsões, essencial para o novo dualismo de Freud, parecia muito menos seguro do que os dois primeiros. Mesmo aqui, naturalmente, Freud afirmava se basear em materiais observados. "Mas talvez eu tenha superestimado sua importância." No entanto, ele julgava que suas "especulações" deviam receber alguma consideração, coisa que realmente receberam, às vezes com entusiasmo, mas mais frequentemente com perplexidade. No começo da primavera de 1919, quando concluíra um rascunho do ensaio e preparava-se para enviá-lo a Ferenczi, Freud observou que estava se "divertindo muito" com esse trabalho. Desse divertimento, seus adeptos não participaram.

Além do princípio do prazer abre-se com um chavão até então incontestado na teoria psicanalítica: "O curso dos acontecimentos mentais é automaticamente regulado pelo princípio do prazer". Refletindo, porém, e considerando o desprazer que tantos processos mentais parecem gerar, Freud atenuou essa afirmação categórica duas páginas adiante: "Existe na mente uma forte tendência para o princípio do prazer". Com essa reformulação ele se aproximava da questão principal do ensaio: Freud tentava mostrar que, na mente, existem forças fundamentais que invalidam o princípio do prazer da maneira mais consequente. Citou como prova o princípio de realidade, que adquiria capacidade de adiar a gratificação imediata e de inibir a ânsia impaciente por ela.

Por si só, essa afirmação não apresenta dificuldades para o psicanalista tradicional, e tampouco a asserção de Freud de que os conflitos presentes em todos

* Max Schur, que não pode ser acusado de ler Freud de maneira desfavorável, disse claramente: "Podemos apenas supor que as conclusões de Freud [...] são um exemplo de raciocínio *ad hoc* para provar uma hipótese pré-concebida [...] Essa forma de pensar, tão diferente do estilo científico geral de Freud, pode ser detectada por todo o *Além do princípio do prazer*". [Max Schur, *The id and the regulatory principles of mental functioning* (1966), p. 184.]

os seres humanos, principalmente quando o aparelho mental amadurece, normalmente produzem desprazer, ao invés de prazer. Mas os exemplos que Freud ofereceu em apoio não são familiares nem muito persuasivos, embora ele os considerasse como provas, ou pelo menos ótimas indicações, da existência de forças mentais até então insuspeitadas, para "além" do princípio do prazer. Um de seus exemplos, embora divertido e pouco conclusivo, tornou-se famoso: o jogo *fort-da* que Freud observara em seu neto de dezoito meses, o filho mais velho de Sophie. Embora muito apegado à mãe, o pequeno Ernst Wolfgang Halberstadt era um "bom" menino que nunca chorava quando ela o deixava por pouco tempo. Mas ele fazia um jogo misterioso consigo mesmo; pegava um cilindro de madeira com um pedaço de barbante amarrado em volta, atirava-o pela borda do seu berço acortinado, e dizia *o-o-o-o*, que, segundo a mãe e o avô, significava *fort* — "ido". A seguir, puxava o cilindro de volta e saudava seu reaparecimento com um alegre *da* — "ali". Nisso se resumia todo o jogo, e Freud interpretou-o como uma maneira de enfrentar uma experiência assoberbante: o menininho estava passando da aceitação passiva da ausência de sua mãe para a reprodução ativa de seu desaparecimento e retorno. Ou talvez estivesse se vingando da mãe — jogando-a fora, por assim dizer, como se não precisasse mais dela.

Esse jogo infantil fez Freud pensar. Por que o menino reproduzia incessantemente uma situação que era tão perturbadora para ele? Freud hesitava em extrair conclusões gerais de um único caso, ilustrando o velho e cômico ditame psicanalítico: não generalize a partir de um caso, generalize a partir de dois! Mas, por mais fragmentária e desconcertante que pudesse ser a indicação oferecida ao avô observador, Ernst Halberstadt levantava a intrigante questão sobre o domínio do princípio do prazer na vida mental ser realmente tão sólido quanto supunham os psicanalistas.

Outras indicações pareciam bem mais ricas, pelo menos para Freud. Durante o tratamento psicanalítico, o analista procura trazer à consciência as primeiras experiências ou fantasias infelizes, muitas vezes traumáticas, que o paciente reprimiu. Por vias perversas, o ato de reprimir e a resistência do analisando em desfazer essa repressão obedecem ao princípio do prazer; é mais agradável esquecer certas coisas do que lembrá-las. Mas, sob a influência da transferência, observou Freud, muitos analisandos voltavam constantemente a experiências que nunca poderiam ter sido prazerosas. Ora, é verdade que seus analistas lhes ordenavam que falassem livremente sobre tudo, a fim de tornar o inconsciente consciente; mas aqui parecia estar em jogo algo mais torturante, uma compulsão a repetir uma experiência dolorosa. Freud notou uma versão dessa monótona e destrutiva repetição do desprazer em pacientes afetados por uma "neurose de destino", cujo fado é passar mais de uma vez pela mesma calamidade.

Freud, nesse ensaio menos disposto a apresentar material clínico do que na maioria de seus outros textos, ilustrou a neurose de destino evocando uma cena do épico romântico de Torquato Tasso, *Jerusalém libertada*. Num duelo, Tancredo, o herói, mata sua amada Clorinda, que o enfrentara disfarçada com a armadura de um inimigo. Depois de seu enterro, ao entrar numa misteriosa floresta mágica, Tancredo golpeia uma árvore com a espada, e dela escorre sangue. Ele ouve a voz de Clorinda, cuja alma enfeitiçada fora aprisionada naquela árvore, acusando-o de ferir novamente seu amor. O comportamento das pessoas que sofrem de uma neurose de destino, e as preocupações repetitivas presentes no tratamento de veteranos afetados por neuroses de guerra, eram para Freud verdadeiras exceções ao reinado do princípio do prazer. A compulsão à repetição, da qual elas surgem, não evoca nem proporciona qualquer espécie de prazer. Na verdade, observou Freud, os pacientes que apresentam essa compulsão fazem o máximo para se deter em infelicidades e afrontas, e obrigar a uma interrupção da análise antes de sua conclusão. Empenham-se em encontrar provas de que são desprezados. Descobrem formas de dar razões realistas para seus sentimentos de ciúmes. Fantasiam sobre projetos irrealistas destinados a desapontá-los. É como se nunca tivessem aprendido que todas essas repetições compulsivas não trazem prazer. Há algo de "demoníaco" em suas atividades.

Essa palavra "demoníaco" não deixa dúvidas sobre a estratégia de Freud. Ele considerava a compulsão à repetição como uma atividade mental extremamente primitiva, exibindo um caráter "instintivo a um alto grau". O tipo de repetição que pede uma criança — que se conte novamente uma história, da mesma forma que fora contada antes, sem a modificação de nenhum detalhe — é manifestante prazeroso, mas a reprodução incessante de experiências assustadoras ou calamidades infantis na transferência analítica obedece a outras leis. Ela deve brotar de uma ânsia fundamental, independente do gosto pelo prazer, e muitas vezes em conflito com ele. Assim Freud, pelo seu raciocínio, foi levado à descoberta de que algumas pulsões são conservadoras; elas obedecem não à pressão pela novidade e por experiências inéditas, mas, pelo contrário, à pressão pela restauração de um anterior estado inorgânico de coisas. Em suma, "*a finalidade de toda vida é a morte*". O desejo de domínio, junto com outros candidatos ao estatuto de pulsão primitiva com os quais Freud lidou ao longo dos anos, agora se apaga numa relativa insignificância. Tudo o que se pode dizer é: "O organismo quer apenas morrer à sua própria maneira". Freud chegara à concepção teórica de uma pulsão de morte.

Revelando habilmente suas hesitações à medida que avançava, Freud enunciou sua descoberta portentosa como algo duvidoso: "Mas reflitamos; não pode ser assim!". É inconcebível que a vida seja apenas uma preparação para a morte. As pulsões sexuais provam que realmente não pode ser assim: elas são as servas da vida. No mínimo, prolongam o caminho até a morte; no máximo, lutam por uma espécie de imortalidade. A mente, portanto, é um campo de batalha. Estabelecido esse anunciado, para sua satisfação, Freud se embrenhou no emaranhado da biologia especulativa moderna, e mesmo na filosofia, à procura de evidências comprobatórias. Lembre-se o que Freud havia dito à sua amiga Lou Andreas-Salomé, no verão de 1919: tropeçara numa ideia estranha, pela via das pulsões, e estava lendo todo tipo de coisas, inclusive Schopenhauer. O resultado foi sua concepção de duas forças belicosas elementares na mente, Eros e Tânatos, travando um combate eterno.

Freud, em 1920, parecia um pouco incerto se realmente acreditava no terrível quadro de luta que ele pintara, mas aos poucos entregou-se a seu dualismo com toda a energia de que dispunha. Defendeu-o enfaticamente, enfrentando a resistência de seus colegas analistas. "No início", lembrou Freud posteriormente, "defendi os pontos de vista aqui apresentados apenas de forma hesitante, mas, no decorrer do tempo, eles adquiriram tal poder sobre mim que não consigo mais pensar de outra maneira." Em 1924, no artigo "O problema econômico do masoquismo", ele empregou o esquema de modo inteiramente casual, como se não houvesse nada de controverso, e conservou-o inalterado pelo resto da vida. Ele permeia tanto o *Esboço de psicanálise*, publicado em 1940, quanto *O mal-estar na civilização*, de 1930, ou as *Novas conferências introdutórias sobre psicanálise*, três anos depois. Não se tratava, escreveu ele em 1937, de estabelecer "uma teoria otimista contra uma teoria pessimista da vida. Apenas a colaboração e o conflito entre as duas pulsões primárias, Eros e a pulsão de morte, explicam a variedade colorida dos fenômenos da vida, e nunca somente uma delas". No entanto, embora estivesse convencido de sua visão inflexível, Freud não era sistematicamente dogmático em relação a ela. "Naturalmente", escreveu a Ernest Jones em 1935, repetindo uma vez mais o conflito da vida contra a morte, "tudo isso é especulação tateante, até que se tenha algo melhor." Não admira que, apesar de toda a autoridade de Freud, nem todo o movimento psicanalítico acompanhasse sua liderança.

Ao debaterem a nova teoria de Freud sobre o dualismo instintivo, os psicanalistas eram auxiliados pela distinção, por ele traçada, entre a pulsão silenciosa de morte, operando para reduzir a matéria viva a uma condição inorgânica, e a agressividade ostensiva, que podia ser encontrada e diariamente comprovada na experiência clínica. Os psicanalistas, praticamente sem exceções, poderiam aceitar o postulado de que a agressividade faz parte dos dotes do animal homem: além da guerra e da rapina, as brincadeiras hostis, a calúnias invejosas, as brigas domésticas, as disputas esportivas, as rivalidades econômicas — e as rixas dos psicanalistas — confirmam que a agressão está à solta no mundo, alimentada, com todas as probabilidades, por uma corrente inesgotável de pressões instintivas. Mas, para muitos analistas, a ideia de Freud a respeito de um oculto impulso primitivo em direção à morte, de um masoquismo primário, era outra coisa. Consideravam-na prejudicada por problemas referentes às provas capazes de sustentá-la, fossem elas extraídas da psicanálise ou da biologia. Ao distinguir entre pulsão de morte e pura agressão, Freud deu espaço para que seus adeptos separassem os dois elementos, rejeitassem sua visão épica de um confronto entre Tânatos e Eros, e ainda assim mantivessem o conceito de duas pulsões em luta.*

* Alguns dos seguidores de Freud, principalmente a analista de crianças Melanie Klein e sua escola, mostraram-se mais intransigentes sobre essa questão do que o próprio Freud. "As tentati-

Freud estava ciente dos riscos que assumia, sem nenhum arrependimento. "No trabalho de meus últimos anos", anotou em seu autorretrato de 1925, "dei rédeas livres à inclinação à especulação, por muito tempo suprimida." Restava ver, acrescentou, se sua nova construção mostraria alguma utilidade. Tivera a ambição de resolver alguns importantes enigmas teóricos, mas, durante o percurso, reconhecia que fora "muito além da psicanálise". Mesmo que seus colegas pudessem se sentir incomodados com excursos de tal alcance, Freud saudava-os como avanços em sua ciência e, incidentalmente, como prova de que sua atividade intelectual ainda não se atrofiara. "Se o interesse científico, que agora está adormecido em mim, for despertado com o decorrer do tempo", disse ele a Ernest Jones no outono de 1920, por ocasião de publicação de *Além do princípio do prazer*, "ainda posso ser capaz de trazer alguma contribuição nova à nossa obra inacabada." Para sua grande surpresa, e mesmo pesar, o ensaio veio a alcançar alguma fama. "Pelo *Além*", comentou com Eitingon em março de 1921, "fui suficientemente castigado; ele é muito popular, traz a mim montes de cartas e elogios. Devo ter feito ali alguma coisa muito estúpida." Freud logo deixou claro que o livrinho era apenas a primeira parte de um empreendimento maior.

EROS, EGO E SEUS INIMIGOS

A vitalidade de Freud podia estar intacta, mas ele não era uma máquina de produzir textos. Precisava esperar pela inspiração para alcançar plena fluência. "Aqui estou eu, entre as grandes belezas dos nossos Alpes", escreveu a Ernest Jones de Bad Gastein, em agosto de 1920, "bastante esgotado, esperando os efeitos benéficos da água radioativa e do ar delicioso. Trouxe comigo o material para a Psicologia de Massa e Análise do Ego, mas minha cabeça até agora se recusa obstinadamente a se interessar por esses problemas profundos." Vinha trabalhando neles havia alguns meses, lenta e intermitentemente. Mas logo que sua cabeça clareou, viu que o trabalho com a "Psicologia de Massa" progredia rapidamente. Em outubro, seus discípulos berlinenses estavam lendo o rascunho, e no começo de 1921 Freud iniciou as revisões finais. "Agora estou bastan-

---

vas repetidas que têm sido feitas para melhorar a humanidade — em particular para torná-la mais pacífica", escreveu Klein em 1933, "falharam porque ninguém entendeu toda a profundidade e vigor dos instintos de agressão inatos em cada indivíduo." ["The early development of conscience in the child" (1933), em *Love, guilt and reparation and other works, 1921-1945* (1975), p. 257.] E por "instintos de agressão" ele entendia a pulsão de morte em toda a sua força freudiana básica. Num forte contraste, Heinz Hartmann, o mais destacado adepto da psicologia do ego e que iria aperfeiçoar em grande medida a teoria estrutural fragmentária de Freud dos anos 1920, preferiu se concentrar no "conceito das pulsões que realmente encontramos na teoria psicanalítica clínica" e dispensar "o outro conjunto de hipóteses de Freud, de orientação biológica, sobre os 'instintos de vida' e 'morte'". ["Comments on the psychoanalytic theory of the instinctual drives" (1948), em *Essays on ego psychology; selected problems in psychoanalytic theory* (1964), pp. 71-2.]

te cheio", escreveu a Jones em março, "e ocupado em retificar o livreto sobre Psicologia de Massa." Como lhe era característico, tinha suas dúvidas sobre o "livreto"; ao enviar um exemplar a Romain Rolland, aparou a crítica com a autocrítica: "Não que eu considere esse trabalho particularmente bem-sucedido, mas ele indica um caminho para se passar da análise do indivíduo para a compreensão da sociedade".

Este, em poucas palavras, é o objetivo principal da *Psicologia de grupo e a análise do ego* de Freud. Ele havia mergulhado nos ensaios e monografias que os psicólogos da multidão, desde Gustave Le Bon a Wilfred Trotter, vinham publicando nos últimos trinta anos, e usou-os como estímulos para seu próprio raciocínio. No final, porém, seu próprio *Totem e tabu* teve um impacto muito maior nas conclusões a que chegou do que a *Psicologia da multidão* de Le Bon. O que interessava a Freud era a pergunta: O que mantém os grupos unidos, além do motivo racional transparente do interesse próprio? Sua resposta levou-o necessariamente à psicologia social. Mas o que mais prende a atenção em sua "Psicologia de Massa" é o farto emprego de proposições psicanalíticas para a explicação da coesão social. "O contraste entre a psicologia individual e a psicologia social ou de massa", iniciava ele, "que à primeira vista pode-se-nos afigurar muito significativo, a um exame mais detido perde muito de sua intensidade." Na verdade, "na vida mental do indivíduo, o Outro entra com grande regularidade como ideal, objeto, auxiliar e adversário; por isso, desde o início, a psicologia individual é, ao mesmo tempo, psicologia social".

Essa asserção é muito abrangente, mas, do ponto de vista psicanalítico, perfeitamente lógica. É certo que, nos anos 1920, Freud estava disposto, tal como estivera nos anos 1890, a reconhecer o impacto do legado biológico sobre a vida mental. Mas, para sua psicologia social, o mais relevante é que, ao afirmar a identidade fundamental entre a psicologia individual e a social, Freud deixou claro que a psicanálise, apesar de seu inflexível individualismo, não pode explicar a vida interior sem recorrer ao mundo exterior. Desde o momento do nascimento, o bebê está exposto a um bombardeio de influências de outras pessoas, influências estas que se ampliam e diversificam durante a infância. À medida que passam os anos, a criança está sujeita à modelação por meio do encorajamento e da desvalorização, do elogio e da censura, do exemplo invejável ou desagradável dos outros. O desenvolvimento da personalidade, os sintomas neuróticos, os conflitos centrados no amor e no ódio, são formações de compromisso entre impulsos internos e pressões externas.

Freud estava convicto de que tal era a razão pela qual o psicólogo social, ao analisar as forças que mantêm os grupos unidos, deveria finalmente retornar ao estudo das qualidades mentais individuais, exatamente as mesmas qualidades que vinham interessando aos psicanalistas havia um quarto de século. "A relação do indivíduo com seus pais e irmãos, seu objeto de amor", escreveu Freud, "seu professor e seu médico, isto é, todas as relações que até agora têm sido o principal tema da pesquisa psicanalítica, teriam direito a ser reconhecidas como fenômenos sociais." O comportamento de grupo, evidentemente, apresenta características inequívocas próprias; Freud concordava com Le Bon que as multidões são mais intolerantes, irracionais, imorais, insensíveis e, sobretudo, mais desinibidas do que os indivíduos. Mas a multidão, enquanto multidão, não cria nada; apenas libera, distorce, exagera as características dos membros individuais. Segue-se daí que, sem os conceitos desenvolvidos pelos psicanalistas a respeito dos indivíduos — identificação, regressão, libido —, nenhuma explicação sociopsicológica pode ser completa ou mais que superficial. Em suma, a psicologia da multidão, e com ela toda a psicologia social, é parasita da psicologia individual; é este o ponto de partida de Freud, ao qual ele se manteve persistentemente ligado.

A incursão de Freud pela psicologia coletiva, assim, demonstra na prática a pertinência universal da teoria psicanalítica. Nesse ponto, Freud diferia radicalmente dos estudiosos anteriores que se dedicaram às organizações, massas e turbas. De modo geral, os psicólogos da multidão haviam sido amadores, e amadores tendenciosos neste sentido: homens com uma missão. Hippolyte Taine, que dissecara as multidões revolucionárias em sua história da Revolução Francesa, era um crítico literário, historiador e filósofo; Émile Zola, que fizera das multidões os principais atores de *Germinal*, seu romance emocionante sobre uma greve de mineiros, era um jornalista combativo e prolífico ficcionista; Gustave Le Bon, o mais lido entre os psicólogos da multidão, fora um popularizador eclético da ciência contemporânea. Apenas o cirurgião Wilfred Trotter poderia reivindicar alguma competência profissional em psicologia; como amigo íntimo e, posteriormente, cunhado de Ernest Jones, ele se tornou um leitor atento, e de forma alguma acrítico, da psicanálise.

Todos esses publicistas tinham ficado fascinados pela psicologia da multidão, ao observarem o que consideravam ser a conduta desenfreada da turba moderna. Para Trotter, um inglês que escrevia sobre o "instinto de rebanho" durante a guerra, a turba era alemã. Seu "inteligente" livro de 1916, *Instintos de rebanho na paz e na guerra*, escreveu Freud com um certo pesar, "não escapara inteiramente às antipatias liberadas pela grande guerra recente". Já antes, Zola, que certamente não era um reacionário saudosista dos velhos bons tempos desaparecidos, havia apresentado as multidões de grevistas agitados, muitas vezes violentos, como um mistura inflamável de ameaça e promessa. Seus precursores e contemporâneos foram menos ambíguos: escreviam mais para advertir do que para celebrar; para eles, a massa, principalmente quando agitada, era um fenômeno moderno vingativo, sedento de sangue, embriagado e irracional — a democracia em ação. Freud não era um apreciador daquilo que certa vez chamou de "o povo estúpido" — *das blöde Volk*; seu liberalismo à antiga tinha uma pitada aristocrática. Mas de forma alguma a política ocupava lugar de destaque nos pensamentos de Freud quando escreveu seu livro sobre a psicologia da multidão. Ele estava aplicando a psicanálise.

Como psicanalista praticante, Freud considerava que o que unia os grupos, multidões, turbas, fossem efêmeros ou estáveis, eram emoções sexuais difusas

— a libido cuja "meta foi inibida" —, semelhantes às paixões que unem as famílias. "As relações de amor (dizendo neutramente, os laços emocionais) também constituem a essência da mente da multidão." Esses elos eróticos ligam os membros de um grupo em duas direções — vertical e horizontal, por assim dizer. Nas "multidões artificiais", escreveu Freud, analisando com um certo detalhe a igreja e o exército, "cada indivíduo está ligado libidinalmente, de um lado, ao líder (Cristo, o comandante) e, de outro lado, aos outros indivíduos da multidão". A intensidade dessas conexões duplas explica a regressão do indivíduo, quando ele submerge na multidão: aqui, ele pode abandonar com segurança as inibições adquiridas. Segue-se daí, para Freud, que, assim como as relações eróticas constituem a multidão, da mesma forma o fracasso dessas relações leva à sua desintegração. Assim, ele discordava dos psicólogos sociais que consideravam o pânico como o responsável pelo enfraquecimento de elos afetivos no interior dos grupos. Muito pelo contrário, argumentava Freud, apenas depois que os laços libidinais se afrouxam, é que se segue o pânico.

Essas alianças eróticas sublimadas também explicam por que as coletividades que prendem seus membros com as cadeias do amor têm, ao mesmo tempo, ódio pelos de fora. Seja vivido na pequena unidade familiar ou num grupo maior (que é realmente a família em maiúscula), o amor é exclusivo, atormentado por sentimentos de hostilidade como por sua sombra. "Segundo as indicações da psicanálise, quase todas as relações emocionais íntimas entre duas pessoas, de qualquer duração", como o casamento, a amizade ou o parentesco, "contêm um sedimento de sentimentos negativos e hostis, que escapa à percepção apenas devido à repressão." Assim, observou Freud, sem nunca perder a oportunidade de uma alfinetada nos verdadeiros crentes, "uma religião, mesmo quando se diz a religião do amor, tem que ser dura e sem amor contra os que não pertencem a ela".

A *Psicologia de grupo* de Freud, ao indicar novas formas de se pensar a mente em sociedade, lança sugestões que ainda não foram plenamente exploradas. Mas a rapidez quase esbaforida com que Freud abordou questões complexas de coesão social dá ao estudo um ar de improvisação. Seu posfácio, reunindo materiais bastante heterogêneos que Freud não conseguiu integrar no corpo do ensaio, ressalta seu caráter experimental, e transitório. Sob muitos aspectos a *Psicologia de grupo* de Freud está voltada para estudos anteriores, como *Totem e tabu* e *Além do princípio do prazer.* Mas também aponta para adiante. Numa resenha favorável publicada em 1922, Ferenczi destacou, como particularmente original, a comparação de Freud entre o enamoramento e a hipnose. Mas, significativamente, a seu ver, a "segunda inovação importante" de Freud encontrava-se no campo da psicologia individual, em sua *"descoberta de um novo estágio de desenvolvimento no ego e na libido"*. Freud estava começando a diferenciar os passos no crescimento do ego e a perceber sua interação tensa com o ideal do ego — o superego, como logo veio a denominá-lo. A incursão de Freud pela psicologia social foi um ensaio para afirmações mais definitivas sobre o ego. Mas estas ainda se encontravam dois anos à frente.

* * *

Retrospectivamente, *O ego e o id*, publicado em 1923, surge como o clímax inevitável de uma reavaliação que Freud iniciara uma década antes, acelerando-a após a guerra. Mas isso é supor uma percepção em franco progresso que realmente ultrapassa a própria visão de Freud perante o fato. Em julho de 1922, Freud disse a Ferenczi que estava se dedicando a um trabalho especulativo, uma continuação de *Além do princípio do prazer*, e acrescentou cautelosamente: "Vai resultar num livro pequeno ou simplesmente em nada". No mês seguinte, ele informava a Otto Rank: "Estou com a mente clara e com disposição para trabalhar. Estou escrevendo sobre algo que se chama o Ego e o Id". Iria se "tornar apenas um artigo ou mesmo uma pequena brochura, como o *Além* [*do princípio do prazer*], do qual é de fato a continuação". Mas, como era de seu feitio, Freud ainda aguardava a inspiração que o levaria adiante. "Ele avançou bastante no rascunho, sob outros aspectos aguarda ânimo e ideias, sem o que não poderá ser concluído." Os informes casuais e hesitantes de Freud oferecem um raro vislumbre de seus hábitos de trabalho. Ele estava escrevendo o principal texto de suas últimas décadas, e no entanto não tinha certeza quando e como iria terminá-lo, e tampouco se seria apenas um artigo curto ou, talvez, um complemento de *Além do princípio do prazer*.

Embora de início gerasse certo atordoamento entre os analistas, *O ego e o id* encontrou pouca resistência e, de modo geral, recebeu uma aprovação enfática. Não surpreende; ele condizia e aprofundava a experiência clínica dos analistas e, com sua tríplice divisão da mente — id, ego e superego —, oferecia uma análise da estrutura e funcionamento mental muito mais detalhada e esclarecedora do que as anteriores. Apenas a declaração de Freud de que *O ego e o id* encontrava-se "sob o patrocínio de Groddeck" provocou alguns brandos protestos.

Georg Groddeck, o pretenso "analista selvagem", era o tipo de desgarrado que a psicanálise estava começando a atrair em quantidades incômodas. Ele e seus colegas ameaçavam comprometer a reputação de médicos sóbrios e respeitáveis tão almejada pelos analistas. Freud considerava-o propenso "ao exagero, à padronização e um certo misticismo". Diretor de um sanatório em Baden-Baden, Groddeck, já em 1909, empregara conceitos psicanalíticos — sexualidade infantil, simbolismo, transferência, resistência —, conhecendo Freud apenas por ouvir falar. Então, em 1912, embora sem maiores informações, ele escreveu um livro onde criticou precipitadamente a psicanálise. Sua conversão veio um ano depois, ao ler *A psicopatologia da vida cotidiana* e *A interpretação dos sonhos*, e se sentir desarmado. O que ele exibira como suas próprias ideias tinha sido pensado antes, e melhor, por outras pessoas. Numa carta expansiva a Freud, em 1917, penhor havia muito tempo: adiado de sua "honestidade tardia", Groddeck reconhecia todos esses passos em falso, e concluía assegurando que, a partir de então, se consideraria discípulo de Freud.

Freud ficou encantado e, sem levar em conta as modestas negativas de Groddeck, alistou-o entre as fileiras dos analistas. O comportamento muitas vezes provocador de Groddeck não diminuía o prazer de Freud por ele; para Freud, havia algo de estimulante em sua verve, sua vontade de ser original e chocante. Às vezes, Groddeck ia além dos limites da tolerância de seus novos colegas. Levou sua amante ao congresso de psicanalistas em Haia, em 1920, e iniciou sua comunicação com as palavras, lembradas por muito tempo: "Sou um analista selvagem". Ele devia saber que era exatamente o que os analistas na plateia estavam lutando para não ser, ou não parecer. Sua comunicação parecia bastante selvagem; era um exercício errante de associações livres sobre o que, posteriormente, seria chamado de medicina psicossomática. Os distúrbios orgânicos, sustentou Groddeck, mesmo a miopia, não passam de expressões físicas de conflitos emocionais inconscientes, sendo portanto passíveis de tratamento psicanalítico. Em princípio, os analistas não tinham grandes divergências em relação a esse ponto de vista, se expresso com moderação; afinal, os sintomas de conversão histérica, essa neurose clássica da prática psicanalítica, davam apoio à posição geral de Groddeck. Mas Groddeck usou a linguagem, no fundo nada convincente, do entusiasta fervoroso, e encontrou apenas uns poucos defensores — entre eles, Freud. Mais tarde, Freud realmente lhe perguntou se tivera a intenção de ser levado a sério, e Groddeck garantiu-lhe que sim.

Groddeck tinha outros truques na manga. No começo de 1921, confirmou seu estatuto de selvagem da análise, ao publicar, pela editora de Freud, "um romance psicanalítico" intitulado *Em busca de almas*. O feliz título fora dado por Rank; o próprio Freud leu e gostou do manuscrito. O mesmo ocorreu com Ferenczi, um pouco mais tarde, o qual se tornou amigo íntimo de Groddeck. "Não sou crítico literário", escreveu ele, ao comentar o livro na *Imago*, "e não me arrogo um juízo sobre o valor estético do romance. Mas creio que um livro ruim não é capaz de conseguir, como este, prender o leitor do começo ao fim." A maioria dos colegas analistas de Freud foi mais severa: Ernest Jones o depreciou como "um livro picante, com algumas passagens obscenas"; Pfister ficou indignado. Os psicanalistas, inimigos jurados da polidez, à sua maneira eram, pelo visto, seus paladinos e vítimas. Freud se manteve firme. Lamentou saber que Eitingon não gostava de Groddeck. "Ele é um pouco extravagante", admitiu Freud, "mas um sujeito original que tem o raro dom do bom humor. Eu não gostaria de passar sem ele." Um ano depois, como disse a Pfister, ele ainda estava "defendendo energicamente Groddeck contra a sua respeitabilidade. O que o senhor teria dito como contemporâneo de Rabelais?". Mas Pfister não cedia com tanta facilidade. Ele gostava de "manteiga fresca", disse francamente a Freud em março de 1921, "mas Groddeck, muito frequentemente, me lembra manteiga rançosa". Afinal, ele sabia a diferença entre Rabelais e Groddeck; o primeiro era um satírico e não tinha pretensões a ser um erudito, ao passo que o último era como um camaleão, oscilando entre a ciência e as *belles lettres*. Era uma mistura de gêneros que Pfister e outros achavam perturbadora demais.

Mas Groddeck, para Freud, era mais do que um simples bufão autorizado aliviando o tom de uma profissão extremamente solene. Na época em que publicou *Em busca de almas*, Groddeck estava começando a trabalhar num livro que condensaria suas ideias inovadoras sobre a medicina psicossomática, numa linguagem acessível à compreensão do leitor comum: apresentava-as como uma série de cartas a uma amiga receptiva. Quando aprontava um lote de capítulos, enviava-os a Freud, que se deleitava com sua fluência e musicalidade. "As cinco cartas são encantadoras", disse a Groddeck em abril de 1921. Eram mais do que encantadoras, eram revolucionárias. Interpelando o texto com anedotas e especulações explícitas sobre a gravidez e o nascimento, a masturbação, o amor e o ódio, Groddeck voltava constantemente à noção de um "Isso", que havia criado anos antes. Esse termo de ressonância inocente, tomado de empréstimo a Nietzsche, se destinava a englobar um espectro mais amplo do que o tradicionalmente atribuído pelos psicanalistas ao domínio do inconsciente. "Sou da opinião", escreveu Groddeck na segunda carta, "de que o homem é animado pelo Desconhecido. Há um Isso nele, algo maravilhoso que regula tudo o que faz e lhe acontece. A frase 'Eu vivo' está apenas condicionalmente correta; ela expressa um pequeno fenômeno parcial da verdade fundamental: 'O homem é vivido pelo Isso'".

Freud vinha pensando havia algum tempo por vias semelhantes, embora de forma alguma idênticas. Em abril de 1921, numa carta a Groddeck, ele ilustrou sua nova concepção experimental do ego com um pequeno diagrama sugestivo da estrutura mental, e comentou: "O ego, em suas profundezas, também é profundamente inconsciente e ainda flui junto com o núcleo do reprimido". O fato de Freud ter inserido uma versão modificada desse esboço em *O ego e o id*, pelo menos dois anos depois, é mais uma indicação do tempo que, às vezes, levava a germinação de suas ideias. Mas, com essas percepções, estava aberto o caminho para a concepção final de Freud sobre a mente.

No entanto, o "id" de Freud se mostrou bastante diferente do "Isso" de Groddeck.* Já em 1917, Freud havia dito a Lou Andreas-Salomé que o "'Isso' [de Groddeck] é mais do que o nosso *Ucs*, não claramente separado dele, mas há algo real por trás dele". As diferenças entre o "Isso" e o "id" ficaram muito visíveis no começo de 1923, quando Groddeck publicou *O livro do isso*, e Freud, poucas semanas depois, seu *O ego e o id*. Ao ler a exposição sucinta e definitiva da nova postura de Freud, Groddeck ficou um pouco desapontado e muito irritado. Na imagem pitoresca que apresentou a Freud, ele aparecia como o arado e Freud como o lavrador que usa o arado. "Numa coisa estamos de acordo: afofamos o

* Freud empregou como termo técnico uma palavra absolutamente corriqueira em alemão. Na verdade, os termos de Freud — *das Es*, *das Ich* e *das Über-Ich* —, traduzidos literalmente, são "o Isso", "o Eu" e "o Sobre-Eu". Mas, quaisquer que sejam os defeitos das invenções latinas da *Standard Edition*, decidi manter "id", "ego" e "superego", visto que, ao longo dos anos, esses três termos perderam seu ar estranho e assustador.

solo. Mas o senhor quer semear e talvez, se Deus e o tempo permitirem, colher." Em particular, ele foi menos generoso e acusou o livro de Freud de "bonito", mas "inconsequente". Via-o fundamentalmente como uma tentativa de se apropriar de ideias tomadas de empréstimo a Stekel e ele próprio. "Com tudo isso, o Id dele tem um valor apenas limitado para as neuroses. Ele entra no orgânico de forma misteriosa, ajudado por uma pulsão de morte ou destruição tomada de Stekel e Spielrein. O aspecto construtivo do meu Isso ele deixa de lado, possivelmente para contrabandeá-lo da próxima vez." Era um ressentimento compreensível, não totalmente irracional, do autor, e sugere como era difícil, mesmo para um discípulo autodesignado como Groddeck, manter esse papel.

Freud, por seu lado, não tinha dificuldades em reconhecer a fecundidade dos textos de Groddeck para suas próprias reflexões. As metáforas do arado e do lavrador eram bastante apropriadas. Mas Freud insistia, e com razão, no conflito entre suas concepções e as de Groddeck. Evidentemente, desde o final dos anos 1890, ele havia repetido várias vezes que os seres humanos são afetados por elementos mentais que não conhecem, e muito menos entendem — elementos que nem sequer sabem ter dentro de si. A concepção do inconsciente e da repressão, de Freud, era uma demonstração vigorosa de que a psicanálise não glorificava a razão como senhor inconteste em seu lar. Mas Freud não aceitava a máxima de Groddeck de que somos vividos pelo Isso. Ele era um determinista, não um fatalista: para Freud existem forças intrínsecas na mente, concentradas no ego, que dão aos homens e às mulheres um domínio, mesmo que parcial, sobre si mesmos e sobre o mundo exterior. Ao enviar seus melhores votos pelo sexagésimo aniversário de Groddeck, Freud captou a distância entre ambos numa frase divertida: "Meu Ego e meu Id cumprimentam seu Isso".*

Mais seriamente, ele caracterizou essa distância no parágrafo final de *O ego e o id*: "O id, ao qual voltamos no final, não tem meios de mostrar amor ou ódio ao ego. Não pode dizer o que quer; não conseguiu uma vontade unificada. Eros e a pulsão de morte impelem a luta dentro dele". Poder-se-ia representar o id "como se estivesse sob o domínio das pulsões de morte mudas, mas poderosas, que querem ter paz e, seguindo as sugestões do princípio do prazer, levar Eros, o criador de problemas, ao descanso. Mas suspeitamos que, desta forma, subestimamos o papel de Eros". A versão de Freud sobre Eros era o relato de uma luta, não de uma rendição.

Mergulhado em sua "conhecida depressão" depois de ler as provas de *O ego e o id*, Freud criticou-o como "obscuro, montado artificialmente, e com uma dicção desagradável". Garantiu a Ferenczi: "Juro a mim mesmo que não vou me permitir

* Era também, evidentemente, uma brincadeira com os títulos dos livros que ambos haviam publicado, com apenas um mês de diferença, três anos antes. Mas a fórmula de Freud também resume sucintamente a incompatibilidade de suas ideias.

entrar novamente num gelo tão escorregadio". Achava que estava num declínio agudo desde *Além do princípio do prazer*, que ainda continha muitas ideias e estava bem escrito. Como tantas outras vezes, ele avaliou mal sua própria obra: *O ego e o id* está entre os textos mais indispensáveis de Freud. No conjunto de sua obra escrita, *A interpretação dos sonhos* e os *Três ensaios sobre a teoria da sexualidade* deverão sempre ocupar um lugar de destaque, mas, apesar do que Freud pudesse dizer, *O ego e o id* é um triunfo de energia mental lúcida. Os protestos de velhice de Freud nos anos anteriores à guerra, o atormentado embate com perdas pessoais, a mera luta física para sobreviver e ajudar sua família a sobreviver na Viena do pós-guerra, poderiam fornecer inúmeras justificativas para o encerramento de suas atividades. Mas o que outros descobridores teriam deixado a cargo de seus discípulos, Freud sentia-se obrigado a fazer pessoalmente. Se *O ego e o id* de algum modo parece obscuro, isso se deve à extrema concisão de seu trabalho do pós-guerra.

O prefácio ao livrinho tem um tom tranquilizador. Freud diz a seus leitores que está levando adiante certos raciocínios iniciados em *Além do princípio do prazer*, agora enriquecidos com "diversos fatos da observação analítica" e isentos dos empréstimos à biologia que se permitira antes. Por isso, o ensaio "está mais próximo da psicanálise" do que seu *Além*. Ele acrescentava que iria abordar teorias até então não trabalhadas pelos psicanalistas, e que não conseguira deixar de "repelir várias teorias apresentadas por não analistas ou ex-analistas afastados da análise". Mas, ressaltou com ligeira truculência, embora sempre tivesse reconhecido de bom grado suas dívidas para com pesquisadores anteriores, agora não sentia nenhum dever de gratidão.

No corpo do texto de *O ego e o id*, Freud de fato encontrou espaço para creditar uma "sugestão" de Groddeck, "um autor que, por motivos pessoais, protesta em vão que não tem nada a ver com a ciência avançada e rigorosa" — a sugestão de que nossa mente "*é vivida*" por "poderes desconhecidos e incontroláveis". Para imortalizar essa ideia, Freud propôs seguir a nomenclatura de Groddeck, embora não com todo o seu significado, e denominar uma significativa parcela do inconsciente como "id". Groddeck podia considerar esse reconhecimento pouco generoso. Mas Freud, com toda a sua relutância, confiava na absoluta originalidade de seu trabalho. Era "mais uma síntese do que uma especulação" — o que, poderíamos acrescentar, já era muito bom.

O texto de Freud se inicia com uma repetição do que já se sabia: que a velha divisão psicanalítica entre os reinos consciente e inconsciente é absolutamente fundamental para a psicanálise. É inquestionavelmente sua "primeira marca distintiva", que não se pode ignorar: "Afinal, a propriedade de ser consciente ou não é a única lanterna nas trevas da psicologia das profundezas". Além disso, o inconsciente é dinâmico. Não admira que os analistas tenham se deparado com ele, pela primeira vez, através do estudo da repressão: "O reprimido é, para nós, o protótipo do inconsciente".

Até aí, Freud estava em terreno familiar a qualquer pessoa que conhecesse seu pensamento. Mas ele estava usando esse terreno apenas como base de lançamento para sua exploração de áreas desconhecidas. A repressão implica um agente repressor, e os analistas haviam situado esse agente em "uma organização coerente dos processos mentais", o ego. No entanto, o fenômeno da resistência, presente em todos os tratamentos psicanalíticos, levanta um difícil quebra-cabeça teórico, que Freud identificara anos atrás; o paciente que resiste frequentemente não percebe ou, em sua infelicidade neurótica, apenas desconfia vagamente de que está obstruindo o avanço da análise. Segue-se daí que o ego, do qual se originam a resistência e a repressão, não pode ser totalmente consciente. Se não o é — argumentou Freud —, devem ser falhas as fórmulas psicanalíticas tradicionais que deduzem as neuroses de um conflito entre o consciente e o inconsciente. No importante artigo sobre o inconsciente, Freud já havia insinuado que sua teoria das neuroses exigia uma revisão: "A verdade é que não só o psiquicamente reprimido permanece alheio à consciência, mas também uma parte dos impulsos que dominam nosso ego". Em suma, "na medida em que tentamos abrir nosso caminho para uma visão metapsicológica da vida mental, precisamos aprender a nos libertar da significação do sintoma 'consciência'". Essa passagem, escrita em 1915, é um índice do grau de emaranhamento entre o velho e o novo na teorização de Freud. Mas não foi senão em *O ego e o id* que ele extraiu todas as consequências dessa sua percepção.

Tais consequências foram bastante drásticas. A psicanálise agora reconhecia que o inconsciente não coincide com o reprimido; embora tudo o que é reprimido seja inconsciente, o que é inconsciente não é necessariamente o que foi reprimido. "Uma parte do ego, sabe Deus quão importante parte do ego, também pode ser inconsciente, é certamente inconsciente." O ego se iniciou no indivíduo em desenvolvimento como um segmento do id, diferenciando-se gradualmente, e a seguir foi modificado por influências do mundo externo. Colocando muito simplesmente, "o ego representa o que se pode chamar de razão e deliberação, em contraste com o id, que contém as paixões". Nos quinze anos que lhe restavam, Freud não foi inteiramente coerente ao precisar os poderes que deveriam ser atribuídos respectivamente ao ego e ao id. Mas poucas vezes duvidou de que, em geral, o vencedor é o id. O ego, escreveu ele em *O ego e o id*, numa famosa analogia, "se assemelha ao cavaleiro que supostamente refreia a maior força do cavalo, com a diferença de que o cavaleiro o faz com sua própria força, e o ego com a força tomada de empréstimo" — tomada ao id. Freud levou essa analogia até onde era possível: "Assim como muitas vezes não resta ao cavaleiro, se não quiser se separar do cavalo, senão conduzi-lo para onde o cavalo quer ir, da mesma forma o ego também está acostumado a traduzir a vontade do id em ação, como se essa vontade fosse sua".

O id não é o único adversário problemático do ego. Sabemos que, antes da guerra, no artigo sobre narcisismo e, posteriormente, na *Psicologia de grupo*, Freud havia reconhecido um segmento específico do ego, o qual zela criticamente por ele. A esse segmento ele veio a dar o nome de superego, e ocupou-se em esclarecê-lo ao longo de *O ego e o id*. O cavaleiro, o ego, não está apenas (pode-se dizer) furiosamente empenhado em manter as rédeas de seu cavalo teimoso, o id, como ainda é forçado, ao mesmo tempo, a lutar com uma nuvem de abelhas bravas, o superego, enxameando sobre ele. Vemos o ego, escreveu Freud, "como uma pobre coisa, que está numa tripla servidão e, em consequência, sofre sob a ameaça de triplos perigos: do mundo externo, da libido do id e da severidade do superego". Exposto à angústia correspondente a tais perigos, o ego, para Freud, é um negociador acuado, de forma alguma onipotente, tentando mediar com prudência as forças que o ameaçam e lutam entre si. Ele se esforça para tornar o id dócil às pressões do mundo e do superego, e ao mesmo tempo tenta persuadir o mundo e o superego a agir de acordo com os desejos do id. Como fica a meio caminho entre o id e a realidade, o ego corre o risco de "sucumbir à tentação de se tornar adulador, oportunista e mentiroso, muito parecido com um estadista que, com todo o seu bom discernimento, ainda quer se manter nas boas graças da opinião pública". Mas esse contemporizador servil e maleável controla os mecanismos de defesa, o ambíguo dom da angústia, o discurso racional, a capacidade de aprender a partir da experiência. Pode ser uma pobre coisa, mas é o melhor instrumento da humanidade para enfrentar as exigências internas e externas.

As implicações dessas metáforas são ainda mais vastas do que Freud então reconheceu plenamente. Ele insistia que o ego é "antes de tudo um ego corporal", isto é, ele "é basicamente derivado de sensações corporais". No entanto, ele adquire não só boa parte de seu conhecimento, mas também grande parte de sua própria forma, a partir de seu intercâmbio com o mundo exterior — de suas experiências com visões vistas, sons ouvidos, corpos tocados, prazeres explorados. Freud não seguiu explicitamente essa linha de investigação em *O ego e o id*, embora na *Psicologia de grupo* ele tenha explorado alguns dos envolvimentos do ego com influências externas. Em alguns de seus últimos textos, porém, Freud levaria essas ideias para domínios mais vastos.* Sua psicologia do ego serviu para transformar a tragicomédia privada da psicanálise do pré-guerra numa peça com referências muito mais amplas — um drama histórico ricamente encenado. O tipo de investigação analítica na arte, religião, política, educação, direito, história e biografia, tão fascinante aos olhos de Freud, tornava-se muito mais fácil com sua percepção do ego como um cavaleiro que, por mais árdua que fosse sua dupla tarefa de domar o id e pacificar o superego, ao mesmo tempo mantém os olhos abertos para o campo a seu redor e, além disso, aprende com a experiência enquanto prossegue em sua galopada.

Definir o ego já seria o suficiente para um ensaio, mas Freud foi além do título. Poderia tê-lo denominado, com menos concisão, mas maior precisão, *O*

* Antropólogos, sociólogos e historiadores com preocupações psicanalíticas vêm seguindo as sugestões de Freud desde os anos 1930. Sentiram-se autorizados pela nova concepção de Freud sobre o ego enquanto instância a enfrentar tanto o interior quanto o exterior, lutando, negociando, fazendo acordos com o meio ambiente, tanto quanto com o id e o superego.

ego, o id e o superego. Pois, como já observamos, ao delinear a estrutura da mente, Freud teve de encontrar um lugar para o que vinha chamando de ideal do ego. Se se empregam padrões convencionais, escreveu ele, seria necessário dizer que, quanto "mais alto" se sobe na escala da atividade mental, mais perto se chega da consciência. Mas as coisas se revelam muito diferentes. Como tantas outras vezes em *O ego e o id*, Freud recorreu à experiência clínica. Ela ensina que alguns dos estados morais mais elevados, tal como o sentimento de culpa, podem nunca chegar a ingressar na consciência: "Não só o que é mais baixo, mas também o que é mais alto no ego pode ser inconsciente". A prova mais forte a favor dessa afirmação é que, entre alguns analisandos, "a autocrítica e a consciência, isto é, realizações mentais avaliadas com um apreço extremamente elevado, são inconscientes". A despeito de seu melhor juízo, portanto, os psicanalistas veem-se obrigados a falar de um "*sentimento inconsciente de culpa*". Freud estava apresentando o superego a seus leitores.

A consciência e o superego não são absolutamente a mesma coisa. "O sentimento normal e consciente de culpa (a consciência)", escreveu Freud, "não apresenta dificuldades à interpretação"; ele é essencialmente "a expressão de uma condenação do ego pelo seu juiz crítico." Mas o superego é uma função mental mais intricada. Seja consciente ou inconsciente, de um lado ele abriga os valores éticos do indivíduo, e de outro observa, julga, aprova ou castiga a conduta. Nos neuróticos obsessivos e melancólicos, os sentimentos de culpa resultantes vêm à consciência, mas, para muitos outros, eles só podem ser inferidos. Por isso, o psicanalista reconhece uma fonte relativamente inacessível de desconforto moral torturante, o qual, justamente por ser inconsciente, deixa apenas traços fragmentários e quase ilegíveis. A vida moral do homem, sugeria Freud, toca extremos muito mais distanciados do que geralmente creem os moralistas. Por isso o psicanalista pode endossar de bom grado o aparente paradoxo de que "o homem normal é não só muito mais imoral do que acredita, como também muito mais moral do que sabe".

Freud apresentou o fenômeno dos sentimentos inconscientes de culpa, citando o exemplo de pacientes em análise cujos sintomas se tornam mais sérios quando o analista manifesta esperança de uma cura final ou elogia os progressos que fazem. Quanto melhor parecem estar, pior ficam. Esta é a famosa "*reação terapêutica negativa*". Como seria de esperar, Freud insistiu que é um erro considerar sumariamente essa reação como uma espécie de desafio ou uma tentativa orgulhosa do paciente em se mostrar superior ao médico. Pelo contrário, deve-se ler essa reação bastante perversa como uma mensagem séria, provavelmente desesperada. A origem da reação terapêutica negativa parecia fora de dúvida para Freud: ela brota de um sentimento inconsciente de culpa, do desejo de castigo. Mas está totalmente fora do alcance do paciente. "Esse sentimento de culpa é mudo; ele não lhe diz que é culpado; o paciente não se sente culpado, e sim doente."

Nas *Novas conferências introdutórias sobre psicanálise*, sua última exposição sistemática da teoria psicanalítica, escrita uma década depois de *O ego e o id*,

Freud resumiu essa análise com clareza. Os bebês não nascem com um superego, e seu surgimento é de grande interesse analítico. Na visão de Freud, a formação do superego depende do desenvolvimento das identificações. Freud alertou os leitores que estava a ponto de entrar numa questão complicada, profundamente emaranhada com os destinos do complexo de Édipo. Esses destinos, para dizer tecnicamente, envolvem a transformação das escolhas de objeto em identificações. Inicialmente, as crianças escolhem seus pais como objetos de seu amor, e a seguir, forçadas a renunciar a tais escolhas como inaceitáveis, identificam-se com eles assumindo suas atitudes — normas, ordens e proibições — para si mesmas. Em suma, tendo começado por querer *possuir* os pais, as crianças terminam querendo *ser* como eles. Mas não exatamente como eles — elas constroem suas identificações, como disse Freud, "não sobre o modelo de seus pais, mas sobre o do superego parental". Dessa forma, o superego se torna "o veículo da tradição, das avaliações resistentes ao tempo que assim se propagaram ao longo das gerações". Portanto, o superego, ao mesmo tempo que preserva os valores culturais e ataca o indivíduo em que habita, torna-se tanto agente da vida como da morte.

É bastante intricado, mas as questões o são ainda mais: o superego, internalizando as exigências e os ideais dos pais, consiste em mais do que mero resíduo das primeiras escolhas de objeto ou das identificações do id. Ele também inclui o que Freud chamou de "uma vigorosa formação reativa" contra ambos. Assim como antes, em *O ego e o id* Freud explicou suas proposições técnicas em linguagem clara: o superego "não se esgota no preceito 'É assim (como o pai) que você *deve ser*', mas também abarca a proibição 'É assim (como o pai) que você *não pode* ser — isto é, não pode fazer tudo o que ele faz; algumas coisas permanecem reservadas a ele'". Conservando a marca do pai, o superego vai produzir uma "consciência ou, talvez, o sentimento inconsciente de culpa". Em resumo, o "ideal do ego" revela-se como sendo "o herdeiro do complexo de Édipo". Assim, a natureza e as realizações culturais "mais elevadas" do homem são explicadas por vias psicológicas. Essa explicação, insinuou Freud, se mostrara tão esquiva aos filósofos ou, sob esse aspecto, a outros psicólogos justamente porque todo o id, a maior parte do ego e, na verdade, a maior parte do superego se mantêm inconscientes.*

Envelhecido, decrépito e decadente — pelo menos segundo seu próprio testemunho —, Freud dera à comunidade psicanalítica internacional muito material para reflexão e debate. Ele havia mudado muitas coisas, esclarecido várias delas, mas deixara algumas incertas. Quando Ernest Jones, em 1926, enviou-lhe

* Somar-se-ia uma outra complexidade, quando Freud veio a reconsiderar o desenvolvimento emocional de meninos e meninas, ao qual, nesses anos, vinha começando a dedicar sua atenção. A conclusão, como veremos, foi a de que o superego variava consideravelmente nos dois sexos. Ver p. 521.

um artigo sobre o superego, Freud reconheceu que "todas as obscuridades e dificuldades que o senhor apontou realmente existem". Mas não acreditava que o exercício semântico de Jones oferecesse a solução. "O que se precisa são investigações, impressões e experiências acumuladas de tipo totalmente novo, e sei como é difícil consegui-las." O artigo de Jones, a seu ver, "é um início obscuro num assunto espinhoso".

Muito dependia do modo de se ler *O ego e o id*. Em 1930, Pfister disse a Freud que percorrera novamente o ensaio, "talvez pela décima vez, e fiquei contente em ver como o senhor, desde esse trabalho, voltou-se para os jardins da humanidade, depois de ter investigado previamente apenas as fundações e a cloaca de suas casas". Era uma forma razoável de entender as novas formulações de Freud, em parte autorizada pelos próprios textos; Pfister, afinal, era um dos muitos seguidores de Freud que não acreditavam na "pulsão de morte". Mas uma interpretação mais melancólica era igualmente legítima: Freud sugerira, desde seu artigo "Luto e melancolia", que o superego, geralmente agressivo e punitivo, muitas vezes estava mais a serviço da morte do que da vida. Assim, longe de estar resolvido, o debate prosseguiu.

9. A morte contra a vida

INSINUAÇÕES DE MORTALIDADE

Em 1923, ano de *O ego e o id*, a morte visitou novamente Freud, atingindo um de seus netos e acenando-lhe ameaçadoramente. As calamidades vieram como surpresas cruéis. Mesmo que se queixasse periodicamente do estômago ou do intestino, Freud continuou bastante forte durante o ano de trabalho. Tal como no passado, ele ansiava pelas longas férias de verão e gostava de mantê-las sagradas; reservava esses meses para passeios pelas montanhas, curas numa estação de águas, visitas turísticas à Itália e explorações da teoria psicanalítica. Raramente interrompia essas férias com sessões de análise, embora agora fosse assediado por ofertas lucrativas. Em 1922, descansando em Berchtesgaden, "dispensei a mulher de um rei do cobre", disse a Rank, "que certamente teria coberto os custos de minha estada", além de outra americana, "que seguramente teria pago $50 por dia, visto que estava habituada a pagar $20 a Brill, em Nova York, por *meia* hora". Não teve dúvidas: "Não vou vender meu tempo aqui". Como Freud disse aos amigos várias vezes, sua necessidade de repouso e recuperação era premente, e geralmente, "em prol do descanso e de tornar possível o trabalho", ele se mantinha firme.*

Apesar de suas alegações, a agenda lotada de Freud, assim como o fluxo inalterado de cartas e a produção de publicações importantes atestam reservas invejáveis de energia e, no geral, boa saúde. Mas, no verão de 1922, ele começou a assumir um tom bem mais pressago. Em junho, disse a Ernest Jones que não havia se sentido cansado "até agora, quando se tornaram evidentes as tristes perspectivas da situação política". Saindo de Viena, Freud escapava, pelo menos

* Mas às vezes ele rompia sua determinação, principalmente quando solicitado a analisar um "aluno" — um futuro analista — ao invés de um "paciente". Assim, em 1928, ele se ofereceu para analisar Phillip Lehrman, um médico americano, durante o verão "em Mt. Semmering ($2^1/_2$ h. de Viena), o que comigo é excepcional". (Freud a Lehrman, 7 de maio de 1928. Em inglês. A. A. Brill Library, New York Psychoanalytic Institute.)

por algum tempo, à situação política, às irremediáveis divisões entre socialistas e católicos austríacos e à vociferação de fanáticos políticos.* E de fato, em julho, podia tecer considerações com evidente alívio sobre a "calma deliciosa" de seus dias em Bad Gastein; eram "folgados e belos", com "o ar magnífico, a água, os charutos holandeses e a boa comida, parecendo um idílio, o mais próximo disso que se pode conseguir nesse inferno centro-europeu". Mas em agosto, escrevendo de Berchtesgaden uma carta estritamente confidencial a Rank, ele parecia menos animado. Rank havia perguntado pela saúde de Freud, e este respondeu com sinceridade, pedindo-lhe que dissesse uma mentira piedosa: ao escrever para os outros, Rank devia dizer que a saúde de Freud estava ótima. Na verdade, ele não estava nada bem. "O fato de que, de algum tempo para cá, não tenho me sentido nada seguro sobre minha saúde não há de ter escapado à sua atenção." Freud mal sabia o quão estava certo em suspeitar de seu estado.

Logo teve outras razões para se sentir desconsolado. Em meados de agosto, sua "melhor sobrinha", Caecilie Graf, "uma querida moça de 23 anos", cometeu suicídio. Grávida e solteira, ela resolveu seu problema tomando uma dose excessiva de Veronal. Numa nota amorosa e comovente à mãe, rabiscada depois de ter ingerido o veneno, ela isentava de culpa a todos, inclusive seu amante. "Eu não sabia", escreveu ela, "que morrer é tão fácil e alegra tanto a pessoa." Freud ficou "profundamente abalado" com o episódio, conforme disse a Ernest Jones, e "a perspectiva sombria de nosso país e todas as incertezas relativas à época" tampouco contribuíram para minorar sua tristeza. Mas seria seu próprio corpo que iria traí-lo. Na primavera de 1923, apresentaram-se sinais desalentadores de que podia estar sofrendo de câncer no palato.

Em meados de fevereiro de 1923, Freud havia notado o que chamou de "um tumor leucoplásico em meu maxilar e palato". Uma leucoplasia é um tumor benigno associado ao consumo maciço de tabaco, e Freud, temeroso de que o médico lhe mandasse abandonar o vício, manteve sua descoberta em segredo para todos durante algum tempo. Mas, dois meses depois, ao dar a notícia a Ernest Jones numa carta em parte alarmante, em parte tranquilizadora, a 25 de abril, "depois de ter perdido mais ou menos uma semana por doença (operação)", ele informava que o tumor fora removido. Tinha percebido um inchamento doloroso no palato já havia alguns anos, no final de 1917. Ironicamente, logo diminuiu — depois que um paciente o presenteou com uma desejadíssima caixa de charutos e ele acendeu um deles. Agora, em 1923, o tumor tinha se tornado grande e persistente demais para ser negligenciado por muito tempo. "Eu estava certo do caráter benigno do problema, mas como o senhor sabe, ninguém pode garantir o comportamento dele quando se permite que aumente ainda mais." Freud tinha sido pessimista desde o princípio. "Meu diagnóstico tinha sido epitelioma", um tumor maligno, "mas não foi aceito. Acusou-se o fumo", acrescentou honestamente, "como a etiologia dessa rebelião dos tecidos." Quando Freud se sentira

* Ver pp. 450-3.

finalmente pronto para enfrentar os horrores de um futuro sem charutos, fora consultar o dermatologista Maximilian Steiner, com quem mantinha relações amigáveis. Steiner realmente lhe pediu para parar de fumar, mas mentiu a Freud, abrandando a natureza do tumor.

Poucos dias depois, em 7 de abril, Felix Deutsch, que por algum tempo havia sido o clínico geral de Freud, foi visitá-lo, e Freud lhe pediu que olhasse sua boca. "Prepare-se", avisou ao visitante, "para ver algo que o senhor não vai gostar." Freud tinha razão. "Já na primeira olhada", lembra Deutsch, ele viu que a lesão de Freud era cancerosa. Mas, ao invés de pronunciar a terrível palavra ou de apresentar o diagnóstico técnico — epitelioma —, a que tendia o próprio Freud, Deutsch se refugiou no subterfúgio de "uma grave leucoplasia". Aconselhou a Freud que parasse de fumar e removesse o tumor.

Freud era um médico rodeado de médicos. Mas não procurou a opinião de um eminente especialista, nem recorreu a um cirurgião das vias orais em quem tivesse confiança. Ao invés disso, escolheu Marcus Hajek, um rinologista — pode-se dizer que um outro Fliess —, embora tivesse manifestado, antes, certo ceticismo quanto à competência de Hajek. A escolha — o erro — foi, como sua filha Anna disse anos mais tarde, apenas de Freud. Ao final, Hajek confirmou plenamente as dúvidas de Freud. Hajek sabia que o procedimento que recomendara era simplesmente superficial e, na realidade, inútil, e realizou descuidadamente a cirurgia no ambulatório de sua clínica. Freud foi acompanhado apenas por Felix Deutsch, o qual não ficou durante a operação; era como se ele quisesse exorcizar o câncer de Freud tratando a questão como uma bagatela. Mas algo se passou terrivelmente mal na mesa de operações; Freud sangrou com grande abundância durante e após a cirurgia, tendo sido deitado numa maca, "num quarto minúsculo numa ala do hospital, visto que não havia nenhum outro quarto disponível". Sua única companhia era um outro paciente, que Anna Freud posteriormente descreveu como um anão retardado "simpático e amistoso".

O anão, de fato, pode ter salvado a vida de Freud. Martha e Anna Freud foram solicitadas a levar alguns artigos de primeira necessidade para o hospital, visto que Freud poderia ter que passar a noite lá. Elas o encontraram manchado de sangue, sentado numa cadeira de cozinha. Na hora do almoço, não se permitia nenhuma visita à enfermaria, e elas foram enviadas de volta para casa com a garantia de que o estado dele era satisfatório. Mas, quando voltaram no começo da tarde, descobriram que, na sua ausência, ele sofrera uma forte hemorragia. Ele havia apertado a campainha para pedir ajuda, mas a campainha não estava funcionando, e Freud, sem ter como se fazer ouvir, ficou desamparado. Felizmente, o anão saiu correndo para buscar a enfermeira, e com alguma dificuldade a hemorragia foi controlada.

Ao saber desse episódio aterrador, Anna Freud recusou-se a deixar o pai. "As enfermeiras", lembra ela, "que não tinham consciência sobre o defeito da campainha, foram muito bondosas. Deram-me café preto e uma cadeira, e meu pai, o anão e eu passamos a noite juntos. Ele estava fraco pela perda de sangue, semidrogado com remédios e com grande dor." Durante a noite, ela e a enfermeira sentiram-se mais preocupadas com o estado de Freud e mandaram chamar o cirurgião residente, mas ele se recusou a ver o paciente. De manhã, conta Anna Freud, "tive que me esconder enquanto Hajek e seus assistentes faziam as rondas habituais". Hajek não demonstrou nenhum sinal de contrição com seu desempenho canhestro, quase fatal, e mais tarde, no mesmo dia, deixou que Freud voltasse para casa.

Como Freud não poderia mais manter o episódio em segredo, ele enganava seus missivistas, e em certa medida a si mesmo, com boletins otimistas. "Posso lhe informar" — disse para a "caríssima Lou" em 10 de maio, quatro dias depois de seu aniversário — "que consigo falar, mastigar e trabalhar de novo; na verdade, até fumar é permitido — de maneira moderada, prudente, por assim dizer pequeno-burguesa." O prognóstico, acrescentou ele, era bom. Repetindo a boa notícia a Abraham, no mesmo dia, ele propôs "tentar sua fórmula otimista: que essa data se repita muitas vezes mas não o novo tumor!". Um pouco depois, escrevendo ao sobrinho em Manchester, ele experimentou uma fórmula otimista de sua lavra: "Dois meses atrás removi um tumor do véu do palato que podia ter degenerado, mas ainda não degenerara".

Freud, de fato, estava mais a par, embora ninguém tivesse lhe dito a verdade. Hajek prescreveu tratamentos dolorosos e inúteis de rádio e raios X, que Freud interpretou como uma confirmação de sua suspeita de que a lesão era realmente cancerosa. Mas a mentira oficial continuou; Hajek permitiu que Freud tirasse suas férias costumeiras de verão, embora solicitasse informes constantes e uma visita de retorno em julho, para verificar a cicatrização. Freud foi para Bad Gastein, e a seguir para Lavarone, na Itália, junto à fronteira austríaca. Mas o verão não trouxe melhoras. As dores continuavam a atormentá-lo tanto que, por insistência de Anna, ele pediu a Deutsch que viesse consultá-lo em Bad Gastein. Deutsch foi imediatamente, viu que seria necessária uma segunda operação mais radical, mas ainda continuou a ocultar de Freud a verdade completa.

A discrição bondosa e descabida de Deutsch, acompanhada pela dos outros, sugere um certo temor diante do grande homem e uma relutância ansiosa em aceitar sua mortalidade. Mas Deutsch tinha outros motivos para não ser franco. Ele temia que o coração de Freud não reagisse bem à verdade. Tinha algumas esperanças de que uma segunda operação pudesse eliminar qualquer razão de alarme e permitir a sobrevivência de Freud, sem que este soubesse que tivera câncer. Mas, além disso, Deutsch ficara inquieto com o que interpretou como uma disposição de Freud ao suicídio; em seu encontro crucial de 7 de abril, Freud havia pedido a Deutsch que o ajudasse a "desaparecer desse mundo com decência", caso estivesse condenado a um sofrimento prolongado. Se fosse abertamente informado de que estava com câncer, Freud poderia se sentir tentado a tornar realidade essa ameaça implícita.

Como se ainda não bastasse, Deutsch, no verão de 1923, teve mais uma razão para poupar a sensibilidade de seu paciente. Freud estava de luto pelo seu amado neto Heinele, que havia morrido em junho. O menininho de quatro anos, filho mais novo de Sophie, filha de Freud, passara alguns meses de visita em Viena. Toda a família o adorava. "Meu netinho aqui é a criança mais espirituosa dessa idade (4 a[nos])", escreveu o extremoso avô a Ferenczi em abril de 1923. "Também é na mesma medida magro e frágil, apenas olhos, cabelos e ossos." Era um relato afetuoso com implicações sinistras. "Minha filha mais velha, Math[ilde], e seu marido", disse Freud a amigos em Budapeste, no começo de junho, quando o menino estava à morte, "praticamente o adotaram e se apaixonaram tão profundamente por ele de um modo que ninguém poderia ter previsto. Ele era" — Freud, resignado, empregou o pretérito — "realmente uma pessoa encantadora, e eu mesmo sei que dificilmente algum dia amei um ser humano, e certamente nunca uma criança, tanto quanto a ele."*

Por algum tempo, a febre alta, as dores de cabeça e a ausência de sintomas específicos em Heinele não haviam permitido um diagnóstico. Mas, em junho, confirmou-se uma tuberculose miliar, e isso significava, numa palavra, que "a criança está perdida". Quando Freud escrevia, Heinele estava em coma, ocasionalmente voltando a si, "e então ele é inteiramente o mesmo, de tal modo que é difícil crer". Freud estava sofrendo mais do que julgaria possível. "Estou suportando muito mal essa perda, creio que nunca experimentei nada mais duro." Estava trabalhando mecanicamente: "Fundamentalmente tudo perdeu seu valor".

Freud achava que sua própria doença intensificava o choque que estava sentindo, mas sentia-se pior por causa do neto do que por si mesmo. "Não tente viver para sempre", escreveu citando o prefácio de Bernard Shaw a *O dilema do médico*, "você não vai conseguir." O fim veio em 19 de junho. Depois que Heinele, sua "querida criança", morreu, Freud, o homem sem lágrimas, chorou.** Quando Ferenczi, egoísta e um pouco obtuso, perguntou, em meados de julho, por que Freud não o congratulara por seu quinquagésimo aniversário, Freud respondeu que não teria omitido essa cortesia a um estranho. Mas não julgava que estivesse exercendo qualquer tipo de revide. "Pelo contrário, isso está ligado a meu atual desgosto pela vida. Nunca tive uma depressão antes, mas agora deve ser uma." É uma declaração notável: como Freud fora afligido por recorrentes estados depressivos, esse acesso deve ter sido excepcionalmente intenso. "Ainda estou sendo torturado na boca", disse

* Em 1896, quando seu pai estava perto da morte, Freud também empregou o pretérito, sintoma de que havia aceitado o inevitável.

** A psicoterapeuta Hilde Braunthal, que, como jovem estudante, trabalhou na casa de Mathilde e Robert Hollitscher, onde Heinele passou seus últimos meses, pensa que Freud não ia "ver seu neto com muita frequência. Os Freud eram vizinhos dos Hollitscher. Muitas vezes eu via Freud na rua passeando com seu cachorro. Ele parecia muito absorto em seus pensamentos". (Comunicação pessoal, 4 de janeiro de 1986.) Mas, mesmo que raramente visse o neto, alguns dos pensamentos absorventes de Freud pareciam se ocupar dele.

a Eitingon em meados de agosto, "e obcecado por uma saudade impotente pela querida criança." Agora se dizia estranho à vida e candidato à morte. Ao escrever a seu prezado amigo de toda a vida, Oscar Rie, ele confessou que não conseguia superar a perda do garoto. "Ele significava o futuro para mim e assim levou o futuro consigo."

Ou assim lhe parecia naqueles dias. Três anos depois, quando Ludwig Binswanger perdeu um filho de oito anos, devido a uma meningite tuberculosa e partilhou sua dor com Freud numa carta delicada, este replicou com recordações de 1923. Freud escreveu que lhe respondia não com "uma palavra de condolência supérflua, mas — sim, de fato apenas a partir de um impulso interno, porque sua carta despertou uma lembrança em mim — absurdo — que afinal nunca adormeceu". Ele rememorou todas as suas perdas, principalmente a morte de sua amada Sophie, aos 27 anos de idade. "Mas", acrescentou, "esta eu suportei admiravelmente bem. Era o ano de 1920, estava-se esgotado pela miséria da guerra, preparado durante anos para ter a notícia de que se perdera um ou até três filhos. Assim, a resignação ao destino estava pronta." Mas a morte do filho mais novo de Sophie tirara-lhe o equilíbrio. Heinele havia representado em sua mente "todos os meus filhos e os outros netos, e desde então, desde a morte de Heinele, não me interesso mais por meus netos, e também não tenho mais prazer na vida. Este também é o segredo da indiferença — as pessoas chamam de coragem — em relação ao perigo para a minha própria vida". Ao se solidarizar com Binswanger, descobriu que suas lembranças reabriam constantemente velhas feridas. Restava muita vitalidade em Freud, e muita afeição. Mas Heinele sempre se conservaria como seu favorito inconteste. Quando Ernest, irmão mais velho do garoto, passou dois meses com os Freud, no verão de 1923, pelo menos o avô, independentemente do que pudessem sentir os outros, afirmou: "não o considerei nenhum consolo".

Tal era, pois, no verão de 1923, a situação de Freud, que se deparou a Deutsch, e que ele não conseguiria enfrentar: Freud era vulnerável, mortal, como qualquer outro. Deutsch confiou em Rank e, posteriormente, na guarda palaciana de Freud, o Comitê. Esse pequeno grupo de íntimos de Freud — Abraham, Eitingon, Jones, Rank, Ferenczi, Sachs — reunia-se então em San Cristoforo, nos montes Dolomitas, aonde se chegava descendo-se uma longa colina desde Lavarone, onde Freud estava hospedado. O clima entre eles já não andava bom havia algum tempo, desde o final da guerra. As *Rundbriefe*, circulares semanais que eles começaram a se enviar em outubro de 1920, não bastaram para melhorar as coisas. As cartas tinham como finalidade manter os adeptos mais próximos de Freud, em Viena, Budapeste, Berlim e Londres, em contato constante entre si. "Estou impaciente em saber", escrevera Freud a Ernest Jones, quando as cartas iam começar a circular, "como essa instituição vai funcionar. Espero que se mostre muito útil." Mas, por volta da mesma época, Jones havia fundado o *International Journal of Psycho-Analysis*, e sua direção da revista havia azedado suas relações com Rank. Jones ressentiu-se com o que interpretou como uma interferência autoritária de Rank em sua prática editorial. Ansioso em diminuir a contribuição germânica à literatura psicanalítica, numa época em que o sentimento antigermânico ainda era forte, e igualmente ansioso em angariar contribuições americanas, Jones havia aceitado vários artigos que não se adequavam aos elevados padrões que os vienenses julgavam essenciais, e Rank não hesitou em criticar as escolhas de Jones. Freud via tal dissensão como uma ameaça à paz necessária. Confiando em Rank em assuntos psicanalíticos, ele o havia mais de uma vez elogiado a Jones, e brandamente repreendeu este pela sua irritabilidade. "Estou praticamente desamparado e mutilado quando Rank está longe", escreveu no final de 1919; um pouco mais tarde, dizia: "Em suas observações sobre Rank notei uma aspereza que me lembrou uma disposição semelhante em relação a Abraham. O senhor empregava uma linguagem mais afável mesmo durante a guerra. Espero que não haja nada de errado entre o senhor e nós". Censurou Jones por não conseguir controlar suas paixões e estados de ânimo, e fez votos por dias melhores.

Mas o clima de irritação entre os membros do Comitê continuou em ebulição. "O machado de Rank caiu uma vez mais", queixou-se Jones numa circular durante o verão de 1922, "desta vez sobre Londres, e, a meu ver, muito injustamente." Em contrapartida, houve uma reaproximação entre Jones e Abraham, que vinha ficando incomodado com os desvios de Rank quanto à ortodoxia da técnica analítica. No estreito círculo dos sete, Freud era particularmente próximo de Rank e Ferenczi, mas precisava igualmente dos outros. Agora, em meados do verão de 1923, acossado pela doença e pela perda, esperava que se pudesse pelo menos recompor uma fachada amistosa no Comitê em briga. "Estou velho demais para renunciar a velhos amigos", escreveu logo depois. "Se pessoas mais jovens sequer pensassem nessa mudança na vida achariam mais fácil manter boas relações entre si."

Mas, pelo menos por enquanto, a esperança de Freud de que seus adeptos mais jovens pudessem adotar sua postura pacífica era irrealista. Em 26 de agosto, numa carta informativa à sua mulher, Ernest Jones captou a atmosfera em San Cristoforo, ao mesmo tempo raivosa e inquieta. "A principal notícia é que F. tem um câncer verdadeiro, crescendo lentamente e pode durar anos. Ele não sabe disso e é um segredo absoluto." Quanto à sua briga com Otto Rank: o Comitê havia "passado o dia inteiro esgotando o caso Rank-Jones. Muito doloroso, mas espero que nossas relações agora melhorem". Porém ele estava cônscio de que não havia nenhuma melhoria à vista, pois um episódio desagradável havia exacerbado a tensão. "Creio que F[erenczi] vai falar duramente comigo, pois Brill acabou de estar lá e disse a ele que eu tinha dito que R[ank] era um judeu trapaceiro." Jones em parte desmentiu essa ponta de intolerância, insistindo que fora muito exagerada — "stark übertrieben".

Seja o que for que Jones tenha dito, deve ter sido bastante insultante.* Dois dias depois, ele informou, novamente à sua mulher, que os membros do Comitê haviam passado "horas de falação e gritaria a ponto de eu achar que estava num manicômio". O grupo decidiu "que eu estava errado no caso Rank-Jones, e que na verdade sou neurótico". Ele era o único não judeu no grupo, e sentiu-o intensamente. "Um concílio familiar judaico caindo em cima de um pecador deve ser um grande acontecimento, mas imagine quando todos os cinco insistem em analisá-lo ali mesmo e todos juntos!" Embora declarasse ser "suficientemente inglês para enfrentar tudo isso com bom humor" e não se irritar, Jones admitiu que o dia tinha sido uma verdadeira experiência, uma "*Erlebnis*".

No meio de toda essa disputa, os membros do Comitê tinham ficado chocados ao saber do câncer de Freud. O dilema era agudo. Era evidente que Freud precisava de uma cirurgia radical, mas não era tão evidente como — e até que ponto — lhe dizer isso. Freud estivera planejando mostrar Roma à sua filha Anna, e estavam relutantes em estragar, ou abortar, essas férias programadas havia tanto tempo. No final, os médicos do Comitê — Abraham, Eitingon, Jones, Ferenczi — mais ou menos prevaleceram, ajudados pelo bom senso; insistiram seriamente com Freud para que voltasse a Viena depois de sua excursão pela Itália, para mais uma cirurgia. Mas continuaram lhe ocultando o diagnóstico completo; nem Felix Deutsch conseguiu se decidir a revelar a verdade nua e crua. Sua delicadeza imprudente iria lhe custar a confiança de Freud e sua posição como médico particular deste. Ele falhara ao avaliar a capacidade de Freud para assimilar as más notícias, e sua indignação por se sentir tratado com condescendência.** Os membros do Comitê também vieram a incorrer no desagrado de Freud; anos mais tarde, quando descobriu a mentira bem-intencionada deles, Freud ficou furioso. "Com que direito?", exclamou para Ernest Jones — "*Mit welchem Recht?*". Aos olhos de Freud, ninguém tinha o direito de lhe mentir, nem mesmo pelo motivo mais compassivo. Dizer a verdade, embora assustadora, era a maior bondade.

* A partir da documentação fragmentária agora disponível, é impossível reconstruir o comentário de Jones. Em 1924, depois que Rank atraíra sobre si a cólera não só de Jones, mas de todos os outros, inclusive Freud, este reconheceu pesarosamente que Jones sempre estivera certo sobre Rank. Escrevendo a Abraham, Jones reproduziu essa parte da carta de Freud para ele e comentou: "De modo que mesmo a parte de meu famoso comentário a Brill, que não tive a coragem de defender em San Cristoforo, é pelo menos justificada (evidentemente não estou me referindo ao acréscimo errôneo feito por Brill)". (Jones a Abraham, 12 de novembro de 1924. Karl Abraham papers, LC.)

** Deutsch, observou Anna Freud anos depois, "tinha subestimado" o "senso de independência" de seu pai "e sua capacidade de enfrentar a verdade". (Anna Freud a Jones, 4 de janeiro de 1956. Jones papers, Archives of the British Psycho-Analytical Society, Londres.) "O que meu pai não perdoou foi a '*Bevormundung*' ['tutela']." (Anna Freud a Jones, 8 de janeiro de 1956. Ib.) Depois de algum tempo de tensão, que para Deutsch foi muito duro, Freud e ele retomaram a amizade. Mas, para o atendimento profissional, Freud recorreu a outros médicos.

Depois da reunião do Comitê em que Deutsch informou sobre o estado de Freud, Anna Freud juntou-se ao grupo para o jantar, e à noite, ao luar, ela subiu a colina até Lavarone na companhia de Deutsch, e pressionou-o. Supondo que ela e seu pai passassem um período ótimo em Roma, arriscou Anna, "meio de brincadeira", eles não poderiam ficar um pouco mais e não voltar para casa conforme o planejado? Aterrado, Deutsch implorou fervorosamente a ela que nem sequer pensasse nisso. "'A senhorita não deve fazer nada do tipo'", disse ele energicamente, "'em hipótese alguma, prometa-me isso'." Aquilo, comentou Anna Freud muito depois, "foi bastante claro".* Mas a esperada viagem de Freud a Roma, na companhia de sua filha mais nova, não foi cancelada. Conforme ele previra, Anna se revelou tão observadora e entusiástica com a cidade quanto ele sempre fora. Freud informou a Eitingon em 11 de setembro, escrevendo de Roma, que "Anna está desfrutando ao máximo, anda por toda parte magnificamente, e é igualmente receptiva a todos os aspectos da polidimensionalidade romana". Após seu retorno, ele disse a Ernest Jones que, no "período esplêndido em Roma" sua filha caçula "realmente mostrou do que é capaz".

Agora, finalmente a verdade de que Freud havia muito suspeitava foi-lhe comunicada. Em 24 de setembro, ele a expôs a seu sobrinho em Manchester, numa linguagem um tanto velada: "Não superei os efeitos de minha última operação na boca, tenho dores e dificuldade para engolir e ainda não estou certo quanto ao futuro". Dois dias depois, sua condição era bastante clara. Apresentou-a plena e livremente a Eitingon: "Hoje posso satisfazer à sua necessidade de ter notícias minhas. Foi decidido que devo passar por uma segunda operação, uma resseção parcial do maxilar superior, visto que a querida nova formação surgiu ali. A operação vai ser realizada pelo professor Pichler", um eminente cirurgião das vias orais. Era a melhor escolha possível, indicação de Felix Deutsch. Hans Pichler, disse Freud a Eitingon, era "o maior especialista nessas coisas; ele também vai fazer em seguida a prótese necessária. Ele prometeu que serei capaz de comer e falar bem em cerca de quatro a cinco semanas".

Na verdade, foram duas operações, realizadas em 4 e 12 de outubro. De modo geral, foram bem-sucedidas, mas, como invasões drásticas, deixaram Freud incapaz de falar e comer por algum tempo. Teve de ser alimentado por um tubo nasal. Contudo, uma semana após a segunda operação, ainda hospitalizado, ele enviou uma nota irreprimível, em estilo telegráfico, a Abraham: "Caro otimista incorrigível: Hoje tampão trocado, levantei, ainda existindo vestígios pregados dentro da roupa. Obrigado por todas as notícias, cartas, lembranças, recortes de jornais. Logo que puder dormir sem injeção, vou para casa". Nove dias depois, ele recebia alta. Mas sua luta com a morte ainda não se encerrara.

* Os sentimentos de Anna a respeito do episódio eram ambíguos: "Afora isso, fiz uma viagem inesquecível a Roma e ainda sinto-me grata". (Anna Freud a Jones, 8 de janeiro de 1956. Ib.)

* * *

A luta se mostrou extenuante, e o adversário, astucioso e implacável. Freud preparou-se para o pior. No final de outubro, considerando que sua "condição atual" poderia impedi-lo de continuar a ganhar dinheiro, ele acrescentou algumas cláusulas ao seu testamento, sob a forma de uma carta a seu filho Martin. Suas principais preocupações referiam-se à sua mulher e à filha Anna: ele pedia que seus filhos renunciassem à sua parte da "herança, de qualquer forma modesta", em favor da mãe, e que o dote de Anna fosse aumentado para 2 mil libras. A seguir, em meados de novembro, Freud tomou uma medida muito diferente, compreensível, mesmo que talvez menos racional do que os codicilos ao testamento. Ele se submeteu a uma pequena cirurgia nos testículos, chamada tecnicamente de "ligadura do vaso deferente em ambos os lados", identificada com o controverso endocrinologista Eugen Steinach. A operação entrara em certa voga por supostamente ajudar na recuperação da potência sexual declinante, mas, além disso, algumas autoridades a recomendavam como uma mobilização dos recursos do corpo. Freud, que acreditava na operação, esperava que ela pudesse servir para bloquear a volta do câncer e também melhorar sua "sexualidade, condição geral e capacidade de trabalho". Depois de realizada, ele foi ambíguo sobre os efeitos, mas, pelo menos por algum tempo, parece ter julgado que ela realmente o fizera se sentir mais jovem e forte.

Mais relevante, no mesmo mês Pichler descobriu alguns tecidos cancerosos restantes, e corajosamente disse a Freud que seria necessária outra operação, à qual, com a mesma coragem, ele se submeteu. Mas reconhecia que a notícia era uma grande decepção. Ele havia claramente sobrecarregado o cirurgião com expectativas mágicas de onipotência. Disse a Rank em final de novembro que havia "emocionalmente se apoiado muito no prof. Pichler", mas essa última operação fora um brusco despertar e uma "liberação da ligação homossex[ual]". No entanto, por mais complexos que fossem seus sentimentos em relação ao cirurgião, a verdade é que Pichler não detectou nenhum outro tumor canceroso até 1936.

Contudo, de 1923 em diante, Freud desenvolveu várias vezes leucoplasias benignas ou pré-cancerosas, que tinham de ser tratadas ou removidas. Pichler era habilidoso e gentil, mas as trinta ou mais pequenas operações — algumas não tão pequenas — que ele realizou, para não mencionar os inúmeros ajustes, limpezas e reajustes da prótese, eram serviços maçantes e invasivos. Frequentemente feriam-no muito.* O prazer que o uso contínuo do tabaco dava a Freud, ou,

* As operações a que Freud foi obrigado a se submeter eram de três tipos, conforme indica a forma como eram realizadas: no gabinete do dr. Pichler, com anestesia local; no Sanatório Auersperg, com anestesia local e "sono previamente induzido"; no sanatório, com anestesia geral. (Anna Freud a Jones, 8 de janeiro de 1956. Ib.) Além disso, Freud passava por exames regulares num pequeno aposento montado ao lado de seu consultório.

mais precisamente, sua incurável necessidade dele, devia ser irresistível. Afinal, cada charuto era mais um elemento irritante, um pequeno passo para outra intervenção dolorosa. Sabemos que ele admitia ser viciado em charutos, e que considerava o hábito de fumar basicamente como um substituto para a masturbação, protótipo de todos os vícios. Havia claramente profundezas em sua mente que a autoanálise nunca alcançou, conflitos que ela nunca foi capaz de resolver. A incapacidade de Freud em parar de fumar ressalta vividamente a verdade contida em sua observação sobre uma disposição extremamente humana, que ele chamou de saber-e-não-saber, um estado de apreensão racional que não resulta numa ação compatível.

Freud, no final de 1923, era como um atleta inválido necessitando de uma drástica recuperação física. Tendo sido outrora um conferencista magistral e conversador brilhante, ele se exercitava para falar novamente, mas, na verdade, nunca conseguiu recuperar a clareza e ressonância de sua voz. As operações também afetaram a audição de Freud; ele se queixava de um "som acelerado e constante", e aos poucos se tornou quase surdo do ouvido direito. Por isso, o divã foi transferido de um lado para outro de seu consultório, para que pudesse ouvir com o ouvido esquerdo. A ingestão de alimentos apresentava dificuldades desagradáveis, e em geral passou a evitar jantares em público. Era um tormento pôr ou tirar a prótese, dispositivo que mantinha as cavidades oral e nasal separadas — Jones a descreve como uma enorme coisa monstruosa, "uma espécie de dentadura aumentada" —, frequentemente esfolando, irritando e provocando bastante dor. Nos anos que lhe restaram, Freud, mais de uma vez, trocou essa dentadura aumentada, indo a Berlim no final dos anos 1920 para se equipar com uma outra. Raramente deixou de sentir algum incômodo. Mas ele se recusava a ceder ao sofrimento; Freud se adaptou à nova condição com uma certa jovialidade. "Caro Sam", escreveu a Manchester em janeiro de 1924, ditando a carta à filha Anna, "estou contente em fazê-lo saber que estou me recuperando rapidamente e fui capaz de retomar meu trabalho neste novo ano. Minha fala pode estar prejudicada, mas tanto a família como os pacientes dizem que é perfeitamente inteligível."

Seu equilíbrio psicanalítico duramente conquistado prestou-lhe bons serviços. Ele presenciara mortes na família, mas felizmente os nascimentos se sobrepunham a elas. Os três filhos estavam ampliando o clã Freud: Ernst "nos anunciou o nascimento de seu terceiro filho no dia 24 de abril", informou a Samuel Freud na primavera de 1924. "Há mais duas crianças a caminho, o segundo filho de Martin e o primeiro de Oliver (em Düsseldorf). Assim há crescimento e decadência na família tal como nas plantas, comparação que você pode encontrar no velho Homero." Em outubro de 1924, Alix Strachey, uma talentosa e irreverente observadora da cena analítica, informou de Berlim a seu marido James em Londres que Helene Deutsch "deu-me as mais brilhantes notícias — como todos eles disseram — sobre a saúde de Freud. Parece que está novamente instalado na presidência da Vereinigungen e fala sem parar como sempre e está com ótima disposição". Cinco meses depois, no começo de 1925, ela informava ao marido que, embora Freud continuasse a ter dificuldades em falar, "Anna diz que sua saúde geral não deixa nada a desejar".

ANNA

A ascendência de Anna Freud sobre seu pai já era acentuada mesmo antes de 1923; depois de suas operações naquele ano, tornou-se inquestionável e incontestável. Em abril, após o dia pavoroso que Freud passou na clínica de Hajek, foi a filha Anna, ao invés de sua mulher, que ficou com ele durante a noite. Esse gesto selou uma mudança na constelação familiar de Freud, com Anna tornando-se sua âncora emocional.* No ano anterior, no final de março de 1922, quando Anna estava fora, cuidando de seu cunhado Max Halberstadt e dos dois filhos dele, Freud havia informado a Ferenczi que "nossa casa agora está desolada, pois Anna, que pela natureza das coisas domina-a cada vez mais, está em Hamburgo há quatro semanas". Três semanas antes, quando ela viajara havia apenas uma semana, Freud "certificou" a ela, numa carta afetuosa, que "sentimos muita falta sua. A casa está muito solitária sem você e não há em parte alguma nenhum substituto completo".

No fundo, Anna preferiria ficar com o pai. Estava profundamente ansiosa — tinha sido ansiosa desde a adolescência — para cuidar dele. Em 1920, passara parte do verão em Aussee, ajudando a cuidar do velho amigo dos Freud, Oscar Rie, que convalescia de uma séria doença. Rie não havia comentado nada à sua família acerca de seu estado, até que não pôde mais manter segredo. Sua reserva e consideração — aos olhos de Anna, equivocada — fizeram-na pensar no pai, como fazia, de qualquer maneira, durante boa parte do tempo. Ela estava decidida a não deixar que Freud adotasse a mesma política de silêncio. "Prometa-me", implorou Anna a ele, "que se o senhor algum dia ficar doente e eu não estiver, o senhor vai me escrever imediatamente, para que eu possa vir." Do contrário, acrescentou ela, nunca teria paz em nenhum lugar. Ela quis abordar o assunto em Viena, antes de partir para Aussee, mas no final se sentira muito acanhada. Agora, três anos depois, após a primeira operação de seu pai, não havia

* A mãe dela, porém, manteve o firme controle dos assuntos domésticos. Quando Anna, numa viagem em 1920, escreveu que queria trocar um de seus dois quartos na Berggasse 19 por um outro, a fim de trabalhar e viver em dois quartos vizinhos, Freud, simpático à proposta, aconselhou-a que consultasse a mãe. Ele informou que a tia dela, Minna, estava disposta a trocar seu quarto por um de Anna, mas que a mãe não queria ouvir falar em nenhuma mudança drástica no apartamento: estava relutante em gastar dinheiro com um novo papel de parede, visto que, na realidade, ela preferia mudar para os subúrbios. Tal mudança, disse Freud a Anna, não era nada prática. No entanto, ela devia escrever diretamente à mãe. "Não posso obrigá-la", escreveu Freud, "sempre deixei que ela fizesse as coisas na casa à sua maneira." (Freud a Anna Freud, 12 de outubro de 1920. Freud Collection, LC.) No final, Anna prevaleceu.

lugar para acanhamento, e ela repetiu sua oferta com insistência. Freud, protestando levemente, concordou. "Não quero ceder prontamente a seu desejo", replicou ele. "Você não deveria assumir prematuramente a triste função de cuidar de pais velhos e enfermos." Ele estava escrevendo de Viena, onde Hajek examinava seu palato. Mas, acrescentou Freud, ele estava disposto a fazer uma concessão: "Você será chamada imediatamente por telegrama, se ele me mantiver em Viena por algum motivo". Agora, muito mais do que Martha, era Anna Freud quem se encarregava dele.

Assim, é muito natural que, no verão de 1923, parece ter sido ela a primeira da família a descobrir a verdade sobre o câncer de seu pai. E a correspondência de Freud nessa época comprova largamente o quanto ela passara a significar para ele. Quando Freud, em meados de agosto, deu notícias a Oscar Rie sobre sua mulher e sua cunhada, restringiu-se à saúde de ambas, mas ao falar de Anna, seu tom mudou. "Ela está viçosa e é um grande esteio em todas as coisas." Naquelas férias que Anna passou com o pai em Roma, no mês de setembro, uma espécie de última aventura para ele antes da segunda operação, ela mostrou, como sabemos, do que era capaz.

Freud não deixava dúvidas de que era apegado a todos os filhos e se preocupava com eles. Vimos que, quando seu filho adolescente Martin, humilhado num rinque de patinação, precisou do apoio paterno, ele estava ali, paciente, sem censuras, receptivo.* Quando Mathilde adoeceu inesperadamente no verão de 1912, ele cancelou uma viagem a Londres como algo absolutamente natural, muito embora estivesse antecipando ansiosamente uma nova visita à Inglaterra. Da mesma forma, gostava visivelmente de sua atraente Sophie, e, mais discretamente, preocupava-se com o sofrimento neurótico de Oliver.** Durante a guerra, como sabemos, Freud não trancou dentro de si os temores pelos filhos no fronte, mas crivou suas cartas com detalhes sobre o paradeiro e o bem-estar deles, como se fossem de absorvente interesse para todos os seus destinatários. "Numa família grande", filosofou certa vez para um analisando, o médico americano Phillip Lehrman, "pode-se sempre contar com percalços. Quem quer que tenha recebido, como o senhor, o papel de arrimo geral da família — um papel também familiar a mim —, está suprido de preocupações e interesses por toda a vida." Freud podia brincar sobre o papel de pai — um pouco. "Má sorte, como dizem em seu país", escreveu a Lehrman, "que o senhor não tenha paz em sua família? Mas quando um de nós judeus é deixado em paz pela família? Nunca, enquanto

* Ver p. 173.

** No começo dos anos 1920, Oliver Freud estava em análise com Franz Alexander em Berlim. Alguns anos depois, escrevendo a Arnold Zweig, Freud falou favoravelmente dos dotes "extraordinários" de Oliver, e da extensão e solidez de seus conhecimentos. "O caráter dele é impecável. Então veio a neurose e arrancou todo o viço." Sendo "infelizmente muito inibido neuroticamente", ele tivera "má sorte" na vida. Freud considerava a vida problemática de Oliver, disse a Zweig, um fardo pesado de se carregar. (Freud a Arnold Zweig, 28 de janeiro de 1934. Por autorização de Sigmund Freud Copyrights, Wivenhoe.)

não encontrar a paz eterna." Quaisquer que fossem as exigências dos filhos sobre suas emoções, Freud tentava não apostar em favoritos.

Mas, com toda a sua equanimidade, Freud veio a reconhecer que a caçula, Annerl, era muito especial. "A pequena", observou a Ferenczi durante a guerra, usando um diminutivo predileto para ela, "é uma criatura particularmente querida e interessante." Ele chegou a admitir que Anna era talvez mais querida, e certamente mais interessante do que os irmãos e irmãs. "Você saiu um pouco diferente de Math[ilde] e Sophie", disse a Anna em 1914, e "tem mais interesses intelectuais e não vai se satisfazer de forma alguma com atividades puramente femininas."

O reconhecimento de Freud quanto à inteligência incomum de Anna e seu lugar especial na vida dele reflete-se no tom particular — conselhos afetuosos entrelaçados com interpretações quase analíticas — que adotava para com ela. Era um tom largamente ausente de sua conversa com os outros filhos. Por sua vez, a exigência de Anna quanto a uma intimidade particular com o pai era intensa e persistente, e se intensificou ainda mais. Quando menina, passou por períodos intermitentes de debilidade física, sendo repetidamente enviada a estâncias de saúde, para repousar, realizar passeios salutares e ganhar alguns quilos. Suas cartas desse período abundam em notícias de um quilo conseguido em uma semana, meio quilo em outra. E vêm impregnadas de saudades pelo pai. Ela estava melhorando, assegurava ao "querido papai", ao escrever de um balneário no verão de 1910, aos catorze anos de idade, "ganhando peso e já estou robusta e gorda". Também era, nesses verdes anos, maternal com seu pai: "O senhor não vai transtornar novamente seu estômago nas montanhas Harz?". Esperava que seus irmãos, "os meninos", estivessem zelando por ele, mas deixava poucas dúvidas de que ela cuidaria melhor de Freud do que eles. Em geral, era incessantemente competitiva com os irmãos. "Eu também gostaria muito de viajar sozinha com o senhor como Ernest e Oli estão fazendo agora." E mostrava um interesse precoce pelos textos de Freud: havia pedido a seu médico "muito simpático", o dr. Jekels, que lhe deixasse ler "Gradiva", mas ele só se dispunha a deixar se Freud desse permissão. A coisa que ela mais gostava eram os apelidos carinhosos que ele lhe dava: "Querido papai", escreveu Anna no verão seguinte, "faz muito tempo que ninguém me chama de 'Diabo Negro', e sinto muita falta disso."

A maioria de suas doenças, como dores nas costas, pareciam a Freud psicossomáticas, pois eram acompanhadas por meditações e ruminações que ela mesma criticava severamente como absurdas.* Ele a encorajara a lhe contar seus

* Alguns desses problemas de saúde, tal como dificuldades na menstruação, continuaram. "Estou particularmente contente", escreveu Anna ao pai em 1920, "por ter ficado indisposta ontem sem recorrer a nenhum remédio inusual, tolerando bem desta vez." (Anna Freud a Freud, 16 de novembro de 1920. Freud Collection, LC.)

sintomas. Anna não o desapontou; no começo de 1912, ainda indisposta, ela discutiu livremente seu estado mental com o pai. Não estava bem nem mal, escreveu a ele, e não tinha certeza do que estava sofrendo. "Mas de algum modo aparece algo em mim", e então ficava cansada e preocupada com todo tipo de coisas, inclusive sua ociosidade.* Ela ansiava por ser razoável, como a irmã mais velha, Mathilde. "Quero ser ou pelo menos me tornar um ser humano sensato." Mas tinha seus dias ruins. "O senhor sabe", lembrou ela ao pai, "eu não lhe teria escrito tudo isso, porque não gosto de aborrecê-lo." Mas ele lhe pedira e, acrescentou Anna num pós-escrito, "não poderia lhe escrever mais porque eu mesma não sei de nada mais, mas certamente não guardo nenhum segredo do senhor". Se ao menos, pedia ela, ele lhe escrevesse logo: "Então vou ser sensata, se o senhor me ajudar um pouco".

Freud estava inteiramente disposto a ajudar. Em 1912, agora que Mathilde se casara e Sophie estava se preparando para seguir o exemplo da irmã, Anna havia se tornado, como ele gostava de chamá-la, sua "querida filha única". Em novembro, quando ela se instalou na popular estância de Merano, no norte da Itália, para ali passar vários meses, ele lhe recomendou que relaxasse e se divertisse; quando se acostumasse à preguiça e ao sol, disse-lhe Freud, ela certamente ganharia peso e se sentiria melhor. Por seu lado, Anna lembrou ao pai o quanto sentia sua falta. "Sempre como o máximo que posso e estou plenamente sensata", escreveu a Freud de Merano. "Penso muito no senhor e espero ansiosamente uma carta sua, quando tiver tempo para escrever." Este era um tema constante; seu pai era um homem *tão* ocupado! Quando ela se ofereceu para voltar à casa, ele insistiu para que ficasse mais tempo, mesmo que isso significasse perder o casamento de Sophie, marcado para meados de janeiro de 1913. Era uma sugestão terapêutica astuciosa. Anna havia confessado antes que suas "brigas intermináveis" com Sophie eram "terríveis" para ela, visto que gostava e admirava Sophie, que, no entanto, não se importava com ela. Tais explosões de autodepreciação eram, e continuaram por muito tempo, características de Anna. Nem sequer seu pai, cuja influência sobre ela era frequentemente absoluta, conseguia persuadi-la inteiramente do contrário.

Mas ele tentava. Freud havia decidido que Anna tinha idade suficiente para entender algumas verdades psicanalíticas; de qualquer forma, ela estava examinando seu próprio estado mental. Estava claro que o casamento próximo da irmã suscitava emoções fortes e conflitantes em Anna. Ela reconheceu que queria, ao mesmo tempo, ir para casa assistir ao casamento de Sophie e ficar longe: de um lado, estava contente por poder descansar luxuosamente em Merano; de outro, lamentava não ver Sophie antes que ela deixasse o lar dos pais. Mas, de qualquer

* Este também era um tema constante em sua correspondência com o pai. "Por que é que estou sempre tão feliz", perguntou-lhe infeliz no verão de 1919, "quando não tenho nada para fazer? Afinal, eu gosto de trabalhar, ou apenas parece ser assim?" (Anna Freud a Freud, 2 de agosto de 1919. Ib.)

maneira, ela estava "muito mais sensata" do que era antes. "O senhor se surpreenderia o quanto, mas à distância não pode notar. E ficar tão sensata quanto o senhor pensa", concluía ela com um suspiro quase audível, "é duro demais, e não sei se vou aprender." Tais autoexames deram a Freud sua oportunidade. As várias dores e achaques de Anna, disse-lhe ele, tinham origem psicológica; brotavam de sentimentos ambíguos em relação ao casamento de Sophie e a Max Halberstadt, o futuro marido dela. "Afinal, você sabe que é um pouco esquisita." Ele não estava disposto a censurá-la pela sua "antiga inveja de Sophie", que a Freud parecia em larga medida produzida pela própria Sophie. Mas, achava ele, Anna havia transferido essa inveja para Max e isso a atormentava. E ela estava ocultando alguma coisa de seus pais, "talvez também de si mesma". Delicadamente, ele instou para que ela não mantivesse "nenhum segredo. Não seja tímida". Parecia muito um analista aconselhando seu analisando a falar livremente. Mas concluía como pai: "Afinal, você não vai ficar uma criança para sempre, mas adquirir a coragem de encarar corajosamente a vida, e o que ela trouxer, de frente".

Uma coisa, para Freud, era encorajar Anna a crescer; outra totalmente diferente para ele era *deixá-la* crescer. Durante anos ela continuou sendo "a pequena". O carinhoso apelativo "minha querida filha única", que havia aplicado a ela, de brincadeira, quando Sophie estava noiva, ressurgiu periodicamente depois do casamento de Sophie. Em março de 1913, Anna era sua "pequena filha, agora única", sua "única filhinha" que levou a uma viagem a Veneza durante umas curtas férias daquela primavera, que Anna aguardara com impaciência e aproveitou imensamente. Uma viagem italiana, "com o senhor", exclamou ela, "fica muito mais bela do que teria sido de outra maneira". Mais tarde, no mesmo ano, Freud admitiu a Ferenczi que sua "pequena filha" Anna fizera-o pensar em Cordélia, a filha mais nova do rei Lear,* pensamentos que geraram uma comovente meditação sobre o papel das mulheres na vida e na morte de um homem, "O tema dos três escrínios", publicado no mesmo ano. Existe uma fotografia encantadora de Freud e Anna como um par de amigos, tirada nessa época nos montes Dolomitas: Freud em trajes de caminhada, com chapéu de passeio, jaqueta acinturada, calções presos nos joelhos e botas resistentes, de braços dados com uma Anna serena, o vestido simples de estilo camponês, com avental, delineando seu perfil esguio.

Ainda no verão de 1914, quando Anna tinha quase dezenove anos, Freud continuava a chamá-la de "minha filhinha" para Ernest Jones. Mas, dessa vez, ele tinha outro motivo. Estava protegendo Anna das inclinações amorosas de

* O tema da filha mais nova nunca perdeu o interesse para Freud. Em 1933, quando Ernest Jones anunciou que sua mulher estava grávida, ele respondeu: "Se tiver de ser um caçula, os caçulas, como o senhor pode ver em minha família, não são propriamente os piores". (Freud a Jones, 13 de janeiro de 1933. Freud Collection, D2, LC.)

Jones. “Sei pelas melhores fontes”, alertou-a Freud, em 17 de julho, quando ela se preparava para partir rumo à Inglaterra, “que o dr. Jones tem sérias intenções de pedir sua mão.” Dizia-se relutante em interferir na liberdade de escolha de que dispuseram suas duas irmãs mais velhas. Mas, como até agora ela não havia recebido nenhuma proposta em sua “jovem vida”, e tinha vivido “ainda mais intimamente” com seus pais do que Mathilde e Sophie, Freud achava correto que ela não tomasse nenhuma decisão importante sem “estar certa de nosso (neste caso, meu) consentimento prévio”.

Freud empenhou-se em recomendar Jones como amigo e “colaborador muito valioso”. Mas, afinal, “isso poderia ser uma tentação a mais para você”. Por isso, sentia-se obrigado a expressar as duas objeções que tinha a um casamento entre Jones e sua “filha única”. Em primeiro lugar, “é nosso desejo que você não fique noiva ou case antes de ter visto, aprendido e vivido um pouco mais”. Pelo menos por cinco anos não deveria certamente pensar em casamento. E, disse Freud a Anna, falando do fundo de suas dolorosas lembranças pessoais sobre sua longa e frustrante espera por Martha Bernays, ela devia evitar um noivado prolongado. Em segundo lugar, lembrou-lhe Freud, Jones estava com 35 anos — quase o dobro da idade de Anna. Embora fosse, sem dúvida, um homem “terno e de bom coração”, que “amaria afetuosamente sua esposa e ficaria muito grato pelo seu amor”, ele precisava de uma mulher mais velha e experiente. Jones, observou Freud, tinha subido por seu esforço próprio, vindo de uma “família muito simples e de condições difíceis de vida”; estava muito envolvido na ciência e “faltava-lhe o tato e a consideração mais refinada” que alguém como Anna, uma “mimada”, uma “moça muito jovem e um tanto reservada”, tinha o direito de esperar do marido. Na verdade, acrescentou Freud, indo mais fundo, Jones era “muito menos independente e muito mais necessitado de apoio moral” do que poderiam sugerir as primeiras impressões. E assim, concluía Freud, Anna devia ser prudente, simpática e amigável com Jones, mas evitar ficar a sós com ele.

Evidentemente, o fato de dar essas instruções cuidadosamente ponderadas a Anna não diminuiu a ansiedade de Freud. Cinco dias depois, em 22 de julho, depois que ela desembarcara na Inglaterra, ele reiterou branda e sucintamente suas diretrizes anteriores. Ela não devia fugir à companhia de Jones: que ficasse tão livre e desembaraçada com ele quanto lhe fosse possível, e se pusesse “em pé de amizade e igualdade”, o que, disse Freud a ela, é particularmente fácil de se conseguir na Inglaterra. Mas essa segunda advertência também não bastou para acalmar suas inquietações. No mesmo dia, escreveu “umas poucas linhas” a Jones, conforme informou prontamente a Anna, “que vão desencorajar qualquer galanteio, mas evitar qualquer ofensa pessoal”.

Essas “poucas linhas” constituem um documento curioso. “Talvez o senhor não a conheça o suficiente”, disse Freud a Jones. “Ela é a mais dotada e prendada entre meus filhos, e além disso um caráter precioso, cheio de interesse em aprender, ver coisas e chegar a compreender o mundo.” Não era nada mais do que já havia dito diretamente a Anna. Mas, a seguir, o tom de Freud passou para o que só se pode chamar de idealização vitoriana. "Ela não pretende ser tratada como mulher, ainda estando muito longe de anseios sexuais e, mais precisamente, recusando o homem. Há um entendimento expresso entre mim e ela de que não pense em casamento ou nas preliminares antes de ficar uns dois ou três anos mais velha. Não creio que ela vá romper o acordo." Esse "acordo", como sabemos, era imaginário; havia apenas a firme sugestão de Freud a Anna, no sentido de adiar ideias sérias sobre os homens. Sem dúvida, seu estratagema não era forçado nem desarrazoado: Freud diria a outros, e à própria Anna, que ela era emocionalmente mais nova do que sua idade física. Mais importante, porém, era que Freud estava avisando Jones, não muito sutilmente, que deixasse sua filha em paz. Mas alegar que Anna, uma moça plenamente desenvolvida, não tinha nenhum sentimento sexual era falar como um burguês convencional que nunca lera Freud. Pode-se supor que isso faça parte da insinuação de Freud de que, para Jones, pôr as mãos em Anna equivaleria a um abuso infantil — uma advertência velada à qual Jones, em vista das acusações que o haviam afastado da Inglaterra na década anterior, só poderia ser extremamente sensível. Mas essa recusa da sexualidade da filha, por parte de Freud, está evidentemente fora de lugar; lê-se mais como o afloramento do desejo de que sua pequena menina continue uma pequena menina — *sua* pequena menina.*

A reação de Anna aos pedidos do pai resultou em outro exercício de menosprezo por si mesma. "O que o senhor me escreve sobre a estima que a família tem por mim", escreveu-lhe ela da Inglaterra, "seria ótimo, mas não posso acreditar absolutamente que seja verdade. Por exemplo, não acredito que fizesse grande diferença em casa se eu não estivesse mais aí. Creio que só eu iria sentir a diferença." É difícil dizer o quanto exatamente Ernest Jones percebeu desse pequeno drama no qual participou involuntariamente. Mas, sob certos aspectos, ele via com muita clareza o envolvimento de Freud com a filha caçula. Anna, respondeu ele a Freud, "tem um belo caráter e certamente será uma mulher admirável no futuro, desde que a repressão sexual dela não a prejudique. Ela é, claro", acrescentou Jones, "tremendamente ligada ao senhor, e é um dos raros casos em que o pai real corresponde à imago paterna". Era uma observação perspicaz, que não há de ter surpreendido Freud. Mas ele não estava preparado para aceitar suas implicações.

Anna Freud, como sabemos, retornou incólume de sua aventura inglesa. Voltou para casa um mês depois, após um intenso turismo, em parte na companhia de Ernest Jones, solteira e intocada. Seus próximos anos — anos de guerra, revolução e lenta reconstrução — leem-se retrospectivamente como

* O único momento comparável nos textos de Freud, em que ele recusa suas próprias percepções com a mesma decisão, é a passagem em *A interpretação dos sonhos*, onde ele diz que a criança não tem sentimentos sexuais. (Ver p. 158.)

um ensaio para a carreira de psicanalista. Mas seu caminho para se tornar uma freudiana foi um tanto tortuoso. Ela se formou como professora, passou nos exames e trabalhou, com vinte e poucos anos, numa escola para meninas. Mas era claro que não estava destinada a permanecer como professora para sempre.

Quando mocinha, lembrou ela anos mais tarde, sentava-se do lado de fora da biblioteca do pai na Berggasse 19, para "ouvir sua discussão com as visitas. Foi muito útil". O estudo direto das obras de Freud foi ainda mais útil. Durante longa estada em Merano, no inverno de 1912-3, ela informou que lera "alguns" deles. "O senhor não deve ficar chocado com isso", escreveu um pouco na defensiva. "Afinal, agora sou crescida, e assim não admira que esteja interessada neles." Ela continuou a ler, pedindo a seu pai para explicar termos técnicos como "transferência", e em 1916 assistiu à segunda série de conferências introdutórias de Freud, sobre os sonhos, na universidade. Essas apresentações didáticas contribuíram muito para confirmar sua nascente ambição de se tornar psicanalista — como o pai. No ano seguinte, quando ouviu a última série de conferências de Freud, sobre as neuroses, ela avistou entre os colegas da plateia a figura de Helene Deutsch, vestindo seu casaco branco de médica como um distintivo profissional. Devidamente impressionada, foi para casa e disse ao pai que, para se preparar para uma carreira de analista, ela queria frequentar a escola de medicina. Freud não fez nenhuma objeção a seus planos de longo alcance, mas não gostou de sua vontade de se tornar médica; Anna Freud não foi o primeiro nem o último adepto de Freud a quem ele convenceu a seguir carreira como analista leigo.

Apoiado por um círculo favorável, Freud agora atraía Anna, cada vez mais, para sua família profissional, e, em algum momento de 1918, ele a tomou em análise. Ela foi convidada para o congresso internacional de psicanalistas em Budapeste, naquele mesmo ano, mas não pôde comparecer, impedida pelas suas obrigações como professora. Dois anos depois, quando os analistas se reuniram em Haia, ela teve mais sorte, e acompanhou seu orgulhoso pai às sessões científicas e às animadas refeições. Suas cartas acompanham seu crescente refinamento psicanalítico. Durante alguns anos, ela enviara ao pai seus sonhos mais interessantes, em geral assustadores; agora, ela os analisava e ele respondia com interpretações. Anna observava seus próprios lapsos na escrita. Estava entre os primeiros a lerem as novas publicações de seu pai.* Assistia às reuniões psicanalíticas, e não só em Viena. Ao escrever a Freud em novembro de 1920, de Berlim, ela fez algumas avaliações agudas e penetrantes sobre seus seguidores, invejando abertamente os que, como "a pequena srta. Schott", já estavam analisando crianças. "O senhor vê", acrescentou numa autorrecriminação, "todos podem fazer

* Em 16 de novembro de 1920, escrevendo de Berlim, ela informou a Freud: "Estou lendo sua nova obra [*Além do princípio do prazer*] com enorme prazer. Penso que o ideal do ego é muito condizente comigo". (Freud Collection, LC.)

muito mais do que eu." Nessa época, ela havia desistido de seu cargo de professora, com sentimentos ambíguos a respeito,* e estava se tornando psicanalista.

Seus primeiros "pacientes" foram os filhinhos órfãos de sua irmã Sophie, Ernstl e Heinele. Em 1920, ela passou um bom tempo com eles em Hamburgo e, no verão, em Aussee. Ernstl, agora com mais de seis anos, de quem Freud gostava muito menos do que do cativante e enfermiço Heinele, era a principal preocupação de Anna. Ela fazia com que ele lhe contasse histórias, e discutia com Ernstl mistérios tão graves como a origem dos bebês e o significado da morte. Essas conversas confidenciais informativas permitiram-lhe interpretar o medo do menino ao escuro como consequência da advertência — na verdade, uma ameaça — de sua mãe, de que, se continuasse "a brincar com o membro, ele ficaria muito doente". Pelo visto, nem toda a família de Freud obedecia às suas instruções pedagógicas.

Anna não se deteve nessas análises infantis iniciais. Ela começou a analisar os sonhos de outras pessoas, e na primavera de 1922 escreveu um artigo psicanalítico que pretendia apresentar como seu bilhete de ingresso na Sociedade Psicanalítica de Viena — desde que seu pai consentisse. Essa participação como membro, disse-lhe ela, era algo que desejava muito. No final de maio, esse desejo se tornou realidade. O artigo, sobre fantasias de espancamento, baseava-se em parte sobre sua própria vida interior, mas a origem subjetiva da argumentação não tornava menos científica a sua contribuição. "Minha filha Anna", informou Freud, com muito gosto, a Ernest Jones no começo de junho, "apresentou uma boa palestra na última quarta-feira." Duas semanas depois, tendo cumprido a obrigação formal, ela se tornou membro pleno da Sociedade.

Depois disso, a reputação de Anna entre os íntimos de Freud aumentou rapidamente. Já em 1923, Ludwig Binswanger observou a Freud que o estilo de sua filha não se distinguia mais do dele. E no final de 1924, Abraham, Eitingon e Sachs escreveram de Berlim para sugerir que ela fosse cooptada para o círculo íntimo; devia "não simplesmente trabalhar como a secretária de seu pai", como fazia havia anos, mas participar das deliberações e, ocasionalmente, das reuniões do grupo. É claro que, sabiam os missivistas, esse era o tipo de tributo que encantaria Freud. Mas a proposta também reflete a confiança que os colegas mais prezados de seu pai tinham vindo a depositar nos juízos de Anna Freud.

Embora encorajasse irrestritamente as aspirações profissionais da filha, Freud continuava insatisfeito com o estado da vida particular de Anna. As emoções dela não haviam se paralisado nem se tornado subterrâneas; Anna Freud gostava visivelmente da vida e dos prazeres da amizade. Freud reconhecia sua

* Em agosto, ela comentou que, "até agora, não lamentei por um instante ter deixado a escola". (Anna Freud a Freud, 21 de agosto de 1920. Ib.) Mas em outubro ela se queixou ao pai que era infeliz e sentia falta da escola. (Ver Freud a Anna Freud, 25 de outubro de 1920. Ib.)

necessidade de companhia e procurava alimentá-la: quando convidou Lou Andreas-Salomé, no final de 1921, para visitar a Berggasse 19, foi principalmente por causa da filha. "Anna tem uma sede compreensível por amizades com mulheres", disse a Eitingon, "depois que a inglesa Loe, a húngara Kata e sua Mirra foram-lhe tiradas." Loe Kann, antiga amante de Ernest Jones e analisanda de Freud, havia retornado para a Inglaterra. Kata Levy, tendo concluído sua análise com Freud, estava morando em Budapeste. E Mirra, mulher de Eitingon, estava com o marido em Berlim. "Aliás, para minha alegria, ela está viçosa e animada", acrescentou Freud; "a única coisa que eu poderia desejar é que ela logo encontrasse razões para trocar seu apego pelo velho pai por outro mais durável." Anna, lamentou seu pai ao sobrinho na Inglaterra, "é um sucesso sob todos os aspectos, exceto por não ter tido ainda sorte de encontrar um homem adequado para si".

O projeto benevolente de Freud em encontrar uma amiga digna para a filha foi além de suas mais caras esperanças. Em abril de 1922, Anna foi a Göttingen para uma longa visita à sua nova amiga — que era "realmente magnífica" —, e retomou as conversas confidenciais, de perfil analítico, que iniciara durante a visita de Lou Andreas-Salomé a Viena no ano anterior. A intimidade entre ambas adquiriu laivos místicos; Anna alegava que, sem o auxílio de Frau Lou, prestado de "forma estranha e oculta", ela não teria sido absolutamente capaz de escrever o artigo sobre as fantasias de espancamento. Freud exultou com seu bom resultado. "Agora ela está profundamente apegada" a Frau Lou, informou Freud a Ernest Jones em junho de 1922, e no mês seguinte ele exprimiu sua gratidão à "cara Lou", por sua atitude "adorável" em relação à "criança". Anna, escreveu ele, havia anos queria conhecê-la melhor. E "se ela vai chegar a alguma coisa — espero que ela possua algumas boas aptidões para começar —, ela precisa de influência e ligações que satisfaçam a altas exigências. Inibida para o lado masculino através de mim, até agora teve muito azar com suas amigas mulheres. Ela se desenvolveu lentamente", acrescentou Freud, "é mais nova do que sua idade física, não só na aparência". Pouco ocultando, ele deixou que seus desejos conflitantes aflorassem à superfície: "Às vezes, desejo insistentemente um bom homem para ela, às vezes recuo perante a perda". As duas mulheres, com grande diferença de idade, mas com afinidades em seus interesses psicanalíticos e unânimes na admiração por Freud, logo estavam se tuteando intimamente, e a afeição entre ambas durou.

Mas a realidade perturbadora da condição de Anna como solteira não dava paz a Freud. Em 1925, ele voltou ao tema, novamente numa carta a Samuel Freud: "Por último, mas não menos importante — Anna, podemos nos orgulhar dela. Tornou-se uma analista pedagógica, está tratando de crianças americanas traquinas[,] ganhando bastante dinheiro que emprega de forma muito generosa, ajudando várias pessoas pobres, é membro da Associação ψA Internacional, granjeou um bom nome com o trabalho literário e inspira o respeito de seus colaboradores. Mas acabou de completar seu trigésimo aniversário, não parece disposta a se casar, e quem pode dizer se seus interesses do momento vão torná-la feliz no futuro, quando tiver de enfrentar a vida sem o pai?". Era uma boa pergunta.

Anna demonstrava constantemente ao pai o quanto ele estava presente em seus ternos pensamentos. "O senhor certamente não pode imaginar o quanto penso continuamente em si", escreveu-lhe em 1920. Ela cuidava da digestão ou do estômago dele com a solicitude de uma mãe — ou, talvez melhor, de uma esposa. Em meados de julho de 1922, ela deduziu com perspicácia, a partir de leves insinuações, que ele podia estar indisposto. "Do que tratam seus dois artigos?", perguntou-lhe Anna, e a seguir passou, ansiosamente, para sua principal preocupação: "O senhor não está com boa disposição, ou é apenas minha impressão pelas suas cartas? Gastein não é tão bonita quanto era?" Isso foi mais de duas semanas antes que Freud confidenciasse a Rank que sua saúde andava incerta. Ela defendeu ardorosamente o direito de Freud de descansar e se recuperar, mesmo ao preço de um dinheiro difícil e cobiçado. "Não se deixe atormentar por pacientes", instou Anna com ele, "e simplesmente deixe que todas as milionárias continuem malucas, elas não têm nada para fazer." De 1915 em diante, anos antes de sua análise e com igual intensidade ao longo dela, Anna contava ao pai sonhos que expressavam uma profunda agitação. Sua "vida noturna", como ela a chamava, era muitas vezes "incômoda" e, com frequência ainda maior, assustadora. "Agora, na maior parte do tempo", informou ao pai no verão de 1919, "acontece alguma coisa ruim em meus sonhos, relativo a matar, atirar ou morrer." Havia anos vinham lhe acontecendo coisas ruins nos sonhos. Ela sonhava constantemente que estava ficando cega, o que a aterrorizava. Sonhava que era obrigada a defender uma chácara que pertencia a ela e ao pai, mas, ao puxar o sabre, percebia que estava partido e ficava envergonhada diante do inimigo. Sonhou que a noiva do dr. Tausk havia alugado um apartamento na Berggasse 20, do outro lado da rua da casa dos Freud, para matar seu pai com uma pistola. Todos esses sonhos suscitam interpretações relativas a seus sentimentos apaixonados por Freud. Mas sua declaração mais transparente a ele, quase que um sonho infantil por ser tão direto, ocorreu no verão de 1915. "Recentemente sonhei", contou Anna, "que o senhor era um rei e eu uma princesa, e as pessoas queriam nos separar com intrigas políticas. Não era agradável e foi muito perturbador."*

Freud teve sólidas provas, ao longo dos anos, de que a ligação terna e sempre desanuviada entre sua filha e ele poderia prejudicar a capacidade dela de encontrar um marido adequado. Antes de começar a analisá-la, ele reagia aos relatos

* Ela reconhecia plenamente a natureza infantil de seus sonhos daquela época. Três dias antes de enviar esse relato, ela havia narrado minuciosamente um sonho em grande parte sobre café e creme batido. Era praticamente um "retorno", observou ela, ao sonho com "mo'ango" que tivera aos dezenove meses, e sobre o qual leu mais tarde em *A interpretação dos sonhos*. (Anna Freud a Freud, 3 de agosto de 1915. Ib.)

dos sonhos de sua filha de maneira casual, quase irreverente. Mas achava impossível fechar os olhos à afeição dela por ele. Em 1919, falou a Eitingon, em tom ligeiro, do "complexo paterno" de Anna. Embora fosse um consumado estudioso da política familiar, ele não conseguiu, porém, avaliar plenamente o quanto deve ter contribuído para a relutância de sua filha em se casar. Outras pessoas enxergavam a questão com mais clareza do que ele. Em 1921, quando os "alunos" americanos de Freud perguntaram por que Anna, "uma moça muito atraente", não se casava, um desses analisandos, Abram Kardiner, sugeriu uma resposta que lhe parecia óbvia: "Bem, olhem para o pai dela", disse aos amigos. "É um ideal que pouquíssimos homens poderiam alcançar, e certamente seria uma desgraça para ela ligar-se a um homem inferior." Se Freud tivesse reconhecido plenamente o grau de seu poder sobre a filha, talvez hesitasse em psicanalisá-la.

Essa análise era um procedimento extremamente irregular, e Freud, assim como a filha, devia saber disso. Foi um caso prolongado. Iniciando-se em 1918, prosseguiu por mais de três anos, e foi retomada por mais um ano em 1924. No entanto, Freud nunca se referiu a essa análise em público, e apenas raramente em particular, e Anna foi igualmente discreta. Ela mantinha seu pai-analista suprido de sonhos, que agora às vezes guardava, junto com seus devaneios torturantes e as histórias que contava para si mesma, para as horas de análise com ele. Mas conservava esses assuntos íntimos quase todos para si. Em 1919, depois de um ano de análise, fazendo o repouso de verão na zona rural da Bavária junto com uma amiga, Margaretl, ela retribuiu as confidências de Margaretl sobre seu tratamento médico fazendo uma confidência. "Eu contei a ela", disse Anna ao pai, "que faço análise com o senhor." Naturalmente, Lou Andreas-Salomé sabia do segredo, assim como Max Eitingon e, depois, algumas outras pessoas. Mas continuou a ser uma questão mantida num âmbito estritamente privado.

Não admira. As instruções de Freud quanto ao modo de tratar a transferência do analisando e a contratransferência do analista são inequívocas. A decisão de levar Anna ao divã aparece como um desrespeito deliberado às regras que havia estabelecido com tanta força e precisão — para os outros. Em 1920, ao escrever a Kata Levy depois de concluída a análise desta, ele manifestou sua satisfação de poder agora lhe escrever com cordialidade e simplicidade, "sem a rudeza didática da análise, sem ter que ocultar minha amizade sincera pela senhora". E depois que Joan Riviere, dois anos mais tarde, passou a se analisar com ele, tendo antes se debatido numa análise com Ernest Jones, Freud enviou uma enxurrada de cartas a Jones, censurando-o duramente por sua conduta analítica com ela. Ela havia se apaixonado por Jones, e ele lidou muito mal com a relação de transferência. "Fico muito contente", escreveu Freud, "que o senhor não tenha mantido relações sexuais com ela, como suas insinuações me fizeram suspeitar. É claro que foi um erro técnico comportar-se como amigo dela, antes que a análise tivesse chegado ao fim."

O que dizer, então, do erro técnico que Freud estava cometendo nesse mesmo período, com sua filha mais nova? Evidentemente, ele não achava que tivesse cometido uma transgressão: nos primeiros anos da psicanálise, as regras que Freud propusera eram aplicadas de modo descuidado, sendo muitas vezes violadas; o ideal de distância analítica ainda era vago e incipiente. Jung, em sua fase freudiana, havia tentado psicanalisar sua mulher; Max Graf analisara seu filho, o Pequeno Hans, tendo Freud como consultor no segundo plano; Freud havia analisado seus amigos Eitingon e Ferenczi, e Ferenczi, por sua vez, analisara seu colega de profissão Ernest Jones. E mais: no começo da década de 1920, anos depois que Freud, em seus artigos técnicos, comparara a atitude do analista em relação ao paciente ao comportamento profissional frio do cirurgião, a pioneira analista de crianças Melanie Klein havia analisado seus próprios filhos. Quando o primogênito do psicanalista italiano Edoardo Weiss, preparando-se para abraçar a profissão do pai, pediu-lhe que o analisasse, Weiss consultou Freud. Em resposta, Freud qualificou essa análise de "assunto delicado". Tudo dependia, escreveu ele, das duas pessoas envolvidas e da relação que mantinham entre si. Com um irmão mais novo, seria mais fácil, com um filho haveria problemas especiais. "Com minha filha deu certo."

Talvez. Mas a análise, como Freud admitiu, não foi fácil, nem mesmo quando ele a retomou em 1924. Ele havia reduzido o número de pacientes para seis, mas, como escreveu a Lou Andreas-Salomé em maio, havia "assumido uma sétima análise com sentimentos especiais: minha Anna, que é insensata o bastante para se aferrar a seu velho pai". Agora era completamente franco com sua cara Lou. "A menina me dá bastante preocupação: de que modo ela vai enfrentar a vida sozinha" — depois da morte de Freud — "e se consigo trazer sua libido do esconderijo no qual se enfiou." Ele reconhecia que "ela tem um extraordinário dom para ser infeliz e no entanto, provavelmente, sem talento suficiente para se deixar estimular por tal infelicidade a uma produção bem-sucedida". Ele se consolava que, enquanto Lou vivesse, Anna "não ficará sozinha. Mas ela é tão mais jovem do que nós dois!". Por algum tempo, no verão de 1924, parecia que a análise teria de ser interrompida, mas ela prosseguiu. "O que a senhora diz sobre as oportunidades de Anna na vida", disse Freud a Lou Andreas-Salomé em agosto, "é totalmente apropriado e confirma cabalmente meus temores." Ele sabia que a constante dependência de Anna em relação a ele, afinal, era "um prolongamento inaceitável de uma situação que deveria ser apenas um estágio preparatório". Mas ela se prolongava. "A análise de Anna continua", informou Freud à "caríssima Lou" em maio do ano seguinte. "Ela não é simples e não encontra facilmente uma forma de aplicar a si própria o que agora vê com tanta clareza nos outros. Sua evolução como analista experiente, paciente e compreensiva está fazendo excelentes progressos." Mas, acrescentou Freud, o rumo geral da vida de Anna não lhe agrada. "Temo que sua genitalidade suprimida possa algum dia lhe pregar uma peça ruim. Não consigo libertá-la de mim, e ninguém me ajuda nisso." Algum tempo antes, Freud colocara seu dilema da forma mais viva e enfática que pôde: se ela saísse de casa, escreveu ele a Lou Andreas-Salomé, ele se sentiria tão privado como se tivesse que parar de fumar. De fato, é evidente que Freud se sentia irremediavelmente enredado — dilacerado, cansado da vida — em sua relação com a filha predileta. Estava preso em suas próprias necessidades e não podia escapar a elas. "Com todos esses conflitos insolúveis", confessara a Lou Andreas-Salomé já em 1922, "é bom que a vida em algum momento chegue ao fim."

Sem dúvida, Freud tinha todas as razões para se orgulhar de sua "Annerl" na mesma medida em que a amava. Mas os custos emocionais que acompanharam sua formação como psicanalista nunca foram calculados. Pai e filha, pelo resto da vida de Freud, conservaram-se como os aliados mais íntimos, praticamente como colegas em pé de igualdade. Quando as ideias de Anna sobre análise infantil foram criticadas em Londres, no final dos anos 1920, Freud defendeu a filha encarniçadamente;* por sua vez, Anna Freud, em sua clássica monografia sobre a psicologia do ego e os mecanismos de defesa, publicada nos meados dos anos 1930, recorreu à sua experiência clínica pessoal, mas, como fonte principal e categórica de suas percepções teóricas, ela se baseou nos textos do pai. Ela era possessiva em relação a ele, suscetível a qualquer ponto de vista que pudesse sequer insinuar uma crítica ao trabalho dele, ciumenta de outros — irmãos, pacientes, amigos — que pudessem interferir em suas prerrogativas.** No início dos anos 1920, ambos haviam se tornado, e continuariam, intelectual e emocionalmente inseparáveis.

Freud, mais tarde, gostava de chamar a filha Anna de sua Antígona. Não é o caso de levar longe demais esse nome afetivo: Freud era um europeu culto falando para outros europeus cultos, e fez uma incursão em Sófocles à procura de uma comparação afetuosa. Mas os significados de "Antígona" são ricos demais para serem deixados totalmente de lado. O nome ressaltava a identificação de Freud com Édipo, o descobridor arrojado dos segredos da humanidade, o herói epônimo do "complexo nuclear", o assassino do pai e amante da mãe. E há mais. É mais do que evidente que os filhos de Édipo eram todos extraordinariamente ligados a ele; tendo sido gerados pela mãe de Édipo, eram tanto filhos como irmãos seus. Mas Antígona destacava-se entre eles. Era sua companheira corajosa e leal, assim como Anna se tornou, ao longo dos anos, a camarada escolhida do pai. É Antígona que, em *Édipo em Colona*, guia o pai cego pela mão, e

* Ver p. 473.

** Quando Ernest Jones consultou Anna Freud, ao redigir a biografia de Freud, ela lembrou seu ciúme sem reservas. "Pensei um pouco em sua menção à sra. Riviere", analista e tradutora brilhante, entre "as mulheres na vida dele. Ela deve ter desempenhado um papel, visto que lembro ter sentido ciúmes dela (sinal certo!)". Outra vez, quando Jones mencionou o fato de Freud ter tido "auxílio de secretária" em 1909, ela ficou imaginando quem poderia ter sido. Sua tia Minna? Não: isso teria sido muito antes. Sua irmã Mathilde? Provavelmente não. "Realmente não sei e isso me deixa muito ciumenta." (Anna Freud a Jones, 14 de fevereiro e 24 de abril de 1954. Jones papers, Archives of the British Psycho-Analytical Society, Londres.)

em 1923 foi Anna Freud quem se instalou firmemente como secretária, confidente, representante, colega e enfermeira do pai enfermo. Ela se tornou seu vínculo mais precioso com a vida, sua aliada contra a morte.

Anna Freud, ao trabalhar para o pai, não se limitava a datilografar sua cartas quando ele estava indisposto, ou a ler seus artigos em congressos e cerimônias. A partir de 1923, ela cuidou do corpo dele da maneira mais íntima. Publicamente, Freud também atribuía a outros o mérito de cuidarem bem de si. "Minha mulher e Anna me atenderam compassivamente", contou a Ferenczi depois de sua primeira operação na primavera de 1923; "só preciso dizer", escreveu a Samuel Freud em dezembro, não muito depois da segunda série de operações, "que devo qualquer capacidade física que salvei desse desastre às atenções cuidadosas de minha mulher e minhas duas filhas". Mas a filha Anna era a enfermeira-chefe de Freud.* Quando tinha dificuldades em colocar a prótese, ele pedia sua ajuda, e pelo menos uma vez Anna teve de se debater com o desajeitado dispositivo por meia hora. Longe de inspirar desagrado ou ressentimento, essa proximidade física apenas fortaleceu ao máximo os laços entre pai e filha. Ele se tornou tão insubstituível para ela quanto ela se tornara indispensável a ele.

A maioria das manobras sedutoras de Freud eram indubitavelmente inconscientes. Às vezes, Freud se mostrava ingenuamente franco acerca de seus sentimentos ambivalentes sobre a vida de Anna com ele. "Anna, aliás, está indo magnificamente", tinha dito Freud a seu "caro Max" Eitingon em abril de 1921. "Ela é alegre, diligente e animada. Eu gostaria tanto de mantê-la em minha casa quanto de saber que ela tem a sua. Se pelo menos ela sentisse o mesmo!" Porém, com maior frequência, ele continuava a manifestar apreensão quanto ao celibato da filha. "Anna está com ótima saúde", escreveu Freud ao sobrinho em dezembro de 1921, "e seria uma bênção perfeita se não tivesse passado seu aniversário de 26 anos (ontem) ainda em casa." Como a Antígona de Sófocles, a Antígona de Freud nunca se casou. Mas, para Freud, isso não parecia algo predeterminado. Entre seus papéis há um envelope, provavelmente de meados dos anos 1920, que algum dia conteve claramente um presente em dinheiro, sem dúvida dado a Anna Freud pelo seu aniversário. Na frente, há uma dedicatória: "Contribuição para um dote ou independência".

O fato de Freud ter incluído a filha caçula em suas experiências com a telepatia expressa o grau de intimidade que havia entre eles. Quando Freud, em 1925, disse a Abraham que Anna possuía "sensibilidade telepática", não estava apenas brincando. Como Anna Freud, certa vez, observou com perspicácia a

* Em 1926, quando passou algumas semanas num sanatório devido a um problema cardíaco, Freud teve uma "enfermeira aflita" no quarto vizinho, "que durante o dia se divide entre mulher e filha, mas à noite sem dúvida é regularmente esta última". (Freud a Eitingon, 6 de março de 1926. Por autorização de Sigmund Freud Copyrights, Wivenhoe.)

Ernest Jones, "o assunto devia fasciná-lo e, em igual medida, desagradá-lo". Jones atesta que Freud gostava de contar histórias de coincidências estranhas e vozes misteriosas, e o pensamento mágico exercia alguma influência sobre ele, embora esta nunca fosse absoluta. Dera mostras dessa influência de uma maneira extremamente dramática em 1905, quando, durante uma doença perigosa de sua filha Mathilde, tentou aplacar os deuses quebrando "acidentalmente" uma de suas queridas antiguidades. Mas o que mais o intrigava, embora considerasse as provas inconclusivas, era a telepatia.

Numa carta de 1921, Freud afirmou que não estava "entre aqueles que rejeitam frontalmente o estudo dos chamados fenômenos psicológicos ocultos como algo não científico, desprezível ou até perigoso". Pelo contrário, apresentou-se como um "completo leigo e recém-chegado" a esse campo, mas incapaz de se "livrar de certos preconceitos materialistas céticos". No mesmo ano, ele escreveu um apontamento, "Psicanálise e telepatia", para discussão fechada entre os membros do Comitê — Abraham, Eitingon, Ferenczi, Jones, Rank e Sachs —, onde adotou a mesma posição. Freud observou com certa malícia que a psicanálise não tinha por que seguir a opinião estabelecida, condenando com desdém os fenômenos ocultos. "Não seria a primeira vez que ela prestaria apoio às suposições obscuras, mas indestrutíveis, do povo simples contra a arrogância estudada dos cultos." Mas Freud reconheceu prontamente que grande parte da chamada pesquisa sobre as obscuridades dos fenômenos mentais nada tinha de científico, ao passo que os psicanalistas, por outro lado, eram "fundamentalmente mecanicistas e materialistas incorrigíveis". Como cientista, Freud não estava disposto a defender a superstição e o abandono da razão; mas também como cientista estava pronto para investigar fenômenos que pareciam misteriosos e esquivos a soluções terrenas. Praticamente todos esses fenômenos, argumentou ele, estão abertos a explicações naturalistas; as profecias surpreendentes, as coincidências assombrosas normalmente se revelam projeções de desejos intensos. Mas algumas experiências ocultas, particularmente no domínio da transferência de pensamentos, podiam se mostrar autênticas. Em 1921, Freud declarou-se disposto a deixar a questão em aberto — mas, ao mesmo tempo, preferiu manter o assunto restrito a seu círculo mais íntimo, para que a discussão franca de telepatia não desviasse a atenção da psicanálise.

No ano seguinte, porém, abandonando em parte — mas não de todo — sua prudência, Freud publicou um artigo bastante hesitante, planejado como uma comunicação a seus colegas de Viena, sobre sonhos e telepatia. Do início ao fim do texto, declarou-se agnóstico. "Com essa conferência", advertiu ao público, "os senhores não vão aprender nada sobre o enigma da telepatia, nem sequer serão informados se eu creio ou não na existência da 'telepatia'." Na conclusão, continuava inteiramente inacessível: "Despertei nos senhores a impressão de que estou secretamente disposto a tomar o partido da realidade da telepatia em seu sentido oculto? Lamentaria muito que seja tão difícil evitar tal impressão. Pois eu realmente pretendi ser completamente imparcial. Tenho todas as razões para tanto, pois não tenho opinião alguma, não sei nada a respeito dela". Fica-se a imaginar por que afinal Freud publicou essa comunicação; os sonhos ali relatados não comprovavam a autenticidade da comunicação telepática e, na verdade, davam base a uma boa dose de ceticismo. Os sonhos proféticos ou as comunicações à distância, afinal, podiam ser apenas uma atividade do inconsciente, disse ele. É como se Freud quisesse simplesmente manter a discussão acesa. "A vontade de acreditar", como colocou Ernest Jones com justeza, "lutava firme com o aviso para desacreditar."

Com efeito, ao longo dos anos 1920, Freud advertiu seus colegas contra a adoção de uma atitude positiva demais nesse assunto. Por um lado, as provas eram, no máximo, inconclusivas. Por outro, era arriscado que um psicanalista reconhecesse abertamente a telepatia como tema merecedor de uma investigação séria. No início de 1925, Ferenczi perguntou a seus colegas íntimos o que diriam se ele lesse uma comunicação, no próximo congresso internacional de psicanalistas, sobre as experiências de transmissão de pensamentos que vinha fazendo com Freud e Anna. Freud protestou categoricamente. "Aconselho-o contra. Não faça isso."

Mas todas essas precauções prudentes, às quais Freud sempre obedeceu no mínimo com relutância, aos poucos cederam. Em 1926, ele lembrou a Ernest Jones que havia muito tempo alimentava um "preconceito favorável em relação à telepatia", e tinha recuado apenas para proteger a psicanálise de uma proximidade excessiva com o ocultismo. Mas, recentemente, "as experiências que tenho feito com Ferenczi e minha filha ganharam um poder tão persuasivo sobre mim que as considerações diplomáticas tiveram que se colocar em plano secundário".* Acrescentou que considerava a telepatia fascinante porque seu interesse por ela lembrava-lhe, embora em escala menor, "a grande experiência da minha vida", quando se levantara contra o opróbrio público como o descobridor da psicanálise. Na época, ele também tivera de desdenhar a opinião respeitável reinante. Mas, reassegurou a Jones, "se alguém censurá-lo pela minha Queda no Pecado, o senhor está livre para responder que minha adesão à telepatia é meu assunto particular, tal como meu judaísmo, minha paixão por fumar e outras coisas, e o tema da telepatia — não essencial para a psicanálise". Anna Freud, que conhecia a mente do pai melhor do que qualquer outra pessoa, mais tarde minimizou a vontade de crer de Freud. Com a telepatia, disse ela a Jones, "ele estava tentando ser 'justo', ou seja, não tratá-la como outras pessoas haviam tratado a psicanálise. Nunca me pareceu que ele pessoalmente acreditasse em mais do que a possibili-

* Infelizmente, Ferenczi não deu nenhum detalhe sobre o que seriam essas experiências. Anna Freud também não. Mas, muito depois, ela disse a Ernest Jones que ela e seu pai "encenavam" certas "superstições" enquanto procuravam cogumelos, e esse "absurdo" era uma "ótima brincadeira na época". Ela não deixou dúvidas, porém, que essas experiências tinham a ver com "transmissão de pensamentos". (Anna Freud a Ernest Jones, 24 de novembro de 1955. Jones papers, Archives of the British Psycho-Analytical Society, Londres.)

dade de duas mentes inconscientes comunicando-se entre si sem o auxílio de uma ponte consciente". Há muito de razoável nessa defesa, mas ela estava protegendo o pai, como havia muito tempo protegia e não deixou de fazê-lo.

Embora Freud considerasse a filha uma parceira que lhe dava apoio, e na verdade necessária, o estado de espírito dele era compreensivelmente oscilante. Escrevendo a Otto Rank em abril de 1924, ele reclamou com certa irritação que Abraham não tinha qualquer ideia sobre sua situação: "Ele espera que minha 'indisposição' logo seja superada", e simplesmente "não vai acreditar que, para mim, é um programa novo, reduzido, de vida e trabalho". Freud admitiu a Ernest Jones em setembro que estava realizando algum trabalho, mas "de ordem secundária" — um esboço autobiográfico. "Por enquanto não há nenhum interesse científico novo ao largo." De fato, em maio de 1925, comentou com Lou Andreas-Salomé que vinha criando gradualmente uma crosta de insensibilidade. Da natureza das coisas fazia parte "uma espécie de começar a se tornar inorgânico". O equilíbrio entre as pulsões de vida e morte, com que então se ocupava, estava se inclinando gradativamente para o lado da morte. Ele tinha acabado de "comemorar" seu 69º aniversário. Mas, oito anos depois, aos 77, ele ainda seria capaz de impressionar sua paciente Hilda Doolittle com sua vitalidade. "O professor me disse há uns poucos dias atrás", anotou H. D. em seu diário, "que se vivesse mais cinquenta anos, ainda se sentiria fascinado e curioso quanto às excentricidades e variações da mente ou alma humana." Com certeza foi a curiosidade que o manteve trabalhando mesmo depois das operações de câncer — trabalhando e, portanto, vivendo. Não muito tempo depois dessas intervenções, em meados de outubro de 1923, Freud tinha esperanças de voltar a analisar em novembro, mas a cirurgia subsequente de Pichler tornou esse prazo irrealista. Não foi senão em 2 de janeiro de 1924 que ele recomeçou a atender seus pacientes, e "apenas" seis por dia. Logo ele acrescentaria aquela sétima paciente, Ama.

O PREÇO DA POPULARIDADE

No começo de 1925, escrevendo a Abraham, Anna Freud associou a saúde de seu pai à do país numa metáfora expressiva: "Pichler quer, como ele diz, *sanieren*" — sanear — definitivamente a prótese, "e enquanto isso" seu pai estava "sofrendo sob ela, como a Áustria sob *seu* saneamento". Ela se referia à recente *Sanierung* da moeda austríaca, o que, embora parecesse uma medida racional e essencial para a recuperação econômica, sobrecarregara o país com um desemprego elevado, em algumas regiões catastrófico.

Os anos 1920 se revelaram uma década tormentosa, tanto na Áustria como em outras partes, embora não sem alguns intervalos luminosos. Os países da Europa Central lutavam para recompor suas economias em frangalhos, com êxitos modestos e intermitentes. Aprendiam a viver, mais ou menos, com seus territórios truncados e instituições políticas ainda não experimentadas, assim como seus inimigos de outrora aprendiam hesitantes, e muitas vezes mediocremente, a viver com eles. A pequena república austríaca foi admitida à Liga das Nações em 1920, seis anos antes da Alemanha. Foi uma vitória diplomática para a Áustria, uma das primeiras para uma potência derrotada, e também uma das últimas.

Nesses anos, os austríacos passaram por um período febril de experiências sociais marcadas pela tensão política: o impasse entre a "Viena Vermelha" e as províncias católicas, entre o partido Social-Democrata e o Social-Cristão, nunca se resolveu inteiramente. Poderosos grupos políticos agitavam o parlamento e as ruas; o partido do Povo pangermânico, por exemplo, expunha prolixamente suas queixas carregadas de emoção contra a intolerável separação entre Áustria e Alemanha. Os partidos dissidentes — monarquistas, nacional-socialistas e outros — envenenavam a atmosfera política com sua retórica incendiária, marchas provocativas e choques sangrentos. Enquanto o governo municipal socialista de Viena empreendia um ambicioso programa de alojamentos públicos, controle dos aluguéis, construção de escolas e assistência aos pobres, o partido Social-Cristão, que controlava o resto do país, distinguia-se menos por um programa positivo do que pelos seus ódios. Estava decidido a expulsar os social-democratas do poder, se necessário pela força, e seus membros estavam impregnados de antissemitismo que se voltava principalmente, mas não apenas, contra os infelizes imigrantes judeus que fugiam dos pogroms na Polônia, Romênia e Ucrânia.

Embora a República de Weimar desses anos de recuperação viesse a adquirir retrospectivamente uma aura dourada de invejável fecundidade cultural, os austríacos nunca sequer tentaram fabricar um autorretrato tão cintilante. A lenda a que se prendiam girava em torno da cultura resplandecente dos dias do império austro-húngaro, antes da guerra. A Áustria de fato contribuiu para sua época, mas principalmente para a barbárie moderna: um de seus presentes ao mundo foi Adolf Hitler. Nascido em 1889 na pequena vila de Braunau am Inn, ele fora educado na política vienense de sarjeta da época do prefeito antissemita Karl Lueger, para Hitler "o prefeito mais poderoso de todos os tempos". Foi em Viena que ele absorveu sua "filosofia" política, fermento maligno de antissemitismo racial, populismo hábil, darwinismo social embrutecido e um vago anelo pelo domínio "ariano" sobre a Europa. A Áustria, terra tão intensamente celebrada por sua vida musical, suas doces beldades, sua torta Sacher e seu Danúbio Azul em larga medida mitológico — na verdade, não azul, mas lamacento —, proporcionou a Hitler as ideias e sugestões para a ação política que, posteriormente, desencadeou sobre o mundo a partir do palco maior da Alemanha.

Em 1919, em Munique, após ter sido dispensado por invalidez no final da guerra, Hitler juntou-se a um grupo obscuro de excêntricos nacionalistas imbuídos de ideias anticapitalistas; no ano seguinte, quando o grupo se rebatizou como partido Nacional Socialista dos Operários Alemães — os nazistas, em resumo —, a presença carismática de Hitler levou-o à liderança. Era um político de novo tipo, com uma sede insaciável de poder, desprezando as vias tradicionais, ao mesmo tempo esperto e fanático. Em 1922, Benito Mussolini, o mais bombástico dos demagogos, havia imposto sua ditadura pessoal, uma mísera combinação de blefe e força, sobre a Itália. Mas Mussolini, sob muitos aspectos modelo e mestre dos nazistas, não era capaz de rivalizar com a extrema habilidade de Hitler de oscilar entre a crueldade e o oportunismo, seu dom de manipular igualmente massas humanas e líderes econômicos. Por mais bombástico, corrupto, histriônico e impiedoso que fosse, a história iria considerar o fascismo italiano como moderado em comparação à Nova Ordem nazista, com a qual Hitler sonhava desde seus dias mais obscuros.*

Embora excepcionalmente hábil em adaptar sua linguagem a seu público, Hitler nunca se esqueceu de seus inimigos mortais: a cultura liberal, os democratas, os bolcheviques e, sobretudo, os judeus. O *putsch* que ensaiou em novembro de 1923, numa cervejaria em Munique, falhou de modo ignominioso, mas Hitler converteu seu malogro em vantagem: passou cerca de oito confortáveis meses confinado numa fortaleza, trabalhando no livro que se converteu na bíblia do movimento nazista, *Mein Kampf*. Mas quando a República de Weimar finalmente derrotou a inflação, nos últimos meses de 1923, conseguindo um inusitado grau de ordem pública e renovando sua credibilidade diplomática, Hitler viu-se relegado durante alguns anos à posição de pouco mais que um orador secundário e marginal, embora se vangloriasse de contar com alguns simpatizantes influentes e um quadro dedicado de adeptos.

Assim, os meados dos anos 1920 foram para a Alemanha a época de Gustav Stresemann, o conciliador ministro do Exterior, mais do que de Adolf Hitler, o visionário fanático. Stresemann deu o tom, enquanto a Alemanha se reintegrava à comunidade internacional e tentava sair do atoleiro das indenizações de guerra. O nome de Hitler não aparece na correspondência de Freud daqueles anos; era irrelevante demais. Embora ainda houvesse motins intermitentes nas ruas alemãs, embora os Aliados continuassem a pressionar pelo pagamento das indeni-

* A Itália fascista foi, em certa medida, uma exceção ao ímpeto do antissemitismo nos novos regimes até o final dos anos 1930, quando Mussolini, na esteira de Hitler, introduziu uma legislação antissemita. Freud teve um único contato indireto com Mussolini, registrado pelo analista italiano Edoardo Weiss: "Como eu tinha o costume de fazer", em 1933 "levei um paciente muito doente para uma consulta com Freud. O pai do paciente, que nos acompanhou, era amigo íntimo de Mussolini. Depois da consulta, o pai pediu a Freud um presente para Mussolini, no qual Freud deveria escrever uma dedicatória. Eu estava numa posição muito embaraçosa, pois sabia que, nessas circunstâncias, Freud não podia recusar o pedido. A obra que ele escolheu, talvez com uma intenção definida, foi 'Por que a guerra?'", edição de uma breve correspondência com Albert Einstein, onde Freud professava sentimentos pacifistas. A dedicatória foi "com a saudação dedicada de um ancião, que reconhece no dirigente o herói da cultura", uma alusão, observa Weiss, às "*escavações arqueológicas em grande escala*" de Mussolini, nas quais "*Freud estava muito interessado*". (Edoardo Weiss, "Meine Erinnerungen an Sigmund Freud", em *Freud-Weiss Briefe*, pp. 34-5.)

zações, com que a Alemanha mal podia arcar, o romance, o cinema, o teatro, a ópera e a opereta, a dança, a pintura, a arquitetura e a escultura floresciam com grande ímpeto. O mesmo ocorria com a psicanálise. Mas a República de Weimar não impressionou a Freud mais do que a Áustria do pós-guerra. Em 1926, ele disse numa entrevista a George Sylvester Viereck: "Minha língua é o alemão. Minha cultura, minhas realizações são alemãs. Eu me considerava intelectualmente alemão, até que notei o crescimento do preconceito antissemita na Alemanha e na Áustria germânica. Desde então, prefiro me dizer um judeu".

Freud pode ter encontrado algum consolo, ao se afastar do mundo à sua volta para contemplar os rumos da psicanálise após a Grande Guerra. Mas continuou amargo e insatisfeito. Escrevendo a Pfister no Natal de 1920, informou que tinha recebido de vários países algumas obras respeitáveis de popularização da psicanálise, e sentia-se obrigado a reconhecer que "a causa avança por toda parte". Mas imediatamente contrabalançou essa concessão ao otimismo: "O senhor parece superestimar meu prazer com isso. Já desfrutei de qualquer satisfação pessoal que se possa obter com a análise, na época em que eu estava sozinho, e, desde a adesão dos outros, tenho me sentido mais aborrecido do que satisfeito". A aceitação crescente da psicanálise, acrescentou ele, não o fizera mudar sua opinião negativa em relação às pessoas, opinião esta que datava da época em que haviam rejeitado suas ideias de forma categórica e obtusa. Talvez, supunha Freud, essa atitude fizesse parte de sua própria história psicológica, em consequência do isolamento inicial: "Decerto naquela época desenvolveu-se uma fenda irremediável entre mim e os outros". No ano anterior, ele já havia dito a Eitingon que, desde o início de seu trabalho, quando estava totalmente sozinho, sua "preocupação opressiva quanto ao futuro" dizia respeito "ao que a escória humana" faria da psicanálise "quando eu não estiver mais vivo".

Isso soa um pouco deprimido e francamente rude. Afinal, ele estava realmente divulgando um conjunto altamente técnico de ideias — ideias, além do mais, extremamente desagradáveis, extremamente escandalosas. A psicanálise tinha como objetivo nada menos que a derrubada das escolas dominantes no campo da psicologia e da psiquiatria, para não mencionar o amor-próprio injustificado de homens e mulheres. Nas *Conferências introdutórias*, Freud havia observado, um pouco melodramaticamente, que a psicanálise dera o terceiro golpe histórico na megalomania da humanidade. Copérnico havia estabelecido que a Terra não é o centro do Universo, Darwin fizera a humanidade ingressar no reino animal, e agora ele, Freud, estava ensinando ao mundo que o ego, em larga medida, é servo das forças inconscientes e incontroláveis da mente. Poder-se-ia esperar que o mundo entendesse, quanto mais saudasse, tal mensagem?

As proposições da psicanálise, à luz serena do dia, soavam improváveis e até absurdas, e as provas a seu favor eram remotas e de difícil avaliação; exigiam um passo de fé que muitos não se dispunham a dar. Em 1919, quando a faminta Viena do pós-guerra enxameava com ideias radicais extravagantes, a psicanálise era calorosamente discutida nos cafés. "A atmosfera", lembra o filósofo *sir* Karl Popper, "estava repleta de lemas revolucionários, ideias e teorias novas, muitas vezes malucas." O aforismo maldoso e muito citado de Karl Kraus, que dizia que a psicanálise é a doença cuja cura ela pretende ser, já tinha alguns anos na época, mas resumia uma reação duradoura e corrente. Popper, por exemplo — tinha então apenas dezessete anos —, achava que havia refutado definitivamente a psicanálise, junto com a psicologia adleriana e o marxismo: todos esses sistemas explicavam demais. Suas formulações eram tão imprecisas que qualquer acontecimento, qualquer comportamento, qualquer fato que fosse, poderiam apenas confirmá-los. Provando absolutamente tudo, argumentou Popper, eles não provavam absolutamente nada. E Popper era apenas o mais sofisticado entre muitos especialistas do momento. Num tal clima de opinião, com tanta coisa em jogo, o avanço tortuoso da psicanálise não deve ter surpreendido Freud.

O ingresso de Freud nos cafés, nos coquetéis, nos palcos, dificilmente seria capaz de promover uma compreensão ajuizada de seu pensamento. Os termos técnicos e as ideias fundamentais eram mal interpretados, em geral adulterados, para servir como moeda corrente. "A psicanálise", sugeriu um comentador, Thomas L. Masson, numa resenha típica de quatro livros sobre o tema, em 1923, "está não só colorindo nossa literatura, mas, como um resultado natural, penetrando e influenciando a vida em muitas outras direções." Masson citou como exemplo dessa influência a maior utilização da psicanálise nas contratações profissionais, e manifestou a esperança de que ela finalmente fosse "resolver os problemas levantados pela Ku Klux Klan". Mas rapidamente desfez essa esperança, embora com um tom algo respeitoso, concluindo que "somos francamente céticos quanto ao seu valor último". Muitas outras pessoas levadas a exprimir uma opinião sobre a psicanálise nos anos 1920 não tiveram maiores rebuços em seu ceticismo.

A imprensa popular, tanto os jornais como as revistas, contribuiu para espalhar a confusão e os juízos fáceis, reduzindo o homem Freud a uma caricatura cômica, muitas vezes bastante ameaçadora. O público mais amplo, na era perturbada do pós-guerra, achava essa caricatura absolutamente irresistível. Freud era o *Herr Professor* grave, de barba, com um sotaque carregado e divertido da Europa Central, que colocara o sexo em evidência. O que se ouvia dizer é que suas teorias autorizavam a mais desenfreada autoexpressão erótica. Mesmo os poucos críticos respeitosos que se debatiam com seus textos nos suplementos dominicais diziam-se mais desconcertados do que esclarecidos com sua obra. Um deles, a crítica Mary Keyt Isham, tentando entender *Além do princípio do prazer* e *Psicologia de grupo*, confessou na seção de resenhas de livros do *New York Times* que "o crítico se depara com muitas dificuldades nas obras de Freud e mais do que nunca nesses dois recentes volumes", principalmente por estarem procurando, julgava Isham, "apresentar os resultados de suas investigações anteriores numa forma 'metapsicológica'", coisa que ela, equivocadamente, qualificou como uma "disciplina recentemente criada".

Poucos dentre os mais cultos faziam algo para corrigir as calúnias em relação a Freud ou as interpretações errôneas da psicanálise. Pregadores, jornalistas e pedagogos denunciavam suas ideias obscenas e lamentavam sua influência funesta. Em maio de 1924, o dr. Brian Brown, autor de *O poder da mente interior*, falando num simpósio realizado em St. Mark's-in-the-Bowery, Nova York, qualificou de "podres" as interpretações de Freud sobre a mente inconsciente. No mesmo simpósio, o dr. Richard Borden, diretor da Associação de Fonoaudiologia da Universidade de Nova York, tentou corajosamente explicar algumas ideias freudianas fundamentais, como "Doença da Alma, Libido, Complexos e o 'Velho Adão'", mas o dr. Brown opôs-se alertando que "Freud não ensinava psicologia". Na verdade, "a ideia [de Freud] era a de que havia um compartimento externo onde as ideias prejudiciais eram armazenadas, prontas para se precipitarem à nossa consciência. Além disso, ele reduzia tudo ao sexo". A velha acusação de que Freud era obcecado por sexo parecia inextirpável.

Um ano depois que o dr. Brown qualificou as ideias de Freud como podres, Stephen S. Wise, o importante rabino de Nova York, adepto do rito reformado e defensor do sionismo, fez a mesma acusação com uma linguagem mais refinada. Falando a estudantes na International House, insistiu em que se afastassem de H. L. Mencken e redescobrissem a doçura e a luminosidade de Matthew Arnold. Mas, prosseguiu ele, "uma troca de 'velhos por novos deuses' muito mais séria" do que o pessimismo de Mencken era "a voga do freudianismo". Para Wise, assim como para muitos outros observadores angustiados, Freud era o profeta sedutor do puro instinto desenfreado. "Gosto de justapor Freud a Kant", declarou ele. "Ao ensinamento de Kant — 'Tu deves, tu hás de, tu consegues'", Freud "opõe o 'Você pode'." O freudismo, concluía Wise sonoramente, "é um escavar nos esgotos de nossas disposições e apetites, sonhos e paixões". Outros eram tentados pela frivolidade. No verão de 1926, um clérigo hábil, o reverendo John MacNeill da Décima Igreja Presbiteriana da Filadélfia, apresentou uma conferência em Stony Brook: "Hoje, uma em cada três pessoas está louca com o assunto da psicanálise. Se vocês quiserem se livrar rapidamente delas, peçam-lhes que soletrem a palavra".

Esse tipo de denúncia era característico da época, e não só nos Estados Unidos. Em novembro de 1922, Eitingon escreveu a Freud, de sua amada Paris, contando que a psicanálise estava enfrentando uma ruidosa oposição: "Provavelmente não é coincidência que no mesmo dia" em que apareceu uma tradução francesa da *Psicopatologia da vida cotidiana* de Freud, "houve um artigo incendiário sobre 'Freud et l'éducation', onde um certo professor Amar apela ao governo para proteger as crianças contra a psicanálise. Ele está muito zangado, esse Herr Amar". A zanga também era uma defesa contra a mensagem de Freud.

Assim, a discussão em torno das ideias de Freud, quer fosse favorável ou contrária a elas, muitas vezes era de um nível estarrecedoramente baixo. Em 1922, um colaborador do *Times* de Londres, ao resenhar as *Conferências introdutórias* de Freud, afirmou que a psicanálise havia "entrado num mau período em virtude do ardor excessivo de seus apóstolos". Iniciara-se como "uma contribuição à ciência psíquica", mas depois, infelizmente, tornara-se "uma 'mania' — o que significa que era febrilmente discutida por pessoas que não tinham senão um ligeiro conhecimento de seu significado". Era responsabilizar um pouco tendenciosamente apenas os seguidores de Freud. Mas a observação de que a psicanálise tinha virado uma espécie de mania entre os que não tinham nenhum conhecimento era bastante verdadeira. O freudianismo, escreveu em 1925 o médico sueco Poul Bjerre, considerado por Freud um adepto, "agitou sentimentos" como se "se tratasse de uma nova religião, e não de uma nova área de pesquisa. Principalmente nos Estados Unidos, a literatura psicanalítica se converteu numa avalanche. '*Ser psicado*' virou moda". Um ano mais tarde, o eminente e prolífico fisiologista americano William McDougall dava apoio à avaliação de Bjerre: "Além dos seguidores profissionais, uma legião de leigos, pedagogos, artistas e diletantes ficou fascinada pelas especulações freudianas e deu-lhes uma imensa voga popular, de modo que alguns dos termos técnicos usados por Freud se incrustaram na gíria popular tanto dos Estados Unidos como da Inglaterra".

O continente europeu mostrava-se apenas ligeiramente menos suscetível à sedução do vocabulário freudiano, mantendo a mesma ambivalência em suas reações. "Na imprensa diária", observaram Abraham, Eitingon e Sachs numa circular de Berlim, em maio de 1925, "há muito para se ler sobre Psa., principalmente em sentido negativo, mas nem sempre." Também tinham uma boa notícia: os cursos oferecidos pelo Instituto Psicanalítico de Berlim, fundado em 1920, estavam atraindo um grande público e um número satisfatório de candidatos. E mais, Abraham e seus colegas foram "compensados pela atmosfera frequentemente adversa da imprensa" com o fato de que Stefan Zweig acabava de dedicar um novo livro de ensaios biográficos a Freud. E, para não esquecer um item divertido, um certo Friedrich Sommer publicara recentemente um folheto, "A medida da energia espiritual", onde declarava: "Um dia conheci a Psa., e isso me aproximou mais da religião cristã". Em outubro, Abraham enviou outra notícia: "Pode-se informar da Alemanha que a discussão da Psa. nos jornais e periódicos é incessante. Vemo-la mencionada por toda parte". Nada mais natural que "não faltem os ataques. Mas", acrescentava ele de modo tranquilizador, "sem dúvida o interesse nunca foi tão forte como agora". No entanto, grande parte do interesse não era mais bem informado do que Friedrich Sommer, quando tomou conhecimento das ideias de Freud, como forma de se aproximar mais de Deus.

Essa mescla de indicações, em sua maioria negativas, também caracterizava o clima de opinião em Viena. Elias Canetti, dificilmente um estudioso apaixonado da psicanálise, lembra que, quando lá morou em meados dos anos 1920, "raramente havia uma conversa onde não aflorasse o nome Freud". As "figuras principais da Universidade ainda o rejeitavam com arrogância", mas a interpretação de "*lapsos* tinha se tornado uma espécie de jogo de salão". O complexo de Édipo dificilmente escapava à mania: todo mundo queria o seu. O mais arrogante esnobe não se importava em tê-lo. Na verdade, havia muitos austríacos que consideravam as teorias da agressão de Freud de urgente adequação ao momento: "O que se presenciara de crueldade assassina era inesquecível. Muitos que tinham participado ativamente agora estavam de volta. Sabiam muito bem do que tinham sido capazes — sob ordens —, e sofregamente agarravam todas as explicações da predisposição ao assassinato que a psicanálise lhes oferecia".

Como inúmeros detratores de Freud, muitos de seus admiradores tinham apenas a mais vaga ideia sobre sua mensagem específica. A imprecisão conquistou a todos, e não só entre os semi-instruídos: um psicólogo tão culto como Poul Bjerre podia empregar o termo "subconsciência" — *Unterbewusstsein* —, em lugar de "inconsciente", em sua exposição popular da psicanálise.* Num panfleto que o editor americano B. W. Huebsch publicou em 1920, anunciando o "estudo psicanalítico sobre Woodrow Wilson", *A história de um estilo*, de autoria de William Bayard Hale, podia-se ler: "Pode ser assombroso para os que não acompanharam a sempre crescente literatura psicanalítica a habilidade com que os seguidores de Freud e Jung desvelam as operações da mente e alma humanas". Esse tipo de imprecisão era infinitamente irritante para Freud, e às vezes ele se refugiava no velho provérbio de que era capaz de cuidar dos inimigos, ao passo que dos amigos precisava se proteger.

Não estava sendo inteiramente justo. As maiores ameaças à difusão da psicanálise entendida de modo adequado eram os modistas e aproveitadores. Alguns dos que exploravam a psicanálise eram simples e evidentes charlatães. Como o *New York Times* observou com propriedade em maio de 1926, "muito infelizmente para a reputação de Freud, suas teorias se prestam com terrível facilidade aos usos da ignorância e do charlatanismo". Embora o próprio Freud tivesse "denunciado essas extravagâncias", seus protestos tiveram "pouco efeito no que se refere ao público em geral". Era algo plenamente previsível; o grande lago turvo do tratamento psicológico atraía autodenominados terapeutas para a pesca sem autorização. Ernest Jones, por exemplo, apresenta o anúncio de uma "Companhia Editorial Psicanalítica Inglesa", que dizia: "Quer ganhar 1.000 libras por ano como psicanalista? Podemos lhe mostrar como fazer. Tenha oito lições por correio conosco, por quatro guinéus o curso!".

* Esse foi, e continua a ser, um erro notável e corrente. Ver, de um médico contemporâneo de Bjerre, W. Schmidt-Mödling, *Der Ödipus-Komplex der Freudschen Psychoanalyse und die Ehegestaltung des Bolschewismus* [s.d. (1928?)], p. 1; adiante, na mesma obra, ele usa "inconsciente" como sinônimo de "subconsciente". Por ocasião do septuagésimo aniversário de Freud, dois dias antes, o *New York Times* comentou, sob o título "A psicologia sabe que ele viveu", que "as teorias do subconsciente" de Freud se mantinham altamente controversas. ("Topics of the Times", *New York Times*, 8 de maio de 1926, p. 16.)

Boa parte da agitação em torno de Freud não ia muito além da mera tolice inofensiva, que desperta mais riso do que indignação pela comédia humana num mundo democrático. No verão de 1924, o sensacional julgamento de Nathan Leopold e Richard Loeb por homicídio, com o temível advogado Clarence Darrow encarregado da defesa, ocupou as manchetes em todos os Estados Unidos. O coronel Robert McCormick, o arrogante editor do *Chicago Tribune*, mandou despachar um telegrama para Freud, oferecendo-lhe a soma impressionante de 25 mil dólares "ou quanto quiser vir Chicago psicanalisar" os dois jovens assassinos. Pertencentes a famílias ricas e importantes, aparentemente motivados apenas pela vontade obscura de cometer um crime perfeito contra um amigo, Leopold e Loeb fascinaram um público mistificado pelo gesto gratuito e, em parte inconscientemente, atraído por insinuações de emoções homoeróticas em jogo. McCormick, ciente de que Freud estava velho e indisposto, até se ofereceu para fretar um navio que trouxesse o ilustre analista aos Estados Unidos. Freud eximiu-se. Mais tarde, no mesmo ano, Sam Goldwyn, já na época um dos mais poderosos produtores de Hollywood, a caminho para Europa, disse a um repórter do *New York Times* que iria visitar Freud, "o maior especialista em amor no mundo". Sua finalidade: oferecer a Freud honorários bem mais pródigos do que os do coronel McCormick — a soma principesca de 100 mil dólares. "Amor e riso são as duas principais ideias na mente de Samuel Goldwyn, ao produzir filmes", observou o repórter, acrescentando que Goldwyn pretendia persuadir "o especialista em psicanálise a comercializar seu estudo e escrever uma história para a tela, ou vir à América e dar um 'impulso' aos corações desta nação". Afinal, como colocou Goldwyn, "não existe realmente nada que entretenha tanto quanto uma estória de amor realmente grandiosa", e quem estaria melhor qualificado para escrever ou orientar uma tal história, senão Freud? "Roteiristas, diretores e atores", achava Goldwyn, "podem aprender muito com um estudo realmente profundo da vida cotidiana. Quão mais poderosas serão suas criações se souberem como exprimir uma motivação emocional autêntica e desejos suprimidos?" Freud estava se saindo bem com vinte, e mais tarde 25 dólares a hora; no entanto, avançava em anos, sempre ávido por moeda forte. Esta, então, como diz o provérbio, era uma oferta que não podia recusar. Mas a manchete do *New York Times* de 24 de janeiro 1925 noticia brevemente um resultado muito diferente: "FREUD REPELE GOLDWYN./Psicanalista vienense não está interessado em oferta de filme". Com efeito, segundo um jornal de rua vienense, *Die Stunde*, que afirmava basear sua versão numa entrevista com Freud, este teria respondido à solicitação de uma entrevista por parte de Goldwyn com uma carta de uma única frase: "Não pretendo ver o sr. Goldwyn".

Tais incidentes atestam à larga que, em meados dos anos 1920, Freud havia se tornado um nome corrente. O número de pessoas que liam, sem falar das que entendiam plenamente, textos esotéricos como *Além do princípio do prazer* ou *O ego e o id* se mantinha necessariamente reduzido. Apenas de uma minoria seleta se poderia esperar que fizesse jus aos ensinamentos de Freud; infelizmente, a maior parte dos que se pronunciaram sobre a psicanálise nesses anos não fazia parte de tal minoria. No entanto, o nome e o retrato de Freud, mostrando um cavalheiro idoso e austero, cuidadosamente vestido, com olhos penetrantes e o indefectível charuto, tornaram-se conhecidos a milhões. Mas os episódios de McCormick e Goldwyn também mostram por que tudo isso mais irritava do que alegrava a ele. "A popularidade em si me é inteiramente indiferente", exclamara a Samuel Freud no final de 1920; ela "deve ser no máximo considerada um perigo para realizações mais sérias". Sua "popularidade atual", reiterou um ano depois, era um "fardo", para ele. Tornou-se um refrão típico em suas cartas; no começo de 1922, comentou-a novamente, desta vez a Eitingon: ele considerava sua popularidade "abominável". No máximo prestava para um sorriso de mofa. "Na Inglaterra e América", dissera a Eitingon um ano antes, "há agora um grande alarido Psa, que, porém, não me agrada e não me traz nada além de recortes de jornais e visitas de entrevistadores. Contudo, é divertido." Era a fama, mas não a fama que ele queria.

Freud, como sabemos, não era indiferente à aprovação pública; afinal, insistia na originalidade de suas contribuições para a ciência da mente, para as quais esperava reconhecimento. Mas repórteres intrometidos e matérias ignorantes nos jornais, boatos publicados a respeito de sua saúde, resumos repletos de erros sobre suas ideias e a torrente de cartas despejada sobre ele — e praticamente a todas se sentia obrigado a responder — roubavam-lhe o tempo para o trabalho científico e expunham Freud e sua causa a uma vulgarização que ele temia e abominava. Mas, por vezes, tinha de admitir que sua recente notoriedade tinha compensações. "Sou considerado uma celebridade", disse ao sobrinho inglês no final de 1925. "Os judeus por todo mundo orgulham-se do meu nome, equiparando-me a Einstein." Esse orgulho não era invenção sua; a comparação tampouco era feita apenas pelos judeus. Ao discursar nas cerimônias inaugurais da Universidade Hebraica em Jerusalém, em 1925, o idoso estadista inglês lorde Balfour associou Freud a Bergson e Einstein, como os três homens, todos judeus, que haviam tido a maior influência benéfica sobre o pensamento moderno. Era um elogio de uma fonte pela qual Freud tinha grande admiração; no final de 1917, como ministro do Exterior inglês, Balfour havia penhorado o apoio de seu país à criação de um território judaico na Palestina, e Freud havia saudado "o experimento dos ingleses com o povo eleito". Seu prazer não diminuíra com os anos. Acusando o recebimento da notícia sobre o discurso de lorde Balfour, ele pediu que Ernest Jones enviasse uma separata do "Estudo Autobiográfico", em agradecimento à "honrosa referência".

Num tal estado de espírito, ele podia filosofar acerca de sua proeminência. "Afinal", disse a Samuel Freud, "não tenho razões para me queixar e olhar com receio o fim próximo da minha vida. Depois de um longo período de pobreza, estou ganhando dinheiro sem esforço e ouso dizer que garanti a subsistência de minha mulher." Em uma ou duas ocasiões, coube-lhe uma homenagem que considerava respeitável: em novembro de 1921, a Sociedade Holandesa de Psiquiatras e Neurologistas nomeou-o membro honorário, distinção que o alegrou. E com toda razão; era o primeiro reconhecimento formal que Freud recebia desde 1909, quando a Universidade Clark lhe concedera um título de doutor honorário. Continuavam a se ouvir comentários de que Freud não passava de um charlatão, mas sua reputação difundiu-se para além do estreito círculo de analistas freudianos engajados. Ele estava começando a se corresponder com grandes nomes, principalmente escritores famosos: Romain Rolland, Stefan Zweig, Thomas Mann, Sinclair Lewis e, a partir de 1929, Arnold Zweig, que fizera fama com um romance contra a guerra, *O caso do sargento Grischa*, dois anos antes. "Escritores e filósofos que passam por Viena", informou Freud ao sobrinho em Manchester, "visitam-me para conversar." Os dias de isolamento de Freud eram apenas uma lembrança apagada.

Uma honraria continuou a escapar-lhe — o Prêmio Nobel. Quando Georg Groddeck, no começo dos anos 1920, indicou-o como outros haviam feito antes, Freud disse à mulher de Groddeck, resignado, que seu nome fora cogitado durante anos, sempre em vão. Alguns anos depois, em 1928 e novamente em 1930, o dr. Heinrich Meng, um jovem psicanalista alemão que fora analisado por Paul Federn, organizou uma campanha em favor de Freud. Coletou uma quantidade impressionante de assinaturas de prestígio; entre os que responderam, incluíam-se admiradores alemães tão destacados como os romancistas Alfred Döblin e Jakob Wassermann, e estrangeiros eminentes — filósofos como Bertrand Russell, educadores como A. S. Neill, biógrafos como Lytton Strachey, cientistas como Julian Huxley, e muitos outros apenas ligeiramente menos conhecidos para o público culto. Eugen Bleuler também somou-se aos signatários, embora tendo escapado à corte de Freud após alguns anos de flerte. Mesmo admiradores tão improváveis como o romancista norueguês, ganhador do Prêmio Nobel, Knut Hamsun, e o compositor nacionalista alemão Hans Pfitzner, ambos mais tarde simpatizantes nazistas, acharam possível subscrever o apelo de Meng. Defendendo sua própria seara, Thomas Mann declarou-se disposto a acrescentar sua assinatura — desde que o prêmio em questão fosse para a medicina.* Mas, como sabia Meng, justamente isso era inalcançável: o psiquiatra consultado como autoridade pela Academia Sueca descartou Freud como uma fraude e ameaça. Portanto, a única categoria aberta a ele era a literatura. Mas as manobras evasivas de Meng nessa direção também falharam, e assim Freud somou-se a uma longa

* Um dos ganhadores do Prêmio Nobel que se recusaram a apoiar a candidatura de Freud foi Albert Einstein, que escreveu a Meng, em 15 de fevereiro de 1928, dizendo que não poderia oferecer nenhum parecer confiável sobre a verdade da doutrina de Freud, "muito menos oferecer um veredicto que tivesse alguma autoridade para outros". Além disso, advertiu Einstein, parecia-lhe duvidoso que um psicólogo como Freud pudesse ser realmente elegível para o Prêmio Nobel de Medicina, "que, suponho, é o único que poderia ser considerado". (Devo essa referência ao prof. dr. Helmut Lück e à profª Hannah S. Decker.)

lista de estilistas, de Proust a Joyce, Franz Kafka a Virginia Woolf, que nunca foram a Estocolmo.

Freud deve ter acolhido, mas tentando desencorajar, todos esses esforços bem-intencionados. Declarando não estar a par das atividades de Meng, ele perguntou retoricamente a Ernest Jones: "Quem é tão tolo para se meter nesse assunto?". A própria veemência da pergunta sugere que, se lhe fosse oferecido o prêmio, Freud o teria agarrado com as duas mãos. Em 1932, informou a Eitingon que estava mantendo correspondência com Einstein, destinada à publicação, sobre a natureza da guerra e a possibilidade de evitá-la. Mas, acrescentou ele, não esperava ser agraciado com o Prêmio Nobel da Paz por causa disso. Há algo melancólico, e até um pouco patético, nessa observação. Mas Freud não poderia negar que estava deixando profundas marcas na cultura ocidental. E não só na ocidental: nos anos 1920, ele começou a se corresponder com o médico hindu Girindrasehkhar Bose. "Creio", disse Stefan Zweig em 1929, tentando resumir a influência de Freud, "que a revolução que o senhor provocou em toda a estrutura psicológica, filosófica e moral de nosso mundo é muito mais importante do que a parte meramente terapêutica de suas descobertas. Pois hoje todas as pessoas que não conhecem nada sobre o senhor, todo ser humano de 1930, mesmo quem nunca ouviu a palavra psicanalista, já está indiretamente tingido de ponta a ponta pela sua transformação de almas". Zweig se deixava muitas vezes arrastar pelo entusiasmo, mas essa avaliação não está longe da verdade equilibrada.

Felizmente, pelo menos parte da atenção acumulada por Freud não era tão solene, e sim até divertida. O teatrólogo húngaro Ferenc Molnár, o mais espirituoso dos cosmopolitas, caricaturou as caricaturas populares das ideias de Freud no resumo de seu roteiro para uma peça planejada, para a qual, disse ele, contava com material muito bom: "Como vai se desenvolver, ainda não sei, mas a ideia fundamental é muito simples, como em todas as grandes tragédias: rapaz — casado com sua mãe e feliz — descobre que ela não é sua mãe — se mata com um tiro". No final dos anos 1920, na Inglaterra, Ronald Knox, padre, tradutor da Bíblia e satírico culto, brincava com diagnósticos pseudopsicanalíticos; reescreveu o *Struwwelpeter*, esse clássico da literatura infantil alemã, em jargão freudiano. Na mesma época, nos Estados Unidos, James Thurber e E. B. White satirizaram o dilúvio de livros sobre sexo que inundava as livrarias americanas com *Sexo é necessário? ou Por que você se sente como se sente*. Entre os solenes capítulos gozadores do livrinho, constavam "A natureza do homem americano: um estudo do pedestalismo" e "O que os filhos devem contar aos pais?". Freud, como mostra o glossário de termos técnicos do livro, estava muito presente na mente dos autores. Eles definiam "Nuclear, Complexo" como "Choque causado pela descoberta de uma pessoa do sexo oposto em suas verdadeiras cores; início de um colapso geral", explicavam "Exibicionismo" como "Indo longe demais, mas não pretendendo realmente isso", e descreviam o "Narcisismo" como "Tentativa de ser autossuficiente, com implicações". Prestimosamente, Thurber e White remetiam os interessados em saber o significado de "Princípio do prazer" à "Libido", e em "Libido" vinha "Princípio do prazer". Em parte, era pueril, mas grande parcela dos discursos presumidamente sérios não era mais responsável do que essas brincadeiras inócuas, sendo muito mais perniciosos.

Desde muito cedo, Freud também teve seus estudiosos responsáveis, mas os esforços destes para popularizar uma versão confiável da psicanálise eram submersos por ideias, a respeito de Freud, que todos aceitavam sem ser dar ao trabalho de lê-lo. Em 1912, estudando "a psicologia freudiana" com "grande entusiasmo", o jovem Walter Lippmann havia dito ao psicólogo social inglês Graham Wallas que se sentia "como os homens podem ter se sentido em relação à *Origem das espécies*!". Reler William James, depois de descobrir Freud, deixou Lippmann "com uma curiosa sensação de que o mundo devia ter sido muito jovem nos anos 1880". Quando olhava para aqueles dias heroicos, ele lembrava que "os rapazes sérios levavam Freud muito a sério, como na verdade merecia ser considerado. A exploração de Freud como uma moda cansativa foi posterior, em geral por parte de pessoas que não o haviam estudado e só tinham ouvido falar nele".

Em defesa própria, os psicanalistas faziam propaganda das ideias de Freud sempre que tinham oportunidade, discursando para teólogos e médicos, e escrevendo artigos que publicavam em periódicos mais ou menos sofisticados. Nos anos 1920, Oskar Pfister fez viagens de palestras na Alemanha e Inglaterra, disseminando a mensagem freudiana e, em conversas particulares, mantendo contato com professores influentes que poderiam divulgar as verdades freudianas entre seus alunos. Pfister e outros analistas também produziram subsídios confiáveis, e até de fácil leitura, para a compreensão de Freud: *O método psicanalítico* de Pfister, exaustivo mas acessível, foi publicado em 1913, e apareceu em tradução para o inglês quatro anos depois, em Nova York. Não foi o primeiro nesse campo: em 1911, Eduard Hitschmann tinha escrito uma exposição bem mais concisa, *As teorias das neuroses de Freud*, logo traduzida para o inglês. Em 1920, G. A. (posteriormente *sir* Arthur) Tansley publicou *A nova psicologia e sua relação com a vida*, um levantamento escrito com elegância, que em dois anos teve sete edições. E, em 1926, Paul Federn e Heinrich Meng editaram um compêndio psicanalítico "para o povo", *Das Psychoanalytische Volksbuch*, no qual colaboraram vários colegas; o livro cobria todo o campo da psicanálise, inclusive a análise da arte e da cultura, em 37 artigos curtos, os quais evitavam a terminologia técnica, traduziam os termos estrangeiros e usavam exemplos simples para inculcar as doutrinas de Freud.

Freud podia zombar, mas todo esse trabalho não foi de forma alguma inteiramente inútil. Em maio de 1926, jornais e periódicos de incontáveis países registraram o septuagésimo aniversário de Freud com extensas avaliações, algumas delas bem informadas. Talvez o mais inteligente tenha sido o refinado tributo do ensaísta e biógrafo americano Josefh Wood Krutch, publicado no *New York Times*. Freud, escreveu Krutch, "pai da teoria da psicanálise", é, "com a possível exceção de Einstein, talvez o mais comentado dos cientistas hoje vivos". Esse bem-vindo "cientista" era exatamente o título pelo qual Freud ansiava e raramente obtinha. "Evidentemente, ainda hoje", concedeu Krutch, "existem os comportamentalistas e outros antifreudianos intransigentes, mas", acrescentou ele, "pode-se dizer com segurança que a influência de suas principais concepções se reflete cada vez mais intensamente nos textos da maioria dos psicólogos e psiquiatras importantes." Krutch pensava que, assim como Darwin e suas ideias haviam se difundido na cultura moderna, da mesma forma "já estamos fazendo largo uso das concepções freudianas, e com o correr do tempo provavelmente elas se tornarão, como o conceito de evolução, parte do equipamento mental que todos os pensadores dão como assente". Quando um professor na Universidade Brown, mais ou menos na mesma época, manifestou sua preocupação de que a orientação psicológica, então introduzida na universidade, poderia expor os estudantes à "mera análise em nome da ciência mal-acabada", um editorialista do *New York Times* repreendeu o cético: "'Mal-acabado'", anunciava o título da matéria, "Parece inadequado".* Observando tudo isso com um distanciamento irônico, Freud comentou com Arnold Zweig: "Não sou famoso, mas sou 'notório'". Estava apenas parcialmente certo: ele era ambos.

VITALIDADE: O ESPÍRITO DE BERLIM

Mesmo o pessimista Freud teve que admitir, no final dos anos 1920, que, apesar de todas as brigas e disputas, os institutos psicanalíticos estavam prosperando. Num retrospecto de 1935, ele indicou com orgulho os "grupos locais em Viena, Berlim, Budapeste, Londres, Holanda, Suíça", aos quais acrescentaram-se novos "em Paris e Calcutá, dois no Japão, vários nos Estados Unidos, mais recentemente um em Jerusalém e outro na África do Sul, e dois na Escandinávia". Sem dúvida, concluía Freud triunfante, a psicanálise tinha vindo para ficar.

Na época em que Freud escreveu esse sumário, vários dos institutos já tinham atrás de si uma história interessante. Abraham havia transplantado o modelo da Sociedade Psicanalítica de Viena para Berlim em 1908, programando reuniões periódicas para discussões e comunicações em seu apartamento. Este se tornou o núcleo da seção berlinense da Associação Psicanalítica Internacional, fundada no congresso de Nürnberg em 1910. Nos Estados Unidos, em 1911, os médicos interessados em psicanálise tinham se organizado, não sem alguns momentos de tensão, em duas entidades, aliadas e rivais: a Sociedade Psicanalítica de Nova York e a Associação Psicanalítica Americana. Dois anos depois, Fe-

* Esse tipo de atitude, ao que parece, nunca cessou, pelo menos nos anos 1920. Assim, em 1927, nos Estados Unidos, Phillip Lehrman defendeu a psicanálise numa reunião da Associação Médica Americana contra os ataques de Morris Fishbein, o temível editor do *Journal of the American Medical Association*, quem corajosamente — e com razão — qualificou de "mal-informado". ("Presses the value of psychoanalysis/ Dr. Lehrman presents present-day status of this aid to the mentally ill", *New York Times*, 22 de maio de 1927, seção 2, p. 4.)

renczi fundara a Sociedade Psicanalítica de Budapeste, que prosperou por um curto período após a guerra, até a derrubada do regime bolchevique no verão de 1919 e a ascensão do regime antissemita — e antipsicanalítico — de Horthy em fevereiro de 1920. Budapeste gerou alguns dos talentos mais notáveis da psicanálise: além de Ferenczi, incluíam-se Franz Alexander, Sándor Radó, Michael Balint, Geza Róheim, René Spitz e outros. A Sociedade Psicanalítica Britânica foi constituída em 1919, e o Instituto de Psicanálise de Londres, animado principalmente por aquele incansável organizador, Ernest Jones, foi oficialmente fundado no final de 1924; os franceses, vencendo uma resistência obstinada por parte da instituição médica e psiquiátrica, fundaram seu instituto psicanalítico dois anos depois.* Os italianos seguiram o exemplo em 1932; os holandeses, depois de longas preliminares, em 1933. Eitingon, que no final deste ano emigrou de Berlim para a Palestina, um dos primeiros analistas a deixar a Alemanha de Hitler, fundou um instituto psicanalítico em Jerusalém logo após sua chegada. Realmente, como viu Freud, a psicanálise tinha vindo para ficar.

Nos anos 1920, a organização com maior vitalidade, entre todas elas, era a de Berlim. No início, a associação de Abraham consistia num grupo minúsculo e corajoso; alguns dos primeiros adeptos (como o sexólogo Magnus Hirschfeld, que estava interessado apenas na liberação sexual, não na psicanálise) se desligaram. Mas, nos primeiros anos da República de Weimar, Berlim tinha se constituído como o centro nervoso da psicanálise mundial, a despeito da precária condição política da jovem república, ameaçada pela inflação incontrolável, assassinatos políticos, esporádica ocupação estrangeira e, em alguns momentos, uma guerra civil em potencial. À luz dessa história tumultuada, é irônico que os analistas de Berlim tenham se beneficiado dos infortúnios e perseguições ocorridos em outros lugares. Hanns Sachs foi de Viena para Berlim em 1920; Sándor Radó e Franz Alexander, Michael e Alice Balint, achando impossível viver na Hungria de Horthy, chegaram logo depois. Outros, como Melanie Klein e Helene Deutsch, também mudaram-se para Berlim a fim de analisar e serem analisados.

Alix Strachey, que fora analisanda de Freud antes de passar para Abraham, preferia imensamente a atmosfera febril e pulsante de Berlim ao clima comparativamente inerte de Viena. Também preferia Abraham a Freud, como analista. "Não tenho dúvida", disse ao marido em fevereiro de 1925, "de que Abraham é

* Por alguns anos, houvera na França uma atividade psicanalítica privada, por assim dizer não organizada, da mesma forma que na Inglaterra, antes da fundação do instituto britânico: em 25 de outubro de 1923, o psicanalista francês René Laforgue havia escrito a Freud: "Agora que o movimento psicanalítico tomou forma na França e foram obtidos os primeiros sucessos, sinto a necessidade de ter um contato mais próximo com o Mestre da psicanálise e a escola vienense". [Da correspondência Freud-Laforgue, trad. francesa Pierra Cotet, ed. André Bourguignon et al., em "Mémorial", *Nouvelle Revue de Psychanalyse*, XV (abril de 1977), p. 251.]

o melhor analista com quem eu poderia estar trabalhando." Ela tinha certeza "que nesses cinco meses", na verdade, "fez-se um maior trabalho psicológico do que o realizado em quinze meses com Freud". Ela considerava o fato curioso, mas observou que outros, como "Frau Klein", também achavam Abraham um analista melhor do que Freud. E sobretudo estava encantada com Berlim. Aqui, os psicanalistas e aspirantes conversavam, debatiam e brigavam em reuniões, *Konditoreien* [confeitarias] e até em festas. Devorar doces e dançar a noite inteira não eram incompatíveis com sérias conversas sobre fixações edipianas e medos de castração. O psicanalista Rudolph Loewenstein, analisado por Hanns Sachs, achava o instituto de Berlim "frio, muito germânico". Mas mesmo ele admitia que possuía alguns ótimos técnicos e professores estimulantes. Para um analista dos anos 1920, Berlim era o lugar para se estar.

Em primeiro lugar, como atestam as circulares provenientes de Berlim, a atmosfera na cidade estava cada vez menos inóspita à psicanálise. "Neste inverno", informaram Abraham, Sachs e Eitingon em dezembro de 1924, "o interesse pela Psa. aumentou extraordinariamente. Palestras populares estão sendo organizadas por vários grupos." Vários oradores de fora, incluindo Pfister, vinham apresentar conferências; o discurso de Pfister na Sociedade para o Estudo Científico da Religião, "de modo geral bom, apenas fraco e canhestro em alguns pontos", recebeu uma "acolhida amistosa perante um público de 150 pessoas, principalmente teólogos". Três meses depois, Abraham tinha mais algumas "notícias favoráveis": acabara de apresentar uma comunicação à Sociedade de Ginecologia de Berlim, sobre o tema da ginecologia e psicanálise. O auditório na clínica da universidade estava lotado. "De início", os médicos presentes, "em parte muitíssimo pouco informados, mostraram a conhecida atitude do sorriso cético", mas, no decorrer da noite, tornaram-se mais favoráveis ao orador. Logo a seguir, de fato, a associação ginecológica pediu a Abraham uma cópia de sua comunicação, para ser publicada na revista da sociedade. "Um sinal", exclamou ele, "de sucesso!"

A maior atração de Berlim para os psicanalistas era Karl Abraham — sério, seguro, intelectual, um sólido apoio para os jovens e os imaginativos. O que Freud certa vez qualificou de "prussianismo" de Abraham não era, no contexto da exuberante e agitada Berlim, nenhuma desvantagem. Havia também um outro ímã: a clínica montada por Ernst Simmel e Max Eitingon em 1920, financiada por este último. Os fundadores atribuíam a Freud, e não por mera obrigação, o mérito da ideia básica. Ao falar no congresso de Budapeste de 1918, Freud havia vislumbrado um futuro que, admitiu ele, poderia parecer fantástico à maioria dos ouvintes. Havia apenas um pequeno número de analistas no mundo e um grande volume de sofrimentos neuróticos, em boa parte concentrado entre os pobres, até então fora do alcance dos analistas. Mas, "algum dia, a consciência da sociedade vai despertar e lembrar que os pobres têm tanto direito à assistência mental quanto já têm em relação à assistência cirúrgica salvadora, e que as neuroses ameaçam a saúde do povo tanto quanto a tuberculose". Reconhecendo-se isso, existirão instituições públicas com médicos de formação psicanalítica, para socorrer homens que, do contrário, sucumbiriam ao alcoolismo, mulheres que correm o risco de sofrer um colapso sob o peso da miséria e crianças cuja única opção parece ser a delinquência ou a neurose. "Esses tratamentos serão gratuitos." Freud julgava que levaria um bom tempo antes que os governos reconhecessem a premência dessas obrigações. "É provável que seja a filantropia pessoal que dê início a tais instituições, mas algum dia haverá de se chegar a isso." Era uma perspectiva generosa e, para o liberalismo tradicional de Freud, surpreendente.

A clínica berlinense "para o tratamento psicanalítico de enfermidades nervosas" e o instituto a ela associado foram a primeira concretização do apelo utópico de Freud. Fazendo um balanço por ocasião de seu décimo aniversário num pequeno *Festschrift* [publicação comemorativa], os membros do instituto anunciaram algumas realizações consideráveis. Com a clínica e as facilidades de ensino do instituto, escreveu Simmel, os psicanalistas de Berlim, além de suas atividades terapêuticas e profissionais, haviam se dedicado ao "tratamento psicanalítico da opinião pública". Os números mostram que esse elogio em causa própria não era apenas uma fantasia de celebrantes complacentes coroando-se com louros. Otto Fenichel, então um jovem analista em Berlim, informou num breve levantamento estatístico que, entre 1920 e 1930, o instituto havia atendido a 1955 consultas, entre as quais 721 tinham sido encaminhadas para psicanálise. Entre essas análises, 117 ainda prosseguiam, 241 haviam se interrompido e 47 tinham que ser descontadas como fracassos. Dos outros 316 casos, 116 mostraram melhoras, 89 visíveis melhoras e 111 foram curados. As alegações de melhora e cura em psicanálise são notoriamente inconclusivas, mas, mesmo que os números de Fenichel careçam de certeza científica, eles atestam uma ampliação das atividades psicanalíticas que seria inconcebível dez anos antes. Um total de 94 terapeutas fizera essas análises no instituto e na clínica de Berlim, entre os quais sessenta eram ou se tornaram membros da Associação Psicanalítica Internacional. Em suma, os neuróticos indigentes em busca de tratamento não eram simplesmente encaminhados para candidatos que treinariam com eles, mas podiam contar, pelo menos durante parte do tempo, que seriam atendidos por um analista experiente.

Enquanto isso, o instituto treinava seus candidatos, e foi em Berlim, nos anos 1920, que um programa de estudos foi cuidadosamente — diziam os críticos: rigidamente — implementado. O programa exigia cursos sobre a teoria geral da psicanálise, sonhos, técnica, ensino do conhecimento analítico para o clínico geral e tópicos especiais como a aplicação da psicanálise ao direito, sociologia, filosofia, religião e arte. Como seria de esperar, embora o programa do instituto fosse diversificado, exigia-se que as obras de Freud fossem lidas durante todos os cursos. Mas, ainda que todos os estudantes lessem Freud, nem todos se tornaram analistas: o instituto estabelecia uma distinção entre candidatos e ouvintes. Os candidatos cumpriam a formação completa para seguir uma carreira psicanalítica, ao passo que os ouvintes — em sua maioria pedagogos, além de uns poucos leigos interessados — esperavam aplicar em suas profissões o conhecimento analítico que conseguissem absorver.

A pauta do instituto impunha uma análise didática; essa exigência ainda era controversa em outros lugares, mas em Berlim ninguém que não tivesse sido analisado poderia analisar outra pessoa. Essa análise didática deveria durar, dizia a pauta, "pelo menos um ano" — recomendação que traía um otimismo terapêutico que agora parece pura frivolidade. Mas, mesmo com uma análise tão curta, a candidatura era um período de teste que correspondia, como disse Hanns Sachs, "ao noviciado numa igreja". A metáfora de Sachs, comparando o instituto a uma instituição religiosa, era fácil e infeliz; refletia uma acusação corrente contra a psicanálise. Mas é possível entender por que ele a empregou. Freud iria protestar a Ernest Jones: "Não gosto de atuar como Pontifex maximus". Porém, protestou em vão.

Tendo a importância do Instituto Psicanalítico de Berlim se tornado moeda corrente entre os aspirantes a analistas, os candidatos dirigiram-se para lá aos bandos. Muitos eram estrangeiros: ingleses, franceses, holandeses, suecos, americanos. Encantavam-se com a informalidade do espaço, surpreendiam-se com o entusiasmo dos participantes e sua estimulante seriedade. No devido tempo, os graduados voltavam de Berlim para suas cidades, onde montavam clínicas ou fundavam seus próprios institutos. Charles Odier, um dos primeiros psicanalistas franceses, foi analisado em Berlim por Franz Alexander; Michael Balint, que se estabeleceu em Londres, por Hanns Sachs; Heinz Hartmann, que depois emigrou para Nova York, por Sándor Radó. A lista dos analisandos de Karl Abraham é como um rol de eminências psicanalíticas: os importantes analistas ingleses Edward e James Glover, Helene Deutsch, analisanda de Freud, que viria a adquirir nomeada com seus textos sobre a sexualidade feminina, as expressivas inovadoras teóricas Karen Horney e Melanie Klein, e a espirituosa observadora inglesa que viria a figurar entre os tradutores de Freud, Alix Strachey.

Berlim era apenas o centro mais grandioso onde a psicanálise garantia seu futuro. Freud continuava a analisar em Viena, dedicando-se cada vez mais a aprendizes de psicanálise: entre os "alunos" de Freud depois da guerra, estavam discípulos tão importantes como Jeanne Lampl-de Groot e a princesa Marie Bonaparte, para não citar um contingente inteiro de americanos.* Mais de seis

* Abram Kardiner, analisado por Freud em 1921, lembra como Freud passou de uma semana de seis dias para uma de cinco dias com seus analisandos. Perante os protestos de americanos que se recusavam a ser analisados por qualquer outra pessoa, ele consultou Anna Freud, "que tinha facilidade com a matemática", a qual sugeriu que ele poderia atender seis pacientes, se concedesse

décadas depois, Jeanne Lampl-de Groot, com o mesmo afeto inalterado, relembrou como era Freud em abril de 1922, quando ela, a doutora recém-formada, delicada, musical, parecendo mais nova do que era, apresentou-se pela primeira vez na Berggasse 19. Freud, na época, tinha quase 66 anos, e lhe pareceu um cavalheiro cortês, "encantador e atencioso, ao velho estilo". Quando Freud lhe perguntou se ele ou suas filhas podiam ser úteis para ajudá-la a se instalar, ela mencionou que precisava de um piano. Isso fez com que Freud confessasse imediatamente que não tinha gosto musical, para que a descoberta posterior dessa falha não interferisse em sua análise. Freud, acrescentou ela, era "humano" e acessível, rigoroso apenas com "gente indecente". Quando ela lhe contou que sua querida irmã mais velha, que sempre fora robusta, tinha morrido de gripe espanhola durante a gravidez, em cinco dias de doença, Freud reagiu contando-lhe sobre a morte de sua filha Sophie. Na correspondência cordial que mantiveram depois da sua volta à Holanda, ela logo se tornou a "cara Jeanne". Nem todos os analisandos consideravam Freud tão encantador, mas no final dos anos 1920 os fios de sua influência tinham se entrelaçado, por toda a Europa e Estados Unidos, numa rede intricada.

A psicanálise dava outras mostras de saúde vigorosa. Até a chegada dos nazistas ao poder, em 1933, os congressos internacionais bienais dos psicanalistas eram programas fixos, avidamente esperados e fielmente assistidos. Freud, incomodado pela prótese, deixara de frequentá-los, embora a decisão de ficar em casa fosse dura para ele. Ele a adiou o máximo que pôde. "O senhor tem razão em observar", escreveu a Abraham em março de 1925, quando avançavam os preparativos para o congresso em Bad Homburg, "que estou novamente fazendo planos, mas quando chega a hora, minha coragem de realizá-los me abandona. Se, por exemplo, na época do congresso, não estiver me sentindo melhor com a prótese do que na semana passada, certamente não vou viajar. Assim, tome suas decisões sem contar comigo." Ele mandou a filha Anna em seu lugar, e assim esteve presente pelo menos em espírito.

Com o passar do tempo e a organização das instituições, os periódicos psicanalíticos proliferavam em vários países, complementando aqueles fundados antes da Primeira Guerra Mundial: a *Revue Française de Psychanalyse* em 1926, a *Rivista Psicanalisi* em 1932. Igualmente animador era o fato de que os textos de Freud estavam se tornando acessíveis em outras línguas. Isso significava muito para ele: sua correspondência dos anos 1920 vem pontilhada por expressões de grande interesse pelas traduções planejadas e comentários sobre as traduções concluídas. *A psicopatologia da vida cotidiana*, seu livro de maior circulação, foi publicado em doze línguas durante sua vida; os *Três ensaios sobre a teoria da sexua-*

---

cinco horas semanais para cada um, ao passo que, com a agenda anterior, ele só poderia atender cinco. [A(bram) Kardiner, *My analysis with Freud: reminiscences* (1977), pp. 17-8.]

lidade, em nove; *A interpretação dos sonhos*, em oito. As primeiras traduções nem sempre eram felizes. A. A. Brill, que nos dias heroicos tinha um certo monopólio na tradução de Freud para o inglês, era descuidado e às vezes assustadoramente impreciso; em primeiro lugar, não sabia ou não se preocupava com a diferença entre "piada" e "dito espirituoso". No entanto, Brill proporcionou ao mundo anglófono pelo menos um relance, embora impreciso, das teorias de Freud, já antes da guerra: ele publicou sua tradução dos *Três ensaios sobre a teoria da sexualidade* em 1910, e *A interpretação dos sonhos* três anos depois.*

A seguir, as traduções começaram a melhorar: em 1924 e 1925, uma pequena equipe inglesa publicou *Collected papers* de Freud, em quatro volumes.** Foi obra de James e Alix Strachey e da incomparável Joan Riviere, aquela "alta beldade eduardiana com chapéu de abas largas e sombrinha escarlate", cujas versões foram, entre todas, as que melhor mantiveram a força estilística de Freud. Freud ficou impressionado. "O primeiro volume da 'Coleção' chegou", exclamou ele a Ernest Jones no final de 1924. "Muito bonito! E apreciável!" Preocupava-se que alguns de seus ensaios "antiquados" pudessem não ser a melhor apresentação da psicanálise ao público inglês, mas esperava coisas melhores quando o segundo volume, com as histórias clínicas, fosse lançado algumas semanas depois. De qualquer modo, "vejo que os senhores realizaram sua intenção de assegurar a difusão da literatura psicanalítica na Inglaterra, e cumprimento-os por este resultado, que eu mal teria ousado ainda esperar". Um ano depois, ele acusava o recebimento do quarto volume com sinceros agradecimentos e o usual ceticismo: "Não ficarei surpreso se o livro mostrar sua influência de maneira apenas muito lenta".

Como sempre, queixava-se mais do que o necessário. Essas traduções dos textos de Freud para o inglês constituíram um acontecimento de grande importância para a difusão das ideias psicanalíticas: a coletânea de ensaios logo se firmou como o texto oficial para os analistas que não conheciam alemão. Continha praticamente todas as publicações mais curtas de Freud, desde os meados dos anos 1890 até a metade dos anos 1920: os artigos fundamentais sobre técnica, a história polêmica do movimento psicanalítico, todos os artigos publicados sobre

* Freud fazia ideia das deficiências de Brill como tradutor. Em 1928, ele as insinuou muito delicadamente numa carta ao psicanalista aspirante húngaro Sándor Lorand: "Da minha *Interpretação dos sonhos* existe, pelo que sei, apenas uma tradução em *inglês*, a do dr. Brill. Suponho que seja melhor, se se quiser ler o livro, lê-lo em alemão". (Freud a Sándor Lorand, 14 de abril de 1928. Freud Collection, B3, LC.)

** Uma falha óbvia nessa tradução foi a troca dos termos alemães claros, preferidos por Freud, por neologismos esotéricos. Um exemplo particularmente ilustre é "catexia", ora plenamente integrada na terminologia psicanalítica inglesa e americana. O termo verte a *Besetzung* de Freud, uma palavra corriqueira em alemão, rica de significados sugestivos, entre eles "ocupação" (de tropas) e "carga" (elétrica). A solução pessoal de Freud, que pelo visto nunca comunicou a seus tradutores, era engenhosa e bem escolhida: numa antiga carta a Ernest Jones, ele falou em "interesse (Besetzung)". (Freud a Jones, 20 de novembro de 1908. Em inglês. Freud Collection, D2, LC.)

metapsicologia e psicanálise aplicada, as cinco grandes histórias clínicas — Dora, o Pequeno Hans, o Homem dos Ratos, Schreber, o Homem dos Lobos. Como muitos analistas mais jovens na Inglaterra ou Estados Unidos não tinham o dom ou não se davam ao trabalho de dominar o alemão como Ernest Jones, os Strachey e Joan Riviere, traduzir Freud, e traduzi-lo bem, foi uma forma de fortalecer os laços da família psicanalítica internacional.

Como já vimos claramente, essa família não era inteiramente feliz. Algumas das dissensões que assolavam o movimento, desde o início dos anos 1920, tinham um fundo pessoal. Vários analistas consideravam Groddeck irritante demais para ser um bom orador público num congresso — irritante demais e também indiscreto demais.* Ernest Jones estava ressentido com Otto Rank, enquanto Ferenczi julgava Jones um antissemita. Freud estava exasperado com a notícia de que Abraham estava se prestando a fazer um filme sobre psicanálise. Brill, entronado em Nova York, submetia a paciência de todos à prova por não responder às cartas. Nas reuniões em Londres, Melitta Schmideberg, uma analista de crianças, entrou numa inconveniente controvérsia pública com sua mãe, Melanie Klein, pioneira em análises infantis.

Mas os pontos de vista incompatíveis, ferozmente defendidos, sobre a teoria e a técnica psicanalítica não eram simples máscaras de animosidades pessoais, de preocupações econômicas ou da compreensível ambição de se destacar num campo altamente competitivo. Em parte derivavam de leituras conflitantes dos textos de Freud, e em parte também de experiências clínicas divergentes, que abriam novas direções para a teoria e a terapia analíticas. Eram ocasiões de originalidade, e Freud estava lá para encorajá-las — sempre dentro dos limites.

O teórico mais inovador dos anos 1920 foi, inquestionavelmente, Melanie Klein. Nascera em Viena em 1882, mas apenas quando se mudou para Budapeste, aos 28 anos, ela descobriu Freud. Dedicou-se à leitura da literatura analítica, foi analisada por Ferenczi e começou a se especializar na análise de crianças.

* Em 15 de março de 1925, o trio berlinense — Abraham, Sachs e Eitingon — informou em uma circular que Groddeck, o qual ocasionalmente fazia palestras em Berlim, apresentara um ciclo de três conferências, onde havia atraído uma atenção "desagradável" sobre sua pessoa. Numa delas, ao que parece, tinha parado ao ouvir a buzina de um automóvel na rua, e passou a apresentar suas associações livres com o ruído. "Segundo um relato confiável, por bem mais de uma hora ele revelou todos os detalhes mais íntimos de sua vida particular, os quais, entre outras coisas, incluíam sua mulher, que estava presente; enquanto isso, entregava-se continuamente às expressões mais grosseiras." Um dos temas que ele discutiu, pelo visto, foi sua atividade masturbatória. Em 13 de abril, Abraham e Eitingon acrescentaram que um conhecido tinha visitado Groddeck em Baden-Baden, e este lhe falara "espontaneamente" das associações livres que fizera diante de um público. "Uma série de outros detalhes mostra que G. faz com a Psa. o que bem lhe convém no momento." (Ambos em Karl Abraham papers, LC.)

Seus pequenos pacientes incluíam os próprios filhos, sobre os quais escreveu alguns artigos clínicos sem praticamente nenhum encobrimento. Era uma época em que a análise infantil ainda parecia um risco altamente problemático, mas Ferenczi e, posteriormente, Abraham ficaram fascinados com os desvios de Klein e defenderam-na contra a ironia de colegas analistas. Ela precisava muito de tal apoio, pois não tinha modelos para seguir; a análise do pequeno Hans por Freud, afinal, tinha sido feita, em larga medida, por vias indiretas.* Em 1919, Klein começou a publicar os resultados de seu trabalho clínico com crianças, e em 1921, atraída pela receptividade de Abraham a suas ideias, ela se instalou em Berlim, analisando, discutindo, publicando.

Alix Strachey veio a conhecer bem Melanie Klein e gostava imensamente dela; iam juntas a cafés e bailes, e admirava dissimuladamente seu brilho, sua atraente vivacidade erótica, sua presença de efeito. Numa carta ao marido, James, ela descreveu uma tempestade típica a respeito de Klein, enfeitando a narrativa, como de hábito, com trechinhos engraçados em alemão. A carta é um vivo tributo ao clima de disputa, mas também de puro estímulo intelectual, que permeava a cultura psicanalítica de Berlim: "A *Sitzung* [reunião] da noite passada" da Sociedade Psicanalítica de Berlim, escreveu ela, tinha sido muito animada. "Die Klein [a Klein] apresentou suas ideias & experiências em Kinderanalyse [análise infantil], & finalmente a oposição mostrou sua cabeça grisalha — & realmente era grisalha *demais*. As *palavras* usadas foram, é claro, psicanalíticas: perigo de enfraquecer o Ichideal [ideal do ego] etc. Mas o *sentido*, eu achei, era puramente antianálise: não devemos contar às crianças a terrível verdade sobre suas tendências reprimidas etc. E isso, embora die Klein demonstrasse de modo absolutamente claro que essas crianças (de 2 $^3/_4$ para cima) já estavam arrasadas com a repressão de seus desejos & o mais pavoroso *Schuld bewusstsein* [sentimento de culpa] (= opressão excessiva ou incorreta do Ueberich [superego])." Alix Strachey prosseguia, observando que "a oposição consistia nos drs. Alexander & Radó, & era puramente afetiva & 'teórica'". Afinal, praticamente ninguém afora "die Melanie" sabia coisa alguma sobre crianças. Felizmente, vários oradores "correram" para "defender die Klein". De fato, "todo mundo se uniu a ela & atacou os dois húngaros trigueiros".

Os dois exemplos que Klein ofereceu para fundamentar seu argumento nessa reunião acalorada foram, segundo Alix Strachey, "especialmente brilhantes". Na verdade, "*se* die Klein conta certo, o caso dela me parece totalmente irresistível. Ela está indo para Viena para ler sua comunicação, & espera-se que encontre oposição de Bernfeldt *&* Eichhorn (?), aqueles pedagogos incorrigíveis, &, temo eu, Anna Freud, aquela sentimentalista aberta ou velada". O partidarismo impulsivo de Alix Strachey era uma antecipação dos debates que ocorreriam, depois da mudança de Melanie Klein para a Inglaterra, em 1926, encantando seus colegas atônitos com suas teorias. "Bem", concluía Alix Stra-

* Ver pp. 264-8.

chey seu relato, "foi extremamente estimulante, & mostrou muito mais sensibilidade do que o usual."*

Era verdade: aonde Melanie Klein fosse, os sentimentos disparavam. Mesmo os que não concordavam com suas inovações teóricas ficavam fascinados com a técnica lúdica que empregava para psicanalisar crianças. O jogo, argumentava ela com energia, era a melhor maneira, muitas vezes a única, de permitir que as fantasias da criança emergissem para serem interpretadas, quer girassem em torno da curiosidade sobre o intercurso sexual, desejos de morte contra os irmãos ou ódio a um dos genitores. Nas mãos de Klein, a interpretação se tornava uma arma poderosa, mas, insistia ela, fundamentalmente benéfica. Em contraposição a seus críticos, ela estava decidida a empregar a maior franqueza humanamente possível, ao interpretar para os pequenos pacientes o significado de suas fantasias. Mas ela era mais do que uma técnica criativa; seus desvios em técnica clínica se baseavam e, em parte, deram origem a desvios na metapsicologia. Ao elaborar seu sistema nos anos que passou na Inglaterra, ela postulou o aparecimento do complexo de Édipo e do superego muito antes do que Freud julgava possível. Segundo Klein, o mundo interior da criança pequena é uma massa de fantasias destrutivas e angustiadas, repletas de imagens inconscientes de ferimentos e morte. Para Freud, a criança é um selvagem egoísta; para Klein, é um canibal assassino. Se houve alguém que levou a sério a pulsão de morte de Freud, com todas as suas implicações, foi Melanie Klein.

Mas, ao teorizar sobre a primeira infância, ela estava se desviando do esquema de crescimento que Freud e sua filha analista achavam mais plausível. Inicialmente, Freud adotou uma postura agnóstica. "A obra de Melanie Klein tem se deparado com muitas dúvidas e contestações", disse a Ernest Jones em 1925. "Quanto a mim, não sou muito competente para julgar questões pedagógicas." Dois anos depois, tinha adotado uma posição. Insistiu numa carta veemente a Jones que tentara ser imparcial entre Melanie Klein e Anna Freud; por um lado, a adversária mais temível de Klein, afinal, era sua filha, e por outro, a obra de Anna Freud era absolutamente independente da dele. "Em todo caso, uma coisa posso lhe revelar", acrescentou, "as ideias de Frau Klein sobre o comportamento do ideal do ego nas crianças parecem-me totalmente impossíveis e estão em contradição com todos os meus pressupostos." Ele aceitava de bom grado a demonstração de Klein de que as crianças são "mais maduras do que costumávamos pensar". Mas isso também "tinha seus limites e, em si mesma, não é uma prova".

Não surpreende que o debate entre Melanie Klein e Anna Freud tenha estimulado conflitos maiores, e tampouco surpreende que Freud não conseguisse se

* "Bernfeldt & Eichhorn" eram Siegfried Bernfeld e August Aichhorn, dois dos mais promissores membros da geração mais nova em Viena. O primeiro reuniu, posteriormente, importantes dados biográficos e publicou artigos biográficos igualmente importantes que foram usados por Ernest Jones em sua biografia de Freud. O segundo tornou-se muito conhecido pelo seu trabalho psicanalítico com crianças delinquentes.

manter tão neutro quanto dizia. Mas ventilou a mais intensa irritação principalmente na privacidade de sua correspondência com Ernest Jones, onde se permitia uma linguagem bastante mordaz. Acusou Jones de organizar uma campanha contra a maneira como sua filha analisava crianças, defendeu as críticas de Anna às estratégias clínicas de Melanie Klein e indignou-se com a acusação de que Anna não havia sido suficientemente analisada. Isso tocou num ponto sensível de Freud; considerava tais insinuações perigosas e inaceitáveis. "Quem, afinal, foi suficientemente analisado? Posso lhe assegurar", replicou com certo ardor — para nem citar o conhecimento pessoal — "que Anna foi analisada por mais tempo e de modo mais completo do que, por exemplo, o senhor mesmo." Negou que tratasse as ideias de sua filha como sagradas e infensas à crítica; na verdade, se alguém tentasse fechar as vias de expressão de Melanie Klein, ele próprio as abriria. Mas Klein e seus aliados eram realmente muito irritantes: iam a ponto de declarar que, em suas análises, Anna Freud evitava por princípio o complexo de Édipo. Ele estava começando a se perguntar se esses ataques à sua filha não eram, na realidade, ataques a ele mesmo.

Nas publicações, porém, Freud pouco disse, exceto quando comentou brevemente as ideias de Klein sobre o sentimento de culpa e sua alegação, aprovada por ele, de que a severidade do superego não corresponde de forma alguma à severidade do tratamento vivido pela criança. Essa discrição política mostra Freud no papel de estadista mais velho, o líder acima da refrega. A análise infantil, observou numa nota acrescentada ao "Estudo autobiográfico" em 1935, tinha recebido um grande impulso com "o trabalho de Frau Melanie Klein e de minha filha, Anna Freud". A partir do começo dos anos 1930, passou a existir uma quantidade considerável de kleinianos, e sua orientação estava destinada a ter uma influência generalizada, principalmente na Inglaterra, Argentina e alguns institutos analíticos americanos. Mas Freud estava concentrando suas baterias em outros alvos, reservando energia para questões polêmicas que, a seu ver, precisavam mais de sua intervenção: a redefinição controversa da angústia, a discussão sobre a análise feita por leigos e, a mais perturbadora entre elas, a sexualidade feminina. Participar ativamente nos debates gerados por tais questões era uma forma de se manter vivo.

10. Luzes trêmulas em continentes negros

As questões que preocuparam Freud a partir dos meados dos anos 1920 não eram puras abstrações para ele, mas retiravam sua premência de acontecimentos de sua vida pessoal. Mostram, uma vez mais, o contínuo intercâmbio entre sentimentos privados e generalizações científicas na mente de Freud — intercâmbio este que não reduzia a intensidade de seus sentimentos nem a pertinência deles para a sua ciência. Sob a superfície de sua argumentação racional, dissimula-se Freud como pai desiludido, mentor interessado, filho angustiado.

RANK E AS CONSEQUÊNCIAS

O último adepto que Freud esperaria que lhe desse problemas era Otto Rank, seu prezado filho psicanalítico, que julgava inteiramente confiável. Mas, em 1923, Rank passou por alguns episódios penosos que sugeriam conflitos emergentes; em agosto, por exemplo, num jantar com o Comitê em San Cristoforo, Anna Freud presenciou uma explosão que mais tarde descreveria como "hilaridade histérica". Fato igualmente pressago, Rank começou a adotar posições teóricas e técnicas que o afastariam das ideias em que estivera mergulhado durante duas décadas, e que tanto ajudara a difundir. Outrora o mais ortodoxo dos freudianos, ele se tornou um rankiano. Depois da guerra, Rank havia se mostrado um assistente tão satisfatório — pronto, eficiente, filial — que Freud gostaria que existisse uma forma de ter múltiplas cópias dele. Mas, apenas poucos anos depois, Freud iria desmerecer Rank como um "impostor por natureza" — um *Hochstaplernatur*. A reação de Freud não se limitou a meros pejorativos: ele assimilou e trabalhou essa última e inesperada decepção propondo uma revisão fundamental na teoria psicanalítica da angústia. O ensaio que publicou em 1926 sob o título *Inibições, sintomas e angústia* mostra sua capacidade inalterada de extrair vantagens das perdas.

O investimento de Freud em Rank fora longo e irrestrito. Ele havia reconhecido rapidamente os talentos do jovem autodidata que veio visitá-lo em 1905, com o manuscrito de *O artista* na mão. Havia dado apoio à formação acadêmica de Rank, nomeara-o para redigir as atas do grupo das quartas-feiras e incentivara sua participação nas reuniões, empregara-o como assistente editorial, ajudara a financiar seus estudos e viagens de férias. Em 1912, com a delicadeza que habitualmente demonstrava para com os menos prósperos do que ele, Freud propôs a Rank que o acompanhasse como convidado seu numa visita à Inglaterra, e pediu-lhe que pensasse no convite "como meu agradecimento por seu magnífico último livro". Mais importante, Freud encorajou intensamente o "pequeno Rank" a se formar como analista leigo, e demonstrava constantemente sua confiança designando-o para posições de responsabilidade: Rank figurou como fundador e editor da *Imago* em 1912 e da *Internationale Zeitschrift* um ano depois. Em 1919, quando o generoso presente de Von Freund à causa psicanalítica possibilitou a formação de uma editora analítica, a *Verlag*, Rank se tornou um dos fundadores e seu diretor. Então já era um dos íntimos havia alguns anos. Quando o Comitê, aquela rígida guarda pretoriana em torno de Freud, formou-se em 1912, era inteiramente natural que ele fizesse parte.

A atitude de Freud em relação ao jovem discípulo era afetuosa e paternal. Ele tendia a se preocupar com Rank. Em dezembro de 1918, escreveu a Abraham sobre a moça que Rank conhecera durante o serviço como editor na Cracóvia, na época da guerra, e com quem se casara no mês anterior: "Rank parece realmente ter feito um grande mal a si mesmo com esse casamento, uma mulherzinha judia-polonesa que ninguém acha apropriada e não trai nenhum interesse maior. Muito triste e não inteiramente compreensível". Era um daqueles juízos sumários e irresponsáveis que às vezes Freud se permitia e rapidamente deixava de lado; logo mudou de opinião a respeito de Beata Rank, uma jovem atraente e ponderada.* No ano seguinte, ele publicou seu agradecimento a ela por uma útil sugestão que fizera para o seu artigo sobre o "estranho"; ele passou a acolher bem as contribuições dela à vida social de seu círculo, e em 1923 facilitou seu pedido de ingresso na Sociedade Psicanalítica de Viena. Descartadas as caprichosas apreensões acerca de Beata, Freud preocupou-se ainda mais com a carreira de Rank. Afinal, ele tinha lhe aconselhado, como fizera com a filha Anna e o amigo Pfister, que não se incomodasse em fazer medicina para se tornar psicanalista. "Nunca tenho plena certeza se na época fiz bem em afastá-lo do estudo da medicina", Freud se questionou numa carta a Rank em 1922. "Creio que, no geral, estava certo, quando penso em meu próprio tédio durante o estudo de medicina." Com um suspiro quase audível de alívio, ele concluía que, tendo visto Rank ocupar seu lugar legítimo entre os analistas, não considerava mais necessário justificar aquele conselho.

* Tipicamente, a opinião de Anna Freud a respeito de Beata Rank seguia a de seu pai. Falando da "mudança de personalidade" de Rank, ela disse a Ernest Jones: "Em certa época, estive inclinada a responsabilizá-la por isso, e depois evidenciou-se como se ela fosse a vítima, mais do que qualquer outra coisa". (Anna Freud a Jones, 8 de fevereiro de 1955. Jones papers, Archives of the British Psycho-Analytical Society, Londres.)

Rank, certamente, não era o destinatário de favores não merecidos; ele os retribuía com serviço árduo, fidelidade inquestionável e publicações prolíficas. O volume e a diversidade de suas atividades — editar, escrever, analisar — faziam com que se destacasse como uma figura excepcional entre os primeiros analistas, todos já conhecidos pelas suas longas horas, trabalho duro e escrita fluente. Mesmo Ernest Jones, que realmente não gostava de Rank, reconhecia que ninguém o superava na capacidade de dar conta dos próprios afazeres. Mas essa atividade intensa e esse papel indispensável foram testados e destruídos em meados dos anos 1920.

Freud foi o último a suspeitar de Rank. Em 1922, quando este e Ferenczi estavam escrevendo um livro sobre técnica que outros analistas achariam extremamente perturbador, Freud animou-os a continuar. "Sua aliança com Ferenczi", escreveu ele a Rank, "tem, como o senhor sabe, toda a minha simpatia. A iniciativa nova e arrojada de seu rascunho conjunto é realmente gratificante." Ele sempre tivera receio, acrescentou Freud, que pudesse estar impedindo os mais próximos de tomar posições independentes; agora, sentia "prazer em ver provas do contrário". O livro que daí resultou, *O desenvolvimento da psicanálise*, foi publicado no começo de 1924; trazia muito material interessante sobre a técnica, mas insinuava certa desconsideração pelas experiências infantis dos analisandos, com a finalidade de abreviar as análises. O otimismo terapêutico do livro ia em sentido contrário à convicção de Freud sobre a necessidade de um longo e cansativo trabalho analítico. Na mesma época, Rank publicou *O trauma do nascimento*, dedicado a Freud, mas potencialmente muito mais perturbador do que a obra conjunta com Ferenczi. O livro apontava o trauma do nascimento e a fantasia de voltar ao útero materno como elementos muito mais importantes na história da mente do que outros traumas e fantasias posteriores. Mas Freud se manteve imperturbável.

A tranquilidade de Freud era mais do que uma aceitação passiva. Cultivando cuidadosamente sua credulidade, ele fez o possível para minimizar as indicações crescentes de que Rank podia se tornar outro Adler — ou Jung. Continuou a atribuir as tensões entre seus seguidores a meras animosidades pessoais. Os outros não estavam dispostos a considerá-las irrelevantes; apenas Eitingon, otimista por natureza e predisposto a reproduzir as opiniões de Freud, recusou-se a levá-las a sério por algum tempo. As questões que dividiam Rank e Abraham, disse ele a Freud em janeiro de 1924, eram "certamente desagradáveis, mas muito mais insignificantes para o conjunto do movimento do que os conflitos entre R[ank] e Jones". No mesmo mês, Freud lembrou ao Comitê que, afinal, tinha aceito a dedicatória do livro sobre o trauma do nascimento. Reconhecidamente, ele tinha algumas discordâncias com as sugestões de novas técnicas espalhadas por Rank e Ferenczi, e, ainda mais, com a teoria do trauma do nascimento de Rank, mas esperava que a cordialidade básica entre colegas se mantivesse incólume. No começo de fevereiro, manifestou espanto ao tomar conhecimento da sombria opinião que Abraham estava adotando a respeito das publicações recentes de Rank e Ferenczi. Ainda relutava em entrar no debate. "Estou fazendo todo o esforço", disse a Eitingon, "para não abusar de minha autoridade e inibir a independência de meus amigos e adeptos. Não exijo que tudo o que produzam conte com meu assentimento. Naturalmente, isso pressupõe", acrescentou com cautela, "que eles não abandonem o terreno comum a nós, mas isso, afinal, dificilmente se esperaria de R[ank] ou F[erenczi]." Rank manifestou algum desapontamento com a reação de Freud; disse a Freud, de modo respeitoso mas franco, que isso não lhe parecia inteiramente "límpido" ou isento de mal-entendidos. No entanto, declarou-se grato pela postura pacífica de Freud.

Agora, Abraham havia montado as barricadas. No final de fevereiro, alertou Freud para uma "preocupação que só aumentou após semanas de um exame pessoal continuamente retomado". Negava qualquer intenção de organizar uma caça a heréticos. "Qualquer tipo de resultado alcançado pela via analítica legítima nunca ocasionaria sérias apreensões." Mas tratava-se de algo diverso. "Vejo sinais de um desenvolvimento calamitoso em que estão envolvidas questões vitais da psicanálise. Eles impõem sobre mim, para minha mais profunda contrariedade — não pela primeira vez em minha carreira psicanalítica —, o papel de advertidor." As ideias propagadas por Rank e Ferenczi no *Desenvolvimento da psicanálise* e, ainda pior, por Rank individualmente em *O trauma do nascimento* pareciam a Abraham irregulares demais para serem ignoradas ou toleradas.

Pelo menos por enquanto, Freud se recusou a dar atenção ao alarme que Abraham disparara de Berlim. Em março, apesar das perguntas impacientes sobre todas aquelas iniciativas "arrojadas", Freud ainda podia escrever a Ferenczi, o apoio mais sólido de Rank no círculo íntimo: "Minha confiança no senhor e em Rank é incondicional. Seria triste se, depois de quinze a dezessete anos de convívio, a pessoa ainda pudesse se descobrir enganada". O trabalho de Rank, acrescentava ele, "tem sido inestimável, sua pessoa seria insubstituível". Reconhecia seu ceticismo em relação à terapia analítica de curta duração que estava sendo recomendada por Rank e Ferenczi; tal terapia, a seu ver, iria "sacrificar a análise à sugestão". Mas o abismo crescente entre Rank e os outros era-lhe penoso. "Sobrevivi ao Comitê que estava destinado a ser meu sucessor, talvez ainda sobreviva à Associação Internacional. Esperemos que a psicanálise sobreviva a mim." Felizmente, porém, qualquer semelhança entre Rank e Jung era superficial: "Jung era um sujeito mau".

Enquanto Freud era diplomático, apaziguador e paciente, os protagonistas no desastre que vinha se desdobrando mostravam-se loucos para brigar. Ferenczi, zangado a favor de Rank, denunciou Abraham pelas suas "ambições desenfreadas e inveja"; só isso, disse ele a Rank, poderia explicar a "ousadia [de Abraham] em denegrir" os textos dele e de Rank como "manifestações de defecção". Freud se iludia ao continuar a crer — ou melhor, esperar — que Ferenczi não partilhava da "acrimônia de Rank contra Abraham". Mas, no meio de tudo isso, Freud, o guerreiro experiente, mostrando sua saúde precária e o desagrado pelos atritos a seu redor, empenhava-se em manter a paz e Rank dentro da família. A tentativa foi corajosa, mas estéril. Em meados de março, Rank contou confidencialmente a Ferenczi uma conversa com Freud. Essa conversa lhe proporcionara algumas surpresas. Freud, aparentemente, estava trabalhando num artigo onde iria criticar as teorias recentes de Rank, mas tinha se mostrado esquivo e nem sequer bem informado. "Prof. ainda não leu meu livro" ou "apenas metade." Não mais parecia persuadido por alguns dos argumentos de Rank, que antes dissera considerar convincentes. Contudo, o encontro tinha sido conciliatório: Freud deixara a Rank o encargo de decidir quando sua crítica deveria ser publicada, ou mesmo se, afinal, haveria de ser publicada. Mas a dissensão era fundamental demais para ser facilmente controlada, de modo que Freud propôs que os membros do Comitê se reunissem, a fim de discutir todas as questões contenciosas. Agora admitia que passara a ser crítico em relação aos textos mais recentes de Rank. "Mas eu gostaria de ouvir qual poderia ser o perigo ameaçador. Eu não o vejo." Aos poucos, seria obrigado a vê-lo.

Ao discutir o *Trauma do nascimento* com os membros da Sociedade Psicanalítica de Viena, no começo de março, Rank lhes disse que o livro havia surgido a partir de um diário onde ele anotara "impressões de análises, sob forma aforística. Foi reunido, por assim dizer, como um mosaico". Também não o escrevera para analistas. Mas os analistas o consideraram suficientemente significativo para debatê-lo longamente e criticá-lo com veemência. Mais tarde, Rank iria argumentar que sua tese central, assinalando o trauma do nascimento como um acontecimento psicológico decisivo, na verdade era uma elaboração do próprio pensamento de Freud — com a qual, além disso, os analistas estavam familiarizados havia anos. Não era inteiramente injustificável tal alegação: em 1908, depois que Rank apresentou um artigo sobre os mitos que se formam em torno do nascimento das figuras heroicas, foi registrada a observação lacônica de Freud: "Ato do nascimento como fonte de angústia". Um ano depois, arrolando uma série de traumas que afetavam as crianças, Freud lembrou à Sociedade Psicanalítica de Viena que, "com a angústia, deve-se ter em mente que a criança tem angústia do ato do nascimento em diante". Em 1909, numa nota acrescentada à *Interpretação dos sonhos*, ele também reafirmara enfaticamente, por impresso: "*Aliás, o ato do nascimento é a primeira experiência de angústia e, portanto, fonte e modelo do afeto de angústia*". É por isso que, de início, Freud não encontrava nada intrinsecamente implausível na tese de Rank.

De fato, tal tese não era tanto um afastamento das ideias psicanalíticas, e sim uma antecipação profética, ainda que um pouco unilateral, de posteriores desenvolvimentos da teoria analítica. Rank estava ampliando o papel da mãe em detrimento do do pai, e a angústia prototípica do nascimento em detrimento do complexo de Édipo. Inicialmente, Freud havia julgado que poderia ser uma verdadeira contribuição a seu próprio pensamento. Quando aceitou a dedicatória do livro de Rank, Freud citou um verso gracioso de Horácio: *Non omnis moriar* — "Não morrerei de todo". De fato, no começo de março de 1924, ele sugeriu a Abraham: "Tomemos o caso mais extremo: Ferenczi e Rank saem diretamente com a afirmação de que erramos em parar no complexo de Édipo, que a verdadeira decisão reside de fato no trauma do nascimento". Se se mostrassem certos, as origens das neuroses teriam de ser procuradas num acaso fisiológico, ao invés de na "nossa etiologia sexual". Nesse caso, os analistas certamente teriam de modificar sua técnica. "Que mal haveria? Seria possível ficar junto sob o mesmo teto com plena paz de espírito." Um trabalho de poucos anos, pensava ele, determinaria exatamente quais teóricos estavam com a razão.

A paciência de Freud era reforçada por seus sentimentos paternais em relação a Rank, mas também estava falando como um cientista disposto a considerar a hipótese de que sua descoberta favorita, o complexo de Édipo, não era tão crucial para o desenvolvimento mental quanto havia acreditado por muito tempo. Ele lembrou aos membros do Comitê que "a unanimidade completa em todas as questões de detalhes científicos e sobre todos os temas recém-iniciados" não é "possível entre meia dúzia de pessoas de natureza diferente". Não era sequer desejável. Mas, com grande relutância, tornou-se menos tolerante, não sem acusar os "advertidores", notadamente Abraham, de recorrer a procedimentos precipitados e sem tato em sua campanha contra Rank. Pouco disposto a reconhecer a gravidade da situação, ele culpava os mensageiros. Reconhecia abertamente que Rank era inflamável, insensível, canhestro e rude em sua forma de se expressar, sem senso de humor. Sem dúvida, ele próprio atraíra para si a maior parte dos seus atuais problemas. Mas Freud também achava que os colegas não tinham sido muito delicados com ele. À medida que passavam os meses, Freud se refugiou em uma neutralidade olímpica, distribuindo as responsabilidades com uma mão imparcial: "A animosidade que [Rank] tinha em parte experimentado com o senhor e o pessoal de Berlim, e em parte imaginado", disse a Ernest Jones em setembro de 1924, "teve um efeito perturbador na mente dele".

Os psicanalistas do círculo mais íntimo, conduzidos por Freud, tinham entrado numa dança desajeitada de rodopios oscilantes e inversões inesperadas. Mas Abraham continuava inflexível. Temia que Ferenczi e, muito pior, Rank fossem flagrados num gesto de "regressão científica". Alguns psicanalistas ingleses, principalmente Ernest Jones e os irmãos Edward e James Glover, concordavam inteiramente com Abraham: Rank estava repudiando a doutrina de Freud sobre o papel do pai no desenvolvimento psicológico. A doutrina do trauma do nascimento, Jones explodiu junto a Abraham, era nada menos que uma "fuga do complexo de Édipo". Na verdade, os membros do campo anti-Rank agora se julgavam mais coerentes do que o mestre idoso, mais freudianos do que Freud. "Não é difícil lhe dar todos os descontos", escreveu Jones, "quando se consideram todos os fatores, idade, doença e a propaganda insidiosa mais perto de casa." Seria uma pena se tivessem que se afastar do "Professor" por uma "lealdade grande demais à sua obra". Mas se tivessem de escolher entre a psicanálise e "considerações pessoais", declarou Jones solenemente, é claro que a psicanálise devia vir em primeiro lugar.

Não precisavam ter se preocupado tanto. Freud tornava-se cada vez mais irônico em relação ao valor das novas ideias de Rank. Refletindo, ele passou a interpretar a insistência enfática, quase fanática de Rank sobre o trauma do nascimento como um abandono inaceitável de ideias psicanalíticas comprovadas pelo tempo, e sua defesa de análises de curta duração como sintoma da fúria perniciosa de curar. No final de março de 1924, Freud podia dizer a Ferenczi que, embora tivesse considerado corretos dois terços do *Trauma do nascimento* de Rank, agora ele restringia sua concordância a um terço apenas. Pouco depois, mesmo esse grau bastante modesto de concordância lhe pareceu excessivo.

Em abril de 1924, Rank foi para os Estados Unidos, e a luta se manteve acesa por cartas. Ele dava palestras, dirigia seminários, analisava pacientes, supervisionava aspirantes a analistas. Era sua primeira visita aos Estados Unidos, uma experiência estonteante, realmente desorientadora, e estava mal preparado para enfrentá-la. Alguns analistas americanos ficaram desconcertados com a mensagem de Rank. Um deles, o psiquiatra Trigant Burrow, curioso amálgama de médico, charlatão e defensor eventual da psicanálise — Freud o considerava um "falastrão atrapalhado" —, avisou Freud que Rank estava divulgando uma heresia perigosa nos Estados Unidos. Freud o tranquilizou: "É apenas uma inovação técnica que merece ser experimentada. Ela promete uma abreviação da análise; a experiência vai mostrar se é capaz de manter a promessa". Com todas as suas dúvidas pessoais, Freud ainda conseguia apresentar uma profissão de fé: "Dr. Rank me é próximo demais para me permitir prever que siga na mesma direção de outros antes dele".

Rank nunca havia provado tanta adulação quanto recebeu nos Estados Unidos, nunca sonhara com toda essa influência, nunca vira tanto dinheiro. Ele agia de modo ambíguo: em suas palestras, fez grande alarde do fato de que a angústia do nascimento e a terapia analítica curta eram ideias de Freud. Ao mesmo tempo, deixava a impressão de que estava trazendo novidades sensacionais para seus ouvintes perplexos. Era a mãe, não o pai, que importava para a formação do animal humano: "*Im Gegenteil, die Mutter!* Pelo contrárria, o mãe!". Era, simultaneamente, porta-voz oficial e revisionista ousado, posição que achava extraordinariamente sedutora.*

Mas Rank não poderia deixar Viena para trás. Freud seguiu-o até os Estados Unidos por carta, dando-se ao trabalho de informá-lo que seus seis analisandos

* As atas da Sociedade Psicanalítica de Nova York revelam que as apresentações de Rank foram recebidas com grande atenção e suscitaram viva discussão. Ele encontrou adeptos veementes e detratores igualmente veementes. (Ver atas de 27 de maio, 30 de outubro e 25 de novembro de 1924. A. A. Bill Library, New York Psychoanalytic Institute.)

mais recentes, cinco deles com conhecimento das ideias de Rank, tinham sido totalmente incapazes de confirmar a tese do trauma de nascimento. "Frequentemente me preocupo muito consigo", declarou ele em julho, com seu velho jeito paternal. Não estava sendo hostil, nem mesmo de forma velada; rogou-lhe calorosamente que não se tornasse inflexível: "Deixe uma saída aberta para si". Mas Rank interpretou a súplica quase desesperada de Freud apenas como uma censura e um colapso no relacionamento que mantinham. "Se eu já não soubesse disso o tempo inteiro", escreveu ele no rascunho de sua resposta, "sua carta de hoje teria deixado claro, para além de qualquer dúvida, que é inteiramente impossível um entendimento." Ele não enviou essa carta, mas ela reflete à perfeição seus sentimentos feridos. Nesse ponto, Freud era mais conciliador do que Rank. Numa longa carta, escrita em seu refúgio de verão em Semmering, ele descreveu minuciosamente as questões importantes que tinham gerado divergências entre ele e outros analistas, inclusive Jung em sua fase psicanalítica, sem incorrerem em nenhuma desaprovação sua. Ele não queria meras repetições; Ferenczi, com efeito, "na minha opinião, atribui um valor excessivo à plena concordância comigo. Eu não". E reassegurou a Rank: "Meus sentimentos pelo senhor não foram abalados em nada".

Mas tinham sido abalados, e profundamente. O otimismo de verão, estritamente limitado, de Freud não durou; ele estava se aproximando dos sentimentos anti-Rank de seus íntimos, todos decididos a fechar as portas à reconciliação. Em setembro, Eitingon escreveu a Viena com uma aspereza inabitual: "Nosso amigo Rank está realmente indo muito depressa", mostrando desagrado por comentários de uma "conspiração berlinense" anti-Rank. E, em outubro, Anna Freud se colocou firmemente ao lado dos berlinenses. "Anna cospe fogo", escreveu Freud a Eitingon naquele mês, "quando se menciona o nome Rank." Mas Freud ainda vacilava, e mandava mensagens contraditórias. Por um lado, ainda não queria desistir do indivíduo Rank. "Gostaria de separar sua pessoa do trauma de nascimento", disse a Abraham em meados de outubro, um pouco melancólico. Por outro lado, poucos dias depois, quando Rank retornou a Viena, colocando como primeiro item em sua agenda uma visita imediata a Freud, este aguardou o encontro com grande apreensão. "Não alimento ilusões", escreveu a Ernest Jones, "sobre o resultado deste encontro." Sua incoerência dá uma medida de sua aflição.

Os vienenses acharam o novo Rank muito enigmático. "Não conseguimos explicar o comportamento dele para nós mesmos", informou Freud a Ernest Jones em novembro, "mas é certo que ele nos abandonou a todos com grande facilidade e preparou-se para uma nova vida, independente de nós." Para tanto, acrescentou ele, Rank, pelo visto, achara necessário afirmar que Freud, por exemplo, tratara-o mal. "Confrontado com suas próprias declarações inamistosas, ele as rejeita como mexericos e invenções." Freud agora julgava Rank insincero, não mais confiável. "Lamento muito que o senhor, caro Jones, no final estivesse certo a tal ponto." Ele já tinha sido obrigado, antes, a escrever cartas semelhantes a Jones e Abraham.

De volta a Viena, ainda embriagado pelos recentes triunfos nos Estados Unidos, Rank renunciou a seus vários cargos oficiais; mal chegara, já planejava outra viagem transoceânica, novamente para os Estados Unidos. A impaciência era compreensível: seus adversários tinham conseguido ganhar seu último aliado, Ferenczi. "Não fiquei surpreso", disse Ernest Jones a seu "caro Karl" Abraham em meados de novembro, "que Sándor tivesse se revelado completamente leal." Comentou: "É o que se esperaria dele, pois pelo menos é sempre um cavalheiro". Mas Rank era a própria indecisão, deprimido e carregado de culpa. Em novembro, sua mulher o acompanhou até o trem, quando viajaria para os Estados Unidos, apenas para encontrá-lo de novo em casa, logo depois. "Ele anda com uma terrível má consciência" — assim Freud pintou Rank para Lou Andreas-Salomé —, com "uma cara extremamente infeliz e embaraçada", dando "a impressão de alguém que levou uma surra." Como geralmente fazia nesses contratempos, Freud descartou firmemente qualquer responsabilidade. Estava muito calmo com a defecção de Rank, observou ele, não só por estar ficando velho e indiferente, mas principalmente por não poder atribuir a menor falha a si mesmo. Rank estava muito mais agitado. No final de novembro, mais uma vez se pôs a caminho para os Estados Unidos, alcançou Paris e novamente voltou. Em meados de dezembro, sob o peso de uma crise mental, dilacerado entre antigas fidelidades e novas oportunidades, estava consultando Freud diariamente.

Em 20 de dezembro, numa circular assombrosa, ele expôs sua situação aos colegas. Estava contrito, desculpando-se, rebaixando-se; agora reconhecia, disse ao Comitê, que seu comportamento tinha sido neurótico, governado por conflitos inconscientes. Evidentemente, tinha sofrido o câncer "do Professor" como um trauma, e desapontara tanto a ele como a seus amigos. Dissecando seu sofrimento, ele voltava ao saber psicanalítico tradicional e analisava seu deplorável estado mental nos termos mais ortodoxamente freudianos: estivera representando o complexo de Édipo e, ainda, o complexo de irmão. Entre os destinatários dessa confissão psicanalítica, Ernest Jones, por exemplo, não se convenceu nem se acalmou. "Honestamente não tenho nenhum sentimento contra Rank", escreveu confidencialmente a Abraham no final de dezembro, declarando-se feliz em ver Rank "recuperando o discernimento". Mas estava decidido a considerá-la apenas como uma mera "compreensão *intelectual*". Em suma, admitia Jones, "desconfio profundamente de Rank". Seria pura cegueira passar por cima de seu comportamento neurótico anterior, e esperar a recuperação completa do velho Rank. "O princípio de realidade tem uma maneira de se vingar sobre o princípio do prazer, mais cedo ou mais tarde." Por isso, era essencial impedir que Rank voltasse a ocupar suas antigas posições de responsabilidade.

Freud, por seu lado, era menos exigente, e acolheu a *Rundbrief* de Rank como uma boa notícia. "Embora eu saiba que o senhor está afastado dele há algum tempo", escreveu a Ernest Jones, duas semanas depois de receber a autoanálise quase masoquista de Rank, "ainda espero de seu discernimento e benevolência que o senhor ponha um ponto final no assunto, esqueça o passado e conceda-lhe um novo crédito." Freud achava "gratificante" que ele e seus colegas não fossem obrigados "a abandonar um dos nossos pelo caminho como uma vítima fatal ou um assaltante", e esperava tornar a ver Rank combatendo corajosamente ao lado de seus camaradas. A retratação de Rank o impressionou. "Não posso crer", disse ao confiável Eitingon em janeiro de 1925, ao avaliar a má conduta anterior de Rank, "que algum dia venha a ocorrer novamente algo parecido."

Os seguidores de Freud não estavam tão dispostos a perdoar, muito menos a esquecer. Partilhavam plenamente das suspeitas de Ernest Jones. No dia de Natal, o grupo de Berlim — Eitingon, Sachs, Abraham — enviou ao "caro Otto" uma carta com boas-vindas por sua volta ao aprisco. Mas a cordialidade dos cumprimentos não escondia algumas aguilhoadas; os três berlinenses lembravam a Rank sua conduta neurótica, e sugeriam enfaticamente que, enquanto estivesse ocupado em fazer suas revisões, na sua volta às verdades psicanalíticas, ele faria bem em abster-se de publicar. Poderia aproveitar essa pausa para se submeter a discussões e críticas de seus colegas. Poucos dias depois, Ernest Jones seguiu a mesma linha numa carta amigável, mas um tanto condescendente, a Rank. Manifestou prazer pelo seu "autodiscernimento mais claro e o desejo resultante de restabelecer a amizade". E, passando habilmente por cima de cinco anos de altercações e animosidades, Jones assegurou ao "caro Otto" que a amizade "nunca tinha sido rompida do meu lado" e saudava "sem hesitações, portanto, e com toda a sinceridade, seus progressos". No entanto, Jones julgou indicado acrescentar uma pitada de severidade: só as palavras não apagariam o passado. Parafraseando o famoso verso do *Fausto* de Goethe, com que Freud havia concluído o *Totem e tabu*, ele observou: "No fim está o ato" — *Am Ende ist die Tat.* A reação de Rank a tais mensagens amistosas-inamistosas — houve outras parecidas — foi voltar para os Estados Unidos no começo de janeiro. Não iria, não poderia ficar em Viena. Freud, ainda paciente, esperava que Rank, em sua nova aventura americana, pudesse "corrigir o mal que havia feito" durante sua primeira estada.

De fato, durante o inverno e a primavera de 1925, Freud empenhou-se em voltar à sua antiga atitude para com Rank. Em março, depois que Rank voltara da segunda excursão aos Estados Unidos, Freud informou a Abraham que "novamente estendi" a Rank "toda a confiança". Ainda em julho, Freud mantinha viva uma centelha de confiança em seu discípulo imprevisível. Mas as comparações desagradáveis que alguns adeptos seus vinham fazendo entre Rank e Jung pareceram a Freud, apesar de toda a sua tendência em interpretar os fatos de acordo com seus desejos, tristemente apropriadas. Jung também tinha ido aos Estados Unidos, para fazer conferências em que declarava sua adesão a Freud e, simultaneamente, anunciava sua originalidade; Jung também ficara assustado com a própria coragem e tinha se desculpado profusamente a Freud por sua conduta aberrante, apenas para voltar atrás um pouco depois; Jung, enfim, como parecia retrospectivamente a Freud, tinha se beneficiado muito ao rejeitar as teorias inflexíveis de Freud. Naturalmente, Rank ficava furioso que alguém o comparasse a Jung. Para ele e seus poucos partidários, essas suspeitas e comparações ofensivas soavam como puros palavrões.

Em parte, assim era. Rank foi chamado de desleal e coisas piores, e virou alvo de análises selvagens de seus antigos amigos. Era uma velha história. Mesmo Freud, ainda que se mantivesse paternal com Rank, não conseguira resistir a diagnosticá-lo como se fosse um adversário. Oscilava entre considerar Rank como filho edipiano ou empreendedor ganancioso. Já em novembro de 1923, segundo sua interpretação, um dos sonhos de Rank significava que o "jovem Davi" — Rank — queria matar "o fanfarrão Golias" — Freud. "O senhor é o tremendo Davi que, com seu trauma de nascimento, vai conseguir anular minha obra." No verão seguinte, Freud disse francamente a Rank que a teoria do trauma do nascimento, que acarretava a "eliminação do pai", era uma transposição ilegítima para grandiosos termos teóricos dos primeiros anos infelizes da vida do próprio Rank. Se tivesse sido analisado, concluía Freud, Rank teria elaborado essas primeiras influências, ao invés de construir uma estrutura ambiciosa sobre sua neurose. Então, em novembro, antes da autoanálise pública de Rank, Freud caracterizou-o rudemente como alguém que, "ameaçado pela minha doença e os riscos que traz para sua sobrevivência", havia "procurado uma ilha de salvação", encontrando-a nos Estados Unidos. "É realmente o caso do rato abandonando o navio que afunda." Lutando com um complexo paterno gravemente neurótico, Rank, evidentemente, achara irresistível a oferta de dólares que lhe prometia Nova York. Foi esse diagnóstico hostil sobre Rank que Freud viria finalmente a adotar.

Os psicanalistas que tinham pressionado Freud para repudiar Rank não fizeram reparos a tal abuso analítico. Ernest Jones sugeriu a Freud que, embora a Primeira Guerra Mundial tivesse encoberto a "neurose manifesta" de Rank em 1913, esta havia "voltado gradualmente sob a forma de uma personalidade neurótica". Isso acarretou sobretudo "a recusa do complexo de Édipo" e uma "regressão da hostilidade do irmão [eu]... para o pai, provavelmente Freud". Abraham foi, se possível, mais acerbo. Negando qualquer animosidade, ele diagnosticou impiedosamente "o processo neurótico" em Rank como um desenvolvimento que possuía uma longa pré-história. Rank, na opinião de Abraham, tinha compensado seus sentimentos negativos com um trabalho excessivamente consciencioso e uma necessidade cada vez menor de amizades. Ele tinha se permitido conduzir-se de modo tirânico, tornar-se excessivamente suscetível e cultivar cada vez mais abertamente seu interesse por dinheiro. Em suma: "uma inequívoca regressão ao sádico-anal".

Essas incursões pelo assassinato da personalidade são exemplos do tipo de análise agressiva que os psicanalistas, Freud à frente, ao mesmo tempo deploravam e praticavam. Era assim, como estamos tendo a oportunidade de observar, que os analistas pensavam a respeito dos outros e de si próprios. Freud podia atribuir o abandono da psicanálise por Jung a "fortes motivos neuróticos e egoístas". Ao mesmo tempo, podia julgar a si mesmo de maneira apenas pouco menos rude, admitindo que era "suficientemente egoísta" para usar suas más condições de saúde como um álibi para se manter afastado das disputas entre os analistas. Mas o fato de Freud não ter dirigido tais diagnósticos apenas contra os outros não torna o abuso da psicanálise minimamente mais válido ou satisfatório. Era endêmico entre os analistas, uma deformação profissional corrente.

Em junho de 1925, Freud teve um momento de distração, estranhamente tocante, que o afastou do caso Rank, que se encaminhava inexoravelmente para seu desfecho. O amigo paternal dos seus trinta anos, Josef Breuer, com quem rompera 25 anos antes, tinha falecido aos 83 anos. Ao responder à polida carta de condolências de Freud, Robert, o filho mais velho de Breuer, deve ter assegurado a Freud que seu pai havia acompanhado os desenvolvimentos da psicanálise com simpatia — a qual Freud teria julgado impossível —, pois Freud rapidamente respondeu de volta: "O que o senhor diz sobre a relação de seu pai com meu trabalho mais recente era novidade para mim e operou como um bálsamo numa ferida dolorosa que nunca se fechara". Como comprova a carta, Freud, em todos esses anos, não havia elaborado muito seu afastamento de Breuer: o homem que o apoiara emocional e financeiramente; que tanto fizera, contando-lhe sobre Ana O., para impulsioná-lo em suas descobertas psicanalíticas; e cujas gentilezas Freud retribuíra com uma descortesia truculenta. Freud deve ter achado profundamente gratificante saber que, durante o tempo todo, estivera enganado a respeito da atitude de Breuer e que este, à distância, continuara a observá-lo com benevolência — principalmente agora que Rank se revelava tamanha decepção.

Com o passar do verão de 1925, Freud teve algo muito mais importante para pensar do que a defecção de Rank: a saúde de Karl Abraham. No começo de junho, Abraham escrevia a Freud da cama. Tinha voltado de uma viagem de conferências na Holanda com sintomas visíveis de bronquite. Divulgou-se que ele engolira uma espinha de peixe, que então se alojou nos brônquios. Na verdade, parece que sofria de um câncer pulmonar não diagnosticado. Em julho, Abraham se sentiu melhor e foi até a Suíça com a família, para descansar nas férias de verão. Em agosto, estava em condições de fazer algumas caminhadas leves pelas montanhas, e no começo de setembro sentiu-se bem a ponto de assistir ao congresso internacional em Bad Homburg. Foi um esforço para sua constituição enfraquecida, e Freud, que se mantinha em contato constante, começou a ficar preocupado. "Então aconteceu como eu temia", escreveu a Abraham em meados de setembro. "O congresso o esgotou, e só posso esperar que sua juventude logo supere o distúrbio."

Os informes de Berlim continuavam bastante otimistas. Em meados de outubro, Abraham enviou uma circular tranquilizadora: estava se sentindo muito bem. Observou, para certo desagrado de Freud, que estava sob os cuidados de Fliess e elogiou suas "qualidades extraordinárias como médico". A seu ver, Fliess valia por três professores de clínica geral. "Aliás", acrescentou, "o curso inteiro de minha doença confirmou sua teoria dos períodos da maneira mais impressionante." Mas as melhoras não duraram. Acessos de febre, dores, problemas na vesícula biliar indicavam que a doença era grave. No começo de dezembro, Freud estava angustiado ao extremo. "Não estamos com disposição para escrever uma circular este mês", disse a Ernest Jones em 13 de dezembro. "A doença de Abraham mantém a todos nós em suspense e ficamos muito tristes que as notícias tenham que ser tão indefinidas e soar tão misteriosas." Três dias depois, Freud informou a Jones que Felix Deutsch tinha ido ver Abraham, e advertira que "esta semana vai ser o período crítico e devemos estar preparados para o pior". Freud se recusava a perder a esperança: "É uma perspectiva melancólica, mas, enquanto ele estiver vivo, podemos nos aferrar à esperança de que sua moléstia muitas vezes tem possibilidades de recuperação". Ele não se sentia em condições suficientes para ir a Berlim, mas esperava que Ferenczi fosse, e indagou se a saúde de Jones não lhe permitiria ir também. Freud estava negando a realidade que via à frente. "Abstenho-me intencionalmente de pintar as consequências, caso ocorra o acontecimento fatal."

Poucos dias depois, em 21 de dezembro, parecia haver certo espaço para o otimismo. "Nenhuma notícia de Abraham hoje", escreveu Freud a Jones, mas o boletim mais recente tinha "parecido tranquilizador." Consolava-se com a ideia de que Alix Strachey também tinha se recuperado de um abcesso no pulmão, e com o fato de que o coração de Abraham estava funcionando bem. Mas o pós-escrito que acrescentou soava muito diferente. Deutsch tinha acabado de telefonar: havia deixado Abraham em condições satisfatórias, sem febre, mas acabava de saber que ele tivera uma recaída e a situação era desesperadora. Quatro dias depois, no dia de Natal, tudo se acabou. Abraham tinha 48 anos.

A morte de Abraham foi muito dura para Freud. O organizador sensato, o renomado formador de analistas, o otimista indispensável, o teórico interessante, o amigo leal tinha partido. "Só posso repetir o que o senhor disse", escreveu Freud a Ernest Jones em 30 de dezembro. Devia estar praticamente em estado de choque, pois redigiu a carta em alemão. "A morte de Abr[aham] é talvez a maior perda que poderia nos atingir, e nos atingiu. Eu costumava chamá-lo em minhas cartas, de brincadeira, como meu *rocher de bronze*; sentia-me seguro na confiança absoluta que inspirava em mim, como em todos os outros." Acrescentou que estava escrevendo um breve obituário e aplicaria a Abraham o famoso louvor que Horácio concedera ao homem de integridade, livre do vício: *Integer vitae scelerisque purus*. Era o que pretendia; as declarações infladas que normalmente a morte atrai, disse ele a Jones, "sempre me foram particularmente embaraçosas; tomei o cuidado de evitá-las, mas com esta citação tive o sentimento de ser sincero". O obituário sucinto escrito por Freud realmente traz o verso de Horácio e a declaração fúnebre, igualmente sincera, de que com Abraham o movimento psicanalítico estava enterrando "uma das maiores esperanças de nossa jovem ciência, ainda muito atacada, uma parte talvez irrecuperável de seu futuro". Essa catástrofe deu contornos mais nítidos à perspectiva de perder Rank.

Rank seguiu seu próprio caminho, alternando-se por algum tempo entre Paris e Nova York, antes de se estabelecer nos Estados Unidos. Freud tinha outras coisas em mente: no começo de 1926, teve um problema cardíaco — o acesso de um velho achaque — sério o bastante para interná-lo num sanatório. Em março, ele disse calmamente a Eitingon que podia estar morrendo, mas "o único medo que realmente tenho é o de uma invalidez prolongada sem possibilidade de trabalhar. Mais precisamente: sem possibilidade de ganhar a vida". Mesmo tendo se tornado próspero, a subsistência da família continuava a ser uma preocupação para ele. Mas em abril, quando Rank visitou Freud pela última vez, ele estava recuperado, de volta à casa, analisando pacientes. Rank ainda não havia elaborado suas teorias definitivas; elas surgiram dois ou três anos depois, quando ele desenvolveu seu conceito da vontade como força humana primária, aquela parte do ego que domina, de um lado, as pulsões e, de outro, o meio ambiente. Mas, na primavera de 1926, Rank havia se afastado lentamente do campo freudiano. Quando veio se despedir, Freud tinha terminado com ele. "O ganho com sua doença" julgava Freud, "sob a forma de independência material foi muito grande." Em junho, fizera o balanço final. "Não sou capaz de evocar qualquer indignação contra Rank", confessou ele a Eitingon. "Deixo-lhe o direito de se extraviar e, em troca, de se mostrar original. Mas é claro que não pertence mais a nós."*

O caso tinha sido doloroso e se arrastara por muito tempo, mas Freud, refletindo sobre as ideias independentes de Rank, tirou algumas lições importantes. No livro que daí resultou, *Inibições, sintomas e angústia*, ele observou: "O lembrete de Rank de que o sentimento de angústia é, como fui o primeiro a declarar, uma consequência do processo de nascimento e uma repetição da situação então experimentada, demandava um novo escrutínio do problema da angústia. Mas", notou

* Escrevendo ao dr. Frankwood Williams, membro em boa posição da Sociedade Psicanalítica de Nova York, mas admirador de Rank, Freud declarou, com seu jeito mais ríspido, que a autoapresentação de Williams como psicanalista o surpreendera: "Eu só sabia a seu respeito que o senhor tinha sido um admirador de Rank, e que eu não conseguira, numa conversa consigo, convencê-lo de que um trabalho de poucos meses com Rank pouco tem a ver com a análise em nosso sentido, e que R. deixou de ser analista. Se desde então o senhor não passou por uma transformação completa, eu teria de contestar também o seu direito a esse nome". (Freud a Frankwood Williams, 22 de dezembro de 1929. Cópia datilografada, Freud Museum, Londres.)

Freud, "eu não poderia chegar a lugar algum com seu conceito do nascimento como trauma, do estado de angústia como uma reação para controlá-lo, de cada novo afeto de angústia como uma tentativa de se libertar cada vez mais completamente do trauma por 'ab-reação'". No entanto, Freud sentia-se forçado a reconhecer que Rank levantara algumas questões interessantes.

Freud estava prestes a comemorar — ou melhor, a se esquivar a comemorar — seu septuagésimo aniversário, mas a pressão habitual para resolver problemas não o abandonara. O livrinho que encerrava suas novas ideias sobre a angústia prometia novas charadas para os psicanalistas: eles teriam de assimilar outra grande revisão teórica. "Era previsível que meu livro mais recente iria turvar as águas", disse Freud a Lou Andreas-Salomé com evidente satisfação. "Depois de um tempo, as coisas vão se clarear novamente. Não faz mal para as pessoas perceber que ainda não temos direito à rigidez dogmática, e que devemos nos manter prontos a cultivar constantemente a vinha." Mas, acrescentou tranquilizador, "as mudanças propostas não são, afinal, muito subversivas". Em *Inibições, sintomas e angústia*, tal como na carta a Lou Andreas-Salomé, a tática de Freud foi reconhecer que havia abandonado uma posição teórica anterior, mas minimizando a distância percorrida: "O conceito de angústia apresentado neste ensaio se afasta uma certa distância do conceito que até então tinha-me parecido justificado". As palavras "uma certa distância" conseguem disfarçar admiravelmente a importância da inovação que estava introduzindo.

O livro, esteticamente, é menos satisfatório do que a maioria dos outros textos de Freud. Ele alinha ideias, ao invés de demonstrar sua conexão necessária. Algumas de suas contribuições duradouras para o pensamento psicanalítico, as passagens sobre repressão, defesa e angústia, estão dispersas pelo texto e escondidas num dos apêndices. É como se Freud tivesse se impacientado com a tarefa cansativa de renovar sua estrutura analítica. Ele parece ansioso por terminar de uma vez por todas com o trabalho de reconstrução. Muitos anos antes, Freud dissera que "uma maneira clara e inequívoca de escrever nos indica que, ali, o autor está de acordo consigo mesmo", ao passo que, em contraposição, "quando encontramos uma expressão forçada e tortuosa", reconhecemos a presença de "um pensamento insuficientemente determinado e obscurecedor, ou ouvimos a voz abafada da autocrítica do autor". Era um guia de detetive literário sobre o uso do estilo como pista. Mas, nesse caso, o expediente não funciona: Freud não fazia autocrítica de suas novas ideias. No entanto, ele parece cansadamente indeciso quanto à ordenação da massa bruta do material. O próprio título, *Inibições, sintomas e angústia*, uma pura enumeração, demonstra sua incerteza. O ensaio começa com uma distinção entre inibições e sintomas, embora Freud estivesse realmente muito mais interessado na natureza dos mecanismos de defesa e, ainda mais, na angústia; com efeito, uma versão americana recebeu o título de *O problema da angústia*. Contudo, mesmo desalinhado, o ensaio é fundamental para o pensamento de Freud.

Embora o nome de Rank apareça nele apenas poucas vezes, Freud empreendeu um debate silencioso com ele ao longo de todo o livro. Foi sua maneira de tratar com o discípulo extraviado.* Mas um acerto pessoal de contas, por si só, não tornaria o livro importante. Na verdade, a angústia havia se imposto à atenção de Freud desde meados dos anos 1890; sua impressão de que ela exigia uma consideração não só clínica, mas também teórica, mostra uma vigilância perspicaz sobre fenômenos negligenciados por outros investigadores. Nos anos em que Freud começou a pensar psicanaliticamente, enquanto escrevia seus primeiros artigos sobre histeria e neuroses de angústia, a instituição psiquiátrica tinha pouquíssimo a dizer sobre a angústia. Os manuais e tratados ofereciam principalmente descrições fisiológicas superficiais. O importante *Dicionário de medicina psicológica*, de D. Hack Tuke, que condensava o saber da área em torno de 1890, só encontrou espaço para a definição mais sumária de angústia: "Sofrimento mental por expectativa de algum infortúnio ou provação. Um estado de agitação e depressão, com uma sensação de aperto e dor na região precordial". E só.

Freud achava que era preciso dizer mais. Alguns de seus primeiros pacientes neuróticos tinham apresentado sintomas ostensivos de angústia, e, como ele estava convencido de que todas as neuroses se originam de distúrbios sexuais, Freud foi levado à conclusão de que a angústia também devia ter raízes sexuais. Aos olhos de Freud, portanto, sua gênese não era muito misteriosa, e a fórmula para ela era simples: a excitação sexual que não é descarregada se transforma em angústia. "Indubitavelmente", como afirmou Eugen Bleuler, logo depois da Primeira Guerra Mundial, em seu divulgadíssimo *Manual de psiquiatria*, a angústia está "ligada de alguma maneira à sexualidade, fato que sabemos há muito tempo, mas que Freud foi o primeiro a tornar mais claro". Uma questão esclarecida por Freud foi que o aparecimento da angústia não é simplesmente um processo fisiológico cego, mas também se baseia em mecanismos psicológicos: a repressão, como ele colocou, gera angústia. Nesse ponto, surge o elo íntimo, mas não muito evidente, entre os dois temas principais de *Inibições, Sintomas e angústia* — a angústia e os mecanismos de defesa. Freud, porém, não se limitou a rever sua primeira explicação dessa relação. Ele a inverteu. A repressão, dizia ele agora, não cria a angústia; pelo contrário, é a angústia que cria a repressão.

Nessa nova formulação teórica, Freud atribuiu à angústia uma tarefa que nem ele, nem os outros psicólogos tinham reconhecido antes: a criança, à medida que cresce, aprende a prever o que Freud chamou de situações de perigo, e reage à vinda esperada com angústia. Em outras palavras, a angústia pode

* Rank replicou. Em 1927, numa longa resenha a *Inibições, sintomas e angústia* numa revista especializada americana, *Mental Hygiene*, ele repetiu uma vez mais as origens do conceito psicanalítico do trauma do nascimento e as diferenças entre suas ideias e as de Freud sobre tal acontecimento e suas consequências. [Ver E. James Lieberman, *Acts of will: the life and word of Otto Rank* (1985), pp. 263-7.]

funcionar como sinal de possíveis traumas futuros. Assim, Freud agora considerava a angústia não como mera reação passiva, mas como uma forma de ação mental.

Por surpreendente que possa parecer tal inversão, fazia decênios que Freud sabia que o estudo sério da angústia iria certamente trazer inúmeras complexidades. Em alguns dos primeiros artigos psicanalíticos, ele já distinguira entre angústia neurótica e angústia realista, e observara que os acessos de angústia podem ser reações a pressões internas ou perigos externos. De qualquer forma, a angústia brota quando a mente não consegue lidar com os estímulos que a bombardeiam. O que restava era definir a natureza, classificar as fontes e talvez discriminar os tipos de angústia. Esta foi a tarefa a que Freud dedicou seu ensaio de 1926. Para Rank, sabemos, a experiência do nascimento era realmente a única causa de angústia que tinha importância; todos os acessos posteriores eram simplesmente a forma de a mente enfrentar aquele *Ur*-trauma [trauma originário]. Freud, desconfiado de esquemas simples e causas únicas, leu a exposição de Rank como um exagero tendencioso que privilegiava apenas um aspecto da rica e variada experiência da angústia, em detrimento de todos os outros.

A angústia, como Freud agora a definia, é um afeto doloroso acompanhado por sensações físicas definidas. O trauma do nascimento é o protótipo de todos os estados de angústia; ele suscita a reação — alterações fisiológicas perceptíveis — que esses estados posteriores imitarão. Freud não duvidava que o bebê apresenta, de algum modo, disposição para a angústia; a reação de angústia, em resumo, é inata. Mas as crianças pequenas sofrem de muitas angústias que não podem ser remontadas à experiência do nascimento: o medo do escuro, o medo da ausência dos que atendem às suas necessidades. Embora não atribuísse uma cronologia exata a elas, Freud acreditava que cada fase do desenvolvimento mental seja acompanhada por uma angústia característica: o trauma do nascimento é sucedido pela angústia de separação, o sentimento de culpa e o medo da morte. Assim, as angústias geradas por um superego punitivo só surgem depois que outras angústias já realizaram sua obra.

Freud não sustentava que um tipo único de angústia substitui todos os outros. Muito pelo contrário, cada um deles pode persistir no inconsciente por toda a vida, e reviver a qualquer momento. Mas todas as angústias, cedo ou tarde, compartilham uma sensação premente e altamente incômoda de desamparo, de incapacidade de lidar com excitações irresistíveis — terrores, desejos e emoções. Recapitulando, a formulação mais importante de Freud era a seguinte; a angústia é um sinal de alerta de que há perigo à frente. Para a sensação em si, não importa se o perigo é real ou imaginário, racionalmente avaliado ou histericamente superestimado; as fontes variam imensamente, mas os efeitos fisiológicos e psicológicos são muito parecidos.

Ao reformular drasticamente sua definição de angústia, Freud passou do particular para o geral. De início, havia se interessado pela angústia ao ouvir seus analisandos; agora, descrevendo-a como um sinal que orienta os seres humanos para navegar entre os perigos da vida, ele transpunha as conclusões extraídas de suas explorações especializadas na psicopatologia para leis psicológicas aplicáveis a todos, neuróticos ou não. Da perspectiva de Freud, a lenda do inocente e intrépido Siegfried que partiu para conhecer o medo podia ser uma metáfora de um ingrediente essencial para o amadurecimento humano: uma forma de definir a educação é vê-la como o processo de descobrir os usos do medo e aprender a distinguir entre o que temer, o que evitar e em que confiar. Sem nenhuma angústia, os seres humanos ficariam indefesos contra impulsos internos e ameaças externas — na verdade, seriam menos que humanos.

As observações dispersas de Freud sobre as defesas em *Inibições, sintomas e angústia* mostraram-se tão ou, talvez, mais fecundas para a teoria psicanalítica que a inversão radical de suas ideias sobre a angústia. Mas essas observações deram muito trabalho a seus adeptos durante a vida e após a morte de Freud, pois suas páginas sobre a defesa são pouco mais que sugestões rapidamente esboçadas, com grandes possibilidades teóricas. Freud deixou perfeitamente claro em 1926: a angústia e a defesa têm muito em comum. Se a angústia é a sentinela na torre soando o alarme, as defesas são as tropas mobilizadas para deter o invasor. Pode ser muito mais difícil rastrear as manobras defensivas do que a angústia, pois elas atuam quase inteiramente sob a cobertura protetora, dificilmente penetrável, do inconsciente. Mas, como a angústia, as defesas estão alojadas no ego; como a angústia, elas são formas de controle indispensáveis, absolutamente humanas e absolutamente falíveis.

De fato, uma das coisas mais importantes a se dizer sobre as defesas é que, de instrumentos permanentes de adaptação, elas podem se transformar em obstáculos intransigentes a ela.

Freud reconhecia que descurara por muito tempo da questão sobre a maneira como o ego se defende contra seus três adversários: o id, o superego e o mundo. "Associado à discussão do problema da angústia", escreveu ele um pouco contrito, "retomei um conceito — ou, dito mais modestamente, um termo — que empreguei exclusivamente no começo de meus estudos há trinta anos, e que mais tarde deixei de lado. Estou falando do 'processo defensivo'. Eu o substituí posteriormente pelo termo 'repressão', mas a relação entre ambos continuou indefinida." Isso para dizer o mínimo. Na verdade, Freud, de início, havia diferenciado claramente vários mecanismos de defesa, e a seguir confundira a questão, fazendo com que um de seus conceitos psicanalíticos prediletos, a repressão, passasse a representar tanto a técnica mental de negar o acesso à consciência de certas ideias quanto todas as outras formas de evitar excitações desagradáveis. Agora estava disposto a corrigir essa imprecisão voltando ao "velho conceito de 'defesa'", como "designação geral para todas as técnicas" que o ego emprega nos conflitos que possam levar à neurose, "ao passo que a 'repressão' se mantém como a designação de um determinado método de defesa".

Os ganhos intrínsecos nessa retomada de suas primeiras formulações são extraordinários. A repressão conservou para ele seu estatuto privilegiado entre os estratagemas de defesa e seu lugar histórico na teoria psicanalítica. No entanto, embora muitas táticas defensivas imitem a repressão, tramando recusar ao material psicológico o acesso à consciência, elas comandam recursos próprios. Algumas ele descrevera em artigos iniciais e em seus casos clínicos: o ego pode se defender contra impulsos instintivos inaceitáveis, regredindo a uma fase anterior de integração mental, onde esses impulsos são mascarados e desarmados. O neurótico pode lutar para escapar a seus sentimentos hostis e destrutivos contra os seres amados, convertendo seus ódios inaceitáveis numa afeição exagerada. E isso não é tudo; apenas a mente tem outras armas defensivas à sua disposição. Muitas delas, como a projeção, já eram familiares aos leitores de Freud. Agora, em *Inibições, sintomas e angústia*, ele acrescentava duas táticas que não mencionara antes: "desfazer" e "isolar". A primeira é uma espécie de "magia negativa", que procura "soprar para longe" não só as consequências de uma experiência, mas a própria experiência: o que aconteceu, milagrosamente nunca aconteceu de forma alguma. A segunda, que para Freud constituía a marca registrada dos neuróticos obsessivos, consiste num esforço para afastar fantasias ou lembranças obscenas, aterradoras e vergonhosas dos afetos que realmente pertencem a elas. Apenas a reinstituição daquele velho termo coletivo, "defesa", pensava Freud, poderia fazer jus às várias maneiras pelas quais a mente se protege contra os outros e contra si própria.

Tal como com a angústia, da mesma forma com as defesas, a explicação de Freud baseava grande parte de sua autoridade nas observações que fizera em seu lugar predileto — a cômoda cadeira atrás do paciente no divã. Em *Inibições, sintomas e angústia*, ele relembrou uma vez mais, quase nostalgicamente, alguns de seus casos mais prezados: o Pequeno Hans, o Homem dos Ratos, o Homem dos Lobos. Não via razões para negligenciar essas fontes de informação. Afinal, as resistências apresentadas pelos analisandos, para impedir transformações em seus hábitos neuróticos, para continuar em seus sofrimentos ao invés de conseguir uma percepção dolorosa, são defesas em ação. Mas, como Freud bem sabia, os neuróticos não detêm o monopólio de tais estratagemas; eles simplesmente exageram, numa caricatura inequívoca e de fácil leitura, as práticas dos mortais comuns. Para dar apenas um exemplo: o isolamento pode ser uma especialidade dos obsessivos, mas é o complemento neurótico da concentração; o afastamento da atenção de estímulos rivais é um processo mental inteiramente normal, destinado a resultar na realização do trabalho. Assim, exatamente como a angústia, as defesas são universais e essenciais a todos os seres humanos. Foi o que a reflexão sobre *O trauma do nascimento* ensinou a Freud. No próprio gesto de se separar de Freud, Rank serviu-lhe melhor do que pensava.

A aparência um tanto desconjuntada do livro de Freud sobre as defesas e a angústia, com suas repetições e expressões pouco felizes, torna-se evidente principalmente quando comparada a seu desempenho costumeiro. De qualquer maneira, esses defeitos não indicavam uma perda irremediável de seus dons literários. Pois em 1926, mesmo ano de *Inibições, sintomas e angústia*, Freud publicou outro pequeno livro, que mostrava toda a sua antiga verve estilística, toda a sua habitual espirituosidade enxuta: *A questão da análise leiga*. Misto de polêmica e popularização, essa introdução à psicanálise, de fácil leitura, deve figurar entre os esforços de persuasão mais agradáveis de Freud. Significativamente, ele optou por apresentar seus argumentos sob a forma de diálogo, forma literária própria a uma exposição informal que já empregara algumas vezes antes.

Não há dúvida de que a origem do panfleto ligada à discussão em curso levou Freud a mobilizar uma vez mais a combatividade confiante outrora tão típica sua. No final de 1924, Freud foi solicitado por uma alta personalidade médica austríaca a apresentar uma opinião especializada sobre a questão da análise leiga, e ele escreveu a Abraham, cheio de otimismo, que "em todas essas questões espero que as autoridades ouçam a mim". O assunto iria se mostrar bem mais espinhoso. No começo do ano seguinte, funcionários municipais, aparentemente alertados por Wilhelm Stekel sobre a existência de analistas leigos em Viena, acusaram Theodor Reik de "exercício não autorizado de prática médica". Reik, um dos seguidores mais jovens de Freud, compareceu devidamente perante os magistrados da cidade e explicou seus procedimentos. Seguiram-se discussões acaloradas, depoimentos de especialistas e disputas legais, e Reik recebeu ordens de suspender as análises. Ao invés disso, ele recorreu a um advogado, obteve o apoio de Freud, apelou da sentença e continuou a clinicar por algum tempo. Mas, na primavera seguinte, Reik foi processado por charlatanismo por um paciente americano, Newton Murphy. Murphy, médico, tinha vindo a Viena para ser analisado por Freud; não tendo hora vaga, Freud o enviou a Reik, com quem Murphy parece ter trabalhado por algumas semanas. Os resultados devem ter sido extremamente insatisfatórios, pois do contrário, Murphy, que obviamente, em princípio, não era contrário à psicanálise, não teria levado Reik ao tribunal. Freud não hesitou: o resultado foi a *A questão da análise leiga*, escrita em um mês.

Freud não escondeu que seu impulso para escrever o livreto brotara dos acontecimentos correntes: para a figura do interlocutor compreensivo, mas não persuadido, ele se inspirou no funcionário junto ao qual interviera e que lhe pedira sua opinião abalizada sobre o caso. Freud ainda era claramente o mesmo. Pfister, a quem ele enviou um exemplar da *Análise leiga*, exclamou entusiasmado que nada do que Freud já escrevera tinha sido tão fácil e compreensível. "E no entanto tudo emana das profundezas." Poder-se-ia suspeitar de uma certa tendenciosidade de Pfister, em luta constante com os médicos psicanalistas suíços, orgulhoso de ser um dos "primeiros alunos leigos" de Freud. Mas o texto da polêmica de Freud lhe dá razão.

Freud lutou por Reik como se estivesse lutando por si mesmo. "Não peço", escreveu a Paul Federn em março de 1926, quando o debate sobre a análise leiga se alastrava na Sociedade Psicanalítica de Viena, "que os membros adiram às minhas opiniões, mas vou sustentá-las em particular, em público e perante os tribunais." Afinal, acrescentou ele, "a luta pela análise leiga deve ser travada uma hora ou outra. Melhor agora do que depois. Enquanto eu estiver vivo, vou impedir que a psicanálise seja tragada pela medicina". De fato, Freud estava mesmo lutando em causa própria: embora os problemas de Reik nos tribunais vienenses agora levassem Freud a se comprometer com a análise leiga em texto levado a público, seu interesse pela questão datava de muito tempo. O fato de Freud ter consciência de sua responsabilidade mais ou menos direta pela difícil situação de Reik deve ter intensificado sua veemência e tenacidade.

Os dois tinham se conhecido em 1911, quando Freud já lera a tese de doutorado de Reik sobre a estranha história *A tentação de santo Antônio*, de Flaubert. Reik nunca esqueceu aquele primeiro encontro. "Eu tinha entrado numa briga com meus professores", que desaprovavam o fato de um estudante de literatura e psicologia escrever uma tese segundo linhas freudianas. Uma casual observação pejorativa de um de seus professores de psicologia remetera Reik à *Psicopatologia da vida cotidiana*, e depois disso ele devorou sofregamente tudo o que pôde conseguir de Freud, tal como Otto Rank havia feito poucos anos antes. Reik enviou o manuscrito de sua tese a Freud, que ficou intrigado e convidou-o a sua casa. Enquanto subia as escadas da Berggasse 19, relembrou ele muitos anos depois, "eu me senti como uma mocinha indo para um encontro, de tanto que batia meu coração". Então entrou no consultório, onde Freud trabalhava "rodeado pelas estatuetas egípcias e etruscas que tanto amava". Constatou-se que Freud "conhecia o livro de Flaubert muito melhor do que eu, e nós o discutimos longamente".

Logo estavam debatendo assuntos mais sérios. Reik havia pensado em frequentar a faculdade de medicina, mas Freud "disse não, ele tinha outros planos para mim. Instou comigo que dedicasse minha vida à psicanálise e à pesquisa psicanalítica". Como sabemos, Freud distribuía esse tipo de conselho com bastante liberalidade. Mas, com Reik, ele não se limitou ao conselho, e calçou-o com um apoio tangível. Durante alguns anos, enviou dinheiro regularmente a Reik, que era muito pobre, e encontrou-lhe um emprego. E apresentou-o à Sociedade Psicanalítica de Viena, onde Reik, que nunca teve problemas com a palavra oral ou escrita, logo passou a apresentar comentários e comunicações. "Evidentemente, ele tem defeitos", escreveu Freud a Abraham, o qual, por instância de Freud, estava tentando facilitar as coisas para Reik em Berlim, "mas é um rapaz bom e modesto, com grande dedicação, convicções firmes e sabe escrever bem." Nascera um outro analista leigo, por insistência pessoal de Freud. E sobreviveu ao desafio a seu exercício. As manchetes no *New York Times*, sobre a data "Viena, 24 de maio de 1927", resumem o resultado do processo contra Reik: "AMERICANO PERDE PROCESSO CONTRA FREUD/ Descobridor da psicanálise diz que ela pode fazer bem independente da Medicina". Freud (que, apesar do que possa anunciar a manchete, evidentemente não era o réu), segundo as citações, teria dito: "Um médico não pode praticar a psicanálise porque ele sempre está pensando na medicina, a qual não é necessária em casos onde meu tratamento pode ter bons resultados". As acusações contra Reik foram suspensas, e por enquanto a análise leiga foi poupada.

Freud apontara pela primeira vez os riscos a que estão sujeitos os não médicos na prática analítica cerca de trinta anos antes, em 1895, em seu famoso sonho da injeção de Irma. Ele havia sonhado que Irma, sua paciente, talvez pudesse estar sofrendo de uma enfermidade orgânica que ele diagnosticara — ou melhor, diagnosticara errado — como sintoma psicológico. Este era o perigo que os adversários da análise leiga citavam reiteradamente como uma de suas principais preocupações. Mas Freud o considerava um problema contornável. Em 1913, fazendo algumas observações preliminares a um livro de Pfister, ele passou para a ofensiva, negando explicitamente que os terapeutas psicanalíticos precisassem de formação médica. Pelo contrário: "A prática da psicanálise tem muito menos necessidade de formação médica do que de uma preparação educacional em psicologia e livre percepção humana. A maioria dos médicos", acrescentou ele com leve malícia, "não está preparada para o trabalho da psicanálise" e, quando tentaram, em geral fracassaram de modo desalentador. Assim, nada mais natural que alguns dos adeptos mais destacados de Freud — de Otto Rank a Hanns Sachs, de Lou Andreas-Salomé a Melanie Klein, para não mencionar a psicanalista em sua própria casa, Anna — não fossem médicos. Além disso, vinham chegando talentosos adeptos mais jovens, professores de literatura como Ella Freeman Sharpe, pedagogos como August Aichhorn, historiadores da arte como Ernst Kris, que estavam se mostrando clínicos competentes e teóricos criativos. No entanto, os primeiros textos de Freud deixam claro que sua defesa dos analistas leigos não derivava da necessidade de uma intervenção especial em favor deles. Seguia-se naturalmente daquilo que, aos olhos de Freud, constituía a natureza essencial da psicanálise. Freud já tinha um grande interesse na análise leiga, anos antes que Theodor Reik entrasse em conflito com a legislação austríaca.

A defesa da análise leiga por Freud não era um apelo a diagnoses descuidadas e amadorísticas; coerentemente, ele sustentava que um analisando em potencial deveria ser mesmo examinado antes por um médico. De fato, ele reiterou enfaticamente esse ponto em *A questão da análise leiga*. Afinal, era possível que os sintomas físicos que um entusiástico analista leigo poderia atribuir a uma conversão histérica, tal como Freud fizera no sonho de Irma, pudessem se revelar como sinais de uma doença física. Mas, afora isso, julgava Freud, a formação médica provavelmente seria uma desvantagem. Durante toda a sua vida, Freud mostrou-se decidido a preservar a independência da psicanálise em relação tanto aos médicos quanto aos filósofos.

É verdade que, depois da guerra, 80% de seus "alunos" eram médicos, mas ele nunca se cansou de insistir que "os médicos não têm nenhum direito histórico a um monopólio da análise". Um doutor não habilitado que se dedica à análise não é, de fato, melhor que um charlatão. É claro que quase nem se precisa dizer, acrescentou Freud, que o não médico deve ser profundamente versado em todos os elementos da psicanálise e ter algum conhecimento da medicina, mas "é injusto e pouco prático obrigar alguém que queira libertar outrem da tortura de uma fobia ou obsessão a tomar o desvio do estudo médico". Em suma, "não consideramos absolutamente desejável que a psicanálise seja tragada pela medicina" — era nitidamente uma metáfora cara a Freud — "e acabe sendo relegada ao manual de psiquiatria".

Freud estava tão empenhado em sua argumentação que não hesitou em questionar os motivos de seus adversários: a resistência à análise leiga, acusou ele, era na verdade uma resistência à análise em geral. Considerando a estatura e os argumentos dos psicanalistas do outro lado da questão, esse veredicto parece fácil e tendencioso. Embora Freud levasse a melhor na sua argumentação, pelo menos em termos intelectuais, a oposição não era simplesmente irresponsável ou interessada apenas em si mesma. Vinte e cinco anos depois, enfrentando o problema de seu ponto de vista britânico, Ernest Jones iria qualificá-lo de "dilema central no movimento psicanalítico, para o qual ainda não se encontrou nenhuma solução". Freud, escreveu Jones, corajosamente tentando ser justo com todos os lados, "se manteve à parte do tumulto do mundo exterior, e foi-lhe oportuno adotar perspectivas a longo prazo e invocar visões do futuro distante". Naturalmente, Freud tinha todo o direito de se entregar a projetos fantásticos como uma universidade para psicanalistas, onde os não médicos seriam introduzidos em biologia e psiquiatria. "Mas aqueles dentre nós em condições de vida mais humildes foram obrigados a adotar perspectivas mais curtas e enfrentar contingências mais imediatas." Podia-se ser conquistado pelo programa grandioso de Freud, concluía Jones, mas enquanto isso era preciso lidar com algumas realidades mundanas.

Essas realidades se impunham demais para serem ignoradas. Os psicanalistas se sentiam pressionados a acalmar um público de forma alguma inteiramente convencido pelas alegações dos analistas, e tinham de lidar cuidadosamente com as instituições médicas e psiquiátricas locais, às vezes até com uma ponta de servilismo. Em 1925, o psicólogo J. McKeen Cattell, então presidente da Associação Americana para o Progresso da Ciência, depreciou a psicanálise como "não tanto um problema de ciência, mas uma questão de gosto, sendo dr. Freud um artista que vive no reino encantado dos sonhos entre os ogros de sexo pervertido". Cattell não falava por todos, mas tinha um número suficiente de aliados importantes para ameaçar as aspirações dos psicanalistas a um reconhecimento profissional.

Maior peso se acrescentava ao argumento de Cattell devido à proliferação de charlatães que se pretendiam analistas. No ano em que fez seus comentários sarcásticos, um cidadão americano chamado Homer Tyrell Lane foi levado a um tribunal londrino, acusado de ser um "charlatão perigoso". Estivera clinicando em seu gabinete na Gordon Square, um endereço respeitável em Bloomsbury, atendendo a consultas por dois guinéus a hora e fazendo conferências sobre a "Filosofia do individualismo". Embora alguns cidadãos eminentes, inclusive o bispo de Lincoln, se apresentassem como testemunhas dignas em defesa de Lane, o promotor insinuou obscuramente uma "conduta imprópria com internas de uma escola feminina à qual ele estava ligado". Lane foi condenado a um mês de prisão, mas ao final a sentença foi anulada; pagou a multa de quarenta xelins e teve de prometer abandonar a Inglaterra em um mês, e nunca mais voltar. E Lane foi registrado nos documentos do tribunal como psicanalista.

Outra vez em 1925, em Manhattan, o reverendo Charles Francis Potter, falando sobre "psicanálise e religião" na Igreja Unitarista do West Side, advertiu que os "charlatães em psicanálise" haviam "despojado" muita gente. Como solução, exigia o licenciamento dos analistas. "Parece incrível, mas é fato", disse ele, "que, enquanto um médico precisa ter dez anos ou mais de instrução e preparação antes de poder tratar do físico dos homens, um analista que pretende tratar aquele organismo mais delicado, a mente humana, pode pendurar sua tabuleta e cobrar 25 dólares a sessão, depois de uma preparação que não vai além de uma leitura de Freud e Jung em dez dias." Era exatamente isso o que temiam os psicanalistas — charlatães como Lane que apareciam nos jornais, detratores como Potter expressando as opiniões e fortalecendo a resistência de um público mais amplo.

Em meados dos anos 1920, portanto, ouviam-se analistas na França, Inglaterra e, mais audíveis, nos Estados Unidos, a resmungar que um número altíssimo de autodenominados terapeutas estava tentando viver do prestígio, e conseguindo destruí-lo, que a psicanálise havia conseguido obter. Essa situação, em parte, devia-se aos próprios analistas. Como um importante psicanalista americano, Smith Ely Jelliffe, disse a Ernest Jones em 1927, "Os vários 'cultos'", como "a Ciência Cristã, a Cura pela Mente, a autossugestão do coueísmo* e inúmeros outros aspectos de práticas pseudomédicas" nunca teriam adquirido tanto destaque "se o 'doutor' estivesse a postos". Quem quer que fosse responsável por esse tumultuado caos, os verdadeiros psicanalistas deviam se distanciar categoricamente de todos os charlatães. Os "alunos" estrangeiros de Freud, voltando a seus países para clinicar, estavam começando a pensar nas vantagens da respeitabilidade e a montar instituições profissionais para resguardá-los. Nesse empreendimento, os analistas leigos decerto haveriam de parecer intrusos diversionistas e possivelmente estorvantes.

* Prática terapêutica de autossugestão, em voga nos anos 1920 nos Estados Unidos, baseada nas ideias de Emile Coué (1857-1926). (N. T.)

* * *

Freud tinha outras ideias. Justamente por ser médico, podia se permitir falar desinteressadamente em favor dos leigos habilitados. Mas, embora orquestrasse uma campanha corajosa, suas vitórias foram esporádicas e limitadas. A questão se tornou altamente contenciosa; gerou debates inconclusivos nas revistas psicanalíticas e resoluções contemporizadoras em congressos psicanalíticos durante e depois dos anos 1920. Os institutos por todo o mundo ocidental tinham práticas diversas, mas, em sua maioria, passaram a exigir o grau de médico como pré-requisito para a admissão ou cercaram a formação de leigos com pesadas restrições. Foi uma questão, e para muitos a única questão, em que os psicanalistas que endeusavam Freud e apelavam a seus textos como uma bíblia sagrada desconsideraram sua vontade e se arriscaram a incorrer em seu desagrado. A. A. Brill, ao escrever em 1927, estava falando por muitos desses legalistas irascíveis: "Há muito, muito tempo atrás, eu aprendi a aceitar o que o mestre oferecia antes mesmo de me convencer pelo meu próprio conhecimento, pois a experiência me ensinou que, sempre que eu julgava que uma afirmação era forçada ou incorreta, logo descobria que estava errado; era uma falta de experiência da minha parte que provocava a dúvida. No entanto, por muitos anos tentei com grande empenho concordar com o mestre sobre a questão da análise leiga, mas não fui capaz de aceitar sua opinião". Ao argumentar em favor dessa opinião, o "mestre" tinha sido "brilhante", mas em última análise não convincente.

A questão estava tão carregada que Eitingon e Jones, em 1927, decidiram organizar um simpósio internacional, a ser publicado simultaneamente na *Internationale Zeitschrift* em alemão e no *International Journal of Psycho-Analysis* em inglês. Mais de vinte participantes, praticamente todos os analistas conhecidos de meia dúzia de países, apresentaram suas posições em declarações curtas ou ensaios breves. Não ofereceram surpresas, a não ser, talvez, uma: Freud não conseguia manter sequer suas próprias tropas locais em linha. Naturalmente, Theodor Reik, admitindo com uma leve malícia que sua posição dificilmente seria desinteressada, defendeu a análise leiga, com a analogia da sabedoria psicológica mostrada por padres e poetas. Mas outros vienenses, entre eles alguns dos mais antigos adeptos de Freud, rejeitaram essa linha de raciocínio. Eduard Hitschmann, que se juntara ao grupo de Freud das quartas-feiras à noite em 1905 e agora era diretor da clínica psicanalítica em Viena, disse claramente: "Dou minha firme adesão à norma legal estabelecida pelo Ministério da Saúde de que a psicanálise é um assunto para médicos". Isidor Sadger, outro dos primeiros adeptos de Freud, não foi menos categórico: "Sustento solidamente e por princípio a opinião de que pessoas doentes devem ser tratadas exclusivamente por médicos, e que qualquer análise de tais pessoas por um leigo deve ser evitada".

Mesmo Felix Deutsch, embora, por razões pessoais, extremamente ansioso em agradar a Freud, não conseguiu fazer mais do que ocultar sua verdadeira opinião com definições retorcidas, e não resistiu à conclusão de que "o assunto da cura é um problema do médico". Freud, evidentemente, tinha seus defensores entre os participantes do simpósio: alguns dos psicanalistas ingleses, entre eles Edward Glover e John Rickman, não viam nenhum problema na realização de análises por terapeutas não médicos, desde que se mantivesse a terapia "claramente diferenciada da diagnose; esta deve ser deixada a pessoas medicamente qualificadas". A Inglaterra, de fato, continuava a ser um país onde prosperavam os analistas leigos: cerca de 40% de seus analistas, relembra Jones, não eram médicos. Igualmente animadora para Freud foi a resolução apresentada por "A Sociedade Psicanalítica Húngara" em Budapeste, afirmando que a análise leiga, "conforme o livro de Freud mostrou teoricamente, não só é justificada como também, no interesse do avanço de nossa ciência, até mesmo desejável, e por outro lado, na prática, a 'análise leiga' na Hungria não resultou até o presente, até onde vai a experiência, em nenhum dano aos pacientes". Outro participante do simpósio, Hermann Nunberg, entre os mais talentosos jovens vienenses, chegou ao ponto de acusar os adversários da análise leiga de puro egoísmo. "Tenho a impressão", escreveu ele, "de que a resistência à pratica da psicanálise por leigos nem sempre se sustenta em considerações puramente teóricas. Parece-me que outros motivos, como o prestígio médico e motivos de natureza econômica, desempenham um papel. Em nossas fileiras, como em outras partes, a luta econômica encontra sua ideologia." Eram palavras fortes, mas refletem com grande acurácia o ponto de vista de Freud.

Em sua própria contribuição, mais tarde publicada como posfácio a *A questão da análise leiga*, Freud repetiu mais uma vez os argumentos já conhecidos. Com um estado de espírito nostálgico, ele inseriu uma reflexão autobiográfica que tem sido muito citada: "Visto que minha pessoa está envolvida, posso oferecer a todos os interessados em tais assuntos uma certa ideia dos meus motivos pessoais. Depois de 41 anos de atividade médica, meu autoconhecimento me diz que não fui realmente um verdadeiro médico. Tornei-me médico por um desvio forçado de minha intenção original, e a vitória da minha vida reside nisto: encontrei novamente minha direção inicial depois de um longo desvio". Ele achava que sua "disposição sádica não era muito forte, e assim não precisei desenvolver seus derivativos". Também não conseguia lembrar que tivesse brincado de médico: "Evidentemente, minha curiosidade infantil escolheu outras vias. Em minha juventude, intensificou-se irresistivelmente a necessidade de entender algo sobre os enigmas deste mundo e talvez contribuir de algum modo para a solução deles". Estudar medicina lhe parecera o melhor caminho para realizar tal ambição. Mas, desde o início, seus interesses haviam se concentrado em pesquisas zoológicas, químicas e, finalmente, fisiológicas, "sob a influência de Von Brücke, a maior autoridade que jamais atuou sobre mim". Se, por fim, ele assumira o exercício da medicina, tinha sido por razões financeiras: Freud observou que sua "situação material" era "miserável". Mas — e aí, naturalmente, estava o ponto a que queria chegar nessa incursão pelo passado — "penso que minha falta de uma autêntica inclinação médica não prejudicou muito meus pacientes".*

Freud reconhecia que seu relato certamente pouco contribuíra para esclarecer a questão da análise leiga, e é bem verdade que logrou poucas conversões à sua posição, ainda que, como ele observou modestamente, tenha conseguido pelo menos moderar algumas opiniões extremadas. Em cartas e mais cartas, tanto a íntimos como a estranhos, ele se queixava da tendenciosidade dos doutores. "Os médicos entre os analistas", escreveu ele em outubro de 1927, "têm se inclinado demais a se envolver em pesquisas mais próximas do orgânico do que em pesquisas psicológicas." Um ano depois, numa carta a Eitingon, ele se declarou mais ou menos resignado com a derrota; a *Análise leiga*, escreveu Freud, foi um fracasso total, "um furo n'água" — *ein Schlag ins Wasser*. Tivera a intenção de criar um sentimento comum entre os analistas sobre a questão, mas não conseguira: "Eu era, por assim dizer, um general sem exército".

Não de forma inesperada, Freud descobriu que os verdadeiros vilões da história eram os americanos. Certamente os psicanalistas americanos eram, por toda parte, os adversários mais intransigentes da análise leiga. Ao escrever para publicação, Freud manifestou sua irritação com eles com uma prudência bem maior do que em sua correspondência: "A resolução de nossos colegas americanos contra a análise leiga", escreveu ele no posfácio à *Análise leiga*, "governada essencialmente por motivos práticos, parece-me pouco prática, pois não pode alterar um dos elementos que dominam a situação. Ela praticamente equivale a uma tentativa de repressão". E perguntava, como conclusão, se não seria melhor aceitar a existência de analistas leigos, e tentar formá-los da melhor maneira possível.

Era uma pergunta retórica, cuja resposta ele sabia. Os americanos eram uma causa em grande parte perdida, o que mais ou menos tinham sido desde o começo. A Sociedade Psicanalítica de Nova York, fundada por A. A. Brill em fevereiro de 1911, era uma associação de médicos. Seus estatutos reconheciam a condição de membro associado, aberta àqueles "que têm um interesse ativo pela psicanálise", mas não havia muitas dúvidas entre os membros de que apenas os médicos estariam autorizados a psicanalisar pacientes. Em 1921, para que não houvesse nenhum mal-entendido, Brill ressaltou vigorosamente esse ponto na introdução a seu popular *Conceitos fundamentais da psicanálise*; infelizmente, escreveu ele, a psicanálise tem "atraído muitos charlatães e curandeiros que nela

* Esses capítulos devem ter mostrado que essa autoavaliação subjetiva requer duas correções: Freud realmente teve acessos de motivação humanitária, mesmo que a pesquisa, em última instância, tenha continuado a interessá-lo mais do que a cura. E a descrição do curso de sua vida como um longo desvio do projeto original deixa de lado o tipo de trabalho teórico, e mesmo filosófico, a que se dedicou não só nos últimos anos, a partir da década de 1920, mas desde a década de 1890.

encontram um meio para a exploração das classes ignorantes, prometendo curar todas as suas enfermidades". É claro que todos os ramos da medicina têm problemas com curandeiros desse tipo, mas isso não significa que se vá assistir em silêncio ao fato em sua especialidade. "Como eu me sinto um tanto responsável pela psicanálise neste país, quero simplesmente dizer que, na medida em que a psicanálise é uma descoberta na ciência mental tão maravilhosa quanto, digamos, os raios X na cirurgia, ela só pode ser utilizada por pessoas que foram formadas em anatomia e patologia."*

A comparação de Brill foi uma arma, talvez não consciente, na guerra de nervos contra os analistas leigos, e uma advertência aos que pensavam em se tratar com algum deles. Em 1921, quando Jelliffe, ainda não no campo de Brill, defendeu os analistas leigos e empregou assistentes não médicos, Brill censurou-o incisivamente. Mas suas críticas ultrapassavam a questão de Freud: Freud nunca pensara em encaminhar pacientes de análise para terapeutas sem habilitação. O problema não tinha nada a ver com raios X ou o bisturi do cirurgião; tratava-se, mais precisamente, de saber se a escola de medicina oferecia a preparação necessária, ou a melhor, para a prática psicanalítica.

A polêmica se intensificou em 1925, quando Caroline Newton fez uma petição apresentando-se como candidata à Sociedade Psicanalítica de Nova York. Culta e bem informada, ela tinha feito análise com Freud por algum tempo, em 1921, e agora, de volta aos Estados Unidos, estava traduzindo os textos de Rank. No entanto, não era médica, o que, para a organização psicanalítica nova-iorquina era uma falha fundamental. A sociedade notificou imediatamente o caso a Abraham, então presidente da Associação Psicanalítica Internacional.** Os nova-iorquinos, informou Abraham numa circular em março, haviam admitido Newton apenas como convidada, e opuseram-se a que abrisse uma clínica e distribuísse cartões de recomendação. Além disso, acrescentou Abraham, eles queriam alterar a constituição da associação internacional, de modo que os membros de uma sociedade não fossem automaticamente admitidos como membros em outras. Parecia-lhe uma reivindicação razoável, e também a Freud, com uma certa hesitação. Mas Freud aproveitou a oportunidade para

* Brill, de fato, tinha sido em larga medida precedido por Isador Coriat, que havia estabelecido num pequeno catecismo, em 1917, que a "prática da psicanálise" deveria se limitar "àqueles completamente habilitados na teoria da psicanálise e em psicopatologia geral. Para uma pessoa não habilitada, usar a psicanálise é algo tão censurável quanto alguém usar o rádio, se ignora a física da radioatividade, ou tão perigoso quanto tentar uma operação cirúrgica sem um conhecimento anatômico". [Isador H. Coriat, *What is psychoanalysis?* (1917), p. 22.] Isolada, esta declaração soa um pouco ambígua, mas Coriat fala o tempo inteiro de "médicos".

** As atas da Sociedade Psicanalítica de Nova York de 24 de fevereiro de 1925 registram que os privilégios de convidada a Caroline Newton haviam sido cancelados, e o secretário encarregado da correspondência recebeu instruções para escrever a Abraham que "era essencial por razões locais e outras [...] restringir o comparecimento a nossas reuniões aos membros da profissão" — isto é, evidentemente, a profissão médica. (A. A. Brill papers, caixa 3, LC.)

criticar severamente o que lhe parecia o típico egoísmo de seus colegas americanos. "As pretensões dos americanos realmente me parecem ir longe demais", escreveu ele a Ernest Jones em setembro, "e excessivamente ditadas por interesses estreitos e egoístas."

A Sociedade Psicanalítica de Nova York não se abalou com a desaprovação de Freud. Surpresa, pondo-se na defensiva, a associação reagiu ao caso Newton indicando um comitê educacional que selecionaria todos os requerentes futuros. As atas de 27 de outubro de 1925 registram sucintamente que, "depois de debates consideráveis, o comitê decidiu, por unanimidade, que se opõe à prática da terapia psicanalítica terapêutica por leigos". A burocratização, inevitável em organizações em amadurecimento, estava no ar. No mesmo ano, os analistas reunidos em Bad Homburg fundaram uma comissão internacional de formação, para fixar os critérios de admissão aos institutos psicanalíticos e definir métodos de formação psicanalíticos, ambos até então tratados em nível local com sublime despreocupação. A comissão de formação se revelou um benefício ambíguo: gerou altercações com institutos ansiosos em preservar sua autonomia. Contudo, ela ajudou a formalizar os requisitos para a candidatura e a formação dos analistas.

Mesmo que essa comissão de formação nunca tivesse existido, os analistas americanos continuariam a saber o que queriam. "Certamente", comentou Freud a Ernest Jones sobre a posição americana, no outono de 1926, "o destino vai decidir sobre a relação final entre ψA e medicina, mas isso não implica que não devamos tentar influenciar o destino, procurar moldá-lo pelos nossos próprios esforços." No entanto, em 30 de novembro de 1926, a Sociedade Psicanalítica de Nova York adotou uma resolução que foi acrescentada, no ano seguinte, ao simpósio sobre a análise leiga, proporcionando-lhe assim circulação internacional. "A prática da psicanálise com finalidades terapêuticas", dizia numa passagem, "deverá se restringir a médicos (doutores em medicina) que sejam graduados por escolas médicas reconhecidas, tenham tido formação especial em psiquiatria e psicanálise e se conformem aos requisitos das leis do exercício da medicina a que estão sujeitos." Não poderia ser mais inequívoco.

Freud prosseguiu com seus esforços para influenciar os americanos, mas, por algum tempo, eles revelaram-se em grande parte vãos. No verão de 1927, Freud recebeu uma carta de Brill — a primeira, disse ele sarcasticamente a Ernest Jones, "em não sei quantos anos" —, onde Brill assegurava que "ele e todos os outros, 'vão se manter absolutamente leais'" a Freud e seus princípios. Brill, disse Freud, tinha tomado conhecimento de suas "intenções de afastar o grupo de Nova York da associação e 'eu me sentiria muito pesaroso se acontecesse algo parecido'". Freud a qualificou de queixa imaginária. Respondeu a Brill "severa e sinceramente", dizendo-lhe com franqueza que estava desapontado com os americanos. Com a mesma franqueza, disse a Brill que, se renunciassem, a Associação Psicanalítica Internacional não perderia nada, seja no âmbito científico, econômico ou em companheirismo. "Talvez", acrescentou Freud, "ele agora esteja ofendido, mas já estava antes. Se ele controlar sua suscetibilidade, que é expressão de má consciência, ainda pode resultar uma boa relação." Em 1928, Freud disse ao analista suíço Raymond de Saussure que os americanos tinham instituído uma Doutrina Monroe que impediria aos europeus qualquer influência sobre seus assuntos. "Em suma, não consegui nada com meu livro sobre a análise leiga; eles colocam seus interesses de *status* acima da comunidade analítica e não vão enxergar os perigos a que expõem o futuro da análise."

No começo de 1929, enquanto prosseguia a controvérsia, Freud se perguntava se não seria razoável se separar pacificamente dos analistas americanos e continuar firme na questão da análise leiga. A sensação desconfortável de Brill de que Freud podia querer expulsar os americanos não era apenas uma fantasia infundada. Mas, nessas alturas, Brill desenvolveu as qualidades de um estadista; não querendo levar os americanos a uma independência duvidosa, ele fez concessões táticas significativas, concordando que a Sociedade Psicanalítica de Nova York iria admitir alguns leigos em suas fileiras. "Estou extraordinariamente satisfeito", escreveu Freud a Ernest Jones em agosto de 1929, após a reunião dos analistas em Oxford, "que o congresso tenha decorrido de maneira tão conciliatória, trazendo uma aproximação inequívoca dos nova-iorquinos ao nosso ponto de vista."* Brill, notou Freud grato, estava assumindo a boa luta contra "todos os médicos americanos 1/4, 1/8 ou 1/16 analistas". No final do ano, os psicanalistas de Nova York, mudando de posição com os esforços pacíficos de Brill, autorizaram entre resmungos que analistas leigos trabalhassem com crianças. "O fato de Brill ceder na questão da análise leiga americana", observou Ferenczi triunfante, numa circular em 1930, "eliminou esse problema da agenda quanto ao presente." Mas, em relação à análise de adultos, os nova-iorquinos permaneceram inflexíveis durante anos. A autoridade de Freud, embora imponente, não era irrestrita; sua palavra não era lei.

MULHER, O CONTINENTE NEGRO

Nos anos em que a dissensão interna sobre a formação e qualificação dos candidatos à psicanálise ameaçava romper a frágil unidade do movimento freudiano, os analistas também entraram num debate sobre a psicologia da mulher. A discussão, em seu conjunto, era polida e mesmo afável, mas atingia o núcleo da

* Como fazia havia alguns anos, Anna Freud novamente representou seu pai nessa reunião internacional. Freud aconselhou-a a não levar Ernest Jones ou, naquelas circunstâncias, "o congresso inteiro" muito a sério. "Trate Oxford como uma aventura interessante, e de qualquer forma fique contente por não ter se casado com Jones." (Freud a Anna Freud, 25 de julho de 1929. Freud Collection, LC.) A julgar por seus boletins animados e bem-humorados sobre o congresso, ela seguiu o conselho do pai. "Mais tradição do que conforto", telegrafou para casa em 27 de julho. "Mantenha o curso!" (Freud Collection, LC.) Dois dias depois, após ler uma comunicação, ela enviou um segundo telegrama: "Palestra saiu muito bem. Nenhuma desgraça para família. Ânimo bom". (Ib.) Decerto a ideia de não ter casado com Jones contribuía para sua alegria.

teoria de Freud, e a questão continuou a atormentar a psicanálise. Em meados dos anos 1920, Freud predisse que os adversários criticariam suas opiniões sobre a feminilidade como hostis às aspirações das mulheres, e preconceituosas em favor dos homens. Seu vaticínio se realizaria, e mais furiosamente do que ele imaginava.

Grande parte dos comentários posteriores não levou em consideração a complexidade das atitudes de Freud, que consistem num intricado amálgama de chavões aceitos, investigações experimentais e ideias pouco convencionais. Ele disse algumas coisas profundamente ofensivas sobre as mulheres, mas nem todas as suas afirmações teóricas e opiniões pessoais eram hostis ou condescendentes. Tampouco eram absolutamente doutrinárias; sobre a psicologia feminina, Freud foi por vezes quase agnóstico. No final de 1924, tentando resolver alguns enigmas sobre a sensibilidade do clitóris e da vagina, levantados por Abraham, Freud confessou que, embora a questão o interessasse muito, não sabia "absolutamente nada sobre isso". Em geral, admitiu ele, talvez com vivacidade um pouco excessiva, "o aspecto feminino do problema é extraordinariamente obscuro para mim". Ainda em 1928, ele disse a Ernest Jones que "tudo o que sabemos do *desenvolvimento inicial* feminino parece-me insatisfatório e incerto". A seu ver, ele tinha tentado sinceramente entender a "vida sexual da mulher adulta", mas ela continuava a intrigá-lo e confundi-lo. Tinha algo de "um *continente negro*".

Na época, pelo menos duas coisas lhe pareciam assentes: "A primeira concepção do intercurso sexual é oral — sugar o pênis como, antes, o peito da mãe, e renunciar ao onanismo clitoridiano devido à inferioridade desse órgão, dolorosamente reconhecida". Parecia muito, mas "sobre todo o resto devo reservar meu julgamento". Na época em que Freud confessou sua perplexidade a Ernest Jones, ele disse a Marie Bonaparte que estivera pesquisando "a alma feminina" há trinta anos, tendo obtido parcos resultados. Perguntou *Was will das Weib?* — "O que quer a mulher?". Essa observação famosa, semelhante à sua caracterização da mulher como um continente inexplorado, é um clichê sob disfarce moderno: os homens se defendiam havia séculos contra seu misterioso temor de um poder oculto das mulheres, qualificando todo o sexo de insondável. Mas também é um gesto de impotência, uma medida de sua insatisfação com as lacunas de sua teoria. Seja o que for que tivesse a dizer sobre a feminilidade, escreveu Freud em 1932, era "certamente incompleto e fragmentário"; se os leitores quisessem saber mais, alertou ele, teriam de "consultar a experiência de suas próprias vidas, recorrer aos poetas, ou esperar que a ciência lhes possa oferecer informações mais profundas e coerentes". Essas ressalvas públicas não eram apenas recursos retóricos; como sabemos, Freud entremeava sua correspondência pessoal com declarações semelhantes de ignorância. Quando tinha certeza de alguma coisa, ele dizia. Mas, com a mulher, não estava de forma alguma tão seguro.

Os artigos que Freud publicou entre 1924 e 1933, sobre a psicologia da mulher, dominaram um debate cujo início muito devia a alguns comentários fragmentários seus, no começo dos anos 1920. Além de Karl Abraham, entre os principais nomes que debatiam suas ideias incluíam-se Ernest Jones, em busca de uma posição própria, a jovem psicanalista alemã Karen Horney, com franqueza e independência intelectual suficientes para desafiar publicamente o mestre em seu próprio terreno, e seguidoras leais como Jeanne Lampl-de Groot e Helene Deutsch, que adotaram a posição final de Freud com poucos reparos e correções apenas secundárias. Ao contrário da discutível ideia de uma pulsão de morte, que continuava a encontrar fortes resistências, as concepções de Freud sobre a feminilidade prevaleceram amplamente entre os psicanalistas: a partir do início dos anos 1930, elas se tornaram mais ou menos canônicas na área. Mas a dissensão irrompia esporadicamente, e nunca cessaram totalmente as propostas de rever as concepções pós-guerra de Freud sobre as mulheres. Os revisionistas psicanalíticos não estavam enfurecidos com Freud, como as feministas viriam a ficar, mas as declarações dele pareciam-lhes incômodas.

Os textos de Freud sobre as mulheres constituem mais uma prova de quão sobredeterminadas eram suas ideias: fantasias inconscientes, engajamentos culturais e teorizações psicanalíticas interagiam livremente em seu espírito. Desde seus primeiros dias — para começar pelas fantasias —, Freud estivera rodeado de mulheres. Sua jovem mãe, bela e dominante, moldou-o mais do que ele imaginava. A ama católica teve uma participação um tanto misteriosa, bruscamente encerrada mas indelével, em sua vida emocional infantil. Sua sobrinha Pauline, mais ou menos da mesma idade, fora o primeiro alvo de sua agressividade erótica juvenil. Suas cinco irmãs mais novas chegaram numa rápida sequência — a caçula, também Pauline, nasceu quando ele ainda não completara oito anos —, partilhando a atenção exclusiva de que desfrutara como filho único, revelando-se não só ouvintes embevecidas, mas também rivais inconvenientes. O único e grande amor de sua vida adulta, a paixão por Martha Bernays que o inundou nos seus vinte e poucos anos, atingiu-o com uma fúria implacável; gerou uma violenta possessividade e submeteu-o a acessos de ciúmes irracionais. A cunhada Minna Bernays, que passou a morar com os Freud no final de 1895, era sua prezada companheira de conversas, passeios e viagens. Freud podia dizer a Fliess que as mulheres nunca substituíram para ele a camaradagem masculina, mas era visivelmente suscetível a elas.

A vida profissional de Freud também era permeada de mulheres, todas elas figuras históricas no desenvolvimento da psicanálise. A primeira foi a memorável Anna O., que Freud, por assim dizer, tomou de empréstimo a seu médico. A ela sucederam-se as pacientes histéricas do início dos anos 1890, que tanto lhe ensinaram sobre a arte de ouvir. Outra mestra foi Dora, tema da primeira dentre as cinco grandes histórias clínicas publicadas, a quem ele devia lições sobre o fracasso, a transferência e a contratransferência. E também mulheres eram as duas influentes patronas que, no inverno de 1901-2, facilitaram a obtenção de uma cátedra para Freud.

Ademais, em anos posteriores, como o psicanalista mais famoso do mundo, ele saboreava a companhia e admiração de discípulas bonitas, interessantes e cultivadas como Lou Andreas-Salomé, e analisandas como Hilda Doolittle. Algumas de suas favoritas — Helene Deutsch, Joan Riviere, Jeanne Lampl-de Groot, Ruth Mack Brunswick, Marie Bonaparte e, claro, a filha Anna — deixaram sua marca na profissão psicanalítica. Em 1910, quando os membros da Sociedade Psicanalítica de Viena estavam revendo seus estatutos, Isidor Sadger declarou-se contrário à admissão de mulheres, mas Freud discordou com firmeza; iria "considerar uma séria incoerência se excluíssemos as mulheres por princípio".* Mais tarde ele não hesitou em sugerir que "analistas mulheres", como Jeanne Lampl-de Groot e Helene Deutsch, podiam escavar mais profundamente do que um analista homem, como ele próprio, os primeiros anos de vida das pacientes, "tão sombrios com a idade, tão indistintos"; afinal, na transferência, elas serviam melhor como mães substitutas do que jamais um homem seria capaz. Freud, assim, reconhecia que as mulheres, em aspectos importantes da prática analítica, podiam ser mais competentes do que os homens. Era um elogio considerável, embora não sem uma certa pontada ferina: uma concessão notável para um homem com fama de inflexíveis preconceitos antifemininos, e também sutil expressão desses mesmos preconceitos. A mulher analista, era o que dizia Freud, se sai melhor desempenhando a tarefa a que foi destinada pela biologia — a de mãe.

Esse ponto tem implicações biográficas quase imperscrutáveis. Entre as mulheres mais importantes para Freud, sua mãe foi provavelmente, embora não com a maior evidência, a de maior impacto. A influência que exerceu sobre a vida interior de Freud era tão sólida quanto a de sua mulher, sua cunhada e mesmo da filha Anna — e talvez mais decisiva. Foi Amalia Freud quem deslumbrou seu primogênito, de quatro anos, quando este a viu de relance, durante uma viagem de trem, "nudam"; Amalia Freud, por cujo amor ele ansiava e cuja perda temia. Quando menino, provavelmente pouco antes de completar dez anos, ele teve um famoso sonho de angústia sobre ela, conscienciosamente narrado e parcialmente explicado na *Interpretação dos sonhos*: "Era muito vívido e mostrava minha querida mãe com uma expressão facial singularmente calma e adormecida, sendo transportada para o quarto por duas (ou três) pessoas com bicos de pássaros, e deitada na cama". Ele acordou gritando. Ao lembrar esse sonho de infância, Freud não teve dificuldade em detectar as fontes para as figuras que carregavam sua mãe: os bicos de pássaros eram equivalente visuais do termo vulgar em alemão para as relações sexuais: *vögeln* — "trepar" —, que deriva de *Vogel*, "pássaro". A outra fonte subjacente à elaboração desse trocadilho visual grosseiro era uma ilustração de divindades egípcias com cabeças de pássaro na

* Devo acrescentar que Adler, antecipando-se a Freud, defendeu a admissão de "médicas e mulheres que estejam seriamente interessadas e queiram colaborar". (13 de abril de 1910. *Protokolle*, II, p. 440.) O primeiro membro do sexo feminino foi a dra. Margarete Hilferding, eleita em 27 de abril de 1910 por doze votos a dois. (Ver ib., II, p. 461.)

Bíblia da família, que Freud examinara atentamente quando pequeno. Sua análise desse sonho revelou assim, entre outras questões mais ocultas, seu desejo sexual secreto pela mãe, o qual desafiava os mais assustadores tabus religiosos.

A mãe de Freud necessariamente seria desejável aos olhos do filho, não só pela sua própria demonstração teórica, mas em sua realidade bela e ostensiva. De acordo com a opinião geral, ela era uma figura impressionante. Martin, filho de Freud, que se lembrava bem da avó, descreveu-a como "uma típica judia polonesa, com todas as implicações que isso traz. Certamente não era o que chamaríamos de uma 'dama', tinha um gênio vivo e era impaciente, voluntariosa, atilada e muito inteligente".* A sobrinha de Freud, Judith Bernays Heller, que em seus primeiros anos passou muito tempo com sua avó materna, confirmou largamente a descrição de seu primo: Amalia Freud, escreveu ela, era temperamental, enérgica, de vontade forte, impondo-se em questões grandes e pequenas, vaidosa com sua aparência quase até a morte, aos 95 anos de idade, eficiente, competente e egoísta. "Ela era encantadora e sorridente com estranhos por perto, mas eu, pelo menos, sempre senti que, com os familiares, ela era uma tirana, e uma tirana egoísta." Mas — e isso só consolidaria seu poder — não se queixava, e suportou com admirável disposição os rigores da vida austríaca durante e após a Primeira Guerra Mundial, assim como as restrições a seus movimentos impostas pela idade avançada. "Ela tinha senso de humor, sendo capaz de rir de si mesma, e às vezes até de se ridicularizar." E mais, era perceptível sua adoração pelo primogênito, chamando-o, como diz a lenda com razão, seu "filho de ouro". Seria difícil escapar à presença de uma tal mãe, mesmo através da mais completa autoanálise.

De fato, não existem indicações de que o autoexame sistemático de Freud abordasse a mais forte das afeições, ou de que jamais tenha explorado e tentado exorcizar o poder de sua mãe sobre ele.** Durante toda sua vida como analista, ele reconheceu a importância crucial da mãe para o desenvolvimento da criança. Dificilmente poderia deixar por menos. "Quem foi suficientemente afortunado para evitar a fixação incestuosa de sua libido não escapa totalmente à sua

* É típico das atitudes contraditórias que podiam ser assumidas pelos judeus ocidentalizados, em relação a seus irmãos da Europa Oriental, que Martin Freud, ao falar claramente das "deficiências" que apresentam os judeus poloneses "típicos", fosse capaz de se referir com indisfarçada admiração, no mesmo artigo, à coragem dos estudantes de direito da Europa Oriental frente às arruaças antissemitas na faculdade de direito da Universidade de Viena. Aqui, os "'judeus poloneses' desprezados e desdenhados resistiram, com uma força física considerável, aos ataques dos estudantes alemães e austríacos, que eram em número muito maior". [Martin Freud, "Who was Freud?", em *The Jews of Austria: Essays on their life, history and destruction*, Josef Fraenkel, ed., (1967), p. 207.]

** Max Schur apresentou este mesmo argumento com a devida cautela. "No conjunto", escreveu ele a Ernest Jones, "existem muitas indicações de complexas relações pré-genitais com sua mãe, que ele talvez nunca tenha analisado inteiramente." (Schur a Jones, 6 de outubro de 1955. Jones papers, Archives of the British Psycho-Analytical Society, Londres.)

influência", escreveu ele em 1905. "Acima de tudo, um homem busca o quadro da lembrança de sua mãe tal como ele o dominou desde o início de sua infância." Contudo, esquivando-se deliberadamente a essa percepção, Freud relegou as mães para as margens de seus casos clínicos. A mãe de Dora, perseguida pelo que Freud chamou de "psicose de dona de casa", é uma personagem silenciosa e secundária no melodrama da família. A mãe do Pequeno Hans, embora, aos olhos do marido, fosse a causa da neurose do filho, com seu comportamento sedutor, está subordinada a esse marido, analista auxiliar que transmite as interpretações de Freud. A mãe biológica do Homem dos Lobos assume uma importância apenas estritamente limitada, como parceira na cena primária que ele observara, ou fantasiara, quando menino, embora os substitutos maternos tenham certamente contribuído para sua neurose. A mãe do Homem dos Ratos faz algumas aparições fugidias, principalmente como a pessoa consultada pelo paciente, antes de iniciar sua análise. E a mãe de Schreber poderia simplesmente nem existir.

Essa redução sumária do papel da mãe na história neurótica de seus pacientes refletia, em parte, uma incômoda escassez de informações. Freud deplorou inúmeras vezes a forma como a prezada respeitabilidade da época obrigava as pacientes mulheres à reticência, assim tornando-as menos proveitosamente indiscretas do que os homens. Daí se seguia, como ele observou no começo dos anos 1920, que os psicanalistas conheciam muito mais o desenvolvimento sexual dos meninos do que o das meninas. Mas as declarações de ignorância de Freud parecem quase intencionais, como se houvesse coisas a respeito das mulheres que não queria conhecer. É notável que o único elo emocional que Freud algum dia sentimentalizou foi o amor da mãe pelo filho. Enquanto todas as relações íntimas duradouras, escreveu ele em 1921, seja no casamento, amizade ou família, ocultam um sedimento de sentimentos hostis, existe talvez "uma única exceção", a "relação da mãe com o filho, que, fundada no narcisismo, não é perturbada por rivalidades posteriores". Caracterizou esse afeto materno pelo filho como "a mais perfeita, facilmente a mais livre de ambivalência entre todas as relações humanas". Isso soa muito mais como um desejo do que como uma inferência razoável feita a partir de material clínico.

Procurando explicar a ousadia, a independência e a insuperável curiosidade produtiva de Freud, Ernest Jones apontou uma "coragem indômita" como "a mais alta qualidade de Freud e seu dom mais precioso. De onde poderia tê-la retirado, se não de uma suprema confiança no amor de sua mãe?". O diagnóstico parece encontrar apoio no famoso comentário de Freud — ele o fez duas vezes — de que o rapaz que foi o favorito inquestionado da mãe vai desenvolver um sentimento de amor-próprio triunfante e, com isso, a força para o êxito posterior na vida.* Mas isso também parece muito mais um desejo do que uma convicção

* Ver *Interpretation of dreams*, *SE* V, p. 398n (nota acrescentada em 1911), e "Childhood recollection from *Dichtung und Wahrheit*" (1917), *SE* XVII, p. 156.

racional ou uma autoavaliação confiável. Os sentimentos da mãe em relação a seu filho podem realmente ser menos conflitantes do que os do filho em relação à mãe, mas não estão isentos de ambivalência, decepção, irritação e até uma franca animosidade frente à amada progênie. É bastante provável que Freud estivesse se defendendo com grande empenho contra o reconhecimento de que o laço com sua mãe era, em algum sentido, imperfeito, passível de ser desfeito, mesmo que da forma mais ligeira, pelo amor que ela nutria pelas suas irmãs, ou maculado por um desejo ilícito que ele poderia nutrir por ela. Aparentemente, a forma que Freud encontrou para lidar com os conflitos gerados por seus complexos sentimentos em relação à própria mãe foi recusar-se a tratar deles.

De modo sugestivo, em seu artigo de 1931 sobre a sexualidade feminina, Freud ponderou que um menino talvez fosse capaz de manter intacto seu afeto pela mãe, e eliminar sua ambivalência em relação a ela, dirigindo sua hostilidade para o pai. Cautelosamente, acrescentou que seria prudente não tirar conclusões precipitadas sobre esse ponto obscuro, e aguardar maiores estudos sobre o desenvolvimento pré-edipiano. Mas esse recuo não deve obscurecer a ideia contida em sua sugestão, referente não só à vida emocional dos outros, mas à sua própria.

No artigo sobre a feminilidade, publicado dois anos depois, Freud forneceu um relance não menos intrigante sobre sua vida interior. Ao sublinhar as razões pelas quais a menina se vira contra a mãe e a favor do pai, por mais forte que tenha sido seu primeiro afeto, ele sustentou que essa mudança não é uma simples substituição de um progenitor pelo outro. Pelo contrário, ela vem acompanhada de hostilidade, e até mesmo de ódio. A queixa mais significativa da menina "contra a mãe se coloca quando o próximo filho aparece no quarto". Esse rival priva o primogênito de seu alimento adequado, e, "estranho dizer, mesmo com uma diferença etária de apenas onze meses, a criança não é tão nova para deixar de perceber as circunstâncias". Isso se aproxima da situação pessoal de Freud: apenas dezessete meses o separavam de seu irmão mais novo Julius, cuja chegada ele saudou com raiva e desejos malévolos de morte.

"Mas a criança", prosseguiu Freud, "inveja não só a amamentação do intruso e rival indesejado, mas igualmente todas as outras provas de cuidado materno. Ela se sente destronada, despojada, prejudicada em seus direitos, dirige um ódio ciumento ao irmãozinho e desenvolve um rancor contra a mãe desleal, que com grande frequência se expressa numa mudança desagradável em seu comportamento." Ela se torna irritável, desobediente, e regride no controle de suas evacuações. Tudo isso, observou Freud, é sobejamente conhecido. "Mas raramente temos uma percepção correta da força desses impulsos ciumentos, da tenacidade com que persistem, bem como da magnitude de sua influência sobre o desenvolvimento posterior." É tanto mais verdade "visto que, nos anos seguintes da infância, esse ciúme é alimentado constantemente com novos elementos e todo o choque se repete com cada novo irmãozinho. Também não faz muita diferença", concluía ele, "se a criança continua talvez a ser a favorita predileta da mãe; as exigências de amor da criança são ilimitadas, demandam exclusividade, não admitem partilha". Freud, aqui, dizia estar falando das meninas, mas seu retrato parece suspeitamente um autorretrato. Ele não se pintara, nas cartas à noiva, como ciumento, exclusivo, incapaz de tolerar concorrentes? Freud, pelo visto, tinha boas razões para considerar o tema da mulher um tanto misterioso, e até um pouco ameaçador.

Sem dúvida, para Freud, foi mais fácil fugir a esse conflito não resolvido e, em larga medida, inconsciente, na medida em que sua possessividade masculina se equiparava a seu conservadorismo cultural. Freud, em seu estilo social, ético e indumentário, era um inflexível cavalheiro do século XIX. Nunca adaptou suas maneiras antiquadas a uma nova era, e tampouco seus ideais igualmente antiquados, sua forma de falar e escrever, seus trajes e — boa parte do tempo — até mesmo sua ortografia. Não gostava de rádio nem de telefone. Achava absurda a discussão sobre questões morais, visto que o decente ou indecente, o certo ou o errado são, afinal de contas, absolutamente óbvios. Em suma, ele nunca vacilou em sua adesão a uma era que se tornava histórica diante de seus olhos. Suas cartas e apontamentos a Fliess e seus casos clínicos dos anos 1890 oferecem um pequeno catálogo de convicções tradicionais — viemos a chamá-las de preconceitos — sobre as mulheres. É dever do marido proteger a mulher de detalhes sexuais explícitos, mesmo quando apresentados sob forma médica.* Uma mulher inteligente e independente merece elogios por ser, sob esses aspectos, praticamente tão boa quanto um homem. A mulher é, por natureza, sexualmente passiva. Ao mesmo tempo, ele podia questionar essas banalidades correntes, reconhecendo que grande parte da passividade erótica das mulheres não era natural, mas imposta pela sociedade. Freud reconhecia a força daquela velha ideia, tão velha quanto Defoe, Diderot e Stendhal, de que quaisquer deficiências mentais que se possam descobrir nas mulheres resultam não de um legado natural, mas da repressão cultural.

Essas e outras noções sobre as mulheres, convivendo entre si com dificuldade e às vezes em mútua contradição, assediaram suas declarações ao longo dos anos, com algumas ideias sobre a superioridade masculina ocupando o primeiro plano. Em 1907, ele podia afirmar em "Gradiva" que o papel do homem na relação sexual é inevitavelmente o do agressor. Doze anos depois, era capaz de pedir a Ferenczi que levasse uma carta a uma senhora de Budapeste, que havia lhe escrito recentemente, "mas, como verdadeira mulher" — *Frauenzimmer* — tinha "deixado de escrever seu endereço na carta, coisa que os homens nunca fazem". A pequena diferença entre os sexos se lhe afigurava enorme: escrevendo a Ernest Jones sobre Joan Riviere, por quem sentia admiração, Freud comentou: "Pela minha experiência, não é preciso arranhar muito a pele de uma mulher dita masculina para trazer à tona sua feminilidade". As atitudes de Freud em relação

* Ver p. 79.

às mulheres faziam parte de compromissos culturais mais amplos, compondo seu estilo vitoriano.*

Esse estilo nunca fora monolítico. Tal como é geralmente empregado, o adjetivo geral "vitoriano" é pouco mais que um clichê cômodo, muitas vezes depreciativo e bastante enganador. Ele evoca imagens do Anjo do Lar: a mulher dócil cuidando da casa, absorvida pelos filhos e afazeres domésticos, enquanto o marido imperioso, muito mais sexuado e agressivo, está fora, lutando no mundo cruel dos negócios e da política. Dividir os vitorianos em dois partidos frente à questão da mulher, os feministas e os antifeministas, não significa nenhum avanço em relação ao uso do próprio termo "vitoriano". É verdade que, no que toca à questão feminina, os ânimos se exaltavam e os *slogans* eram baratos. Mas os rótulos são fáceis demais para explicar uma série de pontos de vista ricamente expressos. Existiam antifeministas que queriam impedir o direito de voto às mulheres, mas defendiam seu direito à instrução superior, ao controle sobre seus bens ou o acesso equitativo ao tribunal de divórcios. Existiam feministas, presumivelmente adversários dos antifeministas, que adotavam uma linha muito parecida. Freud, que não ocultava uma desconfiança irônica frente ao movimento feminista, ilustra belamente essa mistura de alianças e posições. Ele podia manter como ideal a dona de casa suave e eficiente, mas nunca levantou obstáculos — pelo contrário, incentivou — a mulheres que aspiravam à carreira psicanalítica, e levava a sério seus pontos de vista. Na verdade, ele contrabalançou seus comentários sobre as mulheres, que iam da franca perplexidade até uma altiva cortesia, ao liderar uma profissão onde elas poderiam atingir o topo. Freud adquiriu cedo suas convicções e continuou a considerá-las perfeitamente satisfatórias. Mas sua conduta como fundador inconteste e líder de um movimento internacional, ao qual as mulheres ofereciam contribuições evidentes e reconhecidas, contradizia sua retórica.

Assim, sem nenhuma intenção, Freud passou a ser participante, em vida, da vasta campanha pelos direitos das mulheres. Desde meados do século XIX, por todo o mundo ocidental, as feministas tinham se empenhado em conseguir avanços contra desigualdades legais, sociais e econômicas. Pouco antes da Primeira Guerra Mundial, as *suffragettes* militantes inglesas recorreram à desobediência passiva, e por vezes à violência aberta, mas a maioria das feministas continuou a conduzir sua luta, como sempre tinham feito, com reivindicações

* Ainda em 1938, ele podia escrever a Stefan Zweig com um inequívoco acento oitocentista: "A análise é como uma mulher que quer ser conquistada, mas sabe que será tida em baixa conta se não oferecer resistência". (Freud a Stefan Zweig, 20 de julho de 1938. Por permissão de Sigmund Freud Copyrights, Wivenhoe.)

moderadas e linguagem razoável, mesmo que num tom de queixa. A primeira declaração madura dos direitos das mulheres, votada em 1848 numa assembleia em Seneca Falls, Nova York, tinha um ar conciliatório, e mesmo tímido: a reivindicação do voto universal mal foi levantada na convenção, e ao ser apresentada, quase não foi aprovada. Os que trovejavam contra as feministas, como pervertidas desregradas resolvidas a subverter a família e as relações "naturais" entre os sexos, só podiam ter sido movidos pela angústia. De fato, a julgar pela avalanche de cartuns, editoriais, sermões e panfletos contra as mulheres invasoras e devoradoras de homens e seus adeptos efeminados e dóceis, devia haver um grande número de homens oitocentistas dominados por uma extrema angústia. Apenas uma análise freudiana é capaz de explicar essa torrente de sentimentos misóginos em inúmeros países, nas décadas que se seguiram a Seneca Falls.

Embora os feministas pudessem parecer ameaçadores, embora combatessem com coragem e espalhafato, eles enfrentaram a oposição solidamente entrincheirada da Igreja, do Estado e da sociedade. Para dificultar ainda mais suas perspectivas, o movimento, no final do século XIX, teve de lidar com divisões internas prejudiciais e cada vez mais ferozes, sobre questões de estratégia e objetivos finais. Os socialistas, entre os feministas, sustentavam que apenas a derrubada do capitalismo traria a libertação das mulheres; os táticos políticos insistiam no sufrágio universal, como a cunha que abriria espaço para todas as outras reformas; os feministas mais prudentes se contentavam em concentrar as forças para abrir uma porta depois da outra, fazendo petições a favor do ingresso das mulheres nas escolas de medicina ou a favor do direito de terem sua própria conta bancária. E assim os feministas obtiveram mudanças isoladas e esporádicas; nunca foi, em parte alguma, um registro de vitórias fáceis. À sua maneira, e sem se vangloriar disso, mulheres analistas importantes como Anna Freud e Melanie Klein eram encarnações vivas das aspirações feministas, beneficiando-se da coragem solitária de uma geração anterior — e da atitude de Freud.

Na Áustria de Freud, o ritmo da causa feminista era mais arrastado do que em outras partes; acumulavam-se frustrações e mais frustrações. Uma lei de 1867 havia proibido explicitamente que "pessoas do sexo feminino", assim como estrangeiros e menores, participassem de qualquer atividade política; portanto, qualquer associação feminista empenhada na extensão do voto às mulheres era, por sua própria natureza, inconcebível. Mesmo os socialistas austríacos, que haviam se transformado em movimento de massa no final dos anos 1890, relutavam em apresentar o sufrágio feminino como ponto de destaque em sua plataforma política. Embora reivindicassem a eliminação de todas as leis que colocavam as mulheres em posição de desvantagem, eles estavam mais interessados em lutar por suas próprias reivindicações tradicionais: em 1898, o líder Victor Adler arrolou essas injustiças: "exploração econômica, ausência de direitos políticos, servidão espiritual".* Presumivelmente, uma vez superadas tais injustiças, as mulheres também seriam livres. Assim, as mulheres austríacas, quando afinal se organizaram, restringiram-se a causas seguras, havia muito tempo identificadas como preocupações femininas: a educação e a assistência social. Poucas sequer sonhavam em desafiar os parágrafos do código legal de 1811, que designava oficialmente o marido como "chefe da família" e, nessa condição, "dirigente da casa", cujas ordens deviam ser seguidas e aplicadas pela esposa. Isso significava que, embora o código austríaco do século XIX tratasse as mulheres como pessoas reais por lei — alguns as cumprimentavam por estarem em posição melhor do que as mulheres na França —, ele dispunha que, sem a aprovação do marido, elas não poderiam educar os filhos, supervisionar o lar, ir ao tribunal ou dedicar-se ao comércio. Em seu sólido levantamento do direito de família, publicado em 1907, Helene Weber qualificou a regulamentação austríaca como "predominantemente germânico-patriarcal". Essa caracterização não era rigorosa demais.

Nesse desestimulante clima jurídico e político, sustentado pelas atitudes culturais dominantes, as mulheres austríacas com ambições de independência e educação tinham de enfrentar um ridículo impiedoso. Sutilmente, essa atmosfera era alimentada pela literatura austríaca popular, onde os comoventes contos eróticos de Arthur Schnitzler constituíam apenas o exemplo mais primoroso. Era uma literatura que transbordava de mocinhas dóceis, geralmente das classes baixas — balconistas, garçonetes, bailarinas —, vítimas deliciosas, acessíveis, muitas vezes arruinadas por jovens oficiais, *bon-vivants* dissolutos ou burgueses ricos mimados que as exploravam como passatempo. Contos, romances e peças pintavam a *süsse Mädel* ("doce mocinha") como uma válvula de escape necessária para a família de classe média ou alta: proporcionando o prazer sexual que a jovem respeitável não ousava oferecer antes de se casar, e mesmo depois muito raramente, elas salvavam da ruína os casamentos ou da neurose os homens ávidos por sexo. Na verdade, pelo menos Schnitzler não estava pintando um retrato despreocupado da Viena alegre e irresponsável; estava oferecendo uma crítica mordaz de sua crueldade, insensibilidade e hipocrisia. Mas os leitores superficiais tomavam essa ficção como uma confirmação exuberante do interesse vienense por vinho, mulheres e canções — principalmente por mulheres. Essa difamação, contra a qual Freud protestava energicamente, não contribuía em nada para melhorar as perspectivas do feminismo no país.

As mulheres de classe média estavam largamente despreparadas para assumir sua própria causa. Em sua autobiografia, Stefan Zweig lembra que a sociedade vienense culta protegia constantemente as jovens contra qualquer "contamina-

* Por uma curiosa distorção da lei austro-húngara, várias mulheres votaram nas províncias durante a segunda metade do século XIX — como proprietárias, não como mulheres. Mesmo os radicais que faziam propaganda a favor do voto feminino opuseram-se a esse privilégio bastante singular. De qualquer forma, ele não se aplicava a Viena.

ção", e mantinha-as "numa atmosfera completamente esterilizada", censurando suas leituras, fiscalizando suas saídas e desviando-as de pensamentos eróticos com aulas de piano, desenho e línguas estrangeiras. Tornavam-se "educadas e supereducadas", consideradas "tolas e ignorantes, bem-criadas e ingênuas, curiosas e tímidas, incertas e pouco práticas, e predeterminadas por essa educação não mundana a serem modeladas e conduzidas no casamento pelos maridos, sem vontade própria". Na época de Freud, as mulheres austríacas tinham muito mais que isso. Mas Zweig, com seu talento para hipérboles e antíteses chocantes, havia separado um fio, e muito vívido, de uma trama entretecida de pressões e contrapressões.

Uma dessas contrapressões provinha das bem organizadas mulheres socialistas da Áustria, que não tinham tempo nem gosto pelo tipo de frivolidade erótica, ao mesmo tempo emocionante e degradante, que constituía o prato forte dos contistas e compositores de operetas de Viena. Outra pressão contrária era exercida por uma série de mulheres da alta burguesia e aristocracia liberal, muitas delas judias, que recebiam uma sólida educação, muitas vezes no exterior, e presidiam a salões literários onde os mexericos não eram bem-vindos. Nem todos os literatos vienenses passavam seu tempo livre em locais reservados aos homens, como o clube ou certos cafés. Uma reformadora pedagógica como Eugenie Schwarzwald, que fizera seu doutorado em Zurique e a seguir, em 1901, fundara a melhor e mais conhecida escola mista de Viena, tinha de fato uma dedicação e uma energia pouco comuns. Mas ilustrava as possibilidades que se abriam às mulheres, mesmo judias, na época em que Freud começava a ser conhecido pelos seus textos psicanalíticos. Em 1913, uma delegada inglesa a caminho do Congresso Internacional das Mulheres em Budapeste, uma tal sra. de Castro, parou em Viena para uma reunião preliminar e apresentou um relatório sobre a eficiência e a disposição das feministas que lá encontrou. "Fiquei impressionada pelo fato", escreveu ela, "de que muitos dos espíritos liderantes do movimento vienense são visivelmente judias. Há um elemento judaico muito grande e rico em Viena, e parecem ser adeptas muito entusiásticas."

Freud, em suma, tinha à disposição vários modelos femininos contrapostos. Ele não frequentava salões, mas podia ouvir, em seu próprio círculo, discussões acesas sobre a esfera adequada da mulher. Eminentes professores de medicina como Karl Rokitanski e Theodor Billroth tinham se pronunciado contra as reivindicações feministas por um melhor ensino secundário, temendo que o próximo ponto do programa das mulheres fosse o ingresso na universidade. De outro lado, Theodor Gomperz, estudioso não menos eminente dos clássicos, tinha se pronunciado em favor de uma melhor educação para as mulheres. Freud não gostava das mulheres tolas vividamente caricaturadas por Stefan Zweig, e apreciava conversar e se corresponder com algumas das mulheres mais cultas da época. Ao apresentar palestras à irmandade B'nai B'rith em 1904, ele discordou da famosa asserção de Paul Julius Moebius, que sustentava serem as mulheres "fisiologicamente débeis mentais"; quatro anos depois, ele reiterou em livro suas objeções a Moebius. O epíteto ficou em sua mente: ainda em 1927, pareceu-lhe útil tomar uma distância explícita da ideia "generalizada" de que as mulheres sofrem de "'debilidade mental fisiológica', isto é, de menor inteligência do que os homens. O fato é discutível, sua interpretação, duvidosa". Freud reconhecia que se poderia apontar tal "atrofia intelectual" entre as mulheres, mas, se fosse verdade, a culpa era da sociedade, que as impedia de ocuparem suas mentes com o que mais as interessava — a sexualidade.

A opinião final de Freud sobre as mulheres aparece, talvez, incidentalmente, num contexto pouco feliz, numa referência a um de seus cachorros. Ao escrever de Berlim para Lou Andreas-Salomé, ele confessou que sentia a falta de sua *chow-chow* Jofi, "quase tanto quanto de um charuto; ela é uma criatura encantadora, muito interessante, também como uma mulher, impetuosa, instintiva, sensível, inteligente, e no entanto não tão dependente quanto outros cães podem ser". As mulheres também eram, e Freud não hesitava em admitir, mais fortes do que os homens: quanto à saúde, disse a Arnold Zweig no verão de 1933, quando ele e sua família observavam a deterioração do clima político na Alemanha e Áustria com uma raiva impotente, "as mulheres aguentam melhor" do que os homens. Isso não o surpreendia: "Afinal, elas são o elemento mais firme; a rigor, o homem biologicamente é mais capaz de desmoronar" — *einfälliger*. Freud queria simplesmente tudo das mulheres: força, sensibilidade, impetuosidade — e inteligência. Mas o tom condescendente, ainda que afetuoso, em suas expressões sugere que o movimento feminista nunca encontraria um adepto em Freud, apesar de tudo o que estava fazendo por elas em sua profissão.

Ele nunca abandonou a posição que assumira antes, em 1908, perante a Sociedade Psicanalítica de Viena. Wittels havia apresentado uma comunicação sobre "a posição natural da mulher", onde criticara "nossa maldita cultura contemporânea", por obrigar a mulher à cadeia da monogamia, virtuosidade e obsessão com a beleza pessoal. Uma consequência disso, concluiu Wittels, era que "as mulheres lamentam não terem nascido homens; assim tentam virar homens (o movimento das mulheres)". As pessoas não veem quão "absurdas são essas aspirações, nem sequer as mulheres". Ao comentar a apresentação, Freud, divertido e intrigado, lembrou uma vez mais a passagem de John Stuart Mill sobre a capacidade feminina de ganhar dinheiro, que ele criticara para sua noiva 25 anos antes, e acrescentou: "De qualquer forma, as mulheres em conjunto não se beneficiam em nada com o movimento feminista moderno, no máximo umas poucas".*

* É interessante ver o ex-amigo de Freud, Fliess, tomar também uma linha tradicional. Em sua obra principal, *O curso da vida* (1906), ele escreveu: "Na vida mental da mulher, domina a lei da indolência; enquanto o homem é atento ao novo, a mulher se opõe à mudança: ela recebe passivamente e não acrescenta nada de si mesma [...] Seu âmbito é o sentimento. Sua virtude é a simpatia [...] O verdadeiramente característico na vida da mulher saudável é que sua tarefa sexual

A grande sonoridade e êxito do movimento nos Estados Unidos (embora os avanços nesse país também tenham sido desesperadoramente lentos) dificilmente teriam servido a Freud como uma recomendação favorável.

Na discussão sobre a natureza e o lugar da mulher, a questão da sexualidade feminina era a mais delicada de todas. Durante a maior parte da história registrada, poucos duvidaram que a mulher é uma criatura passional; a dúvida era apenas se ela goza do intercurso sexual mais ou simplesmente o mesmo que o homem. Os primeiros cristãos deixaram essa questão de lado, assumindo inflexivelmente que a natureza indubitavelmente erótica da mulher era um sinal não de sua humanidade, mas de sua perfídia essencial. Corrompida, ela era também a grande corruptora: os padres denunciavam furiosamente a Mulher como fonte suprema do pecado. Se Eva, em aliança com Satã, não tivesse seduzido Adão, a humanidade presumivelmente ainda estaria vivendo no paraíso, mantendo relações sexuais sem luxúria. Quer se lessem essas denúncias piedosas como um relato fiel da história inicial do homem no Éden ou se as rejeitassem como uma fábula pueril, dificilmente havia alguma controvérsia sobre a ideia da mulher como um ser sexual.

Tudo isso viria finalmente a mudar, e da maneira mais evidente no século XIX. William Acton, um ginecologista inglês prolixo e persuasivo, cujos livros eram amplamente lidos e traduzidos, afirmou em 1857 que "a maioria das mulheres (felizmente para elas) não são muito incomodadas por qualquer tipo de sensação sexual". Embora a reputação de Acton entre seus colegas fosse questionável, e existissem claras divergências de suas ideias, ele falava em nome de muita gente, tanto na Inglaterra como em outros países. Como ocorre com tanta frequência, a rejeição se mostrava a melhor defesa: ao recusarem à mulher qualquer interesse pela sexualidade, os homens podiam refrear seu pânico oculto pelo secreto apetite feminino, por eles temido. O exemplo mais impressionante de tal rejeição é, talvez, o livro de um especialista de Berlim, Otto Adler, que em 1904 tentou provar que "*o impulso sexual* (*desejo*, *ânsia*, *libido*) *da mulher é marcadamente menor*, *tanto em suas primeiras origens espontâneas quanto em suas manifestações posteriores*, *do que o do homem*". Os *Três ensaios sobre a teoria da sexualidade*, que Freud publicou no ano seguinte, fazem parte de um outro mundo. Adler, exibindo-se como pesquisador consciencioso, apresentou quinze esboços clínicos em apoio de sua hipótese da frigidez feminina. Mas, em pelo menos dez deles, suas pacientes apresentavam sinais de intensa excitabilidade sexual, ainda que um tanto irregular: Adler levou duas delas ao orgasmo, na mesa de exames em seu consultório. Não admira que as ideias de Adler, assim como as de Acton, encontrassem veementes contestadores; muitos médicos e também alguns padres sabiam que não era bem assim. Mesmo

---

constitui o centro ao qual tudo se refere [...] O amor dos filhos é a marca distintiva da mulher saudável". [Citado no original alemão em Patrick Mahony, "Friendship and its discontents", *Contemporary Psychoanalysis*, XV (1979), p. 61n.]

no século XIX, os escritores que apresentavam a mulher dotada de desejo erótico nunca silenciaram ou baixaram o tom; os romancistas franceses não eram os únicos a ver a mulher como um ser altamente sexuado. No entanto, a figura da mulher inevitavelmente frígida recebeu, tanto na época como depois, maior atenção do que merecia. Tornou-se, ao longo do século XIX, um ingrediente de primeira ordem numa ideologia antifeminista defensiva, e posteriormente revelou-se uma caricatura tendenciosa fácil que os pós-vitorianos podiam usar contra seus pais. Estava em jogo muito mais do que a questão técnica de quanto — ou se — a mulher goza na cama: a mulher sexualmente anestesiada convinha àqueles que queriam mantê-la em casa, voltada para os afazeres domésticos e, como Freud dissera certa vez à filha Mathilde, tornando mais agradável a vida do homem.

As atitudes conservadoras de Freud não o impediram, como vimos, de considerar assentado que uma mulher é um ser sensual, tal como o homem. A teoria por ele desenvolvida no início dos anos 1890, segundo a qual todas as neuroses se originam de conflitos sexuais, pressupõe que mulheres e homens sejam igualmente suscetíveis a estímulos eróticos. E ainda, nos rascunhos que enviou a Fliess na mesma época, ele atribuiu o mal-estar neurótico ao uso de anticoncepcionais que comprometem a gratificação do usuário, seja homem ou mulher. Certamente, os textos psicanalíticos de Freud antes da Primeira Guerra Mundial insinuam o pressuposto de uma superioridade masculina. Num aparte de 1908, ele sugeriu que a pulsão sexual da mulher é mais débil do que a do homem. Além disso, Freud considerava a libido, essa energia sexual primitiva e fundamental, dotada de uma natureza masculina. Em 1905, na primeira edição dos *Três ensaios*, falando das atividades autoeróticas e masturbatórias das meninas, ele sugeriu de modo tentativo que "a sexualidade das meninas pequenas tem um caráter inteiramente masculino". Novamente, em 1913, ele descreveu a sede do prazer sexual nas meninas, o clitóris, como um órgão masculino; a sexualidade delas "muitas vezes se comporta como a dos meninos". Ao mesmo tempo, ele estava plenamente ciente, e avisou várias vezes que seu vocabulário era impreciso e enganador: os termos "masculino" e "feminino" significam coisas diferentes para cada autor. Qualificar a libido de "masculina" não significa, observou ele explicitamente em 1915, senão que ela é "ativa". O que mais importava nesses anos, e durante toda a guerra, era que Freud descrevia uma evolução semelhante da vida sexual dos meninos e das meninas, diferenciada apenas por pressões sociais. Como seres sexuais, conforme então Freud via a questão, os homens e as mulheres são mais ou menos espelhos uns dos outros. Em todo caso, havia questões técnicas, tema mais de pesquisa do que de polêmica.

Esta é uma das razões pelas quais a discussão interna dos anos 1920 sobre a sexualidade feminina não se exacerbou. Todos os participantes consideravam-na basicamente como uma questão da teoria psicanalítica. Mas, quando Freud reexaminou os quadros comparativos de desenvolvimento dos meninos e meninas, seus críticos precisaram recorrer a um certo autocontrole para manter a discussão em nível científico. Pois, com sua linguagem vigorosa e cáustica, Freud ateou fogo a um material inflamável. Sobre a questão exasperante da mulher, ele passou para a direita, subvertendo sua própria ideia, tão condizente com o feminismo, de que homens e mulheres têm histórias psicológicas muito semelhantes. Freud, porém, não estava interessado em política, sequer em política sexual. Não havia nada no clima dos anos 1920, nada na biografia psicológica de Freud que indicasse as revisões que o levariam a propor suas ideias controversas, por vezes grosseiras, sobre a mulher. Elas derivavam de sua tentativa de deslindamento de dificuldades teóricas, particularmente dos novos complicadores que introduziu na explicação do complexo de Édipo, relativos a seu surgimento, florescimento e declínio.

No início dos anos 1920, Freud parecia ter adotado a posição de que uma menina é um garoto falhado, e a mulher adulta uma espécie de homem castrado. Em 1923, apresentando as fases da história sexual humana, ele identificou uma fase, posterior à oral e à anal, que denominou de fálica. Os meninos, assim como as meninas, inicialmente acreditam que todos, inclusive a mãe, têm um falo, e a decepção quanto a este ponto acaba sendo necessariamente traumática. O homem, portanto, era a medida de Freud. Nessa época, ele havia abandonado sua forma anterior de tratar o desenvolvimento sexual dos meninos e meninas como seguindo uma evolução paralela. Parafraseando o famoso dito de Napoleão sobre a política, ele ofereceu um aforismo provocativo: "Anatomia é destino".*

A prova mais evidente de tal destino, julgava ele, é a distinção observável entre os órgãos sexuais dos meninos e meninas. Isso contribui para diferenças fundamentais no desenvolvimento psicológico, principalmente no curso do complexo de Édipo nos dois sexos. Daí decorria naturalmente que, para Freud, as sequelas do declínio do complexo de Édipo, em particular a construção do superego, também deviam divergir. O menino adquire um superego depois que a ameaça de castração tiver destruído seu projeto edipiano de conquista; a menina, já "castrada", com incentivos menos numerosos e intensos a um desenvolvimento do exigente superego característico do homem, constrói o seu a partir do medo de perder o amor.

No ano seguinte, em 1925, Freud estava pronto para apresentar claramente as implicações dessas novas hipóteses. Ele teve, de fato, o *savoir-faire* — ou, mais precisamente, dúvidas suficientes — para mostrar algumas apreensões: "Hesita-se em dizer claramente, mas não se pode resistir à ideia de que, para a mulher, o nível do eticamente normal se torna diferente" do nível para o homem. "O superego dela nunca se torna tão inexorável, tão impessoal, tão independente de suas origens emocionais" quanto alegamos ser para o homem. Essa fragilidade peculiar do superego feminino, sugeriu Freud, justificava as críticas que os mi-

* Ele já o dissera em 1912, em "On the universal tendency to debasement in the sphere of love" (*SE* XI, p. 189), mas ali não estava se referindo às diferenças entre homens e mulheres.

sóginos dirigem contra o caráter feminino desde tempos imemoriais: "Ela mostra menos senso de justiça do que o homem, menos inclinação a submeter-se às grandes exigências da vida, é conduzida com maior frequência em suas decisões por sentimentos compassivos ou hostis". É um pouco irônico que tenha sido Anna, a filha de Freud, a ler esse artigo de seu pai perante o congresso de psicanalistas em Bad Homburg.

Freud declarou-se hesitante em afirmar todas essas coisas, mas mesmo assim afirmou-as com uma espécie de bravata, sugerindo que estava cônscio de que iria necessariamente ofender alguns ouvintes e leitores. Mas nunca se preocupou em ser ofensivo. Isso não o detivera no início de sua carreira, ao postular as origens infantis da sexualidade, tampouco iria detê-lo no final, ao afirmar que Moisés era egípcio. Pelo contrário, a sensação de desafiar a oposição agia nele como um estimulante, quase como um afrodisíaco. Freud reconhecia que, em inúmeros homens, o superego deixa muito a desejar; admitia também que suas conclusões sobre o superego mais frágil da mulher exigiam maiores confirmações. Afinal, havia baseado sua generalização em um pequeno número de casos. Mas, apesar da hesitação, Freud se manteve firme: a pessoa não deveria se deixar distrair ou desconcertar com "os protestos dos feministas, que querem impor uma igualdade completa dos sexos quanto à sua posição e valor".

Ele tinha ainda outra razão para publicar o que, em anos anteriores, teria adiado até acrescentar outros materiais: sentia que não dispunha mais de "oceanos de tempo" à sua frente. Embora reconhecesse que a questão era delicada e merecia maiores investigações, não quis esperar. Certamente poderia ter apresentado uma argumentação convincente, se não tivesse apelado à sua idade avançada ou houvesse recusado o mero valor de impacto de suas afirmações como base de sua validade. Mas a posição antifeminista de Freud não resultava do fato de se sentir velho ou de querer ser chocante. Pelo contrário, ele havia passado a considerá-la como uma consequência inevitável das histórias sexuais diferentes dos homens e das mulheres: anatomia é destino. Sua história comparativa do desenvolvimento sexual pode não ser inteiramente convincente, mas recorre à lógica do crescimento humano tal como ele a redefinira nos anos 1920. As diferenças psicológicas e éticas entre os sexos, afirmou ele, surgem naturalmente da biologia do animal humano e dos tipos de trabalho mental que ela implica para cada um dos sexos. De início, o desenvolvimento dos meninos e meninas é idêntico; Freud não acreditava na noção popular de que os meninos são agressivos e as meninas, submissas. Pelo contrário, muitas vezes os homens são passivos, e as mulheres, bastante ativas em suas aventuras eróticas infantis. Tais histórias sexuais dão uma sólida base à tese de Freud sobre a bissexualidade, isto é, a ideia de que cada gênero apresenta algumas características do outro.

Mas a seguir, continuou Freud, algo acontece. Talvez aos três anos, ou um pouco antes, as meninas enfrentam uma tarefa a que os meninos são felizmente poupados, e com isso a superioridade masculina começa a se afirmar. Todos os bebês e crianças em seus primeiros passos, sejam meninas ou garotos, começam com o mais profundo afeto pela mãe, fonte da vida, manancial de alimento, cuidado e ternura. O poder da mãe sobre o bebê é ilimitado, numa época em que o envolvimento do pai é abstrato, relativamente distante. Mas, à medida que os bebês crescem, o pai assume um papel cada vez mais preponderante na imaginação e vida cotidiana deles, por fim a maneira como meninos e meninas o enfrentam vai se diferenciar de modo decisivo. A vida do menino vira um tumulto, ao descobrir que o pai é um formidável rival pelo afeto e atenção da mãe; ele se sente como se tivesse sido expulso do paraíso. Mas a menina tem uma tarefa psicológica muito mais difícil a realizar do que seu irmão: a mãe do garoto pode continuar a ser o amor de sua vida, mesmo que as duras realidades da constelação familiar obriguem a uma supressão drástica de seu desejo por ela; mas, como vimos, a menina se sente obrigada a transferir seu principal afeto erótico da mãe para o pai, e a lidar com momentos traumáticos que deixam sedimentos duradouros, geralmente danosos, em sua mente.

A provação da menina, sustentava Freud, começa com a inveja do pênis. Ao descobrir que não tem pênis, que seus órgãos sexuais são invisíveis e não pode urinar de modo tão ostensivo quanto os meninos, ela desenvolve sentimentos de inferioridade e uma capacidade de ciúmes que ultrapassa em muito a de seus irmãos ou amigos. Os meninos, evidentemente, também precisam enfrentar revelações desconcertantes: ao ver os órgãos sexuais de uma menina, eles desenvolvem uma angústia de castração. E, o que é pior, o pai, tão mais imperioso do que eles podem ser, ou a mãe, ao surpreendê-los se masturbando, podem ameaçá-los de cortar o pênis. Afinal, mesmo um casal moderno, liberal, com ideias psicanalíticas como os pais do Pequeno Hans, não hesitou em advertir o filho de que, se continuasse a manipular o pipi, a mãe iria chamar o médico para cortá-lo fora. A menina, porém, precisa enfrentar não temores, mas a realidade, a sua condição "mutilada". Freud não considerava a angústia de castração, prerrogativa do sexo masculino, como um privilégio particularmente invejável. Mas parecia-lhe que sentir medo de perder o que se tem é menos prejudicial do que ser tristemente ciente de que não se tem nada a perder.

É depois de sua humilhação narcisística que a menina pequena passa a rejeitar a mãe, que permitiu que ela nascesse tão pateticamente incompleta, ou até pode ter sido responsável por tirar seu pênis. Aí tem início seu caso de amor infantil com o pai. Essa mudança crucial no objeto de amor é dolorosa e prolongada porque, como Freud iria observar em 1931, no artigo "Sexualidade feminina", a ligação pré-edipiana da menina com a mãe é muito intensa. Freud tinha um certo orgulho por ter remontado tão profundamente à primeira infância das meninas, e achava essa "percepção" da fase pré-edipiana, tão difícil de ser apreendida na análise, uma "surpresa". É difícil detectar a paixão da menina pela mãe porque geralmente ela está encoberta por sua paixão posterior pelo pai. Tomando de empréstimo uma metáfora arqueológica, como gostava de fazer, Freud comparou essa percepção à "descoberta da cultura minoico-micênica por trás dos gregos". A fase pré-edipiana é particularmente importante para as mulheres, muito mais importante do que para os homens. Recuando até essa fase, pensava Freud, podemos esclarecer totalmente "muitos fenômenos da vida sexual feminina que, antes, não eram realmente acessíveis ao nosso entendimento".

A diferenciação psicológica mais visível entre os sexos, porém, aparece pela primeira vez um pouco mais tarde, na fase edipiana; a puberdade, apesar de todas as aparências em contrário, apenas reforça essa diferenciação, mas não é o que lhe dá origem. O menino, frente à ameaça de um dano irreparável à integridade do próprio corpo, recua em seu amor apaixonado pela mãe; a menina, reconhecendo sua condição física inferior, busca consolo no pai e substitui seu desejo de um pênis pelo desejo de um bebê. Freud resumiu essas histórias sexuais diferenciadas no tipo de fórmula definitiva que era sua especialidade: "*Enquanto o complexo de Édipo do menino é destruído pelo complexo de castração, o da menina é possibilitado e introduzido pelo complexo de castração*". Tanto os meninos quanto as meninas, em suma, precisam avançar entre dois complexos, o de castração e o de Édipo, mas a sequência em que esses complexos são enfrentados é invertida dependendo do sexo. Freud observou com leve pesar que, tendo no passado se concentrado sobre os meninos, os psicanalistas tinham pressuposto que esses acontecimentos críticos e determinantes seguiriam a mesma linha de desenvolvimento no caso das meninas. Mas o trabalho mais recente e maiores reflexões convenceram-no de que não é assim que cresce a mente infantil. Os sexos são diferentes, e a mulher é quem mais sofre com a diferença.

Essas escalas temporais diversas explicam por que Freud se dispôs a negar que a mulher tenha a capacidade de desenvolver um superego exigente. O complexo de Édipo do menino é atacado e demolido pela ameaça de castração por parte dos pais. Assim, à semelhança de um construtor que usa pedras de uma casa demolida, o menino incorpora restos fragmentados do complexo em seu ego e constrói seu superego a partir deles. Mas a menina pequena não dispõe desses blocos de construção. Freud supôs, simplificando radicalmente a questão, que ela deve montar seu superego com retalhos das experiências de sua criação e do medo de perder o amor dos pais. Isso não é nada convincente. Afinal, o menino pequeno, ao reprimir o complexo de Édipo, toma a força para tanto de empréstimo ao pai, agindo sob "a influência da autoridade, do ensinamento religioso, da educação, da leitura". Esse tipo de influência, como demonstra a observação clínica e geral, funciona da mesma forma na menina. O lamento de Freud em relação ao superego da mulher era mais parcial do que ilógico: na medida em que a teoria psicanalítica reconhece o impacto de forças externas na formação da mente, ela pode aceitar a ideia de um superego muito rigoroso, e até perseguidor, não só nos homens, como também nas mulheres. Cultura também é destino.

A defesa de Freud sobre um desenvolvimento diferenciado do superego é bastante discutível. Seu argumento quanto à sede do prazer sexual se mostrou ainda mais discutível. A criança pequena, conforme ele colocou, proporciona a si mesma uma gratificação prazerosa tocando o falo — isto é, para a menina, o clitóris. Mas na adolescência, a garota púbere a caminho da feminilidade adulta aumenta o prazer que obtém com seu órgão "masculino" elevando "a vagina, derivada da cloaca, à zona erógena dominante". Assim, nesse período agitado de sua vida, argumentou Freud, já tendo transferido seu amor da mãe para o pai, a mulher precisa se empenhar ainda em mais uma laboriosa mudança psicológica, a qual não precisa ser enfrentada pelo rapaz. Freud estava convencido de que a mulher, obrigada a se desincumbir dessa tarefa adicional, é extremamente suscetível de sofrer um naufrágio erótico. Ela se torna masoquista e sem humor, renuncia a todo o sexo, aferra-se a seus traços masculinos, resigna-se à domesticidade submissa. Mas, se a mulher adulta obtém satisfação sexual, é principalmente através da vagina, utilizando o clitóris no máximo como um acessório do prazer. Se as coisas fossem diferentes, ela não precisaria de nenhum homem para lhe proporcionar o gozo erótico.

Muito antes que as investigações empíricas de sexólogos e biólogos levantassem dúvidas comprometedoras acerca desse esquema de desenvolvimento, os psicanalistas já expressavam reservas a respeito. Ainda não tinham informações clínicas ou experimentais suficientes sobre o orgasmo feminino para questionar a tese de Freud de que, em sua atividade sexual, a jovem passa gradualmente do prazer clitorial para o prazer vaginal. Pelo contrário, os que divergiam, como Karen Horney e Ernest Jones, concentravam-se sobre a natureza da mulher e não aceitavam a fórmula de Freud de que a feminilidade é fundamentalmente adquirida com a renúncia sucessiva de traços masculinos. Afinal, ao definir o clitóris como um pênis residual, Freud estava apresentando uma analogia dúbia e altamente tendenciosa.

Os críticos tinham razão. Em 1922, Horney levantou-se corajosamente no congresso internacional de psicanalistas em Berlim, com Freud na presidência da mesa, e sugeriu uma versão revista da inveja do pênis. Ela não negava sua existência, mas situou-a num contexto de desenvolvimento feminino normal. A inveja do pênis não gera a feminilidade, disse Horney, mas, pelo contrário, é uma expressão sua. Por isso ela rejeitava a ideia de que essa inveja leva necessariamente as mulheres ao "repúdio de sua natureza feminina". Muito pelo contrário, "podemos ver que a inveja do pênis não impede de forma alguma uma ligação amorosa profunda e inteiramente feminina com o pai". Horney, da perspectiva freudiana que dominava esses congressos, estava se conduzindo da maneira mais correta possível: citava respeitosamente o fundador, aceitando a própria ideia da inveja do pênis. Estava apenas especulando, um pouco asperamente: talvez fosse o "narcisismo masculino" que tinha levado os psicanalistas a aceitar a ideia de que a mulher, afinal metade da espécie humana, está descontente com o sexo que lhe foi atribuído pela natureza. Era como se os analistas do sexo masculino achassem essa ideia "evidente demais para requerer uma explicação". Quaisquer que fossem as razões, argumentou Horney, a conclusão sobre a mulher a que tinham chegado os psicanalistas "é decididamente insatisfatória, não só para o narcisismo feminino, mas também para a ciência biológica".*

Isso foi em 1922. Quatro anos depois, um ano após a publicação do artigo provocativo de Freud sobre as consequências da diferença anatômica entre os sexos, Horney se fez ainda mais explícita sobre a tendenciosidade masculina dos psicanalistas. "Em algumas de suas últimas obras", escreveu ela, citando as palavras de Freud para seus próprios fins, "Freud tem chamado a atenção com insistência crescente para certa unilateralidade em nossas pesquisas analíticas. Refiro-me ao fato de que, até muito recentemente, apenas as mentes de meninos e homens eram tomadas como objetos de investigação." Considerando as conhecidas pacientes mulheres de Freud, não era uma afirmação muito correta, mas Horney foi em frente, sem se perturbar: "A razão disso é óbvia. A psicanálise é a criação de um gênio masculino, e quase todos os que têm desenvolvido suas ideias são homens". Portanto, era simplesmente "justo e razoável" que a psicanálise "desenvolvesse com maior facilidade uma psicologia masculina". Tomando de empréstimo alguns argumentos do filósofo, sociólogo e crítico cultural alemão Georg Simmel, fonte rara para os psicanalistas, ela caracterizou a civilização moderna como essencialmente masculina. Simmel havia concluído não que a mulher é inferior, mas, pelo contrário, que as visões dominantes e correntes sobre sua natureza é que eram distorcidas. Enumerando as noções altamente subjetivas de autoengrandecimento desenvolvidas pelos meninos sobre si mesmos e suas irmãs, Horney destacou que coincidiam, ponto por ponto, com as posições sobre o desenvolvimento feminino comuns entre psicanalistas. O discurso sobre o masoquismo natural da mulher é tão tendencioso quanto a depreciação da maternidade, dom da natureza pelo qual a mulher é evidentemente superior ao homem. É uma capacidade pela qual, na verdade, os meninos invejam as meninas. Muito frequentemente, observou Horney, a inveja do pênis não é uma introdução ao amor edipiano, mas uma defesa contra ele. Não negava que, depois de suas cruéis decepções, as meninas muitas vezes se afastavam de toda a sexualidade. Mas, tal como os meninos, insistiu Horney, as meninas passam inicialmente pela sua experiência edipiana: a seu ver, era insustentável a famosa fórmula diferencial de Freud, referente à sequência do complexo de castração e do complexo de Édipo. Em realidade, concluiu ela com uma demonstração imparcial de justiça, a teoria psicanalítica reinante a respeito da mulher servia a si própria — isto é, servia aos homens que a promulgaram. "O dogma da inferioridade das mulheres teve suas origens numa tendência masculina inconsciente."

* Em 1927, em seu primeiro artigo, Jeanne Lampl-de Groot afirmou sem comentários que, segundo Horney, uma razão pela qual a sexualidade feminina continuava a parecer tão misteriosa era que, "até agora, as observações analíticas têm sido feitas principalmente por homens". [Jeanne Lampl-de Groot, "The evolution of the Oedipus complex in women", em *The development of the mind: psychoanalytic papers on clinical and theoretical problems* (1965), p. 4.]

Tudo isso era grave e forte. O que importava a Horney, porém, não era marcar pontos, mas estabelecer um princípio. Apesar do que Freud e as analistas mulheres que o seguiam pudessem sustentar acriticamente, a feminilidade é um dote essencial da mulher. É uma criatura tão digna quanto o homem, por mais ocultos que sejam seus órgãos sexuais, por mais árduo que seja seu trabalho de transferir seu amor pela mãe para o pai. Uma analista como Jeanne Lampl-de Groot podia repetir as conclusões de Freud: "Nos primeiros anos de seu desenvolvimento como indivíduo", a "menina pequena se comporta exatamente como um menino, não só na questão da masturbação, mas em outros aspectos de sua vida mental: no alvo de seu amor e na escolha de objeto, ela é realmente um homenzinho". Horney não concordaria.

Tampouco Ernest Jones, que manteve uma correspondência inconclusiva com Freud sobre o tema da mulher, e reiterou sua divergência em três artigos importantes. Freud, após publicar o artigo sobre a sexualidade feminina, expressou a esperança de que Jones repensasse sua posição. Toda a questão "é tão importante e ainda tão incerta que realmente merece ser trabalhada de novo". Mas Jones podia ser tão obstinado quanto Freud. Em 1935, ao apresentar uma comunicação perante a Sociedade Psicanalítica de Viena, ele defendeu a "vigorosa" Karen Horney e negou explicitamente a ideia da mulher como "*un homme manqué*", uma "criatura permanentemente desapontada lutando para se consolar com substitutos secundários estranhos à sua natureza". A "questão fundamental", concluía ele, é "se se nasce ou se se faz mulher". Ele não tinha dúvidas de que se nasce.

Jones dedicou o livro em que esse artigo apareceu pela primeira vez ao "Professor Freud, como Sinal da Gratidão do Autor". Mas nem os argumentos de Jones e Horney, nem três longos artigos cuidadosamente argumentados e meticulosamente documentados, da autoria do brilhante e jovem analista Otto Fenichel, provocaram qualquer impressão em Freud. Fenichel pretendia mais complexificar do que derrubar a tese de Freud: ele aceitava as proposições básicas de Freud, especialmente sobre a desilusão da menina com a mãe e a necessidade de transferir sua libido para o pai. Mas, a seu ver, a descoberta da "mutilação" e da fase fálica da menina, embora importantes, não constituíam em absoluto experiências psicológicas decisivas. "'Complexo de Édipo' e 'angústia de castração'", escreveu ele, "são palavras: as realidades psíquicas que elas representam são infinitamente diversificadas." Mas Freud estava convencido de que seus críticos não tinham feito uma distinção suficiente entre os aspectos inatos e culturais da sexualidade feminina. Em 1935, no mesmo ano em que Jones colocou a questão fundamental sobre a mulher, Freud recapitulou novamente sua argumentação. A sexualidade infantil tinha sido inicialmente estudada no sexo masculino, e um total paralelismo entre meninos e meninas se mostrara insustentável; a menina tem de mudar tanto em seu objeto sexual como em sua zona genital dominante. "Disso resultam dificuldades e possíveis inibições que não se aplicam ao homem." Esta foi a última palavra explícita de Freud sobre a mulher.

Ele poderia ter dito mais. Chamar a mulher de continente inexplorado era, como vimos, aliar-se a um chavão histórico. Toda essa sabedoria popular sobre a Eva misteriosa aponta para o temor fundamental e vitoriosamente reprimido frente à mulher, que os homens sentem indefinidamente desde tempos imemoriais. Freud tinha uma vaga ideia desse temor: quando Marie Bonaparte observou certa vez, "O homem tem medo da mulher", ele replicou, "Ele tem razão!". Em seus dias de estudante, Freud exclamara ao amigo Emil Fluss: "Quão sábios são nossos educadores ao pouco incomodarem o belo sexo com o conhecimento científico!!". As mulheres, disse a Fluss, "vieram ao mundo para algo melhor do que se tornarem sábias". Mas não se contentara simplesmente em aceitar a conveniente obscuridade desse continente que é a mulher; ele procurou explorá-lo e mapeá-lo. O mapa resultante tinha muitos pontos brancos e vazios, mal traçado em aspectos que vieram a ser reconhecidos pelos pesquisadores após sua morte. Mas ele tentou. O tom firme que chocava a muitos, o descuidado pressuposto de estar acima de qualquer laivo de tendenciosidade e os ataques grosseiros ao feminismo não lhe foram muito úteis. Toldaram o frescor de suas ideias e o caráter provisório de suas conclusões. Achava que os analistas com tendências feministas o acusariam de parcialidade masculina, ao passo que seus adeptos usariam esse mesmo tipo de reducionismo contra seus adversários; tal emprego da análise, comentou ele sabiamente, "não leva a nenhum resultado". Recusava-se a ver que ele próprio tinha sido bastante belicoso. Mas não queria gastar toda sua energia nessa questão limitada, ainda que importante. Do final dos anos 1920 em diante, mostrou-se impaciente em abordar e permitir que o atormentassem outros enigmas, ainda maiores: os enigmas da religião e da cultura, que o fascinavam desde a meninice.

11. A natureza humana em atividade

CONTRA AS ILUSÕES

Para Freud, a aplicabilidade da psicanálise, fosse empreendida junto ao divã ou à escrivaninha, era universal. É verdade que a situação analítica oferecia uma oportunidade única para gerar e verificar suas hipóteses. Hermética, altamente profissional, praticamente irreproduzível, essa situação sempre se manteve para Freud uma fonte inesgotável de informações, um ponto para muitas partidas.* Mas, ao contrário da maioria dos psicanalistas que o sucederam, Freud considerava todas as suas investigações analíticas igualmente instrutivas e igualmente importantes. Reconstruir as origens da civilização a partir de materiais escassos e especulativos era totalmente diferente de avaliar dados clínicos. Mas Freud não se sentiu constrangido nem achou que devesse se desculpar por invadir os domínios da arte, da política ou da pré-história, com os instrumentos psicanalíticos nas mãos. "O trabalho de minha vida", disse sumariamente em 1930, "tem sido dirigido a um único objetivo."

Não muito antes, ele ilustrara esse ponto com dois ensaios especulativos de grande circulação: *O futuro de uma ilusão*, de 1927, ambicioso e controverso, e *O*

* Freud de fato respeitou e citou algumas verificações experimentais de suas teorias (ver, em especial, seus comentários sobre os artigos de Otto Pötzl acerca da formação do sonho, aos quais ele se referiu na edição de 1919 de *The interpretation of dreams*, *SE* IV, p. 181 n. 2). Mas, em geral, ele acreditava que os milhares de horas de análise que havia passado com seus pacientes, aos quais podem se acrescentar os milhares de horas gastas pelos seus adeptos, forneciam provas suficientes de suas ideias. Essa atitude, que não prevaleceu inteiramente, era no mínimo um erro tático.

Quando o psicólogo americano Saul Rosenzweig enviou a Freud, em 1934, alguns estudos experimentais destinados a testar a validade de diversas proposições psicanalíticas, Freud respondeu polidamente, mas de modo um tanto brusco, que, embora considerasse tal investigação interessante, via pouco valor nela "porque a riqueza de observações confiáveis" em que se fundam as asserções psicanalíticas "torna-as independentes de verificação experimental. Contudo, não há de fazer nenhum mal". [Freud a Rosenzweig, 28 de fevereiro de 1934. Carta citada na íntegra, no original alemão, em David Shakow e David Rapaport, *The influence of Freud on American psychology* (1964), p. 129n.]

mal-estar na civilização, do começo de 1930, não menos ambicioso e, se possível, ainda mais controverso. Mas, dando espaço à sua rabugice, Freud menosprezou essas recentes incursões pela cultura com uma autocrítica impiedosa. Desqualificou *O futuro de uma ilusão* como "pueril", "analiticamente fraco e impróprio como confissão pessoal". Esse tipo de comentário, misto de depressão pós-parto e superstição bastante defensiva, tinha se tornado um hábito nele. Isso nunca deixou de surpreender os associados de Freud. Ele já tinha manifestado algo parecido algumas décadas antes, ao pôr no mundo *A interpretação dos sonhos*, e outra vez, mais recentemente, ao reconhecer sua "conhecida depressão" depois de ler as provas de *O ego e o id*. Mas sua crítica a *O futuro de uma ilusão* foi excepcionalmente veemente. Era algo que beirava o ódio contra si mesmo. Em outubro de 1927, ao prometer a Eitingon um exemplar, tão logo as provas voltassem da gráfica, ele observou que "o conteúdo analítico da obra é muito ralo" e, também sob outros aspectos, "não tem muito valor".

Freud estava sentindo a idade e os efeitos secundários do câncer. A prótese era dolorosa e, para piorar as coisas, ele sofria de desagradáveis acessos de angina. Em março de 1927, quando Arnold Zweig se ofereceu a visitá-lo, Freud insistiu que cumprisse sua promessa — sem delongas: "Não se demore demais com isso, logo vou estar com 71 anos". No mesmo mês, ao saber que deveria descansar num sanatório, pois estava com uma aparência enfermiça, ele protestou com amargura a Eitingon: "Viver *para* a saúde é algo intolerável para mim". A morte era agora uma presença habitual em seus pensamentos. No verão, ao convidar James e Alix Strachey para se reunirem a outros visitantes em Semmering, ele os preveniu como prevenira a Zweig: "Podemos não ter muitas outras oportunidades de nos encontrar".

Freud não gostava de alardear ao mundo suas más condições de saúde, mas com alguns íntimos ele se descontraía um pouco, enviando boletins lacônicos animados por relances de sua antiga veia humorada e desafiadora. Suas cartas a Lou Andreas-Salomé, que estão entre as mais afetuosas e marcantes de seus últimos anos, compõem um quadro de sua saúde vacilante e respectivos estados de espírito. Os dois agora raramente se viam: ela estava morando em Göttingen com o marido idoso, e viajava pouco; ele estava enclausurado em Viena ou nos arredores. A amizade continuava a prosperar porque ele respeitava o espírito dela e apreciava sua companhia, mesmo pelo correio. Além disso, ela partilhava com ele uma grande afeição por Anna, e era tão estoica quanto seu querido Professor. Desprendida e atenciosa, ela tentava guardar suas doenças para si, forçando-o, como leitor profissional de indícios sutis, a adivinhar seu estado a partir de suas expressões e silêncios. Em maio de 1927, agradecendo os cumprimentos de Lou Andreas-Salomé pelo seu 71º aniversário, ele achou maravilhoso que ela e o marido ainda pudessem aproveitar o sol. "Mas, para mim, chegou o mau humor da velhice, a desilusão completa, comparável ao congelamento da lua, o resfriamento interno." Durante toda a vida, aprazia-lhe pensar, ele tinha combatido as ilusões; reconhecer sua temperatura interna fazia parte de sua longa batalha contra as mentiras, contra as superfícies brandas, contra a aceitação de desejos por realidades. Agora, ele vivia frequentemente frio, mesmo no calor.

Havia momentos em que podia contar que estava resistindo bem. Mas eram exceções preciosas, geralmente contrabalançadas por insinuações à sua decrepitude. Numa carta de dezembro de 1927 à "cara Lou", ele iniciou com um alegre comunicado sobre seu estado, mas logo a seguir desculpava-se por não ter respondido antes à longa "tagarelice" dela: "O desleixo e indolência estão tomando conta de mim". Para um homem que, durante toda a vida, se orgulhara em responder imediatamente à sua correspondência, e que interpretava qualquer demora por parte de seus missivistas como sinal de desafeto, este era um sintoma sinistro. A percepção de que seu corpo estava simplesmente se recusando a servi-lo semeou a melancolia em sua avaliação do *Futuro de uma ilusão*. Quando o psicanalista francês René Laforgue, um visitante ocasional nos anos 1920, manifestou sua admiração pelo ensaio, Freud, embora o elogio lhe agradasse, explodiu: "É o meu pior livro!". Laforgue protestou, mas Freud insistiu: era obra de um velho. O autêntico Freud tinha sido um grande homem, mas estava morto; quão lamentável que Laforgue não o tivesse conhecido! Desconcertado, Laforgue perguntou a Freud o que afinal queria dizer. "A força de penetração se perdeu", foi sua resposta — *Die Durchschlagskraft ist verloren gegangen.*

O autodilaceramento de Freud não deve obscurecer o fato de que *O futuro de uma ilusão* era um livro que ele precisava escrever. "Não sei se o senhor percebeu o elo secreto entre *Análise leiga* e *Ilusão*", escreveu ele sem muito tato a Pfister. "No primeiro, eu quero proteger a análise dos médicos; no segundo, dos padres." Mas a pré-história da *Ilusão* foi muito mais longa e mais íntima do que isso. Décadas de ateísmo por princípio e de reflexão psicanalítica sobre a religião o haviam preparado para tal. Fora um ateísta coerente e militante desde os dias de estudante, zombando de Deus e da religião, não poupando o deus e a religião de sua família. "Para os caminhos obscuros de Deus", dissera ele ao amigo Eduard Silberstein no verão de 1873, aos dezessete anos de idade, "ninguém ainda inventou uma lanterna." Essa obscuridade não tornava a divindade nem um pouco mais atraente para Freud, e tampouco, nesse sentido, minimamente mais plausível. Quando disse a Silberstein que era injusto reprovar a religião por ser metafísica e carecer de provas dadas pelos sentidos — pois, "pelo contrário, a religião se dirige exclusivamente aos sentidos" —, não estava enunciando um pensamento sério, mas fazendo uma piada gastronômica: "Mesmo aquele que nega a Deus, tendo a sorte de pertencer a uma família toleravelmente devota, não consegue negar o dia santo quando põe um petisco de Ano-Novo na boca. Pode-se dizer que a religião, consumida moderadamente, estimula a digestão, mas, tomada em excesso, prejudica-a".

Esse era o tom irreverente com que Freud se sentia mais à vontade. Como sabemos, durante alguns meses na universidade, sob a influência de seu admirado professor de filosofia Franz Brentano, ele havia se entretido com o teísmo filosófico. Mas sua verdadeira inclinação, como ele a mencionou ao amigo Silberstein, era a de "um estudante de medicina ateu". Nunca mudou. "Nem em minha vida privada, nem em meus textos" — assim resumiu sua carreira como ateísta, no ano anterior ao de sua morte — "jamais fiz segredo de ser um descrente rematado." Por toda a vida, achou que não era o ateísmo, e sim a crença religiosa que precisava ser explicada.

Como psicanalista, começou fazendo justamente isso. Entre algumas anotações para si mesmo, escritas em 1905, encontra-se esse verbete breve e sugestivo: "Religião como neurose ob[sessiva] — Religião privada". Dois anos depois, ele deu corpo a essa ideia em germe num primeiro artigo exploratório, "Atos obsessivos e práticas religiosas", tentativa refinada e intrigante de unir religião e neurose sob o mesmo jugo. Ele descobrira semelhanças flagrantes entre as "cerimônias" e "rituais" tão necessários ao neurótico obsessivo e as observâncias que constituem ingrediente essencial de todas as fés. Os dois conjuntos de práticas, neurótica e religiosa, supõem a renúncia aos impulsos, argumentou ele; ambos funcionam como medidas defensivas e autoprotetoras. "Em vista dessas correspondências e analogias, pode-se arriscar considerar a neurose obsessiva como um correlato patológico da formação religiosa, a neurose como uma religião individual, a religião como uma neurose obsessiva universal."

Com os anos, Freud ampliou essa perspectiva analítica desencantada a respeito das coisas sagradas. Em 1911, disse a Ferenczi que estava "novamente" ruminando sobre as "origens da religião nas pulsões", e achava que algum dia poderia elaborar detalhadamente a ideia. Com *O futuro de uma ilusão*, cumpriu a promessa que fizera a si mesmo. Demolir a religião com armas psicanalíticas estava, pois, havia muitos anos na agenda de Freud. Insistiu com Pfister que suas concepções sobre a religião não "fazem parte do conjunto analítico de dogmas. É minha atitude pessoal, que corresponde à de muitos não analistas e pré-analistas, e certamente não é partilhada por muitos analistas de valor". Mas era sua forma de poupar os sentimentos de um velho colega de confiança, com quem vinha mantendo uma rixa cordial sobre teologia havia duas décadas. A concepção do homem implícita, e muitas vezes explícita, em *O futuro de uma ilusão* é sustentada pelo corpo do pensamento de Freud; suas conclusões podiam não ser originais, mas suas formas de alcançá-las eram características da psicanálise.

Como ocorria tantas vezes, o momento da redação do ensaio tinha uma dimensão altamente pessoal. Em outubro de 1927, ele anunciou a Pfister que a "brochura" a sair tinha "muito a ver com o senhor. Há muito tempo eu queria escrevê-la, mas eu a arquivei em consideração a si, até que finalmente a premência se tornou forte demais". Era fácil imaginar, acrescentou ele, que o ensaio tratava "de minha atitude absolutamente negativa em relação à religião, sob todas as formas e combinações, e embora isso possa não ser novidade para o senhor, eu temia, e ainda temo, que tal confissão pública possa lhe ser embaraçosa".

Pfister reagiu conforme o esperado — de forma encorajadora: preferia muito mais ler um descrente sensato como Freud do que mil crentes sem valor. Mas mesmo que Pfister tivesse traído algum sinal de constrangimento, ou estivesse disposto a discutir, Freud não iria — não poderia — abandonar seu plano. Já vimos antes: quando uma ideia se agitava nele, exercia uma pressão quase dolorosa, que era aliviada apenas pelo ato de escrever. Dentre todas as publicações de Freud, *O futuro de uma ilusão* é talvez a mais inevitável e previsível.

Desde os primeiros parágrafos, *O futuro de uma ilusão* apresenta grandes pretensões. Seu tema anunciado é a religião, mas o livro começa, significativamente, com reflexões sobre a natureza da cultura; pode ser lido como um ensaio para o *O mal-estar na civilização.* Essa abertura mostra como Freud concebia sua tarefa: ao colocar a religião no contexto mais amplo possível, ele a torna acessível, como toda conduta humana, à investigação científica. Em suma, seu secularismo intransigente, que partilhava com inúmeros psicólogos e sociólogos da religião contemporâneos, negava às questões de fé qualquer estatuto privilegiado, qualquer pretensão a se eximir da análise. Freud não respeitava nenhum recinto sagrado, não via nenhum templo em que, como pesquisador, não pudesse entrar.

Cento e cinquenta anos antes de Freud, um de seus antepassados intelectuais, Denis Diderot, havia declarado audaciosamente: "Os fatos podem ser distribuídos em três categorias: os atos da divindade, os fenômenos da natureza e as ações dos homens. Os primeiros pertencem à teologia, os segundos à filosofia, e os últimos à história propriamente dita. Todos estão igualmente sujeitos à crítica". Este é o ar que respira a análise da religião de Freud — o espírito crítico do Iluminismo. Não havia nada de misterioso ou oculto nesse legado intelectual. "Sua religião substituta", disse-lhe corajosamente o amigo Pfister, "é em essência o pensamento do Iluminismo do século XVIII sob traços orgulhosos, novos e modernos." Freud não achava que estivesse defendendo uma religião substituta, mas não negou sua dívida. "Eu não disse nada", assegurou ele aos leitores de *O futuro de uma ilusão*, "que outros, e melhores, homens já não tenham dito antes de maneira muito mais completa, mais vigorosa e marcante." Não mencionou os nomes desses homens "notórios", para que ninguém pensasse que estivesse tentando "me colocar entre suas fileiras". Mas é fácil nomeá-los: Spinoza, Voltaire, Diderot, Feuerbach, Darwin.

Além de ilustres progenitores para sua obra sobre a religião, Freud também tinha ilustres contemporâneos. Nos anos em que ele desenvolveu as razões psicanalíticas para seu ateísmo combativo, a investigação científica da religião vinha prosperando entre os estudiosos do homem e da sociedade. As pesquisas de James G. Frazer e W. Robertson Smith sobre a religião primitiva e comparada tiveram um impacto muito forte sobre os textos especulativos de Freud, especialmente sobre *Totem e tabu.* A obra de Havelock Ellis, remontando as conversões religiosas às tensões da adolescência ou da menopausa, e a excitação religiosa a conflitos sexuais, concordava com a de Freud. Da mesma forma, os esforços um pouco anteriores de Jean Martin Charcot para reduzir os misteriosos fenômenos "sobrenaturais" a causas naturais. E depois de 1900, Max Weber e Émile Durkheim, os dois sociólogos mais eminentes da época, publicaram estudos sobre a religião que marcaram época. Weber, em sua clássica coletânea de ensaios inter-relacionados, *A ética protestante e o espírito do capitalismo*, publicada em 1904 e 1905, identificou em certas seitas religiosas, principalmente os protestantes ascéticos, um estilo mental favorável ao desenvolvimento do capitalismo. Durkheim, tal como no intento de Weber de estabelecer a independência da sociologia frente à psicologia, tratou as crenças religiosas como expressões da organização social. Insistiu que estava direcionando todas as suas pesquisas, fossem sobre o suicídio, a educação ou a religião, para fatos sociais, ao invés de eventos mentais individuais. Assim, pretendia que seu discutido conceito de "anomia" — o colapso ou a confusão das normas sociais que muito contribui para a desorientação e o suicídio — fosse entendido e investigado como um fenômeno social.* Sem dúvida, Weber e Durkheim eram pares de Freud, e sob alguns aspectos superiores a ele, relacionando a experiência da religião às suas manifestações na cultura. Mas, embora categorias como o "ascetismo mundano" de Weber e a "anomia" de Durkheim tivessem grandes implicações psicológicas, nenhum deles havia explorado essas implicações, nenhum deles havia radicado a religião na natureza humana com tanta solidez como faria Freud em *O futuro de uma ilusão.*

No entanto, o próprio ensaio de Freud se inicia com uma discussão da cultura. Em sua definição concisa, a cultura é um esforço coletivo para dominar a natureza exterior e regular as relações dos homens entre si.** Isso significa que todos estão necessariamente expostos a sacrifícios difíceis e desagradáveis, a adiamentos dos desejos e privações do prazer, tudo em prol da sobrevivência geral. Por isso "todo indivíduo é o inimigo potencial da cultura", e a coerção é indispensável. Em alguma idade dourada, as coisas podiam estar dispostas de tal modo que não se precisaria da força nem da supressão das pulsões. Mas isso seria utópico. "Deve-se contar, penso eu", sustentou Freud, "com o fato de que todos os seres humanos abrigam tendências destrutivas — isto é, antissociais e anticulturais — e que num grande número de pessoas elas são suficientemente fortes para determinar seu comportamento na sociedade humana."

Freud, o liberal à antiga desafiando a índole democrática de sua época, traçou uma sólida distinção entre o populacho e a elite. "As massas são indolentes e irracionais; não têm nenhum amor pela renúncia às pulsões." Deve-se encarar o fato: os seres humanos "espontaneamente não gostam do trabalho, e os argu-

* Freud havia lido o trabalho extremamente documentado e importante de Durkheim sobre a religião, *As formas elementares da vida religiosa*, de 1912, e discutiu-o rapidamente entre as "teorias sociológicas" (*Totem und tabu*, *GW* IX, p. 137/*Totem and taboo*, *SE* XIII, p. 113.)

** Nestas páginas, sigo o uso de Freud: "Não separo 'cultura' e 'civilização'". (*Die Zukunft einer Illusion*, *GW* XIV, p. 326/*The future of an illusion*, *SE* XXI, p. 6.)

mentos não conseguem prevalecer sobre suas paixões". Este é o Freud que, em 1883, disse à noiva que a "psicologia do homem comum é um tanto diferente da nossa". A *Gesindel* — a "ralé" — se entrega a seus apetites, ao passo que os suficientemente cultivados, como ele próprio e Martha Bernays, moderam seus desejos e suprimem seus ímpetos naturais. Esse epíteto pejorativo, *Gesindel*, encontrava-se com frequência na escrita de Freud.* Mas Freud, com o soberbo desdém pelas massas, não era um admirador cego da ordem social existente. Achava muito natural que os pobres e despossuídos odiassem e invejassem os que se sacrificavam muito menos; dificilmente se poderia esperar que eles internalizassem as proibições sociais. "Não é preciso dizer que uma cultura que deixa insatisfeito um número tão grande de participantes e impele-os à rebelião não tem a perspectiva de se conservar permanentemente, nem o merece." Mas, justa ou injusta, a cultura deve recorrer à coerção para impor suas normas.

Com todos esses defeitos flagrantes, acrescentava Freud, a cultura aprendeu razoavelmente bem a realizar sua principal tarefa, defendendo o homem contra a natureza. Ela pode se sair ainda melhor no futuro. Mas isso não quer dizer que "a natureza já está conquistada". Longe disso. Freud enumerou uma lista alarmante da hostilidade da natureza contra o homem: terremotos, dilúvios, tempestades, doenças e — aproximando-se de uma premente preocupação pessoal — "o enigma doloroso da morte, contra a qual, até agora, não se encontrou, e provavelmente não se encontrará, nenhuma erva medicinal. Com essas forças, a natureza se levanta contra nós, grandiosa, cruel, implacável". Essa Natureza vingativa, inimiga impiedosa e invencível, portadora da morte, é uma deusa muito diferente da Mãe Natureza protetora, envolvente, erótica, que, como lembrou Freud, atraíra-o quando jovem estudante, com a vida pela frente, para a medicina.** Não admira que Freud concluísse, com a inequívoca nota pessoal, que "para a humanidade como um todo, assim como para o indivíduo, a vida é difícil de suportar". O desamparo é a sina de todos.

* Ele o empregou antes e depois: como estudante, descrevendo uma família de judeus da Europa Oriental que encontrara num trem (v. p. 36), e como septuagenário refletindo sobre o ódio corrente aos judeus. "Na questão do antissemitismo", disse a Arnold Zweig, "tenho pouca inclinação a procurar explicações, sinto uma forte tendência a ceder a meus afetos e me sinto fortalecido em minha posição totalmente não científica de que, tudo dito, tirando a média, consideradas todas as coisas, os seres humanos são uma ralé miserável." [Freud a Arnold Zweig, 2 de dezembro de 1927. *Freud-Zweig*, p. 11 (3).] Dois anos depois, em 1929, ele confessou a Lou Andreas-Salomé: "No fundo do meu íntimo, estou realmente convencido de que meus caros semelhantes — com poucas exceções — são ralé". [Freud a Andreas-Salomé, 28 de julho de 1929, *Freud-Salomé*, p. 199 (182).] Em 1932, Ferenczi anotou em seu diário pessoal que Freud, certa vez, havia lhe dito: "Os neuróticos são uma ralé, só prestam para nos sustentar financeiramente e aprendermos com seus casos". (4 de agosto de 1932, *Klinisches Tagebuch*. Datilografado, com algumas páginas manuscritas, Freud Collection, B22, LC, catalogado como "Scientific Diary".) A lembrança de Ferenczi não é implausível. Freud não havia lhe escrito, já em 1909, que "Os pac[ientes] são desagradáveis" e "me dão uma oportunidade para novos estudos técnicos"? (Ver p. 303.)

** Ver p. 41.

* * *

Neste ponto, Freud introduziu astuciosamente a religião em sua análise. Astuciosamente porque, ao ressaltar o desamparo humano, ele podia vincular a necessidade de religião às experiências infantis. Desse modo, ele conduziu a religião para o terreno familiar da psicanálise. Reconhecidamente, a religião está entre os bens mais prezados da humanidade, junto com a arte e a ética, mas suas origens residem na psicologia infantil. A criança teme o poder dos pais, mas também confia na proteção deles. Por isso, ao crescer, ela não tem dificuldades para incorporar o que sente como poder parental — principalmente paterno — em reflexões sobre seu lugar no mundo natural, ao mesmo tempo perigoso e promissor. Como a criança, o adulto cede a seus desejos e borda suas fantasias com os enfeites mais imaginosos. No fundo, são resquícios: as necessidades, a própria vulnerabilidade e dependência da criança, sobrevivem na idade adulta, e portanto o psicanalista pode contribuir muito para se compreender como surgiu a religião.* "As concepções religiosas originaram-se na mesma necessidade de todas as outras realizações da cultura, a partir da premência de se defender contra a superioridade esmagadora da natureza" e "do ímpeto em corrigir as imperfeições da cultura, dolorosamente sentidas."**

Essa analogia aforística é simples, talvez um pouco simples demais. Se é persuasiva ou não, dependerá em larga medida das convicções com que o leitor se aproxima do texto. Mas, em *O futuro de uma ilusão*, Freud não deixou dúvidas sobre a *sua* convicção de que não estava apenas apontando semelhanças interessantes. Os homens inventam deuses, ou aceitam passivamente os deuses que sua cultura lhes impõe, exatamente por terem crescido com tal deus dentro de casa. Tal como as fantasias da criança, ao enfrentar o poder dos outros e seus próprios desejos, e seguindo o modelo dessas fantasias, a religião é fundamentalmente uma ilusão — uma ilusão infantil. A análise psicológica das doutrinas religiosas demonstra que "elas não são cristalizações da experiência ou resultados finais do pensamento; são ilusões, realizações dos desejos mais antigos, mais fortes e mais prementes da humanidade; o segredo de sua força é a força desses desejos". Freud orgulhava-se desses argumentos psicológicos e apontava-os como sua contribuição original ao estudo científico da religião. A ideia de que os homens fazem os deuses à sua própria imagem podia ser tão velha quanto os

* Freud evidentemente sabia que existem muitos tipos diferentes de religião, e atitudes diversas em relação à crença segundo cada cultura, e que ao longo das eras tinham ocorrido evoluções drásticas e distintas do pensamento e sentimento religioso. Em *O futuro de uma ilusão*, ele estava falando principalmentel sobre a religião do homem comum moderno, e remeteu os leitores a *Totem e tabu*, para uma discussão sumária de algumas dessas evoluções no pensamento.

** Em *A interpretação dos sonhos*, ele já havia dito claramente que toda "a complexa atividade mental" presente na procura de gratificação "representa simplesmente um *desvio para a realização do desejo* demandado pela experiência. O pensar, afinal, não é nada mais que um substituto de um desejo alucinatório". (*GW* II-III, p. 572/*SE* V, p. 567.)

gregos antigos, mas Freud acrescentou que os homens fazem seus deuses à imagem de seus pais.

Desmascarar as ideias religiosas como ilusões não é necessariamente negar-lhes qualquer validade. Freud distinguiu enfaticamente entre ilusão e delírios: a primeira é definida não por seu conteúdo, mas por suas fontes. "O que se mantém característico das ilusões é sua derivação a partir de desejos humanos." Elas podem até se tornar verdadeiras; Freud apresentou o amável exemplo de uma moça burguesa que sonha encontrar um príncipe e se casar com ele. Isso pode acontecer, e tem acontecido. Mas as ilusões religiosas, tais como a crença de que o Messias virá para estabelecer uma idade dourada, são muito menos prováveis e se aproximam do pensamento delirante. Pode-se argumentar que as próprias teorias de Freud sugerem ser possível demonstrar que todo pensamento, inclusive o mais abstrato e objetivo, tem origens não racionais; ele mesmo, afinal, descobrira as raízes da investigação científica na curiosidade sexual das crianças. E psicanalistas posteriores tampouco hesitaram em qualificar seu interesse contínuo pelas histórias de seus analisandos, depois de toda uma vida de prática clínica, como um voyeurismo sublimado. A regra de que as origens de uma ideia não determinam absolutamente seu valor — ou falta de valor — se conserva intocada; certamente, Freud não disse nada em seus artigos sobre religião que pretendesse abalá-la. Mas o que importava a Freud era o grau de influência que tais origens poderiam manter. Estabelecendo uma distinção nítida entre o estilo científico de pensamento e o estilo do pensamento religioso carregado de ilusões, ele exaltou o primeiro como um pensamento aberto à verificação, à demonstração e à refutação, depreciando o segundo como um pensamento ostensivamente imune a qualquer crítica séria. Todo pensamento, inclusive em sua variedade mais científica, pode ter nascido como um pensamento que toma os desejos por realidade, mas a ciência disciplina — e na verdade supera — os desejos pela necessidade de uma verificação confiável e pelo tipo de atmosfera aberta, única capaz de permitir que as convicções e crenças sejam refinadas, modificadas e, se necessário, abandonadas.

Freud, portanto, julgou adequado dedicar o mesmo tempo às provas religiosas e aos fundamentos das crenças religiosas. Os devotos, observou ele, apresentam aos céticos três defesas: a antiguidade de sua fé, a confiabilidade das provas oferecidas no passado e o caráter sacro da crença, que pela sua própria natureza reduz qualquer investigação racional a um ato ímpio. Naturalmente, nenhuma delas impressionava Freud. Tampouco as outras defesas: a concepção medieval de que a verdade da doutrina religiosa é garantida pelo seu próprio absurdo, e a filosofia moderna do "como se", que sustenta que, para nós, é prático viver como se déssemos crédito às ficções divulgadas pelos devotos. A primeira parecia a Freud praticamente sem sentido. Por que um absurdo, e não outro? Quanto à segunda, é uma alegação, disse ele zombeteiro, que "só um filósofo seria capaz de apresentar". Não eram argumentos, eram evasivas. "Não existe tribunal superior ao da razão."

Freud tampouco se convencia com a defesa pragmática da religião — a de que ela funciona. Também não podia concordar com polemistas radicais da época, que sustentavam ser a religião uma conspiração para manter as classes trabalhadoras submissas e conformadas, atemorizando-as com visões do inferno e danação eterna. Tais argumentos eram racionalistas demais para o gosto de Freud; não conseguiam explicar a poderosa influência da fé ao longo dos séculos. Além disso, a história demonstra largamente, pelo menos o suficiente para Freud, que, embora a religião tenha dado contribuições notáveis para a domesticação das pulsões selvagens da humanidade, ela não tem sido invariavelmente uma força civilizadora, ou sequer uma força a favor da ordem. Muito pelo contrário: em sua própria época, observou ele, a religião não impedia que a maior parte da humanidade fosse infeliz em sua civilização, e ele julgava que existiam provas convincentes de que os homens não tinham sido nada mais felizes em séculos anteriores, mas religiosos. "Certamente não eram mais morais." Na verdade, "a imoralidade, em todos os tempos, encontrou na religião tanto apoio quanto a moralidade". A implicação era plenamente transparente: visto que a religião não tornou os homens mais felizes ou melhores, a irreligião só pode ser um avanço.*

Mais uma vez, as expressões dos predecessores de Freud, notadamente os filósofos do Iluminismo, ecoam nessas páginas. Como as convicções anticlericais e antirreligiosas deles, as de Freud também eram inexpugnáveis. Ele podia diferir de Voltaire ou de seu herdeiro Feuerbach em questões de tática política ou diagnose psicológica, mas sua sentença final sobre a religião concordava com a deles; ela havia fracassado. Ele podia tentar, com força e sinceridade, distinguir entre ilusões e delírios. Podia notar, com a mesma sinceridade, que as ilusões às vezes chegam a se converter em realidade. Mas, ao prosseguir com seu exame da religião, ele se tornou polêmico, e a distinção entre ilusões e delírios foi se apagando.

Se a religião se mostrara um fracasso, conforme acreditava Freud, talvez a ciência pudesse ser um êxito. Essa hipótese esperançosa é o complemento da crítica de Freud às ilusões passadas e presentes. De fato, ao refletir sobre a forma científica de pensamento, Freud se permitiu escorregar para um otimismo bastante raro nele. Aqui é o Freud admirador dos textos históricos de Macaulay, os quais defendem resolutamente o progresso constante na história europeia, e da

* O melhor que Freud podia dizer em favor da religião é que ela domestica o indivíduo e salva-o da solidão. Como colocou a questão no caso clínico do Homem dos Lobos: "Podemos dizer que, neste caso, a religião realizou todas as coisas pelas quais ela é introduzida na educação do indivíduo. Ela domou suas lutas sexuais oferecendo-lhes uma sublimação e um sólido apoio; enfraqueceu suas ligações familiares e, com isso, impediu um isolamento ameaçador abrindo-lhe uma conexão para a grande comunidade humana. A criança selvagem e amedrontada tornou-se sociável, bem-comportada e educável". ("Wolfsmann", *GW* XII, p. 150/ "Wolf Man", *SE* XVII, pp. 114-5.)

história do pensamento grego antigo de Gomperz, que converte os grandes pensadores da idade clássica nos artífices de um Iluminismo da antiguidade. Pelo menos entre os estratos sociais mais educados, sugeriu Freud, a razão, de modo geral, derrotou a superstição; os grandes críticos "destruíram o poder comprobatório dos documentos religiosos; a ciência natural tem desmascarado os erros que eles contêm; a pesquisa comparativa tem se impressionado com a profunda semelhança entre as concepções religiosas que reverenciamos e os produtos mentais de povos e tempos primitivos".

Por isso, parecia-lhe perfeitamente realista a perspectiva de que o racionalismo secular iria continuar a ganhar adeptos. "O espírito científico gera uma certa postura em relação a questões deste mundo; perante questões religiosas, ele se detém por um momento, hesita, e finalmente transpõe o limiar. Nesse processo, não há impedimento; quanto mais os tesouros do nosso conhecimento se tornam acessíveis ao povo, tanto mais aumentará o abandono da crença religiosa, de início apenas de suas vestes obsoletas e mais gritantes, mas a seguir também de seus pensamentos fundamentais." Este é o cerne do argumento de Freud: as próprias premissas da ciência são incompatíveis com as da religião. Ele desprezava todas as pontes que os historiadores modernos tentaram lançar entre ambas, todas as sutilezas tecidas pelos teólogos modernos. Elas não passavam de uma apologética — no sentido negativo do termo. "A guerra entre ciência e religião", esse lema militante do século XVIII tão ardorosamente repetido no século XIX, continuava a representar uma verdade axiomática para Freud rumo à metade do século XX. Como disse ele mais de uma vez, em mais de um texto, a religião era, pura e simplesmente, o inimigo.*

Ao se juntar à luta contra esse inimigo, Freud alistou de bom grado sua psicologia sob a bandeira da ciência. "A psicanálise", disse ele em *O futuro de uma ilusão*, "na realidade é um método de pesquisa, um instrumento imparcial, à semelhança do cálculo infinitesimal." Apreciava visivelmente tal definição; vários anos antes, ele tinha dito a Ferenczi que "nós", os psicanalistas, "somos e conti-

* Não há comprovação de que Freud tenha lido o manifesto racionalista de John W. Draper, *History of the conflict between science and religion*, de 1874, ou a defesa da livre investigação de Andrew Dickson White, em dois volumes, *A history of the warfare of science with theology in christendom*, de 1896, mas os títulos categóricos dessas obras (muito mais do que suas mensagens mais brandas) indicam o quão íntima e caracteristicamente a posição racionalista de Freud se assemelha e segue o pensamento anticlerical do século XIX — o qual tinha suas raízes no Iluminismo do século XVIII. Sua concepção da religião como o grande inimigo era inteiramente partilhada pela primeira geração de psicanalistas. As tentativas de alguns psicanalistas posteriores em reconciliar psicanálise e religião nunca teriam encontrado a menor simpatia por parte de Freud e seus colegas. Em 1911, quando Freud informou a Ernest Jones que estava trabalhando num estudo psicanalítico da religião — tinha em mente os ensaios que se converteriam em *Totem e tabu* —, Jones reagiu com entusiasmo: "Evidentemente", o estudo da religião "é o último e mais sólido bastião daquilo que pode ser chamado de *Weltanschauung* anticientífica, antirracional ou antiobjetiva, e sem dúvida é dela que podemos esperar a resistência mais intensa e o ápice da luta". (Jones a Freud, 31 de agosto de 1911. Por permissão de Sigmund Freud Copyrights, Wivenhoe.)

nuamos objetivos exceto por isto: investigar e ajudar". Ser "objetivo" — *tendenzlos* — era ser científico; por isso, a psicanálise também poderia se afirmar com justiça, ou pelo menos aspirar a ser, uma ciência.* Dada a militância de Freud, essa afirmação não era neutra. Definir as ciências, inclusive a psicanálise, como isentas de tendenciosidade era levantar uma pretensão política, sustentar que estão livres de distorções ideológicas autoprotetoras.** Se a religião — desde o sacrifício mais primitivo até a teologia mais elaborada — é medo, reverência e passividade infantis transferidos para a vida adulta, nesse caso a ciência, como poderia dizer um psicanalista, é um esforço organizado para ir além da infantilidade. A ciência despreza o esforço patético do crente em realizar as fantasias por meio de uma espera piedosa e encenações rituais, por meio de súplicas e da queima de hereges.

Freud tinha uma vaga ideia de que o ateísmo também poderia se mostrar vulnerável à ideologia: podia ser usado, novamente tomando de empréstimo a linguagem psicanalítica, como um estratagema defensivo, espécie de reação típica do adolescente em revolta contra o pai. Aqueles que brigam com Deus podem estar reencenando na esfera religiosa a luta edipiana que não conseguiram vencer em casa. Mas Freud não se entregava a tais brigas; não iria lutar com quimeras. O ateísmo, a seu ver, era algo melhor: o pré-requisito para a investigação impiedosa e fecunda do fenômeno religioso. Freud, como sabemos, não envergou o manto do reformador social. Mas, como herdeiro moderno dos *philosophes*, estava convencido de que um dos encargos da ciência era empregar suas ideias para o alívio do sofrimento mental. Oculta na crítica psicanalítica de Freud à fé, encontra-se a esperança de que a descoberta e a divulgação da verdade acerca da religião possam ajudar a libertar a humanidade dela.

Evidentemente, essa esperança, como Freud reconheceu em *O futuro de uma ilusão*, poderia se revelar como uma outra ilusão. Mas, tendo levantado a questão, ele a deixou de lado, visto que, "a longo prazo, nada pode resistir à razão e à experiência". Pode ser que "nosso deus *Logos* talvez não seja muito onipotente, e consiga realizar apenas uma pequena parcela do que foi prometido por seus predecessores". Continua a ser verdade que seus devotos estão dispostos a renunciar a uma boa parte de seus desejos infantis; o mundo deles não ruiria se tivessem de ceder ainda mais em seus sonhos. O método científico que empregam e os pressupostos que governam suas pesquisas lhes permitiriam corrigir suas ideias à luz de provas mais conclusivas. "Não", concluiu Freud num parágrafo famoso, "nossa ciência não é ilusão. Mas uma ilusão seria crer que poderíamos alcançar em outra parte aquilo que ela não pode nos dar." Era a profissão de uma fé na

* A exposição mais enfática dessa postura pode ser encontrada em seu importante artigo sobre uma concepção de mundo, publicado como a última das *Novas conferências introdutórias sobre psicanálise*, de 1933. Ver "The question of a *Weltanschauung*", *SE* XXII, pp. 158-82.

** *O futuro de uma ilusão* também foi tomado como um documento político sob um outro aspecto, não relacionado à sua defesa da ciência contra a religião: em julho de 1928, Freud informou a Ernest Jones (tendo recebido a notícia de Eitingon) que a censura soviética havia proibido a tradução do livro para o russo. (Freud a Jones, 17 de julho de 1928. Freud Collection, D2, LC.)

ciência que ele sempre tivera, raramente enunciando-a antes com entusiasmo tão vigoroso, e nunca mais viria a apresentá-la novamente. Alguns anos antes, para Romain Rolland, ele se referira a si mesmo como um homem que havia "passado grande parte de minha vida a destruir minhas próprias ilusões e as da humanidade". Se a humanidade em geral iria permitir que suas ilusões fossem destruídas, era uma outra questão totalmente diferente.

Em janeiro de 1928, alguém que Freud não conhecia, um gráfico chamado Edward Petrikowitsch, apresentando-se como "apenas um simples trabalhador" que admirava a luta de Freud contra a religião, enviou-lhe um recorte do *St. Louis Post-Dispatch*. A notícia dizia que o novo livro de Freud havia provocado uma divisão entre seus seguidores e uma certa sensação. Freud respondeu de maneira cortês e, ao mesmo tempo, irritada. Não podia crer que seu missivista não fosse um homem educado. Certamente, observou Freud, devia ser um europeu que vivia nos Estados Unidos havia muito tempo, e assim "posso me permitir indagar por que o senhor ainda acredita em qualquer coisa que lê num jornal americano". Em parte, tinha razão. Petrikowitsch, sindicalista, livre-pensador e socialista, havia emigrado para St. Louis após a Primeira Guerra Mundial. O artigo que enviara, observou Freud, "atribui a mim pronunciamentos que nunca fiz". O fato era que "o público aqui não prestou praticamente nenhuma atenção a meu pequeno trabalho. Eu poderia afirmar que ninguém deu um pio" — *es hat kein Hahn nach ihr gekräbt.*

Na verdade, *O futuro de uma ilusão* provocou muito mais pios do que Freud estava disposto a reconhecer, ao se envolver no manto velho e esfarrapado do homem a quem ninguém dá qualquer atenção. De fato, ele mesmo sabia disso. O recorte que lhe fora enviado por Petrikowitsch era a reedição de uma notícia que havia aparecido antes no *New York Times*, no final de dezembro de 1927, sob um título explosivo e enganador: "RELIGIÃO CONDENADA/ FREUD AFIRMA/ Diz que está num ponto em que deve ceder perante a ciência/SEUS ADEPTOS CONTRARIADOS/ Novo livro do mestre da psicanálise deplorado pela dissensão que se espera que cause".* Isso exagerava consideravelmente o alvoroço que estava sendo provocado por *O futuro de uma ilusão*. No entanto, em abril de 1928, Freud disse a Eitingon que tinha atraído sobre si "o desagrado mais generalizado". Estava ouvindo "estrondos em toda minha volta, com todos os tipos de insinuações abafadas". O livro não tinha dividido seriamente seus discípulos, mas dei-

* A impaciência de Freud com a notícia é perfeitamente compreensível. Além de tornar a mensagem de Freud tosca, ela estava repleta de erros. Referia-se a Freud como "Sigismund", nome que havia deixado de usar havia mais de meio século. Traduzia o título da obra de Freud, num lapso divertido, como "O futuro de uma alusão" ["The future of an allusion"]. Pfister saiu como "Pfiser", identificando-o, entre todas as pessoas, como "líder da Igreja Protestante em Zurique". E ainda descreveu a revista psicanalítica *Imago*, onde, informou a notícia aos leitores do *Times*, Pfister estava prestes a responder a Freud, como uma "revista da Igreja".

xara alguns nervosos; afinal, a religião continuava a ser um tema extremamente delicado. "Que Anna tenha encontrado resistência" a uma comunicação que fizera em Berlim, informou Eitingon a Freud no mês de junho, "foi devido a — *O futuro de uma ilusão*, no qual ela se baseou, e contra o qual, tanto como antes, há aqui uma grande dose de comoção, mesmo que as pessoas não queiram deixar isso claro para si mesmas". Com todos os seus erros e distorções, o repórter do *Times* em Viena tinha captado parte dessa atmosfera.

Inevitavelmente, a análise da religião feita por Freud — seus críticos a qualificaram de ataque — gerou réplicas e contestações.* A mais civilizada, como se poderia esperar, foi talvez a resposta de Pfister, "A ilusão de um futuro", publicada na *Imago*. Era cortês, ponderada e muito amistosa. Pfister observou que a redigira, dirigindo-se diretamente a Freud, "não contra, mas a seu favor, pois quem quer que ingresse nas fileiras da psicanálise combate pelo senhor". Freud simplesmente não fez nenhuma objeção ao artigo, que considerou uma "réplica gentil". Nela, Pfister inverteu os papéis com seu velho amigo, pois acusou Freud, o pessimista inveterado, de um otimismo injustificado. O conhecimento, argumentou Pfister, não garante o progresso. A ciência, seca e antisséptica, também não poderá jamais ocupar o lugar da religião; não consegue inspirar valores morais ou obras de arte duradouras.

A maior parte das reações ao livreto de Freud não foram de forma alguma tão polidas. O rabino reformado Nathan Krass, discursando para sua congregação no Templo Emanu-El na Quinta Avenida de Nova York, optou pela linha condescendente do especialista que põe o amador em seu devido lugar: "Neste país, crescemos acostumados a ouvir homens e mulheres falarem sobre todos os tópicos, porque fizeram algo notável num determinado campo". Deu como exemplo Edison, que "conhece a eletricidade" e, por isso, encontra um público para suas "opiniões teológicas". Ou alguém que tenha feito "nome na aviação" — evidentemente estava pensando em Lindbergh — "é solicitado a se pronunciar sobre tudo o que existe sob o sol". O argumento de Krass não exigia grandes

* Uma das "reações" mais curiosas foi a do pedagogo inglês J. C. Hill, que enviou a Freud sua obra *Dreams and education*. O livrinho de Hill havia sido publicado em 1926, um ano antes de *O futuro de uma ilusão*, mas o autor — que se apresentou como grande admirador, embora "não um psicanalista praticante" e "não competente para expressar uma opinião" (p. 1) sobre alguns textos de Freud — achou que poderia servir como uma resposta. Contudo, o livro deixou Freud consideravelmente perplexo. Numa série de capítulos expositivos, escritos de maneira simples e recheados de exemplos corriqueiros, Hill havia aplicado o que compreendera das ideias psicanalíticas ao "estudo da conduta normal" (p. 1), principalmente da educação. Mas a seguir, sem absolutamente nenhuma transição ou preparação, ele concluía com a asserção de que o professor disposto a aprender com Freud "compreenderá, em suma, a verdade do cristianismo" (p. 114). Freud agradeceu o presente com algumas linhas corteses, ainda que breves: "Recebi sua brochura, li-a com prazer e satisfação e confio que fará uma grande impressão sobre muitas pessoas. Há apenas um ponto que não consigo entender: como o que o senhor fala da ψA há de levar alguém à verdade do cristianismo?". (Freud a Hill, 18 de fevereiro de 1928. Em inglês. Por permissão de Sigmund Freud Copyrights, Wivenhoe.)

exegeses: "Todos admiram Freud, o psicanalista, mas não há razões por que devamos respeitar sua teologia".

Não se tem notícias de que Freud jamais tenha tomado conhecimento das críticas de Krass, mas não foram absolutamente as únicas. Alguns críticos detectaram na análise de Freud sobre a religião um sintoma do pernicioso relativismo que vinha corroendo a fibra moral do mundo moderno. Com efeito, um comentarista anônimo, escrevendo na publicação mensal alemã conservadora *Süddeutsche Monatshefte*, associou a concepção de Freud sobre a religião ao que denominou, um pouco pitorescamente, de "panporcaria" endêmica na época. E, previsivelmente, *O futuro de uma ilusão* deu uma oportuna munição para os antissemitas acadêmicos. Em 1928, Carl Christian Clemen, professor de etnologia na Universidade de Bonn, aproveitou a publicação como oportunidade para deplorar a tendência da psicanálise em descobrir sexo por toda parte. "Isso poderia se explicar", julgava ele, "pelos círculos específicos de onde procedem majoritariamente seus defensores e talvez também os pacientes tratados." Outro ilustre professor alemão, Emil Abderhalden, versátil biólogo e químico, lastimava o espetáculo de "um judeu" se atrevendo, totalmente desautorizado, "a oferecer um julgamento sobre a fé cristã". Quando sabia de tais insultos, Freud os tratava com desprezo. Mas, quanto a si mesmo, mais do que nunca convencido de que seus textos ficavam aquém dos critérios que havia imposto a si mesmo entristecia-se em pensar que não era mais o Freud de uma década antes.

Freud, naqueles dias, encontrava poucas coisas que lhe agradassem, e muito menos em si mesmo. Em abril de 1928, ele disse ao psicanalista húngaro István Hollós que tinha resistências a tratar de psicóticos: "Finalmente confessei a mim mesmo que não gosto dessas pessoas doentes, que me zango com elas por senti-las tão distantes de mim e de tudo o que é humano". Considerava o fato como uma "estranha espécie de intolerância", e acrescentou resignado: "Com o decorrer do tempo, deixei de me considerar pessoalmente interessante, o que com certeza é analiticamente incorreto". Mas, na verdade, achava-se suficientemente interessante para refletir sobre sua falta de empatia. Seria talvez "a consequência de um partidarismo cada vez mais patente pelo primado do intelecto, uma hostilidade em relação ao id? Ou o que mais?".

A época, decerto, dificilmente era propícia para a afirmação do primado do intelecto. O espetáculo repugnante da demagogia política e a precariedade da economia mundial alardeavam a ascensão da irracionalidade. Quando Fritz Wittels consultou Freud, ainda em abril de 1928, a respeito de um convite que recebera para dar conferências e ensinar psicanálise nos Estados Unidos, Freud insistiu para que fosse. "O senhor conhece as tristes condições econômicas em Viena e a improbabilidade de uma mudança em breve." Ele parecia se considerar pessoalmente responsável pela terrível situação dos analistas à procura de pacientes na cidade, e quanto menor a "influência pessoal" que podia exercer em favor de seus "amigos mais jovens", disse a Wittels, tanto mais "aflito" se sentia.

No entanto, muito compreensivelmente, suas debilidades — o incômodo ao comer e falar, e suas dores — afligiam-no de modo ainda mais penoso. Tinham repercussões emocionais quase tão intensas quanto as físicas. Em julho de 1928, ele confidenciou a Ernest Jones "um pequeno segredo que deve continuar como segredo". Estava pensando em deixar Hans Pichler, o cirurgião das vias orais que tanto fizera por ele desde que o operara pela primeira vez, no outono de 1923. "Neste último ano, tenho sofrido muito sob os esforços de Pichler em conseguir uma prótese melhor para mim, e o resultado tem sido muito insatisfatório. Assim, finalmente cedi à pressão de diversos lados para procurar outra pessoa." O próprio Pichler havia admitido o malogro, mas a consciência de Freud estava-o incomodando: "Não tem sido fácil para mim, pois afinal é fundamentalmente uma deserção de um homem a quem já devo um prolongamento de quatro anos de vida". Mas a situação tinha se tornado insuportável. As notas de Pichler sobre o caso confirmaram Freud. "Tudo ruim", escreveu ele em 16 de abril. "Dor no fundo [da boca], onde se encontram inchamento, sensibilidade e vermelhidão na parede posterior da faringe." A nova prótese não estava funcionando bem. "Prótese [nº] 5 não pode ser usada", anotou Pichler em 24 de abril, muito "grossa e larga"; uma prótese anterior, de nº 4, acrescentou Pichler em 7 de maio, "provocava pressão" e "interferia demais na língua". Por isso, Freud tinha sido persuadido a tentar encontrar algum alívio para seu "sofrimento da prótese" em Berlim, com o eminente professor Schroeder. Como passo preliminar, Schroeder enviou um assistente a Viena, para ver a prótese, e no final de agosto Freud seguiu para Berlim, para outro exame. Foi tudo altamente confidencial. "Então vai ser dito que estou visitando meus filhos. Logo: discrição!"

Os exames, tratamentos e ajustes em Berlim se mostraram intensamente desagradáveis, e os sofrimentos de Freud apenas se exacerbavam com seu sentimento de culpa em relação a Pichler, e suas dúvidas de que se pudesse conseguir uma prótese melhor. Mas gostava de Schroeder e confiava nele; num acesso de otimismo, disse ao irmão que estava nas melhores mãos. Quase que para demonstrar como se sentia melhor, aceitou dois pacientes de análise tão logo sua condição lhe permitiu. Para tornar a vida ainda mais suportável, ele trouxera sua filha caçula consigo. "Anna é excelente como sempre", escreveu ao irmão. "Sem ela, eu estaria totalmente perdido aqui." Ela havia alugado um barco, e passava longas horas remando e nadando no lago em Tegel, no agradável distrito do noroeste da cidade. O filho Ernst, que então morava em Berlim, era um visitante frequente e assíduo, além de velhos amigos como Sándor Ferenczi. De modo geral, essa excursão médica deu a Freud motivos para um prudente encorajamento; muito além das expectativas, a nova prótese constituía um grande avanço em relação às anteriores.

O aparelho construído para Freud no outono de 1923, depois de suas operações de câncer, nunca tinha se adaptado muito bem, e mesmo quando não sentia dores, o que não era muito frequente, Freud se sentia incomodado. Schroeder conseguiu diminuir os períodos de dor, e aliviar parte do incômodo. Mas o alívio não era constante nem completo. "Revelo", escreveu Freud à "cara Lou" no verão de 1931, "que enquanto isso tenho experimentado todos os tipos de coisas desagradáveis com minha prótese, que, como de costume, interrompeu meus interesses mais elevados." Embora houvesse momentos em que o trabalho permitia a Freud esquecer suas aflições, na maioria das vezes eram estas que interferiam em seu trabalho. Durante sua permanência em Berlim, Lou Andreas-Salomé tinha ido visitá-lo, e ele percebeu, e não pôde esquecer, o quanto deixou a conversa a cargo da filha Anna. "A razão", lembrou posteriormente à sua cara Lou, "foi a constatação de que, com minha audição prejudicada, eu não conseguia entender suas palavras em voz baixa, e tive de notar o fato de que a senhora também achou difícil entender os resquícios de minha capacidade de falar. Com toda a boa vontade para a resignação, isso é deprimente e cai-se no silêncio." Era um destino cruel para alguém que havia sido um perfeito conversador. O comparecimento a congressos psicanalíticos internacionais estava fora de questão para Freud desde meados dos anos 1920, e foi muito difícil enfrentar a perda do estímulo. Alguns filmes amadores feitos em 1928 por seu analisando americano Phillip Lehrman mostram-no com um ar emaciado, visivelmente idoso, enquanto passeia com a filha Anna, brinca com o cachorro, sobe num trem.

No final daquele ano, Freud teve uma súbita rememoração de um passado que julgava ter exorcizado anos atrás: Wilhelm Fliess morreu, e em dezembro sua viúva escreveu a ele para pedir as cartas de seu marido falecido. Ele não pôde atendê-la. "Minha memória me diz", informou a ela, "que eu destruí a maior parte de nossa correspondência em algum momento depois de 1904." Algumas cartas podiam ter sobrevivido, e ele prometeu procurar melhor. Duas semanas depois, informou que sua busca não havia resultado em nada; também faltavam outras cartas, como por exemplo as de Charcot. Ele achava que provavelmente tinha destruído o conjunto. Mas o pedido lembrou-lhe de sua própria parte da correspondência. "Certamente eu gostaria de saber que minhas cartas a seu marido, meu amigo íntimo por longos anos, tiveram um destino que as proteja de qualquer utilização futura." O episódio, embora Freud não o comentasse, deve ter evocado recordações incômodas. Elas voltariam novamente, não menos incômodas, uma década mais tarde.

Durante esse período angustiado e penoso, Freud encontrou distração de um lado inesperado — seu *chow-chow* Lin Yug. Por alguns anos, ele tinha se divertido a observar Lobo, o cão alsaciano de Anna, adquirido para protegê-la em seus longos passeios. Paternalmente, passou a partilhar o afeto da filha pelo cachorro. Em abril de 1927, quando ela estava em férias na Itália, ele telegrafou enviando as notícias domésticas e concluiu: "Lembranças afetuosas de Lobo e família". Agora ele tinha uma cadelinha sua, dada por Dorothy Burlingham, uma americana que se mudara para Viena em 1925. Mãe de quatro crianças, estava separada do marido maníaco-depressivo; em Viena, ela passou a se analisar, primeiro com Theodor Reik e a seguir com o próprio Freud, e seus filhos também foram analisados. O tratamento recebido por eles levou-a a abraçar como profissão a análise de crianças. Logo se tornou amiga íntima dos Freud, aproximando-se particularmente de Anna; naquelas férias italianas de 1927, foi a sra. Burlingham a companheira de viagem de Anna. As duas, assegurou Anna ao pai, estavam gozando da "camaradagem mais agradável e genuína". Freud, que gostava muito de Dorothy Burlingham, qualificou-a de "uma americana muito agradável, uma virgem infeliz". O presente dela não poderia ter sido melhor escolhido: em junho, Freud contou a Eitingon que tinha "uma encantadora cadela chinesa, uma *chow-chow*, que está nos dando grande prazer". Lin Yug era um animalzinho de estimação, mas também uma responsabilidade: a senhora que mantinha o canil de onde veio a *chow-chow*, Henrietta Brandes, enviou a Freud instruções detalhadas sobre os cuidados com ela. No final de junho, ela manifestou sua satisfação por saber que Freud fizera amizade com a cadelinha. A partir daí, Freud e uma sucessão de *chow-chows*, especialmente Jofi, foram inseparáveis. O cão ficava sentado em silêncio ao pé do divã durante a hora de análise.

Assim, nem tudo era tristeza. Freud continuava a analisar e observar os progressos da geração mais jovem — pelo menos de parte dela — com verdadeira satisfação. Seu círculo profissional veio a se parecer com uma família muito unida. Em 1927, Marianne Rie, filha de seu velho amigo, colega e parceiro de *tarock* Oscar Rie, casou-se com o historiador da arte, e posteriormente psicanalista, Ernst Kris; Marianne, na época estudante de medicina, estava se encaminhando para uma carreira de analista de crianças.* No mesmo ano, Heinz Hartmann, com uma magnífica formação de médico, psiquiatra e psicólogo, e um interesse bem informado por filosofia, publicou seu primeiro livro, *Os fundamentos da psicanálise*, que prenunciava as contribuições teóricas à psicologia do ego que estava destinado a dar posteriormente. Anna, a filha de Freud, também continuava a consolidar sua reputação entre os psicanalistas. Suas concepções do desenvolvimento infantil, que ela expôs em 1927 em seu primeiro livro, *Uma introdução à técnica da análise infantil*, chocavam-se com as de Melanie Klein e suscitaram uma controvérsia acesa, e por vezes venenosa, nos círculos analíticos vienenses e londrinos.** O futuro da psicanálise parecia estar em boas mãos.

No entanto, embora Freud visse o "esplêndido desenvolvimento" da filha analista com autêntico prazer, ele confessou a Lou Andreas-Salomé, na primavera de 1927, que continuava a se preocupar com a vida emocional dela. "A senhora não acreditará como contribuí pouco para o livro dela, nada além de amenizar sua polêmica contra Melanie Klein. Afora isso, é um trabalho completamente independente." Mas, "sob outros aspectos, estou menos satisfeito. Visto

* Mais tarde, sua irmã Margarete se casou com o analista Hermann Nunberg, e as duas famílias deram origem a dinastias de psicanalistas.

** Ver p. 472-3.

que o pobre coração precisa absolutamente ter alguma coisa, ela se liga a amigas mulheres, uma ocupando o lugar de outra". Anna precisava de associados de valor, e ele se perguntava se sua amiga mais recente, Dorothy Burlingham, "a mãe das crianças que tratara em análise", seria mais aceitável para ela do que tinham sido as outras. Porém Freud reconhecia que a filha estava se dando extraordinariamente bem com a sra. Burlingham; as férias de Páscoa por três semanas que passaram juntas nos lagos italianos fizeram muito bem a ela. Mas as dúvidas de Freud persistiam. "Anna", escreveu ele, novamente para sua caríssima Lou, em dezembro, "é esplêndida e intelectualmente independente, mas [não tem] nenhuma vida sexual." E perguntou, refletindo uma vez mais naquele velho ponto problemático: "O que ela fará sem o pai?".

Além da filha, a adepta mais notável de Freud nos anos 1920 foi a princesa Marie Bonaparte, o "demônio de energia", como certa vez ele a chamou afetuosamente. Ela obteve seu título de maneira honesta — era, de fato, uma fantasia de desejo ambulante. Como bisneta de Luciano, irmão de Napoleão, e esposa do príncipe Jorge — irmão mais novo de Constantino I, rei dos gregos, e primo-irmão de Cristiano X, rei da Dinamarca —, ela era várias vezes princesa. Embora invejavelmente rica e impecavelmente relacionada, ela nunca se sentira satisfeita com a rotina tradicional de sociabilidade cerimoniosa vazia, considerada própria à realeza numa era democrática. Dotada de inteligência penetrante, estranha a inibições burguesas, com espírito próprio, ela tinha passado seus anos de juventude em busca de satisfação intelectual, emocional e erótica. Não poderia esperá-las da parte do marido, que a decepcionou tanto na cama quanto nas conversas. Também não as conseguiu com seus ilustres amantes, que incluíam o estadista Aristide Briand, várias vezes primeiro-ministro francês, e o psicanalista Rudolph Loewenstein — brilhante técnico e teórico. Em 1925, quando René Laforgue mencionou pela primeira vez a Freud "a princesa Jorge da Grécia", ela padecia, conforme diagnosticou Laforgue, de uma "neurose obsessiva muito pronunciada", que, acrescentou ele, não havia lhe prejudicado a inteligência, mas havia "perturbado um tanto o equilíbrio geral de sua psique". Ela queria que Freud a analisasse.

Se Freud ficou impressionado com os sonoros títulos, não o demonstrou. Estava disposto a analisá-la, disse a Laforgue, desde que "o senhor possa garantir a seriedade das intenções dela e seu mérito pessoal", e também desde que ela conhecesse alemão ou inglês, pois ele não confiava mais em seu francês. "Quanto ao resto", aduziu ele, na atitude do burguês senhor de si, "essa analisanda deve aceitar exatamente as mesmas obrigações como todos os outros pacientes." Seguiram-se algumas delicadas negociações diplomáticas: Laforgue descreveu a princesa como uma pessoa séria, consciencìosa, dotada de uma mente superior, e tão decidida a uma curta análise de dois meses que queria fazer duas horas por dia. Freud levantou objeções, mas Marie Bonaparte, impacientando-se com os intermediários, escreveu-lhe diretamente, e em julho estava tudo combinado. Em 30 de setembro de 1925, ela escreveu a Laforgue de Viena: "Esta tarde, vi Freud".

O resto, como dizem, é história. No final de outubro, Freud escreveu triunfante a Eitingon sobre sua "cara princesa, Marie Bonaparte", a quem estava dedicando duas horas diárias; como observou, ela era "uma mulher realmente extraordinária, mais do que simplesmente semimasculina". Duas semanas mais tarde, ele podia dizer a Laforgue: "a princesa está fazendo uma análise muito boa e, penso eu, está muito satisfeita com sua estada". A análise não a curou da frigidez, mas deu-lhe um propósito firme à vida e o amigo paternal que nunca tivera. De volta a Paris, ela se empenhou em organizar o movimento psicanalítico francês, assistindo diligentemente a reuniões e apoiando generosamente a causa com seus pródigos recursos. Escrevinhadora infatigável de diários, ela anotou os comentários que Freud lhe fizera em detalhes vívidos, e começou a escrever artigos psicanalíticos. O mais recompensador de tudo foi, talvez, a mudança de seu relacionamento com Freud, passando de analisanda a amiga de confiança e irrestrita benfeitora. Ela confiou a Freud seus livros de anotações juvenis, suas "Bêtises", escritas em três idiomas entre os sete e os nove anos; correspondia-se com ele, visitava-o sempre que podia, garantia a fiança da *Verlag*, a editora psicanalítica, sempre à beira da falência, presenteava-lhe antiguidades, e dedicou-lhe um amor que, na experiência de Freud, só foi superado pela devoção da filha Anna. Os títulos de Marie Bonaparte faziam parte de seu encanto, certamente, mas não constituíam a fonte do afeto de Freud por ela. Para Freud, numa palavra, ela tinha tudo.

Assim como a princesa confiava nele, ele confiava na princesa. Na primavera de 1928, depois de contar a Freud que estava trabalhando no problema do inconsciente e do tempo, ele revelou a ela um sonho estranho e repetitivo que disse não ter conseguido entender durante anos. Ele estava diante dos portões de uma cervejaria ao ar livre, de alguma maneira sustentados por estátuas, mas não conseguia entrar e tinha de ir embora. Freud disse à princesa que realmente havia visitado Pádua com seu irmão, e não conseguira entrar nas grutas atrás de um portão muito parecido. Anos depois, ao voltar a Pádua, ele tinha reconhecido que o lugar era o mesmo do sonho, e desta vez conseguiu visitar as grutas. Agora, acrescentou ele, todas as vezes que se via incapaz de deslindar um enigma, tinha novamente esse sonho. De fato, o tempo e o espaço eram mistérios que Freud lamentava ter sido incapaz de resolver até o momento. Não deixava de pensar que ainda poderia resolvê-los.

CIVILIZAÇÃO: O TRANSE HUMANO

"Papai está escrevendo sobre alguma coisa", revelou Anna Freud a Lou Andreas-Salomé no começo de julho de 1929. No mesmo mês, Freud confirmou a notícia, da estância bávara de veraneio em Berchtesgaden. "Hoje escrevi a última frase, que encerra o trabalho na medida em que é possível aqui — sem biblioteca. Ele trata da cultura, do sentimento de culpa, da felicidade e outras coisas enaltecidas." Ele havia acabado de concluir *O mal-estar na civilização*. Como observou, ainda sentia em si uma espécie de pressão para trabalhar. "O que eu haveria de fazer?", perguntou retoricamente. "Não se pode fumar o dia inteiro e jogar cartas; não tenho mais firmeza para andar, e a maior parte do que se pode ler não me interessa mais. Eu escrevi, e passei muito agradavelmente o tempo com isso."

Uma diversão agradável, talvez, mas *O mal-estar na civilização* não pareceu a Freud mais meritório do que seu trabalho anterior, *O futuro de uma ilusão*: "Recentemente descobri as verdades mais banais enquanto trabalhava". O livrinho, confessou ele a Ernest Jones logo após a publicação, consistia em "uma base essencialmente diletante" sobre a qual "se ergue uma investigação analítica muito adelgaçada". Um conhecedor de seus textos como Jones certamente "não pode ter deixado de notar a natureza peculiar" dessa última produção. Freud, na época, não poderia imaginar que, na verdade, este se revelaria um de seus textos de maior influência.

Como *O futuro de uma ilusão*, seu sucessor também conclui com um tom de esperança incerta, embora ainda mais tênue. *O mal-estar na civilização* é o livro mais sombrio de Freud, e em alguns aspectos também o mais inseguro. Ele detinha-se constantemente para protestar que sentia, mais do que nunca, que estava dizendo às pessoas coisas que eles já sabiam, desperdiçando seu material de escrita e, finalmente, o tempo e a tinta dos editores. Evidentemente, nenhuma das ideias principais de *O mal-estar na civilização* era nova; Freud já as prenunciara nos anos 1890, em cartas a Fliess, expusera-as rapidamente uma década depois, no artigo "Moral sexual 'civilizada' e doença nervosa moderna", e repetira-as mais recentemente em *O futuro de uma ilusão*. Mas nunca as analisara antes com tanta concentração como agora, nunca extraíra tão impiedosamente as implicações de seu pensamento. Originalmente, teve vontade de dar um outro título ao ensaio. "Meu trabalho talvez pudesse se chamar", escreveu a Eitingon em julho de 1929, "se realmente precisa de um título: A infelicidade na cultura" — *Das Unglück in der Kultur*. Ele acrescentou que não estava conseguindo escrever com facilidade. Por fim, optou por *Unbehagen* — descontentamento, incômodo, mal-estar —, ao invés de *Unglück*. Mas, quer anunciasse secamente seu argumento no título ou o atenuasse ligeiramente com um circunlóquio de aparência mais branda, Freud estava abordando a miséria humana com absoluta seriedade. Como que aproveitando a deixa, o mundo ofereceu uma confirmação espetacular de quão terrível podia ser tal miséria. Cerca de uma semana antes que Freud enviasse o manuscrito de *O mal-estar na civilização* à gráfica — em 29 de outubro, a "Terça-Feira Negra" — a Bolsa de Valores de Nova York quebrou, e as repercussões do acontecimento espalharam-se rapidamente por todo o mundo. Havia começado o que logo passaria a ser chamado de Grande Depressão.

Como que para acentuar a continuidade entre a psicanálise da cultura de Freud e sua anterior psicanálise da religião, *O mal-estar na civilização* se abre com uma reflexão sobre a crença. Esse ponto de partida, observou Freud, fora-lhe sugerido pelo romancista francês Romain Rolland, ganhador do Prêmio Nobel de literatura e pacifista militante. Freud e Rolland mantinham uma cordial correspondência de mútua admiração desde 1923, e, quando *O futuro de uma ilusão* foi lançado quatro anos depois, Freud enviou-lhe um exemplar. Em resposta, Rolland expressou sua concordância geral com a análise da religião feita por Freud, mas indagava se ele havia realmente descoberto a verdadeira fonte do sentimento religioso, caracterizado por Rolland como um "sentimento particular" difuso e persistente. Outras pessoas haviam lhe confirmado a existência de tal sentimento, e ele supunha que devia ser partilhado por milhões de indivíduos. Era uma sensação de "eternidade", uma impressão de algo ilimitado, como se fosse "oceânico". Puramente subjetivo e de forma alguma garantia de imortalidade pessoal, ele devia ser "a fonte da energia religiosa" captada e canalizada pelas igrejas. Freud, que não conseguia detectar tal sentimento em si, seguiu seu procedimento habitual: analisou-o. Muito provavelmente, a seu ver, era uma sobrevivência de um sentimento do ego muito remoto, gerado numa época em que o bebê ainda não deu conta da separação psicológica da mãe. Seu valor explicativo para a religião pareceu a Freud mais do que duvidoso.

Tudo isso se lê como uma recapitulação ociosa de *O futuro de uma ilusão.* Mas Freud logo mostrou como isso está relacionado com a psicanálise da cultura. Nós, os seres humanos, argumentou ele, somos infelizes: nossos corpos adoecem e decaem, a natureza exterior nos ameaça com a destruição, nossas relações com os outros são fonte de infelicidade. Mas todos nós fazemos os mais desesperados esforços para escapar a tal infelicidade. Sob a influência do princípio do prazer, procuramos "diversões poderosas, que nos permitam minimizar nossa miséria, gratificações substitutivas que a diminuam, substâncias intoxicantes que nos tornem insensíveis a ela". A religião é apenas um desses expedientes paliativos, sem maior eficiência, e sob vários aspectos com menor eficiência, do que os outros.

Freud observou incisivamente que o mais bem-sucedido (ou melhor, o menos malogrado) desses expedientes é o trabalho, principalmente a atividade profissional livremente escolhida. "Nenhuma outra técnica para a condução da vida adapta o indivíduo à realidade com tanta solidez." No mínimo, "ele o prende firmemente a uma parte da realidade dentro da comunidade humana". Como um viciado no trabalho, Freud falava com certo sentimento. Mas infelizmente, observou ele, voltando outra vez a *O futuro de uma ilusão*, os seres humanos não valorizam o trabalho como um caminho para a felicidade. Geralmente só trabalham sob coerção. E se tentam escapar à sua sorte através do trabalho, amor, bebida, loucura, fruição estética ou consolo religioso, estão fadados a malograr no final: "A vida, tal como nos é imposta, é dura demais para nós; traz-nos excessivas dores, decepções, tarefas insolúveis". Para não deixar qualquer dúvida, Freud reiterou rudemente seu argumento. É como se "a intenção de que o homem devesse ser 'feliz' não estivesse contida no plano da 'Criação'".

A patética busca humana da felicidade e seu fracasso previamente determinado geraram uma postura assombrosa: o ódio à civilização. Embora rejeitasse essa "surpreendente hostilidade à cultura", Freud julgava que poderia explicá-la. Ela tinha uma longa história; o cristianismo, que dava pouco valor à vida terrena, foi um de seus sintomas mais ostensivos. Os viajantes que tiveram contato com culturas primitivas, durante a época das explorações, contribuíram para essa hostilidade, interpretando equivocadamente a vida dessas tribos estranhas, aparentemente não civilizadas, como um modelo de simplicidade e bem-estar, uma espécie de crítica à civilização ocidental. Mais recentemente, os avanços nas ciências naturais e tecnologia tinham, por sua vez, gerado decepções. Não era um estado de espírito de que Freud estivesse disposto a partilhar; o reconhecimento de que as invenções modernas não garantiam a felicidade só deveria levar a uma conclusão: "O poder sobre a natureza não é o único pré-requisito para a felicidade humana, assim como não é o único objetivo dos esforços culturais". Mas os pessimistas da cultura menosprezam todos os avanços científicos e técnicos. A invenção da estrada de ferro, dizem eles, serviu apenas para permitir que nossos filhos sigam para longe, e a única utilidade do telefone é nos permitir ouvir as vozes deles. Chegam mesmo a depreciar a diminuição da mortalidade infantil como um benefício duvidoso. Ela levou os casais modernos a empregar métodos contraceptivos, e isso manteve o total de filhos numa escala tão reduzida quanto nos séculos anteriores. Além disso, tornou-os neuróticos. Inquestionavelmente, "não nos sentimos à vontade em nossa civilização atual".

Contudo, esse desconforto não deve toldar o fato de que a civilização, ao longo de toda a história, tem sido um imenso esforço para subjugar as forças da natureza. Os seres humanos aprenderam o uso dos instrumentos e do fogo, domaram as águas e lavraram o solo, inventaram máquinas potentes para erguer e transportar, corrigiram defeitos visuais com óculos, ajudaram a memória com a escrita, a fotografia e o fonógrafo. Encontraram tempo e energia para cultivar magníficas coisas inúteis, para lutar pela ordem, higiene e beleza, e para promover as faculdades mais elevadas da mente. Praticamente toda a onipotência que outrora atribuíam aos deuses agora monopolizaram para si mesmos. Freud resumiu a questão numa metáfora surpreendente e profundamente sentida: o homem se tornou um "deus protético".*

As próteses nem sempre funcionam, e seu mau funcionamento pode ser desorientador. Mas esses defeitos se anulam diante da infelicidade gerada pelo relacionamento entre as pessoas: *homo homini lupus* — "o homem é o lobo do homem". Por isso a humanidade precisa ser domada pelas instituições. Aqui Freud se associava ao duro pensamento político de Thomas Hobbes; na falta de coerções irresistíveis, argumentara Hobbes quase três séculos antes, a humanidade está fadada a mergu-

* Freud apenas intensificou o tom comovente dessa metáfora ao comentar que o homem "é realmente grandioso quando emprega todos os seus órgãos auxiliares, mas estes não cresceram nele e às vezes ainda lhe dão uma boa quantidade de problemas". (*Das Unbehagen in der Kultur, GW* XIV, p. 451/*Civilization and its discontents, SE* XXI, p. 92.)

lhar numa guerra civil perpétua, na qual a vida é solitária, pobre, grosseira, brutal e de curta duração. A humanidade só entrou em relações humanas civilizadas por meio de um contrato social que conferiu o monopólio da coerção ao Estado. O Freud de *O mal-estar na civilização* estava escrevendo na tradição hobbesiana: o importante passo para a cultura foi dado quando a comunidade assumiu o poder, quando os indivíduos renunciaram ao direito de fazer justiça com as próprias mãos. Freud observou certa vez que o primeiro homem a lançar um insulto ao inimigo, ao invés de uma lança, foi o verdadeiro fundador da civilização. Mas, embora tal passo fosse indispensável, ele também montou o quadro para o mal-estar a que todas as sociedades são suscetíveis: acarretou a interferência mais drástica nos desejos apaixonados do indivíduo, a supressão — e repressão — de necessidades instintivas, que continuam a supurar no inconsciente e buscam uma vazão explosiva.

A contribuição específica de Freud à reflexão sobre a política consiste nessa ideia das paixões reprimidas pela cultura. Essa perspectiva dá a *O mal-estar na civilização* sua força e originalidade: trata-se de uma teoria psicanalítica da política, formulada de maneira sucinta. Freud não era teórico político, assim como não era historiador das religiões ou arqueólogo. Era um psicanalista que aplicava os recursos de seu pensamento às diversas manifestações da natureza humana. Os maiores teóricos políticos, desde Platão e Aristóteles, haviam feito exatamente o mesmo. Mas Freud fundou sua análise da vida social e política numa teoria da natureza humana muito própria.

Numa visão retrospectiva, ele declarou que essa análise constituía um objetivo seu havia decênios. "Já no ano de 1912, no auge do trabalho psicanalítico", anotou ele num comentário autobiográfico posterior, "em *Totem e tabu* eu havia tentado explorar as ideias analíticas recém-adquiridas numa investigação das origens da religião e da moral." Com *O futuro de uma ilusão* e *O mal-estar na civilização*, ele havia continuado nessa via. "Reconheci com clareza cada vez maior que os acontecimentos da história humana, as interações entre natureza humana, desenvolvimento cultural e as cristalizações de experiências primevas (tal como são apresentadas pela sua religião correspondente), são apenas o reflexo dos conflitos dinâmicos entre o ego, o id e o superego, que a psicanálise estuda no indivíduo — os mesmos acontecimentos reproduzidos numa escala maior." Não poderia ter exposto a unidade essencial de seu pensamento de forma mais categórica. E como *O mal-estar na civilização* faz parte integrante de seu pensamento mais amplo, ele só alcança seu pleno impacto quando se leva em conta o pensamento psicanalítico de Freud. O ensaio traça o contorno do homem freudiano na cultura — qualquer cultura. É um homem assediado por necessidades inconscientes, com sua incurável ambivalência, seus amores e ódios primitivos e apaixonados, mal contido por coerções externas e sentimentos de culpa internos. As instituições sociais são muitas coisas para Freud, mas são sobretudo barreiras contra o assassinato, o estupro e o incesto.

A teoria da civilização de Freud, portanto, considera a vida em sociedade como um compromisso imposto e, por isso, como um transe fundamentalmente insuperável. As próprias instituições que funcionam para proteger a sobrevivência da humanidade também geram seu mal-estar. Sabendo disso, Freud estava disposto a conviver com a imperfeição e as mais modestas expectativas de aperfeiçoamento humano. É significativo que, após o término da Primeira Guerra Mundial e a ruína do império germânico, ele tenha manifestado sua satisfação ao ver o bolchevismo rejeitado na nova Alemanha. Pensando em política, ele era um prudente antiutopista. Mas qualificar Freud simplesmente como conservador é deixar escapar a tensão em seu pensamento e passar por cima de seu radicalismo implícito. Ele não era nenhum respeitador da tradição à la Burke; segue-se de seu pensamento que o tradicionalismo tímido precisa ser analisado não menos do que o idealismo impiedoso. O que é antigo, poderia dizer Freud em concordância com John Locke, nem por isso é o justo. Ele até se dispunha a especular que "uma verdadeira alteração na relação da humanidade com a propriedade" talvez trouxesse mais alívio ao mal-estar moderno do que a ética ou a religião.

Nem por isso o socialismo se tornava mais atraente para Freud. Ele se considerava um crítico social radical, como observamos mais de uma vez, apenas no domínio da sexualidade. Mas invadir este domínio brandindo manifestos revolucionários era um gesto profundamente subversivo: os costumes sexuais, tanto em termos ideais como práticos, afetam a quintessência da política. Ser um reformador da sexualidade era ser um crítico da sociedade burguesa, tal como Freud a percebia, mas também, e ainda mais, das ditaduras ascéticas que fincaram suas garras no mundo durante os últimos anos de vida de Freud. De fato, sua preocupação com a libido trouxe contribuições inesperadas para sua teoria social. Os sintomas intensos e generalizados de infelicidade sexual que haviam levado o Freud médico ao estudo das neuroses foram-lhe úteis quando se dedicou ao estudo da religião e da civilização: para ele, lembremos, a cultura é essencialmente o reflexo em grande escala dos conflitos dinâmicos existentes no indivíduo. Por isso parecia-lhe fácil expor o dilema da humanidade civilizada: os homens não podem viver sem civilização, mas não podem viver felizes nela. Sua constituição é tal que a serenidade, uma paz permanente entre paixões prementes e limitações culturais, está sempre fora de seu alcance. É o que Freud queria dizer ao afirmar que a felicidade não está no plano da criação. Na melhor das hipóteses, os seres humanos sensatos podem conseguir uma trégua entre desejo e controle.

Esse dilema permeia todas as dimensões da vida civilizada, mesmo, e talvez principalmente, o amor. Freud colocou a questão dramaticamente: Ananké, a necessidade, não é a única genitora da civilização; Eros, o amor, é o outro. O amor — a força instintiva erótica que impele os seres humanos a procurar objetos sexuais fora de si ou, quando inibida em relação ao objetivo, a alimentar a amizade — ajuda a fundar grupos de autoridade e afeição tão fundamentais quanto a família. Mas o amor, genitor da civilização, também é seu inimigo:

"No decurso do desenvolvimento, a relação entre amor e cultura perde seu caráter inequívoco. De um lado, o amor resiste aos interesses da cultura; de outro, a cultura ameaça o amor com sérias restrições". O amor é exclusivo; os casais e as famílias íntimas se sentem ofendidos com pessoas de fora, como intrusos que não foram convidados. As mulheres, que cada vez mais se tornaram as guardiãs do amor, são particularmente hostis a uma civilização que monopoliza a atenção de seus homens e o serviço de seus filhos. A civilização, por seu lado, procura regular as paixões eróticas e definir o amor legítimo estabelecendo tabus rigorosos.*

Ao longo de toda a história, julgava Freud, os homens têm tentado escapar a esse antagonismo irremediável, em larga medida recusando-o. Um bom exemplo de tais manobras é o ditame que o cristianismo orgulhosamente reivindica como seu: ama o próximo como a ti mesmo. Essa exigência, aos olhos de Freud, é tão irrealista quão premente. Amar a todos é não amar muito a ninguém. Além disso, o próximo em geral não é digno do amor de seu vizinho: "Devo honestamente confessar que ele tem mais direito à minha hostilidade, e de fato ao meu ódio". O apelo cristão ao amor universal é tão insistente e abrangente, justamente porque parece tão urgentemente necessário como defesa contra a agressividade e a crueldade humanas. O homem não é uma criatura meiga, amável e amorosa, "mas, pelo contrário, pode contar entre seus dotes instintivos com uma parcela poderosa de tendências agressivas". Ninguém que contemple a natureza humana em atividade, disse Freud inflexível, poderá negar essa verdade. E apresentou as atrocidades dos hunos, dos mongóis, dos piedosos cruzados e os horrores da Primeira Guerra Mundial.

A insistência de Freud em incluir a agressividade entre os dotes essenciais do animal humano dá corpo a seus comentários críticos sobre o comunismo russo, o regime que alguns intelectuais iludidos da época persistiam em chamar, mesmo depois dos expurgos stalinistas, de experiência soviética. Para Freud, quaisquer que fossem suas divergências não especificadas acerca das relações de propriedade características da sociedade capitalista, a abolição comunista da propriedade privada brotava de uma idealização equivocada da natureza humana. Não pretendia ter uma opinião sobre as consequências econômicas da tentativa dos soviéticos de instaurar o comunismo, mas "posso reconhecer seus pressupostos psicológicos como uma ilusão insustentável". Afinal, visto que a agressão "não foi criada pela propriedade", não iria ser eliminada com sua abolição. Na verdade, a agressividade é uma fonte de prazer a que, como a outros prazeres, os seres humanos relutam profundamente em renunciar após tê-lo experimentado. "Não se sentem bem sem ela." A agressividade serve como complemento ao amor: os

* Freud considerou a hipótese tateante de que a civilização intrusa e dominadora não pode ser o único agente a mutilar o amor; talvez algo na própria natureza do amor sexual opere contra sua satisfação plena. Mas ele lançou essa insinuação desanimadora sem desenvolvê-la. (Ver ib., p. 465/105.)

laços libidinais que unem os membros de um grupo no afeto e na cooperação serão fortalecidos, se o grupo tiver pessoas de fora a quem possa odiar.

Freud chamou esse ódio conveniente de "narcisismo das pequenas diferenças". Os homens, observou ele, parecem encontrar um gosto especial em odiar e perseguir, ou pelo menos ridicularizar, seus vizinhos mais próximos: os espanhóis em relação aos portugueses, os alemães do norte em relação aos alemães do sul. A missão especial do povo judaico, disperso pelo mundo, acrescentou Freud mordaz, parece ter sido a de servir como alvo privilegiado desse narcisismo. A diáspora em que os judeus vivem há tanto tempo valeu-lhes a gratidão de seus vizinhos: durante séculos, ela deu aos cristãos uma oportunidade de extravasar suas agressões. "Infelizmente, todos os massacres de judeus na Idade Média não bastaram para tornar aquela época mais pacífica e segura para seus camaradas cristãos." Contudo, um método compensador, ainda que obviamente imperfeito, para conter a agressão é concentrá-la numa vítima escolhida. Era o que estava acontecendo na União Soviética, onde a perseguição dos bolcheviques à burguesia dava sustentação psicológica à tentativa de fundar uma nova cultura. "Só se pergunta apreensivamente", comentou Freud secamente, "o que os soviéticos vão fazer depois de terem exterminado seus burgueses."

Essa análise, sugeriu Freud, deveria permitir entender mais facilmente por que os seres humanos acham tão difícil viverem felizes na civilização: ela impõe grandes sacrifícios "não só à sexualidade, mas também às tendências agressivas da humanidade". Em seguida, recapitulou rapidamente a história complexa e tortuosa da teoria psicanalítica das pulsões, e admitiu uma vez mais sua longa demora em reconhecer a existência independente de uma agressividade fundamental. Apenas aqui, quando Freud introduz o tema, é que se evidencia plenamente como *O mal-estar na civilização* se baseia solidamente no dualismo instintivo e no sistema estrutural que ele desenvolvera poucos anos antes. Os grandes antagonistas, o amor e o ódio, lutam pelo controle da vida social do homem, de forma idêntica à luta pelo seu inconsciente, de maneira muito parecida, com táticas muito semelhantes. A agressividade visível é a manifestação exterior da invisível pulsão de morte. "E agora, penso eu, o sentido do desenvolvimento cultural não nos é mais obscuro. Ele deve nos mostrar o combate entre Eros e a Morte, a pulsão de vida e a pulsão de destruição, tal como se realiza na espécie humana. Esse combate é o conteúdo essencial da vida como tal, e portanto deve-se descrever a evolução cultural, em suma, como a luta vital da espécie humana. E é esse embate dos gigantes que nossas amas tentam apaziguar com suas cantigas de ninar sobre o Céu!" O ateísta em Freud sempre apreciava uma oportunidade de se manifestar.

Mas a principal preocupação de Freud era a forma como a cultura inibe a agressão. Uma maneira, a mais notável, é através da internalização, forçando os sentimentos agressivos de volta para a mente, de onde se originaram. Esse ato ou série de atos constitui a fundação do que Freud chamou de *Kultur-Über-Ich* — o "superego cultural". Inicialmente, a criança teme a autoridade, e se comporta bem apenas na medida em que calcula a retribuição punitiva que pode esperar do pai. Mas, depois de interiorizar os critérios adultos de comportamento, as ameaças externas não são mais necessárias; o superego da criança vai mantê-la na linha. A luta entre amor e ódio, portanto, se encontra na fundação do superego, tal como na da própria civilização; esse desenvolvimento psicológico do indivíduo se reproduz com frequência na história de uma sociedade. Culturas inteiras podem se tornar carregadas de culpa; os antigos israelitas deram-se profetas para denunciar sua pecaminosidade e desenvolveram, a partir de seu sentimento coletivo de transgressão contra Deus, sua religião excessivamente estrita e seus rigorosos mandamentos.

É tudo muito paradoxal: as crianças que são tratadas com brandura muitas vezes adquirem superegos exigentes; pode-se desenvolver um sentimento de culpa por agressões apenas imaginadas, da mesma forma que por agressões efetivamente executadas. Quaisquer que sejam suas origens, os sentimentos de culpa, principalmente em sua variedade inconsciente, são uma forma de angústia. E mais, Freud voltou a defender sua ideia de que nem toda experiência surge do mundo exterior. A constituição inata, inclusive a herança filogenética de uma pessoa, desempenha seu papel durante as sublevações do complexo de Édipo, para a formação do policial interior que, a partir daí, acompanhará o indivíduo e, com ele, sua cultura. Assim, introduzindo a angústia em sua análise tanto da cultura como do superego individual, mostrando o trabalho tanto da agressão como do amor, refletindo uma vez mais sobre as respectivas participações da constituição e do ambiente no desenvolvimento mental, Freud entrelaçou em *O mal-estar na civilização* as principais linhas de seu sistema. O livro é uma súmula grandiosa do pensamento de uma vida.

Da mesma forma, as reflexões finais de Freud, a uma só vez comoventes e vigorosas, evocam uma velha luta pessoal. Mostram-no entregue à sua ânsia especulativa, e ao mesmo tempo advertindo contra seus excessos. A ideia de um superego cultural, sugeriu ele, permitiria falar em culturas neuróticas e oferecer-lhes recomendações terapêuticas, como se faz com um paciente. Mas, alertou ele, esse assunto deve ser abordado com a máxima delicadeza; a analogia entre o indivíduo e sua cultura pode ser fiel e instrutiva, mas é apenas uma analogia. Essa advertência é importante; ela ajudou Freud a se definir como um estudioso, e não como um reformador da sociedade. Ele deixou perfeitamente claro que não tinha nenhuma vontade de se apresentar como médico da sociedade, com prescrições para seus males. "Minha coragem vacila", escreveu ele numa frase muito citada, "em me erguer perante meus semelhantes como um profeta, e curvo-me à sua censura de que não sei como lhes trazer consolo — pois é fundamentalmente isso que todos eles pedem, os revolucionários mais impetuosos tão apaixonadamente quanto os crentes devotos mais conformistas." No final, ele deixou a pergunta decisiva em aberto: a civilização será capaz de conter a pulsão humana para a agressão e a destruição? Aproveitando a oportunidade para exaltar a tecnologia moderna, Freud agora advertia que ela colocava em risco a própria sobrevivência da humanidade. "Os homens agora foram tão longe no domínio das forças naturais que, com sua ajuda, poderiam facilmente se exterminar até o último homem. Eles sabem disso, e daí grande parte de sua atual inquietação, sua infelicidade, seu estado de angústia."

Embora planejado como uma análise, e assim funcionando, do desconforto do homem na cultura moderna, *O mal-estar na civilização* espelhava a própria disposição perfeccionista de Freud. Logo depois de concluí-lo, ele teve de voltar a Berlim para outro exame de sua prótese, e seu coração novamente lhe deu boa dose de preocupação. Foi atormentado por palpitações e, embora oficialmente consideradas inofensivas, elas o inquietaram. Em seu lacônico diário, a *Kürzeste Chronik*, ele anotou em novembro e dezembro de 1929: "Nevralgia", "Ataque Coração-Intestinos", "Dias de Coração Ruim". Também anotou no começo de novembro, de maneira quase casual, "tumultos Antissemitas", e poucos dias antes, em 31 de outubro, de modo corriqueiro e sem emoção perceptível, "Preterido para o Prêmio Nobel". No entanto, por mais melancólica que fosse a vida para ele, por mais melancólica que fosse sua mensagem em *O mal-estar na civilização*, Freud podia se reconfortar com a surpreendente popularidade alcançada pelo livro; em um ano, esgotou-se a primeira edição de 12 mil exemplares, excepcionalmente grande para uma obra de Freud.

Um efeito colateral foi o ressurgimento inesperado do debate dos psicanalistas sobre seu alicerce intelectual mais desolador, a ideia freudiana da pulsão de morte. Ernest Jones, a quem Freud enviou um exemplar com uma dedicatória cordial, e que já tinha lido o livro na tradução de Joan Riviere, fez um elogio entusiasmado às concepções de Freud sobre a civilização e a "teoria da culpa". Também concordou com Freud que a hostilidade é um fato central da vida. "Minha única divergência com suas concepções ainda continua a ser minha incerteza quando ao Todestrieb"; a pulsão de morte parecia a Jones um salto da realidade da agressividade para uma generalização injustificada.* Freud respondeu mais com afirmações do que com argumentos: "Não posso mais prosseguir sem a admissão dessa pulsão [de morte] fundamental, seja psicológica ou biologicamen-

* A carta de Jones também lança alguma luz sobre o surgimento do título em inglês: "Estamos tendo uma discussão considerável sobre o título em inglês de 'Das Unbehagen' e gostaríamos de saber se o senhor tem alguma sugestão a oferecer. O velho termo inglês 'dis-ease' seria ótimo, mas por razões óbvias não é mais possível. Existe uma palavra rara em inglês, 'unease'. Também sugeri 'malaise', embora não goste muito dele. 'Discomfort' parece não ser suficientemente forte: 'discontent' parece consciente demais". (Jones a Freud, 1º de janeiro de 1930. Cópia datilografada, Freud Collection, D2, LC.) Freud queria "Man's discomfort in civilization", mas o título por fim escolhido foi sugerido pela tradutora, Joan Riviere. (Ver "Editor's Introduction" a *Civilization and its discontents*, *SE* XXI, pp. 59-60.)

te, e penso que não é preciso renunciar à esperança de que o senhor ainda venha a encontrar o caminho até ela". Quando Pfister, por sua vez, levantou objeções, preferindo ver "'a pulsão de morte' como meramente subsidiária da 'força da vida'", Freud deu-se ao trabalho de repetir seu argumento de maneira um pouco mais detalhada. Protestou que não estava apenas transpondo sua melancolia pessoal para a teoria psicanalítica: se duvidava que à humanidade coubesse "ascender a uma maior perfeição", se considerava a vida "uma luta contínua entre Eros e a pulsão de morte", cujo desfecho lhe parecia imprevisível, "creio que não dei expressão a nada do meu temperamento constitutivo ou de minhas tendências adquiridas". Alegou que não era um "torturador de si mesmo" nem, sob esse aspecto, uma "pessoa malévola" — Freud usou o coloquialismo austríaco *Bosnickel* —, e adoraria se pudesse enxergar boas coisas pela frente para ele e os outros, ou um futuro glorioso para a humanidade. "Mas novamente", observou ele, "parece um caso de conflito entre ilusão (realização de desejo) e discernimento." O que importa é "aquela misteriosa realidade que, afinal, existe fora de nós", e não o que é agradável ou vantajoso. A "pulsão de morte", argumentou ele, não era um seu "desejo do coração; afigura-se a mim como uma admissão inevitável por razões tanto biológicas como psicológicas". Por isso "meu pessimismo aparece a mim como um resultado, o otimismo de meus adversários como um pressuposto". Ele podia dizer que tinha realizado um "casamento de conveniência" com suas teorias sombrias, ao passo que os outros "vivem com as deles num casamento por inclinação". Fez-lhes bons votos: "Espero que sejam mais felizes nele do que eu".

No entanto, Freud concluiu *O mal-estar na civilização* com uma centelha de otimismo, embora sua torcida pela pulsão da vida no duelo com a morte pareça muito mais uma questão de obrigação do que de convicção. "E agora pode-se esperar que o outro dos dois 'poderes celestiais', o eterno Eros, faça um esforço para prevalecer no combate com seu adversário igualmente imortal." Estas foram as últimas palavras que ele escreveu para *O mal-estar na civilização* no verão de 1929. Quando as grandes vendas do livro autorizaram uma segunda edição, a ser publicada em 1931, ele aproveitou a oportunidade para acrescentar uma pergunta pressaga. Tornando-se ainda mais contido, devido às sombras que caíam sobre o cenário econômico e político — o partido nazista de Hitler havia acabado de obter uma vitória esmagadora nas eleições para o Reichstag em setembro de 1930, aumentando o número de seus deputados de doze para 107 —, ele indagou: "Mas quem pode prever as perspectivas e o resultado?". Freud não previu totalmente o que estava por vir, mas tinha poucas ilusões. "Estamos nos encaminhando para tempos ruins", disse a Arnold Zweig no final daquele ano; "eu devia ignorá-lo com a apatia da velhice, mas não posso deixar de ter pena por meus sete netos." Tocado pela piedade por sua família e pela angústia quanto ao mundo, Freud confiou ao papel sua síntese final.

Nem tudo o que Freud escreveu naqueles anos foi memorável. Por volta de 1930, ele se viu envolvido numa aventura que resultou numa produção embaraçosa — um "estudo psicológico" de Woodrow Wilson escrito em colaboração com William Bullitt, jornalista e diplomata americano. Bullitt havia visitado Freud em meados dos anos 1920, a fim de consultá-lo sobre o que lhe parecia um comportamento autodestrutivo, e durante um dos encontros disse a Freud que estava escrevendo um livro sobre o Tratado de Versalhes. Ele pensava em se concentrar nos principais participantes, e Woodrow Wilson, evidentemente, seria um dos protagonistas.

Obviamente, ele tinha dito o nome certo; ao mencionar Wilson, recordou mais tarde, "os olhos de Freud brilharam e ele ficou muito animado". Bullitt também pegou Freud na hora certa; Freud lhe parecia deprimido e disposto a morrer, certo de que "sua morte não teria importância para ele ou qualquer outra pessoa, pois havia escrito tudo o que queria escrever e sua mente se esvaziara". É certo que as coisas bárbaras que Freud andava dizendo sobre sua obra durante aqueles anos conferem certa plausibilidade à lembrança de Bullitt. Freud sempre precisou de pacientes para estimulá-lo, e agora podia atender somente um pequeno número. Quando sua clínica sofreu uma grande redução na Primeira Guerra Mundial, ele tinha se sentido infeliz e vazio, da mesma maneira como agora Bullitt se lembrava dele. Reconhecidamente, Woodrow Wilson não era um paciente ideal: não estava no divã. Além disso, Freud havia declarado solenemente que a psicanálise, criação sua, não devia ser empregada como arma de agressão. Mas em idade avançada, a saúde debilitada, o estado de ânimo amargurado, Freud estava disposto a abrir uma exceção para Woodrow Wilson.

As sombrias realidades das negociações em Versalhes tinham convertido as fugazes e restritas esperanças de Freud em Wilson numa insatisfação furiosa. Freud não estava disposto a perdoar o messias americano por tê-lo desapontado. No final do verão de 1919, quando Ernest Jones tornou a vê-lo após a separação durante os anos de guerra, a opinião de Freud a respeito de Wilson já tinha azedado. Jones observou sensatamente que nenhum indivíduo isolado poderia controlar as complexas forças em atividade, depois de uma guerra tão dilaceradora, e que Wilson não poderia ditar a paz. "Então", retorquiu Freud, "ele não devia ter feito todas aquelas promessas." Em 1921, trouxe a público uma parte de sua raiva, depreciando "os Catorze Pontos do presidente americano" como "promessas fantásticas" que tinham recebido crédito demais.

Mas, muito embora Freud tivesse passado a "detestar" Wilson — o termo é seu —, ele não estava disposto a comprometer seu ideal psicanalítico de afável neutralidade. Em dezembro de 1921, William Bayard Hale, um jornalista americano que antes havia sido amigo íntimo e biógrafo da campanha de Wilson, enviou a Freud seu livro *A história de um estilo.* Era uma dissecação maliciosa e devastadora do caráter de Woodrow Wilson — evidentemente, os dois não eram mais amigos —, usando como material o estilo de seu antigo colega: o amontoamento de adjetivos e as incessantes perguntas retóricas, todo o arsenal de discutíveis recursos oratórios.

Freud respondeu que enviaria um comentário se fosse o caso, mas advertiu: "Possivelmente serei detido pela consideração de que o senhor Wilson é uma personalidade viva e não um produto da fantasia poética, como era a bela Gradiva. Em minha opinião" — postulou outra vez —, "a psicanálise nunca deveria ser empregada como arma na polêmica literária ou política, e o fato de que estou consciente de uma profunda antipatia em relação ao presidente é um motivo adicional de reserva da minha parte".

Com efeito, embora Freud sentisse um prazer maligno com *A história de um estilo*, ele não permitiu que o livro corrompesse tais critérios. De início, informou a Hale, Freud ficara "prevenido contra ele por seu editor tê-lo anunciado como um 'estudo psicanalítico'",* o que claramente não era. Mas encontrou "o verdadeiro espírito da psicanálise nele" e, no parecer de Freud, essa "'Grafologia' mais elevada e científica" tinha "aberto um novo campo de pesquisa analítica". O livro, como Hale o apresentara, podia não ser um estudo científico frio — Freud facilmente detectou uma "profunda paixão por trás de sua investigação" —, mas isso, assegurou ele a Hale, não era motivo de nenhuma vergonha. Contudo, Freud não poderia ceder em sua "objeção de que o que o senhor fez é uma certa vivissecção e que a psicanálise não deve ser praticada num indivíduo [histórico] vivo". Freud confessou que não lhe restara nenhum sentimento positivo em relação a Wilson: "Na medida em que um único indivíduo pode ser responsável pela miséria desta parte do mundo, certamente ele o é". Mesmo assim, a renúncia devia ser a sina do psicanalista responsável. Simplesmente não se podia fazer uma análise à distância de uma figura pública ainda viva.**

Mas, apenas oito anos depois, Freud decidiu se lançar a um longo exercício de análise selvagem. Bullitt se provou um hábil agente de sedução contra a via reta de reserva e respeito psicanalítico pela complexidade. Encantador, impulsivo, incansável, proveniente de uma tradicional e próspera família da Filadélfia, sempre pronto para redigir memorandos com recomendações e estratégias para a paz internacional ou a recuperação econômica, ele havia tentado suas cartadas no jornalismo antes de se lançar à carreira diplomática. Conhecia todo mundo; um de seus amigos paternais era o coronel Edward M. House, o conselheiro mais íntimo de Woodrow Wilson até o presidente romper bruscamente com ele em Versalhes. Depois da guerra, Bullitt tinha trabalhado na equipe de Wilson, durante as negociações de paz em Versalhes, e numa missão secreta na Rússia revolucionária para

* Sobre o anúncio em questão, ver p. 457.

** Nessa carta, Freud cometeu um deslize notável, sugerindo que talvez estivesse disposto a esquecer seus próprios ditames. Não se deveria praticar a psicanálise num sujeito histórico vivo, disse ele, "a menos que ele se submeta contra sua própria vontade". Evidentemente, ele pretendia escrever algo como "de acordo com sua própria vontade".

o secretário de Estado Robert Lansing. Mas, ofendido com a desconsideração de Wilson a suas recomendações e estarrecido, como tantos outros, com o desastre de Versalhes, ele havia renunciado. Então cometeu o único pecado mortal do catecismo dos diplomatas: tornou pública sua desilusão. Em setembro de 1919, ele depôs perante a Comissão das Relações Exteriores do Senado, afirmando que até mesmo Lansing estava insatisfeito com o Tratado. Depois dessa indiscrição, que lhe garantiu imediata notoriedade internacional, Bullitt escapou para a Europa, escrevendo, viajando, cultivando suas relações com os grandes. Em 1930, quando abordou Freud quanto a um trabalho conjunto num estudo psicológico de Wilson, diria Bullitt mais tarde, ambos já "éramos amigos há alguns anos".

Essa intimidade era mais imaginária do que real. Mas Freud prestou-se de fato a um projeto clandestino com Bullitt, o qual, por sua vez, confiou-o apenas a poucas pessoas, entre elas o coronel House. Escrevendo a House em julho de 1930, ele comparou o biógrafo de Wilson, Ray Stannard Baker, a si mesmo: achava que Baker, que prosseguia majestosamente de volume em volume, "tem os fatos, mas é tão pouco psicólogo & tão pouco familiarizado com os assuntos internacionais que não sabe distinguir os fatos importantes, o que torna melodramáticas suas interpretações". A comparação negativa é palpável; Bullitt *estava* familiarizado com os assuntos internacionais, e ligado a um grande psicólogo. Pensava em conferenciar com Freud e fazer algumas pesquisas indispensáveis. "Meus planos estão ficando mais definidos", escreveu a House. "Depois de visitar F. e consultar os papéis do príncipe Max de Baden, provavelmente irei a Moscou." Max de Baden, que servira como chanceler da Alemanha no final da guerra e iniciara as negociações de paz com os Aliados, podia ter informações relevantes em seus arquivos, e de Moscou acenavam os papéis de Lênin, aos quais Bullitt, que nunca foi de se intimidar com tarefas difíceis e improváveis, esperava ter acesso.

A viagem de Bullitt a Moscou iria ser uma jornada quixotesca; suas consultas a Freud foram muito menos frustrantes. O coronel House estimulava Bullitt: "Você vai escrever um livro que será não só um crédito para si e seus amigos, mas benéfico para o mundo". Bullitt respondeu que estava apresentando algum material a "meu amigo em Viena", e garantiu a discrição e sabedoria de Freud: "Ele é tão desprendido e científico em sua visão do conjunto da vida humana quanto se pode ser". House rogara a Bullitt que abordasse seu assunto delicado com um tom moderado, e Bullitt prometeu obedecer. "A atenuação", concordou ele, era o único estilo adequado a um estudo de Wilson. No começo de setembro, Freud ficou doente, mas esperava estar logo "em forma para trabalhar", e em uma quinzena Bullitt podia informar que "Freud felizmente se recuperou de sua doença aguda, e no momento está em excelente forma & ávido para começar o serviço". Na verdade, houve outro adiamento inquietante: Pichler operou Freud em meados de outubro, e em seguida Freud teve de enfrentar um acesso de pneumonia. Quando Bullitt foi visitá-lo em 17 de outubro, conforme registra a *Chronik* de Freud, ele estava com febre. Foi somente em 26 de outubro que

Bullitt pôde enviar uma nota de triunfo, com os dizeres "pessoal", ao coronel House: "Amanhã F. e eu vamos trabalhar".

Ele acrescentou um comentário interesseiro: tinha corrido para Viena depois de ler os papéis de Max de Baden "por causa do precário estado de saúde de F.". Em suma, ocorrera a Bullitt que Freud podia não viver até concluir o projeto a que ambos haviam se lançado com tanta emoção. Mas três dias depois, notou Freud, "Trabalho iniciado". Bullitt andava animadíssimo — até demais. "O trabalho aqui vai indo magnificamente", escreveu ao coronel House em novembro; embora estivesse "demorando muito mais do que o esperado", ele aguardava concluí-lo em meados de dezembro. Freud, por sua vez, informou a Arnold Zweig, um pouco misteriosamente, que, embora antes não quisesse publicar mais nada, "estou novamente escrevendo uma introdução para algo que outra pessoa está fazendo. Não posso dizer o que é; também é uma análise, mas apesar de tudo altamente contemporânea, quase política". Ele terminava, contendo-se de modo quase visível: "O senhor não pode imaginar o que é".

A redação do livro foi lenta; quando Freud era mais jovem e trabalhava para si, tinha escrito com rapidez muito maior. Mas Bullitt prosseguia com um dilúvio de informes ardorosos. Em agosto de 1931, contou ao coronel House que, "depois de três operações", Freud estava de novo "com saúde excelente" e "o primeiro rascunho do livro está quase pronto". Ele estava em sua casa nos Estados Unidos, mas pensava em voltar a Viena em novembro e lá permanecer por algum tempo; contava com "um manuscrito concluído em maio" — isto é, maio de 1932. "É uma tarefa imensa, mas fascinante." Em meados de dezembro de 1931, ele estava instalado em Viena, com a filha na escola.

Mas o espírito de Bullitt não estava mais inteiramente concentrado no livro sobre Wilson; a atmosfera da Grande Depressão parecia-lhe penetrante, opressiva — e estimulante. Ao ver a Áustria "deslizando lentamente para o abismo da estagnação e da fome", e os outros países em situação não muito melhor, ele estava começando a se impacientar; a crise econômica internacional, com a ameaça de uma catástrofe política geral, fascinava-o. Parecia apelar a seus talentos. Mas ele e Freud persistiam, obstinada e discretamente. Bullitt estava lendo novos volumes da biografia de Wilson por Baker, e julgava-os fracos. E o coronel House continuava espicaçando. "Como você e o prof. Freud estão indo com o livro?", perguntou a Bullitt em dezembro de 1931. "Estou ansioso para vê-lo." Por fim, no final de abril de 1932, House recebeu sua resposta. "O livro finalmente está terminado", escreveu-lhe Bullitt, "quer dizer, o último capítulo foi escrito e poderia ser publicado se F. e eu morrêssemos hoje à noite." Mas por "terminado" Bullitt não queria dizer que estivesse pronto para publicação. Cada referência precisaria ser verificada de novo; além disso, o manuscrito "ainda precisa ser expurgado" — estava longo demais. O que se precisava era de um descanso de seis meses, para permitir uma outra rodada de revisão com o distanciamento que, por enquanto, era impossível. "Mas pelo menos agora há um manuscrito completo e estou começando a pensar de novo em política." No final de novembro, Freud anunciou que estava esperando seu "colaborador", querendo saber dele quando "o livro de Wilson pode se tornar público". Estava pronto, mas no final *Thomas Woodrow Wilson* só saiu em 1967, ano da morte de Bullitt.

O livro, tal como foi finalmente publicado, apresenta alguns enigmas intrigantes. Sobre a demora, não há mistérios; Bullitt esperou até a morte da viúva de Woodrow Wilson, em 1961, e até que sua própria carreira política estivesse claramente encerrada.* Também não há muitas dúvidas de que Wilson merecia um estudo psicanalítico: como todos os seres humanos, ele era uma massa de contradições, mas as suas chegavam a extremos. Wilson era brilhante e obtuso, resoluto e confuso, emotivo e gélido, combativo e tímido, político astuto numa situação e fanático intransigente em outra. Como reitor da Universidade de Princeton entre 1902 e 1910, ele introduziu reformas notáveis na vida educacional e social da universidade, mas sua obstinação em questões miúdas e seu autoritarismo com os colegas e membros do conselho afastaram velhos amigos e, ao final, transtornaram a maioria de seus planos. Como governador de Nova Jersey, manteve sob controle o que Freud e Bullitt iriam considerar como sua tendência inconsciente ao martírio; Wilson, o homem de elevados princípios, mostrou-se um exímio oportunista, conseguindo vitórias legislativas espetaculares e rompendo impiedosamente com os políticos que o levaram ao governo. Mas, como presidente dos Estados Unidos, ele tornou a apresentar, em um nível mais elevado, o espetáculo patético do malogro semivoluntário que prejudicara seu mandato em Princeton. Tendo implementado um impressionante programa de reformas internas, ele começou a correr atrás da derrota e da catástrofe, tão logo a entrada dos Estados Unidos na guerra, em 1917, atribuiu-lhe um novo papel. Sua conduta durante as tortuosas negociações de paz foi excêntrica e contraproducente. O mesmo ocorreu, ao retornar a seu país, na exaustiva campanha de discursos, destinada a impingir o Tratado a uma nação cética e a um Senado hostil. Na Europa, ele tinha feito concessões que violentavam seus ideais fervorosamente proclamados e religiosamente cumpridos, mas a seguir, nos Estados Unidos, recusou aprovar algumas emendas triviais que teriam salvo o Tratado, sem prejuízo para ele.

A singular combinação de traços contraditórios em Wilson brotava de conflitos inconscientes tão gigantescos que não havia como aplacá-los, e muito menos resolvê-los. O fascínio de Freud e Bullitt por esse homem é perfeitamente

* "O livro a que o senhor se refere", escreveu Bullitt a Ernest Jones em 1955, "nunca foi publicado. Pessoalmente, eu sentia que não deveria ser publicado antes da morte da sra. W. Ela ainda está viva!" (Bullitt a Jones, 18 de junho de 1955. Jones papers, Archives of the British Psycho-Analytical Society, Londres.)

compreensível; adquirira vulto na história recente de dois continentes e encenara, segundo ambos, suas neuroses num palco mundial. Freud e Bullitt não nutriam nenhuma desconfiança indevida sobre o conhecimento que tinham sobre Wilson, e achavam que poderiam "acompanhar a via principal de seu desenvolvimento psíquico". Mas não pretendiam que seu perfil da personalidade de Wilson fosse onisciente ou completo: "Nunca seremos capazes de realizar uma análise total de seu caráter. Sobre muitas partes de sua vida e natureza, nada sabemos. Os fatos que conhecemos parecem menos importantes do que os que não conhecemos." Por conseguinte, não quiseram qualificar o livro como uma psicanálise de Wilson, e o anunciaram de forma mais modesta como "um estudo psicológico baseado no material agora disponível, e nada mais".

Portanto, não cabe a crítica de que o livro é incompleto. Mas a acusação de hostilidade maliciosa e psicologização mecânica é justificada. De ponta a ponta, o tom é de desprezo, como se as neuroses de Wilson fossem, de certa forma, uma falha moral. De ponta a ponta, também, o livro extrai apenas uma única consequência de qualquer estado emotivo particular, como se os autores nunca tivessem ouvido falar em sobredeterminação. O famoso ditame de Alfred North Whitehead aos cientistas — *Busca a simplicidade e desconfia dela* —, que poderia ter sido a divisa de Freud, não encontra aí nenhuma aplicação. *Thomas Woodrow Wilson* tem como núcleo a raiva reprimida de Wilson contra seu pai, o reverendo Joseph Ruggles Wilson. "A hostilidade para com o pai" — coloca o livro como uma regra geral — "é inevitável para qualquer menino que tenha a menor pretensão de masculinidade." Embora os autores não negassem a parcela de virilidade de Wilson, viram nele, e praticamente o acusaram disso, uma adoração pelo pai durante toda a sua vida. "Ele nunca foi além dessa identificação com o pai." Pode ser que "muitos meninos pequenos adorem seus pais, mas", acrescentaram imediatamente, "não são muitos os que adoram tão intensa e completamente como Tommy Wilson". Para dizer claramente, o reverendo Joseph Ruggles Wilson era o Deus de Woodrow Wilson. Ao se identificar com o pai, Woodrow Wilson assim se imbuiu da certeza de que sua missão na vida era divina. "Ele tinha que acreditar que, de alguma forma, teria de sair da guerra como o Salvador do Mundo."

Mas essa identificação era complexa. Às vezes, Woodrow Wilson era Deus, às vezes Cristo. Como o primeiro, ele apregoava a lei; como o segundo, esperava ser mortalmente traído. Woodrow Wilson tinha um irmão mais novo, submisso, que o admirava muito mas que, pela sua própria vinda ao mundo, tornara-se seu rival no amor dos pais. Em sua vida adulta, Wilson reproduziu esse drama íntimo, sempre procurando amigos mais jovens, aos quais era capaz de dedicar um pródigo afeto até que o atraiçoassem. O modelo de sua mente, portanto, era claro e simples. Wilson era o menininho sempre ansiando por amor e temendo a traição, imitando seus padrões infantis em qualquer cargo que ocupasse, e sutilmente — às vezes nem tanto — atraindo a destruição. E mais: a raiva contra o pai, que nunca conseguiria expressar, inflamou-se nele até surgir como uma ira gigantesca. O que os observadores descuidados tomavam por hipocrisia de Wilson era, na verdade, um dom extraordinário de autoengano, e sua carolice, um reservatório inesgotável de ódio oculto. Quando chegou seu fim, ele era apenas um menino velho. "Ele se amava e sentia pena de si mesmo. Adorava seu pai morto no Céu. Lançou seu ódio por esse mesmo pai sobre muitos homens." E praticamente só isso.

Resta saber por que Freud prestou-se a essa caricatura de análise aplicada. Quando por fim o livro foi publicado, críticos perspicazes argumentaram por razões estilísticas que a breve introdução, que traz a assinatura de Freud, era a única parte da obra que podia ser confiavelmente atribuída a ele. É concisa, espirituosa e informativa, ao passo que o resto do livro é repetitivo, arrastado e muitas vezes escarnecedor. O ideal de atenuação do texto, que Bullitt tinha dito ao coronel House que lhe serviria de guia, tinha ficado de lado. E o amontoado de frases curtas também não corresponde à maneira de Freud lidar com as palavras. E ainda, as referências condescendentes a Wilson, tratando-o repetidamente de "Tommy", não se parecem com nada que Freud escreveu em sua vida. O tipo de sarcasmo pesado que povoa o livro só aparece em Freud, e quando aparece, exclusivamente em sua correspondência mais privada. As ideias de Freud estão grosseiramente simplificadas, belicosamente apresentadas e embrutecidas a ponto de se tornarem irreconhecíveis. Mas, segundo Bullitt, o estudo resultou de uma verdadeira colaboração: cada um deles redigiu alguns capítulos e discutiu meticulosamente seu trabalho com o outro, assinando cada capítulo e pondo suas iniciais nas alterações feitas à margem do manuscrito. Certamente Freud deve ser tido como responsável pelo quadro intelectual geral da obra. Além disso, ele chamara Bullitt de "meu paciente (e colaborador)", e reconhecia que fizera mais do que meramente opinar sobre o texto. Em 1934, quando um missivista americano lhe perguntou sobre "meu julgamento refletido sobre a pessoa e capacidade do presidente Wilson", Freud lhe disse que havia "escrito uma avaliação de Wilson que é tudo menos favorável", mas não pudera publicá-la "devido a determinadas complicações pessoais".

As indicações são que Freud refugou o manuscrito que Bullitt lhe mostrou em Londres nos últimos anos de sua vida, mas por fim, cansado, envelhecido e preocupado com o futuro da psicanálise, a sobrevivência de suas irmãs, o câncer sempre ameaçador, acabou dando seu consentimento.* É igualmente muito provável que Bullitt tenha decidido alterar o manuscrito depois da morte de Freud, introduzindo as passagens canhestras e as aplicações mecânicas das categorias

* Aqui concordo com o veredicto de Anna Freud: "Por que meu pai finalmente consentiu depois de uma longa (compreensível) recusa? Creio que foi depois de sua chegada a Londres, e na época outras coisas eram muito mais importantes do que o livro de Bullitt". (Anna Freud a Schur, 17 de setembro de 1966. Max Schur papers, LC.)

psicanalíticas deploradas por críticos e leitores. Mas Freud compartilhava a animosidade de Bullitt em relação a Wilson; como notamos, ele tinha grande aversão a profetas e fanáticos religiosos, e via em Wilson um espécime melodramático desse castigo que aflige a humanidade. Ele encontrou em Wilson o que o historiador americano Richard Hofstadter chamou com propriedade de "a impiedade dos puros de coração". E pior: a pretensiosa tentativa de Wilson de fazer com que o mapa da Europa se conformasse a seus ideais exaltados e de purificar a política europeia provou que sua impiedade era uma fanfarronada vazia — a mais odiosa das combinações. Em sua introdução, Freud citou uma anedota sobre Wilson, que, como presidente eleito, teria dito a um político que sua vitória fora ordenada por Deus, e chamou a atenção para o fato de que o imperador alemão, no campo oposto, também afirmava ser "um favorito escolhido da Providência". Comentário seco de Freud: "Com isso ninguém ganhou; o respeito por Deus não aumentou".

Mas o papel de Freud no desastre de *Woodrow Wilson* não pode ser inteiramente explicado como uma coletânea irritada de emoções. Uma das razões pelas quais Freud decidiu trabalhar com Bullitt foi porque o livro poderia significar um apoio vital para a periclitante editora psicanalítica. No final dos anos 1920, ela estava novamente à beira da falência, como tantas vezes antes. Freud era profundamente apegado à *Verlag* e saiu em seu auxílio inúmeras vezes; fazia generosas contribuições pessoais, arrancava contribuições oportunas de admiradores ricos, e enviava para publicação alguns textos seus, o cartão de visita mais confiável da editora. Em 1926, ele presenteara a *Verlag* com 24 mil marcos alemães, quatro quintos da soma que seus colegas haviam coletado para comemorar seu septuagésimo aniversário. No ano seguinte, ele transferiu para a editora uma doação de 5 mil dólares, feita por um benfeitor americano anônimo.* A seguir, em 1929, Marie Bonaparte e outros doadores evitaram mais uma crise financeira. Freud chamava a editora de filha sua, e não queria sobreviver a ela. O destino dela, Freud sabia, dependia largamente dos destinos da política na Alemanha: uma vitória do que ele denominava de "Hitlerei" seria arrasadora. Mas, afora isso, ela precisava muito de apoio financeiro. A busca de dinheiro, portanto, deu a Freud um grande incentivo para se entusiasmar com o projeto Wilson. Em 1930, era-lhe evidente que um livro sobre Woodrow Wilson iria aumentar substancialmente as vendas da *Verlag*, e talvez até mesmo salvá-la.

* Noticiando essa transferência de fundos, o *New York Times* disse que o doador desconhecido tinha se beneficiado com a psicanálise — e também sua mulher e dois filhos —, e declarara: "Freud é indubitavelmente o homem mais importante de nossa época. Aqueles que, entre nós, têm dinheiro estão na obrigação, diante da cultura mundial, de verificar se Freud conta com todos os fundos necessários para continuar com suas investigações científicas e educar os que vão prosseguir no futuro". ("Dá \$ 5.000 para ajudar Freud/ Doador anônimo beneficiou-se da psicanálise/ \$ 100 000 necessários", *New York Times*, 18 de maio de 1927, p. 25.)

A confiança de Freud no auxílio de Bullitt se mostrou bem fundada. "Bullitt", disse Freud a Eitingon no final de 1931, "está aqui de novo para continuar o trabalho em sua análise e sobre Wilson. De fato, continuo a ter esperanças de que este livro e a tradução do Poe da princesa" — a versão alemã do alentado tratado de Marie Bonaparte sobre Edgar Allan Poe — "vão ajudar a *Verlag* a superar o período mais difícil da recuperação financeira".* Finalmente, no começo do ano seguinte, ele podia comunicar importantes resultados palpáveis: um adiantamento de Bullitt de 2500 libras — cerca de 10 mil dólares — sobre os direitos americanos. Foi o adiantamento enviado por Bullitt, muito mais do que o acerto de velhas contas com um decepcionante idealista americano, que se mostrou o principal benefício que Freud extraiu do projeto Wilson. A seguir, veio o silêncio, quando Bullitt voltou à política dos democratas nos Estados Unidos e Freud viu em casa demagogos muito mais perniciosos do que Wilson jamais fora.

Sem dúvida, o fato de Woodrow Wilson ser um americano deu a Freud um prazer especial em manifestar seu mau humor agressivo. Em seu desdém sobranceiro pelas coisas deste mundo, Wilson parecia simplesmente o inverso do americano materialista representado pelo coronel Robert McCormick e Sam Goldwyn, com sua fé ingênua no poder do dólar. É um lugar-comum da doutrina psicanalítica que as divergências mais intensas podem brotar da mesma raiz, como ramos muito separados. Qualquer que fosse a aparência assumida pelo americano, santo ou ganhador de dinheiro, Freud estava pronto a desqualificá-lo como o mais desagradável espécime zoológico humano.

Freud já havia expressado seus sentimentos antiamericanos anos antes de pôr os pés nos Estados Unidos: em 1902, cedendo a um estado de espírito cético, ele comparou o Velho Mundo, "governado pela autoridade", ao Novo, governado "pelo dólar". Mais tarde, embora os americanos tivessem conferido a Freud suas primeiras grandes honrarias oficiais, ele nunca deixou de sentir

* As dificuldades da *Verlag* tornaram-se uma preocupação constante para Freud. No outono de 1931, Martin Freud assumiu a administração da editora e fez o máximo que pôde na precária situação econômica em contínuo agravamento. As repetidas injeções de capital, por doadores generosos como Marie Bonaparte, proporcionavam alívio provisório. Em 1932, Freud tomou uma outra providência: escreveu uma série de "conferências" a serem publicadas pela Verlag; embora nunca tivessem sido realmente proferidas em lugar algum, elas foram apresentadas como acréscimo às conferências introdutórias que Freud fizera durante a Primeira Guerra Mundial. As *Novas conferências introdutórias sobre psicanálise* atualizavam as antigas *Conferências introdutórias*, resumiam suas novas ideias sobre a sexualidade feminina e concluíam com um importante capítulo sobre a *Weltanschauung* da psicanálise. Nessa última "conferência", Freud reiterou mais decisiva — e incisivamente — do que nunca sua convicção de que a psicanálise não pode, e nem precisa, formular uma visão própria do mundo. Ela faz parte, pura e simplesmente, da ciência.

prazer em tratá-los pejorativamente. É claro que gostava de lembrar o grau honorário que havia recebido na Universidade Clark em 1909, e encontrava ocasião de recordar o fato aos europeus. Chegara até a pensar, no início da carreira, em emigrar para os Estados Unidos. "Há 33 anos", ele lembrou a Ferenczi em 20 de abril de 1919, evocando a primavera de 1886, ano em que abriu sua clínica médica e se casou, "eu era um médico recém-formado diante de um futuro desconhecido, decidido a ir para a América se os três meses que durariam minhas reservas não começassem de modo promissor." Perguntava-se se não teria sido melhor se "o destino então não tivesse sorrido tão amigavelmente". Mas esses vislumbres do desejo de uma carreira nos Estados Unidos eram excepcionais; o que ele dizia é que o país e seus habitantes eram hipócritas, incultos, superficiais, interessados apenas em dinheiro e veladamente antissemitas.*

Significativamente, o antiamericanismo de Freud aflorava com especial virulência durante as excursões de seus adeptos aos Estados Unidos. Sempre que Jung e, depois, Rank ou Ferenczi viajavam para lá, a fim de fazer conferências ou consultas analíticas, ele considerava a viagem como indicação de um possível abandono da Causa. Era quase como se visse os Estados Unidos como um rival sedutor, rico, fascinante, poderoso, em algum primitivo aspecto superior à Europa, com suas atrações mais austeras. A América, disse Freud a Arnold Zweig certa vez, parodiando rudemente as pretensões presunçosas dos americanos, é um "antiparaíso". Isso foi mais tarde; alguns anos antes, ele confidenciara a Jones: "Sim, a América é gigantesca, mas um engano gigantesco". Em suma, Freud temia os Estados Unidos como um país que levava seus seguidores a cometer enganos gigantescos.

Esses sentimentos atravessam a correspondência de Freud como um tema monótono e desagradável. Também mostram algumas incoerências notáveis. Como sabemos, em janeiro de 1909, ao negociar com a Universidade Clark, ele tinha considerado o avaro auxílio de despesas da viagem, oferecido por G. Stanley Hall, "'americano' demais", isto é, insuficientemente preocupado com o lado financeiro das coisas. No que o concernia, a "América devia render, e não custar dinheiro". Ele gostava de usar essa fórmula grosseira. "De que servem os americanos, se não rendem dinheiro?", perguntou retoricamente a Ernest Jones, no final de 1924. "Eles não prestam para mais nada." Esse refrão, como ele sabia muito bem, era um dos seus favoritos. "Eu sempre disse", repetiu a Jones um ano depois, num tom levemente afetado, "que a América não presta para nada, além de render dinheiro." Durante a visita de Rank aos Estados Unidos, em 1924, Freud tinha dito a mesma coisa com seu estilo mais imoderado; declarou-se muito satisfeito em ver que Rank havia "descoberto o único tipo razoável de condu-

* Freud disse a Eitingon em 1932 que Brill, tentando organizar a psicanálise nos Estados Unidos, "tem contra ele o antissemitismo americano, latentemente gigantesco". (Freud a Eitingon, 27 de abril de 1932. Por permissão de Sigmund Freud Copyrights, Wivenhoe.)

ta apropriada a uma estada entre esse selvagens: vender sua vida o mais caro possível". E acrescentou, gratuitamente: "Tenho muitas vezes a impressão de que a análise combina com os americanos assim como uma camisa branca combina com um corvo".* Nem é preciso dizer que tal atitude demonstra o mesmo defeito moral que Freud gostava de apontar nos americanos. Mas ele não se incomodava: estava apenas explorando os exploradores.

A ironia de Freud sobre a astúcia americana em relação ao dinheiro era apenas mais uma expressão da mesma postura mercenária. "Se o senhor se envolver com a América", advertiu a Pfister em 1913, "vai ser certamente trapaceado. Em matéria de negócios, eles estão muito à frente de nós!" Aparentemente sem perceber que era de sua responsabilidade a irremediável confusão em que se encontravam os acordos quanto aos direitos estrangeiros sobre seus textos, ele tendia a acusar os americanos pela situação. "Os editores americanos", disse a um missivista americano em 1922, constituem "uma espécie perigosa de seres humanos." Nesse mesmo espírito, chamou Albert Boni e Horace Liveright, cuja empresa publicou uma série de seus primeiros livros em Nova York, de "dois velhacos". O que ele queria extrair desses selvagens espertos era um respaldo financeiro. "Toda a popularidade da análise na América", lamentou-se com Ferenczi em 1922, "não proporcionou a ela a benevolência de sequer *um* dos tios do dólar." A falta de um tal *Dollaronkel* decepcionou-o e intensificou seus preconceitos.

Tratando com analisandos americanos, como vinha fazendo cada vez mais nos anos 1920, Freud permitia-se uma insensibilidade que teria considerado incivilizada nos outros e, se a analisasse, sintomática em si mesmo. Ele se afeiçoou bastante a alguns dos médicos americanos que iam à Berggasse 19, para suas análises didáticas, e era capaz de dedicar uma simpatia sincera aos poucos que lhe agradavam. Mas seu veredicto sobre importantes analistas americanos era frequentemente cáustico. No conjunto, confidenciou ele a Eitingon, essas pessoas "de modo geral inferiores" prestavam principalmente como objetos para o estudo de "questões de técnica". Quando Pfister informou a Freud, em 1921, que o eclético psicanalista americano Smith Ely Jelliffe estava a caminho da Berggasse 19, ele acrescentou que "Yelliffe" lhe parecera "um homem hábil e inteligente". Freud deu a esses

* É interessante notar que Freud adotou essas formulações extremas como expressões favoritas. Assim, em 8 de julho de 1928, ele escreveu a Wittels que "o americano e a psicanálise frequentemente estão tão mal adaptados entre si que volta à mente a parábola de Grabbe, 'como se um corvo fosse vestir uma camisa branca'". (Wittels, "Wrestling with the man", pp. 177-8.) E o desconcertante epíteto "selvagens" tampouco era uma aberração isolada. Em 10 de julho de 1935, Freud escreveu a Arnold Zweig, que lhe informara triunfante que um clube do livro americano havia escolhido um de seus romances: "Não é triste que dependamos materialmente desses selvagens, que não são seres humanos de melhor categoria? Afinal, estamos na mesma situação aqui". (Por permissão de Sigmund Freud Copyrights, Wivenhoe.)

adjetivos positivos uma distorcida depreciativa. Certa vez, antes disso, ele havia qualificado Jelliffe como "um dos piores americanos-negociantes — falando claro: vigarista — que Colombo jamais descobriu"; agora, respondeu a Pfister que Jelliffe "é considerado muito esperto — isto é: astucioso —, muito inteligente e não notavelmente decente". Clarence Oberndorf, um dos primeiros entusiastas e havia muito tempo uma figura de destaque entre os psicanalistas americanos, era, aos olhos de Freud, simplesmente "o pior" deles. "Ele aparenta ser estúpido e arrogante." Freud confessou a Ernest Jones, em 1921, que Oberndorf deixava-o perplexo: "Por que um homem que era considerado tão brilhante e bem-sucedido haveria de adotar a análise, a menos que a cabeça ou o coração tivesse uma participação nisso?". Ele se perguntava por que os psicanalistas americanos, mesmo os "melhores elementos" entre eles, mostravam tão pouco espírito comunitário. "Brill" acrescentou Freud, perdendo a paciência com seu mais ativo defensor, "está se comportando vergonhosamente e precisa ser excluído." Era uma ameaça hiperbólica que ele nunca cumpriu, e provavelmente nunca pensou em cumprir.

Desatento aos sentimentos de seus correspondentes americanos, Freud dizia-lhes que suas excentricidades ou reações inesperadas ao tratamento analítico deviam ser características nacionais. "Mas vocês americanos são um povo peculiar", escreveu ele ao seu analisando Leonhard Blumgart, depois que este lhe confessou que tinha noivado, justamente quando teria de se afastar de sua futura mulher durante seis meses. "Nenhum de vocês jamais descobriu a atitude correta em relação a suas mulheres." Quando outro analisando americano, Phillip Lehrman, enviou-lhe uma resenha crítica de *O mal-estar na civilização*, Freud acusou o recebimento com um comentário descortês: "Claro que é exatamente tão estúpida e ignorante quanto se pode esperar de um jornalista americano". Poucos meses depois, sem maior cortesia, Freud expressou sua satisfação um tanto surpresa com a notícia de que Lehrman e sua família estavam indo bem. Afinal, era uma época de depressão nos Estados Unidos, "e o que é o americano sem a prosperidade?". Quando estava nesse estado de espírito, o que era frequente, Freud negligenciava suas lembranças de americanos tão admiráveis como William James e James Jackson Putnam.

Freud até achava possível reclamar que esse americanos miseráveis não eram capazes de manter a saúde quando deles se necessita. Em 1924, o talentoso analisando de Freud, Horace Frink, sofreu um acesso psicótico. Frink, para Freud, era uma das raras exceções entre os americanos: tinha-o em alta conta e queria que liderasse a organização psicanalítica nos Estados Unidos. Mas o colapso de Frink, pelo qual foi hospitalizado, evidentemente transtornava o plano de Freud. Observando o pavoroso estado mental de Frink, Freud tratou essa calamidade pessoal como se fosse um defeito típico dos americanos. "Minha tentativa de dar-lhes um chefe na pessoa de Frink, que falhou de maneira tão triste, é a última coisa que farei por eles", jurou Freud, "mesmo que tivesse de viver os cem anos que vocês fixaram para a incorporação da ψA na Psiquiatria." Essa explosão inclemente ocorreu, naturalmente, em setembro de 1924, quando Freud lutava com as consequências de seu câncer. Mas a atitude subjacente era constante.* Em 1929, quando Ernest Jones o consultou sobre uma proposta americana para que editasse uma antologia dos textos psicanalíticos fundamentais de Freud para o público americano, Freud mandou um recado característico: "Fundamentalmente, a coisa toda, sendo autenticamente americana, é absolutamente repulsiva para mim. Pode-se contar com isso: se houvesse disponível uma antologia dessas, nenhum americano jamais iria às obras originais. Talvez também não fosse sem a antologia, mas iria tomar suas informações nas fontes populares mais turvas".

Esse tipo de comentário não se limitava à correspondência privada; Freud não hesitava em publicá-los. Em 1930, escrevendo algumas palavras de introdução a um número especial da *Medical Review of Reviews*, editada pelo analista americano Doirian Feigenbaum, ele admitiu que o suposto avanço da psicanálise nos Estados Unidos dava-lhe uma satisfação "anuviada". A aceitação verbal era grande, mas a prática séria e o apoio financeiro eram raros; tanto os médicos como os jornalistas se contentavam com chavões psicanalíticos. Orgulhavam-se de sua "*liberdade*", que apenas provava sua "*falta de juízo*". Freud achava que "a popularidade do nome da psicanálise na América não significa uma atitude amistosa à coisa em si, tampouco algum conhecimento particularmente amplo ou profundo dela". Achava isso — e disse-o.

Parte da aversão de Freud, portanto, fundava-se em sua angústia a respeito da receptividade impulsiva dos americanos, a par, como parecia, de uma falta de rigor extremamente prejudicial e um medo não menos prejudicial da sexualidade, para não mencionar um igualitarismo contraproducente. Já em 1912, ele instruíra Ernest Jones a manter James Jackson Putnam "cordial", de modo que "a América possa ser mantida do lado da Libido". Então pensava, e continuou a pensar, que seria um trabalho ingrato, pois entre os psicanalistas americanos a liderança era política, e a excelência não era recompensada. Nos anos 1920, ele criticou furiosamente os analistas americanos pela forma como dirigiam sua organização. "Os americanos", disse a Sándor Radó, "transferem o princípio democrático da política para a ciência. Todo mundo tem que ser presidente uma

* É razoável supor que a crítica impiedosa de Freud a Frink era, em grande parte, alimentada por sentimentos de culpa não reconhecidos, ainda que largamente conscientes. Em primeiro lugar, Freud não tinha conseguido perceber o potencial psicótico oculto por trás dos problemas neuróticos de Frink, e depois se recusou a levar a sério um primeiro episódio psicótico. Além disso, Freud, com a melhor das intenções, mas uma certa arrogância irresponsável, contribuiu para o turbilhão emocional de Frink, interferindo na vida privada deste. No curso de sua análise, Frink tinha decidido se divorciar da mulher, para se casar com uma de suas pacientes, e Freud encorajou a ele e à futura mulher para prosseguirem em seus planos. Mas em 1923, um mês depois do divórcio, a primeira mulher de Frink morreu, e a saúde mental dele se deteriorou de modo calamitoso. E um ano depois o segundo casamento também ruiu. Não muito antes de sua morte em 1936, aos 53 anos de idade, sua filha Helen Kraft perguntou a ele que mensagem daria a Freud, se o encontrasse. "Diga a ele que era um grande homem", falou Frink, "mesmo tendo inventado a psicanálise." (Helen Kraft, citado em Michael Specter, "Sigmund Freud and a family Torn Asunder: revelations of an analysis gone awry", *Washington Post*, 8 de novembro de 1987, sec. G. P. 5.)

vez, ninguém deve continuar como presidente; ninguém pode mostrar excelência diante dos outros, e assim nenhum deles aprende nem realiza nada." Em 1929, quando um grupo de psicanalistas americanos — alguns deles rankianos — propuseram organizar um congresso, e consultaram Freud sobre um convite à sua filha, ele objetou com sua habitual descortesia. "Não posso ter esperanças de que o congresso — ao qual desejo o maior sucesso — consiga significar muita coisa para a análise", disse a um dos organizadores, Frankwood Williams. "Ele está sendo montado de acordo com o padrão americano de substituir a qualidade pela quantidade." Sua angústia não era totalmente infundada, mas assumia formas irreais, quase que de pesadelo, em sua imaginação distorcida.

Algumas de suas queixas eram mais que puras fantasias. Sua dispepsia, por exemplo, era muito real. Ao retornar da Universidade Clark no outono de 1909, ele tinha se queixado que sua saúde não estava como devia, e sabia a quem responsabilizar: "A América me custou muito". Mais tarde, no inverno, ele passou três semanas em Karlsbad, para tratamentos destinados a curar "minha colite adquirida em Nova York". Quando estava com problemas na próstata, depois da guerra, Freud disse a Ferenczi que às vezes se encontrava "nas situações mais incômodas como, pela primeira vez dez anos atrás, na América". Ele não inventava esses achaques, mas deslocava sua raiva com eles para um único alvo adequado. E havia fortes irritações profissionais. As vigorosas declarações da instituição psicanalítica americana contra a análise leiga não contribuíram em nada para diminuir a antipatia de Freud; apenas lhe provaram que, quando não eram ingênuos e puritanos, os americanos eram cúpidos e convencionais. O próprio modo como falavam, achava Freud, iria liquidá-los. "Essa raça", disse ele certa vez ao seu médico Max Schur, "está fadada à extinção. Não conseguem mais abrir a boca para falar; em breve não vão conseguir abri-la para comer."

É inevitável a conclusão de que, arremetendo contra os americanos em bloco, indiscriminadamente, com uma ferocidade imaginosa, Freud estava dando vazão a alguma necessidade interior, e não ouvindo sua experiência. Mesmo o fiel Ernest Jones, como sabemos, teve de admitir que o antiamericanismo de Freud, na verdade, não tinha nada a ver com os Estados Unidos.* Freud tinha uma vaga noção de que seus sentimentos eram menos — ou mais — que plenamente objetivos; nos anos 1920, ele chegou a fazer algumas efêmeras tentativas de diagnosticar os misteriosos americanos. Enfurecido com dois artigos psicanalíticos de autores americanos, ele disse a Ernest Jones em 1921: "Os americanos são realmente ruins demais". Mas acrescentou prudentemente que não iria "julgar por que eles são assim sem maiores oportunidades de observação". Arriscou, na verdade, a ideia de que "a concorrência é muito mais aguda entre eles, não ter êxito significa a morte civil para cada um deles, e não têm recursos

* Ver p. 221.

pessoais além de sua profissão, nenhum passatempo, jogo, amor ou outros interesses de uma pessoa de cultura. E êxito significa dinheiro. Pode um americano viver em oposição à opinião pública, tal como estamos preparados para isso?".* Os americanos, ao que parecia, infelizmente haviam vinculado o materialismo à conformidade. Três anos depois, Freud aproveitou a visita de Rank aos Estados Unidos como oportunidade para dar a esse diagnóstico um nome arrasador: "Em nenhum lugar se é tão assoberbado pela insensatez das ações humanas como lá, onde mesmo a satisfação prazerosa das necessidades animais naturais não é mais reconhecida como um objetivo da vida. É um louco *Adlerei* anal". Freud não poderia escolher nada mais derrisório do que impingir aos americanos o nome de seu ex-discípulo mais detestado. Em termos técnicos, ele considerava todos os americanos como vítimas de uma retenção sádico-anal avessa ao prazer, mas ao mesmo tempo favorável à conduta mais agressiva nos negócios e na política. Era por isso que a vida americana estava marcada pela "pressa". Era por isso também que os aspectos não utilitários da vida, fossem passatempos inocentes ou os mais elevados âmbitos da cultura, não estavam ao alcance dos americanos.

Freud detectava essas manifestações do caráter americano por toda parte. Para começar, dificilmente a integridade estaria presente. Foi o que Freud quis insinuar quando se referiu ao seu sobrinho americano, Edward Bernays, o bem-sucedido fundador do setor de relações públicas, como "um menino honesto quando eu o conheci. Não sei até que ponto ele se americanizou". Além disso, os Estados Unidos ofereciam aos amantes um ambiente frio. É este o sentido básico da observação de Freud a Blumgart, de que os homens americanos nunca tinham adotado uma atitude correta em relação a suas mulheres. Mas o pior de tudo era que a América tinha se escravizado àquele produto predileto dos adultos anais, o dinheiro. Para Freud, os Estados Unidos eram, numa palavra, a "Dollaria".

Nada disso é original, exceto pelo vocabulário psicanalítico; os epítetos de Freud, em sua maioria, existiam havia um século, e muitos eram lugares-comuns nos círculos por ele frequentados.** Em 1927, o psicanalista francês René

* Em *O mal-estar na civilização*, ele se absteve de juízos categóricos e se declarou disposto a "evitar a tentação de iniciar uma crítica da cultura americana", visto que queria (acrescentou gratuitamente) evitar o emprego de métodos americanos. (*Das Unbehagen in der Kultur*, *GW* XIV, p. 475/*Civilization and its discontents*, *SE* XXI, p. 116.)

** Eis apenas um exemplo extraordinário. Em 1908, Ernest Jones disse a Freud: "Os americanos são uma nação singular com hábitos próprios. Eles mostram curiosidade, mas raramente um verdadeiro interesse [...] A atitude deles em relação ao progresso é deplorável. Querem saber do método 'mais recente' de tratamento, com um olho fixo no Dólar Todo-Poderoso, e só pensam no crédito, ou 'Kudos' [renome], como dizem, que isso lhes trará. Ultimamente têm sido escritos muitos artigos elogiosos sobre a psicoterapia de Freud, mas são absurdamente superficiais, e temo que vão condená-la categoricamente quando souberem de sua base sexual e entenderem o que ela significa". [Jones a Freud, 10 de dezembro (de 1908). Por permissão de Sigmund Freud Copyrights, Wivenhoe.]

Laforgue descrevia um americano, citado como "P.", numa frase que Freud deve ter achado apropriada: "Como um autêntico americano, P. sempre pensou que se podem comprar analistas". No mesmo ano, Ferenczi, deixando os Estados Unidos depois de uma visita prolongada, mostrou-se preocupado que os americanos neuróticos, aliás numerosíssimos, precisavam de muito mais tratamento psicanalítico, e de qualidade muito melhor, do que o que estavam recebendo. "Voltei aqui depois de muitos anos", segundo uma citação do que ele teria dito, "para ver que o interesse pela psicanálise era muito maior do que na Europa, mas também notei que esse interesse é um tanto superficial e que o lado mais profundo é algo negligenciado."

Tais opiniões deixam muito claro que Freud e seus adeptos estavam reproduzindo, frequentemente com os próprios termos, as declarações condescendentes havia anos expressas por europeus cultos. E estas, por sua vez, repetiam em larga medida as concepções de seus pais e avós, que havia um século projetavam nos americanos certos vícios, alguns verdadeiros e muitos inventados. Por muito tempo fora um jogo social favorito depreciar a mania de igualdade, a mania não menos acentuada pela novidade e o materialismo dos americanos. Já em 1822, Stendhal os ridicularizara, em seu espirituoso estudo *Do amor*, como a encarnação da anti-imaginação. Segundo ele, os americanos eram incapazes de amar: "Em Boston, pode-se deixar uma moça sozinha com um belo estrangeiro, com a certeza de que ela só vai pensar no dote de casamento de seu futuro marido". No romance *Lucien Leuwen*, Stendhal reiterou que os americanos, embora justos e razoáveis, "só pensam em dinheiro e nas formas de acumulá-lo". Poucos anos depois, Charles Dickens, visitando os Estados Unidos, foi festejado para além dos limites da paciência e vitimado por editores piratas; sua mordaz caricatura em *Martin Chuzzlewit* é um triunfo da indignação sobre a simpatia. Os americanos, conta-nos o romance, pregam a liberdade, mas vivem aterrorizados com a opinião pública, arengam sobre a igualdade enquanto mantêm escravos, são esnobes e só se preocupam em juntar dinheiro. A maior parte das conversas americanas "pode ser resumida numa palavra — dólares. Todos os seus cuidados, alegrias, esperanças, afetos, virtudes e ligações pareciam ter se fundido em dólares". Essa acusação, embora fosse um clichê na época em que Freud começou a escrever, continuou a ter interesse para os observadores europeus. Em 1904, *sir* Philip Burne-Jones condensou a velha denúncia no título de seu relato sobre os Estados Unidos — *Dólares e democracia*. "E como falam de dinheiro!", exclamou Burne-Jones. "Em trechos de conversas nas ruas, restaurantes e veículos", o que se ouve é "'dólares-dólares-dólares'". Freud tinha uma vantagem sobre Stendhal; pelo menos, como Dickens e Burne-Jones, visitara os Estados Unidos. Mas sua visão dos americanos não era mais informada.

Permanece a questão de por que Freud engoliu tão acriticamente essa mistura poderosa, mas em sua época já antiquada, de observação tendenciosa e absoluta arrogância cultural. O fato é que seu conformismo e seu radicalismo curiosamente se aliavam para manter vivo seu antiamericanismo. Como um burguês europeu convencional irrepreensível, ele pensava nos americanos da mesma forma que os outros. Comparadas a essa aceitação irrefletida dos clichês correntes, suas razões justificadas para se irritar com os americanos — a política messiânica, a resistência à análise leiga, para não mencionar a comida americana — se dissolvem na insignificância. Mas ao mesmo tempo, como um antiburguês radical em seu ideal de relações sexuais livres, ele considerava os americanos o próprio modelo da tartufice sexual. Pelo visto, enquanto reformador social, Freud moldou para si uma América que representava, na forma mais concentrada, as forças da hipocrisia que se sentia chamado a combater.

Decerto não é por acaso que seus primeiros comentários sobre os americanos se dirigiram justamente sobre a incapacidade deles — aos olhos de Freud — de sentir ou expressar amor. Alguns meses antes de visitar a Universidade Clark, ele tinha dito a Ferenczi que "temia o puritanismo do novo continente". Logo depois de voltar de Clark, ele informou a Jung que os americanos não têm "nenhum tempo para a libido". Nunca se cansou dessa crítica; deplorava "o rigor da castidade americana", ridicularizava a América "puritana" e "virtuosa". Em 1915, em sua famosa carta a James Jackson Putnam, ao qualificar de desprezíveis os costumes sexuais respeitáveis da época moderna, ele fez questão de dizer que atingiam seu pior ponto nos Estados Unidos. Um tal país iria obrigatoriamente rejeitar as verdades incômodas e pouco convencionais da psicanálise ou sufocá-las dentro de si. Em *A interpretação dos sonhos*, Freud reconheceu com bastante honestidade que, durante toda sua vida, precisara de um inimigo, tanto quanto de um amigo. Tal necessidade regressiva devia trazer consigo certo grau de simplificação excessiva e absoluta insensibilidade: o combatente, assim como a criança, divide claramente seu mundo entre heróis e vilões, para sustentar o moral e legitimar a crueldade. A América ideada por Freud correspondia a uma manifestação coletiva gigantesca do inimigo que, como dissera, lhe era indispensável.

Por tristes razões pessoais, Freud aferrou-se a essa intensa caricatura monocromática de maneira ainda mais desesperada depois da Primeira Guerra Mundial. Ele achava mortificante "trabalhar pelo dólar".* Essa dependência feria seu orgulho, mas não via como escapar a ela. Nos anos 1920, os americanos suplicavam que Freud os aceitasse para análise, e traziam a moeda forte que ele queria e dizia desprezar. Os conflitos internos provocados por este dilema não se abrandaram. Ainda em 1932, ele confidenciou a Eitingon: "Minha suspeita em relação

* No final de 1920, ele escreveu à sua filha Anna, contando que havia acabado de recusar um convite para passar seis meses em Nova York, por 10 mil dólares. Metade da quantia, calculou Freud, iria para suas despesas. É verdade que mesmo os 5 mil dólares restantes correspondiam a 2,5 milhões de coroas austríacas, mas, com os impostos e outros gastos, ele achava que poderia ganhar o mesmo em Viena. "Em outros tempos", observou irritado, "nenhum americano teria se atrevido a me fazer uma tal proposta. Mas eles contam com a nossa pobreza" — Freud empregou o termo hebraico *Daltes* — "para nos comprar barato." (Freud a Anna Freud, 6 de dezembro de 1920. Freud Collection, LC.)

à América é invencível". Em suma, junto com sua necessidade dos americanos, crescia igualmente sua animosidade contra eles. Se, ao dissecar os americanos, ele estava mostrando a natureza humana em atividade, involuntariamente também estava mostrando a sua.

TROFÉUS E OBITUÁRIOS

Nos anos em que Freud trabalhou com Bullitt no estudo sobre Woodrow Wilson, o ciclo de reconhecimento público e desgraças pessoais se acelerou. No final de julho de 1930, ele foi informado de que a cidade de Frankfurt lhe concedera o cobiçado Prêmio Goethe. A menção vinha cerimoniosamente assinada pelo prefeito de Frankfurt. "Com o rigoroso método da ciência natural", iniciava ela, no tom um tanto exagerado desses documentos, "ao mesmo tempo interpretando audaciosamente os símiles cunhados por escritores de ficção, Sigmund Freud abriu caminho até as forças motrizes da alma, e assim criou a possibilidade de se reconhecer o surgimento e a construção das formas culturais e de se curar algumas de suas enfermidades." E prosseguia: "A psicanálise não só estimulou e enriqueceu a ciência médica, mas também o mundo mental do artista e do pastor, do historiador e do pedagogo". Buscando uma linguagem apropriada à ocasião, a menção apontava as raízes da psicanálise no ensaio de Goethe sobre a Natureza, a forma "mefistofélica" como Freud havia rasgado todos os véus e sua insaciabilidade "faustiana" aliada ao "respeito pelas forças formativas-criativas adormecidas no inconsciente". Concluía com um sutil autoelogio: até então, a Freud, o "grande erudito, escritor e lutador", tinham sido negadas "todas as honras externas". Não era inteiramente exato; ele havia recebido, ao longo dos anos, alguns sinais gratificantes de reconhecimento. Mas, no fundo, a citação era justificada: Freud não fora propriamente cumulado de honras. Em novembro de 1930, ele anotou laconicamente, uma vez mais, em sua *Chronik*: "Definitivamente preterido para o Prêmio Nobel".

O Prêmio Goethe, portanto, era como um raio de sol num céu nublado e trovejante. Desviou por alguns momentos a atenção de Freud de sua luta contra debilitadoras e irritantes dificuldades pessoais e de sua preocupação com a situação mundial em rápida deterioração. A quantia vinculada ao prêmio, 10 mil marcos alemães — cerca de 2500 dólares —, pareceu-lhe um complemento oportuno para suas rendas. Um pouco surpreso com a escolha de seu nome, Freud achava que o fato de o prefeito ser judeu, embora batizado, podia ter tido alguma influência. No entanto, ficou realmente encantado que o prêmio trouxesse o nome de seu amado Goethe. Instituído em 1927, tinha sido concedido antes a Stefan George, o celebrado poeta e figura cultuada, a Albert Schweitzer, missionário e biógrafo de Bach, e a Leopold Ziegler, um filósofo da cultura. Freud estava em boa companhia. Ele escreveu um curto e elegante discurso de aceitação e propôs enviar sua filha Anna a Frankfurt como sua representante. Disse ao dr. Alfons Paquet, secretário da associação que concedia o prêmio, que estava fraco demais para viajar, mas achava que, se seu discurso fosse lido por ela, seria melhor para as festividades: "Minha filha Anna certamente é mais agradável de ver e ouvir do que eu". A ocasião se mostrou recompensadora sob vários aspectos; Freud transmitiu a Ernest Jones a impressão de Anna de que "as cerimônias", realizadas em 28 de agosto, dia do aniversário de Goethe, "tinham sido muito majestosas, e as pessoas presentes manifestaram respeito e simpatia pela análise".

O prêmio melhorou o ânimo de Freud, mas não muito, nem por muito tempo. Ele temia que a honra ilustre e oportuna pudesse atrair uma atenção inoportuna. "Creio", escreveu a Ernest Jones no final de agosto, "que esse episódio surpreendente não terá consequências no que se refere ao Prêmio Nobel ou à atitude geral na Alemanha quanto à análise. Pelo contrário, não me surpreenderia se a resistência aumentasse ainda mais". Essa preocupação continuou a perturbá-lo. Duas semanas depois, ele disse a Jones que os jornais estrangeiros estavam publicando notícias alarmantes sobre o estado de sua saúde, e atribuiu-as ao fato de ter recebido o Prêmio Goethe: "Assim eles se apressam em acabar comigo".* Mas, por mais invejosos que os outros pudessem estar, o prêmio deu a Freud uma oportunidade que lhe agradou especialmente; ele enviou a Lou Andreas-Salomé — com sessenta e tantos anos, agora frequentemente enferma e não muito próspera — mil marcos alemães, com uma nota encorajando-a a aceitar: "Desta maneira, posso desfazer parte da injustiça cometida na outorga do prêmio". O fato de ainda poder dar fazia-o sentir-se mais vivo, e talvez até um pouco mais jovem.

Ele precisava desse tipo de consolo. A época de longas viagens de descobrimento tinha se findado para Freud; aqueles passeios restauradores que fizera com o irmão Alexander, Ferenczi, Minna Bernays ou a filha Anna, pelo ensolarado mundo mediterrânico clássico, eram agora apenas lembranças. Para se manter nas proximidades de seu cirurgião, Freud agora escolhia estâncias de veraneio perto de Viena. Um charuto era uma festa, um supremo prazer roubado, digno de comentários. Na primavera de 1930, Freud informou a Ernest Jones, escrevendo de Berlim, onde experimentava uma nova prótese, que no mês anterior o "coração, estômago e intestinos" estiveram tão mal que ele precisou se internar por um breve período num sanatório. O pior de tudo é que tinha desenvolvido "uma intolerância absoluta por charutos". Jones, plenamente familiarizado com o vício de Freud, mandou uma mensagem solidária, à qual Freud respondeu esperançoso poucos dias depois: "Apenas ontem provei o primeiro e, por enquanto único, tímido charuto por dia". Durante seus meses de

* Ainda em junho de 1931, ele escreveu a Jones: "A conduta dos meus contemporâneos mudou, desde o Prêmio Goethe, para um reconhecimento confessadamente relutante, apenas para mostrar como tudo isso significa pouco. Uma espécie de prótese suportável que não devia constituir o único ou principal objetivo da vida". (Freud a Jones, 2 de junho de 1931. Ditado a Anna Freud. Freud Collection, D2, LC.)

trabalho na cidade, ele continuava a analisar psicanalistas recém-formados, embora com uma agenda reduzida, enquanto o dr. Pichler frequentemente o visitava para examinar o palato, atento a sinais de tumores malignos, e realizar pequenas operações dolorosas em pontos de aparência suspeita. Ao agradecer a Lou Andreas-Salomé por uma carta afetuosa por ocasião de seu 74º aniversário, em maio de 1930, Freud lamentou que estava pagando um alto preço pela saúde que lhe restara: "Deixei totalmente de fumar, depois que isso me serviu durante exatamente cinquenta anos como proteção e arma no combate com a vida. Assim, estou melhor do que antes, mas não mais feliz". Ele assinou como seu "Velhíssimo Freud". Era um sinal de afeto, como um aceno de mão alegre e ligeiramente trêmulo.

Enquanto isso, as fileiras em torno de Freud estavam se reduzindo. Seus velhos parceiros de cartas, com quem tinha jogado *tarock* todas as noites de sábado, estavam desaparecendo. Leopoldo Königstein, o oftalmologista que fora seu amigo íntimo desde os dias de estudante, morreu em 1924; Ludwig Rosenberg, outro de seus velhos amigos médicos, morreu em 1928. Oscar Rie seguiria logo depois, em 1931. Esses homens estavam entre os poucos com quem Freud mantivera relações íntimas, empregando o tratamento *du*. Entre esse prezado grupo não analítico, apenas o arqueólogo Emanuel Löwy, com o mesmo entusiasmo de Freud por antiguidades e evidentemente mais informado, continuava a aparecer para uma visita e longas conversas.

Sua família não foi poupada. Em setembro de 1930, a mãe de Freud morreu, na idade avançada de 95 anos. Freud se despedira dela no final de agosto, no mesmo dia em que uma delegação de Frankfurt chegou à Berggasse 19 com o diploma do Prêmio Goethe. Amalia Freud tinha conservado sua energia, o gosto pela vida e a vaidade até uma idade muito adiantada. Sua morte trouxe à tona pensamentos que Freud tinha posto de lado durante muito tempo. Justamente no ano anterior, quando faleceu a mãe de Eitingon, ele havia ponderado em sua carta de condolências que "a perda de uma mãe deve ser algo realmente extraordinário, incomparável a qualquer outra coisa, e despertar emoções difíceis de entender". Agora, ele sentia e tentava entender precisamente essas emoções. "Certamente não se pode dizer o que tal experiência pode fazer em camadas mais profundas", ponderou a Ernest Jones, "mas superficialmente sinto apenas duas coisas: o aumento de liberdade pessoal que adquiri, visto que sempre foi uma ideia terrível pensar que ela fosse ter notícia de minha morte, e em segundo lugar a satisfação de que ela finalmente obteve a libertação a que adquirira o direito numa vida tão longa." Acrescentou que não sentia pesar nem dor, e decidira não assistir ao funeral. Como disse em justificativa ao irmão Alexander, ele não estava tão bem quanto as pessoas pensavam, e ademais não gostava de cerimônias. A filha Anna o representou, como fizera em Frankfurt cerca de duas semanas antes. "Dificilmente se poderia exagerar", escreveu ele a Ernest Jones, "a importância dela para mim." Seu principal sentimento com a morte da mãe foi uma sensação de alívio. Ele agora podia morrer.

Na verdade, Freud ainda tinha pela frente muita vida e muito sofrimento, e mesmo alguns prazeres. Em janeiro de 1931, David Forsyth, um de seus "alunos" ingleses pelos quais tinha muito apreço, convidou-o a apresentar a Conferência Comemorativa Huxley. Era um acontecimento bienal prestigioso, descrito por Forsyth como o "valor mais elevado dentro da nossa capacidade de presentear o trabalho científico a que sua vida foi dedicada". Refletidamente, ele anexou uma lista dos homens importantes que tinham discursado em ocasiões anteriores. Entre eles, constavam o grande cirurgião inglês Joseph Lister, nobilitado por ter introduzido a antissepsia, e o famoso psicólogo russo Ivan Petrovitch Pavlov. Freud tinha plena consciência do quanto significava tal convite. "É uma enorme honra", disse a Eitingon, "e desde R. Virchow, 1898, nenhum alemão recebeu esse convite." Apesar de suas irritadas negativas em tom categórico, nele ainda sobreviviam visivelmente alguns resquícios de sua identidade germânica. Mas, mesmo que se sentisse profundamente pesaroso em recusar, o convite chegara com um atraso de muitos anos. Ele simplesmente não tinha saúde suficiente para viajar, nem condições de expressão suficientes para discursar. Com efeito, no final de abril, ele foi obrigado a se submeter a outra operação dolorosa, o que lhe custou muito, física e psicologicamente. Sentia que estava na mesma situação em que estivera em 1923, antes de suas grandes operações: com a vida em risco. "Esta última doença", confidenciou ele a Ernest Jones logo a seguir, "terminou com a segurança que desfrutei durante oito anos." E queixou-se de ter perdido grande parte de sua força de trabalho. Estava "fraco, incapacitado e limitado para falar", disse a Arnold Zweig, "de forma alguma uma amostra agradável de realidade". Só voltou do hospital para casa em 5 de maio, na véspera de seu 75º aniversário.

O dia seguinte trouxe comemorações que ele se empenhara ao máximo, e em vão, para evitar. Elas irromperam sobre ele, disse a Lou Andreas-Salomé, como uma "inundação". Freud podia vetar os festejos, mas não deter a avalanche de cartas de amigos e estranhos, psicanalistas, psiquiatras e literatos admiradores. Os telegramas amontoavam-se, vindos de organizações e altas personalidades, e a Berggasse 19 foi inundada por flores. Um congresso alemão de psicoterapeutas programou pronunciamentos em sua homenagem, e adeptos seus em Nova York organizaram um banquete comemorativo no Ritz-Carlton, com discursos de William Alanson White e A. A. Brill, secundados por celebridades como Theodore Dreiser e Clarence Darrow. "Homens e mulheres saídos das fileiras da psicanálise, medicina e sociologia", dizia o telegrama enviado a Freud, "estão reunidos em Nova York para se homenagearem homenageando em seu 75º aniversário o explorador intrépido que descobriu os continentes submersos do ego e deu uma nova orientação à ciência e à vida." O prefeito de Frankfurt,

Alfons Paquet, Romain Rolland, todos lembraram a data. Albert Einstein escreveu um bilhete muito elogioso: todas as terças-feiras, ele estava lendo Freud com uma amiga, e sentia-se assoberbado pela "beleza e limpidez" de seus textos. "Afora Schopenhauer", acrescentou Einstein com delicadeza, "não existe ninguém para mim que seja, ou tenha sido, capaz de escrever assim." Mas a vitória das ideias de Freud sobre o ceticismo de Einstein não era completa; sendo "pouco sensível", observou Einstein, ele oscilava entre a "crença e a descrença". O Clube Herzl cumprimentou Freud "reverentemente" como "o filho do nosso povo, cujo 75º aniversário é um dia de alegria e orgulho para todo o povo judeu", ao passo que instituições vienenses como a Clínica Neurológica Psiquiátrica e a Associação para a Psicologia e Psicopatologia Aplicada enviaram seus votos mais calorosos.

Freud recebeu alguns desses tributos com frieza, e mesmo ressentimento. Quando soube em março que a Sociedade dos Médicos, em comemoração a seu aniversário, propunha torná-lo membro honorário, ele lembrou amargamente as humilhações que lhe tinham sido infligidas pela instituição médica vienense, décadas atrás. Na privacidade de uma carta a Eitingon, ele qualificou a indicação de repulsiva, reação covarde a seus êxitos recentes; pensava em aceitá-la com um agradecimento breve e distante. Uma carta de congratulações, porém, pode tê-lo divertido. Foi a de David Feuchtwang, o principal rabino de Viena, que afirmava carinhosamente que "o autor de *O futuro de uma ilusão* está mais próximo de mim do que pensa". Era o tipo de proximidade que Freud podia dispensar.

Aos poucos, a enchente foi diminuindo, e Freud começou a enfrentar a montanha de mensagens, cada uma demandando uma resposta. Mas ainda estava por vir outra comemoração, uma honra que o deixou muito mais satisfeito do que se sentira em seu aniversário, provocando uma franca nostalgia. Como anunciava o convite impresso, num alemão ligeiramente inseguro, iria haver no domingo, 25 de outubro, uma "Inauguração de uma Placa Comemorativa na Casa do Nascimento do Professor Dr. Sigmund Freud em PRÍBOR-Freiberg, Morávia". Ele não tinha condições de comparecer, mas a dimensão e a qualidade da delegação Freud — os filhos Martin e Anna, o irmão Alexander, os adeptos leais Paul Federn e Max Eitingon — refletem a importância que ele atribuiu à ocasião. A cidadezinha estava enfeitada com bandeiras para o evento, e mais uma vez, como era constante nesses anos, Anna Freud falou pelo pai. A carta por ela lida é breve e eloquente. Freud agradecia ao prefeito e a todos os presentes pela honra que lhe conferiam ainda em vida, enquanto o mundo ainda estava dividido sobre o valor de sua obra. Ele havia deixado Freiberg aos três anos de idade e, lembrou Freud, voltara aos dezesseis, como estudante em férias. Aos 75 anos, achava difícil rememorar aqueles tempos distantes. Mas de uma coisa, escreveu Freud, ele tinha certeza: "No fundo de mim, encoberta, ainda vive aquela criança feliz de Freiberg, o filho primogênito de uma mãe jovem, que havia recebido as primeiras impressões indeléveis desse ar, dessa terra".

Em seu 75º aniversário, Freud tinha se sentido triste demais para ver alguém fora do círculo familiar mais próximo. Uma exceção notável, e talvez a única, foi Sándor Ferenczi, então em Viena. Freud concedeu-lhe cerca de dois minutos, penhor da relação especial que unia os dois homens havia mais de vinte anos. Ferenczi fora um ouvinte fiel de Freud, sem temer nenhum voo imaginativo e, mais importante, havia escrito artigos brilhantes. Mas, por alguns anos, houvera um considerável esfriamento entre eles. Os dois nunca brigaram, mas as exigências insaciáveis de Ferenczi por familiaridade e reconforto, para não mencionar o ressentimento latente pelo mestre que adorava, tinham cobrado seu preço. Algumas vezes, a amizade trouxe a ambos tanta dor quanto prazer. Como analisando de Freud, Ferenczi explorava o privilégio de lhe falar e escrever sem reservas; Freud, por seu lado, muitas vezes parecia um pai pouco à vontade, por vezes exasperado. Em 1922, Ferenczi perguntou-se em voz alta, fazendo um pouco de autoanálise, por que não escrevia com mais frequência a Freud: "Não cabem dúvidas de que eu também não poderia resistir à tentação de 'presenteá-lo' com a totalidade das emoções ultraternas e ultrassensíveis apropriadas para meu pai físico. O estágio em que agora pareço me encontrar é um desmame — gravemente atrasado — e a tentativa de me submeter ao meu destino". Achava que, daí por diante, seria um colaborador mais agradável do que fora naquela catastrófica viagem de férias ao sul, que fizera com Freud antes da guerra.

Na verdade, Ferenczi nunca desmamou inteiramente de sua dependência em relação a Freud, nem da raiva que se seguiu a ela. Um sintoma ostensivo de sua ambivalência era uma efusão de adulações, que não agradava a Freud. "Parece que o senhor — como sempre — está certo", Ferenczi dissera a ele tipicamente, em 1915. Freud tentava evitar essas adulações, fazendo votos que Ferenczi o idolatrasse um pouco menos. Depois da guerra, lamentando que dificilmente conseguiria equilibrar seu orçamento mesmo fazendo de nove a dez análises por dia, Ferenczi manifestou sua admiração extravagente pela "fonte inesgotável de energia" de Freud. Nessa ocasião, a reação de Freud foi mais brusca do que o usual: "Naturalmente, gosto de saber que o senhor entra em êxtase com minha juventude e produtividade, como demonstra em sua carta. Mas em seguida, quando volto ao princípio de realidade, sei que não é verdade". No final do verão de 1923, escrevendo da "maravilhosa cidade de Roma", Ferenczi relembrou a época em que ele e Freud tinham visitado juntos os "lugares sagrados" da cidade: "Incluo aqueles dias entre os mais belos de minha vida, e penso com gratidão no guia incomparável que o senhor foi para mim". Ferenczi não via, não conseguia ver que Freud não era, como afirmou certa vez com uma viva imagem, "nenhum super-homem da ψA", e que queria ser não um guia, mas um amigo.

Por mais perturbadores que fossem os elogios de Ferenczi a Freud, seus silêncios intermitentes eram ainda mais desconcertantes. Uma vez, no início da amizade entre ambos, durante um desses silêncios, Freud enviou a Ferenczi uma carta composta inteiramente de pontos de interrogação entre a saudação inicial e a assinatura. Foi um gesto de admoestação que pode ter repetido algumas vezes. É claro que, às vezes, o próprio Freud falhava em manter o contato. "Nossa correspondência, antigamente tão viva, adormeceu ao longo desses últimos anos", escreveu ele a Ferenczi em 1922. "O senhor escreve apenas raras vezes, e eu respondo ainda mais raramente." Mas, de modo geral, o silencioso era Ferenczi. No final de junho de 1927, voltando de sua viagem aos Estados Unidos, Ferenczi visitou Londres, mas evidentemente deixou de parar em Viena, e Freud manifestou alguns sentimentos ambíguos a respeito. "Certamente não é carinhoso", escreveu ele a Eitingon, "que ele não tenha nenhuma pressa em me visitar. Mas não sou difícil de contentar. Provavelmente, trata-se de algum tipo de esforço de emancipação". Contudo, Freud não podia manter a distância da pura análise. "Quando se fica muito velho", acrescentou com certa mágoa, "no final tem-se todo mundo contra si." Eitingon também não gostou do que viu. "Devo confessar", disse ele, "que, desde meu encontro com F[erenczi] aqui em Berlim, fiquei, e estou, realmente alarmado." Em dezembro, Freud manifestou diretamente sua preocupação a Ferenczi: "Caro Amigo", escreveu ele, "o que significa seu silêncio? Espero que não esteja doente. Mande notícias antes do Natal".

Mas Ferenczi não ajudava. Atormentado como estava, ele continuou a oscilar entre a loquacidade e o afastamento. Assim, se em 8 de agosto de 1927 Freud podia informar a Eitingon que "Agora estamos nos correspondendo mais animadamente", pouco mais de duas semanas depois as coisas tinham mudado. "A correspondência com Fer[enczi] novamente cessou de súbito. Francamente", confessou Freud, "não o entendo de forma alguma." Uma coisa que Freud veio a entender, ou pelo menos se dispôs a supor, foi que as extraordinárias inovações de Ferenczi na técnica psicanalítica, que Freud de início recebeu bem e depois deplorou, não eram iniciativas puramente profissionais, mas "expressão de insatisfação interior".

Ferenczi deu provas numerosas em apoio a esse diagnóstico hesitante. Em 1925, numa carta notável, Ferenczi disse a Freud: "Sobre minha saúde, não posso (com a maior relutância) informar nada de triste". Parecia decidido a estar mal. No começo de 1930, ele escreveu a Freud uma longa carta, onde se queixava de sintomas inquietantes, inclusive o medo de envelhecer prematuramente. Em novembro do mesmo ano, Freud informou que não tinha recebido notícias de Ferenczi e temia que, "apesar de todos os nossos esforços, ele está ficando cada vez mais isolado". Ferenczi estava plenamente alerta sobre sua situação. "O senhor bem pode imaginar", disse a Freud em meados de setembro de 1931, "como é difícil recomeçar após uma interrupção tão longa. Mas ao longo de sua vida", alegou ele, misturando desejo e esperança, "o senhor tem encontrado tanta coisa que é humana que também entenderá e perdoará um tal estado, como este autorrecolhimento." Disse a Freud que estava imerso num "trabalho científico interno e externo de purificação muito difícil", até o momento sem nenhum resultado conclusivo. Freud, encantado em ter notícias de Ferenczi, respondeu de imediato. "Finalmente, mais um sinal de vida e amor de sua parte!", exclamou ele com a antiga cordialidade. "Depois de tanto tempo!", Freud disse francamente a Ferenczi que não tinha "nenhuma dúvida de que o senhor, com essas interrupções no contato, está se distanciando cada vez mais de mim. Digo e espero: não se separando." Mas não assumia a responsabilidade pelo estado de espírito desagradável de Ferenczi: "Segundo seu próprio testemunho, eu sempre respeitei sua independência". Mas tal independência, insinuou Freud, não precisava ser comprada ao preço da separação.

Embora Freud, após anos de observação benévola, viesse a interpretar as inovações psicanalíticas de Ferenczi como agourentas, ele achava necessário avaliá-las pela sua relevância técnica, à parte de seu caráter sintomático. Afinal, Ferenczi era havia muito tempo um membro importante e de grande destaque no movimento psicanalítico internacional, autor influente, original e prolífico. "A interessante relação simbiótica entre o paciente atendido e o médico assistente parece estar se estabelecendo de modo geral", dissera Ferenczi a Freud já no verão de 1922. "Eu, por exemplo, estou levando a minha junto comigo para Baden-Baden." No final dos anos 1920, ele havia avançado muito além dessa maneira relativamente inócua de lidar com as transferências de suas pacientes. Embora não revelasse inteiramente a Freud o que fazia na hora de análise, Freud soube através das pacientes de Ferenczi, como Clara Thompson, quão ativamente o analista amava seus analisandos e permitia-lhes, por sua vez, que o amassem.

Finalmente, nos últimos meses de 1931, a crescente apreensão de Freud quanto às experiências de Ferenczi com o afeto de seus pacientes venceu seu respeito, tantas vezes professado, pela autonomia dele. "Como sempre, gostei de sua carta — menos do conteúdo", disse severamente a Ferenczi numa comunicação de quatro páginas dedicadas a um único tema, a técnica psicanalítica de Ferenczi. Freud julgava improvável que Ferenczi mudasse de ideia acerca de suas inovações, mas o caminho em que entrara, na opinião de Freud, "não [era] fecundo". Não estava sendo puritano, assegurou a Ferenczi, nem limitado pelo convencionalismo burguês. Mas a via adotada por Ferenczi com seus pacientes parecia a Freud um convite à catástrofe. "O senhor não fez nenhum segredo do fato de que beija suas pacientes e permite que lhe beijem." Certamente, um beijo pode ser considerado inofensivo. As pessoas na União Soviética têm grande liberdade com essas saudações. "Mas isso não altera o fato de que não vivemos na Rússia, e que entre nós um beijo significa uma inconfundível intimidade erótica." A técnica psicanalítica aceita era sólida e inequívoca: "deve-se negar gratificações eróticas" aos pacientes. A "ternura materna" de Ferenczi se desviava dessa regra. Freud achava que Ferenczi tinha duas opções: podia ocultar ou publicar o que estava fazendo. A primeira era desonrosa, a segunda permitia que os extremistas fossem além dos beijos de Ferenczi, para carícias mais íntimas. "Agora imagine quais seriam as consequências se sua técnica fosse publicada." Se Ferenczi estava desempenhando o papel de mãe terna, ele, Freud, ao desempenhar o de pai "brutal", só podia adverti-lo, mas receava que a advertência fosse inútil, pois Ferenczi parecia decidido a seguir seu próprio caminho. "A necessidade de autoafirmação desafiadora, ao que me parece, é mais forte em si do que o senhor reconhece." Mas pelo menos, concluía Freud, ele cumprira com seu papel paterno.

Ferenczi respondeu mais ou menos longamente, em tom pacífico. "Considero que sua angústia quanto a eu estar me tornando um segundo Stekel é infundada." A técnica que ele havia desenvolvido no começo dos anos 1920, a chamada "terapia ativa, com vistas a acelerar as análises, tinha se mostrado excessivamente ascética; portanto, havia tentado "relativizar" a "rigidez das proibições e impedimentos" da hora de análise, criando uma atmosfera que fosse "branda, desapaixonada". Ferenczi concluía que, tendo superado a dor que a interpretação inflexível de Freud lhe provocara, esperava que suas divergências não interferissem em sua "concordância amigável pessoal e científica".

No começo de janeiro de 1932, Ferenczi começou a manter o que chamou de um "diário clínico", uma coleção volumosa, íntima, vívida de perfis psicanalíticos, reflexões teóricas, e técnicas e comentários sobre Freud, ao mesmo tempo perspicazes e desrespeitosos. Esse diário, que Ferenczi terminou no verão, tendo preenchido mais de duzentas páginas, consiste num empenho um tanto árido, muitas vezes agitado, de autoanálise e registro honesto. Ele estava prosseguindo sua penosa discussão com Freud por outros meios, procurando esclarecer seus procedimentos para si próprio e descobrir seu lugar e posição entre as fileiras freudianas. Muito do que Ferenczi escreveu não surpreenderia Freud; muito desconcertaria até mesmo a ele.

O diário de Ferenczi se inicia com uma denúncia da "insensibilidade" do analista clássico, sua "maneira afetada de cumprimentar, a exigência formal de 'dizer tudo', sua assim chamada atenção equiflutuante". Tudo isso era impostura. Insultam o paciente, diminuem a qualidade de seus comunicados e fazem com que ele duvide da realidade de seus sentimentos. Em agudo contraste, a atitude analítica recomendada por Ferenczi, que a explorou continuamente nos meses seguintes, brotava da "naturalidade e sinceridade" do analista. Essa atitude, que vinha cultivando havia anos, levou Ferenczi a expressar uma "profunda empatia" com seus analisandos, enfrentando calmamente todos os problemas gerados por essa disposição amistosa. Ele observou — as censuras de Freud não eram imaginárias — que algumas de suas pacientes o beijavam, gesto que Ferenczi permitiria e analisaria a seguir "com total ausência de afeto". No entanto, havia ocasiões em que "experimentar os sofrimentos de outros, e os meus próprios, traz uma lágrima a meus olhos", momentos de "emoção", insistiu ele, que não se deviam ocultar ao paciente. Na prática de Ferenczi, nada restara do analista frio e impessoal — o cirurgião da alma —, sobre o qual Freud havia escrito tão categoricamente antes da Primeira Guerra Mundial, mesmo que o próprio Freud tivesse demonstrado maior emoção do que faziam supor suas gélidas metáforas.

O diário clínico de Ferenczi registra amplamente que seu objetivo era converter os analisandos em parceiros completos. Ele recomendava e praticava o que chamou de "análise mútua". Quando um paciente reivindicava o direito de analisá-lo, Ferenczi admitia a existência de seu próprio inconsciente e chegava ao ponto de revelar detalhes de seu passado. Seja dito que ele se sentia um tanto inquieto em relação a tal procedimento: não era saudável para um paciente descobrir que outro paciente estava analisando Ferenczi, ou, para Ferenczi, confessar mais do que um paciente seria capaz de absorver. Mas achava que "o humilde reconhecimento das próprias fraquezas, desapontamentos e experiências traumáticas para o paciente" acabaria por eliminar os sentimentos de inferioridade e a distância dele em relação ao analista. "Na verdade, damos aos pacientes o prazer de serem capazes de nos ajudar, de se tornarem, por assim dizer, nossos analistas durante um período, o que justificadamente aumenta o amor-próprio deles."

Esse profundo desprezo pela técnica psicanalítica tradicional tinha uma natureza mais do que simplesmente técnica. O desejo apaixonado de Ferenczi pela harmonia emocional, praticamente uma fusão com seus analisandos, fazia parte integrante de seu senso místico de união com o universo, uma espécie de panteísmo autoconstruído. Freud havia escrito que a psicanálise confrontara os arrogantes seres humanos com a terceira injúria narcisística: Copérnico havia deslocado a humanidade do centro do mundo, Darwin obrigara-a a reconhecer seu parentesco com os animais, e ele, Freud, mostrara que a razão não é senhora em seu próprio lar.* "Talvez", escreveu Ferenczi, comentando essa passagem famosa, "esteja reservada a nós uma quarta 'injúria narcisística': a saber, que mesmo a inteligência da qual nós, enquanto analistas, ainda somos tão orgulhosos, não é nossa propriedade, mas precisa ser recuperada ou regenerada através da emanação rítmica do ego para o universo, que é o único onisciente — portanto, inteligente". Ferenczi apresentava tais reflexões com certa hesitação, mas sentia-se inegavelmente orgulhoso delas. "As suposições audaciosas referentes ao contato entre o indivíduo e todo o universo não devem ser consideradas simplesmente do ponto de vista de que esse Todo-Sapiente capacita o indivíduo para realizações especiais, mas (e esta é talvez a coisa mais paradoxal que jamais foi dita) que tal contato também poderia ter um efeito humanizador sobre todo o universo." Sua "utopia" era *"a eliminação dos impulsos de ódio, um fim da cadeia sangrenta, como que vingativa, de crueldade, a progressiva domesticação de toda a natureza através do controle pelo conhecimento"*. O futuro da psicanálise, especulava Ferenczi, poderia contribuir para alcançar esse objetivo eminentemente desejável: uma época em que "todos os impulsos egoístas do mundo, que atravessam um cérebro humano, estejam domesticados". Ferenczi estava perfeitamente ciente de que estava se afastando de terrenos já palmilhados. No meio de suas especulações, ele agradecia a Georg Groddeck, que se tornara amigo de confiança, cuja "imaginação 'científica'" — as aspas irônicas em "científica" são expressivas — o "induziu ocasionalmente a excursões para além do inconsciente, até o assim chamado metafísico".

Tal metafísica confusa e abstrata não prejudicou de forma alguma o espírito crítico de Ferenczi. Na intimidade de seu diário, ele analisou algumas fraquezas de seu mestre com uma perspicácia ao mesmo tempo intensificada e distorcida por ressentimentos antigos e havia muito escondidos. Via-se a si próprio como o homem que Freud tinha "praticamente adotado como filho, contra todas as normas técnicas que ele próprio estabelecera". Na verdade, ele lembrou que o próprio Freud

* Ver p. 484-5.

lhe havia dito que ele, Ferenczi, era "o herdeiro mais consumado de suas ideias".* Mas, quer o herdeiro houvesse de ser ele ou Jung, Freud parecia ter se convencido de que, uma vez que o filho estivesse pronto para assumir o lugar do pai, este deveria morrer. Por isso, achava Ferenczi, Freud não podia permitir que seus filhos crescessem, mas, como mostravam seus ataques histéricos, era ele próprio (Freud) obrigado a regredir à infância — ao que Ferenczi chamou de "humilhação infantil" que Freud sentiu quando "suprimiu sua vaidade americana". Seguindo esse raciocínio, Ferenczi chegou a uma interpretação original dos sentimentos antiamericanos de Freud: "Talvez seu desprezo pelos americanos seja uma reação a essa fraqueza, que não poderia esconder de nós nem de si mesmo. 'Como eu poderia apreciar tanto as honras americanas, se tanto desprezo os americanos?'".

O medo de Freud à morte, argumentou Ferenczi, mostrava que Freud filho tinha desejado matar seu próprio pai. E isso o levara a desenvolver a teoria do Édipo parricida. De fato, julgava Ferenczi, a concentração de Freud sobre a relação pai-filho levara-o a exageros. Certamente, Ferenczi — que, como ele mesmo confessou, era tão venerador, ficava tão emudecido diante do mestre, tão relutante em contradizê-lo, tão assoberbado por "fantasias de príncipe herdeiro" — podia falar dessa relação com particular sensibilidade. Mas Ferenczi tinha um argumento. Aquela concentração temática, afirmou ele, tinha levado a teoria sexual de Freud a uma "direção andrófila unilateral", obrigara-o a sacrificar o interesse da mulher pelo do homem e a idealizar a mãe. Ferenczi levantou a hipótese de que o fato de ter presenciado a cena primária podia ter deixado Freud "relativamente impotente". O desejo do filho pela "*castração do pai, o potente, uma reação à humilhação vivida, leva à construção de uma teoria em que o pai castra o filho*". O próprio Ferenczi, como provam outras passagens de seu diário clínico, estava ocupado em rever a teoria do complexo de Édipo de Freud. Ele não duvidava da existência da sexualidade infantil, mas estava convencido de que os adultos, geralmente os pais, muitíssimas vezes estimulavam-na artificialmente, com frequência abusando sexualmente de seus filhos.

Ferenczi não era acrítico em relação à sua conduta servil diante de Freud. Tinha demorado para enfrentá-lo, caíra em extremos radicais em seus experimentos técnicos. Mas agora sentia-se "com benevolência e naturalidade", cheio de boa vontade, empenhado em "trabalhar pelo conhecimento e, portanto, como ajudante". Contudo, nessa autoanálise impiedosa, Ferenczi deixou claro que sua subordinação a Freud, sua fantasia secreta como "grão-vizir" de Freud tinham finalmente levado à decepcionante percepção de que seu mestre "não ama ninguém, apenas a si mesmo e a seu trabalho". Resultado: "ambivalência". Foi somente depois de libertar sua libido de Freud, concluiu Ferenczi, que ousou se lançar às "inovações técnicas 'revolucionárias'" — tal como apontar como causa

* Não encontrei nenhuma confirmação independente dessa pretensão, embora, como sabemos, certa vez, no início da amizade entre ambos, Freud tenha pensado rapidamente em Ferenczi como genro. (Ver p. 317.)

das neuroses "a atividade, passividade, elasticidade, retorno ao trauma (Breuer)". Mas, por mais comovente que possa ter sido esse autoexame, Ferenczi estava enganado. Por mais que tentasse, ele nunca deixou totalmente de ser o filho imaginativo, teimoso e sofredor de Freud.

Não admira que os esforços de Ferenczi em minimizar suas diferenças com Freud e os esforços de Freud em manter o debate num nível científico não impedissem que Freud interpretasse a conduta clínica de Ferenczi como uma revolta oculta, mas transparente, contra ele, o pai. Os longos intervalos das cartas de Ferenczi eram expressivos demais para serem ignorados. "Ferenczi não é uma cruz para se carregar?", perguntou retoricamente a Eitingon, na primavera de 1932. "Mais uma vez, nenhuma notícia dele há meses. Ele está ofendido porque não estamos encantados com sua brincadeira de mãe e filho com suas pupilas." No final do verão, ele manifestou ainda mais plenamente sua preocupação por Ferenczi, numa carta a Ernest Jones: "Faz três anos que venho observando o crescente afastamento dele, sua inacessibilidade a advertências contra seu caminho técnico incorreto, e, provavelmente o mais decisivo, uma hostilidade pessoal em relação a mim, à qual certamente dei ainda menos motivos do que em casos anteriores". Era uma nota ameaçadora: Freud, em particular, estava comparando Ferenczi aos outros dissidentes. Como acontecera com os outros, principalmente com Jung, Freud agora sentia a hostilidade de Ferenczi como um desejo de morte contra si; talvez Ferenczi estivesse sendo tão difícil "porque ainda estou por aqui". Era provável, predisse Freud no verão de 1932, que ele tomasse o caminho de Rank. Não era uma perspectiva que agradasse a Freud.

Outras questões polêmicas, surgindo naqueles dias já bastante tensos, exacerbaram ainda mais as tensões entre ambos. Ferenczi queria ocupar a presidência da Associação Psicanalítica Internacional, cargo a que certamente seu longo e dedicado trabalho lhe dava direito. Mas Freud confessou sua ambivalência: ele disse a Ferenczi que ocupar o cargo honorífico poderia obrigá-lo a se curar do seu isolamento e seus desvios técnicos. Mas isso exigiria que Ferenczi abandonasse "a ilha dos sonhos na qual o senhor vive com seus filhos de fantasia" e retornasse ao mundo. O que seria difícil, insinuou Freud. Ferenczi levantou objeções a essa avaliação: Freud não devia supor que suas expressões — "'vida onírica', 'devaneios', 'crise da puberdade'" — significassem que, de sua "relativa confusão", não pudesse resultar algo de útil. Isso foi em maio de 1932. Em meados de agosto, Ferenczi decidiu, "depois de uma longa hesitação atormentada", retirar sua candidatura. Disse a Freud que estava empenhado demais na reavaliação de seus procedimentos clínicos, os quais se afastavam da prática analítica aceita; nessas condições, seria francamente desonesto aceitar a presidência.

Freud, de volta ao redemoinho da política psicanalítica, agora tergiversava. No final de agosto, declarou que lamentava a decisão de Ferenczi e recusou-se a aceitar suas razões. Mas, concluía ele, deixando uma saída para si mesmo, Ferenczi devia conhecer melhor seus próprios sentimentos. Duas semanas depois, após a escolha de Ernest Jones para a presidência da Associação Psicanalítica Internacional, Freud comunicou a Jones sentimentos um tanto diversos: "Lamentei profundamente que a ambição manifesta de Ferenczi não fosse gratificada, mas não houve um momento de dúvida de que apenas o senhor poderia ser indicado para a liderança". Embora isso também não fosse inteiramente sincero — Freud tinha secretas reservas quanto a Jones —, a declaração se aproxima da verdadeira opinião de Freud. Seu ceticismo em relação a Ferenczi, afinal, não era novo nem súbito. "A virada de Ferenczi é, com certeza, um acontecimento extremamente lamentável", observou ele, mas ela vinha se preparando havia três anos. Sob alguns aspectos, alguém poderia corrigir Freud, ela viera se preparando havia muito mais tempo.

A "virada" de Ferenczi incluía sua redescoberta daquilo que Freud havia abandonado havia décadas — a teoria da sedução. Seus pacientes haviam lhe apresentado indicações de estupro e sedução infantil, não fantasiadas, mas reais, e ele pretendia explorar essas revelações num artigo que estava escrevendo para o congresso internacional que logo se reuniria em Wiesbaden. Em 30 de agosto, Ferenczi visitou Freud e insistiu em ler-lhe o artigo. Evidentemente, grande parte não constituía nenhuma novidade para Freud. Mas ficou desanimado com o desempenho de Ferenczi, tanto por sua conduta como pelo conteúdo de suas observações. Três dias depois, ele enviou um telegrama a Eitingon com um veredicto sucinto: "Ferenczi leu artigo alto. Inócuo, estúpido, também inadequado. Impressão desagradável".

O quão desagradável fica claro numa longa carta que Freud enviou a sua filha Anna em 3 de setembro, quando a impressão do encontro ainda estava fresca nele. Os Ferenczi, marido e mulher, tinham vindo visitá-lo no fim da tarde. "Ela encantadora como sempre; um frio gelado emanava dele. Sem maiores perguntas ou saudações, ele começou: quero ler-lhe meu artigo. Foi o que fez e eu ouvi, chocado. Ele regrediu completamente a concepções etiológicas em que acreditei e a que renunciei 35 anos atrás: que a causa regular das neuroses são traumas sexuais da infância, dito praticamente nas mesmas palavras que então usei." Ferenczi, observou Freud, passou em silêncio sobre a técnica que utilizara para reunir o material. Se Freud tivesse acesso ao diário clínico de Ferenczi, teria visto que este estava aceitando literalmente o testemunho de alguns de seus analisandos, assim como Freud tinha aceitado a palavra de seus pacientes em meados dos anos 1890. "Bem no meio disso tudo", prosseguiu Freud, Ferenczi fez "observações sobre a hostilidade dos pacientes e a necessidade de aceitar suas críticas e reconhecer os próprios erros *diante* deles." Era, evidentemente, a técnica da análise mútua, que Ferenczi vinha experimentando havia algum tempo com um entusiasmo crescente.

Freud ficou realmente consternado. A exposição de Ferenczi, disse ele a Anna, foi "confusa, obscura, artificial". No meio da leitura, Brill entrou, informou-se do que havia perdido, ouviu junto com Freud e lhe sussurrou: "Ele não é sincero". Era também a dolorosa conclusão de Freud. Omitiu o que qualificou de comentários frios e contraditórios de Ferenczi sobre seus desvios das formulações psicanalíticas clássicas do complexo de Édipo, perguntou-se como Ferenczi tinha conseguido reunir experiências inacessíveis a outros analistas, e perguntou-se também por que ele insistira em ler o artigo em voz alta. "Ele realmente quer se tornar o presidente", observou Freud. Todo o artigo, segundo Freud, inócuo como era, só poderia fazer mal a Ferenczi, mas certamente estragaria a atmosfera do congresso. "Igual a Rank, mas muito mais triste." Ele já tinha dito a mesma coisa a Eitingon no final de agosto. É claro que, no último voo imaginativo de Ferenczi, havia pouca coisa que pudesse surpreender Freud — ou sua filha. "Agora, enfim", observou Freud em seu relato para Anna, "você já ouviu parte da leitura e pode julgar por si mesma." Por mais que Freud e seus associados tentassem, não conseguiram dissuadir Ferenczi de apresentar seu artigo. Apareceu em Wiesbaden, leu o artigo, e viu-o estampado na *International Zeitschrift*, mas não em tradução inglesa para o *International Journal of Psycho-Analysis*. Durante algum tempo, manteve-se a acrimônia pelo conteúdo do artigo e pelas tentativas feitas para impedi-lo de ser lido ou publicado. Tudo isso deve ter atingido Freud de maneira muito parecida às cartas da viúva de Fliess, mais de quatro anos antes: como o reavivamento de um caso antigo e traumático que pensava ter liquidado de uma vez por todas.

Freud reconhecia que nem todos os sintomas de Ferenczi eram mensagens neuróticas de um filho descontente. "Infelizmente", escreveu a Ernest Jones em meados de setembro de 1932, "parece que, com ele, o desenvolvimento intelectual e emocional regressivo tem uma base de decadência física. Sua esposa inteligente e corajosa deu-me a entender que deveria pensar nele como uma criança doente." Um mês depois, ele informou a Eitingon que o médico de Ferenczi havia diagnosticado uma "anemia perniciosa". A condição mental e física de seu amigo apaixonado, outrora prezado, perturbou extremamente a Freud, e ele não estava disposto a precipitar um rompimento. Em dezembro, Freud desfrutou do que deve ter parecido um espairecimento oportuno, um chamado que o afastava das atuais confusões para antigas revelações. Ele leu o recém-publicado estudo do surrealista francês André Breton, *Os vasos comunicantes*, onde Breton observava — com justeza — que, ao analisar seus sonhos, Freud tinha evitado os motivos sexuais que encontrara nos sonhos de outras pessoas. Freud negou prontamente a acusação, e manteve que um relato completo de seus sonhos teria exigido certas revelações inoportunas sobre suas relações com seu pai. Breton não aceitou essa desculpa, e a correspondência foi interrompida.

Em todo caso, nada poderia manter Freud longe de Ferenczi. Em janeiro de 1933, respondendo aos cordiais votos de Ano-Novo de Ferenczi, ele lembrou a "afetuosa comunhão de vida, sentimentos e interesses" que outrora os unira, agora perturbada por "alguma calamidade psicológica". A resposta de Budapeste foi o silêncio, enquanto Ferenczi lutava com sua doença. Depois, no final de março, em tom conciliatório e autocrítico, Ferenczi prometeu deixar de lado seus "amuos infantis", e contou que a anemia perniciosa tinha voltado e que ele estava "lentamente se recuperando de uma espécie de colapso nervoso". Alarmado, Freud respondeu poucos dias depois, da sua maneira mais paternal; insistiu com Ferenczi, agora já irremediavelmente doente, que cuidasse bem de si mesmo. A discussão de suas divergências sobre a técnica e a teoria poderia esperar. Esta foi a última carta de Freud a ele; no dia seguinte, ele informou a Eitingon que Ferenczi tinha sofrido uma "grave crise de delírio", embora parecesse estar se recuperando. Mas a melhora era enganosa; Ferenczi ditou uma carta em 9 de abril, e em 4 de maio enviou a Freud uma mensagem através de sua mulher Gisela. Em 22 de maio, ele morreu.

Poucos dias depois, numa insólita resposta às condolências de Ernest Jones, Freud mesclou dor e análise, dando à análise o primeiro lugar. "Nossa perda", escreveu ele, "é grande e dolorosa." Ferenczi tinha "levado consigo uma parte dos velhos tempos"; outra parte desapareceria quando ele, Freud, também saísse de cena. Mas a perda, acrescentou, "de fato não foi nova. Durante anos Ferenczi não estava mais conosco, e na realidade nem mais consigo mesmo. Agora se pode avaliar com mais facilidade o lento processo de destruição de que ele foi vítima. Sua expressão orgânica foi uma anemia perniciosa que logo se somou a graves distúrbios motores". O tratamento hepático resultou apenas em uma melhora insignificante. "Nas últimas semanas, ele não conseguia mais andar ou ficar de pé. Simultaneamente, com uma misteriosa coerência lógica, desenvolveu-se uma degeneração mental que assumiu a forma de uma paranoia." Esta se dirigira, inevitavelmente, contra Freud. "No seu centro estava a convicção de que eu não o amava bastante, não queria apreciar seu trabalho e que eu tinha feito mal a sua análise." Isso, por sua vez, deu a chave para os famosos experimentos clínicos de Ferenczi. Como Freud vinha dizendo havia alguns anos, "as inovações técnicas [de Ferenczi] estavam relacionadas" a seus sentimentos por ele. "Ele queria me mostrar como se deve tratar amorosamente os pacientes, se se quer ajudá-los. Eram, na verdade, regressões aos complexos de sua infância, cujo maior ferimento foi o fato de que sua mãe não o amava, uma criança do meio entre outras onze ou treze, com suficiente exclusividade. E assim ele próprio se tornou uma mãe melhor, e encontrou também os filhos de que precisava." Em seu delírio, ele acreditava que um desses seus filhos, uma paciente americana a quem dedicara de quatro a cinco horas por dia, após voltar para os Estados Unidos influenciara-o com vibrações através do oceano; ele imaginava que ela o analisara e, dessa maneira o salvara.* "Assim ele desempenhava os dois papéis, era mãe e criança", to-

* Ernest Jones repete a versão de Freud, ou, talvez, se baseia em alguma fonte independente, sem dar a referência. Ferenczi, escreve Jones, "contou como uma de suas pacientes americanas, a quem ele costumava dedicar quatro ou cinco horas por dia, analisara-o e assim o curara de todos os seus problemas". Além disso, foi por telepatia, através do Atlântico. (*Jones* III, p. 178.) O diário pessoal de Ferenczi, para o ano de 1932, dá uma certa plausibilidade a essa descrição de seu estado mental perto do fim, mas não comprova realmente a afirmação. Ele comentou no diário sobre uma de suas pacientes que era tão "supersensível", que "consegue enviar 'notícias telefônicas' através de distâncias imensas. (Ela acredita em cura à distância, com a concentração de sua vontade e pensamento, mas principalmente de sua compaixão.)" (7 de julho de 1932. *Klinisches Tagebuch*. Freud Collection, B22, LC.) Mas Ferenczi não afirmou que *ele próprio* acreditava nisso.

mando como verdadeiros os relatos dela sobre estranhos traumas de infância. Foi com tais "aberrações", concluiu Freud melancólico, "que sua inteligência, outrora tão brilhante, se extinguiu". E concluiu com um fecho confidencial: "Mas queremos preservar seu triste fim como um segredo entre nós".*

A morte de Ferenczi deixou vaga a vice-presidência da Associação Psicanalítica Internacional, e Freud propôs Marie Bonaparte, não "só porque pode-se apresentá-la ao mundo exterior", mas porque "é uma pessoa de grande inteligência, capacidade masculina de trabalho, escreveu excelentes artigos, é inteiramente dedicada à causa e, como bem se sabe, também tem condições de prestar auxílio material. Agora ela fez cinquenta anos, provavelmente se afastará cada vez mais de seus interesses particulares e mergulhará no trabalho analítico. Não preciso mencionar que ela mantém sozinha o grupo fr[ancês] unido". Além disso, não era médica, e convidar uma leiga para ocupar um cargo tão elevado seria "uma demonstração clara contra a arrogância indesejável dos médicos, que gostam de esquecer que a psicanálise, afinal, não é uma parte da psiquiatria".

Esta carta a Jones é como um curto manifesto de um velho desafiando o destino. Durante os últimos dez anos, aproximadamente, Freud tinha sofrido perdas terríveis: sua filha Sophie, seu neto Heinele, seus parceiros de *tarock*, seus adeptos psicanalíticos de Abraham a Ferenczi, e, de outra forma, Rank. Fora atingido pelo câncer. O mundo estava fora dos eixos, mas não havia por que parar de analisar. Também não era uma razão para se recusar o refúgio do distanciamento humorado. Freud se parecia bastante com o pássaro apanhado no visco, num famoso poema de Wilhelm Busch, aquele ilustrador e versejador cômico que ele tanto gostava de citar. Quando o pássaro tenta inutilmente se libertar, um gato preto, antegozando uma fácil refeição, cada vez mais se aproxima furtivamente; a vítima, vendo aproximar-se o fim inevitável, decide passar seus últimos momentos a cantar intensamente. "O pássaro, parece-me", comenta Busch sabiamente, "tem senso de humor" — *Der Vogel, scheint mir, hat Humor.* E Freud também, embora duvidando cada vez mais se havia muito sentido em se esforçar.

* Em sua biografia de Freud, Jones publica apenas a parte piedosa da carta (*Jones* III, p. 179), e omite a parte analítica. Assim, o que se manteve em larga medida como segredo foi que a descrição do estado mental de Ferenczi, apresentada por Jones (que tem sido interpretada como expressão de uma rivalidade invejosa frente a um analista que, como Jones sabia, estava mais próximo de Freud do que ele), é na verdade uma transcrição quase literal do diagnóstico de Freud.

12. Morrer em liberdade

A POLÍTICA DA CATÁSTROFE

Os acontecimentos públicos que amarguraram os derradeiros anos de Freud fizeram com que suas ideias mais sombrias sobre a natureza humana parecessem pálidas. "Supérfluo dizer qualquer coisa sobre a situação geral do mundo", disse ele a Ernest Jones em abril de 1932. "Talvez estejamos apenas repetindo o gesto ridículo de salvar uma gaiola de passarinho, enquanto a casa está pegando fogo." Tendo poucos analisandos, ele passou a primavera e o verão trabalhando nas *Novas conferências introdutórias*. Apesar de todo o turbilhão político, os anos 1920, principalmente em seus meados, tinham desfrutado de estonteantes perspectivas de recuperação. Mas eram enganosas, ou, de qualquer maneira, frágeis e fugazes; a Grande Depressão, irrompendo no outono de 1929, mudou tudo.

Uma de suas consequências mais calamitosas foi a ascensão meteórica do partido Nazista de Hitler. Nas eleições de 1928 para o Reichstag, ele tivera que se contentar com doze cadeiras; nas eleições de setembro de 1930, ele disparou para um sinistro total de 107 cadeiras, inferior apenas aos social-democratas. O que tinha acontecido era bastante claro: os novos eleitores da Alemanha, e os eleitores desiludidos com os partidos de classe média paralisados pelo desemprego crescente, pelas falências bancárias, bancarrotas comerciais, para não mencionar as divergências das soluções propostas, acorreram em massa para a bandeira de Hitler. A República de Weimar resistiu até janeiro de 1933, mas desde as eleições de 1930 estava sendo governada — por Heinrich Brüning, católico conservador — por decretos de emergência. O país estava a caminho de se unir à onda totalitária.

A breve história, ao final trágica, da República de Weimar mostra quanto material inflamável, aproveitável para novas conflagrações, acumulara-se na esteira da Primeira Guerra Mundial. A Depressão, muito mais destrutiva do que os ciclos financeiros havia muito endêmicos no capitalismo moderno, ateou a chama. A Bolsa de Valores de Nova York quebrou em 29 de outubro de 1929, mas a "Terça-Feira Negra" foi muito mais um sintoma melodramático do que causa de desajustes econômicos subjacentes. Assim, a quebra rapidamente impôs sua marca às vulneráveis economias europeias, extremamente dependentes dos capitais e compradores americanos. As tarifas proibitivas que o Congresso americano aprovou em 1930, juntamente com a inflexibilidade americana quanto ao recebimento das indenizações de guerra, eram sinais de que as frágeis estruturas financeiras da Europa poderiam esperar pouca ajuda daquele quadrante. Quando o presidente Hoover, em julho de 1931, propôs uma moratória para as indenizações de guerra, era tarde demais. Enquanto políticos inábeis e vingativos se altercavam, as especulações dos investidores iam por água abaixo e as poupanças de milhões de pessoas comuns se evaporavam. Apenas alguém como William Bullitt seria capaz de achar essas catástrofes estimulantes.

Na calamidade mundial, os austríacos não estavam melhor do que os outros, e pior do que a maioria. Assediados pela insatisfação política e pela miséria econômica, não esperaram pela quebra dos mercados de capitais e dos bancos para entrarem em choques sangrentos. Em 15 de julho de 1927, ocorreram em Viena batalhas campais entre manifestantes e a polícia. Vários assassinos de direita, inquestionavelmente culpados de crimes políticos, tinham sido absolvidos por um júri complacente, e essa falha gritante da justiça levou os social-democratas às ruas. Saldo do dia: 89 mortos e um desastroso enfraquecimento da ala moderada dos socialistas. "Este verão é realmente catastrófico", Freud escreveu a Ferenczi de Semmering, seu local de férias, "como se houvesse um grande cometa no céu. Agora soubemos de um tumulto em Viena, estamos quase todos isolados e sem maiores informações sobre o que está se passando por lá e o que vai acontecer. É um assunto podre."

Freud não podia ter escolhido um adjetivo melhor. "Não aconteceu nada", ele tranquilizou o sobrinho em Manchester duas semanas depois, querendo dizer que não havia acontecido nada de desagradável a ele ou à família. Mas, acrescentou, estava-se em "más condições sociais e materiais em Viena". Poucos anos depois, quando os seguidores austríacos de Hitler começaram a importar a tática terrorista dos nazistas alemães, o fim das instituições republicanas tornou-se apenas uma questão de tempo. "A situação geral", Freud informou a seu sobrinho Samuel no final de 1930, "é particularmente sombria na Áustria."

No começo de 1931, o veto da França, Itália e outras potências frustrou a proposta austríaca de uma união alfandegária com a Alemanha; essa decisão, ratificada pelo Tribunal Mundial no outono, foi mais um passo para a catástrofe na Áustria. Em maio do mesmo ano, o Creditanstalt, o maior banco comercial de Viena, e mantendo sólidos vínculos com bancos de outros países, foi obrigado a se declarar insolvente; só foi salvo da ruína graças a uma intervenção do governo. Mas a perda da confiança e dos ativos no banco repercutiu nas economias vizinhas, todas interligadas no interior do sistema internacional como alpinistas amarrados entre si. "As condições públicas, como você pode saber", disse Freud ao sobrinho em dezembro de 1931, "estão indo de mal a pior."

Embora não pudesse se isolar totalmente desses acontecimentos consternadores, Freud estava protegido contra a miséria econômica, graças às suas sólidas fontes de renda, em sua maioria "alunos" analíticos estrangeiros que pagavam seus honorários em moedas fortes. Alguns membros de sua família foram menos afortunados. "Todos os meus três filhos têm seus empregos", notou Freud em 1931, mas seus cunhados não encontravam trabalho. "Robert [Hollitscher] não consegue um tostão em seu negócio e Max [Halberstadt] se exaure na luta contra o colapso da vida em Hamburgo. Eles vivem das mesadas que posso lhes dar." Felizmente, ele podia se permitir esse luxo. Não estava mais trabalhando em tempo integral, mas seus honorários consideráveis, 25 dólares pela hora de análise, permitiam-lhe sustentar sua família ampliada e, ao mesmo tempo, poupar algum dinheiro.*

No final de 1931, a Grã-Bretanha tinha abandonado o padrão-ouro, os bancos americanos estavam falindo em números assustadores, e por toda parte o desemprego tinha chegado a níveis espantosos. Em 1932, havia mais de 5,5 milhões de desempregados na Alemanha, e quase 3 milhões na Inglaterra. O índice de produção conta a alarmante história em números frios: se se toma como base o índice 100 para 1921, em 1932 ele caíra para 84 na Inglaterra, 67 na Itália, 53 nos Estados Unidos e na Alemanha. O custo humano foi incalculável. As tragédias pessoais — carreiras promissoras abortadas, pobreza súbita, homens instruídos vendendo cordões de sapatos ou maçãs nas esquinas, burgueses orgulhosos vivendo de roupas e alimentos dados por parentes — se tornaram coisa corriqueira por toda parte. Nos pátios dos prédios residenciais nas cidades alemãs, bandos de andarilhos, esperando alguns tostões, cantavam uma cantiga lacrimosa sobre o desemprego — *Arbeitslosigkeit*. Enquanto isso, nos Estados Unidos, Bing Crosby cantava suavemente o refrão nada suave de "Brother, can you spare a dime?" [Irmão, tem um trocado?]. Em outubro de 1932, a patética melodia de Yip Harburg tinha chegado às Dez Mais — evidentemente, ela espelhava uma preocupação generalizada. As consequências políticas eram inteiramente previsíveis: a miséria econômica gerou a busca desesperada de panaceias. Foi uma boa época para os anunciantes de remédios infalíveis; à medida que floresciam os oradores sedutores, as vozes sensatas perderam audiência.

A Áustria não foi poupada em nada. Um alto índice de desemprego não era novidade para o país; de 1923 em diante, quase 10% da força de trabalho estava

* Esse preço não era necessariamente constante, Freud, que às vezes tratava os pacientes de graça, de bom grado levava em conta os reveses financeiros de seus pacientes. Quando o americano Smiley Blanton voltou a uma breve análise com Freud, em 1935, depois de ter trabalhado com ele em 1929 e 1930, perguntou se o preço ainda era o mesmo de antes. Freud assentiu, e a seguir perguntou a Blanton se ainda lhe seria conveniente continuar a pagar esse tanto. "O tom de sua voz e o implícito de seu jeito significavam claramente que ele abateria o preço se eu não pudesse pagar a soma usual de 25 dólares a hora." [Smiley Blanton, *Diary of my analysis with Sigmund Freud* (1971), pp. 63-4.)

desocupada. Essa porcentagem média oculta algumas duras realidades: em alguns bolsões da economia austríaca, como a indústria metalúrgica, de cada dez trabalhadores, três estavam à procura de emprego. Mas na época em que o Creditanstalt quase faliu, os austríacos relembravam essas estatísticas com certa inveja, pois o desemprego agora atingia níveis inauditos. Em 1932, quase 470 mil pessoas, cerca de 22% da força de trabalho da Áustria, estavam sem trabalho; em fevereiro de 1933, o desemprego atingiu um pico sem precedentes, com 580 mil pessoas, isto é, 27% da força de trabalho. Com o fechamento de fábricas e a patética insuficiência da assistência social, regiões inteiras do país estavam sendo abandonadas ou largamente ocupadas pelos desempregados e suas famílias. Muitos sucumbiram à resignação depois de uma busca frenética e inútil de emprego, e passaram a ficar pelos parques, gastando recursos essenciais em bebidas, mas um bom número de jovens, que tinham passado da escola para a fila de distribuição gratuita de pão, interessou-se pelos remédios charlatanescos que os nazistas austríacos e congêneres tentavam vender. "Quer o senhor aos sessenta anos ainda não tenha matado o dragão da irracionalidade", foi como Freud, observando tudo isso, consolou Pfister na primavera de 1932, "não deve magoá-lo. Aos 76, eu não consegui nada melhor, e ele ainda sobreviverá a muitas outras batalhas. Ele é mais forte do que nós."

Do final de 1932 em diante, o chanceler social-cristão Engelbert Dollfuss governou a Áustria sob leis de emergência, tal como Brüning na Alemanha; no começo do ano seguinte, os alemães lhe ofereceram um modelo de governo ainda mais autoritário. Os nazistas mostraram aos austríacos, e a quem mais estivesse interessado, como assassinar a democracia. Hitler foi designado chanceler da Alemanha em 30 de janeiro de 1933, e em poucos meses ele liquidou sistematicamente os partidos políticos, as instituições parlamentares, a liberdade de expressão e de imprensa, as universidades e organizações culturais independentes e o domínio da lei. De março de 1933 em diante, Dollfuss seguiu Hitler até certa medida: ele governou sem parlamento. Mas o regime nazista foi muito além; instaurou campos de concentração para os adversários políticos e inaugurou o governo da mentira, intimidação, proscrição e assassinato. Socialistas, democratas, conservadores inconvenientes e judeus foram "expurgados" de cargos oficiais e cátedras de ensino, jornais e editoras, orquestras e teatros. O antissemitismo racial se converteu em política governamental.

Entre os primeiros judeus alemães a deixar seu país — não mais seu —, estavam os psicanalistas, incluindo Max Eitingon e Otto Fenichel, Erich Fromm e Ernst Simmel dentre mais de cinquenta outros. Procurando refúgio no exterior, descobriram que, num mundo dominado pela depressão e uma certa xenofobia defensiva, não eram muito bem-vindos. Os tempos tinham se tornado tão desesperados que mesmo alguns holandeses, geralmente imunes ao bacilo do antissemitismo, mostraram-se suscetíveis ao que um analista holandês, Westerman Holstijn, chamou de regressões "nazista-narcísicas". Dois filhos de Freud, Oliver e Ernst, que tinham se estabelecido na República de Weimar, também julgaram prudente emigrar. Para eles, escreveu Freud a seu sobrinho Samuel em Manchester, "a vida na Alemanha tinha se tornado impossível". Oliver foi para a França por algum tempo, e Ernst, definitivamente para a Inglaterra.

Em 10 de maio de 1933, os nazistas incluíram Freud indiretamente em suas perseguições, numa espetacular queima de livros. "A exclusão da literatura 'de esquerda', democrática e judaica teve precedência sobre todo o resto", escreveu o historiador alemão Karl Dietrich Bracher. "As listas negras que estavam sendo compiladas a partir de abril de 1933" incluíam os textos de social-democratas alemães como August Bebel e Eduard Bernstein, de Hugo Preuss, o pai da constituição de Weimar, de poetas e romancistas (da lista constavam Thomas e Heinrich Mann) e cientistas como Albert Einstein. "O catálogo recuava a ponto de incluir desde as obras de Heine e Marx até as de Kafka. As queimas de livros realizadas a 10 de maio de 1933, nas praças públicas das cidades e centros universitários, simbolizavam o auto de fé de um século de cultura alemã. Acompanhado por desfiles de estudantes à luz de archotes e discursos apaixonados de professores, mas encenado pelo Ministério da Propaganda, esse ato de barbárie inaugurou uma época que Heinrich Heine havia resumido com as palavras proféticas de que, onde se queimam livros, ao final também se queimam pessoas." As publicações psicanalíticas, com os livros de Freud à frente, não estiveram ausentes do grande incêndio da cultura.

Eram "tempos loucos", Freud exclamou para Lou Andreas-Salomé quatro dias depois desse evento teatral. Seus amigos concordavam, tão enfáticos quanto ele. "Na semana passada", Pfister escreveu a Freud no final do mesmo mês, "estive rapidamente na Alemanha e senti um nojo de que não vou me livrar por muito tempo. O militarismo proletário cheira ainda mais a podre do que o espírito aristocrático junker da era guilhermina. Covarde frente aos outros, ele despeja sua raiva infantil contra judeus indefesos e até saqueia bibliotecas." Freud ainda conseguia se manter sardônico e engraçado. "Que progressos estamos fazendo", disse a Ernest Jones. "Na Idade Média, teriam queimado a mim; hoje em dia, eles se contentam em queimar meus livros." Deve ter sido a frase de espírito menos premonitória que ele jamais disse.

A vida em Viena prosseguia cada vez mais precária, à medida que os poderosos vizinhos da Áustria, a Itália fascista e a Alemanha nazista, cingiam-na num abraço cada vez mais apertado e ameaçador. Contudo, as cartas de Freud durante o primeiro ano do regime de Hitler, embora sombrias e enfurecidas, tinham um certo fermento otimista. Em março de 1933 — em uma de suas últimas cartas a Freud —, Ferenczi rogou a Freud, afetuosa e freneticamente, que saísse da Áustria. Freud não queria ouvir falar nisso. Respondeu que estava velho demais, doente demais, dependendo demais de seus médicos e suas comodidades.

Tampouco era certo, tranquilizou a si e a Ferenczi, "que o regime de Hitler também vá dominar a Áustria. É realmente possível, mas todo mundo acredita que as coisas aqui não vão atingir o grau de brutalidade que têm na Alemanha". Ele reconheceu que estava deixando que seu julgamento fosse parcialmente influenciado por emoções e racionalizações. Mas "não há, suponho, nenhum perigo pessoal". E concluiu com firmeza: "A fuga, creio eu, só se justificaria se houvesse perigo direto para a vida". Em abril, numa longa carta a Ernest Jones, ele se expressou, a respeito de Hitler, de modo muito semelhante a muitos alemães no ano anterior. O nazismo austríaco, sugeriu ele, seria seguramente refreado pelos outros partidos da direita. Como velho liberal austríaco, ele compreendia que uma ditadura dos partidos de direita seria extremamente desagradável para os judeus. Mas não conseguia imaginar leis discricionárias, visto que os tratados de paz proibiam-nas expressamente e a Liga das Nações certamente interviria. "E quanto à unificação da Áustria com a Alemanha, caso em que os judeus perderiam todos os seus direitos, a França e seus aliados nunca iriam permitir." Naturalmente, observou com cuidado algumas semanas depois, "o futuro ainda depende do que vai se desenvolver a partir do caldeirão das bruxas na Alemanha". Mas, como a maioria de seus contemporâneos, ele ainda não tinha percebido que a Liga, a França ou seus aliados, uma vez postos à prova, iam se mostrar extremamente fracos.

Escrevendo a Ferenczi, ele tinha falado em racionalizações. Era a palavra certa. Embora por pouco não tivesse empreendido uma invasão da Áustria tão logo tomou o poder, Hitler estava atiçando os nazistas austríacos e seus simpatizantes paramilitares. Mas, pelo menos por algum tempo, Mussolini serviu de protetor da Áustria contra as ambições da Alemanha nazista. Enquanto isso, os boletins saídos do lar dos Freud, embora demonstrassem alguma preocupação, vinham permeados de recusa. O futuro, disse Freud ao sobrinho Samuel no verão de 1933, era extremamente sombrio. "Você sabe pelos jornais (agora sou um leitor regular do Manst. Guardian) como é incerta nossa situação na Áustria. A única coisa que posso dizer é que estamos decididos a nos manter aqui até o final. Talvez não termine mal demais." Ele estava fazendo cinco horas de análise por dia, como disse à poeta americana Hilda Doolittle, ex-analisanda sua, em outubro de 1933, e sentia-se muito contente que o trabalho que tinham feito juntos estava agora mostrando resultados: "Estou profundamente satisfeito por saber que a senhora está escrevendo, criando; foi por isso que mergulhamos nas profundezas de sua mente inconsciente, lembro-me eu". Ele esperava continuar no mesmo lugar. "Não creio que eu vá para Londres, como supõem seus bondosos amigos — pode ser que não ocorram motivos para deixar Viena."

Mas não demorou muito para que houvesse motivos suficientes, e a emigração passou cada vez mais a se afigurar a Freud como um possível curso de ação — afigurando-se tão só para ser rejeitada. Não lhe agradava a perspectiva de se tornar um refugiado: no começo de abril de 1933, pedira a Ferenczi para avaliar como seria desagradável o exílio, fosse na Inglaterra ou na Suíça. Mas, um ano depois, ele parecia menos confiante; advertiu a Pfister que, se não viesse logo a Viena, "dificilmente voltaremos a nos ver nesta vida". A viagem aérea agora estava fora de questão. Ele experimentou uma vez, em 1930, mas não repetiria. Além disso, acrescentou, "se eu fosse obrigado a emigrar, não escolheria a Suíça, notória por ser especialmente inóspita". De qualquer maneira, todo mundo achava que o que a Áustria podia esperar era "um fascismo moderado, o que quer que isso seja!".

Poucos dias antes de Freud enviar esta carta, em meados de fevereiro, o chanceler Dollfuss dera uma indicação do que poderia ser tal fascismo; ele reprimiu uma greve política em Viena, liderada pelos socialistas, com todas as forças sob seu comando. Pôs na ilegalidade os social-democratas e o pequeno partido comunista, prendeu os funcionários dos socialistas, mandou que seus líderes fossem transportados para os campos. Alguns fugiram para o exterior, outros foram presos, alguns executados. "Nossa amostra de guerra civil não foi nada agradável", informou Freud a Arnold Zweig. "Não se podia sair à rua sem identificação, a energia foi cortada durante um dia, a ideia de que podia faltar água causou muitos transtornos." Poucos dias depois, ele relatou os mesmos episódios para Hilda Doolittle: ocorrera uma semana de guerra civil, "não muito sofrimento pessoal, apenas um dia sem luz elétrica, mas a 'Stimmung' [disposição] era péssima e a sensação como que de um terremoto".

Ele lamentava as vítimas, mas um tanto friamente. "Sem dúvida", disse a H. D., "os rebeldes pertenciam à melhor parte da população, mas seu êxito teria sido muito breve e provocaria a invasão militar do país. Além disso, eram bolcheviques, e eu não espero nenhuma salvação do comunismo. Assim não podíamos dar nossa simpatia a nenhum dos lados que combatiam." Ele escreveu cáustico ao filho Ernst: "Naturalmente, os vencedores agora são os heróis e os salvadores da ordem sagrada, e os outros, rebeldes impudentes". Mas não quis condenar o regime de Dollfuss com severidade extrema: "Com a ditadura do proletariado, que era o objetivo dos ditos líderes, também não se pode viver". Os vencedores, evidentemente, agora iriam cometer todos os erros a seu alcance, e o futuro continuava incerto: "Ou um fascismo austríaco ou a suástica. Neste último caso, teremos de partir". Mas os acontecimentos sangrentos de fevereiro trouxeram *Romeu e Julieta* à mente de Freud, e ele citou a Arnold Zweig, agora estabelecido com dificuldades na Palestina, o Mercucio de Shakespeare: "Uma praga em ambos nossos lares".

A neutralidade de Freud tinha uma parte de perspicácia e uma parte de ignorância. Uma vitória da esquerda na "amostra de guerra civil" da Áustria poderia realmente provocar uma invasão das tropas alemãs pelas fronteiras austríacas. É bem verdade, ainda, que os comunistas tinham participado do levante de fevereiro, e que os social-democratas nunca haviam renunciado formalmente a seu programa revolucionário. Mas a parcela dos "bolcheviques" nos acontecimentos de fevereiro de 1934 foi ao mesmo tempo honrosa e reduzida, e as atitudes dos social-democratas pouca semelhança tinham com sua retórica radical. Freud teria feito maior justiça aos distúrbios de fevereiro, se tivesse restringido suas críticas aos eliminadores, poupando os eliminados.

Uma forma de dominar seu sentimento de impotência, como descobriu Freud, era a de se entregar a especulações sobre as perspectivas políticas. "As coisas não podem continuar assim", predisse a Arnold Zweig no final de fevereiro de 1934. "Algo necessariamente acontecerá." Como alguém num quarto de hotel, acrescentou Freud, ele estava esperando ouvir, no quarto vizinho, o som do outro sapato caindo. A situação lhe recordava "A dama ou o tigre?". Conforme se lembrava do conto, vaga e um tanto imprecisamente, um pobre prisioneiro numa arena romana espera para descobrir se, de uma porta fechada, sairia um tigre que o devoraria ou uma dama que o desposaria. Hitler podia invadir a Áustria; a variante local dos fascistas podia assumir o poder; o príncipe herdeiro dos Habsburgo, Otto, que não renunciara a suas pretensões ao trono, podia restaurar o antigo regime. Meditando sobre seu caminho no meio de todo esse turbilhão, Freud permitiu que se insinuasse na carta uma nota melancólica: "Queremos resistir aqui resignados. Afinal, para onde eu haveria de ir com a minha dependência e impotência física? E no exterior é tão inóspito por toda parte". Nesse momento de autopiedade, ele se esquecia de todos os oferecimentos de acolhida. Mas reconhecia que, se um "vice-rei hitleriano" viesse a governar Viena, ele teria de partir, não importa para onde.

A relutância de Freud em sair de Viena tornou-se um refrão em suas cartas. Não conseguia se convencer a antever um vice-rei nazista na Áustria, e a rotina o prendia em seu lugar costumeiro. Ainda fazia análises e escrevia; agradava-lhe observar que suas obras estavam sendo traduzidas para línguas tão esotéricas como o hebraico, o chinês e o japonês; apreciava as estatuetas antigas que amigos atenciosos lhe presenteavam. Estava recebendo visitas na Berggasse 19. Seus filhos que haviam partido, Ernst e Oliver, vieram vê-lo. Analisandos e associados de todo o mundo — Max Eitingon, Edoardo Weiss, William Bullitt, Marie Bonaparte, Jeanne Lampl-de Groot, Arnold Zweig — paravam por lá. As visitas de novos admiradores, como H. G. Wells, eram bastante importantes para serem registradas em sua *Chronik*. Comparada a tal vida, a emigração só poderia ser pior. Em todo caso, disse Freud a Hilda Doolittle, "sei que já avancei demais e tudo o que ainda tenho é um presente inesperado. Tampouco é dolorosa demais a ideia de deixar esta cena e conjunto de fenômenos para sempre. Não restou muita coisa a ser lamentada, os tempos são cruéis e o futuro parece ser catastrófico".

Durante esses anos desalentadores, Hitler contribuiu apenas uma vez para o prazer de Freud, mas foi uma ocasião de satisfação inequívoca. Em 30 de junho de 1934, Hitler ordenou que uma série de velhos camaradas, que declarou temer como rivais e conspiradores, fossem arrancados da cama e sumariamente executados. A vítima mais proeminente foi Ernst Röhm, líder da milícia nazista dos camisas-pardas, a SA, e Röhm não esteve sozinho em sua morte súbita, sendo acompanhado por cerca de duzentos companheiros.

Prestimosamente, a imprensa nazista controlada alardeou o expurgo sangrento como uma purificação necessária que livrou o movimento de homossexuais e conspiradores loucos pelo poder. Para Hitler, o resultado foi seu predomínio inconteste sobre o Terceiro Reich. Mas Freud, empolgado, enxergou apenas a realidade imediata: nazistas matando nazistas. "Os acontecimentos na Alemanha", escreveu a Arnold Zweig, "relembram-me em contraste uma experiência no verão de 1920. Foi o primeiro Congresso em Haia, fora de nossa prisão." Para muitos analistas austríacos, alemães e húngaros, aquela fora a primeira viagem ao exterior desde a guerra. "Ainda hoje faz-me bem lembrar como nossos colegas holandeses foram bondosos com os famintos e abatidos centro-europeus. No final do Congresso, ofereceram-nos um jantar de autêntica suntuosidade holandesa, pelo qual não nos permitiram pagar nada. Mas tínhamos esquecido como comer. Quando os hors-d'œuvres foram distribuídos, pareceram sobejos a todos nós, e aí já tínhamos acabado, não conseguiríamos comer mais nada. E agora o contraste! Depois das notícias de 30 de junho, tive apenas um único sentimento: O quê! Depois do hors-d'œuvre tenho que me levantar da mesa! E não tem mais nada! Ainda estou com fome."

Infelizmente, não houve mais nada para saciar a fome de vingança de Freud. Em julho de 1934, o chanceler Dollfuss foi assassinado por nazistas austríacos, num golpe abortado apenas porque Mussolini ainda não estava pronto para ceder a Áustria aos alemães. Hitler, inclinado à invasão, mas querendo esperar, recuou. A República austríaca sobreviveria sob decretos de emergência, como sob Dollfuss, por mais quatro anos. "A raiva contida", escrevera Freud a Lou Andreas-Salomé na primavera de 1934, "consome a pessoa, ou o que quer que tenha restado do seu ego anterior. E não se faz um ego novo aos 78 anos."

DESAFIO COMO IDENTIDADE

Paradoxalmente, estes foram bons anos para Freud se apresentar como judeu. Ele considerava os tempos difíceis para os judeus particularmente adequados para proclamar suas lealdades "raciais", e estes de fato eram tempos difíceis para eles. A Depressão e o turbilhão político tinham tornado as soluções racionais um artigo muito pouco requisitado, proporcionando, principalmente na Europa Central, um solo fértil para os antissemitas. Mas, ao contrário de Adler, que se converteu ao protestantismo, ou Rank, que por pouco tempo se voltara para o catolicismo romano, Freud nunca rejeitou nem ocultou sua linhagem. Sabemos que, no esboço autobiográfico que escreveu em 1924, ele observou explicitamente, e até com leve truculência, que seus pais eram judeus e ele também permanecia judeu. Ele disse o mesmo, com a mesma ênfase, dois anos depois, quando seus confrades da B'nai B'rith, em maio, comemoraram prodigamente seu septuagésimo aniversário. Organizaram uma reunião festiva com discursos, e dedicaram um número especial do *B'nai B'rith Mitteilungen* a seu membro mais famoso. Ao agradecer, Freud recordou os primeiros dias em 1897, quando se filiara à B'nai B'rith: "Eu só poderia acolher com alegria o fato de vocês serem judeus, pois eu próprio era um judeu, e sempre me pareceu não só desonroso, mas totalmente absurdo negá-lo". Quando próximo dos oitenta anos, ele repetiu: "Espero que o senhor não ignore", escreveu a um certo dr. Siegfried Fehl, "que eu sempre me mantive fiel a nosso povo, e nunca pretendi ser senão o que sou: um judeu da Morávia cujos pais provêm da Galícia austríaca".

Mas na atmosfera envenenada do final dos anos 1920 e começo dos anos 1930, ele fez mais do que apenas não negar suas origens judaicas. Ele as alardeou. A atitude de Freud em relação ao judaísmo, durante toda sua vida, revela essa estratégia largamente inconsciente. Em 1873, no primeiro ano na universidade, ele havia descoberto que supostamente teria de se sentir inferior devido à sua "raça". Sua reação foi o desafio: não via por que se curvar ao veredicto da maioria. Mais tarde, em 1897, foi ao se sentir praticamente sozinho com suas descobertas subversivas que Freud se filiou a uma recém-aberta loja da B'nai B'rith, e lá apresentou algumas palestras ocasionais; quando encontrou alguns médicos com ideias semelhantes, ansiosos e capazes de absorver suas ideias, passou a comparecer menos às reuniões e a dar menos conferências. Novamente, em 1908, lutando para manter seus recrutas suíços gentios na linha, ele rogou por paciência e tato em cartas a seus íntimos judeus, Abraham e Ferenczi, apontando as afinidades "raciais" que os uniam como razão essencial para uma cooperação solidária nesse momento crítico.

Os perturbadores desdobramentos políticos tiveram sobre ele um efeito muito semelhante, ainda que um pouco mais lento. Em 1895, depois que Francisco José se negara a empossar o político antissemita Karl Lueger como prefeito de Viena, embora este tivesse recebido o voto popular, Freud comemorou deliciando-se com os charutos proibidos. Mas o imperador só poderia adiar, e não impedir a ascensão de Lueger ao cargo; em 1897, ano em que Freud se tornou membro da B'nai B'rith, Lueger foi empossado. Um sonho que Freud teve no começo de 1898, depois de assistir a *O novo gueto*, peça de Theodor Herzl sobre o antissemitismo, pode ser lido como praticamente uma resposta à situação política; ele sonhou com "a questão judaica, a preocupação com o futuro dos filhos, aos quais não se pode dar uma pátria". Herzl é um instigador onírico interessante. Freud, que conhecia bem a mensagem de Herzl, observava o desenvolvimento do sionismo com um interesse afável, mas não se tornou ativo no movimento.* Contudo, é admirável que permitisse que Herzl, o eloquente pala-

* "O sionismo", escreveu ele a J. Dwossis, em Jerusalém, que estava traduzindo alguns de seus textos para o hebraico, "despertou minhas mais fortes simpatias, as quais ainda me ligam a ele. Desde o início", observou, Freud tinha se interessado por ele, "algo que a situação presente

dino de uma pátria judaica, entrasse em sua vida onírica e ajudasse a definir sua ideia do que significava ser judeu numa cultura antissemita. Mas, como vimos, a educação política de Freud levou algum tempo. O que impressiona em sua correspondência do final dos anos 1890, quando a "questão judaica" se intensificou na Áustria, não é o muito, e sim o pouco que Freud comentava a respeito de política. Depois da Primeira Guerra Mundial, porém, suas reações de desafio se tornaram mais veementes. Lembremos aquela entrevista de junho de 1926 na qual, aterrado pelo florescimento do antissemitismo político, Freud mostrou a importância da adversidade para sua identidade judaica, renunciando à sua identidade alemã.*

A identidade judaica de Freud era enfaticamente secular. O abismo intelectual e ético entre os judeus que tinham se batizado e Freud, que desprezava essa via para a aceitação social, era intransponível, mas o abismo entre Freud e os que continuavam a praticar a fé de seus pais não era menos assustador. Freud era tão ateísta quão judeu. Com efeito, parecia considerar um pouco embaraçosa e muito divertida a quase veneração com que a B'nai B'rith o reivindicava como um de seus membros. "Os judeus, em conjunto", escreveu ele a Marie Bonaparte em maio de 1926, após seu septuagésimo aniversário, "têm me festejado como um herói nacional, embora meu mérito na causa judaica se restrinja ao único fato de que jamais neguei meu judaísmo." Esta é uma caracterização de si mesmo bastante distanciada — sua expressão "os judeus" faz com que ele pareça um estranho entre os que se acreditavam seus irmãos.

Freud iria repisar incansavelmente este ponto, principalmente em seus anos mais avançados, como que querendo que ninguém entendesse mal sua posição. "Adiro tão pouco à religião judaica quanto a qualquer outra", disse a um missivista em

---

parece justificar. Eu gostaria de estar errado a este respeito." (Freud a Dwossis, 15 de dezembro de 1930. Cópia datilografada, Freud Museum, Londres.) Seu comentário mais longo sobre o sionismo encontra-se numa carta a Albert Einstein. Ao que parece, Einstein havia pedido a Freud que fizesse uma declaração pública sobre o assunto, e Freud recusou: "Quem quer influenciar uma multidão, deve ter algo ressonante, entusiástico para dizer, e minha sóbria avaliação do sionismo não permite isso". Ele afirmou sua simpatia pelo movimento, declarou que se sentia "orgulhoso" de "nossa" Universidade de Jerusalém e agradava-lhe a prosperidade de "nossas" colônias. "Por outro lado, eu não creio que a Palestina algum dia se converta num Estado judeu, e que o mundo cristão ou o islâmico algum dia se disponham a deixar seus santuários em mãos judaicas. A mim pareceria mais compreensível fundar uma pátria judaica em solo novo, historicamente desobstruído." Acrescentou que estava ciente de que tal atitude "racional" nunca atrairia "o entusiasmo das massas e os recursos dos ricos". Mas lamentava ver que o "fanatismo irrealista" de seus companheiros judeus estava despertando as suspeitas dos árabes. "Não posso nutrir nenhuma simpatia pela devoção equivocada que, de um pedaço do muro de Herodes, faz uma religião nacional, e por causa dele afronta os sentimentos dos habitantes locais." (Freud a Einstein, 26 de fevereiro de 1930. Freud Collection, B3, LC.)

* Ver p. 452-3.

1929; ele já dissera o mesmo antes e tornaria a dizê-lo a quem quer que lhe indagasse. "Os judeus", escreveu a Arthur Schnitzler, tal como escrevera a Marie Bonaparte, "têm se apropriado entusiasticamente de minha pessoa por todos os lados e em todas as partes, como se eu fosse um grande rabino temente a Deus. Não tenho nada contra isso, depois de ter esclarecido inequivocamente minha posição quanto à fé. O judaísmo ainda significa muito, emocionalmente, para mim." Em 1930, no prefácio para uma tradução hebraica de *Totem e tabu*, ele se referiu novamente a si como um homem "totalmente afastado da religião de seus pais — assim como de qualquer outra", que "não consegue partilhar de ideais nacionalistas e, todavia, nunca negou a filiação a seu povo". Quando um médico americano crente contou a Freud a visão religiosa que o conduzira a Cristo e insistiu que ele estudasse o assunto, pois assim também poderia encontrar Deus, Freud objetou com polidez e firmeza. Deus não lhe fizera isso, não lhe enviara nenhuma voz interior, e portanto provavelmente iria continuar, nos poucos anos que lhe restavam de vida, como "um judeu descrente".

Freud reforçou sua descrença esquecendo o pouco de hebraico que algum dia soubera. Quando estudante, havia estudado religião com seu admirado professor Samuel Hammerschlag, mais tarde amigo e benfeitor. Mas Hammerschlag, com um desempenho inspirado e inspirante em sala de aula, tinha ressaltado os valores éticos e a experiência histórica do povo judaico, em detrimento da gramática e do vocabulário. Em sua juventude, Freud relembrou, "nossos professores livre-pensadores de religião não davam grande importância a que seus alunos adquirissem conhecimentos de língua e literatura hebraica". Além disso, não praticara o hebraico e não via nenhuma utilidade nele. É verdade que, no 35º aniversário de Freud, seu pai lhe deu uma Bíblia com uma dedicatória floreada e carinhosa em hebraico, exaltando o espírito de Deus que falara a seu filho aos sete anos de idade. Evidentemente, era o presente de um judeu para outro, mas da parte de um judeu esclarecido e provavelmente não praticante.* De qualquer forma, Freud responsabilizou o pai, "que falava a língua sagrada tão bem ou melhor que o alemão", por tê-lo deixado crescer "em completa ignorância de tudo o que dizia respeito ao judaísmo".** O fato de Jacob Freud ter escrito a dedicatória em hebraico não significava que

* "Se a dedicatória é analisada como um documento hebraico, fica patente que Jacob Freud não era um judeu praticante nem nacionalista, mas membro da Haskala, um movimento que considerava o judaísmo como uma condensação da religião do esclarecimento. Nenhum judeu ortodoxo diria levianamente que o Espírito de Deus falou a um menino de sete anos. E tampouco nenhum judeu praticante consideraria a Bíblia pertencente à humanidade como um todo." [Martin S. Bergmann, "Moses and the evolution of Freud's Jewish identity", *Israel Annals of Psychiatry and Related Disciplines*, XIV (março de 1976), p. 4.]

** Em 1930, A. A. Roback, psicólogo americano e estudioso do iídiche, enviou um de seus livros a Freud, com uma dedicatória em hebraico. Freud, ao agradecer pelo presente, observou que seu pai, embora de um "meio hassídico", tinha sido "afastado de suas ligações da cidade natal por quase vinte anos". E acrescentou: "Eu tive uma tal criação não judaica e hoje não sou nem capaz de ler sua dedicatória, que evidentemente está em caracteres hebraicos. Em anos mais avançados, muitas vezes tenho lamentado essa falha em minha educação". [Roback, *Freudiana* (1957), p. 57.]

esperasse que o filho a lesse. Na verdade, Freud sentia um certo pesar por não saber ler hebraico. Em 1928, quando escreveu agradecendo a J. Dwossis pela sua tradução de *Psicologia de grupo e a análise do ego*, ele disse que havia confiado na afirmação de um parente não nomeado, "que é mestre em nossa velha e agora renovada língua sagrada", de que a tradução era realmente excelente.*

O rigoroso secularismo de Freud não permitiu que sobrevivesse o mais leve traço de observância religiosa em sua vida doméstica. Os Freud ignoravam conscienciosamente mesmo os feriados sociáveis, como a Páscoa dos judeus, que os pais de Freud haviam continuado a comemorar, apesar de terem se emancipado da tradição. Freud liquidou impiedosamente a ortodoxia de sua mulher quando jovem, para grande dor e pesar por parte dela. "Nossas festas", rememorou Martin, "eram o Natal, com presentes sob uma árvore alumiada com velas, e a Páscoa, com ovos alegremente pintados. Eu nunca tinha estado numa sinagoga, e, pelo que sei, nem meus irmãos ou irmãs."** Martin Freud entrou na Kadimah, uma organização estudantil sionista, depois da guerra, e seu irmão Ernst tornou-se um ativo editor de um periódico sionista, passos que o pai parece ter saudado positivamente, ou pelo menos tratado como assunto dos filhos. Mas a inobservância judaica dos filhos de Freud era tão radical quanto a dele. Quando Martin Freud se casou, teve de realizar uma cerimônia religiosa tal como exigia a lei austríaca; todo enfarpelado, ele entrou no templo, e tirou a cartola em sinal de respeito por um local santo. Seu acompanhante da esquerda, mais informado, empurrou de volta a cartola na cabeça de Martin Freud. Mas o noivo, sem conseguir acreditar que se devia manter a cabeça coberta durante uma cerimônia religiosa, tirou-a novamente, com o que o acompanhante da direita repetiu o gesto, recolocando a cartola de Martin Freud. Esse episódio ilustra o secularismo que Freud alimentou em sua família. Ele era muito mais judaico frente aos antissemitas do que em casa.

Ao mesmo tempo, Freud acreditava que havia algum elemento fugidio e indefinível que o tornava judeu. O que o ligava ao judaísmo, escreveu aos confrades

* Um comentário casual a Fliess, em 1895, revela que não era uma lacuna deplorada por Freud apenas em seus últimos anos. Fliess havia-lhe enviado um comentário sobre a angústia no sentimento de vergonha de Adão nu diante do Senhor, e Freud, que achou a observação "extraordinária", disse a Fliess que gostaria de consultar a passagem e "perguntar a um hebreu [isto é, alguém que lê hebraico] sobre o significado da linguagem". [Freud a Fliess, 27 de abril de 1895. *Freud-Fliess*, p. 128 (127).]

** Essa lembrança confiável invalida a afirmação de Harry, sobrinho de Freud, de que ele, embora "totalmente *antirreligioso*... [não era] *de forma alguma um ateísta*. Simplesmente não pensava muito nos ritos e dogmas, e rebelava-se contra qualquer compulsão ou obrigação religiosa. Não guardava os grandes dias santos e quase nunca ia à sinagoga". [Richard Dyck, "Mein Onkel Sigmund", entrevista com Harry Freud em *Aufbau* (Nova York), 11 de maio de 1956, p. 3.] Se Freud algum dia foi à sinagoga, deve ter sido para um ofício em memória de algum de seus amigos. Mas não existem provas de que algum dia tenha ido.

da B'nai B'rith em 1926, não era a fé, "pois sempre fui um descrente, fui criado sem religião, mas não sem respeito pelas demandas, ditas 'éticas', da cultura humana". Tampouco era o orgulho nacional, que julgava pernicioso e injusto. "Mas restou algo suficiente para tornar tão irresistível a atração do judaísmo e dos judeus, muitos poderes emocionais obscuros, tanto mais poderosos quanto menos se permitem apreender por palavras, bem como a clara consciência da identidade interna, o segredo da mesma construção mental." Freud podia insistir em sua "clara consciência" da identidade judaica, mas essas vagas alusões obscurecem tanto quanto esclarecem. Despertam uma concordância intuitiva, mas dificilmente constituem uma análise racional.

Mas são uma consequência concreta da crença de Freud na hereditariedade de características adquiridas; de alguma forma misteriosa, o judaísmo, essa qualidade identificadora, devia pertencer à sua herança filogenética. Ele nunca investigou como esse legado "racial" lamarckiano operava em si, mas tinha certeza de que ali estava. Em 1922, exclamou a Ferenczi que estava irritado por ter de ganhar dinheiro, enfrentar um mundo detestável, aceitar seu envelhecimento. "Estranhos anseios secretos", escreveu ele, estavam se erguendo em si, "talvez pela herança de meus ancestrais do Oriente e do Mediterrâneo, e por uma vida totalmente diferente, desejos do final da infância irrealizáveis e mal-adaptados à realidade." Esses anelos obscuros continuaram a intrigá-lo. Dez anos depois, em 1932, ele escreveu a Arnold Zweig, que acabava de voltar da Palestina: "E procedemos de lá (embora um de nós também se considere alemão, o outro não), nossos ancestrais viveram lá talvez por meio milênio, talvez todo um milênio (mas isso, também, apenas 'talvez'), e é impossível dizer o que trouxemos no sangue e nervos (como se diz incorretamente) como herança da vida naquela região". Era tudo muito desconcertante: "Oh, a vida poderia ser muito interessante se ao menos se conhecesse e se compreendesse mais sobre ela".

É possível interpretar a paixão de Freud pelas antiguidades à luz desses desconcertos. Sem dúvida, ela era ricamente sobredeterminada. Mas um dos significados inequívocos de suas estatuetas e placas era o de lhe recordarem um mundo que nunca visitaria, mas considerava seu, de algum modo misterioso. Esta é a mensagem que Freud quis transmitir no prefácio à tradução hebraica de *Totem e tabu*: ele havia renunciado a muitas coisas que partilhava com outros judeus, mas o que restava de seu judaísmo era "ainda muito, talvez o principal". Não conseguia expressar essa "essência" em palavras, pelo menos não até o momento. "Certamente algum dia ela será acessível à compreensão científica." Era o Freud pesquisador em ação: seu sentimento de identidade judaica, de momento enigmático e para além da ciência, havia de ser como o sentimento oceânico de Romain Rolland — um fenômeno psicológico em princípio aberto à investigação.

Embora a essência do judaísmo ou de sua identidade judaica pessoal pudesse resistir à análise, Freud não via nenhuma obscuridade nas implicações de ser judeu em sua sociedade. Estranho à fé dos pais e indignado com as poderosas tendências antissemitas na Áustria, onde precisava morar e trabalhar, ele se sentia duplamente alheado. Freud, em suma, via-se como um indivíduo marginal e achava que essa posição lhe dava uma vantagem inestimável. No final de 1918, ele concluiu uma carta cordial a Oskar Pfister com um par de perguntas provocativas: "Muito de passagem, por que nenhum devoto criou a psicanálise? Por que foi preciso esperar um judeu completamente ateu?". Pfister, sem absolutamente se desconcertar, respondeu que a devoção não era igual ao gênio do descobridor, e que a maioria dos devotos era incapaz de tais proezas. Além disso, Pfister estava decidido a não considerar seu amigo Freud como ímpio nem judeu: "Melhor cristão nunca existiu".

Freud não comentou diretamente esse elogio bem-intencionado, ainda que duvidoso.* Mas ele conhecia a resposta para suas perguntas, e era decisivamente diferente do louvor sincero e canhestro de Pfister. Como sabemos, sua exclusão da "austriedade" na universidade lhe proporcionara uma precoce familiaridade com o papel de opositor, assim preparando o caminho para "uma certa independência de opinião". Em 1925, refletindo sobre a resistência generalizada à psicanálise, ele sugeriu que uma das causas devia ser o fato de que seu fundador era um judeu que nunca fizera segredo de suas origens. No ano seguinte, na carta a seus colegas membros da B'nai B'rith, ele levantou o mesmo argumento de maneira um tanto mais expansiva. Ele tinha descoberto "que devo exclusivamente à minha natureza judaica as duas características que se tornaram indispensáveis em meu difícil modo de vida. Por ser judeu, vi-me livre de muitos preconceitos que limitavam a outros no emprego de suas faculdades intelectuais, e como judeu eu estava preparado para entrar em oposição". À sua maneira e para seus fins pessoais, Freud estava disposto a dar crédito à acusação antissemita de que os judeus são necessariamente mais inteligentes do que a maioria das pessoas.

A tese é plausível, mas de forma alguma completa ou, nesse contexto, conclusiva. Outros judeus, em situação tão marginal quanto a de Freud, tinham se batizado ou entrado nos negócios com seu judaísmo nominal intacto, filiaram-se ao partido comunista ou emigraram para os Estados Unidos, e de modo geral não se mostraram mais espertos ou mais originais do que qualquer outro. Por outro lado, Darwin, com quem talvez Freud se compare melhor, estava seguramente à vontade no *establishment* inglês e assim continuou, mesmo depois de publicar a *Origem das espécies*. Há algo interessante na observação de Freud de que um judeu ou cristão devoto nunca poderia ter descoberto a psicanálise: era iconoclasta demais, demasiado irreverente em relação à fé religiosa, desdenhando demais a apologética. Visto que Freud considerava a fé religiosa — toda fé

* Lendo essa carta alguns anos mais tarde, Anna Freud exclamou, com razão: "O que Pfister há de querer dizer com isso e por que quer contestar o fato de que meu pai é judeu, ao invés de aceitá-lo?". (Anna Freud a Ernest Jones, 12 de julho de 1954. Jones papers, Archives of the British Psycho-Analytical Society, Londres.)

religiosa, inclusive o judaísmo — como tema de estudo psicanalítico, só poderia abordá-la da perspectiva do ateísta. Não é por acaso que Darwin — embora não marginal — também tenha sido ateu.

Assim, embora não decorra disso que apenas um homem marginalizado — em particular, um judeu marginalizado — poderia ter feito a obra da vida de Freud, o estatuto precário dos judeus na sociedade austríaca provavelmente é o que está por trás do fato notório de que praticamente todos os primeiros psicanalistas em Viena eram judeus. Sua sociedade lhes permitia que se formassem como médicos, mas não deixava que se sentissem particularmente bem-vindos entre a elite médica convencional. "Imagino", escreveu Ernest Jones em sua autobiografia, refletindo sobre o fenômeno judaico na psicanálise, "que as razões disso eram principalmente locais, referentes à Áustria e à Alemanha, visto que, exceto em breve medida nos Estados Unidos, é um traço que não se repetiu em nenhum outro país." Ele achava óbvio que, em Viena, fosse "mais fácil que os médicos judeus partilhassem o ostracismo de Freud, que era apenas uma exacerbação da vida a que estavam acostumados, e o mesmo valia para Berlim e Budapeste, onde o antissemitismo era quase que igualmente acentuado".* Frente ao conservadorismo social, acrescido de intolerância, os primeiros psicanalistas acharam que certo grau de dureza era uma qualidade altamente adaptativa.

Além disso, como vimos, um veio desafiador permeava o temperamento de Freud. Ele gostava de ser o líder da oposição, o desmascarador de imposturas, a nêmesis do autoengano e das ilusões. Orgulhava-se de seus inimigos — a perseguidora Igreja católica romana, a burguesia hipócrita, a obtusa instituição psiquiátrica, os americanos materialistas —, e na verdade orgulhava-se tanto que eles adquiriam em seu espírito a estatura de poderosos espectros, muito mais malévolos e muito menos divididos do que o eram na realidade. Comparava-se a Aníbal, a Ahasuerus, a José, a Moisés, todos eles homens com missões históricas, grandes adversários e difíceis destinos. Numa antiga carta, muito citada, Freud dissera a sua noiva: "Dificilmente se saberia olhando para mim, mas já na escola sempre fui um participante corajoso da oposição, sempre estava no lugar que se poderia qualificar de radical e, quase sempre, tive de pagar por isso". Certa noite, Breuer lhe dissera que "tinha descoberto que havia oculta em mim, sob a capa de timidez, uma pessoa desmedidamente ousada e destemida. Sempre acreditei nisso, e simplesmente nunca me atrevi a dizê-lo a ninguém. Muitas vezes sinto como se tivesse herdado toda a obstinação e todas as paixões de nossos ancestrais, quando eles defendiam seu templo, como se fosse capaz de lançar, com alegria, minha vida fora por um grande momento".

* No entanto, Jones, que tinha algumas noções primitivas sobre características nacionais e raciais, prossegue com generalizações, um tanto ao estilo de Freud, sobre "a aptidão [dos judeus] para a intuição psicológica e sua capacidade de suportar opróbrios públicos", o que, a seu ver, "também pode ter contribuído para esse estado de coisas". (*Free associations*, p. 209.)

Era, é claro, a explosão de um jovem amante se exibindo diante da mulher que queria desposar. Mas Freud era e sempre continuou a ser assim. Sua posição exposta, enquanto judeu, deu-lhe amplas oportunidades de cultivar essa atitude; sua posição ainda mais exposta, enquanto psicanalista, testou-a e temperou-a ao longo dos anos. Mas Freud foi único, tanto em seus dotes como na forma particular de sua constelação familiar e seu desenvolvimento mental. Ao final, por insatisfatório que pareça, volta-se à sua ressalva de que, perante a criatividade, o psicanalista deve render suas armas. Freud foi Freud.

O espírito de desafio que levava Freud a proclamar seu judaísmo em tempos conturbados também anima sua última obra mais longa, *Moisés e o monoteísmo*, embora com um alvo bastante diferente. Muitos de seus leitores, furiosos ou apreensivos, iriam considerá-la como uma infeliz inversão; com este estudo especulativo sobre Moisés, Freud parecia decidido a atacar os judeus, ao invés de defendê-los. A obra é uma produção curiosa, mais hipotética do que *Totem e tabu*, mais desalinhada do que *Inibições, sintomas e angústia*, mais ofensiva do que *O futuro de uma ilusão*. Sua própria forma é singular. O livro, tal como foi impresso no final de 1938, consiste de três ensaios estreitamente ligados, de extensão muito desigual: "Moisés, um egípcio" é um rápido esboço cobrindo algumas meras páginas; "Se Moisés fosse um egípcio..." é quatro vezes mais longo; e o terceiro ensaio, "Moisés, seu povo e a religião monoteísta", ocupa um espaço bem maior do que os dois primeiros juntos. Além disso, esse ensaio final vem acompanhado de dois prefácios iniciais que, em larga medida, anulam-se mutuamente, e mais um terceiro prefácio, este à segunda parte, bem no meio do ensaio, o qual está repleto de materiais deliberadamente repetidos dos artigos anteriores. Não é senilidade; ler *Moisés e o monoteísmo* é participar de sua feitura, das pressões internas e políticas que operavam sobre Freud naqueles anos, e captar ecos de épocas anteriores, menos angustiantes.

A figura de Moisés, disse Freud a Lou Andreas-Salomé em 1935, assombrara-o durante toda a vida. A vida inteira de alguém é um longo tempo, mas um quarto de século antes, em 1909, ele havia realmente comparado Jung a um Josué que tomaria posse da terra prometida da psiquiatria, ao passo que ele, Freud, o Moisés, estava destinado a vislumbrá-la apenas à distância. O primeiro fruto da preocupação de Freud com Moisés foi seu estudo anônimo sobre a famosa estátua de Michelangelo em Roma, publicado em 1914.* Por isso, quando sua obsessão com Moisés retornou no início dos anos 1930, Freud o recebeu como um velho e familiar companheiro, embora nada cômodo. Numa carta enigmática a Arnold Zweig, ele afirmou que Moisés tinha sido "um vigoroso antissemita" que "não fez segredo disso. Talvez", especulou Freud, "fosse realmente egípcio. E certamente tinha razão". A observação, praticamente única em Freud, ressalta

* Ver pp. 322-8.

sua amargura naqueles anos; ele detestava qualquer sinal de autodesapreço servil em outros judeus, e em si não suspeitava do mais ligeiro traço disso. Evidentemente, Moisés era para Freud, além de fascinante, uma figura igualmente perigosa.

Ele começou a trabalhar em *Moisés e o monoteísmo* no verão de 1934, mas manteve-o em segredo bastante restrito; falou dele a Eitingon e Arnold Zweig. Mais tarde, no mesmo ano, Anna Freud contou a Lou Andreas-Salomé que seu pai havia concluído algum "trabalho especial" no verão, sem revelar o conteúdo. Quando Freud soube da discreta indiscrição de sua filha, resolveu contar à sua "cara Lou" que estivera se debatendo com "a questão que realmente criou o caráter especial do judeu". Evidentemente, sua preocupação com Moisés fazia parte daquela outra preocupação mais ampla, o mistério do judaísmo. Sua conclusão: "O judeu é criação do homem Moisés", que tinha sido um nobre egípcio. Quem foi esse Moisés, e como chegou aos judeus, eram questões que Freud se propôs responder "numa espécie de romance histórico".*

Por mais fascinante que Freud considerasse sua investigação, o gênero em que caíra dificilmente seria compatível. Conforme admitiu a Eitingon, ele não julgava que os romances históricos fossem seu forte; quem os escrevia era Thomas Mann. Além disso, as indicações históricas eram insuficientes. No entanto, oprimido por um "excesso de lazer", disse a Arnold Zweig, e "em vista das novas perseguições", ele havia se perguntado "como o judeu veio a ser e por que atraiu sobre si esse ódio imortal". A fórmula "Moisés criou o judeu" saíra com bastante facilidade. Mas o resto estava lhe trazendo grandes dificuldades. Freud já sabia — isso foi no final de setembro de 1934 — que iria organizar as "coisas" em três divisões, "a primeira interessante à maneira de um romance, a segunda trabalhosa e prolongada". Era na terceira parte que o empreendimento ameaçava soçobrar, pois devia incluir uma teoria da religião que, temia ele, não poderia publicar na Áustria altamente sensível e estritamente católica de sua época, pronta a proscrever a psicanálise a qualquer momento. Contudo, não podia parar.

As primeiras duas breves partes de *Moisés e o monoteísmo*, ainda que um tanto surpreendentes, são apenas moderadamente subversivas. A ideia de que Moisés era um egípcio vinha sendo sugerida por estudiosos respeitáveis havia algumas décadas. Seu nome era egípcio, e a história de que a princesa egípcia tinha descoberto o bebê entre os juncos soava, pelo menos aos anticlericais, como um álibi transparente. Em 1935, enquanto Freud se detinha sobre o livro, o público americano podia ouvir na ópera popular *Porgy and bess*, de George Gershwin, a

* Em 1937, agradecendo a Hans Ehrenwald por um exemplar de seu livro *Sobre o assim chamado espírito judaico*, ele confessou que, "há muitos anos, comecei a me perguntar como os judeus haviam adquirido o caráter peculiar a eles" e que "não tinha ido muito longe". Com isso, fora levado a concluir: tinha sido "a primeira experiência, por assim dizer embrionária, do povo, o impacto de Moisés e o Êxodo do Egito, que tinha marcado os judeus ao longo dos séculos". (Freud a Ehrenwald, 14 de dezembro de 1937. Cópia datilografada. Freud Museum, Londres.)

advertência irônica: "Não são necessariamente assim,/ As coisas que você pode/ Ler na Bíblia/ Não são necessariamente assim" [It ain't necessarily so,/ De t'ings dat yo' li'ble/ To read in de Bible,/ It ain't necessarily so]. E uma das coisas mencionadas pelo autor do libreto, Ira Gershwin, era a forma conveniente como a princesa egípcia havia "encontrado" Moisés: "Ela o recolheu, diz ela, daquele ribeirão". Não existem provas de que Freud tenha algum dia ouvido *Porgy and bess*, mas o mesmo ceticismo quanto aos contos piedosos não era absolutamente desconhecido na Áustria.

Tampouco as dúvidas em relação ao Livro do Êxodo eram especialmente novas ou exclusivas da época de Freud. Estudiosos praticantes, tanto judeus quanto cristãos, tinham encontrado grandes dificuldades em fazer de Moisés um personagem coerente; não eram capazes de explicar racionalmente sua exclusão da Terra Prometida, nem de concordar sobre as circunstâncias de sua morte. Já no final do século XVII e em boa parte do século XVIII, os deístas tinham se divertido impiedosamente com o conto milagroso dos filhos de Israel atravessando o Mar Vermelho, e com os contos não menos milagrosos sobre as proezas de Moisés. Em 1764, no *Dicionário filosófico*, Voltaire tinha apresentado razões irrefutáveis pelas quais Moisés não poderia ter escrito o Pentateuco (que, afinal, registra sua morte), e em seguida apresentara uma pergunta mais radical: "É realmente verdade que existiu um Moisés?". Em 1906, o eminente historiador alemão dos clássicos, Eduard Meyer, cuja obra Freud citava respeitosamente, levantou a mesma pergunta e sustentou que Moisés era um personagem lendário, e não real. Freud não chegou a tal ponto; na verdade, a existência histórica de Moisés constituía a peça central de sua teoria. No entanto, ele insistiu, como fizera Max Weber em seu estudo sobre o judaísmo antigo, que Moisés não era judeu.

Freud tinha clara consciência de que esta hipótese levanta questões inconvenientes sobre Moisés, como pregador do monoteísmo. Os egípcios, afinal, adoravam uma verdadeira hoste das mais diversas divindades. Freud julgava ter a resposta: houve um momento na história do Egito, por volta de 1375 a.C., em que um faraó, Amenhotep IV, introduziu por pouco tempo o culto de Aton, um monoteísmo rigoroso e intolerante. Foi essa a doutrina que Moisés, um nobre egípcio de alta posição, talvez membro da casa real, transmitiu ao povo judeu, então na servidão. Mas de início sua teologia exigente e inflexível tinha caído em solo estéril; a divindade que eles adotariam em suas perambulações depois do êxodo do Egito era Yahweh, um "deus-vulcão" cruel, vingativo e sanguinário. Levaria séculos até que o Povo Eleito finalmente aceitasse a doutrina de uma outra figura, chamada Moisés, com um elevado monoteísmo acompanhado de regulações morais de renúncia e abnegação. Se essa hipótese se mostrasse correta, observou Freud secamente, muitas lendas acalentadas viriam abaixo: "Nenhum historiador pode considerar a narrativa bíblica sobre Moisés e o êxodo como algo além de uma ficção piedosa, reelaborada por uma remota tradição a serviço de suas próprias predisposições". A reconstrução empreendida por Freud não deixava "lugar para um bom número de passagens típicas da narrativa bíblica, como as dez pragas, a travessia do Mar Vermelho, a solene apresentação das leis no Monte Sinai". Os autores da Bíblia tinham condensado todos os tipos de figuras díspares, como os dois homens chamados Moisés, enfeitando os acontecimentos a ponto de deixá-los totalmente irreconhecíveis.

Tal iconoclastia não apresentava nenhuma dificuldade para Freud. Mas parecia impossível reconciliar a primitiva adoração de Yahweh pelos antigos hebreus com a doutrina rigorosa de Moisés. Aqui Freud encontrou o apoio que buscava numa monografia do erudito Ernst Sellin, que, em 1922, sugeriu que Moisés havia sido assassinado pelo povo que dirigira para fora do Egito, e que sua doutrina tinha sido abandonada após sua morte. Durante talvez oito séculos, Yahweh continuara como o Deus do povo judaico. Mas por fim um novo profeta, tomando o nome de Moisés de empréstimo ao reformador anterior, obrigara-os a se submeter à fé que o Moisés original tentara impor-lhes em vão. "E este é o resultado essencial, o conteúdo decisivo da história da religião judaica." A hipótese de Sellin sobre o assassinato de Moisés, como Freud sabia, era extremamente ousada, sem documentação suficiente, mas pareceu-lhe altamente plausível e até provável. "O povo judaico de Moisés era tão pouco capaz de aceitar uma religião tão espiritualizada, de encontrar em suas propostas a satisfação de suas necessidades, quanto os egípcios da 18ª dinastia."

Um Fundador assassinado pelos seus seguidores, incapazes de se alçarem a seu nível, mas herdando as consequências do crime e finalmente se corrigindo sob o peso de suas lembranças — não podia haver nenhuma fantasia mais talhada para Freud. Afinal, ele era o autor de *Totem e tabu*, que postulara um crime muito semelhante como o ato de fundação da cultura humana. Tocava-o mais de perto o fato de se considerar como o criador de uma psicologia subversiva, agora se aproximando do fim de uma longa e encarniçada carreira que encontrara sólidos e constantes obstáculos, por parte de inimigos abusivos e desertores covardes. Como sabemos, era-lhe profundamente familiar a ideia de que havia quem quisesse matá-lo; afinal, Jung e, depois dele, Rank, e talvez até Ferenczi não tinham abrigado tais pensamentos parricidas?

Então, pelo final de 1934, Freud se deteve neste ponto. Estava lutando com algumas "apreensões internas", tão perturbadoras quanto os "perigos externos" postos pelas autoridades austríacas. Entender a verdadeira natureza e autoridade da tradição religiosa, a influência dos grandes homens na história, a influência das ideias religiosas maior do que todas as considerações de ordem material, parecia-lhe uma tarefa imensa e esgotante; Freud temia que a própria magnitude da tarefa, que a tornava extremamente atraente para ele, pudesse colocá-la além de suas forças. Infelizmente, seu "romance histórico", disse a Arnold Zweig em novembro, "não consegue resistir à minha própria crítica. Estou exigindo maior solidez e não gosto de ver a formulação final, para mim valiosa, do conjunto em risco de ser erigida sobre pés de barro". Irritado consigo mesmo, ele rogou ao amigo: "Deixe-me em paz com Moisés. Que essa tentativa provavelmente derradeira de criar alguma coisa tenha se desmoronado me deprime bastante. Não que eu tenha me afastado dele. O homem, e o que eu queria fazer com ele, me persegue incessantemente". Esse apelo patético prova que Freud ainda podia ficar tão obcecado com seu trabalho, aos 78 anos de idade, como ocorria quando era um pesquisador mais jovem. A obsessão também não diminuiu. No começo de maio de 1935, ele informou a Arnold Zweig que não estava fumando nem escrevendo, mas que "'Moisés' não abandona minha imaginação". O projeto, confessou a Eitingon, poucos dias depois, "se tornou uma fixação para mim". E acrescentou: "Não consigo me afastar dele nem avançar com ele". O homem Moisés era um convidado ao qual não podia pedir para se retirar.

Mas Moisés não era o único visitante de Freud; felizmente, sua obsessão não chegava à monomania. Ele andava lendo com a mesma voracidade e senso crítico de sempre,* e ainda sentia prazer com o sol, as flores e as férias. "Lamento que a senhora nunca tenha visto nossa casa e jardim aqui em Grinzing", escreveu a Hilda Doolittle em maio de 1935. "É o lugar mais bonito que já tivemos, um verdadeiro sonho e apenas a cerca de 12 minutos de carro da Berggasse. O tempo rigoroso ainda teve a vantagem de permitir que a primavera desenvolvesse seu esplendor muito devagar, enquanto nos outros anos a maior parte da floração tinha se acabado quando saíamos. É claro que estou envelhecendo e minhas doenças estão aumentando, mas tento desfrutar o máximo que posso e trabalhar cinco horas por dia." Depois de um agradável verão passado, em sua maior parte, em Grinzing, em novembro ele lhe disse que ainda estava atendendo cinco pacientes por dia, novamente "na Berggasse, uma prisão muito confortável". Atormentado pela prótese, pela política, por Moisés, ele ainda conseguia mobilizar sentimentos animados ou, pelo menos, escrever cartas animadas.

Uma atividade que mantinha Freud ocupado era o acompanhamento do que acontecia nos institutos estrangeiros. Quando Ernest Jones apresentou conferências em Viena, no começo da primavera de 1935, Freud se mostrou profundamente interessado pelas "surpreendentes novidades da psicanálise inglesa" que Jones apresentara "à nossa gente". As "novidades" de Jones correspondiam principalmente à sua contestação da teoria de Freud sobre a pulsão de morte e sua defesa das ideias de Melanie Klein. Mas Freud já dissera sua última palavra sobre esses temas, e contentava-se em ser o observador tran-

* O popular romancista inglês James Hilton, cuja obra era admirada por Freud, desagradou-o com seu livro *The meadows of the moon* (1926) — "um fracasso total" — e, de modo geral, com sua produção excessiva. "Temo que ele seja prolífico demais", disse Freud a Hilda Doolittle em 24 de setembro de 1934. (Em inglês. Hilda Doolittle papers, Beinecke Rare Book and Manuscript Library, Yale University.)

quilo, comentando com desusada brandura que, a seu ver, a Sociedade Psicanalítica de Londres havia "seguido Frau Klein num falso caminho". Contudo, a psicanálise vinha ganhando adeptos, ou pelo menos granjeando prestígio. Freud sentiu especial prazer em ser nomeado, "unanimemente", membro honorário da Sociedade Real de Medicina da Inglaterra, na época em que Ernest Jones visitava Viena. "Como isso não deve ter acontecido por causa dos meus belos olhos", disse a Jones com um deleite mal disfarçado, "deve provar que o respeito pela nossa psicanálise tem feito grandes progressos nos círculos ingleses oficiais."

E ainda havia sua correspondência. Na época nazista, com os filhos e colegas analistas espalhados pelo mundo, ela tornou-se mais internacional do que nunca. Ernst Freud e família haviam se instalado em Londres, e Freud ficou satisfeito em saber que Hilda Doolittle, então morando em Londres, mantinha contato com eles. Oliver ainda estava na França. Hanns Sachs em Boston, Ernest Jones em Londres, Jeanne Lampl-de Groot em Amsterdã, Max Eitingon na Palestina, todos escreviam fielmente e queriam — e mereciam inteiramente — respostas.* Além disso, como pessoa famosa, Freud recebia cartas de estranhos, e algumas o levavam a escrever longas e atenciosas respostas. Uma delas, escrita em inglês para uma americana, resume a postura que mantinha havia muito tempo em relação à homossexualidade. Tem sido muito citada — e com justiça: "Percebo pela sua carta que seu filho é homossexual. Estou profundamente impressionado com o fato de que a senhora não menciona pessoalmente este termo, em suas informações sobre ele. Posso lhe perguntar por que o evita?". Ao invés de ridicularizar sua missivista pelo típico puritanismo americano, ele decidiu ser simplesmente prestimoso. "A homossexualidade certamente não é uma vantagem", escreveu ele, "mas não é nada de se envergonhar, não é um vício, não é uma degradação, não pode ser classificada como uma doença; nós a consideramos como uma variação da função sexual, produzida por determinada suspensão do desenvolvimento sexual." Essa postura não haveria de satisfazer os homossexuais decididos a considerar seus gostos sexuais como uma alternativa adulta do modo de amar. Mas, na época em que Freud escreveu a carta, suas ideias sobre a homossexualidade ainda eram extremamente pouco convencionais e pouco compartilhadas, pelo menos em público. "Muitos indivíduos altamente respeitáveis dos tempos antigos e modernos foram homossexuais", observou ele de maneira tranquilizadora, "entre eles, vários dos maiores homens. (Platão, Michelange-

* Eitingon estava tentando, corajosa mas um pouco desesperadamente, sentir-se em casa na Palestina; ao chegar, fundara um instituto psicanalítico e, embora ainda se sentisse um tanto estranho, pelo menos não estava parado. "Nós analistas", contou a Freud na primavera de 1935, "temos todos muitas coisas a fazer." Os pacientes que estavam sendo atendidos por ele e seus colegas eram de um tipo que lhes era muito familiar; nem os árabes nem os judeus ortodoxos há muito tempo estabelecidos na Palestina seriam prováveis analisandos. (Eitingon a Freud, 25 de abril de 1935. Por permissão de Sigmund Freud Copyrights, Wivenhoe.)

lo, Leonardo da Vinci etc.) É uma grande injustiça perseguir a homossexualidade como crime — e também uma crueldade. Se a senhora não crê em mim, leia os livros de Havelock Ellis." Seria difícil responder se poderia ajudar o filho de sua missivista a se converter num heterossexual "normal", mas ele podia oferecer ao rapaz "harmonia, paz de espírito, rendimento pleno, quer continue homossexual ou se transforme".*

A disposição desafiante de Freud, que dera espaço para a afirmação de sua identidade judaica e, simultaneamente, permitira-lhe ofender as sensibilidades judaicas, também moldou sua atitude subversiva em relação aos costumes sexuais respeitáveis e, naquele contexto, sustentou sua decisão de ficar em Viena diante dos perigos crescentes. Ele disse à anônima missivista americana que, se seu filho quisesse ser analisado, teria de vir a Viena: "Não tenho intenções de sair daqui". Não que fosse totalmente cego às ameaças pela frente. "Uma premonição angustiada nos diz", escreveu a Arnold Zweig em outubro de 1935, "que nós, oh, os pobres judeus austríacos, teremos de pagar uma parte da conta. É triste", acrescentou, "que até julguemos os acontecimentos mundiais do ponto de vista judaico, mas como poderíamos agir de outra forma!"

FINIS AUSTRIAE

Hitler estava reforçando o ponto de vista judaico em Freud, que se consumia de cólera. Os íntimos de Freud também. "Meu médico particular, o dr. Max Schur", informou Freud a Arnold Zweig no outono de 1935, "um médico muito capaz, está tão profundamente indignado com os acontecimentos na Alemanha que não está mais receitando medicamentos alemães." Em seu transe, Freud descobriu que Moisés era mais que uma obsessão: era um refúgio. Mas, embora pensar em Moisés o fascinasse, Freud estava muito cético se algum dia viria a publicar suas pesquisas. "O 'Moisés'", garantiu a Stefan Zweig em novembro, "nunca verá a luz do dia." Ao escrever a Arnold Zweig, em janeiro do ano seguinte, sobre algumas descobertas arqueológicas no Egito, Freud não quis reconhecê-las como um estímulo para concluir seu livro. O destino de Moisés, disse resignado, é o sono. O próprio título do empreendimento, "O homem Moisés: um romance histórico", disse ele a Ernest Jones, mostra "por que não publiquei este trabalho e não vou publicá-lo". Não havia material histórico suficiente para tornar sua reconstrução confiável e, ademais, lançar dúvidas sobre a "história lendária judaico-nacional" só provocaria um alvoroço inconveniente. "Apenas umas poucas pessoas, Anna, Martin, Kris, leram a coisa." Mas pelo menos podia-se discutir Moisés. Quando pareceu que haveria a possibilidade de uma visi-

* Na Freud Collection há uma fotocópia dessa carta, com uma nota embaixo, de "uma mãe agradecida", passando a carta para Alfred Kinsey: "Aqui anexo uma carta de um bom e grande homem com a qual o senhor pode ficar". (Freud Collection, B4, LC.)

ta de Zweig, então na Palestina, onde se sentia isolado e inquieto, Freud antecipou as boas conversas que manteriam: "Vamos esquecer toda a miséria e toda a crítica, e vamos fantasiar sobre Moisés". A visita foi adiada por muito tempo, mas em 18 de agosto de 1936 a *Chronik* de Freud registra: "Moisés com Arn. Zweig".

O ano de 1936, agradável como foi para conversas com amigos, também se revelou um período de repetições e fantasmas. Em 6 de maio, Freud completou oitenta anos, e repetiu-se o espetáculo que, em ocasiões anteriores, o irritara e o esgotara. Ele gostava do reconhecimento, mas seu simples aniversário, mesmo com um número redondo como oitenta, era algo a ser suportado, e não desfrutado. A visita de Zweig veio logo após ter sobrevivido às inevitáveis comemorações. Pelo menos conseguira impedir o plano bem-intencionado de Ernest Jones de lançar um livro de ensaios comemorativos. A situação psicanalítica, tal como a política, disse ele a Jones, era totalmente desfavorável a uma iniciativa tão festiva. Mas as congratulações com que Freud foi cumulado tinham de ser agradecidas, pelo menos com um cartão impresso. E ele teve de receber os distintos visitantes que foram à sua casa. Alguns deles — como Ludwig Binswanger e Marie Bonaparte, que diplomaticamente mantiveram-se à distância no dia 6 de maio, para deixar Freud consigo mesmo e com a família — foram muito bem-vindos; outros foram obrigações estoicamente suportadas. Um mês depois, em 5 de junho, Martha Freud escreveu a uma sobrinha, Lilly Freud Marlé: "Seu pobre tio tem labutado como um diarista para dar conta de apenas uma fração dos agradecimentos que deve".

Entre as homenagens de aniversário, havia um refinado discurso de congratulações escrito por Stefan Zweig e Thomas Mann, assinado por 191 artistas e escritores. Ao agradecer a Stefan Zweig, Freud observou: "Embora eu tenha sido excepcionalmente feliz em minha casa, com mulher e filhos, e especialmente com uma filha que satisfaz em rara medida todas as demandas de um pai, não consigo me reconciliar com a desgraça e o desamparo de estar velho, e antecipo a transição para o não ser como uma espécie de anelo". Thomas Mann também comemorou o octogésimo aniversário de Freud com uma conferência, "Freud e o futuro", que leu privadamente para os Freud na Berggasse 19, em 14 de junho. No final do mês, veio a distinção que mais lhe agradou, ainda mais do que sua nomeação para a Sociedade Real de Medicina: a Sociedade Real ainda mais exclusiva, identificada para sempre com os nomes luminosos de Newton e Darwin, elegeu-o como membro correspondente. Poucos dias depois, comentou jubiloso, numa carta a Ernest Jones, a "imensa honra" que tinha recebido. Comparativamente, as honras esparsas e superficiais que os compatriotas de Freud podiam planejar para ele não passavam de um insulto deliberado.

As realidades supremas que dominavam a vida de Freud, afora a ameaça do nazismo, eram sua idade avançada e a saúde precária. "Sou um velho", disse a

Abraham Schwadron, da Biblioteca da Universidade Hebraica em Jerusalém, "obviamente não tenho muito mais tempo para viver." Schwadron solicitara documentos de Freud, mas Freud tinha poucos a lhe oferecer. "Tenho uma antipatia provavelmente injustificável por relíquias pessoais, autógrafos, coleções de espécimes manuscritos e tudo o que deriva deles. Isso chega a tal ponto que, por exemplo, mandei todos os meus manuscritos anteriores a 1905 para a cesta de lixo, entre eles o da *Interpretação dos sonhos*." A partir de então, tinha sido persuadido a guardar seus manuscritos, mas não gostava de se ocupar deles. "Minha filha Anna Freud herdará meus livros e escritos."*

Anna continuava a ser o que tinha sido por mais de uma década: o centro de sua vida. Ufanava-se dela e preocupava-se com ela, como fazia há anos. "Minha Anna é muito boa e competente", disse orgulhoso a Arnold Zweig no final da primavera de 1936, mas, a seguir, aflorou novamente sua velha preocupação: "Quando uma mulher apaixonada sublima quase totalmente sua sexualidade!". Seus elogios nunca eram suficientes. "A coisa mais agradável perto de mim", escreveu a Eitingon alguns meses depois, "é o gosto de Anna pelo seu trabalho e seu progresso incontido." A respeito da esposa, ele dava notícias mais prosaicas: ela estava muito bem. Em 14 de setembro de 1936, ele e Martha Freud comemoraram suas bodas de ouro; mas sua antiga paixão por Martha Bernays, disse Freud um pouco secamente a Marie Bonaparte, era agora a mais vaga das lembranças: "Não foi realmente uma má solução do problema do casamento, e ainda hoje ela é meiga, saudável e ativa".

Ao contrário de sua mulher, Freud, embora ainda ativo, não era meigo nem saudável. Seus olhos continuavam tão perscrutadores como sempre, mas sua boca havia se transformado numa linha fina e apertada, levemente curvada para baixo, dando a impressão de um observador desiludido da humanidade, cuja forma predileta de humor era o humor negro. Em meados de julho de 1936, o dr. Pichler o operou novamente, como já tinha feito duas vezes no mesmo ano, e encontrou uma recorrência do câncer; Freud, até uma semana depois, não se considerou livre da possibilidade de estar "gravemente doente". Em dezembro, Pichler o operou mais uma vez, e no dia 24 Freud registrou, com seu jeito sucinto: "Natal com dor".

Apenas uma semana depois, aguardava-o um doloroso choque de tipo muito diferente. Pela última vez, Wilhelm Fliess invadiu sua vida. Em 30 de dezembro de 1936, Marie Bonaparte enviou a notícia de que um livreiro de Berlim, chamado Stahl, tinha lhe oferecido as cartas de Freud a Fliess, bem como aqueles longos apontamentos onde Freud lutara para chegar à psicanálise durante os anos de 1890. A viúva de Fliess os vendera a ele, e Stahl estava pedindo 12 mil

* No testamento que Freud assinou em 28 de julho de 1938, autenticado em 1º de dezembro de 1939, tendo como executores Martin, Ernst e Anna Freud, Freud se encarregou, de modo geral, equanimemente de sua viúva e filhos, mas deixou trezentas libras à sua cunhada Minna, e legou a Anna suas antiguidades e livros sobre psicologia e psicanálise. (A. A. Brill papers, container 3, LC.)

francos, cerca de quinhentos dólares.* O livreiro, disse Marie Bonaparte a Freud, tinha recebido uma oferta dos Estados Unidos, mas queria manter a coleção na Europa. A princesa tinha examinado uma das cartas para confirmar a autenticidade. "Afinal", disse a Freud, "conheço sua letra!"

Freud ficou aterrado. Quando a viúva de Fliess pedira a Freud que lhe devolvesse as cartas do marido, logo depois da morte de Fliess, no final de 1928, lembremos que Freud não conseguira encontrá-las. A correspondência entre ambos, disse agora a Marie Bonaparte, tinha sido "a mais íntima que a senhora possa imaginar. Teria sido extremamente desagradável se caísse em mãos de estranhos". Ele se ofereceu para dividir o pagamento das cartas; era claro que queria que fossem destruídas. "Não quero que nenhuma delas chegue à atenção da assim chamada posteridade." Mas Stahl, homem de certa integridade, só venderia as cartas de Freud sob a condição de que não caíssem nas mãos da família Freud, justamente por aquela razão. Evidentemente, não era segredo a paixão dos Freud pela privacidade, totalmente condizente com os burgueses oitocentistas que eram.

Iniciou-se então um duelo amigável: de um lado, Freud, ansioso em obter os documentos; de outro lado, a princesa, igualmente ansiosa em preservá-los para a "assim chamada posteridade". No começo de janeiro de 1937, reproduzindo a atitude de Freud em relação à viúva de Fliess, ela reassegurou a Freud que, embora as cartas ainda se encontrassem na Alemanha, pelo menos não estavam "mais nas mãos da 'bruxa'". Declarou voluntariamente que não as leria, mas propôs depositá-las em alguma biblioteca segura, com a estipulação de que ficariam vedadas a todos "durante oitenta ou cem anos após sua morte". Talvez, argumentou ela, opondo-se a seu antigo analista, Freud não avaliasse sua própria grandeza. "O senhor pertence à história do pensamento humano como Platão, digamos, ou Goethe." O quanto teríamos perdido se não tivéssemos as conversas de Eckermann com Goethe, ou se os diálogos platônicos tivessem sido destruídos apenas para proteger a reputação de Sócrates, o pederasta! "Algo se perderia para a história da psicanálise, essa ciência nova e única, criação sua, que é mais importante até do que as ideias de Platão", se essas cartas fossem destruídas apenas devido a algumas observações pessoais. Ela estava escrevendo dessa maneira, garantiu a ele, porque "eu o amo... e o venero".

Freud estava aliviado que, entre todos, fosse ela quem entrasse na posse de suas cartas a Fliess, mas recusou seus argumentos e comparações, tal como fizera 25 anos antes, quando Ferenczi insistira em compará-lo a Goethe. "Com a natureza muito íntima de nosso relacionamento, essas cartas naturalmente se estendem sobre simplesmente tudo", escreveu ele; incluíam tanto assuntos profissionais quanto pessoais. Os profissionais incluíam "todas as noções e desvios

* Ao escrever a Ernest Jones em meados dos anos 1950, Marie Bonaparte informou a soma que pagara pelas cartas: 1200 marcos alemães. (Ver Marie Bonaparte a Jones, 8 de novembro de 1957. Jones papers, Archives of the British Psycho-Analytical Society, Londres.)

errados referentes à análise em germinação, [e] são, neste caso, também inteiramente pessoais". A princesa ouviu respeitosamente, mas não se convenceu. Em meados de fevereiro, a coleção estava em suas mãos, e pelo começo de março ela estava em Viena, resistindo aos insistentes apelos pessoais de Freud. Ele, ainda com a esperança de que ela lhe permitisse queimar as cartas, concordou em permitir que ela as lesse. Marie Bonaparte não teve a reação que ele gostaria. Ela lhe indicou algumas das passagens mais notáveis, e a seguir, desafiando o homem que amava e reverenciava, agindo como verdadeira amiga do historiador, depositou as cartas no Banco Rothschild em Viena. Um banco judeu não era a escolha mais prudente, mas, na época, a absorção da Áustria por Hitler ainda não parecia um desfecho inevitável.

Aos oitenta anos, Freud ainda era capaz de trabalhar, amar e odiar. No começo de 1937, ele voltou a questões de técnica analítica com uma sóbria disposição profissional. O longo artigo "Análise terminável e interminável" é sua exposição mais desencantada sobre a eficácia da psicanálise. Essa desolação não era nova; Freud nunca tinha sido um terapeuta entusiástico. Mas agora, acentuando a força das pulsões inatas e a resistência da pulsão de morte e das deformações da personalidade à influência analítica, ele encontrou novas razões para atribuir o mais modesto alcance aos poderes curativos da psicanálise. Chegou a declarar que uma análise bem-sucedida não impede necessariamente a recorrência de uma neurose. Era como se, no artigo, Freud estivesse abandonando, ou pelo menos questionando, o objetivo terapêutico que havia exposto numa famosa formulação de poucos anos antes. A intenção da psicanálise, escrevera ele nas *Novas conferências introdutórias*, "é fortalecer o ego, torná-lo mais independente do superego, ampliar seu campo de percepção e expandir sua organização, de modo que possa se apropriar de novos elementos do id. Onde havia id, lá deverá haver ego. Esta é uma obra cultural muito parecida com a drenagem do Zuyder Zee". Agora, ele escrevia como se os ganhos do ego fossem, no máximo, temporários. Seria simples demais atribuir tal visão pessimista apenas ao espetáculo dos acontecimentos da época, mas eles desempenharam seu papel. A política estiolava tudo.

"Análise terminável e interminável" saiu em junho de 1937. No mesmo mês, Freud ficou satisfeito em saber que sobrevivera a Alfred Adler. Numa viagem de conferências pela Inglaterra, Adler tinha sofrido um colapso numa rua em Aberdeen, devido a um ataque cardíaco fatal. Quando Arnold Zweig manifestou certa comiseração ao ser informado da morte de Adler, Freud reagiu de maneira dura. Ele tinha odiado Adler por mais de 25 anos, e Adler o odiara pelo mesmo tempo, de maneira igualmente declarada. "Para um garoto judaico de um subúrbio vienense", replicou Freud, "uma morte em Aberdeen, na Escócia, é uma carreira sem precedentes e uma prova de quão longe ele tinha ido. Realmente, seus contemporâneos o recompensaram largamente pelos seus serviços, por contradizer a psicanálise."* Freud chegara ao ponto principal de *O mal-estar na civilização*, quando afirmou que não conseguia entender o ditame cristão do amor universal, e que na verdade muita gente era odiosa; a seu ver, entre os mais odiosos estavam aqueles que ele achava que o abandonaram e fizeram fortuna aproveitando-se de uma audiência incomodada com sua teoria da libido.

Embora o falecimento de Adler tenha sido motivo de prazer, ou pelo menos não de dor, para Freud, outros lhe deram boas razões de pesar. Alguns de seus próximos não estavam passando bem ou envelhecendo graciosamente. A cunhada Minna Bernays, ainda uma das pessoas favoritas de Freud, estava seriamente enferma. Seus filhos, atingidos pela onda nazista, estavam em trânsito, em busca de subsistência e lar permanente. Apenas a filha Anna se fortalecia. Qualquer prestígio que, de início, pudesse ter tomado de empréstimo ao nome e proteção do pai tinha havia muito tempo cedido à autoridade que ela adquirira com seu próprio trabalho psicanalítico com crianças e com seus lúcidos artigos. Mas, infelizmente, Lou Andreas-Salomé, amiga de pai e filha, morreu em fevereiro de 1937, aos 75 anos, "uma morte tranquila em sua casinha em Göttingen". Freud soube da morte dela através dos jornais. "Eu gostava muito dela", ponderou para Arnold Zweig, "estranho dizer, sem nenhuma ponta de atração sexual." Ele a lembrou num necrológio breve, mas caloroso. Eitingon, escrevendo da Palestina, expressou bem os sentimentos de Freud: "A morte de Lou parece tão estranhamente irreal. Ela nos parecia tão independente de qualquer tempo".

Embora preocupado com a vida pessoal, Freud não poderia ignorar a ameaça da Alemanha nazista. Ainda se aferrando à esperança cada vez mais vã de que poderia morrer na Áustria em relativa paz, experimentando de vez em quando algumas previsões otimistas injustificadas, Freud via desaparecerem suas ilusões sobre a manutenção da independência austríaca. Sua tranquilizadora recusa dissolvia-se perante as realidades inegáveis: o rearmamento alemão, a relutância ocidental em enfrentar Hitler. O que o deprimia não eram apenas suas perspectivas pessoais, mas as perspectivas para a psicanálise. Já no verão de 1933, ele havia dito a Ernest Jones que estava "quase preparado para ver que, na atual crise mundial, nossa organização também perecerá. Berlim está perdida, Budapeste, desvalorizada com a perda de Ferenczi; é incerto para onde se dirigem na América". Dois anos depois, em setembro de 1935, ele insistiu com Arnold Zweig que não adiasse seus planos de viagem à Europa: "Viena não deve se tornar alemã antes de sua visita". O tom era de brincadeira, mas o sentido não. Zweig ainda

* Em sua biografia, Jones (III, p. 208) reproduz essa parte da carta, mas engana-se em um ano na data e traduz o termo de Freud, *Judenbube*, por "menino judeu" [*Jew boy*]. Não existe uma tradução inteiramente satisfatória para o termo, mas a solução de Jones dá o peso errado a ela. A referência de Freud a Adler é dura e maliciosa, mas de forma alguma tão desdenhosa ou intolerante quanto pode sugerir o "menino judeu". [Peter Gay optou por "*Jewish boy*". (N.T.)]

alimentava a ideia de que o regime nazista na Alemanha podia terminar, e que à era "parda" se sucederia uma monarquia encoberta com uma capa liberal. Freud também continuava a nutrir tais fantasias, mas com uma convicção cada vez menor. Ainda em fevereiro de 1936, ele manifestou a esperança de poder viver para ver a queda do regime nazista. Isso era resultado, não tanto de incurável ingenuidade, mas dos indícios ambíguos, muitas vezes ininteligíveis, que os observadores políticos estavam captando tanto da direita como da esquerda. Ele não dispunha da inestimável vantagem da visão histórica retrospectiva.

Em meados de 1936, porém, Freud estava manifestando com maior frequência o tom mais árido possível. "A aproximação da Áustria ao nacional-socialismo parece incontrolável", escreveu a Arnold Zweig em junho. "Todos os fados estão conspirando com a escória. Estou aguardando, com um pesar cada vez menor, que a cortina caia para mim." Menos de um ano depois, em março de 1937, ele só via a catástrofe pela frente. "Nossa situação política parece estar ficando cada vez mais carregada", disse a Ernest Jones. "A penetração dos nazistas provavelmente não pode ser detida. As consequências para a análise também são funestas." Ele comparou a situação atual de Viena com seu transe em 1683, quando os turcos estiveram às suas portas. Mas naquela época surgira auxílio — agora, poucas esperanças havia. Mussolini, que até então protegera a Áustria dos alemães, pelo visto decidira dar-lhes carta branca. "Eu gostaria de morar na Inglaterra, como Ernst, e viajar a Roma, como o senhor." Escrevendo a Arnold Zweig, ele se mostrava igualmente pressago: "Tudo em torno está ficando cada vez mais sombrio, mais ameaçador, e a consciência de nossa impotência, cada vez mais premente". Quatro anos antes, ele ainda estivera disposto a render um modesto tributo a seus conterrâneos. Uma ditadura de direita, disse a Ernest Jones, tornaria a vida difícil para os judeus, mas a Liga das Nações interviria para impedir perseguições, e "além disso: o austríaco não gosta da brutalidade alemã". Agora, ele enxergava as coisas com uma lucidez impiedosa, pelo menos durante parte do tempo. "O governo aqui", comentou em dezembro de 1937, "é diferente, mas as pessoas são as mesmas, em total uníssono com seus irmãos no Reich na adoração do antissemitismo. Nossa garganta está sendo apertada com uma força cada vez maior, ainda que não estejamos sendo estrangulados." O entusiasmo com que os austríacos iriam saudar Hitler, três meses depois, não deve tê-lo surpreendido de fato.

A catástrofe da Áustria vinha se preparando havia muito, e durante algum tempo foi praticamente inevitável. Em julho de 1936, o chanceler Kurt von Schuschnigg tinha empenhado seu governo num acordo com a Alemanha nazista — devidamente registrado na *Chronik* de Freud. O acordo incluía cláusulas secretas pelas quais o governo se comprometia a tolerar as operações do partido nazista austríaco ilegal e a conduzir ao ministério alguns de seus líderes, como Arthur Seyss-Inquart. Assim, o nó, para retomar a metáfora de Freud, vinha se apertando havia algum tempo. Em fevereiro de 1938, Hitler forçou Schuschnigg a nomear Seyss-Inquart como ministro da Segurança e do Interior. O cavalo de Troia estava instalado. Schuschnigg reagiu, num gesto corajoso, mas inútil, convocando um plebiscito sobre a independência austríaca para o dia 13 de março; por toda parte, as calçadas e muros estavam rabiscados com *slogans* pró-Schuschnigg.

Para Freud, a crise foi uma demonstração final cujo resultado devastador era provável, mas ainda não totalmente certo. "No momento, nosso governo, reto e corajoso à sua maneira", escreveu ele a Eitingon em fevereiro de 1938, "mostra-se mais enérgico do que nunca em afastar os nazistas." Mas não se arriscou a predizer que tal coragem iria manter os alemães fora da Áustria. No entanto, ele e sua família mantiveram a calma. "Viena tem estado em pânico", disse Anna Freud a Ernest Jones em 20 de fevereiro, acrescentando: "Não estamos acompanhando o pânico". Dois dias depois, escrevendo ao filho Ernst, Freud arriscou-se, hesitante, a duvidar de que a Áustria terminaria como a Alemanha. "A Igreja católica é muito forte e vai oferecer grande resistência." Além disso, "nosso Schuschnigg é decente, corajoso e homem de caráter". Schuschnigg havia recebido um grupo de industriais judeus, para lhes assegurar "que os judeus aqui não têm nada a temer". Evidentemente, se fosse posto para fora do governo, ou se a invasão nazista se concretizasse de fato, todas as esperanças estariam liquidadas.

Mas Freud ainda não tinha nenhuma vontade de escapar. Sua fuga só iria "dar o sinal para a dissolução completa do grupo analítico", e esta era uma eventualidade que queria evitar. "Não creio que a Áustria, entregue a si mesma, degenere no nazismo. Esta diferença em relação à Alemanha é, em geral, negligenciada." Pode-se ver quão frágil era a palhinha a que Freud estava se agarrando, pelo fato de depositar suas esperanças minguantes num aliado extremamente improvável — a Igreja. "Ainda será possível encontrar segurança na proteção da Igreja católica?", perguntou a Marie Bonaparte em 23 de fevereiro. Mas ele não acreditava realmente nisso. "Quem sabe?", indagou em seu espanhol de escola — "Quien sabe?". Há algo de patético nessas últimas tentativas de autotranquilização; Freud enfrentara a situação antes com maior realismo.

Os planos de Hitler para a absorção da Áustria ao Terceiro Reich continuavam inalterados; o plebiscito de Schuschnigg era um escudo de latão contra uma metralhadora. Os embaixadores da Alemanha informaram Berlim, falando de Londres e Roma, que a anexação da Áustria por Hitler não suscitaria nenhuma resistência. Schuschnigg foi forçado a cancelar o plebiscito. Em 11 de março, após um ultimato de Hitler, ele renunciou como chanceler, a favor de Seyss-Inquart. O veredicto de Freud foi lacônico e preciso: "*Finis Austriae*". Na manhã seguinte, o novo premiê austríaco, obedecendo às instruções de seus senhores em Berlim, convidou as tropas alemãs a atravessarem a fronteira.

Naquele dia, 12 de março de 1938, e no dia seguinte, Freud se sentou ao lado de seu rádio, ouvindo a tomada da Áustria pelos alemães. Escutou declarações corajosas de resistência, logo malogradas, a exultação de um lado e, a seguir, do outro. Mesmo sentindo-se doente, devido aos efeitos de mais uma operação, os acontecimentos políticos afastaram as dores de seu pensamento. A *Chronik* registra sucintamente os fatos: domingo, 13 de março, "Anschluss com a Alemanha", e, no dia seguinte, "Hitler em Viena". Iniciava-se o reinado do terror, uma repugnante combinação de expurgos planejados pelos invasores e explosões locais e espontâneas de brincadeiras cruéis: terror contra os social-democratas, contra os líderes inconvenientes da velha direita, e sobretudo contra os judeus. Freud havia se enganado a respeito de seus conterrâneos. No final de 1937, como sabemos, ele apresentara os austríacos como menos brutais do que os alemães; na realidade, eles revelaram ser mais adeptos de selvagerias contra os impotentes do que seus modelos nazistas.

O fanatismo e a vingatividade sádica que muitos alemães levaram cinco anos para adquirir ou manifestar, os austríacos aprenderam a praticar em cinco dias. Muitos alemães tinham cedido sob o incessante bombardeio da propaganda, intimidados por um Estado exigente, um partido vigilante e uma imprensa controlada; muitos austríacos não precisaram de nenhuma pressão. Apenas uma pequena parcela desse comportamento pode ser explicada ou justificada como submissão imposta pelo terror nazista. As turbas que pilhavam os apartamentos de judeus e aterrorizavam os lojistas judeus faziam-no sem ordens oficiais e apreciavam imensamente sua obra. Os prelados austríacos, guardiães da consciência católica apostólica, não fizeram nada para mobilizar qualquer elemento de sanidade e decência que ainda existisse; com o tom dado pelo cardeal Theodor Innitzer, os padres celebraram no púlpito as proezas de Hitler, prometeram cooperar de bom grado com o novo regime e ordenaram que a bandeira com a suástica fosse hasteada nos campanários das igrejas nas ocasiões adequadas. Essas homenagens eclesiásticas a Hitler oferecem uma resposta arrasadora à pesarosa pergunta que Freud fizera poucas semanas antes, ao se indagar se a poderosa Igreja católica, pelo seu próprio interesse, não poderia fazer frente a Hitler.*

Os incidentes nas ruas das cidades e aldeias austríacas, logo após a invasão alemã, foram mais violentos do que os até então presenciados pelo Reich de Hitler. As abomináveis calúnias antissemitas de revistas nazistas como o *Stürmer*, as regulamentações restringindo o exercício profissional dos judeus da Alemanha, as leis raciais de Nürnberg do final de 1935, as aldeias anunciando orgulhosamente que estavam "limpas de judeus" — *Judenrein* — estavam dando aos judeus alemães uma amostra do inferno. Mas, comparativamente, pouco tinham sofrido com o tipo de violência aleatória e indiscriminada que se espalhou pela Áustria depois do Anschluss: a Áustria em março de 1938 foi um ensaio geral para os pogroms alemães de novembro. O popular dramaturgo alemão Carl

* É justo acrescentar que a política católica de colaboração submissa com os dirigentes nazistas da Áustria se deteriorou antes que o ano terminasse, quando a liderança nazista se queixou de "padres políticos". Mas qualquer resistência que os padres austríacos pudessem oferecer seria necessariamente frágil e inútil.

Zuckmayer, um liberal, esteve por acaso em Viena naqueles dias, e nunca os esqueceu. "O submundo abriu seus portões e soltou seus espíritos mais baixos, mais revoltantes, mais impuros. A cidade foi transformada num pesadelo pintado por Hieronymus Bosch", e o "ar preenchido por uma gritaria incessante, selvagem, histérica de gargantas masculinas e femininas." Para Zuckmayer, todas essas pessoas tinham perdido seus rostos, "parecendo caretas distorcidas: algumas de angústia, outras de decepção, outras ainda de triunfo furioso e cheio de ódio". Ele tinha presenciado alguns acontecimentos medonhos na Alemanha, inclusive o *putsch* da cervejaria tentado por Hitler em novembro de 1923 e a ascensão dos nazistas ao poder em janeiro de 1933. Mas nada se aproximava das cenas que agora se desenrolavam nas ruas de Viena. O que foi "desencadeado aqui foi a sublevação da inveja, da malevolência, da amargura, da gana cega e pérfida por vingança".

O mínimo foi o boicote dos comerciantes judeus em Viena e outras cidades austríacas. Mas o boicote já foi bastante vil, imposto por rufiões de camisas pardas ou por jovens saqueadores envergando a ubíqua faixa com a suástica, que empreendiam represálias brutais contra aqueles que os ignorassem ou desafiassem. Armados com listas cuidadosamente preparadas para a ocasião, os nazistas austríacos e seus sequazes pilhavam sinagogas, armazéns e residências judaicos. Mas ainda mais pavorosa foi a violência espontânea. A visão de um judeu indefeso estimulava a imaginação de turbas austríacas em todas as cidades. Os judeus ortodoxos da Europa Oriental, destacando-se com seus chapéus de abas largas, cachos de cabelo até as orelhas e barbas flutuantes, eram alvos favoritos, mas os outros não eram poupados. Enquanto seus torturadores urravam de prazer, crianças, mulheres e velhos judeus eram forçados a apagar, com as mãos ou com escovas de dentes, os *slogans* que tinham ficado nas ruas desde o plebiscito malogrado de Schuschnigg. Um jornalista inglês presenciou um desses "piquetes de esfregamento" — *Reibpartien* —, como vieram a ser chamados: "Homens da SA arrastaram um trabalhador judeu idoso e sua mulher por entre os aplausos da multidão. Rolavam lágrimas pelas faces da velha, e enquanto ela olhava fixamente à frente, praticamente atravessando seus torturadores com o olhar, pude ver como o velho, a quem ela segurava o braço, tentava afagar sua mão. 'Trabalho para os judeus, finalmente trabalho para os judeus', berrava a multidão. 'Agradecemos nosso Führer, ele deu trabalho para os judeus!'". Outros bandos, entre chacotas e pontapés, faziam com que escolares judeus escrevessem "Jud" nos muros, realizassem ginásticas humilhantes ou fizessem a saudação hitlerista.

Não foi uma explosão de um único dia. Um despacho de Viena da Associated Press, datado de 13 de março, informou que "o espancamento de judeus e a pilhagem de lojas de judeus aumentaram hoje. Os judeus estavam desaparecendo da vida de Viena. Podiam-se ver, no máximo, uns poucos pelas ruas ou nos cafés. Alguns eram solicitados a sair dos bondes". O repórter viu um homem "espancado e abandonado ferido na rua. Um outro, saindo de um café, foi espancado enquanto sua mulher olhava indefesa. Uma judia que retirou 40 mil xelins de um banco foi detida sem acusação". Entrementes, "os nazistas foram à sede da organização esportiva judaica Makkabi, estraçalharam parte da propriedade e despedaçaram as insígnias da organização".

Havia quem não conseguisse acreditar no que via, e para quem o sonho encantador de Viena, a fascinante cidade da alegria junto ao Danúbio Azul, não morrera de todo: "Os líderes judeus manifestaram a opinião de que o antissemitismo seria mais brando na Áustria do que na Alemanha". Na verdade, revelou-se o contrário. Num despacho com a data de 15 de março, um repórter comentava: "Adolf Hitler deixou atrás de si, na Áustria, um antissemitismo que está florescendo com muito maior rapidez do que jamais aconteceu na Alemanha". O repórter prosseguia, descrevendo cenas que haviam se tornado muito familiares, havia poucos dias, para os leitores de jornais no mundo ocidental — piquetes de esfregamento e tudo o mais. E ele observou que, se os judeus pudessem escolher entre um austríaco se divertindo e um alemão seguindo ordens, seria preferível o alemão: "Quem escreve estas linhas viu uma mulher com um casaco de peles perto do Hotel Saechsischer, cercada por seis guardas nazistas com capacetes de aço e rifles, obrigada a se ajoelhar e tentar em vão remover as palavras 'Heil Schuschnigg!', pintadas com esmalte branco na calçada. Mas, mesmo em relação a esses torturadores, os judeus tinham razões para se sentirem gratos, apesar das humilhações impostas a eles, porque os guardas não lhes faziam outros maus-tratos, como a turba parecia ansiosa em fazer". Essa turba, "num estado de espírito extremamente perigoso e entregue a saques", foi dispersada por guardas nazistas com capacetes de aço. "Está claro", ponderou o repórter, "que não serão apenas os judeus que vão pagar o preço da Anschluss." Um nazista alemão de Berlim, com quem falou esse jornalista, "manifestou certa surpresa com a velocidade com que o antissemitismo estava se introduzindo aqui, o que, disse ele, iria tornar a difícil situação dos judeus de Viena muito pior do que era na Alemanha, onde a transformação tinha ocorrido de maneira um tanto gradual". O que impressionava todos os jornalistas que estavam cobrindo a Áustria naqueles dias era o espírito geral de comemoração. "VIENENSES FICAM VIOLENTOS; RUAS BARULHENTAS APINHADAS", dizia uma manchete em 14 de março. "Multidões gritando, cantando, agitando bandeiras, aumentam na cidade, entoando o 'Sieg Heil!' nazista/ JOVENS EM MARCHA/ Árias marciais alemãs substituem as valsas nos cafés — Nenhuma oposição visível." Por algum tempo, enquanto os alemães nazistas introduziam a manipulação teatral de massas que tinha funcionado tão bem no país deles, a Áustria viveu em festa.

O lado negro das festividades era a coerção e o assassinato. O mês de março de 1938, em Viena e outras partes da Áustria, tornou-se um período de assassinato político organizado e, também, de mortes casuais e improvisadas. O advogado social-democrata judeu Hugo Sperber, de certa forma um personagem típico, que, com seu jeito espirituoso e desalinhado, havia muito tempo era uma provocação aos nazistas austríacos, foi literalmente pisoteado até a morte. Esse incidente não foi o único: em abril, um engenheiro, Isidor Pollack, diretor de uma fábrica química, foi morto da mesma maneira por membros da SA, que faziam o que chamavam de busca em sua casa. Outros judeus austríacos, como o ensaísta, apresentador de cabaré e historiador amador da cultura Egon Friedell, deixaram seus torturadores e assassinos de mãos abanando; em 16 de março, quando membros da tropa de assalto nazista estavam subindo as escadas até seu apartamento, Friedell saltou de uma janela para a morte. Essa forma de escapar se alastrou como uma epidemia: em 11 de março, tinham ocorrido dois suicídios em Viena; três dias depois, o número aumentara para catorze, dentre os quais oito eram judeus. Na primavera, cerca de quinhentos judeus austríacos decidiram se matar para escapar à humilhação, à insuportável angústia ou à deportação para os campos de concentração. As baixas eram tão visíveis que, no final de março, as autoridades sentiram-se obrigadas a lançar um desmentido dos "rumores de milhares de suicídios desde a ascensão nazista ao poder". Ostentando a exatidão mecânica que iria caracterizar toda a máquina nazista de assassínio, a declaração dizia: "De 12 a 22 de março, 96 pessoas cometeram suicídio em Viena, dentre os quais apenas quinze estavam diretamente ligados à mudança na situação política na Áustria".

A ideia de suicídio chegou a invadir o lar dos Freud naquela primavera. Max Schur, médico de confiança de Freud, que estava próximo da família naqueles meses desesperados, conta que, quando parecia impossível fugir da Áustria nazista, Anna Freud perguntou ao pai: "Não seria melhor se todos nós nos matássemos?". A resposta de Freud foi típica: "Por quê? Porque gostariam que fizéssemos isso?". Ele podia resmungar que as coisas não valiam a pena e ansiar para que caísse a cortina, mas não estava disposto a abrir mão delas ou a deixar o palco, segundo a conveniência do inimigo. O espírito de desafio que dominou tão grande parte da vida de Freud ainda se agitava nele. Se tivesse de ir, iria conforme suas próprias condições.

Os novos dirigentes completaram a integração da Áustria ao Reich de Hitler com uma rápida e impiedosa eficiência. Sua obra significou literalmente *finis Austriae*: em menos de uma semana, o Exército, as leis e instituições públicas austríacas se tornaram filiais de suas parceiras alemãs, e o país deixou de ser a Áustria, tornando-se uma província oriental da Alemanha, chamada "Ostmark", um arcaísmo deliberado. Os juízes, burocratas, industriais, banqueiros, professores, jornalistas, músicos judeus foram expurgados imediatamente; em poucas semanas, a ópera, os jornais, o mundo dos negócios e da alta cultura e os cafés ansiosamente se declaravam "puramente arianos". Os nazistas de confiança foram recompensados com todos os cargos de importância e responsabilidade. Não houve praticamente resistência e sequer objeções. Mas a resistência teria sido inútil e irracional; qualquer mínima oposição que os austríacos tenham sido capazes de reunir foi cuidadosamente sufocada por Heinrich Himmler e seus camisas-negras de elite, a SS, com seus métodos já testados. Os suspeitos de estarem possivelmente congregando forças antinazistas, ou até meramente considerados incômodos, eram encarcerados, estrangulados, fuzilados ou enviados para o temido campo de concentração de Dachau na Bavária. Alguns fugiram para o exterior, apenas para descobrir que o resto do mundo não se importava em intervir a seu favor.

Em parte protegido por sua reputação internacional e seus fiéis amigos, Freud foi grandemente poupado do terror, mas não de todo. Em 15 de março, um dia depois de registrar a chegada de Hitler a Viena, Freud anotou que fora realizado um "controle" em seu apartamento e na *Verlag*. Tanto o escritório da editora psicanalítica na Berggasse 7 como o apartamento de Freud na Berggasse 19 tinham sido invadidos por membros de tropas paramilitares e camisas-pardas. Fizeram uma revista nos arquivos da *Verlag*. e mantiveram Martin Freud preso durante o dia inteiro, mas não conseguiram encontrar alguns dos documentos comprometedores guardados no escritório. Foi sorte: o testamento de Freud, que lá se encontrava, revelaria que ele tinha dinheiro no exterior. No apartamento, os invasores ficaram por longo tempo; talvez tenham ficado desconcertados com Martha Freud, aquela burguesa competente e polida, mas o desconcerto não foi suficiente. Anna Freud levou-os até o cofre do apartamento e o abriu, para que se servissem. A visita seguinte dos nazistas, uma semana depois, iria ser menos descontraída.

Era deprimentemente visível que não havia futuro para a psicanálise em Viena. E tampouco o futuro pessoal de Freud era minimamente claro. Ele era suficientemente famoso para não passar desapercebido: os jornais ocidentais informavam que, embora o governo palestino tivesse oferecido asilo a Freud, os novos dirigentes da Áustria não lhe dariam passaporte. Mas a *Chronik* de Freud registra auxílios disponíveis: "Jones" na entrada de 16 de março, e a "Princesa" no dia seguinte. Os dois representavam as mais impressionantes ligações — o que os austríacos gostam de chamar de *Protektion*: Ernest Jones, com laços com membros do ministério inglês, e a princesa Marie Bonaparte, com sua riqueza, linhagem e laços reais suficientemente ilustres para fazer hesitar até a própria Gestapo. Da Suíça, Ludwig Binswanger mandou um convite com a linguagem codificada que os atentos remetentes de cartas para o território ocupado por nazistas tinham aprendido a empregar. "O objetivo de minhas linhas hoje", escreveu a Freud em 18 de março, "é lhe dizer que o convido para qualquer momento que o senhor julgar adequado para uma mudança de ares." Ele garantia a Freud: "O senhor pode imaginar que seus amigos suíços estão pensando em si, dispostos a ajudar em todos os momentos". Ainda mais importante era que William Bullitt, agora embaixador americano na França, zelava atentamente por seu antigo colaborador. O cônsul-geral americano em Viena, John Cooper Wiley, que tinha sido nomeado por instâncias de Bullitt, visitou-o como seu representante local. Freud também teve sorte com os austríacos cristãos de quem dependia tanto, principalmente seu cirurgião Hans Pichler, que continuava a atender Freud como seu paciente, como se nada tivesse se alterado no mundo.

No entanto, não havia nenhuma garantia de que mesmo essa formidável hoste de protetores salvasse Freud; embriagados com as sucessivas vitórias, desprezando as pusilânimes potências ocidentais que ansiavam pela paz e temiam o confronto, os nazistas tendiam a fazer pouco dos protestos ingleses, franceses ou americanos. As lembranças da Primeira Guerra Mundial e seus horrores assaltavam e praticamente paralisavam os estadistas aliados; tais lembranças funcionavam como tantos outros agentes de pacificação. Alguns dos políticos nazistas mais impetuosos, como Himmler, de fato estavam insistindo para que Freud e todo o grupo de analistas ainda remanescente em Viena fossem presos, mas parece terem sido contidos por Hermann Göring, que, apoiado pelo Ministério do Exterior alemão, aconselhou prudência. Em 15 de março, Wiley passou um cabograma ao secretário de Estado americano Cordell Hull: "Temo Freud, apesar idade e doença, em perigo". Hull passou a mensagem ao presidente Franklin Roosevelt, e registrou no dia seguinte que, "de acordo com as instruções do presidente", ele havia solicitado ao embaixador americano em Berlim, Hugh Robert Wilson, "para levar esse assunto pessoal e informalmente às autoridades alemãs competentes"; Wilson devia conseguir que a família Freud partisse para Paris, "onde o presidente está informado de que os amigos estão ansiosos em recebê-lo". A partir daí, o destino de Freud despertou o interesse dos escalões mais altos do governo americano, com o mais íntimo envolvimento do Departamento de Estado — Cordell Hull, Sumner Welles, o segundo homem mais importante no Departamento e os embaixadores americanos em Paris e Berlim. Wiley telegrafou ao secretário de Estado em 17 de março, informando que, embora o passaporte de Freud tivesse sido confiscado, o "Diretor de Polícia de Viena" tinha prometido dedicar um interesse pessoal pelo caso". Os enérgicos protestos de Bullitt ao embaixador alemão em Paris, conde Von Welczeck, de que qualquer maltrato a Freud escandalizaria o mundo, também não prejudicaram em nada as perspectivas de Freud.

Um dos obstáculos mais ferrenhos à salvação de Freud era o próprio Freud. Ernest Jones, que se dirigira precipitadamente a Viena, para prestar auxílio, deixou um tocante relato de sua "conversa íntima" com Freud, logo depois de 15 de março, onde Freud apresentou todos os tipos de motivos, alguns convincentes, mas a maioria forçada, para querer ficar em Viena. Estava velho demais, fraco demais, não seria capaz sequer de subir os degraus de um vagão de trem, não conseguiria permissão para viver em lugar algum. Este último argumento, reconheceu Jones, infelizmente não era infundado. Naqueles dias, rememora ele, praticamente todos os países, defensivamente atentos aos índices de desemprego e sob pressão para afastar a concorrência de estrangeiros nos empregos, eram "ferozmente inóspitos" a novos imigrantes. É verdade — o mundo na década de Hitler não era nada generoso: já havia muita gente sem emprego, sem acrescentar mais imigrantes; muitos gostavam de achar que as horrendas histórias de perseguições na Alemanha e Áustria nazistas equivaliam, talvez, às fantasiosas propagandas que os aliados haviam divulgado a respeito das atrocidades alemãs na Primeira Guerra Mundial. Além disso, quem precisava de mais judeus?

Depois de uma longa luta, Jones persuadiu Freud, vencendo seu último argumento com uma resposta engenhosa. Quando viu que seus argumentos para permanecer em Viena estavam sendo derrotados um a um, Freud apresentou uma "última declaração. Ele não poderia deixar sua terra natal; seria como um soldado abandonando seu posto". Jones estava preparado: "Repliquei com êxito a essa atitude, citando a analogia de Lightoller, o segundo oficial do *Titanic*". Lightoller foi atirado à água com a explosão da caldeira do *Titanic*, quando o navio estava soçobrando. Durante o interrogatório oficial, quando lhe perguntaram em que momento ele havia deixado o navio, Lightoller respondeu: "Nunca deixei o navio, senhor; ele é que me deixou". A anedota "obteve sua aceitação final". Tranquilizado, Jones voltou à Inglaterra em 20 de março, para acionar seus contatos e obter vistos para os Freud.

Freud apresentou outras dificuldades. Como Wiley informou num cabograma ao secretário de Estado, em 19 de março, ele queria levar toda a família, incluindo os parentes afins, junto com seu médico e família — num total de dezesseis pessoas. A pronta resposta de Bullitt num cabograma a Wiley foi que isso estava "inteiramente além de todos os recursos à minha disposição", e achava que a caravana de Freud ultrapassaria até mesmo os recursos de Marie Bonaparte. Ele ofereceu 10 mil dólares, mas "não posso (repito não posso) me responsabilizar por mais". Wiley respondeu que Freud "planeja ir para a Inglaterra. Afirma única questão envolvida é visto saída". Isso ajudava, e havia outro auxílio disponível: "Princesa aqui", informou Wiley a Bullitt. "Sra. Burlington [Burlingham] também." A premente questão do dinheiro recuou para um segundo plano, a principal questão passava a ser a autorização de saída para os Freud.

Agora começava uma complicada coreografia telegráfica na estratosfera diplomática. Jones mobilizou seus amigos *sir* Samuel Hoare, secretário do Interior, e o conde De La Warr, lorde do selo privado, para obterem permissões de residência para Freud e sua família. Essa obtenção não era nada automática, nem sequer fácil, mas os aliados de Jones no governo prometeram cooperar. No entanto, os dirigentes da Áustria nazificada ainda não tinham deixado de se ocupar com a família Freud. Em 22 de março, Wiley passou um cabograma ao secretário de Estado, "por Bullitt", informando que Von Stein, o poderoso "conselheiro alemão" em Viena, havia levado a questão da "saída de Freud a Himler [*sic*]. Ressaltei que a idade e saúde de Freud demandavam tratamento especial na fronteira". Mas no mesmo dia, às duas horas da tarde, Wiley telegrafou aos mesmos destinatários: "Anna Freud acaba de ser presa". Freud registrou na *Chronik* para onde ela fora: "Anna na Gestapo".

O breve registro oculta a agitação de Freud. Quando Anna soube que teria de comparecer ao quartel-general da Gestapo, no Hotel Metrópole, ela e seu irmão Martin, que estava aguardando o mesmo convite peremptório, consultaram o dr. Schur, indagando de modo bastante razoável se podiam ser torturados ou, naquele contexto, se algum dia sairiam vivos. "A pedido deles", lembra Schur, "forneci-lhes uma quantidade suficiente de Veronal", e lhes prometeu que cuidaria do pai enquanto fosse capaz. Comenta Schur que aquele foi o pior dia de Freud.

Ninguém contestaria essa afirmativa. "Fui à Berggasse e fiquei com Freud", relembra Schur. "As horas foram intermináveis. Foi a única vez que vi Freud profundamente preocupado. Ele andava de um lado para o outro, fumando sem parar. Tentei tranquilizá-lo o máximo que pude." Na Gestapo, enquanto isso, Anna em momento algum perdeu o controle. "Ela tinha sido suficientemente inteligente para perceber", escreve seu irmão Martin, "que o principal perigo consistia em ser deixada à espera no corredor e esquecida até que o escritório se fechasse. Nesse caso, ela suspeitava que seria arrastada com outros prisioneiros judeus e casualmente deportada ou fuzilada." Os detalhes são vagos, mas parece que, de algum modo mobilizando amigos influentes, ela conseguiu ir a interrogatório. A Gestapo queria saber a respeito da sociedade internacional a que ela pertencia, e Anna Freud conseguiu convencê-los de que a Associação Psicanalítica Internacional era uma entidade totalmente apolítica e exclusivamente científica. Pelas sete horas da noite, Wiley pôde transmitir por cabograma as boas notícias ao secretário de Estado, "por Bullitt", como sempre: "Anna Freud libertada".* Schur conta que, em seu alívio, Freud se permitiu demonstrar certa emoção.

Esse episódio, ainda mais do que a eloquência de Ernest Jones, convenceu Freud que era hora de partir. "Nesses tempos de provação, restam duas perspectivas", escreveu um pouco depois ao filho Ernst, "vê-los todos juntos, e morrer em liberdade." Mas o preço da liberdade era a sujeição à roubalheira burocrática organizada em que os nazistas eram especialistas. Ninguém podia deixar legalmente a Áustria nazista sem um *Unbedenklichkeitserklärung* — um "certificado de inocência" —, que só podia ser obtido depois que o exilado em potencial tivesse obedecido a todas as exigências financeiras, engenhosamente inventadas e multiplicadas pelo regime. Em 13 de março, o conselho da Sociedade Psicanalítica de Viena tinha decidido recomendar a imediata emigração a seus membros judeus que voltariam a se reunir lá onde Freud finalmente encontrasse um novo lar. O único membro cristão, Richard Sterba, recusou-se a presidir a uma instituição psicanalítica "arianizada", e optou por partilhar do exílio de seus colegas judeus.

Isso deu ocasião ao confisco de todos os bens da associação e sua biblioteca e da editora. Tão mesquinhas em questões miúdas quão desumanas em grandes questões — uma característica de todos os regimes totalitários —, as autoridades austríacas aumentaram a lista de suas exigências aos Freud: insistiam em receber o imposto taxado aos judeus por "fugir" do país — o *Reichsfluchtssteuer* — e, além disso, queriam pôr as mãos no estoque das obras reunidas de Freud, que Martin Freud prudentemente tinha enviado para a Suíça, a fim de que fossem queima-

* Relembrando mais tarde os acontecimentos daquele dia, Anna Freud julgou que "pode ter havido alguma intervenção nos bastidores. Pelo menos houve um telefonema misterioso, depois que eu estava lá há algumas horas, e com isso, em vez de esperar num saguão externo, fui levada a sentar numa sala interna". (Anna Freud a Jones, 20 de fevereiro de 1956. Jones papers, Archives of the British Psycho-Analytical Society, Londres.)

das. Tipicamente, cobraram de Martin Freud o transporte dos livros de volta para a Áustria. Freud não tinha os fundos disponíveis para cobrir essas despesas; seu dinheiro vivo tinha sido confiscado, assim como sua conta bancária. Mas Marie Bonaparte estava lá. Ela ficara com os Freud durante todo o mês de março e início de abril, voltando mais tarde a Viena, ainda em abril, e pagando o que tinha de ser pago. Sua presença foi inestimável. "Penso que nossas últimas tristes semanas em Viena, de 11 de março até o final de maio", posteriormente escreveu Martin Freud com gratidão, "teriam sido absolutamente insuportáveis sem a presença da princesa." Ela trouxe não só seu dinheiro e jovialidade, mas também sua intrepidez: quando a SS veio buscar Anna Freud para levá-la à Gestapo, a princesa pediu para ser presa também.

Mesmo Anna Freud, geralmente tão senhora de si, às vezes cedia ao desalento. "Em tempos mais calmos", escreveu ela a Ernest Jones em 3 de abril, empregando o íntimo *du*, "espero ser capaz de lhe mostrar que entendo plenamente o que você está fazendo agora por nós." O que mais retardou a emissão dos vistos de saída, informou Wiley a Sumner Welles, foi o "encerramento" da editora de Freud. Marie Bonaparte foi infatigável, mas as intermináveis perambulações até os funcionários e as autoridades recaíram, em sua maioria, nos ombros de Anna Freud. "Entre ontem e hoje", contou ela a Ernest Jones no final de abril, "estive cinco vezes no advogado e três vezes no consulado amer[icano]. Tudo está indo devagar." Por vezes seu desalento transparecia nas cartas a Londres, e, disciplinada e autocrítica, ela lamentava tais demonstrações. "Geralmente", escreveu a Ernest Jones em 26 de abril, quase que se desculpando, "escrevo tarde da noite, quando já consumi uma grande quantidade da chamada 'coragem', e então talvez eu me solte um pouco demais." Ela se inquietava principalmente com o pai. "O que faremos se a saúde dele não aguentar? Mas isso", acrescentou melancólica, "é uma das coisas que é melhor não perguntar."

De fato, a saúde de Freud estava resistindo notavelmente bem à tensão, mas ele estava condenado à passividade, coisa que detestava. Para enganar o tempo, à espera de que os novos detentores do poder aprendessem o ofício e concluíssem suas ladroagens, ele classificou seus livros, antiguidades e papéis. Deixou de lado títulos que não queria e tentou jogar fora cartas e documentos, embora Marie Bonaparte e Anna Freud conseguissem salvar alguns para a posteridade, resgatando-os da cesta de lixo. Com mais gosto, ele passava horas traduzindo com sua filha a pequena homenagem comemorativa de Marie Bonaparte a seu *chow-chow* Topsy. Até encontrou energia para mexer um pouco — "uma hora por dia" — em seu *Moisés e o monoteísmo.* Em 6 de maio — coincidindo com o 82º aniversário de Freud —, o embaixador Wilson informou de Berlim ao secretário de Estado que o funcionário da Gestapo encarregado do caso dos Freud só via um obstáculo à partida: o acerto das dívidas de Freud com seu editor. Mas esse único detalhe comercial levou mais tempo do que o esperado. Três dias depois, Freud escreveu a seu filho Ernst de "Viena, à espera de mudar para Londres", para lhe agradecer pelos seus votos de aniversário: "Estamos esperando mais ou menos pacientemente pelo acerto dos nossos assuntos. Em vista do pouco tempo que nos resta para viver, eu me irrito com o atraso. O vigor jovial e a energia otimista de Anna felizmente permaneceram inabalados. De outra forma, seria muito difícil levar a vida". Ele acrescentou um comentário que retomava uma antiga preocupação — as diferenças entre os homens e as mulheres: "Geralmente, as mulheres resistem melhor do que os homens".* A essa altura, Freud estava plenamente reconciliado com a ideia de emigrar, e, em meados de maio, confessou a Ernest Jones o mais forte incentivo que teve: "A vantagem que a mudança trará a Anna merece todos os nossos pequenos sacrifícios. Para nós, os velhos (73, 77, 82)" — sua cunhada, sua mulher e ele —, "a mudança, porém, não valeria a pena".

O trabalho, mesmo pouco, continuava a ser para Freud a melhor defesa contra o desespero. Seu irônico senso de humor também não o abandonou por completo. Logo antes de as autoridades permitirem a partida dos Freud, elas insistiram em que ele assinasse uma declaração de que não o haviam maltratado. Freud assinou, acrescentando o comentário: "Posso recomendar altamente a Gestapo a todos" — *Ich kann die Gestapo jedermann auf das beste empfehlen*. É um gesto curioso que convida a algumas especulações. Freud teve sorte que os oficiais da SS que leram sua recomendação não tenham percebido a pesada ironia ali presente. Teria sido absolutamente natural considerar tais palavras ofensivas. Por que, então, no momento de libertação, correr um risco tão mortal? Havia algo em Freud fazendo com que quisesse ficar e morrer em Viena? Qualquer que fosse a razão mais profunda, seu "elogio" da Gestapo foi o último gesto de desafio de Freud em solo austríaco.

A estafante viagem para a Inglaterra já vinha se fazendo havia algum tempo. Minna Bernays foi o primeiro membro da família a partir, em 5 de maio; Martin Freud seguiu nove dias depois; Mathilde Hollitscher e seu marido Robert, dez dias depois. Em 25 de maio, Anna Freud confessou um sentimento de irrealidade: "Não seria de surpreender se todo o assunto continuasse assim por cem anos. Não estamos mais realmente aqui e ainda não estamos lá". Ainda em 31 de maio, ela informava que os documentos não estavam em ordem. Freud, sua mulher Martha e a filha Anna ainda tinham de aguardar a *Unbedenklichkeitserklärung*.

O passaporte para a liberdade finalmente chegou em 2 de junho, e no mesmo dia o dr. Pichler examinou Freud mais uma vez, encontrando pouca coisa que pudesse preocupar. Dois dias depois, no sábado 4 de junho, Freud, por fim, saiu de Viena. Suas duas últimas comunicações da Berggasse 19 foram um curto bilhete a Arnold Zweig e um cartão-postal ao sobrinho Samuel, dando seu novo endereço de Londres. Na *Chronik*, registrando laconicamente esses acontecimentos, Freud cometeu um deslize, o tipo de erro que ele ensinara o mundo a levar a sério: enganou-se em sua data de partida, anotando sábado, 3 de junho,

* Freud tinha comentado a mesma coisa antes. "As mulheres", escreveu ele a Jones em 28 de abril, "são as mais eficientes." (Freud Collection, D2, LC.)

quando devia ser 4 de junho. Seria uma mensagem sutil de seu inconsciente, contradizendo a revelação oculta por trás de seu imprudente elogio à Gestapo? Afinal estava ansioso para sair de Viena? Ou talvez, pelo contrário, estava dando mostras de que, na verdade, queria adiar a partida? Só se pode especular. Quatro semanas antes, em 10 de maio, ele anotara: "Partida dentro de duas semanas?". Sem dúvida, Freud encarava o exílio com uma profunda ambivalência, em parte inconsciente. "O sentimento de libertação", iria escrever em sua primeira carta de Londres, "vem muito intensamente mesclado com a tristeza, pois ainda amava-se muito a prisão da qual se fora libertado."

Quase poeticamente, o êxodo não se deu sem transtornos. Max Schur, que devia acompanhar Freud como seu médico particular, "foi bastante desastrado" para precisar operar o apêndice e só poderia se reunir ao seu paciente em 15 de junho. Por sugestão de Anna Freud, Josefine Stross, uma jovem pediatra, acompanhou Freud em lugar dele. A segurança chegou, como disse Freud com uma precisão agradecida, às "2:45 de manhã" de 5 de junho, quando o Expresso do Oriente cruzou a fronteira com a França em Kehl. "Depois da Ponte do Reno", exclamou Freud, recordando o momento, "estávamos livres!" Exceto pelo cansaço que se manifestava com suas costumeiras dores cardíacas, ele aguentou bem a viagem. A acolhida em Paris foi calorosa, ainda que um pouco ruidosa, com jornalistas e fotógrafos entusiasmados na estação, atrás de fotos e entrevistas. Mas Bullitt também estava lá, além de Ernst e Harry Freud, dando-lhe proteção, bem como Marie Bonaparte, que rapidamente levou-o para sua elegante residência. Lá ele passou um dia agradável e descansado. "Marie", informou ele, "se superou em ternura e atenção." A seguir, os Freud seguiram para a Inglaterra pela barca noturna. Chegando à Estação Vitória na manhã de 6 de junho, foram recebidos por membros de sua família e pelos Jones, e levados a uma casa alugada no nordeste de Londres, perto do Regent's Park. Enquanto Jones conduzia os Freud pela "bela cidade", eles passaram por alguns dos pontos turísticos de Londres — o Palácio de Buckingham, o Piccadilly Circus, a Regent Street —, e Freud os identificou para sua mulher. Mal sonhara ele que havia de terminar sua vida em Londres, no exílio.

A MORTE DE UM ESTOICO

Freud tinha chegado à Inglaterra, como disse ele, "para morrer em liberdade". Mas a primeira carta que enviou de Londres mostra que nem a angústia e as dificuldades que recentemente suportara, nem o câncer que era seu inimigo íntimo havia quinze anos, nem sua idade avançada — estava agora com 82 anos — tinham anulado sua vitalidade, sua capacidade de observação, seu notável dom de expressão ou seus hábitos de classe média. "Caro Amigo", escreveu a Max Eitingon em Jerusalém, "eu lhe enviei poucas notícias nessas últimas semanas. Em troca, estou lhe escrevendo a primeira carta do novo lar, antes mesmo de ter novos papéis de carta." Todo um mundo burguês, agora recuado para a história, encontra-se por trás desse comentário: era simplesmente corriqueiro — não era? — que, onde quer que se morasse, mesmo que fosse numa casa mobiliada e alugada como a de 38 Elsworthy Road, tinha-se papel de carta impresso com o endereço pessoal. Mas, mesmo sem o novo cabeçalho, Freud podia contar para seu velho amigo de Berlim o curso dos últimos acontecimentos: o desgarramento da família Freud, com empregada, médicos e *chow-chow*, de Viena à Inglaterra, via Paris, a inoportuna apendicite de Schur, o impacto da cansativa viagem no coração de Freud, a bondade exemplar de Marie Bonaparte, a encantadora localização de sua nova residência, com seu jardim e vista agradável.

Havia algo de defensivo nesse estilo jornalístico, e Freud, o velho psicanalista, sabia e o disse. Mas sua mulher, que não era analista, sentiu a nova situação com a mesma clareza. Se não se ficasse constantemente pensando nos que tinham sido deixados para trás, escreveu ela a uma sobrinha no final de junho, "podia-se ser plenamente feliz". Quatro irmãs de Freud ainda estavam em Viena. Ele lhes dera 160 mil xelins austríacos — bem mais de 20 mil dólares —, uma soma considerável. Todavia, o destino desse dinheiro, para nem mencionar o destino daquelas idosas senhoras, era incerto sob um regime tão brutal e imprevisível quanto a nova ordem austríaca. Mesmo as experiências que o aliviavam, ou o alegravam, abalaram Freud. Nos últimos meses, haviam ocorrido coisas em demasia; o que agora o rodeava apresentava tantas outras surpresas. Não poderia aceitar facilmente as agudas diferenças. Tudo, disse a Eitingon, ainda era como que um sonho, irreal. "A situação emocional é difícil de entender, e mal se pode descrevê-la." Seu profundo prazer em viver neste novo mundo era levemente empanado por algumas pequenas esquisitices inglesas, pela questão de quanto tempo seu coração ainda resistiria, pela grave enfermidade de sua cunhada. Minna Bernays estava acamada no andar superior; ele ainda não conseguira visitá-la. Não surpreende que vivesse períodos de depressão. "Mas os filhos, tanto os verdadeiros como os adotados, estão se comportando maravilhosamente. Math[ilde] está se mostrando tão competente quanto Anna foi em Viena" — o mais alto elogio de que dispunha. "Ernst é realmente como lhe chamaram, *uma torre de fortaleza*; Lux" — a mulher de Ernst — "e seus filhos são dignos dele; os homens, Martin e Robert, estão novamente erguendo a cabeça. Hei de ser o único que não se junta a eles, que desaponta sua família? E minha mulher continua saudável e vitoriosa."

Ele fora extremamente afortunado. O *Manchester Guardian*, que anunciou a chegada dos Freud numa cordial matéria em 7 de junho, informou que Anna Freud teria dito que "em Viena estávamos entre os pouquíssimos judeus que eram tratados com decência. Não é verdade que estávamos presos em casa. Meu pai nunca saiu durante semanas, mas devido à sua saúde". Ernst Freud confirmou o informe da irmã: "O tratamento dos judeus tem sido, em geral, abominável, mas não no caso de meu pai. Ele foi uma exceção". Martin Freud acrescentou que seu pai "vai ficar na Inglaterra porque ama o país e ama o povo". Era algo ao mesmo tempo diplomático e sincero.

Estar a salvo era muito bom, mas Freud tinha outras razões de alegria. Em 28 de junho, ele informou com indisfarçado orgulho a Arnold Zweig que três secretários da "S. R." vieram visitá-lo, trazendo "o livro sagrado da Sociedade [Real]" para que o assinasse. "Eles deixaram um fac-símile do livro comigo, e se o senhor estivesse aqui, eu poderia lhe mostrar as assinaturas desde I. Newton a Charles Darwin. Boa companhia!" O convite para que acrescentasse seu nome aos desses ilustres cientistas era um grande prazer; a boa vontade da Sociedade Real em dobrar suas normas e levar o Livro Régio até ele era mais uma nota acolhedora. Só tinham feito isso antes uma única vez, para o rei da Inglaterra. Mas, Freud não pôde deixar de comentar, essa Inglaterra era um lugar estranho; até queriam que ele mudasse sua assinatura. Aqui, disseram-lhe, apenas um lorde assinava apenas seu último nome. Assim, experimentalmente, Freud assinou sua carta a Arnold Zweig de uma forma que havia abandonado há mais de quarenta anos: "Sigm. Freud".

O que importava muito mais do que essas pequenas esquisitices era a demonstração de gentileza e simpatia que Freud conheceu na Inglaterra. Personalidades famosas e ingleses comuns, praticamente todos completos desconhecidos, deram a Freud uma acolhida tão afável e atenciosa que quase ultrapassava sua capacidade de aceitação. "Subitamente nos tornamos populares", escreveu a Eitingon. "O gerente do banco diz 'Conheço tudo sobre o senhor'; o motorista que traz Anna observa 'Oh, é a casa do dr. Freud'. Estamos amontoados de flores." E talvez o mais admirável: "O senhor realmente pode tornar a escrever o que quiser. As cartas não estão sendo abertas". Duas semanas depois, respondendo a uma carta de seu irmão Alexander, que conseguira sair da Áustria em março e encontrava-se a salvo na Suíça, Freud confirmou sua avaliação eufórica e quase incrédula. Com todas as suas idiossincrasias, a Inglaterra é "uma terra abençoada, uma terra feliz, habitada por gente bondosa e hospitaleira; esta é, pelo menos, a impressão das primeiras semanas". Ele ficou assombrado em ver que, a partir do terceiro dia de sua chegada, estava recebendo cartas que traziam como endereço apenas "Dr. Freud, Londres" ou "Em frente ao Regent's Park". Sua mulher não ficou menos atônita. Mas toda aquela correspondência não podia ser descurada. "E as cartas!", Freud exclamou fingindo-se horrorizado. "Tenho trabalhado há duas semanas como um cule-escriba para separar o joio do trigo" e responder às que mereciam resposta. As cartas eram de amigos e "surpreendentemente muitas de estranhos que querem apenas expressar sua alegria por termos escapado e estarmos agora a salvo, e não querem nada em troca". Além destas, como seria de esperar, ele estava sendo perseguido pela "horda de caçadores de autógrafos, tolos, loucos e os devotos que enviam folhetos e evangelhos, querem salvar minha alma, mostram o caminho para Cristo e me esclarecem sobre o futuro de Israel. E ainda as sociedades intelectuais de que já sou membro, e as inúmeras 'associações' judaicas de que supostamente devo me tornar membro honorário. Em suma, pela primeira vez e tarde na vida, tenho sentido o que significa a fama".

Em meio a todas essas satisfações, Freud estava sofrendo um pouco de um sintoma que, anos antes, identificara como culpa do sobrevivente. Tinha percebido uma verdadeira inibição a responder à carta de seu irmão, pois ele e sua família estavam muito bem, quase bem demais. Embora Freud não mencionasse as irmãs que haviam ficado em Viena, evidentemente elas ocupavam seus pensamentos. E Freud estava sentindo as aflições do exílio. "Talvez o senhor tenha omitido o único ponto que o emigrante sente de forma tão particularmente dolorosa", escreveu a um ex-analisando, o psicanalista suíço Raymond de Saussure, que lhe enviara congratulações pela sua fuga. "É — inevitável dizer — a perda da linguagem em que se vivera e pensara, e que nunca se poderá substituir por outra, apesar de todos os esforços de empatia." Freud estava tendo problemas até mesmo em renunciar à sua costumeira "escrita gótica". Era uma ironia: "Disse-se com tanta frequência que não se é alemão. E, de fato, fica-se contente que não se precise mais ser alemão". No entanto, eram problemas contornáveis. Pelo menos por enquanto, Freud não estava morrendo, e sim vivendo em liberdade, desfrutando-a tanto quanto sua saúde precária, suas pontadas de culpa e o mundo lhe permitiam.

A reação de Freud ao revigorante efeito da acolhida que recebeu foi a de voltar ao trabalho sério, sempre um bom sinal. Em 21 de junho, apenas duas semanas depois de desembarcar na Inglaterra, ele anotou na *Chronik*: "Moisés III reiniciado". Uma semana depois, disse a Arnold Zweig que estava trabalhando com prazer na terceira parte do *Moisés*. Pelo visto, era um prazer partilhado por poucas pessoas. Acrescentou que havia acabado de receber uma carta "de um jovem judeu americano, na qual me solicita que eu não prive meus pobres e infelizes companheiros judeus do único consolo que lhes resta em sua miséria". Pela mesma época, o eminente orientalista judeu Abraham Shalom Yahuda fez-lhe uma visita para rogar a mesma coisa. Freud nem sequer havia concluído o manuscrito de *Moisés e o monoteísmo*, mas a mera perspectiva de sua publicação inquietava os judeus ansiosos em se aferrar a Moisés, nessa época de terríveis dificuldades. Em 1937, Freud havia publicado os dois primeiros ensaios na *Imago*, mas um livro acessível ao público em geral constituía uma ameaça muito maior do que dois artigos sobre o Moisés egípcio numa publicação que, afinal, não passava de um obscuro periódico para psicanalistas.

A partir daí, apelos angustiados, denúncias enfurecidas, contestações desdenhosas e aplausos dispersos se tornaram um *leitmotiv*. Freud não se comoveu, e declarou acreditar que o que os outros qualificavam de obstinação ou arrogância de sua parte era, na verdade, sinal de modéstia. Sua influência não era tão grande, argumentou ele, a ponto de afetar a fé de um único judeu crente.* Apaixona-

* Este tema persistiu em suas negativas. "Ninguém que procura consolo na Bíblia santa ou nos pregadores da sinagoga", escreveu ainda em julho de 1939, "corre o risco de perder sua fé pelas minhas pregações. Penso até mesmo que não chegará a saber em que acredito e defendo em meus livros. A fé não pode ser abalada por tais meios. Não escrevo para o povo ou a massa de crentes. Apenas produzo material científico de interesse para uma minoria que não tem fé a per-

damente aferrado à sua solução da questão sobre Moisés e à pertinência dessa solução para a história dos judeus, Freud se mostrou teimoso e surpreendentemente cego às suas implicações psicológicas para aqueles que consideravam Moisés o pai ancestral. Nem sempre fora tão obtuso. Nas frases iniciais do primeiro ensaio, "Moisés, um egípcio", ele enfrentara diretamente a questão: "Privar um povo de um homem a quem enaltece como o maior de seus filhos não é algo que se faça com alegria ou irresponsabilidade, principalmente se se pertence pessoalmente a esse povo. Mas", insistiu ele, "não se deve permitir descurar a verdade em nome de supostos interesses nacionais". Freud já tinha achado bastante doloroso que os políticos austríacos o forçassem a um silêncio ainda que temporário; não iria permitir que companheiros judeus fizessem o mesmo com ele. Assim, continuou a trabalhar em seu "Moisés III"; era uma ideia que tinha de levar a cabo. Em 17 de julho, podia anunciar triunfante a seu irmão Alexander: "Acabei de escrever a última frase de meu Moisés III". No começo do mês seguinte, sua filha Anna leu um trecho dessa terceira parte perante um congresso internacional de psicanalistas em Paris.

Embora o *Moisés* absorvesse a maior parte de sua atenção, Freud não negligenciou totalmente outros interesses profissionais. No começo de julho, numa de suas últimas cartas a Theodor Reik, ele mostrou que sua velha animosidade contra os americanos, sobre a questão da análise leiga, ainda continuava florescente. Reik, que de certa forma iniciara todo o debate uns doze anos antes, agora estava se estabelecendo nos Estados Unidos. "Que maus ventos o impeliram, justo o senhor, à América?", perguntou-lhe Freud causticamente. "O senhor devia saber quão amigavelmente nossos colegas de lá recebem analistas leigos, visto que, para eles, a análise não passa de uma das criadas da psiquiatria." E acrescentou, com sua capacidade de julgamento dominada pela animosidade: "O senhor não poderia ter ficado mais tempo na Holanda?". No mesmo mês, ele negou categoricamente que tivesse mudado de ideia sobre a análise leiga, e qualificou a notícia de "um boato tolo". De fato, escreveu ele, "eu nunca renunciei a essas opiniões e insisto nelas ainda mais intensamente do que antes".

Os riscos à psicanálise, fosse nos Estados Unidos indignos de confiança ou, muito pior, na Europa Central dominada pelo nazismo, pesavam no espírito de Freud. A *Verlag* em Viena tinha sido liquidada em março de 1938, depois da Anschluss; os acertos para a publicação de *Moisés e o monoteísmo* tiveram que ser feitos com um editor de Amsterdã. Agora, Hanns Sachs, que sabiamente trocara Berlim por Boston em 1932, um ano antes da ascensão de Hitler ao poder, escrevia propondo uma revista de psicanálise aplicada, para suceder à defunta *Imago*. Freud mostrou relutância em aprovar o projeto; temia que significasse o fim de qualquer tentativa de continuar a publicar revistas psicanalíticas em alemão. "Seu plano para uma nova *Imago* em inglês, nos Estados Unidos, de início não

---

der." (Freud a um certo dr. Magarik, 4 de julho de 1939. Em inglês. Cópia datilografada. Freud Collection, 23, LC. Os erros de grafia desta cópia *podem* ser de quem a transcreveu.)

me agradou", escreveu ele a Sachs; não queria "deixar que a luz se extinga totalmente na Alemanha." Mas Anna Freud e Ernest Jones o convenceram de que suas objeções eram infundadas, e ele propôs o nome *American Imago*, que Sachs prontamente adotou. Poucos dias depois, em 19 de julho, Stefan Zweig, então exilado na Inglaterra, foi visitá-lo acompanhado de Salvador Dali, e Freud, cuja relação com os surrealistas era ambígua, ficou muito impressionado com "aquele jovem espanhol, com seus cândidos olhos fanáticos e sua inegável maestria técnica".

Três dias depois, em 22 de julho, Freud deu início ao *Esboço de psicanálise*, registrando meticulosamente a data na página de abertura. Ele o redigiu com uma velocidade impaciente, empregando abreviaturas e omitindo artigos, achando seu "trabalho de férias", como escreveu à filha Anna, então numa conferência em Paris, uma "ocupação divertida". Contudo, o *Esboço* é uma exposição vigorosa, ainda que sucinta, de suas ideias maduras. Nas sessenta páginas que conseguiu escrever antes de abandonar o manuscrito, ele resumiu o que aprendera sobre o aparelho mental, a teoria das pulsões, o desenvolvimento da sexualidade, a natureza do inconsciente, a interpretação de sonhos e a técnica psicanalítica. Nem tudo nesse rico fragmento é puro resumo: Freud lançou algumas sugestões de novos pontos de partida em seu pensamento, principalmente quanto ao ego. Numa passagem intrigante, ele ponderou que chegaria a época em que substâncias químicas alterariam o equilíbrio mental e, assim, tornariam a terapia psicanalítica, por ora o melhor tratamento disponível para as neuroses, totalmente obsoleta. Ao 82 anos, Freud ainda estava aberto ao futuro, ainda era capaz de alimentar a ideia de revisões radicais nas práticas psicanalíticas. O *Esboço de psicanálise* tem a aparência de um manual altamente condensado, mas não é para iniciantes; entre as "popularizações" de Freud, é de longe a mais difícil. Com sua abrangência e advertência implícita contra a petrificação do pensamento psicanalítico, ele pode figurar como o testamento de Freud para a profissão por ele fundada.

Freud parou de trabalhar no *Esboço* no começo de setembro, quando manifestaram-se sinais alarmantes de que seu câncer estava voltando. Depois de angustiadas consultas com médicos ingleses, os Freud chamaram o dr. Pichler de Viena, e em 8 de setembro ele procedeu a uma grande cirurgia, que levou mais de duas horas, cortando a face de Freud para ter um melhor acesso ao tumor. Depois da operação, Anna Freud informou prontamente a Marie Bonaparte, com visível alívio: "Estou muito contente que já seja hoje, e não mais ontem". Essa operação foi a última de Freud; agora ele estava muito fraco para aguentar algo mais drástico do que tratamentos com rádio, já suficientemente drásticos.

Freud recebeu alta da clínica e pôde voltar para casa alguns dias depois, e em 27 de setembro mudou-se para a casa que fora montada para ele em 20 Maresfield Gardens, em Hampstead. Era cômoda e agradável, ainda mais agradável devido a um lindo jardim repleto de flores e sombreado por grandes árvores. O outono foi suave, e ele passava muito tempo do lado de fora, lendo e descansando num banco de balanço. A casa era arrumada conforme suas necessidades e vontades, para que se sentisse o mais humanamente possível à vontade. Os bens que tivera de resgatar das mãos dos nazistas — seus livros, antiguidades, o famoso divã — finalmente haviam chegado, e foram arrumados de modo que os dois quartos do térreo se pareciam muito com seu consultório e o escritório anexo na Berggasse 19. Paula Fichtl, a empregada que estava com a família Freud desde 1929, tirando o pó de suas estatuetas com um supremo cuidado em Viena, agora fielmente colocou-os nos lugares que haviam ocupado antes da maneira mais precisa que conseguia lembrar. Entre essas queridas antiguidades estava a cratera grega, presente de Marie Bonaparte, que, em Viena, ficava atrás da escrivaninha de Freud e, algum dia, iria conter as cinzas suas e de sua mulher. Em Maresfield Gardens, cercado pela reconstituição de seu antigo ambiente, Freud viveu o ano de vida que lhe restava.

Embora a operação tivesse consumido as reservas de força de Freud, ele continuava ativo o bastante para acompanhar os acontecimentos do dia. A situação internacional se deteriorava de modo constante, e a ameaça de guerra pairava sobre o mundo civilizado como uma névoa venenosa. Em 29 de setembro de 1938, Neville Chamberlain e Édouard Daladier se encontraram com Hitler em Munique e aceitaram que a Alemanha se apropriasse das regiões "alemãs" da Tchecoslováquia, em troca de uma dúbia promessa de conduta nazista pacífica no futuro. De volta à Inglaterra, Chamberlain foi saudado por muitos como salvador, e denunciado por poucos como vergonhoso pacificador. Escrevendo a Freud, Arnold Zweig ponderou se os chamados artífices da paz entenderiam "o preço que fazem os outros pagar — até que eles próprios o paguem". Munique valeu para os Aliados o prazo de alguns meses e, depois do despertar, a fama de traição e covardia, nada mais. O próprio nome da cidade onde os primeiros-ministros da Grã-Bretanha e França venderam a Tchecoslováquia aos nazistas tornou-se sinônimo de rendição abjeta. O comentário de Freud sobre Munique, em sua *Chronik*, no dia 30 de setembro, foi conciso: "Paz".

Ele ainda não estava em condições de manter sua correspondência em dia. A primeira carta que enviou de "Casa", a Marie Bonaparte, foi escrita em 4 de outubro, uma semana depois de ter se mudado para lá. Agora sumira a velha presteza obsessiva que tinha sido sua marca registrada; Freud precisava poupar suas forças. Em sua carta, ele explicou por quê. A operação, disse à princesa, tinha sido "a mais séria desde 1923 e me custou muito". Tinha energia apenas para uma breve mensagem: "Mal consigo escrever, não mais que falar ou fumar"; queixou-se que estava tremendamente cansado e fraco. Mas, apesar de tudo, ele estava atendendo três pacientes de análise. E, ao se recuperar o suficiente, voltou à escrivaninha. Tendo abandonado o *Esboço de psicanálise*, ele começou um outro ensaio didático, "Algumas lições elementares sobre psicanálise", em 20 de outubro. Também este estava fadado a não passar de um fragmento, aliás muito curto. Como informou a Marie Bonaparte em meados de novembro, ele estava "ainda plenamente capaz de trabalhar". Mas o que conseguia fazer era estritamente limitado: "Posso escrever, mas nada mais". Sentia-se atormentado por uma última fantasia. Queria selar sua antiga afeição pela Inglaterra e, supõe-se, seu implacável repúdio à Áustria naturalizando-se cidadão britânico. Mas nisso faltaram-lhe seus influentes amigos ingleses e suas excelentes ligações, e ele morreu sem realizar esse desejo.

Uma atmosfera de despedida pairava naqueles dias e meses de outono. Os últimos textos de Freud, publicados postumamente, leem-se como discursos de adeus. Ciente da morte, Freud instou a que seus amigos o visitassem logo: quando a famosa artista francesa de *music-hall*, a *diseuse* Yvette Guilbert, que ele conhecia e apreciava muito havia anos, disse-lhe em outubro que queria visitá-lo em maio do ano seguinte, para comemorar seu aniversário, ele ficou comovido, mas preocupado com os meses de espera: "Na minha idade, qualquer adiamento tem uma conotação dolorosa". O fluxo de visitantes, cuidadosamente controlado por Martha e Anna Freud, diminuiu, mas não cessou. Alguns, como Stefan Zweig, eram velhos conhecidos; outros, como H. G. Wells, eram admiradores de safra mais recente. Seus íntimos, evidentemente, eram os visitantes mais agradáveis. Marie Bonaparte, que frequentemente se hospedava em Maresfield Gardens, era praticamente um membro da família Freud. Arnold Zweig, privado da maioria de suas costumeiras fontes de renda, utilizou um inesperado cheque de direitos autorais da União Soviética para financiar uma visita a Freud em setembro, e ficou várias semanas. Novamente se despedindo de Freud, de Paris, em meados de outubro, ele rememorou suas longas conversas, que, desculpou-se afetuosamente, deviam ter sido exaustivas.

Durante todo esse tempo, continuaram as tentativas de dissuadir Freud de publicar seu livro sobre Moisés.* Em meados de outubro, Charles Singer, um eminente historiador da ciência, pediu delicadamente a um dos filhos de Freud que transmitisse a mensagem de que seria prudente manter na gaveta *Moisés e o monoteísmo*, particularmente porque as igrejas inglesas, baluartes contra o antissemitismo, veriam o livro como um ataque à religião. Esse apelo político foi tão inútil quanto a intervenção anterior de Abraham Yahuda. O livro, escreveu Freud a Singer, fielmente expressando uma vez mais o engajamento de toda a sua

* Em outubro, um missivista da Palestina, Israel Doryon, sugeriu a Freud que ele podia ter adotado a ideia de que Moisés era egípcio a partir de Josef Popper-Lynkeus, médico, filósofo e ensaísta austríaco cuja obra perspicaz sobre os sonhos e outras questões psicológicas era muito apreciada por Freud. A sugestão de Doryon, longe de constranger Freud, interessou-o em alto grau. "Os fenômenos da chamada criptomnésia" — empréstimo inconsciente e inocente de material de terceiros — "têm ocorrido a mim com grande frequência, e esclarecem as origens de ideias aparentemente originais." Ele não se importava em não ser original; sua única contribuição, escreveu ele, tinha sido sua "pequena parcela de fortalecimento psicanalítico" de um velho ponto de vista. (Freud a Doryon, 7 de outubro de 1938. Freud Museum, Londres.)

vida pela ciência, seria "um ataque à religião apenas na medida em que, afinal, toda investigação científica de uma crença religiosa tem como pressuposto a descrença". Ele se declarou desalentado com a reação dos judeus a suas especulações científicas. "Naturalmente", insistiu ele, não queria ofendê-los. "Mas o que posso fazer quanto a isso? Dediquei toda a minha longa vida a defender o que considerava a verdade científica, mesmo quando era incômoda e desagradável para meus semelhantes. Não posso terminá-la com um gesto de repúdio." E insinuou que havia uma ironia não pequena em todas essas exigências de autocensura: "Censuram a nós judeus que nos tornamos covardes com o passar do tempo. (Fomos outrora uma nação corajosa.) Não tive nenhuma participação nessa transformação. Por isso devo arriscar".

Com efeito, longe de abandonar o projeto, Freud estava insistindo energicamente em conseguir uma tradução para o inglês — e logo. Katharine Jones estava trabalhando nela com a assistência do marido, mas, no final de outubro, Ernest Jones deu a decepcionante notícia de que a tradução não ficaria pronta antes de fevereiro ou março de 1939. Numa resposta longa e premente, Freud não disfarçou sua consternação. Ele reconheceu que o tempo dos Jones era valioso e sua conscienciosidade, grande. Mas, afinal, eles haviam se oferecido voluntariamente para assumir essa tarefa, e o adiamento lhe era desagradável sob vários aspectos. Ele lembrou a Jones sua idade avançada e a pequena expectativa de vida: "Acima de tudo, alguns meses significam para mim mais do que para qualquer outra pessoa"; era um "desejo compreensível" ver ainda em vida a edição da versão inglesa. Jones talvez pudesse encontrar uma outra pessoa para traduzir uma parte, de modo que o livro ficasse pronto em dois meses. Além disso, chamou a atenção de Jones para "a impaciência da editora americana (Knopf, NY), de quem já aceitamos o pagamento".

Não era um subterfúgio. Desde o verão, Blanche Knopf estivera em contato com Martin Freud, para obter os direitos americanos de *Moisés e o monoteísmo*. Com o marido Alfred, Blanche Knopf estava dirigindo uma editora de alto nível em Nova York, famosa por seus ilustres autores nacionais, como H. L. Mencken, por seu catálogo estrangeiro ainda mais ilustre, incluindo Thomas Mann, e seu *design* característico. Seria realmente desejável sair pela Knopf. Em meados de novembro, Blanche Knopf visitou Freud e fez várias sugestões para pequenas alterações, que ele não quis aceitar. Deve ter sido um encontro muito carregado: a editora americana magra, intensa, autoconfiante, fazendo algumas "leves sugestões", tentando convencer um Freud obstinado a rever um manuscrito que talvez tivesse lhe custado mais do que qualquer outro. Freud se prontificou a desfazer o contrato, mas Blanche Knopf prudentemente recusou e, ao final, a editora Knopf publicaria *Moisés e o monoteísmo* nos Estados Unidos. Durante essas negociações, Freud estava se correspondendo com seu tradutor J. Dwossis, em Jerusalém, sobre uma tradução de *Moisés e o monoteísmo* para o hebraico. Por mais que aguardasse ansiosamente a tradução, Freud se sentiu forçado a avisar Dwossis que, embora o livro fosse uma "continuação do tema de *Totem e tabu* aplicado à história da religião judaica", não se deveria ignorar o fato inconveniente de que "seu conteúdo é particularmente talhado de molde a ofender sensibilidades judaicas, na medida em que não se submetem à ciência". Por mais que quisesse uma tradução, ele não deixou de alertar seu tradutor de que poderia ser arriscado.

O destino de *Moisés* era imensamente importante para Freud, mas os nazistas lhe apresentaram fatos de gravidade muito maior. Em 10 de novembro, Freud registrou na *Chronik*: "Pogroms na Alemanha". Na noite anterior, o regime nazista orquestrara uma série de manifestações "espontâneas" — apresentação de *slogans*, destruição de vitrinas, pilhagens e violências —, além de prisões em massa. O pretexto foi a morte de um diplomata alemão em Paris, alvejado por um jovem judeu polonês desesperado, mas a ação conjunta tinha sido cuidadosamente preparada muito tempo antes. Por todo o país, nas cidades grandes e pequenas, foram destruídas cerca de 7 mil lojas de judeus, praticamente todas as sinagogas do país foram incendiadas, e talvez 50 mil judeus alemães foram levados para campos de concentração. As extorsivas multas coletivas, as cobranças burocráticas irracionais e humilhantes tornavam a emigração ao mesmo tempo difícil e imperiosa. O fim da vida judaica na Alemanha, já afligida por leis raciais e regulamentações discricionárias anteriores, apontava no horizonte, enquanto os judeus alemães procuravam desesperadamente um refúgio num mundo que relutava em recebê-los. O vandalismo e a brutalidade desses "recentes acontecimentos revoltantes", que vieram a ser conhecidos, num sinistro eufemismo, como *Kristallnacht* — a noite das vidraças quebradas —, despertaram em Freud lembranças de Viena em março; elas apenas "exacerbaram o problema do que deve se fazer com as quatro mulheres idosas, entre 75 e 80 anos", suas irmãs que ainda viviam em Viena. Ele perguntou a Marie Bonaparte se ela poderia, talvez, levá-las até a França; ela tentou com grande energia, mas a burocracia e os tempos estavam contra a princesa.

Eram questões de vida e morte. Mas não desviaram totalmente a atenção de Freud do assunto mundano que lhe importava, a psicanálise. Era mais uma série desagradável de problemas que os nazistas infligiram a seu mundo. Embora a psicanálise na Alemanha tivesse mais ou menos sobrevivido sob a égide da Sociedade Médica Geral Alemã de Psicoterapia — o chamado Instituto Göring, dirigido por um primo de Göring —, ela fora obrigada a se adaptar à ideologia racial nazista, a usar um vocabulário expurgado e a dispensar qualquer praticante judeu. Daquele lado, não se poderia esperar qualquer independência de espírito, e muito menos de pesquisa. Na Áustria, tinham sido apagados todos os traços da psicanálise. Os suíços, sob a liderança de Jung, que vinha falando havia algum tempo sobre a diferença entre o inconsciente germânico e o inconsciente judaico, dificilmente seriam aliados em que Freud pudesse confiar. Na França, a psicanálise continuava entrincheirada. É verdade que os Estados Unidos estavam recebendo um número crescente de analistas alemães, austríacos e húngaros, mas Freud, como sabemos, tinha pouca confiança nos americanos, e os analistas leigos que convergiam para Nova York e outras grandes cidades americanas constantemente se chocavam contra regulamentações que os proibiam de exercer a psicanálise. Por isso, como Freud reconheceu a Ernest Jones, "os acontecimentos dos anos recentes determinaram que Londres se tornasse o principal lugar e centro do movimento psicanalítico". Nessas circunstâncias, Freud ficou satisfeito que um editor inglês, John Rodker, fundasse uma editora chamada *Imago Publishing Company*, para lançar em alemão uma nova edição melhorada de suas obras reunidas. As revistas psicanalíticas em língua alemã, impossibilitadas de sair devido aos "acontecimentos políticos na Áustria", também conseguiram ressuscitar. No começo de 1939, um periódico que combinava as antigas *Internationale Zeitschrift* e *Imago*, tendo a assinatura de Freud na editoria, começou a circular na Inglaterra.

Freud ainda escrevia um pouco — um breve comentário sobre o antissemitismo, publicado por um jornal de exilados, editado por Arthur Koestler em Paris, e uma carta ao editor de *Time and Tide*, sobre o mesmo tema. E as visitas continuavam. Pelo final de janeiro de 1939, seus editores ingleses, Leonard e Virginia Woolf, donos da Hogarth Press, foram convidados para o chá em 20 Maresfield Gardens. Leonard Woolf foi tomado de admiração. Tanto por si mesmo quanto como marido de uma romancista de destaque social e renome internacional, durante toda a vida tivera contato com celebridades, e não se impressionava facilmente. Mas Freud, lembrou ele em sua autobiografia, "era não apenas um gênio, mas também, ao contrário de muitos gênios, um homem extraordinariamente agradável". Woolf não sentia "nenhum motivo para elogiar os homens famosos que conheci. Quase todos os homens famosos são decepcionantes ou enfadonhos, ou ambos. Freud não era nenhum dos dois; ele tinha uma aura, não de fama, mas de grandeza". O chá com Freud, segundo Woolf, não foi "um encontro fácil. Ele foi extraordinariamente cortês de uma maneira formal e antiga — por exemplo, quase cerimoniosamente ele presenteou Virginia com uma flor. Nele havia algo como que de um vulcão semiextinto, algo sombrio, suprimido, reservado. Ele me deu uma sensação que pouquíssimas pessoas que conheci me deram, uma sensação de grande suavidade, mas, por trás da suavidade, uma grande força".

A família de Freud, observou Woolf, tinha convertido os aposentos da Maresfield Gardens numa espécie de museu, "pois havia à sua volta uma série de antiguidades egípcias que ele havia colecionado". Quando Virginia Woolf ponderou que, talvez, se as potências aliadas tivessem perdido a Primeira Guerra Mundial, não teria havido Hitler, Freud discordou: "Hitler e os nazistas teriam vindo, e teria sido muito pior se a Alemanha tivesse vencido a guerra". Woolf concluiu seu relato com uma encantadora anedota. Ele havia lido no jornal um artigo sobre um indivíduo acusado de roubar alguns livros da livraria Foyle's em Londres, entre eles um volume de Freud; o magistrado que o julgou disse que gostaria de poder condená-lo a ler todas as obras de Freud. Freud se divertiu com a história, mas também mostrou "desaprovação. Seus livros, disse ele, tinham-no tornado infame, não famoso [*infamous, not famous*]. Um homem formidável". Virginia Woolf, bem à sua maneira, foi mais áspera que o marido. Freud lhe pareceu "um homem muito velho, encolhido e contorcido: com olhos brilhantes de macaco", calado, mas atento. Os outros Freud lhe pareceram social e psicologicamente sequiosos ao extremo — sem dúvida o eram, em sua situação de refugiados. Mas mesmo ela não poderia negar que estivera numa presença inesquecível.

Os Woolf tomaram chá com um homem já muito doente. Na *Chronik*, Freud registrou apenas duas anotações em janeiro de 1939, ambas referindo-se a momentos de dor física: "Lumbago", no dia 2, "dores nos ossos", no dia 31. Com efeito, a partir de meados do mês, o tema de seu câncer invadiu as cartas de Freud a um grau alarmante. Havia inchamentos suspeitos perto das lesões cancerosas, e suas dores eram cada vez maiores. O homem que desprezava os remédios, para que não toldassem sua mente, agora vivia de analgésicos, como Pyramidon, como já fizera por algum tempo. Na metade de fevereiro, Freud disse a Arnold Zweig que seu "estado" corria o risco "de se tornar interessante. Desde minha operação em setembro, venho sofrendo de dores no queixo, que estão aumentando devagar, mas continuamente, de modo que não consigo enfrentar meus afazeres diurnos e minhas noites sem uma bolsa de água quente e doses consideráveis de aspirina". Não sabia ao certo se era um episódio inofensivo "ou um avanço no misterioso processo com que estamos lutando há dezesseis anos". Marie Bonaparte, que se mantinha em contato constante, havia consultado um especialista francês em radioterapia, e discutiu-se se Freud viajaria a Paris para o tratamento médico. Entrementes, acrescentou ele, ninguém sabia, mas ele podia "muito bem imaginar que tudo isso é o começo do fim, que, afinal, está à nossa constante espera. Enquanto isso, sinto essas dores paralisantes". No final de fevereiro, o dr. Antoine Lacassagne veio de Paris, para examinar Freud na presença de Schur, e voltou duas semanas depois, para aplicar tratamentos de rádio. Mas as dores persistiram.

Freud ainda se interessava pelo mundo, ainda era irônico, ainda escrevia aos amigos mais íntimos, embora sua correspondência com muitos deles estivesse chegando ao fim. Em 21 de fevereiro, Pfister lembrou-lhe: "Como o senhor julgou corretamente a mentalidade alemã em minha última visita a Viena! E como devemos ficar contentes que o senhor tenha deixado uma nação que regrediu ao pai sádico!". Em 5 de março, em sua última carta a Arnold Zweig, Freud deu alguns detalhes de seus sofrimentos e da constante incerteza dos médicos, sugerindo a seguir que Zweig podia experimentar suas habilidades analisando uma "alma nazista". Contudo, embora a situação mundial continuasse a interessar Freud, sua situação pessoal era necessariamente prioritária. Uma semana depois, em sua maneira habitualmente controlada, Freud ventilou alguns de seus sentimentos a Sachs: os médicos consultados achavam que uma mistura de raios X e radioterapia poderia dar resultados e, julgava ele, "acrescentar algumas semanas ou meses de vida". Freud não sabia se valeria a pena. "Não me iludo sobre as possibilidades do resultado final em minha idade. Sinto-me cansado e esgotado com tudo o que fazem para mim. Como caminho para o fim inevitável, é tão bom quanto outro qualquer, embora pessoalmente eu não o teria escolhido."

Dessa vez, o veredicto sobre seu estado estava correto. Uma biópsia realizada em 28 de fevereiro deu resultado positivo; o câncer estava novamente em atividade, num ponto tão recuado da boca que não caberia uma operação. Por algum tempo, os tratamentos com raios X detiveram o crescimento, para além das expectativas de Schur, mas a melhora foi temporária. No entanto, em meio a tudo, Freud recusou o consolo fácil de esperanças falsas. "Minha cara Marie", escreveu à princesa no final de abril, "não lhe escrevo há muito tempo, enquanto a senhora se banhava no mar azul." Marie Bonaparte tinha passado férias em St. Tropez. "Suponho que saiba por quê, reconheça-o também pela minha letra." Ele lhe confessou que não estava "indo bem, minha doença e as consequências do tratamento estão entre as causas, em uma proporção inusitada para mim. Têm tentado me envolver numa atmosfera de otimismo: o câncer está se reduzindo, as manifestações reativas são temporárias. Não acredito nisso, e não gosto de ser enganado". Sua filha psicanalista era cada vez mais indispensável a ele: "A senhora sabe que Anna não vai para a reunião em Paris" — um congresso de psicanalistas de língua francesa; "estou ficando cada vez menos independente e mais dependente dela". E novamente, como ocorria com tanta frequência naquela época, ele manifestou seu desejo de morrer. Uma doença "que interrompesse o processo cruel seria muito desejável".

A carta é rica e reveladora. Ela documenta uma vez mais a afeição e a necessidade de Freud pela filha e, ao mesmo tempo, sua aversão à dependência. E ressalta uma vez mais sua ideia de ter acesso à plena verdade sobre si mesmo, por mais desencorajante que fosse. Pelo menos podia confiar que seu médico particular, Max Schur, não o decepcionaria sob esse aspecto, ao contrário do que fizera Felix Deutsch em 1923. Infelizmente, Schur foi obrigado a abandonar Freud durante algumas semanas críticas. No final de abril, num dilema cruel, ele viajou aos Estados Unidos para instalar sua mulher e dois filhos pequenos, requerer seus documentos de cidadania e tentar obter sua licença médica. Estava oprimido por sentimentos de culpa, mas Freud parecia estar melhor depois dos tratamentos com raios X, e Schur não poderia em boa consciência adiar sua partida. Ele havia recebido um visto para os Estados Unidos e, mencionando a necessidade de se manter perto de Freud, conseguira uma ampliação do prazo até o final de abril. Mas as autoridades consulares americanas, obrigadas a seguir uma lei de imigração inflexível, não dilatariam o visto uma segunda vez. Ameaçado de perder por anos seu direito de emigrar para os Estados Unidos, Schur decidiu ir e voltar o mais rápido possível.

Nesses meses, assim como antes, nos dias mais terríveis na Áustria nazista, Max Schur se converteu numa figura quase tão fundamental para Freud quanto sua filha Anna. A reiterada referência de Freud a ele como seu "médico pessoal" soa quase régia, mas ele gostava de Schur e tratava-o como associado de confiança. E os filhos de Freud também: lembremos que foi Schur quem deu a Martin e Anna Freud a droga letal que esperava que não precisassem ingerir. Schur havia descoberto Freud em 1915, quando, jovem estudante de medicina, ouviu com entusiasmo crescente as palestras mais tarde publicadas como *Conferências introdutórias sobre psicanálise*. Embora decidisse se especializar em medicina de doenças internas, ele se manteve atualizado com a psicanálise, e esse fascínio constante, raro num médico daquela especialidade, serviu-lhe de recomendação à princesa Marie Bonaparte, que calhou de consultá-lo em 1927 e novamente, para tratamentos mais intensivos, no ano seguinte. Ela insistiu com Freud que adotasse Schur como médico, o que ele fez em março de 1929. Ele nunca lamentou ter seguido esse conselho, e descreveu-se como "paciente dócil [de Schur], mesmo quando não é nada fácil para mim". Na verdade, ele se rebelou contra Schur apenas em dois assuntos: reclamava constantemente de que as contas de Schur eram baixas demais, e — ato de desobediência de maior relevância — não atendeu ao conselho de Schur para que renunciasse aos amados e necessários charutos. Em seu primeiro encontro, Freud e Schur haviam resolvido a delicada questão da franqueza, e Freud então abordou um problema ainda mais difícil: "Prometa-me também: quando chegar o momento, o senhor não deixará que eles me atormentem desnecessariamente". Schur prometeu, e os dois trocaram um aperto de mão para selar o acordo. Na primavera de 1939, estava quase maduro o momento de cumprir a promessa.

Uma das ocasiões que a ausência necessária de Schur fez com que ele perdesse foi o 83º aniversário de Freud. Marie Bonaparte foi a 20 Maresfield Gardens, e permaneceu alguns dias. Yvette Guilbert também esteve presente, como havia prometido, e deu a Freud sua fotografia assinada com uma mensagem de apreço: "De todo meu coração!" — *De tout mon coeur au grand Freud! Yvette Guilbert, 6 Mai 1939*. A seguir, em 19 de maio, Freud teve um motivo real para comemorar. Anotou triunfante na *Chronik*: "Moisés em inglês". Realizara sua esperança de viver para ver *Moisés e o monoteísmo* publicado no mundo de língua inglesa. Mas o lançamento não foi uma bênção inequívoca para ele ou para seus leitores.

Uma vista de olhos no longo ensaio que completa o trio de artigos sobre Moisés confirma que Freud fora sábio em sua prudência inicial. Ele não perdeu de vista Moisés e sua pergunta central: O que fez do judeu o que ele é? Mas, no ensaio de conclusão sobre Moisés e o monoteísmo, ele generalizou sua pergunta de modo a abarcar toda a religião. Poderia ter denominado o livro de *O passado de uma ilusão*. De fato, apesar de todas as digressões e apartes pessoais, de todas as referências autobiográficas, *Moisés e o monoteísmo* evoca certos temas constantes em sua obra psicanalítica: o complexo de Édipo, a aplicação desse complexo à pré-história, o componente neurótico de toda a religião, a relação do líder com seus seguidores.* Além disso, o livro aborda o fenômeno tristemente pertinente e aparentemente inextirpável do antissemitismo e o da ascendência judaica de Freud. Mesmo uma das ideias excêntricas que ele adotou em anos avançados aparece um tanto timidamente numa nota de rodapé: sua convicção de que Edward de Vere, conde de Oxford, fora o verdadeiro autor das peças de Shakespeare, hipótese forçada e um tanto embaraçosa com que regalaria os seus incrédulos visitantes e missivistas não menos incrédulos.** Mas a identidade de Shakespeare é totalmente marginal em relação a seus principais interesses. Freud, o incurável secularista, voltava à proposição ímpia que sustentava havia decênios: a religião é uma neurose coletiva.

Uma vez publicado o argumento completo de Freud, revelou-se que os cristãos tinham tão boas razões quanto os judeus para considerar *Moisés e o monoteísmo* desagradável e mesmo escandaloso. Freud interpretava o assassinato de Moisés pelos antigos hebreus, postulado no segundo ensaio, como uma repetição do crime primordial contra o pai, que analisara em *Totem e tabu*. Reedição de um trauma pré-histórico, ele constituía o retorno do reprimido. Por isso a história cristã de um Jesus imaculado sacrificando-se pela humanidade pecadora devia ocultar, "evidentemente uma distorção tendenciosa", um outro crime do mesmo tipo. E Freud indagava, como um incansável detetive confrontando um criminoso encurralado: "como alguém inocente do assassinato haveria de ser capaz de assumir sobre si a culpa dos assassinos, permitindo-se ser levado à morte? Na realidade histórica, tal contradição não existiu. O 'redentor' não poderia ser senão o principal culpado, o líder do bando fraterno que havia sobrepujado o pai". Freud não achava necessário definir se um crime tão obscuro algum dia ocorrera, ou se tal chefe rebelde jamais existiu. No esquema das coisas de Freud, a realidade e a fantasia, afinal, eram irmãs, senão gêmeas. Se o crime era apenas imaginário, "Cristo é o herdeiro de uma fantasia de desejo que se manteve irrealizada". Mas, se o crime de fato se deu, ele é o "sucessor e reencarnação" do grande criminoso. Qualquer que fosse a verdade histórica, a "cerimônia cristã da Sagrada Comunhão" é uma repetição da antiga refeição totêmica, embora numa

* Nesses anos, Freud entrou numa discussão amistosa com Marie Bonaparte, que o adorava, sobre se ele era ou não um grande homem. Ele decidiu que não era, mas que tinha descoberto grandes coisas.

** Freud perseguiu essa quimera durante alguns anos, discutindo-a especialmente com Ernest Jones, que corajosamente tentou dissuadi-lo da ideia. Ele ficara muito impressionado com o livro *"Shakespeare" identified*, de Thomas Looney, de 1920, onde se "revela" que Shakespeare era o conde de Oxford, e lera-o duas vezes. (Ver, entre suas cartas, sobretudo Freud a Jones, 11 de março de 1928. Freud Collection, D2, LC.) Jones, com perspicácia, relaciona essa mania inofensiva com o fascínio perplexo de Freud pela telepatia. Ambos, sugere ele, defendem a ideia de que as coisas não são o que parecem ser. (Ver *Jones* III, pp. 428-30.)

versão amena e devota. O judaísmo e o cristianismo, portanto, embora ligados por inúmeras afinidades, diferem decisivamente em suas atitudes em relação ao pai: "O judaísmo tinha sido uma religião do pai, o cristianismo se tornou uma religião do filho".

A análise de Freud, exatamente por soar tão científica e desapaixonada, é extremamente desrespeitosa para o cristianismo. Ela trata a parte central da história cristã como uma gigantesca fraude, ainda que inconsciente. Mas Freud não parou por aí. Um judeu, Saulo de Tarso — Paulo —, foi o primeiro a reconhecer indistintamente a razão da depressão que pesara na civilização de sua época: "Matamos Deus pai". Era uma verdade que ele só poderia apresentar sob "o disfarce delirante das boas-novas". Em suma, a lenda cristã da redenção através de Jesus, sua vida e seu destino, era uma ficção autodefensiva ocultando alguns atos — ou desejos — terríveis.

Moisés e o monoteísmo, evidentemente, não poupou os judeus. Eles nunca haviam admitido o assassinato do pai. Mas os cristãos haviam deixado de recusar e reconheceram o crime — e assim foram salvos. No final dos anos 1920, Freud havia dito que a religião, toda religião, é uma ilusão. Agora, ele caracterizava o cristianismo como o tipo mais sério de ilusão, fundindo-se na loucura do delírio. Não contente com esse insulto aos cristãos, ele acrescentou outro: "Sob alguns aspectos", a religião deles "representou uma regressão cultural em relação à mais antiga, como, na verdade, geralmente acontece quando há irrupção ou admissão de novas massas de gente de um nível mais baixo. A religião cristã não conservou o nível de espiritualidade a que o judaísmo se elevara". Sob seu melhor aspecto, imbuídos da mensagem de Moisés, de que os filhos de Israel são o povo eleito de Deus, os judeus haviam rejeitado "a magia e o misticismo", sentiram-se encorajados a cultivar suas qualidades mentais e espirituais, e, "bem-aventurados na posse da verdade", davam grande valor à mente e à moral.

Nessa avaliação do judaísmo histórico, Freud enquanto judeu ateu mostrou-se legítimo herdeiro de seu pai Jacob Freud, cujo lema fora simplesmente "Pensa eticamente e age moralmente". Sabemos, comentou Freud, "que Moisés transmitiu aos judeus o sentimento exaltado de serem um povo eleito; com a desmaterialização de Deus, acrescentou-se uma nova e valiosa porção ao tesouro secreto do povo. Os judeus conservaram a inclinação aos interesses intelectuais; a desventura política da nação ensinou a valorizar o único bem que lhes restou, sua literatura, como sua autêntica riqueza". Palavras orgulhosas para lançar na cara dos nazistas, com sua carnificina sistemática, as queimas de livros e os campos de concentração assassinos.

As atitudes conflitantes de judeus e não judeus em relação ao crime primordial também ajudam Freud a explicar a persistência do antissemitismo, ao qual ele dedicou algumas páginas incisivas. Quaisquer que fossem suas origens, sugeriu ele, o ódio aos judeus mostra uma verdade deprimente: os cristãos não são absolutamente bons cristãos, mas, pelo contrário, sob um tênue verniz, continuam sendo os bárbaros politeístas que sempre foram. Certamente um componente importante no fenômeno duradouro do antissemitismo, na opinião de Freud, era o ciúme, a pura inveja.

O elogio um tanto indireto do judaísmo não acalmou os eruditos judeus. No começo de junho, Hamilton Fyfe, numa resenha de *Moisés e o monoteísmo* no *John O'London's Weekly*, afirmou que o livro era "do mais vivo interesse tanto histórica como espiritualmente". Mas observou, não sem razão: "O que os companheiros judeus do autor vão dizer, nem ouso pensar!". Disseram muito, e pouco foi elogioso. Angustiados, e por isso enfurecidos, sobre o que anteviam como provável efeito do livro, eles trataram *Moisés e o monoteísmo* com desprezo ou silêncio. Virando as armas da psicanálise contra seu fundador, indagaram-se por que, afinal, ele tentara privar os judeus de seu Moisés. Devia-se a um desejo de fugir ao judaísmo num gesto final? Estaria ele, ao sentir o retorno do reprimido, dando desesperadamente o máximo de si para não se tornar como seu pai? Seria talvez (e esta era uma das favoritas) que Freud se identificava grandiosamente com Moisés, o estrangeiro que dera as leis a um grande povo e marcara para sempre seu caráter? Mais tarde, Martin Buber, em seu estudo sobre Moisés, restringiu raivosamente seus comentários sobre o livro de Freud a uma desdenhosa nota de rodapé, referindo-se a ele como um gesto "lamentável", "não científico", "baseado em hipóteses infundadas".* J. M. Lask, escrevendo na *Palestine Review* de Jerusalém, qualificou Freud, "com todo o respeito pela sua profunda erudição e originalidade em seu campo pessoal", de "Am Haaretz" — um grosseiro ignorante. E Abraham Yahuda disse que achava que as palavras de Freud, "em seu ódio a Israel", podiam ter sido pronunciadas por "um dos cristãos mais fanáticos".

Mas os cristãos sentiram-se ultrajados por eles mesmos.** O padre Vincent McNabb, escrevendo no *Catholic Herald* de Londres, encontrou "em *Moisés e o monoteísmo*, páginas impossíveis de serem citadas", que "nos fazem perguntar se o autor delas não tem uma obsessão sexual". O padre McNabb, na verdade, pas-

* No começo de 1939, Max Eitingon teve uma longa discussão com Martin Buber em Jerusalém, e informou a Freud que, logo que *Moisés e o monoteísmo* sair, Buber teria de escrever uma contestação. Como "sociólogo judeu da religião", já encontrara pouca base de concordância em *Totem e tabu*, e tampouco havia aceitado *A interpretação dos sonhos*, que, a seu ver, desconsiderava o trabalho criativo dos sonhos. "É claro", comentou Eitingon, "que agora temos neste país um grande crítico da psicanálise." (Eitingon a Freud, 16 de fevereiro de 1938. Freud Museum, Londres.) Freud respondeu irritado em 5 de março: "As expressões piedosas de Martin Buber não vão prejudicar muito a *Interpretação dos sonhos*. O *Moisés* é muito mais vulnerável, e estou preparado para a investida judaica contra ele". (Por permissão de Sigmund Freud Copyrights, Wivenhoe.)

** Uma reação marxista também apresenta interesse. Howard Evans, no *Daily Worker* de Londres, escrevendo de seu firme ponto de vista doutrinário, estava disposto a mostrar certa indulgência para com Freud: considerando suas "limitações ideológicas", dificilmente se poderia "esperar que este grande cientista burguês adotasse uma abordagem dialética aos 83 anos de idade". [Resenha de *Moses and monotheism*, *Daily Worker* (Londres), 5 de julho de 1939. Freud Museum, Londres.]

sou dos impropérios às ameaças. "O professor Freud naturalmente sente-se grato à '*livre e generosa Inglaterra*', pela acolhida que ela lhe deu", escreveu ele. "Mas se sua franca defesa do ateísmo e incesto for amplamente reconhecida, perguntamo-nos por quanto tempo se manterá a boa acolhida numa Inglaterra que ainda se denomina cristã." Se tivesse lido a resenha, Freud teria encontrado grande semelhança entre essa linguagem e a linguagem dos clérigos austríacos dos seus tempos de Viena.

O público epistolar também se manifestou, mesmo antes da publicação de *Moisés e o monoteísmo*. Uma torrente precipitou-se sobre Freud; estranhos da Palestina e dos Estados Unidos, da África do Sul e do Canadá expressavam seu desagrado com as ideias de Freud com uma liberdade irrestrita. Um deles sugeriu que o tipo de crítica bíblica por ele empregado era característico de judeus ímpios, procurando justificar seu abandono das verdades fundamentais da religião judaica. Um outro manifestou a esperança de que Freud "não publique este livro", visto que provocaria "danos irreparáveis" e apenas daria "mais uma arma" a "Goebbels e os outros animais". Um terceiro, remetente anônimo de Boston, repreendeu Freud em alguns parágrafos ininterruptos. "Li na imprensa local sua declaração de que Moisés não foi um judeu./ É de se lamentar que você não possa ir para o túmulo sem se desgraçar, seu velho pateta./ Temos renegados como você aos milhares, ficamos contentes em nos livrar deles e esperamos logo nos livrar de você./ É de se lamentar que os Bandidos na Alemanha não tenham te posto num campo de concentração, é lá o seu lugar." Outros, tanto escritores quanto, mais tarde, resenhistas, foram apenas ligeiramente mais polidos, e poucos chegaram a considerar as ideias de Freud estimulantes ou parcialmente corretas. Um desses, um certo Alexandre Burnacheff, escrevendo do Rio de Janeiro, disse a Freud que estava trabalhando num livro parecido, que sua visão pessoal "coincide" com a de Freud, e pediu um exemplar da edição inglesa de *Moisés e o monoteísmo*, pelo reembolso postal.

Certamente, as provas em que Freud se baseava não eram nada sólidas; na melhor das hipóteses, eram especulativas, em parte superadas, carecendo de detalhes. A hipótese de Freud de que a palavra hebraica *Adonai*, "Senhor", podia derivar do culto monoteísta egípcio de Aton, palpite no qual ele próprio não tinha muita confiança, parece improvável; seu lamarckismo ferrenho, segundo o qual os acontecimentos históricos são transmitidos no inconsciente de geração para geração, não é mais fidedigno em *Moisés e o monoteísmo* do que em qualquer outra de suas construções anteriores. Mas o Freud que, em seus últimos anos de vida, ruminava sobre Moisés, o Egípcio, e seu homônimo posterior não era um secreto antissemita, nem um pretenso profeta guiando seus ingratos seguidores até a terra prometida da verdade psicanalítica, a qual ele haveria de vislumbrar, mas onde nunca poria os pés. Ele era o especulador intelectual livre das amarras do material clínico, levado a ceder espaço a hipóteses que o apaixonavam.

Tais hipóteses continuaram a dominar Freud, apesar de vozes persuasivas que depunham contra elas. O Freud que deu Moisés aos egípcios e fez com que os hebreus o matassem era o investigador que, contradizendo a opinião acadêmica dominante, tinha se convencido de que o autor das peças de Shakespeare não podia ser um ator insignificante e mal-educado. Freud, afinal, era o intrépido descobridor que havia desafiado a instituição científica, pondo-se ao lado dos supersticiosos e dos semianalfabetos que acreditavam que os sonhos tinham algum significado. Essa ingenuidade receptiva não tinha resultado numa das revoluções decisivas na ciência da mente? Da mesma forma com Moisés: as aventuras especulativas de sua velhice eram da mesma natureza que as especulações anteriores. Freud estava jogando um jogo intelectual com altas apostas, e se divertia com ele. Mas, mesmo que não tivesse se divertido, algo dentro de si o teria impelido a prosseguir. Não se disporia a abandonar a tese da monografia de Sellin, de 1922, que fornecia a chave para o enigma — o assassinato de Moisés —, mesmo que seu argumento tivesse sido cabalmente invalidado; com efeito, Freud não se abalou quando lhe disseram que Sellin tinha voltado atrás. Manteve-se firme, reconhecendo que o "segundo Moisés" era "totalmente invenção minha". Alguns anos antes, em 1935, quando havia interrompido temporariamente seu estudo sobre Moisés, ele comparou sua situação a uma situação familiar aos psicanalistas: "Quando se suprime um determinado tema" numa psicanálise, "não vem nada em seu lugar. O campo visual se mantém vazio. Da mesma forma me mantenho fixado no Moisés que coloquei de lado".

Parte dessa característica obsessiva chegou ao prelo. Num de seus prefácios à terceira parte de *Moisés e o monoteísmo*, escrito em Londres em junho de 1938, ele se disse feliz de estar na Inglaterra; tratado como hóspede ilustre, agora estava novamente respirando, depois de eliminada a pressão da autocensura, "de forma que posso falar e escrever — quase disse, pensar — como quero ou devo". *Quero ou devo*: ele era uma pessoa livre, mas não livre de parar de escrever sobre Moisés. Na verdade, enquanto vivera em Viena, sentira vontade de eliminar a última parte do livro, "mas ela me atormentou como um fantasma insepulto". Este é o Freud que conhecemos: o homem que, algumas vezes, era perseguido por uma ideia durante anos. Elaborando sua compulsão, Freud disse muitas coisas interessantes e muitas coisas insustentáveis. Concebera seu *Moisés e o monoteísmo* num desafio, redigiu-o em desafio, publicou-o em desafio. Era a postura que julgava adequada a um descobridor durante toda a vida contrário à "maioria compacta". E, para sua surpresa, o livro vendeu bem. Em 15 de junho de 1939, ele informou sua "cara Marie" Bonaparte, naquela que seria sua última carta a ela: "Deduzo que do 'Moisés' em alemão foram vendidos cerca de 1800 exemplares". Mas, no conjunto da obra de Freud, o *Moisés e o monoteísmo* permanece como uma espécie de excentricidade, à sua maneira mais extravagante do que *Totem e tabu*. Quando refletiu pela primeira vez nele, pensara em lhe dar o subtítulo "Um romance histórico". Teria feito muito bem se mantivesse sua intenção original.

No começo de junho de 1939, enquanto Max Schur estava nos Estados Unidos, tentando freneticamente concluir seus negócios para poder voltar ao seu paciente, Anna Freud informou-o de alguns leves sinais de melhora no estado do pai. Contudo, as dores de Freud eram intensas, era difícil pôr e tirar a prótese, e o cheiro do tecido canceroso, que havia começado a ulcerar, era extremamente desagradável. Quando Schur voltou à Inglaterra em 8 de julho, seu paciente havia piorado. Freud estava mais magro, e mentalmente menos ativo. Tinha um sono agitado e passava a maior parte do tempo descansando. Amigos de longe vieram para uma última visita; Hanns Sachs conseguiu uma viagem a Londres em julho, e visitou diariamente Freud, para rápidas conversas. "Ele parecia muito doente", lembra Sachs, "e incrivelmente velho. Era visível que pronunciava cada palavra com enorme esforço, que quase ultrapassava suas forças. Mas esses tormentos não tinham destruído sua vontade." Freud ainda fazia algumas horas de análise, sempre que a dor não o torturava demais, e "ainda escrevia cartas de próprio punho, quando tinha forças suficientes para segurar a caneta". Não se queixou; pelo contrário, falou da análise nos Estados Unidos. Quando Sachs se despediu, ciente do quanto Freud detestava demonstrações emotivas, ele falou despreocupadamente sobre planos de viagem. Freud, conta Sachs, entendeu o gesto; "apertou minha mão e disse: 'Sei que tenho pelo menos *um* amigo na América'". Poucos dias depois, no final de julho, Marie Bonaparte ficou por uma semana, sabendo que nunca o veria novamente. Em 1º de agosto, num gesto decidido de adeus à vida, Freud encerrou oficialmente sua prática médica.

Os últimos visitantes, registrando suas impressões com um leve ar de assombro — embora conhecessem intimamente seu Freud — comentaram a invariável cortesia de Freud: perguntava pelos outros e nunca mostrava sinais de impaciência ou irritação. Não iria se infantilizar com sua doença. Em 13 de agosto, seu sobrinho Harry se despediu. "Quando respondi à sua pergunta de quando voltaria dos Estados Unidos, 'No Natal', um sorriso triste se iluminou em seus lábios e ele disse: '*Não creio que então você ainda volte a me encontrar*'". Poucos dias depois, numa breve carta afetuosa ao poeta alemão Albrecht Schaeffer, ele se disse "passado", e citou as palavras de Schaeffer: não tinha nada a fazer além de "esperar, esperar".

No final do mês, suas irmãs em Viena receberam a notícia de que "o amado velho" não estava nada bem. Rosa Graf observou numa carta que, pelo que diziam, sua sobrinha "Anna" estava "fazendo coisas incríveis cuidando de seu pai". Escrevendo uma semana antes da deflagração da guerra, ela informou que os vistos franceses, apesar da "alta proteção" da boa amiga de seu irmão em Paris, ainda não tinham chegado.* Em 27 de agosto, Freud fez seu último registro na *Chronik*. Ela conclui com as palavras "Pânico de guerra".

* Algumas semanas antes, em 2 de agosto de 1939, Marie Bonaparte havia escrito ao consulado grego, recomendando que fosse dado um visto a Rosa Graf. (Freud Collection, B2, LC.) Mas nenhum dos vistos, o francês ou o grego, jamais chegou. Freud, por sorte, morreu sem saber como terminariam suas irmãs: Adolfine morreu de fome no campo Theresienstadt, ao passo que as outras três foram assassinadas em 1942, provavelmente em Auschwitz. (Martin Freud, *Freud*, pp. 15-6.) Sua irmã Anna, que se casara com Eli Bernays, irmão de Martha, tinha emigrado para os Estados Unidos muitos anos antes.

O fim, agora, estava próximo. A úlcera cancerosa de Freud continuava a exalar um cheiro tão fétido que seu *chow-chow* se encolhia de medo, e nada era capaz de atraí-lo para perto de seu dono. Freud, comenta Schur, "sabia o que ele indicava e o olhava com olhos profundos tragicamente cientes". Era torturado pela dor, e o alívio era ocasional, cada vez mais raro. No entanto, em suas horas despertas, Freud continuava atento e acompanhava os acontecimentos lendo os jornais. Em 1º de setembro, os alemães marcharam sobre a Polônia, e Max Schur se mudou para Maresfield Gardens, para ficar perto de Freud e dar assistência se houvesse um ataque aéreo sobre Londres. Em 3 de setembro, a França e a Inglaterra entraram na guerra que haviam se empenhado em evitar com tanto frenesi. Nesse dia, Jones escreveu a Freud o mais caloroso tributo, lembrando-lhe que, 25 anos antes, seus respectivos países tinham ficado em lados opostos, "mas mesmo então nós encontramos uma forma de comunicar nossa amizade um ao outro. Agora estamos próximos e unidos em nossas simpatias militares". E exprimiu, pela última vez, sua "gratidão por tudo o que o senhor trouxe à minha vida".

A guerra chegou a Maresfield Gardens no começo de setembro, com um alarme de ataque aéreo. Muito evidentemente, a cama de Freud foi transferida para a parte "segura" da casa, operação que, registra Schur, Freud observou "com algum interesse". Ele já estava "longe", acrescenta Schur. "A distância que ele havia estabelecido" um ano antes, na época de Munique, "estava ainda mais acentuada." Mas ainda havia relances de espírito: quando os dois ouviram uma emissão de rádio declarando que esta seria a última guerra, Schur perguntou a Freud se ele acreditava nisso, e Freud respondeu secamente: "Minha última guerra". Seus hábitos burgueses também continuavam a solicitá-lo. Schur observa que Freud tinha um relógio de bolso e um relógio de mesa com corda semanal, e até a morte ele lhes deu corda, como havia feito durante toda a vida. "Ele comentou comigo", lembra Schur, "quão afortunado era por ter encontrado tantos amigos valiosos." Anna havia acabado de sair do aposento, o que deu a Freud a oportunidade de dizer a Schur: "O destino tem sido bom para mim, por ainda ter me oferecido a relação com uma tal mulher — quero dizer Anna, é claro". O comentário, acrescenta Schur, era profundamente terno, muito embora Freud nunca tivesse feito muitas demonstrações de afeto à filha. Ela estava sempre por perto, de plantão dia e noite. Também assim permaneciam Schur e Josefine Stross, afetuosamente chamada pela família Freud de "Fiffi", a jovem pediatra que havia acompanhado os Freud à Inglaterra e ficara com eles.

Freud, agora, andava muito cansado e era difícil alimentá-lo. Mas, embora sofresse muito e as noites fossem particularmente penosas, ele não tomava e não queria nenhum sedativo. Ainda conseguia ler, e seu último livro foi o conto misterioso de Balzac sobre a pele mágica que se encolhia, *La peau de Chagrin*. Quando terminou o livro, ele disse a Schur, num tom casual, que tinha sido o livro certo para ler, por tratar de encolhimento e fome. Era o encolhimento, na opinião de Anna Freud, que parecia falar particularmente ao seu estado: seu tempo estava terminando. Ele passou os últimos dias em seu gabinete no andar térreo, olhando para o jardim. Ernest Jones, chamado às pressas por Anna Freud, que achava que seu pai estava morrendo, chegou em 19 de setembro. Freud, lembra Jones, estava cochilando, como fazia com frequência naqueles dias, mas, quando Jones chamou "*Herr Professor*", Freud abriu um olho, reconheceu o visitante, "e acenou sua mão, então deixou-a cair com um gesto altamente expressivo que transmitia uma riqueza de significados: saudações, despedida, resignação". Então recaiu no sono.

Jones leu corretamente o gesto de Freud. Estava saudando seu velho aliado pela última vez. Havia renunciado à vida. Schur estava angustiado por não conseguir aliviar o sofrimento de Freud, mas, dois dias depois da visita de Jones, em 21 de setembro, quando Schur estava sentado à cabeceira de Freud, ele tomou sua mão e lhe disse: "Schur, o senhor lembra-se de nosso 'contrato' de não me deixar quando tiver chegado a hora. Agora, é apenas uma tortura e não faz sentido". Schur fez sinal de que não tinha se esquecido. Freud deu um suspiro de alívio, continuou a segurar-lhe a mão por um momento e disse: "Eu lhe agradeço". A seguir, depois de uma ligeira hesitação, ele acrescentou: "Fale com Anna sobre isso, e se ela achar certo, dê um fim a isso". Como vinha acontecendo havia anos, também nesse momento crítico, a Antígona de Freud ocupava o primeiro lugar em seus pensamentos. Anna Freud quis adiar o momento fatal, mas Schur insistiu que manter Freud vivo era inútil, e ela se submeteu ao inevitável, tal como seu pai se submetera. O momento havia chegado; ele sabia e agiu. Essa foi a interpretação de Freud sobre sua afirmação de que tinha vindo à Inglaterra para morrer em liberdade.

Schur estava à beira das lágrimas, enquanto presenciava Freud encarando a morte com dignidade e sem autopiedade. Ele nunca vira alguém morrer assim. Em 21 de setembro, Schur aplicou em Freud uma injeção de três centigramas de morfina — a dose sedativa normal eram dois centigramas —, e Freud mergulhou num sono pacífico. Schur repetiu a injeção, quando ele se tornou inquieto, e administrou uma dose final no dia seguinte, 22 de setembro. Freud entrou num coma do qual não mais despertou. Ele morreu às 3 horas da manhã de 23 de setembro de 1939. Quase quarenta anos antes, Freud escrevera a Oskar Pfister, indagando o que se faria, "quando as ideias falham ou as palavras não vêm?". Não pôde evitar um "tremor diante desta possibilidade. É por isso que, com toda a resignação perante o destino que convém a um homem honesto, eu tenho um pedido totalmente secreto: apenas nenhuma invalidez, nenhuma paralisia das faculdades pessoais devido a uma desgraça física. Que morramos em nosso posto, como diz o rei Macbeth". Ele providenciara que seu pedido secreto fosse atendido. O velho estoico conservou o controle de sua vida até o fim.

Abreviaturas

Briefe: Sigmund Freud, *Briefe 1873-1939*, ed. Ernst e Lucie Freud (1960; 2ª ed. ampl., 1968). Versão inglesa, *Letters of Sigmund Freud, 1873-1939*, trad. Tania e James Stern (1961; 2ª ed., 1975).

Freud-Abraham: Sigmund Freud, Karl Abraham, *Briefe 1907-1926*, ed. Hilda Abraham e Ernst L. Freud (1965). Versão inglesa, *A psychoanalytic dialogue: the letters of Sigmund Freud and Karl Abraham, 1907-1926*, trad. Bernard Marsh e Hilda Abraham (1965).

Freud-Fliess: Sigmund Freud, *Briefe an Wilhelm Fliess 1887-1904*, ed. Jeffrey Moussaieff Masson, auxiliado por Michael Schröter e Gerhard Fichtner (1986). Versão inglesa, *The complete letters of Sigmund Freud to Wilhelm Fliess, 1887-1904*, ed. e trad. Jeffrey Moussaieff Masson (1985).

Freud-Jung: Sigmund Freud, C. G. Jung, *Briefwechsel*, ed. Wiliam McGuire e Wolfgang Sauerländer (1974; 3ª impressão corrigida 1979). Versão inglesa. *The Freud-Jung letters: the correspondence between Sigmund Freud and C. G. Jung*, ed. William McGuire e trad. Ralph Manheim (cartas de Freud) e R. F. C. Hull (cartas de Jung), (1974).

Freud-Pfister: Sigmund Freud, Oskar Pfister, *Briefe 1909-1939*, ed. Ernst L. Freud e Heinrich Meng (1963). Versão inglesa, *Psychoanalysis and faith: the letters of Sigmund Freud and Oskar Pfister*, trad. Eric Mosbacher (1963).

Freud-Salomé: Sigmund Freud, Lou Andreas--Salomé, *Briefwechsel*, ed. Ernst Pfeiffer (1966). Versão inglesa, Sigmund Freud, Lou Andreas-Salomé, *Letters*, trad. Elaine e William Robson-Scott (1972).

Freud-Zweig: Sigmund Freud, Arnold Zweig, *Briefwechsel*, ed. Ernst L. Freud (1968; ed. em brochura, 1984). Versão inglesa, *The letters of Sigmund Freud and Arnold Zweig*, trad. Elaine e William Robson-Scott (1970).

GW: Sigmund Freud, *Gesammelte Werke, Chronologisch Geordnet*, ed. Anna Freud, Edward Bibring, Willi Hoffer, Ernst Kris e Otto Isakower, em colaboração com Marie Bonaparte, 18 vols. (1940-68).

Int. J. Psycho-Anal.: *International Journal of Psycho-Analysis.*

Int. Rev. Psycho-Anal.: *International Review of Psycho-Analysis.*

J. Amer. Psychoanal. Assn.: *Journal of the American Psychoanalytic Association.*

Jones I, II, III. Ernest Jones, *The life and work of Sigmund Freud.* Vol. I, *The formative years and the great discoveries, 1856-1900* (1953); vol. II, *Years of maturity, 1901-1919* (1955); vol. III, *The last phase, 1919-1939* (1957).

LC: Library of Congress.

Protokolle: *Protokolle der Wiener Psychoanalytischen Vereinigung*, ed. Hermann Nunberg e Ernst Federn, 4 vols. (1976-81). Versão inglesa, *Minutes of the Vienna Psychoanalytic Society*, trad. M. Nunberg, 4 vols. (1962-75).

SE: *Standard Edition of the complete psychological works of Sigmund Freud*, trad. sob a supervisão editorial de James Strachey em colaboração com Anna Freud, auxiliado por Alix Strachey e Alan Tyson, 24 vols. (1953--74).

Y-MA: Yale University Library, Manuscripts and Archives.

Notas

PREFÁCIO [pp. 13-8]

p. 13 *a seu respeito*: Freud a Martha Bernays, 28 de abril de 1885. *Briefe*, pp. 144-5.

p. 13 "*modo muito particular*": "Eine Kindheitserinnerung des Leonardo da Vinci" (1910), *GW* VIII, p. 202/ "Leonardo and a memory of his childhood", *SE* XI, p. 130.

p. 13 "*não poderia usá-la*": Freud a Arnold Zweig, 31 de maio de 1936. *Briefe*, p. 445.

p. 14 "*franco do que eu*": *Traumdeutung* (*1900*), *GW* II-III, p. *126*/*The interpretation of dreams*, *SE* IV, p. 121.

p. 14 "*tal indivíduo*": Freud a Fliess, 1º de fevereiro de 1900. *Freud-Fliess*, p. 437 (398).

p. 14 "*maior pervertido do mundo*": "The Pope's secrets", distribuído pelo pastor Tony Alamo, presidente da Tony and Susan Alamo Foundation, Alma, Arizona, s.d.

p. 15 "*sono da humanidade*": "Zur Geschichte der psychoanalytischen Bewegung" (1914) *GW* X, p. 60/"*On the history of the psycho-analytic movement*", *SE* XIV, p. 21. Ele cita o dramaturgo alemão Christian Friedrich Hebbel, do século XIX.

p. 15 *ainda mais inaceitáveis*: Freud a Stefan Zweig, 14 de abril de 1925. Com a permissão de Sigmund Freud Copyrights, Wivenhoe.

p. 15 "*objetivo absoluto da ciência*": Freud a Ferenczi, 10 de janeiro de 1910. Freud-Ferenczi Correspondence, Freud Collection, LC.

p. 15 "*meu ofício*": Freud a Einstein, 8 de dezembro de 1932. Freud Collection, B3, LC.

p. 17 "*amnésia geral*": "Eine Kindheitserinnerung aus *Dichtung und Wahrheit*" (1917), *GW* XII, p. 17/"A childhood recollection from *Dichtung und Wahrheit*", *SE* XVIII, p. 148.

p. 17 "*por todos os poros*": "Bruchstück einer Hysterie-Analyse" (1905), *GW* V, p. 240/ "Fragment of an analysis of a case of hysteria", *SE* VII, pp. 77-8.

p. 18 "*em poucas datas*": Freud a Edward Bernays, 10 de agosto de 1929. *Briefe*, p. 408.

1. UMA ÂNSIA DE CONHECIMENTO [pp. 21-71]

p. 21 "*e da superstição*": "Der Wahn und die Träume in W. Jensens *Gradiva*" (1907), *GW* VII, p. 31/"Delusions and dreams in Jensen's *Gradiva*", *SE* IX, p. 7.

p. 22 "*sobre novas bases*": Freud a L. Darmstaeder, 3 de julho de 1910. Freud Collection, B3, LC.

p. 22 "*uma vez na vida*": *The interpretation of dreams* (3ª ed. inglesa [rev.], 1932), *SE* IV, p. xxxii.

p. 22 *sua mulher Amalia*: Seu nome quase sempre é dado como "Amalie", e parece que as pessoas a chamavam assim. Mas em seu túmulo no cemitério de Viena, onde foi enterrada com seu marido, está escrito "Amalia". (Ver fotografia em Ernst Freud, Lucie Freud e Ilse Grubrich-Simitis, eds., *Sigmund Freud: his life in pictures and words* [1976; trad. Christine Trollope, 1978], p. 161.) Da mesma forma, embora seu nome de solteira geralmente seja grafado "Nathanson", e apareça dessa maneira na sua certidão de casamento, ela insistia em que a grafia correta era "Nathansohn". Os tchecos que moravam em Freiberg chamavam-na de Príbor, e agora que a cidade pertence à Tchecoslováquia, este é seu nome oficial. O nome era, claramente, uma expressão popular; Freud às vezes o usava, de brincadeira, em sua correspondência de estudante. (Ver Freud a Emil Fluss, 28 de setembro de 1872. "*Selbstdarstellung*". *Schriften zur Geschichte der Psychoanalyse*, ed. Ilse Grubrich-Simitis [1971; ed. corr., 1973], p. 110.)

p. 22 *em 1873*: Ver Freud a Silberstein, 11 de junho de 1872. Freud Collection, D2, LC. Ver também Anna Freud a Ernst Jones, 18 de janeiro de 1954. Jones papers, Archives of the British Psycho-Analytical Society, Londres.

p. 22 *13 de maio de 1856*: Nos controversos estudos sobre os primeiros anos da vida de Freud, nem mesmo sua data de nascimento escapou ao escrutínio especulativo dos pesquisadores; enganados por um registro ilegível de um escrivão local, alguns tentaram atribuir-lhe uma data prematura, 6 de março.

Teria sido uma revisão interessante, já que Jacob Freud casou com Amalia Nathansohn em 29 de julho de 1855. Mas os documentos, amplamente confirmados pela Bíblia da família de Freud, mostram que Freud e sua noiva parecem ter seguido os protocolos sociais; a data convencional das biografias, 6 de maio, está correta.

p. 22 *"Áustria germânica"*: "Selbstdarstellung", (1925), *GW* XIV, p. 34/ "An autobiographical study", *SE* XX, pp. 7-8.

p. 23 *no século XIV em Colônia*: Das anotações (em francês) de Marie Bonaparte para uma biografia de Freud, "dadas por Freud em abril de 1928". Jones papers, Archives of the British Psycho-Analytical Society, Londres.

p. 23 *"companheiro de minhas estrepolias"*: Freud a Fliess, 3 de outubro de 1897. *Freud-Fliess*, p. 289 (268).

p. 23 *"porque ele bateu em mim"*: *Die Traumdeutung* (1900), *GW* II-III; pp. 427-8/*The interpretation of dreams*, *SE* V, pp. 424-5.

p. 23 *rivalzinha odiosa?*: Ver *The psychopatology of everyday life* (1901), *SE* VI, pp. 51-2n (nota de 1924).

p. 24 *"continuei judeu"*: "Selbstdarstellung" *GW* XIV, p. 34/ "Autobiographical study", *SE* XX, p. 7.

p. 24 *"que se referia ao judaísmo"*: Freud a J. Dwossis (em Jerusalém), 15 de dezembro de 1930. Cópia datilografada, Freud Museum, Londres.

p. 24 *"melhor do que o alemão"*: Ib.

p. 24 *"arte da leitura"*: *Selbstdarstellung*, p. 40/ "Autobiographical study", *SE* XX, p. 8 (frase acrescentada em 1935 — a época em que Freud estava particularmente obcecado com Moisés).

p. 24 *"Deus Todo-Poderoso"*: Freud a Fliess, 15 de outubro de 1897. *Freud-Fliess*, p. 291 (271).

p. 24 *em questões sexuais*: Ver Freud a Fliess, 4 de outubro de 1897. Ib., p. 290 (269).

p. 25 *estar na cadeia*: Ib., p. 292 (271-2).

p. 25 *de duas mães*: Ver John E. Gedo, "Freud's self-analysis and his scientific ideas", in *Freud: the fusion of science and humanism: the intellectual history of psychoanalysis*, ed. John E. Gedo e George H. Pollock (1976), p. 301.

p. 25 *nasceu Freud*: Ver as pesquisas pioneiras de Josef Sajner: "Sigmund Freuds Beziehungen zu seinem Geburtsort Freiberg (Príbor) und zu Mähren", *Clio Medica*, III (1968), pp. 167-80, e "Drei dokumentarische Beiträge zur Sigmund-Freud-Biographik aus Böhmen und Mähren", *Jahrbuch der Psychoanalyse*, XIII (1981), pp. 143-52.

p. 26 *"valesse a pena lembrar"*: "Über Deckerinnerungen" (1899), *GW* I, p. 542/ "Screen memories", *SE* III, p. 312.

p. 26 *em poucos dias*: Ver "R. was my uncle", in *Interpretation of dreams*, *SE* IV, pp. 138-45.

p. 26 *atividades de Josef Freud*: Ver Marianne Krüll, *Freud and his father* (1979; trad. Arnold J. Pomerans, 1986), pp. 164-6.

p. 26 *"fugir de meu pai"*: "Über Deckerinnerungen", *GW* I, 542-3/ "Screen memories", *SE* III pp. 312-3.

p. 26 *"dessa terra*: Freud ao prefeito de Príbor, 25 de outubro de 1931. Cópia datilografada, Freud Collection, B3, LC/ "Letter to the Burgomaster of *Príbor*", *SE* XXI, p. 259.

p. 27 *"fora libertado"*: Freud a Max Eitingon, 6 de junho de 1938. *Briefe*, p. 462.

p. 27 *"desagradável para mim"*: Freud a Fliess, 18 de setembro de 1872. *Selbstdarstellung*, p. 109.

p. 27 *"aquele abominável campanário"*: Freud a Martha Bernays, 10 de março de 1886. *Briefe*, p. 219.

p. 27 "*solo natal*": Freud a Fliess, 11 de março de 1900. *Freud-Fliess*, p. 442 (403).

p. 28 *no fundo, antissemita*: Ver "On the history of the psychoanalytic movement" (1914), *SE* XIV, p. 39.

p. 28 "*com grande respeito*": Martin Freud, *Sigmund Freud: man and father* (1958), p. 10.

p. 28 "*minhas amizades*": Freud a Fliess, 3 de outubro de 1897. *Freud-Fliess*, pp. 288-9 (268).

p. 28 "*mal tuberculoso*": Anna Freud a Ernst Jones, 29 de maio de 1951. Jones papers, Archives of the British Psycho-Analytical Society, Londres.

p. 29 "*homem grande e forte*": *Traumdeutung, GW* II-III, pp. 202-3/*Interpretation of dreams, SE* IV, p. 197.

p. 29 "*da Igreja católica*": Ib., p. 202/196.

p. 29 *Os bandoleiros*: Ver *Interpretation of dreams, SE* V, p. 424.

p. 30 "*conduzi-lo ao saber*": A Bíblia está em exibição no Freud Museum, Londres. Procurar por esta inscrição, Ernst Freud et al., eds., *Sigmund Freud: his life in pictures and words*, p. 134.

p. 30 "*da profetisa*": *Traumdeutung, GW* II--III, p. 198/*Interpretation of dreams, SE* IV, p. 192.

p. 30 "tornaria um ministro": Ib., pp. 198-9/192-3.

p. 31 *dessa maioria*: Ver Krüll, *Freud and his father*, pp. 147-51.

p. 31 *não seus companheiros de jogos*: Anna Freud Bernays, "My brother, Sigmund Freud", *American Mercury*, LI (1940), p. 336. As reminiscências de Anna Bernays, repletas de enganos, devem ser usadas com cuidado.

p. 32 *constitucionalismo limitado*: Para esse parágrafo, ver sobretudo Robert A. Kann, *A history of the Habsburg Empire, 1526-1918* (1974; ed. corr., 1977), pp. 243-366 passim.

p. 32 "*governo representativo*": Ilsa Barea, *Vienna* (1966), pp. 244-5.

p. 32 "*tiveram nenhum dinheiro*": Max Eyth, um poeta e engenheiro suábio em visita a Viena, a seus pais, 7 de junho de 1873. Citado em Bernhard Zeller, ed., *Jugend in Wein. Literatur um 1900* (1974), p. 30.

p. 33 *haviam sido liquidados*: Ver Wolfdieter Bihl, "Die Juden", in *Die Habsburger Monarchie, 1848-1918*, ed. Adam Wandruszka e Peter Urbanitsch, vol. III, *Die Völker des Reiches* (1980), parte 2, pp. 890-6.

p. 33 "*em sua sacola*": *Traumdeutung, GW* II--III, p. *199/Interpretation of dreams, SE* IV, p. 193.

p. 34 "*manifestações antissemitas*": Freud a Martha Bernays, 2 de junho de 1885. Com a permissão de Sigmund Freud Copyrights, Wivenhoe.

p. 34 *de modo definitivo*: Para esse complexo aspecto de Lueger, ver em esp. John W. Boyer, "Karl Lueger and the Viennese Jews". *Leo Baeck Yearbook*, XXVI (1981), pp. 125-41; e John W. Boyer, *Political radicalism in late imperial Vienna: origins of the christian social movement 1841-1897* (1981).

p. 34 "*da velha escola*": Freud a Arnold Zweig, 26 de novembro de 1930. *Freud-Zweig*, p. 33 (21).

p. 34 "*gozam de direitos iguais*": Citado em Zeller, ed., *Jugend in Wien*, p. 69.

p. 35 "*forças do liberalismo*": Dennis B. Klein, *Jewish origins of the psychoanalytic movement* (1981), p. 4.

p. 35 *rainha de seu coração*: Ver Joseph Samuel Bloch, *Der nationale Zwist und die Juden in Österreich* (1886), pp. 25-6, e também pp. 18-21.

p. 36 *na Alemanha ou no ultramar*: Ver Marsha L. Rosenblit, *The Jews of Vienna, 1865-1914: assimilation and identity* (1983), pp. 13-45 passim.

p. 36 "*concepção de vida*": *Freud a Fluss*, 18 de setembro de 1872. *Selbstdarstellung*, pp. 107-8.

p. 37 *de alunos da escola*: Ver Klein, *Jewish origins*, p. 48.

p. 37 *2% da população*: Esse número inclui apenas os judeus que eram habitantes legais da cidade; o número real era sem dúvida maior. (Ver Rosenblit, *Jews of Vienna*, p. 17.)

p. 37 "*totalmente corrupta*": Burckhardt a Friedrich von Preen, 3 de outubro de 1872. *Briefe*, ed. Max Burckhardt, 10 vols. (1949-86), V, p. 175.

p. 37 "*judaizada*": verjudet: Burckhardt a Johann Jacob Oeri-Burckhardt, 14 de agosto de 1884. Ib., VIII, p. 228.

p. 38 "*tomar uma posição*": *Traumdeutung, GW* II-III, p. 202/*Interpretation of dreams, SE* IV, p. 196.

p. 38 *angustiado e amargurado*: Arthur Schnitzler, *Jugend in Wien* (1968), pp. 78-81.

p. 38 *ciladas de adolescentes*: Barea, *Vienna*, p. 305.

p. 39 "*nunca passei por exames*": "Selbstdarstellung", *GW* XIV, p. 34/ "Autobiographical study", *SE* XX, p. 8.

p. 39 *conversa "sincera"*: Freud a Silberstein, 11 de junho de 1872. Freud Collection, D2, LC.

p. 39 essa carta: Freud a Silberstein, 4 de setembro de 1872. Ib.

p. 39 *conversa com ela*: Ib.

p. 39 *convenientemente extinto*: Ver, para essa datação, Freud a Silberstein, 25 de março de 1872, antes de sua visita a Freiberg. Lá, ele referia-se a Gisela Fluss como "Ichth" e a seu irmão Emil como "Ichthsaurus". (Freud Collection, D2, LC.) Para um uso posterior, ver Freud a Fluss, 18 e 28 de setembro de 1872. (*Selbstdarstellung*, pp. 109-10). Na primeira dessas cartas Freud usou a abreviatura "Ich."; na verdade, como revela a carta anterior a Silberstein, este apelido havia sido familiar a ambos durante algum tempo.

p. 39 *encontros comoventes*: "Über Deckerinnerungen", *GW* I p. 543/ "Screen memories", *SE* III, p. 313.

p. 40 *importante para ele*: Freud a Silberstein, 4 de setembro de 1872. Freud Collection, D2, LC.

p. 40 *"amizade pela filha"*: Ib. Também em Ronald W. Clark, *Freud: the man and the cause* (1980) p. 25.

p. 40 *revivê-lo em sonhos*: *Traumdeutung*, *GW* II- III/*Interpretation of dreams*, *SE* IV, p. 216.

p. 41 *"estudar medicina"*: "Selbstdarstellung", *GW* XIV, p. 34/ "Autobiographical study", *SE* XX, p. 8.

p. 41 *disse mais de uma vez*: Ver, além de sua autobiografia, um comentário a seu conhecido Friedrich Eckstein, para quem ele descreveu esta experiência como "uma reviravolta decisiva" em seu "desenvolvimento intelectual". (Citado em Friedrich Eckstein, *"Alte unnennbare Tage!" Erinnerungen aus siebzig Lehr — und Wanderjahren* [1936], p. 21.)

p. 41 *não era sequer de Goethe*: Estudiosos de Goethe concordam agora que o fragmento foi realmente escrito por um conhecido seu, o escritor suíço Christoph Tobler. Ver a nota editorial de Andreas Speiser em *Johann Wolfgang Goethe, Gedenkausgabe der Werke, Briefe und Gespräche*, ed. Ernst Beutler, 24 vols. (1949), XVI, p. 978.

p. 41 *"que depois teria de retirar"*: Freud a Fluss, 17 de março de 1873. *Selbstdarstellung*, p. 114.

p. 41 *"queiram aprender"*: Freud a Fluss, 1º de maio de 1873. Ib., p. 116.

p. 41 *"Sigismund Freud/est. dir."*: Freud a Silberstein, 2 de agosto de 1873. Freud Collection, D2, LC.

p. 41 *mais grave e menos inequívoca*: Ver Fritz Wittels, *Sigmund Freud: his personality, his teaching, and his school* (1924; trad. Eden e Cedar Paul, 1924), p. 19. Freud usou pela primeira vez o termo "lembrança encobridora" — *Deckerinnerung* — no ensaio de 1899, "Über Deckerinnerungen".

p. 42 *"ânsia de conhecimento"*: "Selbstdarstellung", *GW* XIV, p. 34/ "Autobiographical study", *SE* XX, p. 8.

p. 42 *tinha se "suprimido"*: Freud a Martha Bernays, 2 de fevereiro de 1886. *Briefe*, pp. 208-9.

p. 42 *"refreei-a implacavelmente"*: *Jones* I, p. 29.

p. 42 *"na investigação científica"*: Freud a Marie Bonaparte, 12 de novembro de 1938. *Briefe*, p. 471.

p. 42 *"filosofia e zoologia"*: Freud a Silberstein, 7 de março de 1875. Freud Collection, D2, LC.

p. 43 *"para os objetos naturais"*: "Selbstdarstellung", *GW* XIV, p. 34/ "Autobiographical study", *SE* XX, p. 8.

p. 43 *"teceram em torno de todos nós"*: Freud a Fluss, 28 de setembro de 1872. *Selbstdarstellung*, p. 111.

p. 43 *"pensamentos totalmente para si"*: Freud a Silberstein, 17 de agosto de 1872. Freud Collection, D2, LC.

p. 43 *"para nosso autoconhecimento"*: Freud a Fluss, 16 de junho de 1873. *Selbstdarstellung*, pp. 120-1.

p. 43 *"removê-los do mundo"*: Freud a Silberstein, 9 de setembro de 1875. Freud Collection, D2, LC.

p. 44 *"uma tarefa e uma importância"*: Freud a Martha Bernays, 28 de agosto de 1883. *Briefe*, p. 54.

p. 44 *trajeto longo e tortuoso*: Ver "Postscript" (1927) de *The question of lay analysis: conversations with an impartial person* (1926), *SE* XX, p. 253.

p. 44 *"despertara para o pensamento"*: "Nachschrift" (1935) de "Selbstdarstellung", *GW*

XVI, p. 32/ "Postscript" de "Autobiographical study", *SE* XX, p. 72.

p. 44 "*compacta maioria*": "Selbstdarstellung", *GW* XIV, pp. 34-5/ "Autobiographycal study", *SE* XX, p. 9.

p. 45 "*opiniões minoritárias aumentara*": Freud a Silberstein, 27 de março de 1875. Freud Collection, D2, LC.

p. 45 *triunfou sobre a "ralé"*: Freud a Martha Bernays, 6 de dezembro de 1883. *Briefe*, pp. 84-5.

p. 45 *sua bengala*: Ver Martin Freud, *Freud*, pp. 70-1.

p. 45 "*algo assim*": Freud a Silberstein, 11 de julho de 1873. Freud Collection, D2, LC.

p. 45 "*filosofia por desespero*": Freud a Silberstein, 6 de agosto de 1873. Ib.

p. 45 "*mais venero e admiro*": Freud a Silberstein, 7 de março de 1875. Ib.

p. 45 "*juízos tolos e pérfidos*": Ludwig Feuerbach, "Vorwort" para a segunda edição de *Das Wesen des Christenthums* (1843), p. iii. (Isso está omitido na famosa tradução que George Eliot fez desse livro, primeiramente publicado como *The essence of christianity* em 1854.)

p. 46 "absolutamente perniciosa": Ib., p. 408

p. 46 "*imaterial enfatuada*": Ib., pp. ix-xii.

p. 46 "*metodológico-enciclopédico*": Feuerbach a Christian Kapp, novembro de 1840. Citado em Marx W. Wartofsky, *Feuerbach* (1977), p. 202.

p. 46 geistiger Naturforscher: Feuerbach, *Wesen des Christenthums*, p. x.

p. 46 *esse "gênio"*: Freud a Silberstein, 7 de março de 1875. Freud Collection, D2, LC.

p. 46 "*não um teísta*": Freud a Silberstein, 13-15 de março de 1875. Ib.

p. 46 "*ateu e um empirista*": Freud a Silberstein, 8 de novembro de 1874. Ib.

p. 47 "*devotado ao prazer*": Henry Hun, *A guide to American students in Europe* (1883). Citado em Sherwin B. Nuland, *The masterful spirit — Theodor Billroth*, The Classics of Surgery Library (1984), p. 9.

p. 47 "*adotar como modelos*": "Selbstdarstellung", *GW* XIV, p. 35/ "Autobiographical study", *SE* XX, p. 9.

p. 48 "*o mal inglês*": Freud a Silberstein, 6 de agosto de 1873. Freud Collection, D2, LC.

p. 48 "*embriaguez e conservadorismo*": Freud a Silberstein, 9 de setembro de 1875. Ib.

p. 48 "*decisiva*" *em sua vida*: Freud a Martha Bernays, 16 de agosto de 1882. *Jones* I, pp. 178-9.

p. 48 "*quanto à filosofia*": Freud a Silberstein, 9 de setembro de 1875. Freud Collection, D2, LC.

p. 48 *biologia marinha em Trieste*: Ver *Jones* I, pp. 37-8.

p. 48 *todos malograram*: "Beobachtungen über Gestaltung und feineren Bau der als Hoden beschriebenen Lappenorgane des Aals" (1877), em Siegfried Bernfeld, "Freud's scientific beginnings", *American Imago*, VI (1949), p. 165.

p. 49 "*do sexo mais frágil*": Freud a Silberstein, 15 de abril de 1876. Freud Collection, D2, LC.

p. 49 "*nada a fazer com elas*": Freud a Silberstein, s.d, [abril de 1876?], ib.

p. 49 *veio a conhecer bem*: *Selbstdarstellung*, p. 41/ "Autobiographical study", *SE* XX, pp. 9-10.

p. 50 "*agiu sobre mim*": "Nachwort" de *Die Frage der Laienanalyse*, *GW* XIV, p. 290/ "Postscript" de *The question of lay analysis*, *SE* XX, p. 253.

p. 51 "*ex-jovem pecador*": *Traumdeutung*, *GW* II-III, pp. 424-5/*Interpretation of dreams*, *SE* V, pp. 421-2.

p. 51 "*atração e repulsão*": Bernfeld, "Freud's scientific beginnings", pp. 169-74.

p. 51 "*preconceitos teológicos*": Emil Du Bois-Reymond, "Über die Grenzen des Naturerkennens" (1872), em *Reden von Emil Du Bois-Reymond*, ed. Estelle Du Bois-Reymond, 2 vols. (1885; 2ª ed. aumentada, 1912), I, p. 461.

p. 52 "*alegre como um criança*": Freud a Silberstein, 24 de janeiro de 1875. Freud Collection, D2, LC.

p. 52 *muito para Freud*: Ver a introdução de Ernst Kris às cartas de Freud para Fliess: "Einleitung zur Erstausgabe" (1950), em *Freud-Fliess*, p. 526.

p. 52 "*visão científica do mundo*": "Über eine Weltanschauung" (escrito em 1932), em *Neue Folge der Vorlesungen zur Einfuhrung in die Psychoanalyse* (1933), *GW* XV, p. 197/ "The question of a *Weltanschauung*", em *New introductory lectures on psycho-analysis*, *SE* XXII, p. 181.

p. 53 "*o grande Darwin*": *Zur Psychopathologie des Altagsleben* (1901), *GW* IV, p. 164/*The psychopathology of everyday life*, *SE* VI, p. 148.

p. 53 "*torturar humanos*": Freud a Wilhelm Knoepfmacher, 6 de agosto de 1878. Cópia datilografada, Freud Collection, B3, LC.

p. 53 *"lógica — e não distante"*: *Jones* I, p. 50.

p. 53 *"humanitário" com seus pacientes*: "Qualifications Eingabe" (1886). Freud Museum, Londres.

p. 54 *foi sua pobreza*: Ver "Autobiographical study", *SE* XX, p. 10.

p. 54 *disfarce de um empréstimo*: Ver sobre esta questão *Jones* I, pp. 60-1, citando uma carta inédita de Freud a Martha Bernays de 9 de setembro de 1884.

p. 55 *encontro e o casamento*: Ib., p. 99.

p. 55 *bloqueio em escrever*: Ver Freud a Fliess, 7 de março de 1896. *Freud-Fliess*, p. 187 (177).

p. 55 *serviço militar*: "The enfranchisement of women", primeiramente publicado na *Westminster Review* de julho de 1851, era chamado, pelo próprio John Stuart Mill, de um trabalho conjunto, escrito em colaboração com Harriet Taylor, com quem ele havia se casado naquele ano. Eu aceito a opinião de Alice S. Rossi de que o ensaio é, principalmente, um trabalho de Harriet Taylor. Ver a edição de Rossi de John Stuart Mill e Harriet Taylor, *Essays on sex equality* (1970), pp. 41-2.

p. 56 *"a algo mais"*: Freud a Martha Bernays, 15 de novembro de 1883. *Briefe*, pp. 81-2.

p. 56 *"nada para beijar"*: Freud a Martha Bernays, 22 de janeiro de 1884. Com a permissão de Sigmund Freud Copyrights, Wivenhoe.

p. 56 *"totalmente sem fôlego"*: Freud a Martha Bernays, 5 de dezembro de 1885. Com a permissão de Sigmund Freud Copyrights, Wivenhoe.

p. 56 *"tesouro amado"*: Ver, como exemplo, Martha Bernays a Freud, Véspera de Ano-Novo (31 de dezembro-1º de janeiro), 1885-86. Com a permissão de Sigmund Freud Copyrights, Wivenhoe.

p. 56 *ternos beijos*: Martha Bernays a Freud, 4 de junho de 1885. Com a permissão de Sigmund Freud Copyrights, Wivenhoe.

p. 57 *"esteja sempre bem"*: Ver Freud a Martha Bernays, 22 de janeiro de 1884. Com a permissão de Sigmund Freud Copyrights, Wivenhoe.

p. 57 *profunda repressão*: "Über einige neurotische bei Eifersucht, Paranoia und Homosexualität" (1922), *GW* XIII, p. 195/ "Some neurotic mechanisms in jealousy, paranoia and homosexuality", *SE* XVIII, pp. 223-4.

p. 57 *depois de noivarem*: Freud a Martha Bernays, 19 de junho de 1882. *Briefe*, p. 20.

p. 57 *"tendência à tirania"*: Freud a Martha Bernays, 22 de agosto de 1883. Ib., p. 50.

p. 58 *"e sem receios"*: Freud a Martha Bernays, 18 de agosto de 1882. Ib., p. 37.

p. 58 *assistente clínico*: Ver *Jones* I, p. 63.

p. 58 *"devem ser suprimidos"*: *Traumdeutung*, *GW* II-III, p. *488/Interpretation of dreams*, *SE* V, p. 484.

p. 59 *"bochechas, pescoço totalmente loiros"*: Freud a Martha Bernays, 5 de outubro de 1882. *Briefe*, p. 41.

p. 59 *"me sinto muito superior"*: Freud a Martha Bernays, 2 de fevereiro de 1886. Ib., p. 208.

p. 59 *rival como um protetor*: *Traumdeutung*, *GW* II-III, p. 439/*Interpretations of dreams*, *SE* V, p. 437.

p. 59 *estudante de medicina*: Ver *Interpretation of dreams*, *SE* V, p. 437.

p. 59 *"manias e ilusões"*: Freud a Martha Bernays, 20 de agosto de 1883. *Briefe*, p. 58.

p. 59 *"nem te entende"*: Freud a Martha Bernays, 12 de maio de 1885. Ib., p. 148.

p. 59 *"naqueles primeiros anos"*: "Selbstdarstellung", *GW* XIV, pp. 38-9/ "Autobiographical study", *SE* XX, pp. 14-5.

p. 59 *suspensão de morfina*: Freud a Martha Bernays, 21 de abril de 1884. *Briefe*, p. 114.

p. 60 *comoventes lapsos sintomáticos*: "Selbstdarstellung", *GW* XIV, p. 38/ "Autobiographical study", *SE* XX, p. 14; e uma carta para um certo professor Meller, 8 de novembro de 1934. Freud Museum, Londres. Ver também *Jones* I, p. 79.

p. 60 *"congresso oftalmológico em Heidelberg"*: "Selbstdarstellung", *GW* XIV, pp. 38-9/ "Autobiographical study", *SE* XX, p. 15.

p. 60 *propriedades anestésicas da droga*: Freud ao professor Meller, 8 de novembro de 1934. Freud Museum, Londres.

p. 60 *"negligência na época"*: "Selbstdarstellung", *GW* XIV, pp. 38-9/ "Autobiographical study", *SE* XX, p. 15.

p. 61 *"ou cinco grandes"*: Freud a Martha Bernays, 2 de junho de 1885. Com a permissão de Sigmund Freud Copyrights, Wivenhoe.

p. 61 *tomar um pouco da droga*: Martha Bernays a Freud, 4 de junho de 1885. Com a permissão de Sigmund Freud Copyrights, Wivenhoe.

p. 61 *no início de 1885*: Ver Freud a Martha Bernays, 7 de janeiro de 1885. *Briefe*, p. 138.

p. 61 *"posição e reputação"*: Freud a Martha Bernays, 7 de janeiro de 1885. Ib., p. 137.

p. 62 *"Falso!"*: Ver o exemplar de Freud da biografia de Wittels, *Sigmund Freud*. Freud Museum, Londres.

p. 62 *"princesinha"*: Freud a Martha Bernays, 22 e 23 de agosto, 8 de setembro de 1883. *Briefe*, pp. 50, 52 e 62.

p. 62 *"preguiçoso demais"*: Freud a Fliess, 1º de fevereiro de 1900. *Freud-Fliess*. p. 438 (398).

p. 62 *"um excesso de interesse"*: Freud na Sociedade Psicológica das Quartas-Feiras, 1º de abril de 1908. *Protokolle*, I, p. 338.

p. 63 *"como disse nosso Schiller"*: Freud a Martha Bernays, 12 de fevereiro de 1884. Com a permissão de Sigmund Freud Copyrights, Wivenhoe.

p. 63 *sobrevivência da espécie*: Ver, para dois exemplos, "Screen memories," *SE* III, p. 316; e "The psycho-analytic view of psychogenic disturbance of vision" (1910), *SE* XI, pp. 214-5.

p. 63 *"nome de Charcot"*: "Selbstdarstellung" *GW* XIV, p. 36/ "Autobiographical study", *SE* XX, p. 11.

p. 63 *"não propriamente enérgico"*: Freud a Martha Bernays, 3 de junho de 1885. Com a permissão de Sigmund Freud Copyrights, Wivenhoe.

p. 64 *"grande agitação"*: Fleischl-Marxow a Freud, s.d. [Anna Freud atribui, corretamente, a carta a junho de 1885]. Freud Collection, LC, não catalogada.

p. 64 *"do que estético"*: Freud a Martha Bernays, 19 de outubro de 1885. *Briefe*, pp. 176-8.

p. 64 *"lições de francês"*: Freud a Martha Bernays, 19 de outubro de 1885. Ib., p. 176. Ver também Freud a Martha Bernays, 8 de novembro de 1885. Ib., pp. 182-5.

p. 64 *um franco e cinquenta*: Freud a Martha Bernays, 19 de outubro de 1885. Ib., p. 176.

p. 64 *"só se precisa saber onde"*: Freud a Minna Bernays, 18 de outubro de 1885. Com a permissão de Sigmund Freud Copyrights, Wivenhoe.

p. 64 *"convulsões em massa"*: Ib. Com a permissão de Sigmund Freud Copyrights, Wivenhoe.

p. 65 *"colega vienense"*: Freud a Martha Bernays, 24-26 de novembro de 1885. Com a permissão de Sigmund Freud Copyrights, Wivenhoe.

p. 65 *interpretado como "desonesto"*: Freud a Martha Bernays, 22 de janeiro de 1884. Com a permissão de Sigmund Freud Copyrights, Wivenhoe.

p. 65 *"sua falta em Viena"*: Freud a Martha Bernays, 5 de dezembro de 1885. Com a permissão de Sigmund Freud Copyrights, Wivenhoe.

p. 65 *"sobre mim dessa forma"*: Freud a Martha Bernays, 24 de novembro de 1885. *Briefe*, p. 189.

p. 65 *"professor e aluno*: "Charcot" (1983), *GW* I, 28-29/ "Charcot", *SE* III, pp. 17-8.

p. 65 *nomear os animais*: Ver ib., p. 23/13.

p. 66 *"tumor cerebral"*: "Selbstdarstellung", *GW* XIV, pp. 36-7/ "Autobiographical study", *SE* XX, p. 12.

p. 66 *ou puramente erótico*: Pierre Janet, *L'État mental des hystériques* (1892; 2ª ed., 1911) pp. 132-5.

p. 66 *oculto na hipnose*: "Selbstdarstellung", *GW* XIV, 52/ "Autobiographical study", *SE* XX, p. 27.

p. 67 *lhe emprestasse dinheiro*: Freud a Martha Bernays, 5 de dezembro de 1885. Com a permissão de Sigmund Freud Copyrights, Wivenhoe.

p. 67 *"como foi maçante"*: Freud a Martha Bernays, 2-3 de fevereiro de 1886. *Briefe*, pp. 209-10.

p. 67 *que os fatos existam*: "Charcot", *GW* I, pp. 23-4/ "Charcot", *SE* III, pp. 12-3.

p. 67 *"produzida — uma neurose"*: J. M. Charcot e Gilles de la Tourette, "Hypnotism in the hysterical", em *A dictionary of psychopatological medicine*, ed. D. Hack Tuke, 2 vols. (1982) I, p. 606.

p. 68 *rejeição de uma ideia*: "Vorrede des Uebersetzers", em Hippolyte Bernhein, *Die Suggestion und ihre Heilwirkung* (1888), pp. iii--iv/ "Preface to the translation of Bernhein's *Suggestion*", *SE* I, pp. 75-6.

p. 69 *"tempo das neuroses"*: "Bericht über meine mit Universitäts-Jubiläums-Reisestipendum unternommene Studiereise nach Paris und Berlin" (escrito em 1886, publicado pela primeira vez em 1960), *Selbstdarstellung*, pp. 130 e 134/ "Report on my studies in Paris and Berlin", *SE* I, pp. 5-6, 10.

p. 69 *"todas as minhas congratulações"*: Cartão de visitas escrito, sem data. Freud Collection, B3, LC.

p. 69 *"entre 1 e 2:30"*: "Kleine Chronik",

linha de datação 24 de abril de 1886, em *Neue Freie Presse*, 25 de abril de 1886. Recorte no Freud Museum, Londres.

p. 70 *"a batalha por Viena"*: Freud a Martha Bernays, 13 de maio de 1886. *Briefe*, p. 225.

p. 70 *sofrer de histeria?*: Ver "Autobiographical study", *SE* XX, p. 15.

p. 70 *"após seu casamento"*: Citado em Clark, *Freud*, p. 89.

p. 71 *"realmente à vontade"*: Freud a Emmeline e Minna Bernays, 16 de outubro de 1887. *Briefe*, p. 231.

p. 71 *"está muito bonita"*: Freud a Emmeline e Minna Bernays, 21 de outubro de 1887. Ib., p. 232.

p. 71 *Mathilde Breuer — "naturalmente"*: Freud a Emmeline e Martha Bernays, 16 de outubro de 1887. Ib., p. 231.

2. A TEORIA EM FORMAÇÃO [pp. 72-117]

p. 72 *na mesma pessoa*: *Traumdeutung*. *GW* II-III, 487/*Interpretation of dreams*, *SE* V, p. 483.

p. 72 *"profunda impressão sobre mim"*: Freud a Fliess, 24 de novembro de 1887. *Freud-Fliess*, p. 3 (15).

p. 72 *"o alter"*: Freud a Fliess, 21 de maio de 1894. Ib., p. 66 (73).

p. 72 *"minhas faculdades críticas"*: Freud a Fliess, 29 de setembro de 1893. Ib., p. 49 (56).

p. 73 *"entre os médicos de Berlim"*: Abraham a Freud, 26 de fevereiro de 1911. *Freud-Abraham*, pp. 106-7 (102).

p. 73 *"um monomaníaco"*: Freud a Fliess, 21 de maio de 1894. *Freud-Fliess*, p. 67 (74).

p. 73 *"toda sandice popular"*: Freud a Fliess, 30 de junho de 1896. Ib., p. 203 (193).

p. 74 *"néctar e ambrosia"*: Freud a Fliess, 14 de julho de 1894. Ib., p. 81 (87).

p. 74 *"estamos pouco habilitados a aceitá-la"*: Havelock Elis, *Studies in the psychology of sex*, 2 vols. (ed. 1900), II, p. 83.

p. 75 *realmente de 62 anos*: Ver Freud a Carl Jung, 16 de abril de 1909. *Freud-Jung*, p. 242 (219).

p. 75 *desejo reprimido de imortalidade*: Ver *Psychopatology of everyday life*, *SE* VI, p. 260 e 260n.

p. 75 *"misticismo especificamente judaico"*: Freud a Jung, 16 de abril de 1909. *Freud-Jung*, p. 243 (220).

p. 75 *"delírios de morte"*: Freud a Fliess, 19 de abril de 1894. *Freud-Fliess*, p. 63 (68).

p. 75 *"em abstinência"*: Freud a Fliess, 20 de agosto de 1893. Ib., p. 47 (54).

p. 76 *admirado Oliver Cromwell*: Ver Peter Gay, "Six names in search of interpretation: a contribution to the debate over Sigmund Freud's Jewishness", *Hebrew Union College Annual*, LIII (1982), pp. 295-307.

p. 76 *regularidade obsessiva*: Ver Martin Freud, *Freud*, pp. 32-4, 44-5.

p. 76 *examinar seu marido*: Entrevista com Helen Schur, 3 de junho de 1986.

p. 76 *"boa educação"*: Martha Freud a Elsa Reiss, 8 de março de 1947. Freud Collection, B1, LC.

p. 77 *imponente matrona*: Ver Freud a Fliess, 10 de junho de 1893, e 29 de agosto de 1894. *Freud-Fliess*, pp. 43, 90 (50, 95).

p. 77 *"generosa e sensata"*: Freud a Martha Bernays, 2 de agosto de 1882. *Jones* I, p. 102.

p. 77 *fevereiro de 1896*: Freud a Fliess, 13 de fevereiro de 1896. *Freud-Fliess*, p. 180 (172).

p. 77 "misère *da vida cotidiana"*: Martha Freud a Ludwig Binswanger, 7 de novembro de 1939. Com a permissão de Sigmund Freud Copyrights, Wivenhoe.

p. 77 *por todas essas décadas*: Martha Freud a Paul Federn, s.d. [começo de novembro? 1939]. Com a permissão de Sigmund Freud Copyrights, Wivenhoe.

p. 77 *"uma forma de pornografia"*: René Laforgue, "Personal memories of Freud" (1956), em *Freud as we knew him*, ed. Hendrik M. Ruitenbeck (1973), p. 342.

p. 77 *estavam passando bem*: Freud a Fliess, 3 de dezembro de 1895. *Freud-Fliess*, p. 159 (153).

p. 78 *"solidão e privação"*: Freud a Fliess, 8 de dezembro de 1895. Ib., p. 160 (154).

p. 78 Verehrter Freund!: Freud a Fliess, 29 de agosto de 1888. Ib., p. 9 (23)

p. 78 Liebster Freund!: Freud a Fliess, 21 de julho de 1890, e 11 de agosto de 1890. Ib., pp. 12, 14 (26, 27).

p. 78 Geliebter Freud!: Freud a Fliess, 20 de agosto de 1893. Ib., p. 46 (53).

p. 78 Sie *mais formal*: Ver Freud a Fliess, 28 de junho de 1892. Ib., pp. 17, 23 (31, 35).

p. 78 *"família em rápido crescimento"*: "Selbstdarstellung", *GW* XIV, p. 41/ "Autobiographical study", *SE* XX, p. 18.

p. 79 "*aparato da linguagem*": *Zur Auffassung der Aphasien. Eine kritische Studie* (1891), pp. 18, 106, 107.

p. 79 êxitos terapêuticos: Ver "A case of successful treatment by hypnotism" (1892-3), *SE* I, pp. 117-28.

p. 79 "*fazer algo por eles*": "Selbstdarstellung", *GW* XIV, p. 39/ "Autobiographical study", *SE* XX, p. 16.

p. 79 "*aparato elétrico*": Ib., p. 40/16.

p. 79 "*à profilaxia*": Freud a Fliess, Rascunho B, incluído na carta de 8 de fevereiro de 1893. *Freud-Fliess*, pp. 27-32 (39-43).

p. 79 "*nem agradável*": Ib., p. 32 (44).

p. 80 "*etiologia das neuroses*": "Selbstdarstellung", *GW* XIV, p. 47/ "Autobiographical study", *SE* XX, p. 22.

p. 80 "*novamente*": Freud a Martha Bernays, 13 de julho de 1883 ("2h"). *Briefe*, pp. 47-8.

p. 80 *pela primeira vez*: Ver *Jones* I, p. 226.

p. 80 "*estiver casado com Martha*": Freud a Martha Bernays, 13 de julho de 1883. *Briefe*, p. 48.

p. 80 "*o grande homem*": "Selbstdarstellung", *GW* XIV, p. 44/ "Autobiographical study", *SE* XX, pp. 19-20.

p. 81 "*conjunto da psicanálise*": Breuer a Auguste Forel, 21 de novembro de 1907. A carta está citada integralmente em Paul F. Cranefield, "Josef Breuer's evaluation of his contribution to psycho-analysis", *Int. J. Psycho-Anal.*, XXXIX (1958), p. 320.

p. 81 "*cultura e dotes excepcionais*": "Selbstdarstellung", *GW* XIV, p. 44/ "Autobiographical study", *SE* XX, p. 20.

p. 81 *desde que saíra da escola*: Josef Breuer, "Krankengeschichte Bertha Pappenheim" (1882), um relatório que Breuer entregou a Robert Binswanger, chefe do sanatório em Kreuzlingen, a quem ele a encaminhou após tê-la "curado". Reimpresso em Albrecht Hirschmüller, *Physiologie und Psychoanalyse im Leben und Werk Josef Breuer*, suplemento 4 de *Jahrbuch der Psychoanalyse*, X (1978), pp. 348-62. Passagens citadas na p. 348.

p. 81 "*-fantástico altamente desenvolvido*": Breuer, "Krankengeschichte Bertha Pappenheim", em Hirschmüller, *Physiologie und psychoanalyse in Breuer*, p. 349.

p. 81 "*não desenvolvida em termos sexuais*": "Selbstdarstellung", *GW* XIV, p. 47/ "Autobiographical study", *SE* XX, p. 22.

p. 82 "*limpeza de chaminé*": Anna O. usou ambas as expressões em inglês — "talking cure" e "chimney sweeping", respectivamente. Breuer em Breuer e Freud, *Studien über Hysterie* (1895; 2ª ed., não modificada, 1909), p. 23/*Studies on hysteria*, *SE* II, p. 30. (Enquanto os editores da *Standard Edition* optaram por traduzir o livro inteiro, incluindo as contribuições de Breuer, os editores da *Gesammelte Werke* de Freud em alemão omitiram os capítulos de Breuer. Estou, portanto, citando o livro original em alemão e, ao mesmo tempo, remetendo o leitor ao lugar equivalente na *Standard Edition* para o texto em inglês.)

p. 82 "*plena saúde*": Ib., pp. 27, 32/35, 40-41.

p. 83 "*apodera-se de mim*": "Bertha Pappenhein über ihre Krankheit" (setembro de 1882). Citado integralmente em Hirschmüller, *Physiologie und psychoanalyse in Breuer*, pp. 369-70, citação na p. 370.

p. 83 "*bastante interessantes*": Breuer e Freud, *Studien über Hysterie*, p. 52/*Studies on hysteria*, *SE* II, p. 41.

p. 83 "*para meu gosto*": Breuer a Forel, 21 de novembro de 1907. Citado em Cranefield, "Breuer's evaluation", p. 320.

p. 83 "*a um colega*": Freud a Stefan Zweig, 2 de junho de 1932. *Briefe*, pp. 427-8. Freud disse que tinha confiança no que chamava de sua "reconstrução", porque a filha mais nova de Breuer havia lido a descrição e perguntado a seu pai, que a confirmara. Mas há algo errado aqui: Freud pensou que essa mesma filha tinha nascido "um pouco depois da conclusão daquele tratamento, o que também não deixa de ter significação para conexões mais profundas!" (*Briefe*, p. 428.) Na sua biografia, Ernest Jones aperfeiçoou a história: Frau Breuer tinha ficado tão enciumada com as atenções de seu marido para com essa jovem e fascinante paciente que, em pânico, Breuer terminou o tratamento e levou sua mulher para uma segunda lua de mel na Itália, quando foi concebida a filha mais nova deles (*Jones* I, pp. 224-6).

Freud parece ter acreditado em algo desse tipo. Mas o erudito trabalho de Henri Ellenberger e Albrecht Hirschmüller mostrou que a cronologia do nascimento dos filhos de Breuer simplesmente não corresponde a tal versão. Dora Breuer nasceu em 11 de março de 1882, três meses antes de seu pai ter terminado o tratamento de Anna O., e, de qualquer maneira, ele passou aquele verão não na Itália, mas em Gmunden am Tramsee. (Ver Henri Ellenberger, "The story of 'Anna O.': a critical review with new data", *Jornal of the History of the Behavioral Sciences*, VIII [1972], pp. 267-79; e Hirschmüller, *Physiologie und Psychoanalyse in Breuer*, pp. 47-8.)

p. 84 *"demônio 'Mas'"* : Citado em Hirschmüller, *Physiologie und Psychoanalyse in Breuer*, p. 256.

p. 84 *"muito bem escrito"*: Freud a Minna Bernays, 13 de julho de 1891. *Briefe*, p. 239.

p. 84 *seu "companheiro"*: Freud a Fliess, 18 de dezembro de 1892. *Freud-Fliess*, p. 24 (36).

p. 84 *"avanço em Viena"*: Freud a Fliess, 29 de setembro de 1893. Ib., p. 49 (56).

p. 84 *"com Breuer cessaram"*: Freud a Fliess, 22 de junho de 1894. Ib., p. 80 (86).

p. 84 *não precisava mais vê-lo*: Ver Freud a Fliess, 16 de abril de 1896, e 4 de junho de 1896. Ib., pp. 191, 202 (181, 191).

p. 84 *"insinceridade neurótica"*: Freud a Fliess, 22 de janeiro de 1898. Ib., p. 322 (296).

p. 85 *a coisa real*: Breuer e Freud, *Studen über Hysterie*, p. 22/*Studies on hysteria*, *SE* II, pp. 250-1.

p. 85 *três anos de idade*: Ver George H. Pollock, em *Freud, fusion of science and humanism*, ed. Gedo e Pollock, pp. 133-63, esp. pp. 141-4.

p. 85 *"Eu não"*: Freud a Fliess, 8 de novembro de 1895. *Freud-Fliess*, pp. 154-5 (151). Hirschmüller supõe que Breuer, mais cuidadoso que Freud, deve ter dito: "Não acredito em tudo isso". (*Physiologie und Psychoanalyse in Breuer*, p. 234.)

p. 85 *"um adorador do sucesso"*: Freud a Fliess, 16 de maio de 1900. *Freud-Fliess*, pp. 453-4 (414).

p. 85 *"senti sua força"*: Freud a Fliess, 7 de agosto de 1901. Ib., p. 491 (447).

p. 85 *"por tal provação"*: Breuer a Forel, 21 de novembro de 1907. Citado em Cranefield, "Breuer's evaluation", pp. 319-20.

p. 86 *"Absurdo!"*: Ver p. 33 do exemplar de Freud de Wittels, *Sigmund Freud*. Freud Museum, Londres.

p. 86 *"instrutora"* — Lehrmeisterin: Freud a Fliess, 8 de fevereiro de 1897. *Freud-Fliess*, p. 243 (229).

p. 86 *"principal cliente"*: Freud a Fliess, 1º de agosto de 1890. Ib., p. 12 (27).

p. 86 *"prima dona"*: Freud a Fliess, 12 de julho de 1892. Ib., p. 18 (32).

p. 86 *hipnotizador Bernheim*: Ver Peter J. Swales, "Freud, his teacher, and the birth of psychoanalysis", em *Freud, appraisals and reappraisals*: *contributions to Freud studies*, ed. Paul E. Stepansky I (1986), pp. 3-82.

p. 86 *"sorriso de piedade"*: *Studien über Hysterie, GE* I, p. 162n/ *Studies on hysteria, SE* II, p. 105n (nota acrescentada em 1924).

p. 87 *"ela tinha a dizer"*: Ib., p. 116/63.

p. 87 *"terapia psicanalítica, mais sensata"*: A carta original em alemão está citada na íntegra em Ola Andersson, "A supplement to Freud's case history of 'Frau Emmy v. N.' in Studies on hysteria", *Scandinavian Psychoanalytic Review*, II (1979), pp. 5-15.

p. 87 *"principalmente de reminiscências"*: *Studien über Hysterie, GW* I, p. 86/*Studies on hysteria, SE* II, p. 7.

p. 88 *"pendeu para trás"*: Ib., p. 198/137.

p. 88 *"cidade soterrada"*: Ib., p. 201/139.

p. 88 *"dança ligeira"*: Ib., pp. 212, 224, 226/ 148, 158, 160.

p. 88 *de sua mãe era feliz*: "Memorandum for the Sigmund Freud archives", sem assinatura, mas descrito como sendo da caçula entre as três filhas de Ilona Weiss; datado 11 de janeiro de 1953. Freud Museum, Londres.

p. 89 *"seu senso crítico"*: *Studien über Hysterie, GW* I, p. 168/*Studies on hysteria, SE* II, p. 111.

p. 89 *atenção "flutuante"*: Ver, por exemplo, "Analysis of a phobia in a five-year-old boy" ["Little Hans"] (1909), *SE* X, p. 23; e "Recommendations to physicians practising psycho-analysis" (1912), *SE* XII, p. 111.

p. 89 *"caso para mim"*: Freud a Fliess, 20 de agosto de 1893. *Freud-Fliess*, p. 48 (54).

p. 90 *"não tornei a vê-la"*: *Studien über Hysterie, GW* I, p. 193/*Studies on hysteria, SE* II, p. 133.

p. 90 *"num caso clínico"*: Ib., p. 195n/134n.

p. 90 *"É a psicologia."*: Freud a Fliess, 25 de maio de 1895. *Freud-Fliess*, p. 130 (129).

p. 91 *"com vinte pessoas"*: Freud a Fliess, 16 de outubro de 1895. Ib., p. 149 (145).

p. 91 *no casamento*: Freud a Fliess, 17 de maio de 1896. Ib., p. 196 (187).

p. 91 *sua "galinha"*: Freud a Fliess, 21 de maio de 1894. Ib., p. 66 (73).

p. 91 *"segunda geração"*: Freud a Fliess, 22 de novembro de 1896. Ib., p. 215 (204).

p. 91 *"muito divertidos"*: Freud a Fliess, 16 de agosto de 1895. Ib., p. 139 (136).

p. 91 *"de maneira encantadora"*: Freud a Fliess, 23 de fevereiro de 1898. Ib., p. 328 (300).

p. 91 *"estágio de beauté"*: Freud a Fliess, 12 de agosto de 1896. Ib., p. 207 (196).

p. 91 "poe*tite inofensiva*": Freud a Fliess, 16 de maio de 1897. Ib., p. 259 (244).

p. 92 *"tantos sustos"*: Freud a Fliess, 12 de abril de 1897. Ib., p. 250 (236).

p. 92 *"pastando como se deve"*: Freud a Fliess, 27 de março de 1899. Ib., p. 382 (349).

p. 92 *"demonstrá-las"*: Freud a Fliess, 8 de dezembro de 1895. Ib., pp. 160-1 (154-5).

p. 92 *"Seu Irmão Sigmund"*: Freud a Minna Bernays, 28 de agosto de 1884. Com a permissão de Sigmund Freud Copyrights, Wivenhoe.

p. 92 *"Meu Tesouro"*: Freud a Minna Bernays, 12 de outubro de 1884. Com a permissão de Sigmund Freud Copyrights, Wivenhoe.

p. 92 *imaginação de Freud*: Entrevista com Helen Schur, 3 de junho de 1986. Fotografias em Ernst Freud et al., eds., *Freud: his life in pictures and words*, pp. 99, 151, 193. E ver as cartas citadas nos locais correspondentes.

p. 92 *"confidente mais íntima"*: Freud a Fliess, 21 de maio de 1894. *Freud-Fliess*, p. 66 (73).

p. 93 *"infame"*: Freud a Fliess, 6 de fevereiro de 1896. *Freud-Fliess*, p. 179 (170).

p. 93 *ganhando terreno*: Adolf von Strümpell, "Studien über Hysterie". *Deutsche Zeitschrift für Nervenheilkunde*, VIII (1896), pp. 159-61.

p. 93 *era não fumar*: Ver Freud a Minna Bernays, 17 de abril de 1893. Citado *em Freud-Fliess*, p. 34n.

p. 93 *"destino tão glorioso?"*: Freud a Fliess, 27 de novembro de 1893. Ib., p. 54 (61).

p. 93 *"atrapalhado e infeliz?"*: Freud a Fliess, 8 de outubro de 1895. Ib., p. 146 (141).

p. 94 *não estava desanimando*: Freud a Fliess, 15 de outubro de 1895. Ib., p. 147 (144).

p. 94 *"ficado transparente"*: Freud a Fliess, 20 de outubro de 1895. Ib., p. 149 (146).

p. 94 *"duvidosa para mim"*: Freud a Fliess, 31 de outubro de 1895. Ib., pp. 151-2 (148).

p. 94 *ainda estava faltando*: Freud a Fliess, 8 de novembro de 1895. Ib., pp. 153-4 (150).

p. 94 *apontamento sobre a enxaqueca*: Ver Ib., pp. 155-7 (142-4).

p. 94 *acenado à distância*: Freud a Fliess, 25 de maio de 1895. Ib., p. 130 (129).

p. 94 *Sua "Psicologia para neurologistas"*: Freud a Fliess, 27 de abril de 1895. Ib., p. 129 (127).

p. 94 *"questão me faz bem"*: Freud a Fliess, 25 de maio de 1895. Ib., pp. 130-1. (129).

p. 95 *"incubei a Psicologia"*: Freud a Fliess, 29 de novembro de 1895. Ib., p. 158 (152).

p. 95 *aí estão prefiguradas*: Os editores ingleses dos textos psicanalíticos de Freud estavam certos ao concluir que, embora o projeto seja "ostensivamente um documento neurológico", ele "contém dentro de si o núcleo de uma grande parte das teorias psicológicas posteriores de Freud". De fato, "o *Projeto*, ou melhor, seu fantasma invisível, assombra a sequência inteira dos textos teóricos de Freud". ("Editor's introduction" ao "Project for a scientific psychology", *SE* I, p. 290.)

p. 95 *"descritivos e coerentes"*: "Entwurf einer Psychologic" (1895), em *Aus den Anfängen der Psychoanalyse. Briefe an Wilhelm Fliess. Abhandlungen und Notizen aus den Jahren, 1887-1902*, ed. Ernst Kris, Marie Bonaparte, e Anna Freud (1950), p. 379/ "Project for a scientific psychology", *SE* I, p. 295.

p. 95 *"de puro prazer"*: Freud a Fliess, 20 de outubro de 1895. *Freud-Fliess*, p. 150 (146).

p. 96 *"natural como qualquer outra"*: *Abriss der Psychoanalyse* (1940), *GW* XVII, p. 80/*Outline of psychoanalysis*, *SE* XXIII, p. 158.

p. 96 *"aparelho mental"*: Ib., p. 108/182.

p. 96 *qualificado de newtoniano*: Ver Robert C. Solomon, "Freud's neurological theory of mind", em *Freud: a collection of critical essays*, ed. Richard Wollheim (1974), pp. 25-52.

p. 96 *da mente*: *Jenseits des Lustprinzips* (1920), *GW* XIII, p. 32/*Beyond the pleasure principle*, *SE* XVIII, p. 31.

p. 96 *"da Quantidade"*: "Entwurf", em *Anfängen*, ed. Kris et al., p. 380/ "Project", *SE* I, p. 296.

p. 96 *"fuga ao estímulo"*: Ib., p. 381/297.

p. 97 *"interpretação detalhada"*: *Traumdeutung*, *GW* II-III, p. III*n*/ *Interpretation of dreams*, *SE* IV, p. 106n (nota acrescentada em 1914).

p. 97 *"franco do que eu"*: Ib., p. 126/120-1.

p. 98 *absorvido naquele dia*: Freud a Fliess, 24 de julho de 1895. *Freud-Fliess*, p. 137 (134). As informações cruciais nesse e no parágrafo seguinte são apresentadas e interpretadas em Max Schur, "Some additional 'day residues' of 'the specimen dream of psychoanalysis' ", em *Psychoanalysis — a general psychology*: *essays in honor of Heinz Hartmann*, ed. Rudolph M. Loewenstein, Lottie M. Newman, Max Schur, e Albert J. Solnit (1966), pp. 45-85. A discussão de Schur precisa ser complementada com Didier Anzieu, *Freud's self-analysis* (1975; trad. Peter Graham, 1986), pp. 131-56 e passim; e Jeffrey Moussaieff Masson, *The assault on truth*: *Freud's suppression of the seduction theory* (1984), p. 205.

p. 98 "*psicológicos importantes*": Freud a Fliess, 6 de agosto de 1895. *Freud-Fliess*, p. 137 (134).

p. 98 "*ao 'Dr. Sigm. Freud'?*": Freud a Fliess, 12 de junho de 1900. Ib., p. 458 (417).

p. 99 "*não estava limpa*": *Traumdeutung*, *GW* II-III, pp. 111-2/*Interpretation of dreams*, *SE* IV, p. 107.

p. 99 "*sou consciencioso*": Ib., p. 123/118.

p. 99 "*a conscienciosidade de um médico*": Ib., p. 125/120.

p. 100 *um* "*compósito*": Ib., pp. 298-9/ 292-3.

p. 101 "*o sexo forte*": Freud a Fliess, 8 de março de 1895. *Freud-Fliess*, pp. 116-7 (116-7).

p. 101 "*ninguém o censura*": Ib., pp. 117-8 (117-8).

p. 101 *pior consequência*: Ver Freud a Fliess, 11 de abril de 1895. Ib., p. 125 (123-4).

p. 101 "*de nossa família*": Freud a Fliess, 20 de abril de 1895. Ib., p. 127 (125).

p. 101 "*seu íncubo*": Freud a Fliess, 26 de abril de 1895. Ib., p. 128 (127).

p. 101 "*vai lhe agradar muito*": Freud a Fliess, 16 de abril de 1896. Ib., p. 191 (181).

p. 101 "*causado por* anseios": Freud a Fliess, 28 de abril de 1896. Ib., p. 193 (183).

p. 101 "*sangramentos de desejo*": Freud a Fliess, 4 de junho de 1896. Ib., p. 202 (192).

p. 101 "*brilhantemente*": Ib.

p. 102 "*pensamento do sonho?*": *Traumdeutung*, *GW* II-III, p. 122/*Interpretation of dreams*, *SE* IV, p. 117.

p. 102 "*bom e belo*": Freud a Fliess, 3 de janeiro de 1899. *Freud-Fliess*, p. 371 (339).

p. 102 "*substituir para mim*": Freud a Fliess, 7 de maio de 1900. Ib., p. 452 (412).

p. 103 "*o camarada, o amigo*": Freud a Fliess, 7 de agosto de 1901. Ib., p. 492 (447).

p. 103 "*estar satisfeito*": Freud a Fliess, 2 de abril de 1896. Ib., p. 190 (180).

p. 103 "*decidido e sozinho*": Freud a Fliess, 4 de maio de 1896. Ib., p. 195 (185).

p. 103 "*no final de 1895*": Freud a Fliess, 8 de novembro de 1895. Ib., p. 154 (150).

p. 103 "*repulsivo*": Freud a Fliess, 15 de junho de 1896. Ib., p. 205 (195).

p. 104 "*e coisas semelhantes*": Freud a Fliess, 30 de junho de 1896. Ib.; pp. 203-4 (193).

p. 104 "*com decência e dignidade*": Freud a Fliess, 15 de julho de 1896. Ib., pp. 205-6 (194-5).

p. 104 "*humano fora do comum*": Freud a Fliess, 26 de outubro de 1896. Ib., p. 212 (201).

p. 104 "*muito tempo a si mesmo*": Freud a Fliess, 2 de novembro de 1896. Ib., pp. 212-3 (202).

p. 104 *de certa forma, era proibido*: Ver "Briefe an Romain Rolland (Fine Erinnerungsstörung auf der Akropolis)" (1936) *GW* XVI, pp. 250-7/ "A disturbance of memory on the Acropolis", *SE* XXII, pp. 239-48.

p. 105 "*vida de um homem*": *Traumdeutung*, *GW* II-III, p. x/*Interpretation of dreams*, *SE* IV, p. xxvi.

p. 105 *do que com as maternas*: Ver George F. Mahl, "Father-son themes in Freud's self-analysis", em *Father and child*: *development and clinical perspectives*, ed. Stanley H. Cath, Alan R. Gurwitt, e John Munder Ross (1982), pp. 33-64; e Mahl. "Freud, *father*, and *mother*: quantitative aspects", *Psychoanalytic Psychology*, II (1985), pp. 99-113.

p. 105 "*por tal resultado*": *Studien über Hysterie*, *GW* I, p. 227/*Studies on hysteria*, *SE* II, p. 160.

p. 105 "*apenas seus próprios pensamentos*": Freud está citando o que Fliess disse em uma de suas cartas. (Freud a Fliess, 7 de agosto de 1901. *Freud-Fliess*, p. 492 [447].)

p. 108 "*dosim/repetatur*": "Zur Geschichte der psychoanalytischen Bewegung" (1914), *GW* X, p. 52/ "On the history of the psycho-analytic movement", *SE* XIV, pp. 14-5.

p. 108 "*neurose sexual*": Freud a Fliess, 8 de fevereiro de 1893. *Freud-Fliess*, p. 27 (39).

p. 108 "*efeito como* lembranças": Freud a Fliess, 15 de outubro de 1895. Ib., p. 147 (144).

p. 108 "semelhantes ao coito": "Weitere Bemerkungen über die Abwehr-Neuropsychosen" (1896), *GW* I, p. 380/ "Further remarks on the neuro-psychoses of defense", *SE* III, p. 163.

p. 109 *irmãos "inocentes"*: Ib., p. 382/164.

p. 109 *sugeriam tal conclusão*: Ver "The aethiology of hysteria" (1896), *SE* III, pp. 189--221 passim.

p. 109 *alle gern haben.*: Freud a Fliess, 26 de abril de 1896. *Freud-Fliess*, p. 193 (184).

p. 109 "*para que me abandonem*": Freud a Fliess, 4 de maio de 1896. Ib., p. 195 (185). Numa visão retrospectiva em 1914, Freud falou de um "vazio" que se formou em torno de si. ("Geschichte der psychoanalytischen Bewegung", *GW* X, p. 59/ "History of the psychoanalytic movement", *SE* XIV, p. 21).

p. 109 *sobre a teoria da sedução*: Freud a Fliess, 31 de maio de 1897. *Freud-Fliess*, p. 266 (249).

p. 110 *emocionalmente carregada*: Freud a Fliess, 21 de setembro de 1897. Ib., pp. 283-4 (264).

p. 110 "*aumentou bastante*": Freud a Fliess, 12 de dezembro de 1897. Ib., p. 312 (286).

p. 110 *obter satisfação sexual*: Ver Freud a Fliess, 22 de dezembro de 1897. Ib., p. 314 (288).

p. 111 *alteração de suas ideias*: Para seu desmentido público, ver *Three essays on the theory of sexuality* (1905), *SE* VII, pp. 190-1 e 190n; e "My views on the part played by sexuality in the aethiology of the neuroses" (1906), ib., p. 274.

p. 111 *molestados por seus pais*: *Studien über Hysterie*, *GW* I, p. 385n/*Studies on hysteria*, *SE* III, p. 168n (nota acrescentada em 1914).

p. 111 "*de minha juventude*": Freud a Fliess, 21 de setembro de 1897. *Freud-Fliess*, p. 285 (265-6).

p. 111 "*realidade se perdera*": "Geschichte der psychoanalytischen Bewegung", *GW* X, p. 55/ "History of the psycho-analytic movement", *SE* XIV, p. 17.

p. 111 "*é um bom exercício*": Freud a Fliess, 15 de outubro de 1897. *Freud-Fliess*, p. 293 (272).

p. 112 "*explorar essas profundezas*": *Jones* I, p. 319.

p. 112 "*iniciou-se subitamente*": Freud a Fliess, 14 de novembro de 1897. *Freud-Fliess*, pp. 305, 301 (281, 279).

p. 112 "*observação de si mesmo*": *Psychopathologie des Alltaglebens*, *GW* IV, p. 5/*Psychopatology of everyday life*, *SE* VI, p. 1.

p. 112 " *minha própria infância*": Ib., p. 58/49.

p. 113 *associação livre*: Ib., p. 153/138.

p. 114 "*acontecimentos da minha infância*": "Geschichte der psychoanalytischen Bewegung", *GW* X, p. 58-9/ "History of the psycho-analytic movement", *SE* XIV, p. 20.

p. 114 *recurso "mais sólidos"*: Freud a Fliess, 7 de julho de 1897. *Freud-Fliess*, p. 273 (255).

p. 114 *sentimentos sexuais infantis*: *Traumdeutung*, *GW* II-III, pp. 455-8/*Interpretation of dreams*, *SE* V, 452-5.

p. 114 *para seguir adiante*: Freud a Fliess, 16 de maio de 1897. *Freud-Fliess*, p. 258 (243).

p. 114 "*nada se alterou*": Freud a Fliess, 18 de junho de 1897. Ib., p. 270 (252-3).

p. 114 "*vai sair dele*": Freud a Fliess, 22 de junho de 1897, Ib., p. 272 (254).

p. 114 *paralisia temporária*: Freud a Fliess, 7 de julho de 1897. Ib., p. 272 (255).

p. 115 *parte essencial de seu trabalho*: Freud a Fliess, 14 de agosto de 1897. Ib., p. 281 (261).

p. 115 "*explicações e pistas*": Freud a Fliess, 3 de outubro de 1897. Ib., p. 288 (268).

p. 115 "*preparação para o presente*": Freud a Fliess, 27 de outubro de 1897. Ib., p. 295 (274).

p. 115 "*beleza intelectual do trabalho*": Freud a Fliess, 3 de outubro de 1897. Ib., p. 289 (269).

p. 115 *de Hamlet*: Freud a Fliess, 15 de outubro de 1897. Ib., p. 293 (272).

p. 116 "*completamente estúpido*": Freud a Fliess, 16 de abril de 1896. Ib., p. 192 (181).

p. 116 "*garrafa de Barolo*": Freud a Fliess, 16 de janeiro de 1899. Ib., p. 372 (340).

p. 116 "*Amigo Marsala*": Freud a Fliess, 8 de julho de 1899. Ib., p. 394 (359).

p 116 "*um bom amigo*": Freud a Fliess, 27 de junho de 1899. Ib., p. 391 (357).

p. 116 "*novo vício*": Freud a Fliess, 5 de dezembro 11 de 1898. Ib., p. 368 (335).

p. 116 "*como uma reclamação*": Freud a Fliess, 1º de maio de 1898. Ib., p. 341 (312).

p. 116 "*extremamente divertidas*": Ib., p. 342 (313).

p. 116 "*um pouco prematuramente*": Freud a Fliess, 27 de junho de 1899. Ib., p. 391 (357).

p. 116 *estados de ânimo*: Freud a Fliess, 1º de maio de 1898. Ib., p. 341 (312).

p 116 *"apenas para você"*: Freud a Fliess, 18 de maio de 1898. Ib., p. 342 (313).

p. 117 *"sentimental de Goethe"*: Ver Freud a Fliess, 17 de julho de 1899. Ib., p. 396 (361).

p. 117 "não caminham juntos": Freud a Fliess, 9 de junho de 1898, pp. 344-5 (315).

p. 117 *continuou a lamentá-lo*: Ver Freud a Fliess, 20 de junho de 1898. Ib., p. 346 (317).

p 117 *em julho de 1898*: Freud a Fliess, 30 de julho [de 1898]. Ib., p. 351 (321).

p. 117 *"sua perspicácia"*: Freud a Fliess, 7 de agosto de 1901. Ib., pp. 491-2 (447). Quando Marie Bonaparte mostrou essa carta a Freud em 1937, ele a declarou "muito importante", (Ib., p. 490n [448n].)

3. PSICANÁLISE [pp. 118-62]

p. 118 *em alemão*: Ver "Heredity and the aethiology of the neuroses" (1896). *SE* III, p. 151; e "Further remarks on the neuro-psychoses of defense" (1986), Ib., p. 162.

p. 118 *"vida mental"*: *Traumdeutung, GW* II-III, p. 613/*Interpretation of dreams, SE* V, p. 608.

p. 119 *"de difícil leitura"*: Ib., pp. ix/xxv.

p. 119 *"com fluência"*: Freud a Fliess, 9 de fevereiro de 1898. *Freud-Fliess*, p. 325 (298).

p. 119 *"está saindo atraente"*: Freud a Fliess, 23 de fevereiro de 1898. Ib., p. 327 (300).

p. 119 *"isto é, sem vida"*: Freud a Fliess, 1º de maio de 1898. Ib., p. 341 (312).

p. 119 *"grande agonia"*: Freud a Fliess, 6 de setembro de 1899. Ib., p. 405 (369).

p. 119 *"como me sinto agora"*: Freud a Fliess, 11 de setembro de 1899. Ib., p. 407 (371).

p. 119 *"domínio insuficiente do assunto"*: Freud a Fliess, 21 de setembro de 1899. Ib., p. 410 (373-4).

p. 120 *assegurar seus propósitos*: Freud a Werner Achelis, 30 de janeiro de 1927. *Briefe*, pp. 389-90. Na mesma carta, Freud comentou que havia retirado a máxima não diretamente de Virgílio, mas de um livro do socialista alemão Ferdinand Lassalle.

p. 120 *"vou ouvir deles!"*: Freud a Fliess, 6 de setembro de 1899. *Freud-Fliess*, p. 405 (369).

p. 121 *"quer ir agora?"*: Freud a Fliess, 6 de agosto de 1899. Ib., p. 400 (365).

p. 121 *"superfícies rompidas"*: *Traumdeutung, GW* II-III, p. vii/*Interpretation of dreams, SE* IV, p. xxiii.

p. 121 *"vida desperta"*: Ib., 1/1.

p. 121 *"me desagrada tanto"*: Freud a Fliess, 9 de fevereiro de 1898. *Freud-Fliess*, p. 325 (299).

p. 121 *"um castigo medonho"*: Freud a Fliess, 5 de dezembro de 1898. Ib., p. 368 (335).

p. 121 *"pobre livro"*: Freud a Fliess, 6 de agosto de 1899. Ib., p. 400 (365).

p. 122 *"opinião leiga"*: *Traumdeutung, GW* II--II, p. 100/ *Interpretation of dreams, SE* IV, p. 96.

p. 122 "realização de desejos": Ib., pp. 104, 126/99, 121.

p. 122 *sobrinho de Breuer*: Freud relatou isso a Fliess em 4 de março de 1895. *Freud-Fliess*, pp. 114-5. (114).

p. 123 *continua a dormir*: Ver *Interpretation of dreams, SE* IV, p. 125.

p. 123 *"do que isoladamente"*: *Traumdeutung, GW* II-III p. 141/ *Interpretation of dreams, SE* IV, pp. 135-6.

p. 123 *"refeição apetitosa"*: Ib., pp. 132, 135/127, 130.

p. 124 *"de sua expressão"*: Ib., p. 149/143-4.

p. 124 *"sonhos antidesejos"*: Ib., p. 163/157.

p. 124 "desejo (suprimido, reprimido)": Ib., p. 166/160.

p. 124 *"sonhos inocentes"*: Ib., pp. 169, 189/163, 182.

p. 125 *"não é nada inocente"*: Ib., pp. 193--4/186-7.

p. 125 *"confirma essa experiência"*: Ib., p. 170/ 165.

p. 125 *na manhã anterior*: Ver ib., pp. 175--82, 287-90/ 169-76, 281-4.

p. 126 "viver no sonho": Ib., p. 197/191.

p. 126 *nenhum outro mérito*: Ib., pp. 214--24/ 208-18.

p. 126 *"cheguei a alguma coisa"*: Ib., pp. 221-2/ 216.

p. 127 *"complexo nuclear"*: Über infantile Sexualtheorien" (1908), *GW* VII, p. 176/ "On the sexual theories of children", *SE* IX, p. 214.

p. 127 *"par de genitores"*: *Traumdeutung, GW* II-III, p. 267/ *Interpretation of dreams, SE* IV, p. 260.

p. 128 *"ou palavra"*: Ib., pp. 283-4/277-8.

p. 128 *"preocupação com a representabilidade"*: Ib., p. 344/339.

p. 129 *"associações do sonhador"*: *Traumdeutung, GW* II-III, p. 365/*Interpretation of dreams, SE* V, pp. 359-60 (frase acrescentada em 1909).

p. 129 *"do inconsciente"*: Freud a Pfister, 6 de novembro de 1910. Com a permissão de Sigmund Freud Copyrights, Wivenhoe.

p. 130 *casamento feliz*: *Traumdeutung, GW* II-III pp. 284, 304-8/*Interpretation of dreams, SE* IV, pp. 279, 298-302.

p. 131 *ideia agradável*: *Traumdeutung, GW* II-III, pp. 424-5/ *Interpretation of dreams, SE* V, pp. 421-2.

p. 131 *"mudo para Paris"*: Ib., pp. 425-6, 484-5/ 423-4, 480-1, 485.

p. 132 *"histórias judaicas"*: Freud a Fliess, 22 de junho de 1897. *Freud-Fliess*, p. 271 (254).

p. 132 *aplicação geral de sua teoria*: Ver *Interpretation of dreams., SE* IV, p. xxiii.

p. 132 *"processos mentais normais"*: Freud a Fliess. 25 de maio de 1895. *Freud-Fliess*, p. 130 (129).

p. 133 *"para a psicologia"*: Freud a Fliess, 2 de abril de 1896. Ib., p. 190 (180).

p. 133 *"original, a filosofia"*: Freud a Fliess, 1º de janeiro de 1896. Ib., p. 165 (159).

p. 134 *"o espermatozoide e o óvulo"*: "Eine Kindheitserinnerung des Leonardo da Vinci" (1910), *GW* VIII, p. 210/ "Leonardo da Vinci and a memory of his childhood", *SE* XI, p. 137.

p. 134 *"uma e outra via"*: *Das Ich und das Es* (1923), *GW* XIII, p. 280n/*The ego and the id, SE* XIX, p. 50n.

p. 134 *"no sistema nervoso"*: Richard von Kraft-Ebing, *Nervosität und Neurasthenische Zustände* (1895), pp. 4, 16, 9, 17.

p. 135 *"constituição nervosa"*: Ib., pp. 37, 51, 53.

p. 135 *eletroterapia, massagens*: Ver Ib., pp. 124-60.

p. 135 *como causa*: Ver Ib., pp. 188-210.

p. 135 *"doença cerebral"*: Citado em Erna Lesky, *The Vienna Medical School of the 19th century* (1965; trad. William e I. S. Levij, 1976), p. 345.

p. 135 *"amarrotando o outro"*: Laurence Sterne, *Tristram Shandy* (1760-7), livro III, cap. 4.

p. 135 *"função física"*: William Hammond, resenhando John P. Gray, *The dependence of insanity on physical disease* (*1871*), *em Journal of Psychological Medicine*, V (1876), p. 576. Citado em Bonnie Ellen Blustein, "'A hollow square of psychological science': American neurologist and psychiatrists in conflict", em *Madhouses, mad-doctors, and madmen: the social history of psychiatry in the Victorian Era*, ed. Andrew Scull (1981), p. 241.

p. 135 *"lado físico"*. Henry Maudsley, *Responsability in Mental Disease* (2ª ed., 1874), p. 154. Citado em Michael J. Clark, "The rejection of psychological approaches to mental disorder in late nineteenth-century British psychiatry", em ib., p. 271.

p. 135 *"afecção cerebral comumente crônica"*: Jean Étienne Esquirol, *Des Maladies mentales considérées sous les rapports médical, hygiénique et médico-légal*, 3 vols. (1838), I, 5 (de um tratado de 1816, transposto para a obra posterior, mais ampla).

p. 136 *"completamente ignorado"*: Citado em Karin Obholzer, *The Wolf-Man sixty years later: conversations with Freud's controversial patient* (1980; trad. Michael Shaw, 1982), p. 30.

p. 137 *"lado somático"*: "Selbstdarstellung", *GW* XIV, p. 50/ "Autobiographical study", *SE* XX, p. 25.

p. 137 "base orgânica": Freud a Fliess, 22 de setembro de 1898. *Freud-Fliess*, p. 357 (326).

p. 137 *"política das nações"*: Esquirol, *Des maladies mentales*, I, p. 24.

p. 138 *importância à hereditariedade*: Ver *Three essays on the theory of sexuality, SE* VII, p. 173.

p. 139 *"origem e significado"*: Martin Freud, *Freud*, p. 67.

p. 139 *cada vez mais evidentes*: ver Abraham a Freud, 8 de janeiro de 1908, *Freud-Abraham*, p. 32 (18).

p. 139 *"tenho-as todas!"*: Freud a Abraham, 9 de janeiro de 1908. Ib., p. 34 (20).

p. 139 *"impiedosamente desvendados"*: Jung a Freud, 14 de fevereiro de 1911. *Freud-Jung*, p. 433 (392).

p. 139 *"ainda mais despido"*: Freud a Jung, 17 de fevereiro de 1911. Ib., pp. 435-6 (394-5).

p. 140 *indiretos da mente*: ver a nota do editor em *Freud-Fliess*, p. 355.

p. 140 *remontavam à infância*: Freud a Fliess, 26 de agosto de 1898. Ib., pp. 354-5 (324).

p. 140 *"tornaria isso crível?"*: Freud a Fliess, 22 de setembro de 1898. Ib., pp. 357-8 (326-7).

p. 140 *neurologia e à psiquiatria*: Ver "The psychical mechanism of forgetfulness" (1898), *SE* III, pp. 289-97.

p. 140 "*2467 erros*": Freud a Fliess, 27 de agosto de 1899. *Freud-Fliess*, p. 404 (368).

p. 140 *o descrevera*: Ver Freud a Fliess, 24 de setembro de 1900. Ib., p. 467 (425).

p. 140 *de vida ativa*: Ver *Psychopathology of everyday life*, *SE* VI, pp. 242-3.

p. 141 *ainda mais aos outros*: Ver Freud a Fliess, 7 de agosto de 1901. *Freud-Fliess*, p. 485 (441).

p. 141 "*mim até agora*": Freud a Fliess, 7 de agosto de 1901. Ib., p. 492 (447).

p. 141 *impressões e intenções*: Ver *Psychopathology of everyday life*, *SE*, VI, pp. 143-4. O nome abreviado de Fliess aparece apenas nas primeiras edições (1901 e 1904); por isso a referência decerto teve algum impacto sobre Fliess.

p. 141 *por ora encerrada*: Ver ib., p. 59. Ele está citando um artigo de R. Meringer, "Wie man sich versprechen kann", *Neue Freie Presse*, 23 de agosto de 1900.

p. 142 *obra mais lida*: Ver "Editor's introduction" a *Psychopathology of everyday life*, *SE*, VI, pp. IX-X

p. 142 "*cerebração inconsciente do sono*": Henry James, "The Aspern papers" (1888), em *Tales of Henry James*, ed. Christof Wegelin (1984), p. 185.

p. 142 "*conceito de 'inconsciente'*": "Selbstdarstellung", *GW* XIV, p. 56/ "Autobiographical study", *SE* XX, p. 31.

p. 142 "*das neuroses*": Ib., p. 55/30.

p. 143 "*a Memória se rende*": Ver "Bemerkungen über einen Fall von Zwangsneurose" (1909), *GW* VII, p. 407/ "Notes upon a case of obsessional neurosis", *SE* X, p. 184. A citação é de Nietzsche, *Beyond good and evil*, IV, p. 68.

p. 144 "*tempos Autobiográficos*": Carlyle, *Sartor Resartus*, livro II, cap. 2.

p. 144 "*anatomização de motivos*": Citado em Jerome Hamilton Buckley, *The turning key: autobiography and the subjective impulse since 1800* (1984), p. 4.

p. 144 "*interpretar a Vida*": Kraus, "Die demolierte Literatur": manuscrito do rascunho em Zeller, ed., *Jugend in Wien*, pp. 265-6.

p. 144 *kriechen wagen*: Citado em Amos Elon, *Herzl* (1975), p. 109.

p. 145 "*conhecimento secreto*": Freud a Schnitzler, 8 de maio de 1906. *Briefe*, pp. 266-7.

p. 145 "do inconsciente": *Traumdeutung*, *GW* II-III, pp. 559, 566/*Interpretation of dreams*, *SE* V, pp. 553, 561.

p. 146 "*realidade* material": Ib., pp. 583, 625/ 577, 620.

p. 146 "*novas bases*": Freud a Darmstaeder, 3 de julho de 1910. Freud Collection, B3, LC.

p. 146 "*congressos*" *em Roma*: Ver Freud a Fliess, 3 de dezembro de 1897. *Freud-Fliess*, p. 309 (284-5).

p. 146 *na Páscoa*: Ver Freud a Fliess, 6 de fevereiro de 1899. Ib., p. 376 (344).

p. 146 "*Cidade Eterna*": Freud a Fliess, 27 de agosto de 1899. Ib., p. 404 (368).

p. 146 *anseio torturante*: Ver Freud a Fliess, 23 de outubro de 1898. Ib., p. 363 (332).

p. 146 "*herói semita Aníbal*": Freud a Fliess, 3 de dezembro de 1897, Ib., p. 309 (285).

p. 146 "*ardentemente ansiados*": *Traumdeutung*, *GW* II-III, p. 202/*Interpretation of dreams*, *SE* IV, pp. 196-7.

p. 146 *governante de Roma*: Ver ib., p. 403n/398n.

p. 147 "*se separou de mim*": Freud a Fliess, 4 de outubro de 1899. *Freud-Fliess*, p. 414 (376, 377).

p. 147 "*expectativa resignada*": Freud a Fliess, 27 de outubro de 1899. Ib., pp. 417-8 (380).

p. 147 "*memorável*": Freud a Fliess, 21 de dezembro de 1899. Ib., p. 430 (392). Ver também nota dos editores em ib., p. 430 (392).

p. 147 "*terrivelmente entediado*": Ib., pp. 430, 431 (392).

p. 147 "*excepcionalmente pouco compreensível*": Freud a Fliess, 8 de janeiro de 1900. Ib., p. 433 (394).

p. 147 "*sempre sozinho*": Freud a Fliess, 1º de fevereiro de 1900. Ib., p. 437 (398).

p. 148 "*durante o dia*": Freud a Fliess, 11 de março de 1900. Ib., pp. 441, 443 (402-3, 404).

p. 148 "*miséria humana*": Freud a Fliess, 7 de maio de 1900. Ib., p. 452 (412).

p. 148 *seus torturadores*: Ver Freud a Fliess, 11 de março de 1900. Ib., p. 442 (404).

p. 148 "*construí-las novamente*": Freud a Fliess, 23 de março de 1900. Ib., p. 444 (405).

p. 148 "*um tanto surrado*": Freud a Fliess, 7 de maio de 1900. Ib., pp. 452-3 (412).

p. 148 "*um velho tio*": Freud a Margarethe,

Lilly e Martha Gertrude Freud (cartão-postal), 20 de maio de 1900. Freud Collection, B2, LC.

p. 148 "*uma criança aniversariante*": Freud a (Margarethe, Lilly e Martha Gertrude Freud), 8 de maio de 1901. Ib.

p. 148 "*criança dos sonhos*": Freud a Fliess, 23 de março de 1900. *Freud-Fliess*, p. 444 (405).

p. 149 "*com meu meio*": Freud a Fliess, 23 de março de 1900. *Freud-Fliess*, 11 de março de 1900. Ib., p. 442 (403).

p. 149 "*ponto alto*": Freud a Fliess, 19 de setembro de 1901. Ib., p. 493 (449).

p. 149 "*medo durante anos!*": Freud a Martha Freud (cartão-postal), 3 de setembro de 1901. Freud Museum, Londres.

p. 149 "*e das outras coisas*": Freud a Martha Freud (cartão-postal), 5 de setembro de 1901. Ib.

p. 149 "*permanecerão por anos*": Freud a Martha Freud (cartão-postal), 6 de setembro de 1901. Ib.

p. 149 *belezas de Veneza*: Ver Freud a Minna Bernays (cartão-postal), 27 de agosto de 1902. Ib.

p. 149 "*essa cidade divina*": Ernest Jones a Freud, de Roma, 5 de dezembro (de 1912), citando Freud. Por permissão de Sigmund Freud Copyrights, Wivenhoe.

p. 149 "*muitos já acharam isso*": Freud a Mathilde Freud, 17 de setembro de 1907. Freud Collection, B1, LC.

p. 150 "magnífico isolamento": Freud a Fliess, 7 de maio de 1900. *Freud-Fliess*, 452 (412). Freud empregou essa expressão, em inglês "*splendid isolation*", mais de uma vez.

p. 150 "*para seus pacientes*": *Traumdeutung*, *GW* II-III, 142/ *Interpretation of dreams*, *SE* IV, p. 137.

p. 150 "*ladeira escorregadia*": Freud a Elise Gomperz, 25 de novembro de 1901. *Briefe*, p. 256.

p. 150 *parecia-lhe abominável*: Ver K. R. Eissler, *Sigmund Freud un die Wiener Universität. Über die Pseudo-Wissenschaftlichkeit der jüngsten Wiener Freud-Biographik* (1966), p. 170.

p. 151 *sobre a promoção*: Phillipp Freud a Marie Freud, 12 de março de 1902. Freud Collection, B1, LC.

p. 151 *sem resultados*: Freud a Fliess, 11 de março de 1902. *Freud-Fliess*, pp. 501-2 (455-6).

p. 152 "*antes de ir a Roma*": Ib., pp. 502-3 (456-7).

p. 152 *mais tempo do que Freud*: Ver Eissler, *Sigmund Freud und die Wiener Universität*, pp. 181-5.

p. 152 "*outras dificuldades*": Citado em Freud a Fliess, 8 de fevereiro de 1897. *Freud-Fliess*, p. 244 (229).

p. 153 "*todos os outros*": Citado em Eisler, *Sigmund Freud und die Wiener Universität*, p. 135.

p. 153 *Streber*: Freud a Elise Gomperz, 25 de novembro de 1901. *Briefe*, p. 256.

p. 153 "*diminuíra outro tanto*": Freud a Fliess, 11 de março de 1902. *Freud-Fliess*, p. 501 (456).

p. 154 "*com minha audácia*": Freud a membros da B'nai B'rith (6 de maio de 1926). *Briefe*, p. 381. Ver também Hugo Knoepfmacher, "Sigmund Freud and the B'nai B'rith". Manuscrito sem data, Freud Collection, B27, LC.

p. 154 "*revistas especializadas*": "Selbstdarstellung", *GW* XIV, p. 74/ "Autobiographical study", *SE* XX, p. 48.

p. 154 "*livro dos sonhos*": Freud a Fliess, 11 de outubro de 1899. *Freud-Fliess*, p. 416 (379).

p. 155 "*centelha inicial*": Freud a Fliess, 26 de janeiro de 1900. Ib., p. 436 (397).

p. 156 "*nada de útil*": Freud a Fliess, 1º de fevereiro de 1900. Ib., p. 437 (398).

p. 156 "*domínio consciente*": Freud a Fliess, 25 de novembro de 1900. Ib., p. 471 (429).

p. 156 "*incomparavelmente mais livre*": Freud a Putnam, 8 de julho de 1915. *James Jackson Putnam and psychoanalysis: letters between Putnam and Sigmund Freud, Ernest Jones, William James, Sándor Ferenczi, and Morton Prince, 1877-1917*, ed. Natham G. Hale, Jr. (1971), p. 376.

p. 156 *a libido*: As respostas de Freud ao questionário lançado pela Sociedade Cultural Política foram pela primeira vez publicadas na íntegra, em alemão, em John W. Boyer, "Freud, marriage, and late viennese liberalism: a commentary from 1905", *Journal of Modern History*, L (1978), pp. 72-102. Passagens citadas, p. 100.

p. 157 *entre eles Freud*: Para documentação, ver Peter Gay, *The bourgeois experience: Victoria to Freud*, vol. I, *Education of the senses* (1984), e vol. II, *The tender passion* (1986).

p. 157 "*conhecidos textos*": *Drei Abhandlungen zur Sexualtheorie* (1905), *GW* V, p. 33n; ver também p. 74n/*Three essays on the theory of sexuality*, *SE* VII, p. 135n; ver também p. 174n.

p. 158 "*até três anos de idade*": Adolf Patze, *Ueber Bordelle und die Sittenverderbniss unserer Zeit* (1845), p. 48n. Ver Peter Gay, *Freud for historians* (1985), p. 58.

p. 158 "*sua própria infância*": Henry Maudsley, *The physiology and pathology of mind* (1867), p. 284. Ver Stephen Kern, "Freud and the discovery of child sexuality", *History of Childhood Quarterly*: *The Journal of Psychohistory*, I (verão de 1973), pp. 117-41.

p. 158 "*conhece o apetite sexual*": *Traumdeutung*, *GW* II-III, p. 136/*Interpretation of dreams*, *SE*, IV, p. 130.

p. 159 *completa da sexualidade*: Ver *Three essays*, *SE* VII, p. 130.

p. 159 "*à* Interpretação dos sonhos": Freud a Abraham, 12 de novembro de 1908. *Freud-Abraham*, p. 67 (57-8).

p. 159 "*nessas aberrações*": *Drei Abhandlungen*, *GW* V, pp. 59-60/*Three essays*, *SE* VII, p. 161.

p. 160 "*atividade sexual do paciente*": Ib., pp. 71, 63/171, 163.

p. 160 "*pulsões parciais*": Ib., pp. 67-9/167-9.

p. 160 "*pulsão sexual na infância*": Ib., p. 73/173.

p. 161 *mas a* "*aptidão*": Ib., pp. 88, 91/187, 191.

p. 162 "*divino Platão*": Ib., p. 32/134.

4. ESBOÇO DE UM PIONEIRO PREPARADO PARA O COMBATE [pp. 165-207]

p. 166 *para o medalhão*: *Jones* II, pp. 13-4.

p. 166 "*vice-versa*": Fliess a Freud, 20 de julho de 1904, *Freud-Fliess*, p. 508 (463).

p. 166 *literatura técnica*: Freud a Fliess, 23 de julho de 1904. Ib., p. 508 (464).

p. 167 *roubo intelectual*: Ver Freud a Fliess, 26 de julho de 1904. Ib., pp. 510-1 (465-6).

p. 167 *seu próprio livro*: Ver Freud a Fliess, 27 de julho de 1904. Ib., pp. 512-5 (466-8).

p. 167 *carta a Karl Kraus*: Ver Freud a Kraus, 12 de janeiro de 1906. *Briefe*, pp. 265-6.

p. 168 "*oprimi-lo*": Abraham a Eitingon, 1º de janeiro de 1908. A carta está citada na íntegra em Hilda Abraham, *Karl Abraham. Sein Leben für die Psychoanalyse* (1974; trad. alemã de Hans-Horst Henschen, 1976), p. 73.

p. 168 "*1916 ou 1917*": Freud a Sándor Ferenczi, 10 de janeiro de 1910. Freud-Ferenczi Correspondence, Freud Collection, LC.

p. 168 "*a partir das profundezas*": Max Graf, "Reminiscences of professor Sigmund Freud", *Psychoanalytic Quarterly*, XI (1942), p. 467.

p. 168 "*agudamente penetrantes*": Joan Riviere, "An intimate impression", *The Lancet* (30 de setembro de 1939). Reeditado em *Freud as we knew him*, ed. Ruitenbeek, p. 129.

p. 168 "*a postura curvada de um estudioso*": Wittels, *Sigmund Freud*, p. 129.

p. 169 "*em nada mais*": Freud a Pfister, 6 de março de 1910. *Freud-Pfister*, p. 32 (35).

p. 169 "*pelo relógio*": Ernst Waldinger, "My uncle Sigmund Freud", *Books Abroad*, XV (inverno de 1941), p. 7.

p. 169 *à uma da manhã*: Ver, para uma relação extremamente reveladora dos afazeres diurnos de Freud, Anna Freud a Jones, 31 de janeiro de 1954. Jones papers, Archives of the British Psycho-Analytical Society, Londres.

p. 169 "*Tarockexzess*": Freud a Fliess, 11 de março de 1900. *Freud-Fliess*, p. 443 (404).

p. 169 "*problema do verão*": Freud a Abraham, 24 de abril de 1914. Karl Abraham papers, LC.

p. 170 *apenas pelos livros*: Ver *Jones* II, pp. 379-402; Martin Freud, *Freud*, passim; e "A disturbance of memory on the Acropolis: an open letter to Romain Rolland on the occasion of his seventieth birthday" (1936), *SE* XXII, pp. 239-48.

p. 170 *a cargo da família*: Ver as recordações sem data do psicanalista (e analisando de Freud) Ludwig Jekels, evidentemente em resposta aos questionários de Siegfried Bernfeld, como preparação para a biografia de Freud que nunca escreveu. Siegfried Bernfeld papers, caixa 17, LC.

p. 170 "*dias maravilhosos*": Abraham a Eitingon, 1º de janeiro de 1908. Citado em Hilda Abraham, *Abraham*, p. 72.

p. 170 "*jovem e saudável*": "Selbstdarstellung", *GW* XIV, p. 78/ "Autobiographical study", *SE* XX, p. 52.

p. 170 "'*um coração alegre*'": Martin Freud, *Freud*, pp. 9 e 27.

p. 170 *alguma indisposição*: Anna Freud a

Jones, 16 de junho de 1954. Jones papers, Archives of the British Psycho-Analytical Society, Londres.

p. 171 *do que o indivíduo*: Ver *Jones* II, pp. 145-6.

p. 171 "*espirituosa e convincentemente*": Wittels, *Sigmund Freud*, pp. 129-30.

p. 171 "*muito talentoso*": Freud a Lilly Freud Marlé, 14 de março de 1911. Freud Collection, B2, LC.

p. 172 "*chorar alto*": Bruno Goetz, "Erinnerungen an Sigmund Freud", *Neue Schweizer Rundschau*, XX (maio de 1952), pp. 3-11.

p. 172 "*por si mesmas*": Martin Freud, *Freud*, p. 32.

p. 173 "*poderia evitar*": Martha Freud a Elsa Reiss, 17 de janeiro de 1950. Freud Collection, B1, LC.

p. 173 "*insignificante*": Martin Freud, *Freud*, p. 32.

p. 174 "*ao se despedir*": Richard Dyck, "Mein Onkei Sigmund", entrevista com Harry Freud em *Aufbau* (Nova York), 11 de maio de 1956, pp. 3-4.

p. 174 "*conhecem melhor*": Freud a Jones, 1º de janeiro de 1929. *Briefe*, p. 402.

p. 174 "*aninhada em seu colo*": *Jones* II, p. 387.

p. 174 "*sequer como pai*": Freud a Jung, 9 de junho de 1910. *Freud-Jung*, p. 361 (327).

p. 174 "*nos outros dias*": Freud a Fliess, 17 de dezembro de 1896. *Freud-Fliess*, p. 229 (217).

p. 174 "*excitação erótica*": Freud a Fliess, 31 de maio de 1897. Ib., p. 266 (249).

p. 174 "*gerar filhos*": Freud a Fliess, 11 de março de 1900. Ib., p. 443 (404).

p. 174 "*manhã de quarta-feira*": cópia datilografada, Freud Museum, Londres. O original hológrafo (ainda) não foi encontrado. O relato e a análise dos sonhos de Freud ocupam cinco páginas. Tem o título de "Sonho de 8/9 julho, 5ª [feira], 6ª [feira], ao Acordar". Freud enviou parte desse relato, tratando de um sonho profético (mas felizmente equivocado) sobre a morte de seu filho Martin, que então estava servindo no exército, a Ferenczi no dia 10 de julho de 1915. (Freud-Ferenczi Correspondence, Freud Collection, LC.) Essa carta dá um sólido apoio à autenticidade desse apontamento um tanto misterioso.

p. 174 "*muito pouco uso*": Freud a Putnam, 8 de julho de 1915. *James Jackson Putnam: letters*, p. 376.

p. 175 "*ars amandi*": Freud para a Sociedade Psicológica das Quartas-Feiras, 16 de outubro de 1907 e 12 de fevereiro de 1908. *Protokolle*, I, pp. 202 e 293.

p. 175 "*fundador da psicanálise*": Janet Malcolm, *In the Freud archives* (1984), p. 24.

p. 175 "*além de — morrer*": Emma Jung citou Freud para tal fim numa carta a ele em 6 de novembro (de 1911). *Freud-Jung*, p. 504 (456).

p. 175 "*sob outras formas*": "Die 'kulturelle' Sexualmoral und die Moderne Nervosität" (1908), *GW* VII, p. 156/ "'Civilized' sexual morality and modern nervous illness", *SE* IX, p. 193.

p. 176 "'*pela Humanidade*'": Freud a Jung, 19 de setembro de 1907. *Freud-Jung*, p. 98 (89).

p. 176 "*oferecer compensações*": *Der Witz und seine Beziehung zum Unbewussten* (1905), *GW* VI, p. 120/*Jokes and their relation to the unconscious*, *SE* VIII, p. 109.

p. 176 "*pequena joia*": Freud a Abraham, 31 de julho de 1913. *Freud-Abraham*, p. 144 (145).

p. 177 "'*arte' moderna*": Freud a Abraham, 26 de dezembro de 1922. Ib., p. 309 (332). O epíteto "extremamente moderno" é de Abraham, caracterizando a orientação estética recentemente adotada pelo pintor que fizera seu retrato. [Abraham a Freud, 7 de janeiro de 1923. Ib., p. 310 (333).]

p. 177 *um filisteu*: Ver Freud a Pfister, 21 de junho de 1920. *Freud-Pfister*, p. 80 (77).

p. 178 *Dorothy Sayers*: Ver Anna Freud a Jones, comentários datilografados sem data, no vol. III da biografia de Jones sobre Freud. Jones papers, Archives of the British Psycho-Analytical Society, Londres.

p. 178 *e Mark Twain*: Ver "Contribution to a questionnaire on reading" (1907), *SE* IX, pp. 245-7.

p. 179 "*efeitos da arte*": "Der Moses des Michelangelo" (1914), *GW* X, p. 172/ "The Moses of Michelangelo", *SE* XIII, p. 211. Freud publicou esse artigo anonimamente na *Imago*, e só reconheceu a autoria dez anos depois.

p. 179 "*Lustprinzip*": Freud a Jones, 8 de fevereiro de 1914. Em inglês. Freud Collection, D2, LC.

p. 179 *"reconhecesse a melodia"*: *Traumdeutung, GW* II-III, p. 214/*Interpretation of dreams, SE* IV, p. 208.

p. 179 *verdade do fato*: Ver Anna Freud a Jones, 29 de maio de 1951. Jones papers, Archives of the British Psycho-Analytical Society, Londres.

p. 179 *"nunca ia a concertos"*: Anna Freud a Jones, 23 de janeiro de 1956. Ib.

p. 179 "Meistersinger *de Wagner"*: Ver Anna Freud a Jones, 29 e 31 de maio de 1951; e Marie Bonaparte a Jones (baseando-se num comentário de Mathilde, a filha mais velha de Freud), 8 de novembro de 1951. Ambos, Ib.

p. 180 *"27 vezes"*: Ver Mina Curtiss, *Bizet and his world* (1958), pp. 426-30.

p. 180 *"para Donna Elvira"*: sobre *Fígaro*, ver *Interpretation of dreams, SE* IV, p. 208; sobre Sarastro, Freud a Ferenczi, 9 de agosto de 1909 (Freud-Ferenczi Correspondence, Freud Collection, LC); sobre Leporello, Freud a Fliess, 25 de maio de 1897 [*Freud-Fliess*, p. 261 (245)]

p. 180 *couve-flor e frango*: Martin Freud, *Freud*, p. 33. Ver também Freud a Fliess, 27 de outubro de 1899. *Freud-Fliess*, p. 418 (381).

p. 181 *"81º ano"*: Freud a Victor Richard Rubens, 12 de fevereiro de 1929, em resposta a um questionário sobre o fumo (Arents Collection, nº 3270, New York Public Library). Essa carta é citada na íntegra, no original alemão, em Max Schur, *Freud, living and dying* (1972), p. 535, mas erroneamente apresentada como endereçada a Wilhelm Fliess.

p. 181 *"sem se asfixiarem"*: Martin Freud, *Freud*, p. 110.

p. 181 *"lamentar por você"*: Dyck, "Mein Onkel Sigmund", entrevista com Harry Freud, *Aufbau*, 11 de maio de 1956, p. 4.

p. 181 *masturbação*: Freud a Fliess, 22 de dezembro de 1897. *Freud-Fliess*, pp. 312-3 (287).

p. 181 *"pré-histórico"*: Freud a Fliess, 30 de janeiro de 1899. Ib., p. 374 (342).

p. 181 *"vício pela nicotina"*: Schur, *Freud, living and dying*, p. 247.

p. 182 *"olhar do visitante"*: Hanns Sachs, *Freud: master and friend* (1945), p. 49.

p. 182 *"há muito desaparecidas"*: "My recollections of Sigmund Freud", em Muriel Gardiner (ed.), *The Wolf-Man by the Wolf-Man* (1971), p. 139.

p. 182 *"arqueologia do que psicologia"*: Freud a Stefan Zweig, 7 de fevereiro de 1931. *Briefe*, pp. 420-1.

p. 182 *"e mais preciosos"*: "My Recollections", em *The Wolf-Man*, ed. Gardiner, p. 139.

p. 183 *moldes florentinos*: Freud a Fliess, 6 de dezembro de 1896. *Freud-Fliess*, p. 226 (214).

p. 183 *"épocas e terras distantes"*: Freud a Fliess, 6 de agosto de 1899. Ib., p. 402 (366).

p. 183 *"adaptados à realidade"*: Freud a Ferenczi, 30 de março de 1922. Freud-Ferenczi Correspondence, Freud Collection, LC.

p. 183 *"desejo infantil"*: Freud a Fliess, 28 de maio de 1899. *Freud-Fliess*, p. 387 (353).

p. 183 *"As pedras falam!"*: "Zur Ätiologie der Hysterie" (1896), *GW* I, p. 427/"The aetiology of hysteria", *SE* III, p. 192.

p. 183 *"tida como lendária"*: Freud a Fliess, 21 de dezembro de 1899. *Freud-Fliess*, p. 430 (391-2).

p. 184 *"o que é autêntico"*: "Bruchstück einer Hysterie-Analyse" ("Dora") (1905), *GW* V, pp. 169-70/"Fragment of an analysis of a case of hysteria" ("Dora"), *SE* VII, p. 12.

p. 184 *escavações arqueológicas*: Ver *Civilization and its discontents* (1930), *SE* XXI, pp. 69-70.

p. 184 *hábito de fumar*: Ver *The autobiography of Wilhelm Stekel: the life story of a pioneer psychoanalyst*, ed. Emil A. Gutheil (1950), p. 116.

p. 184 *"terapia analítica"*: "Geschichte der psychoanalytischen Bewegung". *GW* X, p.63/ "History of the psycho-analytic movement", *SE* XIV, p. 25.

p. 184 *"era meu Cristo!"*: *Autobiography of Wilhelm Stekel*, p. 106.

p. 185 *sentir satisfeito*: Ver "History of the psycho-analytic movement", *SE* XIV, p. 25.

p. 185 *depois de Freud*: Ver *Jones* II, p. 7.

p. 185 *"como uma revelação"*: *Autobiography of Wilhelm Stekel*, p. 116. Para algumas das primeiras intervenções de Reitler, ver *Protokolle*, I, pp. 70-6, 105-6, 149, 167.

p. 185 *"mostrassem superficiais"*: Graf, "Reminiscences", pp. 470-1.

p. 186 *um amigo impotente*: Ver 9 de outubro de 1907. *Protokolle*, I, p. 194.

p. 187 *autoexibição científica*: 15 de janeiro de 1908. Ib., pp. 264-8.

p. 187 As teorias freudianas das neuroses: O livro foi traduzido para o inglês por C.

R. Payne, e publicado com o título *Theories of the neuroses*, trazendo uma introdução favorável de Ernest Jones, em 1921. O título original alemão era *Freud's Neurosenlehre* (1911).

p. 187 *incesto na literatura*: Ao final, o livro de Rank, *The incest motif in literature and legend*, só foi publicado em 1912.

p. 188 *o que dissera*: Ver 5 de fevereiro de 1908. *Protokolle*, I, pp. 284-5.

p. 188 *alguns insultos*: 4 de dezembro de 1907. Ib., pp. 239-43.

p. 188 *"fomos outrora"*: 5 de fevereiro de 1908. Ib., p. 284.

p. 188 *renunciar discretamente*: Ver Freud a Rank, 22 de setembro de 1907. Cópia datilografada, Freud Collection, B4, LC.

p. 189 *"Dr. Graf também..."*: Abraham a Eitingon, 1º de janeiro de 1908. Citado em Hilda Abraham, *Abraham*, p. 73.

p. 189 *"pegar o que conseguiu"*: Ernest Jones, *Free associations: memories of a psycho-analyst* (1959), pp. 169-70.

p. 189 *dessa multidão*: Ver Ludwig Binswanger, *Erinnerungen an Sigmund Freud* (1956), p. 13.

p. 190 *"o pequeno Rank"*: Freud a Abraham, 14 de março de 1911. Karl Abraham papers.

p. 190 *"método psicanalítico"*: Eitingon a Freud, 6 de dezembro de 1906. Por permissão de Sigmund Freud Copyrights, Wivenhoe.

p. 190 *"nossa doutrina"*: Freud a Eitingon, 10 de dezembro de 1906. Por permissão de Sigmund Freud Copyrights, Wivenhoe.

p. 190 *"pescador de homens"*: Freud empregou o ressonante termo *Menschenfischer*, evidentemente lembrando em que Jesus disse que converteria seus discípulos (Mateus 4:19), numa carta de 3 de março de 1910, provavelmente a John Rickman, um médico inglês que posteriormente se tornou psicanalista. Cópia datilografada, Freud Collection, B4, LC.

p. 190 *"análise didática!"*: Jones II, p. 32.

p. 190 *"aluno" de Freud*: Eitingon já se autodenominara "aluno" de Freud, mais de seis meses antes de se mudar para Berlim. (Eitingon a Freud, 5 de fevereiro de 1909. Por permissão de Sigmund Freud Copyrights, Wivenhoe.)

p. 190 *Freud o atendia*: Ver Eitingon a Freud, 9 de fevereiro, 5 de maio e 10 de junho de 1912. Por permissão de Sigmund Freud Copyrights, Wivenhoe.

p. 190 *"em minha casa"*: Freud a Eitingon, 17 de fevereiro de 1910. Por permissão de Sigmund Freud Copyrights, Wivenhoe.

p. 190 Os irmãos Karamazov: Ver Eitingon a Freud, 10 de fevereiro de 1910. Por permissão de Sigmund Freud Copyrights, Wivenhoe.

p. 190 *"nenhum traidor"*: Freud a Eitingon, 10 de julho de 1914. Por permissão de Sigmund Freud Copyrights, Wivenhoe.

p. 191 *"sua própria consciência"*: Ver Hilda Abraham, *Abraham*, p. 41.

p. 191 *em torno de Freud*: *Jones* II, p. 159.

p. 191 *"a ralé oficial"*: Freud a Abraham, 19 de abril de 1908. Karl Abraham papers, LC.

p. 191 *oferecer solidariedade*: Jones a Abraham, 18 de junho de 1911. Ib.

p. 191 *"sairão bem"*: Freud a Abraham, 11 de julho de 1909. Ib.

p. 192 *direitos homossexuais*: Ver Freud a Abraham, 9 de abril de 1908. Ib.

p. 192 *hospitalidade de Abraham*: Freud a Abraham, 29 de maio de 1908. Ib.

p. 192 *lhe impor dogmas*: Ver Andreas-Salomé a Abraham, 6 de novembro de 1914. Ib.

p. 192 *"nosso Seminário"*: Hall a Abraham, 2 de janeiro de 1914. Ib.

p. 192 *"já há um bom tempo"*: Abraham a Freud, 26 de fevereiro de 1911. Ib.

p. 192 *até "turbulenta"*: Abraham a Freud, 9 de março de 1911. Ib.

p. 192 *"tempo para a ciência"*: Ib.

p. 192 *"seu adepto"*: Abraham a Freud, 24 de julho de 1912. Ib.

p. 192 *"me absorve"*: Abraham a Freud, 28 de abril de 1912. Ib.

p. 192 *"estéril demais"*: Abraham a Freud, 25 de dezembro de 1911. Ib.

p. 193 *"pessoas certas"*: Abraham a Freud, 28 de maio de 1912. Ib.

p. 193 *alpinismo*: Ver Hilda Abraham, *Abraham*, p. 39.

p. 193 *"perversão, e não neurose"*: Freud a Abraham, 13 de fevereiro de 1911. Karl Abraham papers, LC. [Freud-Abraham, p. 105 (100--1) traz apenas parte dessa carta, omitindo a caracterização "maldosa" e a advertência contra Frau Dr. Fliess.]

p. 193 *"prudência necessária"*: Abraham a Freud, 17 de fevereiro de 1911. Karl Abraham papers, LC.

p. 193 *absolutamente fascinante*: Ver Abraham a Freud, 26 de fevereiro de 1911. Freud-Abraham, pp. 106-7 (102).

p. 194 *feita por Freud*: Ver, p. ex., Abraham a Freud, 9 de abril de 1911, onde menciona a indicação de um paciente para ele, por parte de Fliess, mas não diz uma palavra sobre Frau Fliess. Karl Abraham papers, LC.

p. 194 *"abrir nossos olhos!"*: Fliess a Abraham. 26 de setembro de 1917. Ib.

p. 195 *"verdadeiro psicólogo"*: Jones, *Free associations*, pp. 159-60.

p. 195 *cordialmente recebido*: em 13 de maio de 1908, Jones agradeceu a Freud pela sua "gentil acolhida" em Viena. Por permissão de Sigmund Freud Copyrights, Wivenhoe.

p. 195 *"com nove membros"*: Jones a Freud, 3 de novembro de 1913. Por permissão de Freud Copyrights, Wivenhoe. Aliás, nem todos esses membros se mostraram freudianos: vários iriam preferir Jung.

p. 196 *"fecundação masculina"*: Jones a Freud, 19 de junho de 1910. Por permissão de Sigmund Freud Copyrights, Wivenhoe.

p. 196 *"argumentos de outros"*: Freud a Jones, 28 de abril de 1912. Freud Collection, D2, LC.

p. 196 *usar o inglês*: Jones a Freud, 8 de novembro (de 1908). Por permissão de Sigmund Freud Copyrights, Wivenhoe. Ver também Freud a Jones, 20 de novembro de 1908. Em inglês. Freud Collection, D2, LC.

p. 196 *"oportunista excessivo?"*: Jung a Freud, 12 de julho de 1908. *Freud-Jung*, pp. 181-2 (164).

p. 197 *"e mediterrânicos"*: Freud a Jung, 18 de julho de 1908. Ib., p. 183 (165).

p. 197 *"complexo paterno"*: Jones a Freud, 18 de dezembro de 1909. Por permissão de Sigmund Freud Copyrights, Wivenhoe.

p. 197 *"trabalhar bastante juntos"*: Freud a Jones, 15 de abril de 1910. Em inglês. Freud Collection. D2, LC.

p. 197 *"revelou-se magnífico"*: Freud a Jones, 24 de fevereiro de 1912. Em inglês. Ib.

p. 197 "estado de ânimo": Jones a Freud, 3, 25 de junho, 8 de julho (de 1913). Por permissão de Sigmund Freud Copyrights, Wivenhoe.

p. 197 *"grande trabalho"*: Freud a Jones, 22 de fevereiro de 1909. Em inglês. Freud Collection, D2, LC.

p. 197 *"em lhe responder"*: Freud a Jones, 1º de junho de 1909. Em inglês. Ib.

p. 197 *"cartas e artigos"*: Freud a Jones, 10 de março de 1910. Em inglês. Ib.

p. 198 *"ao assunto"*: Freud a Jones, 16 de janeiro de 1914. Em inglês. Ib.

p. 198 *"caso desta vez"*: Freud a Jones, 8 de fevereiro de 1914. Em inglês. Ib. "Cet censeo", como Jones decerto sabia, são as palavras de abertura do famoso discurso de Catão, declarando que Cartago devia ser destruída: *Ceterum censeo Cartaginem esse delendam.*

p. 198 *"meu espírito"*: Freud a Jones, 21 de fevereiro de 1914. Em inglês. Ib.

p. 198 *nada mais*: Freud a Jones, 1º de janeiro de 1929. *Briefe*, p. 402.

p. 198 *"mais próximo" dele*: *Jones* II, p. 157.

p. 198 *"suas realizações"*: Lou Andreas-Salomé, *In der Schule bei Freud, Tagebuch eines Jahres, 1912/1913*, ed. Ernst Pfeiffer (1958), p. 193.

p. 199 *"'experiência de associação'"*: Michael Balint, "Einleitung des Herausgebers", em Sándor Ferenczi, *Schriften zu Psychoanalyse*, ed. Balint, 2 vols. (1970), I, xi.

p. 199 *tarde de domingo*: Ver Freud a Ferenczi, 30 de janeiro de 1908. Freud-Ferenczi Correspondence, Freud Collection, LC. Ver também *Jones* II, pp. 34-5.

p. 199 *"sempre sugestiva"*: Jones a Freud, 8 de julho (de 1913). Por permissão de Sigmund Freud Copyrights, Wivenhoe.

p. 199 *"realmente instrutivo"*: Freud a Ferenczi, 11 de fevereiro de 1908. Freud-Ferenczi Correspondence, Freud Collection, LC.

p. 199 *"manter sua liberdade"*: Freud a Ferenczi, 4 de agosto de 1908. Ib.

p. 199 *muito poucos*: Ver, p. ex., Freud a Ferenczi, 6 de outubro de 1909. Freud-Ferenczi Correspondance, Freud Collection, LC. Freud dirigiu-se a Abraham como "Caro Amigo" um ano depois, no verão de 1910. Ver sua carta de 22 de agosto de 1910. *Freud-Abraham*, p. 97 (91).

p. 200 *sobre as fantasias*: Freud a Ferenczi, 27 de outubro de 1908. Freud-Ferenczi Correspondence, Freud Collection, LC.

p. 200 *"não conseguiu fazer"*: Freud a Ferenczi, 2 de outubro de 1910. Ib.

p. 200 *"saudações paternas"*: Freud a Ferenczi, 17 de novembro de 1911. Ib.

p. 200 *"forma de tratamento"*: Freud a Ferenczi, 30 de novembro de 1911. Ib.

p. 200 *"Caro Amigo"*: Freud a Ferenczi, 5 de dezembro de 1911. Ib.

p. 200 *"forte em Abraham"*: Freud a Jones, 2 de agosto de 1920. Em inglês, Freud Collection, D2, LC. "Prussianismo" (*"Prussianity"*) é um dos neologismos em inglês que se encontram espalhados nas cartas de Freud a Jones.

p. 200 *"nosso trabalho"*: Freud a (Rickman?), 3 de março de 1910. Freud Collection, B4, LC.

p. 201 *seu desenvolvimento*: Oskar Pfister, "Oskar Pfister", em *Die Pädagogik der Gegenwart in Selbstdarstellungen*, ed. Erich Hahn, 2 vols. (1926-7), II, pp. 168-70.

p. 201 *estudar medicina*: Anos depois, Pfister manifestou sua gratidão a Freud "por me aconselhar, em 1912, contra o estudo da medicina". (Pfister a Freud, 14 de junho de 1927. Por permissão de Sigmund Freud Copyrights, Wivenhoe.)

p. 201 *bom amigo de Freud*: Willi Hoffer, necrológio de Pfister, *Int. J. Psycho-Anal.*, XX-XIX (1958), p. 616. Ver também Peter Gay, *A godless Jew: Freud, atheism, and the making of psychoanalysis* (1987), p. 74.

p. 201 *contra o pecado*: Freud a Jung, 17 de janeiro de 1909. *Freud-Jung*, p. 217 (195-6).

p. 201 *"como bons amigos"*: Freud a Ferenczi, 26 de abril de 1909. Freud-Ferenczi Correspondence, Freud Collection, LC.

p. 202 *do pai famoso*: Anna Freud, nota preliminar, de 1962. *Freud-Pfister*, p. 10 (11).

p. 202 *"e inquiridores"*: Hoffer, necrológio de Pfister, *Int. J. Psycho-Anal.*, XXXIX (1958), p. 616.

p. 202 *"eu teria sucumbido"*: Pfister a Freud, 25 de novembro de 1926. Por permissão de Sigmund Freud Copyrights, Wivenhoe.

p. 202 *"Professor Freud"*: Pfister a Freud, 30 de dezembro de 1923. *Freud-Pfister*, pp. 94-5 (90-1).

p. 202 *"nunca existiu"*: Pfister a Freud, 29 de outubro de 1918. Ib., p. 64 (63).

p. 202 *"aos meus olhos!"*: Freud a Pfister, 16 de outubro de 1922. Por permissão de Sigmund Freud Copyrights, Wivenhoe.

p. 203 *"musa"*: "Lou Andreas-Salomé" (1937), *GW* XVI, 270/ "Lou Andreas Salomé", *SE* XXIII, p. 297.

p. 203 *"compreensão da psicanálise"*: Abraham a Freud, 2 de outubro de 1912. *Freud-Abraham*, p. 118 (115).

p. 203 *"estudar psicanálise"*: Freud a Ferenczi, 2 de outubro de 1912. Freud-Ferenczi Correspondence, Freud Collection, LC.

p. 203 *"inteligência perigosa"*: Freud a Ferenczi, 31 de outubro de 1912. Ib.

p. 203 *"muito admirável"*: Freud a Ferenczi, 20 de março de 1913. Ib.

p. 203 *30 de outubro*: Ver 30 de outubro de 1912. *Protokolle*, IV, p. 104.

p. 203 *"como escritora"*: 23 de outubro de 1912. Ib., p. 103.

p. 203 *simplesmente como "Lou"*: Ver, p. ex., 27 de novembro de 1912. Ib., p. 120. Uma exceção é a entrada de 15 de janeiro de 1913, onde ela aparece como "Frau Lou". Ib., p. 138.

p. 204 *o fato com ela*: Ver Freud a Andreas-Salomé, 10 de novembro de 1912. *Freud-Salomé*, p. 12 (11).

p. 204 A interpretação dos sonhos: Ver "Autobiographical study", *SE* XX, p. 48.

p. 205 *e desnecessário*: Ver *Jones* II, pp. 122, 115, 111.

p. 205 *"de comentá-los"*: Jung a Freud, 4 de setembro de 1907. *Freud-Jung*, pp. 92-3 (84).

p. 205 *contra a psicanálise*: Jung a Freud, 11 de setembro de 1907. *Freud-Jung*, pp. 93-4 (84-5).

p. 205 "meio *convencidos*": Abraham a Freud, 10 de novembro de 1908. *Freud-Abraham*, p. 65 (55-6).

p. 205 *"'absurdo'"*: Freud a Abraham, 14 de dezembro de 1908. Karl Abraham papers, LC.

p. 206 *"passar sem ele"*: Freud a Abraham, 9 de março de 1909. Ib.

p. 206 *inteiramente irrelevante*: Ver *Three essays*, *SE* VII, pp. 174n, 180n.

p. 206 Winkeladvokat: Freud a Abraham, 23 de maio de 1909. Karl Abraham papers, LC.

p. 206 *"chicanista despeitado"*: Freud a Ferenczi, 26 de abril de 1909. Freud-Ferenczi Correspondence, Freud Collection, LC.

p. 206 *não muito generosa*: Ver Wilhelm Weygandt, resenha de *Interpretação de Sonhos* em *Zentralblatt für Nervenheilkunde und Psychiatrie*, XXIV (1901), pp. 548-9.

p. 206 *de polícia*: Ver *Jones* II, p. 109.

p. 206 *"recaída na selvageria!!!"*: Jones a

Freud, 20 de abril de 1910. Por permissão de Sigmund Freud Copyrights, Wivenhoe.

p. 206 "*'sexólogos piedosos'*": Jones a Freud, 2 de janeiro de 1910. Por permissão de Sigmund Freud Copyrights, Wivenhoe.

p. 206 "*assuntos sexuais*": Boris Sidis, "Fundamental states in psychoneuroses" *Jornal of Abnormal Psychology*, V (fevereiro-março de 1911), pp. 322-3. Citado em Nathan G. Hale Jr., *Freud and the Americans: the beginnings of psychoanalysis in the United States, 1876-1917* (1971), p. 297.

p. 206 *e a ilegitimidade*: Boris Sidis, *Symptomatology, psychogenesis and diagnosis of psychopathic diseases* (1914), vi-vii. Citado em ib., p. 300.

p. 207 "*séria da psicanálise*": "Attacks Dr. Freud's theory/clash in Academy of Medicine when Vienna physician was honored", *New York Times*, 5 de abril de 1912, p. 8.

p. 207 "*neurologistas americanos?*": Freud a Jones, 28 de abril de 1912. Em inglês. Freud Collection, D2, LC.

p. 207 *professor de Zurique*: "Dreams of the insane help greatly in their cure", *New York Times*, domingo, 2 de março de 1913, p. 10.

5. POLÍTICA PSICANALÍTICA [pp. 208-53]

p. 209 "*uma pessoa muito atraente*": Jones, *Free associations*, p. 165.

p. 209 *excentricidade criativa*: Ver William McGuire, Introdução a *Freud-Jung*, p. xv.

p. 210 "*Freud aparentemente atribui*": Carl G. Jung, *Über die Psychologie der Dementia Praecox. Ein Versuch* (1907), Introdução (com data de julho de 1906), pp. iii-iv.

p. 210 *tom de aprovação*: Ib., p. iv. Ver também ib., pp. 38, 50n, 62.

p. 210 *associação livre de Freud*: Ver "Psychoanalysis and association experiments" (1906), trad. R. F. C. Hull e Leopold Stein, em col. com Diana Riviere, em *Carl G. Jung, the psychoanalytic years*, William McGuirre, ed., (1974), pp. 3-32.

p. 210 "*original à ciência*": Jones, *Free associations*, p. 165.

p. 210 "*em ser corrigido*": Freud a Jung, 11 de abril de 1906. *Freud-Jung*, p. 3 (3).

p. 211 "*completamente convertido*": Jung a Freud, 5 de outubro de 1906. Ib., p. 5 (5).

p. 211 " *de seu pensamento*": Freud a Jung, 7 de outubro de 1906. Ib., pp. 5-6 (5-6).

p. 211 "*progressos na Suíça*": Jung a Freud, 26 de novembro de 1906. Ib., p. 10 (10).

p. 211 "*entusiástico de sua terapia*": Jung a Freud, 4 de dezembro de 1906. Ib., p. 11 (11).

p. 211 "*minha falibilidade*": Freud a Jung, 6 de dezembro de 1906. Ib., pp. 12-3 (12-3).

p. 211 *demência precoce*: Ver Freud a Jung, 30 de dezembro de 1906. Ib., pp. 16-7 (16-7).

p. 212 "*agora uniu-se a mim*": Freud a Jung, 1º de janeiro de 1907. Ib., p. 18 (17).

p. 212 *inimigos da psicanálise*: Para três usos, pelo menos, do termo *prächtig* aplicado a Jung, nas cartas de Freud a Ferenczi, ver suas cartas de 18 de janeiro e 17 de maio de 1909, e 29 de dezembro de 1910. Freud-Ferenczi Correspondence, Freud Collection, LC.

p. 212 "*homem do futuro*": Freud a Ferenczi, 29 de dezembro de 1910. Ib.

p. 212 *grande empreendimento*: Freud a Jung, 13 de agosto de 1908. *Freud-Jung*, p. 186 (168).

p. 213 "*própria e natural*": Jung a Freud, 20 de fevereiro de 1908. Ib., p. 135 (122).

p. 213 "*era quem ouvia*": Martin Freud, *Freud*, pp. 108-9.

p. 213 *praticamente ininterruptas*: Ver Carl G. Jung, *Memories, dreams, reflections* (1962; trad. Richard e Clara Winston, 1962), pp. 146-7.

p. 213 "*aparado rente*": Martin Freud, *Freud*, p. 109.

p. 213 "*tom completamente descontraído*": Binswanger, *Erinnerungen*, p. 11.

p. 213 *estava se desmoronando*: Jung a Freud, 31 de março de 1907. *Freud-Jung*, p. 26 (25).

p. 214 "*não abandonará a obra*": Freud a Jung, 7 de abril de 1907. Ib., p. 29 (27).

p. 214 *destroná-lo*: Binswanger, que registrou esse episódio, não conseguiu lembrar o conteúdo do sonho de Jung, recordando apenas a interpretação que lhe deu Freud. (Ver Binswanger, *Erinnerungen*, p. 10.)

p. 214 *ensinamentos de Freud*: Jung a Freud, 24 de maio de 1907. *Freud-Jung*, p. 54 (49).

p. 214 "*pequena parte delas*": Freud a Jung, 21 de abril de 1907. Ib., p. 44 (40).

p. 214 "*mesa do rico*": Jung a Freud, 4 de junho de 1907. Ib., p. 62 (56).

p. 214 "*tornaram uma necessidade*": Freud a Jung, 10 de julho de 1907. Ib., p. 83 (75).

p. 214 "*mestre e guia*": Freud a Jung, 18 de agosto de 1907. Ib., p. 85 (77).

p. 214 "*sexual diretamente*": Freud a Jung, 27 de agosto de 1907. Ib., p. 88 (79).

p. 214 "*sentimento de inveja*": Jung a Ferenczi, 6 de janeiro de 1909. Carl G. Jung, *Briefe*, Aniela Jaffé com Gerhard Adler (eds.), 3 vols. (1946-55; 3ª ed., 1981), I, p. 26.

p. 214 "*antes eu adorava*": Jung a Freud, 28 de outubro de 1907. *Freud-Jung*, p. 105 (95).

p. 215 "*objeto de culto*": Freud a Jung, 15 de novembro de 1907. Ib., 108 (98).

p. 215 "*assunto nacional judaico*": Freud a Abraham, 3 de maio de 1908. *Freud-Abraham*, p. 47 (34).

p. 215 "*nem nos apreciarão*": Freud a Sabine Spielrein, 28 de agosto de 1913. Transcrição datilografada. Por permissão de Sigmund Freud Copyrights, Wivenhoe.

p. 215 "*muito menos resistência*": Freud a Abraham, 23 de julho de 1908. *Freud-Abraham*, p. 57 (46).

p. 215 "*estranho a mim*": Freud a Abraham, 11 de outubro de 1908. Ib., p. 64 (54).

p. 215 "*vítima do antissemitismo*": Freud a Abraham, 26 de novembro de 1908. Ib., p. 73 (64).

p. 215 *do que a de Abraham*: Ver Freud a Abraham, 20 de julho de 1908. Karl Abraham papers, LC.

p. 216 *grau de injustiça*: Freud a Abraham, 23 de julho de 1908. *Freud-Abraham*, p. 57 (46).

p. 216 "*elemento místico*": Freud a Abraham, 20 de julho de 1908. Ib., p. 57 (46).

p. 216 *Freud a Ferenczi*: Freud a Ferenczi, 8 de junho de 1913. Freud-Ferenczi Correspondence, LC.

p. 216 "*empenhado demais para tanto*": Jung a Freud, 8 de janeiro de 1907, *Freud-Jung*, p. 21 (20).

p. 216 "*nada do tipo Fliess*": *Jung a Freud*, 11 de março de 1909. Ib., p. 234 (211-2).

p. 217 *qualificou-o Freud.* "Selbstdarstellung", *GW* XIV, p. 78/ "Autobiographical study", *SE* XX, p. 51.

p. 217 "*é um louco*": Thorndike a James Cattell, 6 de julho de 1904. Cit. em Dorothy Ross, *G. Stanley Hall: the psychologist as prophet* (1972), p. 385.

p. 217 "*neste país*": Hall a "Siegmund" Freud, 15 de dezembro de 1908. Cit. em ib., p. 386.

p. 217 "*nossos esforços*": Ver William A. Koelsch, "Incredible day dream": *Freud and Jung at Clark*, The Fifth Paul S. Clarkson Lecture (1984).

p. 218 "*vida comum*": "Geschichte der psychoanalytischen Bewegung", *GW* X, pp. 44, 70/" Hystory of the psychoanalytic movement", *SE* XIV, pp. 7, 30-1.

p. 218 "*preciosa da realidade*": "Selbstdarstellung", *GW* XIV, p. 78/ "Autobiographical study", *SE* XX, p. 52.

p. 218 "*nossa psicologia*": Freud a Ferenczi, 10 de janeiro de 1909, Freud-Ferenczi Correspondence, Freud Collection, LC.

p. 218 "*novo continente*": Freud a Ferenczi, 17 de janeiro de 1909. Ib.

p. 218 "*notícia dos EUA*": Freud a Ferenczi, 2 de fevereiro de 1909. Ib.

p. 218 "*aceitar o convite*": Freud a Ferenczi, 28 de fevereiro de 1909. Ib.

p. 218 "*custos da viagem*": Ver Ferenczi a Freud, 11 de janeiro de 1909. Ib.

p. 218 *leituras sobre os Estados Unidos*: Ferenczi a Freud, 2 de março de 1909. Ib.

p. 218 "*grande experiência*": Freud a Ferenczi, 9 de março de 1909. Ib.

p. 219 "*grandes novidades*": Freud a Abraham, 9 de março de 1909. Karl Abraham papers, LC.

p. 219 "*repetir tão cedo*": Freud a Ferenczi, 25 de abril de 1909. Freud-Ferenczi Correspondence, LC.

p. 219 "*nossa viagem juntos*": Freud a Ferenczi, 25 de julho de 1909. Ib.

p. 219 *círculos psicológicos*: Freud a Jung, 18 de junho de 1909. *Freud-Jung*, p. 258 (234).

p. 219 "*deixar surpreender*": Freud a Ferenczi, 25 de julho de 1909. Freud-Ferenczi Correspondence, Freud Collection, LC.

p. 219 *mesma espontaneidade*: Ver Freud a Jung, 7 de julho de 1909. *Freud-Jung*, p. 264 (240).

p. 219 *da vida cotidiana*: Ver *Jones* II, p. 55.

p. 220 *o* "*sufocaram*": Brill a Smith Ely Jelliffe, 4 de dezembro de 1940. Cit. em Hale, *Freud and the Americans*, p. 390.

p. 220 "*primeiro-sargento*": Ib., p. 391.

p. 220 "*não havia nenhuma dúvida*": Jones, *Free associations*, pp. 230-1.

p. 220 "*Freud de Viena*": Cit. *em Jones* II, pp. 55-6.

p. 221 *não funcionava bem*: Sobre a água

gelada, ver Anna Freud a Ernest Jones, 10 de março de 1954. Jones papers, Archives of the British Psycho-Analytical Society, Londres.

p. 221 *problema intestinal*: Freud a Pfister, 17 de março de 1910. Com permissão de Sigmund Freud Copyrights, Wivenhoe.

p. 221 "*sua comida*": Jones a Freud, 12 de fevereiro de 1910. Com permissão de Sigmund Freud Copyrights, Wivenhoe.

p. 221 *sua caligrafia?*: Ver Freud a Jones, 17 de janeiro de 1910. Freud Collection, D2, LC. Ver também *Jones* II, pp. 59-60.

p. 221 "*a América em si*": *Jones* II, p. 59.

p. 221 *foi uma exceção*: Ver Koelsch, *Incredible day dream*, s.n.

p. 221 *ouvintes americanos*: Ver Hale, *Freud and the Americans*, pp. 3-23.

p. 222 "*fim próximo da vida*": "Selbstdarstellung", *GW* XIV, p. 78/ "Autobiographical study", *SE* XX, p. 52.

p. 222 "*trabalho dos senhores*": *Jones* II, p. 57.

p. 222 " *verdadeira psicologia*": James a Mary W. Calkins, 19 de setembro de 1909. Cit. em Ralph Barton Perry, *The thought and character of William James*, 2 vols. (1936, II, p. 123).

p. 222 "*sobre a natureza humana*": James a Flournoy, 28 de setembro de 1909. *The letters of William James*, Henry James (ed.), 2 vols. (1920), II, pp. 327-8.

p. 222 *experiências com associações de palavras*: Ver Jung a Virginia Payne, 23 de julho de 1949. Jung, *Briefe*, II, p. 159.

p. 223 *para seu grande benefício*: Ver Jung a Freud, 14 de outubro de 1909. *Freud-Jung*. p. 275 (250). Ver também Jung a Virginia Payne, 23 de julho de 1949. Jung, *Briefe*, II, p. 158.

p. 223 "*grande sucesso*": Freud a Mathilde Hollitscher, 23 de setembro de 1909. Freud Collection, B1, LC.

p. 223 *em Zurique*: Ver Jung a Freud, 14 de outubro de 1909. *Freud-Jung*, p. 275 (250).

p. 223 *umas vergastadas*: Freud a Jung, 11 de novembro de 1909. Ib., p. 286(260). Freud observou o lapso num comentário marginal, mas minimizou a sua importância.

p. 224 "*com esses dois*": Freud a Ferenczi, 6 de abril de 1911. Freud-Ferenczi Correspondence, Freud Collection, LC.

p. 224 "*piada constante*": Jones, *Free associations*, p. 219.

p. 224 *todos inventados*: Ver ib., pp. 219-20.

p. 224 "*oculto e do inconsciente*": Freud a Jones, 20 de novembro de 1908. Em inglês. Freud Collection, D2, LC. Essa carta é citada na íntegra, mas com data errada de 1909, em *Jones* II, p. 62.

p. 224 Eifersüchteleien: Freud a Otto Rank, 13 de setembro de 1912. Rank Collection, caixa 1b. Rare Book and Manuscript Library, Columbia University.

p. 224 "*totalmente cabeçudo*": "Geschichte der psychoanalytischen Bewegung", *GW*, X p. 58/ "History of the psychoanalytic movement", *SE* XIV, p. 19.

p. 224 *mentiroso descarado*: Ver Freud a Jones, 15 de novembro de 1912. Freud Collection, D2, LC.

p. 224 "mauvais sujet": Freud a Ferenczi, 10 de abril de 1911. Freud-Ferenczi Correspondence, Freud Collection, LC.

p. 224 *um* "*porco*": Freud a Ferenczi, 17 de outubro de 1912. Ib.

p. 224 *crédito demais a Stekel*: Freud a Jones, 21 de fevereiro de 1914. Em inglês. Freud Collection, D2, LC.

p. 225 A linguagem dos sonhos: Ver 26 de abril de 1911. *Protokolle*, III, pp. 223-6. "Animal talentoso, K K " Freud a Ferenczi, 13 de fevereiro de 1910. Freud-Ferenczi Correspondence, Freud Collection, LC. "Talento histriônico": Freud a Ferenczi, 12 de abril de 1910. Ib.

p. 226 "*considero-o pernicioso*": Bleuer a Freud, 4 de dezembro de 1911. Freud Collection, D2, LC.

p. 226 "*é insuportável*": Freud a Ferenczi, 30 de novembro de 1911. Freud-Ferenczi Correspondence, Freud Collection, LC.

p. 226 "*por reconhecimento*": Jones *Free associations*, p. 169.

p. 226 *formação das neuroses*: 7 de novembro de 1906. *Protokolle*, I, pp. 36-46.

p. 227 "*traumas sexuais*": 27 de novembro de 1907. Ib., p. 237.

p. 227 "*a inferioridade dos órgãos*": 18 de dezembro de 1907. Ib., p. 257.

p. 228 "*estraga o caráter*": Freud a Abraham, 1º de janeiro de 1913. Karl Abraham papers, LC.

p. 228 "*período de adolescência*: Freud a Ferenczi, 3 de abril de 1910. Freud-Ferenczi Correspondence, Freud Collection, LC.

p. 228 "*sem elogios, por favor!*": Freud a Jones, 15 de abril de 1910. Em inglês. Freud Collection, D2, LC.

p. 228 "*sobre os vienenses*": Freud a Ferenczi, 3 de abril de 1910. Freud-Ferenczi Correspondence, Freud Collection, LC.

p. 229 "'*todos os senhores*'": Wittels, *Freud*, p. 140. Para uma descrição mais melodramática, mas menos plausível, que apresenta Freud derramando lágrimas, ver *Autobiography of Wilhelm Stekel*, pp. 128-9.

p. 229 "*Associação Psicanalítica Internacional*": "Geschichte der psychoanalytischen Bewegung", *GW* X, pp. 84-6/"History of the psychoanalytic movement", *SE* XIV, pp. 42-4.

p. 229 "*de nós vienenses*": 6 de abril de 1910. *Protokolle*, II, p. 427.

p. 230 *nova revista*: Ib., p. 425.

p. 230 "*Grão-Duque à frente*": Freud a Ferenczi, 12 de abril de 1910. Freud-Ferenczi Correspondence, Freud Collection, LC.

p. 230 *nomeado para ocupá-lo*: Ver 6 de abril de 1910. *Protokolle*, II, pp. 422-30.

p. 230 *infundadas e irracionais*: "History of the psychoanalytic movement", *SE* XIV, p. 50.

p. 230 "*terreno comum*": Freud a Ferenczi, 3 de abril de 1910. Freud-Ferenczi Correspondence, Freud Collection, LC.

p. 230 *intensamente envolvido*: Ver Carl Furtmüller, "Alfred Adler: a biographical essay", em Alfred Adler, *Superiority and social interest: a collection of later writings*, Heinz L. e Rowena R. Ansbacher (eds.) (1964; 3ª ed., 1979), pp. 345-8, especialmente informativo porque Furtmüller era sólido partidário de Adler.

p. 231 " *devemos segurá-lo*": Freud a Jung, 18 de junho de 1909. *Freud-Jung*, pp. 259-60 (235).

p. 231 "*Libido contra ele*": Freud a Pfister, 26 de fevereiro de 1911. *Freud-Pfister*, p. 47 (48).

p. 231 "*realmente ruins*": Freud a Jung, 3 de dezembro de 1910. *Freud-Jung*, p. 415 (376).

p. 231 "*eu estava sozinho*": Freud a Ferenczi, 23 de novembro de 1910. Freud-Ferenczi Correspondence, Freud Collection, LC.

p. 232 "*em algo mais*": 4 de janeiro e 1º de fevereiro de 1911. *Protokolle*, III, pp. 103-11, 139-49.

p. 232 "*prejudicarão a psicanálise*": 1º de fevereiro de 1911. *Protokolle*, III, pp. 143-7.

p. 232 *travar seu combate*: Ver ib., pp. 147-8.

p. 232 "*a saber, Freud a Adler*": 22 de fevereiro de 1911. Ib., p. 168-9.

p. 232 "*sua amizade*": Freud a Ferenczi, 12 de março de 1911. Freud-Ferenczi Correspondence, Freud Collection, LC.

p. 233 "*e sadismo*": Freud a Jones, 9 de agosto de 1911. Em inglês, Freud Collection, D2, LC.

p. 233 *delírios paranoicos de perseguição*: Ver Freud a Jung, 15 de junho e 13 de julho de 1911. *Freud-Jung*, pp. 473, 479 (428, 434).

p. 233 "*honesta independência*": Adler a Jones, 7 de julho de 1911. Jones papers, Archives of the British Psychoanalytical Society, Londres.

p. 233 "*me entenda mal*": Adler a Jones, 10 de julho de 1911. Ib. Adler estava exagerando o tempo de sua lealdade à psicanálise: se as suas datas estivessem corretas, ele teria sido um freudiano em 1896.

p. 233 *era* "*típica*": Adler a Jones, 7 de setembro de 1911. Ib.

p. 233 "*bando de Adler*": Freud a Ferenczi, 5 de outubro de 1911. Freud-Ferenczi Correspondence, Freud Collection, LC.

p. 234 "*simbiose impossível*": Freud a Jung, 12 de outubro de 1911. *Freud-Jung*, p. 493 (447).

p. 234 "*deixado de lado*": Phyllis Bottome, *Alfred Adler: apostle of freedom* (1939; 3ª ed., 1957), pp. 76-7. Uma vez que Bottome era a biógrafa autorizada de Adler, e o incidente dificilmente redunda a favor de Adler, tem um cunho de autenticidade, embora não pareça nada provável que Freud tenha rogado a Adler para que ficasse.

p. 234 endlos — "*infinito*": Freud a Jung, 15 de junho de 1911. *Freud-Jung*, p. 472 (428).

p. 235 "*poderia e deveria ser*": Emma Jung a Freud, 30 de outubro de 1911. Ib., p. 499 (452).

p. 235 *entender sua mensagem*: Freud a Ferenczi, 5 de novembro de 1911. Freud-Ferenczi Correspondence, Freud Collection, LC.

p. 235 *acima da verdade*: Ver Jung a Freud, 3 de dezembro de 1912. *Freud-Jung*, pp. 583-4, 584n (526, 526). Ver também Jung, *Memories, dreams, reflections*, p. 158.

p. 235 "*má consciência*": Freud a Pfister, 4 de julho de 1912. *Freud-Pfister*, p. 57 (56-7).

p. 236 "*aceitá-lo*": "The Houston Films" (1957), uma entrevista em *C. G. Jung speaking: interviews and encounters*, William McGuire e R. F. C. Hull (eds.) (1977), p. 339.

p. 236 "*de suas ideias*": "The 'face to face'

interview with John Freeman", na BBC, 1959, em ib., p. 433.

p. 236 *"deus superior"*: Jung a Freud, 14 de dezembro de 1909. *Freud-Jung*, p. 303 (275).

p. 236 "Pater peccavi": Jung a Freud, 15 de novembro de 1909. Ib. p. 289 (262).

p. 236 *"a lhe perguntar"*: *Jung a* Freud, 30 de novembro/2 de dezembro de 1909. Ib., p. 297 (270).

p. 236 *"minha posição à sua"*: Jung a Freud, 25/31 de dezembro de 1909. Ib., p. 308 (280).

p. 236 *"desamparo infantil"*: Freud a Jung, 2 de janeiro de 1910. Ib., p. 312 (283-4).

p. 236 *do Ano-Novo*: Ver Freud a Ferenczi, 1º de janeiro de 1910. Freud-Ferenczi Correspondence, Freud Collection, LC.

p. 236 *"componentes polígamos"*: Jung a Freud, 7 de março de 1909. *Freud-Jung*, p. 229 (207).

p. 236 *"liberdade sexual"*: Jung a Freud, 11 de fevereiro de 1910. Ib., p. 324 (294).

p. 236 *"causa à frente"*: Freud a Jung, 13 de janeiro de 1910. Ib., p. 316 (287).

p. 237 *relutantes e distantes*: Freud a Ferenczi, 13 de fevereiro de 1910. Freud-Ferenczi Correspondence, Freud Collection, LC.

p. 237 *"apenas preocupado"*: Freud a Ferenczi, 3 de março de 1910. Ib.

p. 237 *"nós mesmos"*: Freud a Jung, 19 de dezembro de 1909. *Freud-Jung*, p. 304 (276).

p. 237 *"para* esta *tarefa"*: Jung a Freud, 25 de dezembro de 1909. Ib., p. 307 (279).

p. 237 *"exército auxiliar"*: Freud a Jung, 2 de janeiro de 1910. Ib., p. 311 (282).

p. 237 *"como um selvagem"*: Freud a Jung, 6 de março de 1910. Ib., p. 331 (300).

p. 237 *"minhas travessuras!"*: Jung a Freud, 9 de março de 1910. Ib., p. 333 (302).

p. 237 *"o pai demonstra"*: Jung a Freud, 26 de julho e 29 de agosto de 1911. Ib., pp. 482, 484 (437, 438).

p. 237 *"falar em concorrência"*: Jung a Freud, 14 de novembro de 1911. Ib., p. 509 (460).

p. 238 *"em meu sangue"* : Jung a Freud, 3 de março de 1912. Ib., p. 544 (491).

p. 238 *"imitar Adler"*: *Jung a Freud*, 10 de março de 1912. Ib., p. 546 (493).

p. 238 *"permanecer assim?"*: Freud a Jung, 5 de março de 1912. Ib., p. 546 (493).

p. 238 *"a minha vitória?"*: Jung a Freud, 3 de março de 1912. Ib., p. 544 (491). A passagem é de *Also Sprach Zarathustra*, parte I, seção 3.

p. 238 *"escreva apenas raramente"*: Freud a Jung, 5 de março de 1912. *Freud-Jung*, p. 545 (492).

p. 239 *passando satisfatoriamente*: Freud a Binswanger, 14 de abril de 1912. Cópia transcrita, Freud Collection, D1, LC.

p. 239 *parar por lá*: Em 3 de junho de 1912, Freud anotou numa carta a Abraham que não tivera tempo suficiente para visitar Jung: "Sem tempo suficiente para Zurique" — *Nach Zürich gings nicht mehr.* (Karl Abraham papers, LC).

p. 239 *maneiras independentes*: Jung a Freud, 8 de junho de 1912. *Freud-Jung*, p. 564 (509). A primeira vez que Jung usou o termo "Kreuzlingen gesture" foi numa carta a Freud em 18 de julho de 1912. Ib., p. 566(511).

p. 239 *"à minha pessoa"*: Freud a Jung, 13 de junho de 1912. Ib., p. 565-6 (510-1).

p. 240 *sexualidade infantil*: *Jones* II, p. 152.

p. 240 *"de nosso conhecimento"*: Freud a Jones, 1º de agosto de 1912. Em inglês. Freud Collection, D2, LC.

p. 240 *"necessidades da realidade"*: Ib.

p. 240 *"nessa ideia"*: Freud a Jones, 10 de agosto de 1912. Em inglês. Ib.

p. 240 *"meu romantismo pessoal"*: Jones a Freud, 7 de agosto de 1912. Com permissão de Sigmund Freud Copyrights, Wivenhoe.

p. 240 *"muitos outros mais"*: Freud a Jones, 22 de julho de 1912. Em inglês. Freud Collection, D2, LC.

p. 241 *"eu quis ignorar"*: Freud a Abraham, 29 de julho de 1912. Karl Abraham papers, LC.

p. 241 *"permanecer intacta"*: Ib.

p. 241 *"azeite e água"*: Freud a Ferenczi, 28 de julho de 1912. Freud-Ferenczi Correspondence, Freud Collection, LC.

p. 241 *"solo da ψA"*: Freud a Rank, 18 de agosto de 1912. Rank Collection, caixa 1b. Rare Book and Manuscript Library, Columbia University.

p. 241 *"intelectualmente superior"*: Freud a Ferenczi, 28 de julho de 1912. Freud-Ferenczi Correspondence, Freud Collection, LC.

p. 241 *"não poderão ser restaurados"*: Freud a Jones, 22 de setembro de 1912. Em inglês. Freud Collection, D2, LC.

p. 241 *"dirigida por jesuítas"*: Freud-Ferenczi Correspondence, Freud Collection, LC.

p. 241 *"considero verdadeiro"*: Jung a Freud, 11 de novembro de 1912. *Freud-Jung*, pp. 571-2 (515-6).

p. 242 *"dizer exibicionismo"*: Ib., p. 573 (516-7).

p. 242 *editor do* Zentralblatt: Ver 9 de outubro de 1912. *Protokolle*, IV, p. 99.

p. 242 *considerava como inimigo*: Ver *Autobiography of Wilhelm Stekel*, pp. 141-3.

p. 242 *contraste com Adler*: Freud a Jones, 9 de agosto de 1911. Em inglês. Freud Collection, D2, LC.

p. 242 *"não poderia permitir"*: Freud a Abraham, 3 de novembro de 1912. *Freud-Abraham*, p. 127 (125).

p. 242 *"ser humano insuportável"*: Ib. Ver também 6 de novembro de 1912. *Protokolle*, IV, pp. 108-9n.

p. 242 *"sua propriedade pessoal"*: Freud a Jones, 15 de novembro de 1912. Em inglês. Freud Collection, D2, LC.

p. 242 *"a soldo do adlerismo"*: Freud a Abraham, 1º de janeiro de 1913. Karl Abraham papers, LC.

p. 243 *"postas por escrito"*: Freud a Jung, 14 de novembro de 1912.

p. 243 *"e eliminação"*: Eitingon a Freud, 11 de novembro de 1912. Com a permissão de Sigmund Freud Copyrights, Wivenhoe.

p. 243 *"estou de fogo!"*: Freud a Ferenczi, 26 de novembro de 1912. Freud-Ferenczi Correspondence, Freud Collection, LC.

p. 243 *"logo se recuperou"*: *Jones* I, p. 317.

p. 243 *"nem atenuar"*: Jung a Freud, 26 de novembro de 1912. *Freud-Jung*, p. 579 (522).

p. 244 *"todo o misticismo"*: Freud a Jung, 29 de novembro de 1912. Ib., pp. 581-2 (524).

p. 244 *de acusação*: Jung a Freud, 3 de dezembro de 1912. Ib., pp. 583-4 (525-6).

p. 244 *"de seu vizinho"*: Freud a Jung, 5 [de dezembro] de 1912. Ib., p. 587 (529).

p. 244 *livro de Adler*: Ver Jung a Freud, 7 de dezembro de 1912. Ib., pp. 589-91 (531-2).

p. 244 *teoria da libido*: Freud a Jung, 9 de dezembro de 1912. Ib., p. 592 (532-3).

p. 244 Ihrigen— *"dos vossos"*: Jung a Freud, s/d [escrito entre 11 e 14 de dezembro de 1912]. Ib., p. 592 (533).

p. 244 *sem se encolerizar*: Freud a Jung, 16 de dezembro de 1912. Ib., p. 593 (534).

p. 244 *"saudável grosseria"*: Conversa entre Freud e Jones (*Jones* II, p. 86).

p. 244 *"através de seu ardil"* Freud a Jung, 18 de dezembro de 1912. *Freud-Jung*, p. 594 (534-5). Jung usou o termo francês *truc*.

p. 245 *de nenhum proveito*: Ib., p. 594 (535).

p. 245 *em analisá-los*: Ver Freud a Jung, 22 de dezembro de 1912. Ib., p. 596 (537).

p. 245 *"um 'Aiglon'"*: Freud a Jones, 26 de dezembro de 1912. Em inglês. Freud Collection, D2, LC.

p. 246 *"pôr a meu serviço"*: Freud a Ferenczi, 23 de janeiro de 1912. Freud-Ferenczi Correspondence, Freud Collection, LC.

p. 246 *sentimento de vergonha*: Ver Freud a Jones, 26 de dezembro de 1912. Freud Collection, D2, LC.

p. 246 *"mais sua importância"*: Ib.

p. 246 *"se mostrar possível"*: Freud a Jones, 1º de janeiro de 1913. Em inglês. Ib.

p. 246 *"experimentadas anteriormente"*: Freud a Jung, 3 de janeiro de 1913. *Freud-Jung*, pp. 598-99 (538-9).

p. 246 *"tolo e brutal que é"*: Freud a Ferenczi. 23 de dezembro de 1912. Freud-Ferenczi Correspondence, Freud Collection, LC.

p. 246 *"é silêncio"*: Jung a Freud (cartão-postal datilografado e assinado), 6 de janeiro de 1913. *Freud-Jung*, p. 600 (540).

p. 246 *"Confidencial!"*: Memorando datilografado, Karl Abraham papers, LC. Não possui data, mas no dia 13 de março Jones escreveu uma resposta detalhada (ib.); assim, ele deve ter sido posto no correio por volta de 10 ou 11 de março de 1913.

p. 247 *"quinze anos"*: Freud a Ferenczi, 8 de maio de 1913. Freud-Ferenczi Correspondence, Freud Collection, LC.

p. 247 *"em Psicanálise"*: Posto no correio em 4 de julho de 1913. Freud-Jones Correspondence, Freud Collection, D2, LC.

p. 247 *tinham ido além*: Jung a Freud, 20 de julho de 1913. *Freud-Jung*, pp. 609-10 (548).

p. 248 *"modelo de comportamento"*: Ver Jung a Henri Flournoy, 29 de março de 1949, onde "modelo de comportamento" está em inglês [*pattern of behaviour*]. Jung, *Briefe*, II, p. 151.

p. 248 "*senso comum*": Jung a J. H. van der Hoop, 14 de janeiro de 1946. Ib., p. 9.

p. 248 "*nuvem religioso-libidinal*": Freud a Jung, 18 de fevereiro de 1912. *Freud-Jung*, p. 537 (485).

p. 248 "*o criador*": Jung a Freud, 25 de dezembro de 1909. Ib., p. 307 (279).

p. 249 "*não faria mal*". Freud a Ferenczi, 8 de junho de 1913. Freud-Ferenczi Correspondence, Freud Collection, LC.

p. 249 "*patrocínio ariano*": Freud a Ferenczi, 4 de maio de 1913. Ib.

p. 249 *membros e convidados*: Ver *Jones* II, p. 102.

p. 249 *irreparavelmente dividida*: Ver Jones, *Free associations*, p. 224.

p. 249 "*nos encontrar outra vez*": "Geschichte der psychoanalytischen Bewegung", *GW* X, p. 88/"History of the psychoanalytic movement", *SE* XIV, p. 45.

p. 249 *a despeito da realidade*: Andreas-Salomé, *In der Schule bei Freud*, pp. 190-1.

p. 249 "*inocência insultada*": Freud a Abraham, 2 de novembro de 1913. *Freud-Abraham*, p. 150 (152).

p. 249 "*discussão pública*": declaração de Jung em *Jahrbuch*, reproduzida em *Freud-Jung*, p. 612.

p. 250 "bona fides": Jung a Freud, 27 de outubro de 1913. Ib., p. 612 (550).

p. 250 "*ficar com tudo para si*": Freud a Jones, 13 de novembro de 1913. Em inglês. Freud Collection, D2, LC.

p. 250 "*com urgência*" a Viena: Freud a Ferenczi, 30 de outubro de 1913. Freud-Ferenczi Correspondence, Freud Collection, LC.

p. 250 "*às vezes desonesto*": Freud a Jones, 8 de janeiro de 1914. Em inglês. Freud Collection, D2, LC.

p. 250 "*brutalidade de Jung*": Freud a Abraham, 17 de maio de 1913. Karl Abraham papers, LC.

p. 250 "*como dizem os psiquiatras*": Jones a Abraham, 29 de dezembro de 1913. Ib.

p. 250 "*devemos nos separar*": Jones a Abraham, 14 de janeiro de 1914. Ib.

p. 250 "*casamento artificial*": Abraham a Jones, 11 de janeiro de 1914. Jones papers, Archives of the British Psycho-Analytical Society, Londres.

p. 250 "*Adler e Jung*": Freud a Ferenczi, 9 de novembro de 1913. Freud-Ferenczi Correspondence, Freud Collection, LC.

p. 250 "*na história*": Freud a Ferenczi, 12 de janeiro de 1914. Ib.

p. 251 "*Abraham, Eitingon*": Abraham e Eitingon a Freud (telegrama), 22 de abril de 1914. Karl Abraham papers, LC.

p. 251 "*muito a tarefa*": Freud a Ferenczi, 24 de abril de 1914. Freud-Ferenczi Correspondence, Freud Collection, LC.

p. 251 *exultante a Abraham*: Freud a Abraham, 18 de julho de 1914. *Freud-Abraham*, p. 178 (184).

p. 251 Nachbeter: Freud a Abraham, 26 de julho de 1914. Ib., p. 180 (186).

p. 251 "*não-mais-nossos*": Eitingon a Freud, 6 de julho de 1914. Com permissão de Sigmund Freud Copyrights, Wivenhoe.

p. 251 "*em relação a mim*": Freud a Putnam, 8 de julho de *1915*. *James Jackson Putnam: letters*, p. 376.

p. 252 "*mais de tolerância*": Freud a Abraham, 14 de junho de 1912. Karl Abraham papers, LC.

p. 253 "*amizade sem nuvens*": "Sebstdarstellung", *GW* XIV, p. 80/ "Autobiographical study", *SE* XX, p. 53.

p. 253 "*sagrada em todos*": Freud a Binswanger, 31 de dezembro de 1909. Cit. em Binswanger, *Erinnerungen*, p. 32.

6. TERAPIA E TÉCNICA [pp. 254-313]

p. 254 "(*Dr. Jur.*)". *6 de novembro de 1907*. *Protokolle*, I, p. 213. Ver também 30 de outubro e 6 de novembro de 1907. Ib., pp. 212-23.

p. 254 "*passagem do tempo*": Jones, *Free associations*, p. 166.

p. 254 "*intelectual e artístico*": Ib.

p. 255 *em outubro de 1900*: Seu nome verdadeiro era Ida Bauer, e seu irmão Otto iria se tornar um líder político socialista na Áustria.

p. 255 *preferiu não explorar*: Freud a Fliess, 14 de outubro de 1900. *Freud-Fliess*, p. 469 (427).

p. 256 "*apenas para o presente*": Freud a Fliess, 25 de janeiro de 1901. Ib., p. 476 (433).

p. 256 "*do livro dos sonhos*": Ib.

p. 256 "*ouvinte na sua pessoa*": Freud a Fliess, 11 de março de 1902. Ib., p. 501 (476).

p. 256 *preocupação não analisada*: Ver "Editor's note", *SE* VII, p. 5.

p. 256 "*perplexidade e resistência*": "Bruchstück einer Hysterie-Analyse" ["Dora"] (1905), *GW* V, p. 164/ "Fragment of an analysis of a case of hysteria" ["Dora"], *SE* VII p. 11.

p. 257 "*ao entretenimento deles*": Ib., pp. 165-6/9.

p. 258 *junto a seu corpo*: Ib., p. 186/28.

p. 259 *de sua confiança*: "Sem dúvida Dora estava apaixonada pelo sr. K., a quem Freud considerou um homem bem apresentável. Mas imagino quantos de nós podemos hoje aceitar sem protestos a declaração de Freud de que uma jovem saudável, sob tais circunstâncias, não teria considerado as investidas do sr. K. 'indiscretas ou ofensivas'" (Erik H. Erikson, "Psychological reality and historical actuality" [1962], em *Insight and responsability*: *lectures on the ethical implications of psychoanalytic insight* [1964], p. 169).

p. 259 "*o desejado 'Sim'*": *GW* V, p. 219/*SE* VII, pp. 58-9.

p. 260 *pondo-se a tossir*: Ib., p. 207/47-8.

p. 261 "*seu amor por ele*": Ib., pp. 231-2/69-70.

p. 261 "*parte da interpretação*": Ib., p. 232/ 70.

p. 261 "*não voltou mais*": Ib., pp. 272-3/108-9.

p. 262 "arte da psicologia": Ib., p. 272/109.

p. 262 "*da transferência*": Ib., p. 282/118.

p. 263 *trabalho analítico*: Ib., pp. 281, 282--3/117, 119.

p. 263 "*nessa contenda*": Ib., p. 272/109.

p. 263 "*inconscientes do analista*": "Die zukünftigen Chancen der psychoanalytischen Therapie" (1910), *GW* VIII, p. 108/ "The future prospects of psychoanalytic therapy", *SE* XI, p. 144.

p. 263 "*resistências interiores*": Ib., p. 108/ 144-5.

p. 264 "*por todos os poros*": "Dora", *GW* V, p. 240/*SE* VII, pp. 77-8.

p. 264 *mímica da masturbação*: Ver Ib., pp. 239-40/77.

p. 264 *na própria pessoa*: Freud a Jones, 22 de setembro de 1912. Em inglês. Freud Collection, D2, LC.

p. 265 "*alma de uma criança*": Freud a Jones, 1º de junho de 1910. Em inglês. Ib.

p. 265 "*nosso pequeno herói*": Freud a Jones, 15 de abril de 1910. Em inglês. Ib.

p. 265 "*da fobia de Hans*": "Analyse der Phobie eines fünfjährigen Knaben" ["Der kleine Hans"] (1909), *GW* VII, p. 377/ "Analysis of a phobia in a five-year-old boy" [Little Hans], *SE* X, p. 147.

p. 266 "*bela*" *mãe*: Ib., p. 372/141.

p. 266 "*todas as travessuras!*": Ib., p. 252/15.

p. 266 *lenda da cegonha*: Ib., pp. 245, 247/7--8, 10.

p. 267 *tentando seduzir*: Ib., pp. 260-1/25.

p. 267 "*coisas para si próprio*": Ib., p. 263/ 27.

p. 267 "*impenetrável e insegura*": Ib., p. 299/64.

p. 267 "*está preso*": Ib., p. 269/34.

p. 269 "*melhor a psicanálise*": Ib., pp. 307, 307n/72, 72n.

p. 269 "*da vida posterior*": Ib., pp. 243-4/6.

p. 269 "*típica e exemplar*": Ib., p. 377/147.

p. 270 "*rapaz de dezenove anos*": "Nachschrift zur Analyse des Kleinen Hans" (1922), *GW* XIII, p. 431/"Postcript", *SE* X, p. 148.

p. 270 *como o Rattenmann*: Ver Freud a Jung, 7 de julho de 1909. *Freud-Jung*, p. 263 (239).

p. 270 "*man of the rats*": Freud a Jones, 1º de junho [de 1909]. Em inglês. Freud Collection, D2, LC.

p. 270 "*Grande Guerra*": "Bemerkungen über einen Fali von Zwangsneurose" ["Rattenmann"] (1909), *GW* VII, p. 463n/ "Notes upon a case of obsessional neurosis" ["Rat Man"], *SE* X, p. 249n (nota adicionada em 1923).

p. 270 *e sagaz*: Ver "Rat Man", *SE* X, p. 158. O nome correto do Homem dos Ratos foi apresentado pela primeira vez em *Freud and the Rat Man*, Patrick J. Mahony (1986).

p. 271 "*pode encadeá-las*": "Rattenmann", *GW* VII, p. 382-3/ "Rat Man", *SE* X, pp. 156-7.

p. 271 *todas as noites*: As efetivas notas restantes abrangem somente os três primeiros meses e meio do caso, começando na sessão de abertura em 1º de outubro de 1907, e indo até 20 de janeiro de 1908. É mais provável que Freud não tenha deixado de tomar notas, e que o resto tenha se perdido.

p. 271 *vida sexual na infância*: Ib., p. 386/160.

p. 272 "*da minha doença*": Ib., pp. 384-7/ 158-62.

p. 272 "*moléstia posterior*": Ib., p. 388/162.

p. 272 *última palavra decisiva*: Ib., p. 391/166.

p. 273 "desconhecido a ele": Ib., p. 392/167.

p. 273 *"e incompreensíveis"*: Ib., pp. 394, 397/169, 173.

p. 273 *"natureza psíquica!"*: Freud a Jung, 30 de junho de 1909. *Freud-Jung*, p. 263 (238).

p. 273 *"pelo segundo"*: Jung a Ferenczi, 25 de dezembro de 1909. Jung, *Briefe*, I, p. 33.

p. 274 *"havia sido descoberta"*: "Rattenmann", *GW* VII, p. 400/ "Rat Man", *SE* X, p. 176. p. 250 *"do inconsciente"*: Ib., pp. 404-5n/181n.

p. 274 *mais tenros anos*: Ib., pp. 400--1/178-9.

p. 274 *crianças, sua mãe*: Ver as anotações de tratamento, publicadas na íntegra e transcritas fielmente (com anotações e comentários), por Elza Ribeiro Hawelka: Sigmund Freud, *L'Homme aux rats. Journal d'une analyse* (1974), pp. 230-4.

p. 275 *"o próprio pai!"*: "Rattenmann", *GW* VII, p. 423/ "Rat Man", *SE* X, p. 201.

p. 275 *"de uma ordem"*: Ib., p. 426/204.

p. 275 *"e vice-versa"*: Ib., pp. 426-7, 454/205, 238.

p. 275 *"ratos para si mesmo"*: Ib., p. 433/213.

p. 275 *"delírio do rato"*: Ib., p. 438/220.

p. 275 *"escola de sofrimento"*: Ib., p. 429/209.

p. 276 *"e foi saciado"*: Freud, *L'Homme aux rats*, Hawelka (ed.), p. 210/ "Rat Man", *SE* X, p. 303.

p. 277 *"ilustre" analisando*: Freud a Ferenczi, 10 de novembro de 1909. Freud-Ferenczi Correspondence, Freud Collection, LC.

p. 277 *"passo na biografia"*: Freud a Jung, 17 de outubro de 1909. *Freud-Jung*, p. 280 (255).

p. 277 *"e misterioso homem"*: "Eine Kindheitserinnerung des Leonardo da Vinci" (1910), *GW* VII, p. 207/ "Leonardo da Vinci and a memory of his chidhood", *SE* XI, p. 134.

p. 277 *"jamais compreender"*: Ib., pp. 128, 128/ 63, 63*n*".

p. 277 *"talvez o canhoto mais famoso"*: Freud a Fliess, 9 de outubro de 1898. *Freud-Fliess*, p. 362 (331).

p. 277 com Sant'Ana: Ver Freud a Abraham, 30 de agosto de 1910. *Freud-Abraham*, p. 98 (92).

p. 277 *"e a mitologia"*: Freud a Ferenczi, 21 de novembro de 1909. Freud-Ferenczi Correspondence, Freud Collection, LC.

p. 277 *"escrever sobre o Leonardo"*: Freud a Ferenczi, 17 de março de 1910. Ib.

p. 277 *"jamais escrevi"*: Freud a Andreas--Salomé, 9 de fevereiro de 1919. *Freud-Salomé*, p. 100 (90).

p. 278 *"maior" em mente*: Freud a Ferenczi, 10 de novembro de 1909. Freud-Ferenczi Correspondence, Freud Collection, LC.

p. 278 *"agradá-lo mais"*: Freud a Jones, 15 de abril de 1910. Em inglês. Freud Collection, D2, LC.

p. 278 *"segundo este modelo"*: Freud a Struck, 7 de novembro de 1914. *Briefe*, pp. 317-8.

p. 278 *em junho de 1910*: Freud a Ferenczi, 7 de junho de 1910. Freud-Ferenczi Correspondence, Freud Collection, LC.

p. 278 *"comparar a ela"*: Abraham a Freud, 6 de junho de 1910. *Freud-Abraham*, p. 96 (90).

p. 278 *"é maravilhoso"*: Jung a Freud, 17 de junho de 1910. *Freud-Jung*, p. 364 (329).

p. 278 *"amigável como sempre"*: Freud a Abraham, 3 de julho de 1910. *Freud-Abraham*, p. 97 (91).

p. 278 *"todos os estranhos"*: Ib.

p. 278 *"igual severidade"*: "Leonardo", *GW* VIII, p. 128/*SE* XI, p. 63.

p. 278 *"desses resultados"*: Ib., pp. 202, 203, 207/130, 131, 134.

p. 279 *"com sua cauda"*: Ib., p. 150/82.

p. 280 *"de seu erotismo"*: Ib., pp. 158-60, 186-7/ 90-2, 116-7.

p. 280 *"num neurótico"*: Freud a Jung, 17 de outubro de 1909. *Freud-Jung*, p. 281 (255).

p. 281 *"imagem especular"*: "Leonardo", *GW* VIII, p. 170/*SE* XI, p. 100.

p. 281 "do que com a razão": Ib., p. 194/122.

p. 282 *primeira vez em 1923*: Ver Eric Maclagan, "Leonardo in the consulting room", *Burlington Magazine*, XLII (1923), pp. 54-7.

p. 283 *"criminosamente incompleta"*: Freud a Jung, 21 de novembro de 1909. *Freud-Jung*, pp. 292-3 (266).

p. 283 *daria uma folga*: Ver Freud a Jung, 2 de dezembro de 1909. Ib., p. 298 (271).

p. 283 *"chama-se Wilhelm"*: Freud a Ferenczi, 16 de dezembro de 1910. Freud-Ferenczi Correspondence, Freud Collection, LC.

p. 283 *"A mesma paranoia"*: Freud a Jung, 3 de dezembro de 1910. *Freud-Jung* p. 415 (376).

p. 283 *seus pacientes*: Freud a Jung, 17 de fevereiro de 1908. Ib., p. 134 (121).

p. 284 *"paranoico falha"*: Freud a Ferenczi,

6 de outubro de 1910. Freud-Ferenczi Correspondence, Freud Collection, LC.

p. 284 "*aceitá-lo como tal*": Freud a Jung, 24 de setembro de 1910. *Freud-Jung*, p. 390 (353).

p. 284 "*andrófilo*" *dentro de si*: Freud a Fliess, 7 de agosto de 1901. *Freud-Fliess* p. 492 (447).

p. 284 "*deixar a mesa*": Freud a Jones, 8 de dezembro de 1912. Em inglês. Freud Collection, D2, LC.

p. 284 *maldoso alívio*: Freud a Ferenczi, 9 de dezembro de 1912. Freud-Ferenczi Correspondence, Freud Collection, LC.

p. 284 "*raiz da questão*": Freud a Jones, 8 de dezembro de 1912. Em inglês. Freud Collection, D2, LC.

p. 285 "*mais antigas no senhor*": Jones a Freud. 23 de dezembro de 1912. Com permissão de Sigmund Freud Copyrights, Wivenhoe.

p. 285 " *sobre este assunto*": Freud a Jones, 26 de dezembro de 1912. Em inglês. Freud Collection, D2, LC.

p. 285 "*papel principal*": Freud a Binswanger, 1º de janeiro de 1913. Citado em Binswanger, *Erinnerungen*, p. 64.

p. 285 "*séria enxaqueca*": Freud a Ferenczi, 1º de junho de 1911. Freud-Ferenczi Correspondence. Freud Collection, LC.

p. 285 "*agora me livrei*": Freud a Ferenczi, 31 de dezembro de 1912. Ib.

p. 286 "*alguma coisa de tudo*": Freud a Jung, 17 de fevereiro de 1908. *Freud-Jung* p. 134 (121).

p. 286 "*hospital para doentes mentais*": Freud a Jung, 22 de abril de 1910. Ib., p. 343 (311).

p. 286 "*aprender com ela*": Freud a Ferenczi, 11 de fevereiro de 1908. Freud-Ferenczi Correspondence, Freud Collection, LC.

p. 286 "*todas as neuroses*": Freud a Ferenczi, 25 de março de 1908. Ib.

p. 286 "*reunir material e aprender*": Freud a Ferenczi, 2 de maio de 1909. Ib.

p. 287 "*fundo na paranoia*": Freud a Abraham, 24 de outubro de 1910. *Freud-Abraham*, p. 101 (95). Freud acrescentou cortesmente que estava progredindo "no caminho que o senhor desbravou". Ele se referia ao artigo de Abraham, "Psychosexual differences between hysteria and dementia praecox" ("Die psychosexuellen Differenzen der Hysterie und der Dementia Praecox", *Centralblatt für Nervenheilkunde und Psychiatrie*, New Series, XIX, 1908, pp. 524-33).

p. 287 *caso em Roma*: Ver Freud a Jung, 24 de setembro de 1910. *Freud-Jung*, p. 390 (353).

p. 288 "*meus próprios complexos*": Freud a Jung, 22 de dezembro de 1910. Ib., pp. 422-3 (382).

p. 288 *atenção de Freud*: Ver uma observação feita por Jung em *Symbols of transformation* (1952) citada em *Freud-Jung*, p. 339 (307n).

p. 288 "*brilhantemente escrito*": Jung a Freud, 19 de março de 1911. Ib., p. 449 (407).

p. 288 "*um dos seus*": Jung a Freud, 14 de novembro de 1911. Ib., p. 509 (461).

p. 288 *Freud para os psicóticos*: Jung a Freud, 11 de dezembro de 1911. Ib., p. 521 (471).

p. 289 "*de homem em mulher*": Citado em "Psychoanalytische Bemerkungen über einen autobiographisch beschriebenen Fali von Paranoia (Dementia Paranoides)". "Schreber" (1911), *GW* VIII, p. 248/ "Psychoanalytic notes on an autobiographical account of a case of paranoia (dementia paranoides)". "Schreber", *SE* XIII, p.16.

p. 289 "*se deixa f...*": Ver ib., p. 252/20.

p. 289 "*assassino da alma*": Ver ib., p. 245/14.

p. 289 "Você não c...?" Ver ib., p. 259/25-6.

p. 290 "*amar um homem*": Ib., p. 299/62.

p. 290 *sequência decisiva*: Ver ib., pp. 299--300/63.

p. 291 "*reconstrução*": Ib., p. 308/71.

p. 291 "*humanos familiares*": Ib., p. 272/37.

p. 291 "*depender dessas pesquisas*": Ver Freud a Ferenczi, 6 de outubro de 1910. Freud-Ferenczi Correspondence, Freud Collection, LC.

p. 292 *interpretações de Schreber*: Ib.

p. 292 "*ginástica terapêutica na Alemanha*": Schreber, *GW* VIII, pp. 286-7/*SE* XII, p. 51.

p. 292 "*essencialmente positiva*": Ib., p. 315/ 78.

p. 292 "*de seu filho*": Ib., p. 287/51.

p. 293 *em dezembro de 1910*: Ver Freud a Abraham, 18 de dezembro de 1910. *Freud-Abraham*, p. 102 (97).

p. 293 existenzunfähig: "*Aus der Geschichte einer Infantilen neurose*" ["Wolfsmann"] (1918), *GW* XII, p. 29/ "*From the history of an infantile neurosis*" ["Wolfman"], *SE* XVII, p. 7.

p. 294 "*sentimentos compulsivos*": Freud a Ferenczi, 8 de fevereiro de 1910. Freud-Ferenczi Correspondence, Freud Collection, LC.

p. 294 *verdades psicanalíticas*: "Wolfsmann", *GW* XII, p. 29n/ "Wolfsmann", *SE* XVII, p. 7n. A tradução "reinterpretações distorcidas" para

Umdeutungen foi sugerida, dizem os editores da Standard Edition, pelo próprio Freud.

p. 294 *do mesmo ano*: Freud falou em escrever o caso clínico no inverno de 1914-5, mas na verdade parece tê-lo terminado no outono de 1914.

p. 294 "*incômoda psicanálise*": Ib., p. 82/53.

p. 295 "*na minha cabeça*": Freud a Ferenczi, 13 de fevereiro de 1910. Ib. Esta passagem é parafraseada com uma ligeira afetação em *Jones* II, p. 274, e é citada por Jeffrey Moussaieff Masson em sua resenha de Karin Obholzer, *Gespräche mit dem Wolfsmann. Eine Psychoanalyse und die Folgen* (1980) em *Int. Rev. Psycho-Anal.*, IX (1982), p. 117.

p. 296 *estado de angústia*: Ver "Wolfsmann", *GW* XII, p. 54/ "Wolf Man", *SE* XVII, p. 29.

p. 297 *para o sonhador*: Para o esboço, ver ib., p., 55/30.

p. 297 "*me abandonará*": Ib., p. 63/36.

p. 298 "*experiência pessoal*": Ib., p. 131/97.

p. 298 *realidade mental*: Ver ib., p. 84/55.

p. 298 "*realidade* material": *Traumdeutung*, *GW* II-III, p. 625/*Interpretation of dreams*, *SE* V, p. 620.

p. 298 "problemas reais da vida": "Wolfsmann", *GW* XII, p. 83/"Wolf Man", *SE* XVIII, p. 54.

p. 299 *num livro*: O primeiro desses artigos, "A special type of choice of object made by men", foi publicado em 1910; o segundo, "On the universal tendency to debasement in the sphere of love", em 1912, e um terceiro, "The taboo of virginity", foi lido em uma conferência em 1917, depois de terminada a análise do Homem dos Lobos, mas antes de sua publicação.

p. 299 "*já foi dito*": "Angst und Triebleben", em *Neue Folge der Vorlesungen zur Einführung in die Psychoanalyse* (1933), *GW* XV, p. 115/ "Anxiety and instinctual life", em *New introductory lectures on psycho-analysis*, *SE* XXII, p. 107.

p. 299 "*a* sensual": "Über die allgemeinste Erniedrigung des Liebeslebens" (1912), *GW* VIII, p. 79/ "On the universal tendency to debasement in the sphere of love", *SE* XI, p. 180.

p. 299 *o que desejam*: Ver ib., p. 82/183.

p. 299 "*regiam sua conduta*": "Wolfsmann", *GW* XII, p. 32-3/ "Wolf Man", *SE* XVII, pp. 10-1.

p. 300 *seus sintomas*: Ib., pp. 33-4/11.

p. 300 "*salta apenas uma vez*": "*Die endliche und die unendliche Analyse*" (1937), *GW* XVI, p. 62/ "Analysis terminable and interminable", *SE* XXIII, pp. 218-9.

p. 301 *seus praticantes*: "Die zukünftigen Chancen", *GW* VIII, p. 107-8/ "Future prospects", *SE* XI, pp. 144-5.

p. 302 *ela foi consultá-lo*: "*Über 'wilde' Psychoanalyse*" (1910), *GW* III, p. 118/ "*'Wild' psychoanalysis*", *SE* XI, p. 221.

p. 302 "*discernimento do médico*": Ib., pp. 122, 124/224, 226.

p. 302 "*intenções críticas*": Freud a Abraham, 14 de junho de 1912. Karl Abraham papers, LC.

p. 303 "*páginas prontas*": Freud a Ferenczi, 26 de novembro de 1908. Freud-Ferenczi Correspondence, Freud Collection, LC.

p. 303 *apenas algumas mais*: Ver Freud a Ferenczi, 11 de dezembro de 1908, Ib.

p. 303 *férias de verão*: Ver Freud a Ferenczi, 2 de fevereiro de 1909. Ib.

p. 303 "*levá-lo a cabo*": Freud a Jones, 1º de junho de 1909. Em inglês. Freud Collection, D2, LC.

p. 303 "*estudos técnicos*": Freud a Ferenczi, 22 de outubro de 1909. Freud-Ferenczi Correspondence, Freud Collection, LC.

p. 303 "*geral da psicanálise*": "Die zukünftigen Chancen", *GW* VIII, p. 105/ "Future prospects", *SE* XI, p. 142.

p. 303 "*amigos como inimigos*": Jones a Freud, 6 de novembro de 1910. Com permissão de Sigmund Freud Copyrights, Wivenhoe.

p. 303 "*fazem análise*": Freud a Ferenczi, 26 de novembro de 1908. Freud-Ferenczi Correspondence, Freud Collection, LC.

p. 304 "*tentativa malograda de cura*": "Zur Einleitung der Behandlung" (1913), *GW* VIII, p. 455/ "On beginning the treatment", *SE* XII, p. 124.

p. 304 *por suas reações*: Ib., p. 467/133-4.

p. 304 "*nesse desvio*": Ib., p. 467/134.

p. 305 *em relação a ele*: Ib., p. 464/131.

p. 305 "*ele ignorava*": Ib., pp. 460, 462/127, 129.

p. 306 *a respeito dessa regra*: Freud discutiu a regra fundamental em "On beginning the treatment", *SE* XII, pp. 134-5, 135-6n; e em *Recommendations to physicians practising psychoanalysis*", ib., pp. 112, 115.

p. 306 "*uma única palavra dele*": Freud a Ferenczi, 26 de novembro de 1908. Freud-Ferenczi Correspondence, Freud Collection, LC.

p. 307 "*sigam tais exemplos*": "Zur Einleitung der Behandlung", *GW* VIII, p. 474/ "On beginning the treatment", *SE* XII, p. 140.

p. 307 "é uma resistência": *Traumdeutung*, *GW* II-III, p. 521/*Interpretation of dreams*, *SE* V, p. 517.

p. 307 "*opõem a ela*": "*Zur Dynamik der Übertratung*" (1912), *GW* VIII, p. 368-9/ "The dynamics of transference", *SE* XII, p. 103.

p. 308 "*regular*" *com ele*: "Zur Einleitung der Behandlung", *GW* VIII, p. 473/ "On beginning the treatment", *SE* XII, p. 139.

p. 309 "*campo de batalha da transferência*": Freud a Eitingon, 13 de fevereiro de 1912. Com permissão de Sigmund Freud Copyrights, Wivenhoe.

p. 309 "*cura através do amor*": Freud a Jung, 6 de dezembro de 1906. *Freud-Jung*, p. 13 (12-3).

p. 309 "*forte desaprovação*": Freud a Abraham, 4 de março de 1915. *Freud-Abraham*, p. 204 (213).

p. 309 "*dignidade médica*": "Bemerkungen uber die Ubertragungsliebe" (1915) *GW* X, p. 307/ "Observations on transference-love", *SE* XII, p. 160.

p. 310 "*apólice de seguros*": Ib., pp. 312--4/164-5.

p. 310 "*com sucedâneos*": Ib., pp. 308, 313/160-1, 165.

p. 310 "*mostrado a ele*": "Ratschläge für der Arzt der psychoanalytischen Behandlung" (1912), *GW* VIII, pp. 380-1, 384/"Recommendations to physicians practising psycho-analysis", *SE* XII, pp. 115, 118.

p. 311 *experimentos informais*: Para a análise de Eitingon, feita por Freud, ver Freud a Ferenczi. 22 de outubro de 1909. Freud-Ferenczi Correspondence, Freud-Collection, LC.

p. 312 "*nem sempre acelerado*": "Erinner, Wiederholen und Durcharbeiten" (1914), *GW* X, p. 136/ "Remembering, repeating and working-through", *SE* XII, p. 155.

p. 312 "*trabalho terapêutico*": Ib., pp. 136, 134-5/ 155-6, 154.

p. 312 Abschiedsschwierigkeiten: Freud a Eitingon, 23 de junho de 1912. Com permissão de Sigmund Freud Copyrights, Wivenhoe.

p. 313 "*aprender muito*": Eitingon a Freud, 18 de junho de 1912. Com permissão de Sigmund Freud Copyrights, Wivenhoe.

7. APLICAÇÕES E IMPLICAÇÕES [pp. 314-64]

p. 315 "*não de todo infrutífera*": "Der Dichter und Phantasieren" (1908), *GW* VII, pp. 213, 222/ "Creative writers and day-dreaming", *SE* IX, pp. 143, 152.

p. 315 "*mas — a realidade*": Ib., pp. 214/ 143-4.

p. 315 "*realidade insatisfatória*": Ib., p. 216/ 146.

p. 316 "*de nossa mente*": Ib., p. 223/153.

p. 316 *peritonite*: Ver Freud a Abraham, 19 de janeiro de 1908. Karl Abraham papers, LC.

p. 316 *operação séria*: Freud a Pfister, 17 de março de 1910. Com permissão de Sigmund Freud Copyrights, Wivenhoe.

p. 317 "*fácil para eles*": Freud a Mathilde, 26 de março de 1908. *Briefe*, pp. 286-8.

p. 317 *como genro*: Ver Freud a Ferenczi, 7 de fevereiro de 1909. Freud-Ferenczi Correspondence, Freud Collection, LC. Ver também *Jones* II, p. 55.

p. 317 *quatro anos antes*: Freud a Halberstadt, 7 de julho de 1912. Freud Collection, B1, LC.

p. 317 *distante* Sie: Freud a Halberstadt, 24 de julho de 1912. Ib.

p. 317 *entre seus filhos*: Freud a Mathilde Hollitscher, 24 de julho de 1912. Ib.

p. 317 "*Caro Max*": Freud a Halberstadt, 27 de julho de 1912. Ib.

p. 317 *por* du: Freud a Halberstadt, 12 de agosto de 1912. Ib.

p. 317 "*totalmente órfão*": Freud a Halberstadt (postal), 17 de setembro de 1912. Ib.

p. 317 "*sem um resmungo*": Sachs, *Freud: master and friend*, pp. 68-9, 71.

p. 318 "*a filosofia e a sociedade*": Freud a Jung, 5 de julho de 1910. *Freud-Jung*, p. 375 (340).

p. 318 "*ainda não saiba*": Freud a Ferenczi, 10 de janeiro de 1910. Freud-Ferenczi Correspondence, Freud Collection, LC.

p. 318 *autocrítica*: Ver Freud a Ferenczi, 17 de outubro de 1910. Ib.

p. 318 *intérprete psicanalítico*: "Das Interesse an der Psychoanalyse" (1913), *GW* VIII, pp. 414-5/ "The claims of psycho-analysis to scientific interest", *SE* XIII, pp. 185-6.

p. 318 *com outros pioneiros*: Ver Freud a

Jung, 17 de outubro de 1909. *Freud-Jung*, p. 280 (255).

p. 318 *"sonhos mitológicos"*: Jung a Freud, 17 de abril de 1910. Ib., p. 340-1 (308).

p. 319 *"tudo e todos"*: Ver o relato de Freud sobre sua discussão com Ferenczi, 29 de dezembro de 1910. Freud-Ferenczi Correspondence, Freud Collection, LC.

p. 319 Eros e psiquê: Freud a Jones, 10 de março de 1910. Freud Collection, em inglês, D2, LC.

p. 319 *"dois rapazes inteligentes e honestos"*: Freud a Jones, 24 de fevereiro de 1912. Em inglês. Ib.

p. 319 *"aos outros órgãos"*: Freud a Jones, 28 de abril de 1912. Em inglês. Ib.

p. 319 *Viena o perturbasse*: Freud a Abraham, 14 de junho de 1912. Karl Abraham papers, LC.

p. 319 *"maior interesse"*: Jones a Abraham, 18 de junho de 1911. Ib.

p. 320 *"satisfação sempre crescente"*: Abraham a Freud, 29 de junho de 1913. *Freud-Abraham*, p. 141 (141).

p. 320 *"impulsos insatisfeitos"*: "Das Interesse an der Psychoanalyse", *GW* VIII, p. 145/ "The claims of psycho-analysis to scientific interest", *SE* XIII, pp. 185-6.

p. 321 *"errado o alvo"*: Freud a Jones, 1º de junho de 1909. Em inglês. Freud Collection, D2, LC.

p. 321 *"devo rastrear"*: Freud a Abraham, 14 de junho de 1912. Karl Abraham papers, LC. Em 1913, Freud realmente publicou em *Imago* um artigo, "The theme of the three caskets", entrelaçando estes três temas.

p. 321 *"resistir à ψA"*: Freud a Ferenczi, 21 de maio de 1911. Freud-Ferenczi Correspondence, Freud Collection, LC.

p. 321 *"encontrado a solução"*: Freud a Ferenczi, 17 de julho de 1914. Ib.

p. 322 *impressionara tanto*: Ver "The Moses of Michelangelo" (1914), *SE* XIII, p. 213.

p. 322 *"palavras" sobre ele*: Freud a Martha Freud, 25 de setembro de 1912. *Briefe*, p. 308.

p. 322 *"marcas do leão?"*: Abraham a Freud, 2 de abril de 1914. Karl Abraham papers, LC.

p. 322 *"filho bastardo"*: Freud a Edoardo Weiss, 12 de abril de 1933. Sigmund Freud-Edoardo Weiss. *Briefe zur psychoanalytischen Praxis. Mit den Erinnerungen eines Pioniers der Psychoanalyse*, introdução de Martin Grotjahn (1973), p. 84.

p. 322 *"perante o público"*: Freud a Jones, 19 de março de 1914. Em inglês. Freud Collection, D2, LC.

p. 322 " *escreva-me sobre* ele": Freud a Jones, 15 de novembro de 1912. Em inglês. Ib.

p. 322 *"Que estátua!"*: Freud a Jones, 5 de dezembro [de 1912]. Com permissão de Sigmund Freud Copyrights, Wivenhoe.

p. 322 *intrigá-lo tanto*: Ver *Jones* II, p. 364.

p. 322 *"no papel anonimamente"*: Freud a Weiss, 12 de abril de 1933. *Freud-Weiss Briefe*, p. 84.

p. 322 *"plenas contradições"*: "Der Moses des Michelangelo" (1914), *GW* X, p. 175/ "The Moses of Michelangelo", *SE* XIII, p. 213.

p. 323 *"ponto de vista"*: Freud a Ferenczi, 3 de novembro de 1912. Freud-Ferenczi Correspondence, Freud Collection, LC.

p. 323 *tábuas da lei*: Freud a Jones, 26 de dezembro de 1912. Em inglês. Freud Collection, D2, LC. Os erros — "indiscrete" por "indiscreet" e "tables" por "tablets" — estão no original, que, como as outras cartas de Freud em inglês, mantive com suas incorreções.

p. 323 *tais detalhes*: Ver *Jones* II, p. 365.

p. 323 *controversa estátua*: Ver Freud a Ferenczi, 13 de agosto de 1913. Freud-Ferenczi Correspondence, Freud Collection, LC.

p. 323 *"não se recuperou"*: Freud a Jones, 21 de setembro de 1913. Em inglês, Freud Collection, D2, LC.

p. 323 *"dias em Roma"*: Freud a Ferenczi, [1º de] outubro de 1913. Freud-Ferenczi Correspondence, Freud Collection, LC.

p. 323 *"novamente negativo"*: Freud a Jones, 8 de fevereiro de 1914. Em inglês. Freud Collection, D2, LC.

p. 324 " *sua própria natureza*": "Moses", *GW* X, pp. 194, 199 *SE* XIII pp. 229, 234.

p. 324 *"que interpretei"*: Freud a Ferenczi, 17 de outubro de 1912. Freud-Ferenczi Correspondence, Freud Collection, LC. Jones, citando essa carta em *Jones* II, p. 367, datada incorretamente de 10 de outubro de 1912.

p. 325 *"criação artística"*: 11 de dezembro de 1907. *Protokolle*, I, p. 249.

p. 325 *"laboriosas investigações"*: Freud a Schnitzler, 8 de maio de 1906. *Briefe*, pp. 266-7.

p. 325 "*chave adequada a ele*": Citado em *Jones* I, p. 111. Essa passagem foi mencionada em Spector, *The aesthetics of Freud*, p. 33.

p. 325 *escrever o conto*: Ver Freud a Jung, 26 de maio de 1907. *Freud-Jung*, p. 57 (52). Para as cartas de Jensen a Freud, ver *Psychoanalytische Bewegung*, I (1929), pp. 207-11.

p. 326 *qualquer profissional*: "Der Wahn und die Träume in W. Jensens Gradiva" (1907), *GW* VII, pp. 120-1/ "Delusions and dreams in Jensen's Gradiva", *SE* IX, p. 92.

p. 326 "*esses conteúdos*": Eitingon a Freud, 23 de dezembro de 1909. Com permissão de Sigmund Freud Copyrights, Wivenhoe. Freud teria assinado esta formulação.

p. 327 "*fantasias infantis*": Freud a Stefan Zweig, 4 de setembro de 1926. Com permissão de Sigmund Freud Copyrights, Wivenhoe.

p. 328 "*nossa riqueza*": Freud a Jung, 26 de maio de 1907. *Freud-Jung*, p. 57 (51).

p. 328 "*de seu gabinete*": Gradiva, *GW*, p. 35/ *SE* IX, p. 10. Uso "Gradiva" para referências ao artigo de Freud sobre o conto de Jensen, e *Gradiva* para referências ao próprio exemplar da novela em mãos de Freud, com seus comentários marginais, que está no Freud Museum, Londres.

p. 328 "*da f[antasia]*": *Gradiva*, p. 7. Freud Museum, Londres.

p. 328 "*repressão s[exual]*": Ib., na p. 22.

p. 328 "*atmosfera assexual*": Ib., na p. 26.

p. 328 *a "fonte"*: Freud anotou "fonte Zoë" na p. 7, ib., e novamente adiante, complexificando-a com associações, nas pp. 135, 136, 142.

p. 329 "*sem dúvida, é necessário*": Ib., p. 141.

p. 329 "*da pá*": "Gradiva", *GW* VII, p. 65/ *SE* IX, p. 40.

p. 329 "*poder curativo do amor*": Ib., p. 47/ 22.

p. 329 *sapatos de Zoë*: *Gradiva*, p. 88. Freud Museum, Londres.

p. 329 "*fantasia; reconciliação*": Ib., p. 151.

p. 329 "*absolutamente sonhado*": "Gradiva", *GW* VII, p. 31/*SE* IX, p. 7.

p. 329 *suas consequências*: Ver *Gradiva*, pp. 11-2, 31, 76, 92, 96-7. Freud Museum, Londres.

p. 329 *como angústia*: Ver ib., p. 13.

p. 329 *ideias agressivas*: Ver ib., p. 94.

p. 329 *e inveja*: Ver ib., pp. 108, 112.

p. 329 *duplos significados*: Ver, acima de tudo, ib., pp. 58, 84.

p. 329 *ilusão e realidade*: Ver ib., passim, mas em esp. pp. 124, 139.

p. 329 "*do escritor*": "Gradiva", *GW*, VII, p. 122/*SE* IX, p. 93.

p. 329 "*se instalar à vontade*": Para essa avaliação, ver Freud a Jung, 8 de dezembro de 1907. *Freud-Jung*., p. 114 (103).

p. 330 "*inacessível a nós*": "Leonardo", *GW* VIII, pp. 202, 209/ *SE* XI, pp. 130, 136.

p. 330 "*do poeta*": Introdução a *Edgar Poe, eine psychoanalytische Studie*, edição alemã (1934) de Marie Bonaparte, *Edgar Poe, étude psychanalytique* (1933).

p. 331 "*impulsos sexuais*": 11 de novembro de 1908. *Protokolle*, II, p. 46.

p. 331 "*contra o pai*": 25 de novembro de 1908, Ib., p. 64.

p. 331 "*prossigo lentamente*": Freud a Ferenczi, 13 de novembro de 1911. Freud-Ferenczi Correspondence, Freud Collection, LC.

p. 332 "*sei os resultados*": Freud a Ferenczi, 30 de novembro de 1911. Ib.

p. 332 "*praticamente 'imbecializado'* ": Freud a Ferenczi, 1º de fevereiro de 1912. Ib.

p. 332 "*de forma alguma famoso*": Freud a Jones, 24 de fevereiro de 1912. Em inglês. Freud Collection, D2, LC.

p. 332 *Sociedade Psicanalítica de Viena*: Ver 15 de maio de 1912. *Protokolle*, IV, 95.

p. 332 "*vá se resolver*": Freud a Jones, 1º de agosto de 1912. Em inglês e alemão. Freud Collection, D2, LC.

p. 332 *terceiro ensaio*: Freud a Ferenczi, 16 de dezembro de 1912. Freud-Ferenczi Correspondence, Freud Collection, LC.

p. 332 "*fazer alguma coisa*": Freud a Ferenczi, 31 de dezembro de 1912. Ib.

p. 332 "*trabalho do totem*": Freud a Ferenczi, 10 de abril de 1913. Ib.

p. 332 "*coisa boa*": Freud a Ferenczi, 4 de maio de 1913. Ib.

p. 332 "*raro em mim)*": Freud a Ferenczi, 13 de maio de 1913. Ib.

p. 333 "*do trabalho do totem*": Freud a Ferenczi, 8 de maio de 1913. Ib.

p. 333 "*de outro*": "Vorwort" a *Totem und Tabu* (1913), *GW* IX, p.3/ "Preface" a *Totem and taboo*, *SE* XIII, p. xiii.

p. 333 "*no verão*": Freud a Jung, 12 de fevereiro de 1911. *Freud-Jung*, p. 432 (391).

p. 333 *"ariano-religioso"*: Freud a Abraham, 13 de maio de 1913. *Freud-Abraham*, p. 139 (139).

p. 334 *"conclusão do trabalho"*: Freud a Ferenczi, 26 de junho de 1913. Freud-Ferenczi Correspondence, Freud Collection, LC.

p. 334 *ele o convencera*: Abraham a Freud, 29 de junho de 1913. *Freud-Abraham*, p. 141 (141).

p. 334 *que o perturbassem*: Freud a Abraham, 1º de julho de 1913. Ib., p. 142 (142).

p. 334 *discordado de ambas*: "Vorwort" a *Totem und Tabu*, *GW* IX, p. 3/ "Preface" a *Totem and taboo*, *SE* XIII, p. XIII.

p. 335 *"falho de fantasia"*: Freud a Jones, 8 de março de 1920. Em inglês. Freud Collection, D2, LC.

p. 335 *"domínios sempre novos"*: *Massenpsychologie und Ich-Analyses* (1921), *GW* XIII, p. 136/*Group psychology and analysis of the ego*, *SE* XVIII, p. 122.

p. 335 *"ligada ao totemismo"*: *Totem und Tabu*, *GW* IX, p. 129/Toten and taboo, *SE* XIII, p. 105.

p. 336 *"complexo de Édipo"*: Ib., p. 160/132.

p. 337 *"ato criminoso memorável"*: Ib., pp. 171-3/141-2.

p. 337 *"alguma certeza"*: Ib., p. 172n/142--3n.

p. 337 *"moral e sociedade"*: Ib., p. 189n/157n.

p. 337 *da mãe*: Ib., p. 173/143.

p. 337 *"história da humanidade"*: Ib., p. 186/ 155.

p. 338 *bando assassino pré-histórico*: Ib., p. 189/157-8.

p. 338 *"No princípio era o ato"*: Ib., p. 194/161.

p. 338 *"restrições morais e a religião"*: Ib., p. 172/142.

p. 338 *"proíbem-se de saber"*: Carl Jung, "Freud and Jung-Contrasts" (1931), em *Modern man in search of a soul*, trad. W. S. Dell e Cary F. Baynes (1933), p. 140.

p. 339 *"isto é, o pai"*: *Totem und Tabu*, *GW* IX, p. 182/*Totem and taboo*, *SE* XIII, p. 151.

p. 339 *"da sociedade e da arte"*: Ib., p. 188/156.

p. 339 *caso clínico de Dora*: Ver "Dora", *SE* VII, p. 56.

p. 339 *"pequeno Édipo"*: "Dear kleine Hans", *GW* VIII, p. 332/ "Little Hans", *SE* X, p. 97.

p. 339 *inédita a Ferenczi*: Freud a Ferenczi, 28 de junho de 1908. Freud-Ferenczi Correspondence, Freud Collection, LC.

p. 339 *clínico do Homem dos Ratos*: "Rattenmann", *GW*, VII, p. 428n/ "Rat Man", *SE* X, p. 208n.

p. 339 *vicissitudes do amor*: Ver "A special type of object made by men" (1910), *SE* XI, p. 171.

p. 339 *"seus oponentes"*: *Drei Abhandlungen*, *GW* V, p. *121/Three essays*, *SE* VII, p. 226n (nota acrescentada em 1920).

p. 341 *visionária de Freud*: Ernest Jones foi talvez o primeiro, mas não o último, a chamar a atenção para tal. (Ver *Jones* III, p. 311.)

p. 341 *dos semitas*: Freud a Ferenczi, 8 de agosto de 1912. Freud-Ferenczi Correspondence, Freud Collection, LC.

p. 341 *na época nem depois*: Freud a Jones, 28 de abril de 1912. Freud Collection, D2, LC.

p. 341 *"apenas a reação"*: *Jones* II, p. 354.

p. 341 *"desejo a uma ação"*: Citado em Ib.

p. 342 *"poderia comê-la"*: Ferenczi, "Ein kleiner Hahnemann" (1913), em *Schriften zur Psychoanalyse*, ed. Balint, I, p. 169. Ver também Derek Freeman, "Totem and taboo: a reappraisal", em *Man and his culture: psychoanalytic anthropology after "Totem and taboo"*, Warner Muensterberger (ed.), (1970), p. 61.

p. 342 *intimamente ligados*: Ver Freud a Fliess, 22 de dezembro de 1897. *Freud-Fliess*, pp. 312-4 (287-8).

p. 343 *"erotismo anal"*: Freud a Jung, 27 de outubro de 1906. *Freud-Jung*, pp. 8-9 (8-9).

p. 343 *dessa constelação*: Ver a nota do editor em *Character and anal erotism*, *SE* IX, p. 168.

p. 343 *experiência de desenvolvimento*: Essa metáfora de pesca foi tomada de empréstimo. Escrevendo à Otto Rank da estância de verão em Bad Gastein, onde estava trabalhando em algumas ideias importantes, Freud disse: "Por falar nisto, não pense que estarei realizando alguma coisa especial durante as férias. O pescador atira sua rede; às vezes ele apanha uma gorda carpa, frequentemente só uns poucos peixinhos brancos". (Freud a Rank, 8 de julho de 1922. Rank Collection. Caixa 1b. Rare Book and Manuscript Library. Columbia University.)

p. 343 *"contestação estúpida"*: Freud a Ferenczi, 27 de outubro de 1910. Freud-Ferenczi Correspondence, Freud Collection, LC. Ver também 26 de outubro de 1910. *Protokolle* III, pp. 33-40.

p. 344 "*um passo importante*": "Formulierungen über die zwei Prinzipien des psychischen Geschehens" (1911), *GW* VIII, p. 232/ "Formulations on the two principles of mental funtioning", *SE* XII, p. 219.

p. 344 "*sua salvaguarda*": Ib., pp. 235-6/223.

p. 344 "*significação maior*": Ib., p. 232/220.

p. 344 "moeda neurótica": Ib., pp. 237--8/224-5.

p. 345 "*contas com Adler*": Freud a Ferenczi, 17 de junho de 1913. Freud-Ferenczi Correspondence, Freud Collection, LC.

p. 345 "*dias deliciosos*": Freud a Jones, 1º de outubro de 1913. Em inglês. Freud Collection, D2, LC.

p. 345 *praticamente pronto*: Ver Freud a Ferenczi, [1º (?) de] outubro de 1913. Freud-Ferenczi Correspondence, Freud Collection, LC.

p. 345 "*Rank e Sachs*": Freud a Jones, 1º de outubro de 1913. Em inglês. Freud Collection, D2, LC.

p. 345 *ensaio "perturbador"*: *Jones* II, p. 302.

p. 346 "*oferecer outra coisa*": Freud a Abraham, 16 de março de 1914. *Freud-Abraham*, p. 163 (167).

p. 346 *distúrbios intestinais*: Ver Freud a Abraham, 25 de março de 1914. Ib., p. 164 (168).

p. 346 *brilhante e convincente*: Ver Abraham a Freud, 2 de abril de 1914. Ib., p. 165 (169).

p. 346 "*séria insuficiência*": Freud a Abraham, 6 de abril de 1914. Ib., p. 166 (170-1).

p. 346 "*amor objetal*": 10 de novembro de 1909. *Protokolle*, II, p. 82.

p. 346 *esquizofrênicos*: Freud tinha seu próprio nome para a esquizofrenia. "Pretendo manter o termo 'parafrenia'", escreveu a Ferenczi. (Freud a Ferenczi, 31 de julho de 1915. Freud--Ferenczi Correspondence. Freud Collection, LC.) Mas ao final prevaleceu na literatura o neologismo de Bleuler, e não o de Freud.

p. 347 "*pulsão de autopreservação*": "Zur Einführung des Narzissmus" (1914), *GW* X, pp. 138-9/ "On narcissism: an introduction", *SE* XIV, pp. 73-4.

p. 347 "*de elucidação*": Ib., p. 142/77.

p. 347 "*renascido dos pais*": Ib., p. 156--8/90-1.

p. 348 *teoria das pulsões*: Ver Abraham a Freud, 2 de abril de 1914. *Freud-Abraham*, p. 165 (169).

p. 348 *da espécie*: Ver, para esta sucinta declaração, "The psycho-analytic view of psychogenic disturbance of vision" (1910), *SE* XI, pp. 211-8.

p. 348 "*prolongamento indispensável*": "Narzissmus", *GW* X, p. 143/ "Narcissism", *SE* XIV, p. 77.

p. 348 "*até então trabalhado*": *Jones* II, p. 303.

p. 348 *investigador da psicologia*: "Narzissmus", *GW* X, p. 143/ "Narcissism", *SE* XII, p. 78. Em 1932, quando tinha parado de teorizar, Freud, ao mesmo tempo sarcástico e paciente, caracterizou as pulsões como, "por assim dizer, nossa mitologia". Elas "são seres míticos, sublimes em sua indefinição". ("Angst und Triebleben", em *Neue Folge der Vorlesungen*, *GW* XV, 101/ "Anxiety and instinctual life", em *New introductory lectures*, *SE* XXII, p. 95.)

p. 349 *movem o mundo*: O exemplo mais antigo que encontrei está em uma carta inédita a Martha Bernays, de 12 de fevereiro de 1884, citada na p. 46.

p. 349 *militantes bósnios*: "Memoirs of the Wolf-Man", em *The Wolf-Man*, ed. Gardiner, p. 90.

p. 350 *casa imperial*: Freud a Ferenczi, 28 de junho de 1914. Freud-Ferenczi Correspondence, Freud Collection, LC.

p. 350 "*bomba explodiu*" : Freud a Abraham, 25 de junho de 1914. *Freud-Abraham*, p. 175 (181).

p. 350 "*outras eras*": John Maynard Keynes, *The economic consequences of peace* (1920), p. 11.

p. 351 *sobre sua vida*: Ib., pp. 11-2.

p. 351 *perigo real*: Graham Wallas, *Human nature in politics* (1908), p. 285.

p. 351 "*tira o fôlego*": Freud a Pfister, 9 de dezembro de 1912. *Freud-Pfister*, p. 59 (58).

p. 351 "*vida cotidiana*": Freud a Ferenczi, 9 de dezembro de 1912. Freud-Ferenczi Correspondence, Freud Collection, LC.

p. 352 "*ponto de partida*": "Zeitgemässes über Krieg und Tod" (1915), *GW* X, p. 340/ "Thoughts for the times on war and death", *SE* XIV, p. 288.

p. 352 *efeminamento, impotência*: para uma série de tais declarações, ver Fritz Fischer, *Griff nach der Weltmacht. Die kriegszielpolitik des kaiserlichen Deutschland 1914/1918* (1961; 3ª ed., 1964), passim, esp. pp. 60-79.

p. 352 *"grande decepção"*: Citado em Oron J. Hale, *The great illusion*, 1900-1914 (1971), p. 300.

p. 353 *"continuar assim"*: Alexander Freud a Freud, 29 de julho de 1914. Freud Museum, Londres.

p. 353 *"pouco promissor"*: Freud a Abraham, 26 de julho de 1914. *Freud-Abraham*, p. 180 (186).

p. 353 *em meados de julho*: Ver *Jones* II, p. 169.

p. 353 *começo de agosto*: Ver Freud a Eitingon, 1º de julho de 1914. Com permissão de Sigmund Freud Copyrights, Wivenhoe.

p. 353 *"serve a sociabilidade"*: Freud a Ferenczi, 22 de julho de 1914. Freud-Ferenczi Correspondence, Freud Collection, LC.

p. 353 *em 23 de julho*: Mathilde Hollitscher a Freud (cartão-postal), 23 de julho de 1914. Freud Museum, Londres.

p. 353 *nunca se sabia*: Freud a Abraham, 26 de julho de 1914. *Freud-Abraham*, p. 180 (186).

p. 353 *agora se aproximava*: Freud a Abraham, 29 de julho de 1914. Ib., p. 181 (186).

p. 353 *"guerra geral"*: Abraham a Freud, 29 de julho de 1914. Ib., p. 182 (188).

p. 354 *"em nossa vida"*: Visconde Grey de Fallodon, *Twenty-five years, 1892-1916*, 2 vols. (1925), II, p. 20.

p. 354 *"dos russos"*: Alexander a Freud, 4 de agosto de 1914. Freud Museum, Londres.

p. 354 *"ousa abordar"*: Ib.

p. 355 *"brande o facho"*: Rainer Maria Rilke, "Fünf Gesänge; agosto de 1914", em *Werke in drei Bänden*, Ruth Sieber-Rilke e Ernst Zinn (eds.) (1966), II, pp. 86-7.

p. 355 *valor militar*: Ver Edward Timms, *Karl Kraus, apocalyptic satirist: culture and catastrophe in Habsburg Vienna* (1986), pp. 289-95.

p. 355 *"absolutamente farto!"*: Thomas Mann, "Gedanken im Krieg", *Neue Rundschau*, XXV (novembro de 1914), p. 1475.

p. 356 *"terra, igualmente"*: Abraham a Freud, 29 de agosto de 1914. *Freud-Abraham*, p. 187 (194).

p. 356 *"fundamentalmente acabada"*: Abraham a Freud, 13 de setembro de 1914. Ib., p. 189 (196).

p. 356 *"diminuído um tanto"*: Eitingon a Freud, 11 de setembro de 1914. Com permissão de Sigmund Freud Copyrights, Wivenhoe.

p. 356 *"combate de milhões"*: Freud a Abraham, 22 de setembro de 1914. *Freud-Abraham*, p. 190 (197).

p. 356 *"diante de Paris"*: Freud a Eitingon (cartão-postal), 15 de setembro de 1914. Com permissão de Sigmund Freud Copyrights, Wivenhoe.

p. 356 *"atos sintomáticos"*: Freud a Abraham, 26 de julho de 1914. *Freud-Abraham*, p. 180 (186).

p. 356 *"lado errado"*: Freud a Abraham, 2 de agosto de 1914. Ib., p. 184 (190).

p. 357 *"nossos 'inimigos'?"*: Abraham a Freud, 29 de agosto de 1914. Ib., p. 188 (194).

p. 357 *"como um inimigo!"*: Freud a Jones, 22 de outubro de 1914. Transcrito na letra de Jones. Freud Collection, D2, LC.

p. 357 *e a Holanda*: Ver *Jones* II, p. 170.

p. 357 *"diminuem"*: Freud a Ferenczi (cartão-postal), 14 de agosto de 1914. Freud-Ferenczi Correspondence, Freud Collection, LC.

p. 357 *40 mil coroas*: Ver Freud a Ferenczi, 8 de abril de 1915. Ib.

p. 357 *"militarmente paralisados"*: Freud a Ferenczi, 31 de julho de 1915. Ib.

p. 357 *serviço militar*: Ver Freud a Abraham. 11 de dezembro de 1914. Freud-Abraham, p. 197 (205).

p. 357 *"contra a pátria"*: Freud a Ferenczi, 2 de dezembro de 1914. Freud-Ferenczi Correspondence, Freud Collection, LC. Ver também *Jones* II, p. 176.

p. 358 *final de 1917*: Freud-Abraham, 26 de dezembro de 1917. *Freud a Abraham*, p. 252 (267).

p. 358 *"navio que afunda"*: Freud a Jones, 25 de dezembro de 1914. Transcrito na letra de Jones. Freud Collection, D2, LC. Ver também *Jones* II, p. 179.

p. 358 *"A ciência dorme"*: Freud a [Jones? Putnam?], 17 de janeiro de 1915. Cópia transcrita em Freud-Jones Correspondence, Freud Collection, D2, LC.

p. 358 *das hostilidades*: Ver Freud a Ferenczi, 17 de julho de 1914, e (cartão-postal) 14 de agosto de 1914. Freud-Ferenczi Correspondence, Freud Collection, LC. Ver também Freud a Eitingon (cartão-postal), 28 de agosto de 1914. Com permissão de Sigmund Freud Copyrights, Wivenhoe. E ver *Jones* II, p. 173.

p. 358 *"por trás disso"*: Freud a Jones, 22 de outubro de 1914. Transcrito em letra diferente da letra de Jones. Freud Collection, D2, LC.

p. 359 *isentaram o terceiro*: Freud a Abraham, 27 de julho de 1914. Karl Abraham papers, LC.

p. 359 "*imerecidamente salvos*": Freud a Eitingon, 29 de julho de 1914. Com permissão de Sigmund Freud Copyrights, Wivenhoe.

p. 359 *exigia dos judeus*: Martin Freud a Freud, 17 de agosto de 1914. Freud Museum, Londres.

p. 359 "*escalada de montanha*": Martin Freud a Freud, 18 de agosto de 1914. Freud Museum, Londres.

p. 359 *alimentos para os filhos*: Ver, como exemplos de gratos avisos de recebimento, Martin Freud a Freud (cartões-postais), 13 de setembro e 2 de outubro de 1914; e Ernst Freud a Freud, 20 de novembro e 6 de dezembro de 1914, e 19 de março (1915).

p. 359 "*sua influência*": Freud a Eitingon, 17 de janeiro de 1915. Com permissão de Sigmund Freud Copyrights, Wivenhoe.

p. 360 "*arrogância incrível*": Freud a Abraham, 25 de novembro de 1914. Karl Abraham papers, LC.

p. 360 "*tempos miseráveis*": Freud a Jones, 22 de outubro de 1914. Transcrito em letra diferente da de Jones. Freud Collection, D2, LC.

p. 360 "*outra raça*": Freud a Andreas-Salomé, 25 de novembro de 1914. *Freud-Salomé*, pp. 22-3(21).

p. 360 "*principal virtude*": Freud a Abraham, 3 de setembro de 1914. *Freud-Abraham*, p. 188 (195).

p. 360 "*cheio de confiança*": Abraham a Freud, 28 de outubro de 1914. Ib., p. 193 (200).

p. 360 "*otimista incurável*": Freud frequentemente se referia a Abraham desse modo. Para um exemplo posterior, ver Freud a Abraham, 19 de outubro de 1923. Ib., p. 318(342).

p. 360 "*expectativa muito positiva*": Abraham a Freud, 19 de novembro de 1914. Ib., p. 194 (202).

p. 360 *começo de janeiro de 1915*: Freud a Eitingon (cartão-postal), 3 de janeiro de 1915. Com permissão de Sigmund Freud Copyrights, Wivenhoe.

p. 360 "*nasça outra vez*": Freud a Abraham, 25 de janeiro de 1915. *Freud-Abraham*, p. 201 (209).

p. 361 "*continuamos firmes*": Freud a [Jones? Putnam?], 17 de janeiro de 1915. Cópia transcrita em Freud-Jones Correspondence, Freud Collection, D2, LC.

p. 361 " *de otimismo*": Freud a Abraham, 18 de fevereiro de 1915. *Freud-Abraham*, p. 203 (212).

p. 361 "*cresce diariamente!*": Freud a Abraham, 4 de maio de 1915. Ib., p. 212 (221).

p. 361 "*belas vitórias*": Freud a Abraham, 3 de julho de 1915. Ib., p. 215 (225).

p. 361 "*parecem absurdos*": Freud a Ferenczi, 8 de abril de 1915. Freud-Ferenczi Correspondence, Freud Collection, LC.

p. 361 "*sua deflagração*": Freud a Ferenczi, 10 de julho de 1915. Ib.

p. 361 "*Martin em primeiro lugar*": Ib. Ver também um memorando, "Traum vom 8./9. Juli Dr. [Donnerstag] Fr. [Freitag] 3/4 2[lh45] beim Erwachen". Cópia transcrita, Freud Museum, Londres.

p. 362 *que se autodestruía*: Os artigos foram publicados em *Imago* sob o título coletivo de "Thoughts for the times on war and death".

p. 362 *desprezo pelo inimigo*: "Zeitgemässes über Krieg und Tod", *GW* X, pp. 324-9/ "Thoughts for the times on war and death", *SE* XIV, pp. 275-9.

p. 362 *a decepção, a desilusão*: Ib., pp. 324--5/275.

p. 363 "*como pensáramos*": Ib., pp. 336/285.

p. 363 "*mais conformistas*": *Das Unbehagen in der Kultur* (1930), *GW* XIV, p. 506/*Civilization and its discontents*, *SE* XXI, p. 145.

p. 363 "*todas as guerras*": "Zeitgemässes über Krieg und Tod", *GW* X, p. 325/"Thoughts for the times on war and death", *SE* XIV, p. 276.

p. 363 "*de que precisamos*": Ib., p. 344/291.

p. 363 "*torturadores de animais*": Ib., p. 333/282.

p. 364 "*prepara-te para a morte*": Ib., pp. 354-5/299-300.

8. AGRESSÕES [pp. 367-421]

p. 367 "*para resistir*": Freud a Andreas-Salomé, 30 de julho de 1915. *Freud-Salomé*, p. 35 (32).

p. 367 "*conheço tão bem*": Freud a Abraham, 18 de dezembro de 1916. Freud-Abraham, p. 232 (244).

p. 367 "*talvez importantes*": Freud a Andreas-Salomé, 25 de novembro de 1914. *Freud-Salomé*, p. 23 (21).

p. 367 *psicanalíticas fundamentais*: Essa também é a opinião de Barry Silverstein, "'Now comes a sad story': Freud's lost metapsychological papers", em *Freud, appraisals and reappraisals*, ed. Stepansky, I, p. 144.

p. 367 "*e do inconsciente*": Freud a Abraham, 21 de dezembro de 1914. *Freud-Abraham*, p. 198 (206).

p. 368 *chamada de* "metapsico*lógica*": Freud a Andreas-Salomé, 31 de janeiro de 1915. *Freud-Salomé*, p. 29 (27).

p. 368 "*diretamente a Abraham*": Freud a Ferenczi, 18 de fevereiro de 1915. Freud-Ferenczi Correspondence, Freud Collection, LC. Essa foi, com toda probabilidade, uma versão inicial (ou talvez um resumo) de um dos artigos de metapsicologia, que ele publicaria em 1917.

p. 368 "*necessariamente alterada*": Freud a Ferenczi, 8 de abril de 1915. Ib. Nessa discussão, estou em dívida para com o ensaio de Ilse Grubrich-Simiti: "Metapsychologie und Metabiologie: Zu Sigmund Freuds Entwurf einer 'Übersicht der Übertragungsneurosen'", publicado em sua edição de um rascunho, até o momento inédito, do 12º ensaio metapsicológico, *Übersicht der Übertragungsneurosen* (1985), pp. 83-119.

p. 368 "*já está esboçado*": Freud a Ferenczi, 23 de abril de 1915. Freud-Ferenczi Correspondence, Freud Collection, LC.

p. 369 "*ainda faltando*": Freud a Ferenczi, 21 de junho de 1915. Ib.

p. 369 "*reelaboração necessária*": Freud a Andreas-Salomé, 30 de julho de 1915. *Freud-Salomé*, p. 35 (32).

p. 369 "*por trás*" *da consciência*: Freud a Fliess, 10 de março de 1898. *Freud-Fliess*, p. 329 (301-2).

p. 369 *metafísica*: Ver *Psychopathology of everyday life*, *SE* VI, p. 259.

p. 369 "*ideal e problemática*": Freud a Fliess, 17 de dezembro de 1896. *Freud-Fliess*, p. 228 (216).

p. 369 "*tempos mais calmos*": Freud a Abraham, 4 de maio de 1915. *Freud-Abraham*, p. 212 (221). Ver também "Editor's introduction" ao *Papers on metapsychology*, *SE* XIV, p. 105.

p. 369 "*essa virtude*": Freud a Ferenczi, 8 de abril de 1915. Freud-Ferenczi Correspondence, Freud Collection, LC.

p. 369 "*será um avanço*": Freud a Abraham, 4 de maio de 1915. *Freud-Abraham*, p. 212 (221).

p. 369 "*se mostrar útil*": Triebe und Triebschicksale" (1915), *GW* X, pp. 216-7/ "Instincts and their vicissitudes", *SE* XIV, p. 124.

p. 370 *alçada da psicologia*: Ib., pp. 214-6/ 122-3.

p. 370 *e desprazer*: Ib., p. 232/140.

p. 370 "*contra as pulsões*": Ib., p. 219/127. Em 1936, sua filha Anna arrolaria e analisaria os mecanismos de defesa dispersos em seus textos, acrescentando alguns seus. Ver Anna Freud, *The ego and the mechanisms of defense* (1936; trad. inglesa de Cecil Baines, 1937).

p. 370 "*mais essencial*": "Geschichte der psychoanalytischen Bewegung", *GW* X, p. 54/ "History of the psycho-analytic movement", *SE* XIV, p. 16. Sou devedor, nessa discussão, aos comentários dos editores ingleses de Freud em "Editor's note" a "Repression", *SE* XIV, pp. 143-4.

p. 371 "*leituras insuficientes*": "Geschichte der psychoanalytischen Bewegung", *GW* X, p. 53/"History of the psycho-analytic movement", *SE* XIV, p. 15. Em seu autorretrato de 1925, ele repetiu esta afirmação: a repressão "era uma novidade; nada semelhante jamais fora reconhecido na vida mental". ("*Selbstdarstellung*", *GW* XIV, p. 55/"Autobiographical study", *SE* XX, p. 30.)

p. 371 *teoria da repressão*: Ver "Autobiographical study", *SE* XX, p. 29.

p. 371 "*de energia*": "Die Verdrängung" (1915), *GW* X, p. 253/ "Repression", *SE* XIV, p. 151.

p. 372 *controle do auriga*: Ver, para essa imagem, Platão, *Phaedrus*, pp. 246, 253-4.

p. 372 "*crepusculares da consciência*"; Citado em Lancelot Law Whyte, *The unconscious here Freud* (1960; ed. brochura, 1962), p. 126.

p. 372 "*conseguia penetrar*": William Wordsworth, *The prelude*, Livro I, 1. 562, e Livro III, Il. 246-7.

p. 373 *acabamento adequado*: Ver Freud a Ferenczi, 21 de junho de 1915. Freud-Ferenczi Correspondence, Freud Collection, LC.

p. 373 "*dizer, prontos*": Freud a Ferenczi, 9 de agosto de 1915. Ib.

p. 373 "*impiedosamente realista*": Freud a Ferenczi, 8 de abril de 1915. Ib.

p. 373 "*fantasia filogenética*": Freud a Ferenczi, 18 de julho de 1915. Ib. Ver também Freud a Ferenczi, 28 de julho de 1915; e Ferenczi a Freud, 24 de julho de 1915. Ib.

p. 374 *sofrimentos mentais*: Ver Freud a Ferenczi, 12 de julho de 1915. Freud-Ferenczi Correspondence, Freud Collection, LC.

p. 374 "*ambos os sexos*": "Vorwort" a *Vorlesungen zur Einführung in die Psychoanalyse* (1916--7), *GW* XI, p. 3/ "Preface" a *Introductory lectures on psycho-analysis*, *SE* XV, p. 9.

p. 374 *sua filha Anna*: Ver Anna Freud a Jones, 6 de março de 1917, pós-escrito em carta de seu pai. Freud-Jones Correspondence, Freud Collection, D2, LC. Pode-se confirmar em afirmação posterior: "Acompanhei meu pai nessas ocasiões e ouvi todos esses Vorlesungen". (Anna Freud a Jones, 10 de novembro de 1953. Jones papers, Archives of the British Psycho-Analytical Society, Londres.)

p. 374 *e o Braille*: Ver "Bibliographische Anmerkung", *GW* XI, pp. 484-5.

p. 375 *de ter efeito*: Ver Abraham a Freud, 2 de janeiro de 1917. *Freud-Abraham*, pp. 232-3 (244-5).

p. 375 *de "elementares"*: Ver Freud a Andreas-Salomé, 9 de novembro de 1915. *Freud--Salomé*, p. 39 (35).

p. 375 "*qualquer coisa nova*": Freud a Andreas-Salomé, 25 de maio de 1916. Ib., p. 53 (45).

p. 375 "*destinada à multidão*": Freud a Andreas-Salomé, 14 de julho de 1916. Ib., p. 53 (48).

p. 375 "*muito cansado*": Freud a Abraham, 27 de agosto de 1916. *Freud-Abraham*, p. 228 (239).

p. 375 "*efeito exaustivo*": Freud a Ferenczi, 8 de abril de 1915. Freud-Ferenczi Correspondence, Freud Collection, LC.

p. 375 Greisenalter: Freud a Eitingon, 8 de maio de 1916. *Jones* II, p. 188.

p. 375 "*na criatividade*": Abraham a Freud, 1º de maio de 1917, *Freud-Abraham*, p. 224 (235).

p. 375 "*frágil e cansado*": Freud a Abraham, 20 de maio de 1917. Ib., p. 238 (251).

p. 375 "*guerreiros*" *estavam bem*: Freud a Andreas-Salomé (cartão-postal), 23 de novembro de 1916. *Freud-Salomé*, p. 59 (53).

p. 375 *a vitória e a paz*: Ver Abraham a Freud, 11 de fevereiro de 1917. Karl Abraham papers, LC.

p. 375 "*consequências terríveis*": Freud a Ferenczi, 30 de abril de 1917. Freud-Ferenczi Correspondence, Freud Collection, LC.

p. 376 "*Revolução na Rússia*": *Prochaskas Familienkalender*, 1917. Freud Collection, B2, LC.

p. 376 *certo grau de mal?*: *Vorlesungen zur Einführung*, *GW* XI, 147/*Introductory lectures*, *SE* XV, p. 146.

p. 376 *fora um fracasso*: Ver Freud a Ferenczi, 9 de outubro de 1917. Freud-Ferenczi Correspondence, Freud Collection, LC.

p. 376 *Kältetremor!*: Freud a Abraham, 18 de janeiro de 1918. *Freud-Abraham*, p. 253 (268).

p. 376 *apenas provisoriamente*: Para detalhes desse parágrafo, ver principalmente *Jones* II, p. 192.

p. 377 "*Nenhum prêmio Nobel 1917*": *Prochaskas Familienkalender*, 1917. Freud Collection, B2, LC.

p. 377 *fosse escolhido*: Ver Abraham a Freud, 10 de dezembro de 1916; e Freud a Abraham, 18 de dezembro de 1916. Ambos em *Freud--Abraham*, pp. 231-2 (243-4).

p. 377 "'*Rosh Hashana*'": Duas folhas tiradas de caderno, intituladas "Kriegswitze". Freud Collection, LC, não catalogado.

p. 377 "*afetação inglesa*": Freud a Abraham, 5 de outubro de 1917. *Freud-Abraham*, p. 244 (258). O otimismo de Jones se manteve por toda a guerra. Em 3 de agosto de 1914, ele escrevera confiantemente a Freud, "Ninguém aqui duvida... que a Alemanha e a Áustria serão derrotadas". (Com a permissão de Sigmund Freud Copyrights, Wivenhoe.)

p. 377 *artigos metapsicológicos*: Freud a Abraham, 11 de novembro de 1917. *Freud-Abraham*, pp. 246-7 (261). Os dois artigos eram "A metapsychological suplement to the theory of dreams" e "Mourning and melancholia".

p. 377 *para os judeus*: Ver Freud a Abraham, 10 de dezembro de 1917. Ib., p. 249 (264).

p. 377 *amargo fim*: Freud a Ferenczi, 9 de outubro de 1917. Freud-Ferenczi Correspondence, Freud Collection, LC.

p. 377 "*pátria alemã*": Freud a Abraham, 10 de dezembro de 1917. *Freud-Abraham*, p. 249 (264).

p. 377 "*minha apatia*": Freud a Abraham, 22 de março de 1918. Ib., p. 257 (272).

p. 377 "*ardentemente esperada*": Freud a Andreas-Salomé, 25 de maio de 1916. *Freud-Salomé*, p. 50 (45).

p. 378 *livro no prelo*: Ib.

p. 379 *verschwiegen werden*: Freud a Ferenczi, 20 de novembro de 1917. Freud-Ferenczi Correspondence, Freud Collection, LC.

p. 379 *para o livro*: Ver Freud a Abraham, 11 de novembro de 1917. *Freud-Abraham*, pp. 246-7 (261).

p. 379 "*também outras indicações*": Freud a Andreas-Salomé, 1º de julho de 1918. *Freud-Salomé*, p. 92 (82).

p. 380 "*homem se afogando*": Kann, *History of the Habsburg Empire*, p. 481.

p. 380 "*ainda não está aqui*": Freud a Eitingon, 25 de outubro de 1918. Com permissão de Sigmund Freud Copyrights, Wivenhoe.

p. 381 "*faminto demais*": Freud a Abraham, 27 de agosto de 1918. *Freud-Abraham*, p. 261 (278).

p. 381 "*dias de Budapeste*": Freud a Abraham, 27 de outubro de 1918. Ib., p. 263 (279).

p. 381 "*cálculos militares*": Jones II, p. 197. Ver também Freud a Andreas-Salomé, 4 de outubro de 1918. *Freud-Salomé*, pp. 92-3 (83-4).

p. 381 "*mentais e funcionais*": W. H. R. Rivers, "Freud's psychology of the unconscious", artigo lido perante o Clube de Patologia de Edimburgo era 7 de março de 1917, e impresso no *The Lancet* (16 de junho de 1917). Citado em Clark, *Freud*, p. 385.

p. 382 "*fingiam sua doença*": "Memorandum on the electrical treatment of war neurotics", *SE* XVIII, p. 213. O memorando original de cinco páginas, "Gutachten über die elektrische Behandlung der Kriegsneurotiker von Prof. Dr. Sigm. Freud", datado "Viena, 23 de fevereiro de 1920", não foi publicado.

p. 382 "*República na Hungria*": *Prochaskas Familienkalender*, 1918. Freud Collection, B2, LC.

p. 382 "*pesadelo da guerra*": Freud a Abraham, 25 de dezembro de 1918. *Freud-Abraham*, p. 266 (283).

p. 382 "27 *out*[*ubro*]: *Prochaskas Familienkalender*, 1918. Freud Collection, B2, LC. Entre as notícias de Martin Freud para sua família, está uma de 8 de novembro de 1918, assinalada "Prisoner of war postcard"; uma de 14 de novembro, relatando que ele continuava no hospital, mas estava melhor — parece que esta levou uma semana para chegar a Viena; e uma de 24 de dezembro de 1918. (Todas no Freud Museum, Londres.)

p. 382 "esta *Alemanha*": Freud a Eitingon, 25 de outubro de 1918. Com permissão de Sigmund Freud Copyrights, Wivenhoe.

p. 383 *choques sangrentos*: Freud a Ferenczi, 9 de novembro de 1918. Freud-Ferenczi Correspondence, Freud Collection, LC.

p. 383 "*monte de esterco*": Freud a Ferenczi, 17 de novembro de 1918. Ib.

p. 383 *para a psicanálise*: Freud a Ferenczi, 27 de outubro de 1918. Ib.

p. 383 *não ia conseguir*: Ver Freud a Ferenczi, 7 de novembro de 1918. Ib.

p. 383 "*dentro de casa*": Cit. em Jones II p. 201.

p. 383 "*de resistência*": Eitingon a Freud, 25 de novembro de 1918. Com permissão de Sigmund Freud Copyrights, Wivenhoe.

p. 383 "*minha filha consigo*": Freud a Jones, 22 de dezembro de 1918. Em inglês. Freud Collection, D2, LC. A maior parte das coisas da Anna Freud foi mandada de volta, e chegou bem. (Ver Freud a Jones, 18 de abril de 1919. Em inglês. Ib.)

p. 383 "*próximos também*": Freud a Ferenczi, 24 de janeiro de 1919. Freud-Ferenczi Correspondence, Freud Collection, LC.

p. 384 "*são sombrias*": Freud a Jones, 15 de janeiro de 1919. Em inglês. Freud Collection, D2, LC.

p. 384 "*coração da humanidade*": Citado em George Lichtheim, *Europe in the twentieth century* (1972), p. 118.

p. 384 "*no presidente*": Freud a Abraham, 5 de fevereiro de 1919. *Freud-Abraham*, p. 267 (285).

p. 384 "*charutos Havana*": Edward Bernays, "Uncle Sigi", *Journal of the History of Medicine and Allied Sciences*, XXXV (abril de 1980), p. 217.

p. 385 "*de todas as partes*": Freud a Jones, 18 de abril de 1919. Em inglês. Freud Collection, D2, LC.

p. 385 *Tratado de St. Germain*: Ver Freud a

Eitingon, 25 de outubro de 1918. Com permissão de Sigmund Freud Copyrights, Wivenhoe.

p. 385 *"território estrangeiro"*: Freud a Ferenczi, 17 de março de 1919. Freud-Ferenczi Correspondence, Freud Collection, LC.

p. 386 *manterem vivas*: Stefan Zweig, *Die Welt von Gestern, Erinnerungen eines Europäers* (1944), pp. 259-66.

p. 386 *"conseguiam batatas"*: Anna Freud a Jones, 7 de março de 1955. Jones papers, Archives of the British Psycho-Analytical Society, Londres.

p. 386 "'*Kartoffelschmarrn*'": Ib. *Kartoffel*, é claro, significa "batata"; *Schmarrn* é uma espécie de panqueca desmanchada, uma guloseima na Áustria e na Bavária. *Schmarrn* também é gíria para "baboseira" ou "tolice".

p. 386 *"piada de fome!"*: Freud a Ferenczi, 17 de março de 1919. Freud-Ferenczi Correspondence, Freud Collection, LC.

p. 386 *não desagradáveis*: Freud a Abraham, 13 de abril de 1919. *Freud-Abraham*, p. 269 (287).

p. 386 *"por suas cartas"*: Freud a Samuel Freud, 22 de maio de 1919. Em inglês. Rylands University Library, Manchester.

p. 386 *"em excelentes condições"*: Freud a Samuel Freud, 27 de outubro de 1919. Em inglês. Ib.

p. 387 Hungerkost: Freud a Ferenczi, 9 de abril de 1919. Freud-Ferenczi Correspondence, Freud Collection, LC.

p. 387 *devia ser de 746*: Ver citação de *Reichspost*, 25 de dezembro de 1918, em *Dokumentation zur Österreichischen Zeitgeschichte*, 1918-1928, ed. Christine Klusacek e Kurt Stimmer (1984), p. 124.

p. 387 *"cortantemente frio"*: Freud a Abraham, 5 de fevereiro de 1919. *Freud-Abraham*, p. 267 (284).

p. 387 *caneta-tinteiro*: Ver Freud a Andreas-Salomé, 9 de fevereiro de 1919. *Freud-Salomé*, p. 100 (90).

p. 387 *escassez de papel*: Ver Freud a Abraham, 4 de junho de 1920. Karl Abraham papers, LC.

p. 387 *"absurdo do mundo"*: Freud a Jones, 18 de abril de 1919. Em inglês. Freud Collection, D2, LC.

p. 387 *mais a alegria*: Freud a Max e Mirra Eitingon, 9 de maio de 1919. Cópia transcrita. Com permissão de Sigmund Freud Copyrights, Wivenhoe.

p. 387 *"fronteiras etc."*: Freud a Jones, 28 de maio de 1919. Em inglês. Freud Collection, D2, LC.

p. 387 *"por toda parte"*: Freud a Samuel Freud, 22 de maio de 1919. Em inglês. Rylands University Library, Manchester.

p. 387 *durante o verão*: Martha Freud a Jones, 26 de abril de 1919. Freud Collection, D2, LC.

p. 388 *não se preocupasse*: Freud a Abraham, 18 de maio de 1919. Karl Abraham papers, LC.

p. 388 *15 mil vienenses*: Ver *Dokumentation*, ed. Klusacek e Stimmer, pp. 156, 296-7.

p. 388 *"começou de novo"*: Freud a Jones, 28 de maio de 1919. Em inglês. Freud Collection, D2, LC.

p. 388 *recuperação de sua mulher*: Ver Freud a Abraham, 6 de julho de 1919. Karl Abraham papers, LC.

p. 388 *"muitos males"*: Ib.

p. 388 *"vida deste ano"*: Freud a Jones, 28 de julho de 1919. Em inglês. Freud Collection, D2, LC.

p. 388 *"países estrangeiros"*: Freud a Samuel Freud, 27 de outubro de 1919. Em inglês. Rylands University Library, Manchester.

p. 389 *"tudo o mais"*: Freud a Samuel Freud, 27 de outubro de 1919. Em inglês. Ib.

p. 389 *ampliaram sua resistência*: Freud a Eitingon, 2 de dezembro de 1919. *Briefe*, pp. 341-2.

p. 389 *"a primavera e o outono"*: Freud a Samuel Freud, 22 de fevereiro 1920. Em inglês. Rylands University Library, Manchester.

p. 389 *caíra aos pedaços*: Freud a Samuel Freud, 5 de fevereiro de 1922. Em inglês. Ib.

p. 390 *"meras vítimas!"*: Freud a Max e Mirra Eitingon, 9 de maio de 1919. Cópia transcrita. Com permissão de Sigmund Freud Copyrights, Wivenhoe.

p. 390 *"raiva impotente"*: Freud a Ferenczi, 10 de julho de 1919. Freud-Ferenczi Correspondence, Freud Collection, LC.

p. 390 *"trabalhadores ferroviários"*: Freud a Samuel Freud, 27 de outubro de 1919. Em inglês. Rylands University Library, Manchester.

p. 390 *"a ligação entre nós"*: Freud a Samuel Freud, 24 de novembro de 1919. Em inglês. Ib.

p. 390 "possa chegar a nós": Freud a Samuel Freud (cartão-postal), 8 de dezembro de 1919. Em inglês. Ib.

p. 390 *"D[eutsch] Oest[erreich]"*: Freud a

Samuel Freud, 17 de dezembro de 1919. Em inglês. Ib.

p. 391 "*do que três meses*": Freud a Samuel Freud, 26 de janeiro de 1920. Em inglês e Ib.

p. 391 "*barras de chocolate*": Freud a Samuel Freud, 15 de outubro de 1920. Em inglês. Ib.

p. 391 "*seus serviços*": Freud a "Geehrte Administration", 7 de maio de 1920. (Essa carta chegou-me às mãos pelo dr. J. Alexis Burland.)

p. 391 *precisasse de intérprete*: dr. J. Alexis Burland, comunicado pessoal ao autor, 29 de dezembro de 1986.

p. 392 "paciente inglês": Freud a Samuel Freud, 15 de fevereiro de 1920. Em inglês. Rylands University Library, Manchester.

p. 392 *oito libras*: Ver Freud a Samuel Freud, 22 de julho de 1920. Em inglês. Ib.

p. 392 "*em Haia*": Freud a Samuel Freud, 15 de outubro de 1920. Em inglês. Ib.

p. 392 *suficiente para todos*: Ver *Zweig*, *Die Welt von Gestern*, p. 279.

p. 392 "'*Kaffeehaus*'": Richard F. Sterba, *Reminiscences of a Viennese psychoanalyst* (1982), p. 21.

p. 392 " *sua própria força*": Zweig, *Die Welt Gestern*, p. 279.

p. 392 "*não posso viver*": Freud a Abraham, 21 de junho de 1920. *Freud-Abraham*, p. 291 (312).

p. 392 *tinha aquecimento*: Ver Freud a Abraham, 9 de dezembro de 1921. Ib., p. 304 (327).

p. 393 "*está por cima*": Freud a Kata Levy, 18 de outubro de 1920. Freud Collection, B9, LC.

p. 393 "*dessa mudança*": Freud a Rank, 8 de setembro de 1922. Rank Collection, caixa 1b. Rare Book and Manuscript Library, Columbia University.

p. 393 "*ainda ativo*": Freud a Jones, 28 de julho de 1919. Em inglês. Freud Collection, D2, LC.

p. 393 "*precisa de terapia*": Freud a Eitingon, 31 de outubro de 1920. Com permissão de Sigmund Freud Copyrights, Wivenhoe.

p. 393 "*não em cheque*": Freud a Leonhard Blumgart, 10 de abril de 1921. A. A. Brill Library, New York Psychoanalytic Institute. Blumgart seria o presidente do New York Psychoanalytic Institute de 1942 a 1945.

p. 393 "*por coroas*": Freud a Abram Kardiner, 10 de abril de 1921. Em inglês. Citado em A[bram] Kardiner, *My analysis with Freud*: *reminiscences* (1977), p. 15.

p. 393 "*cobrir as despesas*": Freud a Jones, 8 de março de 1920. Em inglês. Freud Collection, D2, LC.

p. 393 "*taxa de câmbio ocidental*": Freud a Jones, 28 de janeiro de 1921. Em inglês. Ib.

p. 393 "*la guerre*": Freud a Kata Levy, 28 de novembro de 1920. Freud Collection, B9, LC.

p. 394 "*meu inglês*": Freud a Eitingon, 12 de outubro de 1919. Com permissão de Sigmund Freud Copyrights, Wivenhoe.

p. 394 "*obrigado a parar*": Freud a Samuel Freud, 28 de novembro de 1920. Em inglês. Rylands University Library, Manchester.

p. 394 *pronúncia clara*: Freud a Jones, 8 de março de 1920. Em inglês. Freud Collection, D2, LC.

p. 394 "*sua m.....a língua*": Freud a Samuel Freud, 25 de julho de 1921. Em inglês. Rylands University Library, Manchester. O "m.....a" fica um pouco estranho num homem que fazia questão de chamar as coisas pelos seus nomes, mas lembra o uso elegante do século XIX, quando Freud aprendeu seu inglês.

p. 394 "*criticar meu inglês*": Freud a Blumgart, 12 de maio de 1921. A. A. Brill Library, New York Psychoanalytic Institute.

p. 394 "*não presto para nada*": Freud a Ferenczi, 28 de novembro de 1920. Freud-Ferenczi Correspondence, Freud Collection, LC.

p. 394 *para os domingos*: Freud a Kata Levy, 28 de novembro de 1920. Freud Collection, B9, LC.

p. 394 "*nova riqueza*": Freud a Andreas--Salomé, 20 de outubro de 1921. *Freud-Salomé*, p. 120 (109).

p. 395 *de aceitar*: Para um exemplo, ver Andreas-Salomé a Freud (início de setembro de 1923). Ib., p. 139 (127). Há vários outros.

p. 395 *menos pacientes*: Freud a Andreas-Salomé, 5 de agosto de 1923. Ib., p. 137 (124).

p. 395 *mencionou seis*: Freud a Blumgart, 12 de maio de 1921. Em inglês. A. A. Brill Library, New York Psychoanalytic Institute.

p. 395 *dez analisandos*: Ver Freud a Samuel Freud, 4 de dezembro de 1921. Rylands University Library, Manchester.

p. 395 *idade avançada*: Freud a Blumgart, 10 de abril de 1921. A. A. Brill Library, New York Psychoanalytic Institute.

p. 395 *"devorando a ciência"*: Freud a Jones, 18 de novembro de 1920. Em inglês e alemão. Freud Collection, D2, LC.

p. 395 *"revolucionou a minha alma"*: Freud a Jones, 12 de fevereiro de 1920. Em inglês. Ib. Na realidade, é claro, Freud tinha quarenta, e não 43 anos, quando seu pai morreu em 1896.

p. 396 *fúnebre oficial*: Ver "Victor Tausk", *SE* XVII, pp. 273-5. Esse obituário originalmente apareceu no *Internationale Zeitschrift für ärztliche Psychoanalyse*, V (1919), com a assinatura "Die Redaktion" — "A Redação".

p. 396 *"inútil para nós"*: Freud a Abraham, 6 de julho de 1919. Karl Abraham papers, LC. Em suas memórias datilografadas (p. 8), o psicanalista Ludwig Jekels relata que, quando perguntou a Freud por que não aceitava Tausk para análise, Freud respondeu, "Ele vai me matar!" (Siegried Bernfeld papers, caixa 17, LC).

p. 396 *"simpatia verdadeira"*: Freud a Ferenczi, 10 de julho de 1919. Freud-Ferenczi Correspondence, Freud Collection, LC.

p. 396 *havia dito a Abraham*: Freud a Andreas-Salomé, 1º de agosto de 1919. *Freud-Salomé*, p. 109 (98-9).

p. 396 *e a psicanálise*: Ver Andreas-Salomé a Freud, 25 de agosto de 1919. Ib., p. 109 (99). Pitorescamente, ela chamou Tausk de "alma frenética" — *Selenberserker* — "com um coração mole".

p. 396 *"por exemplo Schopenhauer"*: Freud a Andreas-Salomé, 19 de agosto de 1919. Ib. p. 109 (98-9).

p. 396 *esperava morrer*: Freud a Eitingon, 21 de janeiro de 1920. Passagem alemã original citada em Schur, *Freud, living and dying*, p. 553.

p. 397 *"Sophie em flor"*: Freud a sua mãe, Amalia Freud, 26 de janeiro de 1920. *Briefe*, p. 344.

p. 397 *terceiro filho*: Foi isso que Freud disse à sua analisanda, mais tarde amiga, Jeanne Lampl-de Groot. (Entrevista do autor com Lampl-de Groot, 24 de outubro de 1985.)

p. 397 *"minha Sophie"*: Freud a Kata Levy, 26 de fevereiro de 1920, Freud Collection, B9, LC.

p. 397 *"perdidas para sempre"*: Martha Freud a "Kitty" Jones, 19 de março de 1928. Jones papers, Archives of the British Psycho-Analytical Society, Londres.

p. 397 "corrente do relógio": H. D. (Hilda Doolittle), "Advent", em *Tribute to Freud* (1956), p. 128.

p. 398 *"nossa filha!"*: Freud a Pfister, 27 de janeiro de 1920. *Freud-Pfister*, pp. 77-8 (74-5).

p. 398 *"dificilmente um pai"*: Freud à "mãe" Halberstadt, 23 de março de 1920. Freud Collection, B1, LC.

p. 398 *"Papai"*: Freud a Max Halberstadt, 25 de janeiro de 1920. *Briefe*, pp. 343-4.

p. 398 *"de precedência"*: Freud a Lajos Levy, 4 de fevereiro de 1920. Freud Collection, B9, LC.

p. 398 *"não hei de superar"*: Freud a Ferenczi, 4 de fevereiro de 1920. Freud-Ferenczi Correspondence, Freud Collection, LC.

p. 398 *"enquanto durarmos"*: Freud a Jones, 6 de fevereiro de 1920. Em inglês. Freud Collection, D2, LC.

p. 398 *"pela distração"*: Freud a Pfister, 27 de janeiro de 1920. *Freud-Pfister*, p. 78 (75).

p. 399 *"inglês muito bom"*: *Jones* III, p. 27.

p. 399 *para consegui-lo*: Ver Karl Abraham a Jones, 4 de janeiro de 1920. Jones papers, Archives of the British Psycho-Analytical Society, Londres.

p. 400 *seria* Além do princípio do prazer: Freud a Andreas-Salomé, 2 de abril de 1919. *Freud-Salomé*, p. 105 (95).

p. 400 *"ido para a guerra"*: Wittels, *Sigmund Freud*, p. 231. (Embora esse livro traga a data de 1924, sabemos por uma carta que Freud enviou a Wittels tão logo o recebeu, em 18 de dezembro de 1923, que foi concluído em 1923. Ver *Briefe*, pp. 363-4.)

p. 400 *morte de Sophie Halberstadt*: Por exemplo, em 18 de julho de 1920, Freud escreveu a Eitingon: "O *Além* agora está finalmente concluído. O senhor terá condições de confirmar que estava semipronto, quando Sophie vivia e florescia". (Com permissão de Sigmund Freud Copyrights, Wivenhoe.) Ver também Freud a Jones, 18 de julho de 1920. Excerto datilografado, Freud Collection, D2, LC.

p. 400 *"nem sempre é o verdadeiro"*: Freud a Wittels [dezembro de 1923?]. O hológrafo dessa carta não existe (pelo menos ainda não o descobri). Mas, à margem de um exemplar de *Sigmund Freud* de Wittels, atualmente na biblioteca da Ohio State University, visivelmente o exemplar de trabalho dos tradutores Eden e Cedar Paul, Wittels copiou o texto da carta a ele, e é dessa transcrição que extraí as citações. Os tradutores inseriram passagens dessa carta na edição inglesa. A transcrição marginal de Wittels da carta de Freud está na p. 231, enquanto a versão inglesa se encontra nas pp. 251-2.

p. 400 *em sua família*: No outono de 1919, Freud publicou "O 'estranho'", um artigo curioso, em parte estudo lexicográfico, em parte conjectura psicanalítica, que já continha alguns dos conceitos centrais de *Além do princípio do prazer*, notavelmente o da compulsão à repetição. E as ideias desse artigo não eram novas para Freud, mesmo naquela época. (Ver notas do editor de "The uncanny", *SE* XVII, p. 218.)

p. 401 *morte de Sophie Halberstadt?*: Ver Freud a Eitingon, 8 de fevereiro de 1920. Com permissão de Sigmund Freud Copyrights, Wivenhoe. Ver também a discussão em Schur, *Freud, living and dying*, pp. 328-33, esp. p. 329.

p. 401 "na infância": "Zur Ätiologie der Hysterie", *GW* I, p. 457/ "The aetiology of hysteria", *SE* III, p. 220.

p. 401 "*mescla de* agressão": *Drei Abhandlungen, GW* V, p. 57/*Three essays, SE* VII, p. 157.

p. 402 "*pulsão agressiva?*": "Angst und Triebleben", em *Neue Folge der Vorlesungen, GW* XV, p. 110/ "Anxiety and instinctual life", em *New introductory lectures, SE* XVII, p. 103.

p. 402 "*receptivo a ela*": *Des Unbehagen in der Kultur, GW* XIV, p. 479/*Civilization and its discontents, SE* XXI, p. 120.

p. 402 *dias pioneiros de 1911*: Ver 29 de novembro de 1911. *Protokolle*, III, pp. 314-20.

p. 402 "*causa do vir-a-ser*": Para o reconhecimento, por Freud, da contribuição de Spielrein, ver *Beyond the pleasure principle, SE* XVIII, p. 55n.

p. 402 *quanto a morte*: Ver, para uma afirmação entre muitas, Jung a J. Allen Gilbert, 4 de março de 1930. *Briefe*, I, p. 102.

p. 403 *esquema* "dualista": *Jenseits des Lustprinzips* (1920), *GW* XIII, pp. 56-7/*Beyond the pleasure principle, SE* XVIII, p. 53.

p. 404 "*ao diabo*": Ib., pp. 63-4/59.

p. 404 *suas "especulações"*: Ib. Em *Além do princípio do prazer*, Freud mais de uma vez usou aquela palavra pouco promissora, "especulações".

p. 404 *com esse trabalho*: Freud a Ferenczi, 28 de março de 1919. Freud-Ferenczi Correspondence, Freud Collection, LC.

p. 404 "*para o princípio do prazer*": *Jenseits des Lustprinzips, GW* XIII, pp. 3,5/ *Beyond the pleasure principle, SE* XVIII, pp. 7, 9.

p. 405 *supunham os psicanalistas*: Ver ib., p. 11-5/14-7.

p. 406 *em suas atividades*: Ib., p. 20/21.

p. 406 *conflito com ele*: Ver ib., p. 21/22.

p. 406 "*sua própria maneira*": Ib., pp. 36-41/35-9.

p. 406 *espécie de imortalidade*: Ib., p. 41/39.

p. 407 "*pensar de outra maneira*": *Das Unbehagen in der Kultur, GW* XIV, pp. 478-9/*Civilization and its discontents, SE* XXI, p. 119.

p. 407 "*somente uma delas*": "Die endliche und die unendliche Analyse", *GW* XVI, pp. 88-9/ "Analysis terminable and interminable", *SE* XXIII, p. 243.

p. 407 "*se tenha algo melhor*": Freud a Jones, 3 de março de 1935. Freud Collection, D2, LC.

p. 407 "*além da psicanálise*": "Selbstdarstellung", *GW* XIV, p. 84/ "Autobiographical study", *SE* XX, p. 57.

p. 408 "*nossa obra inacabada*": Freud a Jones, 4 de outubro de 1920. Em inglês. Freud Collection, D2, LC.

p. 408 "*coisa muito estúpida*": Freud a Eitingon, 27 de março de 1921. Com permissão de Sigmund Freud Copyrights, Wivenhoe.

p. 408 "*problemas profundos*": Freud a Jones, 2 de agosto de 1920. Em inglês. Freud Collection, D2, LC.

p. 408 *revisões finais*: Ver *Jones* III, pp. 42-3.

p. 409 "*sobre Psicologia de Massa*": Freud a Jones, 18 de março de 1921. Em inglês. Freud Collection, D2, LC.

p. 409 "*compreensão da sociedade*": Freud a Rolland, 4 de março de 1923. *Briefe*, p. 360.

p. 409 "*psicologia social*": *Massenpsychologie und Ich-Analyse* (1921), *GW* XIII, p. 73/*Group psychology and the analysis of the ego, SE* XVIII, p. 69.

p. 410 "*fenômenos sociais*": Ib.

p. 410 "*grande guerra recente*": Ib., p. 130/118.

p. 410 das blöde Volk: Freud a Andreas-

-Salomé, 22 de novembro de 1917. *Freud-Salomé*, p. 75 (67).

p. 411 "*indivíduos da multidão*": *Massenpsychologie, GW* XIII, pp. 100, 104/*Group psychology, SE* XVIII, pp. 91, 95.

p. 411 "*pertencem a ela*": Ib., pp. 110, 107/101, 98.

p. 411 "e na libido": Ferenczi, "Freuds 'Massenpsychologie und Ich-Analyse.' Der individualpsychologische Forteschritt" (1922), em *Schriften zur Psychoanalyse*, ed. Balint, II, pp. 123-4.

p. 412 "*simplesmente em nada*": Freud a Ferenczi, 21 de julho de 1922. Freud-Ferenczi Correspondence, Freud Collection, LC.

p. 412 "*não poderá ser concluído*": Freud a Rank, 4 de agosto de 1922. Rank Collection, caixa 1b. Rare Book and Manuscript Library, Columbia University.

p. 412 "*de Groddeck*": Ib.

p. 412 "*certo misticismo*": Freud a Andreas-Salomé, 7 de outubro de 1917. *Freud-Salomé*, p. 71 (63).

p. 412 *discípulo de Freud*: Groddeck a Freud, 27 de maio de 1917. *Georg Groddeck-Sigmund Freud*: *Briefe über das Es*, ed. Margaretha Honegger (1974), pp. 7-13.

p. 413 "*analista selvagem*": Citado em Carl M. e Sylva Grossman, *The wild analyst*: *the life and work of Georg Groddeck* (1965) p. 95.

p. 413 *garantiu-lhe que sim*: Ver Groddeck a Freud, 11 de setembro de 1921. *Briefe über das Es*, p. 32.

p. 413 *manuscrito*: Ver Freud a Groddeck, 7 e 8 de fevereiro de 1920. Ib., pp. 25-6.

p. 413 "*do começo ao fim*": Ferenczi, "Georg Groddeck, *Der Seelensucher. Ein psychoanalytischer Roman* (1921), Schriften zur Psychoanalyse, ed. *Balint*, II, p. 95.

p. 413 "*passagens obscenas*": *Jones* III, p. 78.

p. 413 "*passar sem ele*": Freud a Eitingon, 27 de maio de 1920. Com permissão de Sigmund Freud Copyrights, Wivenhoe.

p. 413 "*contemporâneo de Rabelais?*": Freud a Pfister (cartão-postal), 4 de fevereiro de 1921. *Freud-Pfister*, p. 83 (80-1).

p. 413 belles lettres: Pfister a Freud, 14 de março de 1921. Com permissão de Sigmund Freud Copyrights, Wivenhoe.

p. 414 *abril de 1921*: Freud a Groddeck, 17 de abril de 1921. *Briefe über das Es*, p. 38.

p. 414 "'*pelo Isso*'": Groddeck, *Das Buch vom Es. Psychoanalytische Briefe an eine Freudin* (1923; ed. rev., 1979), p. 27.

p. 414 "*do reprimido*": Freud a Groddeck, 17 de abril de 1921. *Briefe über das Es*, pp. 38-9.

p. 414 "*real por trás dele*": Freud a Andreas-Salomé, 7 de outubro de 1917. *Freud-Salomé*, p. 71 (63).

p. 415 "*colher*": Groddeck a Freud, 27 de maio de 1923. *Briefe über das Es*, p. 63.

p. 415 "*da próxima vez*": Groddeck a sua segunda esposa, 15 de maio de 1923. Ib., p. 103.

p. 415 "*cumprimentam o seu Isso*": Freud a Groddeck, 13 de outubro de 1926. Ib., p. 81.

p. 415 "*papel de Eros*": *Das Ich und das Es* (1923), *GW* XIII, p. 289/*The ego and the id, SE* XIX, p. 59.

p. 416 *estava bem escrito*: Freud a Ferenczi, 17 de abril de 1923. Freud-Ferenczi Correspondence, Freud Collection, LC.

p. 416 *dever de gratidão*: *Ich und Es, GW* XIII, p. 237/*Ego and id, SE* XIX, p. 12.

p. 416 *inconsciente como "id"*: Ib., p. 251/23.

p. 416 "*do que uma especulação*": Ib., p. 239/12.

p. 416 "*marca distintiva*": Ib., p. 239/13.

p. 416 "*da psicologia das profundezas*": Ib., p. 245/18.

p. 416 "protótipo do inconsciente": Ib., p. 214/15.

p. 417 "*sintoma 'consciência'*": "Das Unbewusste" (1915), *GW* X, p. 291/ "The unconscious", *SE* XIII, pp. 192-3.

p. 417 "*contém as paixões*": *Ich und Es, GW* XIII, pp. 244, 252-3/*Ego and id, SE* XIX, pp. 18, 25.

p. 417 "*vontade fosse sua*": Ib., p. 253/25.

p. 418 "*da opinião pública*": Ib., pp. 286-7/56.

p. 418 "*sensações corporais*": Ib., p. 255/26, 26n. A nota explicativa foi publicada pela primeira vez, em inglês, na tradução de 1927, com a autorização de Freud. Parece não existir uma versão alemã.

p. 419 "inconsciente de culpa": Ib., pp. 254-5/26-7.

p. 419 "*do que sabe*": Ib., pp. 280-2/50-2.

p. 419 "e sim doente": Ib., pp. 278-80/49-50.

p. 420 "*ao longo das gerações*": "Die Zerlegung der psychischen Persönlichkeit", em *Neue*

Folge der Vorlesungen, *GW* XV, p. 73/ "The dissection of the psychical personality", em *New introductory lectures*, *SE* XXII, p. 67.

p. 420 "*do complexo de Édipo*": *Ich und Es*, *GW* XIII, pp. 262-4/*Ego and id*, *SE* XIX, pp. 34-6.

p. 421 "*assunto espinhoso*": Freud a Jones, 20 de novembro de 1926. Em inglês. Freud Collection, D2, LC.

p. 421 "*de suas casas*": Pfister a Freud, 5 de setembro de 1930. *Freud-Pfister*, p. 147 (135).

p. 421 *na "pulsão de morte"*, Pfister a Freud, 4 de fevereiro de 1930. Ib., p. 142 (131). Para a defesa vigorosa de Freud quanto à sua posição, ver sua resposta, 7 de fevereiro de 1930. Ib., pp. 143-5 (132-4).

9. A MORTE CONTRA A VIDA [pp. 422-73]

p. 422 *mantinha firme*: Freud a Rank, 4 de agosto de 1922. Rank Collection, caixa Ib. Rare Book and Manuscript Library, Columbia University.

p. 422 "*situação política*": Freud a Jones, 25 de junho de 1922. Em inglês. Freud Collection, D2, LC.

p. 423 "*inferno centro-europeu*": Freud a Rank, 8 de julho de 1922. Rank Collection, caixa 1b. Rare Book and Manuscript Library, Columbia University.

p. 423 "*à sua atenção*": Freud a Rank, 4 de agosto de 1922. Ib.

p. 423 "*de 23 anos*": Freud a Jones, 24 de agosto de 1922. Em inglês. Freud Collection, D2, LC.

p. 423 "*tanto a pessoa*": Caecilie Graf a Rosa Graf, "Dear mother", 16 de agosto de 1922. Cópia datilografada, Freud Collection, LC.

p. 423 *sua tristeza*: Freud a Jones, 24 de agosto de 1922. Em inglês. Freud Collection, D2, LC. Embora estivesse abalado, ele não se perturbou o suficiente para refrear sua língua sarcástica. Qualificou sua irmã Rosa, cuja única filha sobrevivente fora Caecilie, de "um virtuose do desespero". (Freud a Ferenczi, 24 de agosto de 1922. Freud-Ferenczi Correspondence, Freud Collection, LC.)

p. 423 *fora removido*: Freud a Jones, 25 de abril de 1923. Em inglês. Freud Collection, D2, LC.

p. 423 *um deles*: Freud a Ferenczi, 6 de novembro de 1917. Freud-Ferenczi Correspondence, Freud Collection, LC. Anna Freud copiou as passagens pertinentes numa carta a Max Schur, 20 de agosto de 1965. Max Schur papers, LC.

p. 423 "*rebelião dos tecidos*": Freud a Jones, 25 de abril de 1923. Em inglês. Freud Collection, D2, LC.

p. 424 *removesse o tumor*: Schur, *Freud, living and dying*, p. 350. Para o material no qual me baseei para esses parágrafos, ver o ensaio bibliográfico.

p. 424 *apenas de Freud*: Ver Anna Freud a Jones, 4 de janeiro de 1956. Jones papers, Archives of the British Psycho-Analytical Society, Londres. Em vista da relutância de Anna Freud em criticar o pai, este é um testemunho significativo.

p. 424 "*quarto disponível*": Deutsch, "Reflections", p. 280.

p. 424 "*simpático e amistoso*": Anna Freud a Jones, 16 de março de 1955. Jones papers, Archives of the British Psycho-Analytical Society, Londres.

p. 424 *a vida de Freud*: Esta é a opinião razoável de Ernest Jones. (*Jones* III, p. 91).

p. 425 "*rondas habituais*": Anna Freud a Jones, 16 de março de 1955. Jones papers, Archives of the British Psycho-Analytical Society, Londres. O relato de Jones (*Jones* III, pp. 90-1) segue o de Anna Freud palavra por palavra; o de Clark também, *Freud*, p. 440, baseou-se nos relatos em segunda mão de Jones e Deutsch.

p. 425 *era bom*: Freud a Andreas-Salomé, 10 de maio de 1923. *Freud-Salomé*, p. 136 (124).

p. 425 "*novo tumor!*": Freud a Abraham, 10 de maio de 1923. *Freud-Abraham*, p. 315 (338). A última parte da frase ("que essa data...") está em inglês.

p. 425 "*ainda não degenerara*": Freud a Samuel Freud, 26 de junho de 1923. Em inglês. Rylands University Library, Manchester.

p. 425 *sofrimento prolongado*: Das notas que Felix Deutsch fez após sua visita de 7 de abril de 1923, quando Freud lhe mostrou sua lesão. Citado em Gifford, "Notes on Felix Deutsch", p. 4.

p. 426 "*cabelo e ossos*": Freud a Ferenczi, 17 de abril de 1923. Freud-Ferenczi Correspondence, Freud Collection, LC.

p. 426 "*tanto quanto a ele*": Freud a Kata e Lajos Levy, 11 de junho de 1923. *Briefe*, pp. 361-2.

p. 426 "*seu valor*": Ib.

p. 426 "*não vai conseguir*": Ib., p. 361. A sentença citada está em inglês na carta de Freud.

p. 426 "*querida criança*": Freud a Ferenczi (cartão-postal), 20 de junho de 1923. Freud-Ferenczi Correspondence, Freud Collection, LC.

p. 426 *lágrimas, chorou*: *Jones* III, p. 92.

p. 426 "*deve ser uma*": Freud a Ferenczi, 18 de julho de 1923. Freud-Ferenczi Correspondence, Freud Collection, LC.

p. 427 "*querida criança*": Freud a Eitingon, 13 de agosto de 1923. Com permissão de Sigmund Freud Copyrights, Wivenhoe.

p. 427 "*levou o futuro consigo*": Freud a Rie, 18 de agosto de 1923. Freud Museum, Londres.

p. 427 "*minha própria vida*": Freud a Binswanger, 15 de outubro de 1926. Cit. em Binswanger, *Erinnerungen*, pp. 94-5.

p. 427 "*nenhum consolo*": Freud a Samuel Freud, 24 de setembro de 1923. Em inglês. Rylands University Library, Manchester.

p. 427 "*muito útil*": Freud a Jones, 4 de outubro de 1920. Em inglês. Freud Collection, D2, LC.

p. 428 *no final de 1919*: Freud a Jones, 11 de dezembro de 1919. Em inglês. Ib.

p. 428 "*o senhor e nós*": Freud a Jones, 23 de dezembro de 1919. Em inglês. Ib.

p. 428 *dias melhores*: Ver Freud a Jones, 7 de janeiro de 1922. Ib.

p. 428 "*muito injustamente*": Jones ao Comitê, agosto de 1922. Rank Collection, caixa 1b. Rare Book and Manuscript Library, Columbia University.

p. 428 "*relações entre si*": Freud a Jones, 24 de setembro de 1923. Em inglês. Freud Collection, D2, LC.

p. 428 "*Übertrieben*": Jones a Katherine Jones, 26 de agosto de 1923. Jones papers, Archives of the British Psycho-Analytical Society, Londres.

p. 429 "Erlebnis": Jones a Katherine Jones, 28 de agosto de 1923. Ib.

p. 429 "welchem Recht?": *Jones* III, p. 93.

p. 430 "*bastante claro*": Anna Freud a Jones, 8 de janeiro de 1956. Jones papers, Archives of the British Psycho-Analytical Society, Londres.

p. 430 "*polidimensionalidade romana*": Freud a Eitingon, 11 de setembro de 1923. Com permissão de Sigmund Freud Copyrights, Wivenhoe.

p. 430 "*do que é capaz*": Freud a Jones, 24 de setembro de 1923. Em inglês. Freud Collection, D2, LC.

p. 430 "*quanto ao futuro*": Freud a Samuel Freud, 24 de setembro de 1923. Em inglês. Rylands University Library, Manchester.

p. 430 "*cinco semanas*": Freud a Eitingon, 26 de setembro de 1923. Citado no alemão original em Schur, *Freud, living and dying*, p. 554. Ver também Freud a Jones, 26 de setembro de 1923, onde ele relata o caso palavra por palavra, como fez a Eitingon. (Freud Collection, D2, LC.)

p. 430 *4 e 12 de outubro*: Estou aqui seguindo Schur, *Freud, living and dying*, p. 362.

p. 430 "*vou para casa*": Freud a Abraham, 19 de outubro de 1923. *Freud-Abraham*, p. 318 (342).

p. 431 *para 2 mil libras*: Freud a "Dear Martin!", assinado "Cordialmente, Papai", 30 de outubro de 1923. Freud Museum, Londres. Com exceção da assinatura, a carta não está com a letra de Freud.

p. 431 "*ambos os lados*": *Jones* III, pp. 98-9. Ver também Sharon Romm, *The unwellcome intruder: Freud's struggle with cancer* (1983), pp. 73-85.

p. 431 "*capacidade de trabalho*": Max Schur, "The medical case history of Sigmund Freud", manuscrito inédito, datado 27 de fevereiro de 1954. Max Schur papers, LC.

p. 431 *mais jovem e forte*: Entrevista com Helen Schur, 3 de junho de 1986.

p. 431 "*ligação homossex*[*ual*]": Freud a Rank, 26 de novembro, de 1923. Rank Collection, caixa 1b. Rare Book and Manuscript Library, Columbia University.

p. 432 "*acelerado e constante*": Freud a Eitingon, 22 de março de 1924. Com permissão de Sigmund Freud Copyrights, Wivenhoe.

p. 432 *ouvido esquerdo*: Para um desenho das duas posições do divã, antes e depois da operação de Freud, ver Anna Freud a Jones, 4 de janeiro de 1956. Jones papers, Archives of the British Psycho-Annalytical Society, Londres.

p. 432 "*dentadura aumentada*": *Jones* III, p. 95.

p. 432 *"perfeitamente inteligível"*: Freud a Samuel Freud, 9 de janeiro de 1924. Em inglês. Rylands University Library, Manchester.

p. 432 *"velho Homero"*: Freud a Samuel Freud, 4 de maio de 1924. Em inglês. Ib.

p. 433 *"ótima disposição"*: Alix Strachey a James Strachey, 13 de outubro de 1924. *Bloomsbury/Freud: the letters of James and Alix Strachey*, 1924-1925, ed. Perry Meisel e Walter Kendrick [1985], pp. 72-3.

p. 433 *"nada a desejar"*: Alix Strachey a James Strachey, 20 de março (1925). Ib., p. 224.

p. 433 *dois filhos dele*: Ver Anna Freud a Jones, 2 de abril de 1922. Com permissão de Sigmund Freud Copyrights, Wivenhoe.

p. 433 *"há quatro semanas"*: Freud a Ferenczi, 30 de março de 1922. Freud-Ferenczi Correspondence. Freud Collection, LC.

p. 433 *"substituto completo"*: Freud a Anna Freud, 7 de março de 1922, Freud Collection, LC.

p. 433 *muito acanhada*: Anna Freud a Freud, 4 de agosto de 1920. Ib.

p. 434 *"por algum motivo"*: Freud a Anna Freud, 21 de julho de 1923. Ib.

p. 434 *"todas as coisas"*: Freud a Rie, 18 de agosto de 1923. Freud Museum, Londres.

p. 434 *"por toda a vida"*: Freud a Lehrman, 21 de março de 1929. A. A. Brill Library, New York Psychoanalytic Institute.

p. 435 *"paz eterna"*: Freud a Lehrman, 27 de janeiro de 1930. Ib. A expressão "Má sorte" [Too bad] está em inglês.

p. 435 *"e interessante"*: Freud a Ferenczi, 7 de setembro de 1915. Freud-Ferenczi Correspondence, Freud Collection, LC.

p. 435 *"puramente femininas"*: Freud a Anna Freud, 22 de julho de 1914. Freud Collection, LC.

p. 435 *Freud desse permissão*: Anna Freud a Freud, 13 de julho de 1910. Ib.

p. 435 *"muita falta disso"*: Anna Freud a Freud, 15 de julho de 1911. Ib.

p. 436 *"ajudar um pouco"*: Anna Freud a Freud, 7 de janeiro de 1912. Ib.

p. 436 *"filha única"*: Freud a Anna Freud, 21 de julho de 1912. Ib. Para outro exemplo do uso desta expressão por Freud, ver Freud a Anna Freud, 2 de fevereiro de 1913. Ib.

p. 436 *sentiria melhor*: Ver Freud a Anna Freud, 28 de novembro de 1912. Ib.

p. 436 *"tempo para escrever"*: Anna Freud a Freud, 26 de novembro de 1912. Ib.

p. 436 *ficasse mais tempo*: Ver Anna Freud a Freud, 16 de dezembro de 1912. Ib. Ver também Freud a Anna Freud, 1º de janeiro de 1913. Ib.

p. 436 *importava com ela*: Anna Freud a Freud, 7 de janeiro de 1912. Ib.

p. 437 *"vou aprender"*: Anna Freud a Freud, 16 de dezembro de 1912. Ib.

p. 437 *"de frente"*: Freud a Anna Freud, 5 de janeiro de 1913. Ib.

p. 437 *"agora única"*: Freud a Pfister, 11 de março de 1913. *Freud-Pfister*, p. 61 (61).

p. 437 *"única filhinha"*: Freud a Abraham, 27 de março de 1913. *Freud-Abraham*, p. 137 (136).

p. 437 *"de outra maneira"*: Anna Freud a Freud, 13 de março de 1913. Freud Collection, LC.

p. 437 *nova do rei Lear*: Freud a Ferenczi, 7 de julho de 1913. Freud-Ferenczi Correspondence, Freud Collection, LC.

p. 437 *"minha filhinha"*: Freud a Jones, 22 de julho de 1914. Em inglês. Freud Collection, D2, LC.

p. 438 *"consentimento prévio"*: Freud a Anna Freud, 17 de julho de 1914. Freud Collection, LC.

p. 438 *a sós com ele*: Ib.

p. 438 *conseguir na Inglaterra*: Freud a Anna Freud, 24 de julho de 1914. Ib.

p. 438 *"ofensa pessoal"*: Freud a Anna Freud, 24 de julho de 1914. Ib.

p. 438 *"compreender o mundo"*: Freud a Jones, 22 de julho de 1914. Em inglês. Freud Collection, D2, LC.

p. 438 *diretamente a Anna*: Ver Freud a Anna Freud, 22 de julho de 1914. Freud Collection, LC.

p. 439 *"romper o acordo"*: Freud a Jones, 22 de julho de 1914. Em inglês. Freud Collection, D2, LC.

p. 439 *"sentir a diferença"*: Anna Freud a Freud, 26 de julho de 1914. Freud Collection, LC.

p. 439 *"imago paterna"*: Jones a Freud, 27 de julho de 1914. Com permissão de Sigmund Freud Copyrights, Wivenhoe.

p. 440 *"muito útil"*: Anna Freud a Joseph Goldstein, 2 de outubro de 1975. Citado em Joseph Goldstein, "Anna Freud in Law", *The Psychoanalytic Study of the Child*, XXXIX (1984), p. 9.

p. 440 *"interessada neles"*: Anna Freud a Freud, 31 de janeiro de 1913. Freud Collection, LC.

p. 440 *como "transferência"*: Ver Anna Freud a Freud, 30 de julho de 1915. Ib.

p. 440 *na universidade*: Ver Anna Freud a Freud, 28 de agosto de 1916. Ib.

p. 440 *analista leigo*: Devo este relato ao dr. Jay Katz, que o obteve da própria Anna Freud.

p. 440 *obrigações como professora*: Ver Anna Freud a Freud, 13 de setembro de 1918. Freud Collection, LC.

p. 440 *com interpretações*: Ver Anna Freud a Freud, 24 de julho e 2 de agosto de 1919. Ib.

p. 440 *lapsos na escrita*: Ver Anna Freud a Freud, 28 de julho de 1919. Ib.

p. 441 *"mais do que eu"*: Anna Freud a Freud, 12 de novembro de 1920. Ib.

p. 441 *significado da morte*: Ver Anna Freud a Freud, 4 de julho de 1921. Ib.

p. 441 *"muito doente"*: Anna Freud a Freud, 4 de agosto de 1921. Ib.

p. 441 *outras pessoas*: Ver Anna Freud a Freud, 9 de agosto de 1920. Ib.

p. 441 *desejava muito*: Ver Anna Freud a Freud, 27 de abril de 1922. Ib.

p. 441 *vida interior*: Para evidências, ver a biografia de Anna Freud por Elisabeth Young--Bruehl, no prelo, parcialmente apresentada numa reunião do Muriel Gardiner Program in Psychoanalysis and the Humanities, Universidade Yale, 15 de janeiro de 1987.

p. 441 *"última quarta-feira"*: Freud a Jones, 4 de junho de 1922. Em inglês. Freud Collection, D2, LC.

p. 441 *distinguia mais do dele*: Binswanger a Freud, 27 de agosto de 1923. Com permissão de Sigmund Freud Copyrights, Wivenhoe.

p. 441 *das reuniões do grupo*: Abraham, Eitingon e Sachs a Freud, 26 de novembro de 1924. Karl Abraham papers, LC.

p. 442 *"mais durável"*: Freud a Eitingon, 11 de novembro de 1921. Com permissão de Sigmund Freud Copyrights, Wivenhoe.

p. 442 *"adequado para si"*: Freud a Samuel Freud, 7 de março de 1922. Em inglês. Rylands University Library, Manchester.

p. 442 *fantasias de espancamento*: Anna Freud a Freud, 30 de abril de 1922. Freud Collection, LC. Ver também Anna Freud a Freud, 27 de abril e 15 de julho de 1922. Ib.

p. 442 *junho de 1922*: Freud a Jones, 4 de junho de 1922. Em inglês. Freud Collection, D2, LC.

p. 442 *"perante a perda"*: Freud a Andreas--Salomé, 3 de julho de 1922. Freud Collection, B3, LC.

p. 442 *ambas durou*: Em 1930, num carinhoso P.S. numa das cartas ao pai, Anna Freud finalizou "Muitos beijos. Sua Anna." (Freud e Anna Freud a Andreas-Salomé, 22 de outubro de 1930. Ib.)

p. 443 *"sem o pai?"*: Freud a Samuel Freud, 19 de dezembro de 1925. Em inglês. Rylands University Library, Manchester.

p. 443 *em 1920*: Anna Freud a Freud, 9 de agosto de 1920. Freud Collection, LC.

p. 443 *"quanto era?"*: Anna Freud a Freud, 18 de julho de 1922. Ib.

p. 443 *"nada para fazer"*: Anna Freud a Freud, 20 de julho de 1922. Ib.

p. 443 *"incômoda"*: Anna Freud a Freud, 23 de julho de 1915. Ib.

p. 443 *"atirar ou morrer"*: Anna Freud a Freud, 5 de agosto de 1919. Ib.

p. 443 *que a aterrorizava*: Anna Freud a Freud, 12 de julho de 1915. Ib.

p. 443 *diante do inimigo*: Anna Freud a Freud, 27 de julho de 1915. Ib.

p. 443 *uma pistola*: Anna Freud a Freud, 24 de julho de 1915. Ib.

p. 443 *"muito perturbador"*: Anna Freud a Freud, 6 de agosto de 1915. Ib.

p. 444 *afeição dela por ele*: Ver, para uma "interpretação" humorística do sonho de Anna Freud sobre o rei e a princesa, Freud a Anna Freud, 14 de julho de 1915. Ib.

p. 444 *"complexo paterno"*: Freud a Eitingon, 2 de dezembro de 1919. Com permissão de Sigmund Freud Copyrights, Wivenhoe.

p. 444 *"homem inferior"*: Kardiner, *My analysis with Freud*, p. 77.

p. 444 *em 1924*: Novamente sou grato a Elisabeth Young-Bruehl, por sua palestra numa reunião do Muriel Gardiner Program in Psychoanalysis and the Humanities, Yale University, 15 de janeiro de 1987.

p. 444 *análise com ele*: Ver Anna Freud a Freud, 15 de agosto de 1918 e 16 de novembro de 1920. Freud Collection, LC.

p. 444 *"análise com o senhor"*: Anna Freud a Freud, 24 de julho de 1919. Ib.

p. 444 "*sincera pela senhora*": Freud a Kata Levy, 16 de agosto de 1920. Freud Collection, B9, LC.

p. 444 "*chegado ao fim*": Freud a Jones, 23 de março de 1923. Em inglês. Freud Collection, D2, LC. Ver também, entre muitas outras cartas, Freud a Jones, 4 e 25 de junho de 1922. Em inglês. Ib.

p. 445 "*deu certo*": Freud a Weiss, 1º de novembro de 1935. *Freud-Weiss Briefe*, p. 91.

p. 445 "*nós dois!*": Freud a Andreas-Salomé, 13 de maio de 1924. Freud Collection, B3, LC.

p. 445 "*estágio preparatório*": Freud a Andreas-Salomé, 11 de agosto de 1924. Ib.

p. 445 "*me ajuda nisso*": Freud a Andreas--Salomé, 10 de maio de 1925. Ib.

p. 445 "*parar de fumar*": Ver Freud a Andreas-Salomé, 13 de março de 1922. Ib.

p. 446 "*chegue ao fim*": Freud a Andreas--Salomé, 13 de março de 1922. Ib.

p. 446 *sua Antígona*: Esta questão foi tratada entre outros, por Uwe Henrik Peters, em *Anna Freud, Ein Leben für das Kind* (1979), pp. 38-45.

p. 447 *primavera de 1923*: Freud a Ferenczi, 10 de maio de 1923. Freud-Ferenczi Correspondence, Freud Collection, LC.

p. 447 "*minhas duas filhas*": Freud a Samuel Freud, 13 de dezembro de 1923. Em inglês. Rylands University Library, Manchester.

p. 447 *por meia hora*: Ver *Jones* III, pp. 95, 196.

p. 447 "*sentisse o mesmo!*": Freud a Eitingon, 24 de abril de 1921. Com permissão de Sigmund Freud Copyrights, Wivenhoe. Freud dirigiu-se a Eitingon como "Caro Max" pela primeira vez em 4 de julho de 1920, e continuou assim a partir de então. Depois de hesitar um pouco, chegou a considerar Eitingon realmente um membro de sua família. (Ver Freud a Eitingon, 24 de janeiro de 1922. Com permissão de Sigmund Freud Copyrights, Wivenhoe.) Eitingon foi, provavelmente, o único membro de sua família profissional com quem Freud nunca se zangou muito ou por muito tempo.

p. 447 "*ainda em casa*": Freud a Samuel Freud, 4 de dezembro de 1921. Em inglês, Rylands University Library, Manchester.

p. 447 "*ou independência*": Freud Collection, LC.

p. 447 "*sensibilidade telepática*": Freud a Abraham, 9 de julho de 1925. *Freud-Abraham*, p. 360 (387).

p. 448 "*desagradá-lo*": Anna Freud a Jones, 24 de novembro de 1955. Jones papers, Archives of the British Psycho-Analytical Society, Londres.

p. 448 *fosse absoluta*: Ver *Jones* III, pp. 380-1.

p. 448 *queridas antiguidades*: Ver ib., p. 382.

p. 448 "*materialistas céticos*": Freud a Nandor Fodor, 24 de julho de 1921. Cópia datilografada, Siegfried Bernfeld papers, caixa 17, LC.

p. 448 "*materialistas incorrigíveis*": "Psychoanalyse und Telepathie" (escrito em 1921, publicado em 1941), *GW* XVIII, pp. 28-9/"Psychoanalysis and telepathy", *SE* XVIII, pp. 178-9.

p. 448 "*existência da 'telepatia'*": "Traum und Telepathie" (1922), *GW* XIII, p. 165/ "Dreams and telepathy", *SE* XVIII, p. 197.

p. 449 "*nada a respeito dela*": Ib., p. 191/220.

p. 449 "*para desacreditar*": *Jones* III, p. 406.

p. 449 "*Não faça isso*": Freud a Ferenczi, 20 de março de 1925. Freud-Ferenczi Correspondence, LC. Ver também Ferenczi a "Caros Amigos", 15 de fevereiro e 15 de março de 1925, e Ferenczi a Freud, 16 de fevereiro e 16 de março de 1925. Ib.

p. 449 "*para a psicanálise*": Freud a Jones, 7 de março de 1926. Cópia datilografada, Freud Collection, D2, LC. No começo dos anos 1930, em uma das *Novas conferências introdutórias*, Freud fez alusões à telepatia com uma reserva bem atenuada.

p. 450 "*ponte consciente*": Anna Freud a Jones, 24 de novembro de 1955. Jones papers, Archives of the British Psycho-Analytical Society, Londres.

p. 450 "*vida e trabalho*": Freud a Rank, 10 de abril de 1924. Rank Collection, caixa 1b. Rare Book and Manuscript Library, Columbia University.

p. 450 "*novo ao largo*": Freud a Jones, 25 de setembro de 1924. Em inglês. Freud Collection, D2, LC.

p. 450 *para o lado da morte*: Freud a Andreas-Salomé, 10 de maio de 1925. *Freud-Salomé*, p. 169 (154).

p. 450 "*alma humana*": H. D., "Advent", em *Tribute to Freud*, p. 171.

p. 450 "*saneamento*": Anna Freud a Abraham, 20 de março de 1925, em um longo P.S. em uma carta que seu pai havia lhe ditado. Karl Abraham papers, LC.

p. 453 "*dizer um judeu*": George Sylvester Viereck, *Glimpses of the Great* (1930), p. 34. Esta entrevista também foi publicada separadamente três anos antes, em 1927.

p. 453 "*e os outros*": Freud a Pfister, 25 de dezembro de 1920. *Freud-Pfister*, pp. 81-2 (79).

p. 453 "*mais vivo*": Freud a Eitingon, 23 de novembro de 1919. Com permissão de Sigmund Freud Copyrigths, Wivenhoe.

p. 453 *incontroláveis da mente*: Ver *Introductory letters, SE* XVI, pp. 284-5.

p. 454 "*vezes malucas*": Karl R. Popper, "Philosophy of science: a personal report" (1953), em *British philosophy in the mid-century. A Cambridge symposium*, ed. C. A. Mace (1957), pp. 156-8.

p. 454 "*valor último*": Thomas L. Masson, "Psychoanalysis rampant", *New York Times*, 4 de fevereiro de 1923, sec. 3, p. 13.

p. 455 "*recentemente criada*": Mary Keyt Isham, resenha de *Além do princípio do prazer* e *Psicologia de grupo e a análise do ego, New York Times*, 7 de setembro de 1924, sec. 3, pp. 14-5.

p. 455 "*ao sexo*": "Critics make Freud symposium target/ Dr. Brian Brown calls his interpretation of the unconscious mind 'rotten.' Discussion at St. Mark's/ Dr. Richard Borden explains soul-sickness, libido, complexes and the 'Old Man'", *New York Times*, 5 de maio de 1924, p. 8.

p. 455 "*sonhos e paixões*": "Dr. Wise attacks modern writers/ Tells students at international house to abandon Mencken for the classics/ Regrets Freudian vogue/ Declares war has lost for religion the faith and loyalty of millions", *New York Times*, 16 de março de 1925, p. 22.

p. 455 "*soletrem a palavra*": "Declares Freud devotees/Can't spell psycho-analysis", *New York Times*, 27 de agosto de 1926, p. 7.

p. 455 "*esse Herr Amar*": Eitingon a Freud, 10 de novembro de 1922. Com permissão de Sigmund Freud Copyrights, Wivenhoe.

p. 456 "*de seu significado*": "Mind Cure./ Professor Freud's Lectures", *Times* de Londres, 15 de abril de 1922, p. 17.

p. 456 "*virou moda*": Poul Bjerre, *Wie Deine Seele geheilt wird! Der Weg zur Lösung seelischer Konflikte*, trad. inglesa Amalie Brückner (1925), p. 163.

p. 456 "*como da Inglaterra*": William McDougall, *An outline of abnormal psychology* (1926), p. 22. Citado em Carl Christian Clemen, *Die Anwendung der Psycoanalyse auf Mythologie und Religionsgeschichte* (1928), pp. 2-3.

p. 456 "*religião cristã*": Abraham, Eitingon e Sachs aos "Caros Amigos", 16 de maio de 1925. Karl Abraham papers, LC.

p. 456 "*forte como agora*": Abraham aos "Caros Amigos", 17 de outubro de 1925. Ib.

p. 457 "*lhes oferecia*": Elias Canetti, *Die Fackel im Ohr. Lebensgeschichte 1921-1931* (1980), pp. 137-9.

p. 457 *popular da psicanálise*: Bjerre, *Wie deine Seele geheilt wird!*, p. 163.

p. 457 "*mente e alma humanas*": William Bayard Hale papers, caixa 1, pasta 12. Y-MA.

p. 457 "*público em geral*": "Topics of the Times", *New York Times*, 8 de maio de 1926, p. 16.

p. 457 "*guinéus o curso!*": *Jones* III, p. 48n.

p. 458 *jovens assassinos*: Citado em ib., p. 103.

p. 458 *Freud eximiu-se*: Ver ib.

p. 458 "*desejos suprimidos?*"; "To ask Freud to come here" 1924, sec. 7, p. 3. Ver também *Jones* III, p. 114; e Clark, *Freud*, p. 461.

p. 458 "*ver o sr. Goldwyn*": Citado no *New York Times*, 24 de janeiro de 1925, p. 13. Ver também Jones III, p. 114; e Clark, *Freud*, p. 462. O original da suposta carta de Freud não apareceu.

p. 459 "*realizações mais sérias*" : Freud a Samuel Freud, 5 de novembro de 1920. Em inglês. Rylands University Library, Manchester.

p. 459 "*fardo*" *para ele*: Freud a Samuel Freud, 4 de dezembro de 1921. Em inglês. Ib.

p. 459 *popularidade* "*abominável*": Freud a Eitingon, 24 de janeiro de 1922. Com permissão de Sigmund Freud Copyrights, Wivenhoe.

p. 459 "*é divertido*": Freud a Eitingon, 17 de fevereiro de 1921. Com permissão de Sigmund Freud Copyrights, Wivenhoe.

p. 459 "*equiparando-me a Einstein*": Freud a Samuel Freud, 19 de dezembro de 1925. Em inglês. Rylands University Library, Manchester.

p. 459 *pensamento moderno*: Ver *Jones* III, pp. 109-10.

p. 459 *"povo eleito"*: Freud a Abraham, 10 de dezembro de 1917. *Freud-Abraham*, p. 249 (264).

p. 459 *"honrosa referência"*: Freud a Jones, 9 de junho de 1925. Ditado a Anna Freud, Freud Collection, D2, LC.

p. 460 *"de minha mulher"*: Freud a Samuel Freud, 19 de dezembro de 1925. Em inglês. Rylands University Library, Manchester.

p. 460 *que o alegrou*: Ver o certificado enviado a Freud pelo Nederlandsche Vereeniging voor Psychiatrie en Neurologie após sua reunião de 17 de novembro de 1921. Freud Museum, Londres. E também *Jones* III, p. 82 (dando a data, porém, de dezembro, ao invés de novembro).

p. 460 *"para conversar"*: Freud a Samuel Freud, 19 de dezembro de 1925. Em inglês. Rylands University Library, Manchester.

p. 460 *sempre em vão*: Freud a Emmy Groddeck, 18 de dezembro de 1923. Groddeck, *Briefe über das Es*, pp. 70-1.

p. 460 *para a medicina*: Mann a Meng, 8 de setembro de 1930. A. A. Brill Library, New York Psychoanalytic Institute.

p. 461 *"nesse assunto?"*: Freud a Jones, 18 de fevereiro de 1928. Em inglês. Freud Collection, D2, LC.

p. 461 *por causa disso*: Ver Freud a Eitingon, 18 de agosto de 1923. Citado em *Jones* III, p. 175.

p. 461 Girindrasehkhar Bose: Ver *Bose-Freud correspondence* (s.d. [1964?]), brochura publicada em Calcutá, Freud Collection, B9, LC.

p. 461 *"de almas"*: Stefan Zweig a Freud, 8 de dezembro de 1929. Com permissão de Sigmund Freud Copyrights, Wivenhoe.

p. 461 *"com um tiro"*: Citado em Friedrich Torberg, *Die Erben der Tante Jolesch* (1978; 2ª ed., 1982), pp. 26-7.

p. 461 *jargão freudiano*: Ronald A. Knox, "Jottings from a psycho-analyst's note-book", em *Essays in satire* (1928), pp. 265-76.

p. 461 *"Princípio do prazer"*: James Thurber e E. B. White, *Is sex necessary? Or, why you feel the way you do* (1929), pp. 190-3.

p. 462 *"nos anos 1880"*: Lippmann a Wallas, 30 de outubro de 1912. Citado em Ronald Steel, *Walter Lippmann and the American century* (1980), p. 46.

p. 462 *"ouvido falar nele"*: Lippmann a Frederick J. Hoffman, 18 de novembro de 1942. *Public philosopher: selected letters of Walter Lippmann*, ed. John Morton Blum (1985), p. 429.

p. 462 *entre seus alunos*: Ver Pfister a Freud, 24 de outubro de 1921; 23 de dezembro de 1925; 6 de maio e 21 de outubro de 1927. Com permissão de Sigmund Freud Copyrights, Wivenhoe.

p. 463 *"dão como assente"*: Joseph Wood Krutch, "Freud reaches seventy still hard at work/ Father of psychoanalysis continues to expand and alter theories that have made him a storm centre", *New York Times*, 9 de maio de 1926, sec. 9, p. 9.

p. 463 *"inadequado"*: "Topics of the Times", *New York Times*, 10 de maio de 1926, p. 20.

p. 463 *"sou 'notório'"*: Freud a Arnold Zweig, 20 de dezembro de 1937. *Freud-Zweig*, p. 164 (154). A palavra "notorious" está em inglês.

p. 463 *vindo para ficar*: "Nachschrift 1935" a "Selbstdarstellung", *GW* XVI, p. 34/ "Postscript (1935)" a "Autobiographical study", *SE* XX, p. 73. (Na versão em inglês, "Rússia", acidentalmente omitida no original em alemão, foi acrescentada com a permissão de Freud.)

p. 464 *como analista*: Alix Strachey a James Strachey, 9 de fevereiro de 1925. *Bloomsbury/ Freud*, p. 184.

p. 465 *"muito germânico"*: "The reminiscences of Rodolph M. Loewenstein" (1965), pp. 19-25. Oral History Collection, Columbia University.

p. 465 *"principalmente teólogos"*: Abraham, Eitingon e Sachs aos "Caros Amigos", 16 de dezembro de 1924. Karl Abraham papers, LC.

p. 465 *favoráveis ao orador*: Abraham, Eitingon e Sachs aos "Caros Amigos", 15 de março de 1925. Ib.

p. 465 *"de sucesso!"*: Abraham e Sachs aos "Caros Amigos", 13 de abril de 1925. Ib.

p. 465 *por este último*: Ver Phyllis Grosskurth, *Melanie Klein: her world and her work* (1986), p. 94.

p. 465 *ideia básica*: Ver Ernst Simmel, "Zur Geschichte und sozialen Bedeutung des Berliner Psychoanalytischen Institut", em *Zehn Jahre Psychoanalytischen Institut (Poliklinik und Lehranstalt)*, ed. Deutsche Psychoanalytische Gesellschaft (1930), pp. 7-8.

p. 466 *"chegar a isso"*: "Wege der psychoanalytischen Therapie" (1919), *GW* XII, pp. 192--3/ "Lines of advance in psycho-analytic therapy", *SE* XVII, p. 167.

p. 466 *"opinião pública"*: Simmel, "Zur Geschichte", em *Zehn Jahre Berliner Psychoanalytisches Institut*, p. 12.

p. 466 *foram curados*: Ver Otto Fenichel, "Statistischer Bericht über die therapeutische Tätigkeit 1920-1930", em ib., p. 16.

p. 466 *analista experiente*: Ver ib., p. 16.

p. 467 *"pelo menos um ano"*: "Anhang: Richtlinien für die Lehrtätigkeit des Instituts", seguindo Karen Horney, "Die Einrichtungen der Lehranstalt, A) Zur Organisation", em ib., p. 50.

p. 467 *"numa igreja"*: Hanns Sachs, "Die Einrichtungen der Lehranstalt, B) Die Lehranalyse", em ib., p. 53.

p. 467 *"Pontifex maximus"*: Freud a Jones, 4 de junho de 1922. Em inglês. Freud Collection, D2, LC.

p. 467 *estimulante seriedade*: Ver, por exemplo, Gregory Zilboorg, "Ausländisches Interesse am Institut, A) Aus Amerika", em *Zehn Jahre Berliner Psychoanalytisches Institut*, pp. 66-9; e Ola Raknes, "Ausländisches Interesse am Institut, B) Aus Norwegen", em ib., pp. 69-70.

p. 468 *filha Sophie*: Entrevista do autor com Jeanne Lampl-de Groot, 24 de outubro de 1985.

p. 468 *"cara Jeanne"*: Ver, por exemplo, Freud a Lampl-de Groot, 28 de agosto de 1924, Freud Collection, D2, LC.

p. 468 *"contar comigo"*: Freud a Abraham, 3 de março de 1925. Ditado a Anna Freud. Karl Abraham papers, LC.

p. 469 *"dito espirituoso"*: Assim, em 1916, quando traduziu o livro de Freud sobre o chiste, *Der Witz und seine Beziehung zum Unbewussten*, ele verteu o título como *Wit and its relation to the unconscious.*

p. 469 *"sombrinha escarlate"*: Katharine West, *Inner and outer circles* (1958). Citado em Paula Heimann, "Obituary, Joan Riviere (1883-1962)", *Int. J. Psycho-Anal.*, XLIV (1963), p. 233.

p. 469 *"ainda esperar"*: Freud a Jones, 16 de novembro de 1924. Ditado a Anna Freud, Freud Collection, D2, LC.

p. 469 *"muito lenta"*: Freud a Jones, 13 de dezembro de 1925. Ditado a Anna Freud. Ib.

p. 471 *"húngaros trigueiros"*: Alix Strachey a James Strachey, 13 [na verdade, 14] de dezembro de 1924. *Bloomsbury/Freud*, pp. 131-2.

p. 472 *"do que o usual"*: Ib., pp. 132-3.

p. 472 *"questões pedagógicas"*: Freud a Jones, 22 de julho de 1925. Ditado a Anna Freud, Freud Collection, D2, LC.

p. 472 *"pressupostos"*: Freud a Jones, 31 de maio de 1927. Ditado a Anna Freud. Ib.

p. 472 *"não é uma prova"*: Freud a Jones, 6 de julho de 1927. Ib.

p. 473 *"o senhor mesmo"*: Freud a Jones, 23 de setembro de 1927. Ib.

p. 473 *ataques a ele mesmo*: Ver Freud a Jones, 23 de setembro e 9 de outubro de 1927. Ib.

p. 473 *vivido pela criança*: Ver *Civilization and its discontents*, *SE* XXI, pp. 130n, 138n.

p. 473 *"filha, Anna Freud"*: "Selbstdarstellung", *GW* XIV, p. 96n/ "Autobiographical study", *SE* XX, p. 70n.

10. LUZES TRÊMULAS EM CONTINENTES NEGROS [pp. 474-525]

p. 474 *"hilaridade histérica"*: Anna Freud a Jones, 8 de janeiro de 1956. Jones papers, Archives of the British Psycho-Analytical Society, Londres.

p. 474 *cópias dele*: Ver Freud a Ferenczi, 18 de julho de 1920. Freud-Ferenczi Correspondence, Freud Collection, LC.

p. 474 Hochstaplernatur: Freud a Eitingon, 2 de julho de 1927. Com permissão de Sigmund Freud Copyrights, Wivenhoe.

p. 475 *"último livro"*: Freud a Rank, 18 de agosto de 1912. Rank Collection, caixa 1b. Rare Book and Manuscript Library, Columbia University. Ele tinha em mente o vasto estudo de Rank sobre o tema do incesto na literatura.

p. 475 *"inteiramente compreensível"*: Freud a Abraham, 25 de dezembro de 1918. Karl Abraham papers, LC.

p. 475 *o "estranho"*: Ver "The 'uncanny'" (1919), *SE* XVIII, p. 230n.

p. 475 *aquele conselho*: Freud a Rank, 8 de julho de 1922. Rank Collection, caixa 1b. Rare Book and Manuscript Library, Columbia University.

p. 476 "*do contrário*": Freud a Rank, 8 de setembro de 1922. Ib.

p. 476 "*R*[*ank*] *e Jones*": Eitingon a Freud, 31 de janeiro de 1924. Com permissão de Sigmund Freud Copyrights, Wivenhoe.

p. 477 *mantivesse incólume*: Ver Freud a "Caros Amigos", janeiro de 1924. Fotocópia da cópia datilografada, Rank Collection, caixa 1b. Rare Book and Manuscript Library, Columbia University.

p. 477 "*ou F*[*erenczi*]": Freud a Eitingon, 7 de fevereiro de 1924. Com permissão de Sigmund Freud Copyrights, Wivenhoe.

p. 477 *pacífica de Freud*: Rank a Freud, 15 de fevereiro de 1924. Rank Collection, caixa 1b. Rare Book and Manuscript Library, Columbia University.

p. 477 "*de advertidor*": Abraham a Freud, 21 de fevereiro de 1924. *Freud-Abraham*, p. 324 (348-9).

p. 477 "*sujeito mau*": Freud a Ferenczi, 20 de março de 1924. Cópia datilografada, Rank Collection, caixa 1b. Rare Book and Manuscript Library, Columbia University.

p. 477 "*de defecção*": Ferenczi a Rank, 18 de março de 1924. Ib.

p. 478 "*contra Abraham*": Freud a Ferenczi, 26 de março de 1924. Cópia datilografada, Ib.

p. 478 *de ser publicada*: Rank a Ferenczi, 20 de março de 1924. Na verdade, as cartas circulares que Freud escreveu nesse período sugerem fortemente que tinha captado plenamente a mensagem de Rank.

p. 478 "*não o vejo*": Freud a "Caros Amigos", 25 de fevereiro de 1924. Ib.

p. 478 *para analistas*: 5 de março de 1924. Vienna Psychoanalytic Society, atas para 1923-4, guardadas por Otto Isakower. Freud Collection, B27, LC.

p. 478 "*fonte de angústia*": 25 de novembro de 1908. *Protokolle*, II, p. 65.

p. 478 "*nascimento em diante*": 17 de novembro de 1909. Ib., p. 293.

p. 478 "*afeto da angústia*": *Traumdeutung*, *GW* II-III, p. 406n/*Interpretation of dreams*, *SE* V, pp. 400-1n.

p. 479 "*morrerei de todo*": Freud a Rank, 1º de dezembro de 1923. Rank Collection, caixa 1b. Rare Book and Manuscript Library, Columbia University.

p. 479 *estava com a razão*: Freud a Abraham, 4 de março de 1924. *Freud-Abraham*, p. 328 (352-3).

p. 479 *sequer desejável*: Freud a "Caros Amigos", janeiro de 1924. Rank Collection, caixa 1b. Rare Book and Manuscript Library, Columbia University.

p. 479 *delicados com ele*: Ver especialmente Freud a Ferenczi, 26 de março de 1924. Cópia datilografada, ib.

p. 479 "*na mente dele*": Freud a Jones, 25 de setembro de 1924. Em inglês. Freud Collection, D2, LC.

p. 479 "*regressão científica*": Abraham a Freud, 26 de fevereiro de 1924. *Freud-Abraham*, p. 326 (350-1).

p. 480 *em primeiro lugar*: Jones a Abraham, 8 de abril de 1924. Karl Abraham papers, LC.

p. 480 *um terço apenas*: Ver Freud a Ferenczi, 26 de março de 1924. Cópia datilografada, Rank Collection, caixa 1b. Rare Book and Manuscript Library, Columbia University.

p. 480 "*falastrão atrapalhado*": Freud a Sándor Radó, 30 de setembro de 1925. Ditado a Anna Freud. Freud Collection, B9, LC.

p. 480 "*outros antes dele*": Freud a Burrow, 31 de julho de 1924. Trigant Burrow papers, série I, caixa 12, Y-MA.

p. 480 "*o mãe*": Citado em E. James Lieberman, *Acts of will: the life and work of Otto Rank* (1985), p. 235.

p. 481 "*aberta para si*": Freud a Rank, 23 de julho de 1924. Rank Collection, caixa 1b, Rare Book and Manuscript Library, Columbia University.

p. 481 "*impossível um entendimento*": Rank a Freud, 7 de agosto de 1924. Ib. A carta que ele pôs no correio, embora seja muito semelhante, não contém esta passagem decisiva. (9 de agosto de 1924. Ib.)

p. 481 "*abalados em nada*": Freud a Rank, 27 de agosto de 1924. Ib.

p. 481 "*conspiração berlinense*": Eitingon a Freud, 2 de setembro de 1924. Com permissão de Sigmund Freud Copyrights, Wivenhoe.

p. 481 "*o nome Rank*": Freud a Eitingon, 7 de outubro de 1924. Com permissão de Sigmund Freud Copyrights, Wivenhoe.

p. 481 *um pouco melancólico*: Freud a Abraham, 17 de outubro de 1924. *Freud-Abraham*, p. 345 (371).

p. 481 "*deste encontro*": Freud a Jones, 23 de outubro de 1924. Em inglês. Freud Collection, D2, LC. Para exemplos de Freud se preparando para renunciar a Rank por volta desta época, ver Freud a Eitingon, 27 de setembro e 19 de novembro de 1924. Com permissão de Sigmund Freud Copyrights, Wivenhoe.

p. 481 "*a tal ponto*": Freud a Jones, 5 de novembro de 1924. Ditado a Anna Freud. Freud Collection, D2, LC.

p. 482 "*sempre um cavalheiro*": Jones a Abraham, 12 de novembro de 1924. Karl Abraham papers, LC. Ver também carta circular a "Caros Amigos" de Berlim, 26 de novembro de 1924. Ib.

p. 482 "*levou uma surra*": Freud a Andreas-Salomé, 17 de novembro de 1924. *Freud-Salomé*, p. 157 (143).

p. 482 *falha a si mesmo*: Ver Freud a Jones, 16 de novembro de 1924. Ditado a Anna Freud. Freud Collection, D2, LC.

p. 482 *complexo de irmão*: Rank ao Comitê, 20 de dezembro de 1924. Citado em Lieberman, *Rank*, pp. 248-50.

p. 482 *de responsabilidade*: Jones a Abraham, 29 de dezembro de 1924. Karl Abraham papers, LC.

p. 483 *ao lado de seus camaradas*: Freud a Jones, 6 de janeiro de 1925. Ditado a Anna Freud. Freud Collection, D2, LC.

p. 483 "*algo parecido*": Freud a Eitingon, 6 de janeiro de 1925. Com permissão de Sigmund Freud Copyrights, Wivenhoe.

p. 483 *de seus colegas*: Eitingon, Sachs e Abraham a Rank, 25 de dezembro de 1924. Rank Collection, caixa 1b. Rare Book and Manuscript Library, Columbia University.

p. 483 ist die Tat: Jones a Rank, 3 de janeiro de 1925. Ib.

p. 483 *primeira estada*: Freud a Jones, 6 de janeiro de 1925. Ditado a Anna Freud. Freud Collection, D2, LC.

p. 483 "*toda a confiança*": Freud a Abraham, 3 de março de 1925. Karl Abraham papers, LC.

p. 483 *discípulo imprevisível*: Ver Freud a Eitingon, 16 de julho de 1925. Com permissão de Sigmund Freud Copyrights, Wivenhoe.

p. 483 *tristemente apropriadas*: Ver Abraham a Freud, 26 de fevereiro de 1924. *Freud-Abraham*, p. 326 (350-1). O próprio Freud, hesitante fez tal comparação. Ver Freud a Ferenczi, 20 de março de 1924. Rank Collection, caixa 1b. Rare Book and Manuscript Library. Columbia University.

p. 484 "*anular minha obra*": Freud a Rank, 20 de novembro de 1923. Rank Collection, caixa 1b. Rare Book and Manuscript Library. Columbia University.

p. 484 *sobre sua neurose*: Freud a Rank, 23 de julho de 1924. Ib.

p. 484 *prometia Nova York*: Freud a Andreas-Salomé, 17 de novembro de 1924. *Freud-Salomé*, p. 157 (143).

p. 484 "*provavelmente Freud*": Jones a Freud, 29 de setembro de 1924. Citado em Vincent Brome, *Ernest Jones*: *Freud's alter ego* (ed. inglesa, 1982; ed. americana, 1983), p. 147.

p. 484 "*sádico-anal*": Abraham a Freud, 20 de outubro de 1924. *Freud-Abraham*, p. 347 (373).

p. 485 "*e egoístas*": Freud a Abraham, 4 de março de 1924. Ib., p. 327 (352).

p. 485 *entre os analistas*: Freud a Abraham, 31 de março de 1924. Ib., p. 331 (355).

p. 485 "*nunca se fechara*": Freud a Robert Breuer, 26 de junho de 1925. Citado na íntegra em Albrecht Hirschmüller, "'Balsam auf eine schmerzende Wunde' — Zwei bisher unbekannte Briefe Sigmund Freuds über sein Verhältnis zu Josef Breuer", *Psyche*, XLI (1987), p. 58.

p. 485 *a Freud da cama*: Ver Abraham a Freud, 7 de junho de 1925. *Freud-Abraham*, p. 355 (382).

p. 485 "*supere o distúrbio*": Freud a Abraham, 11 de setembro de 1925. Ib., p. 367 (395).

p. 486 "*mais impressionante*": Abraham a "Caros Amigos", 17 de outubro de 1925. Karl Abraham papers, LC.

p. 486 "*tão misteriosas*": Freud a Jones, 13 de dezembro de 1925. Ditado a Anna Freud. Freud Collection, D2, LC.

p. 486 " *acontecimento fatal*": Freud a Jones, 16 de dezembro de 1925. Em inglês. Ib.

p. 486 *funcionando bem*: Freud a Jones, 21 de dezembro de 1925. Ditado a Anna Freud. Ib.

p. 487 "*ser sincero*": Freud a Jones, 30 de dezembro de 1925. Ib.

p. 487 "*de seu futuro*": "Karl Abraham" (1926), *GW* XIV, p. 564/ "Karl Abraham", *SE* XX, p. 277. Publicado pela primeira vez em *Internationale Zeitschrift für Psychoanalyse*, XII (1926), p. 1.

p. 487 *"possibilidade de ganhar a vida"*: Freud a Eitingon, 19 de março de 1926. Com permissão de Sigmund Freud Copyrights, Wivenhoe.

p. 487 "foi muito grande": Freud a Eitingon, 13 de abril de 1926. Com permissão de Sigmund Freud Copyrights, Wivenhoe.

p. 487 *"pertence mais a nós"*: Freud a Eitingon, 7 de junho de 1926. Com permissão de Sigmund Freud Copyrights, Wivenhoe.

p. 488 *"por 'ab-reação'"*: *Hemmung, Symptom und Angst* (1926), *GW* XIV, p. 194/*Inhibitions symptoms and anxiety, SE* XX, p. 161.

p. 488 *"muito subversivas"*: Freud a Andreas-Salomé, 13 de maio de 1926. *Freud-Salomé*. p. 178 (163).

p. 488 *"parecia justificado"*: *Hemmung, Symptom und Angst, GW* XIV, p.193/*Inhibitions, symptoms and anxiety, SE* XX, pp. 160-1.

p. 488 *"autocrítica do autor"*: *Psychopathologie des Alltagslebens, GW* IV, p. 112/ *Psychopathology of everyday life, SE* VI, p. 101.

p. 489 *"região precordial"*: D. Hack Tuke, ed., *A dictionary of psychological medicine*, vol. I, p. 96.

p. 489 *"tornar mais claro"*: Eugen Bleuler, *Textbook of psychiatry* (1916; 4ª ed., 1923; trad. inglesa A. A. Brill, 1924), p. 119.

p. 490 *realizaram sua obra*: Ver *Inhibitions, symptoms and anxiety, SE* XX, p. 139.

p. 491 *"método de defesa"*: Ib., pp. 195--6/163.

p. 492 *pertencem a elas*: Ib., pp. 149-52/119-21.

p. 493 *"ouçam a mim"*: Freud a Abraham, 28 de novembro de 1924. Karl Abraham papers, LC.

p. 493 *"prática médica"*: Citado em uma longa carta de Reik a Abraham, 11 de abril de 1925. Karl Abraham papers, LC.

p. 493 *clinicar por algum tempo*: Ib.

p. 494 *"primeiros alunos leigos"*: Pfister a Freud, 10 de setembro de 1926. *Freud-Pfister*, p. 109 (104). O principal oponente de Pfister era Emil Oberholzer, presidente da Sociedade Suíça de Psicanálise até 1927, a quem Freud, tomando o lado de Pfister, chamou de "um tolo obstinado que é melhor deixar sozinho". (Freud a Pfister, 11 de fevereiro de 1928. Com permissão de Sigmund Freud Copyrights, Wivenhoe.) Ver também, entre os relatos de Pfister dos casos psicanalíticos suíços, principalmente Pfister a Freud, 16 de fevereiro de 1925. (Ib.)

p. 494 *"tragada pela medicina"*: Freud a Federn, 27 de março de 1926. Cópia datilografada. Com permissão de Sigmund Freud Copyrights, Wivenhoe.

p. 494 *"discutimos longamente"*: Citado em Erika Freeman, *Insights: conversations with Theodor Reik* (1971), pp. 86-7.

p. 494 *"pesquisa psicanalítica"*: Citado em ib., p. 87. Reik relembrou o mesmo ponto em sua longa carta a Abraham, 11 de abril de 1925. Karl Abraham papers, LC.

p. 495 *"escrever bem"*: Freud a Abraham, 15 de fevereiro de 1914. Karl Abraham papers, LC. Ver também Freud a Abraham, 25 de março, 17 de maio e 15 de julho de 1914. Ib.

p. 495 *"bons resultados"*: *New York Times*, 25 de maio de 1927, p. 6.

p. 495 *modo desalentador*: "Geleitwort" (1913), *GW* X, p. 450/ "Introduction to Pfister's *The psycho-analytic method*", *SE* XII, pp. 330-1.

p. 496 *"manual de psiquiatria"*: *Die Frage der Laienanalyse. Unterredungen mit einem Unparteiischen* (1926), *GW* XIV, pp. 261, 282-3/*The question of lay analysis: conversations with an impartial person, SE* XX, pp. 229, 247-8.

p. 496 *"futuro distante"*: *Jones* III, pp. 287-9.

p. 496 *e psiquiatria*: Ver *Lay analysis, SE* XX, p. 246.

p. 496 *realidades mundanas*: *Jones* III, p. 289.

p. 496 *"sexo pervertido"*: Citado em John C. Burnham, "The influence of psychoanalysis upon American culture", em *American psychoanalysis: origins and development*, ed. Jacques M. Quen e Eric T. Carlson (1978), p. 61.

p. 497 *"do individualismo"*: "American Accused as London 'Charlatan'/ Bow Street Police recommend deportation for Homer Tyrell Lane, psychoanalist [*sic*], 'individualist'", *New York Times*, 18 de março de 1925, p. 19.

p. 497 *nunca mais voltar*: "Imprisons Psychoanalyst/London Magistrate Sentences H. T. Lane of Boston", *New York Times*, 25 de março de 1925, p. 2. Ver também "London court fines American alienist/ And he must leave country/ Letters from women signed 'god' and 'devil' read", *New York Times*, 15 de maio de 1925, p. 22.

p. 497 *"em dez dias"*: "Pastor Rakes Quacks in psychoanalysis/ Many mulcted by Fakers, Warns Rev. C. F. Potter —/ Would license teachers", *New York Times*, 30 de março de 1925, p. 20.

p. 497 "*estivesse a postos*": Jelliffe a Jones, 10 de fevereiro de 1927. Citado em John C. Burnham Jelliffe: *American psychoanalyst and physician* (1983), p. 124.

p. 498 *análise não convincente*: "Discussion on lay analysis", *Int. J. Psycho-Anal.*, VIII (1927), pp. 221-2.

p. 498 "*para médicos*". Ib., p. 246.

p. 498 "*deve ser evitada*": Ib., p. 274.

p. 499 "*do médico*": Ib., p. 251.

p. 499 "*medicamente qualificadas*": Rickman, em ib., p. 211.

p. 499 *não eram médicos*: *Jones* III, p. 293.

p. 499 "*dano aos pacientes*": Sociedade Psicanalítica Húngara, "Discussion on lay analysis", *Int. J. Psycho-Anal*, VIII (1927), p. 281.

p. 499 "*encontra sua ideologia*": Ib., p. 248.

p. 500 "*meus pacientes*": "Nachtwort" a *Laienanalyse*, *GW* XIV, pp. 290-1/ "Postscript" a *Lay analysis*, *SE* XX, pp. 253-4.

p. 500 *opiniões extremadas*: Ver Freud a Jones, 31 de maio de 1927. Ditado a Anna Freud. Freud Collection, D2, LC.

p. 500 "*pesquisas psicológicas*": Freud a "Sehr geehrter Herr Kollege", 19 de outubro de 1927. Freud Collection, B4, LC.

p. 500 "*sem exército*": Freud a Eitingon, 3 de abril de 1928. Com permissão de Sigmund Freud Copyrights, Wivenhoe.

p. 500 *maneira possível*: "Nachwort" a *Laienanalyse*, *GW* XIV, pp. 295-6/ "Postscript" a *Lay analysis*, *SE* XX, p. 258.

p. 500 "*ativo pela psicanálise*": Estatutos da New York Psychoanalytic Society, adotados em 28 de março de 1911. Citado em Samuel Atkin, "The New York Psychoanalytic Society and Institute: its founding and development", em *American psychoanalysis*, ed. Quen e Carlson, p. 73.

p. 501 "*anatomia e patologia*": A. A. Brill, *Fundamental conceptions of psychoanalysis* (1921), p. iv.

p. 501 *censurou-o incisivamente*: Ver Brill a Jelliffe, 1º de maio de 1921. Citado em Burnham Jelliffe, p. 118.

p. 501 *em 1921*: Ver Freud a Leonhard Blumgart, 19 de junho de 1921. A. A. Brill Library, New York Psychoanalytic Institute. Essa carta mostra que Newton já tinha feito análise com Blumgart antes de ir a Viena.

p. 501 *reivindicação razoável*: Ver Abraham, Sachs, e Eitingon a "Caros Amigos". 15 de março de 1925. Karl Abraham papers, LC.

p. 502 "*estreitos e egoístas*": Freud a Jones, 25 de setembro de 1925. Ditado a Anna Freud. Freud Collection, D2, LC.

p. 502 "*terapêutica por leigos*": Atas da New York Psychoanalytic Society de 27 de outubro de 1925. A. A. Brill Library, New York Psychoanalytic Institute.

p. 502 "*próprios esforços*": Freud a Jones, 27 de setembro de 1926. Em inglês. Freud Collection, D2, LC.

p. 502 "*estão sujeitos*": "Discussion on lay analysis", *Int. J. Psychoanal.*, VIII (1927), p. 283.

p. 503 "*boa relação*": Freud a Jones, 23 de setembro de 1927. Freud Collection, D2, LC. As passagens entre aspas simples, obviamente reproduzidas da carta de Brill, estão em inglês.

p. 503 "*da análise*": Freud a de Saussure, 21 de fevereiro de 1928. Freud Collection, Z3, LC.

p. 503 *análise leiga*. Ver *Jones* III, pp. 297-8.

p. 503 "*ponto de vista*": Freud a Jones, 4 de agosto de 1929. Freud Collection, D2, LC.

p. 503 " *1/16 analistas*": Freud a Jones, 19 de outubro de 1929. Ib.

p. 503 "*quanto ao presente*": Ferenczi a "Caros Amigos", 30 de novembro de 1930.

p. 504 "*obscuro para mim*": Freud a Abraham, 8 de dezembro de 1924. *Freud-Abraham*, p. 350 (376).

p. 504 "*e incerto*": Freud a Jones, 22 de fevereiro de 1928. Freud Collection, D2, LC.

p. 504 "continente negro": *Laienanalyse*, *GW* XIV, p. 241/*Lay analysis*, *SE* XX, p. 212. A expressão "continente negro" [*dark continent*] está em inglês no original.

p. 504 "*reservar meu julgamento*": Freud a Jones, 22 de fevereiro de 1928. Freud Collection, D2, LC.

p. 504 "*quer a mulher?*": Anotação sem data para Marie Bonaparte. Citado em *Jones* II, p. 421, tradução da frase levemente diferente da versão de Jones.

p. 504 "*profundas e coerentes*": "Die Weiblichkeit", em *Neue Folge der Vorlesunger zur Einführung in die Psychoanalyse* (1933), *GW* XV, p. 145/ "Femininity", em *New introductory lectures on psycho-analysis*, *SE* XXII, p. 135. Embora datado de 1933, este volume foi realmente publicado em dezembro de 1932.

p. 506 *"por princípio"*: 13 de abril de 1910. *Protokolle*, II, p. 440.

p. 506 *homem seria capaz*: "Über die weibliche Sexualität" (1931), *GW* XIV, p. 519/ "Female sexuality", *SE* XXI, pp. 226-7.

p. 506 *completar dez anos*: Sobre a datação, que contradiz a atribuição do sonho pelo próprio Freud ao seu "sétimo ou oitavo ano", ver William J. McGrath, *Freud's discovery of psychoanalysis: the politics of hysteria* (1986), p. 34; e Eva M. Rosenfeld, "Dreams, and vision: some remarks on Freud's Egyptian bird dream", *Int. J. Psycho-Anal.*, XXXVII 1956, pp. 97-105.

p. 506 *acordou gritando*: *Traumdeutung*, *GW* II-III, pp. 589-90/*Interpretation of dreams*, *SE* V, p. 583.

p. 507 *"muito inteligente"*: Martin Freud, "Who was Freud?" em *The Jews of Austria: essays on their life, history and destruction*, ed. Josef Fraenkel (1967), p. 202.

p. 507 *"ridicularizar"*: Judith Bernays Heller, "Freud's mother and father: a memoir", *Commentary*, XXI (1956), p. 420.

p. 507 *"filho de ouro"*: Existe um cartão-postal com uma fotografia que Amalia enviou para seu filho (sem data) onde ela aparece sentada tendo ao fundo uma paisagem alpina, com a inscrição "Meu filho de ouro". (Freud Museum, Londres.)

p. 508 *"de sua infância"*: *Drei Abhandlungen*, *GW* V, p. 129/*Three essays*, *SE* VII, p. 228.

p. 508 *"de dona de casa"*: "Dora", *GW* V, p. 178/*SE* VII, p. 20.

p. 508 *nem existir*: "Ao ler estes casos, não pude deixar de pensar na discrepância das descrições feitas por Freud dos pais e mães dos seus pacientes. Por que é sempre o pai que se torna a parte central da relação criança-pais, independentemente de a criança ser menino ou menina? [...] Talvez estes retratos estivessem ligados à autoanálise de Freud, ou, mais especificamente, à sua preocupação na época com o relacionamento entre ele próprio e seu pai. Seja qual for a razão, 'a mãe edipiana' na obra inicial de Freud é uma figura estática, uma Jocasta que involuntariamente cumpre seu destino enquanto Laio volta à vida". (Iza S . Erlich, "What happened to Jocasta?", *Bulletin of the Menninger Clinic*, XLI [1977], pp. 283-4.)

p. 508 *"rivalidades posteriores"*: *Massenpsychologie*, *GW* XIII, p. 110n/ *Group psychology*, *SE* XVIII, p. 101n.

p. 508 *"relações humanas"*: "Die Weiblichkeit", em *Neue Folge der Vorlesungen*, *GW* XV, p. 143/ "Femininity", em *New introductory lectures*, *SE* XXII, p. 133. Ele dissera algo muito parecido, pouco antes, ao afirmar que a agressão "forma o sedimento fundamental de toda relação terna e amorosa entre seres humanos, talvez com a única exceção da relação entre a mãe e seu filho homem". (*Das Unbehagen in der Kultur*, *GW*, XIV, p. 473/*Civilization and its discontents*, *SE* XXI, p. 113.)

p. 508 *"amor de sua mãe?"*: *Jones* II, p. 433.

p. 509 *desenvolvimento pré-edipiano*: Ver "Female sexuality", *SE* XXI, p. 235.

p. 509 *"as circunstâncias"*: "Die Weiblichkeit", em *Neue Folge der Vorlesungen*, *GW* XV, p. 131/ "Femininity" , em *New introductory lectures*, *SE* XXII, pp. 122-3.

p. 509 *desejos malévolos de morte*: Ernest Jones (*Jones* I, p. 7) e Robert D. Stolorow e George B. Atwood ("A defensive-restitutive function of Freud's theory of psychosexual development", *Psychoanalytic Review*, LXV, [1978], pp. 217-38), declararam que Freud tinha de fato *onze* meses quando seu irmão Julius nasceu. Nesse caso, evidentemente, ressaltar-se-ia enormemente o conteúdo emocional e o valor comprobatório da referência de Freud aos "onze meses" em seu artigo sobre a feminilidade. É claro que Freud pode ter acreditado nisto: Jones faz sua afirmação categórica sem apresentar documento algum, e é plausível supor que ele tenha obtido a informação do próprio Freud. Entretanto, os fatos são um pouco diferentes: Freud nasceu em 6 de maio de 1856; Julius nasceu em outubro de 1857 e morreu em 15 de abril de 1858. (Ver "Chronology", em Krüll, *Freud and his father*, p. 214. Para esses detalhes, Krüll cita as pesquisas de Josef Sajner.)

p. 510 *"não admitem partilha"*: "Die Weiblichkeit", em *Neue Folge der Vorlesungen*, *GW* XV, p. 131 / "Femininity", em *New introductory lectures*, *SE* XXII, p. 123.

p. 510 *forma médica*: Ver Freud a Fliess, Rascunho B, anexo à carta de 8 de fevereiro de 1893. *Freud-Fliess*, p. 27 (39).

p. 510 *quanto um homem*: Ver "Frau Emmy von N.", em Breuer e Freud, *Studies on hysteria*, *SE* II, p. 103.

p. 510 *sexualmente passiva*: Ver Freud a Fliess, Rascunho K, anexo à carta de 1º de janeiro de 1896. *Freud-Fliess*, pp. 176-7 (169).

p. 510 *imposta pela sociedade*: Ver Freud a Fliess, Rascunho G, s. d. [os editores o atribuem a 7 de janeiro de 1895]. Ib., p. 101(101).

p. 510 *o do agressor*: Ver "Gradiva", *SE* IX, p. 38.

p. 510 "*homens nunca fazem*": Freud a Ferenczi, 12 de janeiro de 1919. Freud-Ferenczi Correspondence, Freud Collection, LC.

p. 510 "*sua feminilidade*": Freud a Jones, 23 de março de 1923. Em inglês. Freud Collection, D2, LC.

p. 512 *Seneca Falls*: Tentei apresentar tal análise em *A educação dos sentidos*, vol. I, *A experiência burguesa;* ver esp. cap. 2, "Mulheres agressivas e homens defensivos".

p. 513 "*servidão espiritual*": Citado em Erika Weinzierl, *Emanzipation? Österreichische Frauen im 20 Jahrhundert* (1975), p. 37.

p. 513 "*germânico-patriarcal*": Helene Weber, *Ehefrau und Mutter in der Rechtsentwicklung. Eine einführung* (1907), p. 343. Ver também Richard J. Evans, *The feminists: women's emancipation movements in Europe, America and Australasia 1840-1920* (1977), pp. 92-8.

p. 514 "*vontade própria*": Zweig, *Die Welt von Gestern*, pp.79, 81.

p. 514 "*muito entusiásticas*": Citado em Juliet Mitchell, *Psychoanalysis and feminism: Freud, Reich, Laing and women* (1974; ed. brochura, 1975), p. 419.

p. 514 "*débeis mentais*": Um resumo da conferência de Freud, de 16 de abril de 1904, encontra-se em Klein, *Jewish origins of the psychoanalytic movement*, p. 159.

p. 515 *objeções a Moebius*: Ver "Civilized sexual morality and modern nervous illness", *SE* IX, p. 199.

p. 515 *a sexualidade*: *Die Zukunft einer Illusion* (1927), *GW* XIV, p. 371/*The future of an illusion*, *SE* XXI, p. 48.

p. 515 "*cães podem ser*": Freud a Andreas-Salomé, 8 de maio de 1930. *Freud-Salomé*, p. 205 (188).

p. 515 einfälliger: Freud a Arnold Zweig, 18 de agosto de 1933. Com permissão de Sigmund Freud Copyrights, Wivenhoe.

p. 515 "*sequer as mulheres*": 11 de março de 1908. *Protokolle* I, p. 329.

p. 515 "*máximo, umas poucas*": Ib., p. 331.

p. 516 "*sensação sexual*": William Acton, *The functions and disorders of the reproductive organs, in childhood, youth, adult age, and advanced life, considered in their physiological, social, and moral relations* (1857; 3ª ed., 1865), p. 133.

p. 516 "do homem": Otto Adler, *Die mangelhafte Geschlechtsempfindung des Weibes. Anaesthesia sexualis feminarum. Dyspareunia Anaphrodisia* (1904), p. 124.

p. 517 *que a do homem*. Ver "'Civilized' sexual morality and modern nervous illness", *SE* IX, pp. 191-2.

p. 517 "*inteiramente masculino*": *Drei Abhandlungen*, *GW* V, p. 120/*Three essays*, *SE* VII, p. 219.

p. 517 "*a dos meninos*": "Die Disposition zur Zwangsneurose" (1913), *GW* VIII p. 452/ "The disposition to obessional neurosis", *SE* XII, p. 325.

p. 517 *ela é "ativa"*: *Drei Abhandlungen*, *GW* V, p. 121n/*Three essays*, *SE* VII, p. 219n (nota acrescentada em 1915).

p. 518 *de fálica*: ver "The infantile genital organization (an interpolation into the theory of sexuality)" (1923), *SE* XIX, pp. 141-5.

p. 518 "*é destino*": "Der Untergang des Ödipus-komplexes" (1924), *GW* XIII, p. 400/ "The dissolution of the Oedipus complex", *SE* XIX, p. 178.

p. 518 *perder o amor*: Ver ib.

p. 519 "*ou hostis*": "Einige psychische Folgen des anatomischen Geschlechtsunterschieds" (1925), *GW* XIV, pp. 29-30/"Some psychical consequences of the anatomical distinction between the sexes", *SE* XIX, pp. 257-8. O debate sobre as ideias de Freud a respeito da sexualidade feminina continua, tanto em círculos psicanalíticos como fora deles. James A. Kleeman, um especialista (analista) crítico de Freud, todavia comentou: "O que é notável nas ideias de Freud sobre a sexualidade precoce, advindas em grande parte da análise de adultos, é que muitas delas resistiram ao teste do tempo". (James A. Kleeman, "Freud's views on early female sexuality in the light of direct child observation", em *Female psychology: contemporary psychoanalytic views*, ed. Harold P. Blum [1977], p. 3.) Para um painel detalhado da controvérsia e da literatura, ver o ensaio bibliográfico deste capítulo.

p. 519 *"posição e valor"*: "Einige psychische Folgen", *GW* XIV, p. 30/ "Some psychical consequences", *SE* XIX, p. 258.

p. 519 *"tempo" à sua frente*: Ib., p. 20/249. No original de Freud a expressão citada encontra-se em inglês.

p. 520 *"por trás dos gregos"*: "Weibliche Sexualität", *GW* XIV, p. 519/ "Female sexuality", *GW* XXI, p. 226.

p. 521 *para os homens*: Ver ib., pp. 523, 529, 531-3/230, 235, 237-9.

p. 521 *"nosso entendimento"*: Ib., p. 523/230.

p. 521 "complexo de castração": "Einige psychische Folgen", *GW* XIV, p. 28/ "Some psychical consequences", *SE* XIX, p. 256.

p. 521 *"da leitura"*: *Das Ich und das Es*, *GW* XIII, p. 263/*The ego and the id*, *SE* XIX, p. 34.

p. 522 *"erógena dominante"*: "Die Disposition zur Zwangsneurose", *GW* VIII p. 452/ "The disposition to obsessional neurosis", *SE* XII, pp. 325-6.

p. 522 *"feminina com o pai"*: Karen Horney, "On the genesis of the castration complex in women", em *Feminine psychology*, uma coleção dos trabalhos de Horney, ed. Harold Kelman (1967), pp. 52-3. O trabalho foi originalmente publicado na Alemanha, em 1923, e então publicado em inglês em *Int. J. Psycho-Anal*, V, parte 1 (1924), pp. 50-65.

p. 523 *"ciência biológica"*: Ib., em *Feminine psychology*, ed. Kelman, p. 38.

p. 523 *"psicologia masculina"*: Horney, "The flight from womanhood: the masculinity-complex in women as viewed by men and by women", em *Feminine psychology*, ed. Kelman, p. 54. O trabalho foi publicado na Alemanha em 1926, e, em inglês, em *Int. J. Psycho-Anal.*, VII (1926), pp. 324-39.

p. 523 *entre psicanalistas*: Ver ib., em *Feminine psychology*, ed. Kelman, pp. 57-8.

p. 523 *"masculina inconsciente"*: Ib., p. 62.

p. 524 *"homenzinho"*: Jeanne Lampl-de Groot, "The evolution of the Oedipus complex in women", em *The development of the mind: psychoanalytic papers on clinical and theoretical problems* (1965), p. 9.

p. 524 *"trabalhada de novo"*: Freud a Jones, 23 de janeiro de 1932. Freud Collection, D2, LC.

p. 524 *"se faz mulher"*: Ernest Jones, "Early female sexuality" (1935), em *Papers on psychoanalysis* (4ª ed., 1938), pp. 606, 616.

p. 524 *"Gratidão do Autor"*: Dedicatória em *Papers on psycho-analysis*, de Jones.

p. 524 *psicológicas decisivas*: Ver Otto Fenichel, "The pregenital antecedents of the Oedipus complex" (1931), e "Further light upon the pre-oedipal phase in girls" (1934), em *The collected papers of Otto Fenichel*, ed. Hanna Fenichel e David Rapaport, 1ª série (1953), pp. 181-203, 204-20 e 241-88. Freud mencionou o primeiro desses artigos em "Female sexuality" (*SE* XXI, p. 242).

p. 524 *"infinitamente diversificadas"*: Fenichel, "Specific forms of the Oedipus complex", em *Collected papers*, 1ª série, p. 207.

p. 525 *"aplicam ao homem"*: "Selbstdarstellung", *GW* XIV, p. 64n/ "Autobiographical study", *SE* XX, p. 36 (nota acrescentada em 1935). "Nós lidamos apenas com uma libido, que age de uma maneira masculina", Freud escreveu ao psicanalista alemão Carl Müller-Braunschweig em 21 de julho de 1935. (Citado na íntegra, no original alemão, e traduzido em Donald L. Burnham, "Freud and female sexuality: a previously unpublished letter". *Psychiatry*, XXXIV, [1971], p. 329. (Retraduzi parcialmente a frase.)

p. 525 *"Ele tem razão!"*: Diário de Marie Bonaparte. Citado no *New York Times*, 12 de novembro de 1985, sec. C, p. 3.

p. 525 *"se tornarem sábias"*: Freud a Emil Fluss, 7 de fevereiro de 1873. *Selbstdarstellung*, pp. 111-2.

p. 525 *"nenhum resultado"*: "Weibliche Sexualität", *GW* XIV, p. 523n/ "Female sexuality", *SE* XXI, p. 230n.

11. A NATUREZA HUMANA EM ATIVIDADE [pp. 526-88]

p. 526 *dados clínicos*: Ver "Postscript" a *Lay analysis*, *SE* XX, p. 257.

p. 526 *"único objetivo"*: "Ansprache im Frankfurter Goethe-Haus" (1930), *GW* XIV, p. 547/ "Address delivered in the Goethe house at Frankfurt", *SE* XXI, p. 208.

p. 527 *"confissão pessoal"*: Freud a Ferenczi, 23 de outubro de 1927. Freud-Ferenczi Correspondence, Freud Collection, LC.

p. 527 *O ego e o id*: Freud a Ferenczi, 17 de abril de 1923. Ib.

p. 527 "*muito valor*": Freud a Eitingon, 16 de outubro de 1927. Com permissão de Sigmund Freud Copyrights, Wivenhoe.

p. 527 "*com 71 anos*": Freud a Arnold Zweig, 20 de março de 1927. *Freud-Zweig*, p. 10 (2).

p. 527 "*intolerável para mim*": Freud a Eitingon, 22 de março de 1927. Com permissão de Sigmund Freud Copyrights, Wivenhoe.

p. 527 "*nos encontrar*": Freud a James Strachey, 13 de agosto de 1927. Em inglês. Com permissão de Sigmund Freud Copyrights, Wivenhoe.

p. 527 "*o resfriamento interno*": Freud a Andreas-Salomé, 11 de maio de 1927. *Freud-Salomé*, p. 181 (165).

p. 528 "*conta de mim*": Freud a Andreas-Salomé, 11 de dezembro de 1927.

p. 528 verloren gegangen: O relato de Laforgue sobre esse episódio está citado em Clark, *Freud*, p. 471.

p. 528 "*dos padres*": Freud a Pfister, 25 de novembro de 1928. *Freud-Pfister*, p. 136 (126).

p. 528 "*inventou uma lanterna*": Freud a Silberstein, 6 de agosto de 1873, Freud Collection, D2, LC.

p. 528 "*prejudica-a*": Freud a Silberstein, 18 de setembro de 1874. Ib.

p. 529 "*estudante de medicina ateu*": Freud a Silberstein, 8 de novembro de 1874. Ib.

p. 529 "*descrente rematado*": Freud a Charles Singer, 31 de outubro de 1938. *Briefe*, p. 469.

p. 529 "*Religião privada*": Freud Collection, LC, não catalogado.

p. 529 "*neurose obsessiva universal*": "Zwangshandlungen und Religionsübungen" (1907), *GW* VII, pp. 138-9/ "Obsessive actions and religious practices", *SE* IX, pp. 126-7.

p. 529 *detalhadamente a ideia*: Freud a Ferenczi, 20 de agosto de 1911. Freud-Ferenczi Correspondence, Freud Collection, LC.

p. 529 "*analistas de valor*": Freud a Pfister, 26 de novembro de 1927. *Freud-Pfister*, p. 126 (117).

p. 529 "*ser embaraçosa*": Freud a Pfister, 16 de outubro de 1927. Ib., p. 116 (109-10).

p. 530 *crentes sem valor*. Pfister a Freud, 21 de outubro de 1927. Ib., p. 117 (110).

p. 530 "*sujeito à crítica*": Denis Diderot, "Fait", em *Encyclopédie* (1756). Reimpresso em suas *Œuvres complètes*, ed. Jules Assézat e Maurice Tourneux, 20 vols. (1875-7), XV, p. 3.

p. 530 "*novos e modernos*": Pfister a Freud, 24 de novembro de 1927. *Freud-Pfister*, p. 123 (115).

p. 530 "*suas fileiras*": *Die Zukunft einer Illusion*, *GW* XIV, p. 358/*The future of an illusion*, *SE* XXI, p. 35.

p. 531 "*sociedade humana*": Ib., pp. 326-7, 328/6, 7.

p. 532 "*sobre suas paixões*": Ib., pp. 328-9/7, 8.

p. 532 *ímpetos naturais*: Freud a Martha Bernays, 29 de agosto de 1883. *Briefe*, p. 56.

p. 532 "*nem o merece*": *Die Zukunft einer Illusion*, *GW* XIV, p. 333/*The future of an illusion*, *SE* XXI, p. 12.

p. 532 "*difícil de suportar*": Ib., pp. 336-7/15-6.

p. 533 "*dolorosamente sentidas*". Ib., p. 343/21.

p. 533 "*desses desejos*": Ib., p. 352/30.

p. 534 "*desejos humanos*": Ib., p. 353/31.

p. 534 "*capaz de apresentar*": Ib., p. 351/29.

p. 534 "*ao da razão*": Ib., p. 350/28.

p. 535 "*quanto a moralidade*": Ib., p. 361/37-8.

p. 536 "*tempos primitivos*": Ib., pp. 361-2/38.

p. 536 "*pressupostos fundamentais*": Ib., p. 362/38.

p. 536 "*cálculo infinitesimal*": Ib., p. 360/36.

p. 537 "*e ajudar*": Freud a Ferenczi, 20 de abril de 1919. Freud-Ferenczi Correspondence, Freud Collection, LC.

p. 537 "seus predecessores": *Die Zukunft einer Illusion*, *GW* XIV, pp. 378-9/*The future of an illusion*, *SE* XXI, p. 54.

p. 537 "*não pode nos dar*": Ib., p. 380/56.

p. 538 "*as da humanidade*": Freud a Rolland, 4 de março de 1923. *Briefe*, p. 359.

p. 538 *certa sensação*: Petrikowitsch a Freud, rascunho de carta de 1º de janeiro de 1928. Leo Baeck Institute, New York. Ver também Fred Grubel, "Zeitgenosse Sigmund Freud", *Jahrbuch der Psychoanalyse*, XI (1979), pp. 73-80.

p. 538 ihr gekräht: Freud a Petrikowitsch, 17 de janeiro de 1928. Citado em ib., p. 78.

p. 538 "*espera que cause*": *New York Times*, 27 de dezembro de 1927, p. 6 (linha de datação: "Viena, 26 de dezembro").

p. 538 *"insinuações abafadas"*: Freud a Eitingon, 3 de abril de 1928. Com permissão de Sigmund Freud Copyrights, Wivenhoe.

p. 539 *"claro para si mesmas"*: Eitingon a Freud, 19 de junho de 1928. Com permissão de Sigmund Freud Copyrights, Wivenhoe.

p. 539 *"combate pelo senhor"*: Oskar Pfister, "Dies Illusion einer Zukunft. Eine Freundschaftliche Auseinandersetzung mit Prof. Dr. Sigmund Freud", *Imago*, XIV (1928), pp. 149-50.

p. 539 *"réplica gentil"*: Freud a "Caros Amigos", 28 de fevereiro de 1928. Carta circular ditada a Anna Freud. Jones papers, Archives of the British Psycho-Analytical Society, Londres.

p. 540 *"respeitar sua teologia"*: Nathan Krass, em 22 de janeiro de 1928, como relatado em "Psychoanalyzing a psychoanalist", *New York Times*, 23 de janeiro de 1928. Citado em Clark, *Freud*, pp. 469-70. p.

540 *mundo moderno*: Ver, por exemplo, Emil Pfennigsdorf, *Praktische Theologie*, 2 vols. (1929-30), II, p. 597.

p. 540 *na época*: "Psychoanalyse und Religion", *Süddeutsche Monatshefte*, XXV (1928). Citado em A. J. Storfer, "Einige Stimmen zu Sigm. Freuds 'Zukunft einer Illusion'", *Imago*, XIV (1928), p. 379.

p. 540 *"pacientes tratados"*: Clemen, *Die Anwendung der Psychoanalyse auf Mythologie und Religionsgeschichte*, pp. 127-8.

p. 540 *"fé cristã"*: Emil Abderhalden, "Sigmund Freuds Einstellung zur Religion", *Ethik*, V (1928-9), p. 93.

p. 540 *"o que mais?"*: Freud a Hollós, 10 de abril de 1928. Freud Museum, Londres.

p. 540 *"mudança em breve"*: Freud a Wittels, 20 de abril de 1928. Ib. (Wittels cita na íntegra a carta — numa tradução um tanto canhestra — em sua autobiografia inédita, "Wrestling with the man: the story of a Freudian", p. 176. Cópia datilografada, Fritz Wittels Collection, caixa 2, A. A. Brill Library, New York Psychoanalytic Institute.)

p. 541 *"aflito" se sentia*: Freud a Wittels, 11 de julho de 1928. Citado, em tradução, em Wittels, "Wrestling with the man", pp. 176-7. Ib.

p. 541 *"outra pessoa"*: Freud a Jones, 1º de julho de 1928. Freud Collection, D2, LC.

p. 541 *admitido o malogro*: Ver o resumo das anotações de Pichler, relativas a 8 de maio de 1928, em *Jones* III, p. 141.

p. 541 *tornado insuportável*: Freud a Jones, 1º de julho de 1928. Freud Collection, D2, LC.

p. 541 *"posterior da faringe"*: Pichler, anotações de 16 de abril de 1928. Citado em "Extract of case history", *Jones* III, p. 479.

p. 541 *"muito grossa e larga"*: Pichler, anotações de 24 de abril de 1928. Ib.

p. 541 *"demais na língua"*: Pichler, anotações de 7 de maio de 1928. Ib.

p. 541 *"sofrimento da prótese"*: Freud a Andreas-Salomé, 9 de maio de 1928. *Freud-Salomé*, p. 191 (174).

p. 541 *"discrição!"*: Freud a Jones, 1º de julho de 1928. Freud Collection, D2, LC.

p. 541 *melhores mãos*: Freud a Alexander Freud, 28 de setembro de 1928. Ib., B1, LC.

p. 541 *noroeste da cidade*: Freud a Alexander Freud, 24 de setembro de 1928. Ib. Ver também Freud a Alexander Freud, 4 de setembro de 1928. Ib.

p. 542 *"interesses mais elevados"*: Freud a Andreas-Salomé, s.d. [pouco antes de 10 de julho de 1931]. *Freud-Salomé*, p. 212 (194).

p. 542 *"cai-se no silêncio"*: Freud a Andreas-Salomé, 9 de maio de 1929. Ib., p. 196 (179).

p. 542 *sobe num trem*: Esses filmes estão incluídos em "Sigmund Freud, his family and colleagues, 1928-1947", um conjunto de filmes editados por Lynne Weiner. A. A. Brill Library, New York Psychoanalytic Institute.

p. 542 *procurar melhor*: Freud a Ida Fliess, 17 de dezembro de 1928. Com permissão de Sigmund Freud Copyrights, Wivenhoe.

p. 542 *"utilização futura"*: Freud a Ida Fliess, 30 de dezembro de 1928. Com permissão de Sigmund Freud Copyrights, Wivenhoe.

p. 542 *"Lobo e família"*: Freud a Anna Freud (telegrama), 12 de abril de 1927. Freud Collection, LC.

p. 543 *"agradável e genuína"*: Anna Freud a Freud, s.d. [primavera de 1927]. Ib.

p. 543 *"virgem infeliz"*: Freud a Andreas-Salomé, 11 de maio de 1927. Freud Collection, B3, LC.

p. 543 *"grande prazer"*: Freud a Eitingon, 22 de junho de 1928. Com permissão de Sigmund Freud Copyrights, Wivenhoe.

p. 543 *com a cadelinha*: Ver Brandes a Freud,

11 e 26 de junho de 1928. Freud Museum, Londres.

p. 543 *hora de análise*: Ver Joseph Wortis, *Fragments of an analysis with Freud* (1954), p. 23.

p. 544 *bem a ela*: Freud a Andreas-Salomé, 11 de maio de 1927. Freud Collection, B3, LC.

p. 544 *"sem o pai?"*: Freud a Andreas-Salomé, 11 de dezembro de 1927. Ib.

p. 544 *chamou afetuosamente*: Freud a Ferenczi, 23 de outubro de 1927. Freud-Ferenczi Correspondence, Freud Collection, LC.

p. 544 *Freud a analisasse*: Laforgue a Freud, 9 de abril de 1925. Extraído da correspondência entre Freud-Laforgue, trad. francesa Pierre Cotet, ed. André Bourguignon et al., em "Memorial", *Nouvelle Revue de Psychanalyse*, XV (abril de 1977), p. 260. Algumas das passagens que cito aqui são usadas também em Célia Bertin, *Marte Bonaparte: a life* (1982), pp. 145-50.

p. 544 *"todos os outros pacientes"*: Freud a Laforgue, 14 de abril de 1925. "Memorial", pp. 260-1.

p. 544 *duas horas por dia*: Ver Laforgue a Freud, 1º de maio de 1925. Ib., p. 261.

p. 544 *"vi Freud"*: Citado em Bertin, *Marie Bonaparte*, p. 150.

p. 545 *"simplesmente semimasculina"*: Freud a Eitingon, 30 de outubro de 1925. Com permissão de Sigmund Freud Copyrights, Wivenhoe.

p. 545 *"sua estada"*: Freud a Laforgue, 15 de novembro de 1925. "Memorial", p. 273.

p. 545 *nove anos*: Ver cinco cadernos, encadernados em couro sintético preto, com anotações de 22 de novembro de 1889 a 21 de julho de 1891. Em inglês, francês e alemão. Freud Museum, Londres.

p. 545 *até o momento*: Ver anotações de Marie Bonaparte para uma possível biografia de Freud, "dadas a mim por Freud em abril de 1928". Em francês. Jones papers, Archives of the British Psycho-Analytical Society, Londres.

p. 545 *julho de 1929*: Citado em Andreas--Salomé a Freud, 14 de julho de 1929. *Freud--Salomé*, p. 198 (181).

p. 546 *"tempo com isso"*: Freud a Andreas--Salomé, 28 de julho de 1929. Ib., p. 198 (181).

p. 546 *"enquanto trabalhava"*: Ib.

p. 546 *última produção*: Freud a Jones, 26 de janeiro de 1930. Freud Collection, D2, LC.

p. 546 *tinta dos editores*: Ver *Civilization and its discontents*, *SE* XXI, p. 117.

p. 546 *com facilidade*: Freud a Eitingon, 8 de julho de 1929. Com permissão de Sigmund Freud Copyrights, Wivenhoe. Ver "Editor's introduction" a *Civilization and its discontents*, *SE* XXI, pp. 59-60.

p. 547 *pelas igrejas*: *Das Unbehagen in der Kultur*, *GW* XIV, pp. 421-2/ *Civilization and its discontents*, *SE* XXI, p. 64.

p. 547 *"insensíveis a ela"*: Ib., p. 432/75.

p. 547 *"tarefas insolúveis"*: Ib., p. 432/75.

p. 547 *"da 'Criação'"*: Ib., pp. 438n, 434/ 80n, 76.

p. 548 *"civilização atual"*: Ib., pp. 445--7/87-9.

p. 548 *"deus protético"*: Ib., p. 451/91-2.

p. 548 homini lupus: Ib., p. 471/111. Esse dito originalmente deriva de Plauto.

p. 549 *"escala maior"*: "Nachschrift 1935" a "Selbstdarstellung", *GW* XVII, pp. 32-3/ "Postscript" a "Autobiographical study", *SE* XX, p. 72.

p. 550 *nova Alemanha*: Ver Freud a Ferenczi, 17 de novembro de 1918. Freud-Ferenczi Correspondence, Freud Collection, LC.

p. 550 *ou a religião*: *Das Unbehagen in ater Kultur*, *GW* XIV, p. 504/*Civilization and its discontents*, *SE* XXI, p. 143.

p. 551 *"sérias restrições"*: Ib., p. 462/103.

p. 551 *"tendências agressivas"*: Ib., pp. 469-70/110-1.

p. 551 *natureza humana*: Ver ib., p. 504/ 143.

p. 551 *"sem ela"*: Ib., p. 473/113-4.

p. 552 *"pequenas diferenças"*: Ib., p. 474/ 114. Conforme indicado em uma nota ao texto de Freud (ver ib., p. 475n/114n), ele cunhara o termo algum tempo antes, e o usou em um artigo de 1918, "The taboo of virginity", e em *Group psychology and the analysis of the ego* (1921).

p. 552 *"seus burgueses"*: *Das Unbehagen in der Kultur*, *GW* XIV, p. 474/ *Civilization and its discontents*, *SE* XXI, pp. 114-5.

p. 552 *"sobre o Céu!"*: Ib., pp. 474, 481/ 115, 122.

p. 553 *"superego cultural"*: Ib., pp. 502-6/ 141-4.

p. 554 "*estado de angústia*": Ib., p. 506/ 145. Já citei a primeira dessas passagens nas pp. 334-5.

p. 554 "*Coração Ruim*": *Kürzeste Chronik*, 11 e 14 de novembro. 7-10 de dezembro de 1929. Freud Museum, Londres.

p. 554 "*Prêmio Nobel*": 7 de novembro e 31 de outubro de 1929. Ib.

p. 554 *obra de Freud*: Ver *Jones* III, p. 148.

p. 554 *generalização injustificada*: Jones a Freud, 1º de janeiro de 1930. Cópia datilografada, Freud Collection, D2, LC.

p. 555 "*caminho até ela*": Freud a Jones, 26 de janeiro de 1930. Ib.

p. 555 "'*força da vida*'": Pfister a Freud, 4 de fevereiro de 1930. *Freud-Pfister* p. 142 (131).

p. 555 "*do que eu*": Freud a Pfister, 7 de fevereiro de 1930. Freud Museum, Londres.

p. 555 "*resultado?*": *Das Unbehagen in der Kultur*, *GW* XIV, p. 506/ *Civilization and its discontents*, *SE* XXI, p. 145.

p. 555 "*sete netos*": Freud a Arnold Zweig, 7 de dezembro de 1930. *Freud-Zweig*, p. 37 (25).

p. 556 *comportamento autodestrutivo*: Ver Will Brownell e Richard N. Billings, *So close to greatness*: *a biography of William C. Bullitt* (1987), p. 123.

p. 556 "*se esvaziara*": William Bullit, "Foreword" a Freud e Bullit, *Thomas Woodrow Wilson*: *a psychological study* (1967; ed. brochura, 1968), pp. v-vi.

p. 556 "*aquelas promessas*": *Jones* III, pp. 16-7.

p. 556 *crédito demais*: *Massenpsychologie*, *GW* XIII, p. 103/*Group psychology*, *SE* XVIII, p. 95.

p. 556 "*detestar*" Wilson: Freud a William Bayard Hale, 15 de janeiro de 1922. Em inglês. William Bayard Hale papers, caixa 1, pasta 12. Y-MA.

p. 557 "*da minha parte*": Freud a Hale, 3 de janeiro de 1922. Em inglês. Ib.

p. 557 "'*estudo psicanalítico*'": Freud a Hale, 15 de janeiro de 1922. Em inglês. Ib.

p. 557 *claramente não era*: Quando Ernest Jones resenhou o livro, saudou-o como "um estudo notável e original", mas concordou com Freud que não era psicanálise. (*Int. J. Psycho-Anal.*, III [1922], pp. 385-6.)

p. 557 "*certamente ele o é*": Freud a Hale, 15 de janeiro de 1922. Em inglês. William Bayard Hale papers, caixa 1, pasta 12. Y-MA.

p. 557 *pública ainda viva*: Ver Freud a Hale, 20 de janeiro de 1922. Em inglês. Ib.

p. 558 "*há alguns anos*": Bullitt, "Foreword" a *Thomas Woodrow Wilson*, p. v.

p. 558 "*irei a Moscou*": Bullitt a House, 29 de julho de 1930. Colonel E. M. House papers, série I, caixa 21. Y-MA.

p. 558 "*para o mundo*": House a Bullitt, 31 de julho de 1930. Ib.

p. 558 *estudo de Wilson*: Bullitt a House, 4 de agosto de 1930. Ib.

p. 558 "*para trabalhar*": Bullitt a House, 3 de setembro de 1930. Ib.

p. 558 "*começar o serviço*": Bullitt a House, 20 de setembro de 1930. Ib.

p. 558 *estava com febre*: *Kürzeste Chronik*, 17 de outubro de 1930. Freud Museum, Londres.

p. 559 "*vamos trabalhar*": Bullit a House, 26 de outubro de 1930. Colonel E. M. House papers, série I, caixa 21. Y-MA.

p. 559 "*saúde de F*": Ib.

p. 559 "*Trabalho iniciado*": *Kürzeste Chronik*, 29 de outubro de 1930. Freud Museum, Londres.

p. 559 *meados de dezembro*: Bullit a House, 23 de novembro de 1930. Colonel E. M. House papers, série I, caixa 21. Y-MA.

p. 559 "*imaginar o que é*": Freud a Arnold Zweig, 7 de dezembro de 1930. *Freud-Zweig*, p. 37 (25).

p. 559 "*mas fascinante*": Bullit a House, 17 de agosto de 1931. Colonel E. M. House papers, série I, caixa 21. Y-MA.

p. 559 *não muito melhor*: Bullitt a House, 13 de dezembro de 1931. Ib.

p. 559 "*ansioso para vê-lo*": House a Bullitt, 28 de dezembro de 1931. Ib.

p. 560 "*de novo em política*": Bullitt a House, 29 de abril de 1932. Ib.

p. 560 "*tornar público*": Freud a Eitingon, 20 de novembro de 1932. Com permissão de Sigmund Freud Copyrights, Wivenhoe.

p. 561 "*nada mais*": Freud e Bullitt, *Thomas Woodrow Wilson*, pp. 59-60.

p. 561 "*pretensão de masculinidade*": Ib., p. 69.

p. 561 "*identificação com o pai*": Ib., p. 86.

p. 561 "*como Tommy Wilson*": Ib., p. 83.

p. 561 "*do mundo*": Ib., p. 228.

p. 562 "*muitos homens*": Ib., p. 338.

p. 562 "*se tornarem irreconhecíveis*": De acordo com um memorando de Alick Bartholomew, editor na Houghton Mifflin, que publicou o livro, Anna Freud declarou que o livro publicado havia se tornado "uma espécie de paródia pela repetição irrefletida de expressões como 'passivamente em relação ao seu pai' e 'identificação com Jesus Cristo'. A repetição de fórmulas psicanalíticas tornou-se um rito encantatório". (Citado em Brownell e Billings, *So close to greatness*, p. 349.) Em agosto de 1965, após reler o trabalho, ela colocou a questão com a mesma força: "As aplicações de B[ullitt] das interpretações analíticas dadas a ele são impossíveis, infantis e toscas, quase ridículas". (Anna Freud a Schur, 10 de agosto de 1965. Max Schur papers, LC.)

p. 562 "*e colaborador*": Freud a Eitingon, 25 de julho de 1931. Com permissão de Sigmund Freud Copyrights, Wivenhoe.

p. 562 "*complicações pessoais*": Freud a Paul Hill, 16 de novembro de 1934. Paul Hill Collection, Hoover Institute Archives, Stanford University. (Devo esta referência a Juliette George.)

p. 563 "*puros de coração*": Richard Hofstadter, *The American political tradition and the men who made it* (1948), p. 248.

p. 563 "*Deus não aumentou*": Freud, "Introduction" a *Thomas Woodrow Wilson*, pp. xiii-xiv.

p. 563 *septuagésimo aniversário*: Ver *Jones* III, p. 124.

p. 563 *crise financeira*: Ver ib., p. 144.

p. 563 *sobreviver a ela*: Ver Freud a Pfister, Páscoa de 1932. Com permissão de Sigmund Freud Copyrights, Wivenhoe.

p. 563 *seria arrasadora*: Freud a Jones, 12 de setembro de 1932. Freud Collection, D2 LC.

p. 564 "*recuperação financeira*": Freud a Eitingon, 15 de novembro de 1931. Com permissão de Sigmund Freud Copyrights, Wivenhoe.

p. 564 *direitos americanos*: Ver *Kürzeste Chronik*, 18 de janeiro de 1932. Freud Museum, Londres. Quando escreveu para Eitingon, Freud se enganou, usando o símbolo do dólar, ao contar a novidade. Foi claramente um lapso, porque Freud logo depois perguntou a Eitingon, "Quanto dá isso em dólares?". (Freud a Eitingon, 19 de janeiro de 1932. Com permissão de Sigmund Freud Copyrights, Wivenhoe.)

p. 564 "*pelo dólar*": Freud a Fliess, 11 de março de 1902. *Freud-Fliess*, p. 503 (457).

p. 565 "*tão amigavelmente*": Freud a Ferenczi, 20 de abril de 1919. Freud-Ferenczi Correspondence, Freud Collection, LC.

p. 565 "*antiparaíso*": Freud a Arnold Zweig, 5 de março de 1939. *Freud-Zweig*, p. 186 (178).

p. 565 "*engano gigantesco*": Jones, *Free associations*, p. 191.

p. 565 "*custar dinheiro*": Freud a Ferenczi, 10 de janeiro de 1909. Freud-Ferenczi Correspondence, Freud Collection, LC.

p. 565 "*para mais nada*": Freud a Jones, 25 de setembro de 1924. Em inglês. Freud Collection, D2, LC.

p. 565 "*render dinheiro*": Freud a Jones, 21 de dezembro de 1925. Ditado a Anna Freud. Ib.

p. 566 "*combina com um corvo*": Freud a Rank, 23 de maio de 1924. Rank Collection, caixa 1b. Rare Book and Manuscript Library, Columbia University.

p. 566 "*à frente de nós*": Freud a Pfister, 11 de março de 1913. Com permissão de Sigmund Freud Copyrights, Wivenhoe.

p. 566 "*perigosa de seres humanos*": Freud a "Miss Downey", 1º de março de 1922. Freud Collection (a ser colocada na série B), LC.

p. 566 "*dois velhacos*": Freud a Rank, 6 de agosto de 1924. Rank Collection, caixa 1b. Rare Book and Manuscript Library, Columbia University.

p. 566 "*tios do dólar*": Freud a Ferenczi, 30 de março de 1922. Freud-Ferenczi Correspondence, Freud Collection, LC.

p. 566 "*questões de técnica*": Freud a Eitingon, 11 de novembro de 1921. Com permissão de Sigmundo Freud Copyrights, Wivenhoe.

p. 566 "*hábil e inteligente*": Pfister a Freud, 21 de julho de 1921. Com permissão de Sigmund Freud Copyrights, Wivenhoe.

p. 567 "*jamais descobriu*": Freud a Abraham, 24 de agosto de 1912. Karl Abraham papers, LC.

p. 567 "*notavelmente decente*": Freud a Pfister, 29 de julho de 1921. Com permissão de Sigmund Freud Copyrights, Wivenhoe.

p. 567 "*participação nisso?*": Freud a Jones, 9 de dezembro de 1921. Em inglês. Freud Collection, D2, LC.

p. 567 *"ser excluído"*: Freud a Jones, 18 de março de 1921. Em inglês. Ib.

p. 567 *"em relação a suas mulheres"*: Freud a Blumgart, 28 de novembro de 1922. A. A. Brill Library, New York Psychoanalytic Institute.

p. 567 *"jornalista americano"*: Freud a Lehrman, 27 de janeiro de 1930. Ib.

p. 567 *"sem a prosperidade?"*: Freud a Lehrman, 5 de outubro de 1930. Ib.

p. 567 *"ψA na psiquiatria"*: Freud a Jones, 25 de setembro de 1924. Em inglês. Freud Collection, D2, LC.

p. 568 *"populares mais turvas"*: Freud a Jones, 4 de janeiro de 1929. Ib. Reproduzido na tradução ligeiramente diferente de Jones em *Jones* III, p. 143.

p. 568 *e disse-o*: "Introduction to the special psychopathology number of *The medical review of reviews*" (1930), *SE* XXI, pp. 254-5. As palavras em itálico estão em inglês no original de Freud.

p. 568 *"do lado da Libido"*: Freud a Jones, 26 de dezembro de 1912. Em inglês. Freud Collection, D2, LC.

p. 569 *"nem realiza nada"*: Freud a Radó, 30 de setembro de 1925. Ib., B9, LC.

p. 569 *"qualidade pela quantidade"*: Freud a Frankwood Williams, 22 de dezembro de 1929. Cópia datilografada, Freud Museum, Londres.

p. 569 *era muito real*: Ver *Jones* II, pp. 59-60.

p. 569 *"custou muito"*: Freud a Ferenczi, 21 de novembro de 1909. Freud-Ferenczi Correspondence, Freud Collection, LC.

p. 569 *"adquirida em Nova York"*. Freud a Jones, 10 de março de 1910. Em inglês. Freud Collection, D2, LC.

p. 569 *"anos atrás, na América"*: Freud a Ferenczi, 20 de abril de 1919. Freud-Ferenczi Correspondence, Freud Collection, LC.

p. 569 *"abri-la para comer"*: Citado em Schur a Jones, 30 de setembro de 1955. Max Schur papers, LC.

p. 570 *"preparados para isso?"*: Freud a Jones, 12 de abril de 1921. Em inglês. Freud Collection, D2, LC.

p. 570 *"louco* Adlerei *anal"*: Freud a Rank, 23 de maio de 1924. Rank Collection, caixa 1b. Rare Book and Manuscript Library, Columbia University.

p. 570 *pela "pressa"*: "Die endliche und unendliche Analyse", *GW* XVI, p. 60/ "Analysis terminable and interminable", *SE* XXIII, p. 216.

p. 570 *"se americanizou"*: Freud a Jones, 8 de março de 1920. Em inglês. Freud Collection, D2, LC.

p. 570 *"Dollaria"*: Freud a Pfister, 20 de agosto de 1930. *Freud-Pfister*, p. 147 (135).

p. 571 *"comprar analistas"*: Laforgue a Freud, 8 de julho de 1927. "Mémorial", p. 288.

p. 571 *"algo negligenciado"*: "Warns of danger in American life/ Dr. Ferenczi of Budapest sees need for psychoanalysis to treat neurotics/ Sails after lecture tour/ Associate of Dr. Freud trained psychoanalysts here to carry on his work", *New York Times*, 5 de junho de 1927, sec. 2, p. 4.

p. 571 *"futuro marido"*: Stendhal, *De l'amour* (1822), ed. Henri Martineau (1938), p. 276.

p. 571 *"acumulá-lo"*: Stendhal, *Lucien Leuwen* (postumamente publicado), ed. Anne-Marie Meininger, 2 vols. (1982), I, p. 113.

p. 571 *"fundido em dólares"*: Charles Dickens, *Martin Chuzzlewit* (1843), cap. 16.

p. 571 *"dólares-dólares-dólares"*: Philip Burne-Jones, *Dollars and democracy* (1904), p. 74. (Devo esta referência a C. Vann Woodward.)

p. 572 *"novo continente"*: Freud a Ferenczi, 17 de janeiro de 1909. Freud-Ferenczi Correspondence, Freud Collection, LC.

p. 572 *"tempo para a libido"*: Freud a Jung, 17 de outubro de 1909. *Freud-Jung*, 282 (256).

p. 572 *"castidade americana"*: Freud a Jones, 21 de setembro de 1913. Em inglês. Freud Collection, D2, LC.

p. 572 *"puritana"*: Freud ao dr. Samuel A. Tannenbaum, 19 de abril de 1914. Ib., B4, LC.

p. 572 *"virtuosa"*: Freud a Jones, 11 de maio de 1920. Em inglês. Ib., D2, LC.

p. 572 *nos Estados Unidos*: Ver Freud a Putnam, 8 de julho de 1915. *James Jackson Putnam: Letters*, p. 376.

p. 572 "trabalhar pelo dólar": Freud a Pfister, 3 de novembro de 1921. *Freud-Pfister*, p. 96 (83).

p. 573 *"invencível"*: Freud a Eitingon, 21 de julho de 1932. Com permissão de Sigmund Freud Copyrights, Wivenhoe.

p. 573 *"honras externas"*: Indicação para o prêmio Goethe, assinada "Landmann", prefeito de Frankfurt. Cópia datilografada, Freud

Collection, B13, LC. Ver também carta do dr. Alfons Paquet, secretário dos curadores financeiros, a Freud, 26 de julho de 1930, informando-o do prêmio. (*GW* XIV, pp. 545-6n.)

p. 573 *"Prêmio Nobel"*: *Kürzeste Chronik, 6* de novembro de 1930. Freud Museum, Londres.

p. 573 *tido alguma influência*: Ver Freud a Eitingon, 26 de agosto de 1930. Com permissão de Sigmund Freud Copyrights, Wivenhoe.

p. 573 *amado Goethe*: Ver *Jones* III, p. 151.

p. 574 *"do que eu"*: Freud a Paquet, 3 de agosto de 1930. *GW* XIV, p. 546/*SE* XXI, p. 207.

p. 574 *"simpatia pela análise"*: Freud a Jones, 30 de agosto de 1930. Freud Collection, D2, LC.

p. 574 *"aumentasse ainda mais"*. Ib.

p. 574 *"acabar comigo"*. Freud a Jones, 15 de setembro de 1930. Ib.

p. 574 *"do prêmio"*: Freud a Andreas-Salomé, 22 de outubro de 1930. *Freud-Salomé* p. 207 (190).

p. 574 *"por charutos"*: Freud a Jones, 12 de maio de 1930. Freud Collection, D2, LC.

p. 574 *"charuto por dia"*: Freud a Jones, 19 de maio de 1930. Freud Collection, D2, LC.

p. 575 *"Velhíssimo Freud"*: Freud a Andreas-Salomé, 8 de maio de 1930. *Freud-Salomé*, p. 205 (187-8).

p. 575 *Prêmio Goethe*: Ver *Kürzeste Chronik*, 24 de agosto de 1930. Freud Museum, Londres.

p. 575 *"difíceis de entender"*: Freud a Eitingon, 1º de dezembro de 1929. Com permissão de Sigmund Freud Copyrights, Wivenhoe. Ver também Freud a Abraham, 29 de maio de 1918. *Freud-Abraham*, p. 259 (275). E ver Schur, *Freud, living and dying*, pp. 314-5, 423-4.

p. 575 *assistir ao funeral*: Freud a Jones, 15 de setembro de 1930. Freud Collection, D2, LC. A expressão "certamente não se pode dizer" está em inglês.

p. 575 *gostava de cerimônias*: Ver Freud a Alexander Freud, 10 de setembro de 1930. Ib. B1, LC.

p. 576 *"importância dela para mim"*: Freud a Jones, 15 de setembro de 1930. Ib., D2, LC.

p. 576 *Ivan Petrovich Pavlov*. Forsyth a Freud, 7 de janeiro de 1931. Freud Museum, Londres.

p. 576 *"recebeu esse convite"*: Freud a Eitingon, 18 de janeiro de 1931. Com permissão de Sigmund Freud Copyrights, Wivenhoe. Ver também Freud a Jones, 12 de fevereiro de 1931. Freud Collection, D2, LC.

p. 576 *"durante oito anos"*: Freud a Jones, 2 de junho de 1931. Ib.

p. 576 " *agradável de realidade"*: Freud a Arnold Zweig, 10 de maio de 1931. Com permissão de Sigmund Freud Copyrights, Wivenhoe.

p. 576 *75º aniversário*: Ver *Kürzeste Chronik*, 5 de maio de 1931. Freud Museum, Londres.

p. 576 *como uma "inundação"*: Freud a Andreas-Salomé, 9 de maio de 1931. *Freud-Salomé*, p. 210 (193).

p. 576 *"à ciência e à vida"*: Citado em *Jones* III, p. 158.

p. 577 *"crença e a descrença"*: Einstein a Freud, 29 de abril de 1931. Freud Collection, B3, LC.

p. 577 *"todo o povo judeu"*: Dr. M. Bernhard, presidente do Herzl Club, e dr. Wilhelm Stein, secretário, a Freud, 5 de maio de 1931. Freud Museum, Londres.

p. 577 *votos mais calorosos*: Tudo no Freud Museum, Londres.

p. 577 *breve e distante*: Ver *Jones* III, p. 155.

p. 577 *"do que pensa"*: Feuchtwang a Freud, 7 de abril de 1931. Freud Museum, Londres.

p. 577 *"Freiberg, Morávia"*: Convite impresso para a festa em Príbor em 25 de outubro de 1931. Ib.

p. 577 *"dessa terra"*: Freud ao prefeito de Príbor, 25 de outubro de 1931. Cópia do texto datilografado, Freud Collection, B3, LC/ "Letter to the Burgomaster of Príbor", *SE* XXI, p. 259. Já citei esta passagem na p. 26.

p. 578 *cerca de dois minutos*: Ver *Jones* III, p. 157.

p. 578 *antes da guerra*: Ferenczi a Freud, 15 de maio de 1922. Freud-Ferenczi Correspondence, Freud Collection, LC.

p. 578 *em 1915*: Ferenczi a Freud, 14 de outubro de 1915. Ib.

p. 578 *um pouco menos*: Ver, para um exemplo, Freud a Ferenczi, 8 de abril de 1915. Ib.

p. 578 *"inesgotável de energia"*: Ferenczi a Freud, 20 de março de 1922. Ib.

p. 578 *"não é verdade"*: Freud a Ferenczi, 30 de março de 1922. Ib.

p. 578 "*foi para mim*": Ferenczi a Freud, 3 de setembro de 1923. Ib.

p. 578 "*super-homem da ψA*": Freud a Ferenczi, 6 de outubro de 1910. Ib.

p. 578 *e a assinatura*: Freud a Ferenczi, 28 de junho de 1909. Ib.

p. 579 "*ainda mais raramente*": Freud a Ferenczi, 21 de julho de 1922. Ib.

p. 579 "*todo mundo contra si*": Freud a Eitingon, 30 de junho de 1927. Com permissão de Sigmund Freud Copyrights, Wivenhoe.

p. 579 "*realmente alarmado*": Eitingon a Freud, 10 de agosto de 1927. Com permissão de Sigmund Freud Copyrights, Wivenhoe.

p. 579 "*antes do Natal*": Freud a Ferenczi (cartão-postal), 18 de dezembro de 1927. Freud-Ferenczi Correspondence, Freud Collection, LC.

p. 579 "*mais animadamente*": Freud a Eitingon, 8 de agosto de 1927. Com permissão de Sigmund Freud Copyrights, Wivenhoe.

p. 579 "*de forma alguma*": Freud a Eitingon, 26 de agosto de 1927. Com permissão de Sigmund Freud Copyrights, Wivenhoe.

p. 579 "*insatisfação interior*": Freud a Ferenczi, 18 de setembro de 1931. Freud-Ferenczi Correspondence, Freud Collection, LC.

p. 579 "*nada de triste*": Ferenczi a Freud, 6 de fevereiro de 1925. Ib.

p. 579 *envelhecer prematuramente*: Ver Ferenczi a Freud, 14 de fevereiro de 1930. Ib.

p. 579 "*mais isolado*": Freud a Eitingon, 3 de novembro de 1930. Com permissão de Sigmund Freud Copyrights, Wivenhoe.

p. 579 *resultado conclusivo*: Ferenczi a Freud, 15 de setembro de 1931. Freud-Ferenczi Correspondence, Freud Collection, LC.

p. 580 "*sua independência*": Freud a Ferenczi, 18 de setembro de 1931. Ib.

p. 580 "*para Baden-Baden*": Ferenczi a Freud, 17 de agosto de 1922. Ib.

p. 580 *papel paterno*: Freud a Ferenczi, 13 de dezembro de 1931. Ib.

p. 581 "*pessoal e científica*": Ferenczi a Freud, 27 de dezembro de 1931. Ib.

p. 581 "*naturalidade e sinceridade*": 7 de janeiro de 1932, *Klinisches Tagebuch*. Texto datilografado, com algumas páginas manuscritas, Freud Collection, B22, LC, catalogado como "Scientific diary".

p. 581 "*profunda empatia*": 17 de março de 1932. Ib.

p. 581 "*ausência de afeto*": 7 de janeiro de 1932. Ib.

p. 581 *ao paciente*: 30 de março de 1932. Ib.

p. 581 *de seu passado*: 7 de janeiro de 1932. Ib.

p. 582 "*amor-próprio deles*": 20 de março de 1932. Ib.

p. 582 "*portanto, inteligente*": 14 de fevereiro de 1932. Ib.

p. 582 "controle pelo conhecimento": 28 de junho de 1932. Ib.

p. 582 "*estejam domesticados*": Ib.

p. 582 "*assim chamado metafísico*": Ferenczi a Georg e Emmy Groddeck, 3 de março de 1932. Sándor Ferenczi e Georg Groddeck, *Briefwechsel 1921-1933*, ed. Willi Köhler (1986), p. 85.

p. 583 "*os americanos?*": 4 de agosto de 1932, *Klinisches Tagebuch*, Freud Collection, B22, LC.

p. 583 *Édipo parricida*: Ib.

p. 583 "*fantasias de príncipe herdeiro*": Ib.

p. 583 "castra o filho": Ib.

p. 583 *sexualmente de seus filhos*: Ver 5 de abril e 26 de julho de 1932. Ib.

p. 583 "*como ajudante*": 4 de agosto de 1932. Ib.

p. 584 "*retorno ao trauma (Breuer)*": 7 de julho de 1932. Ib.

p. 584 "*com suas pupilas*": Freud a Eitingon, 18 de abril de 1932. Com permissão de Sigmund Freud Copyrights, Wivenhoe.

p. 584 "*estou por aqui*": Freud a Jones, 12 de setembro de 1932. Freud Collection, D2, LC.

p. 584 *caminho de Rank*: Freud a Eitingon, 24 de agosto de 1932. Com permissão de Sigmund Freud Copyrights, Wivenhoe.

p. 584 *insinuou Freud*: Freud a Ferenczi, 12 de maio de 1932. Freud-Ferenczi Correspondence, Freud Collection, LC.

p. 584 "*relativa confusão*": Ferenczi a Freud, 10 de maio de 1932. Ib.

p. 584 *aceitar a presidência*: Ferenczi a Freud, 21 de agosto de 1932. Ib.

p. 584 *próprios sentimentos*: Ver Freud a Ferenczi, 24 de agosto de 1932. Ib.

p. 585 *havia três anos*: Freud a Jones, 12 de setembro de 1932. Freud Collection, D2, LC.

p. 585 "*Impressão desagradável*": Freud a Eitingon (telegrama), 2 de setembro de 1932. Com permissão de Sigmund Freud Copyrights, Wivenhoe.

p. 585 "diante *deles*": Freud a Anna Freud, 3 de setembro de 1932. Freud Collection, LC.

p. 586 "*muito mais triste*": Ib. As palavras de Brill, "Ele não é sincero" [*He is not sincere*], estão em inglês na carta de Freud. É importante notar que a descrição de Jones sobre esse encontro (*Jones* III, pp. 172-3) segue essa carta nos seus mínimos detalhes.

p. 586 *final de agosto*: Ver Freud a Eitingon, 24 de agosto de 1932. Com permissão de Sigmund Freud Copyrights, Wivenhoe.

p. 586 "*por si mesma*": Freud a Anna Freud, 3 de setembro de 1932. Freud Collection, LC. Essa última frase invalida a insinuação de Jeffrey Moussaieff Masson de que Freud teria condenado as ideias de Ferenczi sem conhecê-las, em uma carta a Eitingon em 29 de agosto, o dia anterior ao que Ferenczi leu seu artigo para Freud em Viena. (Ver Masson, *The assault on truth* pp. 170-1.) Obviamente, Freud, assim como Anna, estavam totalmente familiarizados com as ideias mais recentes de Ferenczi havia algum tempo.

p. 586 "*criança doente*": Freud a Jones, 12 de setembro de 1932. Freud Collection, D2, LC.

p. 586 "*anemia perniciosa*": Freud a Eitingon, 20 de outubro de 1932. Com permissão de Sigmund Freud Copyrights, Wivenhoe.

p. 586 *foi interrompida*: Ver Spector, *The aesthetics of Freud*, pp. 149-55.

p. 586 "*calamidade psicológica*": Freud a Ferenczi, 11 de janeiro de 1933. Freud-Ferenczi Correspondence, Freud Collection, LC.

p. 586 "*colapso nervoso*": Ferenczi a Freud, 27 de março de 1933. Ib.

p. 587 "*teoria poderia esperar*": Ver Freud a Ferenczi, 2 de abril de 1933. Ib.

p. 587 *estar se recuperando*: Freud a Eitingon, 3 de abril de 1933. Com permissão de Sigmund Freud Copyrights, Wivenhoe.

p. 588 "*segredo entre nós*": Freud a Jones, 29 de maio de 1933. Freud Collection, D2, LC.

p. 588 "*parte da psiquiatria*": Freud a Jones, 23 de agosto de 1933. Ib.

p. 588 hat Humor: Wilhelm Busch, "Es sitzt ein Vogel auf dem Leim", em "*Kritik des Herzens*" (1974), *Wilhem Busch Gesamtausgabe*, ed. Friedrich Bohne, 4 vols. (1959), II, p. 495.

12. MORRER EM LIBERDADE [pp. 589-650]

p. 589 "*pegando fogo*": Freud a Jones, 26 de abril de 1932. Freud Collection, D2, LC.

p. 589 "*primavera*": Ver Freud a Jones, 17 de junho de 1932. Ib.

p. 590 "*assunto podre*": Freud a Ferenczi, 16 de julho de 1927. Freud-Ferenczi Correspondence, Freud Collection, LC.

p. 590 "*materiais em Viena*": Freud a Samuel Freud, 3 de agosto de 1927. Em inglês. Rylands University Library, Manchester.

p. 590 "*sombria na Áustria*": Freud a Samuel Freud, 31 de dezembro de 1930. Em inglês. Ib.

p. 590 "*de mal a pior*": Freud a Samuel Freud, 31 de dezembro de 1930. Em inglês. Ib.

p. 591 "*posso lhes dar*"; Ib.

p. 592 "*forte do que nós*": Freud a Pfister, 15 de maio de 1932. Com permissão de Sigmund Freud Copyrights, Wivenhoe.

p. 593 "*nazista-narcísicas*": Holstijn a Karl Landauer, setembro de 1933. Citado em Karen Brecht et al., eds., "*Hier geht das Leben auf eine sehr merkwürdige Weise weiter...*" *Zur Geschichte der Psychoanalyse in Deutschland* (1985), p. 57.

p. 593 "*se tornado impossível*": Freud a Samuel Freud, 31 de julho de 1933. Em inglês. Rylands University Library, Manchester.

p. 593 "*se queimam pessoas*": Karl Dietrich Bracher, *Ther German dictatorship: the origins, structure, and effects of national socialism* (1969; trad. inglesa de Jean Steinberg, 1970), p. 258.

p. 593 "*tempos loucos*": Freud a Andreas-Salomé, 14 de maio de 1933. *Freud-Salomé*, p. 218 (200).

p. 593 "*saqueia bibliotecas*": Pfister a Freud, 24 de maio de 1933. *Freud-Pfister*, p. 151 (139).

p. 593 "*queimar meus livros*": Citado em *Jones* III, p. 182.

p. 594 "*direito para a vida*": Freud a Ferenczi, 2 de abril de 1933. Freud-Ferenczi Correspondence Collection, LC.

p. 594 " *iriam permitir*": Freud a Jones, 7 de abril de 1933. Freud Collection, D2, LC.

p. 594 "*bruxas na Alemanha*": Freud a Jones, 23 de junho de 1933. Ib.

p. 594 "*mal demais*": Freud a Samuel Freud,

31 de julho de 1933. Em inglês. Rylands University Library, Manchester.

p. 594 "*deixar Viena*": Freud a Hilda Doolittle, 27 de outubro de 1933. Em inglês. Hilda Doolittles papers, Beinecke Rare Book and Manuscript Library, Yale University.

p. 595 "*isso seja!*": Freud a Pfister, 27 de fevereiro de 1934. Com permissão de Sigmund Freud Copyrights, Wivenhoe.

p. 595 "*muitos transtornos*": Freud a Arnold Zweig, 25 de fevereiro de 1934. *Freud-Zweig*, p. 76 (65).

p. 595 "*um terremoto*": Freud a Hilda Doolittle, 5 de março de 1934. Em inglês. Citado na íntegra em "Appendix", H. D., *Tribute to Freud*, p. 192.

p. 595 "*que combatiam*": Ib.

p. 595 "*de partir*": Freud a Ernst Freud, 20 de fevereiro de 1934. Freud Collection, B1, LC.

p. 595 "*em ambos nossos lares*": Freud a Arnold Zweig, 25 de fevereiro de 1934. *Freud Zweig*, p. 77 (65). A citação de Shakespeare está em inglês.

p. 596 *para onde*: Ib., pp. 76-7 (65).

p. 596 *sua* Chronik: Ver *Kürzeste Chronik*, 5 de junho de 1933. Freud Museum, Londres.

p. 596 "*ser catastrófico*": Freud a Hilda Doolittle, 5 de março de 1934. Em inglês. Citado na íntegra em "Appendix", H. D., *Tribute to Freud*, p. 192.

p. 597 "*com fome*": Freud a Arnold Zweig, 15 de julho de 1934, *Freud-Zweig*, pp. 96-7 (86).

p. 597 "*aos 78 anos*": Freud a Andreas-Salomé, s.d. [16 de maio de 1934]. *Freud-Salomé*, p. 220 (202).

p. 598 "*negá-lo*": Freud aos membros do B'nai B'rith, s.d. [6 de maio de 1926]. *Briefe*, p. 381.

p. 598 "*Galícia austríaca*": Freud a Fehl, 12 de novembro de 1935. Cópia datilografada, Freud Collection, B2, LC.

p. 598 "*charutos proibidos*": Ver Freud a Fliess, 8 de novembro de 1895. *Freud-Fliess*, p. 153/150.

p. 598 "*dar uma pátria*": *Traumdeutung*, *GW* II-III, p. 444/ *Interpretation of dreams*, *SE*, V p. 442.

p. 599 "*neguei meu judaísmo*": Freud a Marie Bonaparte, 10 de maio de 1926. *Briefe*, p. 383.

p. 600 "*em 1929*": Freud a Isaac Landman, 1º de agosto de 1929. Cópia datilografada, Freud Collection, B3, LC.

p. 600 "*emocionalmente, para mim*": Freud a Schnitzler, 24 de maio de 1926. Sigmund Freud, "Briefe an Arthur Schnitzler", *Neue Rundschau*, LXVI (1955), p. 100.

p. 600 "*filiação a seu povo*": "Vorrede zur hebräischen Ausgabe von *Totem und Tabu*" (escrito em 1930, publicado em 1934), *GW* XIV, p. 569/ "Preface to the Hebrew edition of *Totem and taboo*", *SE* XIII p. xv.

p. 600 "*judeu descrente*": Citado em "A religious experience" (1928), *SE* XXI p. 170. A expressão está em inglês no original de Freud.

p. 600 "*literatura hebraica*": "Brief an den Herausgeber der *Jüdischen Presszentrale Zürich*" (1925), *GW* XIV, p. 556/ "Letter to the editor of the *Jewish Press Centre in Zürich*", *SE* XIX, p. 291.

p. 600 "*dizia respeito ao judaísmo*": Freud a Dwossis, 15 de dezembro de 1930. Cópia datilografada, Freud Museum, Londres.

p. 601 *realmente excelente*: Freud a Dwossis, 20 de setembro de 1928. Cópia datilografada, Freud Museum, Londres. Em 1930, ele se referiu à sua ignorância do hebraico escrito em seu prefácio à tradução hebraica de Dwossis de *Totem and taboo* (*SE* XIII, p. xv); em 1938, ele repetiu essa ressalva: "Infelizmente não sei ler hebraico". (Freud a Dwossis, 11 de setembro de 1938. Freud Museum, Londres.)

p. 601 "*ou irmãs*": Martin Freud, "Who was Freud?", em *The Jews of Austria*, ed. Fraenkel, p. 203.

p. 601 *assunto dos filhos*: Ver Ernst Freud a Siegfried Bernfeld, 20 de dezembro de 1920. Siegfried Bernfeld papers, caixa 17, LC. Ver também Avner Falk, "Freud and Herzl", *Contemporary Psychoanalysis* XIV (1978), p. 378.

p. 601 *cartola na cabeça de Martin Freud*: Ver Martin Freud, "Who was Freud?", em *The Jews of Austria*, ed. Fraenkel, pp. 203-4.

p. 602 "*construção mental*": Freud aos membros do B'nai B'rith, s.d. [6 de maio de 1926]. *Briefe*, p. 381.

p. 602 "*à realidade*": Freud a Ferenczi, 30 de março de 1922. Freud-Ferenczi Correspondence, Freud Collection, LC.

p. 602 "*mais sobre ela*": Freud a Arnold Zweig, 8 de maio de 1932. *Freud-Zweig*, pp. 51-2 (40).

p. 602 "*compreensão científica*": "Vorrede zur hebräischen Ausgabe", *GW* XIV, p. 569/"Preface to the Hebrew edition", *SE* XIII, p. xv.

p. 603 "*completamente ateu?*": Freud a Pfister, 9 de outubro de 1918. *Freud-Pfister*, p. 64 (63).

p. 603 "*cristão nunca existiu*": Pfister a Freud, 29 de outubro de 1918. Ib., p. 64 (63).

p. 603 "*independência de opinião*": "Selbstdarstellung", *GW* XIV, p. 35/ "Autobiographical study", *SE* XX, p. 9. Ver também p. 44, acima.

p. 603 "*de suas origens*: Ver "The resistances to psycho-analysis" (1925), *SE* XIX, p. 222.

p. 603 "*entrar em oposição*": Freud aos membros da B'nai B'rith, s.d. [6 de maio de 1926]. *Briefe*, pp. 381-2.

p. 604 "*igualmente acentuado*": Jones, *Free associations*, pp. 208-9.

p. 604 "*grande momento*": Freud a Martha Bernays, 12 de fevereiro de 1886. *Briefe*, pp. 208-9.

p. 604 *toda a vida*: Ver Freud a Andreas-Salomé, 6 de janeiro de 1935. *Freud-Salomé*, p. 224 (205).

p. 605 *apenas à distância*: Ver Freud a Jung, 17 de janeiro de 1909. *Freud-Jung*, p. 218 (196-7).

p. 605 "*tinha razão*": Freud a Arnold Zweig, 18 de agosto de 1933. Com permissão de Sigmund Freud Copyrights. Wivenhoe.

p. 606 *revelar o conteúdo*: Citado em Andreas-Salomé a Freud, 2 de janeiro de 1935. *Freud-Salomé*, p. 221 (203).

p. 606 "*romance histórico*": Freud a Andreas-Salomé, 6 de janeiro de 1935. Ib., pp. 222-3 (204).

p. 606 *eram insuficientes*: Ver Freud a Eitingon, 13 de novembro de 1934. Com permissão de Sigmund Freud Copyrights, Wivenhoe.

p. 606 *a qualquer momento*: Freud a Arnold Zweig, 30 de setembro de 1934. *Freud-Zweig*, p. 102 (91-2).

p. 607 "*existiu um Moisés?*": Voltaire, "Moisés", em *Philosophical dictionary* (1764; trad. inglesa Peter Gay, 1962), 2 vols., paginação contínua, II, p. 4n.

p. 607 *e não real*: Ver Martin Buber, *Moses: the revelation and the covenant* (1946; ed. brochura, 1958), p. 7.

p. 607 *culto de Aton*: Karl Abraham já havia estudado esse faraó e sua inovação religiosa em um importante artigo de 1912, o qual Freud, curiosamente, não mencionou em *Moisés e o monoteísmo*. O artigo chama-se "Amenhotep IV: a psycho-analytical contribution towards the understanding of his personality and the monotheistic cult of Aton", facilmente disponível em *Clinical papers and essays in psycho-analysis*, de Abraham, trad. inglesa Hilda C. Abraham e D. R. Ellison (1955), pp. 262-90.

p. 607 "*deus-vulcão*": *Der Mann Moses und die monotheistische Religion. Drei Abhandlungen* (1939), *GW* XVI, p. 133/*Moses and monotheism: Three essays*, *SE* XXIII, p. 34.

p. 608 "*Monte Sinai*": Ib., p. 132/33.

p. 608 "*após sua morte*": Ver Ernest Sellin, *Mose und seine Bedeutung für die israelitisch-jüdische Religionsgeschichte* (1922).

p. 608 "*18ª dinastia*": *Der Mann Moses*, *GW* XVII, p. 148/*Moses and monotheism*, *SE* XXIII, p. 47.

p. 608 *autoridades austríacas*: Freud a Arnold Zweig, 16 de dezembro de 1934. *Freud-Zweig*, pp. 108-9 (98).

p. 608 "*pés de barro*": Freud a Arnold Zweig, 6 de novembro de 1934. Ib., p. 108 (97).

p. 608 "*persegue incessantemente*": Freud a Arnold Zweig, 16 de dezembro de 1934. Ib., p. 108 (98).

p. 609 "*minha imaginação*": Freud a Arnold Zweig, 2 de maio de 1935. Ib., p. 117 (106).

p. 609 "*avançar com ele*": Freud a Eitingon, 12 de maio de 1935. Com permissão de Sigmund Freud Copyrights, Wivenhoe.

p. 609 "*cinco horas por dia*": Freud a Hilda Doolittle, 19 de maio de 1935. Em inglês. Hilda Doolittle papers, Beinecke Rare Book and Manuscript Library, Yale University.

p. 609 "*muito confortável*": Freud a Hilda Doolittle, 3 de novembro de 1935. Em inglês. Ib.

p. 609 "*à nossa gente*": Freud a Hilda Doolittle, 19 de maio de 1935. Em inglês. Ib.

p. 610 "*falso caminho*": Freud a Jones, 26 de maio de 1935. Freud Collection, D2, LC

p. 610 "*ingleses oficiais*": Ib.

p. 610 *contato com eles*: Ver Freud a Hilda Doolittle, s.d. [16 ou 17 de novembro], 1935. Hilda Doolittle papers, Beinecke Rare Book and Manuscript Library, Yale University.

p. 611 "*se transforme*": Freud a sra. N. N., 9 de abril de 1935. Em inglês. *Briefe*, p. 438.

p. 611 "*sair daqui*": Ib.

p. 611 *"outra forma!"*: Freud a Arnold Zweig, 14 de outubro de 1935. Com permissão de Sigmund Freud Copyrights, Wivenhoe.

p. 611 *"medicamentos alemães"*: Ib.

p. 611 *"luz do dia"*: Freud a Stefan Zweig, 5 de novembro de 1935. Com permissão de Sigmund Freud Copyrights, Wivenhoe.

p. 611 *o sono*: Ver Freud a Arnold Zweig, 20 de janeiro de 1936. *Freud-Zweig*, p. 129 (119).

p. 611 *"leram a coisa"*: Freud a Jones, 3 de março de 1936. Freud Collection, D2 LC.

p. 612 *"sobre Moisés"*: Freud a Arnold Zweig, 21 de fevereiro de 1936. *Freud-Zweig*, p. 113 (122).

p. 612 *"com Arn. Zweig"*: *Kürzeste Chronik*, 18 de agosto de 1936. Freud Museum, Londres.

p. 612 *o esgotara*: Sobre os esforços de Freud para evitar festejos, livros comemorativos e similares, ver Freud a Jones, 21 de julho de 1935 e 3 de março de 1936. Freud Collection, D2, LC. Ver também *Jones* III, pp. 200-1.

p. 612 *tão festiva*: Ver Freud a Jones, 21 de julho de 1935. Freud Collection, D2 LC. Ver também *Jones* III, pp. 200-1.

p. 612 *"que deve"*: Martha Freud a Lilly Freud Marlé, 5 de junho de 1936. Freud Collection, B2, LC.

p. 612 *"espécie de anelo"*: Freud a Stefan Zweig, 18 de maio de 1936. Com permissão de Sigmund Freud Copyrights, Wivenhoe.

p. 612 *em 14 de junho*: Ver *Kürzeste Chronik*, 14 de junho de 1936. Freud Museum, Londres.

p. 612 *membro correspondente*: Ver *Kürzeste Chronik*, 30 de junho de 1936. Ib.

p. 612 *tinha recebido*: Freud a Jones, 4 de julho de 1936. Freud Collection, D2, LC.

p. 613 *"e escritos"*: Freud a Schwadron, 12 de julho de 1936. Freud Museum, Londres.

p. 613 *"sua sexualidade!"*: Freud a Arnold Zweig, 17 de junho de 1936. Com permissão de Sigmund Freud Copyrights, Wivenhoe.

p. 613 *muito bem*: Freud a Eitingon, 5 de fevereiro de 1937. Com permissão de Sigmund Freud Copyrights, Wivenhoe.

p. 613 *"e ativa"*: Freud a Marie Bonaparte, 27 de setembro de 1936. Citado em *Jones* III, p. 209.

p. 613 *"gravemente doente"*: *Kürzeste Chronik*, 23 de julho de 1936. Freud Museum, Londres.

p. 613 *"com dor"*: *Kürzeste Chronik*, 24 de dezembro de 1936. Ib.

p. 614 *"conheço sua letra!"*: Marie Bonaparte a Freud, 30 de dezembro de 1936. Citado na introdução de *Freud-Fliess*, p. xviii.

p. 614 *"assim chamada posteridade"*: Freud a Marie Bonaparte, 3 de janeiro de 1937. Ib., pp. xvii-xix.

p. 614 *"e o venero"*: Marie Bonaparte a Freud, 7 de janeiro de 1937. Ib., pp. xix-xx.

p. 615 *"inteiramente pessoais"*: Freud a Marie Bonaparte, 10 de janeiro de 1937. Ib., p. xx.

p. 615 *terapeuta entusiástico*: Ver "Editor's note" a "Analysis terminable and interminable", *SE* XXIII, p. 212.

p. 615 *"Zuyder Zee"*: "Die Zerlegung der psychischen Persönlichkeit", em *Neue Vorlesungen, GW* XV, p. 86/ "The dissection of the psychical personality", em *New introductory lectures, SE* XXII p. 80.

p. 616 *"por contradizer a psicanálise"*: Freud a Arnold Zweig, 22 de junho de 1937. Com permissão de Sigmund Freud Copyrights, Wivenhoe.

p. 616 *"atração sexual"*: Freud a Arnold Zweig, 10 de fevereiro de 1937. Com permissão de Sigmund Freud Copyrights, Wivenhoe.

p. 616 *mas caloroso*: Ver "Lou Andreas-Salomé" (1937), *SE* XXIII, p. 297.

p. 616 "qualquer tempo": Eitingon a Freud, 24 de fevereiro de 1937. Com permissão de Sigmund Freud Copyrights, Wivenhoe.

p. 616 *"na América"*: Freud a Jones, 23 de agosto de 1933. Freud Collection, D2, LC.

p. 616 *"sua visita"*: Freud a Arnold Zweig, 23 de setembro de 1935. *Freud-Zweig*, p. 121 (111).

p. 617 *capa liberal*: Ver Arnold Zweig a Freud, 22 de novembro de 1935. Ib., p. 124 (113-14).

p. 617 *regime nazista*: Ver Freud a Arnold Zweig, 21 de fevereiro de 1936. Ib., p. 132 (123).

p. 617 *"caia para mim"*: Freud a Arnold Zweig, 22 de junho de 1936. Ib., pp. 142-3 (133).

p. 617 *"como o senhor"*: Freud a Jones, 2 de março de 1937. Freud Collection, D2, LC

p. 617 *"mais premente"*: Freud a Arnold Zweig, 2 de abril de 1937. *Freud-Zweig*, p. 149 (139-40).

p. 617 *"brutalidade alemã"*: Freud a Jones, 7 de abril de 1933. Freud Collection, D2, LC.

p. 617 *"sendo estrangulados"*: Freud a Arnold Zweig, 20 de dezembro de 1937. *Freud--Zweig*, p. 163 (154).

p. 618 *fora da Áustria*: Freud a Eitingon, 6 de fevereiro de 1938. Com permissão de Sigmund Freud Copyrights, Wivenhoe.

p. 618 "*acompanhando o pânico*": Anna Freud a Jones, 20 de fevereiro de 1938. Jones papers, Archives of the British Psycho-Analytical Society, Londres.

p. 618 *estariam liquidadas*: Freud a Ernst Freud, 22 de fevereiro de 1938. Freud Collection, B1, LC.

p. 618 "*Quien sabe?*": Freud a Marie Bonaparte, 23 de fevereiro de 1938. *Jones* III, p. 217.

p. 618 "*Finis Austriae*": *Kürzeste Chronik*, 11 de março de 1938. Freud Museum, Londres.

p. 619 "*Hitler em Viena*": *Kürzeste Chronik*, 13 e 14 de março de 1938. Ib.

p. 620 "*por vingança*": Carl Zuckmayer, *Als war's ein Stück von mir. Horen der Freundschaft* (1966), p. 71.

p. 620 "'*trabalho para os judeus!*'": G. E. R. Gedye, do *Daily Telegraph* de Londres. Citado em Dieter Wagner e Gerhard Tomkowitz, "*Ein Volk, Ein Reich, Ein Führer!*" *Der Anschluss Österreichs 1938* (1968), p. 267.

p. 620 *saudação hitlerista*. Para detalhes e documentação, ver Herbert Rosenkranz, "The Anschluss and the tragedy of Austrian Jewry, 1938-1945", em *The Jews of Austria*, ed. Fraenkel, pp. 479-545.

p. 621 "*insígnias da organização*": "Vienna Jews beaten, stores plundered/ Offices of societies and papers occupied by nazis — arrests made on money charges", *New York Times*, 14 de março de 1938, p. 2.

p. 621 "*na Alemanha*": Ib.

p. 621 "*um tanto gradual*": "Jews humiliated by Vienna crowds/ Families compelled to scrub streets, though German guards drive off mob/ Nazis seize big stores/ Total of arrests enormous — Austria German district as ministries are absorbed", *New York Times*, 16 de março de 1938, p. 3 (despacho da Associated Press).

p. 621 "*oposição visível*": *New York Times*, 14 de março de 1938, p. 3 (despacho da Associated Press, datação 13 de março de 1938).

p. 621 *pisoteado até a morte*: Ver Friedrich Torberg, *Die Tante Jolesch, oder Der Untergan des Abendlandes in Anekdoten* (1975; ed. brochura, 1977), pp. 154-67 esp. 155.

p. 622 *em sua casa*: Ver Raul Hilberg, *The destruction of the European Jews* (*1961*, 2ª ed., 1981), p. 61.

p. 622 *oito eram judeus*: Ver Wagner e Tomkowitz, "*Ein Volk, Ein Reich, Ein Führer!*", p. 341.

p. 622 *campos de concentração*: Ver Martin Gilbert, ed., *The Macmillan Atlas of the Holocaust* (1982), p. 22. Dos 60 mil judeus que não conseguiram sair da Áustria, cerca de 40 mil foram assassinados.

p. 622 "*política na Áustria*": Citado em "Jews scrub streets in Vienna inner city/ Forced to remove crosses of Fatherland front", *New York Times*, 24 de março de 1938, p. 7 (despacho da Associated Press, datação 23 de março de 1938).

p. 622 "*fizéssemos isso?*": Schur, *Freud, living and dying*, p. 499.

p. 623 *na* Verlag: *Kürzeste Chronik*, 15 de março de 1938. Freud Museum, Londres.

p. 623 "*se servissem*": Ver Anna Freud a Ernest Jones, s.d. Jones papers, Archives of the British Psycho-Analytical Society, Londres. Essa versão contradiz a história corrente de que Martha Freud pediu-lhes que se sentassem e a seguir lhes ofereceu o conteúdo do cofre.

p. 623 *dariam passaporte*: Ver "Aid for Freud offered/ Palestine will grant entry to professor Neumann also", *New York Times*, 23 de março de 1938, p. 5 (datado de Jerusalém, 22 de março de 1938). Ver também "Freud forbidden to go/Can't get passport, member of Dutch group inviting him says", *New York Times*, 30 de março de 1938 (datado de Haia, 29 de março de 1938).

p. 623 *dia seguinte*: *Kürzeste Chronik*, 16 e 17 de março de 1938. Freud Museum, Londres.

p. 623 "*todos os momentos*": Binswanger a Freud, 18 de março de 1938. Com permissão de Sigmund Freud Copyrights, Wivenhoe.

p. 624 "*aconselhou prudência*": Essa é a interpretação de Max Schur, que me parece convincente. Ver Schur, *Freud, living and dying*, p. 496.

p. 624 "*em perigo*": Nesse caso e nos parágrafos seguintes, cito a partir das fotocópias dos telegramas originais, com permissão de Sigmund Freud Copyrights, Wivenhoe. Ver também Clark, *Freud*, pp. 505-11, baseado em documentos no Public Record Office and Foreign Office em Londres, e no National Archives em Washington. A interpretação de Clark desses documentos e a minha estão em pleno acordo.

p. 624 *novos imigrantes*: *Jones* III, p. 220.

p. 625 "*aceitação final*": Ib. I, p. 294.

p. 625 "*Anna na Gestapo*": *Kürzeste Chronik*, 22 de março de 1938. Freud Museum, Londres.

p. 625 *dia de Freud*: Schur, *Freud, living and dying*, p. 498. Ver Anna Freud a Schur, 28 de abril de 1954. Max Schur papers, LC, e Martin Freud, *Freud*, p. 214.

p. 626 "*máximo que pude*": Schur, *Freud, living and dying*, p. 498.

p. 626 *exclusivamente científica*: Martin Freud, *Freud*, pp. 212-3.

p. 626 "*morrer em liberdade*": Freud a Ernst Freud, 12 de maio de 1938. *Briefe*, 459. A expressão "*to die in freedom*" está em inglês.

p. 626 *e da editora*: Ver *Jones* III, p. 221.

p. 627 "*volta para a Áustria*": "O oficial nazista que organizou esse assunto mostrou ter um estranho senso de humor, ao debitar da conta do papai o custo realmente considerável do transporte dos livros para a pira funerária deles em Viena". (Martin Freud, *Freud*, p. 214.)

p. 627 *presa também*: Ib. Vale a pena observar que Freud, sempre escrupuloso, reembolsou essas somas tão logo lhe foi possível.

p. 627 "*agora por nós*": Anna Freud a Jones, 3 de abril de 1938. Jones papers, Archives of the British Psycho-Analytical Society, Londres.

p. 627 "*indo devagar*": Anna Freud a Jones, 22 de abril de 1938. Ib.

p. 627 "*não perguntar*": Anna Freud a Jones, 26 de abril de 1938. Ib.

p. 627 "*cesta de lixo*": Ver McGuire, introdução a *Freud-Jung*, p. xxii.

p. 627 "Moisés e o monoteísmo": Freud a Jones, 28 de abril de 1938. Freud Collection, D2, LC.

p. 628 "*do que os homens*": Freud a Ernst Freud, 9 de maio de 1938. Fotocópia do manuscrito, cortesia do dr. Daniel Offer. (Devo esta referência a George F. Mahl.)

p. 628 "*valeria a pena*": Freud a Jones, 13 de maio de 1938. Freud Collection, D2, LC.

p. 628 beste empfehlen: Martin Freud, *Freud*, p. 217.

p. 628 "*estamos lá*": Anna Freud a Jones, 25 de maio de 1938. Jones papers, Archives of the British Psycho-Analitycal Society, Londres.

p. 628 *estavam em ordem*: Ver Anna Freud a Jones, 30 de maio de 1938. Jones papers, Archives of the British Psycho-Analytical Society, Londres.

p. 628 *endereço de Londres*: Ver Freud a Arnold Zweig, 4 de junho de 1938. *Freud-Zweig*, p. 168 (160). Ver também Freud a Samuel Freud, 4 de junho de 1938. Em inglês. Rylands University Library, Manchester.

p. 629 *4 de junho*: Ver *Kürzeste Chronik* nas datas importantes. Freud Museum, Londres. Até o fatal dia da partida, as datas na *Chronik* estavam perfeitamente corretas; porém, "3 de junho, sábado" segue-se a "2 de junho, terça-feira". Freud não corrigiu a datação errada até o meio da semana seguinte: assim, o primeiro registro sobre Londres está como "5 de junho, segunda-feira", quando deveria ser "6 de junho". Então, até quinta-feira, a data é registrada corretamente: "9 de junho, quinta-feira."

p. 629 "*duas semanas?*": *Kürzeste Chronik*, 10 de maio de 1938. Ib.

p. 629 "*fora libertado*": Freud a Eitingon, 6 de junho de 1938. *Briefe*, p. 462.

p. 629 "*bastante desastrado*": Ib. p. 461.

p. 629 *Freud em lugar dele*: Ver Anna Freud a Jones, 25 de maio de 1938. Jones papers, Archives of the British Psycho-Analytical Society, Londres.

p. 629 "*às 2:45 da manhã*": *Kürzeste Chronik*, 3 de junho de 1938. Freud Museum, Londres. Como se observou antes, os registros de Freud desse período estão datados incorretamente. Sábado era 4, e não 3 de junho. E sem dúvida, às 2:45 da manhã, estritamente falando, já era 5 de junho, domingo.

p. 629 "*bela cidade*": Freud a Eitingon, 6 de junho de 1938. *Briefe*, pp. 461-2.

p. 629 *para sua mulher*: Ver *Jones* III, p. 228.

p. 630 "*papéis de carta*": Freud a Eitingon, 6 de junho de 1938. *Briefe*, p. 461.

p. 630 "*plenamente feliz*": Martha Freud a Lilly Freud Marlé e seu marido, Arnold, 22 de junho [de 1938]. Freud Collection, B2, LC.

p. 630 "*e vitoriosa*": Freud a Eitingon, 6 de junho de 1938. *Briefe*, pp. 461-3.

p. 630 *"ama o povo"*: "Prof. Freud/ In London after sixty years/ Well but tired", *Manchester Guardian*, 7 de junho de 1938, p. 10.

p. 631 *"Sigm. Freud"*: Freud a Arnold Zweig, 28 de junho de 1938. *Freud-Zweig*, p. 173 (164). A palavra *"signatures"* está em inglês. Meio século antes, ele assinou "Dr. Sigm. Freud", nas primeiras cartas a Fliess.

p. 631 *"sendo abertas"*: Freud a Eitingon, 6 de junho de 1938. *Briefe*, p. 463. As passagens entre aspas estão em inglês.

p. 631 *Regent's Park*: Freud a Alexander Freud, 22 de junho de 1938. Ib. pp. 463-4.

p. 631 *menos atônita*: "Já na segunda semana" ela escreveu, "cartas sem qualquer indicação mais concretas do que 'Freud, Londres', chegavam sem erro". (Martha Freud a Lilly Freud Marlé e seu marido Arnold, 22 de junho de 1938. Freud Collection, B2, LC.)

p. 631 *"significa a fama"*: Freud a Alexander Freud, 22 de junho de 1938. *Briefe*, p. 464.

p. 632 *"mais ser alemão"*: Freud a Saussure, 11 de junho de 1938. Freud Collection, Z3, LC.

p. 632 *"reiniciado"*: *Kürzeste Chronik*, 21 de junho de 1938. Freud Museum, Londres.

p. 632 *"sua miséria"*: Freud a Arnold Zweig, 28 de junho de 1938. *Freud-Zweig*, p. 172 (163).

p. 632 *mesma coisa*: Ver *Jones* III, p. 234.

p. 632 *judeu crente*: Ver Freud a Arnold Zweig, 28 de junho de 1938. *Freud-Zweig*, p. 172 (163).

p. 633 *"interesses nacionais"*: *Der Mann Moses*, *GW* XVII, p. 103/*Moses and monotheism*, *SE* XXIII, p. 7

p. 633 *"Moisés III"*: Freud a Alexander Freud, 17 de julho de 1938. Freud Collection, B1, LC. Ver também *Kürzeste Chronik*, 17 de julho de 1938. Freud Museum, Londres.

p. 633 *"tempo na Holanda?"*: Freud a Reik, 3 de julho de 1938. Cópia do texto datilografado, Siegfried Bernfeld papers, caixa 17, LC. A carta está citada em uma tradução diferente em Theodor Reik, *The search within: the inner experience of a psychoanalyst* (1956), p. 656.

p. 633 *"do que antes"*: Freud a Jacques Schier, 8 de julho de 1938. Em inglês. Siegfried Bernfeld papers, caixa 17, LC.

p. 634 *prontamente adotou*: Freud a Sachs, 11 de julho de 1938. Citado em Sachs, *Freud: master and friend*, pp. 180-1.

p. 634 *"maestria técnica"*: Freud a Stefan Zweig, 20 de julho de 1938. Citado na íntegra em *Jones* III, p. 235.

p. 634 *"ocupação divertida"*: Freud a Anna Freud, 3 de agosto de 1938. Freud Collection, LC.

p. 634 *"não mais ontem"*: Anna Freud a Marie Bonaparte, 8 de setembro de 1938. Citado em Schur, *Freud, living and dying*, p. 510.

p. 635 *"eles próprios a paguem"*: Arnold Zweig a Freud, 8 de novembro de 1938. *Freud-Zweig*, p. 179 (170).

p. 635 *"Paz"*: *Kürzeste Chronik*, 30 de setembro de 1938. Freud Museum, Londres.

p. 635 *"pacientes de análise"*: Freud a Marie Bonaparte, 4 de outubro de 1938. *Briefe*, p. 467.

p. 636 *"mas nada mais"*: Freud a Marie Bonaparte, 12 de novembro de 1938. Ib. p. 471.

p. 636 *"conotação dolorosa"*: Freud a Yvette Guilbert, 24 de outubro de 1938. Ib., p. 468. A palavra *"connotation"* está em inglês.

p. 636 *sido exaustivas*: Ver Arnold Zweig a Freud, 5 de agosto e 16 de outubro de 1938. *Freud-Zweig*, pp. 176, 178 (167-8, 169-70).

p. 637 *"devo arriscar"*: Freud a Singer, 31 de outubro de 1938. *Briefe*, pp. 469-70.

p. 637 *"aceitamos pagamento"*: Freud a Jones, 1º de novembro de 1938. Freud Collection, D2 LC.

p. 637 *"leves sugestões"*: Blanche Knopf a Freud, 15 de novembro de 1938. Freud Museum, Londres.

p. 637 *nos Estados Unidos*: Ver Blanche Knopf a Martin Freud, 19 de setembro de 1938; Blanche Knopf a Freud, 15 de novembro, 9 e 22 de dezembro de 1938 e 16 de janeiro, 31 de março e 28 de abril de 1939. Todas no Freud Museum, Londres. O livro foi publicado nos Estados Unidos em meados de junho de 1939.

p. 638 *"submetem à ciência"*: Freud a Dwossis, 11 de dezembro de 1938. Cópia datilografada. Freud Museum, Londres.

p. 638 *"Pogroms na Alemanha"*: *Kürzeste Chronik*, 10 de novembro de 1938. Em inglês. Freud Museum, Londres.

p. 638 *levá-las até a França*: Freud a Marie Bonaparte, 12 de novembro de 1938. *Briefe*, p. 471. Ao menos por alguns meses, suas irmãs receberiam a quantia mensal que lhes deixara.

Ver Freud a Anna Freud, 3 de agosto de 1938. Freud Collection, LC.

p. 639 *"movimento psicanalítico"*: Freud a Jones, 7 de março de 1939. Freud Collection, D2, LC.

p. 639 *obras reunidas*: Ver *Jones* III, p. 233.

p. 639 *"políticos na Áustria"*: *Internationale Zeitschrift für Psychoanalyse und Imago*, XXXIV (1939), no 1/2 (número duplo), página de rosto.

p. 639 *"grande força"*: Leonard Woolf, *Downhill all the way* (1967), pp. 166, 168-9.

p. 640 *"homem formidável"*: Ib., p. L69.

p. 640 *presença inesquecível*: *The diary of Virgínia Woolf*, Ed. Anne Olivier Bell, vol. v, 1936-1941 (1984), p. 202.

p. 640 *no dia 31*: *Kürzeste Chronik*, 2 e 31 de janeiro de 1939. Freud Museum, Londres.

p. 640 *algum tempo*: Ver Anna Freud a [Pichler?], 20 de setembro de 1938. Max Schur papers, LC.

p. 640 *"dores paralisantes"*: Freud a Arnold Zweig, 20 de fevereiro de 1939. *Freud-Zweig*, pp. 183-4 (175-6).

p. 640 *tratamentos de rádio*: Ver a cópia manuscrita de Marie Bonaparte de uma carta que o dr. Lacassagne lhe escreveu, datada de 28 de novembro de 1954, dizendo que ele havia examinado Freud em 26 de fevereiro de 1939, e o assistiu na aplicação de rádio em 14 de março. (Anexo à carta de Marie Bonaparte a Jones, s.d. Jones papers, Archives of the British Psycho-Analytical Society, Londres.)

p. 640 *"pai sádico!"*: Pfister a Freud, 21 de fevereiro de 1939. Com permissão de Sigmund Freud Copyrights, Wivenhoe.

p. 640 *"alma nazista"*: Freud a Arnold Zweig, 5 de março de 1939. *Freud-Zweig*, pp. 186-7 (178).

p. 641 *"teria escolhido"*: Freud a Sachs, 12 de março de 1939. Citado em Sachs, *Freud: master and friend*, pp. 181-2.

p. 641 *"muito desejável"*: Freud a Marie Bonaparte, 28 de abril de 1939. *Briefe*, pp. 474-5.

p. 641 *mais rápido possível*: Ver Schur, *Freud, living and dying*, pp. 522-5.

p. 642 *"médico pessoal"*: Uma referência destas, por exemplo, está em Freud a Marie Bonaparte, 28 de abril de 1939. *Briefe*, p. 474.

p. 642 *março de 1929*: Ver Freud a Marie Bonaparte, 6 de março de 1929: "Eu contratei Schur como se fosse nosso médico residente". (Citado em Schur, 9 de outubro de 1956. Max Schur papers, LC.)

p. 642 *"fácil para mim"*: Freud a Schur, 28 de junho de 1930. *Briefe*, p. 415. Sobre o relacionamento entre Schur e Freud, ver seu *Freud, living and dying*, esp. introdução e o cap. 18.

p. 642 *baixas demais*: Ver Freud a Schur, 10 de janeiro de 1930, 10 de janeiro e 26 de julho de 1938. Max Schur papers, LC.

p. 642 *selar o acordo*: Citado em Schur, *Freud, living and dying*, p. 408.

p. 642 6 Mai 1939: Ver Ernst Freud et al., eds., *Sigmund Freud: his life in pictures and words*, p. 315.

p. 642 *"Moisés em inglês"*: *Kürzeste Chronik*, 19 de maio de 1939. Freud Museum, Londres.

p. 643 *ascendência judaica*: Ver *Moses and monotheism*, *SE* XXIII, p. 90.

p. 643 *não menos incrédulos*: Ver ib., p. 65n.

p. 644 *"do filho"*: *Der Mann Moses*, *GW* XVII, pp. 193-4/*Moses and monotheism*, *SE* XXIII, pp. 87-8.

p. 644 *"boas-novas"*: Ib., p. 244/135.

p. 644 *"judaísmo se elevara"*: Ib.

p. 644 *à mente e à moral*: Ib., pp. 194, 191-2/88, 85-86.

p. 644 *"agem moralmente"*: Citado em Anna Freud Bernays, provas das páginas de "Erlebtes" (1933), p. 5. Freud Collection, B2, LC.

p. 644 *"autêntica riqueza"*: *Der Mann Moses*, *GW* XVI, pp. 222-3/*Moses and monotheism*, *SE* XXIII, p. 115.

p. 644 *sempre foram*: Ver ib., p. 198/91.

p. 645 *"ouso pensar!"*: Hamilton Fyfe, resenha de *Moisés e o monoteísmo*, *John O'London's Weekly*, 2 de junho de 1939.

p. 645 *"hipóteses infundadas"*: Buber, *Moses*, p. 7n.

p. 645 *grosseiro ignorante*: J. M. Lask, resenha de *Moisés e o monoteísmo*, *Palestine Review* (Jerusalém), IV (30 de junho de 1939), pp. 169-70.

p. 645 *"ódio a Israel"*: Citado em *Jones* III, p. 370.

p. 646 *"se denomina cristã"*: Padre Vincent McNable, resenha de *Moisés e o monoteísmo*, *Catholic Herald* (Londres), 14 de julho de 1939.

p. 646 *religião judaica*: Ver N. Perlmann (de Tel Aviv) a Freud, 2 de julho de 1939. Freud Museum, Londres.

p. 646 *"outros animais"*: S. J. Birnbaum (um advogado de Toronto) a Freud, 27 de fevereiro de 1939. Ib.

p. 646 *"seu lugar"*: Carta anônima a Freud, 26 de maio de 1939. Ib. Para outras opiniões, ver *Jones* III, pp. 362-74.

p. 646 *reembolso postal*: Alexandre Burnacheff a Freud, 4 de julho de 1939. Freud Museum, Londres.

p. 647 *"invenção minha"*: Freud a Rafael da Costa, 2 de maio de 1939. Cópia datilografada, Freud Museum, Londres.

p. 647 *"coloquei de lado"*: Freud a Arnold Zweig, 13 de junho de 1935. *Freud-Zweig*, p. 118 (107).

p. 647 *"quero ou devo"*: "Vorbemerkung II", em *Der Mann Moses*, *GW* XVII, p. 159/"Prefatory note III", em *Moses and monotheism*, *SE* XXIII, p. 57.

p. 647 *"fantasma insepulto"*: "Zusammenfassung und Wiederholung", em ib., p. 210/ "Summary and recaptulation", ib., p. 103.

p. 647 *"1800 exemplares"*: Freud a Marie Bonaparte, 15 de junho de 1939. Citado no original alemão em Schur, *Freud, living and dying*, p. 567.

p. 648 *extremamente desagradável*: Ver Anna Freud a Schur, 9 de junho de 1939. Max Schur papers, LC.

p. 648 *"'amigo na América'"*: Sachs, *Freud: master and friend*, pp. 185-7.

p. 648 *prática médica*: Ver *Kürzeste Chronik*, 1º de agosto de 1939. Freud Museum, Londres.

p. 648 "me encontrar": Dyck, "Mein Onkel Sigmund", entrevista com Harry Freud, *Aufbau*, 11 de maio de 1956, p. 4.

p. 648 *"esperar, esperar"*: Freud a Schaffer, 19 de agosto de 1939. Ditado a Anna Freud. Isakower Collection, LC.

p. 648 *tinham chegado*: Rosa Grafa Elsa Reiss, s.d. [23 de agosto de 1939]. Freud Collection, B2, LC.

p. 648 *"Pânico de guerra"*: *Kürzeste Chronik*, 27 de agosto de 1939. Freud Museum, Londres.

p. 649 *"tragicamente cientes"*: "The medical case history of Sigmund Freud", datado de 27 de fevereiro de 1954. Max Schur papers, LC.

p. 649 *"à minha vida"*: Jones a Freud, 3 de setembro de 1939. Com permissão de Sigmund Freud Copyrights, Wivenhoe.

p. 649 *afeto à filha*: "The medical case history of Sigmund Freud", Max Schur papers, LC.

p. 649 *com eles*: Schur tratou dos últimos dias de Freud em "The problem of death in Freud's writings and life", sua conferência em 19 de maio de 1964, na prestigiosa Série de Conferências pelo Aniversário de Freud, sob os auspícios do Instituto Psicanalítico de Nova York. No mesmo ano, Anna Freud comentou, a propósito dessa conferência: "A dra. Stross também não deveria ter aparecido? Ela foi absolutamente indispensável, na viagem e nas últimas noites, das quais ela participou integralmente". (Anna Freud a Schur, 12 de outubro de 1964. Max Schur papers, LC.)

p. 650 *terminando*: Ver Anna Freud a Jones, comentário datilografado sobre o vol. III da biografia de Jones, s.d. Jones papers, Archives of the British Psycho-Analytical Society, Londres.

p. 650 *no sono*: *Jones* III, pp. 245-6. Importantes detalhes, tais como as convocações de Anna Freud, estão numa carta que Jones enviou a Max Schur, 21 de fevereiro de 1956. (Max Schur papers, LC.) Na verdade, Jones achava que Freud realmente caíra num estado de inconsciência, sem despertar novamente. A exposição de Schur em "The medical case history of Sigmund Freud" contradiz essa ideia. (Ib.)

p. 650 *"fim a isso"*: Ib.

p. 650 *"rei Macbeth"* Freud a Pfister, 6 de março de 1910. Freud-Pfister, p. 33 (35).

p. 650 *até o fim*: A principal fonte para minhas páginas sobre os últimos dias de Freud é o memorando inédito de Max Schur, "The medical case history of Sigmund Freud", datado de 27 de fevereiro de 1954. (Max Schur papers, LC.) Ele o redigiu destinando-o aos arquivos Freud — a Freud Collection, LC — e como um *aide-mémoire* para Ernest Jones, então ocupado em sua biografia de Freud. Schur deu um outro uso posterior a esse memorando, empregando-o como base para sua Conferência Freud de 1964, "The problem of death in Freud's writings and life". [Para um resumo de Milton E. Jucovy, ver *Psychoanalytic Quarterly*, XXXIV (1965), pp. 144-7.] Existem seis ou mais rascunhos dessa conferência entre os papéis de Schur — ele parece ter se esforçado nessas páginas como jamais se esforçou em outra coisa em toda sua vida. Complementei o memorando de Schur com uma agradável entrevista, extremamente fecunda, com Helen Schur (3 de junho de 1986), com uma troca de cartas com ela e, principalmente para confirmar alguns detalhes, com uma carta de Harry, o sobrinho de Freud, datada de 25 de setembro de 1939, escrita de Nova York para seus tios em Viena e baseada, diz Harry na missiva, "em informações em parte diretas, em parte telegráficas, de amigos". (Freud Collection, B1, LC.) Várias cartas de Anna Freud a Ernest Jones foram imensamente úteis, em particular uma de 27 de fevereiro de 1956, contendo detalhes significativos. (Jones papers, Archives of the British Psycho-Analytical Society, Londres.) Restam algumas discrepâncias, que em parte, julgo eu, podem ser atribuídas às fortes emoções com que os participantes viveram, e mais tarde rememoraram, aqueles eventos comoventes.

"Minha versão pessoal diverge em detalhes aparentemente secundários, mas realmente significativos, da versão *publicada* de Max Schur (*Freud, living and dying*, pp. 526-9) e do resumo de Jucovy da Conferência Freud de 1964, de Schur. Na conferência, Schur disse — falsamente: "Em 21 de setembro, ele [Freud] indicou ao seu médico que seu sofrimento não fazia mais nenhum sentido e *pediu sedação. Ministrada a morfina para sua dor*, ele caiu num sono pacífico, e então entrou em coma e morreu às 3 horas da manhã de 23 de setembro". (Resumo de Jucovy sobre a Conferência Freud de Schur, p. 147, grifo meu.) Os biógrafos posteriores, não tendo nenhum outro relato aproveitável à mão — Schur, afinal, era a testemunha de maior autoridade e eloquência —, simplesmente seguiram a versão publicada e o resumo da Conferência Freud. (Ver, por exemplo, Clark, *Freud*, pp. 526-7.)

Ao escrever sua biografia clássica, Ernest Jones, de início, não levou muito a sério o detalhe "mórbido", mas depois utilizou largamente o memorando de Schur, parafraseando de perto e, por vezes, praticamente citando o texto. Anna Freud informou a Schur que Jones estava sem avançar sobre os graves incômodos de Freud, mas, comentou ela, "a doença, com todos os seus horríveis detalhes, foi ao mesmo tempo a expressão mais elevada de sua atitude em relação à vida". (Anna Freud a Schur, 2 de setembro de 1956. Max Schur papers, LC.) Anna Freud queria que Jones usasse o memorando de Schur como último capítulo de sua biografia, mas ele decidiu, com justiça, parafraseá-lo e citá-lo extensamente (ver *Jones* III, pp. 245-6), e realmente agradeceu calorosamente a Schur no prefácio (ver ib., pp. xi-xiii). As diferenças entre o memorando de Schur e as páginas de Jones são sutis, mas dignas de nota: enquanto Schur, discretamente, não faz nenhum comentário explícito sobre esse ponto delicado, Jones afirma categoricamente (e incorretamente, seguindo a Conferência Freud de Schur) que Schur, quando Freud lhe pediu ajuda, agora que a vida tinha se tornado apenas uma tortura, "apertou sua mão e prometeu que lhe daria a *sedação adequada*" (*Jones* III, p. 246; grifo meu). Novamente, Jones diz que, em 22 de setembro, Schur, "deu a Freud um terço de um grão de morfina": uma dose de 0,0216 grama, praticamente igual à especificada por Schur em *Freud, living and dying* (p. 529), onde ele diz ter dado a Freud "uma injeção de dois centigramas de morfina". Mas, enquanto Jones menciona apenas uma injeção, Schur cita duas, mesmo na versão publicada: "Repeti esta dose depois de cerca de doze horas" (ib.). E na introdução de Schur para o memorando inédito, ele observa que, no texto que pretendia publicar, iria distorcer a dosagem e omitir uma conversa entre Freud e ele. Ao escrever a Anna Freud, em 7 de abril de 1954, ele mostrou uma outra lista, indicando que a "versão correta (dosagem, mais de uma injeção) foi entregue ao Arquivo [Freud]". (Cópia carbono, Max Schur papers, LC.)

No meu próprio texto, baseei-me principalmente nesta "versão correta": a dose foi de três centigramas, ao invés dos dois citados no livro de Schur, e ele pode ter ministrado três, ao invés de duas injeções. Como Schur deixa claro numa carta a Anna Freud, de 19 de março de 1954, ele havia consultado um advogado sobre a questão da eutanásia, e por isso amenizou seu relato. (Cópia carbono, ib.) Como Jerome H. Jaffe e William R. Martin deixam claro em seu "Opioid analgesics and antagonists", em *Goodman and Gilman*: *the pharmacological basis of therapeutics*, ed. Alfred Goodman Gilman, Louis S. Goodman e Alfred Gilman (1941; 6ª ed., 1980), a bíblia dos médicos sobre o uso e efeitos das drogas, um centigrama é uma dose normal para pacientes com dores: "10 mg geralmente é considerada como uma dose inicial ótima de morfina e proporciona analgesia satisfatória em aproximadamente 70% dos pacientes com dores moderadas sérias" (p. 509). Embora as "doses subsequentes possam ser maiores", os autores em parte alguma recomendam mais do que dois centigramas (p. 509; ver também p. 499). Embora um doente grave e muito idoso — o que, evidentemente, era o caso de Freud — possa absorver a droga muito lentamente e seja capaz de tolerar mais do que um paciente em melhores condições, três centigramas constituem, com toda a probabilidade, uma dose praticamente letal para qualquer pessoa.

Uma outra distorção na versão publicada de Schur sobre os últimos dias de Freud, que cometeu por respeito ao desejo de privacidade de Anna Freud, foi minimizar o papel dela. Num rascunho de sua Conferência Freud, Schur omite todo o episódio do "fale a Anna". Isso também merece comentários: a versão publicada traz *Sagen Sie es der Anna* — "fale a Anna sobre isso". (Schur, *Freud, living and dying*, p. 529.) Jones, seguindo fielmente Schur, traz: "Fale a Anna sobre nossa conversa". (*Jones* III, p. 246.) Mas o memorando inédito traz *Besprechen Sie es mit der Anna*, que significa "discuta isso" ou "converse sobre isso" com Anna. Essa versão parece autêntica; fica particularmente plausível com o que Freud disse a seguir, conforme Schur: "e se ela achar que está certo, dê um fim a isso". É válido conjecturar que, por mais inocente que ela tivesse sido no grande desenlace, por mais bem-intencionada e justificadas que possam ter sido as providências de Schur, ela carregou um grande peso de culpa por sua aquiescência final à decisão de acabar com o sofrimento de seu pai. Como recorda Schur no memorando, ela lutou contra isso, mas a seguir resignou-se tristemente. Essa leitura da situação orientou meu tratamento no texto: vejo o fim de Freud como um suicídio estoico, executado para ele, visto que ele próprio estava fraco demais para agir sozinho, por seu leal e afetuoso médico, com a relutante concordância de sua filha não menos leal e ainda mais afetuosa.

Ensaio bibliográfico

GERAL

A bibliografia secundária sobre Freud é imensa, em rápido crescimento, quase incontrolável. Parte dessa avalanche é esclarecedora, com muitas coisas úteis e um número ainda maior de coisas instigantes; uma proporção assombrosa é pejorativa ou francamente absurda. Não tentei ser exaustivo no presente ensaio, tendo procurado de preferência concentrar-me nas obras que me pareceram informativas sobre questões fatuais, com interpretações interessantes ou dignas de discussão. Em suma, eu o escrevi para apresentar (sucintamente) as razões pelas quais adotei, ou deixei de adotar, tal ou qual posição, e para indicar com quem aprendi mais.

A melhor edição alemã dos textos psicanalíticos de Freud é *Gesammelte Werke, Chronologisch Geordnet*, ed. Anna Freud, Edward Bibring, Willi Hoffer, Ernst Kris e Otto Isakower, em colaboração com Marie Bonaparte, 18 vols. (1940-68). Embora muito valiosa, não deixa de ter falhas: não é realmente completa, os títulos de página não são tão úteis quanto poderiam ser, as notas editoriais e os índices remissivos para cada um dos volumes são insuficientes. O mais problemático é que as *Gesammelte Werke* não diferenciam as diversas edições de obras tão revisadas quanto *A interpretação dos sonhos* e *Três ensaios sobre a teoria da sexualidade.* Essa diferenciação é fornecida pelo útil *Studienausgabe*, ed. Alexander Mitscherlich, Angela Richards e James Strachey, 12 vols. (1969-75). O *Studienausgabe* tem suas limitações: omite alguns artigos menores e os textos autobiográficos de Freud, e seu ordenamento não é cronológico, e sim temático. Mas o aparato editorial, baseado na *Standard Edition* inglesa, é muito grande.

A autoridade internacional dessa *Standard Edition of the complete psychological works of Sigmund Freud*, trad. sob editoria geral de James Strachey em colaboração com Anna Freud, com o auxílio de Alix Strachey e Alan Tyson, 24 vols. (1953-74), está merecidamente assegurada, quaisquer que sejam as novas e melhores traduções que possam vir a ser oferecidas em algum momento futuro. É um empreendimento heroico. Quando necessário, ela oferece textos com edição crítica, luta com um material intratável (como as piadas alemãs que Freud cita em seu livro sobre os chistes) e apresenta cada obra, mesmo o mais ligeiro artigo, com informações bibliográficas e históricas indispensáveis. As traduções têm despertado muita controvérsia — e não sem razão: as mudanças nos tempos verbais, as traduções rebarbativas como "anaclítico" e "catexia" para termos técnicos a que Freud aplicou palavras alemãs comuns altamente sugestivas, têm suscitado críticas severas. A mais severa (e, a meu ver, frágil) é a de Bruno Bettelheim, em *Freud and man's soul* (1983), que argumenta fundamentalmente que os tradutores desfiguraram o raciocínio de Freud, e que qualquer pessoa que leia Freud apenas no inglês de Strachey não entenderá a preocupação de Freud com a alma humana. Muito mais equilibrados e razoáveis são os artigos de Darius G. Ornston; ver em esp. "Freud's conception is diferent from Strachey's", *J. Amer. Psychoanal. Assn.*, XXXIII

(1985), pp. 379-410; "The invention of 'cathexis' and Strachey's strategy", *Int. Rev. Psycho-Anal.*, XII (1985), pp. 391-9; e "Reply to William I. Grossman", *J. Amer. Psychoanal. Assn.*, XXXIV (1986), pp. 489-92. A *Standard Edition* agora pode ser utilizada juntamente com S. A. Guttman, R. L. Jones e S. M. Parrish, *The concordance to the Standard Edition of the complete psychological works of Sigmund Freud*, 6 vols. (1980). As traduções mais vigorosas para o inglês, captando melhor do que qualquer outra a linguagem alemã viril e espirituosa de Freud, podem ser encontradas nos vols. I-IV de *Collected papers* (1924-25), traduzidos principalmente pela brilhante Joan Riviere. O vol. V, ed. James Strachey, foi lançado em 1950. Não admira que essa edição, contendo praticamente todos os artigos mais curtos e os casos clínicos de Freud, continue a ser a preferida dos psicanalistas americanos mais velhos.

Ocasionais descobertas raras se somam ao corpo dos textos psicanalíticos de Freud. Devemos a mais empolgante descoberta recente, um dos artigos metapsicológicos faltantes (ver texto pp. 261-2 e 379), a Ilse Grubrich-Simitis, que também fez uma bela edição e introdução a Sigmund Freud, *A phylogenetic fantasy*: *overview of the transference neuroses* (1985; trad. inglesa de Axel e Peter T. Hoffer, 1987). Há muito tempo em preparação encontra-se uma edição, de grande necessidade, dos textos pré-psicanalíticos de Freud, de muita importância para o biógrafo.

Grande parte da enorme correspondência de Freud foi publicada. Uma seleção cronológica excelente encontra-se em *Briefe 1873-1939*, ed. Ernst e Lucie Freud (1960; 2ª ed. ampliada, 1968; versão em inglês, *Letters of Sigmund Freud, 1873-1939*, trad. Tania e James Stern, 2ª ed., 1975). As outras edições, em sua maioria, apresentam cada uma as cartas de determinado correspondente. Essas edições são de valor extremamente variável e devem ser usadas com cuidado. Entre as mais abalizadas encontra-se Sigmund Freud, C. G. Jung, *Briefwechsel*, impecavelmente editada por William McGuire e Wolfgang Sauerländer [1974; versão em inglês, *The Freud/Jung letters*: *The correspondence between Sigmund Freud and C. G. Jung*. ed. William McGuire e trad. Ralph Manheim (cartas de Freud) e R. F. C. Hull (cartas de Jung), também em 1974]. Uma terceira impressão da edição alemã de Hull traz algumas correções, principalmente nas notas. As transposições de Hull não fazem nenhuma concessão a Jung: ele eleva a linguagem já bastante grosseira de Jung aos píncaros da vulgaridade. Por exemplo, ele verte o "*schmutziger Kerl*" de Jung, que significa essencialmente "sujeito sujo", por "*slimy bastard*" (bastardo imundo) [Jung a Freud, 2 de junho de 1910, p. 359 (325)]. Um outro exemplo: Jung escreveu a Freud, segundo Hull, que o psiquiatra Adolf Albrecht Friedländer, um veemente crítico da psicanálise, estivera "*puking again*" [17 de abril de 1910, p. 339 (307)]; o que Jung escreveu efetivamente, "*Friedländer hat sich wieder übergeben*" se traduz com precisão muito maior como "*Friedländer has thrown up again*".* As importantíssimas cartas de Freud a seu "Outro", Wilhelm Fliess — coletânea para a qual o adjetivo "indispensável" é, neste caso, absolutamente justo —, levantam dificuldades menores. A edição americana, *The complete letters of Sigmund Freud to Wilhelm Fliess, 1887-1904*. ed. e trad. Jeffrey Moussaieff Masson (1985), é extremamente valiosa, apesar de pequenas esquisitices interpretativas. Mas a edição das cartas alemãs originais, *Briefe an Wilhelm Fliess 1887-1904*, que saiu mais tarde (1986),

* Para o português, é difícil transpor essa observação, "*übergeben*" em alemão tem vários sentidos. Como verbo reflexivo, pode significar "render-se", "entregar-se", "lançar-se", "vomitar" (aqui intransitivo). Hull optou pelo "*to puke*", que em inglês tem o sentido exclusivo de "vomitar" e "fazer vomitar". Gay argumentou que "*to throw up*" verte melhor "*übergeben*", que, como verbo preposicional, abarca uma diversidade de sentidos similares aos alemães ("abandonar", "renunciar" e, principalmente para este caso, "lançar algo a alguém", além de "vomitar"). Em português, talvez o que melhor vertesse essa pluralidade de acepções fosse "lançar", tanto no sentido de "se lançar contra alguém" (com críticas), como no não muito corrente de "deitar pela boca", "pôr para fora" — em suma, "vomitar". Agradeço a José Pedro Antunes pela sugestão do termo em português. (N. T.)

também ed. Masson, com colaboração de Michael Schröter e Gerhard Fichtner, é superior nas anotações e também traz uma longa e fascinante introdução de Ernst Kris à seleção que foi publicada pela primeira vez em 1950. Para um conjunto interessante, mas limitado, de cartas, ver Martin Grotjahn, ed., *Sigmund Freud as a consultant*: *recollections of a pionner in psychoanalysis* (1970), que contém cartas de Freud ao analista italiano Edoardo Weiss, com comentários deste último. A edição alemã é *Sigmund Freud-Edoardo Weiss. Briefe zur psychoanalytischen Praxis. Mitden Erinnerungen eines Pioniers der Psychoanalyse* (1973). H. D. (Hilda Doolittle), *Tribute to Freud* (1956) traz em apêndice várias cartas de Freud a ela; a coleção completa encontra-se na Beinecke Library em Yale. As cartas escolares de Freud a seu amigo Emil Fluss (ainda não traduzidas para o inglês) foram cuidadosamente editadas por Ilse Grubrich-Simitis, em sua bela edição do "autorretrato" de Freud: Sigmund Freud, "*Selbstdarstellung*". *Schiriften zur Geschichte der Psychoanalyse* (1971; ed. rev., 1973), pp. 103-23. (Esta edição contém a versão completa da autobiografia de Freud; a versão em *GW*, que geralmente cito como "Selbstdarstellung", omite algumas frases, que cito a partir de *Selbstdarstellung*. O volume também inclui vários documentos, além das cartas de Freud a Emil Fluss.) Para as cartas de Freud a seu amigo ainda mais íntimo Eduard Silberstein, cuja edição anotada encontra-se há muito tempo em preparação, utilizei os originais da Library of Congress. Quando este livro foi impresso, elas ainda não haviam sido publicadas. Também consultei proveitosamente as cuidadosas transcrições de William J. McGrath para seu livro sobre os anos de juventude de Freud, *Freud's discovery of psychoanalysis*: *the politics of hysteria* (1986). (Para uma avaliação desse livro, ver o ensaio para o capítulo 1, adiante.) Ver também Heinz Stanescu, "Unbekannte Briefe des jungen Sigmund Freud an einen rumänischen Freund", *Zeitschrift des Schriftstellerverbandes des RVR*, XVI (1965), pp. 12-29.

As edições das outras trocas epistolares de Freud, justamente porque as cartas podem ter um caráter tão extraordinariamente revelador, oferecem um quadro bem mais desalentador. Uma seleção da importante correspondência de Freud com seu discípulo predileto e mais confiável em Berlim encontra-se em Sigmund Freud, Karl Abraham, *Briefe 1907-1926*, ed. Hilda Abraham e Ernst L. Freud (1965; versão em inglês, *A psycho-analytic dialogue*: *the letters of Sigmund Freud and Karl Abraham, 1907-1926*, trad. Bernard Marsh e Hilda Abraham, 1965). Essa edição arrola intrigantemente o número total de cartas trocadas entre ambos e o número das cartas publicadas, mas não indica *quais* cartas foram excluídas; os editores também cortam parágrafos, frases, às vezes palavras isoladas, no texto publicado, sem indicar as omissões com reticências. Na verdade, assinalam com um asterisco as cartas com cortes — o que não é de muita ajuda. Ernest Pfeiffer, editor de Sigmund Freud, Lou Andreas-Salomé, *Briefwechsel* (1966; versão em inglês, Sigmund Freud, Lou Andreas-Salomé, *Letters*, trad. William e Elaine Robson-Scott, 1972), pelo menos emprega reticências para indicar as omissões, mas exclui totalmente algumas das cartas mais importantes (notadamente as referentes a Anna Freud, na Freud Collection, LC). Ernst L. Freud e Heinrich Meng, editores de Sigmund Freud, Oskar Pfister, *Briefe 1909-1939* (1963; versão em inglês, *Psychoanalysis and faith*: *the letters of Sigmund Freud and Oskar Pfister*, trad. Eric Mosbacher, 1963), empregam reticências para marcar as passagens onde utilizaram suas tesouras editoriais, mas deixam de lado muitas cartas importantes (certamente as mais íntimas) entre ambos. As omissões também comprometem o valor de Sigmund Freud, Arnold Zweig, *Briefwechsel*, ed. Ernst L. Freud (1968; ed. brochura, 1984; versão em inglês, *The letters of Sigmund Freud and Arnold Zweig*, trad. William e Elaine Robson-Scott, 1970), que faz alguns cortes drásticos sem especificá-los. Ludwig Binswanger publicou uma seleção das cartas que trocou com Freud, acrescidas de comentários, em *Erinnerungen an Sigmund Freud* (1956). Ver também F. B. Davis, "Three letters from Sigmund Freud to André Breton", *J. Amer. Psychoanal. Assn.*, XXI (1973), pp. 127-34. Outras correspondências altamente instrutivas (notadamente Freud-Jones e Freud-Ferenczi, atualmente só disponíveis nos arquivos) estão sendo preparadas para publicação. A correspondência Freud-Eitingon também mereceria ser publicada. O mesmo quanto às trocas entre Freud e Anna Freud, para nem mencionar a correspondência entre ele e sua noiva Martha Bernays, da qual Ernst Freud publicou apenas uma fascinante seleção de 93 cartas. Muitas centenas mais encontram-se sob sete chaves na Library of Congress, e uma série de cartas inéditas (que pude consultar) com Sigmund Freud Copyrights. Ernest Jones publicou vários e longos excertos das cartas de Freud em sua biografia em três volumes, mas, como observei no texto, ele foi induzido por Anna Freud a corrigir "os erros mais incômodos" das cartas de seu pai em inglês, sob a alegação de que ele era muito sensível a seu domínio não inteiramente pleno da língua. (Anna Freud a Ernest Jones, 8 de abril de 1954. Jones papers, Archives of the British Psycho-Analytical Society, Londres.) Citei o inglês de Freud exatamente como ele o escreveu, recuperando seus pequenos erros e neologismos criativos e deliciosos.

Evidentemente, as declarações autobiográficas de Freud, explícitas e veladas, são de importância inestimável, tanto pelo que revelam como pelo que deixam de revelar. O "Estudo autobiográfico", publicado em 1925, é sem dúvida o mais importante dentre esses documentos. As reminiscências de Freud em *A interpretação dos sonhos* (1900), praticamente todas trazidas à tona enquanto ele analisava seus sonhos, são naturalmente inestimáveis e têm sido amplamente citadas. Elas devem ser lidas, se possível, junto com tudo o mais que sabemos a seu respeito. O mesmo vale para as revelações que ele distribuiu em artigos como "Lembranças encobridoras" (1899) e *A psicopatologia da vida cotidiana* (1901).

Vou abordar os diversos estudos biográficos referentes a partes específicas da vida de Freud nas seções relativas aos respectivos capítulos. A biografia clássica de Freud continua a ser, apesar de todas as suas falhas visíveis e muito criticadas, a de Ernest Jones, *The life and work of Sigmund Freud*, 3 vols. (1953-7; ed. abreviada em 1 vol. por Lionel Trilling e Steven Marcus, 1961). Jones conheceu Freud intimamente e ao longo de muitos anos de luta (com outros e, em menor grau, com o próprio Freud). Como psicanalista pioneiro e de forma alguma um seguidor servil de Freud, Jones estava extremamente bem informado sobre todas as questões técnicas. E pôde comentar com confiança a vida familiar de Freud, da mesma forma que os embates dentro da instituição analítica. Embora de estilo um tanto desajeitado e (mais importante) infelizmente resolvido a separar homem e obra, a biografia de Jones contém muitos juízos perspicazes. A acusação mais séria contra ele tem sido a de malevolência contra outros seguidores de Freud, um ciúme supostamente insuperável que o levou a ser ferino com rivais como Ferenczi. Essa crítica tem uma certa base, mas menos do que geralmente se pensa. Na verdade, o veredicto final de Jones sobre Ferenczi, que dá a entender que, nos últimos anos de vida, Ferenczi estava sujeito a episódios psicóticos, contra o qual levantaram-se fortes objeções, reproduz em larga medida o que Freud formulou numa carta inédita a Jones. Sua biografia de Freud continua indispensável.

Existem muitas outras biografias, em várias línguas. A primeira delas, que Freud não apreciou muito e criticou numa carta ao autor, foi a de Fritz Wittels, *Sigmund Freud: his personality, his teaching, and his school* (1924; trad. inglesa de Éden e Cedar Paul, 1924). A biografia recente mais útil é a de Ronald W. Clark, *Freud: the man and the cause* (1980), baseada em muitas pesquisas laboriosas, sensata em seus juízos e particularmente completa sobre a vida privada de Freud, mas muito insuficiente e dependente de terceiros na abordagem da obra de Freud. Uma biografia ilustrada, bem anotada e empregando como legendas citações de Freud , é a de Ernst Freud, Lucie Freud e Ilse Grubrich-Simitis, eds., *Sigmund Freud: his life in pictures and words* (1976; trad. inglesa de Christine Trollope, 1978); ela inclui um perfil biográfico confiável de K. R. Eissler. Max Schur, *Freud, living and dying* (1972), de autoria do médico particular de Freud em seus dez últimos anos de vida, que mais tarde se tornou psicanalista, é inestimável pelas suas revelações íntimas e julgamentos judiciosos e bem informados. Vou citá-la repetidas vezes. Entre outras biografias mais curtas, O. Mannoni, *Freud* (1968; trad. do francês por Renaud Bruce, 1971) é talvez a mais informativa. J. N. Isbister, *Freud: an introduction to his life and work* (1985) é típica da escola de difamação, baseando-se acriticamente nas especulações e reconstruções biográficas de Peter J. Swales. A resenha de Steven Marcus sobre este livro, "The interpretation of Freud", *Partisan Review* (inverno de 1987), pp. 151-7, é devastadora, e com razão. Ludwig Marcuse, *Sigmund Freud. Sein Bild vom Menschen* (s.d.) é uma mistura informal de ensaio e biografia. Gunnar Brandell, *Freud: a man of his century* (1961; ed.

rev., 1976; trad. do sueco por Iain White, 1979) tenta arrolar Freud entre naturalistas como Zola e Schnitzler; ver também Louis Breger, *Freud's unfinished journey: conventional and critical perspectives in psychoanalytic theory* (1981), que lê Freud situado na junção entre as culturas oitocentista e novecentista. Helen Walker Puner, *Freud: his life and his mind* (1947), uma das primeiras biografias, é bastante hostil, não sendo muito séria nem confiável; teve uma influência suficiente para fazer com que Jones a reprovasse explicitamente nos dois primeiros volumes de *sua* biografia.

Há ainda Paul Roazen. Seu *Freud and his followers* (1975) dá uma atenção particular ao círculo de Freud, e inclui muito material utilizável. Sendo uma mistura alucinante de árdua pesquisa, longas entrevistas, juízos impulsivos e tom incerto, ela deve ser usada com cautela. Ao resenhar o livro para o *Times Literary Supplement* (26 de março de 1986, 341), Richard Wollheim sagazmente caracterizou a ele e a toda uma escola: "O professor Roazen tem muitas críticas a fazer a Freud. Freud, diz-nos ele em diversas ocasiões, era frio, esnobe, excessivamente interessado em dinheiro, indiferente à família: nunca encheu as mamadeiras de seus filhos e nunca trocou suas fraldas; ele respeitava as pessoas, mas não a verdade, era excessivamente autocontrolado, ressentido, estreito, autoritário. Mas, ao lado de todas essas diversas críticas, e são poucas as que não afloram em uma ou outra página, há um elogio reiterado: Freud foi um grande homem, não devemos esquecer de louvá-lo por sua coragem e seu talento. Freud tem no professor Roazen um amigo tal como Brutus jamais encontrou em Marco Antônio". Exatamente. Num agudo contraste, o melhor estudo sobre o pensamento de Freud, na minha opinião, é o denso, preciso e iluminador *Freud*, do próprio Wollheim (1971). Devo admitir também que Roazen tem razão em se queixar da maneira defensiva com que a família e veneradores de Freud retiveram parte do material mais intrigante ou procuraram "corrigir" sua imagem para a posteridade; ver seu "The legend of Freud", *Virginia Quarterly Review*, XLVII (inverno de 1971), pp. 33-45.

Naturalmente, muitos desses textos avaliam explícita ou implicitamente o caráter de Freud; isso também ocorre em outras obras que mencionarei nos lugares apropriados. É de se ressaltar *Jones*, com "The man", parte 3 do vol. II, uma tentativa corajosa de uma avaliação coerente, que é valiosa mas (como tento mostrar no texto) superestima a "maturidade" serena de Freud e interpreta erroneamente as relações de Freud com sua mãe, que, creio eu, foram muito menos sólidas do que acreditava Jones. Jones, *Sigmund Freud: four centenary essays* (1956) é, naturalmente, muito admirativo, mas não desprovido de ideias. Philip Rieff, *Freud: the mind of the moralist* (1959; ed. rev., 1961) é um longo e refinado ensaio, digno de ser lido. Entre inúmeras outras avaliações, destaco John E. Gedo, "On the origins of the Theban plague: assessments of Freud's character", em *Freud, appraisals and reappraisals: contributions to Freud studies*, ed. Paul E. Stepansky, I (1976), pp. 241-59. Hanns Sachs, *Freud: master and friend* (1945) é pequeno de tamanho, mas detalhado nas informações; admirador, mas não bajulador, ele impressiona bem. *Freud and the twentieth century*, ed. Benjamin Nelson (1957), contém uma série de avaliações e apreciações breves, às vezes iluminadoras, de Alfred Kazin, Gregory Zilboorg, Abram Kardiner, Gardner Murphy, Erik H. Erikson e outros. Lionel Trilling, *Freud and the crisis of our culture* (1955), sua Conferência Freud para o ano de 1955, revista e ampliada, é uma defesa meditativa refinada e brilhante. Ilse Grubrich-Simitis, que fez uma edição inestimável dos textos de Freud, tem uma "Einleitung" particularmente sensível em sua edição de "Selbstdarstellung" de Freud (citada acima), pp. 7-33. Richard Sterba, que conheceu o velho Freud em Viena, tem algumas palavras comoventes de apreciação, em "On Sigmund Freud's personality", *American Imago*, XVIII (1961), pp. 289-304.

O debate sobre o estatuto científico das ideias de Freud tem sido tão prolongado (e às vezes venenoso) que, aqui, só posso mencionar alguns títulos. O mais minucioso, mais cuidadoso e, a meu ver, o mais satisfatório é Paul Kline, *Fact and fantasy in Freudian theory* (1972; 2ª ed., 1981). Ver também Seymour Fisher e Roger P. Greenberg, *The scientific credibility of Freud's theories and therapy* (1977), um levantamento amplo e bem informado, um pouco menos positivo do que Kline; deve ser complementado com a antologia dos mesmos autores, *The scientific evaluation of Freud's theories and therapy (1978)*, que equanimente inclui um leque de posições. Helen D. Sargent, Leonard Horwitz, Robert S. Wallerstein e Ann Appelbaum, *Prediction in psychotherapy research: a method for the transformation of clinical judgements into testable hypotheses*, Psychological Issues, monografia 21 (1968), é técnico e favorável. *Empirical studies of psychoanalytic theories*, ed. Joseph Maling, 2 vols. (1983-5), traz muito material fascinante sobre o trabalho realizado por experimentalistas psicanalíticos como Hartvig Dahl. O mais extraordinário entre os céticos, que converteu a credibilidade (ou falta de credibilidade) da ciência freudiana numa preocupação obsessiva durante uma década, é o filósofo Adolf Grünbaum; ele sumariou suas pesquisas em *The foundations of psychoanalysis: a philosophical critique* (1984). É levado a sério, mas competentemente questionado, em Marshall Edelson, "Is testing psychoanalytic hypotheses in the psychoanalytic situation really impossible?", *The Psychoanalytic Study of the Child*, XXXVIII (1983), pp. 61-109. Ver também Edelson, "Psychoanalysis as science, its boundary problems, special status, relations to other sciences, and formalization", *Journal of Nervous and Mental Disease*, CLXV (1977), pp. 1-28; e Edelson, *Hypothesis and evidence in psychoanalysis* (1984). O debate sobre Grünbaum, com um sumário do livro, uma série de comentários e a réplica do autor, é apresentado em "Précis of the foundations of psychoanalysis: a philosophical critique", *Behavioral and Brain Sciences*, IX (junho de 1986), pp. 217-84. Uma análise longa, crítica e penetrante, mas de forma alguma desfavorável, do livro de Grünbaum está em Edwin R. Wallace IV, "The scientific status of psychoanalysis: a review of Grünbaum's the foundations of psychoanalysis", *Jornal of Nervous and Mental Disease*, CLXXIV (julho de 1986), pp. 379-86. Uma vantagem incidental da polêmica de Grünbaum é que refuta o argumento de Karl Popper, por muito tempo considerado (por muitas pessoas) como irrefutável, de que a psicanálise é uma pseudociência, visto que suas proposições não podem ser infirmadas. Para esse argumento, ver esp. Popper, "Philosophy of science: a personal report", em *British philosophy in the mid-century: a Cambridge symposium*, ed. C. A. Mace (1957), pp. 155-91; esse ensaio também está incluído em Popper, *Conjectures and refutations: the growth of scientific knowledge* (1963; 2ª ed., 1965), pp. 33-65. Outras avaliações instrutivas das pretensões psicanalíticas de validade científica incluem uma série de conferências de Ernest R. Hilgard, Lawrence S. Kubie e E. Pumpian-Mindlin, *Psychoanalysis as science*, ed. E. Pumpian-Mindlin (1952); estas são bastante favoráveis. B. A. Farrell, *The standing of psychoanalytic theory* (1981), é muito mais crítico, tal como Barbara von Eckardt, "The scientific status of psychoanalysis", em *Introducing psychoanalytic theory*, ed. Sander L. Gilman (1982), pp. 139-80. Para alguns artigos esclarecedores sobre Freud, da autoria de filósofos, ver a antologia *Freud: a collection of critical essays*, ed. Richard Wollheim (1974; 2ª ed. amp., *Philosophical essays on Freud*, ed. Wollheim e J. Hopkins, 1983). Paul Ricoeur, *Freud and philosophy: an essay on interpretation* (trad. Denis Savage, 1970), é um estudo altamente disciplinado do principal defensor da psicanálise como hermenêutica. Como leitura desafiadora (como dizem) do pensamento de Freud, ela merece cuidadosa atenção, mas o Freud de Ricoeur não é o meu Freud. Para comentários sobre Freud como filho do Iluminismo, ver Peter Gay, *A godless Jew: Freud, atheism, and the making of psychoanalysis* (1987), esp. cap. 2; e Ilse Grubrich-Simitis, "Reflections on Sigmund Freud's relationship to the German language and to some German-speaking authors of the Enlightnement", *Int. Psycho-Anal.*, LXVII (1986), pp. 287-94 — comentários breves, mas valiosos, sobre artigos de Didier Anzieu e Ernst A. Ticho, apresentados no Congresso Psicanalítico Internacional em Hamburgo, em 1985.

Ainda não existe um levantamento definitivo dos livros da biblioteca de Freud, mas Harry Trosman e Roger Dennis Simmons, "The Freud library", *J. Amer. Psychoanal. Assn.*, XXI (1973), pp. 646-87, oferece um valioso balanço preliminar.

1. UMA ÂNSIA DE CONHECIMENTO

Os antepassados de Freud, a formação de seu pai e sua segunda mulher, bem como seus primeiros anos em Freiberg e Viena, foram exaustivamente investigados em Marianne Krüll, *Freud and his father* (1979; trad. inglesa de Arnold J. Pomerans, 1986), livro baseado em muitas pesquisas pacientes, às vezes um tanto especulativas; Krüll se baseia, como devem fazer todos os estudiosos desses anos da vida de Freud, nas pesquisas pioneiras de Josef Sajner: "Sigmund Freuds Beziehungen zu seinem Geburtsort Freiberg (Príbor) und zu Mähren", *Clio Medica*, III (1968), pp. 167-80, e "Drei dokumentarische Beiträge zur Sigmund-Freud-Biographik aus Böhmen und Mähren", *Jahrbuch der Psychoanalyse*, XIII (1981), pp. 143-52. Wilma Iggers apresenta dados históricos sobre a Boêmia em sua antologia *Die Juden in Böhmen und Mähren: Ein historisches Lesebuch* (1986). Didier Anzieu, *Freud's self-analysis* (2ª ed., 1975; trad. inglesa de Peter Graham, 1986) é um estudo importante e imensamente detalhado (ainda que, em pontos secundários, discutível) sobre a primeira parte da vida de Freud, tal como se reflete nos sonhos que decidiu contar e analisar em *A interpretação dos sonhos*. Uma outra visão muito clara dos primeiros anos da vida privada de Freud encontra-se em Alexander Grinstein, *On Sigmund Freud's dreams* (1968; 2ª ed., 1980). As reminiscências da irmã de Freud, Anna Freud Bernays, *Erlebtes* (edição particular, 1930) e "My brother, Sigmund Freud", *American Mercury*, LI (1940), pp. 335-42, têm sido muito citadas, visto que narram episódios vivos da infância de Freud (tal como as objeções dele às aulas de piano das irmãs), ao mesmo tempo pitorescos e impossíveis de serem obtidos (e, portanto, confirmados) por outras fontes. Infelizmente, os textos dela devem ser usados com muito cuidado, visto que uma série de fatos que *podem* ser verificados por vias independentes, tal como a idade de seu pai na época de seu casamento, revelaram-se errôneos. Judith Bernays Heller, "Freud's mother and father", *Commentary*, XXI (1956), pp. 418-21, é breve, mas evocativa. E ver Franz Kobler, "Die Mutter Sigmund Freuds", *Bulletin des Leo Baeck Institute*, V (1962), pp. 149-71, que é tão informativo quanto permitem as provas insuficientes. Sobre seus primeiros anos, há também Siegfried e Suzanne Cassirer Bernfeld, "Freud's early childhood", *Bulletin of the Menninger Clinic*, VIII (1944), pp. 107-15. Marie Balmary, *Psychoanalyzing psychoanalysis*: *Freud and the hidden fault of the father* (1979; trad. inglesa de Ned Lukacher, 1982) é suficientemente imaginativa para ter um certo interesse mesmo para aqueles que, como eu, não veem nenhuma base racional para sua especulação de que a mãe de Freud estivesse grávida antes de se casar com o pai de Freud (alegação que só vale se — um *se* altamente improvável — Freud nasceu em 6 de março, e não em 6 de maio de 1856, que é a data convencional e, julgo eu, correta); Balmary também afirma que a segunda mulher de Jacob Freud, Rebecca, sobre a qual atualmente nada sabemos, cometeu suicídio saltando de um trem. Com Freud, a ficção parece substituir facilmente os fatos. Kenneth A. Grigg, "'All roads lead to Rome'; The role of the nursemaid in Freud's dreams", *J. Amer. Psychoanal. Assn.*, XXI (1973), pp. 108-26, reúne informações relativas à ama católica amada pelo pequeno Freud em seus primeiros passos. P. C. Vitz, em "Sigmund Freud's attraction to christianity: biographical evidence", *Psychoanalysis and Contemporary Thought*, VI (1983), pp. 73-183, reuniu grande quantidade de temas católicos presentes nos primeiros anos de vida de Freud, mas não conseguiu, a meu ver, demonstrar sua atração pelo cristianismo.

Josef Freud, tio de Freud, envolvido em tráfico de dinheiro falso, mencionado por Freud no sonho "R. era meu tio", em *A interpretação dos sonhos*, é discutido com competência, ainda que brevemente, com uma valiosa documentação de arquivo, em Krüll, *Freud and his father*, pp. 164-6. Krüll critica justificadamente o folheto malicioso e irado de Renée Gicklhorn, *Sigmund Freud und der Onkeltraum. Dichtung und Wahrheit* (1976), por suas especulações infundadas. Seriam oportunas provas mais conclusivas referentes ao envolvimento de Jacob Freud (assim como, possivelmente, de seus filhos Emanuel e Philipp, em 1865 estabelecidos em Manchester). Ver também a interessante investigação de Leonard Shengold, "Freud and Joseph", em *The unconscious today: essays in honor of Max Schur*, ed. Mark Kanzer (1971), pp. 473-94, que parte do tio Josef de Freud para comentar incisivamente os encontros de Freud com outros Josés, e a formação do caráter de Freud, de modo geral.

Sobre o desenvolvimento intelectual e emocional de Freud durante seus anos de escola, de universidade e prática médica, até a descoberta da psicanálise nos anos 1890, ver, evidentemente,

A interpretação dos sonhos, passim, e as páginas iniciais de seu "Autobiographical study". Anzieu, *Freud's self-analysis* é particularmente informativo. Existem dados muito bons (com várias ilustrações pouco comuns) em Ernst Freud et al., eds., *Sigmund Freud his life in pictures and words*; e ver *Jones* I, que se baseia amplamente nas pesquisas pioneiras de Siegfried Bernfeld. Além do artigo citado logo acima, elas incluem "Freud's earliest theories and the school of Helmholtz", *Psychoanalytic Quarterly*, XIII (1944), pp. 341-62, artigo de grande repercussão; "An unknown autobiographical fragment by Freud", *American Imago*, IV (1946-7), pp. 3-19; "Freud's scientific beginnings", *American Imago*, VI (1949), pp. 163-96; "Sigmund Freud, M. D., 1882-1885", *Int. J. Psycho-Anal.*, XXXII (1951), pp. 204-17; e, com Suzanne Cassirer Bernfeld, "Freud's first year in practice, 1886-1887", *Bulletin of the Menninger Clinic*, XVI (1952), pp. 37-49. A história de A. Pokorny sobre a escola de Freud, quase impossível de se encontrar (eu a descobri nos Siegfried Bernfeld papers, caixa 17, LC), *Das erste Dezennium des Leopoldstädters Communal- Real- und Obergymnasiums (1864-1874). Ein historisch-statistischer Rückblick* (s.d., evidentemente 1874) mostra (p. 44) que, embora em 1865 houvesse 32 judeus naquele liceu, em 1874 havia 335; o número de católicos apostólicos romanos aumentou apenas de 42 para 110, e o de protestantes de um para três. Dennis B. Klein, *Jewish origins of the psychoanalytic movement* (1981) traz páginas instrutivas sobre a formação escolar de Freud (e primeiras amizades judaicas). McGrath, *Freud's discovery of psychoanalysis* é um estudo erudito admirável (particularmente valioso sobre os anos de Freud na universidade e seus estudos com Brentano), um tanto prejudicado pela tese insustentável de que Freud desenvolveu a psicanálise como uma "contrapolítica", desafiadoramente escolhida, como sugere intensamente McGrath, porque na Viena antissemita a carreira política desejada por Freud estava-lhe vedada. (Essa tese foi lançada pela primeira vez por Carl Schorske, mentor de McGrath, num artigo influente, mas a meu ver excêntrico, "Politics and patricide in Freud's interpretation of dreams", *American Historical Review*, LXXVIII (1973), pp. 328-47, reeditado em seu *Fin-de-Siècle Vienna: Politics and culture* (1980), pp. 181-207. Afora essa ideia, pode-se aprender muito com o livro de McGrath. Para o pano de fundo das traduções de Mill por Freud, ver Adelaide Weinberg, *Theodor Gomperz and John Stuart Mill* (1963). Há muito interesse também em Théo Pfrimmer, *Freud lecteur de la Bible* (1982), com uma longa seção sobre o jovem Freud em casa, e considerações sobre o papel da religião na formação de sua mente.

Na ampla coleção de estudos biográficos em *Freud: the fusion of science and humanism: the intellectual history of psychoanalysis*, ed. John E. Gedo e George H. Pollock (1976), especialmente pertinentes a este capítulo são: Gedo e Ernest S. Wolf, "From the history of introspective psychology: the humanist strain", pp. 11-45; Harry Trosman, "Freud's cultural background", pp. 46-70; Gedo e Wolf, "The 'Ich.' letters", pp. 71-86; Gedo e Wolf, "Freud's *Novelas ejemplares*", pp. 87-111; Julian A. Miller, Melvin Sabshin, Gedo, Pollock, Leo Sadow e Natham Schlessinger, "Some aspects of Charcot's influence on Freud", pp. 115-32. S. B. Vranich, "Sigmund Freud and 'The case history of Berganza': Freud's psychoanalytic beginnings", *Psychoanalytic Review*, LXIII (1976), pp. 73-82, faz uma defesa interessante (mas um tanto extravagante) do papel de Freud como "psicanalista" em sua identificação na adolescência, como Cipio, um dos cães do *Coloquio de los perros* de Cervantes. Sobre o "namorico" de juventude de Freud com Gisela Fluss, ver o ponderado artigo de K. R. Eissler, "Creativity and adolescence: the effect of trauma on Freud's adolescence", *The Psychoanalytic Study of the Child*, XXXIII (1978), pp. 461-517. Heinz Stanescu publicou um poema juvenil de Freud em "Ein 'Gelegenheitsgedicht' des jungen Sigmund Freud", *Deutsch für Ausländer: Informationen für den Lehrer* (1967), pp. 13-6.

A Viena de Freud foi dissecada em Ilsa Barea, *Vienna* (1966), um ensaio histórico equilibrado sem ilusões sobre a cidade falsamente conhecida como a sede mundial da alegria, das valsas e do Belo Danúbio Azul. A autobiografia póstuma de Arthur Schnitzler, *My youth in Vienna* (1968; trad. Catherine Hutter, 1970), está repleta de observações incisivas, merecedoras de citação. Robert A. Kann, *A history of the Habsburg empire*, 1526-1918 (1974; ed. rev., 1977), situa a cidade no contexto histórico austríaco mais amplo. A. J. P. Taylor, *The Habsburg monarchy, 1809-1918: a history of the Austrian empire and Austria-Hungary* (1941; 2ª ed., 1948) é Taylor em sua melhor forma: divertido, animado, cheio de opiniões. David F. Good, *The economic rise of the Habsburg empire, 1750-1914* (1984) é uma monografia cheia de sensatez. William M. Johnston, com o exaustivo *The Austrian mind: an intelectual and social history, 1848-1938* (1972), faz um levantamento ponderado dos líderes culturais (economistas, advogados e pensadores políticos, bem como músicos e artistas); o livro de pinturas profusamente ilustrado de Johnston, *Vienna, Vienna: the golden age, 1815-1914* (1981; precedido pela versão em italiano, 1980), apresenta de maneira atraente muita coisa já conhecida, mas também muito material pouco conhecido. Ver também o fascinante catálogo de uma exposição no Schiller-National museum, *Marbach: Jugend in Wien: Literatur um 1900*, ed. Ludwig Greve e Werner Volke (1974). Na extensa bibliografia sobre política, Richard Charmatz, *Adolf Fischhof. Das Lebensbild eines österreichischen Politikers* (1910), ainda que antigo, é particularmente informativo. Há muito a se aprender com o belo romance de Joseph Roth sobre o declínio do império, *Radetzrymarsch* (1932). Allan Janik e Stephen Toulmin, *Wittgenstein's Vienna* (1973), um compêndio refinado da vida intelectual vienense, é, a meu ver, excessivamente predisposto a estabelecer conexões entre grupos díspares. Em contraste, para o distanciamento de Freud em relação à maior parte dessa Viena, ver o belo artigo de George Rosen, "Freud and medicine in Vienna", *Psychological Medicine*, II (1972), pp. 332-44, convenientemente acessível em *Freud: the man, his world, his influence*, ed. Jonathan Miller (1972), pp. 21-39. A maioria dos outros breves ensaios no volume bem ilustrado de Miller é bastante insuficiente. Ver também Rupert Feuchtmüller e Christian Brandstätter, *Markstein der Moderne: Österreichs Beitrag zur Kultur--und Geistesgeschichte des 20. Jahrhunderts* (1980) e os primeiros capítulos de David. S. Luft, *Robert Musil and the crisis of European culture, 1880-1942* (1980).

Schorske, *Fin-de-Siècle Vienna* é uma coletânea de ensaios refinados; o melhor deles, muito mais defensável do que o referente a Freud, é "The Ringstrasse, its critics, and the birth of modern urbanism" (pp. 25-115). Ver também, nesse aspecto, o primeiro livro de William McGrath, *Dionysian art and populist politics in Austria* (1974). John W. Boyer, *Political radicalism in late imperial Vienna: origins of the christian social movement, 1848-1897* (1981), apresenta esplendidamente, com uma meticulosidade erudita, a situação política em que Freud viveu até completar quarenta anos. Kirk Varnedoe, *Vienna 1900: art, architecture and design* (1986) é um catálogo de exposições magnificamente ilustrado que, no texto, se recusa com razão a idealizar os pintores e desenhistas da época, ou a estabelecer entre eles e Freud laços que não existiram.

Existem muitos estudos modernos confiáveis sobre os judeus em Vienna. Ver sobretudo a monografia concisa e abalizada de Marsha L. Rosenblit, *The Jews of Vienna, 1867-1914: assimilation and identity* (1983), e John W. Boyer, "Karl Lueger and the Viennese Jews", *Leo Baeck Yearbook*, XXVI (1981), pp. 125-41. Aprendi com Steven Beller, "Fin de siècle Vienna and the Jews: the dialectic of assimilation", *Jewish Quarterly*, XXXIII (1986), pp. 28-33, e também sou devedor do manuscrito inédito de Beller, "Religion, culture and society in fin de siècle Vienna: the case of the Gymnasien", que ele me permitiu ler no verão de 1986. Ver também Wolfdieter Bihl, "Die Juden", em *Die Habsburger Monarchie, 1848-1918*, ed. Adam Wandruszka e Peter Urbanitsch, vol. III, *Die Völker des Reiches* (1980), parte 2, pp. 890-96. Sobre o liberalismo judaico, inclusive o de Freud, ver Walter B. Simon, "The Jewish vote in Austria", *Leo Baeck Yearbook*, XVI (1971), pp. 97-121. Uma comovente coletânea de ensaios, em alemão e inglês, sobre os judeus vienenses — reminiscências, memórias, artigos sobre a participação judaica na vida profissional da cidade, a história da comunidade e seu extermínio — encontra-se em *The Jews of Austria: essays on their life, history and destruction*, ed. Josef Fraenkel (1967); inevitavelmente desigual, essa coletânea, em seus melhores pontos, ilumina mais de um século da vida judaica. Inclui um esclarecedor ensaio de Martin Freud sobre seu pai, com alguns comentários sobre sua mãe: "Who was Freud?", pp. 197-211. Embora o livro afetuoso, bem-humorado e eminentemente útil de Martin Freud, *Sigmund Freud: man and father* (1958), seja particularmente pertinente ao capítulo 4, ele também oferece bom material sobre a juventude de Freud. Ver também, para informações diversas, Johannes Barta, *Jüdische*

Familienerziehung. Das jüdische Erziehungswesen im 19. und 20. Jahrhundert (1975); as recordações de Friedrich Eckstein, *"Alte unnennbare Tage!" Erinnerungen aus siebzig Lehr- und Wanderjahren* (1936); e as de Sigmund Mayer, *Ein jüdischer Kaufmann 1891 bis 1911 Lebenserinnerungen* (1911). Mayer, *Die Wiener Juden. Kommerz, Kultur, Politik* (1917; 2ª ed., 1918) é um livro pessoal, melancólico, mas revelador sobre o final do século XIX. Peter G. J. Pulzer, *The rise of political anti-semitism in Germany and Austria* (1964) é um levantamento pertinente.

Sobre as dívidas de Freud ao pensamento e aos pensadores de sua época, ver os artigos de Lucille B. Ritvo, esp. "Darwin as the source of Freud's Neo-lamarckianism", *J. Amer. Psychoanal. Assn.*, XIII (1965), pp. 499-517; "Carl Claus as Freud's professor of the new Darwinian biology", *Int. J. Psycho-Anal.*, LIII, e, com Max Schur, "The concept of development and evolution in psychoanalysis", em *Development and evolution of behavior*, ed. L. R. Aronson et al. (1970), pp. 600-19. O conhecido de Freud, Friedrich Eckstein, relata a mudança de Freud do direito para a medicina em seu *"Alte unnennbare Tage!"*. Sobre a influência de Brentano sobre Freud, ver — além de McGrath, *Freud's discovery of psychoanalysis* —, Philip Merlan, "Brentano and Freud", *Journal of the History of Ideas*, VI (1945), pp. 375-7, e o artigo mais extenso de Raymond E. Fancher, "Brentano's psychology from an empirical standpoint and Freud's early metapsychology", *Journal of the History of the Behavioral Sciences*, XIII (1977), pp. 207-27. O estudo consagrado em língua inglesa sobre Feuerbach é o de Marx W. Wartofsky, *Feuerbach* (1977); sobre a leitura de Freud dos textos deste pensador, ver Simon Rawidowicz, *Ludwig Feuerbachs Philosophie. Ursprung und Schicksal* (1931), pp. 348-50. Peter Amacher, *Freud's neurological education and its influence on psychoanalytic theory*, Psychological Issues, monografia 16 (1965), é minucioso, mas poderia ser mais longo. Larry Stewart, "Freud before Oedipus", *Jornal of the History of Biology*, XIX (1976), pp. 215-28, é muito superficial. Mais conteúdo tem Rudolf Brun, "Sigmund Freuds Leistungen auf dem Gebiet der organischen Neurologie", *Schweizer Archiv für Neurologie und Psychiatrie*, XXXVII (1936), pp. 200-7.

Sobre os professores de Freud na escola de medicina, ver (além do artigo inicial de Rosen, "Freud and medicine in Vienna") o monumental livro de Erna Lesky, *The Vienna medical school of the 19th century* (1965; trad. inglesa de L. Williams e I. S. Levij, 1976), ao qual devem todos os estudiosos da medicina vienense; Dora Stockert Meynert, *Theodor Meynert und seine Zeit: Zur Geistesgeschichte Österreichs in der zweiten Hälfte des 19. Jahrhunderts* (1930); Ernst Theodor Brücke, *Ernst Bruke* (1928); e Sherwin B. Nuland, *The masterful spirit — Theodor Billroth*, The Classics of Surgery Library (1984), pp. 3-44. Julius Wagner-Jauregg, *Lebenserinnerungen*, ed. e concluído por L. Schönbauer e M. Jantsch (1950), traz alguns relances vívidos de Freud.

A melhor coletânea de dados sobre o controverso episódio da cocaína está em *Cocaine papers by Sigmund Freud*, ed. Robert Byck (1974), com notas de Anna Freud; o livro traz as publicações de Freud sobre o tema com uma introdução meticulosa e confiável. Ver também Siegfried Bernfeld, "Freud's studies on cocaine, 1884-1887", *J. Amer. Psychoanal. Assn.*, I (1953), pp. 581-613. Hortense Koller Becker, "Carl Koller and cocaine", *Psychoanalytic Quarterly*, XXXII (1963), pp. 309-73, especifica cuidadosamente a participação do amigo de Freud na descoberta das propriedades anestésicas da cocaína. Peter J. Swales, "Freud, cocaine, and sexual chemistry: the role of cocaine in Freud's conception of the libido" (edição particular, 1983) traz algumas especulações características. E ver Jürgen vom Scheidt, "Sigmund Freud und das Kokain", *Psyche* XXXVII (1973), pp. 385-430. E. M. Thornton, *Freud and cocaine: the Freudian fallacy* (1983) é um modelo exemplar da literatura difamatória; tenta convencer o leitor de que Freud, "um falso profeta sem fé" (p. 312), criou a psicanálise num estado de confusão psicótica provocada pela cocaína; o autor considera que "a 'mente inconsciente' não existe, que suas teorias eram infundadas e aberrantes, e, a maior impiedade de todas, que o próprio Freud, quando as formulou, estava sob a influência de uma droga tóxica com efeitos específicos sobre o cérebro" (p. 1).

Sobre Charcot, ver o livro um tanto limitado de A. R. G. Owen, *Hysteria, hypnosis and healing: the work of J.-M. Charcot* (1971). Georges Guillain, *J-M. Charcot, 1825-1893: his life-his work*

(1955; trad. inglesa de Pearce Bailey, 1959) tem muito mais conteúdo, mas se concentra nos trabalhos neurológicos iniciais de Charcot, em detrimento de seus estudos posteriores sobre a histeria. Sobre estes, Mark S. Micale [cuja dissertação sobre Charcot e a histeria masculina (Yale, 1987) tem grande autoridade] já publicou "The Salpêtrière in the age of Charcot: an institutional perspective on medical history in the late nineteenth century", *Journal of Contemporary History*, XX (1985), pp. 703-31. Ver também o artigo de Miller et al., "Some aspects of Charcot's influence on Freud".

2. A TEORIA EM FORMAÇÃO

Sobre a amizade decisiva entre Freud e Fliess, *Freud-Fliess*, evidentemente, é uma fonte fundamental. Max Schur, que nos anos 1960 teve acesso a partes então inéditas da correspondência, traz comentários perspicazes em *Freud, living and dying*. O artigo desbravador de Schur, "Some additional 'day residues' of 'The specimen dream of psychoanalysis'", em *Psychoanalysis — a general psychology: essays in honor of Heinz Hartmann*, ed. Rudolph M. Loewenstein, Lottie M. Newman, Max Schur e Albert J. Solnit (1966), pp. 45-85, apesar do título inofensivo, é explosivo: ao elucidar o sonho da injeção de Irma, lança uma luz muito clara sobre a paixão de Freud por Fliess. K. R. Eissler, "To Muriel M. Gardiner on her 70th birthday", *Bulletin of the Philadelphia Association for Psychoanalysis*, XXII (1972), pp. 110-30, é um ensaio cuidadoso e sugestivo, no melhor sentido, sobre Freud e Fliess. Ver também Edith Buxbaum, "Freud's dream interpretation in the light of his letters to Fliess", *Bulletin of the Menninger Clinic*, XV (1951), pp. 197-212. O extenso livro de Frank J. Sulloway, *Freud, biologist of the mind: beyond the psychoanalytic legend* (1979), padece de certo exagero, apresentando-se como um grande documento desmascarador, mas trazendo a informação já bem antiga de que a teoria de Freud tinha uma base biológica; no entanto, os capítulos 5 e 6, analisando a dependência de Freud em relação a Fliess e o que Sulloway chama de "psicofísica do século XIX", têm grande valor. Patrick Mahony, "Friendship and its discontents", *Contemporary Psychoanalysis*, XV (1979), pp. 55-109, examina meticulosamente Freud nos anos 1890, com atenção especial às fontes alemãs. Erik H. Erikson, "The dream specimen of psychoanalysis", *J. Amer. Psychoanal. Assn.*, II (1954), pp. 5-56, examina principalmente o sonho de Irma, mas também comenta a associação Freud-Fliess. Peter J. Swales, "Freud, Fliess, and fratricide: the role of Fliess in Freud's conception of paranoia" (edição particular, 1982), chega ao ponto de insinuar que Freud podia ter tentado assassinar Fliess num de seus últimos "congressos" em 1900. George F. Mahl, "Explosions of discoveries and concepts: the Freud-Fliess letters", cap. 4 de *A first course in Freud*, até agora inédito, examina meticulosa e solidamente essa correspondência. A deterioração da amizade entre Freud e Fliess deixou traços nas dedicatórias que Fliess utilizou em seus livros. Em 1897, quando enviou a Freud sua volumosa monografia *Die Beziehung zwischen Nase und weiblichen Geschlechtsorganen. In ihrer biologischen Bedeutung dargestellt*, ele escreveu: "Seinem teuren Sigmund, innigst, d.V."; cinco anos depois, em 1902, ele enviou seu *Über den ursächlichen Zusammenhang von Nase und Geschlechtsorgan* com a dedicatória bem mais fria "Seinem lieben Sigmund!". *Teuer* é um termo muito afetuoso — "querido" talvez seja uma boa tradução —, e *innigst* significa algo como "do mais fundo do coração", ao passo que *lieb* é uma forma de tratamento corriqueira — "caro", como em "Caro Senhor". (Esses exemplares com dedicatória encontram-se no Freud Museum, Londres.)

Sobre Martha Bernays Freud, ver as biografias de seu marido, esp. *Jones* I, e os fragmentos de cartas inéditas que cito no texto. Um curto artigo da mulher de Martin Freud, Esti D. Freud, "Mrs. Sigmund Freud", *Jewish Spectator*, XLV (1980), pp. 29-31, evoca a "serenidade" (p. 29) pela qual Martha Freud tinha certa fama (mas não totalmente incontroversa). Peter Gay, "Six names in search of an interpretation: a contribution to the debate over Sigmund Freud's jewishness", *Hebrew Union College Annual*, LIII (1982), pp. 295-307, apresenta sugestões sobre a autoridade doméstica de Freud. Entre os estudos sobre Stefan Zweig (sobre quem Martha Freud fez comentários tão cáusticos), D. A. Prater, *European of yesterday*: *a biograpby of Stefan Zweig* (1972) apresenta o pano de fundo necessário.

O estudo de maior autoridade sobre o caso de "Anna O." e de Breuer em geral é a exaustiva (mas não cansativa) dissertação de Albrecht Hirschmüller, *Physiologie und Psychoanalyse im Leben und Werk Josef Breuers*, suplemento 4 a *Jahrbuch der Psychoanalyse*, X (1978); corrige satisfatoriamente hipóteses falhas e interpretações duvidosas, situa Breuer com segurança no contexto da formação de Freud e investiga o mundo médico de Freud. Os documentos referentes ao caso clínico de Anna O. e os da autoria da própria Anna O. são fascinantes. Hirschmüller debate instrutivamente com Julian A. Miller, Melvin Sabshin, John E. Gedo, George H. Pollock, Leo Sadow e Nathan Schlessinger, em "The scientific styles of Breuer and Freud and the origins of psychoanalysis", e com Pollock, em "Josef Breuer", ambos em *Freud, fusion of science and humanism*, ed. Gedo e Pollock, pp. 187-207, 133-63. Paul F. Cranefield, "Josef Breuer's evaluation of his contribution to psycho-analysis", *Int. J. Psycho-Anal.*, XXXIX (1958), pp. 319-22, reproduz e analisa uma interessante carta de 1907, de Breuer a Auguste Forel, que lança uma luz retrospectiva sobre suas atitudes anteriores. Henri Ellenberger, "The story of 'Anna O.': a critical review with new data", *Journal of the History of the Behavioral Sciences*, VIII (1972), pp. 267-79, corrige de modo convincente a interpretação equivocada de Jones e a lembrança imprecisa de Freud sobre o caso. Hirschmüller também desenterrou um caso clínico fascinante, sobre uma gravidez histérica, "Nina R.", encaminhada por Freud e Breuer ao sanatório Bellevue em Kreuzlingen: "Eine bischer unbekannte Krankengschichte Sigmund Freuds und Josef Breuers aus der Entstehungszeit der 'Studien über Hysterie'", *Jahrbuch der Psychoanalyse*, X (1978), pp. 136-68. Sobre a admirável carreira posterior de Anna O. (Bertha Pappenheim), como ativista social e feminista judia, ver Ellen Jensen, "Anna O., a study of her later life", *Psychoanalytic Quarterly*, XXXIX (1970), pp. 269-93; Richard Karpe, "The rescue complex in Anna O's final identity", *Psychoanalytic Quarterly*, XXX (1961), pp. 1-24, associa a neurose dela às suas atividades posteriores. Lucy Freeman, *The story of Anna O.* (1972) é uma abordagem popular. Mas ver o excelente estudo histórico de Marion Kaplan, *The Jewish feminist movement in Germany*: *the campaign of the Jüdischer Frauenbund, 1904-1938* (1979), que traz informações importantes sobre a carreira de Bertha Pappenheim.

Sobre o estudo de Freud a respeito das afasias, um texto um tanto negligenciado, ver o útil artigo, ainda que talvez denso demais, de E. Stengel, "A Re-evaluation of Freud's book 'On aphasia': its significance for psycho-analysis", *Int. J. Psycho-Anal*, XXXV (1954), pp. 85-9. Uma das primeiras pacientes histéricas de Freud, "Frau Cäcilie M.", foi estudada em detalhes recompensadores por Peter J. Swales, "Freud, his teacher, and the birth of psychoanalysis", em *Freud, appraisals and reappraisals*, ed. Stepansky, I, pp. 3-82. Ver também o ensaio de Swales sobre "Katharina": "Freud, Katharina, and the first 'Wild analysis'", texto datilografado de uma conferência, com acréscimos (1985). Ola Andersson, "A supplement to Freud's case history of 'Frau Emmy v. N.' in *Studies on hysteria* 1895", *Scandinavian Psychoanalytic Review*, II (1979), pp. 5-15, inclui dados biográficos. Ver também Else Pappenheim, "Freud and Gilles de la Tourette: diagnostic speculations on 'Frau Emmy von N.'", *Int. Rev. Psycho-Anal.*, VII (1980), pp. 265-77, que sugere que essa paciente pode não ter sido histérica, mas afetada pela síndrome de Gilles de la Tourette (como Freud também supôs durante algum tempo).

A "Psicologia para neurologistas" de Freud, abandonada antes de ser concluída, foi publicada pela primeira vez em *Aus den Anfängen der Psychoanalyse. Briefe an Wilhelm Fliess, Abhandlungen und Notizen aus den Jahren 1887-1902*, ed. Ernst Kris, Marie Bonaparte e Anna Freud (1950; versão em inglês, *The origins of psychoanalysis*, trad. Eric Mosbacher e James Strachey, 1954). Em sua introdução a essa primeira edição, seriamente truncada, das cartas de Fliess, Kris examina o lugar que o projeto ocupava nos pensamentos de Freud. O projeto encontra-se disponível em inglês, sob o título "Project for a scientific psychology", em *SE* I, pp. 283-397. Ele foi belamente avaliado em Wollheim, *Freud*, esp. cap. 2. Isabel F. Knight afirma em "Freud's 'Project': a theory for studies on histeria", *Journal of the History of the Behavioral Sciences*, XX (1984), pp. 340-58, que o projeto fora pensado como uma crítica às teorias de Breuer. John Friedman e James Alexander, "Psychoanalysis and natural science: Freud's 1895 *Project* revisited", *Int. Rev. Psycho-Anal*, X (1983), pp. 303-18, um ensaio importante que sugere que Freud, naqueles primeiros anos, estava tentando se libertar das restrições do discurso científico dos finais do século XIX. Ver também, sobre o "newtonismo" de Freud, Robert C. Solomon, "Freud's neurological theory of mind", em *Freud: a collection of critical essays*, ed. Wollheim, pp. 25-52.

A discussão sobre a chamada teoria da sedução de Freud foi obscurecida por Jeffrey Moussaieff Masson, *The assault on truth: Freud's suppression of the seduction theory* (1984), que argumenta — absurdamente — que Freud abandonou aquela teoria por não conseguir suportar o isolamento da instituição médica vienense a que suas ideias radicais o condenavam. Fica-se a imaginar por que, se ficara tão angustiado, Freud a seguir passou a publicar teorias ainda mais perturbadoras, como a da sexualidade infantil e da ubiquidade da perversão. De fato, as razões apresentadas por Freud em sua carta de 21 de setembro de 1897 a Fliess [*Freud-Fliess*, pp. 283-6 (264-7)] são boas e suficientes (*pace* Krüll). Além disso, Freud nunca discutiu a verdade deprimente de que a sedução ou o estupro, de meninas — e meninos —, tentado ou consumado, era um fato absolutamente real. Ele poderia apontar alguns de seus próprios pacientes (inclusive Katharina). As explicações consagradas da atitude de Freud em relação à teoria da sedução, apresentadas em *Jones* I, esp. pp. 263-7, e por outros autores, mantêm-se de pé.

Sobre a autoanálise de Freud, especialmente no que se refere a seu pai, ver os textos já arrolados no ensaio para o capítulo 1, notadamente *A interpretação dos sonhos*; Krüll, *Freud and his father*; Anzieu, *Freud's self-analysis;* Grinstein, *On Sigmund Freud's dreams*. Ver também George F. Mahl, "Father-son themes in Freud's self-analysis", em *Father and child: developmental and clinical perspectives*, ed. Stanley H. Cath, Alan R. Gurwitt e John Munder Ross (1982), pp. 33-64; e Mahl, "Freud, *Father* and mother: quantitative aspects", *Psychoanalytic Psychology*, II (1985), pp. 99-113, ambos trazendo precisão a uma área obscura. Os extensos comentários de Schur em *Freud, living and dying* são indispensáveis. *Freud and his self-analysis*, ed. Mark Kanzer e Jules Glenn (1979), reúne alguns artigos interessantes, mas é um tanto heterogêneo.

Freud realmente teve um caso com sua cunhada Minna Bernays? O primeiro a fazer tal acusação foi, aparentemente, Carl G. Jung, confidencialmente (está registrado) e, a seguir, em 1957, numa entrevista com seu amigo John M. Billinsky, que a publicou em 1969: "Jung and Freud (The end of a romance)", *Andover Newton Quarterly*, X (1969), pp. 39-43. A passagem concernente encontra-se no relato de Jung de sua primeira visita à Berggasse 19, em 1907: "Logo conheci a irmã mais nova da mulher de Freud. Ela era muito bem-apessoada e não só sabia bastante sobre psicanálise, como também sobre tudo o que Freud estava fazendo. Poucos dias depois, quando eu visitava o laboratório de Freud, a cunhada dele perguntou se podia falar comigo. Ela estava muito aborrecida com sua relação com Freud e sentia-se culpada a esse respeito. Por ela, eu soube que Freud estava apaixonado por ela, e que a relação entre ambos era de fato muito íntima. Foi uma descoberta chocante para mim, e mesmo agora posso lembrar a angústia que senti na hora. Dois anos depois, Freud e eu fomos convidados à Universidade Clark em Worcester, e ficamos juntos todos os dias durante cerca de sete semanas. Desde o início da viagem, começamos a analisar mutuamente nossos sonhos. Freud teve alguns sonhos que o incomodaram muito. Os sonhos eram sobre o triângulo — Freud, sua mulher e a irmã mais nova de sua mulher. Freud não fazia ideia de que eu sabia do triângulo e sua relação íntima com a cunhada. E assim, quando Freud me contou sobre o sonho em que sua mulher e a irmã dela desempenhavam papéis importantes, pedi a Freud que me contasse algumas de suas associações pessoais com o sonho. Ele me olhou com acrimônia e disse: 'Eu poderia lhe contar mais, mas não posso pôr minha autoridade em risco' (T. H.)" (p. 42).

O que fazer com isso? Jung, como sugerem muitos de seus contraditórios comentários autobiográficos, não era nada confiável em seus relatos. A história da recusa de Freud em interpretar um de seus sonhos no navio pode ser verdadeira; Jung repetiu-a mais de uma vez durante a vida de Freud, uma vez em carta ao próprio (Jung a Freud, 3 de dezembro de 1912, *Freud-Jung*, pp. 583-4, 584n (526, 526n)], e Freud nunca a negou. Mas, sob outros aspectos, essa versão particular é extremamente esquisita. Freud, evidentemente, não tinha um "laboratório". Seu consultório ficava ao lado de seu gabinete, e Jung podia estar se referindo a um desses aposentos, mas a expressão não deixa de ser estranha. Além disso, embora tais juízos sejam, naturalmente, muito subjetivos, suponho que as fotografias que temos não mostram que Minna Bernays tenha sido "muito bem-apessoada". Na verdade, podia sê-lo para o gosto de Freud, mas parece altamente improvável que Jung, que era atento à beleza feminina e sexualmente muito ativo naqueles anos, fora dos laços do matrimônio, realmente a tenha considerado assim. Schur, que reconhecidamente só conheceu Minna Bernays numa idade relativamente avançada, não a achava nada atraente (entrevista com Helen Schur, 3 de junho de 1986). E ainda parece bastante improvável que Minna Bernays tenha confiado um assunto tão íntimo a um completo desconhecido — um homem que havia acabado de conhecer e que lhe era estranho em termos religiosos, culturais e profissionais. Naturalmente, seria concebível que ela tivesse considerado um forasteiro, principalmente alguém que logo iria embora, exatamente a pessoa certa em quem confiar. Mas acho praticamente impossível visualizar a cena.

Mais recentemente, Peter J. Swales fez a mesma alegação, apresentando hipóteses confiantes como fatos demonstrados, em "Freud, Minna Bernays and the imitation of Christ" (uma conferência inédita de 1982, fotocópia por cortesia do sr. Swales); e "Freud, Minna Bernays, and the conquest of Rome: new light on the origins of psychoanalysis", *New American Review: A Journal of Civility and the Arts*, I (primavera/verão de 1982), pp. 1-23. Swales utiliza o que chamaria de "leitura tipo Bernfeld", método fecundo, mas arriscado. Siegfried Bernfeld, que pretendia escrever uma biografia de Freud e reuniu uma grande quantidade de dados, leu alguns textos de Freud, notadamente o artigo "Lembranças encobridoras" (1899), como revelações autobiográficas disfarçadas. Foi assim que ele descobriu a paixão de adolescência de Freud por Gisela Fluss. É claro que podem-se extrair inferências perfeitamente plausíveis, por vezes corretas, de muitas das declarações de Freud (*A psicopatologia da vida cotidiana* é uma fonte particularmente rica de revelações pessoais indiretas); reunidas de molde a contar uma história coerente, podem assumir um peso que não teriam isoladamente. Swales faz esse tipo de coisa muito bem, e a técnica psicanalítica de escavar sob as superfícies manifestas praticamente convida a tal prática. Concentrando-se sobre indicações extraídas de "Lembranças encobridoras", *A interpretação dos sonhos* e *A psicopatologia da vida cotidiana*, Swales constrói uma sequência de acontecimentos na vida de Freud, a qual adotou com o objetivo de provar que Freud teve de fato um caso com sua cunhada. Quando uma declaração de Freud referente a uma terceira pessoa pode ser aplicada a ele próprio, Swales aceita-a como um indício; quando uma declaração não se encaixa, ele acusa Freud de disfarçar a informação ou de praticar uma fraude descarada. É claro que ele pode ter razão: o trabalho do sonho, misto de revelação e ocultamento, procede mais ou menos desta forma, e qualquer narrador de histórias inteligente sabe que uma tática extremamente eficaz é a de mesclar verdade e ficção. Assim, Freud *pode* ter tido um caso com Minna Bernays.

Os comentários de Ernest Jones a esse respeito insinuam não tanto, talvez, que a versão de Jung fosse necessariamente verdadeira, mas que ela circulava e parecia suficientemente persuasiva (pelo menos para alguns) a ponto de merecer uma contestação explícita. Certamente, a ênfase de Jones sobre o assunto basta para fazer com que os desconfiados se perguntem se ele não está sendo um pouco defensivo. Assim, ele qualifica Freud de "monogâmico a um grau muito excepcional", um homem que "sempre deu a impressão de ser uma pessoa excepcionalmente casta — a palavra 'puritano' não seria deslocada" (*Jones* I, pp. 139, 271). Em sua crítica à biografia de Freud por Puner, ele se sente obrigado a dizer algumas palavras sobre "a vida matrimonial [de Freud], visto que várias lendas estranhas a respeito parecem estar em voga. [...] sua esposa foi seguramente a única mulher na vida amorosa de Freud, e ela sempre veio à frente de todos os outros mortais.

[...] [Quanto a Minna Bernays,] sua língua ferina deu origem a vários epigramas que eram apreciados na família. Freud, sem dúvida, apreciava sua conversação, mas dizer que ela tenha, sob qualquer aspecto, substituído sua irmã na afeição dele é puro absurdo" (*Jones* II, pp. 386-7). Clark também (ver seu *Freud*, p. 52) avaliou os indícios, principalmente a entrevista de Jung, e rejeitou--os como bastante improváveis.

A Coleção Freud na Biblioteca do Congresso inclui um pacote de cartas entre Freud e Minna Bernays, que estão sendo examinadas antes de serem liberadas; durante a redação deste livro, ainda não estavam (o que é irritante) disponíveis. Dado o caráter incompleto das indicações (outro exemplo de como a política restritiva dos guardiães de Freud, seja negando ou dificultando o acesso a dados importantes, alimenta os boatos) não se pode — pelo menos eu não posso — ser dogmático. Freud escreveu algumas cartas apaixonadas a Minna Bernays quando noivo de sua irmã, mas isso, ao invés de dar base à teoria Jung-Swales, parece-me torná-la ainda menos provável. Se surgirem outras indicações confiáveis (diferentes de formulações hipotéticas e astutas cadeias de inferências) de que Freud teve de fato um caso com a cunhada e realmente (como Swales sustentou bastante detalhadamente) a levou para fazer um aborto, reverei meu texto em consonância com isso. Até lá, devo aceitar como correta a visão estabelecida de Freud, menos escandalosa.

3. PSICANÁLISE

Para a estrutura de *A interpretação dos sonhos*, as cartas *Freud-Fliess* são, evidentemente, incomparáveis. Ver também, novamente, para investigações detalhadas de seus sonhos, usados no livro, Anzieu, *Freud's self-analysis*, e Grinstein, *On Sigmund Freud's dreams*. Além disso, a teoria dos sonhos de Freud é examinada em Fisher e Greenberg, *Scientific credibility of Freud's theories*, cap. 2 (uma boa discussão completa), e em *Jones* I e outros estudos biográficos já arrolados por mim. Pelas razões apresentadas na seção do ensaio referente ao capítulo, não posso aceitar a interpretação "política" de McGrath sobre Freud, em *Freud's discovery of psychoanalysis*, mas achei que muitas de suas interpretações dos sonhos de Freud são relevantes. Ver também Ella Freeman Sharpe, *Dream analysis* (1937; 2ª ed., 1978), um texto refinado de uma eminente analista leiga inglesa; Bertram D. Lewin, com sua sugestiva Conferência Freud, *Dreams and the uses of regression* (1958); vários artigos iniciais de Ernest Jones, devidamente reunidos em *Papers on psycho-analysis* (3ª ed., 1923), e no conjunto interessantes como indicações de como *A interpretação dos sonhos* penetrou na profissão psicanalítica: "Freud's theory of dreams" (1910), pp. 212-46; "Some instances of the influence of dreams on waking life" (1911), pp. 247-54; "A forgotten dream" (1912), pp. 255-65; "Persons in dreams disguised as themselves" (1921), pp. 266-9; "The relationship between dreams and psychoneurotic symptons" (apresentado em 1911), pp. 270-92.

Artigos mais recentes incluem um levantamento de D. R. Hawkins, "A review of psychoanalytic dream theory in the light of recent psycho-physiological studies of sleep and dreaming", *British Journal of Medical Psychology*, XXXIX (1966), pp. 85-104, e um recompensador artigo de Leonard Shengold, "The metaphor of the journey in 'The interpretation of dreams'", *American Imago*, XXIII (1966), pp. 316-31. Um ensaio curto, eclético e de fácil leitura, do analista Charles Rycroft, *The innocence of dreams* (1979), faz um levantamento da literatura recente, não se limitando a obras psicanalíticas. A pesquisa sobre os sonhos prossegue; uma teoria intrigante, reconhecidamente muito tateante (e explicitamente crítica em relação à de Freud), é apresentada em Francis Crick e Graeme Mitchison, "The function of dream sleep", *Nature*, CCCIV (1983), pp. 111-4, que propõe que o sono REM se destina a eliminar "modalidades indesejáveis de interação nas redes celulares do córtex cerebral". Ver também James L. Fosshage e Clemens A. Loew, eds., *Dream interpretation: a comparative study* (1978), e Liam Hudson, *Night life: the interpretation of dreams*, (1985), onde esse psicólogo oferece um esquema interpretativo próprio. Um outro item proveitoso na bibliografia gerada pelo livro dos sonhos de Freud, Walter Schönau, *Sigmund Freuds Prosa. Literatische Ele-*

mente seines Stils (1968), traz algumas informações interessantes e, a meu ver, convincentes (pp. 53-89), sobre as divisas que Freud rejeitou e a que ele utilizou para a *Interpretação dos sonhos*. Erikson, "The dream specimen of psychoanalysis", é um longo e interessante artigo sobre o sonho de Irma. Ver também A. Keiper e A. A. Stone, "The dream of Irma's injection: a structural analysis", *American Journal of Psychiatry*, CXXXIX (1982), pp. 1225-34. Outros ensaios relevantes sobre os sonhos de Freud são o curto artigo de Leslie Adams, "A new look at Freud's dream 'The breakfast ship'", *American Journal of Psychiatry*, CX (1953), pp. 381-4; o artigo merecidamente conhecido de Eva M. Rosenfeld, "Dream and vision: some remarks on Freud's Egyptian bird dream", *Int. J. Psycho-Anal.*, XXXVIII (1956), pp. 97-105; e, uma vez mais, Buxbaum, "Freud's dream interpretation in the light of his letters to Fliess" (citado na seção deste ensaio para o capítulo 2).

O gênero autobiográfico que floresceu excepcionalmente no século XIX, e ao qual pertence o programa de Freud à sua própria e exclusiva maneira, está atraindo um número crescente de estudiosos. Aqui, menciono rapidamente apenas alguns dos títulos recentes mais interessantes: Jerome Hamilton Buckley, *The turning key: autobiography and the subjective impulse since 1800* (1984), com o qual aprendi muito; William C. Spengemann, *The forms of autobiography: episodes in the history of a literary genre* (1980), que aborda alguns exemplos oitocentistas no último capítulo; Linda H. Peterson, *Victorian autobiography: the tradition of self-interpretation* (1986), que é mais denso; A. O. J. Cockshut, *The art of autobiography in nineteenth and twentieth century England* (1984), repleto de sábios comentários; Avrom Fleishamn, *Figures of autobiography: the language of self-writing* (1983).

Diretamente em relação à obra de Freud: sobre as ideias pessoais de Freud naqueles anos, temos o valioso estudo de Kenneth Levin, *Freud's early psychology of the neuroses: a historical perspective* (1978). Não há um consenso entre os historiadores sobre a ciência mental do século XIX ou sobre os hospícios. Esses temas vêm atraindo grande atenção e recentemente provocando um grande debate, em não pequena medida devido ao revisionismo radical de Michel Foucault (a meu ver, ainda que estimulante, de modo geral desastroso); tenho em mente em especial o influente livro de Foucault, *Madness and civilization: a history of insanity in the age of reason* (1961; trad. inglesa de Richard Howard, 1965). Lancelot Law Whyte, *The unconscious before Freud* (1960; ed. brochura, 1962), é um levantamento sucinto, mas útil. Muito mais abrangente é Henri F. Ellenberger, *The discovery of the unconscious: the history and evolution of dynamic of psychiatry* (1970), um livro um tanto inchado (900 páginas), mas com pesquisas minuciosas, com longos capítulos sobre a história inicial da psicologia, e sobre Jung, Adler e Freud. Embora não muito refinado, repleto de opiniões e nem sempre confiável em seus juízos rápidos (como seu veredicto de que Freud era a quintessência do vienense), é uma fonte rica de informações. Robert M. Young, *Mind, brain and adaptation in the nineteenth century: cerebral localization and its biological context from Gall to Ferrier* (1970), é um pequeno clássico moderno. Uma bela antologia é *Madhouses, mad-doctors, and madmen: the social history of psychiatry in the Victorian era*, ed. Andrew Scull (1981); sem querer destacar algumas contribuições em detrimento de outras, posso dizer que tirei grande proveito de William F. Bynum, Jr., "Rationales for therapy in British psychiatry", pp. 35-57, e Michael J. Clark, "The rejection of psychological approaches to mental disorder inlate nineteenth-century British psychiatry", pp. 271-312. Outra antologia fascinante, que revela o impacto de Foucault, mas resiste ao sensacionalismo, é *The anatomy of madness: essays in the history of psychiatry*, vol. I, *People and ideas*, e vol. II, *Institutions and society*, ed. Bynum, Roy Porter e Michael Shepherd (1985). Raymond E. Fancher, *Pioneers of psychology* (1979), ainda que concisamente, examina com clareza o campo desde René Descartes a B. F. Skinner. J. C. Flugel, *A hundred years of psychology: 1833-1933* (1933) cobre um vasto campo de maneira necessariamente muito sucinta. Ver também Clarence J. Karier, *Scientists of the mind: intellectual founders of modern psychology* (1986), com capítulos equânimes sobre dez psicólogos modernos, de William James a Otto Rank, sem esquecer Freud, Adler e Jung. Gerald N. Grob, ed., *The inner world of American psychiatry, 1890-1940: selected correspondence* (1985), é bem selecionado e comentado. E ver Kenneth Dewhurst, *Hughlings Jackson on Psychiatry* (1982), uma curta e excelente monografia; e *Essays in the history of psychiatry*, ed. Edwin R. Wallace IV e Lucius C. Pressley (1980), uma coletânea útil de ensaios sobre George M. Beard (por Eric T. Carlson) e outros. Steven R. Hirsch e Michael Shepherd, *Themes and variations in European psychiatry: an anthology* (1974), entre outros documentos anteriores à Primeira Guerra Mundial, desenterraram artigos de Emil Kraepelin, Karl Bonhoeffer e outros. Barry Silverstein, "Freud's psychology and its organic foundations: sexuality and mind-body interationism", *Psychoanalytic Review*, LXXII (1985), pp. 203-28, defende fecundamente a proposição de que o impacto da formação neurológica de Freud não deve ser superestimado e que a psicanálise, embora não abra mão da interação corpo-mente, insiste na independência do mental. Para uma fascinante tentativa moderna de vincular teorias psicanalíticas e teorias neurológicas, empreendida por um analista, ver Morton F. Reiser, *Mind, brain, body: toward a convergence of psychoanalysis and neurobiology* (1986). E ver R. W. Angel, "Jackson, Freud and Sherrington on the relation of brain and mind", *American Journal of Psychiatry* (1961), pp. 193-97. Anne Digby, *Madness, morality and medicine: a study of the York retreat, 1796-1914* (1986) é um belo estudo especializado que deveria servir de modelo a outros. Igualmente exemplares são os textos de Janet Oppenheim, notadamente "The diagnosis and treatment of nervous breakdown: a dilemma for Victorian and Edwardian psychiatry", em *The political culture of modern Britain: studies in memory of Stephen Koss*, ed. J. M. W. Bean (1987), pp. 75-90; e sua monografia, *The other world: spiritualism and psychical research in England, 1850-1914* (1985).

K. R. Eissler, *Sigmund Freud und die Wiener Universität. Über die Pseudo-Wissenschaftlichkeit der jüngsten Wiener Freud-Biographik* (1966), é o grande estudo autorizado, que supera todos os outros, sobre a lenta ascensão de Freud à cátedra; ele prova, numa animada polêmica contra dois pesquisadores austríacos, Joseph e Renée Gicklhorn, que a promoção de Freud a professor foi realmente preterida durante anos.

O exame mais minucioso e extremamente negativo da tese de Freud de que a ordem mental se revela nos deslizes comuns da língua e atos sintomáticos semelhantes está em Sebastiano Timpanaro, *The Freudian slip: psychoanalysis and textual criticism* (1974; trad. inglesa de Kate Soper), que merece ser debatido, embora eu não o considere convincente.

O tema Freud e a sexualidade provavelmente tem sido ainda mais explorado do que Freud e os sonhos. Para um exame da sexualidade respeitável, das normas e realidades do século XIX, do qual Freud era parte e crítico, ver Peter Gay, *Education of the senses* (1984), e seu volume complementar, *The tender passion* (1986), vols. I e II de *The bourgeois experience: Victoria to Freud;* eles apresentam a burguesia "vitoriana" como muito menos hipócrita ou reprimida do que pretendiam seus críticos. Ver também o abrangente e elucidativo ensaio de Stephen Kern, "Freud and the discovery of child sexuality", *History of Childhood Quarterly: The Journal of Psychohistory*, I (verão de 1973), pp. 117-41; deve ser lido juntamente com Kern, "Freud and the birth of child psychiatry", *Journal of the History of the Behavioral Sciences*, IX (1973), pp. 360-8. E ver Sterling Fishman, "The history of childhood sexuality", *Journal of Contemporary History*, XVII (1982), pp. 269--83, útil, mas mais superficial do que Kern. Há um levantamento das posições médicas contemporâneas em K. Codell Carter, "Infantile hysteria and infantile sexuality in late nineteenth-century German-language medical literature", *Medical History*, XXVII (1983), pp. 186-96. A ideia de casamento de Freud é discutida em John W. Boyer, "Freud, marriage, and late Viennese liberalism: a commentary from 1905", *Journal of Modern History*, L (março de 1978), pp. 72-102, que inclui uma importante declaração de Freud no original alemão.

4. ESBOÇO DE UM PIONEIRO PREPARADO PARA O COMBATE

Para meu esboço de Freud aos cinquenta anos, baseei-me em todas as biografias, monografias e reminiscências obviamente pertinentes acima mencionadas; em sua correspondência, publicada e inédita, e nas importantes cartas de Anna Freud a Ernest Jones (em Jones papers, Archives of the British Psycho-Analytical Society, Londres) e nas recordações inéditas do analisando de Freud, o psicanalista Ludwig Jekels (em Siegfried Bernfeld papers, caixa 17, LC). Jones, Schur, Sachs e sobretudo Martin Freud são particularmente indispensáveis. Sobre o apartamento de Freud, as fotografias de Edmund Engelman em *Berggasse 19*: *Sigmund Freud's home and offices, Vienna 1938* (1978) são evocativas. Essas fotografias, tiradas em maio de 1938, mostram o consultório de Freud, como ele o reordenou depois de se tornar parcialmente surdo de um ouvido. Ver também minha introdução a esta coletânea, "Freud: for the marble tablet", pp. 13-54, e a versão revista "Sigmund Freud: a German and his discontents", em *Freud, Jews and other Germans*: *masters and victims in modernist culture* (1978), pp. 29-92. As legendas de Rita Ransohoff para as fotos de Engelman são apenas medianamente úteis; seria necessário um catálogo profissional dos bens de Freud, principalmente de suas antiguidades. Ver também os ponderados comentários de um velho íntimo, Max Graf, "Reminiscences of professor Sigmund Freud", *Books Abroad*, XV (inverno de 1941), pp. 3-10; e uma entrevista de Richard Dyck com um outro sobrinho, Harry Freud: "Mein Onkel Sigmund", *Aufbau* (Nova York), 11 de maio de 1956, pp. 3-4. Bruno Goetz, "Erinnerungen an Sigmund Freud", *Neue Schweizer Rundschau*, XX (maio de 1952), pp. 3-11, é curto, mas comovente e encantador. Excertos de uma série dessas reminiscências, bem como muitas outras, encontram-se diligentemente reunidos em *Freud as we knew him*, ed. Hendrik M. Ruitenbeek (1973), uma antologia muito abrangente. Sobre o contexto do gosto musical de Freud (especialmente pela ópera), consultei a imensa literatura; destaco a obra fascinante e persuasiva de Paul Robinson, *Opera and ideas from Mozart to Strauss* (1985), que sustenta que a música *pode* transmitir ideias. Sobre Karl Kraus, ver esp. Edward Timms, *Karl Kraus, apocalyptic satirist*: *culture and catastrophe in Habsburg Vienna* (1986), uma biografia douta que corrige cuidadosamente mal-entendidos muito correntes sobre as relações de Freud com o satírico mais celebrado de Viena.

Sobre os primeiros adeptos de Freud, ver Franz Alexander, Samuel Eisenstein e Martin Grotjahn, eds., *Psychoanalytic pioneers* (1966), uma antologia rica, mas desigual, que contém dados que não se encontram em outros lugares. Os comentários biográficos nos quatro volumes dos *Protokolle* da Sociedade Psicanalítica de Viena, referentes ao círculo de Freud, embora curtos demais, são muito informativos. Lou Andreas-Salomé, *In der Schule bei Freud. Tagebuch eines Jahres, 1912/1913*, ed. Ernst Pfeiffer (1958), é vigoroso e perspicaz. Um dos vienenses mais importantes, Otto Rank, teve mais de uma biografia admirativa: Jesse Taft, *Otto Rank* (1958), e o estudo completo de E. James Lieberman, *Acts of will*: *the life and work of Otto Rank* (1985), que dá uma ênfase um tanto diversa da que emprego nesse e em outros capítulos. Sobre os primeiros dias do movimento em Viena e outros lugares, a autobiografia de Ernest Jones, *Free associations*: *memories of a psycho-analyst* (1959), é concisa, opiniática e informativa.

Os "estrangeiros" merecem um tratamento mais amplo do que tiveram até agora. Não existem biografias de Pfister, mas sua exposição autobiográfica, "Oskar Pfister", em *Die Pädagogik der Gegenwart in Selbstdarstellungen*, ed. Erich Hahn, 2 vols. (1926-27), II, pp. 161-207, é um bom ponto de partida. Quase toda a correspondência completa Freud-Pfister encontra-se nos Sigmund Freud Copyrights, Wivenhoe, e, juntamente com os papéis de Pfister na Zentralbibliothek de Zurique, pode constituir a base para uma biografia. Até lá, ver o obituário de Pfister feito por Willi Hoffer, *Int. J. Psycho-Anal.*, XXXIX (1958), pp. 615-6, bem como Gay, *A godless Jew*, cap. 3. A biografia de Karl Abraham pela sua filha Hilda Abraham, *Karl Abraham*: *an unfinished biography* (1974), é um primeiro esforço corajoso e incompleto (a versão alemã, Karl Abraham, *Sein Leben für die Psychoanalyse*, trad. para o alemão por Hans-Horst Henschen, 1976, contém algumas cartas importantes de Abraham citadas no original); há muito mais a se fazer. Ernest Jones, uma figura fascinante e documentada, merece mais do que Vincent Brome, *Ernest Jones*: *Freud's alter ego* (ed. inglesa, 1982; ed. americana, 1983); suas principais virtudes são as transcrições de entrevistas com Jones e inúmeras citações de textos dos arquivos, mas carece de juízo crítico e é francamente superficial. Os artigos publicados por ocasião do centenário de nascimento de Jones, *Int. J. Psycho-Anal.*, LX (1979), como seria de esperar, são elogiosos, mas incluem algumas boas coisas: Katharine Jones, "A sketch of E. J.'s personality", pp. 171-3; William Gillespie, "Ernest Jones: the bonny fighter", pp. 273-9; Pearl King, "The contributions of Ernest Jones to the British Psycho-Analytical Society", pp. 280-7; Arcangelo R. T. D'Amore, "Ernest Jones: founder of the American Psychoanalytic Association", pp. 287-90. Binswanger, *Erinnerungen*, já mencionado sobre as cartas de Freud que cita descuidadamente, também traz as respostas do próprio Binswanger. Existe muito pouco sobre a bela, elegante e brilhante Joan Riviere, mas temos dois obituários extremosos de James Strachey e Paula Heimann, em *Int. J. Psycho-Anal.*, XLIV (1963), pp. 228-30, 230-3. Talvez a lacuna mais séria seja a inexistência de uma biografia completa de Ferenczi (ou, nesse sentido, uma história do instituto de Budapeste). As melhores fontes agora disponíveis são o artigo afetuoso e bem informado de Michael Balint, "Einleitung des Herausgebers", em Sándor Ferenczi, *Schriften zur Psychoanalyse*, ed. Balint, 2 vols. (1970), I, pp. ix-xii; e Ilse Grubrich-Simitis, "Six letters of Sigmund Freud and Sándor Ferenczi on the interrelationship of psychoanalytic theory and technique", *Int. Rev. Psycho-Anal*, XIII (1986), pp. 259-77, com boas anotações e comentários.

Hannah S. Decker, *Freud in Germany*: *revolution and reaction in science, 1893-1907* (1977), é uma monografia modelar sobre a acolhida inicial de Freud na Alemanha; ela revê simplificações excessivas nas referências de Freud e Jones a tal acolhida, sem cair na armadilha do revisionismo em causa própria. Seriam desejáveis outras monografias semelhantes sobre a acolhida inicial de Freud em outros lugares.

Sobre Otto Weininger, a respeito de quem se reuniu uma bibliografia considerável, achei particularmente instrutivo o livreto de Hans Kohn, *Karl Kraus. Arthur Schnitzler. Otto Weininger. Aus dem jüdischen Wien der Jahrhundertwende* (1962); as páginas respectivas de Johnston, *The Austrian mind*, esp. pp. 158-62; Paul Biro, *Die Sittlichkeitsmetaphysik Otto Weininger. Eine Geistesgeschichtliche Studie* (1927); Emil Lucka, *Otto Weininger, sein Werk und seine Persönlichkeit* (1905; 2ª ed., 1921).

Uma nota sobre Eitingon: em 24 de janeiro de 1988, o *New York Times Book Review* publicou um artigo de Stephen Schwartz, identificado como "um membro do Instituto de Estudos Contemporâneos de San Francisco", que faz acusações extremamente sérias contra Max Eitingon. Schwartz vincula Eitingon a uma rede internacional de artistas e intelectuais que, principalmente nos anos 1930, serviu à política criminosa de Stálin no mundo ocidental — França, Espanha, Estados Unidos, México —, ajudando a orquestrar ou a participar no sequestro e assassinato daqueles que Stálin ou sua polícia secreta quisessem eliminar. As alegações chegaram num momento extremamente difícil para mim. Eu nunca tinha ouvido falar nem lido nada do gênero sobre Eitingon, e os capítulos de minha biografia já tinham passado pelas provas finais; apenas este ensaio bibliográfico, já na gráfica, permitia-me uma ocasião para comentar o artigo. Eu achava que tinha aprendido muita coisa sobre Eitingon durante a redação deste livro, e a ideia de que ele pudesse ter estado entre aqueles dispostos a abrir mão de sua independência e humanidade, para se prestarem à máquina assassina de Stálin, pareceu-me absurda. Mas eu não estava disposto a desconsiderar levianamente as acusações de Schwartz, muito embora sua versão de Eitingon não inspire confiança. [Schwartz, entre outras declarações errôneas, afirma que Eitingon, "de 1925 a 1937", foi o "factótum e defesa (de Freud) contra o mundo. Abraham estava morto, Ferenczi e Rank tinham se afastado do mestre, e Sachs e Jones não se adequavam ao papel que o dr. Eitingon desempenhava tão bem, atendendo a Freud enfermo com constantes gentilezas. Ele era praticamente um secretário social para o velho homem". Os leitores da presente biografia saberão que isso é disparatado: Eitingon viu Freud poucas vezes naqueles anos, numa rara visita a Viena ou nas visitas ainda mais raras de Freud a Berlim. Como revela a *Chronik* de Freud, depois de ter emigrado para a Palestina no final de 1933, Eitingon só ia à Berggasse 19 uma vez por ano.]

Contudo, por mais desinformado que fosse Schwartz ou o assistente de pesquisa a quem ele agradece, sobre a vida da instituição psicanalítica, essa ignorância, por si só, não invalida seu argumento. E embora não houvesse o mais leve traço de qualquer possível simpatia pelos bolcheviques nas cartas de Eitingon a Freud, nem por isso eu o absolvi automaticamente. Afinal, se Eitingon realmente foi um agente soviético, ele não teria revelado tal fato a seus íntimos — principalmente a Freud, cuja aversão ao bolchevismo e mesmo ao socialismo era bem conhecida. Mas, se as acusações de Schwartz se comprovassem verdadeiras, caberia a mim revelar esse fato estarrecedor aos leitores desta biografia, por mais secundário que Eitingon possa ser para seus principais interesses.

Portanto, decidi investigar o assunto o mais completamente quanto permitiria o tempo. Consultei Wolfgang Leonhard, um dos especialistas mais eminentes do mundo sobre a iniquidade soviética. Ele nunca tinha ouvido falar de Max Eitingon, e não conseguiu encontrar nada sobre ele em sua vasta biblioteca especializada. Além disso, consultei uma literatura considerável sobre a atuação da polícia secreta soviética tanto na URSS quanto no exterior, inclusive textos clássicos como Robert Conquest, *Inside Stalin's secret police*: *NKVD politics, 1936-1939* (1985), e uma série de outras monografias em inglês, francês e alemão. Embora abundassem com os nomes e atividades de agentes soviéticos, nenhum desses livros sequer mencionava Max Eitingon. Ademais, prestei atenção especial às duas fontes em que Schwartz se baseou, John J. Dziak, *Chekisty*: *a history of the KGB* (1988) e Vitaly Rapoport e Yuri Alexeiev, *High treason*: *essays on the history of the Red Army, 1918-1938*, ed. Vladimir G. Treml e Bruce Adams, trad. inglesa de Adams (1985). A primeira alegação de Schwartz é a de que Eitingon havia participado no sequestro de um bielo-russo, o general Yevgueni Karlovitch Miller, em Paris, no ano de 1937, colaborando nessa empresa com a conhecida cantora folclórica russa Nadejda Plevitskaia e seu marido, Nikolai Skoblin, ambos membros de uma unidade especial da polícia secreta soviética. Além disso, Schwartz insinua obscuramente um outro crime. "Existem provas", escreve ele, "que o dr. Max Eitingon foi utilizado na preparação do julgamento secreto de 1937, no qual os líderes mais elevados do Exército soviético, inclusive o comissário-chefe do Exército e oito generais, sucumbiram diante da máquina stalinista de execuções." Esse julgamento secreto, deve-se notar, envolveu a cooperação sinistra de agentes da NKVD com oficiais nazistas tão importantes quanto Reinhard Heydrich, que conspiravam para dizimar a liderança do Exército soviético. Embora Schwartz não documente essa acusação, senão afirmando que existem provas dela, ele não consegue resistir à conclusão: "E, para pôr um ponto final não muito primoroso nisso, não é agradável imaginar um associado de Freud aliado a um capanga de Heydrich". Decerto não é agradável. Mas será verdade?

Visto que Schwartz não oferece nenhuma prova de sua segunda alegação, concentrei minhas investigações na primeira delas. Eis como ele resume as revelações do *Chekisty* de Dziak: "O sr. Dziak informa que um dos agentes principais do grupo no sequestro do general Miller não foi senão um íntimo associado pessoal de Sigmund Freud e um pilar do movimento psicanalítico, o dr. Max Eitingon [...] o irmão de Leonid Eitingon". Deve-se notar que Leonid era uma figura misteriosa, também chamado, pelo menos por uma fonte, de Naum Ettingon; parece ter sido um alto funcionário da NKVD e um mentor do assassinato de Trótski em 1940. "Em seu livro", escreve Schwartz, "o sr. Dziak concluiu que foi o dr. Max Eitingon que recrutou Skoblin e Plevitskaia para a unidade especial [dos assassinos de Stálin]." Pelo final do artigo, Schwartz parece bem menos categórico: "Pode-se argumentar que sua participação pessoal [de Max Eitingon], além do mais, deve ter sido de pouca importância [...]". Mas essa ressalva parcial não repara o dano feito pelas acusações anteriores. Na verdade, porém, Dziak é muito mais prudente do que Schwartz o mostra. Dziak menciona Max Eitingon apenas três vezes no livro, mais ou menos de passagem, e observa que "Marx [*sic!*] estava *aparentemente* ligado ao general Skoblin e sua mulher Plevitskaia" (p. 100, grifo meu). Embora a "ligação financeira" de Plevitskaia com Max Eitingon "*aparentemente* envolvesse um apoio financeiro significativo", Dziak não tem certeza em absoluto, pois "não está claro se o dinheiro veio da família Eitingon ou de fontes soviéticas" (p. 101, grifo meu). De fato, "o nome de Mark Eitingon surgiu no julgamento [de Plevitskaia], mas não o de Naum. No entanto, uma *fonte dissidente* soviética sustenta que foi *Naum* que organizou e dirigiu o sequestro de Miller" (p. 102, grifo meu). E, numa nota final, Dziak, mostrando uma autêntica reserva em face da escassez de material confiável, observa resignadamente que "há uma confusão considerável sobre as atividades dos dois irmãos Eitingon" (p. 199). Isso não limpa o nome de Max Eitingon, mas levanta dúvidas cruciais sobre seu envolvimento.

O modo como Schwartz utiliza sua outra fonte principal não é menos irregular. Eis como ele parafraseia as conclusões de Rapoport e Alexeiev: eles "declaram abertamente [...] que o dr. Eitingon [...] foi o agente de controle de Skoblin e Plevitskaia". Na verdade, eles não afirmam nada do gênero. "O superior de Plevitskaia na NKVD era o lendário Naum Ettingon [sic]. O contato e mensageiro dela", escreve ele, "era o irmão Mark [sic] de Ettingon." Notam ainda que, "durante muitos anos, ele [Max Eitingon] foi o patrono generoso de Nadejda Plevitskaia. Ela disse em seu julgamento que 'ele me vestia da cabeça aos pés'. Ele financiou a publicação dos dois livros autobiográficos dela". Esses fatos minguados levam-nos a especular: "É improvável que ele o fizesse apenas por amor à música russa. É mais provável que ele atuasse como mensageiro e agente financiador pelo seu irmão Naum" (p. 391). Qualquer outra coisa que possamos dizer sobre tais conjecturas, elas parecem muito menos conclusivas do que as insinuações confiantes de Schwartz.

Ao final, praticamente todas as alegações contra Max Eitingon se remetem a um livro de B. Prianishnikov, *Nezrimiaia pautina* [*A teia invisível*], publicado pelo autor em russo nos Estados Unidos, em 1979. Prianishnikov reproduz excertos consideráveis do depoimento dos réus no julgamento de Plevitskaia em Paris, depois do sequestro do general Miller. Esta, por razões óbvias, é uma fonte problemática: é extremamente difícil determinar exatamente o que alguém em julgamento considera vantajoso declarar. Dado isso, tudo o que aflora no depoimento é um conjunto de afirmações de ar inócuo: Plevitskaia conhecia bem Max Eitingon; muitas vezes ele lhe dera presentes; ele era muito generoso com seu dinheiro (coisa que os leitores desta biografia poderão confirmar); ela nunca "vendeu" seus favores sexuais a ninguém por dinheiro ou presentes (e certamente não a Max Eitingon); na verdade, ele era um homem limpo e decente, sem interesse em aventuras galantes. Realmente, sua reputação era tão limpa que, quando um inquiridor francês se referiu a Max Eitingon, uma testemunha russa corrigiu-o, dizendo que a pessoa em questão era o irmão de Max.

Nada disso, é claro, garante a inocência de Max Eitingon. O fato de ter um irmão que, segundo indicações mais fundamentadas, era um alto funcionário da polícia secreta soviética diz muito pouco, se é que chega a dizer alguma coisa, sobre seu possível papel nesses assuntos mesquinhos. A partir da correspondência de Freud com Eitingon e Arnold Zweig, que se tornara muito amigo dos Eitingon durante o exílio que compartilharam na Palestina, podemos estabelecer que Eitingon passou a maior parte do tempo em Jerusalém, analisando seus pacientes e levando adiante a tarefa de lá organizar um instituto psicanalítico. Sabemos também, pela *Chronik* de Freud, que Eitingon esteve na Europa durante o verão de 1937. Nenhum desses dois fatos significa grande coisa. Certamente não bastaria para exigir uma reavaliação do caráter de Eitingon. É evidente que, quase por definição, o desmascaramento das atividades de um agente clandestino é algo tremendamente difícil. Mas o silêncio quase homogêneo sobre Max Eitingon na literatura não deixa de ser significativo. Às vezes, quando o cão não ladra à noite, isso só significa que está seguramente dormindo. É claro que pode ser que Schwartz, num livro futuro, ou algum dos pesquisadores a que ele se refere, apresentem materiais ainda inéditos que apontarão a culpa de Eitingon. Mas, até que as provas sejam publicadas e analisadas, eu concluo que as descobertas de Schwartz são incomprovadas.

5. POLÍTICA PSICANALÍTICA

Não existe nenhuma biografia de Jung que sequer se aproxime de uma comparação com a de Jones sobre Freud. A principal razão é a dificuldade de acesso a documentos importantes. A autobiografia imaginativa e muito introspectiva de Jung, *Memories, dreams, reflections* (1962; trad.

inglesa de Richard e Clara Winston, 1962), tem um título apropriado, que enfatiza os sonhos. Como muitas autobiografias, ela é mais reveladora do que pretendia o autor. Não menos reveladora é a extensa coletânea de pronunciamentos de Jung, *C. G. Jung speaking: interviews and encounters*, ed. William McGuire e R. F. C. Hull (1977), que amplia, modifica e por vezes contradiz sua autobiografia. Por ora existem algumas biografias razoavelmente informativas, em sua maioria de pessoas que o conheceram e admiravam-no imensamente. Liliane Frey-Rohn, *From Freud to Jung: a comparative study of the psychology of the unconscious* (1969; trad. inglesa de Fred E. e Evelyn K. Engreeen, 1974), é um exemplo típico dessa literatura. Entre outras biografias, note-se E. A. Bennet, *C. G. Jung* (1961), que é sucinta, e Barbara Hannah, íntima sua, *Jung: his life and work, a biographical memoir* (1976), que ressalta — e compartilha — o misticismo de Jung. Ellenberger, *Discovery of the unconscious*, cap. 9, é muito meticuloso. Robert S. Steele, *Freud and Jung: conflicts of interpretation* (1982), merece ser lido. Aldo Carotenuto, *A secret symmetry: Sabina Spielrein between Jung and Freud* (1980; trad. inglesa de Arno Pomerans, John Shepley e Krishna Winston, 1982; 2ª ed., com acréscimos, 1984), com um uso pródigo de documentos, lança uma luz vívida e desagradável sobre Jung, ao contar a história da brilhante paciente (e amante) de Jung — uma história na qual Freud também não se sai especialmente bem.

A obra de Jung está disponível em edições abrangentes tanto em alemão como em inglês. Sobre os anos de associação de Jung com Freud, ver em esp. os artigos reunidos em Jung, *Freud and psychoanalysis* (1961; ed. rev., 1970), vol. IV de *Collected works*; e *Jung, the psychoanalytic years*, ed. William McGuire (1974), extraídos dos vols. II, IV e XVII. Já mencionei a admirável edição de McGuire da importantíssima correspondência Jung-Freud. Entre a literatura monográfica crescente, achei a "abordagem contextual" de Peter Homans, *Jung in context: modernity and the making of a psychology* (1979), especialmente séria. Ernest Glover, *Freud or Jung?* (1956) é um polêmico partidário de Freud — a meu ver defensável. Do outro lado, Paul E. Stepansky, "The empiricist as rebel: Jung, Freud and the burdens of discipleship", *Journal of the History of the Behavioral Sciences*, XII (1976), pp. 216-39, embora cuidadoso e inteligente, é partidário demais de Jung. K. R. Eissler, "Eine angebliche Disloyalität Freud einem Freunde gegenüber", *Jahrbuch der Psychoanalyse*, XIX (1986), pp. 71-88, oferece uma defesa cuidadosamente argumentada da conduta de Freud com Jung em 1912. Andrew Samuels, *Jung and the Post-Jungians* (1984), acompanha o destino das ideias de Jung depois de sua morte, a partir de uma perspectiva junguiana. Entre as várias recensões da correspondência Freud-Jung, destaco como extremamente instrutivo o artigo de Hans W. Loewald, "Transference and counter-transference: the roots of psychoanalysis", *psychoanalytic Quarterly*, XLVI (1977), pp. 514-27, convenientemente acessível em Loewald, *Papers on Psychoanalysis* (1980), pp. 405-18; Leonard Shengold, "The Freud/Jung letters: the correspondence between Sigmund Freud and C. G. Jung", *J. Amer. Psychoanal. Assn.*, XXIV (1976), pp. 669-83; e D. W. Winnicott, em *Int. J. Psycho-Anal.*, XLV (1964), pp. 450-5. Sobre a discutida questão do rompimento entre Freud e Jung, ver Herbert Lehman, "Jung contra Freud/Nietzsche contra Wagner", *Int. Rev. Psycho-Anal.*, XIII (1986), pp. 201-9, que tenta sondar o estado mental de Jung. Ver também o inteligente ensaio de Hannah S. Decker, "A tangled skein: the Freud-Jung relationship", em *Essays in the history of psychiatry*, ed. Wallace e Pressley, pp. 103-11.

Seria proveitoso um maior estudo sobre a visita de Freud aos Estados Unidos. William A. Koelsch, *"Incredible day dream": Freud and Jung at Clark*, Quinta Conferência Paul S. Clarkson (1984), é curta, mas popular e bem abalizada, baseada num profundo conhecimento dos documentos de arquivo. Nathan G. Hale, Jr., *Freud and the Americans: the beginnings of psychoanalysis in the United States, 1876-1917* (1971), um estudo detalhado muito bom (sobre Freud em Clark, ver esp. parte I), situa a visita em seu contexto. O mesmo faz Dorothy Ross, *G. Stanley Hall: the psychologist as prophet* (1972), uma biografia muito completa e conscienciosa.

O prolífico Stekel conta sua versão de seu rompimento com Freud (ou do rompimento de Freud com ele) no livro publicado postumamente *The autobiography of Wilhelm Stekel: the life story of a pioneer psychoanalyst*, ed. Emil A. Gutheil (1950). A autobiografia inédita de Fritz Wittels,

"Wrestling with the man: the story of a Freudian" (cópia datilografada, Fritz Wittels Collection, caixa 2, A. A. Brill Library, New York Psychoanalytic Institute) é muito mais generoso com Stekel do que Freud se permitiu ser. Sobre a longa discussão a respeito da masturbação, na Sociedade Psicanalítica de Viena, da qual Stekel ainda participou, ver esp. Annie Reich, "The discussion of 1912 on masturbation and our present-day views", *The Psychoanalytic Study of the Child*, VI (1951), pp. 80-94. A melhor biografia de Adler é a autorizada de Phyllies Bottome, *Alfred Adler: apostle of freedom* (1939; 3ª ed., 1957); é anedótica, não muito minuciosa e, o que não surpreende, mostra seu objeto sob a luz mais favorável possível. Paul E. Stepansky, *In Freud's shadow: Adler in context* (1983), é muito mais elaborado; analisa meticulosamente a relação Freud-Adler, inclusive a cisão definitiva, mas (notem-se os adjetivos de Stepansky) inclinado a reverter para Adler os méritos de inúmeras dúvidas na controvérsia. Ellenberger, *Discovery of the unconscious*, traz um capítulo valioso (cap. 8) que utiliza, entre outros documentos inéditos, um manuscrito de um diligente pesquisador de Adler: Hans Beckh-Widmanstetter, "Kindheit und Jugend Alfred Adlers bis zum Komtakt mit Sigmund Freud". Os textos de Adler encontram-se facilmente em brochuras em inglês e alemão; para detalhes biográficos informativos, ver o ensaio introdutório de Heinz L. Ansbacher sobre a influência crescente de Adler, e o estudo biográfico de Carl Furtmüller, ambos em *Alfred Adler, superiority and social interest: a collection of later writings*, ed. Heinz 1ª e Rowena R. Ansbacher (1964; 3ª ed., 1979). O relato pessoal de Freud, "On the history of the psycho-analytic movement" (1914), *SE* XIV, pp. 1-66, é inflamado e partidário, devendo-se ler como uma polêmica, mas continua a ser extremamente esclarecedor. A autobiografia de Jones, *Free associations*, também traz páginas informativas sobre aqueles anos e lutas. O estudo abrangente de Walter Kaufmann, *Discovering the mind*, vol. III, *Freud versus Adler and Jung* (1980), situa as grandes disputas de Freud num contexto mais amplo.

6. TERAPIA E TÉCNICA

A literatura sobre os casos clínicos publicados de Freud, compreensivelmente, quase escapa ao controle. Também compreensivelmente, o caso de "Dora", com irresistíveis implicações para intérpretes feministas e literários, tem gerado a bibliografia mais apaixonada e volumosa; o que se segue, portanto, é apenas uma seleção representativa. Quanto a artigos de psicanalistas, ver esp. Jules Glenn, "Notes on psychoanalytic concepts and style in Freud's case histories" e "Freud's adolescent patients: Katharina, Dora, and the 'homosexual woman'", ambos em *Freud and his patients*, ed. Mark Kanzer e Glenn (1980), pp. 3-19 e 23-47; o mesmo livro também contém textos meritórios de Melvin A. Scharfman, "Further reflections on Dora", pp. 48-57; Robert J. Langs, "The misalliance dimension in the case of Dora", pp. 58-71; Kanzer, "Dora's imagery: the flight from a burning house", pp. 72-82; Isidor Bernstein, "Integrative summary: on the Reviewings of the Dora case", pp. 83-91. Ver também o número especial da *Revue Française de Psychanalyse*, XXXVII (1973), com nada menos que sete artigos dedicados a esse único caso; Alan e Janis Krohn, "The nature of the Oedipus complex in the Dora case", *J. Amer. Psychoanal. Assn.*, XXX (1982), pp. 555-78; e Hyman Muslin e Merton Gill, "Transference in the Dora case", *J. Amer. Psychoanal. Assn.*, XXVII (1978), pp. 311-28. Um trabalho sério sobre o mesmo caso, da perspectiva de uma historiadora, encontra-se em Hannah S. Decker, "Freud and Dora: constraints on medical progress", *Journal of Social History*, XIV (1981), pp. 445-64, e em seu original "The choice of a name: 'Dora' and Freud's relationship with Breuer", *J. Amer. Psychoanal. Assn.*, XXX (1982), pp. 113-36. O artigo de Felix Deutsch, muito conhecido (eu esperaria que fosse até notório) e gratuitamente maldoso, descrevendo da maneira mais insensível uma Dora de meia-idade, "A footnote to Freud's 'Fragment of an analysis of a case of hysteria'", *Psychoanalytic Quarterly*, XXVI (1957), pp. 159-67, é uma amostra exemplar de análise como agressão. Arnold A. Rogow, "A further footnote to Freud's 'Fragment of an analysis of a case of hysteria'", *J. Amer. Psychoanal. Assn.*, XXVI (1978), pp.

331-56, um artigo mais afável do que o de Deutsch, apresenta o contexto familiar da vida de Dora. Ver também os comentários brilhantes (ainda que, a meu ver, um tanto duros) de Janet Malcolm, *Psychoanalysis: the impossible profession* (1981); ela sugere (pp. 167-8) que o pseudônimo "Dora" evocava o nome da criatura mítica que trouxe o mal ao mundo com sua "caixa" [referência à caixa de Pandora (N. T.)].

In Dora's case: Freud — hysteria — feminism, ed. Charles Bernheimer e Claire Kahane (1985), é uma antologia instigante de ensaios escritos principalmente por críticos literários; os artigos são de mérito extremamente variado, e os autores trabalham com pontos de vista muito diversos entre si. Não sem interesse, o livro traz duas longas introduções dos editores e excertos consideráveis de Steven Marcus, "Freud and Dora: story, history, case history" [originalmente publicado em *Partisan Review* (inverno de 1974), pp. 12-108, reeditado em seu *Representations* (1975), pp. 247-309]. Marcus, insistindo em ler o caso clínico como um tipo de literatura, é parcialmente responsável pela grande carga de interpretações muitas vezes arbitrárias que agora "Dora" tem de aguentar. Uma demonstração prática nessa antologia é Toril Moi, "Representation of patriarchy: sexuality and epistemology in Freud's Dora", pp. 181-99. O autor cita Freud, dizendo que tinha trazido à luz "as relíquias sem preço, embora mutiladas, da antiguidade" *SE* VII, p. 12), e insiste na adjetivação de Freud: "'Mutilado' é a maneira usual [de Freud] de descrever o efeito da castração, e 'sem preço' [...] significa exatamente o que diz: sem preço, isto é, sem valor. Pois como pode existir valor quando o elemento valioso foi eliminado?" (p. 197). Isso é absurdo mesmo em inglês ["*mutilated*", "*priceless*"], mas Moi utilizou apenas a tradução da Standard Edition, não querendo (ou não podendo?) verificar o alemão. No entanto, no original, Freud empregou *unschätzbaren*, e não há como interpretar legitimamente o termo como "sem valor". Significa "inestimável" ou, se se quiser, "além de qualquer preço", o maior elogio que pode fazer um adjetivo alemão.

O Pequeno Hans tem recebido muito menos atenção. Joseph William Slap, "Little Hans's Tonsillectomy", *Psychoanalytic Quarterly*, XXX (1961), pp. 259-61, tem uma hipótese interessante que torna mais completa a interpretação de Freud sobre a fobia de Hans. Martin A. Silverman, "A fresh look at the case of little Hans", em *Freud and his patients*, ed. Kanzer e Glenn, pp. 95-120, traz uma bibliografia completa sobre a experiência infantil. Ver também, no mesmo volume, o interessante artigo de Glenn, "Freud's advice to Hans' father: the first supervisory sessions", pp. 121-34.

O exame mais fundamentado do caso clínico do Homem dos Ratos, sua família e sua neurose, e das diferenças entre as anotações de Freud e o caso clínico publicado, encontra-se em Patrick J. Mahony, *Freud and the Rat Man* (1986). Elza Ribeiro Hawelka fez uma transcrição meticulosa do texto alemão integral das anotações de Freud durante o tratamento (o texto inglês consultadíssimo de *SE* X, pp. 253-318, não é completo nem inteiramente confiável), acrescentando ao lado uma tradução para o francês, além de notas e comentários: *Freud, L'homme aux rats. Journal d'une analyse* (1974). O manuscrito hológrafo dessas notas, com anotações que se parecem muito com a letra de Freud em anos mais avançados, encontra-se na LC, entre materiais ainda não classificados. Os sublinhados e notas marginais um tanto esparsos sugerem que Freud, possivelmente, queria voltar ao caso, mas não surgiu nenhum outro manuscrito sobre o Homem dos Ratos. Elizabeth R. Zetzel apresenta algumas reflexões psicanalíticas interessantes em "1965: Additional notes upon a case of obsessional neurosis: Freud 1909", *Int. J. Psycho-Anal.*, XLVII (1966), pp. 123-9, que deve ser lido junto com o artigo imediatamente seguinte: Paul G. Myerson, "Comment on Dr. Zetzel's paper", pp. 130-42. Ver também em *Int. J. Psycho-Anal.*, Samuel D. Lipton, "The advantages of Freud's technique as shown in his analysis of the Rat Man", LVIII (1977), pp. 255-73, e sua continuação, "An Addendum to 'The advantages of Freud's technique as shown in his analysis of the Rat Man'", LX (1979), pp. 215-6; bem como Beéla Grunberger, "Some reflections on the Rat Man", LX (1979), pp. 160-8. Tal como antes, as contribuições a *Freud and his patients*, ed. Kanzer e Glenn, são de interesse, principalmente Judith Kestenberg, "Ego organization in obsessive-compulsive development: the study of the Rat Man, based on interpretation of movement patterns", pp. 144-79; Robert J. Langes, "The misalliance dimension in the case of the Rat Man", pp. 215-30; Mark Kanzer, "Freud's human influence on the Rat Man", pp. 231-40. Um dos primeiros comentários encontra-se no artigo de Ernest Jones, "Hate and anal erotism in the obsessional neurosis" (1913), em Jones, *Papers on psycho-analysis* (3ª ed., 1923), pp. 553-61.

Quanto ao artigo de Freud sobre Leonardo da Vinci, Meyer Schapiro, "Leonardo and Freud: an art-historical study", *Journal of the History of Ideas*, XVII (1956), pp. 147-78, é, numa palavra, indispensável. A resposta de K. R. Eissler, *Leonardo da Vinci: psycho-analytic notes on the enigma* (1961), tem uma grande abrangência e oferece alguns comentários brilhantes, mas é um exemplo do exagero eissleriano — um livro de 350 páginas tentando dissecar um artigo de aproximadamente 30 páginas. Da biblioteca sobre Leonardo, destaco Kenneth Clark, *Leonardo da Vinci: an account of his development as an artist* (1939; ed. rev., 1958), conciso, claro, bem informado e favorável. O primeiro a chamar a atenção para o erro de Freud sobre o "abutre" foi Eric Maclagan, "Leonardo in the consulting room", *Burlington Magazine*, XLII (1923), pp. 54-7. Edward MacCurdy, ed., *The notebooks of Leonardo da Vinci* (1939), é extremamente útil.

O estudo de maior autoridade sobre Schreber, corrigindo cuidadosamente trabalhos anteriores, é a tese de Han Israëls, *Schreber, father and son* (1980; trad. do holandês pelo autor, 1981), com outras modificações na versão francesa, *Schreber, père et fils*, trad. Nicole Seis (1986). Uma virtude específica da obra de Israëls é a de situar Schreber em seu ambiente familiar. Seu livro, porém, não superou totalmente uma série de artigos pioneiros de William G. Niederland, três deles incluídos em *Freud and his patients*, ed. Kanzer e Glenn, 251-305, e todos reunidos em *The Schreber case: psychoanalytic profile of a paranoia personality* (1974). Eles mostram que algumas das "invenções" de Schreber, como as máquinas que o torturavam, assemelhavam-se muito a dispositivos com correias a que seu pai o prendera quando menino. Com Israëls e Niederland, tanto os aspectos fundamentais quanto os polêmicos desse caso estão suficiente — e magnificamente — abrangidos.

Patrick J. Mahony tratou do Homem dos Lobos, em *Cries of the Wolf Man* (1984), com a mesma meticulosidade que empregara com o Homem dos Ratos, conferindo especial atenção ao estilo de Freud. [Mahony também escreveu um estudo à parte sobre esse estilo, em *Freud as a writer* (1982).] Entre os artigos de psicanalistas sobre o caso, o mais interessante é William Offenkrantz e Arnold Tobin, "Problems of the therapeutic alliance: Freud and the Wolf Man", *Int. J. Psycho-Anal.*, LIV (1973), pp. 75-8. Harold P. Blum, "The borderline childhood of the Wolf Man", *J. Amer. Psychoanal. Assn.*, XXII (1974), pp. 721-2, convenientemente acessível em *Freud and his patients*, ed. Kanzer e Glenn, pp. 341-58, sugere que esse famoso analisando estava bem mais perturbado do que o diagnóstico feito por Freud. Esse livro também traz um belo artigo de Mark Kanzer, "Further comments on the Wolf Man: the search for a primal scene", pp. 359-66. Ruth Mack Brunswick, que analisou durante algum tempo o Homem dos Lobos, nos anos 1920, escreve sobre ele em "A supplement to Freud's history of an infantile neurosis" (1928), convenientemente reeditado em *The Wolf-Man by the Wolf-Man*, ed. Muriel Gardiner (1971), pp. 263-307. Esse livro fascinante também traz as reminiscências do Homem dos Lobos, inclusive seu relato sobre Freud, e a narrativa de Gardiner sobre os anos posteriores do Homem dos Lobos. J. Harnik iniciou uma discussão, que vale a pena acompanhar, criticando a forma como Brunswick trata o Homem dos Lobos: "Kritisches über Mack Brunswicks 'Nachtrag zu Freud's "Geschichte einer infantilen Neurose"'", *Int. J. Psycho-Anal.*, XVI (1930), pp. 123-7; a réplica de Brunswick, que vem imediatamente a seguir, é "Entgegnung auf Harniks kritische Bemerkungen", pp. 128-9. Esta, por sua vez, deu origem à tréplica de Harnik, "Erwiderung auf Mack Brunswicks Entgegnung", *Int. J. Psycho-Anal.*, XVII (1931), pp. 400-2, à qual se segue imediatamente, no mesmo número, a palavra final de Brunswick, "Schlusswort", p. 402. Karin Obholzer, *The Wolf-Man sixty years later: conversations with Freud's controversial patient* (1980; trad. inglesa de Michael Shaw, 1982), traz algumas entrevistas com o Homem dos Lobos, em idade avançada, de valor muito limitado, e que devem ser lidas com cautela.

Seguramente pode-se ler a maior parte dos artigos e livros sobre técnica psicanalítica, de psicanalistas posteriores, como comentários sobre os artigos clássicos de Freud, embora os melhores, evidentemente, não deixem de ter certa originalidade e introduzam refinamentos nas exposições pioneiras de Freud. Entre os que considerei mais instrutivos — estou deixando de lado uma série de importantes artigos mais curtos —, estão Edward Glover, *Technique of psycho-analysis* (1955), claro e vigoroso; Karl Menninger, *Theory of psychoanalytic technique* (1958), invejavelmente sucinto; e o magnífico ensaio de Leo Stone, uma Conferência Freud ampliada, *The psychoanalytic situation: an examination of its development and essential nature* (1961). Ralph R. Greenson, *The technique and practice of psychoanalysis*, vol. I (1967), único volume que saiu, é um manual meticuloso, altamente técnico, com um tratamento instrutivo da aliança terapêutica; dirige-se especialmente a candidatos aos institutos psicanalíticos. Aprendi muito com a série dos refinados artigos (sutilmente revisionistas) de Loewald, reunidos com o subtítulo de "The psychoanalytic process", em seu *Papers on psychoanalysis*, muito especialmente "On the therapeutic action of psychoanalysis", pp. 221-56; "Psychoanalytic theory and the psychoanalytic process", pp. 277-301; "The transference neurosis: comments on the concept and the phenomenon", pp. 302-14; "Reflections on the psychoanalytic process and its therapeutic potential", pp. 372-83; e o estimulante e original "The waning of the Oedipys complex", pp. 394-404. Os artigos controversos de Sándor Ferenczi sobre a técnica encontram-se em *Schriften zur Psychoanalyse*, em 2 vols., ed. Balint; em inglês, o livro *Further contributions to the theory and technique of psycho-analysis* (1926; 2ª ed., 1960) traz muitos deles. Entre os artigos mais valiosos sobre técnica, estão o breve levantamento de Rudolph M. Loewenstein, "Developments in the theory of transference in the last fifty years", *Int. J. Psycho-Anal.*, L (1969), pp. 583-8, e diversas contribuições de Phyllis Greenacre, reunidas em seu *Emotional growth: psychoanalytic studies of the gifted and a great variety of other individuals*, 2 vols., com paginação única (1971), esp. "Evaluation of therapeutic results: contributions to a symposium" (1948), pp. 619-26; "The role of transference: practical considerations in relation to psychoanalytic therapy" (1954), pp. 627-40; "Re-evaluation of the process of working through" (1956), pp. 641-50; e "The psychoanalytic process, transference, and acting out" (1986), pp. 762--76, para mencionar apenas os mais importantes. O malicioso e espirituoso livro de Janet Malcolm, *Psychoanalysis: the impossible profession* tem sido elogiado (com justiça) pelos psicanalistas como uma introdução confiável à teoria e à técnica psicanalíticas. Ele tem a rara vantagem, em comparação a textos mais solenes, de ser engraçado e informativo.

7. APLICAÇÕES E IMPLICAÇÕES

Os textos de Freud sobre estética estão dispersos. "Delusions and dreams in Jensen's *Gradiva*" (1907), *SE* IX, pp. 3-95, segundo algumas insinuações em cartas a Fliess e na *Interpretação dos sonhos*, é seu primeiro empreendimento de psicanálise aplicada ao destrinçamento de um texto literário. [Aliás, as cartas de Wilhelm Jensen a Freud, em relação a Gradiva, podem-se encontrar em *Psychoanalytische Bewegung*, I (1929), pp. 207-11.] "Creative writers and day-dreaming" (1908), *SE* IX pp. 141-53, foi um influente texto inicial, um hábil exercício que nunca foi desenvolvido numa teoria. Ver também a comovente leitura de Freud de duas cenas famosas, uma em *Rei Lear*, outra em *O mercador de Veneza*, em "The theme of the three caskets" (1913), *SE* XII, pp. 291-301. Sua primeira incursão pela biografia de um artista foi, evidentemente, "Leonardo da Vinci and a memory of his childhood" (1910), *SE* XI, pp. 59-137, um estudo audacioso e, sob aspectos importantes, invalidado. (Pode-se aprender muito sobre esse famoso artigo com o belo texto de Schapiro, "Leonardo and Freud: an art-historical study", já citado.) O empreendimento seguinte de Freud, publicado anonimamente, foi "The Moses of Michelangelo" (1914), com um "Postscript" (1927), *SE* XIII, pp. 211-38. [Numa bibliografia de dimensões consideráveis, existem alguns comentários particularmente importantes sobre essa estátua em Erwin Panofsky, *Studies in iconolo-*

gy: humanistic themes in the art of the Renaissance (1939), cap. 6; ver também as observações em Robert S. Liebert, *Michelangelo: a psychoanalytic study of his life and images* (1983), cap. 14.] Outro artigo controverso de Freud é "Dostoevsky and parricide" (1928), *SE* XXI, pp. 175-96, atacado com uma violência um pouco excessiva (mas não sem razão) por Joseph Frank em "Freud's case-history of Dostoevsky", apêndice a seu *Dostoevsky: the seeds of revolt, 1821-1849* (1976), pp. 379-91.

A análise geral mais satisfatória sobre a complexa postura de Freud em relação às artes, com que aprendi muito, é o livro preciso e perspicaz de Jack J. Spector, *The aesthetics of Freud: a study in psychoanalysis and art* (1972). Ver também Harry Trosman, *Freud and the imaginative world* (1985), esp. parte II. Entre os críticos de arte anteriores que trataram de Freud, o mais interessante, provavelmente, é Roger Fry, que, em *The artist and psycho-analysis* (1924), criticou Freud por minimizar indevidamente o prazer estético existente nos aspectos formais da arte — crítica com a qual Freud teria concordado.

Muitos psicanalistas dentre os primeiros adeptos de Freud não resistiram à tentação de psicanalisar poetas e pintores (às vezes para o pesar de Freud). Entre os esforços mais notáveis e mais elogiados, encontra-se o ensaio inicial de Karl Abraham, *Giovanni Segantini*, com o subtítulo *Ein psychoanalytischer Versuch* (1911). Em "Methodik der Dichterpsychologie", comunicação apresentada na Sociedade Psicológica das Quartas-Feiras em 11 de dezembro de 1907, o musicólogo Max Graf, que durante alguns anos foi íntimo de Freud, tentou, numa proposta fascinante, afastar seus colegas das patografias tradicionais dos artistas e escritores. (Ver *Protokolle*, I, pp. 244-9.) Embora nunca tenha publicado esta comunicação, Graf de fato editou *Aus der inneren Werkstatt des Musikers* (1911) e *Richard Wagner im "Fliegenden Holländer". Ein Beitrag zur Psychologie des künstlerischen Schaffens* (1911), esta última apresentada primeiramente como uma palestra à Sociedade das Quartas-Feiras. No prefácio, Graf prestou um tributo agradecido a sua "constante troca de ideias com o professor Freud". Eduard Hitschmann, por muitos anos membro do círculo psicanalítico mais íntimo em Viena, escreveu uma série de "psicanálises" de poetas e romancistas, que, mais do que pesquisas definitivas, eram esforços tateantes. Várias delas encontram-se, em inglês, em Hitschmann, *Great men: psychoanalytic studies*, ed. Sydney G. Margolin, com a colaboração de Hannah Gunther (1956). Ernest Jones, aventurando-se na análise literária, elaborou um artigo, em 1910, a partir de algumas páginas fecundas de *A interpretação dos sonhos*, que se ampliou constantemente até se converter no livro *Hamlet and Oedipus*, de 1949. O ensaio tem sido severamente — e, a meu ver, excessivamente — criticado por seu pretenso reducionismo — ele tem o objetivo modesto de elucidar apenas por que Hamlet hesita em matar Claudius —, mas o tratamento polêmico de Jones conserva seu interesse. Otto Rank foi incansável em psicanalisar figuras e temas literários. O manuscrito que ele levou em sua primeira visita a Freud foi publicado como *Der Künstler* (1907; 4ª ed. amp., 1918). *The myth of the birth of the hero* (1909; trad. inglesa de F. Robbins e Smith Ely Jelliffe, 1914) é provavelmente seu ensaio mais sólido. [Um complemento refinado, baseado em documentos publicados inicialmente nos anos 1930, é o livro de Ernst Kris e Otto Kurz, *Legend, myth, and magic in the image of the artist: a historical experiment* (1979).] Mas o empreendimento mais denso de Rank, que aparentemente contava com uma opinião favorável de Freud, é seu estudo maciço sobre o tema do incesto na poesia, na prosa e na mitologia, *Das Inzest-Motiv in Dichtung und Sage* (1912; 2ª ed., 1926). Entre inúmeros outros artigos de Rank, talvez o mais interessante seja o longo ensaio "Der Doppelgänger", *Imago* III (1914), pp. 97-164 (versão em inglês, *The double*, trad. Harry Tucker, 1971). Ele também aparece numa útil coletânea de artigos da *Imago*: *Psychoanalytische Literaturinterpretationen*, ed. Jens Malte Fischer (1980); provida de uma substanciosa introdução, essa antologia inclui ainda artigos (entre outros) de Hanns Sachs e Theodor Reik. Este, como conto no texto, apresentou-se a Freud com uma tese sobre Flaubert, posteriormente publicada como *Flaubert und seine "Versuchung des Heiligen Antonius". Ein Beintrag zur Künstlerpsychologie* (1912). Um texto importante de "análise aplicada" é a psicobiografia de Marie Bonaparte, *The life and works of Edgar Allan Poe: a psycho-analytic interpretation* (1933; trad. inglesa de John Rodker, 1949); é um pouco rígido e mecânico, mas vigoroso. Depois de uma década nos Estados Unidos,

Hanns Sachs, esse cultivado centro-europeu, publicou uma coletânea de artigos sobre arte e beleza, *The creative unconscious: studies in the psychoanalysis of art* (1942), que tem sido injustamente negligenciado: em particular o capítulo 4, "The delay of the machine age", é uma amostra de história hipotética de uma perspectiva freudiana.

Os psicanalistas (e leigos com formação psicanalítica) têm continuado, o que não admira, a trabalhar ativamente nesse campo. Uma pequena amostra deve ser suficiente. Para começar com os analistas: Gilbert J. Rose, com o rico *The power of form: a psychoanalytic approach to aesthetic form* (1980), estuda a complexa interação entre os processos primário e secundário nas artes. O criativo psicanalista inglês D. W. Winnicott abordou a experiência estética numa série de artigos seus, sendo o mais instigante, talvez, "Transitional objects and transitional phenomena" (1953), convenientemente incluído, numa versão que ele qualifica de "desenvolvimento", em seu *Playing and reality* (1971) pp. 1-25. Essa coletânea também traz seu importante artigo "The location of cultural experience" (1967), pp. 95-103. William G. Niederland, "Psychoanalytic approaches to artistic creativity", *Psychoanalytic Quarterly*, XLV (1976), pp. 185-212, merece uma leitura atenta, bem como seu anterior "Clinical aspects of creativity", *American Imago*, XXIV (1967), pp. 6-34. A Conferência Freud de Robert Waelder, *Psychoanalytic avenues to art* (1965) é rica em sugestões que ultrapassam a brevidade do texto. John E. Gedo, *Portraits of the artist: psychoanalysis of creativity and its vicissitudes* (1983), é uma coletânea de ensaios que tentam abordar os segredos do artista criador. Entre as tentativas de muitos psicanalistas para uma psicobiografia em grande escala, destaco Liebert, *Michelangelo* (citado acima), não incontestável, mas extremamente interessante, e Bernard C. Meuer, *Josef Conrad: a psychonalytic biography* (1967).

Quanto aos "amadores": Meredith Anne Skura, *The literary use of the psychoanalytic process* (1981), é uma análise refinada tomando quatro temas principais da psicanálise — caso clínico, fantasia, sonho, transferência — como modelos possíveis para a crítica literária. Também aprendi muito com Elizabeth Dalton, *Unconscious structure in "The idiot": a study in literature and psychoanalysis* (1979), um ensaio curto e ousado que tenta (a meu ver, com êxito) tratar os personagens do romance de Dostoiévski como seres psicologicamente coerentes. Ellen Handler Spitz, *Art and psyche: a study in psychoanalysis and aesthetics* (1985), examina a presença do artista em sua obra, suas implicações psicológicas e as relações do artista com seu público. Entre os estudos mais especificamente dirigidos para essa questão — a recepção da obra de arte — e mais estimulantes, encontram-se os de Norman N. Holland, esp. *Psychoanalysis and Shakespeare* (1966), *The dynamics of literary response* (1968) e *Poems in persons: an introduction to the psychoanalysis of literature* (1973). Richard Ellman, "Freud and Literary Biography", *American Scholar*, LIII (outono de 1984), pp. 465-78, é ao mesmo tempo crítico e, como seria de esperar, extremamente inteligente.

The practice of psychoanalytic criticism, ed. Leonard Tennenhouse (1976), reúne uma série de artigos bastante recentes, retirados em larga medida da *American Imago; literature and psychoanalysis*, ed. Edith Kurzweil e William Phillips (1983), começa com Freud e vem até a crítica analítica moderna, incluindo um texto clássico de Lionel Trilling, "Art and neurosis", publicado anteriormente em Trilling, *The liberal imagination: essays on literature and society* (1950), pp. 160-80. Ver também a exposição teórica de Simon O. Lesser, *Fiction and the unconscious* (1957), que se complementa com a coletânea dos artigos de Lesser, *The whispered meanings*, ed. Robert Sprinch e Richard W. Noland (1977).

Os filósofos não negligenciaram esse campo. Ver esp. Richard Wollheim, *On art and the mind* (1974), e a antologia *Philosophical essays on Freud*, ed. Wollheim e Hopkins (já citado). Richard Kuhns, *Psychoanalytic theory of art: a philosophy of art on developmental principles* (1983), baseia-se em adeptos da psicologia do ego como Heinz Hartmann e teóricos das relações de objeto como D. W. Winnicott, para uma integração estimulante entre todas as dimensões da criatividade artística. Em *Art and act: on causes in history — Manet, Gropius, Mondrian* (1976), eu tentei situar a criação artística dentro da rede da experiência pessoal, profissional e cultural. *Freud for historians* (1985), meu esforço de convencer os colegas historiadores de que a psicanálise deveria produtivamente, e pode seguramente, ser empregada em nossa profissão, caiu, até onde posso ver, em solo estéril. Do lado encorajador, destaco Peter Loewenberg, *Decoding the past: the psychohistorical approach* (1983), uma série de artigos sobre a teoria e a aplicação da psicanálise por um historiador com formação na área (em sua maioria anteriores ao meu trabalho). O capítulo inicial, "Psycho-history: an overview of the field", pp. 9-41, faz um competente levantamento do terreno, ao passo que entre os capítulos posteriores, exemplificando a abordagem psicanalítica, vários deles tratam da história austríaca: "Theodor Herzl: nationalism and politics", pp. 101-35; "Victor and Friedrich Adler: revolutionary politics and generational conflict in Austro-Marxism", pp. 136-60; e "Austro-Marxism and revolution: Otto Bauer, Freud's 'Dora' case, and the crises of the first Austrian Republic", pp. 161-204, artigo de particular pertinência para esta biografia. Saul Friedländer, *History and psychoanalysis: an inquiry into the possibilities and limits of psychohistory* (1975; trad. inglesa de Susan Suleiman, 1978) é um modelo de argumentação racional.

Sobre *Totem e tabu*, Edwin R. Wallace IV, *Freud and anthropology: a history and a reappraisal* (1983), apresenta um levantamento consciencioso. As duas famosas resenhas de Alfred L. Kroeber sobre o livro de Freud (a segunda menos acerba do que a primeira) merecem uma releitura: "Totem and taboo: an ethnologic psychoanalysis", *American Anthropologist*, XXII (1920), pp. 48-55; e "Totem and taboo in retrospect", *American Journal of Sociology*, LV (1939), pp. 446-57. O mesmo vale para o tratamento espirituoso dado por R. R. Marett, "Psycho-Analysis and the savage", *Athenaeum* (1920), pp. 205-6. Suzanne Cassirer Bernfeld, "Freud and archeology", *American Imago*, VIII (1951), pp. 107-28, é uma fonte rica em que outros beberam. Recentemente, a tentativa mais convincente de resgatar o argumento central de Freud (mas não a realidade histórica do crime primário) é a de Derek Freeman, "Totem and taboo: a reappraisal", em *Man and his culture: psychoanalytic anthropology after "Totem and taboo"*, ed. Warnes Muensterberger (1970), pp. 53-78. Sándor S. Feldman, "Notes on the 'Primal Horde'", em *Psychoanalysis and the social sciences*, ed. Muensterberger, I (1947), pp. 171-93, é um complemento apropriado. Ver também Robin Fox, "Totem and taboo reconsidered", em *The structural study of myth and totemism*, ed. Edmund Leach (1967), pp. 161-78. Devo mencionar o brilhante ensaio de Melford E. Spiro, *Oedipus in the Trobriands* (1982), uma refutação de um antropólogo com boa informação psicanalítica contra o ceticismo de Malinowski, quanto à aplicabilidade das ideias de Freud aos ilhéus trobriandeses, baseada inteiramente nos próprios dados de Malinowski.

Pelo fato de Freud nunca ter desenvolvido plenamente a ideia de caráter — esse conjunto organizado de hábitos e fixações —, tem havido uma tendência a voltar a suas primeiras exposições, ao importante pequeno artigo "Character and anal erotism" (1908) e à trilogia de artigos publicados oito anos depois, com o título geral "Some character-types met with in psychoanalytic work", *SE* XIV, pp. 309-33, sendo os três tipos "The 'Exceptions'", "Those wrecked by success" e "Criminals from a sense of guilt". Uma ampliação interessante da definição das "exceções", dada por Freud, encontra-se em Edith Jacobson, "The 'Exceptions': an elaboration of Freud's character study", *The Psychoanalytic Study of the Child*, XIV (1959), pp. 135-54; e um comentário igualmente interessante sobre o mesmo artigo de Freud é o de Anton O. Kris, "On wanting too much: the 'Exceptions' revisited", *Int. J. Psycho-Anal.*, LVII (1976), pp. 85-95. Visto que Freud não unificou os dados, os comentários bastante sistemáticos de Otto Fenichel são particularmente oportunos. Ver principalmente "Psychoanalysis of character" (1941), em *The collected papers of Otto Fenichel*, ed. Hanna Fenichel e David Rapaport, 2ª série (1954), pp. 198-214. Ver também os capítulos respectivos na importante obra de Fenichel, de modo algum ultrapassada, *The psychoanalytic theory of neurosis* (1945), esp. "Digression about the anal character", pp. 278-84, e "Character disorders", pp. 463-540. Nesse contexto, o ensaio conciso de David Shapiro, *Neurotic styles* (1965) tem coisas úteis a dizer. O mesmo vale para P. C. Giovacchini, *Psychoanalysis of character disorders* (1975).

Aqui não é o lugar para enumerar as discussões sobre o narcisismo que vêm agitando os psicanalistas nos últimos tempos. Sydney Pulver, "Narcissism: the term and the concept", *J.*

Amer. Psychoanal. Assn., XVIII (1970), pp. 319-41, apresenta um levantamento esclarecedor. Entre os diversos estudos clínicos e teóricos sobre distúrbios narcisísticos, de autoria de Otto F. Kernberg, ver esp. *Borderline conditions and pathological narcissism* (1975). Dois artigos de Heinz Kohut em *The Psychoanalytic Study of the Child* — "The psychoanalytic treatment of narcissistic personality disorders", XXIII (1968), pp. 86-113, e "Thoughts on nascissism and narcissistic rage", XXVII (1972), pp. 360-400 — ainda são experimentais e tateantes, tendo sido escritos antes que Kohut convertesse sua leitura pessoal do narcisismo numa ideologia. E ver R. D. Stolorow, "Toward a functional definition of narcissism", *Int. J. Psycho-Anal.*, LVI (1975), pp. 179-85; e Warren Kingston, "A theoretical and technical approach to narcissistic disorders", *Int. J. Psycho-Anal.*, LXI (1980), pp. 383-94. Arnold Rothstein, *The narcissistic pursuit of perfection* (1980), revê e procura redefinir o conceito. Entre as discussões do problema por analistas "clássicos", aqui são especialmente pertinentes alguns artigos de Heinz Hartmann, esp. "Comments on the psychoanalytic theory of the ego" (1950) e "The development of the ego concept in Freud's work" (1956), em *Essays on ego psychology: selected problems in psychoanalytic theory* (1964), pp. 113--41, 268-96. A conhecida monografia de Edith Jacobson, *The self and the object world* (1964), é igualmente importante.

Oron J. Hale, *The Great Illusion, 1900-1914* (1971), sintetiza bem a historiografia recente sobre a atmosfera antes do Armagedon. Walter Laqueur e George L. Mosse organizaram uma interessante coletânea de ensaios, passando de país em país, *1914: the coming of the First World War* (1966). Sobre a psicose de guerra que tomou conta de profissionais inteligentes e supostamente cosmopolitas de todos os lados, inclusive, em certa medida, o próprio Freud, ver o ensaio bem documentado e ponderador de Roland N. Stromberg, *Redemption by war: the intellectuals and 1914* (1982); pode ser lido ao lado de Robert Wohl, *The generation of 1914* (1979). Sobre a Primeira Guerra Mundial, sobre a qual se escreveram bibliotecas inteiras, basta citar alguns textos sérios: B. H. Liddell-Hart, *The real war, 1914-1918* (1930); Corelli Barnett, *The swordbearers: supreme command in the First World War* (1964); René Albrecht-Carrié, *The meaning of the First World War* (1965). Fritz Fischer, *Griff nasch der Weltmacht. Die Kriegszielpolitik des kaiserlichen Deutschland 1914-1918* (1961; 3ª ed., 1964), provocou uma tempestade entre os historiadores alemães, com sua crítica feroz aos objetivos bélicos alemães e sua violação dos tabus germânicos contra um exame franco das causas da guerra; é um texto salutar, particularmente útil para este capítulo pela sua coletânea de declarações belicosas "viris" dos diplomatas. Pode ser lido junto com Hans W. Gatzke, *Germany's drive to the West* (1950).

8. AGRESSÕES

Sobre a história do inconsciente de uma perspectiva não psicanalítica, ver, mais uma vez, Whyte, *The unconscious before Freud*, e o livro muito mais extenso de Ellenberger, *Discovery of the unconscious.* Para comentários psicanalíticos sobre o inconsciente, ver, entre uma vasta bibliografia, esp. Edward Bibring, "The development and problems of the theory of the instincts", *Int. J. Psycho-Anal.*, XXII (1934), pp. 102-31; Bibring, "The conception of the repetition compulsion", *Psychoanalytic Quarterly*, XII (1942), pp. 486-516; Robert Waelder, "Critical discussion of the concept of an instinct of destruction", *Bulletin of the Philadelphia Association for Psychoanalysis*, VI (1956), pp. 97-109; e vários artigos relevantes de Heinz Hartmann, reunidos em seus *Essays on ego psychology.* Entre eles, incluem-se "Comments on the psychoanalytic theory of instinctual drives" (1948), pp. 69-89; "The mutual influences in the development of ego and id" (1952), pp. 155-81; e (já citado) "Comments on the psychoanalytic theory of the ego" e "The development of the ego concept in Freud's work", um ensaio histórico especialmente útil. Hartmann também se reuniu a seus colegas, adeptos da psicologia do ego, Ernst Kris e Rudolph M. Loewenstein em "Comments on the formation of psychic structure" (1946) em seus *Papers on psychoanalytic psychology* (1964), pp.

27-55. O denso estudo de Max Schur, *The id and the regulatory principles of mental functioning* (1966), tem grande valor. David Holbrook, ed., *Human hope and the death instinct: an exploration of psychoanalytic theories of human nature and their implications for culture and education* (1971), embora de forma alguma contrário à psicanálise, reúne artigos preocupados em escapar à destrutividade, em busca de uma consciência humanista.

Sobre a morte, quando tocou Freud — tanto como ideia, quanto como ameaça —, Schur, *Freud, living and dying* é magistral. Sobre o reconhecimento da pulsão agressiva por Freud, por tanto tempo adiado (embora a pulsão não fosse totalmente desconsiderada), ver o exame de Paul E. Stepansky, *A history of aggression in Freud* (1977). Sua leitura pode ser complementada com a de Rudolf Brun, "Über Freuds Hypothese vom Todestrieb", *Psyche*, VII (1953), pp. 81-111. Da avalanche de artigos sobre o tema, seleciono algumas contribuições de destaque: o importante artigo de Otto Fenichel, "A critique of the death instinct" (1935), em *Collected papers*, 1ª Série (1953), pp. 363-72; dois artigos em *The Psychoanalytic Study of the Child*, III/IV (1949): Anna Freud, "Aggression in relation to emotional development: normal and pathological", pp. 37-42, e Beata Rank, "Aggression", pp. 43-8; Heinz Hartmann, Ernst Kris e Rudolph M. Loewenstein, "Notes on the theory of aggression" (1949), *Papers on psychoanalytic psychology*, pp. 56-85; René A. Spitz, "Aggression: its role in the establishment of object relations", em *Drives, affects, behavior: essays in honor of Marie Bonaparte*, ed. Rudolph M. Loewenstein (1953), pp. 126-38; T. Wayne Downey, "Within the pleasure principle: child analytic perspectives on aggression", *The Psychoanalytic Study of the Child*, XXXIX (1984), pp. 101-36; Phyllis Greenacre, "Infant reaction to restraint: problems in the fate of infantile aggresion" (1944), em seu *Trauma, growth, and personality* (1952), pp. 83-105; Albert J. Solnit, "Aggression", *J. Amer. Psychoanal. Assn.*, XX (1972), pp. 435-5-; e — para mim de grande importância — Solnit, "Some adaptive functions of aggressive behavior", em *Psychoanalysis — a general psychology*, ed. Loewenstein, Newman, Schur e Solnit, pp. 169-89. Entre os que à diferença de muitíssimos outros analistas, levam a sério a doutrina de Freud sobre a pulsão de morte, K. R. Eissler é o mais convincente — ou menos inconvincente — em "Death drive, ambivalence, and narcissism", *The Psychoanalytic Study of the Child*, XXVI (1971), pp. 25-78, uma enérgica defesa da ideia controvertida de Freud. Alexander Mitscherlich a examina da perspectiva da psicologia social psicanalítica "Psychoanalysis and the aggression of large groups", *Int. J. Psycho-Anal.*, LII (1971), pp. 161-7. Para uma visão profundamente cética sobre a possibilidade de se tratar a agressão como entidade isolada, por parte de um eminente psicanalista, ver Leo Stone, "Reflections on the psychoanalytic concept of aggression", *Psychoanalytic Quarterly*, XL (1971), pp. 195-244, um texto extremamente perturbador.

Por razões óbvias, há poucos documentos sobre os artigos metapsicológicos "perdidos" de Freud. Um ensaio brilhante é o de Ilse Grubrich-Simitis, "Trauma or drive; drive and trauma; a reading of Sigmund Freud's phylogenetic fantasy of 1915", Conferência Freud apresentada em Nova York em 28 de abril de 1987, ainda não publicada na época da redação deste livro. Em seu ensaio sobre o 12º artigo metapsicológico de Freud, que ela descobriu, decifrou e publicou com *A phylogenetic fantasy*, Grubrich-Simitis relaciona sugestivamente a ambiciosa teorização da fantasia filogenética de Freud com a luta constante em seu pensamento entre a teoria do trauma e o teoria pulsional das neuroses. Essa visão é compatível com o Freud que apresenta nesse livro: um homem empenhado numa titânica luta subterrânea entre a ânsia de especulação e a necessidade de autodisciplina. Também encontram-se hipóteses proveitosas em Barry Silverstein, "'Now comes a sad story': Freud's lost metapsychological papers", em *Freud, appraisals and reappraisals*, ed. Stepanski, I, pp. 143-95. [Gostaria de chamar a atenção para a escola antimetapsicológica do pensamento psicanalítico, que prefere ressaltar o pensamento clínico de Freud. Entre os ensaios mais originais, mas a meu ver, ao final, inconvincentes, nessa linha estão os artigos de George S. Klein, esp. "Two theories or one?", em seu *Psychoanalytic theory: an exploration of essencials* (1976), pp. 41-71, a ser lido ao lado de outros artigos no mesmo livro. Merton M. Gill e Philip S. Holzman reuniram alguns artigos sugestivos com essa mesma perspectiva, em *Psychology versus metapsychology: psychoanalytic essays in memory of George S. Klein* (1976).]

Sobre o final da guerra e suas consequências imediatas para as Potências Centrais derrotadas, a melhor exposição é o estudo erudito de F. L. Carsten, *Revolution in Central Europe, 1918-1919* (1972), que se baseia em fontes inéditas e documentos já publicados, e traz longos capítulos sobre a Áustria. John Williams, *The other battleground: the home fronts, Britain, France and Germany 1914-1918* (1972), vai além do título, com comentários sobre a Áustria encaminhando-se para a derrota. Otto Bauer, *Die Österreichische Revolution* (1923), é uma narrativa de um participante socialista. Estudos modernos são ponderada e parcimoniosamente apresentados em *Österreich 1918-1938. Geschichte der Ersten Republik*, ed. Erika Weinzierl e Kurt Skalnik, 2 vols. (1983); note-se esp. Wolfdieter Bihl, "Der Weg Zum Zusammenbruch — Österreich-Ungarn unter Karl I (IV)", pp. 27-54; Karl. R. Stadler, "Die Gründung der Republik", pp. 55-84; e Fritz Fellner, "Der Vertrag von St. Germain", pp. 85-106. Também particularmente significativos nesse volume são Hans Kernbauer, Eduard März e Fritz Weber, "Die wirtschaftliche Entwicklung", pp. 343-79; Ernst Bruckmüller, "Sozialstruktur und Sozialpolitik", pp. 381-436; e Erika Weinzierl, "Kirche und Politik", pp. 437-96. Um desses autores, Karl R. Stadler, pode ser lido em inglês: *The birth of the Austrian Republic* (1966). As memórias de Anna Eisenmenger, *Blockade: the diary of an Austrian middleclass woman, 1914-1924* (trad. anônima, 1932), são comoventes. Nesse âmbito, também merece ser lido Uttokar Landwehr-Pragenau, *Hunger. Die Erschöpfungsjahre der Mittelmächte 1917/1918* (1931). *Aufbruch und Untergang. Österreichische Kultur zwischen 1918 und 1938*, ed. Franz Kadrnoska (1981) é um complemento esclarecedor, contendo ensaios sobre o teatro e o circo, caricaturas e filmes, pintores e festivais; o artigo de Ursula Kubes, "'Moderne nervositäten' und die Anfänge der Psychoanalyse", pp. 267-80, é aqui particularmente pertinente. Walter Goldinger, *Geschichte der Republik Österreich* (1962) é um levantamento equilibrado. Entre as reminiscências, ver esp. Bertha Zuckerkandl, *Österreich intim. Erinnerungen 1892-1942*, ed. Reinhard Federmann (1970). Christine Klusacek e Kurt Stimmer, eds., *Dokumentation zur Österreichischen Zeitgeschichte, 1928-1938* (1982), apresenta recortes bem escolhidos sobre todos os aspectos da história austríaca dessa década. Jacques Hannak, *Karl Renner und seine Zeit. Versuch einer Biographie* (1965), é uma biografia exaustiva do político e teórico socialista, com ampla citação de documentos. Peter Csendes, *Geschichte Wiens* (1981), é um breve levantamento. *The Jews of Austria*, ed. Fraenckel, é uma vez mais indispensável numa série de seus artigos. A. J. May tem um ensaio útil, "Woodrow Wilson and Austria-Hungary to the end of 1917", em *Festschrift für Heinrich Benedikt*, ed. H. Hantsch et al. (1957), pp. 213-42. Wilson também é tema de Klaus Schwabe, *Woodrow Wilson, revolutionary Germany, and peace-making 1918-1919: missionary diplomacy and the realities of power* (1971; trad. inglesa de Rita e Robert Kimber, 1985). Três biografias já citadas são valiosas para esse período: Timms, *Karl Kraus, apocalyptic satirist;* Luft, *Robert Musil and the crisis of European culture*, e Prater, *European of yesterday: a biography of Stefan Zweig.*

O suicídio de Victor Tausk tem sido tema de uma controvérsia envenenada. Primeiramente discutido no estudo tendencioso de Paul Roazen, *Brother animal: the story of Freud and Tausk* (1969), que faz de Freud o vilão da peça, foi rediscutido por K. R. Eissler numa típica réplica (muito indignada e muito pormenorizada), *Talent and genius: the fictitious case of Tausk contra Freud* (1971), e rerrediscutido por Eissler em *Victor Tausk's suicide* (1983).

O depoimento de Freud sobre as neuroses de guerra perante os tribunais vienenses foi discutido no livro muito meticuloso de K. R. Eissler, *Freud as an expert witness: the discussion of war neuroses between Freud and Wagner-Jauregg* (1979; trad. inglesa de Christine Trollope, 1986). Ver também Eissler, "Malingering", em *Psychoanalysis and culture*, ed. George Wilbur e Warner Muensterberger (1951), pp. 218-53. O reconhecimento por parte dos analistas de que os traumas psicológicos dos soldados eram água para seus moinhos obteve ampla publicidade com algumas comunicações no congresso internacional de psicanalistas em Budapeste em 1918; ver Sándor Ferenczi, Karl Abraham, Ernst Simmel e Ernest Jones, *Psycho-Analysis and the war neuroses* (1919; trad.

provavelmente Ernest Jones, 1921). A "Introduction" de Freud ao livro, e seu "Memorandum on the electrical treatment of war neurotics", escrito em 1920 e publicado em 1955, encontram-se em *SE* XVII, pp. 205-15. Um pioneiro nessa área, na Alemanha, foi Ernst Simmel, cujo *Kriegsneurosen und psychisches Trauma* (1918) foi de grande influência; um outro pioneiro, na Inglaterra, foi M. D. Eder; ver seu *War-Shock. The psycho-neuroses in war: psychology and treatment* (1917).

Há uma abundância de detalhes sobre a vida de Freud na fome e no frio de Viena após 1918 em sua correspondência com seus íntimos em Budapeste, Berlim e Londres, bem como com seu sobrinho Samuel em Manchester. Ver também o curto artigo de outro sobrinho, Edward L. Bernays, "Uncle Sigi", *Journal of the History of Medicine and Allied Sciences*, XXXV (abril de 1980), pp. 216-20. Foi-me útil um artigo esclarecedor sobre o impacto da guerra e da "realidade social" sobre o pensamento de Freud nesses anos: Louise E. Hoffman, "War, revolution, and psychoanalysis: Freudian thought begins to grapple with social reality", *Journal of the History of the Behavioral Sciences*, XVII (1981), pp. 251-69. Stefan Zweig, *Die Welt von Gestern. Erinnerungen eines Europäers* (1944), esp. o capítulo "Heimkehr nach Österreich" traz muitos detalhes vívidos — talvez, como sempre, um pouco vívidos demais. Para um ponderado contrapeso à hipérbole fluente de Zweig, ver novamente Prater, *European of yesterday: a biography of Stefan Zweig*, esp. cap. 4, "Salzburg and success, 1919-1925". O texto autobiográfico de Richard F. Sterba, *Reminiscences of a Viennese Psychoanalyst* (1982), é superficial. A[bram] Kardiner, *My analysis with Freud: reminiscences* (1977), embora longe de ser exaustivo, transmite em certa medida como era ser um "aluno" estrangeiro de Freud após a guerra.

Sobre Groddeck, ver esp. Carl M. e Sylva Grossman, *The wild analyst: the life and work of Georg Groddeck* (1965), um livro curto e popular, mas com uma bibliografia completa dos textos de Groddeck. Sándor Ferenczi resenhou o romance de Groddeck, *Der Seelensucher*, em 1921 (ver *Schriften zur Psychoanalyse*, ed. Balint, II, pp. 94-8). A avaliação de Lawrence Durrell, "Studies in genius: VI. Groddeck", *Horizon*, XVII (junho de 1948), pp. 384-403, é interessante. O principal livro de Groddeck sobre o isso existe em inglês: *The book of the it* (1923; trad. inglesa de M. E. Collins, 1950). Margaretha Honegger organizou uma pequena seleção de sua correspondência com Freud e outros: *Georg Groddeck-Sigmund Freud. Briefe über des Es* (1974).

Sobre a psicologia social de Freud, ver esp. Sándor Ferenczi, "Freuds 'Massenpsychologie und Ich-Analyse'. Der individualpsychologische Fortschritt" (1922), em *Schriften zur Psychoanalyse*, ed. Balint, II, pp. 122-6; e Philip Rieff, "The origins of Freud's political psychology", *Journal of the History of Ideas*, XVII (1956), pp. 235-49. Robert Bocock, sugestivamente, trata Freud como um sociólogo em *Freud and modern society: an outline and analysis of Freud's sociology* (1976). De passagem, existe um manuscrito anotado de *Massenpsychologie und Ich-Analyse* de Freud, um verdadeiro achado, na Rare Book and Manuscript Library, Universidade Columbia.

9. A MORTE CONTRA A VIDA

Sobre a luta de Freud com o câncer, Schur, *Freud, living and dying*, esp. caps. 13-16, é, uma vez mais, o livro de maior autoridade, a ser complementado — e em alguns pontos corrigido! — pelas suas anotações inéditas, "The medical case history of Sigmund Freud", de 27 de fevereiro de 1954, Max Schur papers, LC. As cartas de Anna Freud a Schur e Ernest Jones contribuem com uma maior precisão e, ao mesmo tempo, uma maior pungência. Sharon Romm, *The unwelcome intruder: Freud's struggle with cancer* (1983), traz detalhes e informações médicas sobre os médicos, cirurgiões e operações de Freud, em larga medida impossíveis de serem obtidas em outro lugar. Sou grato a um manuscrito inédito muito bem informado de Sanford Gifford, "Notes on Felix Deutsch as Freud's personal physician" (1972), que, embora solidário com a difícil situação de Deutsch, não é sentimental. O artigo do próprio Deutsch, "Reflections on Freud's one hundredth birthday", *Psychosomatic Medicine*, XVIII (1956), também é de proveito. Novamente minha entrevista com Helen Schur, a 3 de junho de 1986, se revelou inestimável. Sobre Heinele, o neto de Freud, fui auxiliado por uma comunicação pessoal de Hilde Braunthal, que, quando jovem estudante, trabalhou na casa de Mathilde e Robert Hollitscher, onde Heinele passou seus últimos meses. H. D. [Hilda Doolittle], *Tribute to Freud*, traz alguns vislumbres retrospectivos, dos anos 1930 aos anos 1920. A entrevista de George Sylvester Viereck, de 1926, publicada separadamente em 1927 e depois em *Glimpses of the great* (1930), tem citações características, mas deve ser usada com cuidado.

Existem passagens rememorativas e divertidas sobre a popularidade de Freud na Áustria dos anos 1920 em Elias Canetti, *Die Fackel im Ohr. Lebensgeschichte 1921-1931* (1980), esp. p. 137-9. Sobre os Estados Unidos, as indicações em Ronald Steel, *Walter Lippmann and the American century* (1980), podem ser complementadas com algumas das cartas de Lippmann, competentemente editadas por John Morton Blum, em *Public philosopher: selected letters of Walter Lippmann* (1985). Alfred Kazin, *On native grounds: an interpretation of modern american prose literature* (1942; ed. brochura, 1956), tem comentários de passagem sobre o impacto de Freud nos anos 1920, bem como Richard Weiss, *The American myth of success, from Horatio Alger to Norman Vincent Peale* (1969). Martin Wangh, ed., *Fruition of an idea: fifty years of psychoanalysis in New York* (1962), é parco e um tanto autoelogioso; o que se precisa é de uma história amplamente documentada do Instituto Psicanalítico de Nova York. Um estudo anterior, de alguém que estava presente, C. P. Uberndorf, *A history of psychoanalysis in America* (1953), é altamente pessoal, mas proveitoso. David Shakow e David Rapaport, *The influence of Freud on american psychology* (1964), vão adiante do belo livro de Hale, *Freud and the Americans.* Uma boa companhia para Hale é John C. Burnham, *Psychoanalysis in American Medicine, 1894-1918: medicine, science, and culture* (1967). Também há um bom material em Burnham, *Jelliffe: American psychoanalyst and physician* (1983), que inclui a correspondência de Jelliffe com Freud e Jung, editado por William McGuire. E ver John Demos, "O Oedipus and America: historical perspectives on the reception of psychoanalysis in the United States", *The Annual of Psychoanalysis*, VI (1978), pp. 23-9, que é reflexivo e esclarecedor. (Para títulos referentes à análise leiga nos Estados Unidos, ver a seção do ensaio para o cap. 10, a próxima).

Uwe Henrik Peters, *Anna Freud: a life dedicated to children* (1979; trad. anôn., 1985), debate-se corajosamente sozinha, mas sem grandes resultados, entre os papéis de Anna Freud, como se dá com outras tentativas biográficas; teremos de esperar até que saia a biografia abalizada de Elisabeth Young-Bruehl. Ela apresentou parte de suas pesquisas numa palestra no Programa Muriel Gardiner de Psicanálise e Ciências Humanas, Universidade Yale, 15 de janeiro de 1987, em diversas conversas e numa carta a mim de 17 de maio de 1987. Alguns dos artigos comemorativos dedicados a Anna Freud, em *The Psychoanalytic Study of the Child*, XXXIX (1984), ajudam a completar o retrato de uma pessoa reservada e fascinante. Ver esp. Joseph Goldstein, "Anna Freud in law", pp. 3-13, e também Peter B. Neubauer, "Anna Freud's concept of developmental lines", pp. 15-27; Leo Rangeu, "The Anna Freud experience", pp. 29-42; Albert J. Solnit e Lottie M. Newman, "Anna Freud: The child expert", pp. 45-63, e a evocação de Robert S. Wallerstein, "Anna Freud: radical innovator and staunch conservative", pp. 65-80. A conferência da sobrinha de Anna Freud, Sophie Freud, *The legacy of Anna Freud* (1987), é pessoal e comovente. Kardiner, *My analysis with Freud* traz alguns comentários emocionantes. As cartas inéditas de Anna Freud, especialmente a Max Schur e Ernest Jones, e as cartas inéditas de Freud a Ernest Jones e — ainda mais — à sua indispensável amiga e confidente Lou Andreas-Salomé, auxiliam o biógrafo. [Sobre Lou Andreas-Salomé, ver seus textos autobiográficos, esp. seu *Lebensrückblick* (1951), e Angela Livingstone, *Lou Andreas-Salomé* (1984), que se baseia em alguns documentos inéditos]. A fonte mais rica sobre Anna Freud, porém, naturalmente é a correspondência inédita entre ela e seu pai, na Freud Collection, LC.

Sobre a psicanálise em Berlim, ver a correspondência reveladora (e extremamente divertida) entre os Strachey: *Bloomsbury/Freud: the letters of James and Alix Strachey, 1924-1925*, ed. Perry Meisel e Walter Kendrick (1985). Além disso, ver o Festschrift altamente instrutivo, *Zehn Jahre Berliner Psychoanalytisches Institut (Poliklinik und Lehranstalt)*, ed. Deutsche Psychoanalytische Gesellschaft (1930), com breves relatos informativos de Ernst Simmel, Otto Fenichel, Karen Horney, Hanns Sachs, Gregory Zilboorg e outros, sobre todos os aspectos da instituição, suas normas, seus estudantes, pacientes e programas. Melanie Klein, que deixou sua marca primeiramente em Berlim, continua excepcionalmente controvertida, e a biografia de Phyllis Grosskurth, *Melanie Klein-. Her world and her work* (1986), embora muito completa e baseada em muitas pesquisas dos papéis de Klein, não amainou o debate. Aprendi muito com o livro, mas discordo da avaliação bastante negativa de Grosskurth sobre Anna Freud. Hanna Segal, uma kleiniana importante, escreveu dois breves estudos, muito úteis: *Introduction to the work of Melanie Klein* (1964) e *Klein* (1979).

Sobre o impacto de Freud na França, ver o livro pequeno, mas substancial, de Sherry Turkle, *Psychoanalytic politics: Freud's French Revolution* (1978), que descreve o surgimento de uma cultura psicanalítica tipicamente francesa. Igualmente instrutivo é o intercâmbio entre Freud e René Laforgue, trad. para o francês por Pierre Cotet, ed. André Bourguignon et al., em "Memorial", *Nouvelle Revue de Psychanalyse*, XV (abril de 1977), pp. 236-314. O mesmo em relação à ampla exposição de Elisabeth Roudinesco, *La bataille de cent ans. Histoire de la psychanalyse en France*, vol. I, 1885-1935 (1982) e vol. II, 1925-1985 (1986). Ver também Ilse e Robert Baraude, *Histoire de la Psychanalyse en France* (1975). A psicanálise na França, evidentemente, está ligada a Marie Bonaparte. Lelia Bertin, *Marie Bonaparte: a life* (1982), infelizmente é muito insuficiente, esp. sobre as ideias de Bonaparte e seu trabalho como organizadora da psicanálise na França. Há espaço para uma biografia melhor.

Entre os analisandos que falaram sobre Freud, incluem-se Hilda Doolittle [H. D.], Kardiner e a falecida Jeanne Lampl-de Groot (numa entrevista sincera, fascinante, muitas vezes comovente, concedida a mim em 24 de outubro de 1985). Sobre H. D., ver a biografia completa de Janice S. Robinson, *H. D.: the life and work of an American poet* (1982), que se complementa com Susan Stanford Friedman, "A most luscious 'Vers Libre' relationship: H. D. and Freud", *The Annual of Psychoanalysis*, XIV (1986), pp. 319-43. O livro daquele analisando "experimental", Joseph Wortis, *Fragments of an analysis with Freud* (1954), registra algumas intervenções extraordinárias de Freud, mas, em última análise, é insatisfatório, visto que Wortis não estava realmente interessado em ser analisado. Sobre os conhecidos e correspondentes de Freud nestes anos, dois artigos de David S. Werman em *Int. Rev. Psycho-Anal.* são muito esclarecedores: "Stefan Zweig and his relationship with Freud and Rolland: a study of the auxiliary ego ideal", VI (1969), pp. 77-95, e "Sigmund Freud and Romain Rolland", IV 1977, pp. 225-42. Existe ainda um ensaio de David James Fisher, "Sigmund Freud and Romain Rolland: the terrestrial animal and his great oceanic friend", *American Imago*, XXXIII (1976), pp. 1-59. Mary Higgins e Chester M. Raphael, eds., *Reich speaks of Freud: Wilhelm Reich discusses his work and his relationship with Sigmund Freud* (1967), traz alguns comentários intrigantes (ainda que duvidosos) sobre os anos mais avançados de Freud, incluindo a longa entrevista de Reich a K. R. Eissler. Albrecht Hirschmüller publicou duas cartas reveladoras de Freud ao filho de Josef Breuer, por ocasião da morte de Breuer: "'Balsam auf eine schmerzende Wunde' — Zwei bisher unbekannte Briefe Sigmund Freuds über sein Verhältnis zu Josef Breuer", *Psyche*, XLI (1987), pp. 55-9.

Sobre a debatida questão do interesse de Freud pelo oculto, talvez se possam fazer outros estudos. Nandon Fodor, *Freud, Jung, and occultism* (1971), está longe de ser conclusivo. Por outro lado, *Jones* III, pp. 375-407, é muito bom e amplo.

10. LUZES TRÊMULAS EM CONTINENTES NEGROS

Sobre Otto Rank, além das biografias já citadas — Lieberman, *Rank*, e Taft, *Otto Rank*, ambos trabalhos biográficos de amor —, ver Esther Menaker, *Otto Rank: a rediscovered legacy* (1983), que lê Rank como um adepto da psicologia do ego e responde a algumas das críticas de Ernest Jones a sua obra e caráter. O estudo de Rank e Ferenczi, *The development of psychoanalysis* (1924; trad. inglesa de Caroline Newton, 1925) já teve algumas reedições. O livro mais popular de Rank, *The trauma of birth* (1924; trad. anôn., 1929), continua acessível. Existe também uma seleção de seus volumosos escritos: Philip Freund, ed., *The myth of the birth of hero and other writings* (1959), principalmente sobre arte e mito. O adepto mais importante de Rank foi o falecido sociólogo Ernest Becker, como mostram seus livros *The denial of death* (1973) e *Escape from Evil* (1975).

Sobre a angústia, a "Editor's introduction" a *Inhibitions, symptoms and anxiety, SE* XX, pp. 77-86, é particularmente útil. Muito mais amplo é o estudo em três partes de Allan Compton, "A study of the psychoanalytic theory of anxiety", que apareceu no *J. Amer. Psychoanal. Assn.*: "I. The development of Freud's theory of anxiety", XX (1972), pp. 3-44; "II. Development in the theory of anxiety since 1926", XX (1972), pp. 341-94; e "III. A preliminary formulation of the anxiety response", XXVIII (1980), pp. 739-74. Otto Fenichel, como de costume, tem vários artigos interessantes sobre o tema, notadamente "Organ libidinization accompanying the defense against drives" (1928), *Collected papers*, 1ª Série, pp. 128-46; "Defense against anxiety, particularly by libidinization" (1934), *Collected papers*, 1ª Série, pp. 303-17; e o artigo especialmente original "The counter-phobic attitude" (1939), *Collected papers*, 2ª Série, pp. 163-73. O convincente artigo de Phyllis Greenacre, em duas partes, "The predispositon to anxiety" (1941), em *Trauma, growth, and personality*, pp. 27-82, remonta essa disposição até a vida uterina. Ver também Ishak Ramzy e Robert S. Wallerstein, "Pain, fear, and anxiety: a study in their interrelations", *The Psychoanalytic Study of the Child*, XIII (1958), 147-89; René A. Spitz, "Anxiety in infancy", *Int. J. Psycho-Anal.*, XXXI (1965), pp. 138-43, a se somar ao material fascinante em Spitz, *The first year of life* (1965); Clifford Yorke e Stanley Wiseberg, "A developmental view of anxiety: some clinical and theoretical considerations", *The Psychoanalytic Study of the Child*, XXXI (1976), pp. 107-35; Betty Joseph, "Different types of anxiety and their handling in the analytic situation", *Int. J. Psycho-Anal.*, LIX (1978), pp. 223-38, e o artigo imediatamente seguinte: Leo Rangell, "On understanding and treating anxiety and its derivatives", pp. 229-36. Max Schur "The ego in anxiety", em *Drives, affects, behavior*, ed. Loewenstein, pp. 67-103, é um pequeno clássico. Para um tratamento mais individual do tema, ver o importante texto de Silvan Tomkins, *Affects, imagery, consciousness*, vol. II, *The negative affects* (1963), esp. pp. 511-29. Existem algumas discussões reveladoras (às vezes veementes) sobre as ideias independentes de Rank nas atas da Sociedade Psicanalítica de Nova York, na A. A. Brill Library, New York Psychoanalytic Institute.

As recordações de Theodor Reik (entremeadas com inúmeras citações das cartas de Freud a ele) oferecem muitos detalhes interessantes: *The search within: the inner experience of a psychoanalyst* (1956) é um vasto compêndio; seu livro anterior, *From thirty years with Freud* (trad. inglesa de Richard Winston, 1940) é mais conciso e mais aguçado. Erika Freeman instigou Reik a evocar suas lembranças; ver, dela, *Insights; conversations with Theodor Reik* (1971). O grande simpósio sobre análise leiga, organizado por Max Eitingon e Ernest Jones, apareceu (em sua versão inglesa) em *Int. J. Psycho-Anal.*, VIII (1927), pp. 174-283, 391-401. A história completa da postura americana em relação aos analistas leigos ainda está por ser escrita, e em vista de seu grande interesse histórico, é uma necessidade. Sobre a análise leiga, as atas da Sociedade Psicanalítica de Nova York, infelizmente, são muito parcas. Por ora, ver principalmente *American psychoanalysis: origins and development*, ed. Jacques M. Quen e Eric T. Carlson (1978). Em Oberndorf, *History on psychoanalysis in America*, ver esp. cap. 9, "Status of psychoanalysis at the beginning of the third decade", e cap. 10, "Stormy years in psychoanalysis under New York leadership", que são vigorosos, subjetivos e muito breves. Uma vez mais, Hale, *Freud and the Americans*, embora só chegue até 1917, monta muito bem o quadro; Burnham, *Jelliffe*, também é de proveito nessa questão.

Jones III, pp. 287-301, oferece uma visão geral imparcial abrangendo a controvérsia sobre a análise leiga, admiravelmente informativo, apesar de sua concisão. De concisão, ninguém pode acusar K. R. Eissler; seu *Medical orthodoxy and the future of psychoanalysis* (1965) é extenso, prejudicado por digressões complacentes, mas, em algumas partes, esclarecedor. Algumas contribuições recentes incluem Lawrence S. Kubie, "Reflections on training", *Psychoanalytic Forum*, I (1966), pp. 95-112; Shelley Orgel, "Report from the Seventh Pre-Congress Conference on Training". *Int.*

J. Psycho-Anal., LIX (1978), pp. 511-15; Robert S. Wallerstein, "Perspectives on psychoanalytic training around the world", *Int. J. Psycho-Anal.*, LIX (1978), pp. 477-503; e Newell Fischer, apresentando-se numa mesa-redonda da Associação Psicanalítica Americana, "Beyond lay analysis: pathways to a psychoanalytic career", *Amer. Psychoanal. Assn.*, XXX (1982), pp. 701-15. Harald Leopold--Löwenthal, "Zur Geschichte der 'Frage der Laienanalyse' (T.H.)" *Psyche*, XXXVIII (1984), pp. 97-120, traz algumas outras informações.

Boa parte, de fato a maioria da bibliografia que se concentrou em torno das ideias de Freud sobre o desenvolvimento feminino, especificamente a sexualidade, é polêmica; a questão foi quase totalmente politizada. Felizmente, tanto os analistas como as analistas não perderam a cabeça. Existem dois levantamentos conscienciosos da história das ideias de Freud por Zenia Odes Fliegel: "Feminine psychosexual development in Freudian theory: a historical reconstruction", *Psychoanalytic Quarterly*, XLII (1973), pp. 385-408, competentemente seguido por "Half a century later: current status of Freud's controversial views on women", *Psychoanalytic Review*, LXIX (1982), pp. 7-82; ambos apresentam excelentes informações bibliográficas. Uma antologia abrangente, *Female psychology: contemporary psychoanalytic views*, ed. Harold P. Blum (1977), contém uma amostragem generosa de artigos do *J. Amer. Psychoanal. Assn.* Entre os mais proveitosos para mim, estão James A. Kleeman, "Freud's views on early female sexuality in the light of direct child observation", pp. 3-27, ao mesmo tempo crítico e apreciador das ideias de Freud; Eleanor Galenson e Herman Roiphe, "Some suggestive revisions concerning early female development", pp. 29-57, um artigo muito interessante; Samuel Ritvo, "Adolescent to woman", pp. 127-37, que, de maneira convincente, leva a história para além da infância; William I. Grossman e Walter A. Stewart, "Penis envy: from childhood wish to developmental metaphor", pp. 193-212, mais uma sugestão de revisão dentro da psicanálise; Roy Schafer, "Problems in Freud's psychology of women", pp. 331-60, uma análise perspicaz de algumas questões fundamentais; Daniel S. Jaffe, "The masculine envy of woman's procreative function", pp. 361-92, que trata com o outro lado da inveja do pênis; Peter Barglow e Margret Schaefer, "A new female psychology?", pp. 393-438, que examina rigorosamente a literatura recente não, semi e pseudopsicanalítica, com resultados excelentes. Quase todos esses artigos oferecem extensas bibliografias. Entre outros artigos importantes de autores representados na antologia, incluem-se Kleeman, "The establishment of core gender identity in normal girls. (a) Introduction; (b) Development of the ego capacity to differentiate", *Archives of Sexual Behavior*, I (1971), pp. 103-29; e Galenson e Roiphe, "The impact of early sexual discovery on mood, defensive organization, and symbolization", *The Psychoanalytic Study of the Child*, XXVII (1971), pp. 195-216, que pode ser complementado (e contrastado) com o artigo dos mesmos, "The preoedipal development of the boy", *J. Amer. Psychoanal. Assn.*, XXVIII (1980), pp. 805-28. Para um sumário lúcido dos textos lançados desde a antologia de 1977, ver Shahla Chehrazi, "Female psychology: a review", *J. Amer. Psychoanal. Assn.*, XXXIV (1986), pp. 141-62. Ver também o curto artigo, altamente instrutivo, de Iza S. Erlich, "What happened to Jocasta?", *Bulletin of the Menninger Circle*, XLI (1977), pp. 280-4, que indaga com propriedade sobre as mães nos casos clínicos de Freud. E ver Jean Strouse, ed., *Women and analysis: dialogues on psychoanalytic views of femininity* (1974).

Muito importantes entre os textos psicanalíticos clássicos que seguem a leitura freudiana do desenvolvimento sexual das mulheres, embora não sem alguns reparos, são Marie Bonaparte, *Female Sexuality* (1951; trad. inglesa de John Rodker, 1953), que apareceu inicialmente sob a forma de três artigos na *Revue Française de Psychanalyse*, em 1949; Helene Deutsch, *The psychology of women*, 2 vols. (1944-5); e Ruth Mack Brunswick, "The preoedipal phase of libido development" (1940), em *The psychoanalytic reader*, ed. Robert Fliess (1948), pp. 261-84. Os artigos de Jeanne Lampl-de Groot, que se encontram em sua coletânea *The development of the mind: psychoanalytic papers on clinical and theoretical problems* (1965), expõem as ideias de Freud com especial clareza: "The evolution of the Oedipus complex in women" (1927), pp. 3-18; "Problems of feminity" (1933), pp. 19-46; a resenha de Sándor Radó, "Fear of castration in women" (1934), pp. 47-57; e uma contribuição importante sobre a questão de um estágio muito precoce — nos homens —, "The preoedipal phase in the development of the male child" (1946), pp. 104-113. Ver também Joan Riviere, "Womanliness as a Masquerade" (1929), em *Psychoanalysis and female sexuality*, ed. Hendrik M. Ruitenbeek (1966), pp. 209-20.

Sobre Abraham a respeito dessa questão, ver, além de sua correspondência com Freud, seu artigo "Manifestations of the female castration complex" (1920), em *Selected papers of Karl Abraham* (1927), pp. 338-69. Os artigos mais significativos de Jones, todos em *Papers on psycho-analysis* (4ª ed., 1938), são "The early development of female sexuality" (1927), pp. 556-70; "The phallic phase" (1933), pp. 571-604; e "Early female sexuality" (1935), pp. 605-16.

Os artigos de Karen Horney encontram-se facilmente em inglês. Os que a tornaram importante, reunidos em seu *Feminine psychology*, ed. Harold Kelman (1967), são "On the genesis of the castration complex in women" (1924), pp. 37-53; "The flight from womanhood: the masculinity-complex in women as viewed by men and women" (1926), pp. 54-70; "The dread of women: observations on a specific diference in the dread felt by men and women respectively for the opposite sex" (1932), pp. 133-46; e "The denial of the vagina: a contribution to the problem of the genital anxieties specific to women" (1933), pp. 147-61. Essa coletânea de seus artigos também traz alguns outros textos referentes à questão. *The adolescent diaries of Karen Horney* (1980) são comoventes e reveladores; Marcia Westkott, *The feminist legacy of Karen Horney* (1986), discute suas ideias dentro do contexto. A nova biografia de Susan Quinn (a autora me permitiu que eu lesse o manuscrito), *A mind of her own: the life of Karen Horney* (1987), é um tratamento amplo que faz justiça à sua vida privada.

Aqui não é o lugar para discutir o protesto feminista contra as visões "falocêntricas" de Freud, por interessante que seja; o artigo de Barglow e Schaefer (citado acima) defende energicamente, e até belicosamente, a perspectiva psicanalítica. A contribuição mais proveitosa e conscienciosa, que tenta levar em conta, mas também ir além da "política sexual" e do "chauvinismo masculino" de Freud, é um estudo de uma psicoterapeuta formada e feminista ativa, Juliet Mitchell, *Psychoanalysis and feminism* (1974). Mary Jane Sherfey, *The nature and evolution of female sexuality* (1972) é uma tentativa lúcida de rever a teoria freudiana a partir da biologia moderna. K. R. Eissler, "Comments on penis envy and orgasm in women", *The Psychoanalytic Study of the Child*, XXXII (1977), pp. 29-83, tenta levar em conta a literatura feminista e psicanalítica recente. Sobre aspectos da fascinante história da sexualidade das mulheres e das atitudes em relação ao amor na Europa do século XIX, de forma alguma indiferentes para as ideias de Freud, ver Gay, *The bourgeois experience*, vol. I, *Education of the senses*, e vol. II, *The tender passion*. Entre uma imensa literatura, destaco apenas Helene Weber, *Ehefrau und Mutter in der Rechtsentwicklung. Eine Einführung* (1907), que tem uma seção sobre a Áustria, bem como Richard J. Evans, *The feminists: women's emancipation movements in Europe, America and Australasia 1840-1920* (1977). A melhor história sucinta das mulheres austríacas na contemporaneidade é a de Erika Weinzierl, *Emanzipation? Österreichische Frauen im 20. Jahrhundert* (1975), uma introdução. Uma história mais extensa seria oportuna.

Sobre o tema delicado de Freud e sua mãe, além de *Jones, passim*, e McGrath, *Freud's discovery of psychoanalysis*, ver Eva M. Rosenfeld, "Dreams and vision: some remarks on Freud's Egyptian bird dream", *Int. J. Psycho-Anal.*, XXXVII (1956), pp. 97-105; e Robert D. Stolorwo e George E. Atwood, "A defensive-restitutive function of Freud's theory of psychosexual development", *Psychoanalytic Review*, LXV (1978), pp. 217-38, um artigo importante que trata as relações entre Freud e Amalia Freud de modo muito parecido ao que eu faço. Os autores utilizam proveitosamente o livro de Tomkins, *Affect, imagery, consciousness*. Donald L. Burnham publicou uma carta de Freud, em anos avançados, ao psicanalista alemão Carl Müller-Braunschweig: "Freud and female sexuality: a previously unpublished letter", *Psychiatry*, XXXIV (1971), pp. 328-9.

Muitos documentos até então inéditos foram revelados pela primeira vez em *Arnold Zweig, 1887-1968. Werk und Leben in Dokumenten und Bildern*, ed. Georg Wenzel (1978).

11. A NATUREZA HUMANA EM ATIVIDADE

Já observei que seria altamente desejável um maior volume de estudos sobre Ferenczi. Sobre seus últimos anos (bem como para os anteriores), a Correspondência Freud-Ferenczi, Freud Collection, LC, é, evidentemente, fundamental. Michael Balint apresenta alguns comentários importantes, ainda que apressados, em *The basic fault: therapeutic aspects of regression* (1968), esp. cap. 23, "The disagreement between Freud and Ferenczi, and its repercussions". A correspondência de Ferenczi com seu bom amigo de anos posteriores, Georg Groddeck, *Briefwechsel 1921-1933* (1986), é esclarecedora. Masson, *Assault on truth*, tem um capítulo de ar convincente, mas totalmente inconfiável, "The strange case of Ferenczi's last paper", sobre as relações finais entre Ferenczi e Freud. Assim, Masson cita, como exemplo dos fortes sentimentos positivos de Freud em relação a Ferenczi, a forma como ele "frequentemente o tratava como 'caro filho'" (p. 145). Na verdade, eu encontrei esse tratamento apenas uma vez, quando Freud o empregou exasperado com a incapacidade de Ferenczi em crescer. (Ver as cartas de Freud a Ferenczi, 30 de novembro e 5 de dezembro de 1911. Freud-Ferenczi Correspondence, Freud Collection, LC.) E ainda, a alegação de Masson de que a insistência de Ferenczi em reviver a teoria da sedução "custou-lhe a amizade de Freud" (p. 148), é contrariada pelos fatos. O diário clínico de Ferenczi, que cito no texto a partir do manuscrito na Freud Collection, LC, está em via de ser publicado pela editora S. Fischer Verlag, Frankfurt a Main: Judith Dupont, ed., *"Ohne Sympathie keine Heilung". Das klinische Tagebuch von 1932* (1988).

Não existe nenhum estudo completo do antiamericanismo de Freud. Hale, *Freud and the Americans*, apresenta o panorama até 1917. Sobre um dos primeiros e mais sérios defensores americanos de Freud, ver novamente Steel, *Walter Lippmann*. [Martin J. Wiener, *Between two worlds: the political thought of Graham Wallas* (1971), tem alguns comentários interessantes sobre Lippmann.] Burnham, *Jelliffe*, é novamente útil. O estudo biográfico mais completo de Bullitt é Will Brownell e Richard N. Billings, *So close to greatness: a biography of William G. Bullitt* (1987), que tive a oportunidade de ler em manuscrito. No entanto, não consegue elucidar inteiramente os mistérios que cercam o estudo de Freud e Bullitt sobre Woodrow Wilson. Tentando reconstruir a feitura daquele livro, utilizei as cartas de Bullitt ao coronel House (em Colonel E. M. House papers, série I, caixa 21, Y-MA). Beatrice Farnsworth, *William C. Bullitt and the Soviet Union* (1967), concentra-se sobre as primeiras missões diplomáticas de Bullitt, mas felizmente vai além do título. William Bayard Hale, *The story of a style* (1920), o livro que Freud apreciou, mas não endossaria em público, é uma dissecação de Wilson através de seus recursos estilísticos. Para uma resenha americana desse livro, que deu ao autor uma boa oportunidade para acabar com Wilson, ver H. L. Mencken, "The archangel Woodrow" (1921), em *The Vintage Mencken*, ed. Alistair Cooke (1955), pp. 116-20.

Orville H. Bullitt, que viu o manuscrito de *Thomas Woodrow Wilson* em 1932, quando esteve com seu irmão William, confirma que Freud e Bullitt haviam de fato assinado cada um dos capítulos. Por volta de 1950, ele o viu novamente e não percebeu alterações. (Ver Orville Bullitt a Alexander L. George, 6 de dezembro de 1973, cortesia de Alexander George.) O dr. Orville Horwitz, um primo, que também estava plenamente familiarizado com o manuscrito nos anos 1930, concorda. (Conversa por telefone com o dr. Horwitz, 31 de maio de 1986.) Por outro lado, o estilo do livro não corrobora essas lembranças: mais de um crítico observou com razão que, enquanto a introdução é inquestionavelmente de Freud, o texto simplesmente carece de seu humor e sutileza de formulação e expressão. Assim, Max Schur escreveu à srta. M. Legru, da editora Houghton Mifflin, em 19 de janeiro de 1968: "O estudo do manuscrito revelou claramente que apenas a introdução, embora não feita em sua letra (Freud tinha escrito *todos* os seus manuscritos e cartas à mão), tinha todos os sinais inequívocos do estilo de Freud e refletiam seu ponto de vista analítico. Nós [Schur, Ernst Freud e Anna Freud] tivemos de concluir que esta era uma transcrição fiel da contribuição original de Freud. Quanto ao restante do livro, deve ter sido escrito pelo sr. Bullitt, que aplicou o melhor que pôde (*sem questionar absolutamente sua boa-fé*), de memória e a partir das notas que havia tomado durante seus encontros com Freud, as formulações analíticas que este lhe passou". (Cortesia de Helen Schur.) O próprio Freud disse a Arnold Zweig em dezembro de 1930: "Estou escrevendo de novo uma introdução para algo que alguém está fazendo; não estou autorizado a dizer o que é, é também uma análise, mas altamente contemporânea, quase política". [Freud a Arnold Zweig, 7 de dezembro de 1930. Freud-Zweig, p. 37 (25).]

A forma menos difícil de solucionar essas contradições, julgo eu, é supor que Bullitt revisou o manuscrito depois da morte de Freud. Num aspecto, Anna Freud adotou um outro ponto de vista. "O senhor sabe como gosto pouco de Bullitt", escreveu ela a Max Schur em 24 de outubro de 1966. "Mas não é o tipo de coisa que ele faria." (Max Schur papers, LC.) Por outro lado, ela escreveu a Schur, em 6 de novembro de 1966: "Tenho absoluta certeza de que meu pai escreveu seu próprio Prefácio. É seu estilo e sua forma de pensar, e eu estaria pronta a jurá-lo em qualquer momento. Tenho igualmente certeza, e estou igualmente pronta a jurá-lo, que nenhum dos outros capítulos foi escrito por meu pai, nem no todo nem em parte. Em primeiro lugar, não é o estilo dele; em segundo, nunca em sua vida ele empregou repetições que são usadas neste livro ad nauseam; em terceiro, ele nunca denegriu ou ridicularizou qualquer tema em análise como se faz no livro". Sem dúvida, acrescentou ela, seu pai tinha "sugerido interpretações analíticas a Bullitt, para que ele usasse, nunca tendo imaginado que seriam usadas dessa maneira tosca". (Max Schur papers, LC.) Fica claro, a partir de algumas cartas de Anna Freud a Jones em meados dos anos 1950, que ela não viu o manuscrito do estudo sobre Wilson enquanto seu pai estava vivo. (Ver Anna Freud a Jones, 16 e 25 de abril de 1955. Jones papers, Archives of the British Psycho-Analytical Society, Londres.) O próprio Bullitt escreveu a Jones em 22 de julho de 1955, dizendo que o livro "foi o resultado de muita luta. Tanto Freud como eu éramos extremamente teimosos: um tanto convencidos de que cada um de nós era Deus. Em virtude disso, cada capítulo: na verdade, cada frase: foi objeto de um intenso debate". Em junho de 1956, escrevendo novamente a Jones, Bullitt acrescentou: "Visitei Londres duas vezes (em 1939), a fim de discutir com ele [Freud] certas modificações que eu considerava essenciais. Concordamos sobre a fraseologia dessas modificações e eu as fiz. Mas senti que sua morte impossibilitou outras alterações". (Ambas em Jones Papers, Archives of the British Psycho-Analytical Society, Londres). Talvez o melhor julgamento sobre o assunto seja o de Anna Freud: "Não há dúvidas de que meu pai superestimou Bullitt. Eu nunca. Mas, em assuntos desse tipo, meu pai não era guiado por ninguém". (Anna Freud a Max Schur, 6 de novembro de 1966. Max Schur papers, LC.) Mas o manuscrito continua inacessível.

Sobre o caso Horace Frink, ver Michael Specter, "Sigmund Freud and a family Torn Asunder: revelation of an analysis gone awry", *Washington Post*, 8 de novembro de 1987, seção G, pp. 1, 5. Os papéis de Frink, nos Alan Mason Chesney Medical Archives, The Johns Hopkins University, lançam mais luz.

Entre os estudos da religiosidade de Freud, a dissertação de Reuben M. Rainey, *Freud as student of religion: perspectives on the background and development of his thought* (1975), não deixa de ter interesse. Sobre o judaísmo de Freud, o artigo de seu filho Martin, "Who was Freud?", em *The Jews of Austria*, ed. Fraenkel, pp. 197-211, é indispensável. A. A. Roback, *Freudiana* (1957), que traz "cartas inéditas de Freud, Havelock Ellis, Pavlov, Bernard Shaw, Romain Rolland et alii", é mais irritante do que informativo. Neste capítulo, baseei-me livremente em meu *A godless Jew*, que discute mais amplamente as questões do que tive a oportunidade de fazer aqui. (Para títulos sobre o judaísmo de Freud, ver a seção do ensaio para o cap. 12, o próximo.)

Entre os trabalhos que abordam *O mal-estar na civilização*, encontram-se o estudo de Paul Roazen, *Freud: political and social thought* (1968), com várias páginas sobre a natureza humana na política. Para uma discussão interessante das implicações sociais (e políticas) do pensamento de Freud, de uma perspectiva freudiana, ver J. C. Flugel, *Man, morals and society: a psycho-analytic study* (1945). R. E. Money-Kyrle, *Psychoanalysis and politics: a contribution to the psychology of politics and morals* (1951), é um ensaio sucinto, mas substancial, com a mesma perspectiva. "Politics and the Individual", em Rieff, *Freud: the mind of the moralist*, é um belo capítulo. A Conferência Freud de Heinz Hartmann, consideravelmente ampliada em *Psychoanalysis and moral value* (1960), é uma defesa refinada do superego e (em larga medida, implicitamente) da teoria social e política freudiana, que merece uma leitura atenta. Também sobre o superego, ver Michael Friedman, "Toward a reconceptualization of guilt", *Contemporary Psychoanalysis*, XXI (1985), pp. 501-47, que discute as reelaborações pós-freudianas, incluindo Melanie Klein, e teóricos das relações de objeto como W. R. D. Fairbairn e D. W. Winnicott. O eminente sociólogo americano Talcott Parsons estudou o ângulo social das ideias de Freud em diversos artigos significativos, notadamente "The superego and the theory of social systems" (1952), publicado numa coletânea com outros artigos sobre o tabu paterno e o tabu do incesto, e ainda sobre a personalidade e a sociedade, em *Social structure and personality* (1964). Bocock, *Freud and modern society*, é útil uma vez mais. Tentei dar um exemplo de como o historiador pode ligar ideias psicanalíticas à cultura em "Liberalism and regression", *The Psychoanalytic Study of the Child*, XXXVII (1982), pp. 523-45.

12. MORRER EM LIBERDADE

A grande catástrofe econômica — e, ao cabo, política — que se iniciou no outono de 1929 e acionou os acontecimentos dos anos 1930 encontra a melhor cobertura em John A. Garraty, *The Great Depression* (1986), um belo estudo comparativo incluindo comentários sobre a Áustria. Sobre a vida de Freud na Áustria entre 1933 e 1938, ver esp. a correspondência *Freud-Zweig* e algumas das cartas em data mais avançada de Freud a Lou Andreas-Salomé e a Max Eitingon (na Palestina a partir de 1933). Schur, *Freud, living and dying* é necessariamente *a* testemunha ocular indispensável sobre os meses de Freud sob Hitler. Clark, *Freud*, esp. cap. 23, "An order for release", baseia-se em parte em documentos diplomáticos — negligenciados por outros biógrafos — que usei independentemente. A dra. Josefine Stross, que esteve (literalmente) próxima a Freud de maio de 1938 até sua morte, gentilmente ampliou minhas informações sobre Freud durante esses meses (esp. em cartas de 12 de maio e 19 de junho de 1987). Detlef Berthelsen, *Alltag bei Freud. Die Erinnerungen der Paula Fichtl* (que vi na fase de provas, a ser publicado em 1988), oferece muitos detalhes excepcionalmente íntimos sobre o lar dos Freud, que se devem às reminiscências de uma empregada que trabalhava para a família desde 1929 e acompanhou-os a Londres. As "revelações" incluem o choque da virginal Fichtl ao ver de relance o pênis de Freud; o conjunto das lembranças não verificadas de uma velha empregada não é um documento em que se possa confiar automaticamente. A autobiografia de Carl Zuckmayer, *Als wär's ein Stück von mir. Horen der Freundschaft* (1966), esp. pp. 64-95, narra vividamente suas experiências na Áustria — em Viena e outras cidades —, no mês de março de 1938. Sobre a Áustria e o período da Anschluss, discuti os melhores títulos na seção do ensaio para o capítulo 8; ver esp. as contribuições de Kadrnoska, Goldinger, Zuckerkandl, Klusacek e Stimmer, Hannak, Csendes, e Weinzierl e Skalnik. É de se mencionar um outro capítulo do livro editado por estes dois últimos, *Österreich 1918-1938*: é o texto de Norbert Schausberger, "Der Anschluss", pp. 517-52. Outros títulos úteis são *Dokumentation zur Österreichischen Zeitgeschichte, 1938-1945*, ed. Christine Klusacek, Herbert Steiner e Kurt Stimmer (1971), cujas duas primeiras seções contêm documentação rica (e aterradora) sobre a Anschluss e a Áustria como "Ostmark" até a deflagração da Segunda Guerra Mundial; Christine Klusacek, *Österreichs Wissenschaftler und Künstler unter dem NS-Regime* (1966) um arrolamento lacônico e eloquente de cientistas (inclusive Freud) e artistas perseguidos, e seus paradeiros; *Dieter Wagner e Gerhard Tomkowitz, "Ein Volk, Ein Reich, Ein Führer!", Der Anschluss Österreichs 1938* (1968), jornalístico, mas sério, incluindo algumas fotografias notáveis de judeus maltratados em março de 1938; ver também, mais uma vez, alguns dos artigos em *The Jews of Austria*, ed. Fraenkel, esp. Herbert Rosenkranz, "The Anschluss and the tragedy of Austrian Jewry, 1938-1945", pp.

479-545, com estatísticas estarrecedoras e reminiscências igualmente pavorosas. E ver T. Friedmann, ed., "*Die Kristall-Nacht.*" *Dokumentarische Sammlung* (1972), que documenta os bárbaros ataques a sinagogas, centros comunitários — e aos próprios judeus — em novembro de 1938. Raul Hilberg, *The destruction of the European Jews* (1961; 2ª ed., 1981), embora controvertido em sua tese geral acerca da passividade dos judeus, é de uma erudição impecável. Existem outras estatísticas pertinentes, a respeito da comunidade judaica austríaca sob Hitler, em Martin Gilbert, ed., *The Macmillan Atlas of the Holocaust* (1982). Como mostra o texto, as crônicas registradas por repórteres em Viena, principalmente no *New York Times*, *Manchester Guardian* e *Daily Telegraph* de Londres, são ricas fontes de indicações sobre os acontecimentos.

A psicanálise e psiquiatria alemãs sob Hitler estão vividamente documentadas em Karen Brecht et al., eds., "*Hier geht das Leben auf eine sher merkwürdige weise weider...*" *Zur Geschichte der Psychoanalyse in Deutschland* (1985), um catálogo equilibrado e informativo. Pode ser complementado com Geoffrey Cocks, *Psychotherapy in the Third Reich: the Goering Institute* (1985), douto e categoricamente revisionista, embora mais inclinado a reconhecer uma certa sobrevivência da psicanálise sob os nazistas do que, a meu ver, as provas realmente podem indicar. Na vasta literatura sobre a Alemanha nazista, Karl Dietrich Bracher, *The German dictatorship: the origins, structure, and effects of National Socialism* (1969; trad. inglesa de Jean Steinberg, 1970), conserva grande parte de sua autoridade no tema.

O judaísmo de Freud continua a estimular um número crescente de comentários. Sobre minhas próprias ideias, ver novamente meu *A godless Jew*. Apresentei parte de meu argumento em "Six names in search of an interpretation", também já citado. Justin Miller, "Interpretation of Freud's Jewishness, 1924-1974", *Journal of the History of the Behavioral Sciences*, XVII (1981), pp. 357-74, faz um levantamento abrangente da literatura de meio século. Um importante ensaio inicial tentando situar Freud é o de Ernst Simon, "'Sigmund Freud, the Jew", *Leo Baeck Yearbook*, II (1957), pp. 270-305, que se deve ler ao lado de Peter Loewenberg, "'Sigmund Freud as a Jew': a study in ambivalence and courage", *Journal of the History of the Behavioral Sciences*, VII (1971), pp. 363-9. Martin S. Bergmann, "Moses and the evolution of Freud's Jewish idemity", *Israel Annals of Psychiatry and Related Disciplines*, XIV (março de 1976), pp. 3-26, do qual sou devedor, discute exaustivamente os comentários de Freud sobre o assunto, e traz observações interessantes sobre a religiosidade do pai de Freud. Marthe Robert, *From Oedipus to Moses: Freud's Jewish identity* (1974; trad. inglesa de Ralph Manheim, 1976) é uma interpretação admirável e sutil, embora talvez superestime a identificação de Freud com Moisés, o profeta assassinado. Stanley Rothman e Phillip Isenberg, "Sigmund Freud and the politics of marginality", *Central European History*, VII (1974), pp. 58-78, desfaz com competência algumas interpretações equivocadas e tendenciosas. O artigo dos mesmos autores, "Freud and Jewish marginality", *Encounter* (dezembro de 1974), pp. 46-54, também ajuda a dar algumas alfinetadas em Carl Schorske, "Politics and patricide in Freud's interpretation of dreams" (já citado). Henri Baruk, "La signification de la psychanalyse et le judaïsme", *Revue d'Histoire de la Medicine Hébraique*, XIX (1966), pp. 15-28, 53-65, bastante crítico de Freud, consegue liquidar com êxito ideias tão forçadas como a de que Freud foi profundamente influenciado pela Cabala, como sustenta (sem nenhuma prova convincente) David Bakan, *Sigmund Freud and the Jewish mystical tradition* (1958). (Entre os críticos mais eficazes de Bakan está Harry Trosman, em seu já citado *Freud and the imaginative world*, que, além disso, tem comentários interessantes sobre a identidade judaica de Freud.) A. A. Roback, *Jewish influence in modern thought* (1929), tem a mesma posição problemática de Bakan, mas traz algumas cartas de Freud ao autor. Ver também, uma vez mais, Robak, *Freudiana*. Sander Gilman, *Jewish self-hatred: anti-semitism and the hidden language of the Jews* (1986), embora tremendamente engenhoso sobre o autodesprezo, parece-me excêntrico. *Judaism and psychoanalysis*, ed. Mortimer Ostow (1982), apresenta um cardápio variado de artigos, incluindo um capítulo do instigante estudo do rabino Richard Rubinstein, *The religious imagination* (1968). No entanto, prefiro as análises equilibradas de Bergmann, Rothman e Isenberg, e mesmo de Robert. Não se deve descurar do humor judaico como possível pista para a identidade judaica de Freud. Kurt Schlesinger, "Jewish humor as Jewish identity", *Int. Rev. Psycho-Anal.*, VI (1979), pp. 317-30, é uma tentativa útil. Theodor Reik abordou o tema, principalmente em *Jewish wit* (1962). Ver também Elliott Oring, *The jokes of Sigmund Freud: a study in humor and Jewish identity* (1984), curto, sugestivo, um pouco sem humor. "Mein Onkel Sigmund", a entrevista (já citada) de Harry, sobrinho de Freud, a Richard Dyck, negando que seu famoso tio fosse ateísta, deve ser consultada com certo ceticismo. Avner Falk, "Freud and Herzl", *Contemporary Psychoanalysis*, XIV (1978), pp. 357-87, examina o judaísmo de Freud do ângulo de seu conhecimento das ideias de Herzl.

Muitos dos títulos citados, principalmente Bergmann, "Moses and the evolution of Freud's Jewish identity", e Robert, *From Oedipus to Moses*, têm muito a dizer sobre o *Moisés e o monoteísmo* de Freud. Acrescento Rieff, *Freud: the mind of the moralist*, cap. 6; "The authority of the past", e dois títulos de Edwin R. Wallace IV: *Freud and anthropology* e "The psychodynamic determinants of Moses and monotheism", *Psychiatry*, XL (1977), pp. 79-87. Ver também a cuidadosa discussão em "Freud and the religion of Moses", cap. 5 de W. W. Meissner, *Psychoanalysis and religious experience* (1984); e ver F. M. Cross, "Yahweh and the God of the patriarchs", *Harvard Theological Review*, LV (1962), pp. 225-59. Algumas especulações interessantes sobre a razão pela qual Freud deixou de mencionar o artigo anterior de Abraham (1912) sobre Amenhotep IV, tão pertinente à incursão intelectual de Freud no Egito antigo, são apresentadas por Leonard Shengold, "A parapraxis of Freud's in relation to Karl Abraham", *American Imago*, XXIX (1972), pp. 123-59.

Vários testemunhos oculares transmitem uma ideia do último ano e meio da vida de Freud. As reações dos Woolf ao chá com Freud no começo de 1939, em 20 Maresfield Gardens, são notáveis — e um pouco contraditórias: ver Leonard Woolf, *Downhill all the way* (1967), pp. 95-6, 163-69; e *The diary of Virginia Woolf*, ed. Anne Olivier Bell, com a assistência de Andrew McNeillie, vol. V, 1936-1941 (1984), pp. 202, 248-52. Hanns Sachs descreveu sua despedida de Freud em *Freud: master and friend*, cap. 9, "The parting"; e Jones também descreveu a *sua* despedida em *Jones* III, cap. 6, "London, the end".

Sobre a famosa carta de uma mãe americana anônima a Freud, sobre seu filho homossexual, ver o instrutivo artigo de Henry Abelove, "Freud, male homosexuality and the Americans", *Dissent* (inverno de 1986), pp. 59-69.

Além dos necrológios costumeiros, há um brevíssimo retrospecto sobre Max Schur em *American Psychoanalytic Association Newsletter*, III (dezembro de 1969), p. 2.

Sobre o tratamento que dei aos últimos dias de Freud, ver a nota final ao capítulo 12.

Um p.s.: ao longo do meu trabalho, cheguei a um relato intrigante, mas, a meu ver, bastante suspeito sobre um episódio que supostamente aconteceu na Berggasse 19 depois da Anschluss. Barbara Hannah, em sua "dissertação biográfica" idolatradora, *Jung: his life and work* (já citada), conta (pp. 254-5) que, não muito tempo depois da invasão nazista na Áustria, em meados de março de 1938, Franz Riklin Jr., filho do velho colega de Jung, Franz Riklin, "foi escolhido por alguns judeus suíços extremamente ricos para ir *imediatamente* à Áustria, com uma soma de dinheiro muito grande, para fazer tudo o que pudesse para convencer judeus importantes a deixar o país antes que os nazistas tivessem tempo para começar a persegui-los". Riklin filho, então com cerca de trinta anos e no começo de sua carreira médica, achou que tinha sido escolhido para essa delicada missão devido ao seu autocontrole e sua "aparência extremamente teutônica". De modo geral, ele "teve um extraordinário êxito no desempenho de sua missão", mas não junto aos Freud. O pai de Riklin insistira muito com este para que persuadisse Freud a deixar prontamente a Áustria "e aproveitar as facilidades extremamente excepcionais que ele podia oferecer". Mas, quando Riklin filho foi ver Freud, "e lhe explicou a situação", Freud o desapontou dizendo categoricamente: "Recuso-me a ser devedor de meus inimigos". Riklin explicou a situação o melhor que pôde, e insistiu que nem seu pai, nem Jung tinham qualquer animosidade contra Freud. Mas Freud apenas reiterou sua posição inflexível. No entanto, conclui Hannah, os Freud foram muito cordiais com o mensageiro, e até o convidaram para jantar.

Até aqui, Hannah. Ela não apresenta nenhuma documentação para essa história surpreendente, mas, visto que conhecia intimamente Riklin filho, e encontrou-o muitas vezes na casa dos Jung, parece mais que provável que tenha sido ele a fonte em que ela se baseou. Contudo, sua versão tem seus aspectos improváveis: aqueles "judeus suíços extremamente ricos" deviam saber que a perseguição aos judeus na Áustria tinha começado no mesmo instante em que os nazistas marcharam sobre o país. Mais importante, a sugestão de que os judeus suíços haviam de escolher como emissário o filho de um dos mais famosos inimigos de Freud não soa verdadeira. Somente a recusa enérgica e inflexível de Freud parece condizer com o personagem. Assim, deixei o informe de lado.

A seguir, no ano passado, quando o texto desta biografia já estava no prelo, o dr. Robert S. McCully (agora professor de psicologia, e na metade dos anos 1960 frequentando a faculdade de psiquiatria do Medical College da Universidade Cornell, em Nova York, e fazendo análise didática no Instituto Jung local) em parte corroborou e corrigiu significativamente a versão de Hannah. Quando o filho de Riklin esteve fazendo conferências em Nova York, McCully o conheceu e ouviu a história detalhada de sua missão em Viena. Conforme ele se lembra da versão de Riklin, não foram judeus suíços ricos, e sim Jung e Riklin pai que reuniram 10 mil dólares de seus próprios fundos, e queriam que esse dinheiro se destinasse apenas a Freud. Quando Riklin chegou à Berggasse 19, Anna Freud abriu parcialmente a porta, mas não permitiu que ele entrasse no apartamento e disse-lhe que seu pai não o receberia. Então Freud veio até a porta, e disse exatamente o que Hannah afirma que ele dissera: "Recuso-me a ser devedor de meus inimigos". A hostilidade dos Freud, relembrou Riklin a McCully, foi tal que ele foi embora e voltou para Zurique, com o dinheiro ainda na cinta. [Ver Robert S. McCully, "Remarks on the last contact between Freud and Jung", uma carta ao editor, *Quadrant: Journal of the C. G. Jung Foundation* (Nova York), XX (1987), pp. 73-4.]

O dr. McCully (a quem consultei) lembra-se muito claramente do relato de Riklin, e sua versão soa ao mesmo tempo mais plausível e mais interessante do que a de Hannah. Ela lança uma nova luz sobre Jung. Segundo sua carta, o dr. McCully só pode se perguntar "como a srta. Hannah chegou à descrição que faz sobre o acontecimento", mas sente-se certo de que Franz Riklin Jr. (agora falecido) "não viu o manuscrito dela, nem foi consultado" (p. 73). Como observei, não tenho muitas dúvidas de que, por mais deturpada que possa ser a versão de Hannah, seu informante deve ter sido o próprio Riklin. Tenho todas as razões para dar crédito ao relato do dr. McCully sobre suas conversas com Riklin, e (como também observei) a resposta abrupta de Freud parece muito própria dele. Mas, na falta de documentos independentes — afinal, eu tinha apenas dois relatos de relatos — decidi não pedir de volta o último capítulo da gráfica, para inserir em meu texto esse fascinante conto. No entanto, merece ser registrado. Talvez, quando for possível o acesso aos papéis de Jung, possa ser elevado a fato histórico.

Agradecimentos

Este livro esteve em preparação por um longo tempo, muito mais do que os breves e intensos dois anos e meio que levei para escrevê-lo. Meu interesse por Freud remonta ao meu curso de graduação no final dos anos 1940, e dei um lugar central a esse interesse em meu trabalho como historiador quando, em meados dos anos 1970, fui aceito como candidato no Instituto de Psicanálise da Nova Inglaterra Ocidental. Essa candidatura me deu uma oportunidade ímpar para me familiarizar com o mundo da psicanálise. Mas, embora isso tenha sido inestimável para escrever esta biografia, confiei em minha distância profissional de historiador para me preservar da idealização que Freud julgava ser o destino inelutável do biógrafo.

Pensando na extraordinária disparidade entre o tempo de escrever e os anos de concepção, lembrei-me da famosa observação de Whistler, durante o processo por difamação que ele abriu contra Ruskin, por ter chamado um quadro seu de pote de tinta atirado ao rosto do público. O advogado de Ruskin exibiu uma das cenas noturnas mais indistintas de Whistler, e perguntou-lhe quanto tempo levara para pintar *aquilo*. Resposta memorável de Whistler: "Minha vida inteira". Ora, "minha vida inteira" certamente é uma hipérbole, quando aplicada à elaboração desta biografia de Freud. Mas houve momentos durante a redação em que senti que nunca tinha feito outra coisa. Felizmente, contei com o apoio sólido e constante de arquivistas, bibliotecários, amigos e colegas. Pessoas desconhecidas, procurando-me depois de uma conferência ou enviando-me documentos não solicitados depois de ler sobre meu projeto, também manifestaram um interesse útil e bem-vindo.

Na verdade, revelou-se recompensador uma vez mais um grande elemento facilitador do diálogo — dando um sentido real a essa palavra tão desgastada —, no qual vim a confiar e que tive ocasião de mencionar em meus outros livros: a conferência formal que desperta questões, comentários, às vezes discordâncias acaloradas e raramente uma carta inédita. Desde 1985, falei a vários públicos sobre minha biografia em andamento, questões de conteúdo na vida de Freud, a relação da psicanálise com a história e a biografia, a política da visão pública de Freud agora corrente. Sempre gostei e geralmente tirei proveito de tais ocasiões. Em 1985, falei na Universidade Clark sobre os gostos literários de Freud, e na Sociedade Histórica de Indiana e na Associação Psicológica Americana sobre a relação entre a psicanálise e o historiador, tema que também discuti, com ênfases variadas, na Universidade Rice, em Houston, e numa grande conferência pública em Groningen, na Holanda. Em 1986, continuei com essa série de apresentações em vários locais mais ou menos informais em Yale: na Fundação Hillel e numa reunião de ex-alunos de Yale, para os estudantes do meu departamento e para um grupo de estudantes da faculdade de arquitetura, e numa conferência desenvolvida para os Amigos da Biblioteca Médica. Naquele ano, também falei na Universidade Estadual de Nova York, Stony Brook; na Universidade de Ohio, em Athens, Ohio; na Sociedade Psicanalítica de Boston; na Universidade da Califórnia em San Diego (uma comemoração alegre e comovente em homenagem à ilustre carreira de H. Stuart Hughes); num almoço da reunião da Associação Histórica Sulista em Charlotte, Carolina do Norte; e — ocasião particularmente agradável e recompensadora — na Faculdade União Hebraica em Cincinnati, onde passei uma semana fazendo conferências sobre Freud, o judeu descrente. Em 1987, falei no Instituto de Psicanálise de Chicago, num seminário de psicanálise e ciências sociais na Universidade de Chicago, como o segundo Conferencista George Rosen no Grêmio Beaumont da faculdade de medicina de minha universidade, e, finalmente, aos meus colegas professores do Centro de Humanidades em Yale. Como observei, todas essas ocasiões foram extremamente estimulantes e valiosas — pelo menos para mim. Devendo tanto aos membros da audiência e me sentindo também na mais profunda obrigação para com muitos outros, só posso esperar que não tenha passado por cima ou negligenciado ninguém nesses agradecimentos.

Para começar, sou imensamente grato a Ronald S. Wilkinson, Historiador de Manuscritos na Divisão de Manuscritos da Biblioteca do Congresso. Encarregado dos maiores e mais valiosos achados de documentos de Freud que existem no mundo, ele partilhou sem reservas seus conhecimentos sobre o que tem sob sua guarda e a guarda de outros em outros lugares; com generosidade e imaginação, ele facilitou minha busca de documentos fugidios. Mark Paterson, diretor de Sigmund Freud Copyrights em Wivenhoe, perto de Colchester, pôs cordialmente à minha disposição toda a sua rica documentação de Freud. Ele foi auxiliado competentemente por duas arquivistas, Celia Hist e Jo Richardson. David L. Newlands, que, enquanto eu escrevia este livro, foi o Curador do Museu Freud, 20 Maresfield Gardens, Hampstead, Londres, deu-me uma boa acolhida, e Steve Neufeld, do Museu, poupou-me inúmeras horas de trabalho fornecendo informações inestimáveis e descobrindo algumas preciosidades raras. Pearl H. M. King, Arquivista Honorária dos Arquivos da Sociedade Psicanalítica Britânica, também em Londres, deu-me permissão para explorar e utilizar as riquezas dos documentos de Ernest Jones, que me permitiram reconstruir a elaboração da biografia de Jones sobre Freud, enquanto Jill Duncan, Diretora Executiva dos Arquivos, foi receptiva a minhas indagações e rastreou algumas importantes cartas para mim. Dois arquivistas-bibliotecários, Ellen Gilbert e, depois dela, David J. Ross, receberam-me gentilmente na Biblioteca A. A. Brill do Instituto Psicanalítico de Nova York, e guiaram-me entre seus intrigantes guardados, principalmente (mas não só) os papéis dos analisandos americanos de Freud. Kenneth A. Lohf, Bibliotecário dos Manuscritos e Livros Raros da Universidade Columbia, ajudou-me com a Coleção Otto Rank, da mesma forma que Rudolph Ellenbogen. Glenise A. Matheson, Encarregada dos Manuscritos na Biblioteca da Universidade John Rylands, em Manchester, Inglaterra, mostrou uma extrema disponibilidade sobre a reveladora correspondência entre Freud e seu sobrinho Samuel. Judith A. Schiff, Arquivista-Chefe de Pesquisas nos Manuscritos e Arquivos da Biblioteca da Universidade Yale, foi (como sempre) muito prestimosa, desta vez principalmente com os papéis do coronel E. M. House. Alan S. Divack, Arquivista-Assistente do Instituto Leo Baeck, em Nova York, forneceu-me várias cartas inéditas. Bernard McTigue, Curador da Coleção Arents na Biblioteca Pública de Nova York, deu-me acesso a uma importante carta de Freud sobre seu hábito de fumar (publicada anteriormente, mas com identificação errônea). Agradeço também a Elena S. Danielson, Arquivista-Assistente na Instituição Hoover sobre Guerra, Revolução e Paz, por me enviar uma carta de Freud a Paul Hill. A. M. J. Izermans, do Instituto Internacional de História Social em Amsterdã, deu-me permissão para publicar parte de uma carta de Freud a Hendrik de Man. Sally Leach, do Centro de Pesquisas de Humanidades Harry Ransom, da Universidade de Texas, Austin, foi prestimosa localizando uma correspondência entre Blanche Knopf e os Freud. Como sempre, a biblioteca histórica da Biblioteca Médica de Yale (a cargo de Ferenc A. Gyorgyey) me pareceu a própria cordialidade encarnada.

Sou extremamente grato aos que ofereceram documentos ou informações inéditas sobre acontecimentos pouco conhecidos da vida de Freud. J. Alexis Burland me enviou uma carta fascinante que Freud escreveu para seu pai logo depois da Primeira Guerra Mundial, e traçou o pano de fundo para ela. Anton O. Kris e sua irmã, Anna K. Wolff, presentearam-me graciosamente com diversas cartas de Freud a Ernst Kris e Oscar Rie, e acrescentaram úteis informações episódicas. Sanford Gifford me enviou seu revelador manuscrito inédito sobre Felix Deutsch, contendo documentos valiosos, até então desconhecidos. Willi Köhler, meu editor na S. Fischer Verlag, Frankfurt am Main, enviou-me algumas informações importantes antes da publicação. Josefine Stross, que esteve junto dos Freud durante os últimos anos de Freud, evocou lembranças instrutivas, sem violar seu dever de sigilo como médica.

A falecida Jeanne Lampl-de Groot, analisanda de Freud e eminente psicanalista holandesa, venceu seu ceticismo em relação a mais um biógrafo de Freud, e me concedeu uma entrevista memorável em sua casa em Amsterdã, em 24 de outubro de 1985. Helen Schur, que desde o início não demonstrou nenhum ceticismo, fez o mesmo em 3 de junho de 1986. E mais: rebuscou sua memória e seu cofre, aparecendo com cartas de e para seu marido, que lançam uma grande luz sobre os últimos anos de Freud. Os papéis de Max Schur na Biblioteca do Congresso, que tive a sorte de ser o primeiro a examinar, enriqueceram os capítulos 11 e 12. Ingeborg Meyer-Palmedo, da editora S. Fischer Verlag, deu-se ao trabalho de me enviar a versão corrigida da correspondência Freud-Edoardo Weiss. Também quero registrar minha especial gratidão a Ilse Grubrich-Simitis — psicanalista, editora, autora — pelas suas cartas, conversas e imensa consideração em me fornecer as provas de textos essenciais (como as cartas Freud-Fliess no original alemão), muito antes que viessem a público. Como ela sabe, seu Freud é o mesmo que o meu, mas ela contribuiu muito para esclarecer esse Freud a mim.

Na verdade, recebi várias vezes esse tipo de benefício, conforme os amigos me ofereciam o estímulo de uma boa conversa e uma boa correspondência. Janet Malcolm, cujos livros espirituosos e acurados sobre a psicanálise têm instruído os desinformados e deleitado os informados, foi um absoluto prazer enquanto aquilo que os alemães chamam de parceiro de conversas. Os Katwan, Jackie e Gaby, foram maravilhosos. Iza S. Erlich, psicanalista praticante e prezada amiga com quem converso sobre Freud há bem mais de uma década, enviou-me um artigo seu elucidativo e indicou artigos de terceiros. Elise Snyder se mostrou uma cúmplice leal, e não pouco (embora não apenas) ao me abrir novas portas. Ao longo dos anos, Susanna Barrows tem tornado minha vida de estudioso ao mesmo tempo mais fácil e muito mais agradável. Peter Loewenberg, que há muito tem sido magnânimo comigo e com meu trabalho, explorou questões teóricas, enviou separatas e forneceu pistas para fontes de informações. Juliette L. George e seu marido Alexander enriqueceram consideravelmente minha concepção sobre o estudo Freud-Bullitt acerca de Woodrow Wilson. Jay Katz me contou boas histórias reais sobre Anna Freud, que pude utilizar. Joseph Goldstein se mostrou um grande apoio e, devo dizer, me fez sentir melhor a respeito dos psicanalistas. O mesmo fez Albert J. Solnit, meu colega e amigo, com quem tenho uma dívida considerável pelos estímulos certeiros, informações precisas e acesso oportuno a documentos difíceis. Ernst Prelinger e eu tivemos discussões recompensadoras sobre Freud por mais de dez anos; ele deixou sua marca neste livro. Meu amigo, o falecido Richard Ellmann, cuja grande biografia de James Joyce foi um estímulo para mim, e cuja falta sinto profundamente, esclareceu vários pontos obscuros. Martin S. Bergmann mostrou-me o manuscrito de seu estudo psicanalítico-histórico sobre o amor, enviou-me separatas valiosas e, com Marie Bergmann, manteve conversas constantes sobre Freud. Vários analistas ligados ao Instituto de Psicanálise de Nova Inglaterra Ocidental, que posso considerar como mais que simples conhecidos —James Kleeman, Richard Newman, Morton Reiser, Samuel Ritvo, Paul Schwaber, Lorraine Siggins —, ganharam meus agradecimentos por fornecerem informações, material impresso e (inestimáveis para um caçador de documentos em terreno sensível) conselhos táticos. Phyllis Grosskurth e eu discutimos pacificamente nossas avaliações diversas de Anna Freud. William McGuire partilhou pacientemente comigo suas informações eruditas sobre Jung, Ferenczi, Spielrein e outros. Tive grande proveito com as conversas com Ivo Banac, John Demos, Hannah S. Decker e David Musto. Santely A. Leavy ajudou-me a conseguir a monografia de Ernest Jones sobre a patinação no gelo. Meus amigos C. Vann Woodward e Harry Frankfurt se mostraram bons ouvintes ou bons céticos, quando precisei. Como sempre, os

Webb, Bob e Pattie, a quem estou afetuosamente ligado há trinta anos, tornaram minhas estadas em Washington, D. C., um verdadeiro prazer. O mesmo fizeram Joe e Millie Glazer. E muito além das obrigações que Gladys Topkis tem como experiente editora de Yale University Press, minha velha amiga entendeu magnificamente as necessidades de um autor, mesmo quando está fazendo um livro para outra editora.

Agradeço também (por darem informações, responderem perguntas, enviarem separatas e livros) a Henry Abelove, Ola Andersson, Roger Nicholas Balsiger, Hortense K. Becker, Steven Beller, Edward L. Bernays, Gerard Braunthal, Hilde Braunthal, Paul Brooks, Robert Byck, Edward T. Chase, Francis Crick, Hana Davis, Howard Davis, George E. Ehrlich, Rudolf Ekstein, Jason Epstein, Avner Falk, Max Fink, David James Fisher, Sophie Freud, Alfreda S. Galt, John E. e Mary Gedo, Robert Gottlieb, Henry F. Graff, Fred Grubel, Edwin J. Haeberle, Hendrika C. Halberstadt-Freud, Hugh R. B. Hamilton, John Harrisson, Louise E. Hoffman, Margo Howard, Judith M. Hughes, Orville Hurwitz, Han Israëls, Alice L. Kahler, Marie Kann, Mark Kanzer, Jonathan Katz, John e Robert Kebabian (que identificaram o tapete no divã de Freud), George Kennan, Paul Kennedy, Dennis B. Klein, W. A. Koelsch, Richard Huisel, Nathaniel S. Lehrman, Harry M. Lessin, E. James Lieberman, Arthur S. Link, Murray Louis, H. E. Lück, John Maass, Patrick J. Mahony, Henry Marx, Robert S. McCully, Frank Meissner, Graeme Mitchison, Melvin Muroff, Peter B. Neubauer, Lottie M. Newman, Fran H. Ng, Sherwin B. Nuland, R. More O'Ferrall, Daniel Offer, Alice Oliver, Darius Ornston, Peter Paret, Alan P. Pollard, Susan Quinn, Robert Rieber, Ana-Maria Rizzuto, Paul Roazen, Arthur Rosenthal, Rebecca Saletan, Perdita Scheffner, Josef e Eta Selka, Leonard Shengold, Michael Shepherd, Barry Silverstein, Roszi Stein, Leo Steinberg, Riccardo Steiner, Paul E. Stepansky, Anthony Storr, Peter J. Swales (que, embora certamente ciente de minha atitude zombeteira em relação a suas reconstruções biográficas, forneceu-me prodigamente cópias de seus textos e outros documentos de difícil acesso), John Toews, Don Heinrich Tolzman, Edwin R. Wallace IV, Robert S. Wallerstein, Lynne L. Weiner, David S. Werman, Dan S. White, Jay Winter, Elisabeth Young-Bruehl (que generosamente partilhou comigo algumas de suas descobertas sobre Anna Freud) e Arthur Zitrin.

Meu colega William Cronon merece um parágrafo só seu. Sem suas trabalhosas instruções, calmas mas entusiásticas, que muitas vezes consumiam tempo, mas nunca foram regateadas, e sem suas operações de salvamento em momentos críticos, eu nunca teria dominado as complexidades do meu editor de texto IBM-XT, e este livro teria sido adiado por um número incalculável de meses.

Ex-alunos — especialmente Carl Landauer, Mark Micale e Craig Tomlinson — e alunos atuais como Andrew Aisenberg, Patricia Behre, John Cornell, Robert Dietle, Judith Forrest, Michèle Plott e Helmult Smith me concederam pacientemente seu tempo e forneceram valiosos comentários pessoais. Também quero agradecer a meus assistentes monitores James Lochart e Rebecca Haltzel pelo seu excelente apoio.

Sinto-me particularmente afortunado com a maneira como a editora W. W. Norton tratou esse manuscrito longo, de forma alguma simples. Donald S. Lamm, além de cumprir suas múltiplas obrigações como diretor da editora, fez as vezes de meu editor. Fico contente com isso; apesar de minha considerável experiência com a palavra impressa, eu nunca tinha escrito uma biografia, e Don me ensinou muito sobre a clareza e a cronologia, a respeito do que eu tinha antes uma ideia muito mais indistinta. Amy Cherry me serviu de canal e intermediária conciliando dificuldades — magnífica nos dois papéis. Esther Jacobson é uma editora de textos fantástica; o bruxuleio dos sinais tremulando à margem direita do meu manuscrito era um lembrete de que, por mais cuidadosos que eu e meus primeiros leitores tivéssemos sido, era possível e desejável aplicar um cuidado ainda maior. Um indício da minha gratidão a ela, após estas centenas de páginas, se mostra no fato de que ainda conversamos cordialmente.

Toda essa grande animação faz com que me pareça decididamente grosseiro passar a um tom menos harmonioso. Mas julgo necessário advertir os leitores sobre as lacunas nesta biografia, pelas quais não sou responsável, que tentei preencher em vão, com uma eloquência mais enfática e cartas mais suplicantes do que eu gostaria de lembrar. Enquanto o direito de permitir a publicação das palavras de Freud pertence a Sigmund Freud Copyrights, Ltd., o direito de consultar a grande massa do material inédito de Freud é autorizado por The Sigmund Freud Archives, Inc., de Nova York. Essa instituição foi fundada pelo dr. Kurt R. Eissler, que por um longo tempo dirigiu-a com mão firme. Agora, ele foi sucedido pelo dr. Harold P. Blum. O dr. Eissler reuniu inúmeros documentos que, de outra forma, teriam ficado dispersos ou poderiam se perder; também entrevistou um grande número de analisandos, colegas, amigos e conhecidos de Freud, e depositou esse material enorme e inestimável na Divisão de Manuscritos da Biblioteca do Congresso. Pela sua diligência e assiduidade dessa operação em larga medida individual, ele granjeou a gratidão de todos os estudiosos que pesquisam Freud e a história da psicanálise. Mas sua política, com certas exceções estabelecidas, era a de manter o material de Freud fechado durante décadas; ele fixou muitas das datas (nem sempre para o prazer dos doadores) em que as restrições serão suspensas, e estas avançam pelo século XXI adentro, muitas vezes além do prazo de vida dos estudiosos agora em atividade. O dr. Eissler expressou livre e frequentemente a posição de que nada — digo *nada* — que Freud não concebera para publicação deveria ser publicado. Em mais de uma ocasião, aproveitei a oportunidade para defender uma posição mais liberal. Há vários anos, quando discuti a questão com o dr. Eissler numa reunião do Comitê sobre História e Arquivos da Associação Psicanalítica Americana (à qual pertenço há muitos anos), ele manifestou a opinião de que mesmo a publicação da correspondência Freud-Jung prestara um desserviço a Freud, visto que ela havia sido usada para denegrir Freud. Meu contra-argumento foi a própria simplicidade: a má história ou a má biografia só podem ser neutralizadas por uma história melhor ou uma biografia melhor, e estas só podem ser feitas se os estudiosos tiverem acesso aos documentos. O gosto pelo sigilo a que o dr. Eissler se entregava — e se entrega — tão apaixonadamente só poderia incentivar a disseminação dos boatos mais extravagantes sobre o homem cuja reputação ele estava tentando proteger. Eu também critiquei a contradição visível de uma disciplina dedicada à maior franqueza possível, a psicanálise, mostrando-se ao mundo como algo dissimulado, para não dizer escuso. Evidentemente, meus argumentos não o impressionaram. Faz quase vinte anos que venho me correspondendo com o dr. Eissler sobre essa questão tão discutida, e pedindo o material que ele controla desde o momento em que a ideia de escrever esta biografia se tornou uma possibilidade efetiva. Mas os resultados sempre foram os mesmos — um malogro total.

Talvez o infortúnio mais significativo da política do dr. Eissler recaia sobre a coleção de cartas que Freud e sua noiva trocaram durante os cinco longos anos de noivado, época em que estiveram mais tempo afastados do que juntos. Visto que se escreviam praticamente todos os dias, cada um deve ter escrito cerca de mil cartas. Essas chamadas *Brautbriefe* mostrariam o jovem Freud trabalhando ou amando no início dos anos 1880, com tanta intimidade quanto as cartas a Fliess mostram a elaboração da psicanálise nos anos de 1890. Numa reunião do Comitê de História e Arquivos em dezembro de 1986, o dr. Blum afirmou que essa correspondência constituía a maior coleção de cartas de amor na história da cultura ocidental. Só se pode perguntar: Como é que ele sabe? Em 1960, Ernst e Lucie Freud editaram uma seleção considerável (mas ainda muito fragmentária) da correspondência de Freud, contendo quase uma centena dessas cartas. (Ver acima, p. 737-8.) Esse número se manteve o mesmo na segunda edição, em 1968. Minhas reiteradas tentativas de obter acesso às cartas restantes foram repelidas pelo dr. Eissler, com polidez, mas de maneira definitiva. Por conseguinte, tive de me basear em algumas cartas inéditas que consegui obter (inclusive várias de Martha Bernays a Freud) para suplementar as já publicadas.

A política atual de The Sigmund Freud Archives, Inc., sob a direção do dr. Blum, oferece maiores esperanças por ser mais imprevisível. No início do meu trabalho, foi-me autorizado o acesso à correspondência completa Freud-Abraham (na Divisão de Manuscritos da Biblioteca do Congresso, como Karl Abraham papers), bem como à série completa D da Coleção Freud, que tem como maior preciosidade a maioria das cartas de Freud a Ernest Jones. Em 17 de julho de

1986, a *New York Review of Books* publicou uma carta do dr. Blum, escrevendo como o "Diretor Executivo", onde ele observava que "todos os papéis e documentos sob a propriedade e controle de The Sigmund Freud Archives que estão em processo de publicação ou já foram publicados serão abertos a todos os estudiosos, segundo o critério de acesso igualitário", prometendo "liberar de restrições todas as cartas e documentos, o mais cedo possível, em conformidade com as obrigações e critérios éticos e legais". O *único* material a que os leitores não teriam acesso, disse o dr. Blum enfática e repetidamente, confirmando em correspondência comigo, seriam frases ou parágrafos que identificam diretamente, ou permitem identificar, um paciente. Minha sugestão de que os estudiosos deviam ter acesso a todos os documentos até então vedados, após assinarem uma declaração rigorosa, a ser elaborada pela Biblioteca do Congresso, fazendo com que cada usuário prometesse não publicar, nem usar de maneira alguma, passagens ou cartas especificadas que pudessem revelar a identidade de um paciente, foi rejeitada em favor da posição de que cada carta ainda vedada seria lida por uma pessoa de confiança indicada por The Sigmund Freud Archives, que então marcaria todas as passagens que deveriam ser interditadas ao público. Esse procedimento se mostrou extremamente tosco e moroso. É justo notar que há muita documentação de Freud aberta aos estudiosos; parte dela está acessível há anos, e a cada ano vem sendo liberado o acesso a mais documentos. Mas, é claro, é exatamente a documentação ainda vedada que é — ou, pelo seu próprio caráter, parece ser — de maior interesse para o historiador.

Mas voltemos a um terreno mais agradável. Como em relação a meus livros anteriores, novamente me apoiei muito em leitores informados. Meu ex-aluno, agora bom amigo, Hank Gibbons, historiador profundamente sensível às exigências da história intelectual, deu-me conselhos afáveis e muito valiosos sobre grandes e pequenas questões, principalmente grandes. Dick e Peggy Kuhns leram cuidadosamente este manuscrito, com a visão experiente, respectivamente, de filósofo e psicóloga com formação psicanalítica; suas leituras, junto com as magníficas conversas que vimos tendo há anos sobre Freud e a psicanálise, deixaram uma marca profunda no livro. Jerry Meyer, meu colega de turma no Instituto de Psicanálise de Nova Inglaterra Ocidental, analista praticante e leitor cultivado, prestou particular atenção às questões técnicas e médicas envolvidas nesta biografia, e contribuiu para a eventual clareza de que ela possa se vangloriar. E quero expressar minha especial gratidão a George Mahl, um experiente psicanalista e professor, que desinteressadamente deixou um livro seu sobre Freud para dedicar tempo à mais meticulosa leitura deste texto; sua extrema familiaridade com a história da psicanálise, seu respeito inquebrantável pela precisão e sua maneira bondosa, mas sempre obstinada, de corrigir deslizes e oferecer aperfeiçoamentos e reformulações oportunas, deixaram-me com uma dívida que parece impossível saldar. Minha mulher, Ruth, desempenhou seu papel habitual de leitora final com virtuosismo e tato. Agradeço a todos os meus leitores, esperando que o trabalho concluído se mostre digno do tempo e cuidado que tenham dedicado a ele.

P. G.
Hamden, Connecticut
Dezembro de 1987

Índice remissivo

1ª edição [1989] 17 reimpressões
2ª edição [2012] 10 reimpressões

tipologia JANSON TEXT
diagramação VERBA EDITORIAL
papel PÓLEN BOLD, SUZANO S.A.
impressão LIS GRÁFICA

FSC
www.fsc.org
MISTO
Papel | Apoiando o manejo florestal responsável
FSC® C112738

A marca FSC® é a garantia de que a madeira utilizada na fabricação do papel deste livro provém de florestas que foram gerenciadas de maneira ambientalmente correta, socialmente justa e economicamente viável, além de outras fontes de origem controlada.

PETER GAY nasceu em Berlim, em 1923. Foi para os Estados Unidos em 1941, fugindo das perseguições nazistas. Graduou-se em 1946 na Universidade Columbia, onde lecionou entre 1962 e 1969. É autor de mais de vinte obras no campo da história da cultura, dentre as quais *Guerras do prazer — a experiência burguesa: da rainha Vitória a Freud*, uma análise do comportamento burguês no século XIX. Além deste título, a Companhia das Letras publicou *O século de Schnitzler* e *Represálias selvagens: realidade e ficção na literatura de Charles Dickens, Gustave Flaubert e Thomas Mann*, entre outros. Professor emérito de história na Universidade Yale, Peter Gay vive em Nova York.